Das Recht der Gesellschafter-Fremdkapitalfinanzierung

Veröffentlichungen des Instituts
für deutsches und europäisches Wirtschafts-,
Wettbewerbs- und
Regulierungsrecht der
Freien Universität Berlin

Herausgegeben von Franz Jürgen Säcker

Band 46

PL ACADEMIC RESEARCH

Julia Gerzen

Das Recht der Gesellschafter-Fremdkapitalfinanzierung

Rechtsvergleichende Analyse der Behandlung von Gesellschafterdarlehen vor und in der Insolvenz der GmbH nach deutschem und russischem Recht

PL ACADEMIC RESEARCH

Bibliografische Information der Deutschen Nationalbibliothek
Die Deutsche Nationalbibliothek verzeichnet diese Publikation in der Deutschen Nationalbibliografie; detaillierte bibliografische Daten sind im Internet über http://dnb.d-nb.de abrufbar.

Zugl.: Berlin, Freie Univ., Diss., 2013

Gedruckt auf alterungsbeständigem,
säurefreiem Papier.

D 188
ISSN 1863-494X
ISBN 978-3-631-65484-2 (Print)
E-ISBN 978-3-653-04729-5 (E-Book)
DOI 10.3726/ 978-3-653-04729-5

PL Academic Research ist ein Imprint der Peter Lang GmbH.

Peter Lang – Frankfurt am Main · Bern · Bruxelles · New York ·
Oxford · Warszawa · Wien

Diese Publikation wurde begutachtet.

www.peterlang.com

Meiner Familie

Vorwort

Die vorliegende Arbeit wurde im Sommersemester 2012 von der Rechtswissenschaftlichen Fakultät der Freien Universität Berlin als Dissertation angenommen. Die mündliche Prüfung fand am 18. Dezember 2013 statt. Rechtsprechung und Literatur konnten bis Anfang August 2014 berücksichtigt werden.

Mein herzlicher Dank gilt meinem Doktorvater Herrn Prof. Dr. Franz Jürgen Säcker für die Anregung zu dieser Arbeit und die ausgezeichnete Betreuung und Unterstützung. Außerdem möchte ich mich bei meinem Doktorvater für die Aufnahme meiner Dissertation in seiner Schriftenreihe bedanken, was mir große Ehre erweist. Herrn Prof. Dr. Burkhard Breig danke ich sehr für die Erstellung des Zweitgutachtens.

Der größte Dank gebührt meiner Familie, meinen Eltern, Dr. Alexander und Tatjana Gerzen und meiner Tante Alina, für ihre großartige Unterstützung im Studium und bei der Erstellung dieser Arbeit sowie ihr Verständnis, bedingungslose Geduld und Aufmunterung. Meinem Vater danke ich für die vielen wertvollen Anregungen zu meinem Thema, kompetenten Diskussionsrunden und das mühevolle Durchlesen des Manuskripts. Meinem Bruder gilt ein großer Dank für seine geduldige und fachkundige Hilfe bei allen computertechnischen Fragen im Zusammenhang mit der Gestaltung dieser Arbeit. Ihnen allen widme ich diese Arbeit.

Berlin, im August 2014 *Julia Gerzen*

Inhaltsübersicht

Inhaltsverzeichnis

Einleitung

Die Dynamik des Wirtschaftsrechts ist bemerkenswert. Kaum ein anderes Rechtsgebiet wird durch die auffallende wirtschaftliche Entwicklung und den Praxisbezug so beeinflusst, wie das Wirtschaftsrecht. Geprägt vom steigenden Wirtschaftswachstum, zunehmender vielfältiger Gestaltungsmöglichkeiten immer erfinderisch werdender Unternehmer in der Unternehmenspraxis und der Offenheit internationaler Märkte, ist das Gesellschaftsrecht ständigen Veränderungen und Ausdifferenzierungen ausgesetzt und steht im Mittelpunkt des Wirtschaftslebens.

Und kaum ein anderes Land passt aufgrund seiner Historie und Einzigartigkeit in diesen kontinuierlichen Entwicklungsprozess wie Russland. Die unendliche Bandbreite vielseitiger lukrativer Geschäftschancen dieses Landes ist eine unwiderstehliche Verlockung für viele ausländische Investoren, nicht nur die neuen jungen Märkte zu erforschen, aber auch sich an den konservativen Märkten der Automobil- und Rohstoffindustrie zu beteiligen und ihre Geschäftsideen zu verwirklichen. Grund genug, den jüngsten Entwicklungen erneut auf die Spur zu kommen.

A. Anlass der Arbeit und Problemstellung

Durch das am 01. November 2008 in Kraft getretene Gesetz zur Modernisierung des GmbH-Rechts und zur Bekämpfung von Missbräuchen (MoMiG)[1] hat der Gesetzgeber nach mehr als 30 Jahren nahezu unveränderten GmbH-Rechts die Notwendigkeit einer Reform erkannt und diese umgesetzt.

Seit dem Inkrafttreten des GmbHG am 20.04.1892 unterlag das GmbH-Recht bis zur „Großen Reform" im Jahre 2008 insgesamt 40 Änderungen. Doch trotz der zahlreichen Versuche das GmbH-Recht der realen wirtschaftlichen Entwicklung in Deutschland und Europa anzupassen, insbesondere sie insolvenzsicherer zu machen, den Gläubigerschutz zu erhöhen und sie damit im Allgemeinen attraktiver zu gestalten, können die vorgenommenen Änderungen einschließlich

1 Gesetz vom 23.10.2008 (BGBl. I. 2026), in Kraft getreten am 1.11.2008.

der sog. „kleinen GmbH-Reform[2]" aus dem Jahr 1980 kaum als „Reformen" betrachten werden[3]. Immer wieder war die Rechtsprechung gezwungen, gesetzliche Schutzlücken zu schließen und den zahlreichen Umgehungen des Gesetzes entgegenzuwirken. Dies führte schließlich dazu, dass im Rahmen der kleinen GmbH-Novelle 1980 einzelne richterliche Fortentwicklungen des GmbH-Rechts zwar nachträglich in das Gesetz aufgenommen wurden[4]. Im Großen und Ganzen hat sich der Gesetzgeber jedoch mit nennenswerten Veränderungen des GmbHG zurückgehalten.

Auch einige nachträglich kodifizierte Regelungen erwiesen sich als ein missglückter Versuch, das GmbH-Recht entsprechend den Erfordernissen des Wirtschaftslebens zu regeln. Dies betrifft insbesondere eines der entscheidenden Regelungskomplexe im Recht der Kapitalgesellschaften im Bereich der Unternehmensfinanzierung, nämlich das Eigenkapitalersatzrecht, das im Widerspruch zu den bereits vielfach ergangenen Urteilen der höchstrichterlichen Rechtsprechung ins Gesetz aufgenommen wurde[5]. Nicht nur, dass aufgrund der zunehmenden Komplexität dieser Kapitalmaßnahme die ergangene Rechtsprechung des BGH für die Praxis allmählich unübersehbare Ausmaße eingenommen hat und die Rechtsberatung erschwerte, auch vermochte die langersehnte Kodifizierung dieses Regelungskomplexes in §§ 32 a, b GmbHG, § 32 a KO (späterer § 135 InsO) und § 3 b AnfG (späterer § 6 AnfG)[6] keine Richtigstellung und erkennbare Besserung zu gewähren. Als Konsequenz „verweigerte die Rechtsprechung[7] dieser Fehlleistung des Gesetzgebers die Gefolgschaft"[8], so dass auch weiterhin die

2 Gesetz zur Änderung des GmbHG und anderer handelsrechtlicher Vorschriften vom 4.7.1980, BGBl. I, 836 – GmbH-Novelle 1980; für einen Überblick über die GmbH-Novelle 1980 s. Mosthaf, Die Reformen des Rechts der Gesellschaften mit beschränkter Haftung.

3 Leistikow, Das neue GmbH-Recht, Rdn. 1.

4 Bayer/Koch, Bayer, Das neue GmbH-Recht, S. 5.

5 Vgl. Bayer/Koch, Bayer, Das neue GmbH-Recht, S 5, der sogar von einem missglückten Fehlgriff spricht.

6 K. Schmidt, Gesellschaftsrecht, § 18 Abs. 3, § 37 Abs. 4.

7 Grundlagenentscheidung des BGH, sog. „Nutzfahrzeug"-Urteil v. 26.03.1984, BGHZ 90, 370, 380. Hierzu führte der BGH aus, dass es „mit dem Gläubigerschutz unvereinbar wäre, die von der Rechtsprechung aufgestellten Grundsätze fortan nicht mehr anzuwenden, ohne dass die neuen Vorschriften einen gleichwertigen Gläubigerschutz bieten".

8 Unter großer Zustimmung der Literatur: Bayer/Koch, Das neue GmbH-Recht, S. 5; K. Schmidt, JZ, 1984, 880, 881 mit durchaus passenden Worten „lex mala posterior non derogat bonae priori"; Hommelhoff, ZGR 1988, 460, 461; Seidl, ZGR 1988,

Entwicklung des Eigenkapitalersatzrechts der Rechtsprechung überlassen werden musste.

Auf die Bitte der Justizminister der Bundesländer am 14.11.2002 an das Bundesministerium der Justiz, die Reformbedürftigkeit der GmbH zu prüfen, ergaben die vom Bundesministerium der Justiz eingeholten Studien und Reformvorschläge aus Justiz, Wissenschaft und Praxis, dass eine umfassende Änderung, vor allem im Hinblick auf die in der Wirtschaft betriebenen missbräuchlichen Verwendungen der GmbH unumgänglich ist[9]. Diese Reformbedürftigkeit wurde auch durch die vom Europäischen Gerichtshof zur Niederlassungsfreiheit[10] ergangene Rechtsprechung[11] in Sachen *Daily Mail, Centros, Überseering und Inspire Art* bekräftigt. Der EuGH hat im Interesse der grundfreiheitlich gewährleisteten Niederlassungsfreiheit entschieden, dass alle in den Mitgliedstaaten ordnungsgemäß gegründeten Gesellschaften auch in Deutschland dann rechtsfähig sind, wenn sie ihren tatsächlichen Verwaltungssitz im Gründungsstaat aufgeben und nach Deutschland verlegen. Dieser Sinneswandel von der in Deutschland herrschenden Sitztheorie zur der vom EuGH befürworteten Gründungstheorie war der Auslöser dafür, dass die deutsche GmbH in einen starken Wettbewerb mit den europäischen Gesellschaftsformen, die in den Mitgliedstaaten weitaus leichtere Gründungsanforderungen genießen, getreten war[12] und es zu befürchten war, dass sie diesem Druck – bei unveränderten Rahmenbedingungen für die deutschen Gründer – nicht mehr lange standhalten können würde.

296, 312 zur Rechtmäßigkeit rechtsfortbildender Entscheidungen des BGH in Gesellschaftsrecht.

9 Bunnemann/Zirngibl, Auswirkungen des MoMiG auf bestehende GmbHs, § 1, Rdn. 1; Seibert, ZIP 2006, 1157 (1157).

10 Gem. Art. 43 S. 1 EG sind die Beschränkungen der freien Niederlassung von Staatsangehörigen eines Mitgliedstaates im Hoheitsgebiet eines anderen Mitgliedstaates nach Maßgabe der folgenden Bestimmungen verboten. Und gem. Art. 48 S. 1 EG stehen für die Anwendung dieses Kapitels die nach den Rechtsvorschriften eines Mitgliedstaates gegründeten Gesellschaften, die ihren satzungsmäßigen Sitz, ihre Hauptverwaltung oder ihre Hauptniederlassung innerhalb der Gemeinschaft haben, den natürlichen Personen gleich, die Angehörige der Mitgliedstaaten sind.

11 EuGH v. 27.09.1988, Rs. C-81/87 (*Daily Mail*) in NJW 1989, 2186; EuGH v. 09.03.1999, Rs. C-212/97 (*Centros*) in NJW 1999, 2027; EuGH v. 05.11.2002, Rs. C-208/00 (Überseering) in NJW 2002, 3614; EuGH v. 30.09.2003, Rs. C-167/01 (*Inspire Art*) in NJW 2003, 3331.

12 Vgl. Bunnemann/Zirngibl, Auswirkungen des MoMiG auf bestehende GmbHs, § 1, Rdn. 2; Birkendahl, Reform des GmbH-Rechts, S. 20; Geyrhalter/Gänßler, DStR 2003, 2167 (2167).

Damit wurden die ersten Meilensteine in Richtung einer großen GmbH-Novelle gelegt. Nach nunmehr sechs Jahren andauernden Beratungs- und Diskussionsprozesses ist das Reformverfahren abgeschlossen. Das Ergebnis ist ein modernisiertes und dereguliertes GmbH-Recht, das in vielen Aspekten teils neue, teils überarbeitete Regelungen[13] erfahren hat, das der Konkurrenz gegenüber einer GmbH ähnlich ausgestalteten Gesellschaften der Mitgliedstaaten standzuhalten verspricht und die Attraktivität gegenüber ausländischen Rechtsformen steigern soll. Eines der größten Bestandteile des MoMiG nahm im Bereich der Unternehmensfinanzierung die Gewährung des Fremdkapitals durch die Gesellschafter – das allseits bekannte Eigenkapitalersatzrecht – ein.

Aus diesem Anlass soll mit der vorliegenden Arbeit untersucht werden, welche Änderungen das Recht des Eigenkapitalersatzes durch das MoMiG erfahren hat und wie die Ausstattung der Gesellschaft mit Fremdkapital – sei es in Zeiten der Krise oder früher – in Russland gehandhabt wird. Aus der Sicht des deutschen Rechts spielt die Neuregelung des Kapitalersatzrechts vor allem zur Schaffung klarstellender Regelungen in der Praxis eine wichtige Rolle. Die Klarstellung durch die langersehnte GmbH-Reform war insbesondere vor dem Hintergrund, dass die vorherigen Gesetzesregelungen den einschlägigen BGH-Urteilen nicht immer entsprachen und für viel Verwirrung sorgten, unumgänglich.

Der Vergleich mit dem russischen Recht soll deutschen Unternehmen, die sich in Form von Tochtergesellschaften oder Zweigniederlassungen zunehmend am russischen Markt beteiligen möchten, einen umfassenden und lohnenswerten Einblick in das russische Recht des Eigenkapitalersatzes gewähren. Dadurch soll ihnen die Möglichkeit gegeben werden, auf dem teils noch sehr unregulierten Bereich im Recht der Kapitalgesellschaften, abschätzen zu können, inwieweit Gesellschafterleistungen in der Insolvenz der Gesellschaft im Interesse des Gläubigerschutzes gebunden werden.

Die Darstellung des russischen Rechts im unmittelbaren Vergleich zum deutschen Recht der Gesellschafterfinanzierung soll auch einen inspirierenden Charakter einnehmen. Aus der Sicht des russischen Rechts spielt die judikative und legislative Entwicklung in Deutschland auch für die Rechtsentwicklung in Russland eine wichtige Rolle. Führt man sich die geschichtliche Entwicklung des Kapitalgesellschaftsrechts vor Augen, so kann man konstatieren, dass während

13 Die Reform betraf die Gründungserleichterung und -beschleunigung, die Kapitalaufbringung und das Kapitalersatzrecht, den gutgläubigen Erwerb von Anteilen, die Geschäftsführerhaftung, die Insolvenzantragspflicht und die Insolvenzanfechtung, die sog. Bestattungsfälle sowie die sprachliche Modernisierung, vgl. Begründung zum MoMiG, NZG 2008, Beilage, S. 15.

das deutsche Kapitalgesellschaftsrecht seinen Ursprung bereits im 19. Jahrhundert hatte[14] und die GmbH als deutsche Rechtsform bereits 1892 vom deutschen Gesetzgeber ohne ein geschichtliches Vorbild neu geschaffen wurde[15], das russische Gesellschaftsrecht dagegen als ein in die deutschen Stapfen tretender junger Stern am kapitalgesellschaftsrechtlichen Himmel betrachtet werden kann. In seiner Struktur und im Regelungsbereich wird erkennbar, dass Deutschland bei der Ausgestaltung des russischen Gesellschaftsrechts eine Vorbildfunktion innehatte und es ist zu erwarten, dass auch die Neuregelungen des deutschen Gesellschaftsrechts für die Entwicklung des russischen Rechts in den kommenden Jahren ebenfalls wegweisend sein werden.

B. Der Russlandbezug

Seit dem Zerfall der Sowjetunion hat die Russische Föderation ihre Rechtsordnung neu gestaltet. Das Ziel war unter anderem, das Land für ausländische Investitionen interessanter und attraktiver zu machen und die rechtlichen Rahmenbedingungen und Gestaltungsmöglichkeiten für ein ausländisches Engagement dementsprechend zu verbessern.

Noch vor 20 Jahren, während der Sowjetunion, gehörte in Russland alles dem Staat. Nach dem Zusammenbruch der Sowjetunion kam die große Wende. Russland ist zwar von der Planwirtschaft auf die Marktwirtschaft umgestiegen. Doch der Zustand der Technik und der Technologie entsprach weiterhin nicht der „modernen" und innovativen westlichen Welt.

Die nach der Sowjetunion entstandene Russische Föderation war von Anfang an bestrebt, diesen Zustand zu verändern und die wirtschaftliche Entwicklung voranzutreiben und an das westliche Niveau anzupassen. Dies benötigte aber zum einen das entsprechende Know-how und zum anderen Investitionen, insbesondere ausländische Investitionen.

In Europa ist Deutschland das führende Technologieland und bereits seit den siebziger Jahren des letzten Jahrhunderts der bedeutendste Handelspartner Russlands[16]. Allein aufgrund der Entwicklung des internationalen Rohstoffmarktes

14 Zur Geschichte der Gesellschaftsrechtswissenschaft, wie sie heute verstanden wird, K. Schmidt, Gesellschaftsrecht, § 3 IV 1.

15 Baumbach/Hueck, Hueck/Fastrich, GmbHG, Einl., Rdn. 18; Münch. Hdb. GesR III, Grziwotz, § 1, Rdn. 3.

16 Handels- und Industriekammer der Russischen Föderation, Repräsentanz in der Bundesrepublik Deutschland, Beitrag zum russischen Wirtschaftsrecht für ausländische Investoren, S. 1.

ist Russland ein investitionsreiches Land. Viele deutsche Unternehmen sind aber auch bereit, in die neuen – außerhalb der Rohstoffbranche liegenden – Märkte zu expandieren und zu investieren. Insbesondere seit Inkrafttreten des neuen Auslandsinvestitionsgesetzes im Jahr 1999 (AuslInvG)[17] ist Russland aufgrund der verbesserten und investitionsfreundlichen rechtlichen Rahmenbedingungen für die ausländischen Investitionen offener geworden[18].

Aufgrund einer positiven und dynamischen Entwicklung der deutsch-russischen Beziehungen ist das gegenseitige Interesse an einer bilateralen Zusammenarbeit in letzter Zeit immer aktueller geworden. Russland sieht in Deutschland einen führenden und wirtschaftlich seinen wichtigsten Partner[19]. Für Deutschland ist Russland nicht nur in kultureller oder gesellschaftlicher Hinsicht, sondern vor allem aufgrund zahlreicher Rohstoffe und des großen Marktes ein spannendes Land. Doch damit der russische Markt für deutsche Unternehmen seine Attraktivität nicht verliert und damit die Präsenz deutscher Unternehmen in Russland auch weiterhin ansteigt, sind die Investoren in erster Linie daran interessiert, ihre Investitionen von der russischen Gesetzgebung als gesichert anzusehen[20].

Aus diesen Gründen und aufgrund unterschiedlicher, voneinander abweichender Rechtslagen und Rechtumsetzungen in Deutschland und Russland,

17 Gesetz „Über ausländische Investitionen in der Russischen Föderation", vom Präsidenten unterzeichnet am 9.7.1999 und in Kraft getreten am 14.7.1999; löste das alte Auslandsinvestitionsgesetz vom 4.7.1991 ab.

18 Vgl. Schwarz, Investieren in Russland, S. 47. Zwar schreibt Art. 2 I ZGB für ausländische natürliche und juristische Personen die gleichen Rechte und Pflichten vor wie auch für die russischen Rechtssubjekte. Indes gibt es eine Reihe von Rechtsvorschriften, die für ausländische Unternehmen weitergehende und teilweise schärfere Bestimmungen als für inländische Subjekte vorsehen. Dies betrifft etwa das Gesetz über private Detekteien und Sicherheitsdienste, Gesetz über das Versicherungswesen und den Goldhandel; vgl. Arzinger/Galander, Russisches Wirtschaftsrecht, S. 10. Aus diesen Gründen sollte das im Jahr 1991 erstmals geschaffene und im Jahr 1999 reformierte Gesetz über ausländische Investitionen in der Russischen Föderation (AulsInvG) den Ausländern mehr Freiheit und gewisse Rechtsgarantien geben, in dem der Schutzbereich des AuslInvG grundsätzlich alle Kapitalanlagen umfassen soll, die von ausländischen Investoren in Russland getätigt werden.

19 Auswärtiges Amt zu deutsch-russischen Beziehungen, abrufbar unter: http://www.auswaertiges-amt.de/diplo/de/Laenderinformationen/RussischeFoederation/Bilateral.html, Stand 20.01.2010.

20 Vgl. Sevillano, WiRO 2000, 337 (337), der zu Recht vermerkt, dass das zur Entwicklung der russischen Wirtschaft bereit gestellte Kapital weiterer Sicherungen bedarf, um als investitionssicher angesehen werden zu können.

besteht seitens deutscher Unternehmen, die am russischen Markt in irgendeiner Form partizipieren, ein beachtliches Interesse, einen Überblick über die russische Rechtslage zu bekommen. Daher ist es zum Zwecke einer erfolgreichen deutsch-russischen Beziehung notwendig und auch wünschenswert, durch einen Vergleich die Gemeinsamkeiten und Unterschiede, Vor- und Nachteile beider Rechtsordnungen im Bereich der Unternehmensfinanzierung durch Gewährung des Fremdkapitals durch die Gesellschafter aufzuzeigen.

C. Historischer Überblick über das russische GmbH-Recht in einer Gegenüberstellung zum deutschen Recht

Während das deutsche GmbH-Recht in den 80er Jahren bereits einige Änderungen erfahren hat, wurden in der damaligen Sowjetunion erstmalig 1990 vorläufige GmbH-Regelungen[21] erlassen[22]. Betrachtet man die endgültigen Regelungen von 1998[23], so wird umso deutlicher, dass – von einzelnen Ausnahmen abgesehen – das russische GmbH-Recht in seinem Aufbau und System das deutsche GmbH-Modell übernommen hat[24]. Damit ist nach mehr als 100 Jahren nach Inkrafttreten des ersten GmbHG im Jahre 1892 in Deutschland auch in Russland 1998 ein GmbHG(R)[25] entstanden. Doch trotz dieser Errungenschaft ist aus systematischen Gesichtspunkten noch zu berücksichtigen, dass sich neben dem eigenständigen russischen GmbHG weiterhin Regelungen zum GmbH-Recht auch in Artt. 87–94 des Zivilgesetzbuches wiederfinden, die bereits 1994 eingeführt wurden[26] und in denen die meisten Vorschriften auf die Regeln des

21 Im Gesetz über Unternehmen und Unternehmenstätigkeiten in der Russischen Föderativen Unionsrepublik vom 25.12.1990, wobei es zu dieser Zeit kein eigenständiges GmbH-Gesetz existierte, sondern die GmbH lediglich in der Unionsverordnung Nr. 590 „Über Aktiengesellschaften mit beschränkter Haftung" vom 19.06.1990 und in den Art. 87–94 des ersten Teils des ZGB geregelt wurde, vgl. Micheler, WiRO 1998, 161, (161); vgl. a. Klemm, Die Entwicklung des russischen Rechts der Kapitalgesellschaften, S. 75 ff., 92 ff.

22 Lutter, FS 100 Jahre GmbHG, 1992, 49, 54; Lutter, GmbHR 2005, 1 (1).

23 Schwarz/Balayan, WiRO 1998, 251, (251); deutsche Fassung des russischen GmbHG in WiRO 1998, 252 ff; Knaul/Heeg, WiRO 1998, 153, 154; Micheler, WiRO 1998, 161, (161).

24 Lutter, GmbHG 2005, 1, 2.

25 Am 1.3.1998 ist das neue russische Föderationsgesetz Nr. 14-FZ über Gesellschaften mit beschränkter Haftung in Kraft getreten.

26 Angenommen von der staatlichen Duma am 21.10.1994 und in Kraft gesetzt durch Beschluss des Präsidenten der RF vom 30.11.1994.

GmbHG verweisen[27]. Und wie der Zufall so will, so wurde pünktlich zu der erfolgreichen GmbH-Reform in Deutschland im Jahr 2008 auch in Russland die langersehnte GmbH-Novelle im selben Jahr verabschiedet[28].

Das junge russische GmbH-Recht spiegelt sich auch in der Anzahl der in Russland registrierten GmbHs im Vergleich zu Deutschland wieder. Die GmbH ist nicht nur die erfolgreichste, sondern auch die beliebteste Rechtsform des deutschen Unternehmensrechts[29]. Die Zahl der GmbHs in der Bundesrepublik Deutschland steigt kontinuierlich. Während der Bestand von GmbHs im Jahr 1992 noch etwa 500.000[30] betrug und im Jahr 2006 auf etwa 970.000 geschätzt worden ist, so lag die Zahl der eingetragenen GmbHs im Jahr 2008 schon bei 986.650[31].

Aufgrund des jungen GmbH-Rechts in Russland befindet sich derzeit noch die Aktiengesellschaft auf dem ersten Platz auf der Beliebtheitsskala[32]. Dies ist zum einen dadurch zu erklären, dass seit dem Zusammenbruch der Sowjetunion die staatlichen Betriebe in Aktiengesellschaften umgewandelt und weitgehend privatisiert wurden. Zum anderen sieht das russische Aktiengesetz in Art. 7 Pkt. 1 zwei Formen von Aktiengesellschaften vor, die offene Aktiengesellschaft (OAO) und die geschlossene Aktiengesellschaft (ZAO). Die Rechtsform der geschlossenen Aktiengesellschaft ist einer GmbH sehr ähnlich. Insbesondere ausländische Investoren ziehen es vor, für ihre Unternehmen eine Rechtsform der GmbH oder der geschlossen Aktiengesellschaft zu wählen. Diese haben den Vorteil, dass gem. Art. 7 Pkt. 3 AktG(R) und Art. 7 Pkt. 3 GmbHG(R) an den Gesellschaften nicht mehr als 50 Gesellschafter beteiligt werden dürfen[33] und dass die Aktien einer geschlossenen Aktiengesellschaft gem. Art. 66 Pkt. 6 ZGB

27 Vgl. Art. 88 Pkt. 1 ZGB, Art. 89 Pkt. 2 ZGB, Art. 90 Pkt. 1 ZGB, Art. 91 Pkt. 2 ZGB, Art. 93 Pkt. 5 ZGB, Art. 94 Pkt. 2 ZGB.

28 Das Föderale Gesetz Nr. 312-FZ „Über Änderungen des Ersten Teils des Zivilgesetzbuches der Russischen Föderation und anderer Gesetzgebungsakte der Russischen Föderation" ist am 24.12.2008 von der Staatsduma beschlossen, am 29.12.2008 vom Föderationsrat gebilligt und am 30.12.2008 vom Präsidenten unterzeichnet worden. Das Gesetz trat am 01.07.2009 in Kraft. Die eingefügten Änderungen sind abrufbar unter http://www.rg.ru/2008/12/31/gk-izmenenia-dok.html, (Stand 29.01.2010).

29 Baumbach/Hueck, GmbHG, Vorwort zur 19. Auflage, VII.

30 Lutter, FS 100 Jahre GmbHG, 1993, 49, 76, damit war bereits 2005 die Zahl der GmbHs in Deutschland 180mal höher als die der Aktiengesellschaften.

31 Baumbach/Hueck, Hueck/Fastrich, GmbHG, Einl., Rdn. 16; Kornblum, GmbHR 2009, 25, 26 (Tabelle 1).

32 Lutter, GmbHR 2005, 1, 2.

33 Vgl. Knaul/Heeg, WiRO 1998, 153, 154; Micheler, WiRO 1998, 161 (161).

nicht öffentlich gezeichnet werden können. Somit können die Unternehmen mit Auslandsbeteiligung immer sicherstellen, dass der Aktionärskreis nicht mit „fremden“ Beteiligungen vermischt wird.

Trotz einer Vielzahl von unterschiedlichen Gesellschaftsformen[34], die das russische Zivilgesetzbuch den ausländischen Investoren bietet, ist derzeit noch die Aktiengesellschaft die meist verbreitete Rechtsform deutscher Beteiligungen in Russland; aber auch die Zahl der GmbHs ist mittlerweile auf über 500.000 gestiegen[35], wobei mit Blick in die Zukunft die Zunahme an GmbHs in den nächsten Jahren sehr wahrscheinlich ist.

Dies wird damit zu erklären sein, dass im russischen Gesellschaftsrecht in den nächsten Jahren weitere grundlegende Änderungen zu erwarten sein dürften. Der Rat für Kodifizierung und Weiterentwicklung der Zivilgesetzgebung beim Präsidenten der Russischen Föderation hat einen umfangreichen Bericht[36] ausgearbeitet, der Vorschläge zu einer umfassenden Reformierung des russischen Gesellschaftsrechts enthält. Die bestehende Unterteilung der Aktiengesellschaften in geschlossene AG und offene AG soll zu Gunsten einer einheitlichen Rechtsform mit besonderen Anforderungen für börsennotierte Aktiengesellschaften wegfallen[37].

---

34 Das russische Zivilgesetzbuch sieht folgende Gesellschaftsformen vor: Die volle Partnerschaft (Art. 69–81 ZGB), die Kommanditgesellschaft (Art. 82–86 ZGB), die Gesellschaft mit beschränkter Haftung (Art. 87–94 ZGB), die Gesellschaft mit zusätzlicher Haftung (Art. 95 ZGB), die jedoch laut Bericht „Über die Konzeption der Entwicklung der Gesetzgebung über juristische Personen“ abgeschafft werden soll (S. 50), die geschlossene und offene Aktiengesellschaft (Art. 96–104 ZGB), die Produktionsgenossenschaft (Art. 107–112 ZGB) und nichtkommerzielle Organisationen (Art. 116–120 ZGB). Die Rechtsform des Unitären Unternehmens (Art. 113–115 ZGB) die bislang nur den staatlichen und munizipalen Unternehmen vorbehalten ist, soll laut Bericht „Über die Konzeption der Entwicklung der Gesetzgebung über juristische Personen“ im Zuge einer Fortentwicklung des russischen Gesellschaftsrechts abgeschafft werden.

35 Lutter, GmbHR 2005, 1, 2 (im russischen OOO genannt).

36 Sog. „Konzeption der Entwicklung der Gesetzgebung über juristische Personen“ vom 16.03.2009; vgl. Marenkov, Aktuelle Entwicklungen im russischen Gesellschaftsrecht, 1/2009, abrufbar unter: http://www.gtai.de/MKT200908128013, (Stand 29.01.2010).

37 Darüber hinaus wird vorgeschlagen das AktG und das GmbHG durch ein einheitliches Gesetz über die Kapitalgesellschaften zu ersetzen und die allgemeinen Bestimmungen über die Grundlagen des Gesellschaftsrechts weiterhin im ZGB zu verorten. Eine solche Entscheidung kann nicht befürwortet werden kann. Die russischen Gesetze unterscheiden sich von den deutschen Gesetzen insbesondere in der Fülle ihrer Regelungen, die trotz ihrer langen Ausführungen bei weitem nicht immer als verständlich bezeichnet

Für deutsche Unternehmen mit Auslandsbeteiligungen, die in Russland eine Rechtsform der geschlossenen Aktiengesellschaften gewählt haben, würde die Rechtsänderung eine Umwandlung der geschlossenen Aktiengesellschaften in eine GmbH oder in eine offene Aktiengesellschaft nach sich ziehen, wobei die GmbH wohl den Ausschlag geben wird.

Einer der entscheidenden Gründe für die Wahl der geschlossenen Aktiengesellschaft für eine deutsche Beteiligung in Russland war das mangelnde Vorkaufsrecht im alten russischen GmbHG[38]. Dies entsprach selbstverständlich nicht dem Interesse und dem Wunsch deutscher Investoren, die den Aktionärs- bzw. Gesellschafterkreis überschaubar und „unverfremdet“ gestalten wollten. Zudem vermochte das frühere Vorerwerbsrecht im russischen GmbHG die Interessen der Investoren nicht zu befriedigen. Mit dem neuen Art. 21 Pkt. 4 des russischen GmbHG wurde nun das frühere Vorerwerbsrecht wie ein echtes Vorkaufsrecht ausgestaltet, das auch dingliche Wirkung entfalten kann[39].

Aufgrund dieser zahlreichen Neuregelungen des GmbHG – bereits im Jahr 1998 und seit dem Inkrafttreten der großen GmbH-Reform im Jahr 2008 in der Russischen Föderation – sind keine ausschlaggebenden Gründe mehr ersichtlich, die gegen eine Umwandlung der bereits existierenden geschlossenen Aktiengesellschaft in die GmbH bzw. gegen die Wahl der GmbH für eine Neugründung sprechen.

Zudem spielt auch das Stammkapital bei der Wahl einer Rechtsform eine entscheidende Rolle. Während das derzeitige gesetzliche Mindeststammkapital einer GmbH und einer geschlossenen Aktiengesellschaft in Russland bei 10.000 Rubel (ca. 220 Euro) und einer offenen Aktiengesellschaft bei 100.000 Rubel (ca. 2.200 Euro) liegt, wird in dem Bericht vorgeschlagen, das Stammkapital bei der Gründung einer GmbH auf nicht niedriger als eine Million Rubel (22.200 Euro) und bei einer Aktiengesellschaft auf nicht niedriger als zwei Millionen Rubel (ca. 44.400 Euro) zu erhöhen. Den bereits bestehenden Gesellschaften soll eine Übergangsphase von etwa eins bis zwei Jahren eingeräumt werden, um das Mindeststammkapital entsprechend den gesetzlichen Vorgaben anzupassen. Ob dieser Vorschlag des Rates für Kodifizierung und Weiterentwicklung

werden können. Eine Zusammenfassung einer börsenfähigen Aktiengesellschaft mit den Regelungen über die GmbH würde die Undurchsichtigkeit beider Gesellschaften zum Nachteil der Rechtsanwender, Verwirrungen und unnötige Kompliziertheit mit sich bringen.

38 Im Gegensatz dazu sah Art. 7 Pkt. 3 AktG für geschlossene Aktiengesellschaft ausdrücklich ein Vorkaufsrecht vor.

39 Schwarz/Balayan, WiRO 1998, 251, 252.

der Gesetzgebung über die juristischen Personen tatsächlich eine gesetzliche Grundlage finden wird, bleibt abzuwarten.

Eine solche Umsetzung würde jedoch sowohl positive als auch negative Folgen auslösen. Zum einen könnte ein derartiger Anstieg des gesetzlichen Mindeststammkapitals bei einer GmbH um das 100-fache und bei einer AG um das 20-fache zu einem Rückgang von Gesellschaftsgründungen führen. Außerdem gäbe es zu befürchten, dass allein die Anhebung der Stammkapitalziffer zu keinen nennenswerten Verbesserungen im Recht der Kapitalgesellschaften in der Russischen Föderation führen wird. Zwar sieht der Bericht unter anderem strengere Voraussetzungen hinsichtlich der Art und Weise der Einbringung des Stammkapitals vor. Damit diese möglichen Neuregelungen aber auch erfolgreich durch die Gründer umgesetzt und nicht umgangen werden, ist eine Schaffung von Instrumentarien erforderlich, die den Fall einer nicht ordnungsgemäßen Erbringung von Stammeinlagen vorsehen und dementsprechend sanktionieren.

Auf der anderen Seite könnte die Anhebung des Stammkapitals zu einer Steigerung der Investitionsbereitschaft ausländischer Unternehmen führen. Ausländische Investoren, die in Russland Auslandsbeteiligungen gegründet haben – sei es in Form einer Tochtergesellschaft oder eines Joint Ventures – sehen sich vor dem Hintergrund einer höheren Haftungsmasse sicherer, mit russischen Unternehmen Geschäftsbeziehungen einzugehen. Die Erhöhung des Stammkapitals garantiert in erster Linie einen höheren Gläubigerschutz und würde auch die Seriosität russischer Gesellschaften erheblich steigern.

D. Ziel der Dissertation und Gang der Untersuchung

Die in dieser Arbeit angestellte Analyse der Gesellschafterfinanzierung im deutschen und russischen Recht konzentriert sich auf das Recht der GmbH und der einschlägigen Bestimmungen des Insolvenzrechts. Vor dem Hintergrund der einige Jahre zuvor ergangenen Reform des GmbH-Rechts, sowohl im deutschen als auch im russischen Recht, werden an den relevanten Stellen die alten Regelungen überblicksartig dargestellt, um dem Verständnis der Neuregelungen und dem Übergangsrecht hinreichend Rechnung zu tragen. Dabei konzentriert sich die Arbeit zunächst auf die wichtigsten Bereiche des „Eigenkapitalersatzrechts“ im deutschen Recht (Teil 1). So wird sich im ersten Kapitel zunächst mit der allgemeinen Finanzverfassung in der GmbH auseinander gesetzt, um in dem anschließenden Teil des russischen Rechts (Teil 2) die Gegenüberstellung präziser zu machen (1. Kapitel).

Das zweite Kapitel des ersten Teils der Arbeit setzt sich ausführlich mit den neuen Regelungen des reformierten Rechts der Gesellschafter-Fremdfinanzierung auseinander. Dabei werden die wichtigsten und interessantesten Fallgruppen der Gesellschafterfinanzierung dargestellt und auf die – infolge des MoMiG weiterhin bestehenden oder erst entstandenen – Probleme aufmerksam gemacht. Dabei wird unter anderem die neue den Geschäftsführer treffende Erstattungspflicht nach § 64 S. 3 GmbHG dargestellt (unter C.) und das neue Recht der Nutzungsüberlassung (unter E.) aufgezeigt, die erst infolge der Reform im Jahr 2008 die jetzige Kodifizierung erfahren haben. Im Anschluss an das zweite Kapitel des deutschen Rechts der Gesellschafterfinanzierung zeigen die Bestimmungen des intertemporalen Rechts (unter I.), inwieweit das ehemalige Eigenkapitalersatzrecht auch nach der Reform noch weiterhin Geltung beansprucht.

Aufgrund der rechtsvergleichenden Darstellung mit dem russischen Recht der Gesellschafterdarlehen wird am Ende der Darstellung des deutschen Rechts auch auf das Problem der Gewährung der Gesellschafterdarlehen nach der Stellung des Insolvenzantrages eingegangen (3. Kapitel). Der erste Teil wird schließlich mit einer thesenartigen Zusammenfassung und einer Schlussbemerkung in Bezug auf das neue deutsche Recht der Gesellschafter-Fremdfinanzierung abgerundet (4. Kapitel).

Der zweite Teil der Arbeit behandelt die rechtliche Darstellung der Gesellschafterfinanzierung in Russland. Aufgrund der großen Unterschiede im russischen Recht der Kapitalgesellschaften im Vergleich zum deutschen Recht, wird zur Einstimmung auf die Thematik zunächst ein Überblick über das russische GmbH-Recht (1. Kapitel, B) und Insolvenzrecht (2. Kapitel) dargestellt.

Im dritten Kapitel wird die Rechtslage der Gesellschafterdarlehen in Russland einer umfassenden Analyse unterstellt. Durch die detaillierte Darstellung russischer Insolvenzprozeduren, die eine Gesellschafterfinanzierung explizit vorsehen, sollen die differenzierte Herangehensweise beider Rechtsordnungen zum demselben Thema und – mit Blick auf die weiteren gesetzlichen Ausgestaltungen – die unterschiedliche gesetzliche Schwerpunktsetzung deutlich gemacht werden. Anschließend wird im 4. Kapitel die rechtliche Stellung der Gesellschafter in der Insolvenz dargestellt und der Frage nachgegangen, welche Rangordnung die Gesellschafterforderungen aus Darlehensverträgen in der Insolvenz einnehmen.

Einen wesentlichen Teil im Rahmen der Darstellung des russischen Rechts nimmt die Insolvenzanfechtung ein (5. Kapitel). Als Reaktion auf die in der Praxis oft vorzufindende Entziehung von Vermögenswerten in Fällen drohender Insolvenzen und der dadurch ansteigenden Zahl von masselosen Insolvenzen, hat der Gesetzgeber die Möglichkeiten der Anfechtung der im Vorfeld der Insolvenzen getätigten Rechtsgeschäfte erweitert. Insofern wird ausführlich erläutert unter welchen Bedingungen, die im Vorfeld der Insolvenz zurückgezahlten

Darlehensforderungen oder sonstige Gesellschaftsleistungen durch Anfechtung in die Insolvenzmasse zurückgefordert werden können. Anschließend soll die Darstellung des Rechts der Nutzungsüberlassungen in Russland den Unterschied zum deutschen Recht verdeutlichen (6. Kapitel).

Im letzten Teil zum russischen Recht soll der Vollständigkeit halber die Haftung der Geschäftsleitung für die insolvenzverursachenden Handlungen kurz dargestellt werden (Kapitel 7). Es wird insbesondere auf die Frage eingegangen, ob die Zahlungen der Gesellschaft auf Gesellschafterforderungen für die Geschäftsleitung im anschließenden Insolvenzverfahren haftungsauslösend sein können, wenn feststeht, dass die Auszahlung zur der Insolvenz der Gesellschaft geführt hat.

Mit der anschließenden Schlussbetrachtung werden die gefundenen Ergebnisse zum russischen Recht der Gesellschafterfinanzierung in aller Kürze nochmal zusammengefasst (8. Kapitcl).

Teil 1: Deutsches Recht

1. Kapitel: Überblick über das alte und neue Sonderrecht der Gesellschafterfinanzierung in Deutschland

A. Die Finanzverfassung der GmbH

Neben dem Personenverband nimmt die Finanzverfassung eine der wichtigsten Säulen in der Konstruktionsverfassung einer GmbH ein. Unabhängig von der Tatsache, dass die Finanzverfassung Grundsätze der Vermögenswirtschaft und Unternehmensfinanzierung betrifft und damit mehr dem Bereich der Betriebswirtschaftslehre angehört[40], sind die damit verbundenen Rechtsfragen nicht weniger bedeutungsvoll.

Die Finanzierung der GmbH ist durch gesellschaftsrechtliche Instrumentarien wie die Aufbringung und Erhaltung des Stammkapitals sowie die Behandlung von Gesellschafterdarlehen in der Insolvenz bestimmt. Bevor das Augenmerk auf einen der wichtigsten Hauptbausteine der Finanzverfassung – dem Institut des Eigenkapitalersatzrechts als dem Vorgängermodell zum in dieser Arbeit zu bearbeitenden Recht der Gesellschafter-Fremdfinanzierung – gelenkt wird, soll zur Einstimmung auf die Thematik ein Überblick über die zusammenhängenden Begriffe der Umqualifizierung ins Eigenkapital und der Finanzierungsfreiheit der Gesellschafter dargestellt werden.

I. Unterscheidung zwischen Stammkapital und Gesellschaftsvermögen

Das Stammkapital ist in seiner rechtlichen Bedeutung als eine Rechengröße streng von dem Gesellschaftsvermögen zu unterscheiden[41]. Während das Stammkapital, in dem es im Gesellschaftsvertrag und im Handelsregister mit einer bestimmten, nicht unter 25.000 Euro liegenden Summe ausdrücklich erwähnt

40 K. Schmidt, Gesellschaftsrecht, § 18 II, 1, 2 (S. 515).

41 Hueck/Windbichler, Gesellschaftsrecht, § 20, Rdn. 5, wobei die Möglichkeit besteht, dass sie sich bei der Gründung der Gesellschaft, also wenn die Summe der Geschäftsanteile der Summe der eingezahlten oder noch offen stehenden Beträgen entspricht, decken. Das Eigenkapital kann aber auch schon bei der Gründung von dem Stammkapitalbetrag abweichen; so bei Einbringung von Sacheinlagen, wenn diese nicht richtig bewertet wurden, vgl. Sudhoff, Der Gesellschaftsvertrag der GmbH, S. 160; Münch.Hdb.GesR III, Heinrich, § 19, Rdn. 46.

ist, einen festen Rechnungsposten innehat und grundsätzliche nicht von Tag zu Tag variieren kann, handelt es sich bei dem Gesellschaftsvermögen um ständig wechselnde Beträge, die sowohl das Stammkapital übersteigen als auch unterschreiten können. Eine genaue Definition des Gesellschaftsvermögens ist trotz der zahlreichen Versuche in der Literatur diese zu bestimmen, nicht gelungen[42]. Im Allgemeinen können aber alle geeigneten vermögenswerten und tatsächlichen Positionen mit Zerschlagungswert als Gesellschaftsvermögen betrachtet werden[43].

Wesentliche Funktionen des Stammkapitals liegen einerseits in der Beschränkung der persönlichen Haftung der Gesellschafter auf die im Gesellschaftsvertrag festgelegte Stammkapitalziffer; andererseits dient das Stammkapital als Haftungsfond[44] auch dem Gläubigerschutz. Als Garantieziffer soll der im Gesellschaftsvertrag eingetragene Betrag die Befriedigung der Gläubigerinteressen und die Kreditwürdigkeit der Gesellschaft gewährleisten sowie die weitgehende Befreiung der Gesellschafter von der persönlichen Haftung rechtfertigen[45].

Darüber hinaus ist das Stammkapital auch von dem tatsächlichen Kapitalbedarf der Gesellschaft – bzw. der Eigenkapitalausstattung als Aspekt der Unternehmensfinanzierung – den sie für die Erfüllung ihres Gesellschaftszwecks und zur Verfolgung und Finanzierung ihrer Tätigkeit benötigt, zu unterscheiden[46].

Das zur Erreichung des Gesellschaftszwecks benötigte Kapital kann durch unterschiedliche Finanzierungsmaßnahmen, die alle entweder dem Eigenkapital oder dem Fremdkapital der Gesellschaft zuzuordnen sind, aufgebracht werden[47]. Infolgedessen ist die Differenzierung einer Kapitalmaßnahme als Eigen- oder Fremdkapital nicht nur aufgrund der den Gesellschafter aus der Folgenverantwortung treffenden Konsequenzen von großer Bedeutung, sondern bildet auch

---

42 S. zum Gesellschaftsvermögen: Baumbach/Hopt, Hopt, HGB, § 124, Rdn. 3, 7 ff.; Hueck/Windbichler, Gesellschaftsrecht, § 3, Rdn. 1 ff.; Tegen/Reul/Heidinger/Tersteegen, Tersteegen, Unternehmensrecht, S. 147; Reichert/Weller, Der GmbH-Geschäftsanteil, § 18, Rdn. 17; Ritzrow, BuW 2002, 145 ff. (zum Gesamthandsvermögen allgemein); ausführlicher: Wilhelm, ZHR 159 (1995), 454 ff.; Heller, Die vermögenslose GmbH, S. 7 ff.

43 Heller, Die vermögenslose GmbH, S. 14.

44 Münch. Hdb. GesR III, Heinrich, § 19, Rdn. 46; Roth/Altmeppen, Roth, GmbHG, § 5, Rdn. 4.

45 Baumbach/Hueck, Hueck/Fastrich, GmbHG, § 3, Rdn. 14; Roth/Altmeppen, Roth, GmbHG, § 5, Rdn. 4.

46 Hueck/Windbichler, Gesellschaftsrecht, § 23, Rdn. 1.

47 Römermann, Selzner/Leuering, MAH GmbH-Recht, § 7, Rdn. 2; Ulmer/Habersack/Winter, Habersack, GmbHG, § 32 a/b, Rdn. 8; K. Schmidt, Gesellschaftsrecht, § 18 II.

die Grundlage des „Eigenkapitalersatzrechts“[48]. Dieses Rechtsinstitut bindet auf verschiedene Weise Fremdmittel der Gesellschafter an das „strenge“ Eigenkapital der Gesellschaft.

II. Unterscheidung zwischen Eigenkapital und Fremdkapital

Der gesamte Regelungskomplex des Eigenkapitalersatzrechts steht im Spannungsfeld mit der Frage nach der Behandlung einer Finanzierung des Gesellschafters als Eigen- oder Fremdkapital bzw. nach der Einordnung der Finanzierungsart als Mezzaninkapital unter die Kategorie Fremdkapital mit erhöhtem Insolvenzrisiko und der Finanzierungsfreiheit des Gesellschafters.

1. Das Eigenkapital

Auf den ersten Blick bilden die Begriffe des Stammkapitals und sonstiger Finanzierungsleistungen eine kleine Trennung zwischen dem Eigen- und Fremdkapital. Das Eigenkapital, bestehend aus denjenigen Finanzmitteln, die nach Abzug aller Verbindlichkeiten ein Reinvermögen bilden, setzt sich aus dem Stammkapital, den Kapital[49]- und Gewinnrücklagen sowie den Gewinnvorträgen und dem Jahresergebnis zusammen und kann nur rein bilanziell festgestellt werden[50]. Der Eigenkapitalgeber hat zwar keine Ansprüche auf Verzinsung oder Rückzahlung der eingebrachten Mittel, ihm stehen jedoch gesellschaftsrechtliche Mitwirkungs- und Mitspracherechte sowie die Auskehrung eines erzielten Gewinnes und eines etwaigen Liquidationserlöses zu.

Die wesentliche Funktion des Eigenkapitals besteht darin, der Gesellschaft für die Zeit ihres Bestehens gebunden zu sein, so dass es nicht – etwa durch schuldrechtliche Gestaltungen – abgezogen wird. Das Eigenkapital der Gesellschaft unterliegt der strengen Bindung durch § 30 Abs. 1 GmbHG und kann wegen seiner Haftungsfunktion in der Insolvenz nicht geltend gemacht werden[51]. Eine

---

48 Scholz, K. Schmidt, GmbHG, § 32 a, 32 b, Rdn. 2; Römermann, Selzner/Leuering, MAH GmbH-Recht, § 7, Rdn. 2.

49 Im Unterschied zu den Gewinnrücklagen zählen zu den Kapitalrücklagen nicht Zahlungen aus der Gesellschaft, sondern seitens der Gesellschafter, die in Form von Aufgeld auf die Stammeinlagen (Agio), Zuschüssen oder Nachschüssen zusätzlich zu den Stammeinlagen eingebracht werden.

50 K. Schmidt, Gesellschafsrecht, § 18 II 2; Römermann, Wiese/Matschernus, MAH GmbH-Recht, § 5, Rdn. 4 f.

51 Nur für den höchst unwahrscheinlichen Fall, dass nach Befriedigung sämtlicher Gläubiger noch Restmittel vorhanden sind, werden diese unter den Gesellschaftern

Rückführung der Eigenkapitalmittel – etwa durch Rückzahlung von Gesellschafternachschüssen oder Herabsetzung des Stammkapitals – ist vor der Insolvenz grundsätzlich möglich, unterliegt aber bestimmten strengen Verfahrensanforderungen.

2. Das Fremdkapital

Demgegenüber stellt eine als Fremdkapital eingebrachte Maßnahme der Gesellschaft keine Eigenmittel zur Verfügung, sondern begründet Verbindlichkeiten, die jederzeit schuldrechtlich beendet und in der Insolvenz durch die Gläubiger geltend gemacht werden können, unabhängig davon, ob das Fremdkapital durch Dritte oder durch Gesellschafter gewährt wurde. Im Gegensatz zum Eigenkapital wird dem Fremdkapital keine Haftungs- oder Erhaltungsfunktion zugeschrieben, da die begründeten Verbindlichkeiten Insolvenzforderungen darstellen. Die häufigste Form der Gewährung des Fremdkapitals wird durch Darlehensverträge begründet, die auch bei der Finanzierung durch die Gesellschafter eine große Beliebtheit einnehmen. Im Vergleich zu der Einbringung des Eigenkapitals ist die Finanzierung durch Fremdkapital an keine besonderen Verfahren geknüpft und kann flexibel, unkompliziert und kurzfristig erfolgen.

Die klare Unterscheidung von Eigen- und Fremdkapital ist durch den Anstieg von Zwischenformen in der Finanzierungspraxis zunehmend schwieriger geworden. Im Vordergrund stehen hybride Finanzierungsarten[52] bzw. Mezzanine-Finanzierungen, die sowohl Elemente des Eigen- als auch des Fremdkapitals in sich tragen[53] und insbesondere in den mit einem Rangrücktritt versehenen Gesellschafterdarlehen zu sehen sind[54]. Aber auch „normale" Gesellschafterdarlehen wurden aufgrund der Umqualifizierung ins Eigenkapital als Quasi-(Mezzanine-)Kapital bezeichnet, wobei sie bilanziell beim Fremdkapital angegeben wurden. Nach dem MoMiG bestehen an der Bilanzierung von Gesellschafterdarlehen als Fremdkapital zwar keine Zweifel mehr, dennoch unterliegen sie auch im Rahmen einer Finanzierungsfreiheit bestimmten Sonderregelungen.

---

nach § 199 S. 2 InsO aufgeteilt, Römermann, Selzner/Leuering, MAH GmbH-Recht, § 7, Rdn. 2.

52 Wiese/Dammer, DStR 1999, 867 (867); K. Schmidt, Gesellschaftsrecht, § 18 II 2; Eilers, Gleske/Laudenklos, Unternehmensfinanzierung, D, Rdn. 1.

53 Bock, DStR 2005, 1067 (1067); vgl. ausführlich Protz, Das zivilrechtliche Anforderungsprofil mezzaniner Strukturen der Unternehmensfinanzierung, S. 53 ff.

54 Häger/Elkemann-Reusch, Steinhauer, Mezzanine Finanzierungsinstrumente, Teil 3, Rdn. 499 ff.; K. Schmidt, Gesellschaftsrecht, § 18 II 2.

III. Die Finanzierungsfreiheit der Gesellschafter

Eins der an meisten im Zusammenhang mit dem Rechtsinstitut des Eigenkapitalersatzrechts zu lesenden Schlagwörter betrifft die Finanzierungsfreiheit der Gesellschafter.

Ist das Stammkapital durch die Gesellschafter eingebracht und ist die in § 5 Abs. 1GmbHG vorgesehene Mindestkapitalziffer erreicht, so sind die Gesellschafter in ihrer Entscheidung über die Art und Weise der Ausstattung der Gesellschaft mit Finanzierungsmittel frei[55]. Diese sogenannte Finanzierungsfreiheit[56] besagt also, dass die Gesellschafter frei darüber entscheiden können, ob und in welcher Form sie ein über die Stammkapitalziffer hinausgehendes Eigenkapital der Gesellschaft zur Verfügung stellen oder nicht. Die Finanzierungsfreiheit gebietet den Gesellschaftern ihrer Gesellschaft entweder mehr Eigen- oder Fremdkapital zuzuführen oder davon ganz abzusehen[57]. Insoweit kann die Finanzierungsfreiheit auch mit status positivus und status negativus verglichen werden. Als status negativus kann der Umstand bezeichnet werden, dass es keine allgemeine Verpflichtung der Gesellschafter gibt, die GmbH mit angemessenen Kapitalmitteln entsprechend dem Gesellschaftszweck auszustatten. Spiegelbildlich bedeutet der status positivus, dass falls sich die Gesellschafter für eine Aufstockung des Kapitalbedarfs entscheiden sollten, sie die Art und den Umfang der Kapitalgewährung grundsätzlich frei und beliebig bestimmen können.

Darüber hinaus hat die höchstrichterliche Rechtsprechung[58] anerkannt, dass – im Interesse einer uneingeschränkten Finanzierungsfreiheit – die Gesellschafter sogar in der Krise der Gesellschaft keiner Pflicht ausgesetzt sind, über die Verpflichtung zur Erbringung des Stammkapitals hinaus noch fehlendes Kapital aus dem eigenen Vermögen bereit zu stellen. Befindet sich jedoch die Gesellschaft in

---

55 Römermann, Selzner/Leuering, MAH GmbH-Recht, § 7 Rdn. 4; vgl. Hueck/Windbichler, Gesellschaftsrecht, § 24, Rdn. 16; Baumbach/Hueck, Hueck/Fastrich, GmbHG, § 5, Rdn. 5.

56 Auch als „Freiheit der Finanzierungsentscheidung“ bezeichnet in:. Baumbach/Hueck, Hueck/Fastrich, GmbHG, § 5, Rdn. 5; Münch. Hdb. GesR III, Rümker, § 52, Rdn. 2; BGHZ 105, 168, 175.

57 Scholz, K. Schmidt, GmbHG, § 32 a, 32 b, Rdn. 4; eine gesetzliche Pflicht der Gesellschafter zu einer angemessenen Kapitalausstattung der GmbH besteht nicht, vgl. Ulmer/Habersack/Winter, Habersack, GmbHG, § 32 a/b, Rdn. 9.

58 Vgl. BGHZ 127, 17, 23; BGHZ 142, 116, 119f.

einer Krise, verbietet das Abzugsverbot den Gesellschaftern lediglich, Mittel aus der GmbH zu entnehmen[59].

Entscheidet sich der Gesellschafter – über die Einbringung seiner Stammeinlage hinaus – seiner Gesellschaft mehr Kapital zuzuführen, wird seine Finanzierungsmaßnahme entweder dem Eigen- oder Fremdkapital gutgeschrieben. Die Qualifizierung dieser Finanzierungsmaßnahme entscheidet dann über die rechtlichen Folgen.

Im Mittelpunkt der Unternehmensfinanzierung fungieren die Gesellschafterdarlehen und andere ihnen wirtschaftlich vergleichbare Rechtshandlungen. Aber auch wenn die Finanzierung der Gesellschaft durch freiwillige Kreditgewährung durch die Gesellschafter mit Blick auf die Finanzierungsfreiheit zulässig ist und aufgrund der Flexibilität hohe Attraktivität genießt, unterliegt sie im Interesse des Gläubigerschutzes gewissen Einschränkungen. Denn die Kreditvergabe bedeutet für die Gesellschaft nicht bloß einen Mittelzufluss, sondern versetzt die Gesellschaft gegenüber dem Gesellschafter in eine Schuldnerstellung. Die Kehrseite der Finanzausstattung ist der Rückgewähranspruch des Gesellschafters gegen die Gesellschaft, den er bereits im Vorfeld der Insolvenz geltend machen oder mit dem er in der Insolvenz als Gläubiger mit den übrigen Gläubigern in Konkurrenz treten kann. Infolge der Befriedigung des Gesellschafters im Vorfeld der Insolvenz verringert sich das Gesellschaftsvermögen für die Befriedigung der Gläubiger. Aus diesem Grund wurden spezielle Regelungen geschaffen, die das Haftungssystem der Kapitalgesellschaften verstärken, indem die Gesellschaftergläubiger mit ihren Ansprüchen aus den Darlehensforderungen nicht mit den üblichen Gläubigern gleichgesetzt werden.

B. Die Legitimation der Sonderbehandlung von Gesellschafterdarlehen

I. Bisherige Rechtslage

Um die mit dem MoMiG verfolgten Änderungen des komplexen Eigenkapitalersatzrechts und deren Bedeutung nachvollziehen zu können, ist zur Einstimmung auf die Thematik eine komprimierte Einführung zum bisherigen Eigenkapitalersatzrecht unerlässlich. Darüber hinaus ist die Darstellung des ehemaligen Eigenkapitalersatzrechts auch aus Gründen des intertemporalen Rechts, das die bisherigen

59 Vgl. Scholz, K. Schmidt, GmbHG, §§ 32 a, 32 b, Rdn. 111; Lutter/Hommelhoff, dies., GmbHG, §§ 32 a/b, Rdn. 3.

Vorschriften noch über den Zeitpunkt des Inkrafttretens des MoMiG hinaus für eine gewisse Zeit nicht vergessen lässt, geboten.

1. *Die Legitimation durch die Finanzierungsfolgenverantwortung*

Im Vordergrund des Eigenkapitalersatzrechts steht die Legitimationsgrundlage dieses Rechtsinstituts. Für die Zeit vor dem MoMiG wurde die Umqualifizierung des als Fremdkapital gewährten Darlehens ins funktionale Eigenkapital mit der sog. Finanzierungsfolgenverantwortung[60] der Gesellschafter, die als eine Einschränkung der Finanzierungsfreiheit[61] verstanden wurde, gerechtfertigt. Durch ihr Verhalten, der Gesellschaft trotz nomineller Unterkapitalisierung[62], weiteres Kapital zur Verfügung zu stellen, zeigten die Gesellschafter, dass die Leistung allein societatis causa erfolgte und mangels eines Drittvergleiches keinen bloßen Austauschvertrag darstellte[63].

Den Gesellschafter traf aufgrund seiner Stellung die Verantwortung für die sich in einer Krise befindenden GmbH. Sein Handeln in Bezug auf die Finanzierung der Gesellschaft wurde in erster Linie an den Gläubigerschutzaspekten ausgerichtet. In solchen Fällen konnte er sich nicht auf den Einwand berufen, er habe der Gesellschaft – wenn auch als Fremdmittel – Finanzierungshilfen gewährt und damit nicht nur im Interesse einer ordnungsgemäßen Unternehmensfinanzierung, sondern mittelbar auch im Gläubigerinteresse gehandelt. Befand sich nämlich die Gesellschaft in einer Krise oder stand diese unmittelbar bevor und wählte der Gesellschafter eine Finanzierungsweise, mit der er in erster Linie der erforderlichen Eigenkapitalzufuhr ausweichen wollte, so durfte er das mit der Fortführung einer liquidationsreifen Gesellschaft

60 BGHZ 81, 252, 257; BGH ZIP 1994, 1934, 1938, früher vom BGH auch als Finanzierungsverantwortung bezeichnet, wobei dieser Begriff unpräzise ist, da die Gesellschafter nicht zum Nachschuss von Kapital verpflichtet sind, sondern das in der Krise gewährte oder belassene Kapital nicht abziehen dürfen.

61 Ulmer/Habersack/Winter, Habersack, GmbHG, § 32 a/b, Rdn. 12.

62 Bei einer nominellen Unterkapitalisierung ist die Gesellschaft aus wirtschaftlicher Sicht zwar mit unzureichendem Eigenkapital ausgestattet. Die Gesellschafter versuchen jedoch diesen Umstand durch verdeckte Kapitalzufuhr in Form von Darlehensgewährung auszugleichen, so dass das Problem der eigenkapitalersetzenden Darlehen immer die nominelle Unterkapitalisierung betrifft, vgl. Michalski, Zeidler, GmbHG, § 5, Rdn. 26; Roth/Altmeppen, dies., GmbHG, § 5, Rdn. 12, § 32 a.F., Rdn. 19. Die nominelle Unterkapitalisierung ist streng von der die Durchgriffshaftung betreffende materielle Unterkapitalisierung zu unterscheiden.

63 Spliedt, ZIP 2009, 149, 153.

verbundene Risiko durch Gewährung von Fremdmittel aufgrund seiner gesellschaftsrechtlichen Verantwortung nicht allein der Gesellschaft aufbürden und daraus einen Vorteil zum Nachteil der Gläubiger ziehen, in dem er im Konkurs der Gesellschaft seinen Rückforderungsanspruch gleichberechtigt mit anderen Gesellschaftsgläubigern geltend machte[64]. In einem solchen Fall musste der Grundsatz der Finanzierungsfreiheit hinter der Finanzierungsfolgenverantwortung des Gesellschafters zurücktreten und der Gesellschafter musste es akzeptieren, dass seine formell als Fremdkapital gewährte Finanzierungsmaßnahme im Rahmen einer sog. Umqualifizierung wie Eigenkapital behandelt wurde[65]. Diese Maßnahme war dann mit einer Durchsetzungssperre belastet und musste bis zur Behebung der Krise als Haftkapital fungieren[66]. Darüber hinaus reichte nach der Rechtsprechung des BGH für die Qualifizierung der Maßnahme als haftendes Eigenkapital bereits die Kenntnis des Gesellschafters über die wirtschaftlichen Verhältnisse seiner Gesellschaft aus[67], wobei an die Kenntnis des Gesellschafters keine hohe Anforderungen gestellt wurden.

Als Folge des Eingreifens der Finanzierungsfolgenverantwortung wurden die Gesellschafterdarlehen im Rahmen eines zweistufigen Eigenkapitalersatzsystems sowohl gesellschaftsrechtlichen als auch insolvenzrechtlichen Sonderregelungen unterworfen.

2. *Zweistufiges Kapitalschutzsystem*

Vor der „kleinen GmbH-Novelle" 1980[68] war das Eigenkapitalersatzrecht lange Zeit ein von der Rechtsprechung entwickeltes Rechtsinstitut. Die mit der „kleinen Reform" eingeführten Vorschriften der §§ 32 a, 32 b GmbHG a.F. knüpften

64 BGHZ 105, 168, 175 f.; BGH ZIP 1994, 1934, 1937; BT-Drs. 8/1347, S. 39 (linke Spalte); Hommelhoff, ZGR 1988, 460, 489.

65 Münch. Hdb. GesR III, Rümker, § 52, Rdn. 2; Römermann, Selzner/Leuering, MAH GmbH-Recht, § 7, Rdn. 6.

66 BGHZ 109, 55, 57 f.; Münch. Hdb. GesR III, Rümker, § 52, Rdn. 4.

67 BGH ZIP 1992, 177, 179; BGH ZIP 1992, 618, 620.

68 Gesetz zur Änderung des GmbH-Gesetzes und anderer handelsrechtlicher Vorschriften vom 4. Juli 1980, BGBl I, 836.

an eine bereits seit 1959 entwickelte höchstrichterliche Rechtsprechung[69] an, ohne diese jedoch komplett zu übernehmen[70].

Diese sogenannten Rechtsprechungsregeln für eigenkapitalersetzende Gesellschafterdarlehen, auf die §§ 30, 31 GmbHG analog angewandt wurden, sollten in erster Linie die Gläubigerinteressen schützen und das Eigenkapital als Haftungsmasse erhalten.

Mit der Einführung der §§ 32 a, 32 b GmbHG a.F. im Zusammenhang mit § 135 InsO und § 6 AnfG, bildeten diese sogenannten Novellenregeln die erste gesetzliche Grundlage für die eigenkapitalersetzenden Gesellschafterdarlehen71. Da sich die Novellenregeln aber sowohl im Tatbestand als auch in der Rechtsfolge von den Rechtsprechungsregeln unterschieden, aber dennoch nebeneinander Geltung hatten72, führte dies zu einem zweistufigen Kapitalschutz und einem doppelten Gläubigerschutz.

a. Novellenregeln (§§ 32 a, 32 b GmbHG a.F., § 135 InsO a.F.)

Die Regelungen der §§ 32 a, 32 b GmbHG a.F. betrafen die gesetzliche Bindung von Fremdkapital. Primär richtete sich die rechtliche Bewertung der eigenkapitalersetzenden Darlehen danach, ob sich die GmbH noch vor oder bereits in der Insolvenz befand. Wurde über das Vermögen der Gesellschaft bereits ein förmliches Insolvenzverfahren eröffnet, so waren die Novellenregeln der § 135 InsO, ergänzt durch §§ 32 a, b GmbHG a.F., einschlägig. Diese bildeten die sogenannte „insolvenzrechtliche Lösung“[73].

aa. Gesellschafterdarlehen

Danach lag ein eigenkapitalersetzendes Darlehen i.S.d. § 32 a GmbHG dann vor, wenn ein Gesellschafter seiner GmbH im Zeitpunkt einer Krise ein Darlehen – und dem Darlehen gleichgestellte Finanzierungsarten i.S.d. § 32 a Abs. 2, 3 S. 1,

69 Grundsatzentscheidungen: BGHZ 31, 258, 268 ff.; BGHZ 67, 171, 174 ff.; BGHZ 75, 334, 336 ff.; BGHZ 76, 326, 328 ff.; BGHZ 81, 252, 255; BGHZ 81, 311, 314 ff.; BGHZ 81, 365, 366 ff.; BGHZ 90, 381, 388 ff.; zuletzt BGH WM 2005, 78, 79; BGH WM 2007, 973, 974 f.

70 Münch. Hdb. GesR III, Rümker, § 52, Rdn. 5; Römermann, Selzner/Leuering, MAH GmbH-Recht, § 7, Rdn. 8.

71 Leistikow, Das neue GmbH-Recht, § 4, Rdn. 363; Scholz, K. Schmidt, GmbHG, § 32 a, 32 b GmbHG, Rdn. 1, wo als Oberbegriff „die eigenkapitalersetzende Fremdfinanzierung durch Gesellschafter und nahestehenden Dritten“ verwendet wird.

72 Das in dem sogenannten „Nutzfahrzeug-Urteil“ des BGH v. 26.03.1984 (BGHZ 90, 370) ausdrücklich klargestellt wurde.

73 Ulmer/Habersack/Winter, Habersack, GmbHG, §§ 32 a/b, Rdn. 2.

§ 32 b S. 4 GmbHG a.F. – gewährte. Nach ständiger Rechtsprechung des BGH befand sich eine Gesellschaft dann in einer Krise, wenn sie kreditunwürdig oder insolvenzreif war[74]. Soweit es um eigenkapitalersetzende Darlehen ging, war die Kreditunwürdigkeit der Gesellschaft im Falle einer formellen Unterkapitalisierung zu bejahen, die dann vorlag, wenn ein vernünftiger Dritter der Gesellschaft zu diesem Zeitpunkt ein Darlehen zu marktüblichen Konditionen nicht gewährt hätte[75]. Anders ausgedrückt, befand sich die Gesellschaft in der Krise, wenn ein ordentlicher Kaufmann ihr Eigenkapital zugeführt oder die Gesellschaft liquidiert hätte, anstatt die Gesellschaft mit Fremdmitteln künstlich „am Leben" zu erhalten[76].

Die Fallgruppe der Insolvenzreife lag wiederum dann vor, wenn die Gesellschaft i.S.d. § 17 Abs. 2 S. 1 InsO zahlungsunfähig oder gemäß § 19 Abs. 2 S. 1 InsO überschuldet ist, was eine rechnerische Überschuldung unter Berücksichtigung einer negativen Fortsetzungsprognose voraussetzte[77].

In der Rechtsfolge musste bei den gesetzlichen Eigenkapitalersatzregelungen zwischen zwei Tatbeständen differenziert werden. Hinsichtlich der Durchsetzbarkeit des Rückzahlungsanspruchs hatte der Gesetzgeber mit der Einführung der Novellenregeln einen Rangrücktritt des Rückgewähranspruchs von kapitalersetzenden Gesellschafterdarlehen und gleichgestellten Finanzierungsformen i.S.d. § 32 a Abs. 2, 3 und § 32 b S. 4 GmbHG a.F. explizit in das Gesetz

---

74 BGHZ 76, 326, 330; BGHZ 81, 252, 255; BGHZ 105, 168, 184 f. Aus § 32 a Abs. 2 GmbHG a. F. folgt, dass nicht nur die Insolvenzreife Grund für den eigenkapitalersetzenden Charakter des Darlehens sein kann, sondern auch die ausreichende Besicherung durch die Gesellschaft. Allerdings kann die Tatsache, dass eine Gesellschaft den Kredit noch aus eigenem Vermögen besichern kann, ein Indiz für die Kreditfähigkeit sein. Auf der anderen Seite könnte dieses Indiz geeignet sein, den Sinn und Zweck des § 32 a GmbHG – und damit der gesetzlichen Eigenkapitalregeln – zu umgehen, wenn eine ausreichende Besicherung immer gegen die Umqualifizierung sprechen würde, vgl. K. Schmidt, ZIP 1981, 689, 695 f.

75 BGHZ 76, 326, 330; BGH v. 7.3.2005, GmbHR 2005, 617, 619.

76 Der Vergleich mit dem „ordentlichen Kaufmann" ist von der Prämisse etwas unpräzise, als verstanden werden könnte, dass dem Gesellschafter eben die Zuführung des Kapitals vorgeworfen wird. Und das ist vor dem Hintergrund der bereits dargestellten Finanzierungsfreiheit ungenau, denn sein „kritisiertes" Verhalten besteht lediglich darin, dass er sich in Widerspruch setzt, wenn er freiwillig Kapital gewährt und sich trotz seiner Gesellschafterstellung als neutraler Kreditgeber und Gläubiger der Gesellschaft ansieht; vgl. Roth/Altmeppen, Altmeppen, GmbHG, § 32 a, Rdn. 15 ff.

77 BGH GmbHR 2005, 617, 619.

aufgenommen[78]. Infolgedessen war das Darlehen des Gesellschafters gemäß § 32 a Abs. 1 GmbHG a.F. im Insolvenzfall dem Eigenkapital gleichgestellt, so dass alle anderen Gläubiger der Gesellschaft vorrangig zu befriedigen waren, während der Gesellschafter seine Forderung aus der eigenkapitalersetzenden Maßnahme gemäß § 39 Abs. 1 Nr. 5 InsO a.F. nur als nachrangige Forderung geltend machen konnte[79].

Für den Fall, dass der Gesellschafter seinen Anspruch bereits realisieren konnte und seine Leistung vor der Eröffnung des Insolvenzverfahrens ganz oder teilweise zurückerhielt oder für eine von § 32 a GmbHG a.F. erfasste Forderung eine Sicherheit erhielt, unterlag diese Gegenleistung – zur Sicherung oder Befriedigung der Darlehensgläubiger – der Anfechtung durch den Insolvenzverwalter nach § 135 Nr. 1 InsO, § 6 Nr. 1 AnfG[80]. Innerhalb der in § 32 b GmbHG a.F. und § 135 InsO statuierten zeitlichen Grenzen konnten die vor der Insolvenzeröffnung gestellten Sicherheiten respektive zurückgezahlte eigenkapitalersetzende Forderungen angefochten und zurückgefordert werden.

Wie die Gesetzessystematik der § 32 a Abs. 2, 3 S. 1, 32 b GmbHG a.F. zeigt, war der Gesetzgeber bei der Regelung der gesetzlichen Eigenkapitalersatzregeln bemüht, alle in Betracht kommenden Gestaltungsmöglichkeiten zu erfassen, um in erster Linie allen denkbaren Umgehungsgeschäften entgegenzuwirken. So wurden dem Eigenkapitalersatzrecht nicht nur die Gesellschafterdarlehen, sondern auch dem Darlehen wirtschaftlich vergleichbare Rechtshandlungen i.S.d. § 32 a Abs. 3 S. 1 GmbHG a.F. und Drittdarlehen i.S.d. § 32 a Abs. 2 GmbHG a.F. – für die der Gesellschafter eine Sicherheit bestellt hat – unterworfen.

bb. Gesellschafterbesicherte Drittdarlehen

Was die letzte Fallgruppe der besicherten Drittdarlehen angeht, so erscheint die Regelung zwar konsequent und logisch, bedarf aber zum Verständnis einiger

78 Römermann, Selzner/Leuering, MAH GmbH-Recht, § 7, Rdn. 8; Roth/Altmeppen, Altmeppen, GmbHG, § 32 a, Rdn. 89, da also lediglich die Durchsetzbarkeit des Rückzahlungsanspruchs gehemmt wird, wird durch die Rückzahlungssperre auch der Zinslauf nicht unterbrochen, so dass auch die Zinsleistung dann wieder erbracht werden kann, wenn so viel Gesellschaftsvermögen wieder vorhanden ist, dass das Stammkapital bei Zahlung nicht berührt wird, vgl. a. BGH ZIP 2005, 82, 84.

79 Ulmer/Habersack/Winter, Habersack, GmbHG, § 32 a/b, Rdn. 87.

80 Münch. Hdb. GesR III, § 52, Rdn. 63; Ulmer/Habersack/Winter, Habersack, GmbHG, § 32 a/b, Rdn. 84, 93 ff. Da die Anfechtung nach § 135 InsO an die Eröffnung des Insolvenzverfahrens anknüpft, kann auch nur der Insolvenzverwalter den Anspruch geltend machen.

Erläuterungen. Für den Fall, dass die Kreditsicherheit der Gesellschaft gefährdet war und sie keine eigenen Sicherheiten stellen konnte, erklärten sich kreditbereite Dritte nur unter der Bedingung zur Kreditgewährung bereit, dass die Gesellschafter als Sicherungsgeber fungieren[81]. Dadurch aber, dass der Gesellschafter für ein von Dritten gewährtes Darlehen im Zeitpunkt der Krise eine Sicherheit bestellte oder erst zu diesem Zeitpunkt „stehen ließ", zieht er die Gesellschaft mittelbar in den Handlungsablauf mit ein. Wirtschaftlich betrachtet kann es nämlich keinen Unterschied machen, ob der Gesellschafter selbst das Darlehen gewährte oder aufgrund seiner Finanzierungsverantwortung aus der Sicherheit verpflichtet war[82]. Denn der die Sicherheit gewährende Gesellschafter war gemäß § 32 a Abs. 2 GmbHG a.F. im Insolvenzfall der Gesellschaft als Sicherungsgeber gegenüber dem Kreditgeber primär zu Haftung verpflichtet. Dadurch, dass der Gesellschafter durch die Besicherung des Kredits die Ausstattung der Gesellschaft mit weiterem Kapital ermöglichte, musste er aufgrund seiner Finanzierungsfolgenverantwortung dafür einstehen, dass der Gesellschaft nicht Eigen-, sondern Fremdkapital zugeflossen war, was zur Folge hatte, dass die Besicherung des Kredites im Verhältnis der Gesellschaft zum Gesellschafter so behandelt wurde, als hätte der Gesellschafter selbst ein Darlehen gewährt[83]. Die den sichernden Gesellschafter gegenüber seiner Gesellschaft treffende Freistellungspflicht im Falle der Fälligkeit der Rückzahlungsverbindlichkeit sollte einen Rückfluss der Kreditmittel aus der Gesellschaft verhindern[84]. In der Rechtsfolge bestand zwar ein Regressanspruch des kreditsichernden Gesellschafters gegen seine Gesellschaft, als Kreditnehmerin; dieser war jedoch aufgrund der eigenkapitalersetzenden Sicherheit im Insolvenzverfahren nach § 39 Abs. 1 Nr. 5 InsO ebenfalls entweder nachrangig[85] oder löste im Falle der bereits erbrachten Tilgungsleistung[86] seitens der Gesellschaft einen Erstattungsanspruch nach § 32 b GmbHG a.F. aus.

---

81 Vgl. Ulmer/Habersack/Winter, Habersack, GmbHG, §§ 32 a/b, Rdn. 155.

82 Vgl. K. Schmidt/Uhlenbruck, K. Schmidt, S. 186.

83 Scholz, K. Schmidt, GmbHG, § 32 a, 32 b, Rdn. 143; K. Schmidt, ZIP 1999, 1821, 1823.

84 K. Schmidt, ZIP 1999, 1821, 1828; BGH NJW 1992, 1166 (1166).

85 Vgl. BGH NJW 1993, 3265 f.; K. Schmidt, ZIP 1999, 1821, 1828.

86 Wobei die Leistung nicht nur die Rückzahlung i.S.d. §§ 362–364 BGB erfasst, sondern jede wirtschaftliche Leistung, die zur Befriedigung des Kreditgebers zu Lasten der Gesellschaft erbracht wird, also auch eine Aufrechnung i.S.d. § 389 BGB gegen eine Forderung der Gesellschaft oder eine Sicherungsgewährung seitens der Gesellschaft

cc. Kurzfristige Überbrückungsdarlehen

Vergleichbar streng wurde auch mit sogenannten „kurzfristigen Überbrückungskrediten“ vorgegangen, obwohl sie schon aufgrund ihrer Zweckbestimmung nicht die Bedeutung und Merkmale eigenkapitalersetzender Darlehen haben können[87]. Nach der Rechtsprechung des BGH konnten kurzfristig rückzahlbare „Überbrückungskredite“ eines Gesellschafters sowie die Besicherung eines solchen durch den Gesellschafter, die als kurzfristige Liquiditätshilfen fungierten, aus dem Eigenkapitalersatzrecht herausgenommen werden. Gemeint waren jedoch nur solche Überbrückungsmaßnahmen, die die in § 64 Abs. 1 GmbHG a.F. statuierte zeitliche Grenze von höchstens drei Wochen nicht überstiegen[88] und wenn im Zeitpunkt der Einräumung des Kredits aufgrund der wirtschaftlichen Lage der Gesellschaft objektiv damit gerechnet werden konnte, dass der Kredit in der vorgesehenen kurzen Zeit abgelöst werden würde[89]. War dagegen die wirtschaftliche Lage des Unternehmens bereits angegriffen und wurde der Kredit erst nach einer längeren Zeit als drei Wochen zurückgezahlt, so unterfiel auch die vorübergehende, der Unternehmensfinanzierung dienende Abhilfe trotz ihres Überbrückungscharakters den Eigenkapitalersatzregeln[90]. Denn ob eine Finanzhilfe des Gesellschafters dem Eigenkapitalersatzrecht unterfällt oder nicht richtete sich allein nach den objektiven Voraussetzungen dieses Rechtsinstituts – gegebenenfalls sogar schon zum Zeitpunkt der bindenden Kreditzusage bei erst später gewährter Leistung – und gerade nicht nach den Vorstellungen und Beweggründen des Gesellschafters[91], auch wenn er durch seine Finanzierungsmaßnahme weder die Verschleppung der Insolvenz noch die Sanierung der Gesellschaft vor Augen hatte, sondern lediglich ein ganz bestimmtes Rechtsgeschäft bezwecken wollte. Demzufolge unterfielen die Überbrückungskredite nur dann nicht dem Eigenkapitalersatzrecht, wenn die Kurzfristigkeit der Finanzierungsmaßnahme aufgrund der in Aussicht gestellten anderweitigen Kapitaldeckung ernsthaft als bloßer Vorschuss geplant und verfolgt wurde, weil die Gesellschaft für kurze Zeit dringend auf die Zufuhr von Geldmitteln angewiesen war, und die wirtschaftliche Lage des Unternehmens dem nicht entgegenstand,

---

an den Gesellschafter aufgrund seiner Forderung, vgl. Roth/Altmeppen, Altmeppen, GmbHG, § 32 b, Rdn. 6; Scholz, K. Schmidt, GmbHG, §§ 32 a, 32 b, Rdn. 170.

87 BGHZ 90, 381, 393 f.; BGHZ 75, 334, 337 f.; BGH DStR 2006, 2140, 2141.

88 BGH ZIP 2006, 2130 (2130); Scholz, K. Schmidt, GmbHG, §§ 32 a, 32 b, Rdn. 43.

89 BGH ZIP 1995, 23, 24; BGH ZIP 1997, 1648, 1650; BGH GmbH-R 1990, 125, 126 f.; BGH DStR 2006, 2140, 2141.

90 Vgl. BGHZ 76, 326, 330; BGHZ 133, 298, 304.

91 BGHZ 133, 289, 304; vgl. BGHZ 75, 334, 337 f.; BGHZ 81, 311, 314 f.

so dass objektiv mit der Rückzahlung binnen drei Wochen zu rechnen war[92]. Dies schloss allerdings nicht aus, dass auch ein zunächst kurzfristig gewährtes Darlehen durch das Stehenlassen nicht eigenkapitalersetzend werden konnte.

Die einzigen Konstellationen, die aus dem Eigenkapitalersatzrecht ausgenommen wurden, waren die in § 32 a Abs. 3 S. 2 und 3 GmbHG a.F. geregelten Kleinbeteiligungsprivileg[93] eines nicht geschäftsführenden Minderheitsgesellschafters sowie das Sanierungsprivileg[94] eines Darlehensgebers, der zur Überwindung der Krise Anteile an der angeschlagenen GmbH übernahm. Ausgangspunkt war eine immer zunehmende Kritik am Eigenkapitalersatzrecht, dieses sei „sanierungsfeindlich"[95], so dass der Gesetzgeber auf Druck der verbreiteten Kritik in der Literatur sich veranlasst sah, zur Förderung der Sanierungsmöglichkeiten diese Ausnahmen ins Gesetz aufzunehmen.

b. Rechtsprechungsregeln (§§ 30, 31 GmbHG a.F. analog)

Das zweite Schutzsystem des Eigenkapitalersatzes, die Rechtsprechungsregeln, sah ein kapitalerhaltungsrechtliches Rückzahlungsverbot vor. Gewährte ein Gesellschafter seiner Gesellschaft ein Darlehen oder gleichzuachtende Finanzierungsmaßnahmen und befand sich diese bereits in der Krise – sei es aufgrund der Kreditunwürdigkeit oder einer Überschuldung – dann wurde diese Kapitalmaßnahme wie haftendes Eigenkapital behandelt. Diese eigenkapitalersetzenden Gesellschafterleistungen unterlagen nach der analogen Anwendung der §§ 30 Abs. 1, 31 GmbHG a.F. einem Rückzahlungsverbot. Dies bedeutete, dass eine Gesellschafterleistung, die als eigenkapitalersetzend anzusehen war, für die Dauer der Krise – vergleichbar einer Stammeinlage – dem kapitalsicheren Ausschüttungsverbot des § 30 GmbHG a.F. unterlag und solange nicht an den betreffenden Gesellschafter zurückgewährt werden konnte, soweit es rechnerisch fehlendes Stammkapital oder eine darüber hinaus gehende Überschuldung abdeckte[96]. Daraus folgte auch, dass dem Rückzahlungsverbot nicht die volle Höhe

---

92 Scholz, K. Schmidt, GmbHG, §§ 32 a, 32 b, Rdn. 43; Römermann, Selzner/Leuering, MAH GmbH-Recht, § 7, Rdn. 39; vgl. a. BGH GmbH-R 1990, 125, 127; BGHZ 90, 381, 394; BGH EWiR 2010, 641 f.

93 § 32 a Abs. 3 S. 2 GmbHG a.F., eingeführt durch Art. 2 KapAEG (Kapitalaufnahmeerleichterungsgesetz vom 20.04.1998, BGBl.I S. 707).

94 § 32 a Abs. S. 3 GmbHG a.F., eingeführt durch Art. 9a KonTraG (Gesetz zur Kontrolle und Transparenz im Unternehmensbereich vom 27.04.1998, BGBl. I S. 786).

95 Dörrie, ZIP 1999, 12 (12); Michalski, Heidinger, GmbHG, §§ 32 a, 32 b, Rdn. 208.

96 BGHZ 76, 326, 332; Römermann, Selzner/Leuering, MAH GmbH-Recht, § 7, Rdn. 8; BGH WM 2005, 78, 80, wo das Stammkapital als „einzige Messgröße" bezeichnet wird.

des Gesellschaftsdarlehens unterlag, sondern nur der Betrag, der zur Verringerung des Stammkapitals oder einer weitergehenden Überschuldung geführt hätte. Darüber hinaus führte das Rückzahlungsverbot nicht zur vollständigen Einbuße der Darlehensvaluta seitens des Gesellschafters, sondern bewirkte vielmehr eine Durchsetzungssperre, bis das Stammkapital durch das Gesellschaftsvermögen in dem Umfang aufgefüllt war, dass es im Falle einer Auszahlung an den Gesellschafter nicht angegriffen wurde[97].

Wurden allerdings die Finanzierungsmittel trotz der Auszahlungssperre zurückgewährt, löste § 31 GmbHG a.F. in seiner analogen Anwendung einen Erstattungsanspruch aus, der gemäß § 31 Abs. 5 S. 1 GmbHG a.F. analog in fünf Jahren verjährte und durch den Insolvenzverwalter oder die Geschäftsführer geltend gemacht werden musste[98].

Neben den eigenkapitalersetzenden Gesellschafterdarlehen wurden auch solche Darlehen von den Rechtsprechungsregeln erfasst, die zwar vor der Krise gewährt, aber in der Krise „stehengelassen" wurden. Da das Darlehen bereits vor dem Eintritt der Krise gewährt wurde, stellte es zunächst noch Fremdkapital dar. Die Besonderheit des Rückzahlungsverbots ergab sich jedoch daraus, dass der Gesellschafter, trotz seiner Möglichkeit, das Darlehen außerordentlich zu kündigen, davon keinen Gebrauch machte, sondern es vielmehr „stehen ließ"[99]. Dadurch entstand aber bei den Vertragspartnern der Eindruck, die Gesellschaft verfüge über ausreichendes Eigenkapital und ist weiterhin voll funktionsfähig. Somit sahen die Rechtsprechungsregeln vor, dass auch ein in „gesunden Zeiten" gewährtes Darlehen zwar zunächst als Fremdkapital angesehen, aber ab dem Zeitpunkt der Gesellschaftskrise in das haftende Eigenkapital umqualifiziert wurde.

3. *Das Verhältnis von Novellenregeln und Rechtsprechungsregeln zueinander*

Ungeachtet der Vorteile eines mehrfachen Gläubiger- und Kapitalschutzes stellt sich nichtsdestotrotz die Frage nach dem Verhältnis der gesetzlichen Eigenkapitalersatzregeln der §§ 32 a, b GmbHG a.F. zu den richterrechtlich entwickelten

97 BGHZ 76, 326, 335; hins. „stehenlassen" vgl. BGHZ 81, 365, 367; hins. Gebrauchsüberlassung vgl. BGHZ 109, 55, 66; BGH WM 2005, 78, 80; BGH ZIP 2005, 2016, 2017; vgl. a. Lutter/Hommelhoff, dies., GmbHG, § 32 a/b, Rdn. 102.

98 Lutter/Hommelhoff, dies., GmbHG, § 32 a/b, Rdn. 11; Birkendahl, Reform des GmbH-Rechts, S. 32.

99 BGHZ 75, 334, 338 f.

Rechtsprechungsgrundsätzen in der analogen Anwendung der §§ 30, 31 GmbHG a.F. Wie es schon aus der Gesetzbegründung folgt, wollte der Gesetzgeber mit der Einführung von §§ 32 a, b GmbHG a.F. eine „gesetzliche Rechtsgrundlage schaffen, um bestehende Zweifelsfragen [...] auszuräumen"[100]. Die Rechtsprechungsregeln fungierten dabei als ein Anknüpfungspunkt und sollten mit einer erfolgreichen Umsetzung abgeschafft[101] und durch die Novellenregeln ersetzt werden. In dem Grundsatzurteil vom 26. März 1984 erklärte der BGH jedoch die Fortgeltung der Rechtsprechungsgrundsätze über kapitalersetzende Gesellschafterdarlehen und berief sich auf den Gläubigerschutz, mit dem es nicht zu vereinbaren wäre, die von der Rechtsprechung entwickelten Grundsätze nicht mehr anzuwenden, da die neuen Regeln den beabsichtigten Schutz der Gesellschaftsgläubiger nicht zu gewährleisten vermochten[102]. Dies folgt insbesondere daraus, dass die Rechtsprechungsregeln sich von den Novellenregeln sowohl tatbestandlich als auch in der Rechtsfolge nicht nur unerheblich unterschieden.

Im Tatbestand unterschieden sich die Rechtsprechungsregeln von den Novellenregeln aufgrund des einheitlichen Rechtsgedankens nur hinsichtlich der Voraussetzungen der Eröffnung des Insolvenzverfahrens für die Novellenregelungen und der Unterschreitung der Stammkapitalziffer für die Rechtsprechungsregeln[103]. Für die Beurteilung nach den gesetzlichen Regeln konnte das Darlehen außerhalb der Insolvenz nicht den eigenkapitalersetzenden Charakter aufweisen und konnte demzufolge nur im Falle eines Insolvenzverfahrens geltend gemacht werden. Demgegenüber setzten die Rechtsprechungsregeln voraus, dass die Rückzahlung zu einer Entstehung oder Vergrößerung der Unterbilanz führen musste, damit das Darlehen bereits vor der Insolvenz als eigenkapitalersetzend

100 BT-Drs. 8/1347, S. 38, 39 (linke Spalte).

101 Begründung des Regierungsentwurfs, BR-Drs. 404/77, S. 41.

102 Sog. „Nutzfahrzeug"-Urteil, BGHZ 90, 370 = BGH NJW 1984, 1891 (insb. 1892 f.), darüber hinaus führte das Gericht aus, dass weder der Wortlaut der neuen Vorschriften der §§ 32 a, b GmbHG a.F. noch die Gesetzesbegründung zu erkennen ließen, dass die Rechtsprechungsgrundsätze nun keiner Anwendung mehr bedürften. Im Gegenteil hatte Raiser bereits im Gesetzgebungsverfahren mit Rücksicht auf die offen gelassenen, aber regelungsbedürftigen Tatbestände hingewiesen und sich für die Fortgeltung der allgemeinen Grundsätze ausgesprochen. Schließlich sah auch der Rechtsausschuss in seiner Beschlussempfehlung zum Gesetzesentwurf vor, dass der durch die Novellierung verfolgte Gläubigerschutz nur dann ordnungsgemäß verfolgt werden kann, wenn die gesetzlichen Regeln nicht als abschließende Regelungen verstanden werden, vgl. BT-Drs. 8/3908, S. 67 (linke Spalte).

103 Baumbach/Hueck, Hueck/Fastrich, GmbHG, § 32 a, Rdn. 93.

qualifiziert werden konnte[104]. Darüber hinaus musste bei den Rechtsprechungsregeln der Geschäftsführer die Beeinträchtigung des Stammkapitals zu verhindern wissen, bzw. die erbrachte Leistung der Gesellschaft zurückfordern[105], während das vorausgesetzte Insolvenzverfahren bei den Novellenregeln gemäß § 129 Abs. 1 InsO den Insolvenzverwalter verpflichtete, den Rückgewähranspruch nach §§ 135, 143 InsO durchzusetzen.

In der Rechtsfolge umfassten die Novellenregeln den Anspruch des Gesellschafters in voller Höhe, wohingegen nach den Rechtsprechungsregeln nur der Betrag von dem Rückzahlungsverbot erfasst wurde, der das Stammkapital unterschritten hätte[106]. Das gleiche galt gemäß § 143 InsO auch, wenn der Insolvenzverwalter die Rückgewähr der empfangenen Leistung seitens des Gesellschafters gemäß § 135 InsO anfocht. Schließlich ist auch hinsichtlich der Verjährung ein Unterschied zu vermerken. Während die Rechtsprechungsregeln gemäß § 31 Abs. 5 GmbHG a.F. analog in zehn Jahren verjährten, unterlagen die Novellenregeln einer kürzeren Verjährungsfrist von drei Jahren nach § 146 Abs. 1 InsO i.V.m. §§ 195, 199 BGB[107].

4. *Die Motivation der Gesellschafter zur Finanzierung mittels Darlehen*

Vor dem Hintergrund der skizzierten Rechtsfolgen für die Gewährung von Gesellschafterdarlehen würde sich jedem Leser sofort die Frage aufdrängen, welche Motivation und welchen Sinn und Zweck es für die Gesellschafter hat, der Gesellschaft in Form von Fremdkapital Darlehen zu gewähren, wenn es letztendlich in Eigenkapital umqualifiziert und so gut wie sicher verloren gehen wird. Die Antwort auf diese Frage muss aus wirtschaftlicher und finanzpolitischer Sicht betrachtet werden.

---

104 Ulmer/Habersack/Winter, Habersack, GmbHG, §§ 32 a/b, Rdn. 1; Michalski, Heidinger, GmbHG, §§ 32 a, 32 b, Rdn. 262.

105 Das folgt schon aus § 31 I, V, VI GmbHG a.F., andernfalls würde sich der Geschäftsführer gem. § 43 Abs. 3 S. 3 GmbHG a.F. schadensersatzpflichtig machen, soweit es zu Befriedigung der Gläubiger erforderlich ist.

106 BGHZ 90, 370 = BGH NJW 1984, 1891, 1893; Michalski, Heidinger, GmbHG, §§ 32 a, 32 b, Rdn. 262.

107 Vgl. Ulmer/Habersack/Winter, Habersack, GmbHG, §§ 32 a/b, Rdn. 96; Hiervon ist die Anfechtungsfrist des § 135 InsO zu unterscheiden. Diese bestimmt sich danach, ob eine Sicherheit bestellt wurde – dann Anfechtungsfrist von zehn Jahren, beginnend mit dem Insolvenzeröffnungsantrag oder mit der Gläubigeranfechtung – oder bei Befriedigung des Gesellschafters, die lediglich ein Jahr beträgt.

In erster Linie ist das Eigenkapitalersatzrecht ein Sanierungskonzept. Mit Hilfe von internen finanzwirtschaftlichen Sanierungsmaßnahmen, also durch Zuführung bloßer Liquidität – in der Regel als Gesellschafterdarlehen oder gesellschafterbesicherte Drittdarlehen – wird bereits eine Krisenvermeidung verfolgt[108]. Darüber hinaus sind bei wirtschaftlicher Betrachtung eigenkapitalersetzende Darlehen für den Gesellschafter immer noch rentabler als die Zuführung des Eigenkapitals an sich. Die höchstrichterliche Rechtsprechung hat dazu ausgeführt, dass auch unabhängig von der rechtlichen Qualifizierung der Kapitalmaßnahme als Eigenkapital, der Gesellschafter für das von ihm zur Verfügung gestellte Kapital eine Gegenleistung von der Gesellschaft – insbesondere Zinsen – verlangen kann[109]. Darüber hinaus können sich Vorteile auch aufgrund des besseren Informationsstandes des Kapitalgebers und aus Transaktionsgesichtspunkten ergeben, da durch das Einspringen des Gesellschafters der Gesellschaft der Aufwand für die Suche eines passenden Kreditgebers und für die Ausarbeitung mühseliger Vertragsgestaltungen erspart bleibt[110]. Die Umqualifizierung der Maßnahme ist lediglich die Folge dessen, dass die Gesellschafter trotz einer unzureichenden Ausstattung die Gesellschaft nicht liquidieren, sondern weiter am Wirtschaftsleben teilhaben lassen. Die vermögenswerte Leistungen vermehren zwar das Aktivvermögen der Gesellschaft, können aber dazu beitragen, dass die Krise der Gesellschaft lediglich verschleppt und durch das weitere Auftreten im Geschäftsverkehr das Gesellschaftsvermögen zu Lasten der Gläubiger verringert wird. Demzufolge soll verhindert werden, dass der Gesellschafter im Falle der Auflösung der Gesellschaft vorrangig oder mit anderen Gläubigern konkurrierend die Befriedigung aus der Masse sucht, obwohl er durch Gewährung von Fremdkapital das Fortbestehen der Gesellschaft in der Krise ermöglicht und nach außen den Eindruck erzeugt hat, die Gesellschaft verfüge über ausreichendes Eigenkapital[111] und sei noch „voll funktionsfähig".

5. Kritik am alten Kapitalersatzrecht

Das berühmte Institut des deutschen Kapitalersatzrechts hat im Laufe der Jahre – angefangen von rein richterrechtlich entwickelten Lösungen[112] über den

108 Vgl. K. Schmidt/Uhlenbruck, K. Schmidt, S. 148, 149.

109 Vgl. BGH ZIP 1996, 538, 540.

110 Eidenmüller, FS Canaris, 2007, Band II, S. 49 (S. 49).

111 BGHZ 109, 55, 57.

112 Diese beruhten auf der Rechtsfortbildung des RG und des BGH, vgl. grundlegend RG, NJW 1939, 355, 356, BGHZ 31, 258, 271 ff.

gesetzgeberisch missglückten[113] Versuch, dem Eigenkapitalersatzrecht konkrete gesetzliche Konturen zu geben – letztendlich für viel Verwirrung und Unzufriedenheit gesorgt. Zum einen sorgten die dogmatische Einordnung und das Nebeneinander der Rechtsprechungs- und Novellenregeln für viel Chaos in der Rechtsfindung. Zum anderen bereiteten die mannigfaltigen Gestaltungen erfinderischer Gesellschafter den Rechtsberatern nicht selten erneutes Kopfzerbrechen bei der Suche nach einer richtigen Lösung. Der wohl größte Nachteil des „alten" Kapitalersatzrechts bestand darin, dass jede Finanzierungsmaßnahme des Gesellschafters einer genaueren Kontrolle unterzogen werden musste. Die Kreditunwürdigkeit, als Voraussetzung für die Kapitalbindung, musste durch die Gesellschaft bzw. den Insolvenzverwalter im Prozess explizit nachgewiesen werden[114]. Dabei wirkten sich gewisse Indizien wie mangelndes Aktivvermögen, das etwa in Form von stillen Reserven als Sicherheit zur Verfügung gestellt werden könnte, beweiserleichternd aus[115] und mussten durch die Gesellschafter erst widerlegt werden, um der Kapitalbindung zu entkommen. Aus diesen Gründen wurde schon lange Zeit vor der großen Reform eine drastische Deregulierung des Eigenkapitalersatzrechts gefordert, um die Rechtsfindung bei dem praktisch wichtigsten Bereich der Unternehmensfinanzierung durchsichtiger und einfacher zu machen.

II. Die neue Rechtslage nach MoMiG im Überblick

Durch das MoMiG hat das anfangs richterrechtlich entwickelte Eigenkapitalersatzrecht erhebliche Veränderungen erfahren[116]. Ausgangspunkt für die große Reform war das Ziel, die mittlerweile sehr komplex gewordene und schwer zu übersehbare Materie des Eigenkapitalersatzrechts zu deregulieren und zu

113 Vgl. Altmeppen, NJW 2008, 3601 (3601).

114 BGH GmbHR 2005, 617, 618.

115 Konnte die Gesellschaft bereits seit einiger Zeit ihre Verbindlichkeit nicht mehr begleichen, weil es die erforderlichen Mittel nicht mehr aus eigener Kraft erwirtschaften konnte oder befand sie sich mit den Gehaltszahlungen, Steuer- und Sozialversicherungsbeiträgen im Rückstand, sind es weitere Indizien für die Zahlungsunfähigkeit, vgl. BGH GmbHR 1996, 198, 199 ff.

116 Viele sprechen sogar von einem grundlegenden Systemwechsel, vgl. Römermann, Selzner/Leuering, MAH GmbH-Recht, § 7, Rdn. 1; vgl. Mülbert, WM 2006, 1977, 1977 f., der die Neuregelungen des Eigenkapitalersatzrechts weniger als eine Reform, sondern vielmehr als einen Systemwechsel betrachtet.

vereinfachen[117]. Aufgrund des Konzeptes, die bisherigen Novellenregeln der §§ 32 a, b GmbHG a.F. in der Insolvenzordnung und im Anfechtungsrecht neu zu regeln und die Rechtsprechungsregeln analog §§ 30, 31 GmbHG a.F. komplett aufzugeben[118], spricht man sogar von einem klaren Systemwechsel[119]. Doch nicht nur die gesetzliche Ausgestaltung, sondern auch die Terminologie wurde einem Wandel unterzogen. Da das betreffende Kapital nicht mehr als Eigenkapital und nicht mehr als eigenkapitalersetzend betrachtet wird und die Neuregelungen in der Insolvenzordnung – und auch im Anfechtungsgesetz – bewusst auf die bisherige Terminologie verzichten, muss die Bezeichnung der Problematik als Kapitalersatzrecht leider als überholt angesehen werden[120]. Stattdessen soll zukünftig vom „Recht der Gesellschafterfremdfinanzierung" oder ganz allgemein vom „Recht der Gesellschafterkredite" gesprochen und die Insolvenzregeln auch nicht als Fortführung des Eigenkapitalersatzrechts[121], sondern als „spezielle insolvenzrechtliche Gefahrtragungsregeln" angesehen werden[122].

Auf den ersten Blick scheint der Gesetzgeber seinem verfolgten Ziel nach einer Erleichterung des Eigenkapitalersatzrechts entsprochen zu haben. Die Hauptaussage des MoMiG lautet folgendermaßen: Alle Forderungen aus den Gesellschafterdarlehen sind in der Insolvenz mit einem gesetzlichen Nachrang i.S.d. § 39 Abs. 1 Nr. 5 InsO versehen; alle innerhalb einer Jahresfrist auf eine Darlehensforderung oder diesen wirtschaftlich vergleichbaren Sachverhalten erfolgten Gesellschafterbefriedigungen sind nach § 135 Abs. 1 Nr. 2 InsO anfechtbar. Betrachtet man die Neuregelungen en detail, so wird leider deutlich, dass die erstrebte Erleichterung auf der Strecke geblieben ist.

Im Folgenden sollen anhand eines komprimierten Überblicks zunächst die wesentlichen Änderungen des Rechts der Gesellschafterfremdfinanzierung dargestellt werden, die anknüpfend an das oben geschilderte alte Recht die Reform deutlich werden lassen. Anschließend erfolgt eine detaillierte Darstellung

---

117 Vgl. Begründung zum Regierungsentwurf, BT-Drs. 16/6140, S. 25, 42; Waclawik, ZIP 2007, 1838, 1840.

118 Entsprechendes gilt für die Vorschriften §§ 129a, 172 HGB für das OHG- und KG-Recht.

119 Römermann, Selzner/Leuering, MAH GmbH-Recht, § 7, Rdn. 17.

120 BT-Drs. 16/6140, S. 57 (rechte Spalte); Tillmann, GmbHR 2006, 1289, 1290; Michalski, Dahl, GmbHG, Vorb. §§ 32 a, 32 b a.F., Rdn. 2 f.

121 Wie es nach der alten Rechtslage der Fall war, da das Eigenkapitalersatzrecht vorwiegend in §§ 32 a, b und §§ 30, 31 GmbHG a.F. analog geregelt und durch die Regeln in der InsO ergänzt wurde.

122 Tillmann, GmbHR 2006, 1289, 1290.

einzelner Tatbestände, die mit Blick auf die Praxis und vor dem Hintergrund des Vergleiches mit dem russischen Recht für die Unternehmen von größerer Relevanz sein dürften. Dabei wird einzelnen Instrumentarien, die in den jeweiligen Rechtsordnungen im Rahmen des Eigenkapitalersatzrechts aufgrund der praktischen Relevanz eingesetzt werden, gesonderte Beachtung geschenkt.

1. Wegfall des Krisenmerkmals

Die Streichung des Begriffs Eigenkapitalersatzrecht und des ihm zugrundeliegenden Merkmals der Krise führte dazu, dass es nicht mehr darauf ankommt, ob das Darlehen zu einem Zeitpunkt gewährt oder „stehen gelassen" wurde, zu dem ordentliche Kaufleute die Gesellschaft entweder liquidiert oder ihr Eigenkapital zugeführt hätten. Seit der Neuregelung ist vielmehr entscheidend, dass über das Vermögen der Gesellschaft ein Insolvenzverfahren eröffnet wird. Das Merkmal der Krise ist somit obsolet geworden. Der gesetzlich normierte Nachrang in § 39 Abs. 1 Nr. 5 InsO ist genereller Natur, so dass die bisherigen Abgrenzungsschwierigkeiten von normalen und eigenkapitalersetzenden Darlehen nicht mehr bestehen. Da die Neufassung des „Eigenkapitalersatzrechts" den Gesellschafterdarlehen ausschließlich aufgrund ihrer Gesellschafterstellung besondere Beachtung schenkt, kann diese auch nicht mehr mit dem Argument der Krisenfinanzierung gerechtfertigt werden.

Vor dem Hintergrund des Verzichts auf die ehemals tragende Voraussetzung des Eigenkapitalersatzrechts – das Vorliegen einer Krise der Gesellschaft – kann bereits an dieser Stelle die Frage aufgeworfen werden, inwiefern die Tilgung von Gesellschafterdarlehen nachrangig sein soll, wenn diese mit der Krise der GmbH in keinem Zusammenhang stehen und demzufolge zur Insolvenzverschleppung nicht beigetragen haben[123]. Anlässlich der aktuellen wirtschaftlichen Situation in der Welt, die durch eine immer größer werdende Finanzkrise ausgelöst wurde, können folgende Beispiele die Skepsis gegenüber der Neuregelung verdeutlichen.

Man stelle sich den Fall vor, bei dem ein Gesellschafter seiner Gesellschaft in gesunden Zeiten ein Darlehen gewährt. Aufgrund der Wirtschaftskrise muss das Unternehmen schon bald den Betrieb einstellen und Insolvenz anmelden. Ähnlich verhält es sich mit den Naturereignissen – wie dem Ausbruch des Vulkans in April 2010 –, die als höhere Gewalt weder vorhergesehen noch vermieden werden und zu unvorstellbaren Auswirkungen führen können. Ein solcher Ausnahmezustand kann ein sehr kleines florierendes Unternehmen, das zum

123 Vgl. Bayer/Koch, Altmeppen, Das neue GmbH-Recht, S. 57; Hirte, WM 2008, 1429, 1431.

Beispiel mit Wirtschaftsgütern des täglichen Lebens handelt und von einer ständigen Belieferung seiner Lieferanten in großem Maße abhängig ist, innerhalb einer Woche in den Konkurs treiben. Müssen die Gesellschafter die sie nach dem neuen Recht treffenden Konsequenzen dann stillschweigend akzeptieren?

2. *Abkehr von der Finanzierungsfolgenverantwortung – neue dogmatische Grundlage*

Ausgehend von den zahlreichen Neuregelungen und der Aufgabe des Krisenmerkmals stellt sich also erneut die Frage nach der dogmatischen Grundlage für die Rückstellung sämtlicher Gesellschafterdarlehen und vergleichbarer Rechtshandlungen, die zweifellos Fremdkapital aufweisen. Dieser Frage wurde in der Literatur kontrovers nachgegangen.

a. Bunte Vielfalt der Rechtfertigungsversuche

Während sich einige Autoren[124] aufgrund der Rückstufung von Gesellschafterdarlehen und diesen wirtschaftlich vergleichbaren Finanzierungsmaßnahmen und mit Blick auf § 135 Abs. 1 Nr. 2 InsO für die Fortgeltung der Finanzierungsentscheidung des Gesellschafters ausgesprochen haben, vertraten andere wiederum die Ansicht[125], dass die ersatzlose Aufgabe des Tatbestandsmerkmals der „Krise" zur Außerachtlassung der Finanzierungsfolgenverantwortung geführt hat. Danach soll das Prinzip der Haftungsbeschränkung bei Kapitalgesellschaften – dessen missbräuchlichen Ausnutzung durch die Gesellschafter begegnet werden soll – die Finanzierungsfolgenverantwortung der Gesellschafter als Legitimationsgrundlage ablösen[126]. Andere sehen den Normzweck allein in dem Näheverhältnis des Gesellschafters zu der Gesellschaft[127] und in dem Argument, der Gesellschafter verfüge wegen seiner Rechtsstellung über Insiderinformationen

124 Vgl. Bork, ZGR 2007, 250, 257; Thiessen DStR 2007, 202, 207 f.; so ähnlich vgl. a. Eidenmüller, FS Canaris, 2007, Band II, S. 49, 60; Michalski, Dahl, GmbHG, Anh. II §§ 32 a, 32 b a.F., Rdn. 6.

125 Vgl. Habersack, ZIP 2007, 2145, 2147; Tillmann, GmbHR 2006, 1289, 1290 f.; Gehrlein, BB 2008, 846, 849.

126 Habersack, ZIP 2007, 2145, 2147; Hirte, WM 2008, 1429, 1431; Gehrlein, BB 2008, 846, 849; Huber/Habersack, BB 2006, 1, 2.

127 Gehrlein, BB 2008, 846, 849; Römermann, Selzner/Leuering, MAH GmbH-Recht, § 7, Rdn. 28; Noack; DB 2007, 1395, 1398; Kampshoff, GmbHR 2010, 897, 899.

und könne nicht mit den übrigen Gläubigern gleichgesetzt werden, so dass er eine Sonderbehandlung seines Fremdkapitals gegen sich gelten lassen muss[128].

b. Argumente gegen das Näheverhältnis bzw. die Insiderstellung des Gesellschafters

Gegen die zuletzt genannte Ansicht spricht jedoch vehement, dass schon die frühere Rechtsprechung das Argument des Näheverhältnisses für die Behandlung von Gesellschafterdarlehen nicht ausreichen ließ[129]. Da eine Finanzierung mit Fremdmitteln durch die Gesellschafter nicht per se abtrünnig oder missbräuchlich, sondern bis zu einem gewissen Grad wirtschaftlich üblich und sogar geboten ist, kann das Näheverhältnis allein nicht die Schlechterstellung des Gesellschafterkreditgebers gegenüber anderen Gläubigern, die sich über die Gesellschaftsverhältnisse ebenso gut informieren können, erklären. Auch die Insiderstellung des Gesellschafters kann für die Nachrangigkeit und Anfechtbarkeit aller Darlehensforderungen nicht überzeugend angeführt werden, da insbesondere in den Fällen, in denen die Gesellschaft das Darlehen noch in gesunden Zeiten zurückerstattet und unvorhergesehen innerhalb der Jahresfrist einen Insolvenzantrag stellen muss, keine Rede von der Ausnutzung einer Insiderstellung seitens des Gesellschafters gegenüber anderen Gläubigern sein kann.

c. Argumente gegen das Abstellen auf die Haftungsbeschränkung

Welcher der beiden zuerst genannten Ansichten der Vorzug gebührt, ist freilich schwer zu sagen. Stellt man auf das Korrelat zur Haftungsbeschränkung oder auf die Insiderstellung ab, so drängt sich die schwierige Frage auf, warum nur die Gesellschafterdarlehen und nicht auch Forderungen aus Nicht-Krediten strengen Regelungen unterfallen. Zudem ist die Wandelung der Literatur in Bezug auf den Missbrauch der Haftungsbeschränkung nicht nachzuvollziehen. Vor dem MoMiG war dem Missbrauch der Haftungsbeschränkung mit Konstellationen der Durchgriffshaftung begegnet worden, während im Recht der Gesellschafterdarlehen ein solcher Aspekt nicht im Geringsten angesprochen wurde, obwohl die Nachrangigkeit und die Anfechtung bereits Regelungsgegenstand waren. Zudem ist die Nachrangigkeit aller Gesellschafterdarlehen wegen der Gefahr der missbräuchlichen Ausnutzung der Haftungsbeschränkung ohne jegliche

---

128 Büscher, FS Hüffer, 2010, S. 81, 84; Mylich, ZGR 2009, 474, 488; Haas, ZInsO 2007, 617, 618; zweideutig Breidenstein, ZInsO 2010, 273, 275, der einerseits auf die Insiderstellung abstellt, andererseits auch die Entscheidung für die Übernahme und Steuerung des Insolvenzrisikos durch die Gewährung des Fremdkapitals anführt.

129 BGHZ 76, 326, 330; BGHZ 90, 381, 389 f.

Entlastungsmöglichkeiten für die Gesellschafter mit dem verfolgten Gläubigerschutz allein nicht in Einklang zu bringen[130].

An dieser Stelle kann auf die oben angeführten Beispielsfälle[131] zurückgegriffen werden. Den beiden Beispielsfällen ist eines gemeinsam. Bei beiden wurden die Darlehen unabhängig von der Krise in gesunden Zeiten gewährt. Nichtsdestotrotz kommt es zu einer Nachrangigkeit bzw. im Falle der Tilgung zu einer Rückforderung solcher Darlehen. Eine sachliche Rechtfertigung ist in solchen Fällen allerdings nur schwer zu begründen. Gerade hier scheint das Abstellen auf die Haftungsbeschränkung der Gesellschafter zu einem Widerspruch zu führen. Die herrschende dogmatische Begründung ist kontradiktorisch zu dem Modell der GmbH. Einerseits soll gerade das Wesen der Gesellschaft mit beschränkter Haftung den Gesellschafter in solchen Situationen schützen und sich bewährt machen. Andererseits wird der Rangrücktritt ausgerechnet mit dem Argument der Haftungsbeschränkung zu begründen versucht. Diese Beispiele zeigen deutlich, welche gravierenden Konsequenzen das neue Recht für Kapitalmaßnahmen des Gesellschafters, die eindeutig einem Drittvergleich standhält, mit sich bringt. Es kommt so vor, als habe der Gesetzgeber bei seinem ganzen Bestreben, das bereits etablierte und bewehrte Eigenkapitalersatzrecht – das durch die Rechtsprechung des BGH klare Konturen bekam, einstimmig und gerecht[132] wirkte – zu vereinfachen, die damit einhergehenden Auswirkungen auf die Gesellschafter zu deren Lasten aus den Augen gelassen.

d. Rückgriff auf die Krisenfinanzierung

Denkt man sich aber die Gesellschafterdarlehen weg, ist nur das Eigenkapital per Gesetz nachrangig[133]. Wenn aber die Gesellschafterdarlehen nachrangig behandelt werden, dann nur aus dem Grund, dass sie dem Eigenkapital gutgeschrieben werden, was nur aufgrund der Krisenfinanzierung angenommen werden kann, da sonst der Charakter als Fremdkapital ausgehöhlt wäre. Zudem kann schon die Jahresfrist des § 135 Abs. 1 Nr. 2 InsO so ausgelegt werden, dass gerade solche Darlehen zugunsten der Gläubigerbefriedigung – wieder – angefochten werden müssen, die in einem für die Gesellschaft „kritischen“[134] Zeitraum aus der Gesellschaftsmasse dem Gesellschafter erstattet wurden. In der Regel veranlasste

130 Schäfer, ZInsO 2010, 1311, 1313.

131 S. oben 1. Teil, 1. Kap., B II, 1.

132 Vgl. Bayer/Koch, Das neue GmbH-Recht, S. 87.

133 Vgl. Spliedt, ZIP 2009, 149, 153.

134 Hirte, WM 2008, 1429, 1433, vgl. a. Michalski, Dahl, GmbHG, Anh. II §§ 32 a, 32 b a.F., Rdn. 6.

genau dieser „kritische“ Zeitraum die Gesellschafter dazu, während der alten Rechtslage, ihr gewährtes Darlehen „stehen zu lassen“ und veranlasst die Gesellschaft nach dem neuen Recht, die erbrachte Tilgungsleistung wieder anzufechten. Im Grunde dreht es sich also um die gleiche – oder zumindest sehr ähnliche – Konstellation. An der Finanzierungsentscheidung des Gesellschafters hat sich also nichts verändert.

Unbestritten bleibt dabei, dass die im alten Recht immer entscheidende Frage nach der Finanzierungskrise, die positiv festgestellt werden musste, um die Finanzierungsmaßnahme ins Eigenkapital umzuqualifizieren, hohe Unsicherheiten verbarg[135] und die Rechtsprechung nicht selten vor schwierigen Aufgaben stellte[136]. Mit dem Ziel des Gesetzgebers, das Recht der Gesellschafterdarlehen zu vereinfachen, wurde ein solches Tatbestandsmerkmal nur konkurrieren und an der Problematik nichts ändern. Insoweit erscheint es nachvollziehbar, eine komplizierte Prüfung der „Krise“ zu vermeiden[137]. Eine Krisenfinanzierung der Einfachhalt halber unwiderleglich zu vermuten, so wie *Bork* es vorschlägt[138], würde so einiges zwar tatsächlich erleichtern, gleichzeitig aber die Frage aufwerfen, wieso die Vermutung, insbesondere in Zeiten der Wirtschaftskrise, die alle Beteiligten unerwartet treffen kann, jeglichen Gegenbeweises entbehrt werden soll[139].

e. Das Modell der Risikoübernahmeverantwortung

Wenn allerdings keine der genannten Erklärungsversuche rechtlich und tatsächlich zu überzeugen vermöchten, rückt die jahrzehntelange Begründung mit der Finanzierungsfolgenverantwortung wieder ins Gedächtnis und dabei die Überlegung, ob entgegen der Gesetzesbegründung, die die Finanzierungsfolgenverantwortung für abgeschafft zu erachten scheint, diese nicht lediglich an das neue Recht anzupassen bzw. in den Grundgedanken aufrecht zu erhalten ist. Insofern ist *K. Schmidt* zuzustimmen, dass die Gesellschafter als „geborene Investoren“ eine „Finanzierungszuständigkeit bzw. Risikoübernahmeverantwortung“ übernommen haben, die die Sonderbehandlung ihrer Darlehen begründen[140]. Es

135 Vgl. Spliedt, ZIP 2009, 149, 153.

136 Was sich schon allein durch die Flut an Rechtsprechung zu dem Eigenkapitalersatz begründen lässt.

137 Altmeppen, NJW 2008, 3601, 3602 f., Michalski, Dahl, GmbHG, Anh. II §§ 32 a, 32 b a.F., Rdn. 6.

138 Bork, ZGR 2007, 250, 257.

139 Vgl. K. Schmidt, GmbHR 2009, 1009, 1013; i.E.a. Huber, FS Priester, 2007, 259, 274.

140 K. Schmidt, GmbHR 2009, 1009, 1016; vgl. a. Krolop, GmbHR 2009, 397, 398.

werde also nicht mehr an die etwaige Entscheidung in der Krise angeknüpft, sondern allein an die mit einer Fremdkapitalausreichung verbundenen Risiken der Insolvenzverursachung und –verschleppung[141]. Nur in den Fällen, dass die Insolvenz auch tatsächlich eintritt, wird das Fremdkapital des Gesellschafters zum Schutze der restlichen Gesellschaftsgläubiger als haftendes Kapital eingesetzt, da sich das übernommene Insolvenzrisiko verwirklicht hat.

Eine solche Begründung würde auch nicht im Widerspruch zu der Deregulierungsabsicht des Gesetzgebers stehen, die für eine vollständig neue Begründung der Behandlung von Gesellschafterdarlehen kein Raum bietet. Der Gesetzgeber hat mit der Formulierung des § 39 Abs. 1 Nr. 5 InsO den sachlichen und personellen Bereich bewusst nicht in Abkehr vom vormaligen Eigenkapitalersatzrechts regeln wollen, sondern die Begriffe des bisherigen § 32 a Abs. 3 S. 1 GmbHG a. F. übernommen[142]. Aus der Gesetzesbegründung folgt auch, dass eine umfangreiche Änderung ausschließlich im Hinblick auf die „eigenkapitalersetzende Nutzungsüberlassung[143]“ erfolgen soll[144]. Somit lassen diese Argumente die Schlussfolgerung zu, eine Neukonzeption in Bezug auf die dogmatische Grundlage des „Eigenkapitalersatzrechts“ ist weder beabsichtigt worden noch ließe sie sich mit der Argumentation der Haftungsbeschränkung der Kapitalgesellschaften für die Rückstellung und Anfechtung von Gesellschafterdarlehen bedenkenlos und ausreichend begründen.

Unabhängig davon, welchem dogmatischen Ansatzpunkt der Vorzug eingeräumt wird – auch die Finanzierungsfolgenverantwortung im früheren Recht wurde von der Literatur nicht jubelnd und kommentarlos entgegen genommen – und wie die Rechtsprechung sich in den ersten Entscheidungen zu dem Punkt äußern wird, muss die Entscheidung des Gesetzgebers im Hinblick auf die Nachrangigkeit der Gesellschafterdarlehen akzeptiert werden, auch wenn die Literatur die Suche nach dem passenden Normzweck noch lange Zeit nicht aufgeben wird.

---

141 Vgl. Schäfer, ZInsO 2010, 1311, 1313; Krolop, GmbHR 2009, 397, 398; ähnlich auch Breidenstein, ZInsO 2010, 273, 275, der gleichzeitig aber auch auf die Insiderstellung abstellt.

142 BT-Drs. 16/6140, S. 56 (rechte Spalte).

143 S. hierzu Teil 1, 2. Kap.

144 BT-Drs. 16/6140, S. 56 (rechte Spalte).

3. *Abschaffung der Rechtsprechungsregeln der §§ 30, 31 GmbHG analog*

Der im neu eingeführten § 30 Abs. 1 S. 3 GmbHG enthaltene „Nichtanwendungsbeschluss“ besagt, dass die ursprünglichen Rechtsprechungsregeln der §§ 30, 31 GmbHG a.F. analog nicht mehr anzuwenden sind[145]. Gemäß § 30 Abs. 1 S. 3 GmbHG werden wegen der Nichtanwendung von § 30 Abs. 1 S. 1 GmbHG die Gesellschafterdarlehen und gleichgestellte wirtschaftliche Leistungen nicht mehr wie haftendes Eigenkapital behandelt. Als Konsequenz wird die seit mehreren Jahrzehnten vorherrschende Rechtsfigur des eigenkapitalersetzenden Darlehens – die die Grundlage für das Eigenkapitalersatzrecht bildete – aufgegeben[146]. Daraus folgt, dass sämtliche seitens der Gesellschaft vorgenommenen Tilgungsaufforderungen auf ein Gesellschafterdarlehen und vergleichbare Rechtshandlungen keinem Auszahlungsverbot mehr unterliegen und auch in der finanziellen Krise der Gesellschaft an den Gesellschafter grundsätzlich erbracht werden können[147]. Damit entfällt auch die Unterscheidung der Gesellschafterleistungen in eigenkapitalersetzende und nicht eigenkapitalersetzende Darlehen[148], so dass eine vor der Insolvenzeröffnung – aber während der „Krise“ – durch den Gesellschafter geltend gemachte Verbindlichkeit nicht mit dem Argument verweigert werden darf, die zugrundeliegende Finanzierungsmaßnahme sei eigenkapitalersetzend und verstoße gegen § 30 Abs. 1 GmbHG[149].

Da die frühere gesetzliche Rückzahlungssperre des § 30 Abs. 1 GmbHG a.F. nun gegenstandlos geworden ist, entfällt auch das ehemalige zweistufige Kapitalschutzsystem[150]. Gleichzeitig wird auch der Geschäftsführer vor dem Problem gestellt, die Rückzahlung aus Gründen der Geschäftsführerhaftung nach § 64 S. 3 GmbHG – unabhängig vom Bestand des Gesellschaftsvermögens – nicht

145 Vgl. Begründung zum MoMiG, abgedruckt in der Beilage, NZI 2008, S. 28; Waclawik, ZIP 2007, 1838, 1840.

146 Habersack, ZIP 2007, 2145 (2145); Römermann, Selzner/Leuering, MAH GmbH-Recht, § 7, Rdn. 19.

147 Kiethe, ZIP 2007, 1248, 1251; Oppenhoff, BB 2008, 1630, 1632; Hirte, WM 2008, 1429, 1434.

148 BT-Drs. 16/6140, S. 26 (linke Spalte); Waclawik, ZIP 2007, 1838, 1840; Seibert/Decker, ZIP 2007, 1208, 1211; Meyer, BB 2008, 1742, 1745; Dies stellte auch eine Erleichterung dar, da in der Insolvenz auf eine besondere Qualifizierung als eigenkapitalersetzend – so wie es früher der Fall war – nun verzichtet wird.

149 Vgl. Begründung zum Regierungsentwurf, BT-Drs. 16/6140, S. 42; Kiethe, ZIP 2007, 1248, 1251.

150 Grundlegend BGHZ 90, 370, 390.

verweigern zu können. Die Konsequenz von § 30 Abs. 1 S. 3 GmbHG ist, dass es keinen gesetzlichen präventiven Schutz der Kapitalbindung mehr gibt.

4. *Verlagerung der Novellenregeln (§§ 32 a, 32 b GmbHG a.F.) in die Insolvenzordnung*

Die Abschaffung der Rechtsprechungsregeln zu eigenkapitalersetzenden Darlehen war allerdings nicht der einzige Durchbruch im Rahmen der Deregulierung des Eigenkapitalersatzrechts. Die 1980 eingeführten Novellenregeln in § 32 a, b GmbHG a.F. wurden aus dem GmbHG komplett rausgenommen und im Interesse einer rechtsformübergreifenden Gleichbehandlung aller Kapitalgesellschafterdarlehen einer einheitlichen komprimierten Regelung in der Insolvenzordnung unterzogen[151]. Die gesetzlichen Regeln des Rechts der Gesellschafterkredite sind nun in den §§ 19 Abs. 2, 39, 44 a, 135, 143 InsO zu finden. Im Mittelpunkt des neuen Rechts steht § 39 Abs. 1 Nr. 5 InsO. Aufgrund der bereits im Vorfeld der Novellierung zahlreich erschienenen Stimmen in der Literatur, einst die Novellenregeln aus systematischen Gründen in die Insolvenzordnung aufzunehmen[152], erscheint es insoweit nicht überraschend, dass diese Vorschrift die maßgebende für das „neue Kapitalersatzrecht" geworden ist. Immerhin haben bereits die Novellenregeln auf § 39 Abs. 1 Nr. 5 InsO Bezug genommen, in dem sie Forderungen auf Rückgewähr eigenkapitalersetzender Darlehen eines Gesellschafters – und ihnen vergleichbare Rechtshandlungen – einem Rangrücktritt unterwarfen[153].

Seit der Neuregelung des § 39 Abs. 1 Nr. 5 InsO werden nun alle Forderungen auf Rückgewähr eines Gesellschafterdarlehens sowie Forderungen aus Rechtshandlungen, die einem solchen Darlehen wirtschaftlich entsprechen, in der Insolvenz im Rang nach den übrigen Forderungen der Insolvenzgläubiger befriedigt. Durch diese Regelung soll gewährleistet werden, dass alle übrigen externen Gläubiger durch das noch vorhandene Gesellschaftsvermögen

151 Vgl. Tillmann, GmbHR 2006, 1289, 1290; K. Schmidt/Uhlenbruck, K. Schmidt, Rdn. 2.84 (S. 182); Tillmann, GmbHR 2008, 1289, 1290; Huber/Habersack, BB 2006, 1, 2.

152 Ulmer/Habersack/Winter, Habersack, GmbHG, §§ 32 a/b, Rdn. 13; K. Schmidt, GmbHR 2005, 797, 805; Die Zugehörigkeit in die Insolvenzordnung kann andererseits aber vor dem Hintergrund gut angezweifelt werden, als das Rechtsinstitut des Eigenkapitalersatzes im Grunde die Finanzverfassung und damit die Unternehmensfinanzierung betrifft und damit – trotz insolvenzrechtlicher Rechtsfolgen – auch als rein gesellschaftsrechtlicher Natur angesehen werden kann.

153 Vgl. Kiethe, ZIP 2007, 1248, 1250 f.

vorrangig befriedigt werden. Aufgrund des rechtsformneutralen Nachrangs sind zudem sämtliche Darlehen bei Eintritt der Insolvenz nachrangig. Es ist demnach unerheblich, ob die Finanzierungsmaßnahme im Zeitpunkt der „Krise“ gewährt oder stehengelassen wurde. Vielmehr ist von nun an jede Finanzierungsmaßnahme in zeitlichen Grenzen des § 39 Abs. 1 Nr. 5 InsO als Eigenkapital anzusehen[154], so dass es auf die ehemals schwierigen Abgrenzungskriterien und damit auf die Qualifizierung der Maßnahme als eigenkapitalersetzend nicht mehr ankommt[155]. Hierin zeichnet sich zwar eine gewisse Vereinfachung dieses Rechtsgebietes ab, jedoch verbunden mit einer erheblichen Verschärfung zulasten der Gesellschafter[156]. Lediglich die sogenannten Bereichsausnahmen – das Sanierungs- und Kleinbeteiligungsprivileg – sind gemäß § 39 Abs. 4 S. 2 und § 39 Abs. 5 InsO von der Bestimmung des § 39 Abs. 1 Nr. 5 InsO unberührt geblieben.

Neben dem neu geregelten § 39 Abs. 1 InsO finden sich auch andernorts – in der Insolvenzordnung verstreut – Neuregelungen des „Kapitalersatzrechts“. Eine für eine Darlehensforderung oder gleichgestellte Forderung erfolgte Tilgungsleistung der Gesellschaft muss gemäß dem neu gefassten § 135 Abs. 1 Nr. 2 InsO angefochten und zurückgefordert werden, wenn die Befriedigung des Gesellschafters ein Jahr vor dem Insolvenzeröffnungsantrag oder nach diesem Antrag vorgenommen worden ist. Das gleiche gilt außerhalb eines Insolvenzverfahrens gemäß der Neuregelung des § 6 Abs. 1 Nr. 2 AnfG, wenn der Gesellschafter im letzten Jahr vor Erlangung des vollstreckbaren Schuldtitels oder danach befriedigt worden ist. Hinsichtlich der Besicherung von Gesellschafterdarlehen und sonstiger Gesellschafterforderungen beträgt die Anfechtungsfrist dagegen gemäß § 135 Abs. 1 Nr. 1 InsO zehn Jahre, beginnend mit der Antragstellung.

Demgegenüber wird die Besicherung von Drittdarlehen in § 39 Abs. 2 InsO, § 6 a AnfG und § 135 Abs. 2, § 143 Abs. 3 InsO – die den ehemaligen § 32 b GmbHG ersetzen – geregelt und durch § 44 a InsO – früher: 32 a Abs. 2 GmbHG – ergänzt. Danach kann der Gläubiger nur eine anteilsmäßige Befriedigung verlangen, soweit er bei der primären Inanspruchnahme der Sicherheit ausgefallen ist. Da die in einer Sicherheitsgewährung liegende Leistung des Gesellschafters wirtschaftlich einer Darlehensgewährung entspricht, unterliegt diese Sicherung – und nicht etwa die Kreditgewährung durch einen Dritten – der Regelung des § 135 Abs. 2 InsO.

154 Römermann, Selzner/Leuering, MAH GmbH-Recht, § 7, Rdn. 37.

155 Vgl. Begründung zum Regierungsentwurf, BT-Drs. 16/6140, S. 42; Wedemann, WM 2008, 1381, 1384; Waclawik, ZIP 2007, 1838, 1841.

156 Vgl. Poertzgen, GmbHR 2007, 1258, 1263.

Durch das neue Konzept der Zugehörigkeit der Gesellschafterdarlehen zum Insolvenzrecht verfolgt das MoMiG eine „systematische Neuausrichtung“[157]. Daraus soll aber nicht zu schnell die Schlussfolgerung gezogen werden, das Recht der Gesellschafterdarlehen unterliege von nun an dem „Machtbereich“ der Insolvenz- bzw. Vollstreckungsrechtler. An der ursprünglichen Struktur und Ausrichtung dieses Rechtsinstitut als das Recht der Unternehmensfinanzierung, insbesondere zu Krisenzeiten, wird sich nichts ändern, zumal die bekennenden Eigenkapitalersatzrechtler nach Jahrzehnten langen Debatten und Errungenschaften nur unfreiwillig das Kampffeld räumen würden. Der Grund für die Platzierung der Gesellschafterdarlehen in das Insolvenz- und Gläubigeranfechtungsrecht war eine mit Blick in das Ausland[158] verfolgte Zielsetzung, das Rechtsinstitut internationaler auszugestalten und einer grenzübergreifenden Regelung zu unterziehen[159]. Das Recht der Gesellschafterdarlehen bleibt also auch unter Obacht des Insolvenzrechts dem Gesellschaftsrecht treu.

5. *Zusammenfassender Überblick über die Gemeinsamkeiten und Unterschiede zwischen dem alten und dem „neuen Eigenkapitalersatzrecht“*

Eine Gemeinsamkeit zwischen den beiden Rechtslagen fällt sofort auf: Sowohl im alten als auch im neuen Recht werden die Gesellschafterdarlehen im Insolvenzverfahren gemäß § 39 Abs. 1 Nr. 5 InsO als nachrangige Forderungen behandelt. Bereits nach dem alten Recht war der Rangrücktritt für stehengelassene Darlehen ab Eintritt der Krise die gesetzliche Sanktion eigenkapitalersetzender Darlehen.

Ebenfalls identisch mit der alten Rechtslage ist die Beibehaltung der Ausnahmetatbestände des Kapitalersatzrechts der Sanierungs- und Kleinbeteiligungsprivilege in §§ 39 Abs. 4, 5 InsO, wobei die Grenze des Kleinbeteiligungsprivilegs wegen § 39 Abs. 4 S. 1 InsO nun einheitlich bei 10% angesetzt ist.

Die größten Veränderungen, die die Reform mit sich brachte, sind die Abschaffung der bisherigen Rechtsprechungsregeln der §§ 30, 31 GmbHG analog

157 Vgl. K. Schmidt, FS Hüffer, 2010, S. 885, 887.

158 Vgl. Gehde, eigenkapitalersetzende Darlehen in Deutschland und USA, S. 219; für die englische Limited: Eidenmüller, Rehm, Ausländische Kapitalgesellschaften im deutschen Recht, § 10, Rdn. 43; Fleischer, DStR 2000, 1015, 1017 f.

159 Auch wenn die Regierungsbegründung einen schärferen Ton vermuten lässt, wenn sie ausführt, Gesellschafterdarlehen in das Insolvenzrecht zu verlagern, „wo sie auch hingehören“, vgl. Begr. RegE MoMiG, BT-Drs. 16/6140, S. 42 (linke Spalte).

und die komplette Verlagerung des Eigenkapitalersatzrechts in die Insolvenzordnung durch die Abschaffung der §§ 32 a, 32 b GmbHG a.F. und der Neuregelung der §§ 19, 39, 44 a, und 135 InsO.

Aufgrund des Nichtanwendungsbeschlusses des neuen § 30 Abs. 1 S. 3 GmbHG gibt es kein Rückzahlungsverbot mehr, sondern nur eine Anfechtungsmöglichkeit nach § 135 Abs. 1 InsO und § 6 AnfG sowie einen generellen und rechtsformneutralen Nachrang sämtlicher Gesellschafterkredite und wirtschaftlich gleichgestellter Rechtshandlungen in der Insolvenz nach § 39 Abs. 1 Nr. 5 InsO.

2. Kapitel: Das neue insolvenzrechtliche Sonderrecht der Gesellschafterdarlehen

Die Rechtsfolge des mit dem MoMiG verfolgten neuen Gesamtkonzepts von einer freundlicheren und modernisierten – aber gleichzeitig einen ausreichenden Gläubigerschutz gewährenden – GmbH spiegelt sich in der Novellierung des Eigenkapitalersatzrechts wieder. Ob der Gesetzgeber seinem primären Ziel, die Regelungsmaterie des Kapitalersatzrechts praxissicher zu gestalten und für die Rechtsanwender zu erleichtern, gerecht geworden ist, wird an der anschließenden Darstellung der wichtigsten Tatbestände und einer anschließenden kritischen Würdigung deutlich. Dass es bei dem Wegfall der Unterscheidung eigenkapitalersetzender und „normaler" Gesellschafterdarlehen und dem Wegfall der Rechtsprechungs- und Novellenregeln – wie es die Regierungsbegründung zu simplifizieren versucht – nicht sein Bewenden haben wird, kann schon an dieser Stelle verraten werden.

A. Der Grundtatbestand, § 39 Abs. 1 Nr. 5 InsO

Der Grundtatbestand des Rechts der Gesellschafterfremdfinanzierung sieht in § 39 Abs. 1 Nr. 5 InsO vor, dass nach Maßgabe der Absätze 4 und 5 Forderungen auf Rückgewähr eines Gesellschafterdarlehens oder Forderungen aus Rechtshandlungen, die einem solchen Darlehen wirtschaftlich entsprechen, im Rang nach den übrigen Forderungen der Insolvenzgläubiger berichtigt werden. Der kompliziert formulierte § 39 Abs. 1 S. 1 InsO bestimmt diesbezüglich, dass der gesetzliche Rangrücktritt des § 39 Abs. 1 Nr. 5 InsO nur für Gesellschaften gilt, bei denen keine natürliche Person persönlich haftender Gesellschafter ist. Insoweit bestimmt § 39 Abs. 4 S. 1 InsO lediglich den Anwendungsbereich der Regelung, der seit dem MoMiG rechtformneutral ausgestaltet ist[160]. Gesellschaften, bei denen wenigstens eine natürliche Person unbeschränkter Haftung unterworfen ist sind vom Anwendungsbereich der Sonderregeln nicht erfasst[161].

160 K. Schmidt/Uhlenbruck, K. Schmidt, Rdn. 2.81, (S. 181); Braun, Bäuerle, InsO, § 39, Rdn. 5.

161 Das gilt wegen des Umgehungsschutzes vor Bildung atypischer Personengesellschaften nicht für eine GbR oder OHG oder GmbH & Co.KG, bei denen der

I. Die Darlehensgewährung

Das Gesellschafterdarlehen steht im Mittelpunkt des sachlichen Anwendungsbereiches der Regelung. Da das Tatbestandsmerkmal der Krisenfinanzierung in § 39 Abs. 1 Nr. 5 InsO gestrichen wurde, wird nun auf die Charakterisierung des Darlehens als „eigenkapitalersetzend" oder „einem Drittvergleich standhaltend" verzichtet, so dass sämtliche Gesellschafterdarlehen einem Rangrücktritt unterliegen. Für die Nachrangigkeit des Darlehens spielt es demnach keine Rolle mehr, ob die Gesellschaft zum Zeitpunkt der Darlehensgewährung oder des „Stehenlassens" sich in finanziellen Schwierigkeiten befand oder im Gegenteil davon noch weit entfernt war.

Im Interesse des Gläubigerschutzes und der Vermeidung von Umgehungsmöglichkeiten wird der Begriff des Darlehens – wie schon bereits im alten Recht – sehr weit verstanden, so dass die konkret ausgestalteten Form-, Zweck- oder Verzinsungsmodalitäten sowie der Rechtsgrund für die Darlehensgewährung – vorbehaltlich des Sanierungsprivilegs[162] – außer Relevanz bleiben[163]. Entscheidende Voraussetzung ist lediglich, dass das Darlehen tatsächlich gewährt worden ist, so dass eine verbindliche Zusage bzw. eine Verpflichtung der Darlehenshingabe von der Regelung nicht erfasst werden[164]. Insoweit ist die Darlehensgewährung ein zwischen dem Gesellschafter und der Gesellschaft zustande gekommenes Rechtsgeschäft über die zeitlich befristete Überlassung von Geld oder vertretbaren Sachen als Fremdkapital[165]. Das neben dem Gelddarlehen i.S.d. § 488 BGB erfasste Sachdarlehen i.S.d. § 607 BGB – das mit dinglicher Wirkung in das Gesellschaftsvermögen mit der schuldrechtlichen Verpflichtung übertragen wird, am Ende der Laufzeit dem Gesellschafter Sachen gleicher Art und Güte zurückzuerstatten – ist streng von der sogenannten Nutzungs- bzw. Gebrauchsüberlassung zu unterscheiden, bei der der zum Gebrauch überlassene Gegenstand im Eigentum des Gesellschafters verbleibt und nach besonderen

persönlich haftende Gesellschafter keine natürliche Person ist, vgl. BGH NJW 2009, 997, 998.

162 Zum Sanierungsprivileg s. Teil 1, 2. Kap. D I.

163 Römermann, Selzner/Leuering, MAH GmbH-Recht, § 7, Rdn. 38; Baumbach/Hueck, Hueck/Fastrich, GmbHG, § 30 Anh, Rdn. 49 f; Ulmer/Habersack/Winter, Habersack, GmbHG, § 32 a/b, Rdn. 40.

164 Baumbach/Hueck, Hueck/Fastrich, GmbHG, § 30 Anh, Rdn. 49; Scholz, K. Schmidt, GmbHG, §§ 32 a, 32 b, Rdn. 29; Gehrlein/Ekkenga/Simon, Gehrlein, GmbHG, Vor. § 64, Rdn. 126.

165 Ulmer/Habersack/Winter, Habersack, GmbHG, § 32 a/b, Rdn. 40; Scholz, K. Schmidt, GmbHG, §§ 32 a, 32 b, Rdn. 29.

Regeln beurteilt wird[166]. Im Allgemeinen besteht das maßgebliche Kriterium eines wie auch immer ausgestalteten Darlehens darin, dass das Gesellschaftsvermögen unmittelbar vermehrt wird.

II. Kurzfristige Überbrückungskredite

Eine Ausnahme von der Umqualifizierung des als Fremdkapital gewährten Darlehens in das haftende Eigenkapital stellten im alten Recht die kurzfristigen Überbrückungskredite dar, die lediglich zur Überbrückung einer kurzfristigen Liquiditätspanne der Gesellschaft von einem Gesellschafter zur Verfügung gestellt wurden und im Falle einer baldigen Rückführung binnen drei Wochen mangels Insolvenzreife der Gesellschaft demzufolge nicht die Voraussetzungen einer eigenkapitalersetzenden Darlehensgewährung erfüllten[167]. Eine solche Restriktion kann aus den neuen §§ 39, 135 InsO aufgrund des vielmals erwähnten generellen Nachrangs nicht mehr abgeleitet werden. Damit werden auch die kurzfristigen Überbrückungskredite vom sachlichen Anwendungsbereich des neuen Eigenkapitalersatzrechts erfasst und bilden keine Ausnahme zur „üblichen" Darlehensgewährung mehr[168]. Diese Sichtweise korrespondiert insofern mit dem geltenden Recht der Gesellschafterfremdfinanzierung als die Gesellschafter auch bei nur kurzfristigen Finanzierungsentscheidungen das Fremdfinanzierungsrisiko der Gesellschaft auf sich nehmen, das sich letzten Endes von einer weniger kurz bemessen Finanzierungsentscheidung wirtschaftlich nicht unterscheidet.

Einer kurz nach der Reform ergangenen BGH-Entscheidung, die die Behandlung von kurzfristigen Überbrückungskrediten anspricht, lässt sich zwar entnehmen, dass der BGH an seiner bisherigen Entscheidung zu kurzfristigen Überbrückungskrediten festhalten möchte[169]. Der Entscheidung des BGH wurde nach Art. 103 d EGInsO zwar das alte Eigenkapitalersatzrecht zugrunde gelegt. Zu den kurzfristigen Überbrückungskrediten führte der BGH damals

166 Zur Nutzungsüberlassung s. Teil 1, 2. Kap. E.

167 Zu den Überbrückungskrediten nach dem alten Recht s. oben Teil 1, 1. Kap., B. I. 2. A. (cc).

168 Haas, FS Ganter, 2010, 189, 191; Saenger/Inhester, Kolmann, GmbHG, Anhang § 30, Rdn. 140; Gehrlein/Ekkenga/Simon, Gehrlein, GmbHG, Vor. § 64, Rdn. 127; Michalski, Dahl, GmbHG, Anh. II §§ 32 a, 32 b a.F., Rdn. 21; MünchKommBGB, Berger, Vor § 488, Rdn. 99; Schimanski/Bunte/Lwowski, Gehrlein, Bankrechts-Handbuch, § 84, Rdn. 46.

169 BGH v. 24.06.2010, ZIP 2010, 1443, 1446.

jedoch die Frist des § 15 a InsO und den Ausnahmecharakter auf[170], was darauf schließen ließ, dass der BGH in Bezug auf die Behandlung kurzfristiger Überbrückungskredite nichts ändern möchte. Indes hat der BGH in einer späteren Entscheidung unmissverständlich klargestellt, dass nach § 135 Abs. 1 InsO auch die Tilgung kurzfristiger Überbrückungskredite, die ein Gesellschafter der Insolvenzschuldnerin gewährt hat, anfechtbar ist, da nach dem MoMiG bewusst auf das Merkmal kapitalersetzend verzichtet wurde[171].

III. „Wirtschaftlich entsprechende Rechtshandlungen"

Im Rahmen der Untersuchung der Eigenkapitalleistungen von Gesellschaftern soll nicht jede Finanzierungsleitung eines Gesellschafters – deren mannigfaltige Gestaltungen uferlos erscheinen – dargestellt werden. Vielmehr sollen diejenigen Leistungen von Gesellschaftern einer genaueren Betrachtung und Wertung unterzogen werden, die als Sonderfälle in der Praxis vermehrt vorzufinden sind[172].

Einen großen Teil des Kapitalersatzrechts nimmt die Rechtsfigur der „wirtschaftlich entsprechenden Rechtshandlungen" ein. Die Gerichte haben schnell erkannt, dass die Gesellschafter, um den Eigenkapitalersatzregeln zu entgehen, anstatt Darlehen anderweitige Finanzierungsformen verwenden, um der Gesellschaft als Fremdkapitalgeber gegenüber zu treten. Das führte dazu, dass der Katalog der der Darlehensgewährung wirtschaftlich entsprechenden Rechtshandlungen in der praktischen Gestaltungspraxis mittlerweile einen hohen Stellenwert eingenommen hat und entwickelt sich unaufhaltsam fort. Aus diesem Grund soll nachfolgend im Rahmen der Darstellung der neuen Rechtslage in einem präzisen Überblick auf die wichtigsten und am häufigsten anzutreffenden Fallgruppen der wirtschaftlichen Vergleichbarkeit in der Praxis eingegangen werden.

---

170 BGH ZIP 2010, 1443, 1446.

171 BGH v. 4.7.2013, NJW 2013, 1033, 1035; BGH v. 7.3.2013, WM 2013, 708, 710, bei dieser Entscheidung gewährte der Gesellschafter seiner Gesellschaft kurzfristige Finanzierungshilfen für die von der Gesellschaft abzuführenden Sozialversicherungsbeiträge. Demnach dienten die Darlehensgewährungen lediglich dem Zweck, der Schuldnerin die pünktliche Zahlung der Sozialversicherungsbeiträge zu ermöglichen.

172 Vgl. sehr ausführlich die Fälle darlehensähnlicher Rechtshandlungen des sachlichen Anwendungsbereiches v.Gerkan/Hommelhoff, Johlke/Schröder, Handbuch des Kapitalersatzrechts, Teil 5, III, Rdn. 5.48 ff.; für weitere Aufzählung s.a. Uhlenbruck, Hirte, InsO, § 39, Rdn. 38.

1. *Kurzer Überblick über das alte Recht der wirtschaftlichen Vergleichbarkeit*

Im alten Recht wurden die einem Darlehen wirtschaftlich vergleichbaren Rechtshandlungen unter § 32 a Abs. 3 S. 1 GmbHG a.F. subsumiert und galten gegenüber dem Grundtatbestand des § 32 a Abs. 1 GmbHG a.F. als Erweiterungen potenziell gefährdenden Personenkreises und Finanzierungsleistungen. § 32 a Abs. 3 S. 1 GmbHG a.F. war dabei als eine Generalklausel ausgestaltet, dessen Begriff „Rechtshandlungen" einen sehr weiten Anwendungsbereich hatte[173] und der zum einen von dem Grundtatbestand – also Darlehen im engeren Sinne[174] und die mit diesen Darlehen verbundenen Rückzahlungsbestimmungen[175] – und zum anderen von § 32 a Abs. 2 GmbHG a.F. – der die mittelbare Kreditgewährung eines außenstehenden Dritten und die hieran anknüpfende Sicherheitsleistung eines Gesellschafters erfasste – unterschieden werden musste[176]. Nichtsdestotrotz sorgte die Verweisung in § 32 a Abs. 3 GmbHG a.F. auf den Spezialfall der mittelbaren Kreditgewährung für die Klarstellung, dass auch die Einbeziehung der von einem Gesellschafter gleichgestellten Dritten gegebenen Sicherheiten nicht durchweg risikolos sein kann[177]. Die saubere Abgrenzung zwischen der Darlehensgewährung nach Abs. 1 und der gleichzustellenden Vorgänge i.S.d. Abs. 3 war nicht immer möglich, war jedoch aufgrund des fließenden Übergangs von Abs. 1 und 3 überwiegend von untergeordneter Bedeutung angesehen worden[178].

Im Interesse eines umgehungsfreien Eigenkapitalersatzrechts hat der BGH[179] bereits vor der GmbH-Novelle von 1980[180] die Anwendung von Eigenkapitalersatzregeln auf wirtschaftlich vergleichbare Fälle erstreckt. Infolgedessen

173 Michalski, Heidinger, GmbHG, §§ 32 a, 32 b, Rdn. 151; Scholz, K. Schmidt, GmbHG, §§ 32 a, 32 b, Rdn. 121, der Begriff „Rechtshandlung" ist an den gleichen Begriff im Anfechtungsrecht angelehnt und erfasst jeden einem Gesellschafter oder diesem gleichgestellten Dritten zuzurechnende Mittelzuführung an die Gesellschaft, die eine nachrangige Forderung begründen kann.

174 Als Darlehen wird nicht nur die Überlassung in Geld (§ 488 I BGB), sondern auch das Sachdarlehen i.S.d. § 607 BGB verstanden, unabhängig von der Verzinslichkeit. Ferner werden Konsortialkredite und partiarische Darlehen erfasst.

175 Ulmer/Habersack/Winter, Habersack, GmbHG, §§ 32 a/b, Rdn. 104, 109 f.

176 Baumbach/Hueck, Hueck/Fastrich, GmbHG, 18. Aufl., § 32 a, Rdn. 20, 80.

177 Scholz, K. Schmidt, GmbHG, §§ 32 a, 32 b, Rdn. 120, 160.

178 Baumbach/Hueck, Hueck/Fastrich, GmbHG, 18. Aufl., § 32 a, Rdn. 28.

179 Vgl. BGHZ 31, 258, 265 ff.

180 Gesetz zur Änderung des GmbH-Gesetzes v. 4.7.1980, BGBl. I 836.

erweiterte der Gesetzgeber im Rahmen der angesprochenen GmbH-Novelle bei der Schaffung der Generalklausel den Anwendungsbereich in personeller und sachlicher Hinsicht. Zum einen wurden andere Kreditgeber, deren Darlehensgewährung an die Gesellschaft der Darlehensgewährung eines Gesellschafters wirtschaftlich entsprach in den Anwendungsbereich einbezogen, vorausgesetzt, ihnen konnte ein Verhältnis zur Gesellschaft oder eine konkrete Beziehung zu einzelnen Gesellschaftern oder dessen Geschäftsanteil nachgewiesen werden[181]. Zum anderen erfasste das Regelungsziel des § 32 a Abs. 3 S. 1 GmbHG a.F. sonstige – durch Gesellschafter oder diesen gleichgestellten Dritten – zur zeitweisen Nutzung zusätzlich gewährte Kapitalüberlassungen, die einem Rückforderungsanspruch unterlagen und nicht auf einem Darlehensvertrag beruhten[182].

Die Erweiterung des Grundfalles in sachlicher Hinsicht war zudem in doppelter Richtung von Bedeutung. Insoweit muss zwischen der Bereitstellung von Finanzierungsmittel und dessen Belassung differenziert werden. Während die Kapitalzufuhr ausschließlich in der Krise erfolgen musste, um die Leistung eigenkapitalersetzend umzuqualifizieren, reichte es für die Fallgruppe der Belassung aus, wenn das Kapital noch in gesunden Zeiten gewährt wurde, jedoch bei Eintritt der Krise nicht abgezogen, sondern vielmehr „stehengelassen" wurde[183]. Entscheidender Faktor für die Behandlung von Rechtshandlungen eines Gesellschafters oder eines Dritten, die der Darlehensgewährung wirtschaftlich entsprachen, war also die Hingabe oder das Stehenlassen der Finanzierungshilfe im Zeitpunkt der Krise der Gesellschaft.

2. *Neue Rechtslage der wirtschaftlich entsprechenden Rechtshandlungen*

Die in § 32 a Abs. 3 S. 1 GmbHG a.F. geregelten der Darlehensgewährung wirtschaftlich entsprechenden Fälle wurden alle in § 39 Abs. 1 Nr. 5 InsO sowohl in personeller als auch in sachlicher Hinsicht komplett übernommen[184]. Danach sind auch wirtschaftlich vergleichbare Forderungen von Gesellschaftern und

181 Baumbach/Hueck, Hueck/Fastrich, GmbHG, 18. Aufl., § 32 a, Rdn. 20.

182 Ulmer/Habersack/Winter, Habersack, GmbHG, §§ 32 a/b, Rdn. 105; Michalski, Heidinger, GmbHG, §§ 32 a, 32 b, Rdn. 151; Scholz, K. Schmidt, GmbHG, §§ 32 a, 32 b, Rdn. 120.

183 Baumbach/Hueck, Hueck/Fastrich, GmbHG, 18. Aufl., § 32 a, Rdn. 28, 37.

184 Vgl. BT-Dr. 16/6140, S. 56 (rechte Spalte). Während im alten Recht noch differenziert werden musste, ob die betreffende Maßnahme noch unter § 32 a Abs. 1 oder aber schon unter § 32 a Abs. 3 S. 1 GmbHG a.F. fällt, entfällt die Differenzierung im neuen Recht, da alle Leistungen des Gesellschafters unter § 39 Abs. 1 Nr. 5 InsO fallen.

bestimmten Dritten in der Insolvenz nach § 39 Abs. 1 Nr. 5 InsO subordiniert und können für den Fall der Rückzahlung nach § 135 Abs. 1 InsO angefochten werden, soweit weder das Kleinbeteiligungs- noch das Sanierungsprivileg eingreift.

a. Sachlicher Anwendungsbereich

Der sachliche Anwendungsbereich der wirtschaftlich entsprechenden Rechtshandlungen bezieht sich auf Leistungen, die als Darlehensäquivalent eine Kapitalüberlassung an die Gesellschaft darstellen, ohne auf einem Darlehensvertrag zu beruhen[185]. Auch bei den wirtschaftlich vergleichbaren Rechtshandlungen müssen diese also nicht als Eigenkapital zugeführt, sondern lediglich als das Aktivvermögen steigende – aber auch gleichzeitig die Gesellschaftsverbindlichkeiten vermehrende – Mittel der Gesellschaft zu Verfügung gestellt werden, so dass diese Forderungen in der Insolvenz – denkt man sich die Nachrangigkeit hinweg – mit den Forderungen anderer Gläubiger konkurrieren könnten. Das letzten Endes verabschiedete Gesetz, das nur die Darlehensforderungen und die wirtschaftlich entsprechenden Rechtshandlungen den Sonderregeln unterstellt, bleibt zwar hinter dem von *Huber* und *Habersack* anfangs eingebrachten Vorschlag, alle Gesellschafterforderungen ohne Rücksicht auf ihren Entstehungsgrund dem Nachrang zu unterwerfen[186], zurück. Die daraus entstehende Differenz zu den „normalen“ Forderungen der Gesellschafter ist jedoch – wie anschließend aufgezeigt wird – minimal.

aa. „Stehenlassen“ der Forderungen

Das Stehenlassen, also die Nichtgeltendmachung fälliger Forderungen, erfüllt ebenso eine Kreditierungsfunktion, wie die Darlehensgewährung selbst[187]. Erfasst werden aber nicht nur das Stehenlassen von Darlehensforderungen, sondern Forderungen aller Art[188]. Insoweit wird auch das Nichteinfordern von fälligen Gewinnansprüchen, Forderungen aus Drittgeschäften oder Geschäftsführerbezügen sowie Gesellschaftergehaltsansprüchen[189] einer Darlehensgewährung

185 Michalski, Heidinger, GmbHG, §§ 32 a, 32 b a.F., Rdn. 151.
186 Huber/Habersack, BB 2006, 1, 2.
187 Vor dem MoMiG war das Stehenlassen einer der Hauptalternativen der wirtschaftlichen Vergleichbarkeit.
188 Roth/Altmeppen, Altmeppen, GmbHG, Anh. §§ 32 a, b, Rdn. 52.
189 Hinsichtlich stehengelassener Gehaltsansprüche der Gesellschafter ist die Schranke des Art. 4 Abs. 2 Insolvenzschutz-Richtlinie (RL 80/987/EWG) und die dazu ergangene Rechtsprechung des EuGH zu beachten. Ein Anspruch des

gleichgestellt, wenn der Gesellschafter ohne jegliche Einforderungsbemühungen die Forderungen innerhalb der relevanten Fristen nicht geltend macht, ohne dass eine ausdrückliche Absprache zwischen der Gesellschaft und dem Gesellschafter vorausgesetzt ist[190]. Da es auf das Stehenlassen in der Krise nicht mehr ankommt, sind nach neuem Recht also diejenigen Fälle gemeint, in denen ein Darlehen außerhalb der Fristen der § 135 Abs. 1 InsO, § 6 AnfG gegeben – oder ein sonstiger Vertrag abgeschlossen wird – und die Forderungen nicht vor Beginn der relevanten Fristen geltend gemacht oder das Darlehen abgezogen werden. Zudem wird vorausgesetzt, dass das Stehenlassen darauf abzielt, geschäftsübliche Zahlungsziele zu überschreiten[191]. Rechtsfolge dessen ist die Subordination der Ansprüche nach § 39 Abs. Abs.1 Nr. 5 InsO und die Anfechtbarkeit von Zahlungen, die innerhalb der Einjahresfrist vorgenommen wurden, wobei der Zweck oder die Dauer des Stehenlassens unerheblich ist.

Auch wenn die Voraussetzungen und Rechtsfolgen des Stehenlassens nach dem neuen Recht unumstritten sind, gehen die Ansichten in der Literatur

---

Gesellschafters aus einem Arbeitsverhältnis stellt unabhängig von den Regeln über den Eigenkapitalersatz, also auch wenn der Anspruch gestundet oder stehengelassen wurde, einen nicht erfüllten Anspruch nach Art. 3 Abs. 1 RL 80/987 EWG dar. Nach Art. 4 RL 80/987 EWG können die Mitgliedstaaten die in Art. 3 Abs. 1 RL 80/987 EWG vorgesehenen Zahlungspflichten der Garantieeinrichtung zwar begrenzen und von Art. 4 RL 80/987 EWG abweichende Regelung zur Vermeidung von Umgehungsmaßnahmen treffen. Solche Umgehungsmaßnahmen müssen jedoch zulasten der Garantieeinrichtung gehen. Die Fortsetzung des Arbeitsverhältnisses über den Zeitpunkt hinaus, zu dem ein nicht Gesellschafter-Arbeitnehmer das Arbeitsverhältnis aufgrund des nicht gezahlten Entgelts aufgelöst hätte, lässt jedoch nicht zugleich auf einen Missbrauch schließen, insbesondere da der europäische Gesetzgeber nach Art. 4 Abs. 2 RL 80/987 EWG die Fortgeltung des Arbeitsverhältnisses, wenn das Entgelt weniger als drei Monate nicht bezahlt wurde, noch nicht als ungewöhnlich angesehen hat. Die nationalen Gerichte und die Mitgliedstaaten können daher den Schutz der Arbeitnehmer bei Insolvenz des Arbeitgebers, der mit der RL 80/987 EWG verfolgt wird, nicht vereiteln. Insofern hat der EuGH entschieden, dass ein Gesellschafter-Arbeitnehmer seinen Garantieanspruch, der unter Art. 4 Abs. 2 RL 80/987 EWG fällt, auch dann nicht verliert, wenn er nach Eintritt der ihm bekannten Kreditunwürdigkeit das ihm zustehende fällige Arbeitsentgelt (während mehr als 60 Tagen) nicht ernsthaft einfordert. Vgl. EuGH v. 11.09.2003, NZA 2003, 1083 ff.

190 Gottwald, Haas/Hossfeld, Insolvenzrechts-Handbuch, § 92, Rdn. 421.

191 Baumbach/Hueck, Hueck/Fastrich, GmbHG, § 30 Anh., Rdn. 53; Roth/Altmeppen, Altmeppen, GmbHG, Anh. §§ 32 a, b, Rdn. 52; Haas, Festschrift Ganter, 2010, 189, 191.

zumindest in dem Punkt auseinander, wenn es um die Frage nach der tatsächlichen zeitlichen Bemessung der marktüblichen Überschreitung der Zahlungsziele geht, was nicht bei dem Stehenlassen, sondern auch bei den Fälligkeits- und Stundungsabreden von Bedeutung sein wird. Während einige Autoren unter Berufung auf die Rechtsprechung zu Stundungs- und Fälligkeitsabreden eine längere Überschreitung der Zahlung fälliger Forderungen durchschnittlich erst bei mehreren Monaten annehmen[192], wollen andere wiederum die Frist deutlich geringer halten und an das Bargeschäft des § 142 InsO anknüpfen[193]. Der für das Bargeschäftsprivileg erforderliche enge zeitliche Zusammenhang der Gegenleistung, die unmittelbar zu erbringen ist, wird nach den Einzelfällen beurteilt und soll aber eine Überschreitung von mehreren Wochen nicht mehr genügen lassen[194]. Trotz des mangelnden systematischen Zusammenhangs kann die Anlehnung an § 142 InsO als eine gerechte und konsequente Orientierungshilfe dienen.

Eine die Verkehrsüblichkeit ausschließende Faustformel wird sich nicht ohne weiteres finden lassen. Abhängig von dem zugrundeliegenden Verkehrsgeschäft wird das Kreditierungselement sich an den Gepflogenheiten der Vertragspartner – weswegen schon kurzfristige Stundungen nicht den Ausschlag geben sollten – und dem Zeitpunkt der getroffenen Vereinbarung – ursprüngliche Zahlungsvereinbarungen oder erst nachträgliches Hinausschieben – in gewisser Weise orientieren müssen. Denn es kann nicht bereits jede Verzögerung bzw. zeitliches Auseinanderfallen der Leistungen zum Nachteil des Gesellschaftergläubigers gereicht werden, auch wenn eine Indizwirkung nicht komplett abgesprochen werden kann. Nach den allgemeinen Grundsätzen des Rechts der Gesellschafterfinanzierung führt eine Kreditierung nur vorbehaltlich des Kleinbeteiligungs- und Sanierungsprivilegs zur Subordination von Darlehensforderungen. Insofern entfällt nach dem MoMiG auch die Ausnahmealternative der kurzfristigen Überbrückungskredite, bei denen eine vereinbarte Zeitspanne von drei Wochen an der Nachrangigkeit nichts mehr zu ändern vermag. Wenn aber sogar die kurzfristigen Überbrückungskredite den neuen Regeln des Eigenkapitalersatzrechts nun nicht entzogen werden, kann in Bezug auf die zeitliche marktübliche Überschreitung bei Stehenlassen, Stundungs- oder Fälligkeitsabreden keine

192 Baumbach/Hueck, Hueck/Fastrich, GmbHG, § 30 Anh, Rdn. 52 mit Verweis auf BGH NJW 1995, 457, 558 (Frist von 8 Monaten gelte nicht mehr als eine geringfügige Überschreitung).

193 Saenger/Inhester, Kolmann, GmbHG, Anhang § 30, Rdn. 134 f.; Bitter, ZIP 2010, 1, 10.

194 Uhlenbruck, Hirte, InsO, § 142, Rdn. 13 f.

hohen zeitlichen Anforderungen gesetzt werden[195]. Insofern sollte bereits bei einer Überschreitung von drei Wochen von einem Stehenlassen ausgegangen werden. Dennoch besteht in diesem Punkt noch erhebliche Rechtsunsicherheit, die durch weisende Eingrenzung der Rechtsprechung hoffentlich schnell behoben sein wird.

bb. Stundung einer Forderung / pactum de non petendo

Die Stundung fälliger vermögenswerter Forderungen wird neben dem Stehenlassen von Forderungen als eine der wichtigsten Fälle der wirtschaftlich vergleichbaren Rechtshandlungen angesehen, da diese einer Darlehensgewährung in der Hinsicht sehr nahe kommt, als tatsächlich Finanzierungsmittel in der Gesellschaft belassen werden[196]. Dabei ist es unerheblich, auf welcher Grundlage das der Stundung zugrundeliegende Verpflichtungsgeschäft basiert, so dass nicht nur Forderungen aus Austauschverträgen, sondern wie beim Stehenlassen auch Forderungen aus dem Gesellschaftsverhältnis – wie nicht entnommene Gewinne, nicht ausgezahlte Gehälter[197] oder nach dem Ausscheiden gestundete Abfindungsforderungen – von dem Regelungsinhalt erfasst werden[198]. In erster Linie kommt es darauf an, dass eine Forderung tatsächlich existiert und trotz ihrer Fälligkeit und Durchsetzbarkeit nicht geltend gemacht wird, unabhängig davon, auf welchen Gründen oder Motivationen die Nichtgeltendmachung basiert. Nicht erforderlich ist insbesondere das Vorliegen einer ausdrücklichen Stundungs- bzw. Finanzierungsabrede zwischen dem betreffenden Gesellschafter und der Gesellschaft[199] oder, dass das der Stundung zugrundeliegende

---

195 Vgl. Haas, FS Ganter, 2010, 189, 191.

196 Ulmer/Habersack/Winter, Habersack, GmbHG, §§ 32 a/b, Rdn. 110; Hachenburg, Ulmer, GmbHG, § 32 a, b, Rdn. 93; vgl. a. Gehrlein, BB 2008, 846, 850.

197 BGHZ 76, 326, 331 ff. Damit werden auch alle Forderungen, die dem Innenverhältnis zugrunde liegen, erfasst. Dazu gehören etwa auch Forderungen aus Ansprüchen wegen Auslagenerstattung (vgl. BGHZ 75, 334, 335) und nicht geltend gemachte Spesen oder Tantiemen, die als Darlehen belassen werden (vgl. BGHZ 81, 365, 366).

198 Ulmer/Habersack/Winter, Habersack, GmbHG, §§ 32 a/b, Rdn. 110.

199 Gehrlein, BB 2008, 846, 850; Saenger/Inhester, Kolmann, GmbHG, Anhang, § 30, Rdn. 133, so auch schon im früheren Recht. Hier wird die Parallele zur der „stehengelassenen" Forderung gesehen, bei der der BGH eine ausdrückliche rechtsgeschäftliche Vereinbarung über das „Stehenlassen" als nicht notwendig erachtet hat, vgl. BGHZ 105, 168, 185 f. Dann kann bei der unterlassenen Geltendmachung einer Forderung aber nichts anderes gelten, vgl. BGH ZIP 1995, 23 (23). A.A. Hachenburg, Ulmer, GmbHG, § 32 a, b, Rdn. 92, der zwar eine Finanzierungsabrede

Geschäft einen Darlehensvertrag darstellt[200]. Ebenso wenig ist die Dauer und der Zeitpunkt der Stundung relevant, so dass auch bereits die bei Eingehung von Verträgen vereinbarten Zahlungsaufschübe zur Nachrangigkeit der Forderung nach § 39 Abs. 1 Nr. 5 Alt. 2 InsO führen.

(1) Pactum de non petendo

Die gleichen Erwägungen gelten für ein *pactum de non petendo*, wenn also der Gesellschaft aufgrund einer Vereinbarung mit dem Gesellschafter, seine Forderung zumindest für einen Zeitraum nicht geltend zu machen, eine Einrede zukommt, ohne die Fälligkeit der Forderung zu berühren[201]. Im Ergebnis entspricht ein pactum de non petendo den gleichen wirtschaftlichen Auswirkungen wie eine Stundung oder eine Fälligkeitsvereinbarung und ist daher nicht anders zu behandeln[202].

(2) Erwerb gestundeter Forderungen Dritter

Unter die Fallgruppe der dem Darlehen wirtschaftlich entsprechenden Forderungen fällt auch der Erwerb von gestundeten Forderungen Dritter durch den Gesellschafter[203]. Die erforderliche Kreditierung wird in solchen Fällen darin gesehen, dass der Gesellschafter, indem er eine gestundete Forderung eines Dritten gegen die Gesellschaft übernimmt, bei Auslösung der Fälligkeit verhindert, dass der Gläubiger die Insolvenzverfahrenseröffnung beantragt[204]. Mit dieser Fallvariante ist auch die direkte Befriedigung der Gläubiger durch den Gesellschafter nach § 276 Abs. 1 BGB dann identisch, wenn der Gesellschafter bei der Gesellschaft auf den Regress verzichtet oder diesen nicht sofort geltend macht[205].

cc. Fälligkeitsvereinbarungen in Austauschverträgen

In Bezug auf die Fälligkeitsvereinbarungen in Austauschverträgen gelten dieselben Erwägungen wie bei der Stundung oder dem Stehenlassen der Forderungen.

---

voraussetzt, jedoch sehr geringe Anforderungen an diese stellt und sogar eine stillschweigende Abrede für ausreichend hält.

200 Uhlenbruck, Hirte, § 39 InsO, Rdn. 38.

201 MünchKommBGB, Krüger, § 271, Rdn. 18.

202 vgl. Scholz, K. Schmidt, GmbHG, §§ 32 a, 32 b, Rdn. 122; Baumbach/Hueck, Hueck/Fastrich, GmbHG, § 30 Anh., Rdn. 51.

203 Uhlenbruck, Hirte, § 39 InsO, Rdn. 38; Römermann, Selzner/Leuering, MAH GmbH-Recht, § 7, Rdn. 82.

204 v.Gerkan/Hommelhoff, Johlke/Schröder, Handbuch des Kapitalersatzrechts, Teil 5, III, Rdn. 5.54.

205 Römermann, Selzner/Leuering, MAH GmbH-Recht, § 7, Rdn. 82.

In Weiterführung der alten Rechtsprechung werden auch an die Fälligkeitsvereinbarungen keine strengen Anforderungen gesetzt, so dass anstatt einer ausdrücklichen Abrede auch eine stillschweigende Übereinkunft zwischen dem Gesellschafter und der Gesellschaft ausreichend ist. Die Kreditierungswirkung solcher Fälligkeitsvereinbarungen ist aus dem Grunde zu bejahen, als sie schon objektiv eine – wenn auch nur zeitweise – Überlassung von Fremdkapital durch den Gesellschafter darstellt und sich wirtschaftlich wie eine direkte Darlehensgewährung und Nutzung des Kapitals durch die Gesellschaft auswirkt[206].

Aufgrund der Parallelität zu dem Stehenlassen sind die strengen Regel über Gesellschafterdarlehen auch bei den Fälligkeitsvereinbarungen von Austauschverträgen erst dann anzuwenden, wenn die Fälligkeit der Gegenleistung über die marktüblichen Gepflogenheiten hinausgeschoben wird[207], wobei auch hier einer Einzelfallbetrachtung keine hohen zeitlichen Anforderungen zu stellen sind.

dd. Stille Beteiligung eines Gesellschafters

Eine weiter nicht selten vorzufindende Alternative der wirtschaftlichen Entsprechung stellt die stille Beteiligung des Gesellschafters an der Gesellschaft dar[208]. Die Gerichte urteilten in diesen Fällen, dass der stille Gesellschafter, der bereits einen Anteil an der Gesellschaft hält oder sich atypisch beteiligt, seinen Anspruch auf Rückzahlung seiner Einlange nicht als Insolvenzforderung nach § 236 HGB geltend machen kann, da § 39 Abs. 1 Nr. 5 InsO in Fällen einer atypisch stillen Gesellschafterbeteiligung vorrangiger ist, mit der Folge, dass der Stille seine Forderung nur als nachrangige Insolvenzforderung geltend machen und in Fällen der bereits erfolgten Rückgewähr innerhalb der relevanten Fristen mit einer Anfechtung dessen nach § 135 Abs. 1 Nr. 2 InsO rechnen konnte[209]. Von solchen Fällen sind strikt die Fälle zu unterscheiden, in denen ein außenstehender Dritte, der dem Gesellschafter auch nicht gleichzusetzen ist, eine typische stille Beteiligung erworben hat, aufgrund dessen er nach § 236 HGB, § 38

206 Vgl. Römermann, Selzner/Leuering, MAH GmbH-Recht, § 7, Rdn. 81.

207 Baumbach/Hueck, Hueck/Fastrich, GmbHG, § 30 Anh., Rdn. 52.

208 Der Gesetzgeber hat bereits 1977 bei der Änderung des GmbHG geplant, die Gleichstellung einer stillen Beteiligung des Gesellschafters mit einer Darlehensgewährung gleichzusetzen. Auch wenn diese Präzisierung in dem Gesetz unterblieben ist, so wurde dennoch an der Gleichstellung festgehalten und dies vom BGH auch bestätigt, vgl. BGH NJW 1983, 1855, 1856.

209 So bereits BGH NJW 1983, 1855, 1856; Baumbach/Hueck, Hueck/Fastrich, GmbHG, § 30 Anh., Rdn. 54.

InsO mit dem den Verlust übersteigenden Anteil als normaler Insolvenzgläubiger zu behandeln ist[210].

ee. Zwischenergebnis

Allen diesen Fallgruppen ist gemeinsam, dass der Gesellschafter – unmittelbar oder mittelbar – wirtschaftliche Vermögenswerte überlassen hat und trotz seiner Möglichkeit, diese aufgrund fälliger durchsetzbarer Ansprüche abzuziehen, der Gesellschaft auch über den Eintritt der Insolvenz hinaus belässt, was gleichzeitig die Nachrangigkeit der Forderungen auslöst. Dem Umstand, dass in dem MoMiG doch nicht alle Gesellschafterforderungen dem Nachrang unterstellt wurden, kommt damit nur eine geringe Bedeutung zu, da sich die Diskrepanz dessen, welche Forderung des Gesellschafters letzten Endes wie normale Drittforderung zu behandeln ist, enorm gering ist.

Gleichzeitig vermittelt die kurze Darstellung der häufigsten wirtschaftlich vergleichbaren Tatbestände, wie Komplex und weitläufig der sachliche Anwendungsbereich der Sonderregeln sein kann. Vor dem Hintergrund der mit den vergleichbaren Fällen verbundenen offenen Fragen in Bezug auf den Finanzierungscharakter der Gesellschafterleistung kann zumindest hier nicht davon gesprochen werden, der Gesetzgeber habe das Ziel des MoMiG nach einer Vereinfachung des Kapitalersatzrechts nachhaltig erreichen können. Auch die in der Literatur sehr oft zu lesende Kommentierung, die ehemaligen Grundsätze bei der Bestimmung der wirtschaftlichen Vergleichbarkeit sollen auch für das neue Recht übernommen werden, sind in dem Punkt nicht nachzuvollziehen, als die frühere Vergleichbarkeit sich an die eigenkapitalersetzenden Darlehen richtete, die nun aber definitiv obsolet geworden sind[211]. Dass der Gesetzgeber damit allem Anschein nach verhindern wollte, dass die wirtschaftlich vergleichbaren Fälle nun komplett umgekrempelt werden ist durchaus erkennbar, trägt jedoch in keiner Weise zu der Vereinfachung der Rechtsfindung bei. Da für das neue Recht also nicht einfach auf die alten Grundsätze abgestellt werden kann, werden die wirtschaftlich vergleichbaren Rechtshandlungen in der Zukunft in einem oder anderem Fall nicht problemlos zu lösen sein. Insoweit wird die Rechtsprechung wieder eine wichtige Rolle einnehmen.

---

210 Ebenso wenig betrifft es die Frage, ob sich das neue Kapitalersatzrecht auch auf das Recht der stillen Gesellschaft auswirkt, vgl. hierzu Mock, DStR 2008, 1645 (1645).

211 Insoweit verweist der Handelsrechtsausschuss des DAV zutreffend darauf hin, dass auf die Kasuistik zu § 32 a Abs. 3 S. 1 GmbHG a.F. nicht mehr ohne Vorbehalt zurückgegriffen werden kann, s. NZG 2007, 211, 220.

b. Personeller Anwendungsbereich

Sowohl der Grundtatbestand des § 39 Abs. 1 Nr. 5 InsO als auch weitere Vorschriften der §§ 135 InsO, §§ 6, 6 a AnfG sprechen ausdrücklich nur von Darlehen, die von einem Gesellschafter, also von dem Inhaber der Geschäftsanteile, gewährt wurden. Insoweit ist ein Unterschied zu dem bisherigen § 32 a Abs. 3 S. 1 GmbHG zu verzeichnen, der auch Dritte in den Regelungsbereich explizit aufnahm und den Gesellschaftern gleichstellte. Durch die Aufnahme des Tatbestandes der Rechtshandlungen, die einem Darlehen wirtschaftlich vergleichbar sind, wollte der Gesetzgeber die Umgehungstatbestände jedoch nicht nur in sachlicher, sondern auch in personeller Hinsicht unterbinden. Wer außer den Gesellschaftern von den Sonderregeln über Gesellschafterdarlehen erfasst ist, kann mit nur einem Blick ins Gesetz nicht gesagt werden. Der Gesetzgeber bedient sich diesbezüglich wieder einer Verweisung auf die ehemaligen Grundsätze, so dass die Kenntnis der zum alten Recht ergangenen Rechtsprechung hinsichtlich gesellschaftergleicher Dritte unabdingbar ist. Dass dann auch diesbezüglich nicht von einer Erleichterung des neuen Rechts gesprochen werden kann, versteht sich somit von alleine.

aa. Gesellschafter als Darlehensgeber

Die Hauptakteure des Sonderrechts der Gesellschafterdarlehen sind natürlich die Gesellschafter. Für die Gesellschaftereigenschaft ist die tatsächliche materiellrechtliche Inhaberschaft der Beteiligung maßgeblich, so dass es auf die dem Handelsregister vorzuweisenden Gesellschafterliste nicht primär ankommt[212]. Da vorbehaltlich des Kleinbeteiligungsprivilegs sämtliche Gesellschafter von dem Anwendungsbereich erfasst werden, kommt es auch nicht darauf an, ob die Kapitalbeteiligung mit etwaigen Ausgestaltungen – wie besondere Stimmkraft oder Gewinnbeteiligung – versehen ist[213].

Fraglich ist jedoch, ob der Kreditgeber wie schon im früheren Recht[214] die Gesellschafterstellung zum Zeitpunkt der Finanzierungsleistung inne haben muss. Da mit dem MoMiG von dem Grundsatz der Finanzierungsentscheidung in der Krise abgerückt worden ist, kommt es zwar einerseits nicht mehr auf die gleichzeitige Stellung des Gesellschafters als Kreditgeber zum Zeitpunkt der

---

212 Saenger/Inhester, Kolmann, GmbHG, Anhang § 30, Rdn. 71; Baumbach/Hueck, Hueck/Fastrich, GmbHG, § 30 Anh, Rdn. 28; Gehrlein/Ekkenga/Simon, Gehrlein, GmbHG, Vor. § 64, Rdn. 129.

213 Vgl. Ulmer/Habersack/Winter, Habersack, MoMiG, § 30, Rdn. 42.

214 Baumbach/Hueck, Hueck/Fastrich, GmbHG, § 30 Anh, Rdn. 29; Ulmer/Habersack/Winter, Habersack, GmbHG, §§ 32 a/b, Rdn. 53.

Darlehensgewährung an[215], andererseits entsteht jedoch die Frage, zu welchem Zeitpunkt die Gesellschaftereigenschaft vorliegen muss bzw. musste.

Nach der neuen Rechtslage muss diesbezüglich differenzierend an die Frage herangegangen werden, was die Rechtslage wieder nur verkompliziert. Auf dem einfachen Fall des unmodifizierten Zusammentreffens der Gesellschafter- und Kreditgeberstellung zum Zeitpunkt der Insolvenzeröffnung wird es nicht sein Bewenden haben. Vielmehr wird der Zeitpunkt bei den Fallkonstellationen der zukünftigen und ehemaligen Gesellschafter sowie in Zessionsfällen nicht unerheblich und nicht unproblematisch sein.

(1) Künftige Gesellschafter

Während die künftigen Gesellschafter nach dem alten Recht unter das Eigenkapitalersatzrecht erst dann fielen, wenn für sie die Grundsätze über das Stehenlassen Anwendung fanden, so reicht es nun aus, dass ein Kreditgläubiger erst später, aber innerhalb der Anfechtungsfrist des § 135 Abs. 1 InsO, § 6 AnfG Gesellschaftsanteile erworben hat[216]. In den Fällen, in denen also zum Zeitpunkt der Insolvenzeröffnung die Gesellschafter- und die Darlehensgläubigerstellung zusammenfallen, finden die Regeln über die Subordination und die Anfechtung – vorbehaltlich des Kleinbeteiligungs- und Sanierungsprivilegs – immer Anwendung, unabhängig davon, zu welchem Zeitpunkt – vor oder nach der Darlehensgewährung oder nach der Darlehensrückzahlung – der Gesellschafter die Anteile an der Gesellschaft erwirbt[217]. Entschließt sich also ein Kreditgeber später zum Erwerb von Gesellschaftsanteilen, muss er die Subordination seines Rückforderungsanspruchs und die Anfechtbarkeit der gegebenenfalls erstatteten Forderung in Betracht ziehen.

Der generellen Subordination und der Anfechtbarkeit kann der zukünftige Gesellschafter nur dann entgehen, wenn er sein vor dem Erwerb der Beteiligung gewährtes Darlehen entweder vor oder direkt mit dem Anteilserwerb abgezogen

---

215 Dahl/Schmitz, NZG 2009, 325, 326, Scholz, K. Schmidt, GmbHG, §§ 32 a/b a.F. Nachtrag MoMiG, Rdn. 21.

216 Gehrlein, BB 2008, 846, 850; Altmeppen, NJW 2008, 3601, 3603.

217 Gottwald, Haas/Hossfeld, Insolvenzrechts-Handbuch, § 92, Rdn. 371; Scholz, K. Schmidt, GmbHG, §§ 32 a/b a.F. Nachtrag MoMiG, Rdn. 21; Saenger/Inhester, Kolmann, GmbHG, Anhang § 30, Rdn. 75; Gehrlein, BB 2008, 846, 850; Schlößer/Klüber, BB 2009, 1594, 1597 f.

oder auf einen Dritten übertragen hat, so dass es sich zu keinem Zeitpunkt um ein Gesellschafterdarlehen gehandelt hat[218].

(2) Ehemalige Gesellschafter

Auch im Hinblick auf die ehemaligen Gesellschafter führt die neue Rechtslage zu weiteren Differenzierungen. Vor Inkrafttreten des MoMiG war die Darlehensforderung eines ausscheidenden Gesellschafters nur dann verstrickt, wenn sie bereits einen eigenkapitalersetzenden Charakter hatte, also zum Zeitpunkt der Finanzierungsentscheidung ins Eigenkapital umqualifiziert worden war[219]. Allein die Tatsache, dass der Gesellschafter ausgeschieden war, vermochte an dem eingenkapitalersetzenden Charakter der Forderung also nichts zu ändern, solange die Forderung zum Zeitpunkt des Ausscheidens bereits verstrickt war.

Infolge der Reform hat sich die Rechtslage für ausgeschiedene Gesellschafter in zwei Richtungen gewandt. Zum einen muss der ehemalige Gesellschafter damit rechnen, dass die Tatbestände, die zum Zeitpunkt seines Ausscheidens bereits abgeschlossen waren, noch nach den alten Regeln einer rechtlichen Würdigung unterstellt werden können. Zum anderen muss er im Klaren sein, dass es entscheidend darauf ankommen wird, ob die Darlehensforderung innerhalb der Fristen des § 135 Abs. 1 InsO eine Gesellschafterforderung war oder nicht.

Nach Ablauf der Anfechtungsfrist des § 135 Abs. 1 InsO muss der ausgeschiedene Gesellschafter hinsichtlich seiner vor dem Ausscheiden gewährten Finanzierungsleistungen und insofern begründeten Ansprüchen keine insolvenz- und anfechtungsrechtlichen Besonderheiten mehr befürchten[220]. Das heißt im Umkehrschluss, dass der ehemalige Gesellschafter zum einen mit seinem offenen Rückforderungsanspruch innerhalb der Anfechtungsfrist bei Verfahrenseröffnung immer noch nachrangiger Insolvenzgläubiger ist und zum anderen unterliegt er im Falle einer Forderungstilgung und Sicherheitenbestellung seitens der Gesellschaft einer Anfechtung nach § 135 Abs. 1 InsO.

Kommt es also zur Veräußerung des Gesellschaftsanteils nach der Rückzahlung des Darlehens, so ist die Rückzahlung anfechtbar, wenn innerhalb des Zeitraums des § 135 Abs. 1 Nr. 2 InsO ein Insolvenzantrag gestellt wurde[221]. Kommt es dagegen erst nach der Veräußerung des Geschäftsanteils zur Rückzahlung des

218 Altmeppen, NJW 2008, 3601, 3603; Dahl/Schmitz, NZG 2009, 325, 326; Scholz, K. Schmidt, GmbHG, §§ 32 a/b a.F. Nachtrag MoMiG, Rdn. 21.

219 Vgl. Lutter/Hommelhoff, Kleindiek, GmbHG, Anh. zu § 64, Rdn. 118.

220 Saenger/Inhester, Kolmann, GmbHG, Anhang § 30, Rdn. 78.

221 Gottwald, Haas/Hossfeld, Insolvenzrechts-Handbuch, § 92, Rdn. 373; Saenger/Inhester, Kolmann, GmbHG, Anhang § 30, Rdn. 79.

– bis dahin subordinierten – Darlehens, so ist diese Tilgungsleistung ebenfalls nach § 135 Abs. 1 Nr. 2 InsO anfechtbar, wenn die Tilgung und Veräußerung des Anteils innerhalb der einjährigen Anfechtungsfrist stattgefunden haben[222]. Wie der BGH auch erst kürzlich entschieden hat, gilt der ausgeschiedene Gesellschafter nach Verstreichen der Jahresfrist des § 135 Abs. 1 Nr. 2 InsO hinsichtlich seines noch offenen Rückzahlungsanspruchs nicht mehr als nachrangiger Gläubiger[223].

Wie gezeigt, birgt eine getrennte Entledigung von Gesellschafterstellung und Forderungsinhaberschaft für den ausscheidenden Gesellschafter Risiken und Rechtsunsicherheit, so dass den Gesellschaftern nahegelegt werden kann, die Gesellschafterstellung stets mit der Forderung abzutreten.

(3) Neue Darlehensgewährung ehemaliger Gesellschafter

Kein Bezug zu den insolvenz- und anfechtungsrechtlichen Bestimmungen über Gesellschafterdarlehen besteht dann, wenn der ehemalige Gesellschafter – also nach dem Ausscheiden aus der Gesellschaft – Finanzierungsleistungen gewähren möchte. In solchen Fällen tritt er der Gesellschaft als gewöhnlicher Dritter gegenüber und wäre im Falle der Insolvenzeröffnung Insolvenzgläubiger i.S.d. § 38 InsO, da zu keinem Zeitpunkt eine Gleichstellung der Gesellschafter- und Gläubigerrolle stattfand.

Anders kann die Rechtslage aber dann aussehen, wenn den ausgeschiedenen Gesellschafter, der ein neues Darlehen gewährt, der Fall der wirtschaftlichen Vergleichbarkeit – sei es in sachlicher oder personeller Hinsicht – trifft.

(4) Zession des Darlehensanspruches an einen Dritten

Schließlich bleibt die Rechtslage auch in Zessionsfällen nicht vielmehr verständlicher. Vor dem MoMiG musste der Zessionar sich den eigenkapitalersetzenden Charakter der Forderung nach § 404 BGB entgegen halten lassen, wenn diese im Zeitpunkt der Abtretung bereits verstrickt war und konnte im umgekehrten Fall eine „saubere" Forderung selbst eigenkapitalersetzend werden lassen, wenn er sie in der Krise selbst stehen gelassen hat[224].

---

222 Altmeppen, NJW 2008, 3601, 3603; Gottwald, Haas/Hossfeld, Insolvenzrechts-Handbuch, § 92, Rdn. 373; i.E. a. Lutter/Hommelhoff, Kleindiek, GmbHG, Anh. zu § 64, Rdn. 119; Schlößer/Klüber, BB 2009, 1594, 1597; Gehrlein, BB 2008, 846, 850. Scholz, K. Schmidt, GmbHG, §§ 32 a/b a.F. Nachtrag MoMiG, Rdn. 21.

223 BGH v. 15.11.2011, WM 2012, 78, 79.

224 BGHZ 104, 33, 43; das gleiche gilt auch für vertragliche Gestaltungen der Schuldübernahme und Begründung einer neuen Forderung gegen die Gesellschaft durch

Nach dem MoMiG werden alle Gesellschafterdarlehen mit einem Nachrang versehen, so dass konsequenterweise die insolvenzrechtlichen Sonderregelungen unabhängig vom Zeitpunkt der Abtretung auch gegenüber dem Zessionar gelten sollten. Aufgrund der den Zessionar treffenden Folgen herrscht in der Literatur über die Abtretung von subordinierten Forderungen des Gesellschafters an einen Dritten bislang Uneinigkeit über ihre rechtliche Einordnung.

(a) Unbeschränkte Fortdauer der Sonderregelungen auch nach einer Abtretung
Einer Ansicht nach soll auch dem Zessionar die Nachrangigkeit der erhaltenen Forderung entgegen gehalten werden, wenn der Zedent die Forderung zu dem Zeitpunkt abtritt, zu dem er noch Gesellschafter war[225]. Für eine Forderung, die bereits vor der Abtretung mit einer Nachrangigkeit belastet war, soll nach der Abtretung auch in der Hand eines neuen Gläubigers nach §§ 404, 412 BGB nichts anderes gelten.

Diese Meinung, die sich konsequent an dem neuem Recht und Wortlaut richtet, geht jedoch zu weit, da sie auch die Abtretungen jenseits der Fristen der §§ 135 Abs. 1 Nr. 2 InsO, 6 Abs. 1 Nr. 2 AnfG erfasst und dem Zessionar die Darlehensforderungen mit allen insolvenzrechtlichen Beschränkungen ohne jegliche zeitliche Eingrenzung überlässt. Sie würde dazu führen, dass auch viele Jahre vor dem Insolvenzeröffnungsantrag abgetretene Darlehensforderungen an einen Nichtgesellschafter dennoch subordiniert wären, was in Fällen der Rückzahlung auch eine Anfechtung bedeuten würde. Dies birgt nicht nur ein erhebliches Ausfallrisiko des Zessionars, sondern schränkt auch die Verkehrsfähigkeit der Darlehensforderungen erheblich ein, da Dritte den Erwerb eines Gesellschafterdarlehens nur gegen einen erheblichen nominalen Abschlag in Betracht ziehen würden[226].

(b) Einschränkung des Sonderrechts zugunsten des Zessionars
Aus diesem Grund will eine relativierende Ansicht die den Zessionar treffende Nachrangigkeit und die Anfechtbarkeit von Tilgungen zumindest dann bejahen, wenn die Abtretung des Darlehensanspruchs innerhalb der Jahresfrist des § 135 Abs. 1 Nr. 2 InsO stattgefunden hat[227]. Dass die Sonderregeln nach der Abtretung

---

den Schuldübernehmer, da dies wirtschaftlich einer Forderungsabtretung gleichgesetzt wird, vgl. BGH v. 11.01.2011, ZInsO 2011, 392, 395.

225 Hirte, WM 2008, 1429, 1431; Habersack, ZIP 2007, 2145, 2149.

226 Vgl. a. Dahl/Schmitz, NZG 2009, 325, 326.

227 Lutter/Hommelhoff, Kleindiek, GmbHG, Anh. zu § 64, Rdn. 119; Roth/Altmeppen, Altmeppen, GmbHG, Anh. §§ 32 a, b, Rdn. 30; so nun auch OLG Stuttgart, Urteil v. 8.2.2012, DB 2012, 1378, 1379.

der Forderung gegenüber dem Zessionar gelten, hat den Grund darin, dass sowohl der Charakter der Forderung als Gesellschafterdarlehen als auch die Nachrangigkeit und die Anfechtungsmöglichkeiten sich nicht auf eine bestimmte Person beziehen, sondern der Forderung selbst anhaften und durch eine spätere Abtretung nicht umgangen werden sollen[228]. Würde die Nachrangigkeit auch weiterhin gegen den Zedenten gerichtet sein, würde der Zessionar die Rückforderung in der Insolvenz geltend machen, ohne dass ihm ein Nachrang nach § 39 Abs. 1 Nr. 5 InsO entgegengehalten werden könnte. Im Recht der Gesellschafterfinanzierung soll die Nachrangigkeit des Gesellschafterdarlehens jedoch sicherstellen, dass das Vermögen der Gesellschaft in der Insolvenz vorrangig der Befriedigung der Gläubiger zugutekommt. Ein bloßer Freistellungsanspruch der Gesellschaft gegen den Gesellschafter in Fällen der Geltendmachung der Forderungen seitens des Zessionars hinge aber von der Vermögenslage des Gesellschafters ab, so dass die Werthaltigkeit bei weitem nicht gewährleistet ist und die Masse bei einer Nachrangigkeit gegenüber dem Zessionar besser geschützt wäre[229]. Damit gilt die Verstrickung des Rückzahlungsanspruchs nach der Abtretung nicht gegenüber dem Gesellschafter, sondern nach § 404 BGB gegenüber dem Zessionar, wenn die Abtretung innerhalb der Grenze des § 135 Abs. 1 Nr. 2 InsO erfolgte[230].

Für Zessionare, die die Forderung jedoch länger als ein Jahr vor dem Eröffnungsantrag erworben haben, würden dann analog § 135 Abs. 1 Nr. 2 InsO keine

---

228 OLG Stuttgart, DB 2012, 1378, 1379 f.

229 OLG Stuttgart, DB 2012, 1378, 1380.

230 Der Zessionar ist als Leistungsempfänger der Forderungstilgung der alleinige Anspruchsgegner des Anfechtungsanspruchs des Insolvenzverwalters nach § 135 Abs. 1 Nr. 2 InsO. Eine gesamtschuldnerische Haftung mit dem Gesellschafter als Zedenten wird weder angenommen noch diskutiert. Auch macht das OLG Stuttgart deutlich, dass der Fall der Geltendmachung des Anspruchs gegen den Zessionar nicht mit der Entscheidung des BGH v. 28.9.1981 (ZIP 1981, 1332) verglichen werden kann. In dem Urteil entschied der BGH, dass bei einer auf Anweisung des Gesellschafters erfolgten Auszahlung an den Dritten, nicht der Dritte, sondern der Gesellschafter Gläubiger des Erstattungsanspruchs ist, da die Anweisung des Gesellschafters als eine Erfüllung gegenüber dem Gesellschafter wirkt, da nur die Auszahlung an den Dritten erfolgte. Damit gilt die Leistung als an den Gesellschafter bewirkt, so dass er auch Adressat des Rückforderungsanspruchs ist. Dieser Fall ist jedoch nicht mit der Zession vergleichbar, bei der nur der Zessionar der Gläubiger des Anspruchs ist und die Forderung gegenüber dem Zessionar und nicht gegenüber dem Gesellschafter zu begleichen ist.

insolvenz- oder anfechtungsrechtlichen Risiken mehr bestehen[231]. Da im neuen Recht keine Unterscheidung mehr in eigenkapitalersetzende und normale Gesellschafterdarlehen gemacht wird, besteht für den Zessionar ein erhebliches Risiko, nie eine normale Forderung gegen die Gesellschaft zu besitzen. Denn anders als im früheren Recht kann diese nicht mehr aus dem Anwendungsbereich ausgenommen oder – nach Beseitigung der Krise – enthaftet werden. Würde der Zessionar mit der Abtretung also immer nur eine ewige subordinierte Forderung erlangen, wäre es ein deutlicher Fall der Überregulierung seitens des Gesetzgebers und mit den Gläubigerschutzgesichtspunkten auf keinem Fall mehr zu rechtfertigen.

(c) Komplette Entlastung des Zessionars

Schließlich stellt die dritte Ansicht die Interessen des Zessionars in den Vordergrund und erachtet nur den Gesellschafter als Zedenten als den wahren Adressaten jeglicher Regeln des neuen Kapitalersatzrechts. Die innerhalb der Einjahresfrist erfolgten Rückzahlungen an den Zessionar sollen als mittelbare Zahlungen an den Gesellschafter nach § 135 Abs. 1 Nr. 2 InsO anfechtbar sein[232]. Damit soll nach dieser Ansicht nicht der Zessionar, sondern der Zedent selbst der Anfechtungsgegner des Insolvenzverwalters sein. Der Zessionar als ein außenstehender Dritter habe mit der Nachrangigkeit einer Forderung grundsätzlich nichts zu tun und soll wegen der Zession keine Nachteile erdulden.

Problematisch bei dieser Ansicht ist jedoch, dass auch wenn eine Vergütung für die Abtretung für den Gesellschafter der Befriedigung einer Forderung aus einem Darlehensvertrag wirtschaftlich gleichsteht, die Befriedigung nicht aus dem Vermögen der Gesellschaft, sondern des Zessionars aufgebracht wurde[233]. Der Insolvenzverwalter hat aber das Recht zur Anfechtung nur aus dem Grund, als durch die vorzeitige Begleichung der Forderung die Nachrangigkeit in der Insolvenz umgangen und das Gesellschaftsvermögen zulasten der Fremdgläubiger geschmälert wird. Insofern passen weder die Anfechtungsvoraussetzungen noch die Rechtsfolgen der Anfechtung auf den beschriebenen Weg, auch wenn er aus der Sicht des Zessionars durchaus attraktiv erscheint.

---

231 Gottwald, Obermüller/Kuder, Insolvenzrechts-Handbuch, § 97, Rdn. 57; Gehrlein, BB 2008, 846, 850; OLG Stuttgart, DB 2012, 1378, 1380.

232 Gottwald, Haas/Hossfeld, Insolvenzrechts-Handbuch, § 92, Rdn. 372; Haas/Vogel, NZG 2011, 455, 458.

233 So i.E.a. Ulbrich, Die Abschaffung des Eigenkapitalersatzrechts der GmbH, S. 254.

(d) Interessengerechte Lösung

Die erste Ansicht ist trotz ihres scharfen Tones dogmatisch betrachtet korrekt, da zum einen im neuen Recht die Nachrangigkeit und die Anfechtung von Befriedigungen nur an die Tatsache der Darlehensgewährung anknüpfen und zum anderen die Einwendungen, die im Zeitpunkt der Abtretung in dem Schuldverhältnis bereits begründet waren, auf den Zessionar unverändert übergehen. Mangels des höchstpersönlichen Charakters der Subordination und Insolvenzanfechtung, der auch vor dem MoMiG für eigenkapitalersetzende Darlehen einhellig anerkannt war[234], kann § 404 BGB – insbesondere aus Gründen des Umgehungsschutzes – auch nicht ausnahmsweise die Anwendung versagt werden[235]. Dennoch muss erwogen werden, ob eine vom Wortlaut abweichende Interpretation in Abtretungsfällen den Sinn und Zweck der Vorschrift ebenso gerecht wird und die Interessen des Zessionars, der in der Regel nicht imstande sein wird, die Vermögensverhältnisse der Gesellschaft im Hinblick auf mögliche baldige Insolvenzeröffnung abzusehen, mitberücksichtigt.

Insofern könnte überlegt werden, ob im Wege einer analogen Anwendung der § 135 Abs. 1 Nr. 2 InsO, § 6 Abs. 1 Nr. 2 AnfG die Abtretung einer Darlehensforderungen durch den Gesellschafter mit der Befriedigung des Gesellschafters i.S.d. § 135 Abs. 1 Nr. 2 InsO gleichgesetzt werden kann, mit der Folge, dass der Zessionar außerhalb der einjährigen Anfechtungsfrist eine gewöhnliche Insolvenzforderung erwirbt[236]. Im Rahmen des Gesetzgebungsverfahrens zum MoMiG wurde dem Problem der Abtretung einer Darlehensforderung von einem Gesellschafter an einen Dritten, trotz eines Hinweises im Rahmen der Anhörungen, keine große Aufmerksamkeit geschenkt, was die Annahme rechtfertigt, der Gesetzgeber wollte keine bestimmte Lösung für das Problem vorsehen[237]. Insoweit ist nicht die planwidrige Regelungslücke, sondern vielmehr die Frage nach der Vergleichbarkeit der Abtretung und der Befriedigung des Gesellschafters innerhalb der Jahresfrist entscheidungsrelevant.

Konzentriert man sich nicht auf die Tilgung der Forderung, die eben nur bei einer Befriedigung und nicht auch einer Abtretung eintritt, sondern vielmehr auf die Stellung des Gesellschafters, der in beiden Fällen nicht mehr Inhaber der Forderung ist, ließe sich eine Vergleichbarkeit beider Sachverhalte bejahen.

---

234 Vgl. BGHZ 104, 33, 43; Ulmer/Winter/Habersack, Habersack, GmbHG, §§ 32 a/b, Rdn. 57.

235 Schlößer/Klüber, BB 2009, 1594, 1595.

236 Hirte, WM 2008, 1429, 1431; Habersack, ZIP 2007, 2145, 2149; Dahl/Schmitz, NZG 2009, 325, 326; Führ/Wahl, NZG 2010, 889, 892.

237 Schlößer/Klüber, BB 2009, 1594, 1596; Führ/Wahl, NZG 2010, 889, 891 f.

Unabhängig davon, auf welche dogmatische Grundlage man das neue Recht der Gesellschafterdarlehen stellt, sei es auf das Prinzip der Haftungsbeschränkung, der Gesellschafternähe oder auf die modifizierte Finanzierungsentscheidung in Form von Risikoübernahmeverantwortung, ist die Sonderbehandlung des Gesellschafters nur dann gerechtfertigt, wenn er als Gesellschafter seine Darlehensforderung entweder in der Insolvenz oder in der Jahresfrist des § 135 Abs. 1 Nr. 5 InsO geltend macht. Die Befriedigung außerhalb dieser zeitlichen Grenzen soll dagegen nach dem eindeutigen Willen des Gesetzgebers weder missbräuchlich noch im Widerspruch zu seiner Stellung noch gläubigerschädigend sein. Das gleiche muss auch in den Fällen gelten, in denen der Gesellschafter seine Darlehensgeberposition nicht dadurch verliert, dass die Gesellschaft das Darlehen zurückzahlt, sondern indem er die Darlehensforderung an einen Dritten abtritt[238]. Wenn aber schon der Gesellschafter außerhalb der Jahresfrist keinen Begrenzungen in Bezug auf seine Darlehensforderungen unterliegt, muss auch ein Zessionar sie nicht gegen sich gelten lassen[239].

Dieser Lösungsweg erlaubt nicht nur eine zweckkonforme Auslegung des Gesetzes in Fällen der Abtretung der Darlehensforderungen an außenstehende Dritte, sondern hält auch die Handelbarkeit der Gesellschafterforderungen im Rechtsverkehr aufrecht. In dieser Lösung ist auch eine Parallele zum alten Recht zu sehen, da auch damals die Abtretung einer Darlehensforderung außerhalb der Krise keine Auswirkungen auf § 404 BGB für den Zessionar hatte. Diese Rechtsfolge entsprach auch der ständigen höchstrichterlichen Rechtsprechung, so dass auch zu erwarten ist, dass der BGH auch für das neue Recht sich derselben Lösung, die infolge der Reform nur anders hergeleitet wird, anschließen wird.

Somit kann im Ergebnis festgehalten werden, dass ein außenstehender Zessionar bei der Abtretung einer Gesellschafterforderung aus einem Darlehensvertrag vor Beginn der insolvenzrechtlichen Anfechtungsfristen der § 135 Abs. 1 Nr. 2 InsO, § 6 Abs. 1 Nr. 2 AnfG eine reine Insolvenzforderung erwirbt und unterliegt bei einer innerhalb der Jahresfrist eingetretenen Ablösung durch die Gesellschaft nicht der Anfechtung durch den Insolvenzverwalter.

---

238 Schlößer/Klüber, BB 2009, 1594, 1596; Baumbach/Hueck, Hueck/Fastrich, GmbHG, § 30 Anh., Rdn. 29.

239 So auch i.E. Hirte, WM 2008, 1429, 1431; Habersack, ZIP 2007, 2145, 2149; Dahl/Schmitz, NZG 2009, 325, 326; Roth/Altmeppen, Altmeppen, GmbHG, Anh. §§ 32 a, b, Rdn. 31; Scholz, K. Schmidt, GmbHG, §§ 32 a/b a.F. Nachtrag MoMiG, Rdn. 23.

In einer neuen Entscheidung des BGH wird nun auch klargestellt, dass die Befriedigung einer abgetretenen Forderung nicht nur gegenüber dem Zessionar gem. § 135 Abs. 1 Nr. 2 InsO, sondern auch gegenüber dem die Forderung abtretenden Gesellschafter angefochten werden kann[240]. Damit sind der Zessionar und der Gesellschafter Gesamtschuldner der anfechtbaren Leistung. Die Anfechtung gegenüber dem Gesellschafter wird damit begründet, dass der Gesellschafter im Wege der Abtretung und dem Forderungsverkauf die Zahlung der Gesellschaft an den Zessionar veranlasst hat[241]. Damit soll unterbunden werden, dass ein Gesellschafter, der seiner Gesellschaft Darlehensmittel zur Verfügung gestellt hat, die damit verbundenen Folgen einer Anfechtung dadurch umgeht, dass er die Forderung an einen Dritten abtritt. Dieser Entscheidung kann nur zugestimmt werden. Denn ließe man die Anfechtung gegenüber dem Gesellschafter entfallen, bestünde die Gefahr, dass der Gesellschafter die Forderung an einen vermögenslosen oder prozessual unerreichbaren Dritten abtreten und das Anfechtungsrecht umgehen und damit zum Nachteil der Gläubiger seiner Gestaltungsfantasie freien Lauf lassen könnte.

Erwirbt der Zedent erst nach der Abtretung einer Darlehensforderung Gesellschaftsanteile an der Gesellschaft, ist die Forderungen in den Händen des Zessionars nicht nach den Regeln des neuen Kapitalersatzrechts zu behandeln, da es sich auch hier nie um ein Gesellschafterdarlehen handelte[242]. Der Rechtsnachfolger des ehemaligen Gesellschafters wird vom Anwendungsbereich des neuen Kapitalersatzrechts nur erfasst, wenn er auch Zessionar der Darlehensforderung geworden ist.

(5) Zwischenergebnis

Die obige Darstellung hat erneut gezeigt, dass das MoMiG bis jetzt keine nennenswerten Erleichterungen gebracht hat. Im neuen Recht kann also insbesondere bei den Konstellationen der ehemaligen Gesellschafter und in Zessionsfällen auf eine Klarstellung durch die Gerichte gehofft werden. Der Abstellung auf die herkömmlichen Grundsätze kann auch hier nur mit einem kritischen Auge entgegen geblickt werden.

---

240 BGH v. 21.2.2013, NJW 2013, 2282, 2284. Damit hob der BGH das Berufungsurteil des OLG Stuttgart v. 08.02.2012, DB 2012, 1378 auf, da das Berufungsgericht die Anfechtung gegenüber dem Gesellschafter abgelehnt hatte und die Haftung nur gegenüber dem Zessionar bejahte.

241 BGH NJW 2013, 2282, 2285.

242 Gottwald, Obermüller/Kuder, Insolvenzrechts-Handbuch, § 97, Rdn. 57.

bb. Gleichgestellte Dritte als Darlehensgeber

Aufgrund der Neukonzeption des § 39 Abs. 1 Nr. 5 InsO, der Dritte zumindest wörtlich nicht erwähnt, stellt sich die Frage, ob Dritte in den Anwendungsbereich des Rechts der Gesellschafterdarlehen überhaupt einbezogen werden und wenn ja, welcher Personenkreis Dritten zugeordnet werden kann. Im Gegensatz zu der neuen Vorschrift sah § 32 a Abs. 3 S. 1 GmbHG ausdrücklich vor, dass auch Dritte den Gesellschaftern gleichgestellt werden konnten[243]. Ausweislich der Regierungsbegründung folgt nun die Einbeziehung Dritter jedoch weniger aus dem Gesetzestext selbst, sondern vielmehr aus den zu § 32 a Abs. 3 S. 1 GmbHG a.F. entwickelten Grundsätzen[244]. Dies wird aus der Formulierung „Forderungen aus Rechtshandlungen, die einem solchen Darlehen wirtschaftlich entsprechen" abgeleitet, so dass daraus nicht nur der sachliche, sondern – vorbehaltlich des § 39 Abs. 5 InsO – auch der personelle Anwendungsbereich erweitert und an das alte Recht angepasst wird[245].

(1) Keine Anlehnung an § 138 InsO

Daraus folgt jedoch lediglich, dass auch dritte Darlehensgeber den strengen Regeln der Gesellschafterdarlehen ausgesetzt sein können. Nicht eindeutig klar ist jedoch, wer als Dritter von dem Anwendungsbereich erfasst werden soll und wie die Einbeziehung dessen in das neue Eigenkapitalersatzrecht von nun an zu rechtfertigen ist. Zur Vorbeugung von Rechtsunsicherheiten hätte der Gesetzgeber im Rahmen der Reform den persönlichen Kreis am Beispiel des § 138 InsO ausrichten können. Wenn schon das „alte" Eigenkapitalersatz aufgrund seiner Fülle und seinem Schwierigkeitsgrad an Übersichtlichkeit einbüßen musste, warum nicht diesem Umstand mit einem einfachen Weg entgegen steuern und den Kreis einbezogener Dritter ausdrücklich – wenn auch nur generalklauselartig

---

243 Das ausdrückliche Weglassen gesellschaftergleicher Dritter als Darlehensgeber in § 39 I Nr. 5 InsO sieht Wälzholz als den entscheidenden Grund an, Dritte eben nicht mehr von der Regelung als erfasst anzusehen. Die beabsichtigte Formulierung des Gesetzgebers gegenüber dem bisherigen Recht lasse eine andere Auslegung nicht zu. Vgl. Wälzholz, DStR 2007, 1914, 198.

244 Begr. RegE, NZI 2008, Beilage zum Heft 11, S. 2, 41; BT-Drs. 16/6140, S. 56 (rechte Spalte), vgl. a. Haas, ZInsO 2007, 617, 620; Bayer/Graff, DStR 2006, 1654, 1659; Gehrlein, BB 2008, 846, 850; Römermann, Selzner/Leuering, MAH GmbH-Recht, § 7, Rdn. 42.

245 Scholz, K. Schmidt, GmbHG, §§ 32 a/B a.F. Nachtrag MoMiG, Rdn. 22; Lutter/Hommelhoff, Kleindiek, GmbHG, Anh. zu § 64, Rdn. 120; Gehrlein, BB 2008, 846, 850.

– bestimmen oder zumindest eine Verweisung in § 39 Abs. 1 Nr. 5 InsO und § 135 InsO auf § 138 InsO vornehmen?

Eine dem § 138 InsO vergleichbare Regelung, in der die dem Gesellschafter nahestehenden Personen umschrieben werden könnten, hat der Gesetzgeber für das Recht der Fremdfinanzierung aber gerade nicht vorgesehen[246]. Aus diesen Gründen kann zum einen nicht davon ausgegangen werden, dass § 138 InsO entsprechend anwendbar ist[247], andererseits könnte jedoch auch nicht nur von der Einbeziehung „nahe stehender Personen" i.S.d. § 138 Abs. 2 InsO, sondern weiterer Personen, ausgegangen werden[248]. Letzten Endes wird allein ein Blick ins Gesetz den Personenkreis, der einem Gesellschafter gleichgestellt wird, nicht vermitteln können. Vielmehr wird anhand der zu § 32 a Abs. 3 S. 1 GmbHG a.F. entwickelten Prinzipien eine einzelfallbezogene Entscheidung unumgänglich sein.

(2) Zurückhaltung gegenüber der früheren Kasuistik

Mit der Neuregelung ist der Übertragung der alten Grundsätze jedoch mit Vorsicht zu begegnen, da die dogmatische Begründung für die Erfassung von Gesellschafterdarlehen und den Gesellschaftern gleichgestellten Dritten mit der Neuregelung nicht mehr einheitlich gesehen wird. Insbesondere mit der mehrfach aufgeworfenen Rechtfertigung der neuen Regeln des Kapitalersatzrechts mit Hilfe der Haftungsbeschränkung[249] drängt sich die Frage auf, ob die neue Vorschrift eine restriktive Handhabung verlangt[250] und mit welcher Begründung die von der Gesellschaft völlig losgelösten Dritten von § 39 Abs. 1 Nr. 5 InsO und § 135 InsO bedroht sind.

Ausgehend von der oben vertretenen Ansicht, dass auch im neuen Recht die Finanzierungsentscheidung nach wie vor nicht komplett außer Bedeutung ist, sondern infolge der Neuausrichtung lediglich als Insolvenzrisikoübernahmeverantwortlichkeit benannt werden kann, kann dieser Aspekt auch weiterhin

246 Vgl. Habersack, ZIP 2007, 2145, 2148; ders. in ZIP 2008, 2385, 2387 f.; Hirte, WM 2008, 1429, 1431.

247 BGH v. 17.02.1011, GmbHR 2011, 413, 414.

248 Lutter/Hommelhoff, Kleindiek, GmbHG, Anh. zu § 64, Rdn. 120; Gehrlein, BB 2008, 846, 850.

249 Ulmer/Habersack/Winter, Habersack, MoMiG, § 30, Rdn. 37.

250 So zumindest Habersack, der hinsichtlich der Finanzierung durch gesellschaftergleiche Dritte eine strikte Begrenzung des persönlichen Anwendungsbereiches auf diejenigen Kreditgeber verlangt, denen das Prinzip der Haftungsbeschränkung zugute kommt, vgl. ZIP 2007, 2145, 2149; ders. in ZIP 2008, 2385, 2388.

einem mittelbaren Kreditgeber entgegengehalten werden[251]. Andernfalls steht der Rechtsfinder vor enormen Problemen die Nachrangigkeit einer Darlehensforderung eines Dritten zu begründen, der nicht unmittelbar an der Kreditnehmerin beteiligt ist und dessen Darlehen – oder eine sonstige wirtschaftlich entsprechende Finanzierungshilfe – nicht mit Mitteln oder auf Rechnung des Gesellschafters gewährt wurde. Auch die erst kürzlich erschienene BGH-Entscheidung zu der Einbeziehung Dritter in den Anwendungsbereich des § 39 Abs. 1 Nr. 5 InsO verweist auf eine zurückhaltende Behandlung Dritter hin. In seiner Entscheidung weist der BGH explizit darauf hin, dass Forderung einer in § 138 InsO genannten Person nicht per se mit der eines Gesellschafters vergleichbar ist, weil es sich um eine nahestehende Person i.S.d. § 138 Abs. 2 InsO handelt[252]. Die Gewährung eines Darlehens einer i.S.d. § 138 Abs. 2 InsO nahestehenden Person entscheidet nicht über die Nachrangigkeit der Forderung und begründet auch keine Indizwirkung auf eine wirtschaftliche Vergleichbarkeit mit einem Gesellschafterdarlehen[253]. Eine Zurechnung in den personellen Anwendungsbereich muss daher primär nach eigenständigen gesellschaftsrechtlichen Prinzipien beurteilt werden[254].

Im Grunde sind in erster Linie die Umgehungsfälle in den Anwendungsbereich der Sonderregeln einzubeziehen. Wird ein Darlehen oder eine wirtschaftlich entsprechende Finanzierungshilfe zwar nicht von einem Gesellschafter, sondern von einem Dritten gewährt, stammt das Geld jedoch aus dem Vermögen des Gesellschafters oder auf dessen Rechnung, so kann es keinen Unterschied machen, wer als Kreditgläubiger unmittelbar auftritt. In solchen Fällen ist der Dritte lediglich eine Mittelsperson – ein „Strohmann" – der einzig und allein eingesetzt wird, um die Gesellschafterstellung und die Darlehensgewährung förmlich voneinander zu trennen und die Nachrangigkeit und Anfechtbarkeit von Darlehen zu vermeiden[255].

(3) Darstellung tatbestandsrelevanter Kreditgeber

Die folgende Aufzählung nimmt Bezug auf die häufigsten Konstellationen, die im Recht der Fremdfinanzierung seitens Dritter vorzufinden sind und unterwirft sie einer genauen Analyse hinsichtlich der Einbeziehung in den personellen

251 Vgl. Roth/Altmeppen, Altmeppen, GmbHG, Anh. §§ 32 a, b, Rdn. 22.

252 BGH GmbHR 2011, 413 (413).

253 BGH GmbHR 2011, 413, 415..

254 Vgl. Uhlenbruck, Hirte, InsO, § 39, Rdn. 40.

255 Baumbach/Hueck, Hueck/Fastrich, GmbHG, § 30 Anh., Rdn. 35; Lutter/Hommelhoff, Kleindiek, GmbHG, Anh. zu § 64, Rdn. 122; Ulmer/Habersack/Winter, Habersack, MoMiG, § 30, Rdn. 44.

Anwendungsbereich und der Gleichstellung mit den Gesellschaftern. Dabei soll in einer prägnanten Aufzählung gezeigt werden, wann die Darlehensgewährung eines Dritten wirtschaftlich gesehen der eines Gesellschafters entspricht und wann eine Gleichstellung mit dem Gesellschafter nicht mehr gerechtfertigt werden kann. Die Einbeziehung verbundener Unternehmen und Cash-Pool-Sachverhalten in das neue Gesellschaftsinsolvenzrecht ist seit der Reform noch schwieriger geworden als sie bis dato bereits war. Aus diesem Grund verdient dieser Regelungskomplex eine gesonderte umfassende Behandlung. Da es den Rahmen dieser Arbeit sprengen würde, wenn dieser Problematik hinreichend Rechnung getragen würde, sei hinsichtlich der Zurechnung der Drittkredite in Konzernverhältnissen nur auf die vielfache Spezialliteratur verwiesen[256].

(a) Familienangehörige

Wie bereits in der Einführung angesprochen wurde, ist die Anwendung des neuen Rechts über die Gesellschafterdarlehen im Hinblick auf die Familienangehörigen, insbesondere seit der Leitentscheidung des BGH vom 17.2.2011[257], mit Vorsicht zu genießen. Die Finanzierungsleistungen von Familienangehörigen (Ehegatten, Kindern und Geschwistern) und Verwandten werden schon aus verfassungsrechtlichen Gesichtspunkten grundsätzlich nicht allein wegen des familiären Näheverhältnisses mit den Finanzierungsleistungen der Gesellschafter gleichgestellt und begründen auch nicht einen Anscheinsbeweis zugunsten des Insolvenzverwalters[258]. Es ist nicht ungewöhnlich, dass unter den Familienangehörigen und nahen Verwandten die Bereitschaft zur Gewährung eines Privatdarlehens im Vertrauen auf ein unternehmerisch tätiges Familienmitglied

256 Grundlegend BGHZ 81, 311, 314 ff. (Sonnenring); BGH GmbHR 2008, 758 ff.; BGH WM 2001, 202, 203 f.; BGH GmbHR 2011, 301 ff.; K. Schmidt, GmbHR 2009, 1009, 1018; Habersack, ZIP 2008, 2385 ff.; vgl. ausführlich Ulbrich, Die Abschaffung des Eigenkapitalersatzrechts der GmbH, S. 335 ff.; Artmann, FS Roth, 2011, 23 ff.; BGH v. 28.02.2012, DStR 2012, 915 ff.; Reuter, NZI 2011, 921 ff.; in dem neuen Urteil v. 18.07.2013 hat der BGH entschieden, dass eine maßgebliche Beteiligung nicht nur dann vorliegt, wenn ein Gesellschafter, der sowohl an der darlehensnehmenden als auch an der darlehensgebenden Gesellschaft beteiligt ist, an der darlehensgebenden Gesellschaft eine Beteiligung von mehr als 50% hält. Vielmehr ist auch dann von einer maßgeblichen Beteiligung die Rede, wenn der Gesellschafter an der darlehensgebenden Gesellschaft zwar nur 50% der Anteile hält, aber zugleich deren alleinvertretungsberechtigter Geschäftsführer ist, NZG 2013, 1036, 1039.

257 BGH GmbHR 2011, 413, 414 ff.

258 BGH GmbHR 2011, 413, 416; Saenger/Inhester, Kolmann, GmbHG, Anhang § 30, Rdn. 89; BGH NZG 2009, 782, 783.

– auch ohne Einräumung von Kreditsicherheiten – viel größer sein wird als gegenüber einem weniger bekannten Dritten, da die Gewährung von Darlehen an Familienangehörige in der Regel weniger auf Argwohn stößt.

Ausnahmen hiervon bilden die Fälle, in denen die Finanzierungsmittel aus dem Vermögen des Gesellschafters stammen und schon bei der Übertragung der Mittel die Ausstattung mit einem Darlehen geplant war[259] oder die Mittel durch den Gesellschafter unentgeltlich oder gegen einen Ausgleich im Innenverhältnis zur Verfügung gestellt werden[260]. Hat der Gesellschafter einem nahen Angehörigen oder jedem anderen Dritten Mittel aus seinem Vermögen zum Zwecke der Darlehensgewährung überlassen, so finden auf den Dritten die Regeln über die Gesellschafterfinanzierung Anwendung, da es sich wirtschaftlich betrachtet um die Mittel des formalen Gesellschafters handelt. Diese während des auslaufenden Rechts etablierten und auf höchstrichterlicher Rechtsprechung basierten Grundsätze haben auch in der Geltung des MoMiG Bestand[261].

Auch im früheren Recht verfolgten die Gerichte bei der Frage der Einbeziehung von Familienangehörigen in den Anwendungsbereich des Eigenkapitalersatzrechts eine eher restriktive Herangehensweise. Der Grundgedanke, der hinter dem Recht über Gesellschafterfinanzierung steht, kann nicht ohne weiteres auch den Familienmitgliedern unterstellt werden. Ebenso wenig erfüllt die Motivation eines Familienangehörigen, der Gesellschaft mit Finanzierungsmitteln auszuhelfen, um die Gesellschaft als Haupteinkunftsquelle der Familie aufrecht zu erhalten, nicht zugleich die Voraussetzungen der Gesellschafterfremdfinanzierung[262]. Dies gilt sogar dann, wenn der darlehensgebende Fremdgeschäftsführer der Ehegatte des Alleingesellschafters der Gesellschaft ist[263]. Dass die Rechtslage

---

259 BGH NZG 2009, 782, 783. Anders sieht es aus, wenn zwar das Geld, das später zur Darlehensgewährung tatsächlich aus dem Vermögen des Gesellschafters stammte, jedoch nicht zugleich als Darlehensgewährung beabsichtigt war. So kann zum Beispiel im Wege der vorweggenommenen Erbfolge das übertragene Geld später für eine Finanzierung der Gesellschaft verwendet werden, ohne dass es den Einwand der Nachrangigkeit rechtfertigt, vgl. Blöse, GmbHR 2004, 1337, 1338.

260 BGH NZG 2000, 1029 (1029).

261 Vgl. BGH GmbHR 2011, 413, 416; Lutter/Hommelhoff, Kleindiek, GmbHG, Anh. zu § 64, Rdn. 122; Gehrlein, BB 2008, 846, 850.

262 Baumbach/Hueck, Hueck/Fastrich, GmbHG, § 30 Anh., Rdn. 40; Saenger/Inhester, Kolmann, GmbHG, Anhang § 30, Rdn. 89; a.A. KG GmbHR 2004, 1334, 1336 f., das aufgrund der inneren Tatsachen, die für sich noch kein Anscheinsbeweis begründet hätten, zu schnell auf eine Indizwirkung urteilte.

263 BGH NZG 2009, 782, 783; BGH DStR, 1999, 810, 811.

sich für das neue Recht nicht gravierend verändern sollte, hat schließlich der BGH noch mal bestätigt[264].

Dennoch sollten sich die nahestehenden Personen dessen bewusst sein, dass auch wenn ihre Darlehen mangels weiterer erschwerender Umstände nicht subordiniert und nach § 135 Abs. 1 Nr. 2 InsO angefochten werden, so kann die Rückzahlung an sie dennoch nach § 133 Abs. 2 InsO anfechtbar sein, da der Darlehensgeber in der Regel an der Insolvenzquote teilnehmen und der Insolvenzverwalter die unmittelbare Gläubigerbenachteiligung geltend machen wird[265].

Die Entscheidung des BGH, die im Hinblick auf die Klarstellung der Behandlung naher Angehöriger durchaus zu begrüßen ist, lässt dennoch Konkretisierungen zu Einbeziehung Dritter in den Anwendungsbereich des neuen Gesellschaftsinsolvenzrechts vermissen. Den Ausführungen des BGH ist indes zu entnehmen, dass der Anwendungsbereich der ehemaligen § 32 a Abs. 3 S. 1 GmbHG für den neuen § 39 Abs. 1 Nr. 5 InsO übernommen werden soll, was weniger auf eine restriktive Auslegung des § 39 Abs. 1 Nr. 5 InsO als vielmehr auf eine unveränderte Fortgeltung der bisherigen Grundsätze schließen lässt.

(b) Treugeber

Bei dem Treuhandverhältnissen[266] ist für die Behandlung von Gesellschafterdarlehen zu beachten, dass der Treuhänder, als formaler Gesellschafter, schon von vornherein von den Sonderregeln über Gesellschafterfinanzierung erfasst ist[267]. Anders verhält es sich mit dem Treugeber, um den es in Fällen der wirtschaftlichen Vergleichbarkeit geht.

Da der Treuhänder die Beteiligung für den Treugeber als Strohmann hält und Letzterer daher wirtschaftlicher Anteilsinhaber ist, wird er bei einer Darlehensgewährung an die Gesellschaft einem Gesellschafter gleichgestellt, wenn er zum Zeitpunkt der Darlehensgewährung noch Mitgliedschaftsinhaber war[268].

---

264 BGH GmbHR 2011, 413, 414.

265 Vgl. a. Bormann, GmbHR 2011, 417 (417).

266 In Russland dagegen wird nicht die Treuhandschaft oder die Einschaltung stiller Gesellschafter verwendet, sondern Off-shore Gesellschaften gegründet.

267 Daher fiel der Treuhänder im früheren Recht nicht unter die dem Gesellschafter gleichzustellende Dritte, sondern schon unter § 32 a Abs. 1 GmbHG. Der Treuhänder wird auch dann als Gesellschafter angesehen, wenn er bei der Ausübung des Stimmrechts an das Weisungsrecht des Treugebers gebunden ist, vgl. BGH WM 1988, 1525, 1528.

268 Saenger/Inhester, Kolmann, GmbHG, Anhang § 30, Rdn. 90; Habersack, ZIP 2008, 2385, 2387.

(c) Stiller Gesellschafter

Weiterhin sind Konstellationen denkbar, bei denen insbesondere institutionelle Kreditgeber und Kapitalbeteiligungsgesellschaften sich an gewerblichen Unternehmen nicht unmittelbar im Rahmen einer Gesellschafterstellung förmlichen beteiligen, sondern andere Formen der Beteiligung und Einflussnahme wählen. Hierbei kommen hauptsächlich eine Beteiligung als stiller Gesellschafter oder eine Einflussnahme über die Stellung als Pfandgläubiger eines Gesellschaftsanteils in Betracht. Bei diesen Konstellationen stellt sich also die Frage, wie die Beteiligung selbst und auch die gewährten Darlehen i.S.d. neuen Kapitalersatzrechts einzustufen sind.

Beteiligt sich eine Person an einer GmbH als stiller Gesellschafter, zählt er nicht zum Gesellschafter und wird diesem grundsätzlich auch wirtschaftlich nicht gleichgesetzt[269]. Das Leitbild einer stillen Gesellschaft, die als reine Innengesellschaft fungiert, gebührt dem Stillen nur eine Gewinn- und Verlustbeteiligung in Höhe seiner Einlage sowie die Ausübung von Kontrollrechten. Das Recht, an der Geschäftsführung oder am Gesellschaftsvermögen zu partizipieren, ist von diesem Leitbild dagegen nicht erfasst. Handelt es sich also um eine typische stille Beteiligung, aufgrund dessen der Stille zusätzliche Finanzierungsmittel leistet, so kann die stille Einlage nicht nach den Bestimmungen des Kapitalersatzrechts beurteilt werden[270]. Da eine Beteiligung eines Stillen – insbesondere eines außenstehenden Stillen – nach § 236 HGB am Insolvenzverfahren der Gesellschaft teilnimmt und wie eine übliche Insolvenzforderung behandelt wird, kann für ein von dem Stillen gewährtes Darlehen grundsätzlich nichts anderes gelten[271].

Etwas anders wird für atypische Konstellationen stiller Beteiligung vorgesehen. Bei atypischen stillen Gesellschaften werden dem Stillen gesellschaftsrechtliche Kompetenzen eingeräumt, die ihn in die Stellung versetzen, die Geschicke der Gesellschaft ähnlich einem Gesellschafter mitzubestimmen[272]. Werden dem Stillen in den vertraglichen Ausgestaltungen des stillen Gesellschaftsverhältnisses weitreichende Kontroll- und Einflussnahmerechte auf die Geschäftsführung

---

269 BGHZ 106, 7, 9; v.Gerkan/Hommelhoff, Johlke/Schröder, Handbuch des Kapitalersatzrechts, Rdn. 5.16; Uhlenbruck, Hirte, InsO, § 39, Rdn. 43; Baumbach/Hueck, Hueck/Fastrich, GmbHG, § 30 Anh., Rdn. 43; Gottwald, Obermüller/Kuder, Insolvenzrechts-Handbuch, § 97, Rdn. 62.

270 Mock, DStR 2008, 1645 (1645); vgl. a. BGHZ 106, 7, 9; BGH WM 1983, 594 f.

271 Baumbach/Hueck, Hueck/Fastrich, GmbHG, § 30 Anh., Rdn. 43; v.Gerkan/Hommelhoff, Johlke/Schröder, Handbuch des Kapitalersatzrechts, Rdn. 5.16; Poepping, BKR 2009, 150, 154.

272 Baumbach/Hueck, Hueck/Fastrich, GmbHG, § 30 Anh., Rdn. 43.

der GmbH, Beteiligungsrechte am Vermögen, am Verlust und an den Erträgen der Gesellschaft sowie Mitstimmungsrechte bei Abschlüssen bedeutender Rechtsgeschäfte gewährt, geht seine Beteiligung weit über den in §§ 230 ff. HGB vorgesehenen Normalfall hinaus[273]. Solche Befugnisse und unternehmerische Mitwirkung, die dem Bild eines üblichen stillen Gesellschafters nicht mehr entsprechen, sondern aufgrund der vermögensmäßigen Beteiligung und des Einflusses wirtschaftlich betrachtet vielmehr einer typischen Gesellschafterstellung immanent ist, rechtfertigt die Gleichstellung mit einem Gesellschafter.

Insofern war schon vor dem MoMiG in Rechtsprechung und Literatur einhellig anerkannt, dass nicht nur die Beteiligung selbst, sondern auch die gewährten und stehengelassenen Kredite eines atypisch stillen Gesellschafters dem Recht der Gesellschafterdarlehen unterlagen[274]. Für das neue Gesellschaftsinsolvenzrecht wird sich an den aufgestellten Grundsätzen nichts ändern[275]. So entschied auch das OLG Köln, das die Beteiligung im Rahmen eines atypischen stillen Vertrages – in Abgrenzung zur stillen Beteiligung als partiarisches Darlehen – mit einer Darlehensgewährung durch einen Gesellschafter gleichsetzte[276]. Der atypisch stille Gesellschafter entspricht mit seinen Ansprüchen nämlich dann wirtschaftlich dem Gläubiger eines Gesellschafterdarlehens, wenn im Innenverhältnis das Vermögen der Gesellschaft und die Einlage des Stillen als gemeinschaftliches Vermögen behandelt werden, die Gewinnermittlung wie bei einem Kommanditisten stattfindet, die Mitwirkungsrechte des Stillen der Beschlusskompetenz eines Kommanditisten gleichkommen und die Informations- und Kontrollrechte des Stillen zumindest denen eines Kommanditisten nachgebildet sind[277].

Stehen dem stillen Gesellschafter jedoch nicht mehr Zustimmungs- und Einflussnahmemöglichkeiten zu wie es bei typisch stillen Beteiligungen der Fall ist und fehlt eine Ergebnisbeteiligung nach §§ 231, 232 HGB kann auch im neuen Recht der Gesellschafterfremdfinanzierung nicht von einer Gleichstellung die

---

273 Gottwald, Obermüller/Kuder, Insolvenzrechts-Handbuch, § 97, Rdn. 62.

274 BGHZ 106, 7, 9 ff.; Rümker/Denicke, FS Lutter, 2000, S. 665, 671; KG NZG 2010, 463 (463 f.); OLG Hamm, NZI 2000, 599, 600.

275 Uhlenbruck, Hirte, InsO, § 39, Rdn. 43; Baumbach/Hueck, Hueck/Fastrich, GmbHG, § 30 Anh., Rdn. 44; Poepping, BKR 2009, 150, 154; Mock, DStR 2008, 1645, 1647; Reg. Begr. BT-Drs. 16/6140, S. 56 (rechte Spalte).

276 OLG Köln v. 27.10.2011, ZIP 2011, 2208, 2209. So auch bestätigt durch BGH v. 28.06.2012 (Revisionsinstanz des OLG Köln) v. 28.06.2012, NZG 2012, 1103, 1104 f.

277 BGH v. 28.06.2012, NZG 2012, 1103, 1104 f.

Rede sein[278]. Eine solche Beteiligung ist mit der Rechtsstellung eines Fremdgeschäftsführers, der nicht von den Kapitalersatzregeln erfasst ist, vergleichbar, so dass es schwer fällt, für den Stillen strengere Regeln anzuwenden als für den Fremdgeschäftsführer.

Hiervon sind systematisch die Fälle zu trennen, bei denen ein Gesellschafter neben seinem Geschäftsanteil an der GmbH noch eine stille Beteiligung erwirbt. Hierbei handelt es sich um eine wirtschaftlich entsprechende Rechtshandlung des sachlichen Anwendungsbereiches, da der Erwerb des stillen Anteils durch einen Gesellschafter einer Darlehensgewährung gleichgesetzt wird.

(d) Leistung für Rechnung eines Gesellschafters

Um klassische Umgehungsfälle wird es sich dann handeln, wenn die Finanzausstattung der Gesellschaft zwar durch einen Dritten erfolgt, jedoch für Rechnung oder mit Mitteln des Gesellschafters. In solchen Fällen werden die von den Gesellschaftern zur weiteren Darlehensgewährung zur Verfügung gestellten finanziellen Mitteln bereits unter der Abrede gegeben, sie an die Gesellschaft als Fremdkapital auszugeben. Die hierfür fungierten Mittelspersonen gelten als Strohmänner[279], Geheißpersonen oder schlichte mittelbare Stellvertreter, die nur auf Anforderungen, den Geheiß des formellen Gesellschafters mit dessen Mitteln die Darlehensgewährung ausführen[280]. In solchen Fällen ist die Absicht des Gesellschafters, durch Einschaltung der Mittelspersonen und förmliche Trennung der Kreditgeber- und Gesellschafterstellung die Rückstufung und spätere Anfechtung von Gesellschafterdarlehen zu umgehen, evident.

(e) Pfandgläubiger und Nießbraucher

Parallel zu der rechtlichen Einordnung der stillen Gesellschafter verhält es sich auch mit den Pfandgläubigern und Nießbrauchern am Gesellschaftsanteil einer GmbH. Grundsätzlich sind auch Personen, die ein Pfand- oder Nießbrauchsrecht an einem Gesellschaftsanteil haben, nicht den Gesellschaftern gleichzusetzen, so dass die von ihnen zur Verfügung gestellten Darlehen nicht für die

---

278 Baumbach/Hueck, Hueck/Fastrich, GmbHG, § 30 Anh., Rdn. 36; so auch zum früheren Recht v.Gerkan/Hommelhoff, Johlke/Schröder, Handbuch des Kapitalersatzrechts, Rdn. 5.26.

279 Zu der Begrifflichkeit des Strohmannes, Gerhardt, FS Lüke, 1997, 121 ff.

280 Vgl. Saenger/Inhester, Kolmann, Anhang § 30, Rdn. 88; Fedke, NZG 2009, 928, 931; Gottwald, Haas/Hossfeld, Insolvenzrechts-Handbuch, § 92, Rdn. 392; zum früheren Recht BGH ZIP 1997, 115, 116.

Gläubigerbefriedigung gebunden werden können[281]. Der Pfandgläubiger, dem grundsätzlich keine Mitgliedschafts- und Gewinnbezugsrechte an der Gesellschaft zustehen, hat nach § 1277 BGB lediglich das Recht, durch Zwangsvollstreckung Befriedigung aus dem Geschäftsanteil zu suchen, ohne Einfluss auf die Gesellschafterstellung des Verpfändenden auszuüben. Ähnlich ist auch die Rechtsposition eines Nießbrauchers ausgestaltet, dem nach Übertragung des Geschäftsanteils zwar ein Nutzungsrecht zusteht, das jedoch nicht zugleich auch die Verwaltungsrechte mit umfasst, da sie grundsätzlich dem Gesellschafter verbleiben[282].

Wie bei der stillen Beteiligung kann aber durch vertragliche Ausgestaltungen vereinbart werden, dass Einflussnahme- und Kontrollrechte auf den Pfandgläubiger oder den Nießbraucher übertragen werden, mit der Folge, dass seine Stellung der eines Gesellschafters gefährlich nahe kommt. Im früheren Recht hat sich der BGH – soweit ersichtlich – nur in einem einzigen Fall mit der Rechtsstellung des Pfandgläubigers im Rahmen des Eigenkapitalersatzrechts beschäftigt[283]. Dieser Fallkonstellation lag zugrunde, dass sich das Kreditinstitut als Pfandgläubiger in Nebeneinreden weitreichende Einflussnahmemöglichkeiten auf die Geschäftsführung hat einräumen sowie die Gewinnbezugsrechte aus den verpfändeten Geschäftsanteilen ebenfalls verpfänden und Ansprüche auf Abfindung, Auszahlung und Liquidationserlös zur Sicherung abtreten lassen. Der Pfandgläubiger hat alle möglichen Fallvarianten des weiteren Wirtschaftens der GmbHG abgedeckt und lies sich derart weitrechende Einflussnahmemöglichkeiten vorbehalten, so dass es einer faktischen Entmachtung der bisherigen Geschäftsführung gleichkam[284]. Unter einer breiten Zustimmung in der Literatur[285] entschied der BGH, dass der Pfandgläubiger bei einer solch ausgestaltenden Situation nicht anders als ein atypischer Stiller behandelt werden kann und

281 Saenger/Inhester, Kolmann, GmbHG, Anhang § 30, Rdn. 91; Scholz, K. Schmidt, GmbHG, §§ 32 a, 32 b, Rdn. 152; BGHZ 119, 191, 194 f.; BGH ZIP 1999, 68, 69; Rümker/Büchler, FS Claussen, 1997, S. 337, 346.

282 Römermann, Selzner/Leuering, MAH GmbH-Recht, § 7, Rdn. 94; BGH ZIP 1999, 68, 69 f. (für den Nießbrauch eines GbR-Anteils).

283 BGHZ 119, 191, 196.

284 BGHZ 119, 191, 201.

285 V.Gerkan/Hommelhoff, Johlke/Schröder, Handbuch des Kapitalersatzrechts, Rdn. 5.30 ff.; Scholz, K. Schmidt, GmbHG, §§ 32 a, 32 b, Rdn. 152; Fleischer, ZIP 1998, 313, 315 (m.w.Nachw.).

judizierte die Gleichstellung mit einem Gesellschafter nach § 32 a Abs. 3 S. 1 GmbHG a.F. [286].

Der BGH ist in seiner Entscheidung einzig und allein auf den zu beurteilenden Einzelfall eingegangen, ohne die grundsätzlichen Kriterien für die ausnahmsweise Einbeziehung der Pfandrechtsgläubiger, insbesondere für weniger eindeutige Fälle wie dem Urteil zugrundeliegenden, festzulegen. Die zur Orientierung verwendete und an der Rechtsprechung zum atypisch stillen Gesellschafter orientierte Alltagsformel, der Pfandrechtsgläubiger oder Nießbraucher müsse sich über das Leitbild des Pfand- und Nießbrauchsrechts hinausgehende zusätzliche Befugnisse einräumen lassen, die ihm ermöglichen, die Geschicke der Gesellschaft wie ein Gesellschafter auszuüben, ist freilich zu unbestimmt. Insofern muss sie in der Hinsicht konkretisiert werden, dass der Verpfänder über die bloße Unterlassung der Beeinträchtigung des Pfandrechts hinaus sich Zustimmungs- und Weisungsrechte versprechen lassen muss, die über die typischen Kreditgeber- und Sicherungsinteressen des verpfändeten Anteils hinausgehen und wie ein unternehmerischer Gesellschafter über die Grundlage der Gesellschaft mitbestimmen kann[287]. Die gleichen Erwägungen treffen auch auf den Nießbraucher zu, dem über den gesetzlichen Inhalt seines Nutzungsrechts hinaus langjährige und auf unternehmerische Interessen beziehende Einflussnahme, Kontroll- und Mitsprachebefugnisse eingeräumt werden[288]. So bestätigte auch ein vor kurzem – jedoch noch zum alten Recht – ergangenes Urteil des BGH, dass über die Frage, ob ein Nießbraucher unter den oben genannten Voraussetzungen Adressat des Eigenkapitalersatzrechts sein kann, mittlerweile Einigkeit herrsche und keiner besonderen modifizierten Ausführungen bedürfe[289].

---

286 BGHZ 119, 191, 197, 201.

287 Rümker/Büchler, FS Claussen, 1997, 337, 347 ff.; Scholz, K. Schmidt, GmbHG, §§ 32 a, 32 b, Rdn. 152; Römermann, Selzner/Leuering, MAH GmbH-Recht, § 7, Rdn. 92, 95; a.A. Altmeppen, der diesbezüglich einen engeren Standpunkt vertritt und den Nießbraucher einem Gesellschafter nur dann gleichsetzt, wenn der Gesellschafter den Anteil für Rechnung des Nießbrauchers hält oder das Darlehen aus seinem Vermögen und nicht aus dem Vermögen des Nießbrauchers aufbringt, vgl. Roth/Altmeppen, GmbHG, § 32 a a.F., Rdn. 183.

288 Saenger/Inhester, Kolmann, GmbHG, Anhang § 30, Rdn. 91; Baumbach/Hueck, Hueck/Fastrich, GmbHG, § 30 Anh., Rdn. 46; vgl. a. zum früheren Recht: BGH ZIP 1999, 68, 70; v.Gerkan/Hommelhoff, Johlke/Schröder, Handbuch des Kapitalersatzrechts, Rdn. 5.33.

289 BGH v. 5.04.2011, WM 2011, 1371 (1371).

Insofern werden Pfandrechts- und Nießbrauchsfälle immer Einzelfallentscheidungen unterworfen sein. Mit dem Grad der eingeräumten Einflussnahmemöglichkeiten auf unternehmerische Interessen sowie Kontroll- und Mitverwaltungsrechte steigt auch die Gefahr mittelbarer Beteiligungen – unabhängig von ihrem primären Sicherungsinteresse – von den Sonderregeln erfasst zu werden. Seit dem MoMiG dürfte sich an den hergebrachten Grundsätzen ebenfalls nichts ändern[290].

(f) Ergebnis

Die kurze Darstellung der mittelbaren Gesellschafterfinanzierung hat gezeigt, dass an der bislang entwickelten Judikatur zu den wirtschaftlich entsprechenden Rechtshandlungen zwar dem Grunde nach festgehalten werden kann[291]. Jedoch ist bei einigen Konstellationen aufgrund des neuen Anknüpfungspunktes des Sonderrechts über alle Gesellschafterdarlehen bei der Anwendung der zum auslaufenden Recht ergangenen zahlreichen Entscheidungen Vorsicht geboten. Gesonderte Beachtung verdienen die Forderungen ausgeschiedener Gesellschafter oder von Gesellschafter-Zedenten. Zwar bestehen im Hinblick auf die zeitliche Dauer der Subordination bzw. der Anfechtungsmöglichkeiten einer Rückzahlung auf die abgetretene Darlehensforderung noch Uneinigkeiten. Wie gezeigt kann jedoch durch eine zeitliche Beschränkung den Interessen des Zessionars, des Wirtschaftsverkehrs und der außenstehenden Gläubiger hinreichend gerecht und ein Gleichlauf zwischen der Abtretung und Rückzahlung von Gesellschafterforderungen hergestellt werden.

Eine Erleichterung hat das MoMiG aber – zumindest im Hinblick auf den sachlichen Anwendungsbereich der wirtschaftlich vergleichbaren Rechtshandlungen – wahrlich nicht gebracht. Trotz dessen ist der gesamte unter die Sonderregeln fallende Anwendungsbereich nicht sonderlich eingeschränkt worden[292]. Auch der Verzicht auf die Koinzidenz der Gesellschafter- und Gläubigerstellung zum Zeitpunkt der Darlehensgewährung oder Forderungsbegründung, die durch die Voraussetzung der Inhaberschaft der Forderung seitens des Gesellschafters zu den maßgeblichen Zeiten abgelöst wurde, erlaubt eine umfassende

290 Baumbach/Hueck, Hueck/Fastrich, GmbHG, § 30 Anh., Rdn. 46; Gehrlein, BB 2008, 846, 850.

291 Reg. Begr. BT-Drs. 16/6140, S. 56 (rechte Spalte); K. Schmidt, GmbHR 2009, 1009, 1017; Lutter/Hommelhoff, Kleindiek, GmbHG, Anh. zu § 64, Rdn. 117; FK-InsO, Dauernheim, Vor § 135, Rdn. 4.

292 Zu den Fallgruppen, die nach dem neuen Recht nicht mehr den Sonderregeln unterliegen, wie das Finanzierungsleasing, sale and lease back, echtes Factoring vgl. Saenger/Inhester, Kolmann, GmbHG, Anhang § 30, Rdn. 144 f., 148.

Erfassung sämtlicher Vereinigungen in der Gesellschafter- und Gläubigereigenschaft.

Darüber hinaus machen schon die wenigen hier aufgezeigten wirtschaftlichen entsprechenden Rechtshandlungen – in Theorie und Praxis ist der Kreis dessen noch vielfältiger – deutlich, dass mit der Bejahung einer Kreditierungsfunktion – die je nach Einzelfall schon bei Überschreitung der verkehrsüblichen Gepflogenheiten angenommen werden kann – jede Gesellschafterforderung grundsätzlich unter §§ 39 Abs. 1 Nr. 5, 135 Abs. 1 InsO subsumiert werden kann. Die Gefahr einer uferlosen Ausweitung des Regelungsbereiches über Gesellschafterfinanzierung ist durchaus bemerkbar, muss jedoch ausgehend vom Gesetzeswortlaut und den bekannten Wertungsmaßstäben insbesondere von den Gesellschaftern hingenommen werden. Auf eine drastische Veränderung hinsichtlich wirtschaftlich entsprechender Sachverhalte – anders als bei der Subordination jeglicher Darlehensforderungen – werden sie sich wegen der grundsätzlichen Fortgeltung der ehemaligen Grundsätze nicht einstellen müssen.

3. *Die Bewertung der im Rahmen des MoMiG eingeführten insolvenzrechtlichen Bestimmungen und der generellen Nachrangigkeit sämtlicher Gesellschafterdarlehen*

Der Gesetzgeber hat an der erstmals durch die Rechtsprechung herausgebildeten Sonderbehandlung von Gesellschafterdarlehen auch nach dem MoMiG festgehalten. Im Interesse der Rechtsvereinfachung, aber auch als Folge des Wegfalls das frühere Eigenkapitalersatzrecht tragender Kriterien wie Krise und Kapitalumqualifizierung, unterfallen nun alle Gesellschafterdarlehen einem gesetzlich angeordneten Nachrang. Ob der Gesellschafter im Vergleich zum früheren Recht besser oder schlechter gestellt wird, darüber lässt sich freilich streiten. Es muss auch geklärt werden, ob die Neuregelung zur Stärkung des Gläubigerschutzes beigetragen hat ohne die Attraktivität der GmbH durch verkomplizierte Regelungen zu gefährden.

Der Gesetzgeber hat versucht, das nicht einfach zu findende Equilibrium zwischen den Interessen der Gesellschafter und der außenstehenden Gläubiger zu schaffen, wobei er den Konflikt zwischen den Interessen der Gläubiger an einer möglichst ungeschmälerten Insolvenzmasse und den Interessen und Vorteilen der Gesellschafter, die sie aus einer Fremdfinanzierung ziehen können, zugunsten des Gläubigerschutzes entschieden hat.

Die Kritiker des „Eigenkapitalersatzrechts" werden an dieser Stelle wieder hellhörig, nur dass diesmal der Kritik an der zu strengen Behandlung der Gesellschafter, dessen Darlehen unabhängig davon, ob sie tatsächlich zur künstlichen

Weitererhaltung der Gesellschaft beitragen sollten oder nicht, möglicherweise berechtigter Einwand zugestanden werden kann.

a. Verlagerung der Sonderregeln in die Insolvenzordnung

Bevor auf die möglichen Vorteile und Kritikpunkte des neuen Konzepts über die Gesellschafterdarlehen im Näheren eingegangen wird, soll die Verlagerung der Sonderregelungen in die Insolvenzordnung einer rechtlichen Würdigung unterzogen werden. Durch die Platzierung der Vorschriften betreffend das Recht über die Gesellschafterfremdfinanzierung in der Insolvenzordnung wollte der Gesetzgeber der Konkurrenz der GmbH zu ausländischen Gesellschaften Einhalt gebieten. Da die Gesellschaften aufgrund der Niederlassungsfreiheit ihre Rechtsform innerhalb des europäischen Binnenmarktes mittlerweile frei bestimmen können, wurde die deutsche GmbH der Konkurrenz mit anderen Rechtsformen in Europa ausgesetzt[293].

Durch die Schaffung des lex fori concursus und die Anwendbarkeit derselben Regelungen für alle Gesellschaftsinsolvenzen, die in Deutschland stattfinden, soll die GmbH in dem Wettbewerb zu ausländischen Gesellschaftsformen stärker gemacht werden[294]. Der in Art. 4 Abs. 2 der EuInsVO verankerte und in § 335 InsO übernommene Grundsatz des lex fori concursus besagt, dass das Insolvenzverfahren nach der Insolvenzordnung desjenigen Staates durchgeführt wird, in dem das Verfahren über den Schuldner eröffnet wird[295]. Als „Staat der Verfahrenseröffnung“[296] bestimmt Art. 3 Abs. 1 S. 1 EuInsO diejenigen Gerichte, in dessen Gebiet die schuldnerische Gesellschaft den Mittelpunkt ihrer hauptsächlichen Interessen hat, wobei bei juristischen Personen nach Art. 3 Abs. 1 S. 2 EuInsO vermutet wird, dass dieser Mittelpunkt dem Ort des satzungsmäßigen Sitzes entspricht[297]. Hat also eine Auslandsgesellschaft ihren Verwaltungssitz in Deutschland, ist sie nach § 11 Abs. 1 InsO i.V.m. Art. 4 Abs. 2 S. 2 a EuInsO insolvenzfähig, so dass das deutsche Insolvenzrecht samt den Sonderregeln über die Gesellschafterdarlehen auf sie angewandt wird.

293 Eine Zeitlang war der Druck, der von der englischen Limited kam, als enorm hoch eingestuft worden, der sich mit den Jahren – insbesondere seit der Einführung der UG – jedoch abgemildert hat, vgl. Saenger/Inhester, Saenger, GmbHG, Einführung, Rdn. 67 f.

294 Zentrales Anliegen des Gesetzgebers, vgl. BT-Drs. 16/6140, S. 56 (rechte Spalte).

295 MünchKommInsO, Reinhart, Vor. §§ 335, Rdn. 49.

296 Quasi-Legaldefinition des Art. 4 Abs. 1 EuInsO.

297 Vgl. a. OLG Köln. ZIP 2010, 2016 (2016).

Im Vergleich zum früheren Recht, als die Regeln über eigenkapitalersetzende Gesellschafterdarlehen aufgrund der vielfachen Anwendung der Rechtsprechungsregeln dem Gesellschaftsrecht zugeordnet waren und – mit Ausnahme der Novellenregen – nicht auf ausländische Gesellschaften mit Verwaltungssitz im Inland angewandt werden konnten, erlaubt die Verortung in der Insolvenzordnung nun auch die Erstreckung der Sonderregelungen auf alle in Deutschland operierenden Gesellschaften, also auch auf die erwähnten Auslandsgesellschaften, denen ein beschränkter Haftungsfond zugrunde liegt[298].

Insofern hat bereits die Verortung der Sonderregeln in der Insolvenzordnung im Hinblick auf den Gläubigerschutz eine positive Wirkung, als nun auch die ausländischen Gesellschaften mit dem Mittelpunkt ihrer Tätigkeit in Deutschland an dem effektiven deutschen Gläubigerschutz partizipieren[299]. Gefahren einer solchen Regelung könnten sich allerdings daraus ergeben, dass die Gesellschaften sich zum *forum shopping* gezwungen sehen könnten. Da über die Insolvenz einer deutschen Gesellschaft im Ausland, also in einem ausländischen Insolvenzverfahren ebenfalls das lex fori concursus Anwendung findet, sind zunächst die deutschen Regeln über die Gesellschafterdarlehen nicht anwendbar. Das Land, in dem das Insolvenzverfahren stattfindet, kann zwar ebenfalls Regeln über die Behandlung von Gesellschafterdarlehen vorsehen, dass sie strenger oder genauso streng sind wie die deutschen kann jedoch bezweifelt werden[300].

298 Habersack, ZIP 2007, 2145, 2147; Knof, ZInsO 2007, 125, 131. Eine englische Limited ist damit in Deutschland als juristische Person des ausländischen Rechts insolvenzfähig und würde damit den deutschen Insolvenzregeln und damit dem deutschen Sonderrecht über Gesellschafterdarlehen unterfallen.

299 Eidenmüller sieht dagegen in der Anwendung des deutschen Sonderrechts über die Nachrangigkeit aller Gesellschafterdarlehen infolge des Art. 4 Abs. 1, 2 S. 2 i EuInsO einen Verstoß gegen die Niederlassungsfreiheit, vgl. in FS Canaris, 2007, 49, 68; vgl. a. Meilicke, GmbHR 2007, 225, 231 f., der darauf verweist, dass die Regelungen des Zuzugsstaates die Anwendung der heimischen Regeln nicht davon abhängig machen können, in welchem Gesetz der Zuzugsstaat die Regelungen platziert.

300 Dem englischen Recht ist eine dem deutschen Recht vergleichbare Regelung über die Subordination von Gesellschafterdarlehen fremd, da es sich lediglich auf die Anfechtung von Tilgungsleistungen beschränkt, die auch engeren Voraussetzungen unterliegt. Vgl. hierzu sec. 239, 240 (2), 239 (5) *Insolvency Act*, die zum Zahlungszeitpunkt eine Insolvenz der Gesellschaft oder die Verursachung der Insolvenz durch die Zahlung und einen Gläubigerbenachteiligungsvorsatz des Zahlenden voraussetzen. Das englische Gläubigerschutzsystem ist damit mehr auf die Handlungen der Geschäftsleiter ausgerichtet. Ähnlich verhält es sich im französischen Recht, das ebenfalls keine Rangrückstufung der Gesellschafterdarlehen kennt. Im

Sind also die ausländischen Bestimmungen günstiger als die deutschen, könnten sie einen Anreiz zum *forum shopping* auslösen[301].

b. Anwendbarkeit der Sonderregeln auf Gesellschaften aus Drittstaaten

Die oben beschriebene Anwendung der neuen Sonderregeln der Gesellschafterdarlehen bezieht sich auf alle EU-Auslandsgesellschaften. Ob jedoch die generelle Nachrangigkeit und die Anfechtbarkeit, die nun als rein insolvenzrechtliche Bestimmungen zu qualifizieren sind, auch auf Gesellschaften aus Drittstaaten, also auf Gesellschaften, die nicht innerhalb des EU-Raums sind und nicht einem Vertragsstaat des EWR angehören, anzuwenden sind, bleibt fraglich. Die Klärung der Anwendung der Sonderregeln auf Gesellschaften aus den Drittstaaten ist insofern interessant, als es um die Frage geht, wie die russischen Gesellschaften von den deutschen Regeln betroffen werden können.

In der Gesetzesbegründung unterscheidet der Gesetzgeber nicht zwischen den Gesellschaften aus den Mitgliedstaaten und solchen aus Drittstaaten, da dort ganz allgemein von Auslandsgesellschaften gesprochen wird[302]. Jedoch lässt der Vergleich mit der englischen Limited die Schlussfolgerung nah, dass mit der Erstreckung des Anwendungsbereiches auf Auslandsgesellschaften nur die Gesellschaften der EU-Mitgliedstaaten gemeint sind. Unabhängig von der Anwendbarkeit der EuInsVO auf die Drittstaaten, die höchst umstritten ist[303],

---

Vergleich zum englischen Recht können die Gesellschafter ihre Forderungen vorbehaltlich eines Treuepflichtverstoßes oder Rechtsmissbrauches sogar jederzeit geltend machen. Die Anfechtbarkeit beschränkt sich dabei nur auf die Handlungen, die im Zeitpunkt der Zahlungsunfähigkeit vorgenommen wurden. Und auch wenn in den USA der Gläubigerschutz in der Hinsicht als weiter angesehen werden könnte, als die Gerichte das Ermessen haben, Ansprüche zu subordinieren (equitable subordination), ist das Anfechtungsrecht ebenfalls nur dann statthaft, wenn die Zahlung schon zur Insolvenz des Schuldners geführt hat. Vgl. ausführlicher mit weiteren Nachweisen, Eidenmüller, FS Canaris, 2007, Band II, S. 49, 52 f.

301 Eidenmüller, FS Canaris, 2007, Band II, S. 49, 69; Hirte, ZInsO 2008, 689, 699.

302 Begr. Reg.E MoMiG, BT-Drs. 16/6140, S. 57 (linke Spalte).

303 Außer in den Fällen, in denen die Gesellschaft aus einem Drittstaat ihren Mittelpunkt der Hauptinteressen nicht in einem Mitgliedstaat hat, ist die Anwendbarkeit der EuInsVO in sonstigen Fällen höchst unklar. Wird nämlich der Mittelpunkt der Hauptinteressen einer Gesellschaft aus einem Drittstaat einem Mitgliedstaat – als Beispiel soll Deutschland herangezogen werden – zugeordnet, wird die Anwendbarkeit der EuInsVO kontrovers diskutiert, vgl. MünchKommBGB, Kindler, EuInsVO, Art. 1, Rdn. 25 ff. Während die einen die Anwendbarkeit des Art. 3 Abs. 1 EuInsVO auch auf Gesellschaften, die in einem Drittstaat gegründet, aber in einem Mitgliedstaat hauptsächlich tätig sind, anwenden wollen, um dem Missbrauchspotential zu

kann die Frage nach der Anwendbarkeit der §§ 39 Abs. 1 Nr. 5, 135 InsO möglicherweise auch anhand des autonomen deutschen Kollisionsrechts der §§ 335 ff. InsO hergeleitet werden[304].

Nach § 335 InsO unterliegen das Insolvenzverfahren und seine Wirkungen, soweit nichts anderes bestimmt ist, dem Recht des Staates, in dem das Insolvenzverfahren eröffnet worden ist. Nach der insoweit anwendenden örtlichen Zuständigkeitsregelung des § 3 InsO – mit der gleichzeitig auch die internationale Zuständigkeit geregelt werden soll (sog. Doppelfunktionalität)[305] – gilt für die Fälle mit Auslandsbezug, dass die inländischen Insolvenzgerichte dann international zuständig sind, wenn der Mittelpunkt der selbstständigen wirtschaftlichen Interessen der Gesellschaft sich im Inland befindet[306]. Insofern sind die deutschen Insolvenzgerichte – auch außerhalb des Geltungsbereiches der EuInsVO – nach dem allgemeinen Grundsatz des autonomen internationalen Privatrechts für die Insolvenzverfahren ausländischer Gesellschaften aus Drittstaaten zuständig, wenn die örtliche Zuständigkeit nach §§ 3 Abs. 1 S. 1 InsO gegeben ist[307]. Überträgt man diese Grundsätze auf eine in Russland gegründete Gesellschaft, die ihre Geschäfte als Mittelpunkt in Deutschland ausübt, sind deutsche Gericht bei einem Insolvenzverfahren zuständig.

---

begegnen (vgl. inbs. die Entscheidung des High Court of Justice (BRAC-Budget), ZIP 2003, 813, 816), wollen andere wiederum die Anwendbarkeit der EuInsVO nur auf die Mitgliedstaaten angewandt wissen, vgl. Smid, DZWiR 2003, 397, 402; Pannen, ders., Europäische Insolvenzverordnung, Art. 1, Rdn. 120; Eidenmüller, Ausländische Kapitalgesellschaften im deutschen Recht, § 9, Rdn. 8; Ehricke/Ries, JuS 2003, 313 (313 f.); MünchKommBGB, Kindler, EuInsVO, Art. 1, Rdn. 27 m.w.N. Gegen die Geltung der EuInsVO auch auf Gesellschaften aus Drittstaaten spricht auch, dass sonst das autonome internationale Insolvenzrecht der Mitgliedstaaten in weiten Teilen überflüssig und obsolet wäre.

304 Zumindest wird die Anwendbarkeit der §§ 335 ff. InsO mit Auslandsbezug zu Drittstaaten und Insolvenzverfahren, die erst nach dem 20.03.2008 eröffnet wurden, nicht bezweifelt, vgl. HK-InsO, Undritz, Vorb. zu §§ 335 ff., Rdn. 15.

305 Vgl. AG Ludwigsburg, ZIP 2006, 1507, 1509 f.

306 Vgl. HK-InsO, Rüther, § 3, Rdn. 3, 13. Der Mittelpunkt der selbstständigen wirtschaftlichen Tätigkeit ist dort zu bestimmen, wo unmittelbar die Geschäfte abgeschlossen werden, insbesondere wo die grundlegenden Entscheidungen der Unternehmensleitung in laufende Geschäftsführungsakte umgesetzt werden, vgl. BGHZ 97, 269, 272.

307 Vgl. a. AG Ludwigsburg, ZIP 2006, 1507, 1509 f.; HK-InsO, Undritz, Vorb., zu §§ 335 ff., Rdn. 19; Smid, DZWiR 2003, 397, 402.

Ist also das deutsche Insolvenzrecht bei einer Verfahrenseröffnung einer Gesellschaft aus dem Drittstaat anwendbar, so gelten auch die Regelungen über die Nachrangigkeit und die Anfechtbarkeit[308] von Gesellschafterdarlehensforderungen, da diese seit dem MoMiG rein insolvenzrechtlicher Natur sind. Damit können die §§ 39 Abs. 1 Nr. 5, 135 Abs. 1, 2 InsO auch unabhängig von der Anwendbarkeit der EuInsVO[309] schon anhand des autonomen deutschen internationalen Insolvenzrechts auf Gesellschaften aus einem Drittstaat, die den Mittelpunkt ihrer hauptsächlichen wirtschaftlichen Interessen in Deutschland haben, herangezogen werden[310].

c. Auswirkungen der Nachrangigkeit auf die Gläubiger- und Gesellschafterinteressen

Von der systematischen Verortung der Sonderregeln ist jedoch streng die Frage nach der Auswirkung der strengen Regeln auf den Gläubigerschutz und die Gesellschafterinteressen, insbesondere vor dem Hintergrund der gesetzlich angeordneten Subordination aller Gesellschafterdarlehen zu trennen.

aa. Bedenken gegen die Sonderregeln zu Gesellschafterdarlehen

Von der gegnerischen Mannschaft zu den Sonderregelungen der Gesellschafterdarlehen werden in der Regel dieselben Erwägungen wie schon im früheren Recht vorgebracht. Im Grunde beziehen sie ihren Standpunkt auf die durch die Sonderregeln auslösende Sanierungsfeindlichkeit von Gesellschaften, unzureichende Gefährdung des Gläubigerschutzes und der Widerlegung des

308 Für die Anfechtbarkeit muss jedoch die Einschränkung des § 339 InsO beachtet werden, die ähnlich Art. 13 EuInsVO als Sonderkollisionsnorm die Anfechtung modifizieren kann. Nach § 339 InsO kann eine Rechtshandlung angefochten werden, wenn die Voraussetzungen der Insolvenzanfechtung des Staates der Verfahrenseröffnung erfüllt sind, wenn der Anfechtungsgegner nicht beweisen kann, dass das Recht eines anderen Staates maßgeblich ist und die Rechtshandlung nach dem Recht dieses Staates nicht angreifbar ist. Vgl. MünchKommBGB, Kindler, Band 11, InsO, § 339, 1 f.; Liersch, NZI 2003, 302, 305.

309 Nach der Ansicht, die die Anwendbarkeit der EuInsVO auch auf Gesellschaften aus Drittstaaten für anwendbar hält, wenn sie in einem Mitgliedstaat den Mittelpunkt ihrer Hauptinteressen haben, gelangt man zur Anwendbarkeit der Sonderregeln über die Gesellschafterfinanzierung über Art. 4 Abs. 2 S. 2 lit. m, i EuInsVO.

310 Vgl. a. ausführlich zur Anwendung der Regeln der EuInsVO und der Gesellschafterfinanzierung auf Gesellschaften aus Drittstaaten, Azara, Das Eigenkapitalersatzrecht der GmbH nach dem MoMiG, S. 374 ff.

widersprüchlichen Verhaltens des Gesellschafters bei der Krisenfinanzierung mittels Darlehen.

(1) Sanierungsunfähigkeit der Sonderregeln über Gesellschafterdarlehen

Das Eigenkapitalersatzrecht könne in seiner strengen Ausgestaltung weder durch das widersprüchliche Verhalten der Gesellschafter, die Gläubigerschutzaspekte noch durch etwaige Finanzierungsentscheidungen der Gesellschafter ausgelöst werden[311]. Die Sonderbehandlung von Gesellschafterdarlehen sei Ausfluss dessen, dass diese vom Anfang an in einem negativen, die Sanierungsbemühungen der Gesellschafter verkennenden Lichte betrachtet werden. Die Befürworter der Sonderregeln verkennen, dass die zusätzliche Ausstattung der Gesellschaft mit Darlehen, die die Gesellschafter nicht aus missbräuchlichen Erwägungen einsetzen, sondern auch um der Erholung der Gesellschaft willen, sich in erster Linie positiv auf die Befriedigungsausschichten der Gläubiger auswirken kann. Die Gesellschafterdarlehen bieten den Fremdgläubigern eine Chance zur Begleichung ihrer Forderungen und überlassen die bereits möglicherweise entwerteten Forderungen nicht ihrem Schicksal in der Insolvenz[312]. Damit geht auch die Möglichkeit einher, dass die Gesellschaft sich aufgrund des Gesellschafterdarlehens wieder erholen kann, da sie durch die gewonnene Zeit neue Projekte und Geschäfte eingehen könnte, was sich nicht zuletzt positiv auf die Fremdgläubigerinteressen auswirkt.

Das immer bestehende Risiko einer fehlgeschlagenen Investition oder eines nicht einkalkulierten Verlustes könne nicht per se den Gesellschaftern angelastet werden, da die Konsequenz des neuen Rechts für die Finanzlage der Gesellschafter sich folgenschwer auswirkt. Bei allem Respekt vor dem Gläubigerschutz, aber die Rückstellung sämtlicher finanzieller Hilfen des Gesellschafters bedeutet so gut wie sicher den absoluten Verlust seines Einsatzes und verleitet die Gesellschafter sicherlich nicht zur Finanzierung der Gesellschaft zum Zwecke der Sanierung.

---

311 Vgl. Kallmeyer, GmbHR 2004, 377, 378; Cahn, AG 2005, 217, 222; T. Bezzenberger, FS G. Bezzenberger, 2000, S. 23, 34.

312 Vgl. a. T. Bezzenberger, FS G. Bezzenberger, 2000, S. 23, 37, der die unterschiedlichen Chancen der Fremdgläubiger sogar mit einem Zahlenbeispiel belegt; ähnlich Drukarczyk, FS Schneider, 1995, S. 171, 193 f.; Engert, ZGR 2004, 813, 835 spricht von förderungswürdigen Investitionen des Gesellschafters.

(2) Behinderung der freien Unternehmensfinanzierung
Die Sonderregeln zu den Gesellschafterdarlehen setzen sich zudem in Widerspruch zu der freien Unternehmensfinanzierung[313]. Der Gesellschafter würde sich in Kenntnis der finanziellen Lage und der ihm drohenden Konsequenzen nie für eine Darlehensgewährung entscheiden, um sehenden Auges das zur Sanierung der Gesellschaft mit positiven Motiven gewährte Privatvermögen zu verlieren. Insofern ziele die Regelung über die Nachrangigkeit der Darlehensforderungen verbunden mit einer anschließenden Anfechtung darauf, die Fremdfinanzierung durch Gesellschafterdarlehen sanierungsfeindlich wenn nicht gar unzweckdienlich zu machen[314]. Indem die Regelungen weder auf die Absichten noch auf die ökonomischen Aspekte der Darlehen eingehen vermöchten, berauben sie die Gesellschafter jeglicher Bereitschaft, die Gesellschaft in schwerer Not – außer als mit gesellschaftsrechtlichen Instrumentarien wie der Kapitalerhöhung oder des Kapitalschnitts, die aufgrund der komplizierten Verfahren nicht schnell und flexibel durchgeführt werden können – Sanierungsversuche zu unternehmen. Wieso soll nämlich ein Gesellschafter, der seine Anteile an der gesunden Gesellschaft veräußert und – wie es nun mal üblich ist – sämtliche Darlehen abzieht, für den Misserfolg des Nachfolgers einstehen, wenn dieser innerhalb eines Jahres die Gesellschaft in den Ruin getrieben hat. Die Undifferenziertheit der Nachrangigkeit der Gesellschafterdarlehen, die weder solche Konstellationen noch die Zufallsrisiken im Wirtschaftsverkehr berücksichtigt, ist eine unsachgerechte Regelung, die hinter dem früher geltenden Recht, das eine Einzelfallbetrachtung voraussetzte, deutlich zum Nachteil der Gesellschaft zurücktritt[315].

Der Wegfall der Rechtsprechungsregeln, der zumindest die vorinsolvenzrechtliche Rückzahlung der Darlehen nicht mehr verhindern kann, ist vor dem Hintergrund der Anfechtbarkeit wahrlich keine Beruhigung für die Gesellschafter. Insofern ist der Vergleich von *Eidenmüller*[316], die Nachrangigkeit – die um die Anfechtbarkeit ergänzt werden sollte – schwebe wie ein Damoklesschwert über die Gesellschafterdarlehen, durchaus zutreffend. Eine Finanzierung der Gesellschaft mittels Darlehen oder der Weg über die Erbringung neuer Einlagen wirkt sich für eine krisenbehaftete Gesellschaft gleich aus. Wenn aber eine

313 Vgl. a. Ulbrich, Die Abschaffung des Eigenkapitalersatzrechts der GmbH, S. 116 f.

314 Claussen, GmbHR 1996, 316, 320; Buck, Kritik am Eigenkapitalersatzgedanken, S. 235, der zu Recht von einer Diffamierung von Gesellschafterdarlehen spricht; Eidenmüller, RabelsZ 2006 (70), 474, 492.

315 Vgl. a. Pentz, Gesellschaftsrecht in der Diskussion, 115, 136.

316 Eidenmüller, RabelsZ 2007 (70), 474, 493.

Gesellschaft seitens Dritter weder Eigen- noch Fremdkapital bekommt und es keinen ausgearbeiteten erfolgversprechenden Sanierungsplan gibt, dann bergen sowohl Gesellschafterdarlehen als auch neue Einlagen ein Entwertungsrisiko. Im Gegensatz zu den Gesellschafterdarlehen hat der Gesetzgeber jedoch keine strengen Regelungen vorgesehen, wenn die nachträgliche Einlagenleistung der Gesellschafter, die die Insolvenzmasse auch schmälern konnte, ebenfalls vergeblich war.

Vor dem Hintergrund dessen, dass die GmbH für viele Gesellschafter nicht nur ein Nebenverdienst als Kapitalanlage ist, sondern sehr oft in Familienbesitz gehalten wird und als Haupteinkommensquelle gilt, bedeutet der Verlust der Gesellschaft die Gefährdung der Existenz der betreffenden Gesellschafter. Dieser Existenzrettung werden sie wegen der Sonderregeln nur zurückhaltend gegenüber treten, wenn sie nicht nur ihre Gesellschaft, sondern die weiteren privaten Investitionsgelder verlieren können.

(3) Keine evidenten Anzeichen eines venire contra factum proprium

Darüber hinaus stellt sich die Frage, inwiefern ein Gesellschafter, der seiner Gesellschaft ein Darlehen zur Verfügung stellt und es später nach der Erkennung, dass die Gesellschaft doch nicht mehr gerettet werden kann, gemäß der vertraglichen Bestimmungen wieder abzieht, sich den Einwand des venire contra factum proprium entgegenhalten lassen muss. Insbesondere nach dem MoMiG, das zwar alle Gesellschafterdarlehen, aber nicht alle Gesellschafterleistungen und gering beteiligte Gesellschafter mit einem Nachrang versieht, ist das angebliche widersprüchliche Verhalten des Gesellschafters im ersten Fall, aber nicht in sonstigen Fällen nicht nachzuvollziehen. Das Abstellen seines Finanzierungsbeitrages auf den Charakter eines Risikokapitals kann den Rechtseinwand des widersprüchlichen Verhaltens nicht begründen, da der Gesellschafter zu keiner Zeit den Fremdkapitalcharakter seiner Leistung verheimlicht hat[317]. Wenn er aber keinen zurechenbaren Vertrauenstatbestand geschaffen hat, kann er auch nicht wegen eines ‚widersprüchlichen Verhaltens zur Haftung herangezogen werden[318]. Ein Widerspruch zu dem, dass der Gesellschafter – in Konsens mit der Gesellschaft – sein Darlehen letzten Endes auch wie ein Darlehen behandeln will, ist nicht zu sehen. Ein Wertungswiderspruch, der allenfalls in den Grundsätzen einer ordnungsgemäßen Unternehmensfinanzierung zu sehen sein

317 Grunewald, GmbHR 1997, 7, 8 f.; K. Schmidt, Gesellschaftsrecht, § 18, III. 4.b; T. Bezzenberger, FS G. Bezzenberger, 2004, S. 23, 34 f.; Fastrich, FS Zöllner, 1998, Band I, S. 143, 144; Grunewald/Noack, GmbHR 2005, 189, 194.

318 Meilicke, GmbHR 2007, 225, 227.

könnte[319], kann nach dem MoMiG aber erst Recht nicht angenommen werden, da die daran anknüpfende Finanzierungsfolgenverantwortung des Gesellschafters im neuen Recht nicht mehr relevant sein soll.

(4) Aspekte des Gläubigerschutzes

Kein anderes Argument ist im Zusammenhang mit den Gesellschafterdarlehen öfter zu lesen als die Sicherung und Gewährleistung eines ausreichenden Gläubigerschutzes. Mittlerweile drängt sich der Gedanke auf, dass mit den Gläubigerschutzargumenten so ziemlich alles vertreten werden kann, wenn man es nur gut präsentiert. Inwiefern die geltende strenge Sonderbehandlung von Gesellschafterdarlehen tatsächlich von Gläubigerschutzgesichtspunkten gedeckt ist, ist jedoch fraglich.

Bereits oben wurde darauf hingewiesen, dass die Gewährung von Darlehen in der finanziellen Krise der Gesellschaft die Interessen der Fremdgläubiger nicht per se nachteilig berühren. Die Gesellschafterdarlehen haben eine gute Chance, die Gesellschaft wieder aus der Krise zu ziehen und die Haftungsmasse zu vergrößern, wodurch die Fremdgläubiger immens profitieren werden[320]. Sicherlich steigen die Befriedigungschancen der Fremdgläubiger mit Einsetzung der Gesellschafterdarlehen mit dem Grad der Wahrscheinlichkeit, dass die Rettungsversuche gelingen werden. Etwaige Fehlinvestitionen und misslungene Projekte können aber nicht ohne weiteres zum Nachteil der Gesellschafter gereicht werden, nur weil die Gläubiger auch Nachteile erfahren. Zudem besteht für die Gläubiger in der Regel die Möglichkeit, durch die Einsicht in die Bilanzen über die Finanzierung der Gesellschaft mit Gesellschafterdarlehen zu erfahren[321]. Damit können und sollten sie sich bereits um die wirtschaftliche Lage der Gesellschaft Gedanken machen und bei erkannten starken Risiken für ihre Forderungen Gegenmaßnahmen einleiten. Unterlassen sie diese, können sie nicht so schutzbedürftig sein, dass jegliche Gesellschafterdarlehen nachgestellt werden.

Die Frage, inwiefern die Gläubiger bei unterlassenen Maßnahmen der Gesellschafter und einer sofortigen Liquidation der Gesellschaft besser stehen als bei der Gewährung von Gesellschafterdarlehen, ob also die Regeln über die Sonderbehandlung sich zugunsten der Gläubiger auswirken und sie bei Gewährung von Darlehen schlechter stehen als bei Gewährung neuer Einlagen in der Krise

319 K. Schmidt, Gesellschaftsrecht, § 18, III. 4.b.

320 T. Bezzenberger, FS G. Bezzenberger, 2000, S. 23, 39 mit einem Rechenbeispiel, das das erhöhte Gläubigerrisiko widerlegt.

321 Grunewald, GmbHR 1997, 7, 8.

kann nicht mit einer ausreichenden Rechtssicherheit beantwortet werden[322]. Die Gegner des Eigenkapitalersatzrechts sehen in den versuchten Sanierungsmöglichkeiten der Gesellschafter durch den Anstieg der Masse mehr Vorteile für die Gläubiger, deren Schutz sich zu Not auch mit anderen Mechanismen – namentlich der Insolvenzanfechtung, Durchgriffshaftung oder gegebenenfalls durch Schaffung neuer Normen – erreicht werden könnte[323].

Der MoMiG-Gesetzgeber hat es zutreffend erkannt, dass die mit einer Unternehmensfortführung in der Krise bestehenden Gefahren durch das Insolvenzrecht aufgefangen werden müssen. Neben der Haftung für insolvenzverursachende und insolvenzverschleppende Handlungen hat es sein Bewenden jedoch nicht gelassen. Die Nachrangigkeit und Anfechtbarkeit greifen denselben Schutzzweck auf, wie die insolvenzrechtlichen Bestimmungen über die Haftung[324]. Ließen sich die Gefahren der Fortführung einer lebensunfähigen und der Insolvenz nahestehenden Gesellschaft und der verfolgte Gläubigerschutz also nicht mit anderen Mechanismen verfolgen, nämlich durch die Insolvenzantragspflicht und die Insolvenzverschleppungshaftung? Es könnte nämlich überlegt werden, dass die Gesellschafter, die nach der Gewährung von Darlehen und erkannter Ausweglosigkeit geneigt wären, den Insolvenzantrag früher zu stellen und eine Liquidation anzustreben, wenn sie gleichberechtigt mit den Gläubigern um Befriedigung suchen würden[325].

Durch die Nachrangigkeit wird den ersten Sanierungsdarlehen der Gesellschafter dagegen pauschal ein Strafbarkeitscharakter auferlegt, wobei das mögliche missbräuchliche Verhalten durch den Abzug im Vorfeld der Insolvenz mit der Anfechtung und ggf. den insolvenzrechtlichen Hafttatbeständen ausreichend verfolgt wäre[326].

---

322 Vgl. a. Hüffer, ZHR 153 (1989), 322, 335; T. Bezzenberger, FS G. Bezzenberger, 2000, S. 23, 37; Drukarczyk, FS Schneider, 1995, S. 171, 191 ff.; Claussen, GmbHR 1996, 316, 320; Grunewald/Noack, GmbHR 2005, 189, 194.

323 Reiner, FS Boujong, 1996, S. 415, 440; Grunewald, GmbHR 1997, 7, 8; T. Bezzenberger, FS G. Bezzenberger, 2000, S. 23, 37.

324 Reiner, FS Boujong, 1996, S. 415, 416; vgl. a. Fastrich, FS Zöllner, 1998, Band I, S. 143, 152.

325 Vgl. T. Bezzenberger, FS G. Bezzenberger, 2000, S. 23, 39; Engert, Eigenkapitalersatzrecht nach dem MoMiG, S. 123; Meilicke, GmbHR 2007, 225, 228.

326 Engert, Eigenkapitalersatzrecht nach dem MoMiG, S. 125 f.

bb. Befürworter der Sonderregeln

Die vorgebrachten Einwände vermögen die Befürworter nicht im Ganzen zu überzeugen, was zum einen die langjährige Beibehaltung des Rechtsinstituts und zum anderen die ununterbrochene Fülle an Rechtsprechung, die sich immer wieder mit neuen Konstellationen auseinander setzen muss, verdeutlicht. Die bestehenden Regeln, die dem Grunde nach auch dem früheren Recht entsprechen oder mit diesem zumindest sehr vergleichbar sind, sind das Ergebnis jahrelangen Denkens, Diskussionen und Rechtsprechungsbemühungen. Zum Teil hat das MoMiG einige Kritikpunkte entschärft, zum Teil erlaubt die breite Vielfalt, die immer wieder aufs Neue die Fremdgläubigerinteressen gefährden kann und die zu der Dichte der Problematik erst geführt hat, keine andere – zumindest mildere – Behandlung der Gesellschafterdarlehen.

Der Einwand, der Untergang einer Gesellschaft bedeutet für viele Gesellschafter den Verlust eines Lebenswerkes, einer Haupteinkommensquelle und wenn nicht gar der Zukunft, ist durchaus zutreffend, verleiht den Gesellschaftern aber auch oft einen unberechtigten Optimismus im Hinblick auf die Durchführungen – oft vergeblicher – Sanierungsbemühungen. Die Vertreter des Eigenkapitalersatzrechts sehen genau hierin die Gefahr, dass die Versuche der Gesellschafter verfehlt sind und die Gesellschaft weiter herunterwirtschaftet, was zu Folge hat, dass die Liquidationsmasse nach den Rettungsversuchen noch kleiner geworden ist als sie vor den Finanzierungshilfen der Gesellschafter bereits war[327]. Insofern stellt nicht das Darlehen des Gesellschafters an sich, sondern diese unangebrachte und oft vergebliche Entscheidung über die Krisenfinanzierung das befürchtete Risiko für die Fremdgläubiger dar[328]. Entscheiden sich also die Gesellschafter weiterhin für eine Fremdfinanzierung, dann kann das damit verbundene Risiko – auch bei Zugestehen von Sanierungschancen – letztendlich nicht den Gläubigern angelastet werden. Die Nachrangigkeit der Gesellschafterdarlehen ist das Ergebnis eines Interessenkonflikts, der die Fremdgläubiger in gewisser Weise davor absichern soll, dass die Gesellschafter nicht unüberlegt solvenzschwache Gesellschaften ohne Aussicht auf eine wirtschaftliche Erholung respektive ein Florieren weiter wirtschaften lassen.

Die Ansicht, die die Entbehrlichkeit der Sonderregeln damit begründet, dass die mit der Insolvenzantragspflicht stehenden Haftungssanktionen ausreichend sind, den Gläubigerschutz zu erreichen, verkennt, dass diese Regeln in der Praxis

327 Vgl. Fastrich, FS Zöllner, 1998, S. 143, 149 f.; T. Bezzenberger, FS G. Bezzenberger 2000, 23, 37.

328 Vgl. a. BGHZ 90, 381, 390.

nicht geeignet sind, die erwünschte Wirkung herbeizuführen. Neben der Haftung der Geschäftsführer wegen Insolvenzverschleppung auch das Verschulden des Gesellschafters, was einen Teilnehmervorsatz voraussetzt, nachzuweisen, gelingt in der Praxis zunehmend schwieriger. Zudem erlaubt die mit der persönlichen Haftung verbundene Sanktion des Geschäftsführers gegenüber den Fremdgläubigern keine Rechtsfehler, was die Gerichte zu mehr Achtsamkeit – wenn nicht gar Zurückhaltung – bei der Frage der Insolvenzverschleppung in Fällen gescheiterter Sanierungsversuche veranlassen könnte[329]. Sieht man zudem eine Alternative zum Sonderrecht der Gesellschafterdarlehen in der unbeschränkten persönlichen Haftung der Gesellschafter für materielle Unterkapitalisierung in Fällen einer völlig unzureichenden Eigenkapitalausstattung der Gesellschaft, erscheint die mit Nachrang der Gesellschafterdarlehen gewählte Lösung weniger als Sanktion des Gesellschafters als vielmehr ein Entgegenkommen seitens des Gesetzgebers[330].

cc. Stellungnahme

Die Ansichten, die die Interessen der Fremdgläubiger vor den weiteren Verlusten ihrer Forderungen bewahren wollen, sind nicht von der Hand zu weisen. Dennoch wird durch den Nachrang aller Gesellschafterdarlehen verkannt, dass ihr Einsatz durchaus auch positive Auswirkungen einnehmen kann. Auch wenn die Gesellschafter nicht selten blauäugig an die Sanierungschancen herantreten, kann ihnen nicht völlige Verkennung der wirtschaftlichen Lage der Gesellschaft zugesprochen werden. Die Gesellschafter setzen nämlich ihr eigenes persönliches Kapital ein und tragen erheblich mehr Risiken vor dem Verlust dessen als Fremdgläubiger, deren Forderungen durch den Eintritt der Krise ohnehin bereits entwertet sind. Dass die Gesellschafter unter Außerachtlassung jeglicher gegen die weitere Fremdfinanzierung und finanzieller Erholung sprechenden Faktoren und damit völlig realitätsfremd agieren und wahres Geld vergeuden, ist höchst unwahrscheinlich[331]. Aus diesem Grund ist es verfehlt von Anfang an davon auszugehen, dass die Gesellschafterdarlehen den Fremdgläubigern ein erhöhtes Ausfallrisiko aufbürden.

Auch das Argument, es handele sich nur in den seltenen Fällen um Gesellschafterdarlehen, die auf die Sanierung gerichtet sind, kann nicht hingenommen

329 T. Bezzenberger, FS G. Bezzenberger, 2000, S. 23, 42.

330 Vgl. a. Engert, Eigenkapitalersatzrecht nach dem MoMiG, S. 130 f.; Huber/Habersack, BB 2006, 1 (1).

331 So auch T. Bezzenberger, FS G. Bezzenberger, 2000, S. 23, 40 f.; Buck, Die Kritik am Eigenkapitalersatzgedanken, S. 234.

werden. Damit ist dann die Frage verbunden, wofür die restlichen Darlehen aufgegeben werden. Geschieht dies, um der Gesellschaft Expansions- und Wachstumschancen zu bieten, dann ist ihre Nachrangigkeit erst Recht nicht nachzuvollziehen. Werden dann eben diese Darlehen in der Insolvenz mit einem Nachrang versehen, obwohl sie nicht mit einer Krisenfinanzierung gewährt wurden und keine Sanierungsdarlehen darstellen sollten, stellt sich wieder die Frage nach dem Warum. Wenn der Gesetzgeber die – letzten Endes zum Haftkapital werdenden – Darlehen mit Sonderregeln als Sanierungsdarlehen ansieht, was die Herleitung des gesamten Instrumentariums schon nahelegt, dann sollten die Sonderregeln für alle anderen Arten von Darlehen nicht greifen. Denn eine generelle Nachrangigkeit lässt die Tatsache, ob überhaupt eine Verlängerung der Krise und ein Schaden für die Gesellschaftsgläubiger entstanden ist, außer Acht. Dabei wird durchaus nicht verkannt, in welche Richtung die Differenzierung zwischen Sanierungs- und „Wachstumsdarlehen" führen würde. Die Rechtslage wäre erneut zu kompliziert, um dem Bild einer deutschen GmbH zu entsprechen. Man kann jedoch die rechtliche Stellung der Gesellschafter, verbunden mit den persönlichen Verlusten, die sie durch die Regeln treffen, nicht mit dem Argument der Einfachheit der Rechtsordnung rechtfertigen. Die bisherige Rechtsprechung, die den eigenkapitalersetzenden Charakter jedes Darlehens feststellen musste, hat es auch geschafft, mit der „Kompliziertheit" fertig zu werden. Als eine sonderlich unübersichtliche Materie, wie sie oft in der Literatur gerügt wird, wird das Sonderrecht dann nicht darstellen, wenn die Grundprinzipien verstanden werden[332].

Insofern vermag es nicht eindeutig zu überzeugen, warum die Gesellschafterdarlehen undifferenziert in der Insolvenz zwangsweise hinter die übrigen Fremdgläubiger gestellt werden. Eine Erleichterung der Rechtslage kann nicht auf den Rücken der Gesellschafter, die sich um Sanierungsbemühungen einsetzen, ausgetragen werden. Der verfolgte Gläubigerschutz ließe sich auch nur durch die Anfechtung der im Vorfeld der Insolvenz erstatteten Leistungen erreichen. In solchen Fällen kann davon ausgegangen werden, dass die Gesellschaft nicht ausreichend Mittel für die Befriedigung sonstiger Gläubiger hat, so dass der Einwand, der Gesellschafter-Gläubiger verschaffe sich gegenüber den Fremdgläubigern einen ungerechtfertigten Vorteil, durchaus berechtigt ist. An der Tatsache, dass die Sonderregeln die Finanzierungsfreiheit der Gesellschafter auch weiterhin

332 Gegen die angebliche Unübersichtlichkeit vgl. a. Goette, ZHR 162 (1998), 223, 225.; Pentz zieht bei diesem Argument das „auch für Fachleute längst nicht mehr überschaubare Steuerrecht in seiner heutigen Form" heran, das, wenn das Argument tragfähig wäre, dann auch abgeschafft werden sollte, vgl. in Gesellschaftsrecht in der Diskussion, 115, 136.

einschränken, hat sich demnach nichts geändert. Die Subordination, die die Ansprüche der Gesellschafter in der Insolvenz wertlos machen, stellt für die Gesellschafter einen Anreiz dar, die Geschäftsführer zu einer Tilgung der Forderungen zu bewegen und in Anbetracht der kurzen Anfechtungsfrist von einem Jahr könnten einige Gesellschafter mit dem Annahme der Insolvenz durchaus prophetisch sein.

B. Rechtsfolgen des neuen Rechts der Gesellschafterfinanzierung

In den Rechtsfolgen der Finanzierung der Gesellschaft mit Gesellschafterdarlehen wird die insolvenzspezifische Risikoübernahme der Gesellschafter deutlich. Vor der Insolvenz sind die Gesellschafterdarlehen nichts anderes als normales Fremdkapital. Es wird in der Bilanz als solches ausgewiesen und die Darlehensforderung wird nicht von vornherein ins Eigenkapital umqualifiziert.

I. Vorinsolvenzrechtliche Rechtsfolge

Eine der wesentlichen Neuerungen des neuen Rechts liegt in der Abschaffung der Rechtsprechungsregeln und damit des präventiven Gläubigerschutzes, der vor dem MoMiG in dem Auszahlungsverbot des § 30 Abs. 1 GmbHG auch für Gesellschafterleistungen zu sehen war. Mit den im Eigenkapitalersatzrecht dominierenden Rechtsprechungsregeln band der Gesetzgeber die Gesellschafterdarlehen dem Eigenkapital zu und erstreckte die Hauptvorschrift des Kapitalerhaltungsrechts auch auf Gesellschafterfinanzierungsleistungen.

1. Abschaffung der Rechtsprechungsregeln

Mit dem Nichtanwendungsbeschluss des § 30 Abs. 1 S. 3 GmbHG verzichtet das neue Recht auf die präventive Durchsetzungssperre[333] analog 30 Abs. 1 GmbHG a.F. im Zeitpunkt vor Insolvenzeröffnung. Das kapitalerhaltungsrechtliche Auszahlungsverbot, das vor der Reform auch eigenkapitalersetzende Leistungen demselben Schutz wie des Stammkapitals unterwarf und eine Rechtsfolge für Gesellschafterleistungen im Zeitpunkt vor der Insolvenzantragstellung darstellte, ist infolge der Deregulierung aufgehoben worden[334]. Die Konsequenz dessen ist,

333 Haas, ZInsO 2007, 617, 618.

334 Für die Abschaffung der Rechtsprechungsregeln: Altmeppen, Gesellschaftsrecht in der Diskussion, 93, 104 f.; Grunewald/Noack, GmbHR 2005, 189, 194; Fliegner, DB 2008, 1668, 1670 f.; Bayer/Graff, DStR 2006, 1654, 1656 f.

dass die Rückzahlungen von Gesellschafterdarlehen und gleichartigen Finanzierungen nach neuem Recht solange – schon fast problemlos – durchgesetzt werden können, solange sie nicht in der Insolvenz geltend gemacht werden[335]. Das gleiche gilt auch in Bezug auf dingliche Kreditsicherheiten am Vermögen der Gesellschaft, die zur Absicherung einer Gesellschafterforderung gestellt wurden. Anders als im früheren Recht sind diese Kreditsicherheiten nicht mehr per se unverwertbar[336], sondern können durch den Gesellschafter – vorbehaltlich der später aus der Insolvenzanfechtung kommenden Rechtsfolgen – durchaus zur Befriedigung verwertet werden.

Der Geschäftsführer sieht sich mangels des Auszahlungsverbotes nicht mehr daran gehindert, den Tilgungsbegehren der Gesellschafter nachzukommen. Insbesondere kann er die Auszahlung nicht mehr mit dem Argument verweigern, das zur Erhaltung des Stammkapitals erforderliche Vermögen werde aus der Gesellschaft abgezogen und löse für ihn aufgrund der Zuwiderhandlung gegen die Ausschüttungssperre eine Geschäftsführerhaftung aus. Denn verbunden mit der Aufgabe der Rechtsprechungsregeln ist auch die mit dem ehemaligen § 30 Abs. 1 GmbHG verbundene Geschäftsführerhaftung gemäß § 43 Abs. 3 S. 1 GmbHG a.F. für verbotswidrige Rückzahlung eigenkapitalersetzender Gesellschafterfinanzierungen neu geregelt worden[337]. Das heißt aber nicht, dass die Haftung des Geschäftsführers im Zusammenhang mit Forderungstilgungen an Gesellschafter komplett weggefallen ist. Vielmehr kann die Ablösung eines zur Sanierung erforderlichen Darlehens eine Pflichtverletzung nach § 43 GmbHG auslösen und darüber hinaus – in Fällen der Herbeiführung der Zahlungsunfähigkeit – eine Erstattungspflicht nach § 64 S. 3 GmbHG begründen[338].

Das Auszahlungsverbot des § 30 Abs. 1 GmbHG war früher freilich auf die Fälle beschränkt, in denen die Gesellschaft Leistungen im Zeitpunkt der Krise und nicht bereits bei Eintritt der materiellen Insolvenz – da insoweit bereits die Haftungsvorschrift des § 64 Abs. 2 S. 1 GmbHG a.F. ein Auszahlungsverweigerungsrecht begründete – vorgenommen hat. Für das neue Recht entsteht also

---

335 Pentz betrachtet den Schritt, die Rechtsprechungsregeln aufzugeben, als verfehlt. Hierzu führt er aus, dass „ein System, das Leistungen von Gesellschaftern zur Rückzahlung an die Gesellschafter grundsätzlich freigibt, um sie dann, wenn das Kind gleichsam in den Brunnen gefallen ist und hierüber nicht mehr gerettet werden kann, doch wieder zurückfordert“ aus praktischer Sicht nicht einleuchtend ist, vgl. Gesellschaftsrecht in der Diskussion, 115, 132 f.

336 Scholz, K. Schmidt, GmbHG, §§ 32 a/b a.F. Nachtrag MoMiG, Rdn. 34.

337 Vgl. Hirte, WM 2008, 1429, 1430.

338 Vgl. a. Scholz, K. Schmidt, GmbHG, §§ 32 a/b a.F. Nachtrag MoMiG, Rdn. 33.

mit dem Fortfall des Auszahlungsverbotes keine nicht zu verschmerzende Regelungslücke. Zum einen können die Zahlungen, die bereits im Zeitpunkt des Vorliegens der Insolvenzantragsgründe gewährt werden, unter das Zahlungsverbot des § 64 S. 1 GmbHG – dem ehemaligen § 64 Abs. 2 S. 1 GmbHG – fallen. Zum anderen kann der Geschäftsführer unter Berufung auf den neuen § 64 S. 3 GmbHG die Fälle abdecken, in denen insbesondere ein Fremdgeschäftsführer mit einem Auszahlungsverlangen der Gesellschafter im Zeitpunkt, in dem die Insolvenzgründe zwar noch nicht vorliegen, aber die Gesellschaft dennoch als kreditunwürdig einzuschätzen ist[339], konfrontiert wird und die Auszahlung – wenn nicht problemlos – verweigern. Inwieweit jedoch der neue Haftungstatbestand des § 64 S. 3 GmbHG tatsächlich geeignet ist, den Verzicht auf den Präventivschutz durch die Rechtsprechungsregeln auszugleichen, wird an einem späteren Punkt noch erörtert[340].

Auch in Bezug auf die Verjährungsfristen bringt der Wegfall der Rechtsprechungsregeln Veränderungen mit sich. Der unter dem alten Recht auf die Rechtsprechungsregeln gestützte Erstattungsanspruch nach § 31 Abs. 1 GmbHG a.F. unterlag nach § 31 Abs. 5 GmbHG a.F. einer zehnjährigen Verjährungsfrist. Das neue Recht gewährt eine Rückerstattung der an den Gesellschafter geleisteten Zahlungen erst infolge einer Anfechtung nach § 135 Abs. 1 InsO, die nach § 146 InsO grundsätzlich an die Einjahresfrist vor der Insolvenzantragsstellung gebunden ist[341]. Insofern dürfte in der Verkürzung der Erstattungsfrist, nach deren Ablauf der Gesellschafter die gewährte Leistung behalten darf, durchaus als eine Verkürzung des Gläubigerschutzes betrachtet werden.

a. Wegfall des Erstattungsanspruchs des Gesellschafters nach § 31 Abs. 1 GmbHG analog

Die unmittelbare Rechtsfolge des Wegfalls des Auszahlungsverbotes besteht darin, dass die an den Gesellschafter vor der materiellen Insolvenz gewährten Leistungen nicht mehr nach § 31 Abs. 1 GmbHG zurückverlangt werden können, da die Tilgungsleistung an den Gesellschafter nicht mehr gegen das Auszahlungsverbot verstößt. Diese Änderung führt jedoch nicht dazu, dass der Gesellschafter in Fällen der Tilgung seiner Darlehensforderungen die spätere Inanspruchnahme gänzlich nicht zu befürchten braucht. Zum einen wird die Befriedigung in

339 Kleindiek, ZGR 2006, 335, 356.

340 Vgl. zur Haftung und zum Auszahlungsverbot nach § 64 S. 3 GmbHG unter Teil 1, 2. Kap., C.

341 Die Einjahresfrist gilt nur vorbehaltlich der Insolvenzanfechtung, insbesondere der Vorsatzanfechtung nach § 133 InsO.

der Insolvenz angefochten, zum anderen kann eine entgegen § 64 S. 3 GmbHG gewährte Zahlung an den Gesellschafter als existenzvernichtender Eingriff zu werten sein. Mit dem Fortfall des Rückgewähranspruchs nach § 31 GmbHG ist die Erstattungspflicht des Gesellschafters lediglich in einem neuen Gewand in die Insolvenzordnung verschoben worden.

b. Wegfall der Gesellschaftermithaftung

Mit dem Wegfall der Rechtsprechungsregeln ist auch die – wenn auch praktisch unbedeutende – Mithaftung der Gesellschafter nach § 31 Abs. 3 S. 1 GmbHG a.F. entfallen. Nach der Neuregelung wird nur der Gesellschafter infolge der Anfechtung zur Erstattung nach §§ 135 Abs. 1 Nr. 2, 143 InsO gebeten. Diese Neuerungen sollen mit dem neuen „Zahlungsverbot" des § 64 S. 3 GmbHG kompensiert werden, wonach der Geschäftsführer dann vor einer Haftung steht, wenn er Zahlungen an Gesellschafter vornimmt, die zur Zahlungsunfähigkeit führen mussten. Indes ist der Anwendungsbereich des § 64 S. 3 GmbHG höchst umstritten. Ob die neue den Geschäftsführer treffende Haftung tatsächlich an die Stelle des präventiven Gläubigerschutzes trifft und den Wegfall der Mitgesellschafterhaftung kompensieren kann, wird noch zu erläutern sein.

c. Schlussfolgerung zum Wegfall der Vermögensbindung vor und außerhalb der Insolvenz

Aus gesellschaftsrechtlicher Sicht sind die Leistungen von Gesellschaftern mangels eines Rückzahlungsverbotes zunächst „freigegeben" und unterliegen lediglich dann einer Rückforderung, wenn die Gesellschaft das zurückgezahlte Geld – doch – wieder benötigt. Der Kritikpunkt richtet sich hier primär auf die Außerachtlassung des präventiven Schutzes des Kapitals im Interesse eines gänzlichen Abstellens auf die Rückforderungsmöglichkeiten[342].

Nun vermag man einzuwenden, durch das Auszahlungsverbot nach § 64 S. 1 und 3 GmbHG, das den Geschäftsführer zur Vermögensmasseerhaltung bewegen soll, riskiere der Geschäftsführer eine persönliche Erstattung der Leistungen, die er an die Gesellschafter nach Eintritt der Insolvenzreife oder bereits vorher erbracht hat, so dass eine solche Haftung die Streichung des präventiven Schutzes rechtfertige. Diese Haftung des Geschäftsführers stellt aber nur ein repressives Mittel dar, um auf eine frühzeitige Insolvenzeröffnung hinzuwirken. Sie betrifft freilich den Fall der Insolvenzreife der Gesellschaft und ist von dem

342 Bayer/Koch, Pentz, Das neue GmbH-Recht, S. 82; Noack, DB 2006, 1475, 1481, vgl. a. Hirte, WM 2008, 1429, 1430.

ehemaligen Auszahlungsverbot des § 30 Abs. 1 GmbHG a.F., das eine Auszahlung zum Zeitpunkt der Kreditunwürdigkeit vorsah, in zeitlicher Hinsicht zu unterscheiden.

Befand sich nämlich die Gesellschaft in einer Finanzierungslage, bei der es der Gesellschaft seitens Dritter – in erster Linie Banken – unmöglich war, zu marktüblichen Konditionen Kredite ohne Besicherung ihrer Gesellschafter zu erhalten, so war sie als kreditunwürdig einzustufen und bedurfte – nach dem alten Recht – einer Berücksichtigung seitens des Geschäftsführers. Bereits daraus wird erkennbar, dass die Kreditunwürdigkeit ein der Überschuldung zeitlich vorgelagertes Stadium der Finanzierungsnot der Gesellschaft darstellt und eigenständige Behandlung verdiente[343]. Der Geschäftsführer hatte also im Vergleich zur jetzigen Gesetzeslage bereits zu einem früheren Zeitpunkt das Recht, Zahlungen, die die Kreditunwürdigkeit auslösen oder vertiefen würden, zu verweigern. Allein diesbezüglich richtet sich die vorstehende Kritik der Verfechter des präventiven Schutzes des funktionalen Eigenkapitals. Insoweit sei es fraglich, ob das nachträgliche Eingreifen und die Anfechtung der erbrachten Leistung den mit dem Kapitalersatz verfolgten Gläubigerschutz in ausreichendem Maße zu gewährleisten geeignet ist. Es wäre auch kaum praktikabel, ließe man in Eifer der Reform das bewehrte Model des Kapitalschutzes entfallen, mit der Folge, dass die Gerichte später die „Schadensminimierung" betreiben und ein neues „Case-Law" – das durch die Reform gerade abgeschafft werden sollte – einführen.

Jedoch ging die vormalige Bindung der Gesellschafterdarlehen als Eigenkapital ohne den Gesellschafter gleichzeitig gegenüber seinen Mitgesellschaftern stärkere Mitgliedschaftsrechte einzuräumen, über das Ziel des Gläubigerschutzes, der auch durch die Anfechtung gewährleistet werden kann, deutlich hinaus. Die Änderungen sehen auf den ersten Blick zwar wie eine Einschränkung des Gläubigerschutzes aus, insbesondere im Hinblick auf die verkürzten Erstattungsfristen. Auf die Anwendung der Rechtsprechungsregeln und damit die Geltendmachung der Erstattungsansprüche, die jedoch vermehrt von der Bereitschaft der Geschäftsführer abhingen und rein praktisch nur bei einer Fremdorganschaft in Betracht kämen, sollte jedoch nicht melancholisch zurückgeblickt werden[344].

---

343 Ausdrücklich BGH ZIP 2004, 1049, 1052; BGH ZIP 2006, 996, 997.

344 Vgl. Hommelhoff, GmbH-Reform in der Diskussion, 114, 133, der darauf hinweist, dass Klagen einer Gesellschaft, vertreten durch ihren Geschäftsführer, gegen einen Gesellschafter auf Rückzahlung getilgter Gesellschafterdarlehen nicht bekannt geworden sind.

Im Ergebnis ist anzumerken, dass der Verzicht auf die Rechtsprechungsregeln den ersten gefallenen Grundstein in Richtung eines deregulierten Kapitalersatzrechts bildete und einen dominoartigen Effekt auf die mit diesem Rechtsinstitut verbundenen Haftungsfolgen auslöste. Der Wegfall der Ausfallhaftung der Mitgesellschafter ist einer dieser Rechtsfolgen und ist vor dem Hintergrund der speziell auf das alte Eigenkapitalersatzrecht zugeschnittene und nur auf die Stammkapitalziffer begrenzte Notlösung im neuen Recht durchaus zu verkraften[345]. Ob das insolvenzrechtliche System – bestehend aus dem gesetzlichen Nachrang und Anfechtungsrecht – den mit den ehemaligen Rechtsprechungsregeln verfolgten Präventivschutz adäquat zu kompensieren vermag, welchen Ausmaß also die erfolgten Veränderungen mit sich bringen, bleibt noch abzuwarten. Der Gesetzgeber hat aber mit dem Nichtanwendungserlass des § 30 Abs. 1 S. 3 GmbHG aus der Nutzfahrzeugentscheidung des BGH aus dem Jahr 1984[346] gelernt und zur Verhinderung der richterrechtlichen Erweiterung der Sonderregeln den Rückgriff auf das Kapitalerhaltungsrecht versperrt, was der Befürchtung vor dem neuen kapitalerhaltungsrechtlichen Rechtsprechungsrecht widersprechen müsste.

II. Insolvenzrechtliche Rechtsfolgen

Mit der Streichung der Rechtsprechungsregeln finden sich die Rechtsfolgen zum Sonderrecht der Gesellschafterfremdfinanzierung komplett in den insolvenzrechtlichen Regeln wieder. Die mit der Gesellschafterfinanzierung verbundenen Risiken treten für die Gesellschafter nun erst in der Insolvenz auf.

1. Nachrang des § 39 Abs. 1 Nr. 5 InsO

Im Mittelpunkt des neuen Rechts der Gesellschafterfremdfinanzierung steht § 39 Abs. 1 Nr. 5 InsO. Für die aufgrund der Darlehensgewährung oder wirtschaftlich vergleichbaren Rechtshandlungen entstandenen Rückforderungsansprüche der Gesellschafter ordnet das Gesetz eine insolvenzrechtliche Subordination an. Die Rechtsfolgen des reformierten Rechts erfassen – vorbehaltlich § 39 Abs. 4 S. 2,

345 A.A. Hölzle, GmbHR 2007, 729, 734, der von einem „ganz erheblichen Einschnitt" spricht und die Frage nach der tatsächlichen Intention des Gesetzgeber diesbezüglich aufwirft. Vgl. für eine Abschwächung des Gläubigerschutzes durch Wegfall des präventiven Schutzes, Kleindiek, ZGB 2006, 335, 359.

346 BGH Urt. v. 26.3.1984, NJW 1984, 1891 („Nutzfahrzeug"- Urteil), in der Entscheidung hat der BGH das Nebeneinander der Novellen- und Rechtsprechungsregeln angeordnet.

Abs. 5 InsO – unterschiedslos und voraussetzungslos alle Forderungen auf Rückgewähr eines Gesellschafterdarlehens sowie alle Forderungen aus Rechtshandlungen, die einem Gesellschafterdarlehen wirtschaftlich entsprechen. Der in § 39 Abs. 1 Nr. 5 InsO statuierte Nachrang solcher Forderungen im Falle der Insolvenzeröffnung spiegelt die alte Rechtslage zwar wieder[347], ist jedoch im Hinblick auf die entfallende Unterscheidung zwischen eigenkapitalersetzenden und „regulären" Gesellschafterdarlehen neu gefasst worden.

Der Nachrang i.S.d. § 39 Abs. 1 Nr. 5 InsO hat für die betreffenden Gesellschafter erhebliche Folgen, auch wenn sich an dem Rechtsgrund der Hauptforderung nichts ändert. Ihre Forderungen werden in einem Insolvenzverfahren erst dann befriedigt, wenn alle Masseverbindlichkeiten i.S.d. § 55 InsO, die Insolvenzgläubiger i.S.d. § 38 InsO und die Gläubiger der Nachränge des § 39 Abs. 1 Nr. 1–4 InsO im vollen Umfang befriedigt werden. Dass es also auch für die nachrangigen Gesellschaftergläubiger i.S.d. § 39 Abs. 1 Nr. 5 InsO noch genügend Masse zur Befriedigung übrig bleiben wird, ist so gut wie ausgeschlossen[348].

Abgesehen hiervon werden die Gesellschafter solche Forderungen auch nicht ohne weiteres mit Kenntniserlangung von der Insolvenzeröffnung anmelden können. Nach § 174 Abs. 3 S. 1 InsO können nachrangige Insolvenzforderungen nämlich nur ausnahmsweise am Insolvenzverfahren teilnehmen, wenn das Insolvenzgericht – im Interesse der Vermeidung unnötigen Aufwands – die Gläubiger besonders zur Anmeldung dieser Forderungen auffordert[349]. Nichtsdestotrotz dient die Einbeziehung der Forderungen in das Insolvenzverfahren der durch die Insolvenzordnung verfolgten vollständigen Abwicklung insolventer juristischer Personen[350]. Die Anmeldung nachrangiger Insolvenzgläubiger stellt damit klar, dass im Falle des nach der Befriedigung der „vollrangigen Insolvenzgläubiger"[351] verbleibenden Überschusses, dieser unter anderem auch

347 Auch nach dem alten Recht waren die Gesellschafterforderungen und die wirtschaftlich vergleichbaren Rechtshandlungen in der Insolvenz nachrangig zu befriedigen. Dies folgte – im Gegensatz zum neuen Recht – aus mehreren Vorschriften, nämlich aus § 32 a Abs. 1 GmbHG a.F., aus der analogen Anwendung des § 30 Abs. 1 GmbHG a.F. und § 39 Abs. 1 Nr. 5 InsO.

348 Vgl. a. Paulus, Insolvenzrecht, S. 57.

349 Vgl. a. Mylich, ZGR 2009, 474, 478; Häsemeyer, Insolvenzrecht, Rdn. 17.13.; Saenger/Inhester, Kolmann, GmbHG, Anhang § 30, Rdn. 165.

350 Uhlenbruck, Hirte, InsO, § 11, Rdn. 148; Baumbach/Hueck, Hueck/Fastrich, GmbHG, § 30 Anh., Rdn. 59.

351 Häsemeyer, Insolvenzrecht, Rdn. 17.09.

unter den kreditgebenden Gesellschaftern aufgeteilt werden muss[352], bevor der Insolvenzverwalter das – ausnahmsweise – übrig gebliebene Restvermögen für diejenigen Insolvenzgläubiger, die einen weiteren Nachrang i.S.d. § 39 Abs. 2 InsO vereinbart haben, verwendet. Die Subordination von Gesellschafteransprüchen, die aus einem Darlehen oder diesem wirtschaftlich vergleichbaren Handlungen entsteht, hindert die Gesellschafter also, zwar mit den restlichen Gläubigern gleichberechtigt um eine Befriedigung zu konkurrieren, schließt sie aber – zumindest de jure – nicht völlig von der Teilnahme am Insolvenzverfahren aus[353].

Neben den Darlehensforderungen werden auch die ausstehenden Darlehenszinsen nach § 39 Abs. 1 Nr. 5 InsO subordiniert, wenn sie nach Eröffnung des Insolvenzverfahrens fällig werden[354]. Der Nachrang lässt sich jedoch nicht unmittelbar aus § 39 Abs. 1 Nr. 5 InsO herleiten, da die Regelung ausdrücklich von Forderungen auf „Rückgewähr" spricht. Dieser folgt vielmehr aus § 39 Abs. 3 InsO, der die Zinsen der Forderungen mit dem gleichen Rang wie die Hauptforderungen selbst belegt. Der Nachrang offener Zinsen gilt dabei nicht ausschließlich für Darlehenszinsen, sondern für jegliche Forderungen, die aufgrund der Kreditierungsfunktion mit einem gesetzlichen Rangrücktritt versehen werden.

2. *Die Insolvenzanfechtung*

Der gesetzliche Rangrücktritt des § 39 Abs. 1 Nr. 5 InsO wird von dem in § 135 Abs. 1 InsO vorgesehenen Rückgewähranspruch für den Fall abgesichert, dass die Gesellschaft den Gesellschafter-gläubiger innerhalb der festgeschriebenen zeitlichen Grenzen vor der Stellung des Insolvenzantrages befriedigt oder diesem eine Sicherheit gewährt hat. Insofern wird § 135 InsO als ein Sonderfall der Deckungsanfechtung angesehen, der §§ 130, 131 InsO vorgeht[355]. Ziel der insolvenzrechtlichen Anfechtung besteht darin, den Gläubigern das haftende Schuldnervermögen, das durch ungerechtfertigt im Vorfeld der Insolvenzeröffnung vorgenommene Verfügungen reduziert wurde, wieder zur Insolvenzmasse zuzuführen und so die Umgehung des gesetzlichen Nachrangs entweder durch Sicherheitsrechte oder Auszahlungen im Vorfeld der Insolvenz im Interesse der

---

352 Uhlenbruck, Hirte, InsO, § 39, Rdn. 32.

353 Zu Zeiten der KO war die Teilnahme der nachrangigen Insolvenzgläubiger am Konkursverfahren vollständig ausgeschlossen.

354 Hirte, ZInsO 2008, 689, 693; Gehrlein, BB 2008, 846, 850.

355 Uhlenbruck, Hirte, InsO, § 135, Rdn. 6.

Massesicherung zu verhindern[356]. Um diesem Gesetzeszweck gerecht zu werden, wird der Begriff der Rechtshandlung i.S.d. § 129 InsO weit verstanden, so dass alle rechtserhebliche Handlungen, durch die das Gesellschaftsvermögen zum Nachteil übriger Gläubiger verändert wird, erfasst werden[357]. Mit dem Wegfall der Rechtsprechungsregeln und der kompletten Verlagerung der Vorschriften über die Rechtsfolgen der Gesellschafterfinanzierung in das Insolvenzrecht, wird § 135 InsO aus dem – früheren – Schattendasein[358] entnommen und eine immense Bedeutung zugeschrieben.

Aus § 129 Abs. 1 InsO und dem Sinn und Zweck der Insolvenzanfechtung ergibt sich, dass die Anfechtung nach § 135 InsO – so wie jede andere Anfechtung auch – eine Gläubigerbenachteiligung voraussetzt[359]. Eine solche liegt immer in den Fällen vor, in welchen entweder die Schuldenmasse vergrößert oder die spätere Insolvenzmasse zum Nachteil der Gläubiger verkleinert wird[360]. Ausgehend von der Rechtshandlung, der Sicherung oder Befriedigung des Gesellschafters, wird die Gläubigerbenachteiligung i.S.d. insolvenzrechtlichen Anfechtungsvorschriften jedoch in der Regel zu bejahen sein, da die Forderungen in der Insolvenz sonst subordiniert wären und da bereits ein zur Befriedigung der restlichen nachrangigen Insolvenzgläubiger unzureichendes Gesellschaftsvermögen – auch wenn die Befriedigung der Massegläubiger und der Insolvenzgläubiger i.S.d. § 38 InsO gewährleistet werden kann – eine gläubigerbenachteiligende Rechtshandlung grundsätzlich implizieren lässt[361]. Trotz der mit der Tilgung einhergehenden Befreiung der Gesellschaft von einer Verbindlichkeit stellt die Tilgung einer Gesellschafterforderungen eine Benachteiligung der übrigen Gläubiger dar, da durch die Tilgung das den Gläubigern zur Verfügung stehende Aktivvermögen der Gesellschaft vermindert wird und zu einer entsprechenden Reduzierung ihrer Befriedigungsquote führt[362].

Wird die Rechtshandlung nach § 135 Abs. 1 InsO vom Insolvenzverwalter angefochten, so hat der Gesellschafter den zur Befriedigung führenden Betrag nach

356 Vgl. a. Liebig/Witt, DB 2011, 1929, 1933; Graf-Schlicker, Neußner, InsO, § 135, Rdn. 1.

357 Saenger/Inhester, Kolmann, GmbHG, Anhang § 30, Rdn. 170.

358 Vgl. zum früheren Recht, Fischer, ZGR 2006, 403, 417.

359 Vgl. a. Haas, ZInsO 2007, 617, 624; Wirsch, NZG 2010, 1131, 1132.

360 BGH ZInsO 2007, 658, 659; Graf-Schlicker, Huber, InsO, § 129, Rdn. 17.

361 Gottwald, Haas/Hossfeld, Insolvenzrechts-Handbuch, § 92, Rdn. 446. Außer in den Fällen der Insolvenzanfechtung nach §§ 133 Abs. 2, 132 Abs. 1 InsO reicht eine mittelbare Gläubigerbenachteiligung aus.

362 BGH (Urt. v. 21.6.2007) NJW-RR 2007, 1419, 1422 f.

§ 143 Abs. 1 S. 1 InsO zur Insolvenzmasse zurückzuerstatten. Die Forderung des Gesellschafters lebt nach der Rückgewähr gemäß § 144 Abs. 1 InsO zwar wieder auf. Jedoch wird sie wieder mit dem Rang nach § 39 Abs. 1 Nr. 5 InsO versehen, so dass der Gesellschafter wieder in den alten Zustand versetzt wird.

a. Anfechtung von Rückzahlungen und Besicherungen von Gesellschafterdarlehen nach § 135 Abs. 1 InsO

Anfechtungsgegenstand des § 135 Abs. 1 InsO sind alle Befriedigungs- und Sicherungsleistungen im Zusammenhang mit Darlehensrückzahlungsansprüchen oder diesen wirtschaftlich vergleichbaren Rechtshandlungen. Der am Anfang von den Urvätern der Eigenkapitalersatzrechtsreform eingebrachte Vorschlag, den Anwendungsbereich des § 135 InsO – und auch des § 39 Abs. 1 Nr. 5 InsO – nicht nur auf die Forderungen aus den Gesellschafterdarlehen und wirtschaftlich vergleichbaren Rechtshandlungen, sondern auf alle Gesellschafterforderungen zu erstrecken[363], ist begrüßenswerter Weise nicht übernommen worden. Der zeitliche Anwendungsbereich hängt von der betreffenden Gesellschaftsleistung ab. Während die Rückzahlung einer Darlehensforderung nur dann nach § 135 Abs. 1 Nr. 2 InsO angefochten werden kann, wenn diese innerhalb eines Jahres vor der Stellung des Insolvenzantrages oder danach vorgenommen wurde, unterliegen die vor dem Eröffnungsantrag gewährten Sicherrungen aus dem Gesellschaftsvermögen, die für noch nicht erfüllte Rückzahlungsansprüche bestellt wurden, für die letzten zehn Jahre[364] einer Anfechtung nach § 135 Abs. 1 Nr. 1 InsO. Es spielt also keine Rolle, ob die Gesellschaft zum Zeitpunkt der Rückzahlung oder Sicherheitsgewährung wirtschaftlich gesund gewesen ist oder nicht.

aa. Anfechtbare Befriedigung

Erlangt der Gesellschafter durch die Tilgung seiner Darlehensforderungen oder auch durch Erfüllungssurrogate[365] Befriedigung aus dem Gesellschaftsvermögen, so ist diese Rechtshandlung – vorbehaltlich des Kleinbeteiligungs- und Sanierungsprivilegs – nach § 135 Abs. 1 Nr. 2 InsO anfechtbar, wenn sie im letzten Jahr vor dem Insolvenzeröffnungsantrag oder danach vorgenommen wurde. Das gleiche gilt für Befriedigungen Dritter, die dem Gesellschafter gleichgesetzt werden und für Befriedigungen aus Rechtshandlungen, die der Darlehensgewährung wirtschaftlich entsprechen. Auch die Befriedigung des Gesellschafters

363 Huber/Habersack, BB 2006, 1, 2.

364 Die ehemalige Anfechtungsfrist von 30 Jahren nach § 41 I 3 KO ist noch vor dem MoMiG abgelöst worden.

365 Baumbach/Hueck, Hueck/Fastrich, GmbHG, § 30 Anh., Rdn. 63.

durch vorzeitige Durchführung der Einzelzwangsvollstreckung in das Vermögen der schuldnerischen Gesellschaft stellt eine Befriedigung i.S.d. § 135 Abs. 1 Nr. 2 InsO dar[366].

Die Berechnung der Einjahresfrist beginnt erst mit der tatsächlichen Antragsstellung. Die insoweit geäußerte Kritik in der Literatur, die Vorschrift enthalte Potential, den Insolvenzantrag zeitlich weiter hinauszuschieben, um die Rückzahlungen innerhalb der Jahresfrist zu umgehen, so dass eine Anknüpfung an die Insolvenzreife maßgeblich sein soll[367], ist wegen des klaren Wortlauts und des gesetzgeberischen Willens sowie mit Blick auf die anderen Anfechtungstatbestände, die ebenfalls von der Antragsstellung ausgehen, nicht haltbar. Eine Ausdehnung des Fristbeginns ist zudem nicht erforderlich, da eine außerhalb von § 135 Abs. 1 Nr. 2 InsO vorgenommene Befriedigung auch nach § 133 InsO anfechtbar sein kann und eine verspätete Insolvenzantragsstellung nach § 15 a InsO haftungsauslösend ist.

Entgegen dem Wortlaut des § 135 Abs. 1 InsO, der nur von den Forderungen i.S.d. § 39 Abs. 1 Nr. 5 InsO spricht, sind auch solche Gesellschafterdarlehen von der Anfechtung erfasst, für die eine Rangrücktrittserklärung[368] abgegeben wurde und die dem Grunde nach unter § 39 Abs. 2 InsO fallen, wenn trotz des Nachrangs eine Rückzahlung erfolgt ist[369].

bb. Anfechtbare Besicherung

Unter den Begriff der von § 135 Abs. 1 Nr. 1 InsO erfassten Sicherungsgewährung fallen alle Arten von Sicherheiten, die dem Gesellschafter am Gesellschaftsvermögen bestellt wurden, unabhängig davon ob es sich um akzessorische oder nicht akzessorische Sicherheiten handelt. Eine i.S.d. § 135 Abs. 1 Nr. 1 InsO anfechtbare Besicherung kann in verschiedenen Konstellationen vorliegen. In erster Linie ist darunter der Fall vorzustellen, dass die Gesellschaft innerhalb der letzten zehn Jahre vor dem Antrag auf Eröffnung des Insolvenzverfahrens oder nach diesem Antrag dem Gesellschafter für seine Darlehensforderung oder eine gleichgestellte Rechtshandlung eine Sicherheit aus dem Gesellschaftsvermögen

366 MünchKommInsO, Stodolkowitz, § 135, Rdn. 74.

367 Vgl. Hölzle, GmbHR 2007, 729, 733; hinweisend, aber die Entscheidung des Gesetzgebers respektierend Dahl/Schmitz, NZG 2009, 325, 326

368 Vgl. Näheres zur Rangrücktrittserklärung unten, Teil 1, 2. Kap., G.

369 Wälzholz, GmbHR 2008, 841, 847; BT-Drs. 16/9737, S. 58 (rechte Spalte). Das gleiche gilt auch für die Anfechtung nach § 6 und § 6 a AnfG.

bestellt[370]. Ebenso gut kann die am Gesellschaftsvermögen gestellte Rückbesicherung einer für ein Fremddarlehen eingeräumte Gesellschaftersicherheit eine anfechtbare Rechtshandlung nach § 135 Abs. 1 Nr. 1 InsO darstellen[371]. Darüber hinaus unterliegt auch die Sicherung eines gegen die Gesellschaft gerichteten Rückgriffsanspruchs des Gesellschafters, den er aufgrund einer Sicherung, die er seinerseits für ein Fremdkredit gestellt hat, der Anfechtung nach § 135 Abs. 1 Nr. 1 InsO[372]. Wird aber die gesicherte Forderung außerhalb der Jahresfrist durch die Gesellschaft selbst getilgt und nicht durch die Verwertung der Sicherung, ist die Tilgung nicht nach § 135 Abs. 1 Nr. 2 InsO anfechtbar, da ein besicherter Gesellschafter außerhalb der Jahresfrist nicht schlechter behandelt werden kann als ein unbesicherter Gesellschafter[373].

Doch was passiert, wenn eine für ein Gesellschafterdarlehen gewährte Sicherung verwertet wird, der Insolvenzantrag aber später als ein Jahr nach der Befriedigung durch Verwertung der Sicherung gestellt wird? Gibt es ein Konkurrenzverhältnis zwischen der Anfechtung nach § 135 Abs. 1 Nr. 1 und Nr. 2 InsO? In der Literatur wird die Ansicht vertreten, dass bei einer Verwertung einer Sicherheit durch den Gesellschafter wegen der darin liegenden Befriedigung nur eine Anfechtung nach § 135 Abs. 1 Nr. 2 InsO in Betracht kommt, da die Sicherheit nur eine Vorstufe der auf ihrer Grundlage bewirkten Befriedigung darstelle, so dass § 135 Abs. 1 Nr. 2 InsO im Verhältnis zu § 135 Abs. 1 Nr. 1 InsO eine Sperrwirkung entfalte[374]. Dieser Meinung ist nun der BGH entgegengetreten. In seiner Entscheidung vom 18.7.2013 stellte er fest, dass jede Rechtshandlung selbstständig für ihre Ursächlichkeit für gläubigerbenachteiligende Folgen zu überprüfen ist, so dass die Gewährung einer Sicherung und die Gewährung einer Befriedigung innerhalb der für sie jeweils einschlägigen Fristen selbstständig angefochten werden können[375]. Demnach steht einer Anfechtung einer

370 MünchKommInsO, Stodolkowitz, § 135, Rdn. 81; Uhlenbruck Hirte, InsO, § 135, Rdn. 13.

371 HK-InsO, Kleindiek, § 135, Rdn. 5; Baumbach/Hueck, Hueck/Fastrich, GmbHG, § 30 Anh., Rdn. 63.

372 FK-InsO, Dauernheim, § 135, Rdn. 74; Michalski, Heidinger, GmbHG, §§ 32 a, 32 b a.F., Rdn. 318; MünchKommInsO, Stodolkowitz, § 135, Rdn. 75; BGH ZIP 1990, 95, 97 f.

373 Baumbach/Hueck, Hueck/Fastrich, GmbHG, § 30 Anh., Rdn. 64; Spliedt, ZIP 2009, 149, 153; BGH NZG 2013, 1036, 1038.

374 Saenger/Inhester, Kolmann, GmbHG, Anh. § 30, Rdn. 177; Reuter, NZI 2011, 921, 923 f.; Altmeppen, NZG 2013, 441, 442.

375 BGH v. 18.7.2013, NZG 2013, 1036, 1037.

gewährten Sicherung nach § 135 Abs. 1 Nr. 1 InsO nicht entgegen, dass eine spätere, in der Verwertung liegende Befriedigung außerhalb der Jahresfrist des § 135 Abs. 1 Nr. 2 InsO erfolgte und die Befriedigung selbst damit unanfechtbar wäre[376]. Eine Anfechtung wird mangels einer Gläubigerbenachteiligung erst dann ausgeschlossen sein, wenn der Gesellschafter die Sicherheit verwertet, die vor mehr als zehn Jahren gewährt wurde, auch wenn die Befriedigung aus der Verwertung dieser Sicherheit innerhalb eines Jahres vor Antragstellung erfolgte[377]. In einem solchen Fall greift dann weder eine Anfechtung nach § 135 Abs. 1 Nr. 1 noch nach Nr. 2 InsO ein.

Die hohe praktische Bedeutung des Anwendungsbereiches dieses Anfechtungstatbestandes kann durchaus angezweifelt werden. Da es sich bei den Gesellschafterforderungen, die im Zusammenhang mit einem Darlehen oder diesem wirtschaftlich vergleichbaren Rechtshandlungen stehen, um nachrangige Insolvenzforderungen i.S.d. § 39 Abs. 1 Nr. 5 InsO handelt, kann die von der Gesellschaft gestellte Sicherheit nicht geltend gemacht werden, so dass der Gesellschafter keine abgesonderte Befriedigung erlangen können wird[378]. Rechtsdogmatisch wird es damit begründet, dass bei akzessorischen Sicherheiten der Einwand der Nachrangigkeit der Hauptforderung im Rahmen der Durchsetzbarkeit auf diese zu übertragen ist, da alle gegen die Forderung bestehenden Einreden und Einwendungen auch gegen das Sicherungsrecht wirken (arg. §§ 768 Abs. 1, 1137 Abs. 1, 1211 Abs. 1 BGB)[379]. Bei nicht akzessorischen Sicherheiten kann zwar nicht direkt auf die Subordination der Hauptforderung abgestellt werden. Jedoch bedient sich die herrschende Meinung der auf § 135 Abs. 1 Nr. 1 InsO gestützten Anfechtungseinrede[380].

---

376 BGH v. 18.7.2013, NZG 2013, 1036, 1037. Im Gegensatz zu der in der Literatur verfolgten Meinung stellt der BGH klar, dass die Anfechtung nach § 135 Abs. 1 Nr. 2 InsO im Verhältnis zur Anfechtung nach § 135 Abs. 1 Nr. 1 InsO keinen Vorrang genießt und damit keine Sperrwirkung entfaltet.

377 BGH v. 18.7.2013, NZG 2013, 1036, 1037. Denn wenn die Sicherung mangels Vorliegens der tatbestandlichen Voraussetzungen unanfechtbar ist, kann die hieraus unmittelbar erlangte Deckung keiner Anfechtung unterliegen.

378 Baumbach/Hueck, Hueck/Fastrich, GmbHG, § 30 Anh., Rdn. 69; MünchKommInsO, Stodolkowitz, § 135, Rdn. 81; Scholz, K. Schmidt, GmbHG, § 32 a, 32 b, Rdn. 60.

379 Michalski, Heidinger, GmbHG, §§ 32 a, 32 b a.F., Rdn. 315, 318; Baumbach/Hueck, Hueck/Fastrich, GmbHG, § 30 Anh., Rdn. 69; Scholz, K. Schmidt, GmbHG, § 32 a, 32 b, Rdn. 60.

380 Scholz, K. Schmidt, GmbHG, § 32 a, 32 b, Rdn. 60; Michalski, Heidinger, GmbHG, §§ 32 a, 32 b a.F., Rdn. 318. Andere Ansicht geht davon aus, dass es keines Rückgriffs auf die Anfechtungseinrede bedarf, da bereits der Charakter von der zugrundeliegenden

Nach dem ehemaligen Recht vor dem MoMiG war schon die Verwertung der Sicherheit verboten, wenn sie zu einem Verstoß gegen § 30 Abs. 1 S. 1 GmbHG a.F. führen würde. Dieses Verwertungsverbot kann jetzt zwar infolge § 30 Abs. 1 S. 3 GmbHG nicht mehr durchgesetzt werden. Das dem Gesellschaftergläubiger zu versagende Recht eine abgesonderte Befriedigung nach §§ 49 ff. InsO zu erlangen, ergibt sich schon aufgrund der die Hauptforderung treffenden besonderen Regeln über die Gesellschafterfinanzierung. Wenn der Gesellschafter aufgrund seiner nachrangigen Gläubigerstellung in der Insolvenz nicht mit den übrigen Gläubigern um die Verteilungsmasse konkurrieren können soll, dann soll er auch nicht aus der Sicherheitenbestellung abgesonderte Befriedigung erlangen können. Der hinter der Anfechtung und dem Absonderungsverbot stehende Rechtsgedanke gilt sogar über die erst nach der Eröffnung des Insolvenzverfahrens bestehende Verjährungsfrist von drei Jahren hinaus. Denn nach § 146 Abs. 2 InsO steht dem Insolvenzverwalter gegenüber dem Gesellschafter in Bezug auf die Verwertung der Sicherheit auch dann die Anfechtungseinrede zu, wenn das Anfechtungsrecht, das sich nach § 146 Abs. 1 InsO nach §§ 195, 199 BGB richtet und drei Jahre beträgt, verjährt ist[381].

Die Anfechtbarkeit der einem Gesellschafter durch die Gesellschaft gewährten Sicherung für nachrangige Forderungen ist also insofern von praktischer Bedeutung, als es nach § 143 Abs. 1 InsO auf die Aufhebung der durch die Gesellschaft gewährten Sicherheit und nicht auf die bloße Nichtgeltendmachung der Sicherheit ankommt[382].

Verstreicht die zehnjährige Frist des § 135 Abs. 1 Nr. 1 InsO, wird die auf dem Gesellschaftsvermögen lastende Kreditsicherheit für ein Gesellschafterdarlehen auch in der Insolvenz verwertbar, da der maßgebliche Zeitraum seit ihrer Bestellung abgelaufen ist[383]. Daran ändert auch der Umstand nichts, dass es sich immer

---

Forderung und der Sinn und Zweck der „Kapitalersatzvorschriften" die abgesonderte Befriedigung nachrangiger Ansprüche vor den vorrangigen Insolvenzgläubiger verbieten, vgl. MünchKommInsO, Stodolkowitz, § 135, Rdn. 81; Baumbach/Hueck, Hueck/Fastrich, GmbHG, § 30 Anh., Rdn. 69. Diese Meinung stützte sich insbesondere für das alte Recht auch auf das Verwertungsverbot nach §§ 32 a, 30 Abs. 1 S. 1 GmbHG a.F.

381 Michalski, Heidinger, GmbHG, §§ 32 a, 32 b a.F., Rdn. 318.

382 MünchKommInsO, Stodolkowitz, § 135, Rdn. 75; HK-InsO, Kleindiek, § 135, Rdn. 7.

383 Scholz, K. Schmidt, GmbHG, Nachtrag MoMiG §§ 32 a, 32 b a.F., Rdn. 34. Das ist auch der große Unterschied zu dem alten Eigenkapitalersatzrecht, bei dem immer das Verwertungsverbot nach § 30 Abs. 1 S. 1 GmbHG a.F. beachtet werden musste; BGH NZG 2013, 1036, 1037.

noch um eine nach § 39 Abs. 1 Nr.5 InsO nachrangige Gesellschafterforderung handelt. Infolge der Unanfechtbarkeit der dinglichen Besicherung kann der Gesellschafter also das Absonderungsrecht geltend machen. Und auch wenn die Verwertung einer dem Gesellschafter aus dem Gesellschaftsvermögen gestellten Sicherheit als eine Befriedigung i.S.d. § 135 Abs. 1 Nr. 2 InsO anzusehen ist[384], wird die Befriedigung in diesem Fall nicht der Anfechtung nach § 135 Abs. 1 Nr. 2 InsO bzw. § 6 Abs. 1 Nr. 2 AnfG unterliegen. Insoweit könnte hier von einem weiteren Privilegierungstatbestand gesprochen werden, der seine Wirkung jedoch erst nach zehn Jahren entfalten kann.

cc. Zinsen

Neben der tatsächlichen Rechtshandlung, die zur Befriedigung des Gesellschafters geführt hat, sind auch die Nebenleistungen, wie bereits ausgezahlte Zinsen, einer Anfechtung unterworfen[385]. Dies wird schon durch § 39 Abs. 3 InsO impliziert, der die Zinsforderungen von Gesellschafterdarlehen ebenfalls mit dem Rang des § 39 Abs. 1 Nr. 5 InsO belegt. Allerdings folgt – anders als bei § 39 InsO – aus § 135 InsO nicht explizit , dass auch die Zinszahlungen nach § 135 Abs. 1 Nr.2 InsO angefochten werden, so dass sich die berechtigte Frage stellt, unter welchen Anfechtungstatbestand die Rückzahlung der bereits gezahlten Darlehenszinsen subsumiert werden kann. In Betracht käme die Anfechtung der gezahlten Zinsen im Rahmen der Anfechtung wirtschaftlich vergleichbarer Rechtshandlungen nach § 135 Abs. 1 Nr. 2 Alt. 2 InsO oder nach den allgemeinen Anfechtungstatbeständen der §§ 130 ff. InsO[386].

Stützt man die Anfechtung von geleisteten Zinszahlungen ebenfalls auf § 135 Abs. 1 InsO, dann müsste auch die Auszahlung von Darlehenszinsen als ein auf dem Wissensvorsprung des Gesellschafters beruhender Sondervorteil angesehen werden[387]. *Mylich* stellt die Anfechtung von erbrachten Zinszahlungen nach

---

384 Scholz, K. Schmidt, GmbHG, Nachtrag MoMiG §§ 32 a, 32 b a.F., Rdn. 41.

385 Gottwald, Obermüller/Kuder, Insolvenzrechts-Handbuch, § 98, Rdn. 75; Uhlenbruck, Hirte, InsO, § 135, Rdn. 11. Zudem erfasst der Begriff der Befriedigung nicht nur die reine Auszahlung der Darlehensvaluta, sondern auch die Leistungen an Erfüllung Statt oder erfüllungshalber, Hinterlegungen und Aufhebungen einer harten Patronatserklärungen. Schließlich muss die Rechtshandlung auch nicht nur von dem Schuldner vorgenommen werden (§ 140 InsO), sondern kann auch etwa durch eine Zwangsvollstreckung bewirkt worden sein, wie § 141 InsO ausdrücklich klarstellt.

386 Zust. Scholz/K. Schmidt, GmbHG, Nachtrag MoMiG §§ 32 a/b a.F., Rdn. 41.

387 Während der alten Rechtslage unterlagen die Zinszahlungen ebenfalls dem Auszahlungsverbot des § 30 Abs. 1 GmbHG analog und konnten nach § 135 Abs. 1 Nr. 2 InsO, 31 GmbHG a.F. analog angefochten werden, vgl. Scholz/K. Schmidt,

§ 135 Abs. 1 Nr. 2 InsO mit einer nachvollziehbaren Begründungen in Frage[388]. Diese seien als ein sonstiger betrieblicher Aufwand nach § 275 Abs. 2 Nr. 8 bzw. Abs. 3 Nr. 7 HGB in der Gewinn- und Verlustrechnung aufzunehmen, dessen Wertabgang bei der Auszahlung nicht als Abzug einer Finanzierungsquelle verstanden wird und daher keiner Anfechtung nach § 135 Abs. 1 InsO unterliegt[389]. Zudem ist der Gesetzgeber dem Vorschlag von *Huber* und *Habersack* über die Aufnahme sämtlicher Forderungen in den Anfechtungsrahmen des § 135 Abs. 1 InsO gerade nicht gefolgt, so dass insbesondere Ansprüche aus Austauschgeschäften nicht angefochten werden. Bei einem Darlehensvertrag steht jedoch nicht die Rückerstattung der Darlehensvaluta durch den Darlehensnehmer, sondern gerade die Zinszahlung in einem synallagmatischen Verhältnis zu der Darlehensgewährung[390]. Diese Rechtslage kann mit einem Kaufvertrag verglichen werden, bei dem die Eigentumsübertragung der Kaufsache mit dem Kaufpreis im Synallagma steht, den der Gesellschafter anfechtungsfest erhalten würde.

Konsequenterweise müsste dasselbe dann auch hinsichtlich des Darlehenszinses gelten und einer Anfechtung nach § 135 Abs. 1 InsO entzogen werden. Andererseits verweist § 135 Abs. 1 InsO ausdrücklich auf § 39 Abs. 1 Nr. 5 InsO, der aufgrund der Verweisung in § 39 Abs. 3 InsO auch in Bezug auf die Zinsen eine Subordination anordnet, so dass überlegt werden könnte, ob mit der Verweisung in § 135 Abs. 1 InsO allgemein auf den Anwendungsbereich des § 39 Abs. 1 Nr. 5 InsO verwiesen werden soll, mit der Folge, dass der davon erfasste Nachrang der Zinszahlungen aufgrund der im Vorfeld der Insolvenz getätigten Zinsen nach § 135 Abs. 1 Nr. 2 InsO durchgesetzt wird[391].

Die Befürworter dieser Ansicht sprechen sich für den Gleichlauf der Anfechtbarkeit von geleisteten Zinszahlungen mit der Anfechtbarkeit der Hauptforderung aus. Aus praktischen Erwägungen erscheint die letzte Ansicht vorzugswürdiger.

GmbHG, §§ 32 a, 32 b, Rdn. 116; BGHZ 67, 171, 179 f.; BGH ZIP 2005, 82, 84; MünchKommInsO, Stodolkowitz, § 135, Rdn. 76. Die Zinsen als Nebenforderungen unterfielen dem Schicksal der Hauptforderung und wurden gleich behandelt.

388 Mylich, ZGR 2009, 474, 494.

389 Mylich, ZGR 2009, 474, 494.

390 Palandt, Weidenkaff, Vorb.v. § 488, Rdn. 3.

391 Uhlenbruck, Hirte, InsO, § 135, Rdn. 11; Bormann, DB 2006, 2616, 2617; Saenger/Inhester, Kolmann, GmbHG, Anhang § 30, Rdn. 176; Gehrlein/Ekkenga/Simon, Gehrlein, GmbHG, Vor. § 64, Rdn. 148; MünchKommInsO, Stodolkowitz, § 135, Rdn. 76; BGH GmbHR 2005, 232 (zum früheren Recht); a.A. Mylich, ZGR 2009, 474, 495, der im Gegenteil in der Verweisung des § 135 Abs. 1 InsO auf § 39 Abs. 1 Nr. 5 InsO nur einen Verweis auf den Definitionsbereich von Gesellschafterdarlehen und wirtschaftlich vergleichbaren Rechtshandlungen sieht.

Durchgreifende Überlegungen warum bei der Insolvenzanfechtung zwischen der Hauptforderung und der mit dieser verknüpften Nebenforderungen differenziert werden sollte, während vor der Insolvenzverfahrenseröffnung die rückständigen Nebenforderungen mit den Hauptforderungen nach § 39 Abs. 3 InsO gleichgesetzt werden, sind nicht ersichtlich. Aus diesem Grund ist es durchaus denklogisch und konsequent, die Zinstilgungen auf Gesellschafterdarlehen wie die Erfüllung der Hauptforderung der Insolvenzanfechtung nach § 135 Abs. 1 Nr. 2 InsO zu unterstellen.

dd. Die Anwendbarkeit des Bargeschäftsprivilegs nach § 142 InsO im Rahmen der Insolvenzanfechtung nach § 135 Abs. 1 InsO

Von der Rechtsprechung noch nicht entschieden und in der Literatur teilweise kontrovers diskutiert wird die Frage, ob der Anfechtung nach § 135 Abs. 1, 2 InsO der Einwand des Bargeschäftsprinzips nach § 142 InsO entgegengehalten werden kann[392]. Denn bei einem Bargeschäft ist die Insolvenzanfechtung grundsätzlich ausgeschlossen. Dem Wortlaut nach entzieht § 142 Leistungen des insolvent gewordenen Schuldners, für die er eine wertäquivalente Gegenleistung erhalten hat, dann der Insolvenzanfechtung, wenn die Voraussetzungen der Vorsatzanfechtung i.S.d. § 133 Abs. 1 InsO nicht gegeben sind. Daraus lässt sich schlussfolgern, dass auch Anfechtungsrechtshandlungen i.S.d. § 135 Abs. 1 Nr. 2 InsO von dem Bargeschäftsprivileg erfasst sein könnten, solange § 133 Abs. 1 InsO nicht gegeben ist.

§ 142 InsO verlangt für die Leistung des Schuldners eine unmittelbare Gegenleistung in sein Vermögen. Da auch bei Gesellschafterdarlehen und bei gesellschafterbesicherten Drittdarlehen nicht die Rückzahlung dessen, sondern die

392 Vor der großen GmbH-Reform wurde die Anwendbarkeit des Bargeschäftsprivilegs im Rahmen des § 135 InsO richterrechtlich nicht diskutiert. Dies wurde darauf zurückgeführt, dass der BGH die Anfechtbarkeit von Leistungen durch den Insolvenzverwalter nicht nur auf § 135 Abs. 1 InsO, sondern aufgrund der Rechtsprechungsregeln auch auf die analoge Anwendung des § 31 GmbHG a.F. stützte. Auf diese Weise konnte das zwar immer noch im Rahmen des § 135 Abs. 1 InsO – aber nicht i.R.d. § 31 GmbHG a.F. – in Betracht kommende Bargeschäftsprivileg durch die gleichzeitige Anwendung des § 31 GmbHG a.F. elegant umgangen werden, vgl. Marotzke, ZInsO 2008, 1281, 1286; Henkel, ZInsO 2009, 1577 (1577). Mit dem Wegfall der Rechtsprechungsregeln und der alleinigen Anwendung des § 135 Abs. 1 InsO auf die Rückforderungsansprüche des Insolvenzverwalters ist der Streit vom Neuen entbrannt und bedarf nun im Interesse einer sachgerechten, die Interessen beider Parteien gleichermaßen berücksichtigenden Lösung.

Verzinslichkeit in einem Gegenseitigkeitsverhältnis stehen, gilt die Rückzahlung nicht als unmittelbare Gegenleistung i.S.d. § 142 InsO, so dass die Anwendbarkeit des § 142 InsO bei § 135 Abs. 1 Nr. 2 und Abs. 2 InsO schon tatbestandlich nicht in Betracht kommt[393].

Fraglicht bleibt es jedoch bei solchen Fallgestaltungen, bei denen die Gesellschaft ihrem Gesellschafter für das gewährte Darlehen eine angemessene gleichwertige Sicherheit einräumt[394] oder bei Konstellationen, bei denen Zahlungen im Zusammenhang mit der Nutzungsüberlassung einer möglichen Anfechtung unterstellt werden. Ob die Gesellschafter sich in bestimmten Konstellationen auch im Rahmen des Sonderrechts der Gesellschafterfinanzierung auf das Bargeschäftsprivilegs berufen können sollen, muss anhand des Sinn und Zwecks der §§ 142 und 135 Abs. 1 InsO entschieden werden.

(1) Sinn und Zweck des § 142 InsO

Das mit dem § 142 InsO normierte Bargeschäft soll dem Schuldner auch im Zeitpunkt der Krise ermöglichen, bestimmte Geschäfte, für die der Schuldner eine äquivalente Gegenleistung erhält, anfechtungsfrei abwickeln zu können, wenn die Insolvenzgläubiger nicht unmittelbar benachteiligt werden[395]. Die Handlungsfähigkeit des Schuldners soll nicht über alle Maßen ausnahmslos eingeschränkt werden. Insoweit kann argumentiert werden, dass wenn ihm gestattet ist, gleichwertige und zeitnah erfolgende Leistungen mit Dritten anfechtungsfrei tätigen zu können, es in bestimmten Konstellationen auch für die mit den Gesellschaftern vorgenommene Geschäfte gelten muss. Wären die Gesellschafterleistungen aus dem Anwendungsbereich des § 142 InsO komplett ausgeschlossen, wäre die Gesellschaft bei Geschäften mit ihren Gesellschaftern schutzwürdiger und besser gestellt.

Dem Wortlaut nach schränkt § 142 InsO den persönlichen Anwendungsbereich zwar nicht ein. Tatsächlich ist die Vorschrift jedoch nicht auf alle Insolvenzanfechtungstatbestände anwendbar. Weder bei einer inkongruenten Anfechtung nach § 131 Abs. 1 InsO, aufgrund dessen nicht die von § 142 InsO geforderte Parteivereinbarung von Leistung und Gegenleistung, sondern eine außerhalb dessen stehende und damit inkongruente Leistung gerade angefochten wird[396], noch bei §§ 132 Abs. 1, 133 Abs. 2 InsO kann es sich um ein Bargeschäft handeln,

393 Vgl. Beck/Depré, Exner, Praxis der Insolvenz, § 16, Rdn. 280; i.E. a. Saenger/Inhester, Kolmann, GmbHG, Anhang § 30, Rdn. 173.

394 Vgl. Henkel, ZInsO 2009, 1577, 1578.

395 BT-Drs. 12/2443, S. 167; Haas, ZInsO 2007, 617, 624.

396 BGH ZInsO 2007, 662, 663.

da insbesondere für das Letztgenannte der Anwendungsbereich ausdrücklich eine unmittelbare Gläubigergefährdung voraussetzt. Selbstständige Bedeutung erlangt § 142 InsO faktisch also nur bei der kongruenten Anfechtung nach § 130 Abs. 1 InsO, da diese nur eine mittelbare Gläubigerbenachteiligung verlangt. Die gleiche Voraussetzung, nämlich das Ausreichen einer mittelbaren Gläubigerbenachteiligung, gilt jedoch auch für § 135 Abs. 1, 2 InsO, so dass die Anwendbarkeit des Bargeschäftsprivilegs auf den ersten Blick nicht als abwegig erscheint. Nichtsdestotrotz passen die Wertungsgesichtspunkte des § 142 InsO nicht auf die Anfechtung gegenüber dem unternehmerisch mitwirkenden Gesellschafter oder diesem gleichgestellten Personen[397].

(2) Sinn und Zweck des § 135 InsO

Anders als bei den Insolvenzanfechtungen der §§ 130–133 InsO handelt es sich bei § 135 Abs. 1 und 2 InsO um einen besonderen Anfechtungstatbestand. Als eine der Hauptregelungen des Rechts der Gesellschafterfinanzierung geht § 135 InsO von einem gewissen Näheverhältnis des Gesellschafters zu seiner Gesellschaft aus und entbehrt ihn eines besonderen Schutzes im Verhältnis zu seiner Gesellschaft. Die Anfechtbarkeit von Leistungen im Zusammenhang mit den Gesellschaftergeschäften beruht unter anderem auf einem Wissens- und Informationsvorsprung des Gesellschafters in Bezug auf die wirtschaftliche Lage der Gesellschaft vor außenstehenden Gläubigern. Darüber hinaus wird dem Gesellschafter eben aufgrund seiner Mitgliedschaft die Pflicht auferlegt, mit Eintritt der Insolvenzreife masseschmälernde Einwirkungen auf das Gesellschaftsvermögen zu unterlassen[398]. Es würde aber dem Sinn und Zweck des § 135 Abs. 1 InsO und der den Gesellschafter treffenden Risikoübernahmeverantwortung entgegen sprechen, wenn der Gesellschafter in der kritischen Zeit mit der Gesellschaft auf Kosten der Gläubigergesamtheit Bargeschäfte abschließt und sich im Falle einer Anfechtung durch den Insolvenzverwalter auf § 142 InsO beruft.

(3) Stellungnahme

Vor diesem Hintergrund lassen sich sowohl Argumente für als auch gegen die Anwendbarkeit des Bargeschäftsprivilegs auf § 135 Abs. 1, 2 InsO anführen. Folgt man der höchstrichterlichen Rechtsprechung lässt sich § 142 InsO für inkongruente Leistungen i.S.d. § 131 InsO nicht anwenden. Zu der gleichen Schlussfolgerung kann man auch gelangen, wenn man die zahlreich zu „Kapitalersatzrecht“

---

397 Henkel, ZInsO 2009, 1577, 1578; Haas, ZInsO 2007, 617, 624.

398 Haas, ZInsO 2007, 617, 624; Henkel, ZInsO 2009, 1577, 1579.

ergangene Rechtsprechung auf den Bargeschäftsvorbehalt des § 142 InsO absucht und nicht findig wird[399]. Ebenso wenig greift es im Rahmen des § 133 Abs. 1 InsO, das ausdrücklich durch den Gesetzeswortlaut schon ausgeschlossen wird. Die überwiegenden Stimmen in der Literatur lassen § 142 InsO aber auch im Rahmen des § 135 Abs. 1 und Abs. 2 InsO nicht gelten, da die Rechtshandlungen des Gesellschafters mit denen nach § 131 Abs. 1 InsO vergleichbar seien und das „Kapitalersatzrecht" gegenüber § 142 InsO vorrangig sei[400].

Dagegen lässt sich zwar einwenden, dass eine Leistung nicht allein deswegen einen inkongruenten Charakter i.S.d. § 131 Abs. 1 InsO bekommen kann, nur weil der Gesellschafter seine Ansprüche als Insolvenzgläubiger geltend machen kann. Immerhin folgt aus dem für § 142 InsO relevantesten Fall des § 130 Abs. 1 InsO, dass die Ansprüche eines Insolvenzgläubigers nicht per se inkongruent seien.

Allerdings muss der ersten Ansicht der Vorzug gebührt werden, da die Leistungen des Gesellschafters – insbesondere in der Krise – aufgrund seiner Stellung mit denen von neutralen Dritten nicht identisch sind. Das Leitbild des § 142 InsO ist seinem Grundcharakter nach auf „Normalgläubiger" zugeschnitten, die bei verkehrsüblichen Geschäften mit dem Schuldner auf den Bestand ihrer Vermögensverschiebung vertrauen können sollen[401]. Bei einem Gesellschafter-Gläubiger ist ein solcher weitreichender Schutz jedoch – schon aufgrund seines Wissens- und Informationsvorsprungs – nicht gerechtfertigt. Darüber hinaus sollte auch nach dem MoMiG beachtet werden, dass der Gesellschafter aus welchen Motivationen auch immer er die finanzielle Hilfe zur Verfügung stellt, das Geschäft auch – wenn nicht primär – causa societatis gewährt und damit nicht mit beliebigen Drittgläubigern im Stadium der Insolvenz gleichgesetzt werden kann[402].

Entscheidend gegen die Anwendbarkeit des Bargeschäftsprivilegs auf die Gesellschafter spricht auch die Tatsache, dass dieses Privileg nicht auf die Gläubigeranfechtung anwendbar ist[403]. Das Anfechtungsrecht hat zwar mit § 6 AnfG ein Pendant zu § 135 Abs. 1 InsO außerhalb eines Insolvenzverfahrens vorgesehen.

---

399 Marotzke, ZInsO 2008, 1281, 1286; Haas, FS Ganter, 2010, S. 189, 200.

400 Spliedt, ZIP 2009, 149, 151; Henkel, ZInsO 2009, 1577, 1579; Haas, FS Ganter, 2010, S. 189, 200.

401 Haas, FS Ganter, 2010, S. 189, 201.

402 Vgl. a. Haas, FS Ganter 2010, S. 189, 201 f.; Hirte, ZInsO 2008, 689, 694; a.A. Bitter, ZIP 2010, 1, 10, der das Privileg dem Gesellschafter nur aufgrund seiner Gesellschafterstellung nicht versagen möchte.

403 Henkel, ZInsO 2009, 1577, 1580.

Eine den §§ 130–132 und § 142 InsO vergleichbare Regelung fehlt jedoch. Insoweit wäre es nicht zu rechtfertigen, wenn das Bargeschäftsprivileg im Rahmen der Anfechtung durch den Insolvenzverwalter, aber nicht durch die Gläubiger Geltung beanspruchte, insbesondere vor dem Hintergrund der unstatthaften analogen Anwendung des die insolvenzrechtliche Anfechtung ausschließenden Bargeschäftsprinzips auf die Gläubigeranfechtung[404].

Darüber hinaus kann auch aus den für das Eigenkapitalersatzrecht vorgesehenen gesetzlichen Privilegien ein Rückschluss auf die Unanwendbarkeit des § 142 InsO gezogen werden. Die einzigen gesetzlichen Ausnahmetatbestände in Bezug auf die Anwendbarkeit der §§ 39 Abs. 1 Nr. 5, 135 Abs. 1 InsO sind ausweislich §§ 39 Abs. 4 S. 2, 39 Abs. 5 InsO das Sanierungs- und Kleinbeteiligungsprivileg. Nach § 135 Abs. 4 InsO gelten die Anfechtungsregeln nur insoweit als diese Privilegien nicht einschlägig sind. Weitere Ausnahmen hat der Gesetzgeber in § 135 InsO nicht vorgesehen, woraus die Schlussfolgerung gezogen werden kann, dass keine weiteren Ausnahmen vorgesehen waren und auch § 142 InsO nicht anzuwenden ist[405].

Zusammenfassend kann man in Bezug auf die Anwendung des § 142 InsO auf § 135 Abs. 1, 2 InsO somit konstatieren, dass das Bargeschäftsprivileg nicht auf das Recht der Gesellschafterfremdfinanzierung angewandt wird, da beide Institute verschiedene Fallgestaltungen erfassen, die mit den Wertungen des „Kapitalersatzrechts" nicht in Einklang gebracht werden können.

b. Anfechtung nach § 133 InsO

Die insolvenzrechtliche Anfechtung des § 135 Abs. 1 InsO schließt mit seinem Anwendungsbereich die Anwendung weiterer insolvenzrechtlicher Anfechtungstatbestände der §§ 130 ff. InsO nicht aus[406]. So ist neben § 135 I InsO auch die Anfechtung nach § 133 Abs. 1 und Abs. 2 InsO möglich[407], was vor allem die zeitliche Spanne der Anfechtungsmöglichkeit enorm ausweitet. Vor dem Hintergrund des Wegfalls der Rechtsprechungsregeln und der – zum Teil gerügten – kurzen Anfechtungsfrist des § 135 Abs. 1 Nr. 2 InsO wird vorausgesagt, dass die Vorsatzanfechtung nach § 133 InsO – bzw. § 3 AnfG – wegen der längeren

---

404 Vgl. a. Haas, FS Ganter, 2010, S. 189, 199.

405 Henkel, ZInsO 2009, 1577, 1580; ders. ZInsO 2010, 2209, 2213.

406 Michalski, Dahl, GmbHG, Anh. II §§ 32 a, 32 b a.F., Rdn. 25; MünchKommInsO, Kirchhof, vor §§ 129 bis 147, Rdn. 94.

407 Uhlenbruck, Hirte, InsO, § 135, Rdn. 6; Michalski, Dahl, GmbHG, Anh. II §§ 32 a, 32 b a.F., Rdn. 25; Gehrlein, BB 2008, 846, 853.

Fristen an Bedeutung gewinnen wird[408]. Außer in den Fällen der inkongruenten Deckung[409] gestaltet sich eine Vorsatzanfechtung bei Handlungen gegenüber den Gesellschaftern – in Fällen von kongruenten Deckungsgeschäften – jedoch nicht als einfach.

aa. Vorsatzanfechtung nach § 133 Abs. 1 InsO

Eine erhebliche Ausweitung der Anfechtungsfrist auf zehn Jahre sieht § 133 Abs. 1 InsO vor. Durch den zehn Jahre zurückliegenden Anfechtungszeitraum hat der Gesetzgeber die Missbilligung einer vorsätzlichen Gläubigerbenachteiligung zum Ausdruck gebracht[410]. Im Rahmen des § 133 Abs. 1 InsO muss der Insolvenzverwalter darlegen und beweisen, dass der Schuldner die Gläubiger vorsätzlich benachteiligen wollte und dass der Anfechtungsgegner – in den für uns interessanten Fällen also der Gesellschafter – bei der Vornahme der Rechtshandlung (§ 140 InsO) den Gläubigerbenachteiligungsvorsatz des Schuldners kannte[411]. Darüber hinaus reicht für eine Vorsatzanfechtung nach § 133 Abs. 1 InsO bereits eine mittelbare erst künftig eintretende Gläubigerbenachteiligung aus.

Die von einigen geäußerte Befürchtung, dem Insolvenzverwalter würde die Darlegungs- und Beweislast auf Kosten der Gläubigergesamtheit auferlegt werden, da er die wirtschaftlichen Verhältnisse der Gesellschaft nur mühsam anhand – möglicherweise unvollständiger – Unterlagen wird rekonstruieren müssen[412], kann insbesondere vor dem Hintergrund der Vermutungsregel des

408 Vgl. a. Spliedt, ZIP 2009, 149, 154; Bork/Schäfer, Thiessen, GmbHG, § 30, Rdn. 152; i.E. a. Bormann, DB 2006, 2616, 2617; a.A. Roth/Altmeppen, Altmeppen, GmbHG, Anh. §§ 32 a, b, Rdn. 66.

409 Liegt eine inkongruente Deckung – also Tilgung eines Gesellschafterdarlehens vor Fälligkeit – vor, dann ist allgemein anerkannt, dass dies zu einer Vorsatzanfechtung wegen unmittelbarer Gläubigerbenachteiligung berechtigt, da ein inkongruentes Deckungsgeschäft sowohl den Gläubigerbenachteiligungsvorsatz als auch die Kenntnis davon indiziert. Der Anspruch ist jedoch nur in Höhe des Zwischenzinses gegeben, vgl. Roth/Altmeppen, Altmeppen, GmbHG, Anh. §§ 32 a, b, Rdn. 66. Nunmehr hat auch der BGH mit Entscheidung vom 18.07.2013 entschieden, dass eine inkongruente Deckung in der Regel ein Beweisanzeichen für den Benachteiligungsvorsatz des Schuldners und für die Kenntnis des Gläubigers von diesem Vorsatz bildet, wenn die Wirkung der Rechtshandlung zu einem Zeitpunkt eintreten, als zumindest aus der Sicht des Empfängers der Leistung Anlass bestand, an der Liquidität der Schuldnerin zu zweifeln, NZG 2013, 1036, 1039.

410 Hölzle, EWiR 2003, 1097, 1098.

411 Bork/Schäfer, Thiessen, GmbHG, § 30, Rdn. 148; Spliedt, ZIP 2009, 149, 154.

412 So Spliedt, ZIP 2009, 149, 154.

§ 133 Abs. 1 S. 2 InsO und der großzügigen Kollusionsrechtsprechung des BGH nicht nachvollzogen werden. Zum einen wird die Kenntnis des Anfechtungsgegners von dem Benachteiligungsvorsatz des Schuldners widerleglich vermutet[413], wenn er wusste, dass die Zahlungsunfähigkeit der Gesellschaft drohte[414] und die Gläubiger benachteiligt wurden. Zum anderen ist nach der ständigen Rechtsprechung des BGH zwar nicht schon bei ausbleibenden oder verzögerten Tilgungen von der Kenntnis des Anfechtungsgegners auszugehen[415], jedoch ist durchaus ausreichend, wenn selbst bei kongruenter Deckung der Schuldner oder der Anfechtungsgegner das eigene Interesse ohne Rücksicht auf die übrigen Gläubiger verfolgt hat und der Schuldner die Mittel gezielt für die Bevorzugung des betreffenden Gläubigers eingesetzt hat[416].

In Bezug auf die Tilgung fälliger Gesellschafterdarlehensforderungen, die eine kongruente Rechtshandlung darstellen, führt § 133 Abs. 1 InsO dazu, dass in den Fällen, in denen die schuldnerische Gesellschaft in Kenntnis von der drohenden

413 Die gleiche Vermutung wendet der BGH auch auf den Schuldner an. Der Benachteiligungsvorsatz des Schuldners wird vermutet, wenn er von seiner drohenden Zahlungsunfähigkeit weiß. Diese Wertung wird aus § 133 Abs. 1 S. 2 InsO gefolgert, da für den Schuldner keine strengeren Anforderungen gelten sollten als für den Anfechtungsgegner, vgl. BGHZ 174, 314, 321. Hiermit hilft der BGH dem Insolvenzverwalter bei seiner Darlegungs- und Beweislast ungemein weiter. Nicht nur, dass der BGH sich der Vermutungswertung des § 133 Abs. 1 S. 2 InsO auch für den Benachteiligungsvorsatz des Schuldners bedient, er lässt auch die Umstände, die zwingend zur drohenden Zahlungsunfähigkeit führen mussten, ebenfalls ausreichen; kritisch dagegen Ganter, WM 2009, 1441, 1442.

414 Wobei es auch ausreichend ist, dass „der Anfechtungsgegner die tatsächlichen Umstände kennt, aus denen bei zutreffender rechtlicher Bewertung die drohende Zahlungsunfähigkeit zweifelsfrei folgt", vgl. BGH ZIP 2009, 526, 527; vgl. a. Henkel, EWiR 2009, 213, 214.

415 BGH ZIP 2009, 1966, 1967 f.

416 BGHZ 155, 75, 83 f. (im Hinblick auf die Leistung an einen Gläubiger, um seinen Insolvenzantrag zu verhindern. Der bedingte Benachteiligungsvorsatz wurde darin gesehen, dass der Schuldner nicht wegen der Verbindlichkeit leistete, sondern um den Gläubiger gegenüber anderen zu bevorzugen); BGH ZIP 2004, 1512, 1513; BGH ZIP 2009, 189, 190. In vielen zur vorsätzlichen Anfechtung ergangenen höchstrichterlichen Entscheidungen hat der Schuldner diejenigen Gläubiger vollständig befriedigt, von denen er einen Insolvenzantrag oder eine Zwangsvollstreckung befürchtete, so dass es ihm nicht lediglich um die Erfüllung der fälligen Forderungen ging. Zum gleichen Ergebnis gelangt man auch, wenn der Schuldner an den Gesellschafter leistet, um „seinen Leuten" noch die letzte Möglichkeit einer vollständigen Befriedigung zu ermöglichen.

Zahlungsunfähigkeit den Gesellschafter noch schnell befriedigt hat, der Insolvenzverwalter die Befriedigung anfechten können wird, wenn der Gesellschafter von dem Gläubigerbenachteiligungsvorsatz Kenntnis hatte. In solchen Fällen wird angenommen, dass der Schuldner nicht um der Tilgung der Verbindlichkeit willen gehandelt hat, sondern mit dem Vorsatz, den Gesellschaftergläubiger gegenüber den anderen Gläubigern zu befriedigen[417]. In Bezug auf die subjektiven Voraussetzungen, die in Fällen des Gesellschafter-Geschäftsführers in einer Person vereinigt sind, wird sich der Insolvenzverwalter – aber auch bei Personenverschiedenheit zumindest bei den maßgeblich beteiligten Gesellschaftern – auf genügend Indizien stützen können, denen die Widerlegung der Vermutung des § 133 Abs. 1 S. 2 InsO nur schwerlich gelingen dürfte.

Das Vorliegen einer kongruenten Rechtshandlung, die den Anspruch des Gesellschafters auf die Leistung der Gesellschaft bedeutet, heißt jedoch gleichzeitig, dass die Gesellschaft wegen der Erfüllung einer Verbindlichkeit tätig geworden ist. Insoweit führt die Tilgung der Darlehensforderung automatisch dazu, dass diese gleichzeitig erlischt, was die erforderliche Gläubigerbenachteiligung möglicherweise ausschließt. Indes wird auch bei der Tilgung einer Verbindlichkeit die vorausgesetzte, aber auch ausreichende mittelbare Gläubigerbenachteiligung bereits darin gesehen, dass für die Gläubigergesamtheit infolge der vollen Befriedigung des Gesellschafters eine entsprechend reduzierte Quote verbleibt[418].

bb. Vorsatzanfechtung nach § 133 Abs. 2 InsO

Vielmals wird eine über die einjährige Frist des § 135 Abs. 1 InsO liegende Darlehenstilgung seitens der Gesellschaft parallel nach § 133 Abs. 2 InsO beurteilt. Die Anfechtung nach § 133 Abs. 2 InsO setzt jedoch voraus, dass mit einer nahestehenden Person ein entgeltlicher Vertrag geschlossen wurde, der eine unmittelbare Gläubigerbenachteiligung bewirkt. Handelt es sich bei dem Schuldner um eine juristische Person, so verweist § 133 Abs. 2 InsO hinsichtlich nahestehender Personen auf § 138 Abs. 2 InsO, so dass nicht nur die Mitglieder des Vertretungs- oder Aufsichtsorgans, sondern auch diejenigen Gesellschafter erfasst sind, die zu mehr als einem Viertel am Kapital der Gesellschaft beteiligt sind. Darüber hinaus ist im Rahmen der Vorsatzanfechtung durch die Verweisung in § 138 Abs. 2 Nr. 3 InsO auf § 138 Abs. 1 Nr. 1, 2 InsO auch die familiäre Verbundenheit zu dem geschäftsführenden und zu einem maßgeblich beteiligten Gesellschafter erfasst, so dass auch Leistungen an Familienangehörige – auch wenn sie

417 Bork/Schäfer, Thiessen, GmbHG, § 30, Rdn. 150.

418 MünchKommInsO, Kirchhof, § 129, Rdn. 104, 123, 142.

vom personellen Anwendungsbereich grundsätzlich nicht erfasst werden – einer Insolvenzanfechtung unterliegen können, wenn sie Zahlungen in den letzten zwei Jahren vor dem Insolvenzantrag erhalten haben. Dabei vermag der Wortlaut, der von „entgeltlichen Verträgen" spricht, den Anwendungsbereich nicht etwa auf den Abschluss solcher Verträge zu beschränken, da auch die Erfüllung von Rechtsgeschäften – wie die Rückzahlung einer Darlehensforderung an den Gesellschafter – in den Anwendungsbereich des § 133 Abs. 2 InsO fällt, weil das Entgelt in der Befreiung von der Verbindlichkeit gesehen wird[419].

Eine Anfechtung nach § 133 Abs. 2 InsO bereitet jedoch Probleme im Hinblick auf die unmittelbare Gläubigerbenachteiligung. Der BGH ist in seiner früheren Rechtsprechung nämlich davon ausgegangen, dass eine Befriedigung des Gläubigers zwar eine mittelbare, aber keine unmittelbare Benachteiligung begründe, da diese gleichzeitig das Erlöschen der Forderung, also eine Befreiung von einer gültigen Verbindlichkeit bedeutet[420]. Nur in den Fällen, in denen der Schuldner nicht wie geschuldet geleistet hat, kommt auch eine unmittelbare Gläubigerbenachteiligung in Betracht[421]. Eine unmittelbare Gläubigerbenachteiligung, die erst dann vorliegt, wenn der Gesellschaft die zur Begleichung von Verbindlichkeiten erforderlichen Vermögenswerte entzogen werden, kann in Fällen einer vollwertigen Forderungstilgung dagegen nicht angenommen werden[422].

In den alten Fällen waren die Tilgungen auf eigenkapitalersetzende Gesellschafterforderungen jedoch als unmittelbare Gläubigerbenachteiligungen angesehen worden, da den Forderungen die rechtliche Durchsetzbarkeit aberkannt wurde, sie also bei der Rückführung in der Regel nicht mehr vollwertig waren[423]. Nach dem neuen Recht kann mit dem Wegfall des eigenkapitalersetzenden Charakters eine unmittelbare Gläubigerbenachteiligung auf diesem Wege jedoch nicht per se angenommen werden.

Indes wurde der Einwand, die Tilgung fälliger Gesellschafterforderungen könne ebenfalls keine unmittelbare Gläubigerbenachteiligung darstellen, mit Hilfe des § 30 Abs. 1 oder § 32 a GmbHG a.F., also anhand eines rechtlichen

419 BGH ZIP 1990, 459, 460 (noch zu § 31 Nr. 2 KO); Spliedt, ZIP 2009, 149, 154; Bork/Schäfer, Thiessen, GmbHG, § 30, Rdn. 153; Gehrlein, BB 2008, 846, 853; Bormann, DB 2006, 2616, 2617.

420 BGH ZIP 1995, 1021, 1023; BGH ZIP 2002, 404, 406; MünchKommInsO, Kirchhof, § 129, Rdn. 142.

421 MünchKommInsO, Kirchhof, § 129, Rdn. 142.

422 Vgl. Bunnemann/Zirngibl, Desch, § 8, Rdn. 57.

423 BGH ZIP 2002, 404, 406.

Grundes, überwunden, da solche Forderungen als nicht durchsetzbar galten[424]. Infolge des MoMiG ist der hinter dem § 30 Abs. 1 GmbHG a.F. stehende eigenkapitalersetzende Charakter zwar weggefallen, so dass die Durchsetzbarkeit und damit die Vollwertigkeit nicht mehr anhand der Rechtsprechungsregeln abgesprochen werden kann. Jedoch ist der hinter § 32 a GmbHG a.F. stehende Gedanke der Nachrangigkeit der Gesellschafterdarlehensforderungen in § 39 Abs. 1 Nr. 5 InsO neu platziert worden, so dass zumindest in Bezug auf § 32 a GmbHG a.F. bzw. § 39 Abs. 1 Nr. 5 InsO sich an dem rechtlichen Grund der fehlenden Durchsetzbarkeit nichts geändert hat[425].

Darüber hinaus könnte noch überlegt werden, dass eine unmittelbare Gläubigerbenachteiligung dann anzunehmen ist, wenn der – spätere – Insolvenzschuldner eine Tilgung vornimmt, gegen die er in der Insolvenz eine Einwendung geltend machen könnte[426]. In der Insolvenz ist die Forderung des Gesellschafters aus den Darlehensverträgen oder wirtschaftlich vergleichbaren Rechtshandlungen mit einem Nachrang versehen, so dass sie durch den Gesellschafter nicht geltend gemacht werden kann. Insofern könnte argumentiert werden, dass eine Tilgung auf solche Forderungen innerhalb von zwei Jahren vor der Insolvenz – insbesondere an maßgeblich beteiligte Gesellschafter – eine unmittelbare Gläubigerbenachteiligung zur Folge hat. Jedoch unterscheidet sich dieser Lösungsweg kaum von der aus dem ersten Argument aus § 39 Abs. 1 Nr. 5 InsO hergeleiteten fehlenden Durchsetzbarkeit.

Mit Blick auf die vorsätzlich handelnden Personen wird die Rechtsprechung nicht nur die kürzere Anfechtung des § 135 Abs. 1 Nr. 2 InsO anwenden und diese Personen gleichzeitig privilegieren[427]. Insoweit ist durchaus zu erwarten, dass die Gerichte sich schon bald zu dem Problem der unmittelbaren Gläubigerbenachteiligung in Fällen kongruenter Deckungen äußern werden. Der Unterschied zu der Anfechtung nach § 135 Abs. 1 Nr. 2 InsO liegt – abgesehen von der längeren Frist – lediglich in der Anhebung der Beteiligungsquote des Gesellschafters und in dem Erfordernis der unmittelbaren Gläubigerbenachteiligung. In Fällen von § 133 Abs. 2 hat der Gesellschafter jedoch nach § 133 Abs. 2 S. 2 Hs. 2

424 BGH ZIP 2002, 404, 406; vgl. a. Bunnemann/Zirngibl, Desch, § 8, Rdn. 57.

425 Vgl. a. Bunnemann/Zirngibl, Desch, § 8, Rdn. 57; Nassall, NJW 2010, 2305, 2308; a.A. Spliedt, ZIP 2009, 149, 154, der für die mangelnde Vollwertigkeit darauf abstellt, ob der Gesellschafter die Tilgung nach § 64 S. 3 GmbHG verweigern kann.

426 Vgl. BGHZ 129, 236, 247 f; MünchKommInsO, Kirchhof, § 129, Rdn. 118.

427 Ähnlich Bork/Schäfer, Thiessen, GmbHG, § 30, Rdn. 154; deutlich mit Blick auf § 133 Abs. 2 InsO Gehrlein, BB 2008, 846, 853.

InsO eine Exkulpationsmöglichkeit im Hinblick auf die Unkenntnis von dem Gläubigerbenachteiligungsvorsatz des Schuldners.

cc. Stellungnahme zu der Vorsatzanfechtung im Recht der Gesellschafterfinanzierung

Die Vorsatzanfechtung wurde in der Vergangenheit – trotz ihrer auf den ersten Blick streng erscheinenden Anforderungen der unmittelbaren Gläubigerbenachteiligung bei § 133 Abs. 2 InsO und des kollusiven Zusammenwirkens – in der insolvenzrechtlichen Praxis so oft angewandt, dass ihr der Charakter einer „Wunderwaffe" zugesprochen wurde, mit der der Insolvenzverwalter – schon fast – jede Schuldnerleistung erfolgreich anfechten kann[428]. Durch die großzügige Auslegung des Gläubigerbenachteiligungsvorsatzes durch den BGH, der aus der Wertung des § 133 Abs. 1 S. 2 InsO auch für den Schuldner die Vorsatzvermutung anstellt, wenn er bereits von der drohenden Zahlungsunfähigkeit weiß, und die auch bei kongruenten Deckungen nicht modifiziert wird[429], wurde die Vorsatzanfechtung zu einem Rechtsinstitut erkrönt, das unzählige Fälle erfassen und die Rechtslage für die Gesellschafter weiter verschlechtern kann.

Um der Flut von Vorsatzanfechtungen zu begegnen, sollten insbesondere bei kongruenten Deckungsgeschäften erhöhte Anforderungen an den Gläubigerbenachteiligungsvorsatz gestellt werden, da der Gläubiger – wenn auch in der Person eines Gesellschafters – einen Anspruch auf die Leistung des Schuldners hatte[430]. Spricht man den Gesellschafterdarlehensforderungen im Zeitpunkt ihrer Rückführung die Vollwertigkeit ab, weil das Gesellschaftsvermögen zur Erfüllung aller Verbindlichkeiten nicht mehr ausreicht und der Schuldner die Gesellschafter im Verhältnis zu den anderen Gläubigern mit einer vollständigen Befriedigung bevorzugen wollte, bedeutet es für die Gesellschafter, die mit mehr als einem Viertel am Kapital beteiligt sind – sowie für Mitglieder des Vertretungs- oder Aufsichtsorgans, die nicht zwingend den Sonderregeln über

428 Ganter, WM 2009, 1441 (1441); Bork, ZIP 2008, 1041, 1045.

429 Nach Ansicht von Ganter geht es zu weit, wenn der BGH auch bei Wissen um die drohende Zahlungsunfähigkeit bei kongruenter Deckung auf den Gläubigerbenachteiligungsvorsatz schließt, vgl. WM 2009, 1441, 1443.

430 Bork sieht an diesem Punkt zu Recht insbesondere die Rechtsprechung gefordert, die „mittlerweile gebetsmühlenartig wiederholten" Forderungen nach einem besonderen Nachweis des Gläubigerbenachteiligungsvorsatzes bei kongruenten Deckungsgeschäften gerecht werden muss und weitere Indizien suchen muss, um zu beweisen, dass der Schuldner mehr wollte als nur seine Zahlungspflicht zu erfüllen, vgl. ZIP 2008, 1041, 1045.

Gesellschafterfinanzierung unterliegen –, eine erhebliche Erweiterung der Anfechtungsmöglichkeiten durch den Insolvenzverwalter.

Insofern sollten die Gesellschafter und Geschäftsführer bei der Beratung zum Recht über die Gesellschafterfinanzierung nicht nur auf die Einjahresfrist des § 135 Abs. 1 Nr. 2 InsO hingewiesen, sondern auch auf die sich in der Praxis wohl durchsetzende längere Frist von zwei Jahren nach § 133 Abs. 2 InsO aufmerksam gemacht werden.

c. Anfechtung von Darlehensrückzahlungen außerhalb der Insolvenz

Um der vollständigen Berücksichtigung von Gläubigerinteressen gerecht zu werden, hat der Gesetzgeber auch für die Fälle, in denen die Eröffnung des Insolvenzverfahrens etwa wegen Masselosigkeit abgelehnt wird, eine Anfechtung von Gesellschafterbefriedigungen vorgesehen. So betreffen §§ 6, 6 a, 11 Abs. 3 AnfG den Fall einer Gläubigeranfechtung außerhalb eines Insolvenzverfahrens[431]. Die Gläubigeranfechtung, die an die gleichen Grundsätze anknüpft, wie die Anfechtung innerhalb eines eröffneten Insolvenzverfahrens durch den Insolvenzverwalter[432] verfolgt den Zweck, den Gläubigern in nicht seltenen Fällen der masselosen Insolvenz die Möglichkeit zu geben, durch Einzelzwangsvollstreckung Befriedigung zu suchen. Die Anfechtungsberechtigung des Gläubigers ergibt sich nach § 2 AnfG daraus, dass er mit seiner fälligen Forderung bei der Zwangsvollstreckung in das Vermögen des Schuldners überhaupt keine oder keine vollständige Befriedigung erlangt hat[433].

Das Anfechtungsgesetz nimmt neben den Regeln der Insolvenzordnung bei den Gesellschafterdarlehen eine besondere Rolle ein. Denn es kann keine Insolvenzanfechtung geben und die Insolvenzregeln finden keine Anwendung, wenn der Insolvenzantrag mangels Masse abgelehnt wird. In einem solchen Fall wird das Anfechtungsrecht einem Gläubiger bereits außerhalb der Insolvenz nach dem Anfechtungsgesetz zugeschrieben. Kommt es also mangels der Eröffnung des Insolvenzverfahrens nicht zur insolvenzrechtlichen Anfechtung von Tilgungsleistungen nach § 135 InsO, muss der Gläubiger selbst die Tilgungsleistung – bzw. Sicherungsgewährung – durch Erhebung der Anfechtungsklage anfechten[434].

---

431 BT-Drs. 16/6140, S. 42 (linke Spalte); Michalski, Dahl, GmbHG, Vorb. §§ 32 a, 32 b a.F., Rdn. 3.

432 MünchKommInsO, Stodolkowitz, § 135, Rdn. 78.

433 A/G/R, Onusseit, Anh. IV, § 6, 6a AnfG, Rdn. 1.

434 So auch bereits im alten Recht, vgl. Kleindiek, ZGR 2006, 335, 351.

Anders als nach dem alten Recht – wonach die Anfechtungsfrist an den Zeitpunkt der Anfechtung anknüpfte – ist nun der maßgebliche Zeitpunkt für die Anfechtungsfrist entweder die Erlangung eines Vollstreckungstitels nach § 6 Abs. 1 S. 1 AnfG oder gemäß § 6 Abs. 1 S. 2 AnfG der frühere Zeitpunkt, nämlich der Antrag auf Eröffnung des Insolvenzverfahrens[435]. Insofern hat das MoMiG den Zeitpunkt, von dem an zurückgerechnet wird, im Interesse der Gläubiger nach vorne verlagert, was damit begründet wird, dass aufgrund des Nichtanwendungserlasses des § 30 Abs. 1 S. 3 GmbHG und des damit entfallenden präventiven Schutzes des Gesellschaftsvermögens, der Gläubigerschutz einer gewissen Kompensierung bedurfte[436]. Da also hinsichtlich der Anfechtungsfrist nicht mehr an die Anfechtung, sondern grundsätzlich an die Erlangung des Vollstreckungstitels angeknüpft wird, ist die Ausschlussfrist[437] des § 6 Abs. 2 AnfG ebenfalls zu berücksichtigen, wonach der Gesellschafter nur während einer Dauer von drei Jahren seit Erlangung des Schuldtitels noch die Anfechtung erklären darf[438].

Den besonderen Fall der Leistung auf gesellschafterbesicherte Drittdarlehen wurde auch in der Einzelgläubigeranfechtung Beachtung geschenkt und ein neuer § 6 a AnfG, der wörtlich genau § 135 Abs. 2 InsO entspricht, eingeführt. Der Gesellschafter hat dann nach § 11 Abs. 3 InsO die Vollstreckung in sein Vermögen zu dulden, wenn er den als Sicherung verwendeten Gegenstand dem Gläubiger nicht zur Verfügung stellt.

d. Verjährung der Anfechtungsansprüche

Von den in §§ 133 und 135 InsO genannten Fristen, die von dem Insolvenzeröffnungsantrag zurückgerechnet werden, ist die in § 146 InsO statuierte Anfechtungsfrist, die für die Durchsetzung des Anfechtungsanspruchs relevant ist, zu unterscheiden. Die Verjährungsfrist des § 146 Abs. 1 InsO, innerhalb derer der Anfechtungsanspruch gerichtlich geltend gemacht werden muss, fängt nach der

435 Der Grund dafür ist es zu verhindern, dass der Gläubiger nicht mehr anfechten können soll, nachdem er viel Zeit aufgrund des Versuchs, einen Vollstreckungstitel zu erlangen, verloren hat, vgl. BT-Drs. 16/6140, S. 58 (linke Spalte); Michalski, Dahl, GmbHG, Vorb. §§ 32 a, 32 b a.F., Rdn. 3.

436 Vgl. Haas, ZInsO 2007, 617, 625 f.

437 BT-Drs. 16/6140, S. 58 (linke Spalte).

438 Römermann, Selzner/Leuering, MAH GmbH-Recht, § 7, Rdn. 71. Der Gläubiger erlangt den Schuldtitel in dem Zeitpunkt, in dem er zugegangen ist und der Titel vollstreckbar ist.

Insolvenzeröffnung an zu laufen[439]. Diese richtet sich aufgrund der Verweisung in § 146 Abs. 1 InsO nach §§ 195, 199 BGB und beträgt drei Jahre[440]. Nicht nur infolge der Schuldrechtsmodernisierung, sondern auch aufgrund des Verjährungsbeginns ist die Verjährungsfrist für die Anfechtungsvorschriften deutlich ausgeweitet worden. Dieser knüpft nicht mehr einzig und alleine an die Eröffnung des Insolvenzverfahrens an, sondern beginnt nach § 199 Abs. 1 BGB mit dem Schluss des Jahres, in dem das Insolvenzverfahren eröffnet wurde[441] und der Gläubiger von den den Anspruch begründeten Tatsachen und der Person des Schuldners Kenntnis erlangt hat oder ohne grobe Fahrlässigkeit hätte erlangen müssen[442]. Die Eröffnung des Insolvenzverfahrens ist nur noch mittelbar von Bedeutung, als davon nur die Entstehung des Anspruchs abhängig gemacht wird[443], da die subjektive Komponente der Kenntniserlangung durch den Gläubiger für den Eröffnungszeitpunkt unentbehrlich ist. Dabei ist der Gläubiger in der Person des Insolvenzverwalters zu sehen, so dass die Kenntnis des Insolvenzschuldners für ihn mangels einer Wissenszurechnung unbeachtlich ist[444].

e. Stellungnahme zu den neuen Rechtsfolgen des Rechts der Gesellschafterfinanzierung

Auch im neuen Recht der Gesellschafterfinanzierung hat der Gesetzgeber versucht einen Ausgleich zwischen den Interessen der Gesellschafter auf der einen und den Interessen der Gläubiger auf der anderen Seite zu finden. Die vorstehend dargestellten Regelungen vermitteln nicht zu Unrecht den Eindruck, dass

---

439 Über die Verjährungsfrist des § 146 InsO hinaus gewährt § 146 Abs. 2 InsO dem Insolvenzverwalter zum Schutz der Masse ein zeitlich unbegrenztes Leistungsverweigerungsrecht.

440 Seit der Neufassung von § 146 Abs. 1 InsO, das durch das Gesetz zur Anpassung von Verjährungsvorschriften an das Schuldrechtsmodernisierungsgesetz geändert wurde, ist die Verjährungsfrist von zwei Jahren auf drei Jahre verlängert worden.

441 Der Anfechtungsanspruch entsteht nämlich als fälliger Anspruch der Insolvenzmasse an dem Tag, an dem der Eröffnungsbeschluss erlassen wird, vgl. A/G/R, Gehrlein, § 146 InsO, Rdn. 4.

442 Vgl. Uhlenbruck, Hirte, InsO, § 146, Rdn. 1. In den seltenen Fällen, in denen das Insolvenzverfahren länger als zehn Jahre dauern sollte, ist auch für die Anfechtungsansprüche die Höchstfrist des § 199 Abs. 4 BGB von zehn Jahren zu beachten, die an die Entstehung des Anspruchs anknüpft und kein subjektives Element voraussetzt.

443 H.M. für die Entstehung von Anfechtungsansprüchen, vgl. Uhlenbruck, Hirte, InsO, § 146, Rdn. 2A.

444 Uhlenbruck, Hirte, InsO, § 146, Rdn. 2B; A/G/R, Gehrlein, § 146 InsO, Rdn. 5.

der Gesetzgeber den Interessenkonflikt im Interesse der Gläubiger entschieden hat, da diesen Interessen bei Gesellschaften, in denen keine natürliche Person persönlich haftender Gesellschafter ist, zum Zeitpunkt der Insolvenz ein erhöhtes Risikopotential zugesprochen wird.

Zu Recht wird von den Gefahren, die die Gläubiger in haftungsbeschränkten Gesellschaften vorfinden können, ausgegangen. Die Kapitalgesellschaften brauchen – vorbehaltlich eines gesetzlichen Mindeststammkapitals – keine weiteren Vorkehrungen zu treffen, um für die Gläubiger die Gefahr eines Forderungsausfalls auszugleichen. Die Risiken, die die Gesellschafter im Rahmen ihrer wirtschaftlichen Tätigkeit eingehen müssen, um auch unternehmerischen Erfolg zu genießen, werden oft überschätzt, nicht eingeplant oder brechen wie „höhere Gewalt" auf die Gesellschaften ein. Vor dem Hintergrund der fehlenden persönlichen Haftung der Gesellschafter werden diese vor möglichen Verlusten aber auch nicht so schnell zurückschrecken. Darüber hinaus wird auch die Möglichkeit der Verlagerung des Gesellschaftsvermögens in das Privatvermögen gerne praktiziert. Ein unzureichendes Gesellschaftsvermögen und eine in der Regel viel zu geringe Haftkapitalquote bewegten die Rechtsprechung und den Gesetzgeber schließlich dazu, den Gläubigerschutz über die Erhaltung des Stammkapitals hinaus mit Hilfe des Rechtsinstitut der Gesellschafterfremdfinanzierung – und der Durchgriffshaftung – auszuweiten.

Im Recht der Gesellschafterfinanzierung ist die gesetzliche Subordination von Gesellschafterforderungen, die an Darlehen und wirtschaftlich vergleichbare Rechtshandlungen anknüpft, die Antwort auf einen in der Rechtslehre vorgebrachten unzureichenden Gläubigerschutz und nimmt nun die zentrale Stellung im Recht der Gesellschafterfinanzierung ein. Durch die Nachrangigkeit der Forderungen wird der Gesellschafter aus der am Insolvenzverfahren partizipierenden Gläubigerstellung herausgenommen und damit außer Konkurrenz mit den übrigen Fremdgläubigern gestellt.

Anknüpfend daran, verfolgt die Insolvenzanfechtung nach § 135 Abs. 1 InsO das Ziel, dem Gesellschafter keine Sondervorteile aufgrund der frühzeitigen Begleichung seiner Gesellschafterforderungen zu belassen, wenn diese angesichts der anstehenden Insolvenzeröffnungsgründe an die Gesellschafter noch schnell gewährt werden. Die Anfechtung soll also allgemein verhindern, dass der Gesellschafter seine Sonderstellung tatsächlich ausleben und die Verschiebung des Gesellschaftsvermögens in das eigene Privatvermögen erfolgreich und unumkehrbar durchführen kann.

Mit dem in § 39 Abs. 1 Nr. 5 InsO verfolgten Zweck der Verhinderung der Gläubigerkonkurrenz hat die Verhinderung der Vermögensverschiebung keinen unmittelbaren Zusammenhang. Die beiden Subinstrumente sind auch nicht voneinander abhängig, da sie jeweils für sich allein den verfolgten Gläubigerschutz in gewisser Art und Weise gewährleisten können. Ein untrennbarer Zusammenhang der Anfechtbarkeit von Tilgungsleistungen durch den Insolvenzverwalter und der Nachrangigkeit aller Gesellschafterdarlehensforderungen – die oben bereits der Kritik unterfallen ist – ist zudem auch nicht zwingend notwendig. Auch die „normalen" Forderungen ließen sich in der Insolvenz anfechten, da das Anfechtungsrecht sich nicht speziell auf die nachrangigen Forderungen bezieht. Geht es also um den Schutz der Fremdgläubiger vor einer Vermögensverschiebung an die Gesellschafter und damit gleichzeitig der Sicherung der Insolvenzmasse, so hat der Nachrangig hiermit nichts zu tun[445]. Genauso wenig verleitet nur der letzte Rang die Gesellschafter dazu, die Forderungen vor der Insolvenz noch durchzubringen, wobei die Gewissheit dessen, in der Insolvenz nicht mal eine Quote zugesprochen zu bekommen, die Gesellschafter in ihrem Vorhaben, die benötigten und ihnen zustehenden Mittel vor der Insolvenz schnell abzuziehen, sicherlich bestärkend wirkt.

Im Hinblick auf den Einjahreszeitpunkt des § 135 Abs. 1 Nr. 2 InsO werden auch nach dem MoMiG Stimmen laut, die die Anfechtungsfrist aus Umgehungsgründen für zu kurz erachten. Es besteht tatsächlich die Befürchtung, dass die Gesellschafter aus Angst, ihr Geld durch die Anfechtung zu verlieren, bestrebt sein werden zu versuchen, den Kredit mehr als ein Jahr vor der Anfechtung i.S.d. § 135 Abs. 1 Nr. 2 InsO abzuziehen, insbesondere vor dem Hintergrund, dass der Insolvenztatbestand der Überschuldung durch das Finanzmarktstabilisierungsgesetz[446] zugunsten der Gesellschafter gelockert wurde, so dass ein Insolvenzantrag bei zunächst positiver Fortführungsprognose später gestellt werden kann als bisher.

Dem kann zwar entgegen gehalten werden, dass es in der praktischen Umsetzung höchst problematisch sein müsste, den Zusammenbruch der Gesellschaft auf etwas mehr als ein Jahr exakt vorauszusehen, um das Darlehen noch schnell anfechtungssicher zurückzuziehen[447]. Ganz abwegig erscheint diese Möglichkeit

---

445 Eine Parallele der insolvenzrechtlichen Anfechtung ist vielmehr zu dem Ausschüttungsverbot des § 30 Abs. 1 S. 1 GmbHG zu sehen, das Ausschüttungen verhindert, wenn diese das für die Gesellschaftsverbindlichkeiten erforderliche Vermögen angreifen. Damit soll auch bei § 30 Abs. 1 S. 1 GmbHG Vermögensverschiebungen begegnet werden, die letzten Endes auch die Gläubiger treffen werden.

446 Gesetz zur Umsetzung eines Maßnahmepakets zur Stabilisierung des Finanzmarktes (Finanzmarktstabilisierungsgesetz – FMStG) v. 17.10.2008, BGBl. I S. 1982.

447 Vgl. K. Schmidt/Uhlenbruck, K. Schmidt, Rdn. 2.93 (S. 185).

jedoch nicht. Stelle man sich allein den Fall vor, ein überaus engagierter, an der Finanzlage interessierter, aufgeklärter und erfahrener Gesellschafter bemerkt die finanzielle Situation der Gesellschaft früh genug und unterzieht sie einer kritischen Bewertung, was zur Folge haben könnte, dass er noch rechtzeitig – wenn auch spekulativ – seinen Kredit in Sicherheit bringt.

Sicherlich kann rein theoretisch dem nicht abgesprochen werden, dass aufgeklärte Gesellschafter aufgrund ihrer Kenntnisse über die Geschäfte und Zahlen der Gesellschaft den Insolvenzantrag durchaus prognostisch abschätzen können und es schaffen, die Forderung mehr als zwölf Monate vor dem Insolvenzantrag zurückzuverlangen. In solchen Fällen ist jedoch auch die Vorsatzanfechtung des § 133 Abs. 2 InsO durchaus geeignet, bei vorschnellen Handlungen der Gesellschafter und Geschäftsführer im Interesse der Masseerhaltung Abhilfe zu schaffen. Zudem liegt die Wahrscheinlichkeit sich zu verschätzen und den Insolvenzantrag unter haftungsrechtlichen Risiken hinauszuzögern in der Regel höher, als die Wahrscheinlichkeit eine auf ein Jahr im Vorfeld geplante Insolvenzeröffnung vorauszusehen.

Aufgrund der mittlerweile überaus langen Geschichte des Rechtsinstituts der Gesellschafterfinanzierung, das unzählige Rechtsprechungs- und Literaturkommentare erfahren hat, kann davon ausgegangen werden, dass der Gesetzgeber bei der Aufstellung der Jahresfrist des § 135 Abs. 1 Nr. 2 InsO – und ebenso der zehnjährigen Frist in Fällen der Besicherung nach § 135 Abs. 1 Nr. 1 InsO[448] – keine Zufallserwägungen hat mit einfließen lassen. In der Literatur wurde darauf hingewiesen, dass in den höchstrichterlichen Entscheidungen zwischen 1959 und 1999 nur 4% der Fälle das Verstreichen der Einjahresfrist zu vermelden hatten[449]. Aus diesem Grund hat der Gesetzgeber mit der einjährigen Frist nicht nur die Interessen der außenstehenden Gläubiger, sondern gleichzeitig auch der Gesellschafter ausreichend berücksichtigt. Zudem ist die Gefahr möglicher Umgehungsversuche der Gesellschafter mit der Folge eines Einbehaltens der Tilgungsleistungen vor dem Hintergrund der bereits erwähnten und weiterreichenden Vorsatzinsolvenzanfechtung ebenfalls als gering einzuschätzen.

Dagegen fällt es schwer, die lange zehnjährige Anfechtungsfrist des § 135 Abs. 1 Nr. 1 InsO ebenfalls auf die Verhinderung von Sondervorteilen durch Ausnutzung der Sonderstellung und Gesellschaftsinformationen zu stützen. Sie

---

448 Die geltende Anfechtungsfrist wurde erst mit der Insolvenzordnung von der vorherrschenden 30-jährigen Frist des § 41 Abs. 1 S. 3 KO auf zehn Jahre verkürzt, vgl. ausführlich zu der ehemaligen langen Frist, Ulbrich, Die Abschaffung des Eigenkapitalersatzrechts der GmbHG, S. 193 f.

449 Hamann, ZInsO 2009, 264, 269; Thiessen, ZIP 2007, 253, 254.

ist schlicht und ergreifend zu lang, um von der Verhinderung der Ziehung von Sondervorteilen noch sprechen zu können. Sieht man jedoch den Grund des § 135 Abs. 1 Nr. 1 InsO – wie bei § 39 Abs. 1 Nr. 5 InsO – darin, dem Gesellschafter ganz allgemein die Konkurrenz mit den übrigen Gläubigern im Rahmen der Masseverteilung zu versagen, so verfolgt die Anfechtbarkeit der Sicherung das Ziel, dem Gesellschafter den Vorrang gegenüber außenstehenden Gläubigern im Hinblick auf den Verwertungserlös aus dem Sicherungsgut und damit eine gesicherte rechtliche Stellung zu nehmen. In einer Gegenüberstellung zu der Nachrangigkeit des § 39 Abs. 1 Nr. 5 InsO ist also die Anfechtung der Sicherung – anders als die Anfechtung der Befriedigung – wesensverwandt.

C. Das Zahlungsverbot des § 64 S. 3 GmbHG

Mit § 64 S. 3 GmbHG hat das MoMiG einen weiteren Haftungstatbestand für den Fall vorgesehen, dass der Geschäftsführer eine Zahlung an den Gesellschafter vorgenommen hat, die zur Zahlungsunfähigkeit der Gesellschaft führen musste, es sei denn, diese wäre auch bei Beachtung der Sorgfalt eines ordentlichen Geschäftsmannes eingetreten.

Vor dem MoMiG sah § 64 Abs. 2 S. 1 GmbHG a.F. – jetzt § 64 S. 1, 2 GmbHG – eine Ersatzpflicht des Geschäftsführers nur für die nach dem Eintritt der Zahlungsunfähigkeit und der Feststellung der Überschuldung vorgenommenen Zahlungen vor. Dagegen führten Zahlungen, die die Zahlungsunfähigkeit der Gesellschaft erst herbeiführten, nicht zur Ersatzpflicht der Geschäftsführer nach § 64 GmbHG a.F.[450]. Die neue Vorschrift ergänzt die Insolvenzverursachungshaftung des § 64 GmbHG, indem auch Vermögensverschiebungen zwischen der Gesellschaft und den Gesellschaftern, die geeignet sind, die Insolvenz der Gesellschaft auszulösen, im Interesse des Gläubigerschutzes nicht unberücksichtigt gelassen werden, was einerseits den Vermögensschutz vorverlagert, andererseits aber das Risiko der Haftung des Geschäftsführers und das Ausfallrisiko erhöht[451].

Anknüpfend an den oben beschriebenen Wegfall der präventiven Rückzahlungssperre des § 30 Abs. 1 GmbHG findet sich in der Literatur an vielen Stellen die Überlegung, der neue und den Geschäftsführer betreffende Haftungstatbestand des § 64 S. 3 GmbHG solle das ehemalige Auszahlungsverbot substituieren. Indes ist der Anwendungsbereich des § 64 S. 3 GmbHG insbesondere für das Recht der Gesellschafterfinanzierung noch höchst unklar und wird im Schrifttum kontrovers diskutiert. Aus diesem Grund soll der nachfolgende Beitrag in

---

450 Seibert, ZIP 2006, 1157, 1167; Niesert/Hohler, NZI 2009, 345, 347.
451 Vgl. Kleindiek, FS K. Schmidt 2009, S. 893, 900.

einer prägnanten Kürze den Tatbestand der neuen Geschäftsführerhaftung im Zusammenhang mit der Rückzahlung von Gesellschafterdarlehen darstellen und auf die bestehenden Probleme für den Geschäftsführer hinweisen.

I. Normzweck

Das Konzept der neuen Vorschrift scheint in einem unmittelbaren Zusammenhang mit der Aufgabe der Rechtsprechungsregeln über Gesellschafterdarlehen zu stehen und wird von vielen nicht umsonst als dessen Ersatz verstanden[452]. Während der Geltungsdauer der Rechtsprechungsregeln konnte die Rückzahlung von Gesellschafterdarlehen analog § 30 Abs. 1GmbHG a.F. verwehrt werden. Eine entgegen § 30 Abs. 1 GmbHG a.F. vorgenommene Rückzahlung durch den Geschäftsführer führte dazu, dass die Gesellschafter analog § 31 Abs. 1 GmbHG zum Ersatz des ausgezahlten Betrages in das Gesellschaftsvermögen bzw. in die Insolvenzmasse verpflichtet waren. Dieser Anspruch, der dem Gesellschaftsvermögen gutgeschrieben war, konnte bei der erfolgreichen Durchsetzung die Insolvenzmasse verbessern und kam insofern allen Gläubigern zugute[453].

Diese Gesellschafterersatzpflicht ist mit der Neufassung des § 30 Abs. 1 S. 3 GmbHG fortgefallen, da Darlehen aus dem Zahlungsverbot des § 30 Abs. 1 GmbHG a.F. ausdrücklich ausgenommen wurden. Sinn und Zweck dieser Regelung sah der Gesetzgeber darin, durch vereinfachte Eigenkapitalgrundsätze größere Rechtssicherheit zu erlangen und die für die Gesellschaft sinnvollen Wirtschaftsbeziehungen mit ihren Gesellschaftern zu erleichtern[454]. Stattdessen wurde mit der neuen Vorschrift der „Illiquiditätsverursachungshaftung“[455] ein eigenständiges Zahlungsverbot und damit ein weiterer eigenständiger Ersatzanspruch gegen den Geschäftsführers geschaffen.

Die Erstattungspflicht stellt wie bei § 64 S. 1 GmbHG eine Innenhaftung dar und ergänzt gleichzeitig die Anfechtungsbestimmungen der §§ 129 ff InsO, insbesondere für den Fall, dass die Anfechtungsfristen des § 135 InsO abgelaufen sind[456]. Die Besonderheit von § 64 S. 3 GmbHG liegt darin, dass für dessen

452 Begr. RegE MoMiG, BT-Drs. 16/6140, S. 42 (linke Spalte); K. Schmidt/Uhlenbruck, K. Schmidt, Rdn. 11.94; Seulen/Osterloh, ZInsO 2010, 881 (881).

453 Vgl. a. Ulbrich, Die Abschaffung des Eigenkapitalersatzrechts der GmbH, S. 205.

454 LG Berlin, GmbHR 2010, 201, 202; Begr. RegE MoMiG, BT-Drs. 16/6140, S. 42 (linke Spalte).

455 Seulen/Osterloh, ZInsO 2010, 881 (881).

456 Bitter, ZInsO 2010, 1505, 1518; Begr. RegE MoMiG, BT-Drs. 16/6140, S. 46 (rechte Spalte); Goette/Habersack, Casper, Das MoMiG in Wissenschaft und Praxis, Rdn. 6.41.

Anwendungsbereich die Gesellschaft noch nicht als überschuldet gilt, de facto jedoch schon als kreditunwürdig angesehen werden könnte. Denn weiß der Geschäftsführer bereits vom Vorliegen eines Insolvenzgrundes, kann er die Zahlungen schon unter Hinweis auf § 64 S. 1 GmbHG verweigern, da dieser Vorschrift neben der gesetzlich zugeschriebenen Haftungsalternative des Geschäftsführers auch der Charakter eines Zahlungsverbotes zugesprochen wird[457].

Statt des Zahlungsempfängers trifft die mit § 64 S. 3 GmbHG verfolgte neue Haftung nun den Geschäftsführer als die handelnde Person persönlich[458]. Die Gesellschafter werden nur infolge der Anfechtung gläubigerbenachteiligender Leistungen zur Rückzahlung verpflichtet, was sie im Vergleich zu dem Geschäftsführer im Haftungskonzept besser stellen könnte, als es noch vor dem MoMiG der Fall war. Indes weist die Vorschrift eine Ähnlichkeit zu der Existenzvernichtungshaftung aus, so dass die Entgegennahme einer gegen § 64 S. 3 GmbHG vorgenommen Zahlung ein „existenzvernichtender Akt i.S.d. Trihotel-Doktrin[459]" für die Gesellschafter darstellen könnte[460], so dass ein Minus im Vergleich zum früheren Haftungsregime für die Gesellschafter wiederum nicht so evident sein dürfte.

Nichtsdestotrotz ist die Verantwortlichkeit deutlich zum Nachteil des Geschäftsführers verschoben worden. Der Gesetzgeber hat die Verknüpfung mit dem existenzvernichtenden Eingriff zwar gesehen, die sich damit ergebenden Widersprüche beider Haftungsbestimmungen aber nicht beseitigt. Die Haftung der Gesellschafter, die seit der Trihotel-Entscheidung als eine Innenhaftung

457 Kleindiek, ZGR 2006, 335, 356; Roth/Altmeppen, Altmeppen, GmbHG, § 64, Rdn. 1.

458 K. Schmidt/Uhlenbruck, K. Schmidt, Rdn. 11.94. Allein schon deshalb können die Insolvenzverursachungshaftung nach § 64 S. 3 GmbHG und die Existenzvernichtungshaftung nicht viel miteinander zu tun haben. Insofern überrascht die Regierungsbegründung, in der ausgeführt wird, dass „Satz 3 keine abschließende Regelung der Existenzvernichtungshaftung ist und demgemäß der weiteren Rechtsfortbildung nicht vorgreift", vgl. Begr. RegE MoMiG, BT-Drs. 16/6140, S. 46 (rechte Spalte).

459 BGHZ 173, 246, 251 ff., Trihotel-Urteil, das die Existenzvernichtungshaftung nun als eine besondere Fallgruppe der sittenwidrigen vorsätzlichen Schädigung nach § 826 BGB als eine Innenhaftung gegenüber der Gesellschaft einordnet.

460 Bereits in der Regierungsbegründung wird auf die Überschneidung mit dem existenzvernichtenden Eingriff hingewiesen, vgl. Begr. RegE. MoMiG, BT-Drs. 16/6140, S. 46 (rechte Spalte); Goette/Habersack, Goette, Das MoMiG in Wissenschaft und Praxis, Rdn. 9.43; Greulich/Rau, NZG 2008, 284, 286; Grundlach/Frenzel/Strandmann, NZI 2008, 647, 650.

nach § 826 BGB ausgestaltet ist, greift freilich nur ein, wenn der Gesellschafter mit Vorsatz in das Gesellschaftsvermögen eingegriffen hat. Dagegen trifft den Geschäftsführer die Erstattungspflicht nach § 64 S. 3 GmbHG bereits bei leichter Fahrlässigkeit und die Haftung nach § 830 Abs. 2 BGB bei Vorliegen eines doppelten Teilnehmervorsatzes beim existenzvernichtenden Eingriff des Gesellschafters[461]. Bei leicht fahrlässigem Verhalten wird bei demselben Haftungstatbestand damit nur der Geschäftsführer zum Haftadressaten[462].

II. Zahlungen auf fällige und durchsetzbare Gesellschafterforderungen

In der rechtsdogmatischen Begründung wird vielerorts die Ansicht vertreten, § 64 S. 3 GmbHG trete infolge der Streichung des Auszahlungsverbotes für Gesellschafterdarlehen und diesen wirtschaftlich vergleichbaren Rechtshandlungen an die Stelle der Rechtsprechungsregeln[463] und statuiere neben dem Auszahlungsverbot gleichzeitig eine Erstattungspflicht des an die Stelle der Gesellschafter getretenen Geschäftsführers. Inwieweit § 64 S. 3 GmbHG in seiner Regelungsdichte und Auslegung jedoch auch auf fällige Gesellschafterdarlehen tatsächlich Anwendung findet, wird von einigen Stimmen bestritten.

1. *Eingeschränkte Anwendung von § 64 S. 3 GmbHG auf fällige und durchsetzbare Gesellschafterforderungen*

Auf die Rolle des § 64 S. 3 GmbHG im Kontext der Gesellschafterfinanzierung wird – ausgehend von der Gesetzesbegründung, die einen unmittelbaren sachlichen und zeitlichen Zusammenhang zwischen der Auszahlung und der Zahlungsunfähigkeit verlangt – durch *Altmeppen*[464] und *Spliedt*[465] auf eine

---

461 Strohn, ZHR 173 (2009), 589, 590; Zur Haftung des Geschäftsführers für einen existenzvernichtenden Eingriff des Gesellschafters s. ausführlich, Schneider, GmbHR 2011, 685, 687 ff.

462 Daher schlägt Strohn vor, § 31 Abs. 1 GmbHG analog auf die Gesellschafter anzuwenden, mit der Folge, dass der Gesellschafter auf Rückgewähr des ihm unter Verstoß gegen § 64 S. 3 GmbHG Geleisteten verschuldensunabhängig haftet, vgl. in ZHR 173 (2009), 589, 594.

463 I.E. auch Seulen/Osterloh, ZInsO 2010, 881 (881), die in der neuen Regelung die Kompensation für die durch MoMiG gelockerten Verhältnisse zwischen der Gesellschaft und den Gesellschaftern sehen; vgl. a. K. Schmidt/Uhlenbruck, K. Schmidt, Rdn. 11.94.

464 Roth/Altmeppen, Altmeppen, GmbHG, § 64, Rdn. 61 ff.

465 Spliedt, ZIP 2009, 149, 159 f.

interessante und nicht abwegige Diskussion aufmerksam gemacht. Ihrer Ansicht nach könne § 64 S. 3 GmbHG nicht auf fällige Gesellschafterforderungen und damit nicht auf fällige und durchsetzbare Darlehensforderungen angewandt werden[466]. Fällige Ansprüche werden bereits im Vorfeld der Zahlung bei der Prüfung der Zahlungsunfähigkeit berücksichtigt, so dass allein schon dessen Existenz und nicht erst die Tilgung der Verbindlichkeit die Zahlungsunfähigkeit herbeiführt[467] und den Fall des § 64 S. 1 GmbHG erfüllt. Ist dagegen die Gesellschaft bei der Berücksichtigung der Gesellschafterforderung noch zahlungsfähig, dann wird die Gesellschaft zum Zeitpunkt der Zahlung auch nicht zahlungsunfähig. Überträgt man diese – zur Feststellung der Zahlungsfähigkeit zutreffend ausgeführten – Gedanken auf die Gesellschafterfinanzierung, kann § 64 S. 3 GmbHG bei der Rückzahlung fälliger Gesellschafterforderungen aus Darlehensverträgen nicht anwendbar sein[468]. Etwas anderes kann ausnahmsweise nur dann gelten, wenn durch die Rückzahlung der Forderung aus einer unwesentlichen eine wesentliche Deckungslücke entstehen würde[469], so dass dann auch die Rückzahlung einer fälligen Gesellschafterdarlehensforderung gegen das neue Auszahlungsverbot verstoßen würde oder wenn nicht fällige oder nicht durchsetzbare Forderungen getilgt werden.

2. Keine Berücksichtigung fälliger Gesellschafterforderungen bei der Feststellung der Zahlungsunfähigkeit

Da der Anwendungsbereich des § 64 S. 3 GmbHG – würde man der ersten Ansicht folgen – in Bezug auf die Rückzahlung an die Gesellschafter dem

466 Roth/Altmeppen, Altmeppen, GmbHG, § 64, Rdn. 62; Dagegen sollen nicht fällige Gesellschafterforderungen oder Forderungen, gegen die die Gesellschaft Einreden oder Einwendungen erheben kann, für den Zahlungsbegriff unproblematisch sein; Vgl. a. OLG München v. 6.5.2010, BB 2010, 1880, 1881, das auch ein aus der Vorschrift folgendes Leistungsverweigerungsrecht verneint; die Meinung des Senats ablehnend vgl. Henkel, EWiR 2010, 745, 746.

467 Vor dem MoMiG galt, dass eigenkapitalersetzende Gesellschafterdarlehen oder Forderungen, die aus Rechtshandlungen, die einem Gesellschafterdarlehen wirtschaftlich entsprechen, als nicht „fällig“ angesehen und daher bei der Prüfung der Zahlungsunfähigkeit nicht berücksichtigt wurden, vgl. Uhlenbruck, ders., InsO, § 17, Rdn. 10. Nach dem MoMiG sind die Gesellschafterdarlehensforderungen fällig und müssen bei der Zahlungsunfähigkeitsprüfung berücksichtigt werden.

468 Vgl. Seulen/Osterloh, ZInsO 2010, 881, 884; Niesert/Hohler, NZI 2009, 345, 350.

469 Haas, GmbHR 2010, 1, 6; Desch, BB 2010, 2586 (2586); Winstel/Skauradszun, GmbHR 2011, 185, 186,

Grunde nach nur ausnahmsweise in Betracht käme und damit völlig sinnentleert wäre[470], schlägt *Spliedt* vor, im Rahmen des Anwendungsbereiches des § 64 S. 3 GmbHG nur die Fälligkeit der Forderungen von Nicht-Gesellschaftern bei der Zahlungsunfähigkeit zu berücksichtigen[471]. In Anlehnung an das frühere Eigenkapitalersatzrecht soll auch im Rahmen des § 64 S. 3 GmbHG die Gesellschafterforderungen nicht als fällige Verbindlichkeiten angesehen werden[472]. In einem solchen Fall wäre das Auszahlungsverbot auch bei fälligen und durchsetzbaren Gesellschafterforderungen stets möglich, wenn der Geschäftsführer bei der Tilgung der Gesellschafterforderungen die übrigen Gläubiger nicht mehr befriedigen könnte.

3. *Stellungnahme zur Berücksichtigung der Gesellschafterforderungen im Rahmen des § 64 S. 3 GmbHG*

Die Sicht, die die Feststellung der Zahlungsunfähigkeit nur für den Fall des § 64 S. 3 GmbHG abwandeln will, ist nicht ohne Grund auf heftige Kritik gestoßen[473]. Die Nichtberücksichtigung fälliger Forderungen von Gesellschaftergläubigern bei der Zahlungsunfähigkeit entspricht nicht den allgemeinen Regeln und würde einer einheitlichen Auslegung des § 64 GmbHG widersprechen[474] und wird schon in dem ersten zu § 64 S. 3 GmbHG ergangenen Urteil zu Recht abgelehnt[475].

---

470 Vgl. MünchKommGmbHG, Müller, § 64, Rdn. 167; Dahl/Schmitz, NZG 2009, 567, 569 f.

471 Spliedt, ZIP 2009, 149, 159 f.; vgl. a. Dahl/Schmitz, NZG 2009, 567, 569; MünchKommGmbHG, Müller, § 64, Rdn. 167.

472 Dahl/Schmitz, NZG 2009, 567, 569.

473 Scholz, K. Schmidt, GmbHG, § 64, Rdn. 77; Henkel, EWiR 2010, 745, 746; Baumbach/Hueck, Haas, GmbHG, § 64, Rdn. 99; Dahl/Schmitz, NZG 2009, 567, 569 f.; Seulen/Osterloh, ZInsO 2010, 881, 884; Gehrlein/Ekkenga/Simon, Sandhaus, GmbHG, § 64, Rdn. 47.

474 Desch, BB 2010, 2586, 2588.

475 Roth/Altmeppen, Altmeppen, GmbHG, § 64, Rdn. 62; LG Berlin v. 16.12.2009, GmbHR 2010, 201, 203. An dieser Stelle schlägt Altmeppen vor, den Anwendungsbereich der Vorschrift restriktiv zu lesen und diesen nur auf offene oder verdeckte Gewinnausschüttungen zu begrenzen – wobei auch solche Tatbestände bereits von der allgemeinen Organhaftung nach § 43 GmbHG erfasst sind – und insbesondere fällige Gesellschafterforderungen aus dem Anwendungsbereich auszunehmen. Dagegen spricht jedoch stark, dass eine solche Sicht den gesetzgeberischen Erwartungen und dem Konzept des MoMiG in Bezug auf die Rückzahlung fälliger Gesellschafterdarlehen und im Hinblick auf den Gläubigerschutz widersprechen würde und vielen Umgehungsversuchen Raum bieten würde. Es könnte jedoch in

Abgesehen davon würde die Ausblendung der Gesellschafterforderungen den Geschäftsführer vor Problemen bei der Stellung des rechtszeitigen Insolvenzantrages stellen, da die Notwendigkeit des Insolvenzantrages erst bei der Ansetzung aller Forderungen deutlich wird. Zudem kann nicht nachvollzogen werden, warum die Befürworter dieser Ansicht entgegen der klaren Entscheidung des Gesetzgebers, die Gesellschafterdarlehensforderungen nach § 39 Abs. 1 Nr. 5 InsO nur in der Insolvenz mit einem Nachrang zu versehen, diesen auch bereits im Zeitpunkt der drohenden Zahlungsunfähigkeit den Gesellschafterforderungen generell auferlegen. Damit nähern sie sich gefährlich nahe – wenn nicht komplett – dem früheren Eigenkapitalersatzrecht, das mit dem Auszahlungsverbot des § 30 Abs. 1 GmbHG a.F. denselben Weg verfolgte. Andererseits soll die zweite Ansicht wohl damit begründet werden, dass dem unbewussten Einbauen einer „Hintertür" durch den Gesetzgeber, die die Intention, die Einschränkung der Gesellschafterhaftung mit der Erweiterung der Geschäftsführerhaftung auszugleichen, gefährden könnte, Einhalt geboten werden soll[476].

Mit der Frage, ob sich ein Geschäftsführer infolge der Rückzahlung eines Gesellschafterdarlehens persönlich haftbar machen kann, hat sich vor kurzem auch das *OLG München* beschäftigt. Das Urteil setzte sich mit dem Problem auseinander, ob fällige Gesellschafterdarlehen bei der Feststellung der Zahlungsunfähigkeit im Rahmen des § 64 S. 3 GmbHG zu berücksichtigen sind und lehnte dies mit dem Verweis darauf ab, fällige und durchsetzbare Gesellschafterforderungen seien bereits vor der Tilgung bei der Prüfung der Zahlungsunfähigkeit zu berücksichtigen, so dass der Tatbestand des § 64 S. 3 GmbHG nicht erfüllt sein könnte[477]. Mit dem Wegfall des Auszahlungsverbots nach § 30 Abs. 1 S. 3 GmbHG werden fällige und durchsetzbare Gesellschafterdarlehen bei der Prüfung der Zahlungsunfähigkeit als Verbindlichkeiten der Gesellschaft angesetzt, so dass bei der Rückzahlung der Darlehen die Passivposten sich gleichzeitig reduzieren. Ein solcher neutraler Vorgang kann grundsätzlich nicht zur Zahlungsunfähigkeit der Gesellschaft führen.

Die geäußerte Anwendungsproblematik des § 64 S. 3 GmbHG auf die Gesellschafterdarlehen hat bereits zahlreiche Kommentierungen erfahren und wird sich erst im Laufe der Zeit lösen können bzw. durch die Rechtsprechung mit Leben gefüllt und mit genauen Konturen versehen werden. Bislang kann

---

Erwägung gezogen werden, ob ein etwaiges Defizit – als Folge der restriktiven Auslegung – vor dem Hintergrund der Wirkung des § 135 Abs. 1 Nr. 2 InsO zu verkraften wäre.

476 Vgl. Dahl/Schmitz, NZG 2009, 567, 570.

477 OLG München v. 6.5.2010, BB 2010, 1880, 1881.

für das Zahlungsverbot auch trotz Abschaffung der Rechtsprechungsregeln eigenständige Bedeutung nur für den Fall hergeleitet werden, als sich die Gesellschaft in der Krise, aber noch im Vorfeld der materiellen Insolvenzreife befindet und dass infolge der Auszahlung an die Gesellschafter die Forderungen außenstehender Gläubiger in Mitleidenschaft gezogen werden, da durch die Auszahlung an die Gesellschafter die Deckungsquote für die übrigen Gläubiger verringert wird. Dem berechtigten Einwand *Altmeppens*[478] und der Entscheidung des OLG München kann zu Recht zugestimmt werden, dass bereits die Fälligkeit von Gesellschafterforderungen das Vorliegen der Zahlungsunfähigkeit und damit das Eingreifen des § 64 S. 1 GmbHG begründet. Nicht zuzustimmen ist jedoch der Überlegung, den Anwendungsbereich des § 64 S. 3 GmbHG im Falle der fälligen Gesellschafterforderungen per se abzusprechen und den Anwendungsbereich restriktiv zu fassen. Die neue Vorschrift soll vielmehr die Sicht in die Zukunft und damit auf die später werdenden Drittverbindlichkeiten erlauben und schon zu einem früheren Zeitpunkt die zu ihrer Tilgung benötigte Liquidität schützen, indem den jetzt fälligen Ansprüchen der Gesellschafter nicht entsprochen wird[479]. Wird also durch die Zahlung eine zunächst unwesentliche Deckungslücke nicht nur unerheblich erweitert, dann muss die Zahlung durch den Geschäftsführer verweigert werden, da andernfalls die Zahlungsunfähigkeit herbeigeführt wird[480].

Damit kann mit der neuen Vorschrift der Kapitalschutz des § 30 Abs. 1 GmbHG um einen zusätzlichen Liquiditätsschutz schon im Vorfeld der eingetretenen Zahlungsunfähigkeit erreicht werden und auch bei der Tilgung von Gesellschafterdarlehen als Durchsetzungssperre den Gesellschaftern entgegen gehalten werden. Wie gezeigt können die verschiedensten Bemühungen, die neue Haftungsnorm zu rechtfertigen, jedoch weitere Fragen aufwerfen, die ebenso einer Beantwortung bedürfen. Wie die Rechtsprechung mit dem neuen § 64 S. 3 GmbHG in der Zukunft verfahren wird, ob insbesondere weitere Gerichte sich dem Urteil des OLG München anschließen werden, bleibt abzuwarten. Aus diesem Grund soll anschließend der Tatbestand der Haftungsvorschrift im Hinblick auf die Zahlung auf ein Gesellschafterdarlehen dargestellt werden.

---

478 Roth/Altmeppen, Altmeppen, GmbHG, § 64, Rdn. 61 ff.

479 Vgl. Kleindiek, GWR 2010, 75 (75).

480 Haas, GmbHR 2010, 1, 6; Desch, BB 2010, 2586 (2586).

III. Der Haftungstatbestand

1. Der Zahlungsbegriff

Durch den Begriff der Zahlung in § 64 S. 3 GmbHG, wollte der Gesetzgeber – wie schon bei § 64 S. 1 GmbHG – zum Schutze der Liquidität und nicht bloß des Gesellschaftsvermögens, einen weiten sachlichen Anwendungsbereich postulieren. Allgemein sind unter Zahlungen alle Geldleistungen und zahlungsgleiche Maßnahmen erfasst, die zur Verringerung der Liquidität der Gesellschaft führen[481]. Im Unterschied zu § 30 Abs. 1 GmbHG stellt § 64 S. 3 GmbHG eine reine Liquiditätsschutznorm dar, so dass weder der Rechtsgrund der Zahlung noch die Fälligkeit noch der Charakter causa societatis maßgeblich sind[482]. Sinn und Zweck von § 64 S. 3 GmbHG besteht also darin, sämtliche Zahlungen an die Gesellschafter zu erfassen.

Unstreitig fallen damit sämtliche Zahlungen an die Gesellschafter und damit – insbesondere vor dem Hintergrund des § 30 Abs. 1 S. 3 GmbHG – auch Zahlungen auf fällige Gesellschafterdarlehensforderungen oder diesen wirtschaftlich vergleichbaren Rechtshandlungen, soweit dadurch aus einer unwesentlichen eine wesentliche Deckungslücke entsteht, unter den Zahlungsbegriff[483]. Aufgrund des weiten Zahlungsbegriffs müssten auch entrichtete Nutzungsentgelte eine verbotene Zahlung i.S.d. § 64 S. 3 GmbHG darstellen. Allerdings sind Zahlungen von Nutzungsentgelten nun nicht mehr mit den Gesellschafterdarlehen gleichzusetzen und werden in der Insolvenz nach § 135 Abs. 3 InsO sogar weiter entrichtet. Im Unterschied zu § 30 Abs. 1 GmbHG betrifft § 64 S. 3 GmbHG als Liquiditätsschutznorm jedoch nicht nur Leistungen, die causa societatis erfolgten, sondern erfasst auch alle schuldrechtlichen Beziehungen zu der Gesellschaft, so dass bei den entrichteten Nutzungsentegelten nicht die Frage nach dem Zahlungsbegriff, sondern nach dem Vorliegen einer privilegierten Zahlung i.S.d. § 64 S. 2 GmbHG

---

481 K. Schmidt/Uhlenbruck, K. Schmidt, Rdn. 11.96; Begr. RegE MoMiG, BT-Drs. 16/6140, S. 46 (rechte Spalte). Erfasst sind alle liquiditätsrelevante Leistungen mit Geldwert, Leistungen an Zahlungs statt oder erfüllungshalber. Das gleiche gilt für die Bestellung liquiditätsschmälernder Realsicherheiten zugunsten des Gesellschafters. Dagegen sind die Begründung von Verbindlichkeiten oder die Übernahme von Personalsicherheiten nicht als Zahlung i.S.d. § 64 S. 3 GmbHG zu verstehen. vgl. hierzu Scholz, K. Schmidt, GmbHG, § 64, Rdn. 75.

482 Gehrlein/Ekkenga/Simon, Sandhaus, GmbHG; § 64, Rdn. 55 f.; Scholz, K. Schmidt, GmbHG, § 64, Rdn. 77, 79.

483 Gehrlein/Ekkenga/Simon, Sandhaus, GmbHG; § 64, Rdn. 57.

im Raum steht[484]. Parallel zu der Wertung des § 135 Abs. 3 InsO müsste argumentiert werden, dass wenn die Zahlung des Nutzungsentgelts mit der Eröffnung des Insolvenzverfahrens wegen der erheblichen Bedeutung des Nutzungsgegenstandes schon vom Gesetz gewollt ist, ist die Zahlung des Nutzungsentgelts auch im Vorfeld der Zahlungsunfähigkeit mit der Sorgfalt eines ordentlichen Geschäftsmannes vereinbar[485].

2. *Die Zahlungsadressaten*

Dem Wortlaut nach erfasst die Ersatzpflicht des Geschäftsführers nur die an die Gesellschafter gewährten Zahlungen. Dagegen trifft das Gesetz keine Aussagen darüber, wie mit den Zahlungen an gesellschaftergleiche Dritte zu verfahren ist. Jedoch wird der Norm aufgrund des starken insolvenzrechtlichen Bezugs ein insolvenzrechtlicher Charakter zugesprochen[486], die im unmittelbaren Zusammenhang mit dem neuen Recht der Gesellschafterfinanzierung steht. Des Weiteren ist die restriktive Sicht des persönlichen Geltungsbereiches mit dem gesetzgeberischen Willen, den Gläubigerschutz auszuweiten und Umgehungsmöglichkeiten vorzubeugen, nicht in Einklang zu bringen. Aus diesen Gründen ist wegen des Sachzusammenhangs entsprechend § 39 Abs. 1 Nr. 5 InsO auch bei § 64 S. 3 GmbHG auch gesellschafterähnliche Dritte vom Anwendungsbereich erfasst, soweit die Rechtshandlung einem Gesellschafterdarlehen und der Zahlung an einen Gesellschafter wirtschaftlich entspricht[487].

Die Besonderheit zu § 39 Abs. 1 Nr. 5 InsO besteht bei dem Zahlungsverbot jedoch darin, dass auch Gesellschafterdarlehen, die aufgrund des Kleinbeteiligungs- oder des Sanierungsprivilegs nicht dem Sonderrecht über

---

484 Gehrlein/Ekkenga/Simon, Sandhaus, GmbHG; § 64, Rdn. 56.

485 Vgl. Scholz, K. Schmidt, GmbHG, § 64, Rdn. 79.

486 Begr. RegE MoMiG, BT-Drs. 16/6140, S. 47 (linke Spalte). Der Gesetzgeber sieht in § 64 S. 3 GmbHG eine insolvenzrechtliche Norm, so dass über Art. 3 Abs. 1, Art. 4 Abs. 1, 2 EUInsVO § 64 S. 3 GmbHG auch in Insolvenzverfahren über das Vermögen von ausländischen Gesellschaften, deren Tätigkeitsschwerpunkt im Inland liegt, angewandt wird. Damit sollte zugleich die Schutzlücke für Auslandsgesellschaften mit Inlandsverwaltungssitz geschlossen werden; vgl. a. Desch, BB 2010, 2586, 2588.

487 K. Schmidt/Uhlenbruck, K. Schmidt, Rdn. 11.95; Niesert/Hohler, NZI 2009, 345, 349; Scholz, K. Schmidt, GmbHG, § 64, Rdn. 77; Bitter, ZInsO 2010, 1505, 1519; Goette/Habersack, Casper, Das MoMiG in Wissenschaft und Praxis, Rdn. 6.43; a.A. Kleindiek, FS K. Schmidt 2009, S. 893, 901, der freilich nur die Zahlungen an Gesellschafter und nicht auch an außenstehende Dritte erfasst sieht.

Gesellschafterdarlehen unterfallen, dennoch als Zahlungen i.S.d. § 64 S. 3 GmbHG angesehen werden, da der Umfang der Beteiligung im Rahmen des Zahlungsverbotes keine Rolle spielt[488]. Damit erfasst § 64 S. 3 GmbHG Zahlungen an alle Gesellschafter, unabhängig von der Beteiligungshöhe und dem zugrunde liegenden Verpflichtungsgeschäft, soweit die Gesellschafterstellung zum Zeitpunkt der Zahlung oder Begründung des Kausalgeschäfts gegeben war.

3. *Herbeiführen der Zahlungsunfähigkeit*

Die Zahlungen müssen objektiv zu einer Insolvenzlage geführt haben, wobei nur die tatsächlich eingetretene Zahlungsunfähigkeit i.S.d. § 17 Abs. 2 InsO und nicht die hervorgerufene Überschuldung oder bloße Geeignetheit der Zahlungsunfähigkeit maßgeblich ist[489]. Gegenüber Satz 1 verlagert § 64 S. 3 GmbHG das Auszahlungsverbot zeitlich nach vorne, ist jedoch gleichzeitig restriktiv zu sehen, da nicht alle Zahlungen, die zur Insolvenz der Gesellschaft führen, zur Erstattungspflicht des Geschäftsführers führen[490]. Entscheidend für die haftungsbegründende Wirkung des § 64 S. 3 GmbHG ist, dass die eingetretene Zahlungsunfähigkeit mit der Zahlung an den Gesellschafter in einem ursächlichen und unausweichlichen Zusammenhang steht[491]. Wegen der Befürchtung einer zu strengen Haftung des Geschäftsführers, mahnt der Gesetzgeber an dieser Stelle ausdrücklich zur Vorsicht und Zurückhaltung und verlangt restriktive Herangehensweise bei der Bestimmung der Kausalitätserfordernisse[492]. Gleichzeitig stellt der Gesetzgeber den Geschäftsführer jedoch vor einem nicht zu unterschätzenden Problem, festzustellen, dass eine Auszahlung trotz Solvenz der Gesellschaft, wohl aber aufgrund gleichzeitiger Bejahung der Kreditunwürdigkeit zu versagen ist.

---

488 Scholz, K. Schmidt, GmbHG, § 64, Rdn. 79; Ulmer/Habersack/Winter, Casper, GmbHG, § 64, Rdn. 116

489 Gehrlein/Ekkenga/Simon, Sandhaus, GmbHG, § 64, Rdn. 45; Bitter, ZInsO 2010, 1505, 1519; MünchKommGmbHG, Müller, § 64, Rdn. 166; a.A. Goette/Habersack, Casper, Das MoMiG in Wissenschaft und Praxis, Rdn. 6.44.

490 Baumbach/Hueck, Haas, GmbHG, § 64, Rdn. 102.

491 Da die Zahlungsunfähigkeit tatsächlich eingetreten sein muss, kann konsequenterweise § 64 S. 3 GmbHG nicht eingreifen, wenn die Gesellschaft unverhofft weitere Liquidität bekommen hat oder wenn dem Geschäftsführer nach der Feststellung der drohenden Zahlungsunfähigkeit die Sanierung der Gesellschaft gelungen ist, vgl. Bitter, ZInsO 2010, 1505, 1519; a.A. Goette/Habersack, Casper, Das MoMiG in Wissenschaft und Praxis, Rdn. 6.44.

492 Begr. RegE MoMiG, BT-Drs. 16/6140, S. 47 (linke Spalte).

Die ex-post zu beurteilende Ursächlichkeit liegt dann vor, wenn bei unterstelltem üblichem Verlauf, also unter Berücksichtigung weiterer Zahlungsabflüsse, aufgrund der Zahlung der Eintritt der Zahlungsunfähigkeit in sachlicher und zeitlicher Nähe erfolgt[493]. Dabei ist zwar nicht erforderlich, dass die Zahlung selbst bereits sofort die Zahlungsunfähigkeit auslöst[494], da eine Monokausalität nicht dem gesetzgeberischen Willen entsprach. Ebenso wenig kann damit jede Leistung gemeint sein, die in irgend einer Weise kausal ist, also erst nach Hinzutreten weiterer im Moment der Auszahlung unbekannter Umstände und unerwarteter Ereignisse zur Zahlungsunfähigkeit führt, was nach der Regierungsbegründung schon aus dem Tatbestandsmerkmal „zur Zahlungsunfähigkeit führen musste" unmissverständlich deutlich werden sollte[495].

Erforderlich und ausreichend ist jedoch, dass ein enger zeitlicher Kausalzusammenhang zwischen der Auszahlung und der Zahlungsunfähigkeit besteht, so dass unter normalem Verlauf und unter Berücksichtigung der im Moment der Zahlung feststehender Umstände die Zahlungsunfähigkeit erwartet werden musste[496]. Ein strengerer Maßstab der aus der ex-ante Sicht zu bestimmenden mit an Sicherheit grenzender Wahrscheinlichkeit[497] würde die Geschäftsführerhaftung zwar stark eingrenzen, gleichzeitig aber dem Sinn und Zweck der Vorschrift, die Insolvenzmasse im Interesse der Gläubiger zu sichern, zuwider laufen.

Ein solcher an die überwiegende Wahrscheinlichkeit abgestellter Kausalzusammenhang liegt etwa dann vor, wenn durch die Auszahlung an den Gesellschafter gerade die zur Begleichung von Gesellschaftsverbindlichkeiten erforderliche Liquidität entzogen wird, so dass ein ordentlicher Kaufmann davon ausgehen musste, dass die Zahlungsunfähigkeit die unmittelbare Folge der Auszahlung sein würde. Dagegen verneint die Gesetzesbegründung den Ursächlichkeitszusammenhang und damit die Geschäftsführerhaftung, wenn der Gesellschaft eine ausreichende liquiditätswirksame Gegenleistung zugeführt

493 Greulich/Rau, NZG 2008, 284, 288; K. Schmidt/Uhlenbruck, K. Schmidt, Rdn. 11.97.

494 Greulich/Rau, NZG 2008, 284, 288; Kleindiek, FS K. Schmidt 2009, S. 893, 905.

495 Begr. RegE MoMiG, BT-Drs. 16/6140, S. 47 (linke Spalte); Gehrlein/Ekkenga/Simon, Sandhaus, GmbHG, § 64, Rdn. 68.

496 Die überwiegende Wahrscheinlichkeit wird – soweit ersichtlich – wohl von der überwiegenden Ansicht vertreten, vgl. a. Kleindiek, FS K. Schmidt 2009, S. 893, 904 f.; Bitter, ZInsO 2010, 1505, 1518; Gehrlein/Ekkenga/Simon, Sandhaus, GmbHG, § 64, Rdn. 69.

497 MünchKommGmbHG, Müller, § 64, Rdn. 170.

wird[498]. Allerdings wird diese Einschränkung bei den Zahlungen für Gesellschafterdarlehen keine relevante Rolle spielen. Im Unterschied zu § 30 Abs. 1 GmbHG wird § 64 S. 3 GmbHG als eine Liquiditätsschutzvorschrift betrachtet, so dass nicht die bei § 30 Abs. 1 GmbHG anzusetzende bilanzielle Betrachtungsweise anzuwenden ist[499]. Vielmehr können nur liquiditätsrelevante Gegenleistungen zur Einschränkung des Tatbestandes führen, so dass der aufgrund der Rückzahlung eines Gesellschafterdarlehens eingetretene Liquiditätsfortfall als Kompensation nicht ausreichend ist[500].

Im Ergebnis sind die Anforderungen, die an die Feststellung der Zahlungsunfähigkeit gestellt werden, nicht genau zu beziffern und unterliegen einer wertenden Gesamtbetrachtung, in die neben die vorhandenen und zu erwartenden Zahlungsmittel die im Zeitpunkt der Fälligkeit der Forderungen und damit eingeplanten Ausgaben gegenüber gestellt werden[501]. Zur Bestimmung der Möglichkeiten über den Eintritt der Zahlungsunfähigkeit wird der Geschäftsführer also eine Solvenzprognose (*solvency test*) durchführen müssen[502].

4. *Das Verschulden und die Exkulpationsmöglichkeit des Geschäftsführers*

Da die Erkennbarkeit, dass die Zahlung des Geschäftsführers zur Zahlungsunfähigkeit führen musste, widerleglich vermutet wird[503], wird dem Geschäftsführer ein Entlastungsbeweis angeboten. Gelingt es dem Geschäftsführer erfolgreich einen Entlastungsbeweis zu führen, kann er sich von der Haftung nach § 64 S. 3 GmbHG exkulpieren. Der Geschäftsführer muss für die Exkulpation nach § 64 S. 3 Hs. 2 GmbHG darlegen und beweisen, dass er die objektive Zahlungsunfähigkeit subjektiv aufgrund besonderer Umstände nicht erkennen konnte und damit schuldlos handelte[504]. Die Exkulpationsmöglichkeit ist damit dem Wortlaut nach nur auf die Vorausschau der Zahlungsunfähigkeit beschränkt.

---

498 Begr. RegE MoMiG, BT-Drs. 16/6140, S. 46 (rechte Spalte).

499 Scholz, K. Schmidt, GmbHG, § 64, Rdn. 85.

500 Scholz, K. Schmidt, GmbHG, § 64, Rdn. 85; Seulen/Osterloh, ZInsO 2010, 881, 883; wohl a.A. Niesert/Hohler, NZI 2009, 345, 349.

501 Winstel/Skauradszun, GmbHR 2011, 185, 186; Gehrlein/Ekkenga/Simon, Sandhaus, GmbHG, § 64, Rdn. 69; MünchKommGmbHG, Müller, § 64, Rdn. 171.

502 Hoffmann, GmbHR 2010, 203 (203); LG Berlin, GmbHR 2010, 201, 202.

503 Gehrlein/Ekkenga/Simon, Sandhaus, GmbHG, § 64, Rdn. 70.

504 Begr. RegE MoMiG, BT-Drs. 16/6140, S. 47 (linke Spalte); Scholz, K. Schmidt, GmbHG, § 64, Rdn. 87. Zur Bestimmung der Liquiditätsprognose, also zur Prüfung eingetretener oder drohender Zahlungsunfähigkeit bieten die Empfehlungen

Ob der Geschäftsführer sich auch mit dem Argument nach § 64 S. 2 GmbHG exkulpieren kann, die Zahlung sei trotz ihrer Geeignetheit die Zahlungsunfähigkeit hervorzurufen, mit der Sorgfalt eines ordentlichen Geschäftsmannes vorgenommen worden, ist ausgehend von dem Wortlaut, der die Norm lediglich als eine Rechtfolgenverweisung formuliert, fraglich. Jedoch ist dem Argument vom Erst-Recht-Schluss von *Karsten Schmidt* zuzustimmen, die Anforderungen im Vorfeld der Zahlungsunfähigkeit im Verhältnis zum Zeitpunkt der materiellen Insolvenz nach § 64 S. 1 GmbHG nicht zu verschärfen[505]. Aus diesem Grund besteht eine Exkulpationsmöglichkeit nicht nur im Hinblick auf das Verschulden, sondern auch im Hinblick auf den Ausschluss des Tatbestandes bei den mit der Sorgfalt eines ordentlichen Kaufmannes vorgenommenen insolvenzauslösenden Zahlungen an die Gesellschafter.

Die Chancen des Geschäftsführers, die Exkulpation erfolgreich führen zu können, wenn die Ursächlichkeit einmal nachgewiesen ist, werden in der Praxis jedoch als minimal angesehen[506].

5. *Rechtsfolge*

Der Anspruch aus § 64 S. 3 GmbHG stellt – wie § 64 S. 1 GmbHG – nicht einen Schadens-, sondern einen Erstattungsanspruch im Innenverhältnis dar. Die Erstattungspflicht des Geschäftsführers ist also auf den Betrag beschränkt, der dem Gesellschafter ausgezahlt wurde, ohne dass es auf den daraus resultierenden Schaden – unabhängig in welcher Höhe – ankommt[507]. Da mit der Verwirklichung des Tatbestandes durch den Geschäftsführer in der Regel auch ein existenzvernichtender Eingriff seitens des Gesellschafters vorliegen wird und die Befriedigung bei Eintritt der Insolvenz bei dem Gesellschafter angefochten werden kann, hat der Geschäftsführer gegen die Gesellschaft analog § 255 BGB gegen Erstattung des ausgezahlten Betrages Zug um Zug einen Anspruch auf

des Fachausschusses Recht des Instituts für Wirtschaftsprüfer praktische Leitfaden, auf die die Geschäftsführer zugreifen können, vgl. IDW Prüfungsstandard, Beurteilung eingetretener oder drohender Zahlungsunfähigkeit bei Unternehmen (IDW PS 800), 2010.

505 Scholz, K. Schmidt, GmbHG, § 64, Rdn. 88; Saenger/Inhester, Kolmann, GmbHG, § 64, Rdn. 93; Gehrlein/Ekkenga/Simon, Sandhaus, GmbHG, § 64, Rdn. 60.; a.A. Seulen/Osterloh, ZInsO 2010, 881,886.

506 Kleindiek, GWR 2010, 75 (75); Bayer/Illhardt, GmbHR 2011, 856, 860.

507 Kleindiek, FS K. Schmidt 2009, S. 893, 901; Scholz, K. Schmidt, GmbHG, § 64, Rdn. 93.

Abtretung etwaiger Ansprüche der Gesellschaft gegen den Gesellschafter[508]. In der Insolvenz hat der Insolvenzverwalter – da die Ansprüche gegen den Gläubiger und den Geschäftsführer unabhängig voneinander bestehen – ein Wahlrecht im Hinblick auf die Geltendmachung der Ansprüche, das er entsprechend den Erfolgsaussichten ausüben wird[509].

Der Anspruch wird in der Insolvenz von dem Insolvenzverwalter geltend gemacht; sollte dagegen das Insolvenzverfahren eingestellt werden oder wird bereits die Eröffnung des Insolvenzverfahrens abgelehnt, können die Gläubiger den Anspruch der Gesellschaft nach §§ 829, 835 ZPO pfänden und sich zur Einziehung überweisen lassen[510]. Insoweit ergeben sich keine Unterschiede zu § 64 S. 1 GmbHG.

a. Leistungsverweigerungsrecht des Geschäftsführers

In der Literatur wird bisweilen diskutiert, ob das Auszahlungsverbot des § 64 S. 3 GmbHG – wie es bei § 30 Abs. 1 GmbHG der Fall ist – für den Geschäftsführer auch ein Leistungsverweigerungsrecht darstellt. Während eine Ansicht aus der ungeschriebenen Rechtsfolge des § 64 S. 3 GmbHG ein Leistungsverweigerungsrecht des Geschäftsführers herleitet[511], will die andere in Anlehnung an § 64 S. 1 GmbHG – dem kein Leistungsverweigerungsrecht zugesprochen wird – keine solche materiellrechtliche Einwendung gewähren[512].

Der zweiten Ansicht – und der Ansicht des OLG München[513] – bei § 64 S. 3 GmbHG handele es sich keinesfalls um ein Leistungsverweigerungsrecht kann nicht gefolgt werden. Unzureichend sind auch die hierzu ergangenen Begründungen, das Leistungsverweigerungsrecht schon aus Gründen des Gleichlaufs

---

508 Gehrlein/Ekkenga/Simon, Sandhaus, GmbHG; § 64, Rdn. 75; Scholz, K. Schmidt, GmbHG, § 64, Rdn. 94.

509 Saenger/Inhester, Kolmann, GmbHG, § 64, Rdn. 95.

510 Vgl. a. Bitter, ZInsO 2010, 1505, 1518.

511 Scholz, K. Schmidt, GmbHG, § 64, Rdn. 65; Goette/Habersack, Casper, Das MoMiG in Wissenschaft und Praxis, Rdn. 6.41; Gehrlein/Ekkenga/Simon, Sandhaus, GmbHG, § 64, Rdn. 77; so auch nun LG Berlin, Urt. v. 16.12.2009, GmbHR 2010, 201, 202; MünchKommGmbHG, Müller, § 64, Rdn. 174; Winstel/Skauradszun, GmbHR 2011, 185, 187; i.E.a. Desch/Bunnemann, BB 2010, 1882 (1882).

512 Haas, DStR 2010, 1991 (1991); OLG München v. 6.5.2010, BB 2010, 1880, 1881.

513 Das OLG München beschäftigte sich in der Entscheidung eigentlich mit dem Problem, ob Zahlungen auf fällige und durchsetzbare Gesellschafterforderungen von 64 S. 3 GmbHG überhaupt erfasst werden. Mit der Verneinung dieser Frage hat es demnach auch nicht gesondert auf das Problem des Leistungsverweigerungsrechts Stellung genommen.

mit § 64 S. 1 GmbHG und des fehlenden Schutzbedürfnisses des Geschäftsführers[514] abzulehnen. Diese Ansicht verkennt jedoch, dass es nicht rechtlich nachvollzogen werden kann, warum der Geschäftsführer, der mit seiner Handlung eindeutig gegen ein Zahlungsverbot verstoßen wird, nicht berechtigt sein soll, die Zahlung zu verweigern[515]. Andernfalls müsste der Geschäftsführer in den Fällen des § 64 S. 3 GmbHG sich bei kollidierenden Handlungspflichten sehenden Auges in den Haftungszugriff begeben[516].

Ungeachtet dessen untersteht der Geschäftsführer grundsätzlich der Weisungsbefugnis der Gesellschafter, die er grundsätzlich auch bei – seiner Ansicht nach – verfehlten Entscheidungen zu befolgen hat. Er wird erst dann von seiner Weisungsgebundenheit befreit, wenn er durch die Befolgung der Weisung eine seiner Pflichten verletzen und sich ersatzpflichtig machen würde[517]. Dies wird auch aus der in § 64 S. 4 GmbHG statuierten Verweisung auf § 43 Abs. 3 S. 3 GmbHG deutlich. Jedoch wird es für den Geschäftsführer in der Praxis, insbesondere im Vorfeld der Insolvenz, schwierig sein, fehlerfrei zwischen rechtmäßigem und gesetzwidrigem Verhalten zu unterscheiden. Das Argument der Gesetzesbegründung, der Geschäftsführer solle bei Zweifeln über die Rechtmäßigkeit der Auszahlung an den Gesellschafter eher sein Amt niederlegen, statt die von den Gesellschaftern geforderte Zahlung vorzunehmen[518], überrascht sehr und zeigt wenig Fingerspitzengefühl und Anerkennung vor dem Krisenmanagement eines insolvenzbedrohten Unternehmens[519]. Im Ergebnis wird dem Geschäftsführer, der dem Druck der Gesellschafter nicht stand halten können

---

514 So auch Haas, DStR 2010, 1991, 1992, der sich auch auf den Wortlaut und die Systematik des § 64 S. 3 GmbHG stützt.

515 Scholz, K. Schmidt, GmbHG, § 64, Rdn. 65; Goette/Habersack, Casper, Das MoMiG in Wissenschaft und Praxis, Rdn. 6.41; so auch nun LG Berlin, Urt. v. 16.12.2009, GmbHR 2010, 201, 202; i.E.a. Desch/Bunnemann, BB 2010, 1882 (1882).

516 Ein weiteres Problem im Zusammenhang mit dem Leistungsverweigerungsrecht des Geschäftsführers besteht in den Fällen von Rückzahlungsbegehren mehrerer Gesellschafter, die zum selben Zeitpunkt ihre fälligen Forderungen geltend machen. Nach dem Vorschlag von Winstel/Skauradszun kommt in solchen Fällen als Verteilungsmaßstab allein die quotale Befriedigung in Betracht, die sich nur an der Höhe der jeweiligen Forderung richtet, so dass nicht etwa die Beteiligungsquote, sondern nur das individuelle Fremdfinanzierungsrisiko maßgeblich ist. Vgl. hierzu ausführlich Winstel/Skauradszun, GmbHR 2011, 185, 187 ff.

517 Baumbach/Hueck, Zöllner/Noack, GmbHG, § 37, Rdn. 24; Begr. RegE. MoMiG, BT-Drs. 16/6140, S. 47 (linke Spalte).

518 Begr. RegE. MoMiG, BT-Drs. 16/6140, S. 47 (linke Spalte).

519 Vgl. a. K. Schmidt, GmbHR 2008, 449, 455.

wird, zur Vermeidung eigener Haftung jedoch keine andere Wahl bleiben, als das Amt tatsächlich niederzulegen.

b. Verhältnis zu anderen Haftungsbestimmungen

Anknüpfend an die Feststellung, dass der Geschäftsführer bei gefährlichen Zahlungen ersatzpflichtig ist, stellt sich die Frage, wie sein Handeln sich auf den Sorgfaltsmaßstab des § 43 Abs. 1 GmbHG und die damit verbundene Haftung nach § 43 Abs. 2 GmbHG auswirkt. Es könnte nämlich argumentiert werden, dass eine Handlung, die die Zahlungsunfähigkeit herbeiführen musste, nicht mit der Sorgfalt eines ordentlichen Kaufmannes korrespondiert, so dass dem Geschäftsführer bei einer Ersatzpflicht nach § 64 S. 3 GmbHG gleichzeitig auch eine Schadensersatzhaftung nach § 43 Abs. 2 GmbHG droht[520].

Gelingt es der Gesellschaft oder dem Insolvenzverwalter einen konkreten Vermögensschaden der Gesellschaft darzulegen, so ist neben § 64 S. 3 GmbHG bei Auszahlungen an die Gesellschafter tatsächlich auch eine – über die bloße Erstattung der geleisteten Zahlungen hinausgehende – Haftung nach § 43 Abs. 1, 2 GmbHG statthaft[521]. Da sowohl § 64 S. 3 GmbHG als auch der an die Geschäftsführer gestellte Sorgfaltsmaßstab bei den Ausführungen der Gesellschaftsangelegenheiten den Zweck haben, eine Illiquiditätsverursachung vorzubeugen, sollte sich der Geschäftsführer nach dem MoMiG dessen bewusst sein, dass er nicht nur zum Ersatz der Auszahlung, sondern auch des darüber für die Gesellschaft entstandenen Schadens verpflichtet sein kann[522].

IV. Schlussfolgerungen zum Auszahlungsverbot des § 64 S. 3 GmbHG

Die Einführung einer weiteren Haftungsalternative des Geschäftsführers hat die Rechtspraxis nicht kommentarlos entgegen genommen. Wie die knappe

520 Strohn, ZHR 173 (2009), 589, 590; Scholz, K. Schmidt, GmbHG, § 64, Rdn. 97.

521 MünchKommGmbHG, Müller, § 64, Rdn. 157. So könnte jedoch wiederum überlegt werden, warum der Gesetzgeber die Einführung des § 64 S. 3 GmbHG für zweckdienlich erachtete. Die Fälle, in denen der Geschäftsführer die Gesellschaft durch Auszahlungen schuldhaft in die Insolvenz führt, sind – wie gezeigt – auch durch die Insolvenzverursachungshaftung des § 43 GmbHG abgedeckt und bedürften rein rechtlich keiner weiteren Anspruchsgrundlage, die die Erstattungspflicht lediglich mit der ausgezahlten Summe beschränkt, vgl. K. Schmidt, GmbHR 2007, 1, 6. Insofern käme alternativ auch eine Anpassung des § 43 GmbHG in Betracht.

522 Darüber hinaus kann ihn auch eine Haftung nach § 30 Abs. 1 i.V.m. § 43 Abs. 3 GmbHG treffen, aber nicht im Zusammenhang mit den Gesellschafterdarlehen.

Darstellung des § 64 S. 3 GmbHG gezeigt hat, lassen sich wesentliche Aspekte unterschiedlich gestalten und bilden die Grundlage für umstrittene Diskussionen im Schrifttum und in der Rechtsprechung. Geordnete Verhältnisse werden erst in der Zukunft durch obergerichtliche Rechtsprechung oder einem gefestigten Meinungsbild in der Literatur geschaffen. Ob die Haftung des Geschäftsführers nach § 64 S. 3 GmbHG in Bezug auf die Gesellschafterdarlehen auf die Fälle anwendbar ist, in denen – auch bei fälligen Gesellschafterforderungen – im Zeitpunkt der Zahlung an den Gesellschafter die Tilgung restlicher Gesellschaftsverbindlichkeiten unmöglich wird, da die Zahlung kausal zu einer Zahlungsunfähigkeit geführt hat, bleibt umstritten. Der Ansicht *Altmeppens* ist nun auch das *OLG München*[523] gefolgt, wonach § 64 S. 3 GmbHG sich grundsätzlich nicht auf die Fälle bezieht, in denen dem Gesellschafter ein fälliger Anspruch gegen die Gesellschaft zusteht, unabhängig davon ob es sich um einen Anspruch aus einer Darlehensforderung oder einem anderen Verkehrsgeschäft handelt.

Unabhängig von der Anwendung des Auszahlungsverbotes auf die Rückzahlung von Gesellschafterdarlehen könnte sich eine solche Erstattungspflicht negativ auf das unternehmerische Handeln des Geschäftsführers auswirken[524], da der Geschäftsführer vor dem Hintergrund des erhöhten Ersatz- und Haftungsrisikos in seiner unternehmerischen Freiheit in besonderem Maße beeinträchtigt werden könnte. Die Neukodifizierung des § 64 S. 3 GmbHG soll jedoch die Folge dessen sein, dass mit den durch das MoMiG beseitigten Rechtsprechungsregeln über Gesellschafterdarlehen der vorbeugende kapitalerhaltungsrechtliche Schutz des § 30 Abs. 1 GmbHG auf die Rückzahlung von Gesellschafterdarlehen gemäß § 30 Abs. 1 S. 3 GmbHG keine Anwendung mehr findet[525].

Infolge der Streichung der Rechtsprechungsregeln und der Einführung dieses Zahlungsverbotes steht der Geschäftsführer aber vor zwei divergierenden Problemen. Einerseits darf er aufgrund des Nichtanwendungserlasses des § 30 Abs. 1 S. 3 GmbHG die von einem Gesellschafter geforderte Rückzahlung von Darlehen oder diesen wirtschaftlich entsprechenden Rechtshandlungen nicht mehr unter Berufung auf den bilanziellen Kapitalschutz verweigern. Anderseits könnte er sich einer Erstattungspflicht nach § 64 S. 3 GmbHG – und einer Haftung nach § 43 Abs. 1, 2 GmbHG – aussetzen, wenn er insolvenzauslösende Zahlungen, auch bei Rückzahlung von Gesellschafterdarlehen – an die Gesellschafter vornimmt,

523 OLG München v. 6.5.2010, BB 2010, 1880, 1881, das auch das Leistungsverweigerungsrecht des § 64 S. 3 GmbHG ablehnte. Die Revision wurde nicht zugelassen.

524 Vgl. Greulich/Rau, NZG 2008, 284, 286.

525 Vgl. Begr. RegE MoMiG, BT-Drs. 16/6140, S. 42 (linke Spalte).

die eine unwesentliche Deckungslücke erheblich vertiefen. In der Praxis wird der Geschäftsführer damit – insbesondere wegen der komplexen Feststellung des Ursachenzusammenhangs – vor nicht unerhebliche Probleme gestellt. Wie die Solvenzprognose genau durchzuführen ist, wird durch das Gesetz nicht festgelegt. Letztlich kann der Geschäftsführer auch bei § 64 S. 3 GmbHG die im Rahmen der drohenden Zahlungsunfähigkeit oder Überschuldungstatbestandes angewandte Prüfungsart anwenden[526].

Im Vorfeld der Insolvenz wird der Geschäftsführer – für den Fall, dass es sich nicht um die Tilgung von Gesellschafterdarlehen handeln wird – neben dem Solvenztest im Rahmen des § 30 Abs. 1 GmbHG auch die Kapitaldeckung überprüfen müssen, was zu einem verstärkten Gläubigerschutz beiträgt. Die gleichzeitige Haftungsverschärfung für den Geschäftsführer, die sich in der strikten Erstattungspflicht – und nicht in einer möglicherweise gerechteren Schadensersatzpflicht – manifestiert, ist insbesondere im Vergleich zu den weniger strengen Rechtsfolgen für die Gesellschafter als Zahlungsempfänger offensichtlich[527]. Ob jedoch die mit der Haftung des Geschäftsführers verbundene befürchtete Dramatik sich tatsächlich entfalten wird, ist noch ungewiss. Fest steht nur, dass die bestehende Rechtsunsicherheit der Rechtspraxis und den Geschäftsführern durchaus Schwierigkeiten bereiten wird, die jedoch erst durch obergerichtliche Rechtsprechung ausgeräumt werden könnten.

D. Ausnahmetatbestände

Beschränkungen des Anwendungsbereiches des neuen Rechts der Gesellschafterdarlehen finden sich in § 39 Abs. 5 und Abs. 4 S. 2 InsO wieder. Mit dem Sanierungs- und Kleinbeteiligungsprivileg statuiert der Gesetzgeber zwei gesetzliche Ausnahmetatbestände, mit denen der insolvenzrechtliche Nachrang und die Anfechtbarkeit von Gesellschafterdarlehen durchbrochen werden.

526 Baumbach/Hueck, Haas, GmbHG, § 64, Rdn. 95.

527 Vgl. a. Scholz, K. Schmidt, GmbHG, § 64, Rdn. 71; Poertzgen, NZI 2008, 9, 11, der aus diesem Grund die Forderungen anderer nach der generellen Streichung der Geschäftsführerhaftung für Zahlungen an Gesellschafter, welche die Illiquidität der Gesellschafter bewirken, nur wiederholen kann.

I. Das Sanierungsprivileg, § 39 Abs. 4 S. 2 InsO

„Das Kapitalersatzrecht sei sanierungsfeindlich“[528]. Diese Aussage, die spätestens seit der Helaba-Sonnenring-Entscheidung[529] ausgelöst wurde, begegnet einem immer wieder im Rahmen der Lektüre des Eigenkapitalersatzrechts. Aber ist sie mit stichhaltigen Argumenten belegbar oder nur ein weiterer Versuch der Verfechter des Projektes „Deregulierung des Eigenkapitalersatzrechts“, die Gesellschafterhilfen vor dem Verlust zu retten, sei es auch zu Lasten der Gläubiger? Fest steht, dass eine Gesellschafterhilfe nicht nur dazu beitragen kann, den Überlebenskampf der Gesellschaft erfolglos hinauszuzögern, sondern auch dazu beiträgt, die Befriedigungsaussichten der Gläubiger zu verbessern[530]. Nichtsdestotrotz wird der Gesellschafter im letztgenannten Fall mit der Verantwortung belegt.

Die gesellschaftsrechtlichen Rahmenbedingungen der Unternehmenssanierung gelten aber nicht nur in Reihen der internen, sondern auch der externen Sanierung, wenn Dritte sich an dem Sanierungskonzept beteiligen wollen. In der genannten Entscheidung hat sich der BGH sogar bei den institutionellen Kreditgebern explizit gegen ein Sanierungsprivileg ausgesprochen. Er hat unmissverständlich klargestellt, dass Alt- und Neukredite der Banken den Eigenkapitalersatzregeln unterfallen, auch wenn die 100% Tochtergesellschaft der kreditgebenden Bank mehrheitlich die Anteile an der notleidenden Gesellschaft nach der Gewährung der Altkredite übernimmt, um in erster Linie eigene Kreditforderungen zu retten[531]. Diese Entscheidung ist insbesondere aus dem Grunde zu Recht kritisiert worden, als vor allem institutionelle Kreditgeber durch einen Anteilserwerb in erster Linie die Rettung ihres notleidenden Kreditengagements anstreben und die erneute Vergabe von Finanzmitteln nicht selten mit der Bedingung der Übernahme der unternehmerischen Kontrolle über die notleidende Gesellschaft einhergeht[532].

528 Vgl. etwa Haas, ZInsO 2007, 617, 624; Dörrie, ZIP 1999, 12 (12); Michalski, Heidinger, GmbHG, 2. Aufl.; §§ 32 a, 32 b, Rdn. 221; Claussen, ZHR 147 (1983), 196, 197; Götz/Hegerl, DB 1997, 2365, 2367; Dörrie, ZIP 1999, 12 (12).

529 BGHZ 81, 311, 314 ff.

530 Haas, ZInsO 2007, 617, 624.

531 BGHZ 81, 311, 315. In der Entscheidung bekräftigte der BGH erneut, dass das Stehenlassen von Altdarlehen in der Krise der Neugewährung gleichstehe. Insbesondere hielt er aber die Argumentation der Bank, sie habe sich an der Gesellschaft zwecks Sanierung eigener Kredite beteiligt, für unerheblich. Gegen Sanierungsdarlehen auch: BGHZ 105, 168, 175 ff.; BGH 119, 191.

532 Dörrie, ZIP 1999, 12, 13.

Wie kann dann diesen motivierten Sanierungsvorhaben der Einwand der Unseriosität oder des Missbrauchs entgegen gehalten werden? Es will nicht einleuchten, wie jemand, der über 51% des Stammkapitals an der angeschlagenen Gesellschaft übernimmt und zusätzlich Neukredite (fresh money) gewährt, ein anderes Ziel als die Sanierung der Gesellschaft vor Augen haben kann. In der Praxis ist es ein weit verbreitetes Instrumentarium der Kreditinstitute, in finanziellen Krisen ihres Schuldners, Sanierungsbeiträge[533] zu erbringen. Diese Sanierungsbeiträge sind wie auch bei den Gesellschaftern in erster Linie darauf ausgerichtet, die Überschuldung der Gesellschaft zu beseitigen, um das Vertrauen der Geschäftspartner in die Überlebensfähigkeit der Gesellschaft wieder zu gewinnen[534]. Um das eigene Kreditengagement und die Gesellschaft aus der Misere zu retten, greifen die Kreditinstitute zu zwei Sanierungsmöglichkeiten, die in der Praxis im Laufe der Zeit vermehrt vorzufinden waren: Zum einen können die Kreditinstitute ihre vorhandenen Forderungen im Rahmen eines sogenannten Dept-Equity-Swap[535] in Eigenkapital umwandeln – wobei sie dabei die Regeln der Kapitalaufbringung, insbesondere vor dem Hintergrund der Vollwertigkeit der Forderung und der verdeckten Sacheinlage zu beachten haben – und zum anderen können sie Geschäftsanteile an der krisenbedrohten Gesellschaft übernehmen – wobei sie wiederum dem Eigenkapitalersatzrecht ausgesetzt werden konnten. Beide Lösungswege – von denen jedoch nur das zuletzt Genannte einer weiteren Betrachtung unterzogen wird – waren trotz ihrer nicht zu unterschätzenden Motivation mit erheblichen rechtlichen Risiken verbunden, die wahrhaftig nicht als sanierungsfreundlich angesehen werden konnten.

Um dem Argument der Sanierungsfeindlichkeit entgegenzutreten hat der Gesetzgeber 1998 mit dem Gesetz zur Kontrolle und Transparenz im Unternehmensbereich[536] das Sanierungsprivileg eingeführt, um die Anwendung des gesamten Eigenkapitalersatzrechts in personeller Hinsicht zu reduzieren und die Sanierung einer Gesellschaft in der Krise attraktiver zu machen. Das zunächst in § 32 a Abs. 3 GmbHG a.F. geregelte Sanierungsprivileg wurde mit der seit

533 Diese können entweder als Forderungsstundung oder –erwerb (mit oder ohne Besserungsschein), auch als Rankrücktritt oder Anteilserwerb ausgestaltet sein, vgl. zu den einzelnen Formen K. Schmidt/Uhlenbruck, K. Schmidt, Rdn. 2.211 ff.

534 Wittig, FS K. Schmidt, 2009, S. 1743, 1744.

535 Vgl. zu neuen Rechtslage der Dept-Equity-Swaps: Redeker, BB 2007, 673 ff.; Ekkenga, DB 2012, 331 ff.; Gehrlein, NZI 2012, 257 ff.; Nerlich/Kreplin, Bornheimer, MAH InsO, § 7, Rdn. 89 ff.

536 Art. 9a KonTraG v. 27.04.1998, BGBl. I S. 786, das wohl in einer „Nacht- und Nebelaktion" unter Ausschluss der Öffentlichkeit beschlossen wurde.

dem MoMiG ergangenen Streichung des § 32 a GmbHG a.F. in § 39 Abs. 4 S. 2 InsO neu platziert und hinsichtlich des sachlichen Anwendungsbereiches – im Gegensatz zu der alten Regelung – präziser gefasst, indem ausdrücklich klargestellt wurde, dass nicht nur Darlehen, sondern auch wirtschaftlich gleichgestellte Leistungen vom Sanierungsprivileg erfasst werden können.

1. *Einblick in das bekannte Sanierungsprivileg nach § 32 a Abs. 3 S. 3 GmbHG a.F.*

Vor dem Inkrafttreten des MoMiG war das Sanierungsprivileg ein Bestandteil der Novellenregeln und war in § 32 a Abs. 3 S. 3 GmbHG a.F. geregelt[537]. Danach unterlagen bereits gewährte oder neu zu gewährenden Kredite nicht dem Eigenkapitalersatzrecht – und zwar weder den Novellen- als auch den Rechtsprechungsregeln[538] –, wenn der Darlehensgeber in der Krise der Gesellschaft zum Zwecke dessen Sanierung eine Beteiligung an der Gesellschaft erwarb[539]. In einem solchen Fall sollte er in der Hinsicht privilegiert werden, als die in 32a Abs. 1 GmbHG a.F., § 39 Abs. 1 Nr. 5 InsO statuierte Nachrangigkeit jeglicher Forderungen keine Anwendung findet. Erwarb der Gesellschafter dagegen erst außerhalb der Krise einen Geschäftsanteil, musste er hinsichtlich seines gewährten Darlehens befürchten, dass es in Eigenkapitalersatz umqualifiziert wurde, wenn er es innerhalb einer an § 64 Abs. 1 GmbHG a.F. orientierenden Frist, die

537 Die systematische Stellung der alten Regelung erscheint in der Tat etwas deplaziert. Während die Regelung des § 32 a Abs. 3 S. 1 GmbHG a.F. den Anwendungsbereich des Kapitalersatzrechts sowohl in personeller als auch in sachlicher Hinsicht erweiterte, indem auch den Darlehen wirtschaftlich vergleichbare Leistungen der Gesellschafter und Dritter erfasst werden konnten, bestimmten § 32 a Abs. 3 S. 2 und S. 3 GmbHG a.F. eben die Kehrseite der Bestimmung des Satzes eins, indem der Anwendungsbereich wieder eingeschränkt wurde. Außerdem sprach das Sanierungsprivileg in Satz 3 nur von den Krediten, so dass auch die Formulierung sich in Gegensatz zu Satz eins setzte. Daraus folgerten nicht wenige Stimmen in der Literatur, aufgrund der auffällig widersprüchlichen Formulierungen gelte das Privileg nur für die gewährten Kredite. Diese Ansicht hat sich jedoch nicht durchgesetzt. Richtiger wäre es aber – auch im Interesse der Vermeidung von Rechtsirrtümern – einen eigenständigen Absatz vier für die Privilegierungen vorzusehen.

538 Damit wird deutlich, dass der BGH von einem einheitlichen Rechtsinstitut des Kapitalersatzes ausgeht, BGHZ 165, 106, 112; Bormann, GmbHR 2006, 314 (314); vgl. a. BGH v. 21.11.2005, ZIP 2006, 279, 281.

539 Vgl. Baumbach/Hueck, Hueck/Fastrich, GmbHG, § 32 a, Rdn. 19.

an die Kenntnis von der Krise bzw. an das Kennenmüssen anknüpft, nicht außerordentlich kündigte oder die Gesellschaft nicht liquidierte[540].

Trotz des misslungenen engen Wortlauts von § 32 a Abs. 3 S. 3 GmbHG a.F., der explizit nur die Kredite in den Anwendungsbereich des Sanierungsprivilegs einbezog, ist im Laufe der Zeit trotz einiger geäußerter Bedenken gegen die Einbeziehung wirtschaftlich vergleichbarer Leistungen, im Interesse einer einheitlichen Behandlung solcher Fallgruppen eine analoge Anwendung der Bestimmung auf die im Zusammenhang mit dem Anteilserwerb gewährten wirtschaftlich vergleichbaren Leistungen für sachgerecht erachtet worden[541]. Dabei konnten die Anteile sowohl durch Übernahme von Anteilen der Altgesellschafter, das zumeist mit dem Austausch des Managements verbunden sein wird[542] oder durch Zeichnung neuer Anteile im Rahmen einer Kapitalerhöhung erworben werden[543], wobei die Höhe der erworbenen Anteile – sowohl die Mindest- als auch die Höchstbegrenzung – unerheblich war, so dass auch eine Beteiligung von 10% oder weniger genügte[544]. Dass der Erwerb von Anteilen nur auf Gesellschafterebene mangels neuer Kapitalzufuhr und nur durch Zuführung neuer Kredite, die zurückgewährt und verzinst werden müssen, in der Praxis weniger erfolgversprechend erscheint, folgt daraus, dass eine notleidende Gesellschaft in erster Linie frisches Eigenkapital braucht, das aber erst im Rahmen der Ausgabe neuer Anteile infolge einer Kapitalerhöhung der Gesellschaft zufließt. Diese Einschränkung ist jedoch nicht Gegenstand der Regelung geworden, als sie die Sanierungsmöglichkeiten zulasten der Gesellschaften nur eingrenzen würde. Ein mit dem wie auch immer ausgestalteten Erwerb verbundener Austausch im Management soll einen wichtigen Teil des Sanierungsplans darstellen und jeglichen Erwerb genügen lassen[545].

540 Dörrie, ZIP 1999, 12, 14.

541 Rowedder/Schmidt-Leithoff, Pentz, GmbHG, § 32 a, Rdn. 125.

542 Vgl. Begründung der Beschlussempfehlung, BT-Drs. 13/10039, S. 28 (linke Spalte); Wobei bei dieser Alternative es zweifelhaft erscheint, ob ein solcher Erwerb tatsächlich geeignet ist, die Krise zu überwinden, da der Erwerb allenfalls die Gesellschafterebene tangiert, im Gegensatz zu der Ausgabe neuer Anteile.

543 Vgl. Beschlussempfehlung des Rechtsausschusses zum KonTraG zu Art. 9a, ZIP 1998, 487, 491.

544 Vgl. Pentz, GmbHR 1999, 437, 448; Seibert, GmbHR 1998, 309, 310; Baumbach/Hueck, Hueck/Fastrich, GmbHG, § 30 Anh, Rdn. 75.

545 Rowedder/Schmidt-Leithoff, Pentz, GmbHG, § 32 a, Rdn. 111; eher kritisch hierzu Claussen, GmbHR 1996, 316, 326.

a. Freigestellter Personenkreis

Auf den ersten Blick erscheint der Wortlaut der Regelung sowohl im alten als auch im neuen Recht verständlich zu sein. Ein Darlehensgeber, der zum Zwecke der Sanierung der Gesellschaft Anteile erwirbt, braucht nicht zu befürchten, dass das von ihm gewährte Darlehen den Eigenkapitalersatzregeln unterliegt. In Wirklichkeit enthält die Bestimmung gewisse Feinheiten des Sanierungsprivilegs, die allein durch eine Lektüre des Wortlauts unentdeckt bleiben. Insoweit sind hinsichtlich des freigestellten Personenkreises insgesamt vier Fallgruppen zu unterscheiden.

aa. Sanierungsmaßnahmen außenstehender Dritter

Die erste Fallgruppe betrifft den Prototyp des Adressatenkreises. In der Regel werden gesellschaftsfremde Dritte, die bereits in Kreditbeziehungen mit der Gesellschaft stehen, aber nicht dem Eigenkapitalersatzrecht unterliegen, oder die Kreditbeziehungen eingehen wollen und in der Krise erstmals Anteile erwerben von dem Sanierungsprivileg erfasst[546]. In diese Kategorie fällt zum Beispiel ein Kreditinstitut, das statt Anteile zu übernehmen oder zu zeichnen, durch einen Unternehmensvertrag die Konzernherrschaft über die angeschlagene Gesellschaft übernimmt[547].

bb. Nichtgeschäftsführende Kleingesellschafter

Unproblematisch werden auch nichtgeschäftsführende Gesellschafter mit nichtunternehmerischer Kleinbeteiligung i.S.d. § 32 a Abs. 3 S. 2 GmbHG a.F., die ihren Kleinanteil von weniger als 10%[548] zum Zwecke der Sanierung aufstocken, vom Anwendungsbereich des Sanierungsprivilegs erfasst. Das heißt also, dass ein nur geringfügig beteiligter Gesellschafter, der seiner Gesellschaft eine Finanzierungshilfe zur Verfügung gestellt und den Anteil nicht aufgestockt hat, schon aufgrund des Kleinbeteiligungsprivilegs i.S.d. § 32 a Abs. 3 S. 2 GmbHG a.F. keine Umqualifizierung befürchten muss, da er typischerweise keine mitunternehmerische Verantwortung und kaum Einflussmöglichkeiten auf die Gesellschaft ausübt, so dass ihn keine das Eigenkapitalersatzrecht auslösende Finanzierungsfolgenverantwortung traf[549].

---

546 Vgl. Scholz, K. Schmidt, GmbHG, §§ 32 a, 32 b, Rdn. 214; Baumbach/Hueck, Hueck/Fastrich, GmbHG, 18. Aufl., § 32 a, Rdn. 19.

547 Vgl. Scholz, K. Schmidt, GmbHG, §§ 32 a, 32 b, Rdn. 216.

548 Wohingegen die unternehmerische Beteiligungsgrenze bei Aktiengesellschaften an die Sperrminorität von 25% anknüpfte.

549 BT-Drs. 13/7141, Begr. RegE zu Art. 2, S. 12 (linke Spalte).

Entscheidet er sich jedoch zusätzliche Anteile zu erwerben und weitere Finanzierungsmittel zu gewähren, wird er zwar nicht mehr unter das Kleinbeteiligungsprivileg fallen, wohl aber vom Sanierungsprivileg erfasst werden[550]. Diese Konstellation bildet die zweite Gruppe des Adressatenkreises. Unter diese Konstellation fallen aber auch Personen, die den nach § 32 a Abs. 3 S. 2 GmbHG a.F. Freigestellten i.S.d. § 32 a Abs. 3 S. 1 GmbHG a.F. nahestehen[551]. Hierin wird es zum ersten Mal deutlich, wie die Merkmale des § 32 a Abs. 3 GmbHG a.F. miteinander verstrickt sind und dass eine solche weite Auslegung alles andere als wortlautgetreu angesehen werden kann.

cc. Sanierungsbemühungen von Altgesellschaftern

Die dritte Fallgruppe betrifft den sehr strittigen Fall, wenn die Gesellschafter nicht unter § 32 a Abs. 3 S. 2 GmbHG a.F. fallen und damit entweder mehr als 10% Anteile an der Gesellschaft halten oder eine geschäftsführende Position einnehmen. Hierbei ist eine differenzierende Betrachtung hinsichtlich des Zeitpunkts des gewährten Darlehens maßgeblich.

(1) Gewährung von Finanzierungsmaßnahmen vor dem Hinzuerwerb von Gesellschaftsanteilen

Für die vor dem Hinzuerwerb weiterer Geschäftsanteile in der Krise zur Verfügung gestellten oder stehen gelassenen Finanzierungsmaßnahmen bleibt es bei der uneingeschränkten Anwendung der Eigenkapitalersatzregeln, auch im Falle der Aufstockung zum Zwecke der Sanierung[552], da die betreffenden Maßnahmen bereits unter die Rückstufung von § 32 a Abs. 3 S. 1 GmbHG a.F. fielen und eine Enthaftung zugunsten des Gesellschafters mit den Gläubigerinteressen nicht zu rechtfertigen wäre. Solche Einschränkungen erklären sich mit dem Sinn und Zweck des Eigenkapitalersatzrechts fast wie von selbst, insbesondere unter Berücksichtigung der höchstrichterlichen Rechtsprechung, dass subjektive Motivationen der Gesellschafter nicht ausschlaggebend für das Eingreifen des Privilegs sein können[553]. Andernfalls würden sich zum einen alle Gesellschafter auf den Sanierungscharakter ihrer Darlehen berufen und die Anwendung des

550 Einhellige Ansicht: Rowedder/Schmidt-Leithoff, Pentz, GmbHG, § 32 a, Rdn. 114; Pentz, GmbHR 1999, 437, 449; Dörrie, ZIP 1999, 12, 16.

551 Pentz, GmbHR 1999, 437, 449.

552 Dörrie, ZIP 1999, 12, 16 f.; so auch aus dem Umkehrschluss Pentz, GmbHR 1999, 437, 449; Begründung der Beschlussempfehlung, BT-Drs. 13/10038, S. 28 (linke Spalte).

553 BGH v. 21.11.2005, BGHZ 165, 106, 113.

Eigenkapitalersatzrechts selbst kontrollieren und zum anderen werden Dritte möglichst schnell eine Beteiligung erwerben wollen, um sich in den sicheren Hafen zu bringen. Das gesamte Institut des Eigenkapitalersatzrechts und die Interessen der Gesellschaftsgläubiger würden so ins Leere laufen.

(2) Neue Finanzierungsmaßnahmen nach Hinzuerwerb weiterer Gesellschaftsanteile

Probleme ergaben sich jedoch für die höchst umstrittene Frage, wie diejenigen Darlehen von Altgesellschaftern zu behandeln sind, die nach dem Erwerb weiterer Anteile gewährt werden. Wurden sie ebenfalls von § 32 a Abs. 3 S. 3 GmbHG a.F. erfasst oder sollen sie im Rahmen einer teleologischen Reduktion aus dem Anwendungsbereich herausgenommen werden?

Eine unbekümmerte Aufnahme in den personellen Anwendungsbereich kann allein aus dem Wortlaut nicht hergeleitet werden. Diesem zufolge, der von Kreditgebern und damit auch von Altgesellschaftern spricht, kann das Sanierungsprivileg aber auch nicht versagt werden[554]. Dies wäre nur dann gerechtfertigt, wenn die Altgesellschafter mit der gewährten Finanzierungshilfe die Sanierung auf eine andere Weise verfolgen würden als die freigestellten Dritten oder wenn man behauptet, sie seien zu einer Sanierung nicht in der Lage[555]. Eine logische Begründung dafür ist jedoch nicht ersichtlich, zumal es schon fraglich ist, ob den gesellschaftsfremden Dritten an der Sanierung der Gesellschaft tatsächlich mehr gelegen ist als deren eigenen Gesellschaftern, die möglicherweise schon seit Jahren dabei sind und sowohl persönliche als auch materielle Verbindung zu der Gesellschaft aufgebaut haben.

Im Gegenteil ist es auch für die Gesellschaft nur vorteilhaft, würde sie weiterhin in den „Händen" ihrer Gesellschafter bleiben als sich durch Beitritt Außenstehender die unternehmerische Kontrolle entziehen zu lassen, sei es auch zum Wohle der Sanierung. Schließlich wird die Versagung des Sanierungsprivilegs für die Altgesellschafter ihrer Bereitschaft, die Gesellschaft über die von ihnen bereits zur Verfügung gestellten Mittel hinaus mehr Sanierungsmittel zu gewähren, nicht sonderlich gefördert. Sähen sich die Gesellschafter vor dem weiteren Verlust ihrer neuen Finanzierungshilfen sicher, stünden sie der Gewährung neuer Kredite offener gegenüber als in dem umgekehrten Fall. Warum sollten nämlich zum einen die eigenen Gesellschafter mittelbar davon abgehalten werden,

554 Pentz, GmbHR 1999, 437, 449.

555 Rowedder/Schmidt-Leithoff, Pentz, GmbHG, § 32 a, Rdn. 115; vgl. a. Pentz, ZIP 2006, 1169, 1173; Roth/Altmeppen, Altmeppen, GmbHG, Anh. §§ 32 a, b, Rdn. 33.

die Gesellschaft weiter unterstützen zu wollen und zum anderen diese letztendlich von der Sanierung profitieren zu können, insbesondere wenn nicht mal die Gläubigerinteressen tangiert zu sein scheinen.

Solange die Umqualifizierung der Altkredite nicht in Rede steht, wirken sich die durch die Altgesellschafter bereitgestellten zusätzlichen Hilfen nur zugunsten der Sanierungsaussichten, von denen letztlich auch alle Gläubiger profitieren. Letzen Endes ist zumindest die Möglichkeit gegeben, dass sie durch die erneuten Sanierungsmaßnahmen mit der Gesellschaft auch ihr eigenes bereits verstricktes Kapital retten könnten. Die Argumentation, der Gesellschafter würde sich durch den Hinzuerwerb neuer Anteile seiner Finanzierungsverantwortung entziehen wollen und bedarf allein deswegen keiner Sicherung, da er bereits seiner bisherigen Finanzierungsverantwortung nicht gerecht werden konnte, vermag überhaupt nicht zu überzeugen und bietet nur eine weitere Grundlage für eine sanierungshemmende Wirkung[556]. Im Gegenteil könnte man erst dann von der mangelnden Finanzierungsverantwortung sprechen, wenn die Altgesellschafter aufgrund der Nichtanwendung des Privilegs gemeinschaftlich von der Möglichkeit einer Sanierung absehen würden, was nicht der Fall wäre, würden die Gesellschafter im Hinblick auf ihre Neukredite keine einschneidenden Maßnahmen befürchten müssen[557]. Zudem will es nicht einleuchten, warum ein Gesellschafter, der in dem Erwerb weiterer Anteile die Möglichkeit sieht und sich bereit erklärt, den zur Durchsetzung von Sanierungsmaßnahmen erforderlichen Einfluss in der Gesellschaft „erkaufen" zu wollen, davon abgehalten wird und gegenüber konstitutionellen Anlegern, die in der Regel einen beherrschenden Anteil erwerben, diskriminiert wird.

Aus diesen Gründen können auch die Altgesellschafter von dem Sanierungsprivileg profitieren, wenn sie im Anschluss an den Anteilserwerb zum Zwecke der Sanierung der Gesellschaft weitere Mittel zur Verfügung stellen. Es vermag nicht zu überzeugen, warum die Altgesellschafter gegenüber den Neugesellschaftern im Hinblick auf ihre Neukredite schlechter gestellt werden sollten. Es finden sich auch keine rechtlichen überzeugenden Argumente, einen Altgesellschafter, dessen Altkredite höchstwahrscheinlich bereits gebunden sind, der aber nichtsdestotrotz weiteres Risikokapital aufbringt, um seinen Geschäftsanteil aufzustocken, um ein weiteres Kredit zu gewähren, aus dem Privilegierungskreis herauszunehmen, obwohl er am meisten Opfer zu erbringen scheint.

556 Rümker/Denicke, FS Lutter, 2000, S. 665, 675.

557 Vgl. i.E. Rümker/Denicke, FS Lutter, 2000, S. 665, 675 f.

Schließlich führt *Altmeppen* ein schlüssiges und sehr nachvollziehbares Argument ein. Käme nur einem der Kleinbeteiligung unterliegenden Gesellschafter oder einem Nichtgesellschafter das Sanierungsprivileg zugute und scheitert eine erfolgreiche Sanierung beim ersten Mal, dann darf dieser Gesellschafter keinesfalls mehr an einer erneuten Sanierung teilnehmen, weil er bereits relevant beteiligt ist[558]. Und da es nicht ausgeschlossen werden kann, dass Gesellschaften auch mehrere Sanierungsversuche in Angriff nehmen müssen, um nachhaltig saniert zu werden, würde die Außerachtlassung von Altgesellschaftern einen immer wechselnden Gesellschafterbestand – verbunden mit der Suche neuer sanierungsgeneigter Dritter – bedeuten. Im Ergebnis ist es also gerechter als auch sachdienlicher auch die Altgesellschafter, die bereits mit mehr als 10% an der Gesellschaft beteiligt waren, aber zum Zwecke der Sanierung ihren Anteil aufgestockt und neue Kredite gewährt haben, bezüglich ihrer Neukredite von dem Sanierungsprivileg profitieren zu lassen[559].

dd. Außenstehende, den Gesellschaftern gleichgestellte Dritte

Schließlich ist in der vierten Fallgruppe die Einbeziehung Dritter, die von § 32 a Abs. 3 S. 1 GmbHG a.F. erfasst werden einer rechtlichen Würdigung zu unterziehen. Dies betrifft insbesondere die Frage, inwieweit die Zurechnung einer nicht unmittelbar selbst gehaltenen Beteiligung[560] die Freistellung durch das Sanierungsprivileg erlaubt. Um Wertungswidersprüche zu den zu § 32 a Abs. 3 S. 1 GmbHG a.F. entwickelten Grundsätzen über die Einbeziehung Dritter zu vermeiden, wird sich die Freistellung nicht nur auf den unmittelbar beteiligten Gesellschafter – für den die betreffende Handlung keinerlei nachteilige Folgen hätte –, sondern auch auf Dritte – also wahre Kreditgeber – erstrecken, denen die Beteiligung des Gesellschafters zugerechnet wird[561]. Anders ausgedrückt, kommt der Darlehensgeber auch dann in den Genuss des Sanierungsprivilegs, wenn nicht er, sondern ein mit ihm verbundenes Unternehmen die Anteile an der notleidenden Gesellschaft erworben hat.

---

558 Roth/Altmeppen, Altmeppen, GmbHG, § 32 a, Rdn. 64.

559 Vgl. Münch.Hdb.GesR III, Rümker, § 52, Rdn. 133; Pentz, ZIP 2006, 1169, 1173; Rümker/Denicke, FS Lutter, 2000, S. 665, 674 f.

560 Genau diese Konstellation betraf die Helaba-Sonnenring Entscheidung des BGH. Dabei hat die 100% Tochtergesellschaft der kreditgebenden Bank die Mehrheitsanteile der sanierenden Gesellschaft erworben. Als Konsequenz wurde der Darlehensgeber damals noch den Eigenkapitalersatzregeln unterworfen.

561 Pentz, GmbHR 1999, 437, 449; Rowedder/Schmidt-Leithoff, Pentz, GmbHG, § 32 a, Rdn. 118.

Hierunter fallen auch die Konstellationen, bei denen der Kreditgeber ebenfalls nicht unmittelbar als Gesellschafter beteiligt ist, aber als stiller Gesellschafter, Treuhänder oder Pfandgläubiger aufgrund der im Einzelfall ausgestalteten Einflussmöglichkeiten eine mitgliedschaftsähnliche Beziehung zu der Gesellschaft hat und daher in den Anwendungsbereich des Sanierungsprivilegs einbezogen wird[562]. Das Argument, nur ein rechtsgeschäftlicher Anteilserwerb eröffne den Anwendungsbereich des § 32 a Abs. 3 S. 3 GmbHG a.F. ist zwar schon allein wegen des klaren Wortlauts, der von einem Anteilserwerb spricht, nicht von der Hand zu weisen. Dadurch wäre aber der Anwendungsbereich der Vorschrift wiederum zu knapp gehalten. Zudem würde eine andere Behandlung von Tatbeständen, die einerseits unter wirtschaftlich vergleichbare Rechtshandlungen i.S.d. § 32 a Abs. 3 S. 1 GmbHG a.F. dem Eigenkapitalersatzrecht unterfallen, andererseits aber aus dem Sanierungsprivileg herausgenommen werden, zu Wertungswidersprüchen führen. Konsequent und überzeugend ist es daher, den Anwendungsbereich des Sanierungsprivilegs auf diejenigen Nichtgesellschafter, die einen Sanierungsbeitrag leisten, ausdehnen zu lassen, auf die aufgrund ihrer wirtschaftlichen Vergleichbarkeit die Vorschriften des Eigenkapitalersatzrechts Anwendung finden, so dass die zu § 32 a Abs. 3 S. 1 GmbHG a.F. bestehenden Grundsätze spiegelbildlich auch auf das Sanierungsprivileg zu übertragen sind[563].

Einen entsprechenden Fall, bei dem das durchgeführte Sanierungsvorhaben nicht von der unmittelbar beteiligten Gesellschaft auskam, hatte der BGH bereits nach der Einführung des Sanierungsprivilegs zu entscheiden[564]. In dieser grundlegenden Entscheidung hat der Senat im Hinblick auf das Sanierungsprivileg ausgeführt, dass der Erwerber der Geschäftsanteile nicht unmittelbar derjenige sein muss, der den Sanierungsbeitrag leistet. Insoweit ist vielmehr maßgeblich, wer hinter der Sanierung tatsächlich steht und dass der Anteilserwerb in einem Zusammenhang mit der Sanierung steht, so dass nicht nur der ausgearbeitete und durchgeführte Sanierungsplan, sondern auch die gesellschaftsrechtlichen und vertraglichen Verknüpfungen der einbezogenen Parteien bei der Anwendung der Regeln des Eigenkapitalersatzrechts zu berücksichtigen sind. Allein die Einschaltung einer Mittelsperson bei dem Erwerb von Beteiligungen befreit nicht von den Konsequenzen der Kapitalerhaltungsgrundsätze[565]. Spiegelbildlich erstrecken sich dann aber auch nicht die „negativen“ Bestimmungen des

---

562 Rümker/Denicke, FS Lutter, 2000, S. 665, 670 f.

563 Dörrie, ZIP 1999, 12, 15; Rümker/Denicke, FS Lutter, 2000, S. 665, 672.

564 BGH v. 25.11.2005, BGHZ 165, 106, 113.

565 BGH v. 25.11.2005, BGHZ 165, 106, 111.

Kapitalersatzrechts, sondern auch die Privilegierungen nicht nur zugunsten des Erwerbers, sondern auch zugunsten der mit ihm verbundenen Unternehmen, dem die Maßnahme als solche eines Gesellschafters gleichgestellt und dem die Beteiligung wie eine eigene zugerechnet wird.

Davon ist der Fall zu unterscheiden, bei dem einem Dritten aufgrund seiner Rechtsstellung lediglich eine mitgliedschaftsähnliche Beziehung nachgewiesen wird (atypischer Stiller), bei der ein Anteilserwerb nicht stattfindet[566]. Eine solche Rechtsstellung rechtfertigt selbstverständlich nicht die Anwendung des Sanierungsprivilegs, da es schon an der essentiellen Voraussetzung des Sanierungsprivilegs, dem Anteilserwerb, fehlt. Im Allgemeinen gilt aber, dass alle Rechtshandlungen und Personen, die unter § 32 a Abs. 3 S. 1 GmbHG a.F. fielen, spiegelbildlich auch von dem Sanierungsprivileg profitieren durften.

b. Sanierungszweck

§ 32 a Abs. 3 S. 3 GmbHG a.F. verlangt, dass der Erwerb von Geschäftsanteilen „zum Zwecke der Überwindung der Krise“ erfolgen muss. Aus diesem Grund forderte der BGH[567], dass über den Zweck der Überwindung der Krise hinaus – dem sogenannten Sanierungswillen als subjektive Komponente, die in der Regel vermutet wird – auch die objektive Sanierungsfähigkeit der Gesellschaft gegeben sein muss und die vorgenommene Sanierungsfinanzierung im konkreten Fall objektiv geeignet sein müssen, die Gesellschaft in überschaubarer Zeit durchgreifend zu sanieren. Andere sprachen sich wiederum dafür aus, die Gesellschaft solle „sanierungskreditwürdig“[568] sein. Welche der genannten Alternativen bei der Bestimmung des Sanierungscharakters von Darlehen der Vorzug verdient, braucht hier nicht entschieden zu werden. Einigkeit besteht zumindest dahingehend, dass nur taugliche Sanierungsanstrengungen[569] die Einschränkung des Gläubigerschutzes und die Nichtanwendung sowohl der Novellenregeln als auch der Rechtsprechungsregeln rechtfertigen können. Ein darüber hinausgehender Sanierungserfolg kann denklogisch nicht verlangt werden, da das Sanierungsprivileg einzig und allein erst dann seine Funktion entfaltet, wenn die Sanierungsmaßnahmen eben nicht zum Erfolg geführt haben.

---

566 Pentz, GmbHR 1999, 437, 449; Rowedder/Schmidt-Leithoff, Pentz, GmbHG, § 32 a, Rdn. 117.

567 BGHZ 165, 106, 112 f.; vgl. a. Pentz, GmbHR 1999, 437, 449; Bormann, NZI 1999, 389, 392.

568 Roth/Altmeppen, Altmeppen, GmbHG, § 32 a, Rdn. 66.

569 Scholz, K. Schmidt, GmbHG, § 32 a, 32 b, Rdn. 217.

Aus diesem Grund erscheint das Erfordernis der objektiven Sanierungsfähigkeit bedenklich. Denn da die Gerichte sich erst nach einer fehlgeschlagenen Sanierung mit dem privilegierenden Charakter des Sanierungsbeitrags auseinanderzusetzen haben werden, könnten sie der Einschränkung des Gläubigerschutzes entgegenwirken und infolge des Scheiterns der Sanierung ex post auf die Sanierungsunfähigkeit schließen[570]. Diese Vorgehensweise würde aber genau dem Zweck des Gesetzgebers, eine Beteiligung an der Gesellschaft als Sanierungsbeitrag zu ermöglichen, entgegen sprechen. Dies könnte außerdem die sanierungswilligen Gläubiger und Finanzierer vor einer Beteiligung abschrecken, wenn sie befürchten müssten, dass ihrem Beitrag letztendlich aus Gründen angeblicher Sanierungsunfähigkeit keine Privilegierung zugutekommt. Aus diesen Gründen ist es im Interesse der Rechtssicherheit und des Wirtschaftsverkehrs – insbesondere den mittelständischen Gesellschaften eine Chance aus der Misere zu bieten und die Sanierung nicht durch Eigenkapitalersatzregeln zu blockieren – die objektive Sanierungsfähigkeit aus einer ex ante Perspektive eines ordentlichen Geschäftsmannes im Zeitpunkt des Anteilserwerbs zu beurteilen[571].

In der Praxis stünden die Sanierer aber erst dann auf der ganz sicheren Seite, wenn sie die objektive Sanierungstauglichkeit der angeschlagenen Gesellschaft von einem unparteiischen Dritten, einem Sachverständigen im Rahmen eines Sanierungsgutachtens beurteilen ließen[572]. Ungeachtet dessen und des vermuteten Sanierungswillens, war der Gesellschafter jedoch zumindest dafür beweispflichtig, dass die Gesellschaft sanierungsfähig war und dass die ergriffenen Maßnahmen zur Sanierung der Gesellschaft im konkreten Fall objektiv geeignet waren. Dass die Beweislast für das Vorliegen des Sanierungsprivilegs bei demjenigen liegt, der sich auf die ihm vorteilhafte Rechtslage berufen will, ist nicht verwunderlich und kann bereits daraus hergeleitet werden, dass das Sanierungsprivileg einen bestimmten Personenkreis, der sonst vom Kapitalersatzrecht erfasst wäre, ausklammern will. In der Praxis werden diese Voraussetzungen jedoch keine großen Hürden darstellen, denn zumindest aus wirtschaftlicher Sicht spricht die Notwendigkeit der Zuführung neuer Mittel insbesondere im Zusammenhang mit Erstreckung der Gesellschaftstätigkeit auf neue Tätigkeitsfelder, unter Umständen sogar einhergehend mit einem Managerwechsel, für die Sanierungsfähigkeit einer Gesellschaft. Außerdem kann eine fehlgeschlagene Sanierung nicht

570 Wittig, FS K. Schmidt 2009, S. 1743, 1754; Pentz, GmbHG 1999, 437, 450; ders. ZIP 2006, 1169, 1171.

571 Sehr deutlich OLG Düsseldorf v. 19.12.2003, GmbHR 2004, 564, 566; vgl. a. BGH ZIP 2006, 279, 2781; Dörrie, ZIP 1999, 12, 14; Pentz, GmbHR 1999, 437, 449.

572 Wittig, FS K. Schmidt 2009, S. 1743, 1754.

dazu führen, dass das gewährte Darlehen wieder gebunden wird. Dies würde wiederum dem Sinn und Zweck des Sanierungsprivilegs widersprechen und die Rechtslage wieder zu dem Stand vor 1998 führen, als das Sanierungsprivileg noch nicht eingeführt war und das Eigenkapitalersatzrecht kaum Sanierungsmöglichkeiten offen ließ.

c. Dauer der Enthaftung

Die zeitlichen Grenzen des Sanierungsprivilegs waren in § 32 a Abs. 3 S. 3 GmbHG a.F. nicht erwähnt, so dass auch diese Frage eine nicht unumstrittene Diskussion in der Literatur auslöste. Die überwiegende Ansicht tendierte aber zu der Schlussfolgerung, dass das Sanierungsprivileg nur bis zu dem Zeitpunkt andauern kann, bis die Gesellschaft die Kreditunwürdigkeit – oder allgemein gewendet, die Insolvenzgründe – nachhaltig überwunden hat[573]. Der von dem Sanierungsprivileg profitierende Gesellschafter sollte sich daher gewiss sein, dass eins auf ihn anwendbare Sonderregeln ihn nicht für immer und ewig vor der Anwendbarkeit der Eigenkapitalersatzregeln schützen, sondern in bestimmten Fällen später die Anwendung der Eigenkapitalersatzregeln wieder eröffnet werden kann.

Lässt nämlich der Gesellschafter sein Darlehen nach einer erfolgreichen Sanierung stehen und kommt es später erneut zu einer Krise, wird das Darlehen den Eigenkapitalersatzregeln unterzogen, da das Sanierungsprivileg mit der ursprünglichen Darlehensgewährung im Zusammenhang mit dem Anteilserwerb „verbraucht" ist[574] und keine Wirkung auf spätere Krisen entfalten kann. Der Gesellschafter kann sich nämlich nur einmal an der Gesellschaft in der Hinsicht beteiligen, um von dem Privileg profitieren zu können. Zudem erfolgte der Anteilserwerb durch den Gesellschafter aus Gründen der Überwindung der anstehenden und nicht etwa aller möglicherweise nachfolgenden Krisen der Gesellschaft[575].

Die teilweise in der Literatur[576] vertretene Ansicht, die von dem Sanierungsprivileg erfassten Gesellschafterleistungen seien auch im Rahmen einer späteren Krise sicher, damit die Gesellschaft nachhaltig saniert werden kann und dem es aber entgegenstehen würde, würde der Gesellschafter sein Kredit aus Angst vor einer erneuten Krise sofort wieder abziehen, ist nicht überzeugend. Eine

573 Haas, ZInsO 2007, 617, 625; Gehrlein, BB 2008, 846, 851.

574 Baumbach/Hueck, Hueck/Fastrich, GmbHG, 18. Aufl., § 32 a, Rdn. 19; Bormann, GmbHR 2006, 314, 315.

575 Ulmer/Habersack/Winter, Habersack, GmbHG, § 32 a/b, Rdn. 204.

576 So auch für das neue Recht Wittig, FS K. Schmidt, 2009, S. 1743, 1756.

solche Sicht würde die Ausnahme zum Regelfall machen und wäre mit dem Sinn und Zweck des Sanierungsprivilegs nicht zu vereinbaren. Diese bestehen darin, den Gesellschaftern die Zurverfügungstellung von Risikokapital attraktiver zu machen womit gleichzeitig die Einschränkungen des Gläubigerschutzes in Kauf genommen werden. Zudem kommt der Voraussetzung des Anteilserwerbs, damit sich der Gesellschafter frei zeichnen kann, ein Ausnahmecharakter[577] zu, der zulasten der Gläubiger ins Gegenteil verkehrt würde, bestünde eine zeitlich unbegrenzte Freistellung von Sanierungskrediten[578]. Insoweit ist den betroffenen Gesellschaftern ausdrücklich zu raten, die von dem Sanierungsprivileg erfassten Finanzierungsmaßnahmen nach Eintritt des Sanierungserfolgs abzuziehen bzw. die finanzielle Lage der Gesellschaft kritisch zu beobachten, um ihre Leistungen noch rechtzeitig, also vor Eintritt einer neuen Krise, zu sichern.

2. Das Sanierungsprivileg nach dem MoMiG

Das MoMiG führt den Gedanken des § 32 a Abs. 3 S. 3 GmbHG a.F. fort und platziert ihn in einer etwas umgewandelten Formulierung in die Insolvenzordnung. Danach kommt es nach § 39 Abs. 4 S. 2 InsO für bereits gewährte oder zu gewährende Forderungen aus Darlehen und denen gleichgestellten Finanzierungsmaßnahmen bis zur nachhaltigen Sanierung der Gesellschaft nicht zur Anwendung des Rangrücktritts nach § 39 Abs. 1 Nr. 5 InsO, wenn ein Gläubiger bei drohender oder eingetretener Zahlungsunfähigkeit oder bei Überschuldung der Gesellschaf Anteile zum Zwecke ihrer Sanierung erwirbt. Bei Anwendung des Sanierungsprivilegs wird ein Gesellschafter in einem Insolvenzfall seine Forderung also als allgemeine Insolvenzforderung nach § 38 InsO geltend machen können[579]. Ferner bewirkt das Sanierungsprivileg auch mittelbar, dass auch die Anfechtungstatbestände des § 135 Abs. 1 Nr. 1, 2 InsO ebenfalls nicht zur Anwendung gelangen, was die unmittelbare Folge dessen ist, dass § 135 Abs. 1 InsO nur auf die nachrangigen Forderungen i.S.d. § 39 Abs. 1 Nr. 5 InsO anwendbar ist.

Auf den ersten Blick scheinen nur die insolvenzrechtliche Platzierung und einige redaktionelle Änderungen wie die Ersetzung des Krisenmerkmals

577 In seiner Entscheidung vom 25.11.2005 geht der BGH ersichtlich davon aus, dass dem Sanierungsprivileg ein Ausnahmecharakter zukommt, wenn er von dem Geltungsbereich des *Regel- und Ausnahmetatbestandes* spricht, vgl. BGHZ 165, 106, 112.

578 Vgl. Pentz, GmbHR 1999, 437, 450.

579 MünchKommInsO, Ehricke, § 39, Rdn. 40.

Veränderungen durch das MoMiG gebracht zu haben. Insoweit verleiten diese Aspekte zunächst zu der Annahme, das Sanierungsprivileg sei unverändert übernommen worden, so dass auch die zu § 32 a Abs. 3 S. 3 GmbHG a.F. entwickelten Grundsätze sowie die verfestigte Rechtsprechung und Literatur auf die neue Regelung unverändert übernommen werden können. Ob der erste Eindruck aber auch auf den zweiten Blick zu halten verspricht, bleibt einer genaueren Analyse vorbehalten.

a. Persönlicher Anwendungsbereich des § 39 Abs. 4 S. 2 InsO

Im Gegensatz zu § 32 a Abs. 3 S. 3 GmbHG a.F. spricht der Gesetzgeber nun nicht mehr von dem Erwerb der Geschäftsanteile seitens der „Kreditgeber", sondern seitens der „Gläubiger". Bereits bei dem persönlichen Anwendungsbereich muss also hinterfragt werden, wie weit oder wie eng die Vorschrift ausgestaltet ist.

Einerseits könnte § 39 Abs. 4 S. 2 InsO so ausgelegt werden, dass nur diejenigen Sanierer gemeint sind, die erst infolge des Anteilserwerbs in die Gläubigerstellung kommen und noch nicht Gesellschafter waren; andererseits erlaubt die wortgetreue Auslegung die Annahme, dass der Sanierer zum Zeitpunkt des Erwerbs bereits Gläubiger sein muss.

Aufgrund der Begründung zum Regierungsentwurf des MoMiG bereitet auch nach dem neuen Recht die Behandlung der in der dritten Fallgruppe[580] beschriebenen Einbeziehung von Altgesellschaftern Probleme. Dort wird es hinsichtlich des personellen Anwendungsbereiches darauf hingewiesen, dass *„das Sanierungsprivileg auch zukünftig für Personen gilt, die vor dem Anteilserwerb aus dem Anwendungsbereich des § 39 Abs. 1 Nr. 5 InsO herausfielen, also weder Gesellschafter noch gleichgestellte Personen waren oder vor dem Hinzuerwerb weiterer Anteile dem Kleinbeteiligungsprivileg nach § 39 Abs. 5 unterfielen"*[581]. Eine solche Formulierung lässt aber darauf schließen, dass ein Gesellschafter – mit Einschränkung des Kleinbeteiligungsprivilegs –, der zum maßgebenden Zeitpunkt der drohenden oder eingetretenen Zahlungsunfähigkeit oder Überschuldung bereits an der Gesellschaft maßgeblich beteiligt ist, aus dem Anwendungsbereich des Sanierungsprivilegs ausgenommen wird, da er unzweifelhaft von § 39 Abs. 1 Nr. 5 InsO erfasst wird[582].

Dies mag zwar die strenge Konsequenz aus dem Regierungsentwurf sein. Sie widerspricht aber der bereits zum alten Recht vermehrt vertretenen und

580 S. oben Tei. 1, 2. Kap., D. I. 1. a. cc.

581 BT-Drs. 16/6140, S. 57 (linke Spalte).

582 Vgl. Hirte/Knof, WM 2009, 1961, 1963.

zuzustimmenden Ansicht[583], dass auch Altgesellschafter im Falle des Hinzuerwerbs weiterer Anteile hinsichtlich ihrer neu gewährten Kredite aus Gründen der Sanierungsförderung eigener Gesellschaft von dem Sanierungsprivileg profitieren sollten[584]. Somit wird auch für das neue Recht mit der oben vertretenen Ansicht der Anwendungsbereich des Sanierungsprivilegs über den engen Wortlaut hinaus – der nur Ausgangspunkt der Auslegung ist – auch auf bereits relevant beteiligte Altgesellschafter angewandt.

Ebenfalls an die Formulierung des § 39 Abs. 4 S. 2 InsO stellt sich die Frage, zu welchem Zeitpunkt die Gesellschafterstellung begründet werden muss. Eine strikt wortlautgetreue Auslegung erlaubt nämlich auch bei der Neuregelung die Schlussfolgerung, dass die Gläubigerstellung der Gesellschafterstellung vorgeschaltet werden soll[585]. Aber auch hier stünde der strenge Wortlaut dem Sinn und Zweck einer nachhaltigen Sanierung entgegen. Das gleiche gilt auch, wenn noch restriktiver eine Gläubigerstellung zeitlich noch vor dem Eintritt einer (drohenden) Zahlungsunfähigkeit oder Überschuldung und vor dem Anteilserwerb verlangt wird[586], die mit Blick auf den mit dem Sanierungsprivileg verknüpften gesetzgeberischen Willen absurd erscheint. Eine solch strenge Voraussetzung ist alles andere als geeignet, Sanierungen zu ermöglichen.

Der Hauptaspekt der Regelung über das Sanierungsprivileg besteht darin, dass durch die Ermöglichung eines Anteilserwerbs und durch Gewährung weiterer Finanzierungsmittel die Beteiligten von den Sanktionen des § 39 Abs. 1 Nr. 5 InsO verschont werden und die Sanierungen angeschlagener Gesellschaften gefördert werden müssen. Im Vordergrund steht also nicht primär die Frage nach der zeitlichen Abfolge der vorzunehmenden Maßnahmen, sondern der Sanierungszweck an sich. Aus diesem Grund kann das Sanierungsprivileg also nicht ausschlaggebend davon abhängig gemacht werden, ob die Gläubigerstellung vor oder nach dem Anteilserwerb begründet wurde[587].

---

583 S. oben, Tei. 1, 2. Kap., D. I. 1. a.

584 So auch zum neuen Recht Altmeppen, NJW 2008, 3601, 3605 f.; i.E. auch Bork, ZGR 2007, 250, 259; Gehrlein, BB 2008, 846, 851, die sich für eine Abschaffung der Unterscheidung zwischen einem Neu- und Altgesellschafter aussprechen; Bork/Schäfer, Thiessen, GmbHG, Anhang zu § 30, Rdn. 47.

585 Insoweit ist auch im Hinblick auf die Vorgängerregelung keine Erleichterung vorgenommen worden, als auch bei § 32 a Abs. 3 S. 3 GmbHG a.F. nicht erkennbar war, ob der Sanierer bereits vor dem Anteilserwerb Darlehensgeber sein musste oder nicht.

586 Vgl. Pichler, WM 1999, 411, 415 f.

587 Vgl. Hirte/Knof, WM 2009, 1961, 1965.

Der Normzweck verfolgt dabei nicht das Ziel, die Altkredite gegebenenfalls rückwirkend „kapitalsicher“ zu machen, sondern Neudarlehen aus dem Recht der Gesellschafterdarlehen herauszunehmen[588]. Dies bedeutet aber nicht, dass es zwischen dem Erwerb der Gesellschafter- und Gläubigerstellung keinerlei Verbindung bedarf. Vielmehr muss zwischen diesen Sanierungsmaßnahmen zumindest ein innerer Zusammenhang bestehen[589]. Die unmittelbare zeitliche Abfolge ist zwar nicht per se vorausgesetzt, solange noch ein einheitliches Geschehen zwischen Erwerb der Sanierungsbeteiligung und der Darlehensgewährung vorliegt[590]. Es bleibt also dabei, dass eine bestimmte zeitliche Abfolge von Mittelgewährung und Anteilserwerb für das Sanierungsprivileg nicht vorgegeben ist[591]. Auch eine nach dem Anteilserwerb vorgenommene sukzessive Darlehensgewährung, die noch in einem inneren Zusammenhang mit dem Erwerb der Gesellschafterstellung steht, ist von dem Anwendungsbereich der Norm erfasst. Der Normzweck des Sanierungsprivilegs, der infolge der Reform unverändert geblieben ist, sieht schon in dem Erwerb der Beteiligung den maßgeblichen Sanierungsbeitrag und setzt infolgedessen sogar nicht voraus, dass zusätzlich zu dem Erwerb, neue Geldmittel zur Verfügung gestellt werden. Aus diesem Grund genügt es also, wenn der Gesellschafter auf eine andere Weise, etwa durch Übernahme der Geschäftsführerstellung, einen Sanierungsbeitrag leistet, um seine bestehenden Kredite vor dem Verlust zu retten[592].

Im Hinblick auf den weiteren personellen Anwendungsbereich sowie die im Rahmen des Sanierungszwecks erforderliche Sanierungsfähigkeit der Gesellschaft und die objektive Sanierungsgeeignetheit der Maßnahmen kann auf die Ausführungen zum Sanierungsprivileg nach dem MoMiG verwiesen werden, dass es sich insoweit keine Änderungen ergeben haben[593].

b. Sachlicher Anwendungsbereich des § 39 Abs. 4 S. 2 InsO

Die bei der alten Regelung vermisste Gleichstellung mit wirtschaftlich vergleichbaren Rechtshandlungen wurde mit dem MoMiG in das Gesetz explizit aufgenommen und erleichtert zumindest in dieser Hinsicht die Rechtsklärung. Insofern bedarf es keiner besonderen Ausführungen, dass neben der

---

588 Ulmer/Habersack/Winter, Habersack, §§ 32 a/b, Rdn. 201.

589 Hirte/Knof, WM 2009, 1961, 1965.

590 Hirte/Knof, WM 2009, 1961, 1965.

591 Wittig, FS K. Schmidt, 2009, S. 1743, 1756.

592 Wittig, FS K. Schmidt, 2009, S. 1743, 1754 f.

593 Baumbach/Hueck, Hueck/Fastrich, § 30 Anh, Rdn. 76; Wittig, FS K. Schmidt, 2009, S. 1743, 1755.

Darlehensgewährung auch die oben beschriebenen wirtschaftlich entsprechenden Rechtshandlungen im Zusammenhang mit dem Anteilserwerb einen Sanierungsbeitrag i.S.d. § 39 Abs. 4 S. 2 InsO darstellen können.

aa. Zeitpunkt des Anteilserwerbs

Das ehemals vorherrschende Tatbestandsmerkmal der Krise ist in Folge dessen Abschaffung in Anlehnung an die insolvenzrechtliche Terminologie durch die Merkmale der drohenden (§ 18 InsO) oder eingetretenen Zahlungsunfähigkeit (§ 17 InsO) und Überschuldung (§ 19 InsO) ersetzt worden. Damit verschiebt sich der Privilegierungszeitpunkt für die Sanierungswilligen im Vergleich zum alten Recht deutlich nach hinten. Daraus folgt, dass die Sanierung nach dem neuen Recht erst im fortgeschrittenen Stadium – also schon zum Zeitpunkt der materiellen Insolvenz[594] – erfolgen wird und nicht bereits im Stadium der Vorinsolvenz der zuvor geltenden Regelung.

Erwirbt der Kreditgeber also die Beteiligung erst im Zeitpunkt der Kreditunwürdigkeit der Gesellschaft, wird sein Sanierungsbeitrag vom Anwendungsbereich der Sonderregeln für Gesellschafterdarlehen nicht ausgenommen, was zur Folge hat, dass der Zeitraum, innerhalb dessen der Kreditgeber zwecks Sanierung sicher in die Gesellschafterstellung einrücken kann, mit der Neuregelung viel enger gefasst wurde[595]. Dabei drängt sich sofort die Frage auf, ob der frühere Zeitpunkt der Kreditunwürdigkeit der Gesellschaft aus Sicht der effektiven Sanierung nicht zweckmäßiger gewählt war als der Zeitpunkt der bereits drohenden oder eingetretenen Zahlungsunfähigkeit oder Überschuldung, zumal diese infolge des modifizierten Überschuldungsbegriffs ebenfalls zeitlich nach hinten verschoben wurde[596]. Geht man jedoch davon aus, dass in der Praxis auch während der früheren Rechtslage die Gesellschaftsgläubiger erst während einer akuten Krise, nämlich wenn die Zahlungsunfähigkeit bereits drohte, ihre Darlehensforderung als konkret gefährdet ansahen und erst dann zu Sanierungsversuchen griffen[597], dann wirkt sich der Unterschied zu der neuen Regelung de facto nicht erheblich aus und ist vielmehr lediglich als eine Umformulierung anzusehen.

594 Scholz, K. Schmidt, GmbHG, §§ 32 a/b a.F. Nachtrag MoMiG, Rdn. 29

595 Vgl. Hirte/Knof, WM 2009, 1961, 1966; Wittig, FS K. Schmidt, S. 1743, 1753.

596 S. unten Teil 1, 2. Kap., G. II. 2. a.

597 Wittig, FS K. Schmidt, 2009, S. 1743, 1753.

bb. Zweck des Anteilserwerbs

Auch nach dem neuen Recht ist der Anteilserwerb final formuliert, so dass dieser zum Zwecke der Sanierung[598] erfolgen muss, wobei auch diesmal die Anteile sowohl im Rahmen einer Kapitalerhöhung als auch durch Erwerb auf der Gesellschafterebene erworben werden können[599]. Auch hier wird durch das MoMiG der Tatbestand des Sanierungsprivilegs umformuliert, da die bisherigen Regelungen von einem Anteilserwerb zwecks der Überwindung der Krise sprachen. Ungeachtet der Formulierung handelt es sich hierbei um einen subjektiven Tatbestand, der voraussetzt, dass der Anteilserwerber in Sanierungsabsicht gehandelt haben muss[600]. Da dieser Umstand aus der Sicht des sanierungswilligen Beteiligten aber beinahe selbstverständlich erscheint, da es unvorstellbar ist, wenn er nicht mit dem Willen die Anteile erwerben würde, diese und die etwaigen gefährdeten Forderungen werden im Zuge der Sanierung wieder an Wert gewinnen, wird die Sanierungsabsicht vermutet, wenn die objektive Sanierungsfähigkeit der Gesellschaft gegeben ist[601].

Die von dem BGH aufgestellten Voraussetzungen, dass nach der Einschätzung eines objektiven Dritten im Zeitpunkt des Anteilserwerbs – bzw. bei einer sukzessiv gewährten Finanzierungshilfe im Zeitpunkt der Gewährung – die Gesellschaft objektiv sanierungsfähig sein muss und die für ihre Sanierung beabsichtigten Sanierungsmaßnahmen zusammen objektiv geeignet sein müssen, in überschaubarer Zeit die Gesellschaft durchgreifend zu sanieren, gelten auch für das neue Recht fort. Ungeachtet dessen, dass ein durch einen branchenkundigen objektiven Dritten erstelltes Sanierungskonzept vom Gesetz nicht explizit verlangt wird, stellt eine schriftliche Dokumentation über die Sanierungsfähigkeit der Gesellschaft zumindest für die beteiligten Sanierer eine sichere Grundlage

598 Auch hier wird das Merkmal Krise als redaktionelle Konsequenz durch die Sanierung ersetzt.

599 Baumbach/Hueck, Hueck/Fastrich, GmbHG, § 30 Anh, Rdn. 75.

600 Hirte/Knof, WM 2009, 1961, 1967.

601 BGHZ 165, 106, 112 f.

für ihre Sanierungsmaßnahmen dar[602]. Insoweit verbleibt es bei den zu dem alten Recht gemachten Ausführungen[603].

c. Gesetzliche zeitliche Begrenzung des Sanierungsprivilegs

Ein weiterer Unterschied zu § 32 a Abs. 3 S. 3 GmbHG a.F. ist die explizite Aufnahme des zeitlichen Anwendungsbereiches des Sanierungsprivilegs in § 39 Abs. 4 S. 2 InsO. Danach hält das Sanierungsprivileg „bis zur nachhaltigen Sanierung“ der Gesellschaft an. Diese Formulierung scheint aber nur auf den ersten Blick eine Erleichterung zu bringen. Auf den zweiten Blick stellt man sich die Frage nach der Definition dieses Rechtsbegriffs, die – wie die Erfahrung zeigt – nicht selten problemlos bleibt.

Berücksichtigt man, dass der Referentenentwurf des § 39 Abs. 4 S. 2 InsO erstmals vorgesehen hat, dass die Sonderregelungen für das Sanierungsprivileg bis zur Beseitigung der drohenden Zahlungsunfähigkeit gelten sollten[604], dann kann aus der letztlich Gesetz gewordenen Formulierung der nachhaltigen Sanierung gefolgert werden, dass der Zeitraum mit der zunächst geplanten Formulierung zu kurz bemessen wäre. Nach welchen Kriterien die Bestimmung der nachhaltigen Sanierung auszulegen ist, ist im Rahmen des Gesetzgebungsverfahrens nicht ausgearbeitet worden. Vor dem MoMiG hat es sich etabliert, im Gleichlauf mit dem Krisenmerkmal auf die Überwindung der Kreditunwürdigkeit abzustellen[605].

---

602 BGH v. 4.12.1997, WM 1998, 248, 250 ff., welche Anforderungen explizit an ein Sanierungskonzept gestellt werden, folgt ebenfalls nicht aus dem Gesetz. Der BGH hat jedoch im Interesse der Rechtsicherheit einige allgemeine Kriterien für ein Sanierungskonzept aufgestellt, die als Leitlinien zur Bestimmung ernsthafter Sanierungsversuche herangezogen werden können. So soll ein schlüssiges Konzept die wirtschaftliche Lage des Schuldners innerhalb seiner Wirtschaftsbranche bewerten, die materielle Finanzlage und die geplanten Sanierungsmaßnahmen erfassen und Planrechnungen aufstellen. Das Institut der Wirtschaftsprüfer hat die Leitlinien der Rechtsprechung in seiner Stellungnahme zu den Anforderungen an das Sanierungskonzept einfließen lassen und so einen – wenn auch nicht verbindlichen, aber – anerkannten Standard für die Erstellung der Sanierungskonzepte geschaffen (s. bei IDW: Wesentliche Gesichtspunkte der Erarbeitung von IDW ES 6 zu den Anforderungen an die Erstellungen von Sanierungskonzepten).

603 S. oben Teil 1, 2. Kap., D. I. 1. b.

604 Referentenentwurf MoMiG, S. 20 (zu Art. 9).

605 Rümker/Denicke, FS Lutter, 2000, S. 665, 682; Scholz, K. Schmidt, GmbHG, §§ 32 a, 32 b, Rdn. 220.

aa. Kein starrer Zeitpunkt der nachhaltigen Sanierung bestimmbar

Betrachtet man die Formulierungen einzelner zusammenhängender Vorschriften des Gesellschafterdarlehensrechts, erscheint die Auslegung der nachhaltigen Sanierung im Sinne einer starren zeitlichen Regelung beschränkt auf einen bestimmten Zeitraum dem Willen des Gesetzgebers zu widersprechen. Im Unterschied zu § 39 Abs. 4 S. 2 InsO hat der Gesetzgeber in § 135 Abs. 1 InsO bewusst eine feste zeitliche Regulierung hinsichtlich des Zeitpunkts der Anfechtbarkeit subordinierter Gesellschafterleistungen kodifiziert. Hätte der Gesetzgeber auch die Grenzen der Sonderbestimmungen einer starren Frist unterwerfen wollen, hätte er vergleichbar § 135 Abs. 1 InsO eine solche im Rahmen des MoMiG auch vorgesehen. Davon hat er aber bewusst Abstand genommen, woraus sich ableiten lässt, dass der Zeitpunkt der nachhaltigen Sanierung nicht von einem fixen Ereignis, sondern von der tatsächlichen finanziellen Erholung der Gesellschaft abhängig gemacht werden muss.

Eine feste zeitliche Begrenzung steht auch nicht im Einklang mit dem verfolgten Zweck des Sanierungsprivilegs. Der Versuch eine Gesellschaft zu sanieren verlangt nicht bloß neue Kapitalquellen, sondern ist von vielen Faktoren abhängig und kann nicht in einen festen Zeitplan eingebettet werden. Erstreckt sich der Sanierungsversuch auf einen längeren Zeitraum als ein Jahr und würde der Sanierer aber nur innerhalb eines Jahres von der Privilegierung profitieren, liefe es dem Sinn und Zweck des Sanierungsprivilegs zuwider und würde an der vor der Einführung des Sanierungsprivilegs kursierenden Kritik der Sanierungsfeindlichkeit des Eigenkapitalersatzrechts nicht viel ändern.

Das Verstreichen der Jahresfrist, die die Finanzhilfe wieder subordinieren würde, könnte einerseits für betreffende Gesellschafter eine Motivation für bewusstes Scheiternlassen der Sanierung auslösen, um noch von der Privilegierung profitieren zu können, andererseits – im Falle des Nichtstuns – im Ergebnis sogar einem gescheiterten Sanierungsversuch gleichstehen. In einem solchen Fall aber dem Gesellschafter die Privilegierung zu versagen ist untragbar. Denn § 39 Abs. 4 S. 2 InsO kann denklogisch nur von einem gescheiterten Sanierungsversuch ausgehen, weil die Subordination des § 39 Abs. 1 Nr. 5 InsO, von dem das Sanierungsprivileg eben befreit, Ausfluss der Insolvenz der Gesellschaft ist[606]. Da also eine starre zeitliche Beschränkung abzulehnen ist, muss die Grenze des Privilegs aus dem Begriff der Sanierung selbst abgeleitet werden.

606 Vgl. Roth/Altmeppen, Altmeppen, GmbHG, Anh. §§ 32 a, b, Rdn. 36 f.

bb. Nachhaltige Sanierung als eine längerfristige wirtschaftliche Erholung der Gesellschaft

Eine genaue Bestimmung des Begriffs Sanierung, der je aus betriebswirtschaftlicher, gesellschaftsrechtlicher oder insolvenzrechtlicher Sicht verschiedenen Ausdifferenzierungen unterliegt, wurde in Rechtsprechung und Literatur noch nicht fest definiert und ist rechtlich schlicht unmöglich[607]. Im Allgemeinen erfasst die Sanierung alle Maßnahmen, die geeignet sind, ein Unternehmen vor dem Zusammenbruch zu bewahren und wieder ertragsfähig zu machen[608]. Das bedeutet, dass die unternommenen organisatorischen und finanzwirtschaftlichen Leistungen in erster Linie dazu dienen müssen, die Gesellschaft aus der wirtschaftlichen Notlage zu retten, also durch Abwendung eines finanziellen Zusammenbruchs die Einleitung eines Insolvenzverfahrens zu verhindern[609].

Aus gesellschaftsrechtlicher Sicht steht der Begriff der Sanierung im unmittelbaren Zusammenhang mit dem Begriff der Krise, was für die alte Rechtslage die Bestimmung der Sanierung in gewisser Hinsicht erleichterte, als diese sich mit der Behebung der Krise definieren ließe[610]. Nun ist mit dem MoMiG das Merkmal der Krise entfallen, was die Bestimmung eines konkreten, für alle Parteien akzeptierenden Zeitpunktes erschwert. Ein Rückgriff auf die drohende oder eingetretene Zahlungsunfähigkeit, die im Rahmen des Sanierungsprivilegs für den Beginn an die Stelle der Krise getreten ist, erscheint vor dem Hintergrund einer nachhaltigen Sanierung zu früh gewählt, als lediglich eine kurzfristige Beseitigung des Insolvenzgrundes erreicht wird, der allein schon durch Zufluss neuer Liquidität („*fresh money*") erreicht wird und der Gesellschafter vor einem immensen Druck stünde, müsste er die Finanzmaßnahme sofort abziehen, um dem Nachrang des § 39 Abs. 1 Nr. 5 InsO zu entkommen.

Die Beseitigung der Zahlungsunfähigkeit würde in den meisten – wenn nicht in überwiegenden – Fällen lediglich zu einer kurzzeitigen Beseitigung der finanziellen Notlage führen und kann nicht als zeitliche Begrenzung des Privilegs gelten[611]. Unbestritten ist die Beseitigung der Zahlungsunfähigkeit der erste Schritt

---

607 So spricht Claussen zu Recht davon, dass die Sanierung kein Rechtsbegriff sei und es kein präzise abgegrenztes Sanierungsrecht gebe, vgl. ZHR 147 (1983), 195, 197.

608 Vgl. Schimansky/Bunte/Lwowski, Häuser, Bankrechtshandbuch, § 85, Rdn. 1.

609 Lüdicke/Sistermann, Loose/Maier, Unternehmensteuerrecht, § 17, Rdn. 5 f.; Hess, Sanierungshandbuch, Kap. 11, Rdn. 8.

610 Lüdicke/Sistermann, Loose/Maier, Unternehmensteuerrecht, § 17, Rdn. 6.

611 Vgl. Haas, ZInsO 2009, 617, 625; Das kann sich auch damit erklären, dass die ursprüngliche Begrenzung bis zur Überwindung der Zahlungsunfähigkeit gestrichen wurde.

in Richtung einer Sanierung. Um dem Sanierungsprivileg jedoch effektive Wirkung verleiten zu können, kann die Nachhaltigkeit der Sanierung im Interesse einer tatsächlichen Bekämpfung der Unternehmenskrise erst zu einem späteren Zeitpunkt vorliegen.

In der Betriebswirtschaft werden die im Rahmen einer Unternehmenskrise verfolgten mittel- bis langfristigen Maßnahmen als Sanierung „im weiteren Sinne" verstanden, um die Existenz eines Unternehmens dauerhaft zu erhalten und zu stabilisieren[612]. Das heißt, dass nur kurzfristige – seien es auch finanzwirtschaftlich starke – Leistungen lediglich dazu dienen, den Insolvenzgrund für einen – wenn auch nur kurzen – Augenblick zu beseitigen, nicht jedoch dazu bestimmt sind, die Existenz des Unternehmens für eine längere Zeit zu retten. Müssten die Gesellschafter ihre Leistungen bereits schon zum Zeitpunkt der Überwindung der Zahlungsunfähigkeit abziehen, um die Nachrangigkeit nicht befürchten zu müssen, so müssten ihre finanziellen Hilfen als kurzfristige Leistungen angesehen werden, die zwar unbestritten sanierungstauglich sind, aber nicht im Sinne des Gesetzes als nachhaltig angesehen werden können. Denn der Gesetzgeber hat sich explizit dafür entschieden, dass das Sanierungsprivileg nicht lediglich bis zu einer – wie auch immer gearteten – Sanierung, sondern eindeutig bis zu einer nachhaltigen Sanierung gelten soll. Die Nachhaltigkeit der Sanierung drückt eine über eine längere Zeit anhaltende Wirkung der Sanierung aus.

Bezogen auf die Überwindung der Finanznot der Gesellschaft kann von einer nachhaltigen Sanierung erst und nur dann ausgegangen werden, wenn die Umstände, die zur Insolvenz führen und die Insolvenzgründe begründen, längerfristig behoben werden und das Unternehmen sich am Markt „erholt" hat. Wann dieser Zeitpunkt jedoch eingetreten ist, lässt sich leider nicht mit einer rechtssicheren Präzision feststellen. Die wirtschaftliche Erholung von Unternehmen und ihre wieder sicher gewordene Präsenz am Markt muss je nach Einzelfall beurteilt und kann nicht pauschalisiert werden.

Ein Indiz für die nachhaltige Sanierung, das für alle Unternehmen gleiche Geltung beanspruchen kann, ist die Auffüllung des Gesellschaftsvermögens, das durch die Tilgung der Darlehen nicht wieder in Notleidenschaft gezogen wird. Ein anderes Indiz könnte allein schon die Behebung der Kreditunwürdigkeit sein. Insoweit könnte der Begriff so ausgelegt werden, dass eine nachhaltige Sanierung erst dann eingetreten ist, wenn die Gesellschaft als Kreditnehmerin aufgrund der tatsächlichen Verbesserung ihres wirtschaftlichen Status in der

612 Grape, Sanierungsstrategien, S. 14.

Lage ist, die seitens der Sanierungsgesellschafter gewährten Alt- und Neukredite zurückzuzahlen, ohne erneut in die Insolvenz zu geraten[613].

cc. Vergleich zum früheren Recht nach § 32 a Abs. 3 S. 3 GmbHG a.F.

Im Einklang mit dem früheren Recht würde damit auch die zeitliche Dauer unverändert bleiben, was wiederum nicht unbedenklich erscheint. Allein das Abstellen auf die eingetretene Kreditwürdigkeit oder den Überschuss des Gesellschaftsvermögens über die Stammkapitalziffer wäre seit dem MoMiG schwer zu begründen. Zum einen ist die Kreditunwürdigkeit, als Definition der Krise, bei dem Recht der Gesellschafterdarlehen nicht mehr relevant, zum anderem gilt die Auszahlungssperre des § 30 Abs. 1 GmbHG aufgrund des Nichtanwendungserlasses des § 30 Abs. 1 S. 3 GmbHG für Gesellschafterdarlehen nicht mehr. Aus diesen Gründen sollten diese rein bilanziellen Kriterien bei der Bestimmung der zeitlichen Grenze mit Vorsicht behandelt und noch als Indizien angesehen werden.

dd. Gefahr einer erneuten materiellen Insolvenz

Treten zusätzlich Umstände auf, die das Auftreten des Unternehmens am Markt wieder sicher machen und die die Existenz des Unternehmens dauerhaft erhalten können, kann von einer nachhaltigen Sanierung ausgegangen werden. Ist eine solche nachhaltige Sanierung eingetreten und kommt es dennoch zu einer erneuten Überschuldung oder Zahlungsunfähigkeit oder droht diese, dann sind diese Gesellschafterhilfen nicht mehr privilegiert[614]. Ist also eine nachhaltige Sanierung eingetreten und belässt der Gesellschafter seine im Zuge der Sanierung gewährten Darlehen weiterhin der Gesellschaft und wird nach diesem Zeitpunkt innerhalb eines Jahres ein Insolvenzantrag gestellt, so sind die Gesellschafterforderungen innerhalb dieses Zeitraums wieder nachrangig bzw. eventuelle Rückzahlungen analog § 135 Abs. 1 Nr. 2 InsO oder § 6 Abs. 1 Nr. 2 InsO wieder anfechtbar[615].

Selbstverständlich wird dem Anteilserwerber bei erneut drohender Insolvenz der Gesellschaft die Gelegenheit gegeben, seine Kredithilfe rechtzeitig abzuziehen, bevor sie als „stehen gelassene“ wieder entprivilegiert wird. Auch im Falle des Scheiterns des Sanierungsversuches muss der Kreditgeber sein Darlehen

613 Wittig, FS K. Schmidt, 2009, S. 1743, 1753.

614 Baumbach/Hueck, Hueck/Fastrich, GmbHG, § 30 Anh., Rdn. 76.

615 Bunnemann/Zirngibl, Desch, Auswirkungen des MoMiG auf bestehende GmbHs, § 8, Rdn. 32.

abziehen, um von der Privilegierung noch profitieren zu können[616]. Lässt er es nämlich stehen, obwohl eine Sanierung als gescheitert gilt, kann das Sanierungsprivileg keinen Bestand haben.

Da die zeitliche Begrenzung des Sanierungsprivilegs daher auch weiterhin unmittelbar mit dem anknüpfenden Problem der neuen „Krise" verbunden ist, ist aus Gesellschaftersicht eine genauere Bestimmung der nachhaltigen Sanierung wünschenswert. Dies kann jedoch nur einer tatrichterlichen Würdigung überlassen werden, die sich ruhigen Gewissens prognostizieren lässt, um für die Sanierer Rechtssicherheit und leichtere Handhabbarkeit zu schaffen.

d. Schlussfolgerungen zum Sanierungsprivileg

Das Sanierungsprivileg, das die Zurverfügungstellung von Risikokapital attraktiver machen soll, führt dazu, dass die das Privileg genießenden Gesellschafter ihre alten und neuen Darlehen und gleichwertige Finanzierungshilfen bis zur nachhaltigen Sanierung als gewöhnlicher Gläubiger i.S.d. § 38 InsO zurückfordern können, ohne im Nachhinein eine Anfechtung nach § 135 InsO oder § 6 AnfG zu befürchten[617]. Insofern entfaltet das Sanierungsprivileg eine gesetzliche Grenze der Sonderregeln der Gesellschafterfinanzierung[618]. Führt der Sanierungsversuch nicht zu einer nachhaltigen Sanierung, sondern wird nach einem vernünftig abgewarteten Zeitraum als gescheitert angesehen, so ist der Anteilserwerber ebenfalls einem regulären Gläubiger gleichzustellen, wenn er seine Finanzhilfe nicht bereits abgezogen hat und es nach einem erkennbaren Scheitern des Sanierungsversuchs nicht stehen gelassen hat[619].

Wie gezeigt, bringt das Sanierungsprivileg viele Ausgestaltungen mit sich, die einen zu schnellen Untergang eines Unternehmens verhindern können. Laut der Insolvenzstatistik des Statistischen Bundesamtens verzeichnet die GmbH im Vergleich mit den anderen Rechtsformen in den letzten Jahren die meisten

---

616 Roth/Altmeppen, Altmeppen, GmbHG, Anh §§ 32 a, b, Rdn. 40.

617 Bork/Schäfer, Thiessen, GmbHG, Anhang zu § 30, Rdn. 44; Baumbach/Hueck, Hueck/Fastrich, GmbHG, § 30 Anh., Rdn. 77.

618 Eine gewillkürte Grenze des Sanierungsprivilegs stellt der Rangrücktritt dar, da auch privilegierte Darlehen in der Überschuldungsbilanz zu passivieren sind und ein etwaiger gewillkürter Nachrang durch das Sanierungsprivileg nicht aufgehoben wird, vgl. Uhlenbruck, Hirte, InsO, § 39, Rdn. 52 ff.; vgl. ausführlich zum Rangrücktritt unter Teil 1, 2. Kap., G. II.

619 Roth/Altmeppen, Altmeppen, GmbHG, Anh §§ 32 a, b, Rdn. 42.

Insolvenzen[620]. Vor dem Hintergrund der hervorgehobenen Rolle der GmbH im Insolvenzgeschehen und der Insolvenzanfälligkeit der GmbH ist der 1998 vorgenommene Schritt des Gesetzgebers in Richtung Sanierung und Rettung von Gesellschaften sehr zu begrüßen. Das Sanierungsprivileg motiviert die Gläubiger und die Gesellschafter, an der Gesellschaft festzuhalten und verhindert immense Forderungsausfälle und Arbeitsplatzverluste. Wie die Rechtsprechung und die herrschende Lehre mit den Adressaten des Sanierungsprivilegs nach dem MoMiG verfahren werden, wird die Zukunft zeigen. Je enger der Personenkreis potentieller Sanierer gezogen wird, also je weiter die Altgesellschafter aus dem Anwendungsbereich herausgenommen werden, desto kritischer wird sich das Sanierungsprivileg entwickeln.

Im Ergebnis bleibt es jedem Einzelnen überlassen, wie er die ersten Schritte des Gesetzgebers in Richtung Deregulierung des Eigenkapitalersatzrechts hinsichtlich des Sanierungsprivilegs aufzufassen vermag. An dieser Stelle sollte es jedoch nicht unkommentiert bleiben, dass der Gesetzgeber nicht selten vor immensen Schwierigkeiten steht, auf Druck und Wunsch verschiedener Interessenverbände – insbesondere bei solch komplexen und praxisbezogenen Bereichen wie des Eigenkapitalersatzrechts – wunschgerechte und gesetzesstimmige Lösungen zu finden. Insoweit ist es nicht überraschend, wenn auch die neuen Regeln bei den „berufsmäßigen Eigenkapitalersatzrechtlern“[621], die sich langsam mit der Tatsache abgefunden haben sollten, dem Eigenkapitalersatzrecht den letzten Schliff zu geben und es reformsicher zu machen, wiederum auf Kritik und bei den Reformbedürftigen, die nicht müde werden, das Eigenkapitalersatzrecht an die aktuellen wirtschaftlichen Verhältnisse anzupassen, auf Zustimmung stoßen wird.

II. Das Kleinbeteiligungsprivileg, § 39 Abs. 5 InsO

Eine weitere Ausnahme von der generellen Nachrangigkeit sämtlicher Gesellschafterdarlehen zugunsten des persönlichen Anwendungsbereichs bildet das Kleinbeteiligungsprivileg. Auch dieses Privileg wurde in Folge der Neuausrichtung des Eigenkapitalersatzrechts durch das KapAEG[622] erstmals im Jahr 1998

620 Vgl. etwa Insolvenzbericht 2007 des Statistischen Bundesamtes, Tabelle 7, Insolvenzen nach Rechtsform.

621 Dauner-Lieb, DStR 1998, 1517 (1517).

622 Gesetz zur Verbesserung der Wettbewerbsfähigkeit deutscher Konzerne an Kapitalmärkten und zur Erleichterung der Aufnahme von Gesellschafterdarlehen – Kapitalaufnahmeerleichterungsgesetz (KapAEG) v. 20.04.1998, Art. 2, BGBl I S. 707.

eingeführt, um einer fehlenden mitunternehmerischen Beteiligung von Gesellschaftern Rechnung zu tragen[623].

Der Zweck der Einführung einer Freistellungsklausel lag zum einen darin, mit einer Deregulierung der Komplexität der Kapitalersatzregeln zu begegnen, zum anderen die Zurverfügungstellung von Risikokapital attraktiver zu machen[624] und schließlich mehr Rechtssicherheit in das komplexe System einzubringen. Angelehnt wurde die Regelung an das schon seit langem geltende Recht bei der Aktiengesellschaft, bei der die Anwendung des damals ungeschriebenen Eigenkapitalersatzrechts nur ab einer Sperrminorität von 25%[625] Aktienbesitz in Betracht kam[626]. Diese Leitsätze wurden bei der Einführung des Kleinbeteiligungsprivilegs, wenn auch modifiziert, auch auf die GmbH-Gesellschafter übertragen.

Die modifizierte Übernahme des Kleinbeteiligungsprivilegs in das GmbH-Recht beruhte darauf, dass die Stellung eines GmbH-Gesellschafters im Unterschied zu dem Aktionär anders ausgestaltet ist. Die Geschäftsführer unterliegen einer Weisungsbefugnis durch die Hauptversammlung gemäß § 37 Abs. 1 GmbHG und einer Informationspflicht gegenüber den Gesellschaftern gemäß § 51 a GmbHG. Auch die Bindung der Gesellschafter an die GmbH ist stärker als eine Beteiligung an der AG, insbesondere bei einer Publikumsaktiengesellschaft, deren Aktien frei handelbar sind. Damit sind die Gesellschafter auch mehr in der Lage auf die Kapitalentwicklung der GmbH Einfluss zu nehmen und sind an dem Schicksal der GmbH in besonderem Maße beteiligt. Dies führt dazu, dass

623 RegBegr. zum KapAEG, BT-Drs. 13/7141, S. 12, obwohl noch bei der Einführung des Privilegs Kleinbeteiligungen bei den GmbHs nicht der Regelfall waren, waren diese jedoch infolge des bevorstehenden Generationswechsels zu erwarten. Zudem sollte die Attraktivität der GmbH für Kleinbeteiligungen insbesondere für Risikoanleger gesteigert werden und die Kleingesellschafter, die infolge familiärer oder erbrechtlicher Nachfolge ihre Ausschüttungen stehenließen, sollten keine Nachteile davon tragen.

624 Aus diesem Grund wurde die Freistellungsregelung auch in das Aktionsprogramm der Bundesregierung für Investitionen und Arbeitsplätze aufgenommen.

625 Von der 25% Schwelle ist jedoch im Rahmen des MoMiG auch bei der AG abgewichen worden. Aufgrund der rechtsformneutralen Formulierung in § 39 Abs. 4 S. 1 InsO gilt nun auch für die AG eine Kleinbeteiligungsschwelle von 10%.

626 BuM-Entscheidung des BGH v. 26.3.1984, BGHZ 90, 381, 387 ff.: Da die Möglichkeiten in der AG auf die Kapitalentwicklung Einfluss zu nehmen, rechtlich beschränkt sind, könne die unternehmerische Verantwortung in der Regel nur einen größeren Aktionär treffen. Die Finanzierungsfolgenverantwortung könne ihn daher nur dann treffen, wenn er mehr als 25% Aktien besitzt, die ihm eine Sperrminorität sichert.

der hohe Schwellenwert der Aktionäre von 25% bei der GmbH für das frühere Eigenkapitalersatzrechts nicht eins zu eins übertragen werden konnte, sondern viel niedriger angesetzt werden musste.

Insofern sollen nicht geschäftsführende Gesellschafter, die lediglich mit bis zu 10% an der Gesellschaft beteiligt sind, vom Privileg profitieren dürfen[627]. Die mit dem MoMiG ergangene Herabstufung der Beteiligungsschwelle auf 10%, die nach § 39 Abs. 4 InsO nun auch für die Aktiengesellschaft gilt, erlaubt nicht nur eine einheitliche Anwendung für alle Kapitalgesellschaften, sondern ist auch für die AG gegenüber der früheren 25% Schwelle sachgerechter[628].

---

627 Der Grundgedanke dieses Konzepts ist auf das sog. Witwen- und Erbtantenprivileg zurückzuführen, die nichtunternehmerisch beteiligt sein wollen und mit der Aufbürdung der Finanzierungsverantwortung überfordert wären.

628 Die früher für die AG geltende Beteiligungshöhe von 25%, die mit dem Argument gerechtfertigt wurde, ein unter der Sperrminorität beteiligter Aktionär enthielte keine mitunternehmerische Verantwortung, ist etwas überraschend. Führt man sich die Verteilung von Anteilen insbesondere größerer börsennotierter AGs vor Augen, so kann man feststellen, dass der überwiegende Teil der Aktien sich in Streubesitz befindet, wo aber weniger die Großaktionäre, sondern vielmehr die Kleinaktionäre vorzufinden sind. Durch diese Vielzahl von Kleinbeteiligungen, die den überwiegenden Anteil des Aktienbesitzes ausmachen, ist eine Stimmenmehrheit in den Hauptversammlungen möglich, so dass durchaus von einer mitunternehmerischen Einflussnahme der Minderheitsaktionäre ausgegangen werden kann. Auch in der Praxis ist aufgrund der teilweise absteigenden Präsenz in den Hauptversammlungen größerer AGs zu befürchten, dass Minderheiten die Abwesenheit mehr als der Hälfte des vertretenen Stimmkapitals dazu nutzen können, in den Hauptversammlungen auf weitreichende Unternehmensentscheidungen verstärkt Einfluss auszuüben. Denn während im Jahr 1992 die Hauptversammlungspräsenz der 24 größten, in mehrheitlichen Streubesitz stehenden Gesellschaften durchschnittlich noch bei 58,05% (vgl. Veil, ZGR 2000, 223, 230) und im Jahr 1998 bei den 30DAX notierten Unternehmen bei 60,95% lag, sank sie im Jahr 2005 bereits auf 45,87% und stieg 2008 jedoch wieder auf 58,55%, vgl. DSW-HV Präsenz der DAX 30-Unternehmen; Klühs, Präsenzboni für die Teilnahme an der Hauptversammlung, S. 1. Warum also eine solch hohe Schwelle – wenn auch als Indizwirkung – ausgerechnet bei der AG, bei der nicht zwischen börsennotierten und nicht börsennotierten Gesellschaften unterschieden wird, für erforderlich gehalten wurde, erscheint durchaus fraglich. Insbesondere vor dem Hintergrund des § 29 Abs. 2 WpÜG, der bereits das Halten von 30% der Stimmrechte als Kontrolle bezeichnet. Eine unternehmerische Beteiligung als Vorstufe zur Kontrolle müsste danach weit unter der 25% Beteiligung angesiedelt werden. Insofern ist eine Herabsetzung durch das MoMiG auf 10% auch bei der AG zu begrüßen, vgl. § 39 IV, V InsO.

Rechtspolitisch war die Einführung des Kleinbeteiligungsprivilegs insbesondere für die Vielzahl der in der mittelständischen Wirtschaft agierenden GmbHs sehr zu begrüßen. Insbesondere vor dem Hintergrund der oftmals familiären Strukturen ist für die „kleinen" Gesellschafter, die die Gesellschaft lediglich mitfinanzieren wollen, im Interesse einer Kapitalbeschaffung ein rechtssicherer „Raum gesellschaftsrechtlicher Unverantwortlichkeit"[629] erforderlich. Hält ein Gesellschafter einen geringen Anteil am Stammkapital der Gesellschaft, hat er gleichzeitig mangels einer „mitunternehmerischen Verantwortlichkeit" eine beschränkte Einflussmöglichkeit auf die Geschicke der Gesellschaft[630]. In einem solchen Fall fehlen ihm eine das Eigenkapitalersatzrecht auslösende „Insiderstellung" und die Finanzverantwortung, die die Rückstufung seiner Darlehen rechtfertigen würden[631].

1. Auswirkungen des MoMiG auf das Kleinbeteiligungsprivileg

Wörtlich erfasste § 32 a Abs. 3 S. 2 GmbHG a.F. den Fall, dass der Gesellschafter mit maximal 10% am Stammkapital der Gesellschaft beteiligt ist und keine Geschäftsführerposition innehat. Schon aus dem Umkehrschluss ergibt sich, dass alle Gesellschafter, die mehr als 10% der Geschäftsanteile halten und alle geschäftsführende Gesellschafter von dem Privileg nicht erfasst sind. Deswegen sollte ein geschäftsführender Gesellschafter, auch wenn er nur ganz gering an der Gesellschaft beteiligt ist, sich nicht auf das Privileg berufen können[632]. Das gleiche soll auch für einen Gesellschafter gelten, der mit über 10% an der Gesellschaft beteiligt ist, unabhängig davon, wie seine Gesellschafterstellung tatsächlich ausgestaltet ist. Die betroffenen Gesellschafter unterfielen dank des Kleinbeteiligungsprivilegs weder den Novellen- noch den

629 Vgl. v. Gerkan/Hommelhoff, Handbuch des Kapitalersatzrechts, 2. Aufl., Rdn. 2.26.

630 RegBegr. zum KapAEG, BT-Drs. 13/7141, S. 12.

631 RegBegr. zum KapAEG, BT-Drs. 13/7141, S. 12, bei diesen Begründungsversuchen bezog sich der Gesetzgeber unter anderem auf die „BuM/WestLB" Entscheidung des BGH (v. 26.3.1984, BGHZ 90, 381, 387), die sich jedoch im Aktienrecht abspielte. In dem Urteil hat der BGH entschieden, dass es bei der AG gerade nicht nur auf die Beteiligungsquote ankommen soll, sondern vielmehr auf die an die jeweilige Beteiligung anknüpfende Finanzierungsfolgenverantwortung, die ab einer Beteiligung von 25% vermutet werden kann. Dass einen Aktionär auch bei einer kleineren Beteiligung eine Finanzierungsfolgenverantwortung treffen kann, hat der BGH nicht ausgeschlossen.

632 Ulmer/Habersack/Winter, Habersack, GmbHG, § 32 a/b, Rdn. 191.

Rechtsprechungsregeln[633] und genossen auch die Freistellung von der Ausfallhaftung nach § 31 Abs. 3 GmbHG analog[634].

Das ehemals unter § 32 a Abs. 3 S. 2 GmbHG a.F. normierte Kleinbeteiligungsprivileg wurde infolge des MoMiG in die Insolvenzordnung nahezu unverändert übernommen und hat lediglich, so wie viele andere Bestimmungen des Kapitalersatzrechts, eine neue Platzierung erfahren. Es bezieht sich nun auf sämtliche Gesellschaften, die weder eine natürliche Person noch eine Gesellschaft, bei der ein persönlich haftender Gesellschafter eine natürliche Person ist, als persönlich haftenden Gesellschafter haben (§ 39 Abs. 4 S. 1 InsO).

Gemäß § 39 Abs. 5 InsO sind die von den Kleingesellschaftern gewährten Darlehen und die entsprechenden Finanzierungshilfen nicht nachrangig i.S.d. § 39 Abs. 1 Nr. 5 InsO und die getätigten Rückzahlungen seitens der Gesellschaft wegen § 135 Abs. 4 InsO auch nicht anfechtbar. Über die Verweisung in §§ 6 Abs. 1 S. 1 und 6 a S. 2 AnfG erstreckt sich die Privilegierung auch auf die gesellschafterbesicherten Forderungen und die Anfechtung außerhalb eines Insolvenzverfahrens. Davon wird jedoch nicht die Anfechtung wegen vorsätzlicher Benachteiligung nach § 6 AnfG, § 133 InsO erfasst, da – wie der Tatbestand schon vermuten lässt – einem vorsätzlichen Handeln die Grundlage einer Privilegierung entzogen ist. Im Unterschied zu § 135 V InsO fällt jedoch ein entsprechender Verweis in § 6 AnfG, was indes auf ein redaktionelles Versehen zurückzuführen ist[635].

Während nach altem Recht die Beteiligungsquote im Zeitpunkt der Krise maßgeblich war, kann nach dem neuen Recht – infolge des Wegfalls des Krisenmerkmals – nur darauf ankommen, ob der den Kredit gewährende Gesellschafter innerhalb der relevanten Fristen die Kleinbeteiligung noch innehatte[636]. Ist dies der Fall, so ist die Forderungen des Gesellschafters aus einer Darlehensgewährung und dieser wirtschaftlich vergleichbaren Rechthandlung ausnahmsweise eine Insolvenzforderung i.S.d. § 38 InsO[637].

Die Unterschiede in der rechtlichen Behandlung des Kleinbeteiligungsprivilegs zum ehemaligen Recht sind nur an einzelnen Stellen vorzufinden, so dass

---

633 Bereits durch BT-Drs. 13/7141, S. 12 (linke Spalte) hervorgehoben, um Missverständnissen vorzubeugen, wobei schon aus dem Wortlaut des § 32 a Abs. 3 S. 2 GmbHG a.F., „die Regeln über den Eigenkapitalersatz", erkennbar wird, dass auch die Rechtsprechungsregeln von der Privilegierung erfasst sind.

634 BGH NZG 2005, 845, 846.

635 Bork/Schäfer, Thiessen, GmbHG, Anh. zu § 30, Rdn. 40.

636 Altmeppen, NJW 2008, 3601, 3604 f.

637 Braun, Bäuerle, InsO, § 39, Rdn. 16.

in der anschließenden Darstellung der wichtigsten Eckpunkte dieses Privilegierungstatbestandes sogleich aus der Sicht des neuen Rechts ausgegangen werden kann.

2. Dogmatische Grundlage für das Kleinbeteiligungsprivileg

Durch das MoMiG ist das Merkmal der Finanzierungsfolgenverantwortung und der Krise aufgegeben worden, so dass sich für die Neuregelung die Frage stellt, welche dogmatische Begründung dem geltenden Kleinbeteiligungsprivileg, insbesondere aufgrund der pauschalen Wertung für die vom Anwendungsbereich erfassten Kapitalgesellschaften, zugrunde gelegt werden kann[638]. Weder der Gesetzgeber noch die einschlägige Literatur haben sich – soweit ersichtlich – trotz des immer wieder erwähnten Wegfalls der Finanzierungsfolgenverantwortung diesbezüglich geäußert. Das gilt sogar für beide Privilegien, die als Konkretisierungen bzw. Ausnahmen der durch die Krisenfinanzierung ausgelösten Finanzierungsfolgenverantwortung verstanden wurden, auf die es aber nach der Gesetzesbegründung gerade nicht mehr ankommen soll[639]. Dabei drängt sich aber die Frage förmlich auf, mit welcher Begründung der Gesetzgeber rechtfertigen will, dass einerseits alle Gesellschafter, also auch diejenigen, die sich in jeder Hinsicht wie ein Gläubiger verhalten, der generellen Subordination des § 39 Abs. 1 Nr. 5 InsO unterliegen, andererseits aber einige Gesellschafter allein aus dem Grunde privilegiert werden, da sie keine typische die Gläubiger gefährdende Stellung in der Gesellschaft einnehmen.

Der Wegfall der Finanzierungsfolgenverantwortung wirkt sich in vielerlei Hinsicht problematisch aus. Einerseits verbietet das Gesetz einem Gesellschafter den Nachweis zu erbringen, er habe bei der Hingabe von Finanzierungsmitteln allein aus „altruistischen" Beweggründen und eben nicht zum Nachteil der Gesellschaftsgläubiger gehandelt. Andererseits erlaubt er einigen Gesellschaftern sehr wohl, auch in dem kritischen Zeitpunkt und gegebenenfalls mit Kenntnis, Darlehen zu gewähren und zurückzufordern, wenn sie nur mit 10% an der Gesellschaft beteiligt sind, obwohl auch Leistungen dieser Gesellschafter sehr wohl geeignet sind, den Überlebenskampf der Gesellschaft hinauszuzögern.

---

638 So bemerkt Pentz in Bayer/Koch nicht zu Unrecht, dass sowohl das Kleinbeteiligungsprivileg als auch das Sanierungsprivileg im neuen Recht aufgrund des Wegfalls der Finanzierungsfolgenverantwortung als systemfremde Ausnahmeregelungen angesehen werden müssen.

639 Kritisch dazu insb. Bayer/Koch, Altmeppen, Das neue GmbH-Recht, S. 60.

Die dogmatische Begründung für diesen Ausnahmetatbestand stützt der Gesetzgeber nun auf die einem gering beteiligten Gesellschafter fehlende Insiderstellung und unternehmerische Verantwortung. Einem mit nur einem geringen Geschäftsanteil beteiligten Gesellschafter – was bei 10% unzweifelhaft der Fall sei – mangele es an der Möglichkeit des Gesellschafters auf die Geschicke der Gesellschaft Einfluss zu nehmen. Bei einer nichtunternehmerischen Beteiligung sei es nicht ungewöhnlich, dass ein Gesellschafter seine Gesellschafterhilfe eben nicht nur um seine Gesellschafterstellung willen erbringt[640].

Auf diese Grundsätze stützte sich bereits die Regierungsbegründung bei der Einführung des Kleinbeteiligungsprivilegs, die die neuen Vorschriften gleichzeitig als „klarstellend" betrachtete und durch die Einführung dieses Ausnahmetatbestandes von einer Rechtsklarheit ausging[641]. In Wirklichkeit ist es jedoch höchst fraglich, ob die gesetzgeberische Begründung des Privilegs unter Zugrundelegung der Gesellschafterrechte und -pflichten haltbar ist und ob das auch nach dem MoMiG geltende Privileg tatsächlich Rechtssicherheit zu gewähren vermag oder im Gegenteil ständigen Korrekturlösungen ausgesetzt ist[642].

a. Unternehmerischer Einfluss der „Kleingesellschafter"

Ausgehend von der Gesetzesbegründung hinsichtlich des Kleinbeteiligungsprivilegs ist zu hinterfragen, ob die Kleingesellschafter tatsächlich keinen unternehmerischen Einfluss auf die Geschicke der Gesellschaft ausüben können.

Nach §§ 50 Abs. 1, 2 und 51 a Abs. 1 GmbHG werden den Kleinbeteiligten gewisse Minderheitsrechte eingeräumt. So können die mit 10% beteiligten Gesellschafter die Berufung einer Gesellschafterversammlung erzwingen und bestimmte Tagesordnungspunkte für die Beschlussfassung in der Hauptversammlung vorbringen. Darüber hinaus können sie einen Auskunftsanspruch über die Angelegenheiten der Gesellschaft verlangen, da § 51 a Abs. 1 GmbHG an alle Gesellschafter ohne Rücksicht auf die Beteiligungshöhe gerichtet ist. Schließlich können die Minderheitsgesellschafter gemäß § 61 Abs. 2 GmbHG sogar eine als

640 Gottwald, Haas/Hossfeld, Insolvenzrechts-Handbuch, § 92, Rdn. 383.

641 BT-Drs. 13/7141, S. 9 (rechte Spalte).

642 In die gleiche Richtung ging wohl auch Haas bei den Verhandlungen des 66. Deutschen Juristentages (I, E 67) im Vorfeld der GmbH-Reform, der den Vorschlag unterbreitete, die Schwelle solle lediglich eine Vermutungsregelung aufstellen, um eben solche Gesellschafter aus dem Privileg herauszunehmen, denen trotz einer unter der Schwelle liegenden Beteiligung eine gesellschaftsrechtliche Einflussnahmemöglichkeit nachgewiesen werden kann.

ultima ratio ausgestaltete Auflösungsklage anstreben, wenn die Voraussetzungen der Auflösungsgründe gegeben sind.

Um den Minderheitenschutz angemessen gewährleisten zu können, haben diese Vorschriften gemäß §§ 45 Abs. 2, 51 und § 51 a Abs. 3 GmbHG einen zwingenden Charakter, der durch gesellschaftsrechtliche Regelungen zwar verstärkt, aber nicht abgemildert werden kann[643]. Insoweit haben die Minderheitsgesellschafter sehr wohl einen gewissen Einfluss auf die Gesellschaft. Einerseits können sie aufgrund ihres Informationsrechts gemäß § 51 a GmbHG die aus den Gesetzesmaterialen erwähnte Insiderstellung unabdingbar wahrnehmen, andererseits können sie die angezweifelte Einflussmöglichkeit durch die Einberufung einer Hauptversammlung und die zur Abstimmung vorgebrachten Anliegen ausüben[644].

b. Tatsächliche mitunternehmerische Verantwortung als Korrektiv zum Schwellenwert

Insofern sollte die „mitunternehmerische Verantwortung" weniger an die Einflussmöglichkeit oder die Insiderstellung, sondern vielmehr an die Geschäftsführerstellung oder an die einer Kleinbeteiligung nicht typischen Rechte angeknüpft werden. Ist also ein Gesellschafter in einer Geschäftsführerposition – wenn auch nur faktisch – oder übt er aufgrund gesellschaftsrechtlicher Bestimmungen im Verhältnis zu seiner tatsächlichen Beteiligung atypische Rechte aus, dann ist eine „mitunternehmerische Verantwortung" zu bejahen und eine Privilegierung nicht mehr zu rechtfertigen. Eine solche Sichtweise ergibt sich eindeutig nicht aus dem Gesetz, da der Wortlaut klar entweder von der Geschäftsführerstellung oder von einer 10% Beteiligung spricht[645]. Damit hat der Gesetzgeber aufgrund des eindeutigen Wortlauts keinen ausfüllungsbedürftigen Spielraum gelassen und auch einer einzelfallbezogenen Entscheidung mit einer Orientierung an der mitunternehmerischen Verantwortung sowie die Behandlung des Schwellenwertes als eine Indizwirkung die Grundlage entzogen[646].

---

643 Baumbach/Hueck, Zöllner, GmbHG, § 50, Rdn. 2, § 51 a, Rdn. 2, § 61, Rdn. 2, 4; Michalski, Römermann, GmbHG, § 50, Rdn. 190, 194, § 51a, Rdn. 241.

644 Vgl. Pentz, GmbHR 1999, 437, 446.

645 Im Gegensatz dazu sieht § 5 des österreichischen Eigenkapitalersatz-Gesetzes (EKEG) vor, dass neben der Beteiligungsquote auch auf die „kontrollierende Beteiligung", die gesondert anhand von Aufzählungen verschiedener Einflussmöglichkeiten definiert wird, geachtet werden soll.

646 Vgl. Tillmann/Tillmann, GmbHR 2003, 325, 327.

Eine einzelfallgerechte Lösung ist dem Eigenkapitalersatzrecht jedoch nicht fremd und dient dazu – im Interesse einer sachgerechten Lösung und zur Vermeidung von Umgehungsversuchen – dem Ausmaß und dem Grad der konkreten Einflussnahme hinreichend Rechnung zu tragen. Dazu steht auch die Gesetzesbegründung nicht im Widerspruch, die auf die mitunternehmerische Verantwortung abstellt und die Basis für eine differenzierte Betrachtung auch von unter der Schwelle liegenden Kleinbeteiligten selbst aufgestellt hat. Denn unabhängig davon, wie klein der Gesellschaftsanteil eines Gesellschafters sein dürfte, die Entscheidung, der Gesellschaft in der Krise weiteres Kapital zu gewähren oder stehen zu lassen, hat nichts mit der Mindestbeteiligung zu tun. Die Außerachtlassung solcher Gesellschafter aus dem Anwendungskreis des Kapitalersatzrechts bedeutet die Auferlegung des Risikos der Finanzierung auf die Gläubiger. Aus ihrer Sicht macht es aber keinen Unterschied, ob die Finanzmittel, die die Gesellschaft weiter künstlich am Leben gehalten haben von einem Mehrheits- oder Minderheitsgesellschafter stammen, weswegen die Finanzierungsverantwortung an jede Gesellschafterstellung – unabhängig von der Beteiligungshöhe – anzuknüpfen ist[647].

Das wurde auch insbesondere durch die Lagergrundstück-V Entscheidung[648] deutlich, in der der BGH bestätigt hat, dass den Gesellschafter schon aufgrund seiner Stellung die Finanzierungsfolgenentscheidung trifft und nicht allein als Folge der Verfolgung bestimmter unternehmerischer Ziele. Aus diesen Gründen ist vor dem Hintergrund des eingeschränkten Gläubigerschutzes zugunsten der Interessen der Gesellschaft bzw. der Gesellschafter möglicherweise eine teleologische Einschränkung bzw. Konkretisierung des Kleinbeteiligungsprivilegs erforderlich, um tatsächlich der mitunternehmerischen Verantwortung und der je nach Einzelfall ausgestalteten – ggf. atypischen – Gesellschafterstellung ausreichend Rechnung zu tragen. Da eine solche Betrachtungsweise aufgrund des eindeutigen Wortlauts jedoch rechtlich und systematisch nicht tragbar ist, muss überprüft werden, ob die Berücksichtigung atypischer Konstellationen im Wege

647 So folgt auch aus einigen Entscheidungen zum GmbH-Recht, dass die Finanzierungsfolgenverantwortung in einer Wechselwirkung mit der Gesellschafterstellung und nicht mit einer bestimmten Beteiligungshöhe steht, vgl. BGHZ 127, 336, 344 f; Dies folgt auch schon aus dem Leitsatz der Entscheidung des BGH v. 19.9.1988, wonach schon aus der Tatsache seiner Beteiligung an der Gesellschaft der Gesellschafter die Verantwortung übernimmt, BGHZ 105, 168, 176.

648 BGH WM 1997, 1481, 1482.

einer Analogie oder teleologischen Restriktion des § 39 Abs. 5 InsO oder anhand anderer Bestimmungen zu erreichen ist[649].

aa. Rechtliche Begründung der Behandlung atypischer Gesellschafterstellungen
Im Zusammenhang mit der mitunternehmerischen Verantwortlichkeit stellt sich also die Frage, wie die Fälle zu behandeln sind, bei denen zwar die Schwelle von 10% nicht überschritten wird, die Rechtsstellung des Gesellschafters jedoch – ohne Geschäftsführer zu sein – einen größeren unternehmerischen Einfluss erlaubt und geschäftsführerähnlich ausgestaltet ist. Stellt sich nämlich für einen Gesellschafter die Frage nach der Anwendbarkeit der Sonderregeln über die Gesellschafterfinanzierung oder nach der Anwendbarkeit des Kleinbeteiligungsprivilegs, kommt es auf die seiner Beteiligung immanente – typische oder atypische – Rechtsstellung als Gesellschafter an. Stehen dem betreffenden Gesellschafter tatsächlich Mitwirkungsrechte an der Gesellschaft zu, die einer Beteiligung von 10% oder weniger nicht entsprechen und nicht typisch sind, kann unabhängig von seiner tatsächlichen Beteiligungshöhe die Anwendung der Sonderregeln gerechtfertigt sein[650].

(1) Wortlaut versus teleologische Restriktion versus Zurechnungsmodell
Soweit ersichtlich hat sich die Rechtsprechung zu der genauen dogmatischen Einformung der atypischen Fälle noch nicht eindeutig geäußert[651]. Dagegen beschäftigt dieser Meinungsstreit schon seit längerem die Literatur, die für Kleinbeteiligungen, deren Rechte de facto einem Anteil von über 10% entsprechen, eine teleologische Restriktion des Privilegs fordert und die betreffenden Gesellschafter schon im früheren Recht dem Kapitalersatzrecht unterstellt[652], ohne jedoch auf eine methodische Begründung näher einzugehen.

---

649 Vgl. Tillmann/Tillmann, GmbHR 2003, 325, 328.

650 Pentz, GmbHR 2004, 529, 533; Scholz, K. Schmidt, GmbHG, §§ 32 a, 32 b, Rdn. 204.

651 Die zu den atypischen Fällen ergangenen höchstrichterlichen Entscheidungen stellen lediglich fest, dass in besonderen Situationen auch geringe Beteiligungen eine Privilegierung nicht rechtfertigen können. Wie diese Ausnahme von der Ausnahme jedoch dogmatisch einzuordnen und zu erklären ist, wird aus den Entscheidungen nicht klar; vgl. etwa BGH v. 19.3.2007, DStR 2007, 684; BGH v. 9.5.2005, DStR 2005, 1416.

652 Pentz, GmbHR 1999, 437, 446; Michalski, Heidinger, GmbHG, §§ 32 a, 32 b, Rdn. 211; Hirte, ZInsO 1998, 147, 153; Lutter/Hommelhoff, dies., GmbHG, §§ 32 a/b, Rdn. 67, wenn Mitverwaltungsrechte statutarisch verstärkt werden; Tillmann/Tillmann, GmbHR 2003, 325, 329.

Dagegen ließe sich vorbringen, dass eine teleologische Restriktion den Willen des Gesetzgebers, Rechtssicherheit zu schaffen – was auch die starre Regelung von 10% erklären würde – konterkarieren würde. Insofern beschränkte sich *Karsten Schmidt* bei derartigen Konstellationen unter Heranziehung von § 32 a Abs. 3 S. 1 GmbHG a.F. auf ein Zurechnungsmodell, da eine teleologische Restriktion mit dem positiven Recht unvermeidbar war[653]. Andere sehen dagegen weder eine teleologische Reduktion noch eine Zurechnung als mit dem starren Wortlaut vereinbar an und legen das Privileg entsprechend der Norm restriktiv aus[654].

(2) Keine rechtsfehlerfreie Begründung der teleologischen Reduktion möglich

Bei der Frage, welchem Lösungsweg bei der Beachtung atypischer Konstellation der Zuspruch gebührt, scheiden sich die Geister. Auf der einen Seite erscheint eine starre gesetzliche Regelung im Zusammenhang mit der mitunternehmerischen Verantwortung weniger geeignet, um dem Gedanken des Gesetzgebers gerecht zu werden. Vielmehr könnten gerechte Ergebnisse nur mit einer Einzelfallentscheidung erzielt werden, die sich jedoch aufgrund des starren Schwellenwertes nur mit Hilfe einer teleologischen Reduzierung erreichen ließe[655]. Hierfür spricht auch, dass das ehemalige Eigenkapitalersatzrecht vorwiegend Richterrecht war und damit auf Grundlage vieler Einzelfallentscheidungen unter Berücksichtigung verschiedener Kriterien die jetzige Fülle erfahren hat. Warum von dem Prinzip der einzelfallbezogenen Entscheidungen bei der Frage der Anwendbarkeit des Kapitalersatzrechts und dessen Ausnahmen abgewichen werden muss, kann zwar vor dem Hintergrund der Deregulierung und Vereinfachung, aber nicht im Hinblick auf eine einzelfallgerechte Entscheidung im Interesse des Gläubigerschutzes nachvollzogen werden.

Sicherlich rückt der mit dem Kleinbeteiligungsprivileg verfolgte Zweck des Gesetzgebers nach der Rechtssicherheit und Rechtsvereinfachung damit in den Hintergrund. Vor der Prämisse des Gläubigerschutzes, der aufgrund des Privilegs hinter den Interessen der Gesellschafter und Gesellschaft zurücktreten muss, könnten jedoch Abzüge bei der Rechtsvereinfachung im Interesse einer gläubigergerechten Regelung hinnehmbar sein.

---

653 Scholz, K. Schmidt, GmbHG, §§ 32 a, 32 b, Rdn. 203 f.; K. Schmidt, GmbHR 1999, 1269, 1270, der eine Einschränkung des § 32 a Abs. 3 S. 1 GmbHG a.F. durch Zurechnung als einzige mit dem positiven Recht erlaubte Möglichkeit sieht.

654 Vgl. Tillmann/Tillmann, GmbHR 2003, 325, 330.

655 Die teleologische Reduktion befürwortend: Hirte, ZInsO 1998, 147, 153; Pentz, GmbHR 2004, 529, 531.

Auf der anderen Seite darf eben die weitere nicht zu verachtende Begründung des Gesetzgebers nicht aus den Augen gelassen werden. Der Gesetzgeber bezog sich bei der Begründung nämlich nicht bloß auf die Berücksichtigung unternehmerischer Verantwortung, sondern auch auf die Rechtssicherheit, um die Finanzierung der GmbH attraktiver zu machen. Die Einführung starrer Regelungen ist aber am besten geeignet, Rechtsklarheit und Rechtssicherheit zu erzielen. Eine teleologische Reduktion, die darauf gerichtet ist, einzelfallbezogene Entscheidungen zu treffen, würde den Wunsch nach Rechtssicherheit und Vereinfachung zunichtemachen.

Zudem muss ungeachtet der zahlreichen Gründe für die teleologische Reduktion die dogmatische Begründung rechtsfehlerfrei sein. Eine teleologische Reduktion kann trotz des eindeutigen Wortlauts immer nur dann erlaubt sein, wenn der Sinn und Zweck der Norm dies gebietet und erkennen lässt. Da hier jedoch die beiden Gesetzeszwecke sich widersprechen, muss dem Prinzip der mitunternehmerischen Verantwortung eine größere Bedeutung beigemessen werden, um die teleologische Reduktion zuzulassen[656]. Ein etwaiger Vorrang eines der Motive des Gesetzgebers kann aus der Begründung jedoch nicht hergeleitet werden. Vielmehr stehen die Gesetzesmotive gleichrangig nebeneinander, was eine Bevorzugung eines der Gründe verbietet. Schließlich spricht auch gegen eine methodisch korrekte Einführung der teleologischen Reduktion die Beachtung des Gewaltenteilungsgrundsatzes. Das in Folge der teleologischen Reduktion als auch der Analogie begründete Richterrecht muss die Voraussetzungen für eine Ausweitung oder Einschränkung des Wortlauts sachgerecht begründen können[657]. Allein der – vorrangige oder einzelne – Zweck rechtfertigt im Reduktionsfall eine Modifikation einer Vorschrift über den Wortlaut hinaus[658]. Ist dieser Zweck nicht eindeutig als primär einzustufen, so verbietet sich eine teleologische Reduktion, insbesondere in einem Fall wie diesem, bei dem beiden Motiven gleich hohe Bedeutung beigemessen werden kann und vor allem der Wortlaut gegen die einzelfallorientierte mitunternehmerische Verantwortung spricht.

Damit lässt sich der Anwendungsbereich des Kleinbeteiligungsprivilegs aus Gründen der mangelnden dogmatischen Begründung der teleologischen Reduktion schon mal nicht durch die teleologische Restriktion erreichen. Andererseits überzeugt es ebenso wenig, das Privileg weiterhin auf solche Gesellschafter anzuwenden, die 10% der Anteile oder weniger besitzen, in Wirklichkeit aber

656 Vgl. Tillmann/Tillmann, GmbHR 2003, 325, 329.

657 Brandenburg, Die teleologische Reduktion, S. 58; BVerfG 34, 269, 287; BVerfG 35, 263, 278 f.

658 Brandenburg, Die teleologische Reduktion, S. 59.

über mehr unternehmerische Verantwortung verfügen als ihrer tatsächlichen geringen Beteiligung immanent ist.

(3) Das Zurechnungsmodell anhand § 39 Abs. 1 Nr. 5 InsO

Im Interesse der Vermeidung von Umgehungsmöglichkeiten muss schließlich unter Betrachtung gezogen werden, ob den Umgehungen mit Zurechnungskriterien begegnet werden kann[659]. Grundlage der Zurechnung bildet die Zurechnungsnorm des § 39 Abs. 1 Nr. 5 InsO – im früheren Recht § 32 a Abs. 3 S. 1 GmbHG a.F. –, die die Frage erlaubt, ob Geschäftsführungskompetenzen und Beteiligungen nur den formellen Inhabern oder auch dem nominellen Kleingesellschafter zuzurechnen sind[660]. Die Gesetzesbegründung stützt sich unter anderem darauf, dass die besonderen Umgehungsverbote bereits durch die Generalklausel des § 32 a Abs. 3 S. 1 GmbHG a.F. bzw. § 39 Abs. 1 Nr. 5 InsO erfasst sind[661]. Dem steht auch nicht die Formulierung entgegen, dass nur Rechtshandlungen, die der Darlehensgewährung wirtschaftlich entsprechen, erfasst werden, da die Bestimmung sowohl im alten als auch im neuen Recht allgemein als eine „Umgehungs- und Auffangregelung" gesehen wird[662].

Die Erweiterung der Generalklausel erstreckt sich unter bestimmten Anforderungen auch auf dritte Personen, die an der Gesellschaft nicht einmal beteiligt sind[663]. Dann kann aber für die „richtigen" Gesellschafter nur wegen ihrer geringen Beteiligungsquote, aber erhöhter unternehmerischer Einflussnahme nichts anderes gelten[664]. Für eine Berücksichtigung solcher Konstellationen spricht mittelbar sogar die Gesetzesbegründung selbst, die ausführt, dass ein geringfügig Beteiligter nur „typischerweise" keine mitunternehmerische Verantwortung trägt, da es ihm „regelmäßig" an der Insiderstellung mangelt und er „kaum" Einflussmöglichkeiten auf die Gesellschaft ausübt[665]. Diese Formulierungen lassen

---

659 Das Zurechnungsmodell befürwortend K. Schmidt, GmbHR 1999, 1269, 1270; Riegger, FS Sigle, 2000, S. 229, 237; Vervessos, Das Eigenkapitalersatzrecht, S. 186 f; Michalski, Heidinger, GmbHG, §§ 32 a, 32 b, Rdn. 216.

660 K. Schmidt, GmbHR 1999, 1269, 1270.

661 Vgl. Reg.Begr. BT-Drs. 13/7141, S. 12 (rechte Spalte).

662 Riegger, FS Sigle, 2000, S. 229, 245; Seibert, DStR 1997, 35, 36; Ulmer/Habersack/Winter, Habersack, GmbHG, §§ 32 a/b, Rdn. 101.

663 Ulmer/Habersack/Winter, Habersack, GmbHG, §§ 32 a/b, Rdn. 103.

664 Als argumentum a maiori ad minus, vgl. a. Vervessos, Das Eigenkapitalersatzrecht, S. 188.

665 Vgl. Reg.Begr. BT-Drs. 13/7141, S. 12 (linke Spalte).

den Schluss zu, dass auch der Gesetzgeber von dem Normalfall[666] einer geringen Beteiligung ausging und nur diejenigen Gesellschafter privilegiert ansehen wollte, bei denen die Anwendung strengerer Regelungen mangels unternehmerischer Tätigkeit unsachgemäß wäre.

Eine solche Sichtweise spiegelt sich auch in der BuM-Grundsatzentscheidung des BGH zum früheren Eigenkapitalersatzrecht in der AG wieder. Dort hat der BGH zwar die Anwendung des Kapitalersatzrechts vormals erst ab einem die Sperrminorität sichernden 25% Aktienbesitz anerkannt. Das Gericht hat aber auch ausgeführt, dass auch eine geringere Beteiligung dann als „Grundlage einer unternehmerischen Beteiligung anzusehen sei, wenn sie in Verbindung mit weiteren Umständen einen fortbestehenden Einfluss auf die Unternehmensleitung sichert und der Aktionär ein dementsprechendes unternehmerisches Interesse bekundet hat“[667].

Da der Gesetzgeber bei der Deregulierung des Eigenkapitalersatzrechts die für die AG angestellten Überlegungen des BGH aufgegriffen hat, müssen diese besonderen die mitunternehmerische Verantwortung begründenden Umstände auch hier Berücksichtigung finden. Insofern richtet sich die Zurechnung eines Einflusses auf die Geschäftsführung sowohl gegen einen Gesellschafter als auch gegen einen gleichgestellten Dritten und kann dazu führen, dass auch ein nicht geschäftsführender Gesellschafter unabhängig von seiner Beteiligungshöhe wie ein geschäftsführender Gesellschafter behandelt werden kann und den Verlust seiner Privilegierung hinnehmen muss. Damit gelten die strengen Regelungen des Kapitalersatzrechts also auch für einen nicht geschäftsführenden Gesellschafter mit einer Beteiligung von 10% oder weniger, wenn seine Stellung aufgrund der ihm zugesprochenen Rechte der eines geschäftsführenden Gesellschafters oder der eines Gesellschafters mit einer Beteiligung von über 10% entspricht.

666 Vgl. a. Seibert, GmbHR 1998, 309 (309), nachdem es „gerade auf den Normalfall ankommt“.

667 BGHZ 90, 381, 391 f., wobei der BGH insbesondere den Abschluss von Konsortialverträgen und das Bekleiden vom Aufsichtsratsamt als „weitere Umstände“ ansah; zuletzt bestätigt, wenn auch für die AG, durch BGH v. 26.4.2010, EWiR 2010, 641, 642, in der Entscheidung bestätigte der BGH nicht nur erneut, dass auch bei einer geringeren Beteiligung als 25% eine unternehmerische Verantwortung vorliegen kann, sondern bejahte insbesondere die eigenkapitalersetzende Funktion eines Aktionärsdarlehens.

bb. Fallgruppen der Zurechnungsproblematik
Welche Gesellschafter trotz einer Minderheitsbeteiligung aus dem Anwendungsbereich des Kleinbeteiligungsprivilegs ausgenommen werden und mit Hilfe der Zurechnung über § 39 Abs. 1 Nr. 5 InsO den Sonderregeln unterstellt werden, zeigt die folgende Auflistung der häufigsten Konstellationen.

(1) Nichtgeschäftsführende Gesellschafter
Als solche, die Anwendung der strengen Regelungen auslösende Rechte, kommen vor allem die gesellschaftsvertraglich gewährten besonderen Bestellungs- oder Abberufungsrechte im Hinblick auf die Geschäftsführung und das gesellschaftsvertragliche Mehrheitsstimmrecht in Betracht[668]. Dieser der tatsächlichen Beteiligung nicht immanente Einfluss wird dem Gesellschafter zugerechnet, mit der Folge, dass er trotz fehlender Geschäftsführerstellung wie ein geschäftsführender Gesellschafter behandelt wird und das Kleinbeteiligungsprivileg für sich nicht in Anspruch nehmen kann.

(2) Zurechnung bei mehreren Beteiligten
Auch ein auf Stimmbindungsverträgen beruhendes koordiniertes Verhalten mehrerer Kleingesellschafter[669] oder dessen koordinierte Kreditvergabe für gemeinsame Rechnung[670] – kein geradezu untypisches Verhalten in der Praxis – führt zur erhöhten Einflussnahme der Gesellschafter und vermag eine Ausnahme von der Privilegierung zu rechtfertigen. Derartige Vereinbarungen führen dazu, dass die einzelnen Beteiligungen der mitwirkenden Gesellschafter zusammengerechnet werden, so dass bei Überschreiten der 10% Schwelle jeder einzelne Gesellschafter – unabhängig von der Höhe seiner Beteiligung – die Privilegierung verliert[671].

Im Vergleich zum früheren Recht hat die Behandlung von koordinierten Kreditvergaben eine Änderung erfahren[672]. Da es auf das Merkmal der Krise nicht

---

668 K. Schmidt, GmbHR 1999, 1269, 1270; Pentz, GmbHR 2004, 529, 533, der auch die satzungsmäßige Stimmkraft und das Bezugsrecht für ausreichend hält; a.A. hinsichtlich satzungsmäßiger Stimmkraft oder Gewinnbeteiligung, Scholz, K. Schmidt, GmbHG, §§ 32 a, 32 b, Rdn. 204.

669 Baumbach/Hueck, Hueck/Fastrich, GmbHG, 18. Aufl., § 32 a, Rdn. 18;

670 BGH v. 9.5.2005, DStR 2005, 1416; BGH v. 19.3.2007, DStR 2007, 684.

671 Rowedder/Schmidt-Leithoff, Pentz, GmbHG, § 32 a, Rdn. 93; v. Gerkan, GmbHR 1997, 677, 679; v. Gerkan/Hommelhoff, Handbuch des Kapitalersatzrechts, Rdn. 3.19; HK-InsO, Kleindiek, § 39, Rdn. 59.

672 Insbesondere das Erfordernis eines konzentrierten Stehenlassens über die konzentrierte Kreditgewährung hinaus würde nach dem MoMiG nicht mehr daran

mehr ankommt, dürften die Gerichte die Zusammenrechnung nicht mehr von den differenzierenden Kontrollmerkmalen der Gewährung oder Stehenlassen in der Krise abhängig machen. Insoweit verlieren die Gesellschafter mittels des Zurechnungskriteriums das Kleinbeteiligungsprivileg, wenn sie bei der Gewährung von Finanzmitteln koordiniert vorgehen und die zeitlichen Grenzen des § 135 Abs. 1 InsO eingreifen.

In einem engen Zusammenhang hierzu steht auch die Fallkonstellation, bei der ein Kleinbeteiligter erst auf Initiative der Gesellschaftermehrheit der Gesellschaft mit den ihm von einem höher beteiligten Gesellschafter zur Verfügung gestellten Mitteln Darlehen zur Verfügung stellt. Hier kommt der Missbrauchsgedanke besonders deutlich zum Vorschein, da es unbezweifelt das seitens der Gesellschaftermehrheit bezweckte Ziel war, die Gesellschaft zwar mit Finanzierungsmitteln auszustatten, aber dafür keine Verantwortung tragen zu wollen. Insbesondere kann hier davon ausgegangen werden, dass die betreffenden Mehrheitsgesellschafter ihrer Verantwortung bewusst waren und allein aus diesem Grund einen Minderheitsgesellschafter partizipieren ließen, um von dem Kleinbeteiligungsprivileg profitieren zu können.

(3) Faktischer Geschäftsführer

In die Zurechnungsproblematik fällt auch der faktische Geschäftsführer[673], der sich von dem bestellten Geschäftsführer nur dadurch unterscheidet, dass er nicht nach §§ 6 Abs. 3, 46 Nr. 5 GmbHG gewählt wurde und insofern keine Vertretungsmacht hat und auch nicht im Handelsregister eingetragen wurde[674]. Seine Tätigkeit als Geschäftsführer und insbesondere sein Auftreten nach außen ist darauf zurückzuführen, dass sie im Einverständnis oder mit Billigung

---

scheitern, dass die koordinierte Kreditvergabe außerhalb der Krise – und damit nicht eigenkapitalersetzend – erfolgte und das koordinierte Stehenlassen nicht mehr festgellt werden konnte. So beurteilte der BGH im „Bauhandwerker-Fall" v. 9.5.2005 (für die AG), bei der er die Zusammenrechnung von Anteilen nur daran scheitern ließ, dass die Aktionärsbürgschaften noch vor Eintritt der Krise gegeben wurden (BGH AG 2005, 617).

673 Ausführlich zum faktischen GmbH-Geschäftsführer: Weimar, GmbHR 1997, 473 (Teil I), 538 (Teil II).

674 MünchKommGmbHG, Merkt, § 11, Rdn. 129; Gehrlein/Ekkenga/Simon, Gehrlein, GmbHG, Vor. § 64, Rdn. 133; Pentz, GmbHR 1999, 437, 446; vom faktischen Geschäftsführer ist weiterhin der Fall zu unterscheiden, dass ein Geschäftsführer zwar wirksam bestellt wurde, aber kein wirksamer Anstellungsvertrag mit der GmbH zustande gekommen ist, sog. fehlerhaftes oder faktisches Anstellungsverhältnis, s. dazu Michalski, Heyder, GmbHG, § 6, Rdn. 190.

der Gesellschafterversammlung tatsächlich ausgeübt wird, so dass das Handeln des faktischen Geschäftsführers der Gesellschaft nach den Grundsätzen der Anscheins- und Duldungsvollmacht zugerechnet werden kann[675]. Im Vordergrund geht es bei dem faktischen Geschäftsführer also um die Fragen des Auftretens für die Gesellschaft und der Haftung[676], die unter Berücksichtigung des Normzwecks entsprechend der Haftung des organschaftlichen Geschäftsführers – insbesondere aus Gläubigergesichtspunkten – gerechtfertigt sein kann[677].

Mangels einer festumrissenen einheitlichen Struktur des faktischen Geschäftsführers richtet sich die Frage, ob tatsächlich eine faktische Geschäftsführung vorliegt nach den Gesamtumständen jedes Einzelfalles[678]. Entscheidend ist also ob der betreffende Gesellschafter an der Führung der Gesellschaft tatsächlich beteiligt ist. Die maßgebliche Teilnahme an der Führung der Geschäfte, indem unter anderem die Geschäftskonten seinem Machtbereich zugewiesen und Verhandlungen und Aufträge im Namen der Gesellschaft geführt werden und auch im Innenverhältnis ein bestimmter Einfluss zu verzeichnen ist, sind starke Indizien für das Vorliegen einer faktischen Geschäftstätigkeit[679]. Dabei ist allerdings nicht erforderlich, dass der faktische Geschäftsführer komplett an die Stelle des organschaftlichen Geschäftsführers tritt. Für die Haftung spielt es keine Rolle, ob die gesetzliche Geschäftsführung tatsächlich verdrängt wird, da – insbesondere bei der GmbH, die eine Fremdorganschaft zulässt – nach der höchstrichterlichen Rechtsprechung ein maßgeblicher Einfluss durch „eigenes, nach außen hervortretendes und üblicherweise der Geschäftsführung

---

675 Rowedder/Schmidt-Leithoff, Schaal, GmbHG, § 82, Rdn. 11; Die Rechtsfigur des faktischen Geschäftsführers ist auf eine lange Geschichte zurückzuführen. Bereits das RG urteilte, dass die strafrechtliche Verantwortung eines Vorstandsmitglieds nicht deshalb ausgeschlossen ist, weil der Bestellungsakt unwirksam gewesen sei (vgl. RGSt 16, 269, 271; 43, 407, 413). Auch der BGH bekennt sich nicht nur zur strafrechtlichen (vgl. BGHSt. 3, 32, 37; 46, 62) als auch zur zivilrechtlichen Verantwortung des faktischen Geschäftsführers (vgl. BGHZ 41, 282, 287; 104, 44, 46).

676 Zur Haftung des faktischen Geschäftsführers s. ausführlich: Geißler, GmbHR 2003, 1106.

677 Vgl. Baumbach/Hueck, Zöllner/Noack, GmbHG, § 43, Rdn. 3; Michalski, Heyder, GmbHG, § 6, Rdn. 93.

678 Eine Abgrenzung danach, dass der faktische Geschäftsführer wie ein Geschäftsführer auftreten muss, ist allein nicht ausreichend, da bislang kein konkreter gesetzlich vorgeschriebener Aufgabenkreis eines Geschäftsführers, insbesondere mit Blick auf die Kompetenzen der Gesellschafterversammlung besteht, vgl. Baumbach/Hueck, Zöllner/Noack, GmbHG, § 43, Rdn. 3, § 46, Rdn. 89 ff.

679 Vgl. Rowedder/Schmidt-Leithoff, Schaal, GmbHG, § 82, Rdn. 13.

zuzurechnendes Handeln“[680] ausreichend ist. Was konkret unter dem maßgeblichen erforderlichen Grad an Einfluss zu verstehen ist, ist in der Literatur jedoch nicht weiter definiert worden.

Insofern kann aber zur Bestimmung des faktischen Gesellschaftsverhältnisses auf die – allerdings in Strafsachen – ergangene Entscheidung des *BayObLG* zurückgegriffen werden. Dort hat das Gericht unter Heranziehung der acht klassischen Merkmale des Kernbereiches der Geschäftsführung – nämlich die Bestimmung der Unternehmenspolitik, die Unternehmensorganisation, die Gestaltung der Geschäftsbeziehungen zu Vertragspartnern, die Verhandlung mit den Kreditgebern, die Entscheidung über Steuerangelegenheiten und Gehaltshöhe sowie die Steuerung der Buchhaltung – das Vorliegen eines faktischen Geschäftsführungsverhältnisses dann anerkannt, wenn zumindest sechs Merkmale durch den betreffenden Gesellschafter erfüllt werden[681]. Ist dies der Fall, so ist er trotz seiner Minderheitsbeteiligung wie ein ordnungsgemäß bestellter und eingetragener Geschäftsführer zu behandeln mit der Maßgabe, dass auch die entsprechenden Verantwortungstatbestände auch auf den faktischen Geschäftsführer anwendbar sind. Damit ist auch der faktische Geschäftsführer insbesondere in den Pflichtenkreis des § 64 GmbHG einbezogen und verdient keine Besserstellung im Rahmen des Kapitalersatzrechts gegenüber dem wirksam bestellten Geschäftsführer.

Von dem faktischen Geschäftsführer ist der fehlerhaft bestellte Geschäftsführer zu unterscheiden. Hierbei ist die tatsächlich vorgenommene Bestellung entweder unwirksam oder nichtig, der Geschäftsführer aber dennoch im Handelsregister eingetragen[682]. Im Interesse des Schutzes des Rechtsverkehrs gilt die Organstellung jedoch nicht als nichtig, sondern als fehlerhaft, mit der Folge, dass das Organhandeln bis zur Geltendmachung des Mangels zunächst als wirksam angesehen wird. Nach den Grundsätzen der fehlerhaften Gesellschaft und des fehlerhaften Arbeitsverhältnisses, die auch auf die fehlerhafte Bestellung entsprechend angewandt werden, kann das Rechtsverhältnis mit dem Geschäftsführer

---

680 BGHZ 104, 44, 48; als zutreffend bestätigt auch BGHZ 150, 61, 69.

681 BayObLG v. 20.02.1997, NJW 1997, 1936 (1936); vgl. a. Masuch/Meyer, ABC des GmbH-Geschäftsführers, S. 232 f.

682 So ist z.B. bei Verstoß gegen gesetzliche Bestellungsvoraussetzungen oder –hindernisse, sowie bei Unzuständigkeit, Überschreiten der Ermächtigung oder sonstigem Satzungsverstoß eines Bestellungsorgans die Bestellung nichtig. Wird dagegen gegen die gesellschaftsvertraglichen Eignungsvoraussetzungen verstoßen, dann ist der Bestellungsbeschluss lediglich anfechtbar, vgl. Baumbach/Hueck, Hueck/Fastrich, GmbHG, § 6, Rdn. 8, 13, 22.

nämlich nur mit einer ex-nunc Wirkung beendet werden[683]. Da der fehlerhaft bestellte Geschäftsführer die Rechte und Pflichten eines ordnungsgemäß bestellten Geschäftsführers ausführt, wird auch in einem solchen Fall die negative Voraussetzung des Privilegs als erfüllt angesehen werden müssen, so dass auch der fehlerhaft bestellte Geschäftsführer auch mit einer geringen Beteiligung von der Rückausnahme erfasst wird.

(4) Einbeziehung eines Prokuristen

Da nicht nur Gesellschafter, sondern auch die ihnen gleichgestellten Dritten i.S.d. § 39 Abs. 1 Nr. 5 InsO in den Privilegierungstatbestand einbezogen werden können, stellt sich umgekehrt die Frage, welche Dritte aufgrund der ihnen zustehenden Einflussmöglichkeiten in der Gesellschaft einem geschäftsführenden Gesellschafter gleichgestellt werden können. Dies ist anhand der ihnen zugewiesenen Kompetenzen, die typischerweise den Rechten eines Geschäftsführers entsprechen, zu beurteilen. Im Vordergrund steht deswegen die Frage, wie sich die Stellung eines Prokuristen auf das Kleinbeteiligungsprivileg auswirkt.

Einer der Arten der Prokura bildet die unechte Gesamtprokura. Diese Prokura kann auch bei einer gemischten – oder unechten – Gesamtvertretung bestehen und ermöglicht die Vertretung der Gesellschaft durch einen der Geschäftsführer in Gemeinschaft mit einem Prokuristen, wenn eine entsprechende Regelung im Gesellschaftsvertrag vereinbart wurde. Die gemischte Gesamtvertretung setzt allerdings voraus, dass eine echte Gesamtvertretung mehrerer Geschäftsführer bestehen muss, die durch den Einsatz eines Prokuristen die Vertretung in der Gesellschaft lediglich erleichtern soll ohne die organschaftliche Vertretung einzuschränken[684].

Da es im GmbH-Recht eine entsprechende gesetzliche Bestimmung fehlt, es jedoch mittlerweile anerkannt ist[685], dass diese Art der Vertretung aus praktischen Gründen die Gesamtvertretung erleichtern soll, werden § 125 Abs. 3 HGB und § 78 Abs. 3 AktG analog angewandt[686]. In einem solchen Fall der *echten*

683 Baumbach/Hueck, Zöllner/Noack, GmbHG, § 35, Rdn. 8; Masuch/Meyer, ABC des GmbH-Geschäftsführers, S. 142.

684 Baumbach/Hueck, Zöllner/Noack, GmbHG, § 35, Rdn. 112; die Vereinbarung einer unechten Gesamtvertretung ist daher unzulässig bei einer Einzelvertretungsmacht oder wenn nur ein Geschäftsführer bestellt wird, da sie eine Einschränkung der organschaftlichen Vertretungsmacht bedeuten würde.

685 So ausdrücklich in BGHZ 62, 166, 170.

686 Baumbach/Hueck, Zöllner/Noack, GmbHG, § 35, Rdn. 112; Lutter/Hommelhoff, Hommelhoff, GmbHG, § 35, Rdn. 39.

gemischten Gesamtvertretung[687] erweitert sich der gegenständliche Umfang der Vertretungsmacht des Prokuristen, da sich der Umfang seiner Vertretungsmacht nach dem gesetzlichen Umfang der Vertretungsmacht des Geschäftsführers richtet und das Handeln des Organvertreters an die Mitwirkung des Prokuristen geknüpft wird[688]. Der Umfang der unechten Gesamtvertretungsmacht betrifft aber lediglich die organschaftliche Vertretungsmacht, so dass hierauf die Beschränkungen des § 49 Abs. 1, 2 HGB unbeachtlich sind[689]. Vor diesem Hintergrund stellt sich also die Frage, inwieweit der in das Gesamtgeschehen der Gesellschaft etablierte Prokurist von den strengen Regeln des Kapitalersatzrechts erfasst wird.

(a) Gesellschafter-Prokurist

Eine nicht differenzierende Beantwortung dieser Frage erscheint aus Gerechtigkeitserwägungen nicht sachgerecht[690]. Hierbei muss deswegen unterschieden werden, ob der Prokurist zugleich ein Gesellschafter ist oder lediglich ein zu Vertretung ernannter Dritter. Zwar ist es anerkannt, dass ein Gesellschafter-Prokurist einem Geschäftsführer nicht per se gleichgestellt werden kann, da Letzterer als gesetzlicher Vertreter weiterreichenden Befugnissen unterliegt als ein rechtsgeschäftlicher Vertreter. Es erscheint jedoch erforderlich, den Gesellschafter-Prokuristen, der einer echten gemischten Gesamtvertretungsmacht unterliegt und der zum Zeitpunkt der Krise der Gesellschaft Darlehen gewährt, dem Geschäftsführer gleichzustellen, auch wenn der Gesellschafter-Prokurist zum maßgeblichen Zeitpunkt mit weniger als 10% an dem Stammkapital der Gesellschaft beteiligt ist[691]. Denn mit der Ausübung der gemischten Gesamtvertretung bekommt der Prokurist entgegen dem gesetzlichen Leitbild eine umfassende Vertretungsbefugnis im Außenverhältnis, die grundsätzlich nur den Geschäftsführern gebührt. Damit unterscheidet sich der Umfang der unternehmerischen Verantwortung nicht von dem des Geschäftsführers, so dass eine unterschiedliche

---

687 Die schon 1873 durch das Reichsoberhandelsgericht rechtsfortbildend geschaffen wurde, ROHGE 8, 337, 340 f.

688 MünchKommHGB, Krebs, § 48, Rdn. 77, § 49, Rdn. 59; BGHZ 99, 76, 81; BGHZ 13, 61, 64.

689 BGHZ 13, 61, 64; Lutter/Hommelhoff, Hommelhoff, GmbHG, § 35, Rdn. 40.

690 Dagegen wollen einige Autoren den Prokuristen per se dem Geschäftsführer gleichstellen und das Kleinbeteiligungsprivileg in allen Fällen für nicht anwendbar halten, vgl. Riegger, FS Sigle, 2000, S. 229, 246; Pentz, GmbHR 1999, 437, 447, der zumindest alle Gesellschafter-Prokuristen erfasst sieht.

691 FG Köln Urt. v. 9.11.2006, DStRE 2007, 532, 534.

Behandlung des Geschäftsführers im Verhältnis zu einem Geschäftsführer oder zu dem faktischen Geschäftsführer nicht gerechtfertigt werden kann. Damit gilt auch für den Gesellschafter-Prokuristen nicht das Kleinbeteiligungsprivileg mit der Folge, dass er zumindest im Rahmen einer unechten Gesamtvertretung den strengen Regeln des Kapitalersatzrechts unterliegen kann[692].

(b) Fremd-Prokurist

Ob eine solche Behandlung auch bei einem Fremd-Prokuristen gerechtfertigt ist, erscheint eher zweifelhaft. Zum einen ist es schon unwahrscheinlich, dass ein Fremd-Prokurist, der mit der Gesellschaft lediglich in einem Anstellungsverhältnis steht und der bei der Gründung der Gesellschaft nicht selbstständig beteiligt war, in Kenntnis der finanziellen Situation der Gesellschaft, in dessen Krise und in Kenntnis der Sonderregeln über die Gesellschafterdarlehen eigenes Kapital zur Verfügung stellen wird. Zum anderen wäre er schon nach dem Gesetz nicht als Gesellschafter zu behandeln und würde daher von dem Anwendungsbereich des Kapitalersatzrechts, das dem Grunde nach eine Gesellschafterstellung voraussetzt, vorbehaltlich der Einbeziehung über den wirtschaftlich entsprechenden personellen Anwendungsbereich nicht erfasst werden. Wird man also der Darlehensgewährung eines Fremd-Prokuristen den Einwand entgegenhalten können, diese erfolgte causa societatis, weil etwa eine relevante Angehörigenverbindung oder ein Handeln für Rechnung eines Gesellschafters festgestellt werden kann, dann müssen auch für die Ausnahmetatbestände im Interesse des Gläubigerschutzes und der Rechtssicherheit dieselben Erwägungen angestellt werden.

Aber auch hier muss wiederum differenzierend betrachtet werden, ob der Gesellschafter, zu dem die Verbindung hergestellt wird, ein Minderheitsbeteiligter ist oder mehr als 10% der Gesellschaftsanteile hält. Im letzteren Fall muss dem Prokuristen die Berufung auf das Privileg versagt werden, da der Fremd-Prokurist dem Gesellschafter nach § 39 Abs. 1 Nr. 5 InsO – früher § 32 a Abs. 3 S. 1 GmbHG a.F. – gleichgestellt wird, so dass auch die Wirkung des Gesellschaftsanteils auf den Prokuristen erstreckt wird. Auch die Kleingesellschafterstellung muss auf den mit dem Gesellschafter gleichgestellten Prokuristen erstreckt

692 So auch im Ergebnis: Lutter/Hommelhoff, dies., GmbHG, §§ 32 a/b, Rdn. 74; in diese Richtung wohl auch Roth/Altmeppen, Altmeppen, GmbHG (5. Aufl.), § 32 a, Rdn. 9, der die Nichtanwendung des Kleinbeteiligungsprivilegs nicht ohne Weiteres auch auf den Prokuristen erstrecken will; a.A. Gehrlein/Ekkenga/Simon, Gehrlein, GmbHG, Vor. § 64, Rdn. 133, der keine Differenzierungen in der Prokura vorzunehmen scheint.

werden, so dass auch der Prokurist grundsätzlich vom Anwendungsbereich des Kleinbeteiligungsprivilegs profitieren könnte.

Ungeachtet dessen, dass der Umfang der Vertretungsmacht des Prokuristen im Rahmen der gemischten Gesamtvertretung erweitert wird, geht die Einstufung des betreffenden Prokuristen als ein echtes Organ[693] ersichtlich zu weit. Das einzig dafür sprechende Argument der Konsequenz vermag die Rechtsstellung als Organ nicht zu begründen. Eine solche Eingliederung ist keiner gesetzlichen Regelung zu entnehmen und würde auch in ihrem Sinn und Zweck verfehlt werden. Die Zulässigkeit der gemischten Gesamtvertretung beruht auf den Gedanken, einem zur Gesamtvertretung berufenen Geschäftsführer die Ausübung der Vertretungsmacht in der Hinsicht zu ermöglichen, dass sein Handeln an das Zusammenwirken mit dem Prokuristen – anstatt eines weiteren Geschäftsführers – geknüpft wird. Die Gleichstellung des Prokuristen mit dem Geschäftsführer, obwohl der Prokurist – wenn er nicht durch den Gesamtvertreter entsprechend § 125 Abs. 3 S. 2 i.V.m. § 125 Abs. 2 S. 2 HGB, § 78 Abs. 4 AktG ausdrücklich zum Alleinhandeln ermächtigt wurde – nicht zum einseitigen Handeln berechtigt ist und in der Praxis auch trotz der Gesamtvertretung mit dem Geschäftsführer in Konsens stehen muss, lässt sich mit keinen vernünftigen rechtlich einwandfreien Erwägungen begründen.

(5) Überschreitung und Unterschreitung der 10% Grenze

Schließlich bleibt kurz darauf einzugehen, wie die Änderungen in der Rechtsstellung des Gesellschafters sich auf das Kleinbeteiligungsprivileg auswirken. Insofern sind infolge des Wegfalls des Tatbestandes der Finanzierungsentscheidung erhebliche Unterschiede zu der Rechtslage vor dem MoMiG erkennbar.

(a) Rechtslage im früheren Eigenkapitalersatzrecht

Keiner großen Begründung bedarf die Tatsache, dass das Aufstocken einer Beteiligung, die zunächst 10% oder weniger betrug, ebenso zur Anwendbarkeit des Eigenkapitalersatzrechts führte wie die Ernennung eines Minderheitsgesellschafters zum Geschäftsführer. Spiegelbildlich führt das Absinken einer vormals über 10% liegenden Beteiligung an das erlaubte Mindestmaß zur Nichtanwendung der strengeren Regelung aufgrund des Kleinbeteiligungsprivilegs.

Etwas anderes könnte jedoch dann problematisch sein – mit der Folge, dass das Kleinbeteiligungsprivileg doch keine Anwendung findet, wenn die rechtliche

693 Dafür Köhl, NZG 2005, 197, 199 f.; Fischer, WiB 1996, 921, 923; Gottwald, Haas/Hossfeld, Insolvenzrechts-Handbuch, § 92, Rdn. 387.

Grundlage für die Gewährung des Darlehens bereits zum Zeitpunkt der höheren Beteiligung getroffen worden war[694] und das Unterschreiten der Kleinanteilsschwelle allein vor dem Hintergrund, die Privilegierung nutzen zu wollen, geschah[695].

Interessanter gestaltete sich die Rechtslage, wenn die Gesellschafter ihrer Gesellschaft das Darlehen bereits gewährt haben. Erwirbt ein Gesellschafter während eines laufenden Kredites zusätzliche Geschäftsanteile, so dass es zu einer Überschreitung seiner Kleinbeteiligung kam, dann unterlag er für den Fall, dass er sein Darlehen nicht kündigte, der Anwendung des Kapitalersatzrechts unter dem Aspekt des Stehenlassens[696], wobei eine Überlegungsfrist von etwa drei Wochen dem Gesellschafter eingeräumt wurde[697]. Dies galt auch, wenn ein bislang privilegierter Minderheitsgesellschafter während der Kreditlaufzeit in eine Geschäftsführerstellung einrückte.

Gewährte er jedoch nach dem Aufstocken seiner Beteiligung ein neues Darlehen, kann er diesbezüglich von dem Sanierungsprivileg profitieren, wenn eben zum Zwecke der Überwindung der Krise neue Anteile gekauft und eine Finanzierungshilfe gewährt wurden. Sank dagegen die Beteiligungsquote auf unter 10%, dann können nur die neu gewährten Kredite vom Kleinbeteiligungsprivileg profitieren, da die bereits gewährten und verstrickten Darlehen mangels

---

694 So ähnlich lag der Fall der Entscheidung des BGH v. 9.10.1986 zugrunde, bei dem das Gericht erneut feststellte (anknüpfend an BGH v. 6.5.1985, NJW 1985, 2719, 2720), dass es für die Anwendung des Eigenkapitalersatzrechts unerheblich ist, dass der Gesellschafter bereits aus der Gesellschaft ausgeschieden ist, wenn die rechtliche Grundlage für die Gewährung einer Finanzhilfe in der Krise noch während seiner Gesellschafterstellung geschaffen wurde. Zwar liegt diese Fallkonstellation anders, da im Gegenteil zu unserer Herabsetzung der Beteiligung der Gesellschafter bei dem entschiedenen Fall aus der Gesellschaft ausgeschieden ist und anschließend eine Finanzierungsleistung erbracht hat. Jedoch sind keine ausschlaggebenden Gründe ersichtlich, warum ein noch Gesellschafter milder behandelt werden sollte als ein ausgeschiedener Gesellschafter. Im Gegenteil erscheint diese Lösung vor dem Hintergrund des Umgehungsgedanken am plausibelsten.

695 Vgl. Riegger, FS Sigle, 2000, S. 229, 243.

696 Vgl. Pentz, GmbHR 1999, 437, 447; Lutter/Hommelhoff, dies., GmbHG, §§ 32 a/b, Rdn. 70; v. Gerkan/Hommelhoff, v. Gerkan, Handbuch des Kapitalersatzrechts, Rdn. 3.20; Pichler, WM 1999, 411, 413 f.

697 Diese Überlegungsfrist wird auch für die Möglichkeit der Liquidation herangezogen, so dass eine Anlehnung an § 64 Abs. 1 S. 1 GmbHG a.F. (§ 15 a I InsO n.F.) sachgerecht erscheint; vgl. BGH NJW 1995, 658, 659; Rowedder/Schmidt-Leithoff, Pentz, GmbHG, § 32 a, Rdn. 147.

einer nachträglichen Enthaftung auch weiterhin gebunden waren[698]. Das Gleiche galt, wenn ein Kleingesellschafter aus seinem bisherigen Geschäftsführeramt ausschied, das Darlehen aber bereits zu seinen Zeiten als Geschäftsführer gebunden war, so dass er sich erst für die nach dem Ausscheiden gewährten Darlehen aufgrund des Kleinbeteiligungsprivilegs auf eine Freistellung berufen konnte[699].

(b) Maßgeblicher Zeitpunkt im neuen Recht nach dem MoMiG

Das entscheidende Kriterium für das Nichteingreifen des Kleinbeteiligungsprivilegs nach dem MoMiG ist, dass der Gesellschafter in seiner Darlehensgeberrolle in dem maßgeblichen Anfechtungszeitpunkt des § 135 Abs. 1 Nr. 2 InsO die Beteiligungsschwelle von 10% einmal überschritten oder eine Geschäftsführerstellung ausgeübt hat[700]. Es kommt also nicht darauf an, dass die das Kleinbeteiligungsprivileg ausmachenden Voraussetzungen nur zum Zeitpunkt der Darlehenshingabe vorgelegen haben, sondern darauf, dass der Gesellschafter während der Darlehenslaufzeit keine höhere Beteiligung erworben hat. Insofern ist allein der kritische Zeitpunkt des § 135 Abs. 1 Nr. 2 InsO maßgeblich. Umgekehrt kann der Gesellschafter sich innerhalb der Fristen des § 135 Abs. 1 Nr. 2 InsO nicht nachträglich durch Verringerung seiner Beteiligung oder Aufgabe der Geschäftsführerstellung auf die Privilegierung berufen[701], da die Gesellschafter sonst – möglicherweise unmittelbar – vor der Verfahrenseröffnung schnell die Geschäftsführerstelle aufgeben oder die Beteiligung reduzieren würden, um so den Sonderregeln über Gesellschafterdarlehen zu entgehen.

Vor diesem Hintergrund muss jedoch auch weiter geblickt werden und sich die Frage gestellt werden, wie ein Kleingesellschafter oder gar ein außenstehender Dritter, der nach der Darlehensrückzahlung seine Beteiligung aufstockt oder diese erwirbt, behandelt wird. Es fällt jedoch schwer diese Fälle den Sonderregeln zu unterwerfen, nur weil ein Dritter Darlehensgeber nach der Rückzahlung des Darlehens eine Beteiligung an der Gesellschaft erwirbt oder wenn ein

698 Hier wird oftmals die Parallele zu der Abtretung gezogen. Da eine Abtretung eigenkapitalersetzender Darlehen an einen Dritten an der Verstrickung nichts ändert (vgl. BGHZ 104, 33, 40), sollen auch für die Herabsetzung der Beteiligung die gleichen Maßstäbe gelten, vgl. etwa Pentz, GmbHR 1999, 437, 447; Lutter/Hommelhoff, dies., GmbHG, §§ 32 a/b, Rdn. 70.

699 Vgl. Lutter/Hommelhoff, dies., GmbHG, §§ 32 a/b, Rdn. 76.

700 Tettinger, NZI 2010, 248, 249; Gottwald, Haas/Hossfeld, Insolvenzrechts-Handbuch, § 92, Rdn. 388; HK-InsO, Kleindiek, § 39, Rdn. 59; Altmeppen, NJW 2008, 3601, 3404 f.

701 Gehrlein/Ekkenga/Simon, Gehrlein, GmbHG, Vor. § 64, Rdn. 133.

Kleingesellschafter nach der Rückzahlung seine Beteiligung aufstockt oder eine Geschäftsführerstelle übernimmt[702]. Knüpft man also die Voraussetzungen der Kleinbeteiligung an den Zeitpunkt des Darlehensschuldverhältnisses und Gesellschafterstellung an, dann kann die nachträgliche Überschreitung der Schwelle nur im Zeitpunkt des Fortbestehens der Darlehensgebereigenschaft maßgeblich sein. Warum aber bereits abgeschlossene Schuldverhältnisse nachträglich für den Gesellschafter gefährlich werden sollten, nur weil der Gesellschafter oder gar ein außenstehender Dritter weiteres Interesse an der Gesellschaft anhand einer Beteiligung zeigt, kann rechtlich nicht nachvollzogen werden.

cc. Ergebnis zu den atypischen Kleinbeteiligungen

Zusammenfassend bleibt also festzuhalten, dass auch eine unterhalb der relevanten gesetzlichen Schwelle liegende Beteiligung die Annahme einer unternehmerischen Beteiligung als Grundlage für die Anwendung der strengen Regeln des Eigenkapitalersatzrechts auch dann rechtfertigen kann, wenn dem Minderheitsgesellschafter in Verbindung mit weiteren konkreten Umständen der Einfluss auf die Gesellschaftsführung gesichert wird und bei ihm ein entsprechendes unternehmerisches Interesse zu verzeichnen ist[703]. Durch die Anwendung des Kleinbeteiligungsprivilegs entstehen die oben geschilderten Zurechnungsprobleme, die in ihrer mannigfaltigen Bandbreite im Ergebnis leider kaum höchstrichterlich geklärt wurden, was die Anwendung nicht unbedingt erleichtert. Die nähere Untersuchung dieses Ausnahmetatbestandes vor dem Hintergrund des Zwecks des Kapitalersatzrechts lässt nur zu einem Ergebnis gelangen, dass eine 10% Schwelle nur einen indiziellen Charakter verdient. Nicht die summarische Größe des Geschäftsanteils, sondern allenfalls die einzelnen Modalitäten der Gesellschafterstellung und der Kreditvergabe sollten über das rechtliche Schicksal des Darlehens entscheiden.

---

702 Tettinger, NZI 2010, 248, 249.

703 Dagegen verneint die wohl h.M. jede Möglichkeit von der 10% Schwelle zugunsten einer Einzelfallbetrachtung abzuweichen. Das Kleinbeteiligungsprivileg diene dazu, völlig losgelöst vom Einzelfall bei einer fest an die 10% anknüpfende Beteiligung vom Privileg profitieren zu lassen und im umgekehrten Fall eine Überschreitung der Grenze als unwiderlegliche Vermutung für den unternehmerischen Einfluss und die Anwendung der Sonderregeln anzusehen, vgl. Ulmer/Habersack/Winter, Habersack, GmbHG, §§ 32 a/b, Rdn. 191; vgl. a. HK-InsO, Kleindiek, § 39, Rdn. 59.

3. Schlussfolgerungen zum Kleinbeteiligungsprivileg

Auch im neuen Recht der Gesellschafterdarlehen wird ein Gesellschafter, der mit mehr als 10% an der Gesellschaft beteiligt ist – vorbehaltlich des Sanierungsprivilegs – ausnahmslos nicht vom Kleinbeteiligungsprivileg profitieren können. Beschränkt sich seine Beteiligung dagegen maximal auf 10%, so wird ihm das Kleinbeteiligungsprivileg nicht zugutekommen, wenn er zugleich ein geschäftsführender Gesellschafter ist. Eine unter 10% liegende Beteiligung kann sich hinsichtlich des Privilegs zum Nachteil verhalten, wenn weitere – oben beschriebene – Umstände in Verbindung mit der Beteiligung geeignet sind, Einfluss auf die Unternehmensleitung zu sichern und ein entsprechendes unternehmerisches Interesse erkennen lassen.

Was den Ausnahmetatbestand in seinem Kern betrifft, so stellt das Privileg weniger eine gewünschte Rechtsklarheit im GmbH-Kapitalersatzrecht dar, als vielmehr den Nährboden für weitere raffinierte Vertragsgestaltungen, die einerseits aus dem Wunsch vor Ausnutzung gebotener Privilegien erwachsen und andererseits aber die Rechtsfindung erschweren. Eine nennenswerte Bedeutung und Erfolgssträhne hat das Kleinbeteiligungsprivileg daher nicht erlangen können.

Im Unterschied zu der alten Regelung ist zumindest die systematische Stellung des Kleinbeteiligungsprivilegs in § 39 Abs. 5 InsO zu begrüßen. Die 1998 eingefügte Regelung in § 32 a Abs. 3 S. 2 GmbHG a.F. war insoweit systematisch unglücklich gewählt, als § 32 a Abs. 3 S. 1 GmbHG a.F. den Anwendungsfall der Kapitalersatzregeln erweiterte, während § 32 a Abs. 3 S. 2 GmbHG a.F. den Anwendungsfall einschränkte und zwar betreffs des gesamten Instituts des Kapitalersatzrechts und nicht bloß des § 32 a Abs. 3 S. 1 GmbHG a.F., was die Platzierung vom Privileg impliziert hat. Anstelle des im alten Recht verwendeten Bergriffs des Stammkapitals spricht die Neufassung des Privilegs nun allgemein vom Haftkapital, was ebenfalls auf die rechtsformneutrale Ausgestaltung der Neuregeln der Gesellschafterfinanzierung zurückzuführen sein dürfte.

In der Praxis führt das Kleinbeteiligungsprivileg dazu, dass bei der Feststellung der Nachrangigkeit einer Darlehensforderung oder einer wirtschaftlich vergleichbaren Rechtshandlung sowie bei der Anfechtung einer Befriedigung immer die Frage gestellt werden sollte, ob der Darlehensgeber über ein Jahr vor der Verfahrenseröffnung seine relevante Gesellschafterstellung reduzierte oder abgab oder seine Geschäftsführerstelle verlor. Ist dies der Fall, dann können weder die Nachrangigkeit noch die Anfechtbarkeit der Darlehen gerechtfertigt werden.

E. Das Recht der Nutzungsüberlassung, § 135 Abs. 3 InsO

Eins der am meisten von der Reform betroffenen und nach der Reform kontrovers diskutierten Institute stellt die eigenkapitalersetzende Nutzungsüberlassung dar. Vor dem MoMiG galt die Nutzungsüberlassung als ein reines Rechtsprechungsrecht[704] und wurde als eine dem Darlehen wirtschaftlich entsprechende Rechtshandlung i.S.d. § 32 a Abs. 3 S. 1 GmbHG a.F. angesehen[705]. Als Gebrauchsüberlassung wird die zur Nutzung bestimmte Überlassung von – beweglichen oder unbeweglichen – Gegenständen oder Rechten verstanden, der in der Regel ein Miet-, Pacht- oder Leihverhältnis oder ein dingliches Nutzungsrecht zugrunde liegt[706]. Das von dem Gesellschafter seiner Gesellschaft zum Zeitpunkt der Überlassungsunwürdigkeit gewährte Nutzungsrecht machte die Nutzungsüberlassung eigenkapitalersetzend mit der Folge, dass gemäß §§ 30, 31 GmbHG a.F. analog kein Nutzungsentgelt bezahlt werden durfte, wenn dadurch das zur Erhaltung des Stammkapitals erforderliche Vermögen angetastet worden wäre[707]. Überlassungsunwürdig ist die Gesellschaft dann, wenn ihr ein anderer Vertragspartner als der Gesellschafter angesichts der finanziellen Verhältnisse den Gegenstand nicht überlassen würde, wobei für die Bestimmung der Überlassungsunwürdigkeit die Bonität der Gesellschaft als Mieterin oder Pächterin maßgeblich ist[708]. Das entgegen dem Zahlungsverbot geleistete Nutzungsentgelt konnte nach § 31 Abs. 1 GmbHG a.F. analog, § 135 Abs. 1 Nr. 2 InsO zurückverlangt werden[709]. Darüber hinaus war der Gesellschafter verpflichtet, den Nutzungsgegenstand der Gesellschaft weiterhin unentgeltlich zur Verfügung zu stellen[710].

---

704 Grundlegend BGH v. 16.10.1989, BGHZ 109, 55 ff. (Lagergrundstück I). Die Lagergrundstücksentscheidungen unterstreichen die Bedeutung der Nutzungsüberlassung insbesondere in Fällen der Überlassung von Immobilien, i.d.R. als Betriebsgrundstücke.

705 Scholz/K. Schmidt, GmbHG, §§ 32 a/b a.F. Nachtrag MoMiG, Rdn. 65.

706 V.Gerkan/Hommelhoff, Haas/Dittrich, Handbuch des Kapitalersatzrechts, S. 263, Rdn. 8.6a.

707 BGHZ 109, 55, 57.

708 BGH NZI 2013, 854, 855. Darauf, ob der vereinbarte Miet- oder Pachtzins für die Gesellschaft günstig ist oder nicht, kommt es nicht an.

709 Ulmer/Habersack/Winter, Habersack, GmbHG, §§ 32 a/b, Rdn. 130.

710 Für einen Überblick über die alte Rechtslage vgl. K. Schmidt, DB 2008, 1727, 1728 f.; v.Gerkan/Hommelhoff, Haas/Dittrich, Handbuch des Kapitalersatzrechts, Teil 8, S. 253 ff.

Den Grund für solche Regelungen der Nutzungsüberlassung sahen die Gerichte darin, dass auch durch die Zurverfügungstellung von Wirtschaftsgütern der Fortbestand der Krise weiterhin garantiert wird und im Ergebnis sich wie die Zuführung von liquiden Mitteln auswirkt, auch wenn – anders als bei den Gesellschafterdarlehen – der Nutzungsgegenstand im Eigentum des Gesellschafters verbleibt und es sich um eine Leistung handelt, die gar kein Fremdkapital bildet. Die hierzu durch die Literatur erbrachten Einwände, die Gebrauchsüberlassung sei wegen der dinglichen Zuordnung und mangelnder wirtschaftlicher Vergleichbarkeit eben nicht mit den Gesellschafterdarlehen gleichzusetzen[711], wurden von der Rechtsprechung mit Blick auf die risikospezifische Vergleichbarkeit mit der Darlehensgewährung nicht weiter beachtet und die Rechtsfolgen im Rahmen der Rechtsfortbildung an die Besonderheiten der Nutzungsüberlassung angepasst.

Aus diesen Gründen war die durch die Reform erzielte Veränderung des Rechts der Nutzungsüberlassung – wie sie anschließend präsentiert wird – anfangs sehr begrüßt worden. Eine vollständige Untersuchung der Problematik der kapitalersetzenden Nutzungsüberlassung wird hier leider nicht dargestellt, da sie den Rahmen dieser Arbeit immens sprengen würde. Denn auch nach der Reform verbleiben viele Punkte offen, insbesondere im Hinblick auf die Nachrangigkeit und Anfechtbarkeit von Mietzahlungen, Ausgleichsberechnungen, Einschaltung eines vorläufigen Insolvenzverwalters[712] sowie die Rechtsfolgen bei Eingreifen dinglicher Gläubiger oder Zwangsvollstrecker[713] und bedürfen einer umfangreicheren Untersuchung. Aus diesem Grund sollen lediglich die wichtigsten Reformergebnisse und Streitpunkte einen Überblick über das neue Recht der Nutzungsüberlassung bieten und schon mal einen Überblick über die spannenden und erst durch die Gerichte zu klärenden Fragen aufweisen.

I. Dogmatische Zuordnung des § 135 Abs. 3 InsO

Die bislang umstrittenste Frage in der Literatur bezieht sich darauf, ob die Nutzungsüberlassung nach der Neuregelung des § 135 Abs. 3 InsO als solche nicht mehr dem Recht der Gesellschafterfremdfinanzierung zuzuordnen ist oder ob sie auch weiterhin unter die Neuregelungen zur Gesellschafterfinanzierung fallen.

711 Vgl. Scholz/K. Schmidt, GmbHG, §§ 32 a, 32 b, Rdn. 135; Altmeppen, NJW 1994, 2349, 2353 f.; Weilbach, GmbHR 1991, 56, 59.

712 Vgl. hierzu Beck/Depré, Depré/Büteröwe, Praxis der Insolvenz, § 31, Rdn. 65 f.

713 Vgl. hierzu Göcke/Henkel, ZInsO 2009, 170, 174; Fischer/Knees, ZInsO 2009, 745 ff.; Dahl/Schmitz, NZG 2009, 325, 331.

1. *Das eigenständige Institut der Nutzungsüberlassung*

Einige Autoren vertreten die Ansicht, die vormals lediglich durch die Rechtsfortbildung angepassten Besonderheiten auf der Rechtsfolgenseite, die längst den eigenkapitalersetzenden Kontext verlassen haben, sind nun – vorbehaltlich der Übergangsbestimmungen – als Rechtsgeschichte zu konstatieren. Das MoMiG habe die zum alten Recht der eigenkapitalersetzenden Nutzungsüberlassung immer lauter werdende Kritik[714] aufgegriffen und diese mit einer neuen Vorschrift des § 135 Abs. 3 InsO konzeptionell komplett neu umgesetzt[715]. Nach der Neuregelung gilt die Nutzungsüberlassung nicht mehr als eine dem Darlehen wirtschaftlich entsprechende Rechtshandlung, so dass weder § 39 Abs. 1 Nr. 5 InsO noch § 135 Abs. 1 InsO auf die Nutzungsüberlassung als solche mehr anwendbar sind[716]. Insoweit ist – anders als im alten Recht – der Bezug zum Eigenkapitalersatzrecht grundsätzlich entfallen.

2. *Fortgeltende Verbindung mit dem Recht der Gesellschafterfinanzierung*

Andere beharren dagegen auf dem Standpunkt, an der wirtschaftlichen Vergleichbarkeit der Nutzungsüberlassung mit den Gesellschafterdarlehen habe sich auch nach dem MoMiG nichts geändert, so dass die Vorschriften der Nachrangigkeit und Anfechtbarkeit im Zusammenhang mit der Nutzungsüberlassung selbst und den Nutzungsentgelten auch weiterhin anwendbar sind[717].

3. *Stellungnahme zu der wertdogmatischen Zuordnung des Rechts der Nutzungsüberlassung*

Diese Frage ist nicht ohne Grund breiten Diskussionen in der Literatur ausgesetzt. Ausgehend von der Einstufung der Nutzungsüberlassung ergeben sich

---

714 Vgl. K. Schmidt, DB 2008, 1727, 1228 ff.; v.Gerkan/Hommelhoff, Haas/Dittrich, Handbuch des Kapitalersatzrechts, Teil 8, S. 253 ff.

715 Grundlegend für das Konzept Huber/Habersack, BB 2006, 1 ff. Die Regelung wurde erst kurz vor Verabschiedung des Gesetzes infolge der Stellungnahme des Rechtsausschusses v. 24.06.2008 (BT-Drs. 16/9737 (S. 59)) eingeführt.

716 Scholz/K. Schmidt, GmbHG, §§ 32 a/b a.F. Nachtrag MoMiG, Rdn. 68; Altmeppen/Roth, Altmeppen, GmbHG, (6. Aufl.), Anh. §§ 32 a, b, Rdn. 68; Gehrlein, BB 2011, 3, 8; Baumbach/Hueck, Hueck/Fastrich, GmbHG, § 30 Anh., Rdn. 80 f.; Dahl/Schmitz, NZG 2009, 325, 328; Saenger/Inhester, Kolmann, GmbHG, Anhang § 30, Rdn. 210; Kleindiek, HK-InsO, 6. Aufl., § 135, Rdn. 20.

717 Marotzke, ZInsO 2008, 1281, 1284; Bauer, ZInsO 2011, 1379, 1385.

insbesondere für die Rechtshandlungen des Insolvenzverwalters während des Insolvenzverfahrens viele Rechtsfolgen, die je nach dem Charakter der Nutzungsüberlassung unterschiedlich ausgestaltet sind.

Schon im Rahmen der Novellierung des Eigenkapitalersatzrechts ging der Gesetzgeber mehr in die Richtung der Aufgabe des Rechts der eigenkapitalersetzenden Nutzungsüberlassungen. Die Stellungnahme der Regierungsbegründung, die Aufgabe der Rechtsprechungsregeln und die Neuregelungen zu Gesellschafterdarlehen werden in den Rechtsfolgen der Nutzungsüberlassung nicht ohne Auswirkungen bleiben[718], deutet mehr darauf hin, dass die Nutzungsüberlassungen nicht mehr dem Recht der Gesellschafterdarlehen angehören sollten. Daraufhin hat der Rechtsausschluss in Anlehnung an die österreichische Regelung des § 26 a KO keine weitergehende Lösung als die Sicherung der Überlassung in der Insolvenz und eine daran anknüpfende Ausgleichspflicht des Insolvenzverwalters vorgesehen[719].

Damit war die Nutzungsüberlassung bis zu dem Vorschlag des Rechtsausschusses nach dem Stand der Regierungsbegründung aus den Regeln über Gesellschafterfinanzierung komplett ausgenommen und unterlag nur den §§ 103 ff. InsO[720]. Der ganze Themenbereich um die Nutzungsüberlassung war zu diesem Zeitpunkt schon bekannt und wurde dennoch mit keinem Wort thematisiert. Die Regierungsbegründung lässt auch an keiner Stelle erkennen, dass die ehemaligen Regelungen in irgendeiner Art und Weise noch weiterhin angewandt werden sollen. Die letzten Endes in das Gesetz aufgenommene Regelung über die Nutzungsüberlassung lässt einen unmittelbaren Zusammenhang – trotz der gesetzlichen Platzierung – vermissen und macht mehr den Charakter eines reinen – vom Vertragspartner unabhängigen – Austauschvertrages deutlich. Insbesondere wegen der Ähnlichkeit zum Insolvenzverwalterwahlrecht zeugt die Regelung von einem von §§ 103 ff. InsO abweichenden Fall einer entgeltlichen Weiternutzung in der Insolvenz in Fällen eines mangelnden Rechtsgrundes.

Gegen diese Sichtweise bringen die Autoren, die die wirtschaftliche Vergleichbarkeit der Nutzungsüberlassung auch weiterhin für gegeben ansehen, ein, dass andernfalls bei einem erheblichen Anteil von Anlagevermögen in der

718 Regierungsbegründung, BT-Drs. 16/6140, S. 56 (rechte Spalte). Bei den Verhandlungen des 66. Deutschen Juristentags im Jahr 2006, bei dem eine überwältigende Anzahl an Wirtschaftsjuristen vertreten war, wurde mit einem Stimmenanteil von 94:19:20 gegen die Erstreckung des sachlichen Anwendungsbereiches der Gesellschafterhaftung auch auf Nutzungsüberlassungen abgestimmt.

719 Beschlussempfehlung des Rechtsausschusses, BT-Drs. 16/9737, S. 59 (linke Spalte).

720 Vgl. a. Büscher, FS Hüffer, 2010, S. 81, 89.

Gesellschaft der Gläubigerschutz, der nun mal der Hauptgrund für die Regeln über die Gesellschafterfinanzierung ist, aus den Augen gelassen werden würde. Die starken Vertreter der Gläubigerinteressen dürfen jedoch die Interessen der Gesellschafter nicht komplett ignorieren. Das – in der Regel durch § 21 Abs. 2 S. 1 Nr. 5 InsO verhängte – Verbot des Abzugs in dem Insolvenzeröffnungsverfahren sowie die Pflicht zur weiteren Überlassung in dem eröffneten Insolvenzverfahren – wenn auch neuerdings entgeltlich – und gleichzeitig die Anfechtung aller vor dem Insolvenzantrag vorgenommenen Mietzahlungen – was wegen der wirtschaftlichen Vergleichbarkeit die Folge wäre – gehen über ein zumutbares Sonderopfer, das dem Gesellschafter allein aufgrund seiner Beteiligung abverlangt wird, deutlich hinaus und nähert sich einer vertragsunabhängigen Nachschusspflicht[721].

Diejenigen, die aus den einschlägigen Gesetzgebungsmaterialien eine klare Abkehr der Nutzungsüberlassungen von den Regeln über Gesellschafterdarlehen nicht herleiten können, müssten spätestens bei der – bereits im alten Recht sehr umstrittenen – dogmatischen Grundlage für die Gleichsetzung der Nutzungsüberlassungen mit den Gesellschafterdarlehen stutzig werden. Eine rechtlich fehlerfreie dogmatische Grundlage für die Gleichstellung der Nutzungsüberlassung mit den Gesellschafterdarlehen kann im neuen Recht nicht mehr gesehen werden. Die für das neue Recht der Nutzungsüberlassung angeführten dogmatischen Begründungen qua Treuepflicht und der Zweckbestimmung des Insolvenzverfahrens können nicht auch für die Gleichstellung und zur Begründung des Rechts über Gesellschafterdarlehen angeführt werden.

Die systematische Stellung der Regelung bei der Hauptanfechtungsvorschrift für das Recht der Gesellschafterfinanzierung ist in der Tat irritierend und bekräftigt die Gegenmeinung, die eine Zusammengehörigkeit der neuen § 135 Abs. 3 InsO mit dem Recht der Gesellschafterdarlehen sieht. Jedoch kann die neue Vorschrift der Nutzungsüberlassung trotz des systematischen Kontextes nicht zum Gegenstand des Anfechtungsrechts gezählt werden. Der Regelungsbereich von § 135 Abs. 3 InsO, der einerseits das Recht des Verwalters über die Behandlung von Nutzungsverhältnissen in der Insolvenz bestimmt und andererseits das Aussonderungsrecht der Gesellschafter einschränkt, passt nicht in das insolvenzrechtliche Anfechtungsrecht, sondern hätte entweder bei der insolvenzrechtlichen Aussonderung des § 47 InsO oder wegen des sachlichen Zusammenhangs

721 Vgl. a. K. Schmidt, DB 2008, 1727, 1730.

vielmehr bei der Bestimmung der Rechtsgeschäfte während des Insolvenzverfahrens – also bei den §§ 103, 108 ff. InsO – platziert werden können[722].

Diese Sichtweise wird auch von der Gegenansicht nicht bestritten. Zudem geht es im neuen Recht nicht mehr darum, die Auswirkungen zweier Handlungsalternativen der Gesellschafter – Kreditgewährung und Nutzungsüberlassung – miteinander zu vergleichen, sondern restriktiv darum, ob die Nutzungsüberlassung einem Darlehen wirtschaftlich gleichgesetzt werden kann[723]. Beide Fallvarianten werden im Rechts- und Wirtschaftsverkehr nach unterschiedlichen Verträgen beurteilt und mit unterschiedlichen Rechtsfolgen versehen[724]. Erst das alte Eigenkapitalersatzrecht hat versucht, durch die ergebnisorientierte Rechtsprechung das Gefühl zu schaffen, die beiden Rechtshandlungen seien miteinander verwandt und dürften den gleichen Bestimmungen unterstellt werden, obwohl nur bei dem Darlehen von einer Fremdkapitalisierung gesprochen werden kann[725].

Spätestens nach der Neuregelung des Eigenkapitalersatzrechts ist die alte Rechtsprechung jedoch nicht mehr eins zu eins zu übertragen. Wenn also die Nutzungsüberlassung ein reines Austauschverhältnis begründet, § 135 Abs. 3 InsO dem Regelungsbereich nach weder in die Anfechtungsvorschriften passt und bei den nachrangigen Forderungen – insbesondere von der Gesetzesbegründung – nichts von der Vergleichbarkeit erwähnt wird, ist es schwierig die Nutzungsüberlassung auch nach der Reform den neuen Regeln über die Gesellschafterfinanzierung dennoch zu unterwerfen[726]. Insoweit ist der Anwendungsbereich des § 135 Abs. 3 InsO darauf gerichtet, im eröffneten Insolvenzverfahren die für die Fortführung der Gesellschaft notwendigen Gegenstände für ein Jahr sicher in ihrem Vermögen wissen zu können, wofür aus der Masse ein an die Vergütung im letzten Jahr angepasstes Nutzungsentgelt zu entrichten ist.

722 Vgl. Beck/Depré, Exner, Praxis der Insolvenz, § 16, Rdn. 289; K. Schmidt, DB 2008, 1727, 1732; Altmeppen, NJW 2008, 3601, 3607; Baumbach/Hueck, Hueck/Fastrich, GmbHG, § 30 Anh., Rdn. 80; Marotzke, ZInsO 2008, 1281, 1283.

723 Bitter, ZIP 2010, 1, 6.

724 Bitter, ZIP 2010, 1, 6.

725 Vgl. K. Schmidt, ZIP 1981, 689, 690.

726 S. ausführlich zum Meinungsstreit Bitter, ZIP 2010, 1, 4 ff.; K. Schmidt, DB 2008, 1727, 1730 ff.; Azara, Das Eigenkapitalersatzrecht der GmbH nach MoMiG, S. 831 ff.

II. Anwendungsbereich der Nutzungsüberlassung

§ 135 Abs. 3 InsO bestimmt, dass in den Fällen, in denen der Gesellschaft von dem Gesellschafter ein Gegenstand zur Nutzung überlassen wurde, der Gesellschafter seinen Aussonderungsanspruch höchstens für ein Jahr ab Eröffnung des Insolvenzverfahrens nicht geltend machen kann, wenn der Gegenstand für die Fortführung des Unternehmens von erheblicher Bedeutung ist. Für die Weiternutzung in der Insolvenz muss dem Gesellschafter aber – und das ist ein Novum im Vergleich zum früheren Recht – ein Ausgleich bezahlt werden, der sich an den Durchschnitt der im letzten Jahr vor der Verfahrenseröffnung geleisteten Vergütung richtet, wobei bei kürzerer Dauer der Überlassung der Durchschnitt dieses Zeitraums maßgeblich sein soll. Auf den ersten Blick scheint die Vorschrift also keine ungeklärten Besonderheiten versteckt zu halten. Doch spätestens mit dem Reinlesen in die breite Problematik der Nutzungsüberlassung wird man schnell eines Besseren belehrt.

1. Überlassungspflicht des Gesellschafters

Nach der neuen gesetzlichen Konzeption der Nutzungsüberlassung trifft den Gesellschafter nach § 135 Abs. 3 S. 1 InsO eine „gesetzliche" Überlassungspflicht. Er muss der Gesellschaft den Nutzungsgegenstand während der Dauer des Insolvenzverfahrens, höchstens aber für ein Jahr ab der Insolvenzeröffnung, überlassen, wenn die Fortführung des Unternehmens bei Rücknahme des Gegenstandes tatsächlich oder wirtschaftlich beeinträchtigt oder unmöglich wird[727]. Das dem Gesellschafter grundsätzlich zustehende Aussonderungsrecht i.S.d. § 47 InsO wird also von § 135 Abs. 3 S. 1 InsO überlagert. Diese gesetzliche Aussonderungssperre soll verhindern, dass die zur Fortführung der Gesellschaft unabkömmlichen Gegenstände, Grundstücke oder auch Rechte nach Eröffnung des Insolvenzverfahrens entzogen werden.

Die Geltendmachung des jederzeitigen Aussonderungsrechts der Gesellschafter würde zudem der Treuepflicht der Gesellschafter widersprechen[728]. Die gesellschaftsrechtliche Treuepflicht verpflichtet den Gesellschafter primär dazu, im Interesse und zum Wohl der Gesellschaft zu handeln. Wäre der Gesellschafter innerhalb eines Jahres nach der Insolvenzeröffnung berechtigt, den zuvor zur Nutzung überlassenen Gegenstand jederzeit abzuziehen, würde er jedwede Sanierungschancen der Gesellschaft zerstören und ihr einen nachhaltigen Schaden

---

727 Vgl. a. Beck/Depré, Depré/Büteröwe, Praxis der Insolvenz, § 31, Rdn. 57.

728 Gruschinske, GmbHR 2010, 179, 180; Beschlussempfehlung des Rechtsausschusses, BT-Drs. 16/9737, S. 59 (linke Spalte).

zuführen können. Ein solches Vorgehen der Gesellschafter wäre also schon mit der Treuepflicht, respektive § 135 Abs. 3 S. 1 InsO, nicht zu vereinbaren.

Das Gesetz knüpft die Aussonderungssperre jedoch ausschließlich an diejenigen Gegenstände an, die für das Unternehmen von erheblicher Bedeutung sind. Denklogisch ist damit für die Anwendung des § 135 Abs. 3 InsO auch vorausgesetzt, dass der Insolvenzverwalter das Unternehmen auch weiter fortführen und nicht etwa liquidieren will. Der Terminologie nach entspricht die erhebliche Bedeutung den Anordnungsvoraussetzungen von Sicherungsmaßnahmen nach Art. 21 Abs. 2 S. 1 Nr. 5 InsO[729]. Danach werden an die erhebliche Bedeutung keine strikten Anforderungen gestellt, so dass diese dann angenommen wird, wenn der Betriebslauf aufgrund des Entzugs des betreffenden Gegenstandes nicht unerheblich gestört werden würde[730]. Der Gegenstand muss für die Fortführung des Unternehmens zwar nicht zugleich unentbehrlich, aber dennoch nützlich und bedeutsam sein[731].

2. *Ausgleichsverpflichtung des Insolvenzverwalters*

Im Gegensatz zu der bisherigen Rechtsprechung zur Nutzungsüberlassung, wonach der Nutzungsgegenstand weiterhin unentgeltlich überlassen werden musste[732], regelt der neue § 135 Abs. 3 S. 2 InsO einen Ausgleichsanspruch des Gesellschafters für den belassenen Gegenstand. Nach dem neuen Recht muss der Insolvenzverwalter dem Gesellschafter ein Nutzungsentgelt, das sich nach dem Durchschnitt der im letzten Jahr seitens des Schuldners geleisteten Vergütung bemisst, entrichten. Die Vergütung kann herabgesetzt werden, wenn der kürzere Zeitraum der Überlassung in Ansatz zu bringen ist, wobei in allen Fällen die tatsächlich geleistete Vergütung maßgeblich ist[733].

Im Unterschied zu der ehemaligen unentgeltlichen Nutzungsüberlassung soll dem Gesellschafter nach dem MoMiG nun kein zusätzliches Sonderopfer

---

729 Beschlussempfehlung des Rechtsausschusses, BT-Drs. 16/9737, S. 59 (rechte Spalte).

730 Uhlenbruck, Vallender, InsO, § 21, Rdn. 38l; FK-InsO, Schmerbach, § 21, Rdn. 244.

731 Vgl. Scholz, K. Schmidt, GmbHG, §§ 32 a/b a.F., Rdn. 80; Bitter, ZIP 2010, 1, 12, will die Erheblichkeit auch schon dann bejahen, wenn der Gegenstand zu dem nach § 135 Abs. 3 S. 2 InsO reduzierten Nutzungsentgelt nicht von Dritten beschafft werden könnte.

732 Die unentgeltliche Überlassung durch den Gesellschafter in der Insolvenz der Gesellschaft war im früheren Recht der Diskussionspunkt dafür, ob dies nicht auf eine dem GmbH-Recht fremde Nachschusspflicht des Gesellschafters hinauslaufe.

733 Uhlenbruck, Hirte, InsO, § 135, Rdn. 23.

mehr abverlangt und die Benutzung des Gegenstandes abgegolten werden, wenn schon vor der Eröffnung des Insolvenzverfahrens die Zahlungsverpflichtung für die Nutzung vereinbart war[734]. Diese Einschränkung läuft darauf hinaus, dass für die Fälle, in denen bereits vor der Insolvenz keine Vergütung vereinbart war oder diese zwar vereinbart, aber seitens des Gesellschafters nicht durchgesetzt wurde, angenommen wird, dass auch nach Verfahrenseröffnung der Verzicht auf den Ausgleich zugemutet werden kann[735]. Die grundsätzlich mögliche Herabsetzung der Vergütung ist aber Ausfluss dessen, dass die materielle Unterkapitalisierung, die bereits vor der Insolvenzeröffnung in der Nichtzahlung von Entgelten zum Ausdruck kam, sich weiter fortsetzt[736]. Unabhängig davon stellt aber die vormals vereinbarte Vergütung eine Höchstgrenze dar.

Das Nutzungsentgelt wird als eine Masseverbindlichkeit i.S.d. § 55 Abs. 1 Nr. 2 InsO angesehen[737]. Der Insolvenzverwalter kann die Begründung dieser Neumasseverbindlichkeiten und damit des zu entrichtenden Nutzungsentgelts nur dann verhindern, wenn er nach § 208 InsO die Masseunzulänglichkeit anzeigt und den Nutzungsgegenstand zurückgibt[738]. Da die Entgeltzahlungen an die Gesellschafter von der Masse getragen werden und bei Masseunzulänglichkeit nach die Vergütung nicht mehr aus der Masse gewährt werden kann, darf dem

734 Beschlussempfehlung des Rechtsausschusses, BT-Drs. 16/9737, S. 59 (linke Spalte).

735 Ein weiterer Fall der problembehafteten Ausgleichspflicht liegt dann vor, wenn die vor der Verfahrenseröffnung gezahlten Mieten – etwa aufgrund ihres darlehensähnlichen Charakters (infolge Stundung) – nach § 135 Abs. 1 Nr. 2 InsO angefochten werden. Die Frage in Bezug auf die Vergütung bezieht sich hier darauf, ob die Insolvenzanfechtung auch bei der Wertung der Vergütung berücksichtigt werden muss. Folge dessen wäre nämlich, dass der Vergütungsanspruch des Gesellschafters – ggf. sogar auf Null – reduziert werden und dem Insolvenzverwalter ggf. ein Leistungsverweigerungsrecht zustehen könnte. Vgl. hierzu ausführlicher Dahl/Schmitz, NZG 2009, 325, 330.

736 Bitter, ZIP 2010, 1, 11.

737 Beschlussempfehlung des Rechtsausschusses, BT-Drs. 16/9737, S. 59 (linke Spalte); Bitter, ZIP 2010, 1, 11; a.A. Hölzle, ZIP 2009, 1939, 1946, Marotzke, ZInsO 2008, 1281, 1289, der freilich nicht zugestimmt werden kann. Die Einordnung der Entgeltzahlung als Masseverbindlichkeit ist nur konsequent, da es sich um Verbindlichkeiten aus Rechtsgeschäften handelt, die nach der Eröffnung des Insolvenzverfahrens entstehen und fortgeführt werden. Hätte es bei der Weiternutzung i.S.d. § 135 Abs. 3 InsO anders aussehen müssen, wäre es gesetzlich vermerkt worden.

738 Beck/Depré, Depré/Büteröwe, Praxis der Insolvenz, § 31, Rdn. 61.

Gesellschafter kein „Sonderopfer“ abverlangt werden, so dass die Überlassungspflicht enden soll[739].

a. Maßgeblicher Stichtag

Nach dem klaren Gesetzeswortlaut kommt es für die Berechnung der Vergütung auf den Einjahreszeitraum an, der ab dem Tag der Eröffnung des Insolvenzverfahrens zurückgerechnet wird. Aber auch genau die Abstellung auf die Zeit vor der Verfahrenseröffnung zwingt einen aus der Sicht des Gesellschafters zu folgenden weiterreichenden Überlegungen.

Im Vorfeld der Eröffnung des Insolvenzverfahrens wird der vorläufige Insolvenzverwalter während des Insolvenzeröffnungsverfahrens bereits die Sicherung nach § 21 Abs. 1, 2 S. 1 Nr. 5 InsO beantragen, mit der Folge, dass der Gesellschafter an der Aussonderung seines Gegenstandes gehindert sein wird[740]. Auch auf die Zahlungen für die überlassenen Gegenstände hat der Gesellschafter im Eröffnungsverfahren keinen Einfluss und wird in der Regel gewisse Zahlungseinstellungen dulden müssen. Vor dem Hintergrund des Zwecks des Insolvenzverfahrens ist eine solche Rechtsfolge auch nicht weiter überraschend. Denn mit Schaffung des § 21 Abs. 2 S. 1 Nr. 5 InsO[741] sollte schon im Insolvenzeröffnungsverfahren vermieden werden, dass die Gläubiger ihre Ab- oder Aussonderungsrechte geltend machen und dadurch die zur Nutzung überlassenen Mitteln entziehen und die Fortführung des Geschäftsbetriebs gefährden[742]. Zu schwerwiegenderen Folgen kommt es erst, wenn man mit der Entscheidung des KG in entsprechender Anwendung des § 169 S. 2 InsO für die ab dem Zeitpunkt der Anordnung folgenden drei Monate auch die Vergütung für die Nutzungsüberlassung ablehnt[743].

Anschließend wird sich der Insolvenzverwalter in dem eröffneten Insolvenzverfahren hinsichtlich der Berechnung des Ausgleichs auf die nicht gezahlten Mieten vor der Eröffnung des Insolvenzverfahrens entsprechend § 135 Abs. 3 S. 2 InsO berufen und so den Betrag im Durchschnitt erheblich reduzieren, wenn nicht gar annullieren. Eine solche Reduktion, ausgerichtet auf ein Jahr der Nutzungsüberlassung seit Verfahrenseröffnung, könnte den Gesellschafter

---

739 Burg/Blasche, GmbHR 2008, 1250, 1253.

740 Dahl/Schmitz, NZG 2009, 325, 330; vgl. zum Problem auch Beck/Depré, Depré/Büteröwe, Praxis der Insolvenz, § 31, Rdn. 66.

741 § 21 Abs. 2 Nr. 5 InsO ist durch Art. 1 Nr. 6 des Gesetzes zur Vereinfachung des Insolvenzverfahrens v. 13.7.2007 in die Insolvenzordnung eingeführt worden.

742 Vgl. Sinz/Hiebert, ZInsO 2011, 798 (798).

743 KG v. 11.12.2008, NZI 2009, 114, 115 f.; vgl. a. Sinz/Hiebert, ZInsO 2011, 798, 799.

schlimmstenfalls wieder in die Rechtslage der unentgeltlichen Nutzungsüberlassung des alten Rechts versetzen und unzumutbar belasten. Der Gesellschafter würde nicht nur auf die Miete während eines Teils des vorläufigen Insolvenzverfahrens verzichten, sondern gleichzeitig auch die Reduzierung seines Ausgleichsanspruchs nach der Eröffnung hinnehmen müssen.

Beruhigenderweise kann jedoch an diesem Punkt eingewandt werden, dass eine solche Rechtsfolge eindeutig nicht im Interesse des Gesetzgebers gestanden hat und früher oder später mittels rechtlicher Fortbildung korrigiert wird. Wie jedoch an diesem durchaus vorstellbaren Vorgang „gedreht" werden sollte, damit eben nicht dieses Ergebnis erzielt wird, ist bislang offen. Eine teleologische Reduzierung des § 135 Abs. 3 InsO in der Hinsicht, dass nicht der Durchschnitt der Vergütung aus der Zeit vor der Verfahrenseröffnung, sondern der Referenzzeitraum vor der Antragsstellung oder der Anordnung der vorläufigen Verwaltung maßgeblich sein soll, ist durchaus überlegenswert[744]. Eine andere Lösung als diese würde vorläufige Insolvenzverwalter dazu bewegen, im Insolvenzeröffnungsverfahren immer die Zahlung einzustellen, um auf diese Art und Weise, insbesondere bei längeren Eröffnungsverfahren, den Ausgleichsanspruch des Gesellschafters nach § 135 Abs. 3 S. 2 InsO zu entwerten[745].

Darüber hinaus sollen auch diejenigen Zahlungen aus dem vergangenen Jahr nicht in Ansatz gebracht werden, die gegebenenfalls angefochten wurden oder anfechtbar sind, die der Gesellschafter also nicht behalten können wird[746]. Der Grund für die Nichtberücksichtigung der der Anfechtung unterliegenden Zahlungen bei der Höhe des Ausgleichsanspruchs liegt darin, dass die aus der Insolvenzmasse zu leistende Vergütung nicht dadurch in die Höhe getrieben werden soll, in dem Gesellschafter vor den Toren der Insolvenz durch sog. Torschluss-Nachzahlungen sich einen höheren Ausgleichsanspruch verschaffen[747].

---

744 Dahl/Schmitz, NZG 2009, 325, 330; Gottwald, Haas/Hossfeld, Insolvenzrechts-Handbuch, § 92, Rdn. 475; Spliedt, ZIP 2009, 149, 157; Bunnemann/Zirngibl, Desch, § 8, Rdn. 42; a.A. Kleindiek, HK-InsO, § 135, Rdn. 32, der die teleologische Reduktion aus Gründen unzulässiger Rechtsfortbildung ablehnt.

745 So auch Wälzholz, GmbHR 2008, 841, 848, ohne dass es erkennbar wird, ob der Autor diesem Weg zustimmt.

746 Bitter, ZIP 2010, 1, 11; Scholz, K. Schmidt, GmbHG, §§ 32 a/b a.F., Rdn. 83; Lutter/Hommelhoff, Kleindiek, GmbHG, Anh. § 64, Rdn. 141; Rühle, ZIP 2009, 1358, 1362 f.

747 Vgl. a. Kleindiek, HK-InsO, § 135, Rdn. 33; Bitter, ZIP 2010, 1, 11.

b. Über den Marktwert liegende Vergütung

Ein weiterer Punkt, der bei der Vergütung nicht aus den Augen gelassen werden sollte, ist die Behandlung von überhöhten vertraglichen Entgelten. Man stelle sich den Fall vor, in dem zwischen der Gesellschaft und dem Gesellschafter für die Benutzung des überlassenen Gegenstandes überhöhte Mietentgelte vereinbart werden, die die orts- und sachübliche Miethöhe nicht nur in unerheblichem Maße übersteigen. Werden diese Entgelte im Vorfeld der Insolvenzeröffnung bei Fälligkeit fristgemäß und entsprechend des Vereinbarten entrichtet, stellt sich die Frage, ob der Insolvenzverwalter auf die Entrichtung der überhöhten Beträge nach § 135 Abs. 3 InsO durch den Gesellschafter verpflichtet werden kann.

Einerseits sagt schon das logische Rechtsempfinden, dass die überhöhten Mietentgelte nicht zum Nachteil der Masse an die berechnenden Gesellschafter auch nach Eintritt der Insolvenz ausgegeben werden können. Andererseits muss berücksichtigt werden, dass die vereinbarten Entgelte – auch wenn sie den Marktpreis übersteigen – den auf der Privatautonomie beruhenden Parteivereinbarungen entsprechen, die auch im Gesellschaftsrecht nicht überlagert werden. Dies wird auch dadurch deutlich, dass der neue § 135 Abs. 3 S. 2 InsO hinsichtlich der Ausgleichspflicht nicht etwa auf den reinen Marktwert des Nutzungsgegenstandes abstellt, sondern die tatsächlich zugeflossene Vergütung berücksichtigt, die nicht unbedingt niedrig ausgefallen sein müsste[748]. Daraus ließe sich schlussfolgern, dass unabhängig von der Höhe der Vergütung die parteiinternen Absprachen gegenüber den üblichen Mietpreisen vorrangig sind.

Auf der anderen Seite sind der Privatautonomie des Schuldners im Insolvenzverfahren gewisse Grenzen gesetzt. Dies wird insbesondere dadurch deutlich, dass der Schuldner mit Eröffnung des Insolvenzverfahrens bei Abschlüssen von Rechtsgeschäften und Befriedigungen der Gläubiger nicht selbst agiert[749]. Zudem begründet die Nutzungsüberlassung nun eine Ausgleichspflicht des Insolvenzverwalters, die als Masseforderung aus der Insolvenzmasse zu entrichten ist. Der Umstand, dass ein überhöhter Betrag – weil dieser auch im Vorfeld der Insolvenz bezahlt wurde – aus der Masse weiterhin zu erbringen ist, führt dazu, dass die Insolvenzmasse auch nach der Eröffnung des Insolvenzverfahrens geschmälert wird, ohne dass die Gegenleistung dem Vermögensentzug wirtschaftlich entsprechen würde.

Sinn und Zweck des Ausgleichsanspruchs liegt darin, den Gesellschaftern kein zusätzliches Sonderopfer abzuverlangen, verbunden mit dem Zweck des

748 Vgl. a. Koutsós, ZInsO 2011, 1626, 1630.

749 Vgl. Spitzer, ZInsO 2012, 308 (308).

§ 135 Abs. 3 S. 1 InsO, die im Insolvenzverfahren benötigten Vermögenswerte nicht zu verlieren. Wenn jedoch im laufenden Insolvenzverfahren überhöhte Masseverbindlichkeiten aufgezwungen werden, die dem Zweck des § 135 Abs. 3 S. 1 InsO entgegenlaufen, dann muss § 135 Abs. 3 InsO durch teleologische Reduktion so ausgelegt werden, dass der Ausgleich sich zwar tatsächlich nach der entrichteten Vergütung richtet, in der Höhe jedoch nach einem angemessenen und marktüblichen Wert begrenzt wird[750].

Insofern spricht alles dafür, dem Insolvenzverwalter das Recht zuzugestehen, in den Fällen überhöhter Mietentgeltvereinbarungen den Anspruch des Gesellschafters entsprechend zu kürzen. Als Rechtsgrundlage kann der Insolvenzverwalter auf das Auszahlungsverbot des § 30 Abs. 1 S. 1 GmbHG verwiesen werden[751]. Zwar ist das Auszahlungsverbot des § 30 Abs. 1 S. 1 GmbHG für das Recht der Gesellschafterdarlehen nach dem Nichtanwendungsbeschluss des § 30 Abs. 1 S. 3 GmbHG nicht mehr relevant. Es steht jedoch nicht die Rückzahlung eines Gesellschafterdarlehens, sondern die Behandlung überschießender Mietentgelte für die Nutzungsüberlassung in Rede. Da es sich, wie oben knapp dargestellt wurde, nicht um einem Darlehen wirtschaftlich entsprechende Rechtshandlung handelt, sondern um ein zwischen der Gesellschaft und dem Gesellschafter vereinbartes Austauschverhältnis, fallen solche eindeutigen Fälle wie die überhöhten Mietzinsen unter Berücksichtigung der bilanziellen Betrachtungsweise[752] unter § 30 Abs. 1 S. 1 GmbHG[753]. Bei der Erfüllung seiner Pflicht aus § 135 Abs. 3 S. 2 InsO wird der Insolvenzverwalter demnach den Betrag auf die marktüblichen Verhältnisse nach § 135 Abs. 3 S. 2 InsO i.V.m. § 30 Abs. 1 S. 1 GmbHG reduzieren dürfen.

3. *Das Verhältnis zu §§ 103, 108 ff. InsO*

Ausgehend von der Gesetzesbegründung, mit Hilfe von § 135 Abs. 3 InsO den Schutz der Insolvenzmasse dadurch zu gewährleisten, indem das Aussonderungsrecht des Gesellschafters nach der Verfahrenseröffnung eingeschränkt

---

750 Bitter, ZIP 2010, 1, 11; Gehrlein, BB 2011, 3, 9; i.E. auch Spliedt, ZIP 2009, 149, 158, der aber auf § 30 GmbHG abstellt.

751 Baumbach/Hueck, Hueck/Fastrich, GmbHG, § 30 Anh., Rdn. 90; Roth/Altmeppen, Altmeppen, GmbHG, (6. Aufl.), § 30, Rdn. 74.

752 Mit dem MoMiG wird im Rahmen des Auszahlungsverbots wieder zur bilanziellen Betrachtungsweise zurückgekehrt, vgl. Regierungsbegründung BT-Drs. 16/6140, S. 41 (rechte Spalte).

753 Roth/Altmeppen, Altmeppen, GmbHG, (6. Aufl.), § 30, Rdn. 74; Büscher, FS Hüffer, 2010, S. 81, 95.

wird, stellt sich die Frage nach dem Verhältnis des § 135 Abs. 3 InsO zu den Vorschriften der §§ 103, 108 ff. InsO über das Fortbestehen von Schuldverhältnissen in der Insolvenz. Die neue Regelung der Nutzungsüberlassung regelt den Fall, dass mit der Eröffnung des Insolvenzverfahrens das bestehende Nutzungsrecht weiter fortbesteht. Insofern erinnert die Rechtslage an bereits existierende Vorschriften, die das Fortbestehen der Verträge in der Insolvenz vorsehen.

Die Regeln über die Fortgeltung bestehender Rechtsverhältnisse regeln bereits, dass in den Fällen, in denen zum Zeitpunkt der Insolvenzeröffnung laufende Nutzungsverträge über bewegliche Gegenstände bestehen, der Insolvenzverwalter gemäß § 103 InsO ein Wahlrecht in Bezug auf die Fortführung oder Beendigung des Nutzungsverhältnisses hat[754]. Geht es dagegen um Miet- oder Pachtverträge über unbewegliche Gegenstände, schreibt § 108 Abs. 1 InsO das Fortbestehen solcher Verträge vor, vorbehaltlich eines Sonderkündigungsrechts des Insolvenzverwalters nach § 109 Abs. 1 InsO[755]. Bei den Immobilien wirken die Verträge daher auch ohne Zutun des Insolvenzverwalters fort und können nur mit einer Kündigungsfrist von drei Monaten nach § 109 Abs. 1 S. 1 InsO durch den Insolvenzverwalter beendet werden.

Dadurch wird also deutlich, dass die Gesellschafter ebenso wie Dritte bereits nach der bestehenden Rechtslage bei noch laufenden Verträgen zurzeit der Insolvenzeröffnung ihre zur Nutzung überlassenen Gegenstände nicht abziehen könnten. Kommt es zur Fortsetzung des Nutzungsverhältnisses, begründet § 112 InsO – auch wenn die Vorschrift für die Dauer des Eröffnungsverfahrens konzipiert ist – für den Gesellschafter eine Kündigungssperre[756]. Damit war auch bereits ohne § 135 Abs. 3 InsO gewährleistet, dass neben den Gesellschaftern, sogar „treuelose" Dritte kein jederzeitiges Rückforderungsrecht mit Eröffnung des Insolvenzverfahrens ausüben konnten, ganz abgesehen von der Unwirksamkeit der an die Insolvenz anknüpfenden vertraglichen Lösungsklauseln ausweislich § 119 InsO und einer Kündigungssperre des § 112 InsO[757].

---

754 Nach allgemeiner Auffassung unterliegen auch Lizenzverträge der Regelung des § 103 InsO und nicht etwa § 108 InsO, wobei die Insolvenzfestigkeit von Lizenzverträgen bislang noch kein geltendes Recht ist. Mit Blick auf den Regierungsentwurf zu § 108 a InsO – BT-Drs. 16/7416, S. 8 (linke Spalte) – ist diesbezüglich demnächst eine Änderung zu erwarten.

755 Uhlenbruck, Hirte, InsO, § 135, Rdn. 26. Auch hier ist der Unterschied zum alten Recht deutlich, da damals eben aufgrund des reinen gesellschaftsrechtlichen Charakters die Anwendung des § 103 ff. InsO nicht möglich war.

756 Scholz, K. Schmidt, GmbHG, §§ 32 a/b a.F., Rdn. 75.

757 Vgl. a. Marotzke, ZInsO 2008, 1281, 1283, 1288.

Nun sieht es ganz danach aus, als würde § 135 Abs. 3 InsO dem Insolvenzverwalter ergänzend zu diesen Möglichkeiten ein weiteres Optionsrecht gewähren. Aus diesem Grund drängt sich die Frage auf, ob es sich tatsächlich nur um eine weitere Option handelt oder ob § 135 Abs. 3 InsO gegenüber §§ 103, 108 f. InsO nicht möglicherweise spezieller ist. Der Gesetzesbegründung zufolge sind §§ 103, 108 f. InsO auch auf die der Nutzungsüberlassung zugrundeliegenden Verträge anwendbar[758]. Daraus kann gefolgert werden, dass § 135 Abs. 3 InsO keine Exklusivität beansprucht[759]. Das sagt jedoch nichts darüber aus, ob bei der Fortführung der Verträge die Vergütungsregelung des § 135 Abs. 3 S. 2 InsO Vorrang gegenüber den Vereinbarungen genießt.

a. Das Optionsmodell

Nach der Formulierung des § 135 Abs. 3 InsO könnte unterstellt werden, der Gesetzgeber gehe aufgrund des Aussonderungsrechts des Gesellschafters davon aus, dass dieses bereits vorliegt, das der Nutzung zugrundeliegende Rechtsverhältnis also nicht mehr besteht. Der Insolvenzverwalter hat nun aber das Recht, trotz seiner Bereitschaft, sich von dem vertraglichen Nutzungsverhältnis zu lösen, den Gegenstand weiter zu nutzen. Anders als § 103 InsO will § 135 Abs. 3 InsO also die Nutzung im Falle einer Vertragsbeendigung, die entweder durch die Ablehnung der Erfüllung nach § 103 Abs. 2 InsO oder durch das ausgeübte Sonderkündigungsrecht nach § 109 Abs. 1 InsO erreicht wurde, garantieren und gibt so dem Insolvenzverwalter eine weitere Handlungsalternative[760], die bis jetzt so nie gegeben hat. Darüber hinaus erfasst der neue § 135 Abs. 3 InsO auch die Fälle, in denen es keine vertragliche Grundlage für die Nutzungsüberlassung gibt, da sie ja nicht über §§ 103 ff. InsO erfasst werden können.

Diese Meinung würde dann gleichzeitig implizieren, dass in den Fällen, in denen der Insolvenzverwalter nach § 103 Abs. 1 InsO die Erfüllung wählt oder die Parteien auf das Sonderkündigungsrecht nach § 109 Abs. 1 S. 1 InsO verzichten, die Verträge nach §§ 103 Abs. 1, 108 Abs. 1 InsO so wie sie vereinbart wurden, fortbestehen. In solchen Fällen kann nur der Grundsatz pacta sunt servanda gelten und nicht etwa ein konstruierter Ausgleich i.S.d. § 135 Abs. 3 S. 2 InsO als

---

758 Begründung des Regierungsentwurfs, BT-Drs. 16/6140, S. 56 (rechte Spalte).

759 Vgl. Bunnemann/Zirngibl, Desch, § 8, Rdn. 46; Saenger/Inhester, Kolmann, GmbHG, Anhang § 30, Rdn. 212.

760 K. Schmidt, DB 2008, 1727, 1732 f.; Bunnemann/Zirngibl, Desch, § 8, Rdn. 46; Rühle, ZIP 2009, 1358, 1361; Lutter/Hommelhoff, Kleindiek, GmbHG, Anh. 64, Rdn. 137; Büscher, FS Hüffer, 2010, S. 81, 92; Kleindiek, HK-InsO, § 135, Rdn. 25.

Folge eines bestehenden Besitzrechts der Gesellschaft trotz eines fehlenden vertraglichen Rechtsgrundes.

b. Das Modifikationsmodell

Dagegen sprechen sich andere für eine Modifikation der §§ 103, 108 ff. InsO aus, die insbesondere dann evident wird, wenn es zum Fortbestehen von Verträgen nach §§ 103 Abs. 1, 108 Abs. 1 InsO kommt[761]. Diese Ansicht führt darauf hinaus, dass unabhängig von der Wahl des Insolvenzverwalters der Nutzungsgegenstand weiterhin zur Verfügung stehen wird und der Ausgleich sich in Höhe der tatsächlichen Vergütung vor der Verfahrenseröffnung – die auch der vereinbarten Vergütung entsprechen kann – bemessen bzw. reduzieren wird. Da die Nutzungsüberlassung, trotz des synallagmatischen Charakters, auch – wenn nicht sogar primär – causa societatis vereinbart wird, ist es gerechtfertigt, auch bei Fortführung des Vertragsverhältnisses auf den tatsächlich vor der Verfahrenseröffnung entrichteten Betrag abzustellen[762]. Im Unterschied zu der ersten Ansicht geht es bei der Frage der Modifikation also lediglich um die – gegebenenfalls niedrigere – Vergütung für die Nutzungsüberlassung und gegebenenfalls um die Begrenzung der Laufzeit auf ein Jahr.

c. Stellungnahme

Würde sich der Insolvenzverwalter nach § 103 Abs. 1 InsO für die Erfüllung des Vertrages entscheiden oder bei unbeweglichen Gegenständen nicht von seinem Kündigungsrecht nach § 109 Abs. 1 S. 1 InsO Gebrauch machen, müsste nach der ersten Ansicht die Vergütung entsprechend dem Vereinbarten gezahlt werden, unabhängig davon, ob sie in dem Jahr vor der Insolvenzeröffnung auch tatsächlich in der vereinbarten Höhe oder überhaupt entrichtet wurde. Das Modell der Modifikation erlaubt also auch bei dieser Konstellation die Gegebenheiten der Vorinsolvenz zu berücksichtigen und von der – wenn auch nur befristeten – Vergünstigung nach § 135 Abs. 3 S. 2 InsO zu profitieren, auch wenn die Aussonderungssperre keine Rolle spielen wird[763]. Diese Ansicht führt zu dem Ergebnis, dass die Rechtsfolgen der §§ 103 Abs. 1, 108 Abs. 1 InsO und damit die anfangs vereinbarten Entgelte erst dann wieder angefordert werden können, wenn die

761 Dahl/Schmitz, NZG 2009, 325, 329; Bitter, ZIP 2010, 1, 13; Hirte, ZInsO 2008, 689, 694; Uhlenbruck, Hirte, InsO, § 135, Rdn. 23.

762 Uhlenbruck, Hirte, InsO, 13. Aufl., § 135, Rdn. 23.

763 Vgl. a. Bitter, ZIP 2010, 1, 13; Gottwald, Haas/Hossfeld, Insolvenzrechts-Handbuch, § 92, Rdn. 469.

Jahresfrist des § 135 Abs. 3 S. 1 InsO verstrichen ist[764]. Bei der Entscheidung dieses Streites geht es also lediglich darum, wie der Gesetzgeber die Vergütung tatsächlich regeln wollte.

Entsprach die geleistete Vergütung tatsächlich dem im Vornhinein Vereinbarten, so kann die Regel des § 135 Abs. 3 S. 2 InsO nach dem Modifikationsmodell, insbesondere bei der Überlassung von Immobilien, als rein deklaratorisch angesehen werden, da ohne die Ausübung des außerordentlichen Kündigungsrechts durch den Insolvenzverwalter nach § 109 Abs. 1 S. 1 InsO, der Mietvertrag bereits nach § 108 Abs. 1 InsO entgeltlich weiter fortbesteht[765]. Die Rechtsfolge von § 135 Abs. 3 S. 2 InsO würde nur dann anders aussehen, § 108 Abs. 1 InsO also durch § 135 Abs. 3 S. 2 InsO modifiziert werden, wenn entgegen des vereinbarten Betrages ein niedrigerer Betrag vor der Insolvenzeröffnung entrichtet worden war[766]. Dadurch sollen interessengerechte Lösungen, die an die Einzelfälle flexibel angepasst werden müssten, gefunden und der Schutz der Masse, die für die Vergütung aufkommen wird, gewährleistet werden.

In der Tat befasst sich § 135 Abs. 3 InsO dem Wortlaut nach mit der Fallkonstellation des Fortbestehens des Nutzungsrechts im Falle des beendigten Nutzungsverhältnisses, da ausdrücklich von einem Aussonderungsrecht die Rede ist. Die Suspendierung des Aussonderungsrechts dient jedoch dem Schutz der Insolvenzmasse und der Sicherung der Betriebsfortführung in der Insolvenz. Der Schutz der haftenden Masse wird durch § 135 Abs. 3 S. 2 InsO sogar noch deutlicher, als ein gerechter Ausgleich zwischen dem Interesse des Gesellschafters auf Vergütung und dem Interesse des Insolvenzverwalters an der Erhaltung des haftenden Vermögens gesucht wird.

Der Gesetzgeber könnte sich demnach den Fall vorgestellt haben, dass der Gesellschafter zwar nicht – wie im alten Recht – das Einbüßen seiner Rechtsposition ähnlich einer Aufopferung zu befürchten hat. Genauso wenig kann er sich jedoch auf Tatsachen berufen, die schon vor der Insolvenzeröffnung nicht vorzufinden waren. Wurde also dem Gesellschafter nicht die abgesprochene Vergütung bezahlt oder ist diese gänzlich ausgefallen, ohne dass der Gesellschafter sie eingefordert oder das Nutzungsverhältnis gekündigt hat, soll ihm die Reduzierung der Vergütung oder – im schlimmsten Fall – die unentgeltliche

---

764 Uhlenbruck, Hirte, InsO, § 135, Rdn. 23; Dahl/Schmitz, NZG 2009, 325, 330.

765 Vgl. a. Beck/Depré, Depré/Büteröwe, Praxis der Insolvenz, § 31, Rdn. 61.

766 Mit Ablauf der Jahresfrist müsste der Insolvenzverwalter dann den vereinbarten Mietzins zahlen, wenn er in der Zwischenzeit keine andere Vereinbarung mit dem Gesellschafter getroffen hat oder den Vertrag nicht nach § 109 Abs. 1 S. 1 InsO gekündigt hat.

Weiternutzung zugemutet werden, auch wenn die Verträge nach den Regeln der §§ 103 Abs. 1, 108 Abs. 1 InsO fortbestehen. Andernfalls würde der die Masse belastende Ausgleichsanspruch unnötig in die Höhe getrieben werden.

In den Fällen, in denen die Gesellschaft sich immer an die vereinbarten Konditionen gerichtet hat, macht das Eingreifen des § 135 Abs. 3 S. 2 InsO keinen Unterschied in Bezug auf die Vergütung. Wenn die Vergütung jedoch schon vor der Insolvenz infolge der Unterkapitalisierung deutlich geringer war als vereinbart oder gar nicht stattfand, würde die Rückkehr zu den vereinbarten Konditionen ausgerechnet nach der Insolvenzeröffnung mangelndes Schutzbewusstsein in Bezug auf die Insolvenzmasse zeigen. Damit der Insolvenzverwalter sich auf die niedrigere Vergütung berufen kann, müsste er zunächst alle Verträge kündigen oder die Erfüllung verweigern, um dann von § 135 Abs. 3 S. 2 InsO im Interesse der Masse zu profitieren. Das Modifikationsmodell will dem Insolvenzverwalter eben diesen Umweg ersparen und Flexibilität bieten.

Aus diesen Gründen kann dem Modell der Modifizierung tatsächlich nicht abgesprochen werden, dass es im Interesse der Masseerhaltung zu gerechten Ergebnissen zu gelangen wünscht[767]. Diese drastische – aber durchaus nachzuvollziehende – Sichtweise kann jedoch in dem Punkt abgemildert werden, dass die Fälle, in denen der Verwalter die Erfüllung nach § 103 Abs. 1 InsO wählen wird oder in denen die Parteien auf das Sonderkündigungsrecht verzichten, als Ausnahmen angesehen werden[768]. Insbesondere kann bezweifelt werden, dass der Insolvenzverwalter mit Kenntnis von der unterbliebenen oder gekürzten Vergütung im Vorfeld der Insolvenz, freiwillig und zum Nachteil der Masse sich eher für die Erfüllungswahl nach § 103 Abs. 1 InsO entscheiden würde als für einen sicheren – und vor allem für die Masse gerechten – Weg über § 135 Abs. 3 S. 2 InsO. Dieses Ergebnis bedeutet auch nicht einen erheblichen Eingriff in die Laufzeit eines vereinbarten Nutzungsvertrages. Dem Gesellschafter steht es frei, mit dem Insolvenzverwalter Regelung in Bezug auf die weitere Nutzung, auch über die Aussonderungsfrist hinaus, vertraglich zu regeln, die dann gegenüber § 135 Abs. 3 S. 2 InsO Vorrang einnehmen würden[769]. Darüber hinaus würde sich bei der Gegenansicht die Frage stellen, warum nur die Verträge über die

767 In diesem Sinne kann auch die Regierungsbegründung ausgelegt werden, die schreibt, „§ 135 Abs. 3 InsO gilt auch, wenn der Insolvenzverwalter die Vertragserfüllung nicht wünscht“. Aus dem Umkehrschluss könnte also gefolgert werden, dass § 135 Abs. 3 S. 2 InsO auch gilt, wenn Festhalten am Vertag ausdrücklich gewünscht ist.

768 Uhlenbruck, Hirte, InsO, § 135, Rdn. 23.

769 Scholz, K. Schmidt, GmbHG, §§ 32 a,b a.F., Rdn. 74.

Nutzungsüberlassungen und nicht auch sonstige Verträge mit den Gesellschaftern aus dem Anwendungsbereich der §§ 103 ff. InsO entfallen sollten[770].

Der klare gesetzgeberische Wille, § 135 Abs. 3 InsO neben dem Insolvenzverwalterwahlrecht anzuwenden, und der überaus klare Wortlaut, der vom Aussonderungsrecht spricht und damit von beendeten Nutzungsverträgen ausgeht, führen zum Ergebnis, dass § 135 Abs. 3 InsO sich nicht auf fortgeltende Nutzungsverhältnisse bezieht und die vertraglichen Vereinbarungen, die infolge §§ 103 Abs. 1, 108 Abs. 1 InsO weiterhin Geltung beanspruchen, nicht verdrängt oder modifiziert werden[771]. Ansonsten – und das übersieht wohl das Modifikationsmodell – wäre der Insolvenzverwalter in der Lage, sich die „Rosinen herauszupicken“ in dem er zwar die Vertragserfüllung wählt, in Bezug auf die Konditionen aber auf § 135 Abs. 3 S. 2 InsO zurückgreift[772].

In den Fällen, in denen der Insolvenzverwalter die Vertragsaufhebung nach § 103 Abs. 2 InsO wünscht oder das Nutzungsverhältnis nach § 109 Abs. 1 S. 1 InsO kündigt, kann er dennoch von seinem Recht nach § 135 Abs. 3 InsO Gebrauch machen, ohne den Einwand des venire contra factum proprium gegen sich gelten lassen zu müssen. Bei der Anwendung des § 135 Abs. 3 InsO wird nämlich kein vertragliches Schuldverhältnis fortgesetzt, sondern vielmehr ein gesetzliches Schuldverhältnis über die Ausübung des Nutzungsrechts ohne einen fortwirkenden Vertrag zum Entstehen gebracht[773]. Er muss in diesen Fällen jedoch sein Vorhaben, von § 135 Abs. 3 InsO Gebrauch zu machen, den Vertragsparteien offenbaren[774]. Als dogmatische Grundlage für eine solche Offenbarungspflicht wird freilich die Loyalität, die auch dem Gesellschafter bei der Anwendung des § 135 Abs. 3 InsO abverlangt wird, angeführt[775]. Die Nutzungsdauer beträgt allerdings dann höchstens nur ein Jahr ab der Verfahrenseröffnung. Geht es dem Insolvenzverwalter dagegen primär darum, den Gegenstand länger als ein Jahr zu nutzen, muss er sich für die Vertragserfüllung nach § 103

770 Rühle, ZIP 2009, 1358, 1362.

771 So auch jetzt LG Kiel, (Urt. v. 25.3.2011), ZInsO 2012, 181, 182; Gehrlein, BB 2011, 3, 11.

772 Vgl. a. Bunnemann/Zirngibl, Desch, § 8, Rdn. 47.

773 Scholz, K. Schmidt, GmbHG, §§ 32 a/b a.F., Rdn. 77, 79; Baumbach/Hueck, Hueck/Fastrich, GmbHG, § 30 Anh., Rdn. 88; Büscher, FS Hüffer, 2010, S. 81, 92.

774 K. Schmidt, DB 2008, 1727, 1734. Es wird sogar an eine analoge Anwendung des § 103 Abs. 2 S. 2, 3 InsO in Bezug auf die Erklärungspflicht des Insolvenzverwalters gedacht, vgl. ders. in Scholz, GmbHG, §§ 32 a, b a.F., Rdn. 82; Uhlenbruck, Hirte, InsO, § 135, Rdn. 21.

775 K. Schmidt, DB 2008, 1727, 1734.

Abs. 1 InsO entscheiden und dann aber das für die Nutzung vereinbare Entgelt entrichten.

4. Nachrangigkeit einer Forderung im Zusammenhang mit der Nutzungsüberlassung

Im Rahmen der Rechtsfolgen der Insolvenzverfahrenseröffnung für laufende Nutzungsverhältnisse stellt sich die Frage, wie mit den Forderungen, die vor dem Insolvenzverfahren begründet, aber noch nicht getilgt wurden, in Bezug auf die Nachrangigkeit im neuen Recht zu verfahren sein wird. Im alten Recht waren alle offenen Forderungen mit eröffnetem Insolvenzverfahren nach § 39 Abs. 1 Nr. 5 InsO subordiniert, da auch die Entgeltforderungen als dem Darlehen wirtschaftlich vergleichbare Handlungen galten.

Die überwiegende Ansicht geht für das neue Recht der Nutzungsüberlassung davon aus, dass es sich bei diesen Forderungen um einfache Insolvenzforderungen i.S.d. § 108 Abs. 2 InsO handelt[776] und die Subordination des § 39 Abs. 1 Nr. 5 InsO grundsätzlich nicht eingreift. Für das neue Recht gilt das nicht nur für die Mietverträge einer Gesellschaft mit Dritten, sondern auch mit ihren Gesellschaftern.

Eine Ausnahme von diesem Grundsatz der einfachen Insolvenzforderungen wird dann angenommen, wenn die ungetilgten Forderungen kreditähnlich ausgestaltet sind. Damit sollten nur diejenigen Forderungen aus dem Nutzungsverhältnis, die vor der Insolvenzeröffnung gestundet oder stehen gelassen wurden, im Insolvenzfall als nachrangige Insolvenzforderungen i.S.d. § 39 Abs. 1 Nr. 5 InsO gelten, da ihnen ein der Darlehensgewährung ähnlicher Finanzierungscharakter zugesprochen wird[777].

In Bezug auf die Entgelte aus der Nutzungsüberlassung wird also eine klare Trennung zwischen dem Zeitraum vor der Insolvenzeröffnung und der Periode nach der Insolvenzeröffnung, wo alle Nutzungsentgelte vom Eröffnungszeitpunkt Masseverbindlichkeiten darstellen, gezogen.

---

776 K. Schmidt, DB 2008, 1727, 1732; Gehrlein, BB 2011, 3, 9; Bunnemann/Zirngibl, Desch, § 8, Rdn. 45; Ulbrich, Die Abschaffung des Eigenkapitalersatzrechts der GmbH, S. 115; Rühle, ZIP 2009, 1358, 360; a.A. Hölzle, ZIP 2009, 1939, 1946; Marotzke, ZInsO 2008, 1281, 1284; wohl auch Beck/Depré, Depré/Büteröwe, Praxis der Insolvenz, § 31, Rdn. 55.

777 Uhlenbruck, Hirte, InsO, § 39, Rdn. 38; Dahl/Schmitz, NZG 2009, 325, 329; K. Schmidt, DB 2008, 1727, 1732; Gehrlein, BB 2008, 846, 850; Bitter, ZIP 2010, 1, 10; Rühle, ZIP 2009, 1358, 1360; Saenger/Inhester, Kolmann, GmbHG, Anhang § 30, Rdn. 236.

Die wohl herrschende Meinung geht also davon aus, dass mit der Novellierung des Rechts der Nutzungsüberlassungen weder sie selbst noch die Mietzahlungen einem Gesellschafterdarlehen wirtschaftlich entsprechen. Dies wird auch von der Gesetzesbegründung bestätigt, die die Rechtsprechung zu den ehemaligen Rechtsprechungsregeln, die aber gerade die wirtschaftliche Vergleichbarkeit voraussetzte, auf das neue Recht der Nutzungsüberlassungen nicht unverändert übertragen will.

Eine komplett gegenläufige Stellung scheint das *LG Kiel* neuerdings einzunehmen[778]. In seiner Entscheidung vom 25.3.2011 hat es ausgeführt, dass ausgerechnet bei den Mietverträgen, die zwischen einer Gesellschaft und dem Gesellschafter eingegangen wurden, auch bei den Mietforderungen, die wegen § 108 Abs. 1 InsO nach der Insolvenzeröffnung – zumindest bis zur Kündigung durch den Insolvenzverwalter – fortbestehen, die §§ 53, 55 InsO nicht anwendbar sind, sondern § 39 Abs. 1 Nr. 5 InsO vorrangig sind[779]. Das Landgericht vertritt eindeutig die Ansicht, bei einer entgeltlichen Nutzungsüberlassung handele es sich um eine der Darlehensgewährung wirtschaftlich vergleichbare Rechtshandlung, so dass es sich bei den entstandenen Mietforderungen – auch nach Eröffnung des Insolvenzverfahrens – nur um nachrangige Forderungen i.S.d. § 39 Abs. 1 Nr. 5 InsO handeln kann[780]. Das gleiche gilt nach Ansicht des Gerichtes erst recht auch für Mietforderungen, die vor der Eröffnung des Insolvenzantrages noch offen stehen, unabhängig davon, ob sie kreditiert wurden oder nicht.

Mit dieser Entscheidung setzt sich das Gericht eindeutig gegen die neue überwiegende Ansicht im Schrifttum und gegen den gesetzgeberischen Willen, die Nutzungsüberlassung als solche nicht den Gesellschafterdarlehen gleichzusetzen[781], hinweg und führt die alten Regeln der eigenkapitalersetzenden Nutzungsüberlassung fort. Das Landgericht hat sich mit der Frage, ob die offenen fälligen Mietforderungen vor der Insolvenzantragsstellung nicht kreditiert wurden und deswegen einem Nachrang unterstellt werden können, überhaupt nicht auseinandergesetzt. Ob diese Entscheidung auch in den höheren Instanzen Bestätigung findet, bleibt abzuwarten. Das Festhalten an dieser Linie würde jedoch schon die zum ehemaligen Recht nicht verstummende Kritik in Bezug auf die

---

778 LG Kiel, ZInsO 2012, 181 ff.

779 LG Kiel, ZInsO 2012, 181, 182.

780 LG Kiel, ZInsO 2012, 181, 182.

781 Folgt schon aus dem Regierungsentwurf MoMiG, BT-Drs. 16/6140, S. 56 (rechte Spalte); Beschlussempfehlung des Rechtsausschusses, BT-Drs. 16/9737, S. 59 (linke Spalte); K. Schmidt, DB 2008, 1727, 1732.

Gleichsetzung einer Nutzungsüberlassung mit den Gesellschafterdarlehen wieder aufleben lassen.

5. *Möglichkeit der Anfechtung bereits vor der Insolvenzeröffnung geleisteter Mietzahlungen*

Die gesamte Neuausrichtung des Rechts der Nutzungsüberlassung weg von „Eigenkapitalersatzrecht“ führt zu der Frage nach der Anfechtbarkeit der im Vorfeld der Insolvenzeröffnung geleisteten Mietzahlungen an die Gesellschafter nach § 135 Abs. 1 Nr.2 InsO. Der Gesetzgeber hat diesbezüglich keine konkreten Angaben gemacht, was dazu führte, dass in der Literatur die Ansichten in Bezug auf die Anfechtbarkeit der vor der Insolvenzeröffnung bezahlten Nutzungsentgelte kontrovers beurteilt wird.

a. Anfechtbarkeit geleisteter marktüblicher Entgelte

Bei der Frage der Anfechtbarkeit der vor der Insolvenzeröffnung getilgten Mietforderungen muss differenziert werden, ob es sich bei den Mietforderungen um marktübliche Entgelte gehandelt hat oder ob bereits im Vorfeld der Insolvenz aufgrund parteiinterner Vereinbarungen den Tilgungen seitens der Gesellschaft überhöhte Forderungen zugrunde lagen. Insofern wird zunächst der Streit entschieden, inwiefern geleistete Mietforderungen überhaupt angefochten werden können, bevor auf das Sonderproblem der Anfechtbarkeit überhöhter Mietentgelte eingegangen wird.

aa. Anfechtbarkeit aller getilgten Mietforderungen

Einige Autoren befürworten die Anfechtbarkeit auch von solchen Forderungen, die nicht stehen gelassen oder gestundet wurden[782]. Aufgrund der durch den Gesetzgeber statuierten gesetzlichen Aussonderungssuspendierung von maximal einem Jahr könnte argumentiert werden, dass bei einer entgeltlichen Nutzungsüberlassung mittelbar auch von einer Gläubigerschädigung ausgegangen werden kann, so dass gegen eine Anfechtung der innerhalb der Jahresfrist des § 135 Abs. 1 Nr. 2 InsO getilgten Forderungen – unabhängig davon, ob sie einer Stundung nachfolgten oder nicht – nichts entgegenspreche[783]. Entgeltliche Nutzungsüberlassungen durch die Gesellschafter im Vorfeld der Insolvenz

---

782 Gottwald, Haas/Hossfeld, Insolvenzrechts-Handbuch, § 92, Rdn. 438; Haas, FS Ganter, 2010, S. 189 (189); Hirte, ZInsO 2008, 689, 694; Marotzke, ZInsO 2008, 1285; Hölzle, ZIP 2009, 1939, 1947.

783 Beck/Depré, Depré/Büteröwe, Praxis der Insolvenz, § 31, Rdn. 55.

führten zu einer Vermögensreduzierung und zur Verschlechterung der Befriedigungschancen der Gläubiger und hätten damit die gleiche Wirkung wie die Gesellschafterdarlehen[784]. Eine hiervon abweichende Meinung sei vor allem der Gesetzesbegründung nicht zu entnehmen. Da sie keinerlei Aussagen über die Anfechtung der gezahlten Nutzungsentgelte vor dem Insolvenzverfahren treffe, kann die Schlussfolgerung gezogen werden, die Rechtslage nach dem MoMiG sollte in diesem Punkt beibehalten werden[785]. Folgt man dieser Ansicht, so stellt sich an dieser Stelle jedoch die Frage, ob das Bargeschäftsprivileg des § 142 InsO eine solche Anfechtung ausschließen oder ob es – dem Sinn und Zweck nach – auf eine Anfechtung nach § 135 InsO schon keine Anwendung beanspruchen kann[786].

bb. Anfechtbarkeit nur kreditierter Forderungen

Die – wohl herrschende – Gegenansicht will die Anfechtbarkeit nach § 135 Abs. 1 Nr. 2 InsO nur für kreditierte Zahlungen anwenden[787] und diskutiert die Anfechtung sonstiger Zahlungen vor der Insolvenzeröffnung allenfalls im Rahmen der Anfechtung nach §§ 130 ff. InsO[788]. Auch hier wird jedoch bei einer Anfechtung nach § 133 Abs. 2 InsO das Eingreifen der Ausnahme des Bargeschäftsprivilegs zu diskutieren sein[789].

Damit wird aus diesem Meinungsstreit die Anfechtbarkeit solcher Zahlungen ausgenommen, die der Stundung oder dem „Stehenlassen“ nachfolgten. Dabei kann dann von stehen gelassenen Mietforderungen gesprochen werden, wenn

784 Gottwald, Haas/Hossfeld, Insolvenzrechts-Handbuch, § 92, Rdn. 438; Haas, FS Ganter, 2010, S. 189, 198.

785 Henkel, ZInsO 2010, 2209, 2211; Marotzke, ZInsO 2008, 1281, 1284.

786 S. hierzu Teil 1, 2. Kap., B. II. 2. a. dd.

787 Baumbach/Hueck, Hueck/Fastrich, GmbHG, § 30 Anh., Rdn. 90; Scholz, K. Schmidt, GmbHG, §§ 32 a/b a.F., Rdn. 68; Bitter, ZIP 2010, 1, 10; Uhlenbruck, Hirte, InsO, § 39, Rdn. 38; Bunnemann/Zirngibl, Desch, § 8, Rdn. 38; Lutter/Hommelhoff, Kleindiek, GmbHG, Anh. § 64, Rdn. 141; K. Schmidt, DB 2008, 1727, 1731; in diese Richtung auch tendierend Spliedt, ZIP 2009, 149, 158.

788 Eine Anfechtung nach § 133 InsO wird insbesondere dann relevant sein, wenn es sich um sog. „Torschluss-Nachzahlungen“ handelt. Dabei handelt es sich um ggf. monatelang zurückliegende Nachzahlungen an die Gesellschafter, die im Torschluss der Insolvenz an die Gesellschafter – ggf. unter Ausübung eines Drucks oder bei Gesellschafter-Geschäftsführern – unmittelbar vor dem Insolvenzantrag überwiesen werden, um den Ausgleichsanspruch nach § 135 Abs. 3 InsO zu erhöhen. Vgl. Marotzke, ZInsO 2008, 1281, 1286.

789 Baumbach/Hueck, Hueck/Fastrich, GmbHG, § 30 Anh., Rdn. 91.

diese darauf abzielten, Zahlungsfristen zu verlängern oder zu überschreiten[790]. Bei solchen Zahlungen, die im relevanten Zeitraum vorgenommen wurden, handelt es sich – wie schon im früheren Recht – um die den Darlehensforderungen wirtschaftlich entsprechende Rechtshandlungen, so dass sie nach § 135 Abs. 1 Nr. 2 InsO anfechtbar sind[791].

cc. Stellungnahme

Die systematische Stellung der Nutzungsüberlassung in dem Kontext der Insolvenzanfechtung ist weniger als eine bejahende Aussage, sondern vielmehr als eine Deplatzierung zu verstehen und hilft bei der Streitentscheidung nicht sonderlich weiter. Entsprechend dem gesetzgeberischen Willen sollte das neue Recht der Nutzungsüberlassung nicht nur auf eine neue dogmatische Grundlage gestellt werden, sondern auch in seinem Regelungsinhalt sich vom Recht über die Gesellschafterdarlehen distanzieren. Daraus kann folglich hergeleitet werden, dass die entgeltliche Nutzungsüberlassung als normales Austauschgeschäft nicht per se mit einer Darlehensgewährung wirtschaftlich verglichen werden kann, so dass eine Anfechtbarkeit von entrichteten Nutzungsentgelten, die seitens des Gesellschafters nicht stehen gelassen oder gestundet wurden eben nicht dem gesetzgeberischen Willen entsprach[792]. Eine solche Sichtweise ist nur konsequent zu der oben vertretenen Ansicht, dass auch noch offene Forderungen auf Zahlung des Nutzungsentgelts nicht per se als nachrangig angesehen werden, sondern nur dann, wenn sie – vergleichbar einem Darlehen – kreditiert wurden.

Aufgrund des Streitstandes in der Literatur ist die neue Entscheidung des LG Freiburg sehr zu begrüßen. Darin hat es ausgeführt, dass eine Zahlung für ein Grundstück, welches ein Gesellschafter oder eine ihm gleichgestellte Person an die Gesellschaft vermietet hat, grundsätzlich nicht eine Befriedigung einer gleichgestellten Forderung i.S.d. § 135 Abs. 1 Nr. 2 InsO darstellt[793]. Insbesondere

790 Haas, FS Ganter, 2010, S. 189, 191.

791 Bunnemann/Zirngibl, Desch, § 8, Rdn. 38.

792 So auch die neue Entscheidung des LG Freiburgs v. 7.1.2014, wonach selbst bei wirtschaftlicher Betrachtung die Überlassung eines Gegenstandes kraft Mietvertrags nicht in jedem Fall und ungeachtet konkreter Umstände des Einzelfalls mit einem Darlehen durch den Gesellschafter gleichgestellt werden kann, ZIP 2014, 336, 337. A.A. (und sehr ausführlich zu diesem Streit) Haas, FS Ganter, 2010, S. 189, 192 ff., der auch weiterhin die Nutzungsüberlassung aufgrund der wirtschaftlichen Vergleichbarkeit dem Recht über Gesellschafterdarlehen zuschreibt.

793 LG Freiburg v. 7.1.2014, ZIP 2014, 336, 337. Generell, allgemeine und ohne Darlegung der Besonderheiten des Einzelfalls abgeschlossene Mietverträge der

vor dem Hintergrund der neuen Regelung in § 135 Abs. 3 S. 2 InsO wäre es widersprüchlich, wenn dem Gesellschafter nach Eröffnung des Insolvenzverfahrens ein Entgelt wegen der Nutzung der überlassenen Sache gezahlt wird, aber das gezahlte Mietentgelt für den vorangegangenen Zeitraum von einem Jahr anfechtbar wäre, was dazu führen würde, dass im Ergebnis die Sache der Masse kostenlos überlassen werden müsste[794].

(1) Schweigen des Gesetzgebers

Ausgehend von der früheren Rechtslage war dem Gesetzgeber das Problem mit den Nutzungsüberlassungen und der Nachrangigkeit offener und der Anfechtung bezahlter Mietforderungen längst bekannt. Hätte er demnach die gleiche Regelung auch im neuen Recht vorsehen wollen, hätte er es – etwa mit einem Hinweis bei § 39 Abs. 1 Nr. 5 InsO, § 135 Abs. 1 InsO oder zumindest in den Gesetzesbegründungen – klargestellt, um gravierende Missverständnisse zu vermeiden[795]. Genau das ist jedoch nicht geschehen, so dass wirklich überlegt werden sollte, ob eine Anwendung der Nachrangigkeit und der Anfechtbarkeit auf alle offenen oder alle bezahlten Mietforderungen nicht lediglich das Ergebnis einer freien Rechtsschöpfung ist, die weder methodischen noch logischen Argumenten standhält.

(2) Die Aushöhlung der gesellschafterrechtlichen Freiheit in Bezug auf die wirtschaftliche Unterstützung der Gesellschaft

Schließlich kann auch der Gedanke eingewandt werden, der Gesetzgeber habe den ersten Vorschlag von *Huber/Habersack*, alle Gesellschafterforderungen mit einem Nachrang zu versehen, besseren Wissens und Wollens nicht in das Gesetz aufgenommen. Würden jetzt also neben den Gesellschafterdarlehen und den bereits bestehenden zahlreichen wirtschaftlich vergleichbaren Rechtshandlungen auch noch die Nutzungsüberlassungen oder die in diesem Zusammenhang offen stehenden, aber nicht kreditierten Forderungen mit einem Nachrang versehen und angefochten werden, liefe es auf eine erhebliche Reduzierung des

Gesellschaft mit einem Gesellschafter können nicht als Umgehung eines Darlehens bewertet werden.

794 ZIP 2014, 336, 337.

795 Die neue Regelung wurde an die österreichische Bestimmung des 26a KO, § 3 EKEG angelehnt. Nach österreichischen Recht liegt jedoch eine eigenkapitalersetzende Mietzahlung nur dann vor, wenn sie gestundet wurde (vgl. § 3 Abs. 3, 2, 1 Nr. 2 EKEG).

Anwendungsbereiches dessen, was als Gesellschafterleistung keines Nachranges bedürfte.

Zudem sollte der Gesellschafter mit der Reformierung des Eigenkapitalersatzrechts in seiner Freiheit über die zusätzliche Ausstattung der Gesellschaft mit finanziellen Hilfen nicht begrenzt sein, sondern durch die Erleichterung der Bestimmungen sich der gesetzlichen Folgen bei der Entscheidung der konkreten Kapitalmaßnahme bewusst sein. Würden aber auch die Nutzungsüberlassungen im Ergebnis denselben Rechtsfolgen unterstellt, weil im Ergebnis – mit ergebnisorientierten Argumenten – jede Leistung des Gesellschafters als gläubigergefährdend eingestuft werden kann, wäre die angesprochene Freiheit des Gesellschafters – bei der Überlegung, welche Handlung nun als reguläres Fremdkapital zur Verfügung gestellt werden kann, die sich nicht letzten Endes quasi in Eigenkapital transformiert – ad absurdum geführt.

Einem gewissen Widerspruch setzen sich dann auch einige Autoren der Gegenansicht aus, die zwar eine Anfechtung nach § 135 Abs. 1 Nr. 2 InsO für alle gezahlten Nutzungsentgelte bejahen, gleichzeitig aber auch – vorbehaltlich der „Torschluss-Nachzahlungen“ – den Ausschluss nach § 142 InsO wegen des Bargeschäftsprivilegs annehmen[796], so dass auf einem Irrweg letztendlich doch zu der Ansicht der – sich noch zu etablierenden – herrschenden Meinung gekehrt wird.

b. Anfechtbarkeit überhöhter Nutzungsentgelte

Darüber hinaus sollte noch der Frage nachgegangen werden, wie mit den Nutzungsentgelten in Bezug auf die Anfechtung zu verfahren ist, wenn zwischen dem Gesellschafter und der Gesellschaft überhöhte Mietentgelte vereinbart und im Vorfeld der Insolvenz auch ausbezahlt wurden. Die Frage, ob das gezahlte Nutzungsentgelt bei den Austauschverträgen zu nicht marktgerechten Bedingungen nach den Regeln über die Gesellschafterdarlehen, nach dem Anfechtungsrecht oder sogar im Rahmen der Kapitalerhaltung gelöst wird, wird unterschiedlich gesehen.

Einer Literaturansicht zu Folge beurteilt sich die Rechtsfolge des überhöhten Nutzungsentgeltes auch im Rahmen der gesellschaftsrechtlichen Nutzungsüberlassung nach der Kapitalerhaltungsregel des § 30 Abs. 1 GmbHG[797].

---

796 Marotzke, ZInsO 2008, 1281, 1286 f.; Henkel, ZInsO 2009, 1577, 1579 f.

797 Baumbach/Hueck, Hueck/Fastrich, GmbHG, § 30 Anh., Rdn. 90; wohl auch Roth/Altmeppen, Altmeppen, GmbHG, (6. Aufl.), § 30, Rdn. 74, wobei es bei diesen Literaturstimmen nicht deutlich wird, ob der Überbetrag auch nach Kapitalerhaltungsrecht zurückgefordert wird.

Andere wollen das Problem im Rahmen der Anfechtung der Miethöhevereinbarungen lösen[798], was wiederum zu der Frage führt, ob der speziell auf das Recht der Gesellschafterdarlehen zugeschnittene § 135 Abs. 1 InsO als maßgebliche Anfechtungsvorschrift für den überhöhten Betrag herangezogen werden kann oder ob die allgemeinen Anfechtungsvorschriften einschlägig sind.

Da infolge des MoMiG weder die Nutzungsüberlassung selbst noch die dafür entrichteten – nicht kreditierten – Zahlungen den Gesellschafterdarlehen wirtschaftlich entsprechen, darf auch auf den marktüberhöhten Betrag konsequenterweise nicht auf § 135 Abs. 1 Nr. 2 InsO abgestellt werden. Ebenso wenig wird sich der Insolvenzverwalter auf § 135 Abs. 3 InsO berufen können, da diese Vorschrift nach einhelliger Auffassung trotz ihrer Platzierung im Anfechtungsrecht keine Anfechtungsregel darstellt.

Für die Rückforderung des überhöhten Betrages erscheint die Vorsatzanfechtung des § 133 InsO, wenn Mietentgeltvereinbarungen so weit über den Marktwert liegen, dass sie dem Drittvergleich nicht mehr standhalten, am plausibelsten[799]. Dafür spricht, dass solche zwischen der Gesellschaft und dem Gesellschafter abgeschlossenen Verträge die Gläubigergesamtheit unmittelbar benachteiligen können, da die zur Nutzung überlassenen Gegenstände im Verhältnis zu dem überhöhten Nutzungsentgelt nicht als gleichwertige Gegenleistung angesehen werden können[800]. Eine Anfechtung nach § 133 Abs. 1, 2 InsO wird in der Regel zu bejahen sein, da Vereinbarungen von weit über den Marktwert liegenden Mietentgelte, die dem erhaltenen Nutzungswert nicht entsprechen, missbräuchlich sind, woraus sich auch Gläubigerbenachteiligungsvorsatz ableiten lässt[801]. Erschwerend für den Gesellschafter wirkt auch die Vermutungsregelung des § 133 Abs. 1 S. 2 InsO, die die Kenntnis des Gesellschafters von dem Vorsatz der Gesellschaft dann vermutet, wenn er von der drohenden Zahlungsunfähigkeit

---

798 Koutsós, ZInsO 2011, 1626, 1630; Uhlenbruck, Hirte, InsO, § 135, Rdn. 23; Hörndler/Hoisi, NZM 2009, 377, 380.

799 Hierbei kann insbesondere die Anfechtung nach §§ 133 Abs. 2 i.V.m. 138 Abs. 2 InsO relevant sein, wenn Verträge mit solchen Gesellschaftern eingegangen wurden, die sich über die wirtschaftlichen Verhältnisse der Gesellschaft informieren können. Diese Anfechtung erfasst einen Zeitraum von zwei Jahren vor der Insolvenzeröffnung.

800 Hörndler/Hoisi, NZM 2009, 377, 380. Aufgrund der objektiven Ungleichwertigkeit fechten die Insolvenzverwalter in der Praxis viele Mietverträge, die zwischen einer Gesellschaft und deren Gesellschaftern abgeschlossen werden, an, da sie die vereinbarte Miete im Verhältnis zu dem Nutzungsgegenstand als zu hoch ansehen.

801 Koutsós, ZInsO 2011, 1626, 1630.

und der gläubigerbenachteiligenden Handlung wusste. Handelt es sich dagegen um die Erfüllung der Ausgleichspflicht im Rahmen des § 135 Abs. 3 InsO, so kann der Insolvenzverwalter unter Berücksichtigung der bilanziellen Betrachtungsweise[802] den Betrag auf die marktüblichen Verhältnisse nach § 135 Abs. 3 S. 2 InsO i.V.m. § 30 Abs. 1 S. 1 GmbHG reduzieren.

c. Endergebnis

Im Ergebnis unterliegen die bereits getilgten Forderungen nur dann einer Anfechtung nach § 135 Abs. 1 Nr. 2 InsO, wenn diese infolge des Stehenlassens oder der Stundungen zunächst kreditiert wurden. Die Anfechtung aller an die Gesellschafter geflossenen marktüblichen Entgeltzahlungen kann dem Gesetz nicht mehr entnommen und auch mit dem Gläubigerschutz und der Erhaltung der Insolvenzmasse nicht mehr gerechtfertigt werden. Hinsichtlich der getilgten überhöhten Entgelte kann konsequenterweise ebenfalls nicht auf die für die Gesellschafterdarlehen zugeschnittene Anfechtungsregelung des § 135 Abs. 1 InsO abgestellt werden. Insofern kann der Insolvenzverwalter anhand der Vorsatzanfechtung nach § 133 InsO die überhöhten Mietentgelte anfechten, wenn diese mit dem Vorsatz, die Gläubiger zu benachteiligen, geleistet wurden.

6. *Möglichkeit der Insolvenzanfechtung in Fällen einer vorzeitigen Nutzungsbeendigung*

Gänzlich ungeklärt ist bislang die Frage, wie mit einer Beendigung von Nutzungsverhältnissen und Rückgabe des Nutzungsgegenstandes vor der Eröffnung des Insolvenzverfahrens im Hinblick auf das Insolvenzanfechtungsrecht vorgegangen werden muss. Diese Frage ist nicht nur äußerst praxisbezogen, sondern auch aus der Sicht des dieser Arbeit zugrundeliegenden Vergleichs mit dem russischen Recht und den dort vermehrt vorzufinden Kündigungen von Nutzungsverhältnissen oder Aussonderungen der Gebrauchsgegenstände im Stadium der Vorinsolvenz, trotz der erheblichen Bedeutung für die Fortführung des Unternehmens[803], interessant.

Das Problem der Kündigung von Nutzungsverträgen und der Rückgabe des Gebrauchsgegenstandes an den Gesellschafter im Vorfeld der Insolvenz wurde nach altem Recht mit der Eröffnung des Insolvenzverfahrens nach den Regeln zu

802 Mit dem MoMiG wird im Rahmen des Auszahlungsverbots wieder zur bilanziellen Betrachtungsweise zurückgekehrt, vgl. Regierungsbegründung BT-Drs. 16/6140, S. 41 (rechte Spalte).

803 Vgl. die Rechtslage zum russischen Recht unter Teil 2., 6. Kap.

den eingekapitalersetzenden Nutzungsüberlassungen gelöst. Dies führte dazu, dass die Kündigung angefochten und rückgängig gemacht wurde und der Nutzungsgegenstand nach § 31 Abs. 1 GmbHG a.F. analog, § 135 Abs. 1 InsO zurückgewährt und dem Insolvenzverwalter zur weiteren Nutzung unentgeltlich zur Verfügung gestellt werden musste. Wie das Problem im neuen Recht gelöst wird, ist höchstrichterlich bislang nicht entschieden. Die Brisanz dieses Falles wird vor allem dann deutlicher, wenn das Nutzungsverhältnis nicht wegen Zeitablauf endet, sondern wenn sich die Gesellschaft mit der Bezahlung des Mietzinses in Verzug begibt und der Gesellschafter das Mietverhältnis vor der Stellung des Insolvenzantrages kündigt[804]. In den Fällen, in denen der Gesellschafter zugleich der Geschäftsführer sein und von den Beschränkungen des § 181 BGB befreit wird, kann befürchtet werden, dass er die Kündigung oder einen Aufhebungsvertrag selbst durchführen wird.

Der in letzter Minute ins Gesetz eingefügte § 135 Abs. 3 InsO regelt nur den Fall, wie mit einer Nutzungsüberlassung ab Eröffnung des Insolvenzverfahrens vorgegangen werden muss. Wie sich die Beendigung der Nutzungsüberlassung für die Zeit vor der Insolvenzeröffnung auswirkt, wurde dagegen nicht geregelt, trotz des damit bereits in der Vergangenheit zusammenhängenden bekannten und diskutierten Problems. Insbesondere ist – zumindest dem Wortlaut nach – eine Anfechtbarkeit einer vor der Insolvenzeröffnung beendeten Nutzungsüberlassung der Regelung nicht zu entnehmen.

a. Teleologische Extension des § 135 Abs. 3 InsO

Ausgehend von der gesetzlichen Platzierung des § 135 Abs. 3 InsO kann überlegt werden, ob sich möglicherweise aus der Auslegung des § 135 Abs. 3 InsO eine Anfechtungslösung konstruieren lässt. Aufgrund der Verortung der Nutzungsüberlassung im Anfechtungsrecht der Gesellschafterleistungen und infolge der Heranziehung der gesellschaftsrechtlichen Treuepflicht der Gesellschafter bei der Aussonderungssperre, könnte überlegt werden, ob der Gesellschafter über die Beendigung hinaus für ein Jahr den Nutzungsgegenstand – oder im Falle der Unmöglichkeit den Wertersatz – zur Verfügung stellen muss, wenn der betreffende Gegenstand für die Fortführung des Unternehmens von erheblicher

804 Von diesem Problem sind freilich die Fälle ausgenommen, in denen die Kündigung und die Rückgabe des Nutzungsgegenstandes nach der Stellung des Insolvenzantrags erfolgten. Mit Stellung des Insolvenzantrages steht diesen Rechtshandlungen i.d.R. bereits § 21 Abs. 2 Nr. 5 InsO entgegen.

Bedeutung ist[805]. Hierdurch könnte die durch den Gesetzgeber gesehene Gefahr des Entzugs relevanter Vermögenswerte aus der Gesellschaft mit Eröffnung des Insolvenzverfahrens aufgegriffen und gebannt werden.

b. Anfechtung nach §§ 130, 131 InsO

Zum anderen könnte überlegt werden, ob ein zur Unternehmensfortführung benötigter Gegenstand nicht im Rahmen einer kongruenten oder inkongruenten Deckungsanfechtung nach §§ 130, 131 InsO zurückverlangt werden kann[806]. Der Anwendung der Deckungsanfechtung steht § 135 Abs. 3 InsO zwar nicht entgegen. Problematischer ist dagegen die Frage, welche Rechtshandlung bei der Nutzungsüberlassung der Deckungsanfechtung zugrunde gelegt werden kann.

aa. Anfechtbare Rechtshandlung

Die eigentliche Rückgabe des Nutzungsgegenstandes kann aus dem Grunde keine anfechtbare Rechtshandlung darstellen, als der Gegenstand mit einem Aussonderungsrecht belastet ist und nicht zur haftbaren Insolvenzmasse hinzugezählt werden kann. Die Rechtshandlung i.R.d. §§ 130, 131 InsO kann nämlich nur dann anfechtbar sein, wenn sie zu einer Gläubigerbenachteiligung aufgrund der Verkleinerung der Insolvenzmasse geführt hat. Da der Nutzungsgegenstand schuldnerfremdes Vermögen darstellt und der Gläubiger an dem Gebrauchsgegenstand grundsätzlich ein Aussonderungsrecht nach § 47 InsO geltend machen kann, handelt es sich dabei nicht um die haftende Insolvenzmasse i.S.d. §§ 35, 36 InsO und bei dem aussonderungsberechtigten Gläubiger nicht um einen Insolvenzgläubiger[807].

Es könnte jedoch überlegt werden, ob die zur Beendigung des Nutzungsverhältnisses und zum Entstehen des Aussonderungsrechts führende Kündigung als eine anfechtbare Rechtshandlung angesehen werden kann, wenn in der Kündigung selbst der gläubigerbenachteiligende Charakter zu sehen ist[808]. Mit

805 Vgl. K. Schmidt, DB 2008, 1727, 1234; im Ergebnis auch zustimmend Gruschinske, GmbHR 2010, 179, 184; a.A. Saenger/Inhester, Kolmann, GmbHG, Anhang, § 30, Rdn. 218.

806 Vgl. Gottwald, Haas/Hossfeld, Insolvenzrechts Handbuch, § 92, Rdn. 466; Gruschinske, GmbHR 2010, 179, 182; Rühle, ZIP 2009, 1358, 1364; Gehrlein, BB 2011, 3, 10; Kleindiek, HK-InsO, § 135, Rdn. 26.

807 MünchKommInsO, Kirchhof, § 129, Rdn. 78; Uhlenbruck, Hirte, InsO, § 130, Rdn. 28.

808 MünchKommInsO, Kirchhof, § 131, Rdn. 41a; vgl. a. Gruschinske, GmbHR 2010, 179, 183.

Ausübung des Kündigungsrechts entsteht für den Überlassenden ein Herausgabeanspruch aus dem Mietverhältnis (i.d.R. § 548, § 985 BGB), dem die nutzende Gesellschaft die rechtshindernde Einwendung des § 986 Abs. 1 S. 1 BGB nicht entgegenhalten können wird. Betrachtet man also den Fall rein pragmatisch, war es um das Vermögen der Gesellschaft, trotz der entgeltlichen Überlassung, vor der Kündigung besser gestellt als mit Ausübung des Kündigungsrechts, das in der Regel wegen des Zahlungsverzugs der schuldnerischen Gesellschaft erst ausgelöst wird. Führt daher eine Kündigung zur Verminderung des Gesellschaftsvermögens und mittelbar auch zu einer Gläubigerbenachteiligung, kann die Kündigung selbst – unabhängig davon, ob sie durch die schuldnerische Gesellschaft oder einen Gesellschafter als Dritten ausgeübt wurde – als eine anfechtbare Rechtshandlung i.S.d. §§ 130, 131 InsO angesehen werden[809].

bb. Inkongruente Rechtshandlung

Für die Anfechtung der Kündigung und die Wiedereinräumung des Nutzungsrechts für die Gesellschaft kommt es für die inkongruente Deckungsanfechtung nach § 131 Abs. 1 InsO darauf an, dass der Gesellschafter als Gläubiger die Deckung in der Art der Befriedigung nicht beanspruchen durfte. Unabhängig von der Frage, wann und inwiefern der Gläubiger eine inkongruente Rechtshandlung erhalten haben muss, um einer Anfechtung zu unterliegen, ist eine auf einem wirksamen Kündigungsrecht basierende Kündigung als kongruent anzusehen und nicht nach § 131 Abs. 1 InsO anfechtbar[810]. Versetzt sich also die Gesellschaft mit den Monatsmieten in Zahlungsverzug, gewährt sie dem Gesellschafter einen wirksamen Kündigungsgrund, der eine Anfechtung der Kündigung als inkongruente Deckung ausschließt[811]. Ebenso wenig kann bei einer auf einem Zahlungsverzug beruhenden Kündigung schon die Herbeiführung des Kündigungsgrundes als eine inkongruente Leistung zu sehen sein, da der Kündigungsgrund nicht gesondert vereinbart wird, sondern aufgrund vertraglicher Bestimmungen oder Gesetzes entsteht[812].

Dagegen stellt sich die Rechtslage weniger einfach da, wenn das Nutzungsverhältnis nicht gekündigt wurde, sondern durch einen Gesellschafter-Geschäftsführer,

---

809 Vgl. v. Wilmowsky, ZIP 2007, 553, 556; Gruschinske, GmbHR 2010, 179, 183; MünchKommInsO, Kirchhof, § 129, Rdn. 35.

810 MünchKommInsO, Kirchhof, § 131, Rdn. 41a.

811 Vgl. a. Gruschinske, GmbHR 2010, 179, 183. Aus diesem Grund wird den Gesellschaftern auch zu raten sein, Nutzungsentgelte in Monatsraten – und nicht etwa halb- oder vierteljährig – zu vereinbaren.

812 Vgl. Gruschinske, GmbHR 2010, 179, 183.

der von § 181 BGB befreit ist, aufgehoben wurde[813]. Rein rechtlich gesehen ist der Geschäftsführer durchaus befugt, solche Vereinbarungen abzuschließen. Eine andere Frage ist es jedoch, ob es rechtlich auch gerechtfertigt werden kann, solche Vereinbarungen auszuüben. Vor dem Hintergrund der vorausgesetzten Gläubigergefährdung, muss eine Vereinbarung des Schuldners, die auf die Vertragsaufhebung gerichtet ist, folgerichtig als inkongruent anzusehen sein, da der Schuldner aufgrund seines Handelns dem Gesellschaftergläubiger mehr Rechte einräumt als diesem aufgrund seiner Rechtsstellung zustehen[814].

cc. Kongruente Rechtshandlung

Geht man also von dem Fall aus, dass der Gesellschaftergläubiger infolge des Zahlungsverzugs der den Gegenstand nutzenden Gesellschaft das ihm zustehende Kündigungsrecht wirksam ausgeübt hat und es sich dabei um eine kongruente Leistung handelt, kann die Kündigung nur in den strengeren Anforderungen des § 130 Abs. 1 Nr. 1 InsO anfechtbar sein. Es wird vorausgesetzt, dass die Kündigung in den letzten drei Monaten vor der Stellung des Insolvenzantrages vorgenommen wurde, der Schuldner zum Zeitpunkt der Handlung zahlungsunfähig war und der Gläubiger hiervon Kenntnis hatte. Darüber hinaus muss die Rechtshandlung zu einer – zumindest mittelbaren – Gläubigerbenachteiligung geführt haben.

In dem Fall, in dem die Kündigung in den letzten drei Monaten vor dem Insolvenzantrag vorgenommen wurde, wird es für den Gesellschafter in der Regel schwierig nachzuweisen sein, dass er keine Kenntnis von der Zahlungsunfähigkeit der Gesellschaft hatte. Erschwerend kommt hinzu, dass in den Fällen, in denen dem Gesellschafter 25% der Anteile gehören oder er gleichzeitig Geschäftsführer ist, nach §§ 138 Abs. 1 Nr. 2 i.V.m. § 130 Abs. 3 InsO die Kenntnis von der Zahlungsunfähigkeit vermutet wird.

(1) Gläubigerbenachteiligung

Dreh- und Angelpunkt der kongruenten Anfechtung wird demnach in der Regel die mittelbare Gläubigerbenachteiligung einnehmen, die ursächlich für die vorgenommene Rechtshandlung sein muss. In der Regel wird die mittelbare

---

813 In Betracht käme auch die Möglichkeit, dass zwischen den Parteien ein Kündigungsrecht für die Zeit der wirtschaftlichen Krise und mit der Insolvenzeröffnung vereinbart wird. Hierbei ist es jedoch streitig, ob solche Vereinbarungen nicht gegen § 119 InsO (in analoger Anwendung) verstoßen oder lediglich anfechtbar sind.

814 Uhlenbruck, Hirte, InsO, § 131, Rdn. 13; MünchKommInsO, Kirchhof, § 131, Rdn. 41a; BGH NZI 2009, 471, 472.

Gläubigerbenachteiligung anzunehmen sein, wenn der Ersatzgegenstand nicht zu gleichen oder günstigeren Konditionen verschafft werden kann, so dass der Entzug des Nutzungsrechts die Minderung der Aktiva und Verschlechterung der Befriedigungschancen der Gläubiger mit sich bringt.

Bei der Nutzungsbeendigung vor Verfahrenseröffnung ist es jedoch höchst problematisch eine Gläubigerbenachteiligung auszumachen. Da es sich weder bei dem Aussonderungsrecht selbst[815] noch bei der zugrunde gelegten Kündigung um Gläubigerbenachteiligungen handeln kann, kommen als mögliche Benachteiligungen der Verlust weiter Nutzungsmöglichkeit bzw. der Verzicht auf die Nutzung in der Insolvenz in Betracht[816].

(2) Kausalität zwischen der kongruenten Rechtshandlung und Gläubigerbenachteiligung

Jedoch muss zwischen der Kündigung als der relevanten kongruenten Rechtshandlung und der mittelbaren Gläubigerbenachteiligung ein kausaler Zusammenhang bestehen. Bei der Frage, ob die mittelbare Gläubigerbenachteiligung in der Gestalt des Nutzungsentzugs der wirksam ausgeübten Kündigung angelastet werden kann, wird eingewandt, dass ein solches vertragliches Kündigungsrecht in der Regel jedem Nutzungsverhältnis von Anfang an anhaftet, so dass die später ausgeübte Kündigung sich nicht kausal auswirken kann[817]. Dagegen wird jedoch zu Recht vorgebracht, dass nicht die reine Möglichkeit, sondern erst die Ausübung solcher Rechte Gläubigerbenachteiligungen auslösen können[818]. Darüber hinaus ist die Kündigung ein Gestaltungsrecht und muss zunächst durch eine Kündigungserklärung ausgeübt werden, um Rechtswirkungen entfalten zu können. Ebenso wie es um die reine Befugnis des Geschäftsführers zur Möglichkeit des Abschlusses von Auflösungsverträgen einerseits und die die Inkongruenz auslösende tatsächliche Ausübung dessen andererseits ist es auch um die reine Kündigungsmöglichkeit und dessen Ausübung im Rahmen der Kongruenz bestellt.

Bei § 135 Abs. 3 InsO soll sichergestellt werden, dass die Nutzungsmöglichkeit auch weiterhin verbleibt. Die zusätzlich dazu kodifizierte Kündigungssperre und das Verbot von Lösungsklauseln nach §§ 112, 119 InsO sollen verhindern, dass zum Nachteil der Gläubiger Verträge aufgelöst werden. Insofern ist das Disponieren über die Vertragsverhältnisse in der Gesellschaft – ab der Stellung des

815 MünchKommInsO, Kirchhof, § 129, Rdn. 78.

816 Vgl. Spliedt, ZIP 2009, 148, 159; Gruschiske, GmbHR 2010, 179, 183.

817 Gruschinske, GmbHR 2010, 179, 183.

818 Gruschinske, GmbHR 2010, 179, 183 f.

Insolvenzantrages – eingeschränkt. Damit lässt sich aber auch ein vorzeitiger Verzicht bzw. eine Beendigung des Nutzungsrechts in Bezug auf die Gläubigerbenachteiligung vergleichen[819]. Aufgrund dessen ist zumindest in den Fällen, in denen die Befriedigungsmöglichkeiten der Gläubiger ohne die ausgeübte Rechtshandlung – der Kündigung – günstiger gewesen wäre, was in der Regel dann anzunehmen sein wird, wenn die Ersatzbeschaffung nicht oder nicht zu den gleichen oder günstigeren Bedingungen erfolgen kann, ist von einer möglichen kongruenten Insolvenzanfechtung auszugehen.

Nichtsdestotrotz bleibt die Frage der zurechenbaren Gläubigerbenachteiligung, die jeweils nach den wirtschaftlichen Gesichtspunkten des Einzelfalls zu entscheiden sein wird, problematisch[820]. Zudem ist der relevante Zeitraum, in dem die Rechtshandlung vorgenommen werden muss, mit den drei Monaten zu kurz bemessen, um all die Fälle, in denen die Gesellschafter, die in der Regel schon lange Zeit vorher die materielle Insolvenz der Gesellschaft erkennen und den Vertrag kündigen werden, zu erfassen.

c. Vorsatzanfechtung nach § 133 Abs. 3 InsO

Nicht so ausführlich diskutiert braucht dagegen die Frage, ob die Anfechtung einer beendeten Nutzungsüberlassung nach § 133 Abs. 1 InsO erzwungen werden kann. Bei § 133 Abs. 1 InsO handelt es sich um eine Anfechtung wegen vorsätzlicher Gläubigerbenachteiligung. Diese wird immer dann in Betracht kommen, wenn die Gesellschaft, die Umstände, die zur außerordentlichen Kündigung des Nutzungsverhältnisses geführt haben, vorsätzlich und aus dem Grunde herbeigeführt hat, den Gesellschafter vor der Regelung des § 135 Abs. 3 InsO zu bewahren[821].

d. Stellungnahme zur Anfechtung vorzeitiger Nutzungsbeendigung

Bei der Beantwortung der oben aufgeworfenen Frage müssen die Relevanz des zurückgegebenen Nutzungsgegenstandes für die Fortführung des Unternehmens und der zeitliche Abstand der Beendigung des Nutzungsverhältnisses zur Insolvenz der Gesellschaft bei der Entscheidungsfindung miteinbezogen werden. Je näher der zur wirtschaftlichen Nutzung sinnvolle Gebrauchsgegenstand zur Stellung des Insolvenzantrages zurückgewährt wurde, desto mehr könnte das Interesse des Insolvenzverwalters an der weiteren – entgeltlichen – Nutzung des Gegenstandes das Interesse des Gesellschafters an dem Einbehalten über-

819 Vgl. a. Saenger/Inhester, Kolmann, GmbHG, Anhang § 30, Rdn. 221.
820 Vgl. a. Gruschinske, GmbHR 2010, 179, 184.
821 Rühle, ZIP 2009, 1358, 1364.

wiegen und die mittelbare Gläubigergefährdung anzunehmen sein. Dieser Lösungsansatz geht unbestritten über den reinen Wortlaut des § 135 Abs. 3 S. 1 InsO und über die Gesetzesbegründung hinaus und erinnert an die alte Rechtslage[822]. Für diese Lösung spricht jedoch, dass damit praxisgerechte Ergebnisse zu gesellschafterfreundlichen Konditionen erzielt werden können[823].

Schließlich ließe sich in Bezug auf die weitere Zurverfügungstellung durch den Gesellschafter auch hier seine gesellschaftsrechtliche Treuepflicht einbringen. Die Tragweite der Treuepflicht bemisst sich nach den konkreten Umständen des Einzelfalls und unterliegt einer Abwägung zwischen dem Eigeninteresse des Gesellschafters und dem Gesellschaftsinteresse oder gesellschaftsbezogenen Belangen der Mitgesellschafter[824]. So ist in den Fällen der Sanierung mittlerweile anerkannt, dass die Treupflicht den Gesellschafter auch zu Sanierungsbemühungen anhalten kann und er an allen ihm zumutbaren Maßnahmen zur Erhaltung des Unternehmens mitwirken muss[825]. Zwar beziehen sich die zu der sanierungsbezogenen Treuepflicht ergangenen Entscheidungen auf die Zustimmung zu Satzungsänderungen oder zum Abstimmungsverhalten in den Gesellschafterversammlungen und erfassen bislang nicht den speziellen Fall der unterbrochenen, aber sinnvollen Nutzung von Mobilien oder Immobilien im Recht der Nutzungsüberlassung. Dies lässt sich jedoch darauf zurückführen, dass bis zum MoMiG eine solche Rechtsprechung sich in der eigenkapitalersetzenden Nutzungsüberlassung wiederfand, da alle abgezogenen Nutzungen, die in der Krise gewährt oder stehengelassen wurden, nach § 31 Abs. 1 GmbHG a.F. analog, § 135 Abs. 1 InsO zurückgewährt und der Gesellschaft weiterhin – sogar unentgeltlich – zur Verfügung gestellt werden mussten[826].

822 Eine deutlichere Annäherung an das alte Recht befürwortet Marotzke, der auch nach MoMiG die Nutzungsüberlassungen und die gezahlten Entgelte der Darlehensgewährung wirtschaftlich vergleichbar ansieht. Daraus folgert er also, dass die Beendigung des Nutzungsverhältnisses nach § 135 Abs. 1 Nr. 2 InsO angefochten werden kann. Vgl. Marotzke, ZInsO 2008, 1281, 1285. Gegen diese Ansicht spricht jedoch der klare gesetzgeberische Wille, der die Nutzungsüberlassung selbst nicht mehr darlehensähnlich sieht und daher auch die Analogie verbietet.

823 So auch Gruschinske, GmbHR 2010, 179, 182.

824 Vgl. Römermann, Wellensiek/Schluck-Amend, MAH GmbH-Recht, § 23, Rdn. 23.

825 BGHZ 98, 276, 279; BGHZ 129, 136, 143 (zum Minderheitsaktionär).

826 Zu dem gleichen Ergebnis mit einer sehr ähnlichen Begründung auch für das neue Recht gelangen die Autoren, die die Nachrangigkeit und Anfechtbarkeit aller Entgeltforderungen bejahen. Sie gehen von der Prämisse aus, bei den Nutzungsüberlassungen habe sich auch nach MoMiG nichts an dem Charakter der wirtschaftlichen Vergleichbarkeit mit einer Darlehensgewährung getan. Darüber hinaus bejahen

Infolge des MoMiG und der Reformierung des Rechts der Nutzungsüberlassung ist eine solche – eindeutig zum Nachteil des Gesellschafters zielende – Rechtslage nicht mehr gegeben, das Problem der erforderlichen Weiternutzung jedoch weiterhin aktuell. Aus diesem Grund und insbesondere aufgrund der verbesserten Rechtsstellung des Gesellschafters bei einer „aufgezwängten" Weiternutzung kann aus den gesellschaftsrechtlichen Treuepflichtaspekten eine Pflicht des Gesellschafters – trotz der erfolgten Nutzungsbeendigung – zur weiteren Überlassung des Gegenstandes hergeleitet werden. Durch die neue Regelung soll nämlich erreicht werden, dass der Zweck des Insolvenzverfahrens nicht dadurch unterlaufen wird, dass die zur Unternehmensfortführung erforderlichen Gegenstände zum Nachteil der Masse entfernt werden. Diesbezüglich kann es aber keinen erheblichen Unterschied machen, ob der Gesellschafter sein Aussonderungsrecht erst ausüben will oder kurze Zeit vor der Stellung des Insolvenzantrages bereits ausgeübt hat[827]. Ausgehend von der nun gesetzlich angeordneten Ausgleichspflicht des Insolvenzverwalters trifft diese Lösung den Gesellschafter weniger hart und kann ihm, soweit der Gegenstand tatsächlich zur weiteren Fortführung des Unternehmens bzw. für die angestrebten Sanierungsmaßnahmen erheblich von Bedeutung ist[828], auch zugemutet werden.

---

sie auch die Anfechtbarkeit der vorzeitigen Rückgewähr des der Gesellschaft zur Nutzung überlassenen Gebrauchsgegenstandes im Rahmen des § 135 Abs. 1 Nr. 2 InsO als eine wirtschaftlich vergleichbare Rechtshandlung. Damit ist es hier nur konsequent, die Rückgewähr des Nutzungsgegenstandes und die Aufhebung des zugrundeliegenden Verpflichtungsgeschäfts nach § 135 Abs. 1 Nr. 2 InsO für anfechtbar zu erklären und für die Masse zurückzufordern. Dieser Vorgang wird einer vorzeitigen Darlehensrückzahlung entsprochen und soll im Falle der Erheblichkeit rückgängig gemacht werden, indem das Rechtsverhältnis wiederhergestellt und der Gegenstand zurückgewährt wird. Vgl. Marotzke, ZInsO 2008, 1281, 1285.

827 Ähnlich auch Gruschinske, GmbHR 2010, 179, 181.

828 Dahl/Schmitz schlagen hierbei eine Reduzierung auf die Fälle, die die Überlassung von Geschäftsräumen zum Gegenstand haben, vor. Handelt es sich nämlich bei dem Nutzungsgegenstand um Geschäftsräume der Gesellschaft, die wieder in den Besitz des Gesellschafters übergegangen sind, muss die Gesellschaft entweder ihren Geschäftsbetrieb eingestellt oder neue Räume angemietet haben. In diesem Fall kann es nicht einleuchten, wie die ehemaligen Räume für die Fortführung des Unternehmens noch als von erheblicher Bedeutung angesehen werden können. Vgl. a. Dahl/Schmitz, NZG 2009, 325, 330. Dagegen spricht jedoch, dass für die Überlassung von Geschäftsräumen keine pauschalen Regeln getroffen werden sollten, denn insbesondere bei kurzfristiger Unterbrechung der Weiternutzung kann die Weiternutzung des bisherigen Nutzungsgegenstandes sehr erheblich sein, wenn

Gegenüber der Lösung nach §§ 130, 131 InsO bietet die teleologische Extension des § 135 Abs. 3 InsO auch den Vorteil, dass an die einjährige Frist angeknüpft werden kann, um alle Rechtshandlungen, die ein Jahr vor der Stellung des Insolvenzantrages vorgenommen und auf die Auflösung des Nutzungsverhältnisses und die Rückgewähr des Gegenstandes gerichtet waren, zu erfassen. Die Anwendbarkeit der Deckungsanfechtung, die in ihren Voraussetzungen von vielen Faktoren abhängig ist, bringt – ausgenommen die Fälle, in denen von einer inkongruenten Rechtshandlung ausgegangen werden kann – viele Fragen und mehr Rechtsunsicherheit mit sich[829]. Wie dieses Problem jedoch in der Zukunft tatsächlich gehandhabt wird und wie kurz die Beendigung vor dem Insolvenzantrag erfolgt sein muss, um die Anfechtung zuzulassen, wird die Rechtsprechung verraten müssen.

Unabhängig davon, für welchen Lösungsweg man sich entscheidet, handelt es sich bei beiden Alternativen um Hilfskonstruktionen und um ergebnisorientierte Überlegungen, die schon im alten Recht nur aus den Rechtsprechungsregeln gewonnen werden konnten. Fest steht jedoch, dass eine Anfechtung der Beendigung der Nutzungsüberlassung nicht nach § 135 Abs. 1 Nr. 2 InsO verfolgt werden kann, da – nach der hier vertretenen Ansicht – die Nutzungsüberlassung nicht als eine der Darlehensgewährung wirtschaftlich vergleichbare Finanzierungshilfe angesehen wird. Damit auch in der Zukunft die Behandlung von Nutzungsüberlassungen nicht weitergehend dem Richterrecht entnommen werden muss, sollte der Gesetzgeber die entstandenen Lücken möglichst selbst schließen.

An die Anfechtung der beendigten und zurückgewähren Nutzungsüberlassung knüpft sich die Frage an, wie der Ausgleichsanspruch des Gesellschafters in solchen Fällen künftig zu berechnen sein wird. An die Regelung des § 135 Abs. 3 S. 2 InsO wird dabei nicht blind angeknüpft werden können, da das Nutzungsverhältnis ja vor der Insolvenzeröffnung beendet wurde und der Gegenstand in dem Einjahreszeitraum nicht ununterbrochen zur Verfügung stand[830]. Aus diesem Grund ist eine Modifizierung dahingehend vorzunehmen, als das letzte Jahr, in dem die Zahlungen vor der Beendigung vorgenommen wurden, maßgeblich sein soll[831].

---

kein Ersatz gefunden oder zu vergleichbaren und vernünftigen Konditionen angemietet werden kann.

829 Einen Vorschlag, wie § 135 Abs. 3 InsO reformiert werden sollte, unterbreitet Gruschinske, in GmbHR 2010, 179, 184.

830 Vgl. a. Rühle, ZIP 2009, 1358, 1364.

831 Rühle, ZIP 2009, 1358, 1364.

7. *Zusammenfassung des neuen Rechts der Nutzungsüberlassung in Thesen*

Die oben aufgeworfenen Problempunkte des neuen Rechts der Nutzungsüberlassung lassen sich im Ergebnis folgendermaßen zusammenfassen:

1. Nach dem neuen Recht der Gesellschafterdarlehen entspricht die Nutzungsüberlassung wirtschaftlich nicht mehr dem Gesellschafterdarlehen. Die Vorschriften über die Subordination von Forderungen und die Anfechtung von Zahlungen, wie sie im Recht der Gesellschafterdarlehen vorherrschend sind, sind nicht auf die Nutzungsüberlassung selbst und grundsätzlich auch nicht auf die geleisteten oder noch offen stehenden Zahlungen anzuwenden.
2. Entgeltforderungen des Gesellschafters aus der Nutzungsüberlassung sind nur dann nachrangig nach § 39 Abs. 1 Nr. 5 InsO, wenn sie gestundet oder stehen gelassen wurden. Dementsprechend sich auch nur solche geleisteten Zahlungen nach § 135 Abs. 1 Nr. 2 InsO anfechtbar, die der Stundung oder dem Stehenlassen nachfolgten. Eine Stundung ist erst dann anzunehmen, wenn es sich nicht mehr um ganz kurzfristige Zahlungsüberschreitung handelt.
3. Forderungen, die nach der Eröffnung des Insolvenzverfahrens entstehen, sind Masseforderungen. Die vor der Stellung des Insolvenzantrages begründeten Verbindlichkeiten sind als normale Insolvenzforderungen i.S.d § 108 Abs. 1 InsO anzusehen, wenn sie nicht kreditiert wurden.
4. Mit der Neuregelung der Nutzungsüberlassung wird das Aussonderungsrecht des Gesellschafters für höchstens ein Jahr ab Eröffnung des Insolvenzverfahrens suspendiert, wenn es sich um einen betriebsnotwendigen Nutzungsgegenstand handelt. Für die Weiternutzung in der Insolvenz muss dem Gesellschafter ein Ausgleich entrichtet werden, der sich der Höhe nach auf das angemessene, marktübliche Entgelt reduzieren kann und aus dem Durchschnitt der erbrachten Mietzahlungen berechnet wird. Die vor der Insolvenzeröffnung unterbliebenen und nicht angeforderten Mietzahlungen wirken sich für den Insolvenzverwalter anspruchsmindernd aus. Anfechtbare Leistungen bleiben bei der Berücksichtigung der Entgeltberechnung außer Betracht.
5. Im Verhältnis zu §§ 103, 108 f. InsO bietet § 135 Abs. 3 InsO dem Insolvenzverwalter eine weitere Handlungsalternative. In den Fällen, in denen der Insolvenzverwalter die Erfüllung nach § 103 Abs. 1 InsO wählt oder von dem Kündigungsrecht nach § 109 Abs. 1 S. 1 InsO keinen Gebrauch macht, kann er sich nicht darauf berufen, für ein Jahr nur ein gemindertes Entgelt

entsprechend § 135 Abs. 3 S. 2 InsO zahlen zu müssen. Auch die im Rahmen des vertraglichen Nutzungsrechts erwachsenden Forderungen nach Eröffnung des Insolvenzverfahrens sich als Masseforderungen einzustufen.

III. Stellungnahme zum neuen Recht der Nutzungsüberlassung

Bereits die knappe Darstellung des neuen Rechts der Nutzungsüberlassung zeigt einen gerechteren und gesellschafterfreundlicheren Umgang mit diesem Rechtsinstitut. Die ehemalige unentgeltliche Weitergewährung des Gebrauchsgegenstandes glich einer Nachschusspflicht und stellte einen nicht unerheblichen Eingriff in die Gesellschafterrechte dar. Mit der Neufassung des Rechts der Nutzungsüberlassung ist sowohl im Interesse der Gesellschaft als auch der Gesellschafter die Erzielung gerechterer Ergebnisse möglich, trägt jedoch auch die Befürchtung mit sich, dass – ausgehend von den strengen Regeln über die Gesellschafterkredite – die Anwendbarkeit der Nutzungsüberlassungen in der Praxis ansteigen wird, was zugleich die Umgehung der schärferen Folgen der Regeln über die Gesellschafterdarlehen bedeuten würde. Denn die gänzlich andere Behandlung der Nutzungsüberlassungen könnte auch als Ausgleich für die durchaus strengen Regeln in Bezug auf die Nachrangigkeit aller Gesellschafterdarlehensforderung angesehen werden. Zum einen stellt also der Gesetzgeber im Falle der Darlehensgewährung darauf ab, dass allein die Gefahr einer Gläubigergefährdung durch die Finanzierung der Gesellschaft mit Gesellschafterdarlehen für die Sonderregeln ausreichend ist, zum anderen lässt er diese Gefahr, die auch durch die Nutzungsüberlassung bestehen kann, nicht genügen und behandelt den Gesellschafter in Bezug auf die Entgeltforderungen wie einen normalen Dritten.

Dass diese Besserstellung der Gesellschafter gleichzeitig die Reduzierung des Gläubigerschutzes impliziert, ist durchaus vorstellbar. Ist aber vor dem Hintergrund der anderen Sonderregeln über die Gesellschafterfinanzierung zu verkraften. Dennoch muss befürchtet werden, dass aufgrund der oben skizzierten und die Gesellschafter betreffenden Rechtsfolgen der Nutzungsüberlassung die Gesellschafter die durch die Gewährung von Darlehen bestehenden Risiken dadurch minimieren werden, indem sie anstatt Darlehen möglichst oft das Institut der Nutzungsüberlassung nutzen werden. Insofern ist der mögliche Anstieg der Überlassungsverträge in Kapitalgesellschaften auch von der Arbeit der Rechtsprechung abhängig, die sich zu den oben aufgeworfenen, umstrittenen und noch nicht entschiedenen Fragen noch äußern wird. Aus diesem Grund wird möglicherweise zumindest für das Recht der Nutzungsüberlassung bald auch von einem sogenannten Rechtsprechungsrecht die Rede sein, wenn der Gesetzgeber die offenen Lücken nicht selbst schließen wird.

Die Reform der Nutzungsüberlassungen bringt also auch gewisse Unsicherheiten bei den Gesellschaftern hervor, nicht zuletzt wegen der missverständlichen Platzierung bei den Anfechtungsregeln. Aufgrund der nun grundsätzlichen Anwendung der §§ 103, 108 ff. InsO und dem dadurch dem Insolvenzverwalter zugesprochenen Optionsrecht, sind die Gesellschafter in Bezug auf die Ausübung des Rechts aus § 135 Abs. 3 InsO mit gewissen Rechtsunsicherheiten belastet. Insofern ist allen Parteien zu raten, sich über die Anwendung des § 135 Abs. 3 InsO so weit wie möglich Klarheit zu verschaffen.

Darüber hinaus ist die Regelung des § 135 Abs. 4 InsO, der systematisch auch auf § 135 Abs. 3 InsO anwendbar ist, völlig verwirrend, weil allem Anschein nach ein Gleichlauf mit dem Recht der Gesellschafterdarlehen erreicht werden soll. Es kann jedoch nicht einleuchten, wie und warum dieser Gleichlauf mit dem Recht über die Nutzungsgewährung nach der Insolvenzverfahrenseröffnung, verbunden mit einer Ausgleichspflicht, hergestellt werden soll. Insbesondere vor dem Hintergrund der dogmatischen Begründung der Nutzungsgewährung mittels Treuepflicht und dem Zweck des Insolvenzverfahrens, die dem Recht der Gesellschafterdarlehen überhaupt nicht eigentümlich ist[832], kann die geplante Zusammengehörigkeit nicht begründet werden.

Die offenen Fragen, die dem neuen Recht der Nutzungsüberlassungen noch mehr anhaften als es schon im alten Recht der Fall war, werden auch diesmal durch die Rechtsprechung zu füllen sein. Soweit ersichtlich, liegt eine gefestigte Rechtsprechung zum neuen Recht der gesellschaftsinternen Nutzungsüberlassung bislang nicht vor. Das einzige ergangene Urteil des Landgerichts Kiel, das sich sehr an die alte eigenkapitalersetzende Nutzungsüberlassung anlehnt, setzt sich in Widerspruch zu der sich aufbauenden herrschenden Meinung und partiell auch zum Widerspruch der Gesetzesbegründung zum neuen Recht der Nutzungsüberlassung und ist in vielen Punkten daher nicht überzeugend. Ob die zurzeit anhängige Berufung beim OLG Schleswig das Urteil bestätigt, bleibt abzuwarten. Dies trifft auch auf alle angesprochenen Problempunkte, namentlich die Charakterisierung der Nutzungsüberlassung als der Darlehensgewährung wirtschaftlich entsprechende Rechtshandlung, das Verhältnis zu §§ 103, 108 f. InsO und die Berechnung der zu entrichtenden Vergütung und Bestimmung des Referenzzeitraumes, denen allen – entweder durch den Gesetzgeber oder durch die Rechtsprechung – demnächst Klarheit verschafft werden sollte.

832 Vgl. a. Dahl/Schmitz, NZG 2009, 325, 328 f.

F. Gesellschafterbesicherte Drittdarlehen, 44 a InsO

Das Rechtsinstitut der gesellschafterbesicherten Fremddarlehen, bei dem die Darlehensgewährung eines Dritten durch eine Sicherheit oder Bürgschaft des Gesellschafters abgesichert wird, war zum Zeitpunkt des Eigenkapitalersatzrechts in § 32 a Abs. 2 GmbHG a.F. geregelt und hat mit dem Inkrafttreten des MoMiG eine neue - systematisch korrekte - Platzierung in § 44 a InsO, an den §§ 135 Abs. 2, 143 Abs. 3 InsO sowie §§ 6 a, 11 Abs. 3 AnfG anknüpfen, erfahren. Das gesellschafterbesicherte Drittdarlehen ist eine eigenständige Fallkonstellation des Rechts der Gesellschafterdarlehen und ist nicht mit den Fällen zu verwechseln, bei denen Darlehen Dritter den Gesellschafterdarlehen wirtschaftlich gleichgesetzt und von § 39 Abs. 1 Nr. 5 und § 135 I Nr. 2 InsO erfasst werden. Mit dem Verweis auf § 39 Abs. 1 Nr. 5 InsO wollte der Gesetzgeber jedoch deutlich machen, dass es sich um einen Sonderfall der Gesellschafterfinanzierung handelt, da innerhalb dieser Dreieckskonstellation nicht die Drittfinanzierung, sondern der Beitrag des Gesellschafters im Mittelpunkt steht[833].

Hat nämlich ein Dritter der Gesellschaft ein Darlehen gewährt und hat ein Gesellschafter für den Rückzahlungsanspruch eine Sicherheit bestellt oder sich verbürgt, so handelt es sich aus der Sicht des Gesellschafters - auch wenn es gesetzlich nicht hergeleitet werden kann - um eine der Darlehensgewährung wirtschaftlich entsprechende Rechtshandlung i.S.d. § 39 Abs. 1 Nr. 5 InsO[834].

Der Kodifizierung des Sonderrechts der Gesellschaftersicherheiten kam auch im Verfahren des MoMiG nicht die nötige Beachtung, die dem Recht ausgehend von dessen praktischen Relevanz zugesprochen wird, zuteil. In der Praxis werden Konstellationen, bei denen Gesellschafter Sicherheiten für Drittkredite stellen müssen, insbesondere bei den Bankenkrediten oder größeren Darlehensgebern, sehr oft zu verzeichnen sein. Insofern bilden solche Fälle nichts Außergewöhnliches, solange es nicht um die Frage geht, wie die Gesellschafterleistung in der Insolvenz und im Verhältnis zu der Gesellschaft zu behandeln ist.

Noch weiterreichender sind die Probleme, wenn es um die Fälle geht, bei denen der Kreditgeber sich sowohl seitens der Gesellschaft als auch seitens des Gesellschafters Sicherheiten einräumen lässt. Diese sogenannten Doppelbesicherungen sind nach dem geltenden gesetzlichen Stand überhaupt nicht reguliert und bedürfen einer einhergehenden Untersuchung. Die nachfolgende Skizzierung der gesellschafterbesicherten Drittdarlehen des neuen Rechts soll - auch mit

833 K. Schmidt, BB 2008, 1966, 1968; Scholz K. Schmidt, GmbHG, §§ 32 a/b Nachtrag MoMiG, Rdn. 45; Baumbach/Hueck, Hueck/Fastrich, GmbHG, § 30 Anh., Rdn. 94.

834 Uhlenbruck, Hirte, InsO, § 44 a, Rdn. 1; K. Schmidt, BB 2008, 1966, 1968.

Hilfe der neuesten Rechtsprechung – Klarheit in den zum Teil unbefriedigenden Gesetzeswortlaut bringen sowie die wichtigsten Problemfelder und Lösungsvorschläge aufzeigen.

I. Der Tatbestand

Im Vergleich zu dem alten Recht hat sich auf der tatbestandlichen Seite nicht viel geändert. Da § 44 a InsO den ehemaligen § 32 a Abs. 2 GmbHG a.F. ersetzen sollte[835], sind infolge des MoMiG keine Unterschiede zu den Voraussetzungen zu verzeichnen. Da es sich um eine mittelbare Gesellschafterfinanzierung handelt, muss das Darlehen von einem Dritten an die Gesellschaft gewährt worden sein, für das sich der Gesellschafter entweder verbürgt oder eine Sicherheit bestellt hat[836].

Als Kreditgeber i.S.d. § 44 a InsO kommen nur Dritte in Betracht, die nicht Gesellschafter sind und diesen auch nicht nach § 39 Abs. 1 Nr. 5 InsO gleichgesetzt werden können[837]. Andernfalls handelt es sich – auch wenn ein anderer Gesellschafter eine Sicherheit bestellt – um den regulären Fall der Gesellschafterfinanzierung i.S.d. §§ 39 Abs. 1 Nr. 5, 135 Abs. 1 Nr. 2 InsO und eben nicht um den Fall der gesellschafterbesicherten Drittfinanzierung.

Wie bei der unmittelbaren, so auch bei der mittelbaren Darlehensgewährung können auch wirtschaftlich gleichgestellte Rechtshandlungen i.S.d. § 39 Abs. 1 Nr. 5 InsO Finanzierungsmittel Dritter darstellen. Bedauerlicherweise folgt es jedoch nicht aus § 44 a InsO, sondern kann aus § 135 Abs. 2 Hs. 2 InsO hergeleitet werden. Eine Parallele zu § 39 Abs. 1 Nr. 5 InsO ist auch in Bezug auf den personellen Kreis der Sicherungsgeber zu ziehen. Um Umgehungsmöglichkeiten weitläufig zu vermeiden, kommen als Sicherungsgeber nämlich nicht nur Gesellschafter, sondern auch gesellschaftergleiche Dritte in Betracht.

---

835 Reg. Begr. BT-Drs. 16/6140, S. 57 (linke Spalte).

836 Der Begriff der Sicherung ist weit zu verstehen, so dass alle Kreditsicherungsmittel, Mobiliar-, Immobiliar- und Personalsicherheiten (insb. Hypothek, Grundschuld, Sicherungsübereignung oder Sicherungsabtretung, Rentenschuld, Verpfändung, Kaution, Hinterlegung), Schuldübernahme oder –betritt, Rückzahlungsgarantie oder Bürgschaft von § 44 a InsO umfasst sind, vgl. Baumbach/Hueck, Hueck/Fastrich, GmbHG, § 30 Anh., Rdn. 96.

837 Scholz K. Schmidt, GmbHG, §§ 32 a/b Nachtrag MoMiG, Rdn. 53; Uhlenbruck, Hirte, InsO, § 135, Rdn. 16.

II. Die Rechtsfolgen

1. Rechtsfolgen für den Kreditgeber

§ 44 a InsO sieht als Folge der Sicherheitsgewährung durch den Gesellschafter vor, dass der Gläubiger in der Insolvenz der Gesellschaft vorrangig den sichernden Gesellschafter in Anspruch nehmen und nur mit dem Teil der Forderung, mit dem er bei dem Gesellschafter bei der vorrangigen Inanspruchnahme der Sicherheit ausgefallen ist, um quotale Befriedigung aus der Insolvenzmasse suchen muss[838]. Nichtsdestotrotz kann der Gläubiger vor der Inanspruchnahme der Sicherheit nach der richtigen Ansicht entsprechend dem Prinzip der Doppelberücksichtigung den gesamten Forderungsbetrag bei der Insolvenztabelle anmelden und muss diesen nicht nur auf den Teil, mit dem er bei der Inanspruchnahme der Sicherheit ausfällt, beschränken[839].

Der in Bezug auf die Forderungsanmeldung anhaltende Meinungsstreit, bei dem die Gegenansicht nur den zu erwartenden Ausfallbetrag angemeldet haben will[840], wird auch nach dem MoMiG wohl nicht verstummen. Dabei übersieht die Gegenansicht, die nach dem Ausfallprinzip die Quote nur auf den zu erwartenden Ausfallbetrag entsprechend § 52 InsO berechnen will, dass hinsichtlich des kreditgebenden Dritten keine Unterschiede zu sonstigen Gläubigern bestehen und da er weder Adressat der mittelbaren noch unmittelbaren Gesellschafterfinanzierung ist, im Vergleich zu anderen Gläubigern nicht schlechter gestellt werden kann[841].

Die Anmeldung in voller Forderungshöhe hat den Vorteil, dass die Quote des Drittgläubigers auf die ungekürzte Forderung berechnet wird, jedoch nur bis zur Höhe des ausgefallen Betrages ausbezahlt wird[842]. Der Drittgläubiger muss schon im Rahmen der vorrangigen Inanspruchnahme des Gesellschafters Kompromisse eingehen, er soll sich nicht auch noch hinsichtlich der Forderungsanmeldung mit dem Ausfallprinzip zufrieden geben lassen.

---

838 Michalski, Dahl, GmbHG, Anh. II § 32 a, § 32 b a.F., Rdn. 39.

839 Roth/Altmeppen, Altmeppen, GmbHG, Anh. §§ 32 a, b, Rdn. 73; Scholz K. Schmidt, GmbHG, §§ 32 a/b Nachtrag MoMiG, Rdn. 57; Spliedt, ZIP 2009, 149, 155; Bauer, ZInsO 2011, 1379, 1383 f.; HK-InsO, Kleindiek, § 44 a, Rdn. 8.

840 Michalski, Heidinger, GmbHG, §§ 32 a, 32 b a.F., Rdn. 336; Uhlenbruck, Hirte, InsO, § 44 a, InsO 5; Hirte, ZInsO 2008, 689, 696.

841 Baumbach/Hueck, Hueck/Fastrich, GmbHG, § 30 Anh., Rdn. 102.

842 Roth/Altmeppen, Altmeppen, GmbHG, Anh. §§ 32 a, b, Rdn. 73; Altmeppen, ZIP 2011, 741, 743.

2. Rechtsfolgen für den sichernden Gesellschafter

Nimmt der Kreditgeber die Sicherheit des Gesellschafters in Anspruch, so erlangt der Gesellschafter als Sicherungsgeber einen Regressanspruch gegen die Gesellschaft (§ 670 BGB oder §§ 774, 1143, 1225 BGB), den er – vorbehaltlich einer ausdrücklichen Rangrücktrittserklärung – jedoch nur als nachrangiger Insolvenzgläubiger i.S.d. § 39 Abs. 1 Nr. 5 InsO geltend machen kann[843]. Auch hier werden die Lücken im Recht der gesellschafterbesicherten Drittkredite sichtbar, da diese Rechtsfolge im Gesetz nicht kodifiziert wurde, für den Gesellschafter aber immens wichtig ist.

Die Vorschrift des § 44 a InsO, die den abgesicherten Kreditgeber als „Gläubiger nach Maßgabe des § 39 Abs. 1 Nr. 5 InsO" bezeichnet, führt zu erheblichen Missverständnissen, da nach dem gesetzlichen Konzept nicht der sichernde Gläubiger, sondern der Gesellschafter Adressat des alten und neuen Eigenkapitalersatzrechts ist und nach § 39 Abs. 1 Nr. 5 InsO mit seinem Regressanspruch gegen die Gesellschaft subordiniert werden kann[844]. Diese Rechtsfolge ist für die Kenner des alten Eigenkapitalersatzrechts nur logisch und erschließt sich auch aus dem unsachgemäßen Wortlaut des § 44 a InsO. Ohne diese Vorkenntnis und ohne tiefere Überlegungen unter Bezugnahme des Sinn und Zwecks, der hinter dem gesamten Institut der unmittelbaren oder mittelbaren Gesellschafterfinanzierung steht, ist die eigentliche Rechtsfolge alleine aus dem Wortlaut der Vorschrift nicht abzuleiten. Möglicherweise war die Erwähnung des § 39 Abs. 1 Nr. 5 InsO bei § 44 a InsO für den Gesetzgeber eine ausreichende Verweisung auf das Recht der Gesellschafterfinanzierung mit allen ihm zugrunde gelegten Voraussetzungen und Rechtsfolgen.

Diese Sichtweise würde auch den Umstand erklären, warum der Gesetzgeber bei der mittelbaren Gesellschafterfinanzierung die Anwendung des Sanierungs- und Kleinbeteiligungsprivilegs mit keinem Wort erwähnt hat. Dennoch kann an der Einbeziehung der Privilegien auch im Rahmen der Gesellschaftersicherheiten für Drittdarlehen keine tragenden Bedenken geäußert werden. Da die Privilegien im Rahmen der unmittelbaren Gesellschafterfinanzierung gelten, müssen sie aus Wertungsgesichtspunkten erst Recht auch auf die mittelbare Finanzierung angewandt werden[845], da der Gesellschafter beim Letzteren nicht schlechter gestellt werden darf. Darüber hinaus kann die Verweisung auf das Sanierungs- und Kleinbeteiligungsprivileg bei näherem Hinsehen auch der gesetzlichen

843 Vgl. a. K. Schmidt, BB 2008, 1966, 1968.

844 Vgl. a. Scholz K. Schmidt, GmbHG, §§ 32 a/b Nachtrag MoMiG, Rdn. 51.

845 Vgl. a. Azara, Das Eigenkapitalersatzrecht der GmbH nach MoMiG, S. 627.

Regelung des § 44 a InsO entnommen werden. Durch die Maßgabeverweisung auf § 39 Abs. 1 Nr. 5 InsO wird zugleich die Anwendung des Sanierungs- und Kleinbeteiligungsprivilegs nach § 39 Abs. 4 S. 2, Abs. 5 InsO implementiert[846]. Dies hat zur Folge, dass die Regeln über gesellschafterbesicherte Drittdarlehen dann nicht gelten, wenn der die Sicherheit bestellende Gesellschafter das Kleinbeteiligungs- oder das Sanierungsprivileg für sich in Anspruch nehmen kann. Folglich sind zum einen die gegen die Gesellschaft bestehenden Forderungen des Gesellschafters nicht nachrangig i.S.d. § 39 Abs. 1 Nr. 5 InsO, zum anderen ist die Freistellung des Gesellschafters aufgrund der Befriedigung des Drittgläubigers durch die Rückzahlung der Verbindlichkeit oder durch Verwertung einer Gesellschaftssicherheit nicht anfechtbar.

a. Regelung des Innenverhältnisses

Wenig Erkenntnisse bieten die neuen Vorschriften über gesellschafterbesicherte Drittdarlehen in Bezug auf die Regulierung des Innenverhältnisses zwischen dem sicherungsgebenden Gesellschafter und der Gesellschaft. Dies betrifft zum einen die Frage nach der Freistellung der Gesellschaft und zum anderen nach der Rechtsfolge der Regressnahme durch den Gesellschafter.

Vor dem MoMiG traf den Gesellschafter als Sicherungsgeber gegenüber seiner Gesellschaft eine Freistellungsverpflichtung analog § 30 Abs. 1 GmbHG[847]. Zugleich statuierte der analog anwendbare § 30 Abs. 1 GmbHG a.F. eine Beschränkung des Regressanspruches des Gesellschafters, bis das Gesellschaftsvermögen so aufgefüllt war, dass für die Befriedigung des Gesellschafters nichts das zur Erhaltung des Stammkapitals erforderliche Vermögen aufgewandt werden

846 Oepen, NZI 2009, 300 (300); Baumbach/Hueck, Hueck/Fastrich, GmbHG, § 39 Anh., Rdn. 98; Michalski, Dahl, GmbHG, Anh. II §§ 32 a, 32 b a.F., Rdn. 37. Natürlich ist auch in den Fällen des § 39 Abs. 4 S. 1 InsO, wenn also eine natürliche Person persönlich haftender Gesellschafter ist, die Nachrangigkeit des § 39 Abs. 1 Nr. 5 InsO ausgeschlossen.

847 Soweit der Kredit nur aus dem zur Deckung des Stammkapitals erforderlichen Vermögens zurückbezahlt werden konnte, war der Gesellschafter verpflichtet, nach § 30 Abs. 1 GmbHG a.F. analog aus der Personal- oder Realsicherheit für die Ablösung des Kredits zu sorgen. Wurde der Gläubiger dennoch von der Gesellschaft unter der Verletzung des § 30 Abs. 1 GmbHG a.F. befriedigt, wurde diese Maßnahme als eine an den Gesellschafter geleistete verbotene Auszahlung bewertet, so dass er zu einem Erstattungsanspruch analog § 31 Abs. 1 GmbHG a.F. verpflichtet war. Vgl. v. Gerkan/Hommelhoff, Fleischer, Handbuch des Kapitalersatzrechts, Rdn. 6.46.

konnte[848]. Solche gesetzlichen – wenn auch durch Analogie hergeleiteten – gesellschaftsrechtlichen Freistellungspflichten sind nach neuem Recht nicht mehr zu begründen. Mit der Neuregelung des § 30 Abs. 1 S. 3 GmbHG und dem Wegfall der §§ 30, 31 GmbHG a.F. auf das Recht der Gesellschafterfinanzierung kann das Innenverhältnis demnach sogar als unreguliert bezeichnet werden.

Nach dem MoMiG ist die Behandlung des Innenverhältnisses aus den insolvenzrechtlichen Vorschriften der § 39 Abs. 1 Nr. 5 sowie §§ 135 Abs. 2, 143 Abs. 3 InsO herzuleiten, die jedoch nicht das gesamte Verhältnis zwischen dem Gesellschafter und der Gesellschaft abdecken. Neben den Fällen der Doppelbesicherung ist bei der einseitigen Sicherheitengewährung bislang die Variante ungeregelt geblieben, bei der der Gesellschafter, der durch den Gläubiger aus der Sicherheit in Anspruch genommen wurde, es schafft, bereits vor dem Insolvenzantrag bei der Gesellschaft in Regress zu gehen. Geschieht dies – wenn auch unwahrscheinlich – innerhalb eines Jahres vor dem Eröffnungsantrag, wird der Insolvenzverwalter die Befriedigung des Gesellschafters nach § 135 Abs. 1 Nr. 2 InsO anfechten können[849].

Außerhalb eines Insolvenzverfahrens bestehen dagegen keine Sonderregelungen mehr, die den Gesellschafter zu einer etwaigen Freistellung der Gesellschaft verpflichten können[850]. Insofern werden die Gesellschaften gut beraten sein, wenn sie mit den betreffenden Gesellschaftern vertragliche Freistellungsabreden verbunden mit einem Rangrücktritt hinsichtlich der Regressansprüche treffen[851].

b. Anfechtung der Befreiung des Gesellschafters nach §§ 135 Abs. 2, 143 Abs. 3 S. 1 InsO

Die Ungenauigkeit der neuen gesetzlichen Regelungen der mittelbaren Gesellschafterfinanzierung setzt sich auch bei den Anfechtungsvorschriften fort. Der mit dem MoMiG neu gefasste § 135 Abs. 2 InsO – ehemals § 32 b GmbHG – regelt den speziellen Fall der Anfechtung von Leistungen auf gesellschafterbesicherte

848 Wurde dagegen der Anspruch des Gesellschafters eben aus diesem Vermögen beglichen, so unterlag der Gesellschafter einem Rückzahlungsanspruch analog § 31 Abs. 1 GmbHG a.F.

849 BGH WM 2011, 2376, 2378; K. Schmidt, BB 2008, 1966, 1970.

850 Vgl. a. K. Schmidt, BB 2008, 1966, 1970.

851 Scholz K. Schmidt, GmbHG, §§ 32 a/b Nachtrag MoMiG, Rdn. 56. Hierfür schlägt K. Schmidt verschiedene Konstellationen, wie satzungsmäßige oder individuelle Vereinbarungen, vor.

Drittdarlehen[852]. Dem Wortlaut nach zielt § 135 Abs. 2 InsO auf die Anfechtung der Befriedigung des dritten Kreditgebers und nicht – wie es rechtlich tatsächlich der Fall ist – auf die Befreiung des Gesellschafters aus der Sicherheitsleistung. Dieser Umstand wird dann erst auf der Rechtsfolgenseite der Anfechtung in § 143 Abs. 3 S. 1 InsO klar gestellt, indem angeordnet wird, dass der Sicherungsgeber den Betrag, den der Dritte als Befriedigung erlangt hat, in die Insolvenzmasse zurückerstatten muss. Die Höhe des Anspruchs aus §§ 135 Abs. 2, 143 Abs. 3 InsO wird dabei nach dem Verhältnis zwischen der Gesellschaft und dem Gesellschafter bestimmt, so dass der gegen den Gesellschafter gerichtete Anspruch nicht über das hinausgehen kann, was der Gesellschafter aus der übernommenen Sicherheit geschuldet hat[853]. Für den komplizierten Fall, dass die Gesellschaft das besicherte Darlehen nur teilweise zurückführt und der Gesellschaft daher noch weiterhin durch den Gläubiger in Anspruch aus der Sicherheit genommen werden kann, darf die Summe aus dem Anspruch nach §§ 135 Abs. 2 und 143 Abs. 3 InsO und der fortbestehenden Verpflichtung des Gesellschafters aus der Sicherheit dessen Verpflichtung ohne die teilweise Rückführung des Darlehens seitens der Gesellschaft nicht überschreiten[854].

Als Rechtshandlung setzt § 135 Abs. 2 InsO eine Darlehensrückführung voraus, durch die eine Sicherheit des Gesellschafters frei wird. Indes ist der Begriff der Rechtshandlung weit auszulegen. Unter einer Rechtshandlung ist jedes von einem Willen getragene Handeln vor Eröffnung des Insolvenzverfahrens zu verstehen, das eine rechtliche Wirkung auslöst[855].

Bei der Anfechtbarkeit nach § 135 Abs. 2 InsO geht es in diesem Zusammenhang um den speziellen Fall, dass die Gesellschaft das besicherte Darlehen eines Dritten innerhalb eines Jahres vor dem Antrag auf Eröffnung des

---

852 Vor dem MoMiG befand sich die entsprechende Regelung in § 32 a Abs. 2, 32 b GmbHG a.F.

853 BGH v. 4.7.2013, NZG 2013, 1033, 1034. Wenn die Gesellschaft das besicherte Darlehen nur teilweise zurückführt und der Gesellschaft daher noch weiterhin durch den Gläubiger in Anspruch aus der Sicherheit genommen werden kann, darf die Summe aus dem Anspruch nach §§ 135 Abs. 2 und 143 Abs. 3 InsO und der fortbestehenden Verpflichtung des Gesellschafters aus der Sicherheit dessen Verpflichtung ohne die teilweise Rückführung des Darlehens seitens der Gesellschaft nicht überschreiten.

854 BGH NJW 2013, 1033, 1034. Damit fällt auch die Rückführung eines Kontokorrentkredits unter den Begriff der Rechtshandlung und kann im Rahmen des § 135 Abs. 2 InsO eine anfechtbare Handlung darstellen.

855 BGH v. 20.02.2014, ZIP 2014, 584, 585.

Insolvenzverfahrens oder nach diesem Antrag zurückgezahlt hat[856]. Infolgedessen wurde der Gesellschafter von seiner Verpflichtung aus der Sicherungsabrede befreit, so dass eben diese Befreiung als Anfechtungsgegenstand[857] und damit der Gesellschafter – und nicht etwa der außenstehende Kreditgeber – als Anfechtungsgegner nach § 135 Abs. 2 InsO gelten. Zahlungen, die außerhalb der Jahresfrist des § 135 Abs. 2 InsO erfolgt sind, können seit der Streichung der Rechtsprechungsregeln nicht mehr nach dem Recht über Gesellschafterfinanzierung, sondern nur nach Maßgabe der strengeren Vorsatzanfechtung nach § 133 Abs. 1 InsO angefochten werden[858].

Als Rechtsfolge der Anfechtung durch den Insolvenzverwalter muss der Gesellschafter der Gesellschaft den von ihr zur Befriedigung des Dritten aufgewendeten Betrag nach § 143 Abs. 3 S. 1 InsO[859] in die Insolvenzmasse erstatten. Die Einstandspflicht des Gesellschafters sieht vor, dass grundsätzlich der gesamte an den Dritten ausgekehrte Betrag, durch den der Gesellschafter mit seiner Sicherheit frei geworden ist, zu erstatten ist[860]. Diese Rückzahlungspflicht ist jedoch durch eine im Gesetz vorgesehene Höchstgrenze begrenzt. Nach § 143 Abs. 3 S. 2 InsO beschränkt sich die Erstattungspflicht des Gesellschafters auf den Betrag, den er als Bürgschaft übernommen hat oder der dem Wert der eingeräumten Sicherheit entspricht. Nach § 143 Abs. 3 S. 3 InsO kann der Gesellschafter seine Rückzahlungspflicht nach seiner Wahl aber auch dadurch erfüllen, indem er die gestellte Realsicherheit der Insolvenzmasse zur Verfügung stellt.

Führt man sich die Anfechtungsbestimmungen des Rechts der Gesellschafterfinanzierungen vor Augen, stellt sich in Bezug auf die Gesellschaftersicherheiten die Frage, wann eine Sicherheit als anfechtungsfest angesehen werden kann. Wenn eine Forderungstilgung, die zum Freiwerden des Gesellschafters geführt hat, außerhalb der zeitlichen Grenzen des § 135 Abs. 1 Nr. 2 InsO nicht mehr angefochten werden kann, muss eine Gesellschaftersicherheit, die außerhalb der zeitlichen Grenzen des § 135 Abs. 1 Nr. 1 InsO bestellt wurde, ebenfalls privilegierend wirken. Denn nach § 135 Abs. 1 Nr. 1 InsO kann eine mehr als zehn Jahre alte Sicherheit einen Privilegierungstatbestand begründen. Das gleiche muss dann auch im Rahmen der Gesellschaftersicherheiten gelten, wenn diese länger

856 Uhlenbruck Hirte, InsO, § 135, Rdn. 15.

857 K. Schmidt, BB 2008, 1966, 1969.

858 Dahl/Schmitz, NZG 2009, 325, 328; Löser, ZInsO 2010, 28, 29.

859 § 143 Abs. 3 InsO wurde mit dem MoMiG eingeführt und entspricht § 32 b GmbHG a.F.

860 Uhlenbruck, Hirte, InsO, § 143, Rdn. 56A.

als zehn Jahre vor dem Insolvenzantrag gestellt wurde[861]. Dies hat zur Folge, dass so Wertungswidersprüche zwischen der unmittelbaren und mittelbaren Gesellschafterfinanzierung vermieden werden können und dass die Anfechtung gegenüber dem Gesellschafter nach §§ 132 Abs. 2, 143 Abs. 3 S. 1 InsO ausgeschlossen wäre.

III. Das gesellschafterbesicherte Drittdarlehen in der Überschuldungsbilanz

Die Lücken der neuen Rechtslage spiegeln sich auch in der Aufstellung der Überschuldungsbilanz wieder. Der besicherte Anspruch des Dritten muss in der Überschuldungsbilanz passiviert werden[862]. Fraglich ist, ob und wie dieser Anspruch auf der Aktivseite wieder ausgeglichen werden kann. Im früheren Recht sah der BGH vor, dass eine aus den Rechtsprechungsregeln hergeleitete Freistellung des Gesellschafters nur in Verbindung mit einem qualifizierten Rangrücktritt in Bezug auf die Regressansprüche einen überschuldungsvermeidenden Aktivposten bilden konnte[863]. Seit dem Wegfall des gesetzlichen Freistellungsanspruchs kann dieser nur durch eine vertragliche Vereinbarung erzielt werden. An der Rechtslage in Bezug auf die Passivierung hat sich dagegen nichts geändert. Daher wird man auch nach dem MoMiG richtigerweise davon ausgehen müssen, dass nur mit Hilfe einer zwischen der Gesellschaft und dem sicherungsgebenden Gesellschafter vereinbarten vollwertigen Freistellungsvereinbarung, verbunden mit dem Inhalt, dass der Gesellschafter seine Regressansprüche nur nachrangig i.S.d. § 39 Abs. 2 InsO geltend machen wird, der Passivposten in analoger Anwendung des § 19 Abs. 2 S. 2 InsO wieder neutralisiert werden kann[864].

IV. Doppelbesicherung

Eins der in der Praxis oft vorzufinden Fällen, die genauso oft in der Literatur diskutiert werden, stellt die sogenannte Doppelbesicherung von Drittdarlehen dar. Dabei handelt es sich – anders als bei einer Mehrfachbesicherung durch denselben oder mehrere Gesellschafter – um Fälle, bei denen die Finanzierungsleistung eines Dritten nicht nur mit einer Gesellschaftersicherheit, sondern auch mit einer Realsicherheit am Gesellschaftsvermögen abgesichert wird.

---

861 Spliedt, ZIP 2009, 149, 155; Bauer, ZInsO 2011, 1379, 1384.

862 K. Schmidt, BB 2008, 1966, 1971.

863 BGHZ 146, 264, 271.

864 K. Schmidt, BB 2008, 1966, 1971; Dahl/Schmitz, NZG 2009, 567, 569; Roth/Altmeppen, Altmeppen, GmbHG, Anh. §§ 32 a, b, Rdn. 69.

In der Praxis trifft man auf viele Fälle, in denen insbesondere Banken sich für eine Darlehensgewährung an die Gesellschaft zunächst Immaterialgüterrechte der Gesellschaft als Sicherheit einräumen und zusätzlich eine Bürgschaft des Gesellschafters bestellen lassen. Wird das Darlehen später gekündigt oder wird der Rückzahlungsanspruch fällig, werden die Banken in der Regel zunächst die Sicherheiten der Gesellschaft verwerten, da sie die Gefahr, dass der Gesellschafter mit seiner – oft bestellten – selbstschuldnerischen Bürgschaft ausfallen wird, nicht tragen wollen werden.

Für den Insolvenzverwalter stellt sich damit jedoch das Problem, dass das Sicherungsgut, das für die Befriedigung der Gläubiger verwertet und an sie ausgekehrt wurde, aus der Insolvenzmasse gezogen wird und nicht mehr zur Sanierung oder Befriedigung der übrigen Gläubiger im Rahmen des Liquidationsverfahrens eingesetzt werden kann. Aus diesem Grund werden sie ihr Bestes versuchen, den Gesellschafter im Rahmen des Anfechtungsprozesses „haftbar" zu machen. Insofern sind leider auch nach dem MoMiG zwei Problemfelder zu konstatieren. Es handelt sich zum einen um die Problematik der vorrangigen Inanspruchnahme der Sicherheit und zum anderen um den Erstattungsanspruch der Gesellschaft in Fällen einer nach der Insolvenzeröffnung verwerteten Gesellschaftssicherheit.

1. *Reihenfolge der Inanspruchnahme der Sicherheiten bei Doppelbesicherung*

Die Reihenfolge, in der der Drittgläubiger in Fällen einer Doppelbesicherung seines Rückforderungsanspruches Befriedigung suchen müsste, ob er also die Gesellschaftersicherheit vor der Gesellschaftssicherheit in Anspruch nehmen müsste, war auch nach dem alten Eigenkapitalersatzrecht stark umstritten. Mangels gesetzlicher Regelungen folgte die Literatur der bereits 1984 ergangenen ersten höchstrichterlichen Rechtsprechung, wonach der Gläubiger aus der Gesellschaftssicherheit Befriedigung suchen konnte, ohne vorrangig die Gesellschaftersicherheit in Anspruch zu nehmen[865]. Im Laufe der Zeit ist diese Rechtsprechung durch die Gerichte übernommen und durch die weiten Teile der Literatur begrüßt worden.

Auch im neuen Recht fehlen für den Gläubiger gesetzliche Angaben darüber, ob sein Absonderungsrecht, in den Fällen, in denen er für seine Forderung sich nicht nur eine Gesellschaftersicherheit, sondern auch ein Sicherungsrecht am

865 Grundlegend, BGH GmbHR 1985, 81, 82; BGH GmbHR 1986, 85 (85); BGH GmbHR 1992, 166, 167; BGH GmbHR 1998, 935, 936.

Gesellschaftsvermögen einräumen lässt, auf die vorrangige Inanspruchnahme der Gesellschaftersicherheit beschränkt ist.

a. Wahlrecht des Drittgläubigers

Auch nach dem MoMiG lehnt sich ein großer Teil der Literatur der bislang herrschenden Meinung und der ehemaligen höchstrichterlichen Rechtsprechung an und lehnt eine Beschränkung des Absonderungsrechts ausdrücklich ab[866]. In diesem Fall kann der Drittgläubiger es sich aussuchen, ob er zunächst die Sicherheit des Gesellschafters oder aber die dingliche Sicherheit am Gesellschaftsvermögen in Anspruch nehmen will. Wird aber die Kreditforderung durch Verwertung der Gesellschaftssicherheit befriedigt, so wird der Gesellschafter von der Sicherheit befreit, so dass die Gesellschaft gegen den Gesellschafter einen Erstattungsanspruch geltend machen kann[867]. Im Mittelpunkt steht also das Innenverhältnis, das für einen gerechten Ausgleich sorgen muss. Der Drittgläubiger ist in dieses Verhältnis jedoch nicht einbezogen und soll allein wegen einer Doppelbesicherung keine Nachteile haben. Somit kann auch das Argument, die vorrangige Inanspruchnahme der Gesellschaftersicherheit berücksichtige durch die Erhaltung der Insolvenzmasse mehr das Interesse der übrigen Gläubiger, den Eingriff in die Rechtsstellung des Drittgläubigers nicht rechtfertigen.

b. Vorrangige Verwertung der Gesellschaftersicherheit durch analoge Anwendung des § 44 a InsO

Karsten Schmidt dagegen bezweifelt die Richtigkeit der herrschenden Ansicht, da die Norm des § 44 a InsO – aber auch schon § 32 b GmbHG a.F. – ausgehend von dem Regelungsziel andernfalls nicht konsequent zu Ende gedacht wäre[868]. Auch wenn der Gesetzgeber in Kenntnis der Rechtslage diese Rechtsfolge bei § 44 a InsO nicht kodifiziert hat, sei § 44 a InsO dennoch auch auf den Fall der Doppelbesicherung analog anzuwenden, um den Schutz der Masse

---

866 Baumbach/Hueck, Hueck/Fastrich, GmbHG, § 30 Anh., Rdn. 100; Roth/Altmeppen, Altmeppen, GmbHG, Anh. §§ 32 a, b, Rdn. 75; Spliedt, ZIP 2009, 149, 154; Dahl/Schmitz, NZG 2009, 325, 328; offen gelassen, OLG Hamm v. 29.12.2010, ZIP 2011, 343, 345.

867 So schon im alten Recht nach §§ 30, 31 Abs. 1 GmbHG a.F analog, vgl. BGH GmbHR 1998, 935, 936; So auch für das neue Recht, vgl. BGH WM 2011, 2376, 2379.

868 Scholz, K. Schmidt, GmbHG, §§ 32 a/b a.F. Nachtrag MoMiG, Rdn. 58; K. Schmidt, BB 2008, 1966, 1070; s. a. Rowedder, Schmidt-Leithoff, Rowedder, GmbHG, § 32 a, Rdn. 70; Thonfeld, Eigenkapitalersetzende Gesellschaftersicherheiten, S. 92; Bork, FS Ganter, 2010, S.135, 140 ff.; N. Schmidt, ZInsO 2010, 70, 71.

zu gewährleisten[869]. Die von der Gegenansicht angeführten Argumente in Bezug auf die unverhältnismäßige Aufbürdung der Kosten- und Ausfallrisiken auf einen nicht vom Recht der Gesellschafterdarlehen betroffenen Drittkreditgeber seien nicht überzeugend, da zum einen der Kreditgeber nicht aus Kostengründen primär die Gesellschaftssicherheit verwertet und zum anderen selbst dafür Sorge tragen kann, dass die Kosten nicht ins unermessliche steigen[870].

Zudem würde nach der Aufgabe der Rechtsprechungsregeln eine immense Schutzlücke entstehen, die durch eine analoge Anwendung des § 44 a InsO vermieden werden könnte[871]. Dieser Lösungsweg würde auch die Risiken der späteren Anfechtung durch den Insolvenzverwalter, der die Bonität des Gesellschafters nicht einschätzen und damit nicht sicher sein kann, ob die Anfechtung beim Gesellschafter erfolgreich sein wird, vermeiden, zumal ohne eine analoge Anwendung des § 44 a InsO das weitere Problem des unregulierten Regressanspruches gegen den Gesellschafter vorprogrammiert ist[872].

c. Stellungnahme

Für die erste Ansicht spricht, dass eine Verpflichtung des Gläubigers, bei der Verwertung der Sicherheiten zunächst nur gegen den Gesellschafter vorzugehen und die möglichen negativen Kosten- und Ausfallrisiken in Betracht zu ziehen, weder aus § 44 a InsO noch aus den sachenrechtlichen Rechtsfolgen abgeleitet werden kann und würde den absonderungsberechtigten Kreditgläubiger gegenüber den anderen Gläubigern ohne eine entsprechende gesetzliche Grundlage auf ungerechtfertigte Weise schlechter stellen[873]. Oft werden die Fälle so gelagert sein, dass die Inanspruchnahme der Gesellschaftssicherheit für den Gläubiger schnell und problemlos durchgeführt werden kann, während die persönliche Verwertung der Gesellschaftersicherheit – insbesondere aus der selbstschuldnerischen Bürgschaft – langwierig und risikoreich sein kann[874]. Und auch wenn die Motivation der Drittkreditgeber, nicht den Gesellschafter, sondern die Gesellschaft aus der Sicherheit in Anspruch zu nehmen, in der Regel darauf basieren wird, sich den Gesellschafter als weiteren möglichen Vertragspartner zu erhalten, bringt es nicht das gewünschte Ergebnis, den Gesellschafter zu schonen, da

869 Scholz, K. Schmidt, GmbHG, §§ 32 a/b a.F. Nachtrag MoMiG, Rdn. 58.

870 Bork, FS Ganter, 2010, S. 135, 142.

871 N. Schmidt, ZInsO 2010, 70, 71.

872 Vgl. N. Schmidt, ZInsO 2010, 70, 72.

873 Vgl. Roth/Altmeppen, Altmeppen, GmbHG, Anh. §§ 32 a, b, Rdn. 77; BGH WM 2011, 2376, 2378.

874 Vgl. a. Altmeppen, ZIP 2011, 741, 743.

er – wie anschließend zu zeigen sein wird – von dem Insolvenzverwalter zum Regress aufgefordert werden kann.

Schließlich hat der Gesetzgeber in Kenntnis dieses Streites den neuen § 44 a InsO nicht auch auf die Doppelbesicherung ausgedehnt und das Wahlrecht des absonderungsberechtigten Drittgläubigers beschränkt[875]. Hinter dieser Entscheidung könnte der Grund zu sehen sein, dass er die herrschende Meinung und die Rechtsprechung zu dieser Problematik als gefestigt ansah und eine gesetzliche Regelung nicht für erforderlich hielt. Allein aus dem Umstand der Nichtregelung könnte zudem hergeleitet werden, dass der Gesetzgeber sich eben auf der Seite der etablierten Meinung befindet. Würde er ganz im Gegenteil die Gegenansicht vorziehen, hätte er § 44 a InsO um eine weitere Alternative der Doppelbesicherung erweitert oder zumindest in der Gesetzesbegründung Ähnliches festgestellt[876].

Zugegebenermaßen spricht die Lösung der Gegenansicht für die Fortführung des Unternehmens in der Insolvenz oder eine erfolgreichere Befriedigung der übrigen Gläubiger in der Liquidation. Denn würde sich der Drittgläubiger sogleich der Gesellschaftersicherheit bedienen, könnte das Sicherungsvermögen der Gesellschaft in die Insolvenzmasse hinzugezählt werden. Weniger schön sieht es aber dann aus, wenn die Gesellschaftersicherheit nicht zur vollständigen Befriedigung der Forderung ausreicht und der Drittgläubiger auf Umwegen noch die Gesellschaftssicherheit verwerten und gleichzeitig aber realisieren muss, dass sie allein zur vollständigen Tilgung ausgereicht hätte[877]. Die Praktikabilitätserwägungen des Insolvenzverwalters oder der Insolvenzmasse allein können dem Drittgläubiger einen solchen Umweg nicht aufzwingen. Ganz im Gegenteil lässt sich der gesetzgeberische Wille nicht auf eine solche Schlussfolgerung ziehen. Diesbezüglich kann auch nicht eingewandt werden, der Gesetzgeber habe sich bei § 44 a InsO bereits auf die Seite der Gesellschaft gestellt und den Gläubiger zunächst auf die Geltendmachung der Gesellschaftersicherheit verwiesen, bevor er auf das Gesellschaftsvermögen zugreifen kann[878]. Es kann hier jedoch nicht von der Anzeige einer Schonungsrichtung, wie sie dem Gesetzgeber unterstellt wird, die Rede sein, da es der juristische Normalfall ist, dass zunächst die Sicherheit verwertet wird, bevor auf das übrig gebliebene Insolvenzvermögen zurückgegriffen wird. Wenn man es aber mit den Augen von *Bork* sieht und sich daraus

875 Vgl. a. Altmeppen, ZIP 2011, 741, 742.

876 Vgl. a. Dahl/Schmitz, NZG 2009, 325, 328; ähnlich a. Mikolajczak, ZIP 2011, 1285, 1286.

877 So auch Bork, FS Ganter, 2010, S. 135, 141.

878 So Bork, FS Ganter, 2010, S. 135, 144.

tatsächlich einen bestimmten gesetzgeberischen Willen ableiten lässt, könnte hiergegen wiederum eingewandt werden, dass der Gesetzgeber es bei dieser einzelnen „Nichtschonung“ des Drittgläubigers belassen wollte.

Somit verbietet sich eine analoge Anwendung des § 44 a InsO in solchen Fällen, in denen der gesetzgeberische Wille dem eindeutig entgegensteht. In diesem Sinne entschied auch jungst der BGH, der eine Einschränkung des Wahlrechts des Drittgläubigers entsprechend § 44 a InsO explizit ablehnte[879].

2. *Regelung des Innenverhältnisses bei Verwertung einer Gesellschaftssicherheit nach Insolvenzverfahrenseröffnung*

Nicht aus § 44 a InsO, jedoch aus dem unmittelbaren Zusammenhang hergeleitete Frage betrifft den Erstattungsanspruch der Gesellschaft gegen den Gesellschafter, wenn der Drittgläubiger nach der Insolvenzeröffnung aus der Gesellschaftssicherheit Befriedigung erlangt hat. Da das Gesetz noch nicht mal den Fall regelt, in welchem Verhältnis eine Gesellschaftssicherheit zu der von einem Gesellschafter für die Verbindlichkeiten eines Dritten ebenfalls bestellten Sicherheit steht, kann eine gesetzliche Regelung in Bezug auf die Erstattung der aus der Gesellschaftssicherheit geflossenen Leistungen, also auf die Anfechtung des Freiwerdens einer Gesellschaftersicherheit ebenfalls nicht vorgefunden werden. Ebenso wenig schließt das MoMiG den Erstattungsanspruch gegen den infolge der Verwertung der von der Gesellschaft bestellen Sicherheit frei gewordenen Gesellschafter aus. Ausgehend von der praktischen Relevanz dieser Frage ist das Stillschweigen des Gesetzgebers, das schon während der früheren Rechtslage kritisiert wurde, in Kenntnis der fehlenden Regelungen nicht nachzuvollziehen. Der Auslöser dieses Streites ist der Zeitpunkt der Vornahme der anzufechtenden Rechtshandlung, der – anders als § 129 Abs. 1 InsO, der auch im Rahmen der Anfechtung nach § 135 InsO gilt – nicht vor, sondern nach der Eröffnung des Insolvenzantrages liegt. Für die Feststellung, ob die Rechtshandlung nach oder vor der Verfahrenseröffnung eingetreten ist, kommt es nach § 140 Abs. 1 InsO auf den Zeitpunkt an, in dem die rechtliche Wirkung eingetreten ist. Da die Gesellschaftersicherheit erst dadurch frei wird, indem der Verwertungserlös – nach der Verwertung der Gesellschaftssicherheit – an den absonderungsberechtigten Drittgläubiger durch den Insolvenzverwalter ausgekehrt wird, ist der Zeitpunkt der Erlösauskehr zugrunde zu legen[880].

---

879 BGH WM 2011, 2376, 2378.

880 Mikolajczak, ZIP 2011, 1285, 1290; OLG Hamm v. 29.12.2010, ZIP 2011, 343, 344.

Zu dieser Frage haben sich jüngst zwei Senate des OLG Hamm geäußert, die die Rechtslage in Bezug auf die Rechtsfolge der vorrangigen Inanspruchnahme der Gesellschaftssicherheit unterschiedlich beurteilt haben[881]. Die Gerichte hatten sich mit den Fällen zu befassen, in denen das Darlehen eines Dritten doppelt besichert wurde und das nach Eröffnung des Insolvenzverfahrens – und nach dem 1.11.2008 – durch Verwertung einer Gesellschaftssicherheit befriedigt wurde. Da der Gesellschafter mit seiner Sicherheit dadurch freigestellt wurde, begehrt der Insolvenzverwalter die Erstattung der Sicherheitsverwertung in entsprechender Höhe. Nach den Urteilen des OLG Hamm haben sich nun auch der BGH und das OLG Stuttgart mit der gleichen Frage auseinander gesetzt und die Rechtsprechung in einer gewissen Weise bekräftigt.

a. Kein Regressanspruch gegen den frei gewordenen Gesellschafter

In der ersten Entscheidung verneinte das 8. Zivilsenat des OLG Hamm den Erstattungsanspruch der Gesellschaft gegen den aus der Sicherheit frei gewordenen Gesellschafter nach § 135 Abs. 2, 143 Abs. 3 S. 1 InsO, da eine nach Eröffnung des Insolvenzverfahrens vorgenommene Verwertung der Gesellschaftssicherheit, die zum Freiwerden der Gesellschaftersicherheit geführt hat, keine anfechtbare Rechtshandlung i.S.d. § 129 Abs. 1 InsO mehr darstellt[882]. Der Senat lehnte auch eine analoge Anwendung der §§ 135 Abs. 2, 143 Abs. 3 S. 1 InsO ab, da eine planwidrige Regelungslücke in Bezug auf das Ende der Anfechtbarkeit nicht gegeben sei. Aus dem Umkehrschluss der Entscheidung kann jedoch herausgelesen werden, dass im Falle einer vor der Verfahrenseröffnung stattfindenden Verwertung einer Gesellschaftssicherheit der Regressanspruch gegen den Gesellschafter nach §§ 132 Abs. 2, 143 Abs. 3 S. 1 InsO durchaus verfolgt werden kann. Mit Ablehnung der insolvenzrechtlichen Ansprüche verneinte der Senat auch sonstige Rückzahlungsmöglichkeiten und stellte den Gesellschafter komplett regressfrei.

Mit dieser Entscheidung setzt sich das OLG Hamm ausdrücklich in Widerspruch zu dem alten Kapitalersatzrecht, wo der Rückforderungsanspruch gegen den Gesellschafter in Fällen einer Verwertung nach Insolvenzeröffnung zwar nicht immer anfechtungsrechtlich, aber zumindest gesellschaftsrechtlich – aus den Rechtsprechungsregeln – durchgesetzt wurde[883]. Wieso das Gericht jedoch bei einer Doppelbesicherung das Eingreifen von Regressansprüchen so eindeutig

---

881 OLG Hamm, ZIP 2011, 343; OLG Hamm v. 7.4.2011, ZIP 2011, 1226.

882 OLG Hamm, ZIP 2011, 343, 344. In dem Fall war die Gesellschaftssicherheit nach der Eröffnung des Insolvenzverfahrens durch die Sparkasse verwertet worden. Vgl. a. HK-InsO, Kleindiek, § 44 a, Rdn. 11.

883 Vgl. zum alten Recht, BGH GmbHR 1998, 935, 936.

von den verschiedenen Zeitpunkten der Verwertung abhängig macht und sich damit in einen schwer zu rechtfertigenden Wertungswiderspruch begibt, ist nicht nachvollziehbar. Vielleicht hat es die Tatsache in Betracht gezogen, dass der Gesellschafter aufgrund von Rechtshandlungen, die der Insolvenzverwalter nach Eröffnung des Insolvenzverfahrens selbst vorgenommen und anschließend angefochten hat, nicht haftbar gemacht werden soll und dass dies nicht dem Sinn und Zweck des Insolvenzanfechtungsrechts entspreche.

b. Regressanspruch gegen den Gesellschafter analog § 135 Abs. 2 InsO

Das zweite Urteil des OLG Hamm sah dagegen die nach der Insolvenzeröffnung vorgenommenen Rechtshandlungen nicht als anspruchsausschließend an. Der 27. Zivilsenat setzte sich bewusst dem 8. Zivilsenat entgegen und bejahte bei Tilgungen von Forderungen durch die Gesellschaft nach der Insolvenzeröffnung, die zum Freiwerden der von einem Gesellschafter zusätzlich bestellten Sicherheiten führen, eine planwidrige Schutzlücke, die durch eine analoge Anwendung des § 135 Abs. 2 InsO zu schließen ist[884].

Das OLG Hamm verweist auf die Regierungsbegründung, der zur Folge die Aufhebung des § 32 b GmbHG lediglich als eine Verlagerung in die Insolvenzordnung gesehen werden sollte, ohne dass die Darlehen nach der Insolvenzeröffnung eine stärkere Position, als denen nach § 32 b GmbHG a.F. zugewiesen war, erhalten sollten[885]. Schließlich würde mangels anderweitiger Lösungswege bei Ablehnung der analogen Anwendung des § 132 Abs. 2 InsO eine beachtliche Schutzlücke entstehen, die weder mit Blick auf das frühere Recht noch mit dem Schutzzweck der Gesellschafterdrittfinanzierung zu erklären wäre.

c. Schlichtung durch den BGH

Mittlerweile ist zu dem Urteil des 8. Zivilsenats des OLG Hamm ein Revisionsurteil ergangen, das die Entscheidung des OLG Hamm aufhebt und – auch gegen die Entscheidung des 27. Zivilsenats – einen Erstattungsanspruch gegen den Gesellschafter nicht nach § 132 Abs. 2 InsO analog, sondern nach § 143 Abs. 3 S. 1 InsO analog bejaht[886].

Da infolge des Nichtanwendungsbeschlusses des § 30 I 3 GmbHG die Rechtsprechungsregeln analog §§ 30, 31 GmbHG nicht mehr zur Geltendmachung des Erstattungsanspruches gegen den Gesellschafter außerhalb der Fristen des

884 OLG Hamm v. 7.4.2011, ZIP 2011, 1226, 1227.

885 OLG Hamm v. 7.4.2011, ZIP 2011, 1226, 1227.

886 BGH v. 1.12.2011, WM 2011, 2376; vgl. a. Löser, ZInsO 2010, 28, 30; ungenau Spliedt, ZIP 2009, 149, 155; a.A. Altmeppen, ZIP 2011, 741, 746.

§ 135 Abs. 2, 135 Abs. 1 Nr. 2 InsO angewandt werden können, besteht tatsächlich eine Regelungslücke, die mit einer analoger Anwendung des § 143 Abs. 3 S. 1 InsO geschlossen werden kann. Hiergegen sprechen auch keine zivilrechtlichen Erwägungen, die eine Analogie auf Rechtshandlungen, die nach der Insolvenzeröffnung vorgenommen wurden, ausschließt. Eine Anfechtung solcher Rechtshandlungen ist dem Insolvenzgesetz ausgehend von § 147 InsO nicht per se fremd und die Anknüpfung des § 129 Abs. 1 InsO an den Zeitpunkt vor der Insolvenzeröffnung nicht absolut starr[887]. Und da auch bei einer Doppelbesicherung zwischen dem Freiwerden des Gesellschafters vor der Insolvenzeröffnung oder erst nach der Eröffnung kein erheblicher Unterschied ausgemacht werden kann, der zu unterschiedlichen Lösungen zwingt, kann es nicht einleuchten, warum der Gesellschafter – nach Ansicht des 7. Zivilsenats des OLG Hamm – „haftungsfrei" gestellt werden sollte. Das MoMiG schreibe dem Insolvenzverwalter gegen den frei gewordenen Gesellschafter zwar keinen Erstattungsanspruch zu, schließe diesen aber auch nicht zwingend aus.

d. Bestätigung durch das OLG Stuttgart

In der jüngsten Entscheidung zu der Anfechtung des Freiwerdens einer Gesellschaftersicherheit in Fällen der Verwertung einer von der Gesellschaft bestellten Sicherheit nach der Insolvenzeröffnung hat sich das OLG Stuttgart der Entscheidung des BGH angeschlossen[888]. Anders als der BGH beschäftigt sich das OLG mit der Höhe des dem Insolvenzverwalter zustehenden Anspruchs gegen den frei gewordenen Gesellschafter. Da nur die Befreiung die anfechtbare Rechtshandlung darstellt, besteht die Regresshöhe gegen den Gesellschafter nicht in dem Betrag, um den sich die Forderung durch die Rückführung des Darlehens verminderte, sondern soweit der Gesellschafter durch die Verwertung der Gesellschaftssicherheit von seiner Sicherheitsverpflichtung frei wurde[889]. Damit besteht der Erstattungsanspruch gegen den Gesellschafter in der Höhe, in der die

887 Vgl. BGH WM 2011, 2376, 2379.

888 OLG Stuttgart v. 14.3.2012, DB 2012, 1031, 1032.

889 OLG Stuttgart v. 14.03.2012, DB 2012, 1031, 1032, wobei bei einer Höchstbetragsbürgschaft der Anspruch bei einer Teilbefriedigung des Gläubigers durch die Gesellschaftssicherheit nur soweit besteht, als der Erstattungsbetrag der Gesellschaft zusammen mit dem zu erstatteten Betrag durch den Gesellschafter den vereinbarten Höchstbetrag nicht übersteigt. Der Gesellschafter wird also nur in Höhe der Differenz zwischen der ursprünglich bestehenden und der weiter bestehenden Bürgschaftsverpflichtung verpflichtet.

Gesellschaftersicherheit sich durch die Auszahlung des Verwertungserlöses an den Gläubiger verminderte.

e. Anfechtungsvoraussetzende Gläubigerbenachteiligung

Ein Kritikpunkt, der sowohl dem OLG Hamm als auch dem BGH ausgesprochen werden kann, betrifft die nicht unerhebliche Voraussetzung der Gläubigerbenachteiligung, die bei der Geltendmachung eines Absonderungsrechts nicht unproblematisch erscheint, da in den Fällen, in denen für das Drittdarlehen neben der Gesellschaftersicherheit auch eine Gesellschaftssicherheit bestellt worden ist, eine Verwertung der Gesellschaftssicherheit sich nicht gläubigerbenachteiligend auswirkt, wenn die Sicherheit ihrerseits wirksam und unanfechtbar bestellt worden ist[890].

Nach welchen Rechtswirkungen sich die unentbehrliche Gläubigerbenachteiligung begründen lässt, wird in der Literatur – wenn auch nur am Rande – kontrovers beurteilt. Wie bereits angesprochen wurde, kann die Verwertung der Gesellschaftssicherheit allein keine Gläubigerbenachteiligung auslösen. Denn bereits mit der Bestellung der Sicherheit, steht ein Vermögensgut nur für die Befriedigung des Sicherungsnehmers zur Verfügung und ist nicht mehr Bestandteil des verwertbaren Gesellschaftsvermögens für die übrigen Gläubiger[891]. Damit kann die Befriedigung der Drittforderung keine gläubigerbenachteiligende Wirkung haben.

Eine weitere wenig überzeugende Konstruktion bietet der 27. Zivilsenat des OLG Hamm an, der die Gläubigerbenachteiligung darin sieht, dass aufgrund der Sicherheitenkonkurrenz nach § 44 a InsO der Drittgläubiger die Befriedigung aus der Gesellschaftssicherheit nur insoweit hätte verlangen können, wie er bei der Verwertung der Gesellschaftersicherheit ausgefallen wäre[892]. Hätte aber der Gesellschafter die Drittforderung befriedigt, hätte er auf die auf ihn übergehende Sicherheit nach § 135 Abs. 1 Nr. 1 InsO auch nicht zugreifen können[893]. Gegen diese Ausgestaltung spricht jedoch schon, dass § 44 a InsO bei einer Doppelbesicherung das Wahlrecht des Sicherungsnehmers nicht einschränkt. Darüber hinaus erschließt sich nicht, warum der Senat unter Zugrundelegung von hypothetischen Betrachtungen, der Gläubigerbefriedigung durch den Gesellschafter, zu einer Gläubigerbenachteiligung zu gelangen versucht, wenn es anerkannt ist,

890 BGHZ 157, 350, 353; BGH ZIP 2008, 2224, 2227; BGH ZIP 2008, 1488, 1489.

891 BGH ZIP 2008, 2224, 2227.

892 OLG Hamm, ZIP 2011, 1226, 1228

893 OLG Hamm, ZIP 2011, 1226, 1228; Spliedt, ZIP 2009, 149, 155.

dass hypothetische Ursachen bei der Feststellung der Gläubigerbenachteiligungen grundsätzlich außen vor zu bleiben haben[894].

Möglicherweise lässt sich die Problematik dadurch überwinden, dass man in der Verfügung des Insolvenzverwalters und dem dadurch begründenden Freistellungsanspruch des Gesellschafters, eine Gläubigerbenachteiligung erblicken könnte. Mit der Bestellung der Sicherheit für den Drittkreditgeber erwirbt der Gesellschafter – wie jeder andere Drittsicherungsgeber auch – einen Freistellungsanspruch gegen die Gesellschaft[895]. Dieser Anspruch des Gesellschafters wird jedoch einer Darlehensgewährung wirtschaftlich gleichgestellt und deswegen mit einem Nachrang versehen[896]. Wenn aber die Drittforderung aus den Gesellschaftsmitteln – sei es durch Rückzahlung oder Verwertung der Sicherheit – beglichen wird, dann wird der nachrangige Freistellungsanspruch des Gesellschafters gleichzeitig „getilgt", so dass hierin eine Gläubigerbenachteiligung i.S.d. § 129 Abs. 1 InsO zu sehen ist[897]. Insofern könnte die Parallele zu dem gesetzlich geregelten Fall der §§ 135 Abs. 2, 143 Abs. 3 InsO gezogen werden, da auch die Gläubigerbenachteiligung aufgrund der aus den Mitteln der Gesellschaft stammenden massenschmälernden Verfügung, die von dem Insolvenzverwalter nach der Eröffnung des Insolvenzverfahrens nicht abgewendet werden konnten und zum Freiwerden des Gesellschafters führen, ausreichend ist[898].

Dieser Lösungsweg verdient gegenüber der anderen Alternative den Vorrang, da ihm die geltende und durch den BGH bestätigte Rechtslage der Doppelbesicherung entspricht und er dogmatisch korrekt hergeleitet werden kann. Dennoch wäre es zu wünschen gewesen, hätte der BGH sich zu der Gläubigerbenachteiligung konkret geäußert, um auch diesen Verwirrungen eine sichere Kontur zu geben.

---

894 MünchKommInsO, Kirchhof, § 129, Rdn. 181; Mikolajczak, ZIP 2011, 1285, 1287 f.

895 Michalski, Dahl, GmbHG, Anh. II §§ 32 a, 32 b a.F., Rdn. 86. Dieser folgt in der Regel aus § 257 BGB, da der Sicherungsgeber nach der Inanspruchnahme Ersatz seiner Aufwendungen verlangen kann, so dass vor der Inanspruchnahme eine Freihaltung nach § 257 BGB besteht.

896 Bork/Schäfer, Thiessen, GmbHG, Anh. zu § 30, Rdn. 73; Mikolajczak, ZIP 2011, 1285, 1289.

897 Gottwald, Huber, Insolvenzrechts-Handbuch, § 52, Rdn. 23; Mikolajczak, ZIP 2011, 1285, 1289.

898 Vgl. OLG Stuttgart, DB 2012, 1031, 1032; Lauster/Stiehler, BKR 2012, 106, 107.

f. Stellungnahme

Der BGH zählte eine Reihe von Vorschriften, nämlich § 135 Abs. 1 Nr. 1 InsO, § 135 Abs. 2 InsO analog, § 143 Abs. 3 S. 1 InsO analog, § 147 InsO, § 426 BGB analog und § 812 BGB, die hinsichtlich des Erstattungsanspruchs in der Literatur angesprochen werden, auf und entschied sich, ohne die anderen mit einer gesonderten Begründung abzulehnen, für die analoge Anwendung des § 143 Abs. 3 S. 1 InsO. Ohne sich lange mit den einzelnen Varianten aufzuhalten, kann in einer präzisen Kürze Folgendes gegen die aufgezählten Vorschriften eingewandt werden: Ein Anspruch aus der analogen Anwendung des § 147 InsO ist schon aus dem Grund ausgeschlossen, als es sich um eine Ausnahmevorschrift handelt, die einer Analogie nicht zugänglich ist[899]. Gegen die analoge Anwendung des § 135 Abs. 2 InsO spricht der klare Wortlaut des § 129 Abs. 1 InsO, der als anfechtbare Rechtshandlung nur die vor der Verfahrenseröffnung vorgenommenen Rechtshandlungen einer Anfechtung unterzieht[900]. Darüber hinaus verbietet sich die Anwendung der Eingriffskondiktion nach § 812 Abs. 1 S. 1 Alt. 2 BGB, da wegen des Grundsatzes des Vorranges der Leistungsbeziehungen der Insolvenzverwalter sich mit dem Drittgläubiger auseinander setzen müsste[901]. Schließlich kommt auch eine Anwendung des gesamtschuldnerischen Ausgleichs nach § 426 BGB mangels einer echten Gesamtschuldnerschaft nicht in Betracht, da der Gesellschafter nicht zugleich als Hauptschuldner der Drittforderung angesehen werden kann[902].

Die Entscheidung des BGH, § 143 Abs. 3 S. 1 InsO analog anzuwenden, ist auch mit der Rechtslage vor dem MoMiG vergleichbar, wo der BGH den Erstattungsanspruch neben den Rechtsprechungsregeln auch aus § 32 b GmbHG a.F. herleitete, obwohl auch § 32 b GmbHG a.F. einen Insolvenzanfechtungstatbestand bildete[903]. Da §§ 132 Abs. 2, 143 Abs. 3 InsO Fortgeltungsvorschriften des alten § 32 b GmbHG sind und alle anderen Alternativen nicht zu überzeugen vermochten, stellt es keinen Systembruch dar, zumindest § 143 Abs. 3 S. 1

---

899 Bauer, ZInsO 2011, 1379, 1384; Altmeppen, ZIP 2011, 741, 746.

900 OLG Hamm, ZIP 2011, 343, 344; Bauer, ZInsO 2011, 1379, 1384; a.A. Löser, ZInsO 2010, 28, 29.

901 Auch ablehnend, OLG Hamm, ZIP 2011, 343, 344; a.A. Mikolajczak, ZIP 2011, 1285, 1291, der den Vorrang der Leistungsbeziehungen im Insolvenzanfechtungsrecht für unanwendbar hält.

902 Vgl. a. Altmeppen, ZIP 2011, 741, 746 f. (unter Verweis auf BGH ZIP 2001, 914, 917); Bauer, ZInsO 2011, 1379, 1384; a.A. Bork, FS Ganter, 2010, S. 135, 147 ff.

903 BGH NJW 1986, 429, 430.

InsO auf solche Fallkonstellationen anzuwenden[904]. Die im Vordergrund stehende masseschmälernde Verfügung nach der Insolvenzverfahrenseröffnung, die der Insolvenzverwalter trotz seiner weitreichenden Befugnisse aus § 80 InsO nicht verhindern kann, rechtfertigen eine Abweichung von § 129 InsO, da diese Vorschrift davon ausging, dass der Insolvenzverwalter nach der Eröffnung des Insolvenzverfahrens masseschmälernde Leistungen zum Nachteil der Gläubiger zu verhindern wüsste[905]. Unabhängig davon, welche Variante rechtlich am sichersten überzeugen kann und ob man die Aussage des BGH teilt oder nicht, weist diese Entscheidung einen Weg zur Lösung der Regressansprüche in Fällen vorrangiger Inanspruchnahme der Gesellschaftssicherheit nach der Insolvenzeröffnung, auch wenn weitere Diskussionen und Kritiken in der Literatur erwartungsgemäß nicht verstummen werden.

Im Allgemeinen ist die Entscheidung des BGH daher zu begrüßen, auch wenn das Abstellen auf § 143 Abs. 3 S. 1 InsO allein, etwas überraschend ist, da es sich um eine reine Rechtsfolgennorm handelt. Das Urteil stellt den Insolvenzverwaltern nicht nur klare Orientierungsmaßstäbe hinsichtlich der Erstattungsansprüche auf, sondern ist auch als eine Grundsatzentscheidung in Bezug auf die Behandlung der Doppelbesicherungen, sowohl im Hinblick auf das Wahlrecht des Drittgläubigers als auch im Hinblick auf die Regelung im Innenverhältnis wegweisend.

Leider sind dem BGH keine Angaben zu entnehmen, in welcher Höhe der Insolvenzverwalter bei dem Gesellschafter infolge der Verwertung der Gesellschaftssicherheit Regress nehmen könnte. Jedoch gelten auch hier die zu § 143 Abs. 3 InsO angestellten Erwägungen, dass der Gesellschafter nur in der Höhe Regress zu leisten hat, in welchem die Gesellschaftersicherheit infolge der Verwertung der Gesellschaftssicherheit frei geworden ist[906]. Entsprechend § 143 Abs. 3 S. 2 InsO lässt sich der Erstattungsanspruch auch begrenzen und zwar auf den Betrag, mit dem der Gesellschafter sich verbürgt hatte oder der den Wert der gestellten Sicherheit ausmachte. Diese Sichtweise ist nun auch durch die oberlandesgerichtliche Entscheidung in Stuttgart bestätigt worden.

---

904 Vgl. a. HK- InsO, Kleindiek, § 44 a, Rdn. 12.

905 Vgl. a. OLG Stuttgart, DB 2012, 1031, 1032.

906 Vgl. a. Altmeppen, ZIP 2011, 741, 748; so auch BGH zum früheren Recht, ZIP 2009, 1806, 1808.

3. *Verzichtsabsprache des Drittgläubigers mit dem Gesellschafter über die Nichtgeltendmachung der Gesellschaftersicherheit*

Neben der Frage nach der vorrangigen Inanspruchnahme bei einer Doppelbesicherung und einer Anfechtung in Fällen der Verwertung einer Gesellschaftssicherheit, drängte sich auch das Problem auf, wie mit etwaigen Verzichtserklärungen der Gläubiger in Bezug auf die Geltendmachung der Gesellschaftersicherheit[907] nach Befriedigungen aus dem Gesellschaftsvermögen verfahren werden sollte. Die obergerichtliche Rechtsprechung war in diesen Punkten seit dem Erlass des MoMiG vorbildlich fleißig gewesen.

Anschließend an das BGH Urteil beschäftigte sich nämlich das OLG Stuttgart mit der Frage, ob die Vereinbarung eines Verzichts des Drittgläubigers, die Gesellschaftersicherheit vor Rückführung der Gesellschaftsschuld innerhalb der Frist nach § 135 Abs. 1 Nr. 2 InsO nicht geltend zu machen, den Anspruch des Insolvenzverwalters gegen den Gesellschafter analog §§ 135 Abs. 2, 143 Abs. 3 S. 1 InsO ausschließt[908]. Die Zulässigkeit und Wirksamkeit von Verzichtserklärungen im Verhältnis Drittgläubiger und Gesellschafter sind nicht weiter problematisch und in der Literatur längst anerkannt[909]. Schwierigkeiten ergeben sich erst, wenn es wiederum um das Innenverhältnis zwischen der Gesellschaft und dem Gesellschafter geht, ob also die – vor oder nach der Befriedigung aus der Gesellschaftssicherheit abgeschlossenen – Verzichtserklärungen an dem obigen Ergebnis in Bezug auf den Erstattungsanspruch der Gesellschaft etwas ändern können.

Das OLG stellte fest, dass weder ein vor noch nach der Auszahlung zwischen dem Gläubiger und dem Gesellschafter innerhalb eines Jahres vor oder nach der Insolvenzantragsstellung abgeschlossener Erlassvertrag die Erstattungspflicht des Gesellschafters ausschließen kann. Die vor der Auszahlung abgeschlossenen Erlassverträge sollen schon deswegen keine Auswirkung auf den Erstattungsanspruch haben, da dieser Anspruch des Insolvenzverwalters mit der Auszahlung und damit mit der Verringerung der Höhe der Hauptschuld bereits entstanden

907 Der hinter dem Verzicht stehende Grund kann mannigfaltig sein. Der Gesellschafter kann entweder vermögenslos sein oder die Verwertung seiner Sicherheit ist nur mit großem Aufwand möglich.

908 OLG Stuttgart v. 14.03.2012, DB 2012, 1031, 1033 f.

909 Uhlenbruck, Knof/Hirte, InsO, § 44 a, Rdn. 2. Altmeppen, ZIP 2011, 741, 743; v. Gerkan/Hommelhoff, Fleischer, Handbuch des Kapitalersatzrechts, 6.43 (zum früheren Recht).

ist[910]. Nachträglich vereinbarte Abreden können bereits entstandene Ansprüche also nicht berühren.

Ohne dass es für die Entscheidung darauf ankam, stellte das Gericht auch klar, dass auch ein vor der Auszahlung abgeschlossener Erlassvertrag den Anspruch aus § 143 Abs. 3 InsO analog wegen der nachteiligen Wirkung auf die konkurrierenden Insolvenzgläubiger nicht ausschließen kann, da der Vertrag nur inter partes wirke[911]. Dies entsprach schon dem früheren Recht, wonach der Verzicht auf die Sicherheit durch den Gläubiger die Haftung des Gesellschafters im Innenverhältnis nicht berührte[912]. Da der Verzicht auf die Sicherheit sich wirtschaftlich gesehen wie eine Rückzahlung eines gesellschafterbesicherten Darlehens auswirkt, steht einem Anfechtungsanspruch des Insolvenzverwalters nach §§ 135 Abs. 2, 143 Abs. 3 InsO analog nichts entgegen, auch wenn das Darlehen an den Gläubiger erst nach der Insolvenzeröffnung zurückgezahlt wurde und der Erlassvertrag erst nach der Auszahlung abgeschlossen wurde[913]. Die Regelungen über die Anfechtung von Gesellschafterbefriedigungen, die primär den Gesellschaftsgläubigern zugutekommen, sollen nicht dadurch umgangen werden, indem die Gesellschaftersicherheiten durch Erlassverträge frei werden und die Gesellschafter vorrangig auf unzulässige Weise befriedigt werden.

Im Verhältnis Drittdarlehensgeber und Gesellschaft wirkt sich der Verzicht gegenüber der Sicherheit des Gesellschafters für den Kreditgeber nicht nachteilig aus, da dadurch die Anwendung des § 44 a InsO ausgeschlossen wird[914]. Dagegen

---

910 OLG Stuttgart, DB 2012, 1031, 1033.

911 OLG Stuttgart, DB 2012, 1031, 1033.

912 BGH ZIP 1997, 1648, 1650 f. Die Frage, ob auch nach neuem Recht der Verzicht des Gläubigers den Regressanspruch gegen den Gesellschafter ausschließen kann, ist höchstrichterlich bislang nicht entschieden worden. Das OLG Stuttgart bezieht sich insoweit auf die herrschende Literatur in Fortführung der bisherigen Rechtsprechung und hat insoweit die Revision nicht zugelassen, da es die Frage nicht für klärungsbedürftig und nicht von grundsätzlicher Bedeutung erachtet hat.

913 OLG Stuttgart, DB 2012, 1031, 1933. Der Senat führt die Rechtsprechung zum früheren Eigenkapitalersatzrecht, wonach ein vor der Insolvenzeröffnung ausgemachter Verzicht des Gläubigers auf die Geltendmachung der durch den Gesellschafter bestellten Sicherungsrechte keine Auswirkungen auf die die Gesellschafter aufgrund der eigenkapitalersetzenden Handlung treffenden Rechtsfolge haben, weiter, vgl. BGH v. 02.06.1997, ZIP 1997, 1648, 1650 f.; vgl. a. OLG Hamm, NZG 1999, 1163, 1165 f., wonach der Gesellschafter auch beim wirksamen Verzicht seitens des Kreditgebers nach den Rechtsprechungsregeln zur Haftung gegenüber der Gesellschaft verpflichtet war.

914 Lauster/Stiehler, BKR 2012, 106, 108; Uhlenbruck, Knof/Hirte, InsO, § 44 a, Rdn. 2.

muss im Verhältnis Gesellschaft zum Gesellschafter nach dem Zeitpunkt des Verzichts differenziert werden. Eine mehr als ein Jahr vor der Insolvenzantragsstellung vereinbarte Verzichtserklärung auf die Gesellschaftersicherheit schließt einen Erstattungsanspruch gegen den Gesellschafter aus, da der Gesellschafter in solchen Fällen nicht schlechter stehen kann als er stünde, wenn sein Regressanspruch vor dem Jahreszeitraum des § 135 Abs. 1 Nr. 2 InsO getilgt worden wäre.

Bei Verzichtserklärungen innerhalb der Grenzen des § 135 Abs. 1 Nr. 2 InsO sind die Meinungen im Hinblick auf das Erstattungsrecht der Gesellschaft geteilt. Während die einen den Anspruch der Gesellschaft nach §§ 135 Abs. 2, 143 Abs. 3 InsO ausschließen, da es sich bei dem Verzicht nicht um eine Rechtshandlung der Gesellschaft handelt und eine Gläubigerbenachteiligung nicht begründet werden kann[915], sehen die anderen dagegen den Anspruch nach § 143 Abs. 3 InsO analog als begründet an, da der Gesellschafter-Sicherungsgeber in diesem Fall nicht anders stehe als bei der Verwertung der Gesellschaftssicherheit nach der Insolvenzeröffnung[916]. Gegen die zuerst vorgebrachte Meinung spricht, dass jede Rechtshandlung anfechtbar ist, die die Vermögensmasse verringert und es nicht notwendigerweise eine Handlung des Schuldners sein muss, so dass auch die Befreiung infolge des Verzichts des Darlehensgebers ausreichend ist[917]. Zudem ist die anfechtbare Rechtshandlung darin zu sehen, dass der Gesellschafter als Sicherungsgeber durch den Verzicht befreit wird, was gleichzeitig dazu führt, dass der Darlehensgeber seine Forderung gegen die Gesellschaft nun in voller Höhe wird anmelden können, ohne den Wert der Gesellschaftersicherheit anrechnen lassen zu müssen[918]. Durch den Verzicht und die unbeschränkte Forderungsanmeldung wird erreicht, dass der Drittkreditgeber zumindest mittelbar oder wirtschaftlich gesehen nicht vorrangig aus der Gesellschaftersicherheit, sondern aus dem Gesellschaftsvermögen befriedigt wird, so dass dadurch die Insolvenzmasse geschmälert wird[919] und die Gläubiger benachteiligt werden, da ihre Befriedigung im Falle des unterbliebenen Verzichts günstiger ausgefallen wäre.

---

915 Altmeppen, ZIP 2011, 741, 744.; Uhlenbruck, Hirte, InsO, § 135, Rdn. 18.

916 OLG Stuttgart, DB 2012, 1031, 1033; Lauster/Stiehler, BKR 2012, 106, 108 f.; Mikolajczak, ZIP 2011, 1285, 1291 f.

917 So nun auch BGH, GWR 2012, 160; Lauster/Stiehler, BKR 2012, 106, 109.

918 Lauster/Stiehler, BKR 2012, 106, 109.

919 Mikolajczak, ZIP 2011, 1285, 1292; Nachmann/Blank, GWR 2012, 198 ff. (II.2.).

Damit ist kein großer Unterschied zu der früheren Rechtsprechung zu konstatieren[920], so dass erwartet werden kann, dass diese Rechtsprechung unverändert fortgeführt wird[921]. Insofern gelten die gleichen Erwägungen auch, wenn der Verzicht erst nach der Insolvenzeröffnung – unabhängig davon, ob die Befriedigung aus dem Gesellschaftsvermögen vor oder nach dem Verzicht vorgenommen wurde – erfolgt.

4. *Geltendmachung der Restforderung aus der Insolvenzmasse*

Ein weiterer Punkt, der in Verbindung mit der Doppelbesicherung an die Inanspruchnahme der Real- oder Personalsicherheit des Gesellschafters anknüpft, betrifft die Frage der Befriedigung des Drittkreditgebers aus der Insolvenzmasse, nachdem er aus der Verwertung der Gesellschaftssicherheit nicht vollständig befriedigt wurde.

Entsprechend sollte § 44 a InsO i.V.m. § 52 InsO auch für den Betrag, mit dem der Drittkreditgeber bei der Inanspruchnahme der Sicherheit ausgefallen ist, auch bei einer Doppelbesicherung anwendbar sein. Denn der Gesetzgeber hat den Fall, wann der Drittgläubiger beim Ausfall des Absonderungsrechts Befriedigung aus der Masse suchen kann, wenn sein Darlehen auch von der Gesellschaft abgesichert wurde und er die Sicherheit nicht verwertet oder infolge der Verwertung keine vollständige Befriedigung erlangt, nicht geregelt. Verwertet der Drittgläubiger vorrangig die Gesellschaftssicherheit und bleibt er infolge dessen mit einem Betrag unbefriedigt, so kann er, nachdem er nach § 44 a InsO die Gesellschaftersicherheit ebenfalls verwertet hat, Zahlung aus der Insolvenzmasse verlangen[922]. Warum § 44 a InsO für die Fälle der Befriedigung aus der Insolvenzmasse nicht per se auf die Doppelbesicherung angewandt werden sollte, ist nicht ersichtlich. Diese Rechtsfolge konterkariert auch nicht mit

---

920 BGH ZIP 1997, 1648, 1650 (Verzicht vor der Insolvenzeröffnung: der Verzicht des Darlehensgebers dürfe den Gesellschafter dann nicht entlasten, wenn er eine eigenkapitalersetzende Sicherheit gegeben hat); OLG Hamm, NZG 1999, 1163, 1165 ff. (Verzicht nach der Insolvenzeröffnung führte zur Haftung des Gesellschafters analog den Rechtsprechungsregeln gegenüber der Gesellschaft).

921 Vgl. a. Lauster/Stiehler, BKR 2012, 106, 109.

922 Uhlenbruck, Hirte, InsO, § 44 a, Rdn. 7; Altmeppen, ZIP 2011, 741, 748; a.A. Bork, FS Ganter, 2010, S. 135, 150 f., der die Ansicht verfolgt, der Gläubiger müsse in der Insolvenz der Gesellschaft zunächst die Gesellschaftersicherheit verwerten und nur soweit er beim Gesellschafter ausfällt, analog § 44 a InsO auf die Gesellschaftssicherheit zugreifen.

dem Grundsatz, dass § 44 a InsO das Absonderungsrecht des Drittgläubigers in Fällen der Doppelbesicherung nicht beschränkt.

V. Zusammenfassung zum Recht gesellschafterbesicherter Drittdarlehen

Das neue Recht der mittelbaren Gesellschafterfinanzierung mittels Besicherungen von Darlehen oder sonstiger Finanzierungsleistungen Dritter lässt sich wie folgt zusammenfassen:

1. Die Besicherung eines Drittdarlehens durch den Gesellschafter stellt eine Rechtshandlung dar, die der Darlehensgewährung wirtschaftlich entspricht, so dass der gegen die Gesellschaft gerichtete Freistellungs- und Regressanspruch nach § 39 Abs. 1 Nr. 5 InsO subordiniert und eine vorzeitige Befriedigung des Gesellschafters nach § 135 Abs. 1 Nr. 2 InsO anfechtbar ist.
2. Infolge des § 30 Abs. 1 S. 3 GmbHG besteht keine gesetzliche Freistellungsverpflichtung des Gesellschafters gegenüber seiner GmbH. Eine solche Freistellung kann freilich durch vertragliche Vereinbarungen erzielt werden, die in Verbindung mit einer Rangrücktrittserklärung des Gesellschafters überschuldungsvermeidend wirkt und damit ein vollwertiges Sanierungsmittel darstellt.
3. In den Fällen, in denen der Drittgläubiger nur durch den Gesellschafter abgesichert wird, kann er seine Forderung in dem Insolvenzverfahren nur insoweit geltend machen, als er mit der Inanspruchnahme der Sicherheit ausgefallen ist. Dies hindert ihn jedoch nicht daran, die Forderung nach dem Doppelberücksichtigungsprinzip in gesamter Höhe anzumelden.
4. Wird der Drittkredit oder eine andere finanzielle Leistung des Dritten durch die Gesellschaft beglichen, so wird der Gesellschafter aus seiner Sicherheit frei, so dass der Insolvenzverwalter diese Befreiung nach § 135 Abs. 2 InsO anfechten wird.
5. In Fällen der Doppelsicherung eines Darlehens kann § 44 a InsO das Wahlrecht des Drittgläubigers an der vorrangigen Verwertung der Gesellschafts- oder Gesellschaftersicherheit nicht ausschließen oder beschränken. Anknüpfend daran wird der Gesellschafter infolge der vorrangigen Verwertung der Gesellschafssicherheit durch den Drittgläubiger von der Verpflichtung aus seiner Sicherheit befreit.
6. Als Rechtsfolge der Verwertung der Gesellschaftssicherheit muss sich der Gesellschafter dessen bewusst sein, dass – auch bei fehlenden gesetzlichen Bestimmungen – der Insolvenzverwalter die Befreiung des Gesellschafters anfechten kann und den Betrag in dem Umfang, in welchem die

Gesellschaftersicherheit frei geworden ist, als Regress zurückverlangen. Die Anspruchsgrundlage für die Geltendmachung des Erstattungsanspruchs gegen den Gesellschafter wird davon abhängig gemacht, in welchem Zeitpunkt die anfechtbare Rechtshandlung vorgenommen wurde. Wurde die Gesellschaftssicherheit vor der Insolvenzeröffnung verwertet, kann der Insolvenzverwalter gegen den Gesellschafter nach §§ 135 Abs. 2, 135 Abs. 1 Nr. 2 InsO in Regress gehen. Wurde dagegen die Gesellschaftssicherheit erst nach der Eröffnung des Insolvenzverfahrens verwertet, dann besteht nach der neuen höchstrichterlichen Entscheidung ein Erstattungsanspruch aus § 143 Abs. 3 S. 1 InsO analog.

7. Verzichtet der Kreditgeber auf die Gesellschaftersicherheit und verwertet er nach der Eröffnung des Insolvenzverfahrens nur die Gesellschaftssicherheit, unterliegt der Gesellschafter einem Erstattungsanspruch analog §§ 135 Abs. 2, 143 Abs. 3 InsO.
8. Die Anwendung des § 44 a InsO ist bei einer Doppelbesicherung nur auf den Fall beschränkt, als es um die Frage geht, wann der Drittgläubiger Zahlung aus der Insolvenzmasse erlangen kann. Führt die Gesellschaftssicherheit nicht zur vollständigen Absonderung, soll der Drittgläubiger entsprechend § 44 a InsO mit der restlichen Forderung zunächst die Gesellschaftersicherheit verwerten, bevor er mit dem ausgefallenen Betrag Befriedigung aus der Insolvenzmasse sucht. Bei einem Verzicht auf die Gesellschaftersicherheit ist die Anwendung des § 44 a InsO – auch analog – auf den Kreditgeber ausgeschlossen.

VI. Stellungnahme

Das MoMiG hat die Regeln der gesellschafterbesicherten Drittdarlehen zwar nicht inhaltlich einwendungsfrei gelöst, jedoch insbesondere in systematischer Hinsicht für Klarheit gesorgt. Der unglücklich gewählte Gesetzeswortlaut mag für die Eigenkapitalersatzrechtler zwar überraschend klingen, lässt aber nicht an den gewollten Rechtsfolgen zweifeln. Für alle anderen Leser und Rechtsanwender führt der Wortlaut auf einen Irrweg, die eine falsche Interpretation der Vorschriften mit sich bringen kann. Insofern muss leider zugegeben werden, dass die ehemaligen §§ 32 a Abs. 2, 32 b GmbHG a.F. zwar systematisch nicht korrekt platziert, regelungstechnisch jedoch zutreffender und verständlicher formuliert waren. Aus diesem Grund wäre dem Gesetzgeber in Bezug auf die mittelbare Gesellschafterfinanzierung im Interesse der Rechtsklarheit zu raten, den Wortlaut an die tatsächlichen Rechtsverhältnisse anzupassen. Andernfalls würde er dem Ziel des MoMiG in Bezug auf das Eigenkapitalersatzrecht, die Rechtslage zu vereinfachen, konterkarieren.

Deutlich anders und noch schwieriger gestaltet sich die Rechtslage in Bezug auf die Behandlung von Doppelbesicherungen. Mangels gesetzlicher Vorgaben ist die rechtliche Behandlung dieses Rechtsinstituts komplett der Literatur- und Rechtsprechungswelt überlassen, was eine rechtssichere Einordnung unmöglich macht. Mit dem ersten zu diesem Thema ergangenen Urteil des BGH ist zwar eine Richtung vorgegeben worden. Jedoch schließen sich auch an die Entscheidung viele Fragen an, die entweder durch die nachfolgenden Urteile oder durch den Gesetzgeber beantwortet werden sollten. Trotz der bereits vorhandenen BGH-Rechtsprechung muss an den Gesetzgeber ein Appell gerichtet werden, Regelungen in Bezug auf die Doppelbesicherungen zu erlassen, um nicht wieder dem Recht der „Rechtsprechungsregeln“ ergeben zu sein.

G. Passivierung von Verbindlichkeiten gemäß § 19 Abs. 2 S. 2 InsO

Das Problem der Passivierung von Verbindlichkeiten betrifft die Behandlung von Gesellschafterforderungen in der Überschuldungsbilanz und stellt eine – quasi noch in letzter Minute – eingearbeitete Ergänzung der Reform dar[923]. Grund für die nachträgliche Befassung des Rechtsausschusses mit der Passivierungspflicht war die Regelung in dem MoMiG Regierungsentwurf[924], wonach angesichts der allgemeinen Subordination von Forderungen auf Rückgewähr von Gesellschafterdarlehen die Berücksichtigung derartiger Gesellschafterforderungen als Passiva in der Überschuldungsbilanz entfallen sollte[925]. Dagegen hielt der Regierungsentwurf für die einem Gesellschafterdarlehen gleichgestellten Forderungen an der bisherigen Passivierungspflicht als Korrektiv dafür fest, dass – im Gegensatz zu den Gesellschafterdarlehen – die wirtschaftlich vergleichbaren Rechtshandlungen trotz der in der Rechtsprechung bereits ausgearbeiteten

923 Die Passivierungspflicht ist erst nach einer Sachverständigenanhörung vom 23.01.2008 im Rahmen einer nochmaligen Modifikation des MoMiG mit dem Beschluss des Rechtsausschlusses vom 24.06.2008 (BT-Drs. 16/9737) Teil der Reform geworden.

924 Der Regierungsentwurf MoMiG vom 23.05.2007, s. a. BT- Drs. 16/6140, S. 15, 56.

925 Vgl. Begründung des Regierungsentwurfs zu § 19 Abs. 2, S. 3 RegEInsO, BT-Drs. 16/6140, S. 56 (linke Spalte); demgegenüber sollte die Pflicht zur Passivierung in der Handels- und Steuerbilanz gem. §§ 246 I, 249 Abs. 1 S. 1 HGB unberührt bleiben – vgl. BFH v. 10.11.2005, ZInsO 2006, 212, 214.

Grundsätze aufgrund ihrer mannigfaltigen Gestaltungen noch mit Rechtsunsicherheiten verbunden sind[926].

Hinsichtlich der Gesellschafterdarlehen ging der Gesetzgeber bereits im Referentenentwurf davon aus, dass die den Geschäftsführer nach dem alten Recht treffende schwierige Entscheidung, ob und wie ein Gesellschafterkredit aufgrund des eigenkapitalersetzenden Charakters zu passivieren ist, mit dem neuen generellen Nachrang aller Gesellschafterdarlehen entfallen sollte. Und da der allgemeine Nachrang von Gesellschafterdarlehen Ausfluss dessen ist, dass § 39 Abs. 1 Nr. 5 InsO auf das Merkmal „eigenkapitalersetzend" verzichtet und deswegen jedes Gesellschafterdarlehen in der Insolvenz nachrangig behandelt, sei die Notwendigkeit diese Forderungen in der Überschuldungsbilanz als Passiva anzusetzen nicht mehr gegeben. Diese Regelung zielte zweifellos auf eine Vereinfachung der Rechtslage hin: Immerhin bedürfte es damit für die Gesellschafterdarlehen keiner Rangrücktrittserklärung mehr und der Pflichtenkreis des Geschäftsführers wäre um zwei Problemfelder weniger, einerseits nicht mehr über die Pflicht zur Passivierung und andererseits nicht über die richtige Rangstellung entscheiden zu müssen.

Damit stand die Regelung des § 19 Abs. 2 E-InsO im Widerspruch zu der im Jahr 2001 ergangenen Grundsatzentscheidung des BGH[927], in der das Gericht unmissverständlich klargestellt hat, dass Forderungen eines Gesellschafters aus der Gewährung eigenkapitalersetzender Leistungen in der Überschuldungsbilanz zu passivieren sind, soweit für sie keine qualifizierte Rangrücktrittsvereinbarung abgegeben wurde. Insoweit basierte die anfängliche Motivation des Gesetzgebers, die Passivierungspflicht nicht mehr ins Gesetz aufzunehmen, auf der Erwägung, die vom BGH geäußerten Kriterien seien in Folge der Reform obsolet geworden, so dass Forderungen auf Rückgewähr von Gesellschafterdarlehen nicht mehr als Passiva erfasst werden brauchen[928].

926 Vgl. Begründung des Regierungsentwurfs zu § 19 Abs. 2 RegEInsO, BT-Drs. 16/6140, S. 56 (rechte Spalte), wobei im Referentenentwurf noch keine Differenzierung zwischen Passivierungspflicht von Gesellschafterdarlehen und diesen wirtschaftlich vergleichbaren Rechtshandlungen vorgesehen war.

927 Grundlegend BGH v. 8.11.2001, BGHZ 146, 264, 272 ff.

928 Vgl. K. Schmidt, BB 2008, 461, 462; Nickert/Lamberti, Kühne, Überschuldungs- und Zahlungsunfähigkeitsprüfung, Rdn. 974.

I. Notwendigkeit der Passivierungspflicht

Eine solche Sicht ist in der Literatur auf starke Kritik gestoßen[929]. *Karsten Schmidt* sah in dem geplanten Entwurf in erster Linie eine erhebliche nicht zu rechtfertigende Gefährdung des Geschäftsführers und eine sanierungsfeindliche Konstruktion[930]. Fehlte eine ausdrückliche Passivierungsverpflichtung und eine qualifizierte Rangrücktrittsvereinbarung, so stand der Geschäftsführer mehr als sonst vor erheblichen, im Zusammenhang mit der Insolvenzantragspflicht stehenden, Haftungsrisiken. So folgte seine Haftung zum einen aus § 823 Abs. 2 BGB i.V.m. § 64 Abs. 1 GmbHG a.F., wenn der Geschäftsführer trotz eines Insolvenzeröffnungsgrundes den Antrag auf Verfahrenseröffnung nach Verstreichen von Rettungsversuchen – spätestens aber nach drei Wochen – nicht stellt und die Gesellschaft weiter wirtschaften lässt. Darüber hinaus traf ihn eine Haftung nach § 64 Abs. 2 GmbHG a.F., wenn er nach Eintritt der Insolvenzgründe der Zahlungsunfähigkeit oder Überschuldung Leistungen an die Gesellschafter vorgenommen hat. Diese letztgenannte Haftung trifft den Geschäftsführer auch weiterhin nach § 64 S. 1 GmbHG und soll für den Geschäftsführer einen Verhaltensanreiz schaffen, seiner Pflicht zur rechtzeitigen Stellung des Insolvenzantrages im Interesse der Gläubigergesamtheit ordnungsgemäß Folge zu leisten[931].

Verstärkt wird das Haftungsrisiko durch den neu eingeführten Haftungstatbestand des § 64 S. 3 GmbHG, der das Zahlungsverbot auch für solche Leistungen an Gesellschafter vorsieht, soweit diese kausal zur Zahlungsunfähigkeit der Gesellschaft führen mussten. Darüber hinaus besteht im Falle einer Obliegenheitsverletzung[932] – die die Pflicht zur rechtzeitigen Stellung des Insolvenzantrages beinhaltet – die Haftung des Geschäftsführers nach § 43 Abs. 2 GmbHG, wenn der Gesellschaft infolge des unterlassenen oder pflichtwidrig verspäteten Antrags auf Eröffnung des Insolvenzverfahrens ein Schaden entstanden ist[933]. Trotz dieser mannigfaltigen Haftungstatbestände unterliegt der Geschäftsführer

929 Vgl. Haas, ZInsO 2007, 617, 626 f.; Hölzle, GmbHR 2007, 729, 735 f.; K. Schmidt, ZIP 2006, 1925, 1931; ders. GmbHR 2007, 1, 10.

930 K. Schmidt, BB 2008, 461, 462 f.

931 Baumbach/Hueck, Haas, GmbHG, § 64, Rdn. 1.

932 Wobei der Begriff Obliegenheit etwas unmissverständlich gewählt ist, denn gemeint ist nicht wie im Schuldrecht eine Pflicht geringerer Intensität, dessen Verletzung den Schuldner nicht schadensersatzpflichtig macht, sondern vielmehr eine Pflicht des Geschäftsführers gegenüber der Gesellschaft, dessen Verletzung eben nach § 43 Abs. 2 GmbHG Schadensersatzansprüche auslöst; vgl. MünchKommBGB, Kramer, Einl. 50; Baumbach/Hueck, Zöllner/Noack, GmbHR, § 43, Rdn. 17.

933 Vgl. bereits BGH NJW 1974, 1088, 1089.

weiterhin den speziellen strafrechtlichen Sanktionen aus § 823 Abs. 2 BGB i.V.m. § 84 Abs. 1 GmbHG, wenn er seine Verlustanzeigepflicht verletzt sowie den allgemeinen Strafvorschriften der §§ 263, 266 StGB zuwider handelt. Den Geschäftsführer mit solchen Haftungsrisiken zu belasten und gleichzeitig die Entscheidung aufzubürden, ob und welche Gesellschafterleistung zu passivieren ist oder nicht, stellt eine nicht zu rechtfertigende Härte dar.

Die Verpflichtung zur Passivierung aller nachrangigen Forderungen verschafft dem Geschäftsführer eine Rechtssicherheit, die ihn hinsichtlich seiner Insolvenzantragspflicht deutlich besser stellt als bei einer unklaren Rechtslage in Bezug auf die Behandlung von Gesellschafterdarlehen in der Überschuldungsbilanz. Zudem könnte eine vollständige Außerachtlassung der Passivierung das Aus für die Rücktrittsvereinbarungen bedeuten, was eine Sanierungsmöglichkeit der Gesellschaft vereiteln und zu weitreichenden Konsequenzen für den Gläubigerschutz führen würde.

Berücksichtigt man den Fortfall des Auszahlungsverbotes des § 30 Abs. 1 GmbHG a.F. und damit einhergehend die Aufgabe des Schutzes funktionalen Eigenkapitals im Hinblick auf die Gesellschafterdarlehen, so wird der Geschäftsführer einem Auszahlungsbegehren eines Gesellschafters – vorbehaltlich des § 64 S. 3 GmbHG – in der Regel nichts (mehr) entgegenhalten können. Informierte Gesellschafter könnten ihre Kenntnis von der Wirtschaftslage der Gesellschaft zu ihrem Vorteil ausnutzen, indem sie mangels einer Rücktrittsvereinbarung die von ihnen gewährte Finanzierungsmaßnahme noch rechtzeitig abziehen[934]. Wenn also der Darlehensanspruch vorbehaltlich der Insolvenzanfechtung durchsetzbar ist, dann können die Geschäftsführer nur mit Hilfe einer vertraglich festgestellten Nachrangigkeit die Überschuldung und Insolvenzantragspflicht abwehren[935].

Es widerspricht auch dem Sinn und Zweck des § 19 InsO, der die Schuldendeckungsfähigkeit eines Unternehmens bestimmen soll, Darlehen, die ohne eine Verletzung des § 30 Abs. 1 GmbHG getilgt werden können, in der Überschuldungsbilanz nicht zu passivieren[936]. Ob die Gesellschaft ihre laufenden Verbindlichkeiten decken kann wird in der Bilanz deutlich, wenn die vorhandenen Aktiven – einschließlich stiller Reserven – die bestehenden Passiven überschreiten. Ein Gesellschafterdarlehen ist auch im Falle dessen Nachrangigkeit eine Verbindlichkeit der Gesellschaft, die auch bei einer angeordneten generellen

934 Hölzle, GmbHR 2007, 729, 736; Haas, ZInsO 2007, 617, 627; K. Schmidt, ZIP 2006, 1925, 1931.

935 K. Schmidt, ZIP 2006, 1925, 1931.

936 Hölzle, GmbHR 2007, 729, 735 f.

Subordination keine Gewähr dafür bietet, dass solche Forderungen zum Nachteil der Befriedigungschancen der Gläubiger nicht im Vorfeld der Insolvenz tatsächlich getilgt werden[937]. Warum aber ausgerechnet Gesellschafterdarlehen, die so gut wie keinem Auszahlungsverbot unterliegen und einen großen Teil der materiellen Ausstattung der Gesellschaft ausmachen können in der Bilanz nicht passiviert werden sollen, ist nicht verständlich. Eine solche Konstruktion geschieht zweifelsohne auf Kosten der Gläubiger, was die Passivierungspflicht im Ergebnis aber verhindern sollte.

Die Überschuldung stellt neben der Zahlungsunfähigkeit einen weiteren Insolvenzeröffnungsgrund dar und soll – insbesondere vor dem Hintergrund der von den Kapitalgesellschaften genießenden Haftungsbeschränkung – etwaigen „Forderungsgefährdungen" entgegenwirken[938]. Und da die Gesellschaft auch trotz gesetzlich angeordneter Nachrangigkeit die Gesellschafterdarlehen zurückzahlen muss, wäre die ordnungsgemäße Feststellung der Schuldendeckungsfähigkeit des Gesellschaftsvermögens im Falle der Außerachtlassung nachrangiger Gesellschafterforderungen in der Überschuldungsbilanz nicht mehr adäquat gewährleistet.

Vor dem Hintergrund der den Geschäftsführer treffenden Haftungsrisiken vermag also die generelle Subordination des § 39 Abs. 1 Nr. 5 InsO die bestehende Rechtsunsicherheit in Bezug auf die Passivierung nachrangiger Gesellschafterforderungen nicht zu rechtfertigen. Zudem dient die Passivierung solcher Forderungen auch dem Schutz der Gesellschafter selbst. Auch die nachrangigen Gesellschaftergläubiger sind in den Schutzbereich der Insolvenzantragspflicht

---

937 Haas/Oechsler, NZG 2006, 806, 808; Haas, ZInsO 2007, 617, 627.

938 Häsemeyer, Insolvenzrecht, Rdn. 7.23. Neben der eingetretenen Zahlungsunfähigkeit ist auch die drohende Zahlungsunfähigkeit bereits ein Insolvenzeröffnungsgrund. Diese liegt nach § 18 InsO dann vor, wenn der Schuldner seine Verbindlichkeiten zum Zeitpunkt ihrer Fälligkeit voraussichtlich nicht tilgen können wird. In der Praxis dürfte die Erkennung der drohenden Zahlungsunfähigkeit schwierig sein oder diese wird in der Regel bereits weiter fortgeschritten sein als zunächst angenommen. Die Rechtzeitigkeit des Insolvenzantrages ist jedoch nicht nur aus Gründen der Masseanreicherung, sondern auch aus Sanierungsgründen enorm wichtig. Je früher das Insolvenzverfahren eröffnet wird, desto mehr Chancen bestehen für die Sanierungsaussichten. Das neue Gesetz zur „weiteren Erleichterung der Sanierung von Unternehmen" soll mit den neuen Sanierungsinstrumentarien für die Unternehmen einen Anreiz schaffen, die drohende Zahlungsunfähigkeit als Eröffnungsgrund nicht aus den Augen zu verlieren.

einbezogen[939]. Damit sprechen gewichtigere Gründe für die Erfassung der nachrangigen Gesellschafterforderungen in der Überschuldungsbilanz, so dass die letztlich ins Gesetz aufgenommene Passivierungspflicht zu begrüßen ist.

II. Die Rangrücktrittserklärung als Maßnahme zur Beseitigung der Überschuldung

Die einzige Möglichkeit der Passivierungspflicht nicht zum Nachteil der Gläubiger zu entkommen – also die Passivierung der Gesellschafterforderungen zu vermeiden – ist eine sog. qualifizierte Rangrücktrittserklärung. Eine Rangrücktrittsvereinbarung ist als ein Sanierungsinstrument[940] ein häufig genutztes und bewährtes Mittel der Restrukturierung von Krisenunternehmen[941] und ist darauf gerichtet, den Insolvenzgrund der Überschuldung zu beseitigen[942].

Nach dem alten Recht war der Geschäftsführer, im Falle, dass eine eigenkapitalersetzende Leistung zu einer Überschuldung der Gesellschaft führte, nach § 64 Abs. 1 S. 2 GmbHG a.F. verpflichtet, den Antrag auf Eröffnung des Insolvenzverfahrens zu stellen. Diese Regelung ist infolge des MoMiG aus dem GmbHG komplett gestrichen worden. Die den Geschäftsführer treffende Insolvenzantragspflicht ist nun in § 15 a InsO übernommen worden und regelt auch die bis dahin in § 84 Abs. 1 Nr. 2 GmbHG enthaltenen Strafandrohungen für den Fall der Insolvenzverschleppung gleich mit[943]. Die Stellung des Antrags auf

---

939 Klein, GmbHR 2006, 249, 251; K. Schmidt, BB 2008, 461, 462 f.; a.A. Habersack/Mayer, NZG 2001, 365, 366; Wittig, NZI 2001, 169, 174, die die nachrangigen Gesellschaftsgläubiger für nicht schützenswert erachten.

940 Wittig, NZI 2001, 169 (169); Römermann, Selzner/Leuering, MAH GmbH-Recht, § 7, Rdn. 118; Löwisch, Das Eigenkapitalersatzrecht, Rdn. 110; K. Schmidt/Uhlenbruck, Wittig, Rdn. 2.263. Von dem Rangrücktritt ist der sog. Forderungsverzicht – ggf. mit einem Besserungsschein – zu unterscheiden, bei dem es sich um einen Erlassvertrag handelt und der für die Entlastung des Überschuldungsstatus nicht erforderlich ist (vgl. Wittig, NZI 2001, 169, 170). Die Unterscheidung spielt auch für die Handelsbilanz eine wichtige Rolle, da der Forderungsverzicht dort – im Gegensatz zu einer Rangrücktrittsvereinbarung – tatsächlich zu dem Verlust der Verbindlichkeit bei der Schuldnerin führt und sogar die bestellten Sicherheiten entfallen lässt (vgl. Kammeter/Geißelmeier, NZI 2007, 214, 215).

941 K. Schmidt, DB 2006, 2503 (2503); Römermann, Selzner/Leuering, MAH GmbH-Recht, § 7, Rdn. 119.

942 Beck/Depré, Beck, Praxis der Insolvenz, § 1, Rdn. 150.

943 Da es für die Anwendung des § 15a InsO oder des § 64 I GmbHG a.F. nicht auf den Zeitpunkt der Eröffnung des Insolvenzverfahrens, sondern auf den Begehungszeitpunkt, also die Insolvenzverschleppung, ankommt, wird § 64 I GmbHG a.F. noch

Eröffnung des Insolvenzverfahrens könnte auch im neuen Recht nur dadurch vermieden werden, indem zwischen dem Gesellschafter und der Gesellschaft bei Entstehen der Forderung oder nachträglich eine Rangrücktrittserklärung[944] – die durch den Abschluss eines Vertrages i.S.d. § 311 Abs. 1 BGB Rechtsverbindlichkeit erlangt[945] – vereinbart wird.

1. *Erfordernis eines qualifizierten Rangrücktritts im früheren Eigenkapitalersatzrecht*

Vor der Reform war auch die Rechtslage um diese Rangrücktrittserklärung, insbesondere die Frage, in welchen Rang – also wie „tief" – der Gläubiger mit seiner Forderung zurückzutreten hat, stark umstritten. Die vom BGH im Jahr 2001 geforderte qualifizierte Rangrücktrittserklärung löste die Befürchtung aus, dass diese zwar geeignet sei, den Insolvenzgrund der Überschuldung im Interesse der Sanierung auszuschließen, jedoch gleichzeitig zu einem steuerrechtlichen Passivierungsverbot führen könne[946]. Ein solches steuerrechtliches Passivierungsverbot i.S.d. § 5 Abs. 2 a EStG würde bedeuten, dass die Buchgewinne ausgelöst wären, so dass es de facto nicht mehr als bestehende Gesellschaftsverbindlichkeiten belassen werden könnte, da der Kredit einem statutarischen Eigenkapital gleichgestellt werden müsste[947]. Nach zahlreichen Diskussionen und Überlegungen zu diesem Problem, schaffte erst die Entscheidung des BFH vom 10.11.2005[948] Klarheit, nämlich

lange Zeit nach Inkrafttreten des neuen § 15 a InsO von Relevanz bleiben, vgl. Scholz, K. Schmidt, GmbHG, § 64 Anh., Rdn. 11.

944 Der Begriff Rangrücktrittserklärung ist etwas unpräzise, als es sich nicht bloß um eine einseitige Erklärung des Gesellschafters handelt, sondern um einen Vertrag, der den Bestand der zugrundeliegenden Forderung unberührt lässt. Daher wird im Folgenden von einer Rangrücktrittsvereinbarung gesprochen.

945 Nach h.M. ist die Rangrücktrittsvereinbarung genauer betrachtet ein verfügender Schuldänderungsvertrag i.S.d. § 311 BGB, der das Forderungsrecht des Schuldners nur inhaltlich im Sinne der Platzierung hinter alle übrige Gläubiger verändert, vgl. Scholz, K. Schmidt, GmbHG, §§ 32 a, 32 b, Rdn. 94; Römermann, Selzner/Leuering, MAH GmbH-Recht, § 7, Rdn. 120.

946 K. Schmidt, FS Raupach, 2006, S. 405, 417 f.

947 K. Schmidt, FS Raupach, 2006, S. 405, 417; Scholz, K. Schmidt, GmbHG, §§ 32 a, 32 b, Rdn. 105.

948 Der Entscheidung des Bundesfinanzhofes lag der Fall zugrunde, bei dem die Gesellschafter eine Teilwertabschreibung hinsichtlich zinsloser Darlehen geltend machten, die die Gesellschafter im Rahmen einer Betriebsaufspaltung einer GmbH zur Verfügung gestellt haben. Das Gericht hatte sich mit der Frage zu beschäftigen, ob § 5 Abs. 2a EStG auch auf die mit Rangrücktritt versehenen Forderungen einer

dass auch eine wie vom BGH vorausgesetzte qualifizierte Rangrücktrittserklärung nicht zu einem Passivierungsverbot in dem Jahresabschluss führen solle und daher nicht „steuerschädlich" sei, da die für die Überschuldungsbilanz von dem BGH für diesen Fall angestellten Grundsätze nicht auf die steuerrechtliche Behandlung von Jahresabschlüssen übertragbar sind[949].

Erklärte sich also ein Gläubiger – wenn auch Gesellschafter – für eine nachrangige Befriedigung seiner Forderung einverstanden, konnte diese bei der Bestimmung der Überschuldung der Gesellschaft unberücksichtigt bleiben[950]. Als Begründung wurde das Argument angeführt, dass der Gesellschafter durch die Rangrücktrittsvereinbarung seine Forderung auf dieselbe Stufe stellt wie die Forderungen der Mitgesellschafter hinsichtlich ihrer Einlagen, so dass aufgrund vergleichbarer Rechtslage keine Notwendigkeit gegeben war, die Forderung in der Überschuldungsbilanz aufzuführen[951].

Diese sollte bezwecken, dass die Tilgung der ihr zugrundeliegenden Forderung von der Existenz eines vorhandenen Gesellschaftsvermögens abhängig gemacht wurde und in der Regel erst nach allen übrigen Gesellschaftsgläubigern geltend gemacht werden konnte[952]. Aufgrund dieser vertraglichen „Unterwerfung" seitens des Gesellschafters wurde die Gesellschafterleistung dem haftenden Kapital gleichgestellt[953], was zur Folge hatte, dass die Forderung des betreffenden Gesellschafters, sollte es dennoch zum Insolvenzfall kommen, nach § 174 Abs. 3 InsO nur auf Aufforderung des Insolvenzgerichts als Insolvenzforderung angemeldet werden konnte.

GmbH anzuwenden ist. Denn für den Fall der Werthaltigkeit der Forderungen hätte die Rangrücktrittsvereinbarung das Eigenkapital der Gesellschaft erhöht und bei den klagenden Gesellschaftern zu nachträglichen Anschaffungskosten der Beteiligung an der GmbH geführt.

949 BFH GmbHR 2006, 158, 160 f.: die mit einem qualifizierten Rangrücktritt versehenden Darlehensverbindlichkeiten sind bei dem Schuldner im Rahmen des Jahresabschlusses als Verbindlichkeit zu passivieren, unabhängig davon, ob diese Forderung ggf. aus dem Überschuldungsstatus herauszunehmen ist. Sie stellen keinen Verzicht auf die Forderung dar, da diese nur bis zur Überwindung der Krise im Rang zurücktritt; Kammeter/Geißelmeier, NZI 2007, 214, 219.

950 Vgl. BGHZ 146, 264, 269 ff; vgl. a. BGH ZIP 2007, 1666, 1668 für den Fall der Zahlungsunfähigkeit.

951 K. Schmidt/Uhlenbruck, Wittig, Rdn. 2.263.

952 Ulmer/Habersack/Winter, Habersack, GmbHG, Rdn. § 32 a/b, Rdn. 238

953 BGH ZIP 1982, 563, 565 f.; Scholz, K. Schmidt, GmbHG, §§ 32 a, 32 b, Rdn. 105; Römermann, Selzner/Leuering, MAH GmbH-Recht, § 7, Rdn. 120.

Eine solche Gleichstellung mit funktionalem Eigenkapital wurde aus Sanierungsgesichtspunkten jedoch nur bei einem sogenannten qualifizierten Rangrücktritt angenommen, der vom einfachen Rangrücktritt zu unterscheiden war. Bei dem Letzten handelte es sich um eine Erklärung des Gesellschaftsgläubigers gegenüber der Gesellschaft, seine Darlehensforderung erst nach der Befriedigung anderer Gläubiger geltend zu machen[954]. Ein solcher „einfacher Rangrücktritt" konnte vor der Änderung des § 19 Abs. 2 InsO die Überschuldung nicht verhindern[955]. Vielmehr war ein qualifizierter Rangrücktritt nötig, der über den einfachen hinausging und erforderte, dass die Gesellschafter ihre konkrete Forderung nicht nur nach Befriedigung aller übrigen Gläubiger – also auch der Gesellschaftergläubiger, die keine Rangrücktrittserklärung abgegeben haben –, sondern auch nach Abwendung der Krise – also erst mit ausreichendem Gesellschaftsvermögen – und zugleich mit und nicht vor den Einlagenrückgewähransprüchen der Mitgesellschafter geltend machen können[956]. Ein über die Rangrücktrittserklärung vereinbarter Forderungsverzicht war dagegen für die Entlastung des Überschuldungsstatus nicht erforderlich und würde im Falle des Wiederauflebens der Gesellschaft oder eines Liquiditätsüberschusses weniger die Gläubiger als die Mitgesellschafter begünstigen[957].

2. Neukonzeption der Passivierungspflicht

Als Reaktion auf die in der Literatur geäußerte Kritik, vor allem im Hinblick auf die entfallene Ausschüttungssperre des § 30 Abs. 2 GmbHG a.F. und den Wunsch nach Rechtssicherheit für den Geschäftsführer, ist die Passivierungspflicht in § 19 Abs. 2 S. 2 InsO n.F. schließlich Bestandteil des Gesetzes geworden und besagt, dass:

> *„Forderungen auf Rückgewähr von Gesellschafterdarlehen oder aus Rechtshandlungen, die einem solchen Darlehen wirtschaftlich entsprechen, für die gemäß § 39 Abs. 2 InsO zwischen Gläubiger und Schuldner der Nachrang im Insolvenzverfahren hinter den in § 39 Abs. 1 Nr. 1 bis 5 InsO bezeichneten Forderungen vereinbart worden ist, nicht bei den Verbindlichkeiten nach Satz 1 zu berücksichtigen sind".*

---

954 Kammeter/Geißelmeier, NZI 2007, 214, 215; Janssen, BB 2005, 1895 (1895).

955 Vgl. Seppelt, BB 2010, 1395, 1396.

956 BGHZ 146, 264, 271; Scholz, K. Schmidt, GmbHG, §§ 32 a, 32 b, Rdn. 105; Goette/Habersack; Das MoMiG in Wissenschaft und Praxis, S. 181, Rdn. 5.45; Gehrlein, BB 2008, 846, 847. De facto wird das Darlehen dann so gestellt, als handele es sich um statutarisches Eigenkapital.

957 BGHZ 146, 264, 271; vor der BGH Entscheidung ähnlich auch K. Schmidt, GmbHR 1999, 9, 11 f.

Aus dem Umkehrschluss ergibt sich demnach, dass die Verbindlichkeiten aus Gesellschafterdarlehen oder wirtschaftlich vergleichbaren Rechtshandlungen dann im Überschuldungsstatus zu passivieren sind, wenn ein Nachrang nach den Verbindlichkeiten gemäß § 39 Abs. 2 InsO nicht vereinbart worden ist[958]. Entscheidend ist also, dass der Geschäftsführer nur diejenigen Forderungen aus der Überschuldungsbilanz rausnehmen darf, die mit einem ausdrücklichen Rücktritt mit dem Rang des § 39 Abs. 2 InsO versehen sind.

Damit wird auch dem Geschäftsführer die Entscheidung über die Passivierung gegenüber der alten Rechtslage erheblich vereinfacht[959]. Wie gezeigt verfolgte bereits der BGH mit seiner Entscheidung aus dem Jahr 2001 den Wunsch nach sicheren Verhältnisse und nach der Stärkung der Geschäftsführerinteressen und war nicht zuletzt das Hauptargument der Literatur, die sich vehement für die Passivierungspflicht von Verbindlichkeiten aus Gesellschafterdarlehen und den wirtschaftlich gleichgelagerten Forderungen aussprach. Dem kann insbesondere von der Prämisse aus zugestimmt werden, als das mit dem MoMiG verfolgte Ziel, das Kapitalersatzrecht zu vereinfachen, mit dem zunächst geplanten § 19 Abs. 2 E-InsO nur konterkariert hätte. Insoweit ist der mit dem MoMiG versprochenen Erleichterung mit der Passivierungspflicht Genüge getan.

Insbesondere kommt es für die Zukunft dank der Neuregelung des § 39 Abs. 2 InsO nicht mehr auf die trotz der Grundsatzentscheidung des BGH verbliebene umstrittene Detailfrage nach dem Inhalt des Rangrücktritts an. Insoweit geht die Neuregelung über das Urteil hinaus, indem sie die vom BGH aufgestellten Anforderungen an die Rücktrittserklärung anpasst[960] und die Befriedigung ausdrücklich im Rang nach den in § 39 Abs. 1 InsO aufgeführten nachrangigen Verbindlichkeiten anordnet und für ausreichend erklärt[961].

Im Zuge der Abschaffung des Eigenkapitalersatzrechts findet nun auch die vom BGH geforderte Gleichstellung der Gesellschafterleistung mit statutarischem Eigenkapital keine gesetzliche Grundlage mehr und ist auch aus Sicht

---

958 Vgl. K. Schmidt/Uhlenbruck, K. Schmidt, Rdn. 2,86.

959 Vgl. K. Schmidt/Uhlenbruck, K. Schmidt, Rdn. 5.185.

960 Beschlussempfehlung und Bericht des Rechtsausschusses v. 24.6.2008, BT-Drs. 16/9737, S. 60 (rechte Spalte).

961 Bereits im früheren Recht ging die herrschende Literaturmeinung davon aus, dass es ausreichend sei, wenn der Gesellschafter mit seiner Forderung in den Rang des § 39 Abs. 1 Nr. 5 InsO zurücktrete, so z.B. Scholz, K. Schmidt, GmbHG, §§ 32 a, 32 b, Rdn. 63; K. Schmidt, GmbHR 1999, 9, 11 f.; Wittig, NZI 2001, 169, 171.

des Gläubigerschutzes nicht mehr erforderlich[962]. Der mit der Rangrücktrittsvereinbarung in erster Linie verfolgte Sinn und Zweck ist es, die Gesellschaft zu begünstigen und eine Sanierungsmöglichkeit zu bieten, indem einer Überschuldung entgegengehalten wird. Dafür ist es aber auch ausreichend, den Rücktritt hinter den Rang des § 39 Abs. 1 InsO zu positionieren. Ein Rücktritt hinter den Rang des § 199 S. 2 InsO[963] würde über das Ziel deutlich hinaus schießen und die betreffenden Gesellschafter unzumutbar belasten, da eine für den betreffenden Gesellschafter verbleibende Insolvenzmasse nach Vollbeendigung einer insolventen Gesellschaft und nach Befriedigung aller Gläubiger höchst unwahrscheinlich ist. Zu beachten ist aber, dass § 39 Abs. 2 InsO eine Auslegungsregel darstellt, so dass der Gesellschafter zur Vermeidung von Auslegungsfragen ausdrücklich erklären sollte[964], er wolle mit seiner Forderung hinter die subordinierten Ansprüche des § 39 Abs. 1 Nr. 1–5 InsO zurücktreten, um als Sanierungsmodell tatsächlich Wirkung zu entfalten.

a. Der Überschuldungsbegriff

In diesem Zusammenhang erscheint die Modifikation des Gesetzgebers hinsichtlich des Überschuldungsbegriffs für den Zeitraum vom 18.10.2010 bis zum 31.12.2010, der durch das Gesetz zur Erleichterung der Sanierung von Unternehmen bis zum 31.12.2013 verlängert wurde[965], bedeutungsvoll.

In Abkehr zu dem bislang seit der Einführung der Insolvenzordnung am 1.1.1999 geltenden Überschuldungsbegriff, wonach eine Überschuldung bereits dann vorlag, wenn das Gesellschaftsvermögen die bestehenden Verbindlichkeiten nicht mehr decken konnte[966], soll während des genannten Zeitraums nun eine Überschuldung erst dann zu bejahen sein, wenn das Vermögen des Schuldners die bestehenden Verbindlichkeiten nicht mehr deckt, es sei denn, die

962 Beschlussempfehlung und Bericht des Rechtsausschusses v. 24.06.2008, BT-Drs. 16/9737, S. 60 (rechte Spalte).

963 Goette wollte aus der Entscheidung des BGH schließen, dass ein solcher Rang erforderlich wäre, vgl. DStR 2001, 179, Anmerkung zur BGH-Entscheidung; für den Rang nach § 199 S. 2 InsO vgl. a. Loitz/Schulze, DB 2004, 769, 772; Bauer, ZInsO 2001, 486, 491.

964 K. Schmidt/Uhlenbruck, Uhlenbruck, Rdn. 5.185; Römermann, Selzner/Leuering, MAH GmbH-Recht, § 7, Rdn. 124.

965 Gesetz zur Erleichterung der Sanierung von Unternehmen vom 24.09.2009, BGBl. I S. 3151.

966 Vgl. Roth/Altmeppen, Altmeppen, GmbHG, § 64, Rdn. 15; Pape/Uhlenbruck/Voigt-Salus, Insolvenzrecht, Kap. 17, Rdn. 25.

Fortführung des Unternehmens ist nach den Umständen überwiegend wahrscheinlich[967].

Im Unterschied zu dem früheren Überschuldungsbegriff, bei dem die Fortführung des Unternehmens – wenn diese nach den Umständen überwiegend wahrscheinlich war – lediglich bei der Bewertung des Vermögens zugrunde zu legen war[968], stellt die sogenannte Überlebens- oder Fortbestehensprognose für das neue Recht den einzigen Maßstab für die Bestimmung des Insolvenzgrundes dar und wird nicht lediglich als Bewertungsmaßstab für Vermögensgegenstände angesehen[969]. So sollen im Rahmen der Prüfungsreihenfolge ausgehend vom Unternehmenskonzept zunächst die Überlebenschancen der Gesellschaft analysiert werden, bevor es zu einer bilanziellen Gegenüberstellung von Aktiva und Passiva kommt[970], wobei im Falle einer positiven Fortführungsprognose nicht einmal die Schuldendeckungsprüfung erforderlich ist[971].

Diese sogenannte zweistufige Prüfung lässt die anzusetzende Fortbestehensprognose verstärkt in den Vordergrund treten und ermöglicht eine zeitlich spätere Insolvenzeröffnung. Die positive Prognose lässt die Gesellschaft ihre Geschäfte trotz eines die Verbindlichkeiten nicht mehr deckenden „Haftungsstocks"[972] weiterführen und die Gesellschafter von der Haftungsbeschränkung profitieren ohne gezwungen zu sein, einen Insolvenzantrag stellen zu müssen. Insoweit wird für den oben genannten Zeitraum wieder an den vor Inkrafttreten der InsO unter Geltung der KO favorisierten und vom BGH[973] akzeptierten modifiziert

967 Eingefügt durch Art. 5 Finanzmarktstabilisierungsgesetz v. 17.10.2008, BGBl, I S. 1982, 1988 f. Der Gesetzgeber hat sich in seiner Begründung zum neuen Überschuldungsbegriff (BT-Drs. 16/10600, S. 13) auf das „Dornier-Urteil" berufen. Diesem Urteil lag der Sachverhalt zugrunde, bei dem der Insolvenzantragsgrund eines Flugzeugbauers trotz einer rechnerischen Überschuldung aufgrund einer positiven Fortbestehensprognose verneint wurde, vgl. BGHZ 119, 201, 214.

968 Pape/Uhlenbruck/Voigt-Salus, Insolvenzrecht, Kap. 17, Rdn. 25; Roth/Altmeppen, Altmeppen, GmbHG, § 64, Rdn. 15.

969 Vgl. Braun, Bußhardt, InsO, § 19, Rdn. 8.

970 Nickert/Lamberti, Überschuldungs- und Zahlungsunfähigkeitsprüfung, Rdn. 227; andere wollen dagegen zunächst mit der Überschuldungsbilanz auf Basis der Liquidationswerte beginnen, gefolgt von der Fortbestehungsprognose, für den Fall, dass rechnerisch eine Überschuldung gegeben ist.

971 Vgl. Pape/Uhlenbruck/Voigt-Salus, Insolvenzrecht, Kap. 17, Rdn. 28, 31.

972 Hess, Sanierungshandbuch, 17. Kap., Rdn. 220.

973 BGHZ 119, 201 ff; die unter Geltung der KO ergangenen Entscheidungen des BGH zu der modifiziert zweistufigen Überschuldungsprüfung (BGHZ 119, 201, 213;

zweistufigen Überschuldungsbegriff angeknüpft[974], wonach der Insolvenzgrund der Überschuldung trotz eines negativen Überschuldungsstatus nicht ausgelöst wurde, solange die Ertragsfähigkeit des Unternehmens nach sorgfältiger kaufmännischer Beurteilung positiv festgestellt werden konnte[975]. Damit soll allein die prognostische Beurteilung der Finanzkraft des Unternehmens für das Bestehen oder Nichtbestehen der Überschuldung entscheidend sein[976].

Eine positive Fortbestehensprognose liegt dann vor, wenn die Fortführungsfähigkeit des Unternehmens anhand der Finanzplanung deutlich macht, dass das finanzielle Gleichgewicht im wirtschaftlichen Prognosezeitraum gewahrt bleibt oder zumindest wiedererlangt werden kann[977]. Das heißt, das Unternehmen muss kurz- oder mittelfristig[978] diejenige Finanzkraft aufbringen, um das Unternehmen fortführen und die fälligen und entstehenden Verbindlichkeiten erfüllen zu können. Ergibt die prognostische Prüfung eine finanzielle Unterdeckung, ist das Ergebnis dessen eine negative Fortbestehungsprognose mit der Folge, dass bei der Bewertung der Aktiven die Liquidationswerte anzusetzen sind[979]. Ergibt sich eine rechnerische (bilanzielle) Überschuldung, besteht eine Überschuldung i.S.d. § 19 Abs. 2 InsO, so dass die Gesellschaft einen Insolvenzantrag stellen muss.

Im Zuge der Erarbeitung der Insolvenzordnung wurde eine solche Sicht als zu weit angesehen[980]. Mit der früheren Regelung der InsO und mit der neuen ab dem 1.1.2014 geltenden Regelung wurde und wird weiterhin das Ziel verfolgt, eine desolate Gesellschaft dazu zu bewegen, den Insolvenzantrag zu einem früheren Zeitpunkt zu stellen anstatt sie bis zum späteren Zeitpunkt der

---

BGHZ 126, 181, 199; BGHZ 129, 136, 154) beanspruchen weiterhin Geltung im Rahmen der Auslegung des § 19 Abs. 2 S. 1 in der Fassung des FMStG.

974 Der auf die von Karsten Schmidt aufgestellte Prüfungsmethode zurückgeht; vgl, Nickert/Lamberti, Überschuldungs- und Zahlungsunfähigkeitsprüfung, Rdn. 227; Pape/Uhlenbruck/Voigt-Salus, Insolvenzrecht, Kap. 17, Rdn. 34; Haußer/Heeg, ZIP 2010, 1427 (1427); BT-Drs. 16/10600, S. 13.

975 Vgl. Roth/Altmeppen, Altmeppen, GmbHG, § 64, Rdn. 15 f.; Nickert/Lamberti, Überschuldungs- und Zahlungsunfähigkeitsprüfung, Rdn. 227.

976 Vgl, Pape/Uhlenbruck/Voigt-Salus, Insolvenzrecht, Kap. 17, Rdn. 26.

977 Auch für die Rechtsprechung des BGH ist die Finanzkraft des Unternehmens Ausgangspunkt der Fortbestehungsprognose, vgl. BGHZ 119, 201, 213 f.; Braun, Bußhardt, InsO, § 19, Rdn. 10.

978 Dabei soll ein Zeitraum von maximal zwei bis drei Jahre entscheidend sein, vgl. Hess, Sanierungshandbuch, 17. Kap., Rdn. 233.

979 Braun, Bußhardt, InsO, § 19, Rdn. 13.

980 Vgl. BT-Drs. 12/7302, S. 157 (linke Spalte zu § 23 Abs. 2 InsO).

Zahlungsunfähigkeit nach § 17 InsO noch am Leben zu erhalten[981]. Unter Zugrundelegung dieses Überschuldungsbegriffs ist die Überschuldung anhand eines Überschuldungsstatus durch eine Gegenüberstellung von Aktivvermögen – das im Falle der Eröffnung des Insolvenzverfahrens als Insolvenzmasse zur Verfügung steht – und Passivvermögen – also Verbindlichkeiten, die gegenüber den Insolvenzgläubigern bestehen – zu ermitteln[982]. Zusätzlich ordnet § 19 Abs. 2 S. 2 InsO – für die nach dem 1.1.2014 geltenden Sachverhalte – an, dass bei der Bewertung des Vermögens des Schuldners die Fortführung des Unternehmens zugrunde zu legen ist, wenn diese nach den Umständen überwiegend wahrscheinlich ist. Das heißt, dass das Unternehmen nur dann Fortführungswerte – auch als sogenannte going-concern-Werte bezeichnet[983] – ansetzen kann, wenn es die Fortführung tatsächlich beabsichtigt und das Unternehmen, wirtschaftlich betrachtet, funktionsfähig erscheint. Ist das auf Fortführungswerten im Überschuldungsstatus bewertete Vermögen kleiner als die Verbindlichkeiten, so liegt eine Überschuldung vor, unabhängig davon, ob die zugrundeliegende Fortführungsprognose positiv oder negativ ausgefallen ist. Dagegen wird es im Falle eines positiven Reinvermögens bei going-concern-Ansatz[984] sowohl unter Zugrundelegung einer positiven als auch einer negativen Fortführungsprognose keine Insolvenzantragspflicht bestehen, wobei einer negativen Fortführungsprognose die drohende Überschuldung praktisch immanent ist[985].

Bereits in ihrer Knappheit zeigt diese Darstellung den Unterschied zu dem neuen Überschuldungsbegriff, bei dem allein schon die positive Fortführungsprognose die Verneinung der Überschuldung zu Folge hat. Der nach Fristablauf für den Fall der Rückkehr zum früheren Rechtszustand geltende Überschuldungsbegriff zwang das Unternehmen, zu einem früheren Zeitpunkt den Insolvenzantrag zu stellen, was auch einen stärkeren Gläubigerschutz gewährleisten

981 Vgl. Braun, Bußhardt, InsO, § 19, Rdn. 1.

982 Hess, Sanierungshandbuch, 17. Kap., Rdn. 223 f.; Braun, Bußhardt, InsO, § 19, Rdn. 13.

983 Seppelt, BB 2010, 1395, 1397; Pape/Uhlenbruck/Voigt-Salus, Insolvenzrecht, Kap. 17, Rdn. 33.

984 Als going-concern-Prinzip wird weit verbreitet das Fortführungsprinzip bezeichnet, so andeutend, Braun, Bußhardt, InsO, § 19, Rdn. 13. Das going-concern-Prinzip besagt, dass bei der Bewertung von einer Betriebsfortführung auszugehen ist, vgl. Beck/Depré, Depré/Dobler, Praxis der Insolvenz, § 34, Rdn. 4.

985 Vgl. die Verfahrensschritte und die Lösung in einer Grafik bei Nickert/Lamberti, Kühne, Überschuldungs- und Zahlungsunfähigkeitsprüfung, Rdn. 228.

sollte. Nach fast einer Dekade[986] hat sich der Gesetzgeber jedoch aus Anlass der in 2008 eingetretenen Banken- und Finanzmarktkrise gefordert gefühlt, den modifizierten zweistufigen Überschuldungsbegriff aufzugeben und für einen Zeitraum von gut fünf Jahren, nämlich bis zum 31.12.2013[987], wieder auf den Geltungsstand der KO zurückzukehren, um zeitweise und ausnahmsweise die Schuldnerinteressen zu stärken[988].

Eine weitere Besonderheit des § 19 Abs. 2 InsO fällt ebenfalls auf. Für die ab dem 1.1.2014[989] geltende Fassung des Überschuldungsbegriffs scheint die durch das MoMiG eingeführte Passivierungspflicht des Satzes 2 wie im § 19 Abs. 2 InsO für den Zeitraum bis zum 31.12.2013 nicht mehr zu bestehen. Soll daraus die Schlussfolgerung gezogen werden, dass die Regelung des § 19 Abs. 2 S. 2 InsO gemäß Art. 6 Abs. 3, Art. 7 Abs. 2 FMStG[990] bis zum 1.1.2011 bzw. gem. Art. 4 FMStErgG bis zum 1.1.2014 außer Kraft gesetzt sein soll?

Ausgehend von den vorstehend angeführten Argumentationen für die Passivierungspflicht von Gesellschafterdarlehen kann dieses Ergebnis nicht überzeugen. Vielmehr muss davon ausgegangen werden, dass infolge der Finanzkrise eine schnelle Reaktion der Bundesregierung zur Umsetzung eines Maßnahmepakets zur Stabilisierung des Finanzmarktes dienlich war, so dass am 17.10.2008 das Finanzmarktstabilisierungsgesetz, als ein Artikel- und Eilgesetz, verabschiedet und vom Bundespräsidenten unterzeichnet wurde und sogar noch am selben Tag im Bundesgesetzblatt erschienen worden ist. Das eilige Gesetzgebungsverfahren führte zu einem Redaktionsversehen hinsichtlich der Passivierungspflicht[991]. Selbstverständlich blieb dieser Fehler in der Wissenschaft nicht unbemerkt[992]. Infolgedessen wurde Art. 6 Abs. 3 FMStG durch Art. 4 Finanzmarktstabilisierungsergänzungsgesetz vom 7.04.2009 dahingehend geändert,

---

986 Seit der Geltung des alten Überschuldungsbegriffs ab 1999 bis zur Neuregelung des Überschuldungsbegriffs durch Art. 5 Finanzmarktstabilisierungsgesetz, BGBl, I S. 1982, 1988 f.

987 Vom 31.12.2010 verlängert bis zum 31.12.2013 durch das Gesetz zur Erleichterung der Sanierung von Unternehmen vom 24.09.2009, BGBl. I S, 3151.

988 Braun, Bußhardt, InsO, § 19, Rdn. 3.

989 Neuer Zeitpunkt verändert durch das Gesetz zur Erleichterung der Sanierung von Unternehmen vom 24.09.2009, BGBl. I S, 3151

990 Gesetz zur Umsetzung eines Maßnahmepakets zur Stabilisierung des Finanzmarktes (Finanzmarktstabilisierungsgesetz – FMstG) v. 17.10.2008, BGBl. I S. 1982, 1989.

991 Braun, Bußhardt, InsO, § 19, Rdn. 14; K. Schmidt/Uhlenbruck, Uhlenbruck, Rdn. 5.186; K. Schmidt, DB 2008, 2467, 2471.

992 Thonfeld, NZI 2009, 15, 19; Hecker/Glozbach, BB 2009, 1544, 1547 f.

dass die mit dem MoMiG eingeführte Passivierungspflicht des § 19 Abs. 2 S. 2 InsO als Satz 3 angefügt wird[993].

b. Stellungnahme

Mit dem neuen Überschuldungsbegriff hat der Gesetzgeber auf die die Unternehmen infolge der Wirtschaftskrise treffenden und bedrohenden kurzfristigen Wertschwankungen, die eine bilanzielle Überschuldung bedingen können, bei der Aufstellung der Überschuldungsprüfung rechtzeitig reagiert und um Abhilfe gesorgt. Zwar wird dadurch der Insolvenzantragsgrund wegen Überschuldung zeitlich deutlich nach hinten verschoben, mit der Folge, dass der Gläubigerschutz wieder auszuhebeln droht. Dieser hat jedoch dort seine Grenzen, wo der Schutz eines Unternehmens, das unverschuldet in die Misere gerät und bei dem die erfolgreiche Präsenz am Markt überwiegend wahrscheinlich ist, vordergründig ist[994].

Durch die Außerachtlassung der Fortführungsprognose, aber unter Zugrundelegung niedriger Börsenwerte auf die Wertpapiere kämen die Unternehmen auf eine Überschuldung, obwohl dessen Ertragsfähigkeit bei Betrachtung einer Fortführungsprognose in einem überschaubaren Zeitraum gewährleistet gewesen wäre[995]. Die Anmeldung einer Insolvenz würde in diesem Fall allen ökonomischen Gesichtspunkten widersprechen. Würde das Unternehmen ohne eine prognostische Betrachtung allein aufgrund einer stichtagsbezogenen Prüfung einen Insolvenzantrag stellen, dann stünde ihr denklogisch auch deutlich weniger Haftungsmasse für die Verbindlichkeiten zur Verfügung, was ebenfalls nicht im Interesse der Gläubiger sein dürfte. Diese wären also besser bedient, würden sie auf das prognostizierte Equilibrium des Unternehmens und auf die Befriedigung im Rahmen des ordnungsgemäßen Geschäftsgangs des Unternehmens vertrauen.

---

993 Gesetz zur weiteren Stabilisierung des Finanzmarktes (Finanzmarktstabilisierungsergänzungsgesetz –FMStErgG) v. 7.4.2009, BGBl. I S. 725, 732.

994 Dagegen ist Lüer der Ansicht, dass wenn der Gesetzgeber die Unternehmen, die von der Wirtschaftskrise betroffen werden, nicht zu schnell wegen Überschuldung die Insolvenz anmelden lassen will, dann soll er konsequenterweise auf den Tatbestand der Überschuldung zur Begründung der Insolvenzantragspflicht verzichten, vgl. in FS Hüffer, 2010, S. 603, 614,

995 Vgl. Braun, Bußhardt, InsO, § 19, Rdn. 3.

3. Exkurs: Passivierungspflicht von „gesplitteten Einlagen"

Auch für die sogenannten „gesplitteten Einlagen" wird an der Passivierungspflicht festgehalten, wenn bei der Gewährung des Darlehens kein Rangrücktritt zwischen dem Gesellschafter und der Gesellschaft vereinbart wurde. Bei „den gesplitteten Einlagen" handelt es sich um Gesellschafterdarlehen, die ein Gesellschafter seiner GmbH aufgrund einer Zusage im Gesellschaftsvertrag neben seiner Stammeinlage gewährt[996]. Ihre Besonderheit liegt darin, dass im Gesellschaftsvertrag eine von der Kündigung der Gesellschafterstellung losgelöste separate Kündigung des Darlehens durch den Gesellschafter ausgeschlossen wird. Nichtsdestotrotz werden sie rechtlich als Darlehen vereinbart, für die eine Rückzahlungspflicht besteht, so dass diese auch als Verbindlichkeiten der Gesellschaft im Überschuldungsstatus passiviert werden müssen, sofern keine Rücktrittsvereinbarung vorliegt[997].

Lediglich der vereinbarte Ausschluss der Kündigung durch den Gesellschafter schließt die Passivierungspflicht der Gesellschaft allein schon aus dem Grund nicht aus, als der Kündigungsausschluss grundsätzlich jederzeit aufgehoben oder die Gesellschafterstellung – sei es wegen Ausschluss (infolge Kaduzierung) oder Einziehung von Geschäftsanteilen – beendet werden kann, mit der Folge, dass das Darlehen fällig wird. Mit der jüngsten BGH Entscheidung vom 1.3.2010 hält das Gericht an seiner klaren Linie fest und lässt das bereits im Gesellschaftsvertrag vereinbarte Gesellschafterdarlehen ohne eine selbstständige Kündigungsmöglichkeit die ausdrückliche Rangrücktrittsvereinbarung nicht ersetzen.

An diesen Fällen wird der mit der gesetzlich eingeführten Passivierungspflicht aller Gesellschafterdarlehen verfolgte Schutz des Geschäftsführers deutlich. Speziell bei gesplitteten Einlagen wird der Geschäftsführer aufgrund ihrer Besonderheiten nicht selten vor die Frage gestellt, wie er mit einer solchen Gesellschaftsverbindlichkeit umzugehen hat, insbesondere welcher Rang zu bestimmen wäre. Die Neuregelung und die jüngste Entscheidung des BGH nehmen ihm die rechtlichen Unsicherheiten und geben ihm stattdessen eine zweifelsfreie und rechtssichere Beurteilungsgrundlage.

H. Die Patronatserklärung

Einst durch die Kautelarpraxis in das deutsche Kreditsicherungsrecht eingeführte Patronatserklärung entwickelte sich bei der Finanzierung von Konzerngesellschaften

996 Ulrich, GmbHReport 2010, S. 197; BGH v. 1.3.2010, ZIP 2010, 1078 (1078).

997 BGH v. 1.3.2010, ZIP 1078, 1079; Pape/Pape, ZInsO 2010, 1345, 1349.

zum allseits bekannten und bewährten Sicherungsmittel und ist nun dank ihrer rasanten Entwicklung in der Wirtschaftspraxis nicht mehr wegzudenken. Das anfangs verfolgte und mittlerweile etablierte Ziel, der Patronatserklärung einzig und allein die Funktion des Kreditsicherungsmittels zuzusprechen und der damit erweckte Eindruck, dieses Rechtsgebilde sei in seiner Ausgestaltung und Erklärungsform klar umrissen und ergänze die institutionellen Kreditsicherungsmittel um eine weitere praxisbezogene Fallgruppe, täuscht.

Die zahlreichen Formulierungsarten von Patronatserklärungen erschweren nicht nur eine feste einstimmige Begriffsdefinition, sondern machen auch eine sichere und einheitliche Rechtsberatung unmöglich. Die mit der Patronatserklärung vielfach verbundenen speziellen Auswirkungen, insbesondere auf das Gesellschafts- und Insolvenzrecht, sind auch noch nach jahrzehntelangem Bestehen dieses Rechtsinstituts in der Wissenschaft nicht eindeutig geklärt. Ohne das Recht der Patronatserklärungen im Folgenden en detail darstellen zu wollen, soll an diesem Punkt der Arbeit speziell darauf eingegangen werden, wie die Patronatserklärung in das Gesellschaftsrecht eingebettet ist.

Den möglicherweise wichtigsten Aspekt aus gesellschaftsrechtlicher Sicht betrifft dabei die Frage, wie die in Konzernen eingesetzten Patronatserklärungen sich auf das Recht der Gesellschafterleistungen auswirken können und welche Risiken und Rechtsfolgen die betreffenden Unternehmen beachten müssen. Eine solche Fragestellung ist insbesondere seit der vor kurzem ergangenen Entscheidung des BGH zur Kündbarkeit von Patronatserklärungen wieder aktuell geworden und verdient auch in dieser Arbeit eine Berücksichtigung. Trotz der Fülle der noch ungeklärten Rechtsfragen und der damit verbundenen Rechtsunsicherheit für die Praxis soll sich die nachstehende Untersuchung jedoch lediglich auf die speziellen Einzelfragen der Auswirkung der Patronatserklärung im Bereich des Eigenkapitalersatzrechts beschränken[998].

998 Für ausführliche Darstellungen des Rechts der Patronatserklärungen sei neben den zahlreichen Aufsätzen auf die vielfach erschienenen wissenschaftlichen Arbeiten – zu unterschiedlichen Fragestellungen – hingewiesen: Stecher, „Harte" Patronatserklärungen; Altenburger, Die Patronatserklärung als „unechte" Personalsicherheiten; Seiler, Die Patronatserklärung im internationalen Wirtschaftsverkehr; Thiekötter, Die Patronatserklärung ad incertas personas; Koch, Die Patronatserklärung; Rüßmann, Harte Patronatserklärung und Liquiditätszusagen; Schniepp, Die Liquiditätszusage.

I. Begriffsbestimmung

Patronatserklärungen sind seitens der übergeordneten Konzerngesellschaft, der sog. Patronin – meistens die Muttergesellschaft – mit Rechtsbindungswillen abgegebene Erklärungen unterstützenden Charakters, für die Schulden der operativen Konzerngesellschaften – meistens Tochtergesellschaften – einstehen zu wollen[999]. Die Patronatserklärungen können unterschiedlich ausgestaltet sein und sogar als Maßnahme zur Beseitigung der Überschuldung fungieren. Je nach der konkreten Ausgestaltung muss aufgrund der unterschiedlich gelagerten Rechtsfolgen zwingend zwischen weichen und harten Patronatserklärungen unterschieden werden.

Einer weichen Patronatserklärung wird lediglich eine bestimmte Verhaltensweise oder Geschäftspolitik der Patronin zugrunde gelegt, für die rechtzeitige Begleichung der Verbindlichkeiten der Tochtergesellschaft zu sorgen und diese dazu anzuhalten[1000]. Solche Erklärungen verpflichten die Muttergesellschaft nicht für die Schulden der Tochtergesellschaft einzustehen und begründen daher keine finanzielle Verantwortung, so dass sie auch nicht dazu geeignet sind, in der Bilanz der patronierten Gesellschaft den Insolvenzgrund der Überschuldung zu verhindern[1001].

Im Gegensatz zu der weichen Patronatserklärung stellt die harte Patronatserklärung unter in Aussichtstellen einer bestimmten Maßnahme oder Unterlassung eine unmittelbare rechtliche Verpflichtung der Patronin gegenüber dem Erklärungsempfänger dar und begründet eine rechtsgeschäftliche finanzielle Ausstattungspflicht[1002]. Je nach dem Erklärungsempfänger wird explizit zwischen harten konzerninternen und –externen Patronatserklärungen unterschieden. In der Regel ist die harte Patronatserklärung als eine verbindliche Zusage der Patronin formuliert, für alle Verbindlichkeiten der Tochtergesellschaft einzustehen, bzw. diese mit Liquidität so auszustatten, dass sie ihren Zahlungsverpflichtungen jederzeit nachkommen kann[1003]. Das Letztere wird überwiegend auch als Liquiditäts- oder Verlustdeckungszusage bezeichnet, da es sich um eine interne Mutter-Tochter-Erklärung handelt, die nicht den Dritten – also die

999 Rosenberg/Kruse, BB 2003, 641 (641); Römermann/ders, MAH GmbH-Recht, § 20, Rdn. 148.

1000 Haußer/Heeg, ZIP 2010, 1427, 1430; Römermann/ders, MAH GmbH-Recht, § 20, Rdn. 149.

1001 Heybrock, Huntemann, PK-GmbHR, InsR, Rdn. 86.

1002 OLG München, ZIP 2004, 2102, 2103; Haußer/Heeg, ZIP 2010, 1427, 1430.

1003 K. Schmidt/Uhlenbruck, Wittig, Rdn. 7.424.

Gläubiger – unmittelbar begünstigen oder sichern, sondern in erster Linie die Überschuldung des patronierten Unternehmens vorbeugen soll, also den Bestand des Patronierten noch auf eine gewisse Zeit zu sichern[1004]. Solche internen harten Patronatserklärungen geben dem patronierten Unternehmen einen Ausstattungsanspruch gegen die Patronin, auf den die Gläubiger aber nicht selbst und unmittelbar zur Erfüllung der Forderungen herantreten können[1005]. In der Insolvenz der Tochtergesellschaft wird zu ihren Gunsten dieser Ausstattungsanspruch gegen die Muttergesellschaft von dem Insolvenzverwalter geltend gemacht[1006].

Ähnlich können jedoch auch die vermehrt vorzufindenden konzernexternen Patronatserklärungen formuliert werden, in dem sich die Patronin gegenüber einem Tochtergläubiger – in der Regel einem Kreditinstitut – rechtsverbindlich verpflichtet, mit ausreichender Liquiditätsausstattung die Erfüllung der Kreditverbindlichkeit der Tochtergesellschaft zu gewährleisten[1007]. Wird die Patronatserklärung gegenüber dem Gläubiger erklärt, handelt es sich um eine einseitige Verpflichtung der Patronin sui generis i.S.d. § 311 Abs. 1, 241 Abs. 1 BGB, bei dem die Ausstattungspflicht der Patronin als ein unechter Vertrag zugunsten Dritter i.S.d. § 329 BGB – also der patronierten Gesellschaft – ausgestaltet ist[1008]. Diese externe Patronatserklärung verschafft der Tochtergesellschaft keine eigenen Ansprüche gegen die Patronin, sondern verwandelt sich in der Insolvenz

---

1004 Rüßmann, Harte Patronatserklärungen und Liquiditätszusagen, S. 28 f.; OLG München, ZIP 2004, 2102, 2104; Rieder, GWR 2010, 544 (544); Rosenberg/Kruse, BB 2003, 641, 642; Mirow, Der Konzern 2006, 112, 113; Maier-Reimer/Etzbach, NJW 2011, 1110, 1115.

1005 Nichtsdestotrotz sind die Gläubiger auch bei internen harten Patronatserklärungen nicht komplett machtlos. Nach nahezu einhelliger Meinung können sie den konzerninternen Ausstattungsanspruch der Schuldnerin gegen den Patron gemäß §§ 829, 835 ZPO pfänden und sich zur Einziehung überweisen lassen, vgl. Rosenberg/Kruse, BB 2003, 641, 644.

1006 Noch in seiner Entscheidung „Sportgate/Boris Becker" aus dem Jahr 2006 hat der BGH die Frage, wie sich die harte Patronatserklärung in der Insolvenz der patronierten Gesellschaft auswirkt, offen gelassen.

1007 Rosenberg/Kruse, BB 2003, 641 (641); Merz/Hübner, DStR 2005, 802, 803.

1008 K. Schmidt/Uhlenbruck, Uhlenbruck, Rdn.7.424; Rosenberg/Kruse, BB 2003, 641 (641 f.); Ziemons, GWR 2009, 411 (411); Michalski, WM 1994, 1229, 1238; Näheres zur Rechtsnatur der harten Patronatserklärung s. Rüßmann, Harte Patronatserklärungen und Liquiditätszusagen, S. 60 ff.

der Tochtergesellschaft in einen unmittelbaren Anspruch zur Direktleistung an den Gläubiger[1009].

In erster Linie bewirken also zumindest die harten Patronatserklärungen ein Sicherungsmittel und eine vertragliche Haftungsübernahme im Konzern, da sie darauf gerichtet sind, die Kreditvolumina der Tochtergesellschaften abzusichern und für die Befriedigung der Kreditgeber einzustehen. Unabhängig von dem Instrument der Haftungserweiterung im Konzern, können die Patronatserklärungen auch anderweitige Rechtsfolgen auslösen. Im Hinblick auf die Ausstattung der Tochtergesellschaft mit Liquidität sollte der Patron sich insbesondere der Folgen des Eigenkapitalersatzrechts bewusst sein, da – wirtschaftlich betrachtet – die Situation bei der Patronatserklärung der Darlehensgewährung sehr ähnlich ist. Und schließlich können Patronatserklärungen aufgrund ihrer vertraglichen Ausgestaltungen flexible Sanierungsinstrumente darstellen, um die Insolvenzreife der Tochtergesellschaften zeitweise nach hinten zu verschieben oder gar auszuschließen.

II. Anwendbarkeit des Sonderrechts der Gesellschafterfinanzierung

Aus eigenkapitalersetzenden Gesichtspunkten rufen die bestehenden Patronatserklärungen in der Insolvenz des patronierten Unternehmens bei dem Insolvenzverwalter den Wunsch hervor, die Patronin aufgrund der in der Patronatserklärung übernommenen Verpflichtungen zum „Bezahlen" zu bewegen[1010]. Die Anwendbarkeit des „Eigenkapitalersatzrechts" auf Patronatserklärungen hängt von vielen Faktoren, insbesondere vom Inhalt der getroffenen Vereinbarung, ab.

Bei den harten Patronatserklärungen kann die Patronin selbst entscheiden, wie sie die Liquidität der Tochter- oder Enkelgesellschaft gewährleisten will. Sie kann die Liquidität des Patronatsempfängers entweder durch Zusage von Sicherheiten oder Gewährung von Darlehen, aber auch im Wege der Sachmittelüberlassung oder Forderungsverzichts stärken[1011]. Im Allgemeinen ist es weitgehend anerkannt, dass auch den Patronatserklärungen eine Kreditfunktion zukommt, so dass sie je nach ihrer Ausgestaltung entweder als Darlehensgewährung oder als eine gleichgestellte Forderung behandelt und dem Sonderrecht

1009 Schimansky/Bunte/Lwowski, Bankrechts-Handbuch, § 98, Rdn. 37; BGH DB 2011, 1326, 1327 f.; Maier-Reimer/Etzbach, NJW 2011, 1110, 1112, 1117.

1010 Küpper/Heinze, ZInsO 2006, 913, 916.

1011 Rieder, GWR 2010, 544 (544); Haußer/Heeg, ZIP 2010, 1427, 1430; Böcker, DZWiR 2011, 93 (93).

über die Gesellschafterfremdfinanzierung unterstellt werden können[1012]. Das gilt auch dann, wenn die Art der Liquiditätszusage in dem Patronatsvertrag nicht ausdrücklich genannt wird, da die Patronin nicht eine bestimmte Art der Liquiditätsausstattung, sondern vielmehr den Erfolg – den Schuldner mit ausreichenden Finanzmitteln auszustatten – schuldet[1013].

1. *Gleichstellung mit einer Darlehensgewährung oder wirtschaftlich vergleichbaren Rechtshandlungen*

Ob aber bereits die „Liquiditätszusage" oder erst die tatsächlich überlassenen Mitteln das Eigenkapitalersatzrecht eröffnen, ist infolge des MoMiG aufgrund der Aufgabe des Krisenmerkmals nicht mehr entscheidungsrelevant[1014], insbesondere nach der jüngsten Entscheidung des BGH, wonach allein das Versprechen zur ausreichenden Ausstattung des patronierten Unternehmens mit Liquidität noch kein „Eigenkapitalersatzrecht" auslöst[1015]. Auch wenn die Ausführungen des Gerichts aufgrund des Altfalles auf die ehemaligen Regeln

1012 Baumbach/Hueck, Hueck/Fastrich, GmbHG, § 32 a, Rdn. 82; OLG München, ZIP 2004, 2102, 2105; Haußer/Heeg, ZIP 2010, 1427, 1432; Ebenroth/Boujong/Joost/Strohn, Allstadt-Schmitz, HGB, Bank- und Börsenrecht, IV, Rdn. 713.

1013 Damit werden keine strengen Anforderungen an die Bestimmtheit der Ausstattungsverpflichtung gestellt, so dass sie nach § 253 Abs. 2 Nr. 2 ZPO einklagbar sind, vgl. OLG München, ZIP 2004, 2102, 2104.

1014 Böcker, DZWiR 2011, 93, 94; OLG München (ZIP 2004 2102 ff.) hat die harten Patronatserklärungen vor dem MoMiG aufgrund sachlicher Nähe zur Bürgschaft und im Hinblick auf ihre Rechtsnatur als aufschiebend bedingtes Darlehensversprechen grundsätzlich als geeignet angesehen, als „gleichgestellte Forderungen" vom Eigenkapitalersatzrecht erfasst zu werden, wenn die Voraussetzungen des Eigenkapitalersatzrechts erfüllt waren. Sie mussten daher in Krise des patronierten Unternehmens abgegeben worden sein und waren nach § 135 InsO anfechtbar, wenn sie aufgehoben oder gekündigt wurden, da die Kündigung nach Ansicht des Gerichtes eine Rechtshandlung i.S.d. § 135 InsO a.F. darstellte. Da zumindest der Anwendungsbereich des § 135 InsO eröffnet war, hat das Gericht sich nicht weiter mit der Frage beschäftigt, ob daneben auch die Novellen- und die Rechsprechungsregeln einer Anwendung bedurften.

1015 BGH, Urt. v. 20.09.2010 (STAR-21), GmbHR 2010, 1204, 1206; BGHZ 142, 116, 119. Zwar hat der BGH einmal auch entschieden, dass das Eigenkapitalersatzrecht dann eröffnet ist, wenn eine verbindliche Zusage besteht und es später tatsächlich zur Darlehensgewährung gekommen ist (vgl. BGHZ 133, 298). Diese Überlegung wurde jedoch auf die Stützungsfunktion zurückgeführt. Allerdings muss man sagen, dass diese Überlegung dazu dienen sollte, den Zeitpunkt der Umqualifizierung festzulegen, der eben dann auf die Zusage gestützt wurde. Da mit dem MoMiG

des Eigenkapitalersatzrechts zurückzuführen waren, kann es für das neue Recht diesbezüglich nichts anderes gelten. Die Ansicht, wonach bereits mit der verbindlichen Zusage der Darlehensgewährung durch den Gesellschafter der Nachrang nach § 39 Abs. 1 Nr. 5 InsO hinsichtlich des Rückzahlungsanspruches ausgelöst sein sollte[1016], überzeugt nicht. Seit dem MoMiG kann von der Anwendbarkeit des Eigenkapitalersatzrechts nur dann gesprochenen werden, wenn es um die Nachrangigkeit von Gesellschafterverbindlichkeiten und die Anfechtbarkeit von Leistungen geht. Da es nicht mehr auf die Finanzierungsfolgenverantwortung bzw. den Eintritt der Kreditunwürdigkeit ankommt, treten die Rechtsfolgen des neuen Kapitalersatzrechts erst mit der Insolvenzeröffnung ein[1017]. Es ist jedoch höchst fraglich, wie die Regeln über die generelle Subordination und Anfechtbarkeit allein auf Versprechen angepasst werden sollen[1018]. Wird also infolge einer Patronatserklärung der Tochtergesellschaft – meistens auf ihr Auffordern hin – Liquidität zugeführt, so wird es der Darlehensgewährung gleichgesetzt, so dass die diesbezügliche Rückforderung der Patronin nach § 39 Abs. 1 Nr. 5 InsO nachrangig ist, wenn sie nicht eine Rangrücktrittsvereinbarung i.S.d. § 19 Abs. 2 S. 2 InsO erklärt.

Wird die Patronin dagegen unmittelbar dem Kreditgeber oder dem patronierten Unternehmen gegenüber tätig, in dem sie die Verbindlichkeiten der Schuldnerin tilgt und auf die Regressansprüche verzichtet, dann kann es sich um eine der Darlehensgewährung wirtschaftlich vergleichbare Rechtshandlung handeln[1019], für die die gleichen Rechtsfolgen gelten. Voraussetzung ist jedoch, dass die Patronin auf der Grundlage der Patronatserklärung die Gläubiger entweder direkt oder auf Aufforderung der Schuldnerin befriedigt hat. Nur dann können überhaupt Regressansprüche des Patrons entstehen, die einer Stundung oder einem Verzicht zugrunde gelegt werden können.

2. *Patronatserklärung als eine Gesellschaftersicherheit*

Denkbar und in der Praxis am häufigsten und relevantesten sind die Patronatserklärungen, bei denen die Patronin direkt gegenüber der kreditgebenden Bank sich rechtlich verpflichtet, die Tochtergesellschaft – die Kreditnehmerin

---

auch die Stützungsfunktion obsolet geworden ist, kann die Zusage allein noch nicht relevant sein.

1016 Römermann, Selzner/Leuering, MAH GmbH-Recht, § 7, Rdn. 39.

1017 Vgl. Haas/Vogel, NZG 2011, 455, 458.

1018 Vgl. a. Baumbach/Hueck, Hueck/Fastrich, GmbHG, § 30 Anh., Rdn. 49.

1019 BGH, Urt. v. 20.09.2010, GmbHR 2010, 1204, 1207.

– so finanziell auszustatten, dass sie in der Lage sein wird, ihre Schulden bei der Bank zu begleichen. In diesem Fall handelt es sich um eine typische harte konzernexterne Patronatserklärung gegenüber einem bestimmten Gläubiger und damit um eine Kreditsicherung seitens des Gesellschafters[1020], so dass der Anwendungsbereich der gesellschafterbesicherten Drittdarlehen i.S.d § 44 a, § 135 Abs. 2 InsO – ehemals §§ 32 a Abs. 2, 32 b GmbHG a.F. – eröffnet ist[1021].

In der Insolvenz der Kreditnehmerin wird der Insolvenzverwalter den Kreditgeber zunächst verweisen, nach § 44 a InsO sich an den Patron zu halten, so dass der Kreditgeber von der kreditnehmenden Gesellschaft dann nur in der Höhe Befriedigung im Insolvenzverfahren verlangen können wird, soweit er bei der Patronin ausgefallen ist[1022]. Wenn jedoch das patronierte Unternehmen dem Kreditgeber den Kredit bereits zurückgezahlt hat, so stellt dies eine Befreiung der Patronin als Sicherungsgeberin von ihrer Besicherung dar und ist damit eine anfechtbare Rechtshandlung i.S.d. § 135 Abs. 2 InsO, wenn die Befreiung ein Jahr vor dem Antrag auf Insolvenzverfahren stattfand.

Der Insolvenzverwalter wird dann eine solche Befreiung nach § 135 Abs. 2 InsO anfechten und von der Patronin den Betrag, in Höhe dessen er die Sicherheit bestellt hat, nach § 143 Abs. 3 InsO in die Insolvenzmasse zurückfordern[1023]. Da für diese Bestimmungen die Jahresfrist des § 135 Abs. 2, Abs. 1 Nr. 2 InsO nicht überschritten werden darf, besteht für den Insolvenzverwalter für den Fall, dass das Darlehen noch „rechtzeitig", also mehr als ein Jahr vor dem Insolvenzantrag durch die Kreditnehmerin zurückgewährt wurde, die Möglichkeit, die Befriedigung des Sicherungsgebers nach § 133 Abs. 1 InsO anzufechten, vorausgesetzt, der Patronin kann die vorsätzliche Gläubigergefährdung und die Kenntnis des Kreditgebers hiervon nachgewiesen werden[1024].

1020 K. Schmidt/Uhlenbruck, Wittig, Rdn. 7.424.

1021 Vgl. Heeg, BB 2011, 1160, 1161; Michalski, Heidinger, GmbHG, §§ 32 a, 32 b, Rdn. 140; Ulmer/Habersack/Winter, Habersack, GmbHG, §§ 32 a/b, Rdn. 162, beide stellen darauf ab, dass der kreditgebende Dritter der Erklärungsempfänger der Patronatserklärung sein muss.

1022 Küpper/Heinze, ZInsO 2006, 913, 916; Obermüller, Insolvenzrecht in der Bankpraxis, Rdn. 6.598; alle haben zwar noch das alte Recht vor Augen, im Ergebnis gilt aber für das neue Recht im Hinblick auf § 44 a InsO das Gleiche.

1023 Diese Bestimmungen entsprechen eins zu eins dem ehemaligen §§ 32 a Abs. 2, 32 b GmbHG a.F, vgl. Michalski, Dahl, GmbHG, Anh. II §§ 32 a, 32 b a.F., Rdn. 38. Für die Altfälle muss jedoch zunächst festgestellt werden, ob der Anwendungsbereich des Eigenkapitalersatzrechts überhaupt eröffnet wurde, um die Erfüllung des Anspruchs als Befriedigung nach § 135 InsO einzustufen.

1024 Michalski, Dahl, GmbHG, Anh. II §§ 32 a, 32 b a.F., Rdn. 38.

Wie gezeigt, können die harten Patronatserklärungen gesellschaftsrechtlich unter den Gesichtspunkten der Sonderregeln über die Gesellschafterdarlehen für die Patronin riskant werden. Umso mehr stellt sich sodann die Frage, wie die harten Patronatserklärungen gekündigt werden können und welche Rechtsfolgen der Patronin dabei gewiss sein müssen.

III. Die Kündbarkeit von Patronatserklärungen

Die Kündigung von Patronatserklärungen sorgt immer noch für eine rege Diskussion in der Literatur. Umstritten ist insbesondere nach wie vor die Frage, wie sich die Kündigung einer Patronatserklärung auf das Eigenkapitalersatzrecht auswirkt. Im Vorfeld der Insolvenz der patronierten Gesellschaft dürfte einer Kündigung sowohl konzernexterner als auch –interner Patronatserklärungen allein aufgrund der Privatautonomie nichts im Wege stehen. Überlegenswürdig ist vielmehr der kritische Zeitraum der Insolvenz, insbesondere vor dem Hintergrund des Sinns und Zwecks der Patronatserklärung, die wirtschaftliche Existenz der patronierten Gesellschaft zu erhalten.

1. STAR-21 (BGH v. 20.09.2010)

Jüngst hatte der BGH einen Fall zu entscheiden, bei dem er die Möglichkeit einer Kündigung einer konzerninternen Patronatserklärung auch während der Überschuldung der patronierten Gesellschaft als zulässig erachtet hat[1025]. Das Gericht ist von einer konkludenten Kündigungserklärung zwischen den Parteien für den Fall ausgegangen, dass die Patronatserklärung nur als eine Interimswirkung für die Prüfung der Sanierungsmöglichkeiten abgegeben wurde, um die bestehende Insolvenzantragspflicht wegen der Überschuldung auszusetzen. Für den Fall der Sanierungsunfähigkeit sollte die Patronin jedoch nicht vertraglich gebunden werden, weswegen sie auch das ihr zustehende Kündigungsrecht ausgeübt hat.

Des Weiteren hat der Senat die Anwendbarkeit der ehemaligen Regeln des Eigenkapitalersatzrechts, die auf Altfälle weiterhin anzuwenden sind, gleich im Vorfeld verneint, da diese nur insoweit anwendbar seien, als die Gesellschafterin ihre Leistung bereits tatsächlich erbracht hat. Die Patronin hat jedoch lediglich die Freistellung von Verbindlichkeiten des patronierten Unternehmens versprochen und noch keine Leistungen in das Vermögen der Schuldnerin getätigt[1026], so dass die Regeln des Eigenkapitalersatzrechts nicht heranzuziehen waren. Aus

---

1025 BGH, Urt. v. 20.09.2010, GmbHR 2010, 1204 ff.

1026 BGH, Urt. v. 20.09.2010, GmbHR 2010, 1204, 1206. Damit hat der BGH, was für die Altfälle weiterhin relevant sein wird, erneut bestätigt, dass die Grundsätze des

diesem Grund verneinte der BGH die Anwendbarkeit der §§ 135, 143 InsO, weil mangels Leistung weder eine tatsächliche Darlehensgewährung noch eine gleichgestellte Forderung gegeben waren.

2. *Stellungnahme*

Das Urteil des BGH bringt eindeutig Rechtsklarheit in Bezug auf die Frage, ob zumindest eine kurzfristige Patronatserklärung auch im Zeitpunkt der Überschuldung des patronierten Unternehmens gekündigt werden kann oder ob die Patronin weiterhin an ihre Ausstattungspflicht gebunden ist[1027]. Der BGH hat es deutlich gemacht, dass eine Kündbarkeit der Patronatserklärung nicht allein aufgrund des Vorliegens einer Krise ausscheiden muss. Maßgeblich für die Kündigung ist die vertragliche Vereinbarung eines entsprechenden Kündigungsrechts zwischen den Parteien, wobei der BGH in der zitierten Entscheidung das Kündigungsrecht im Rahmen der Auslegung der Patronatserklärung als konkludent vereinbart ansah.

Insgesamt wurde auf die Auslegung der Patronatserklärung auch hinsichtlich der Anwendbarkeit von Eigenkapitalersatzrecht großer Wert gelegt, was nicht zuletzt dazu geführt hat, dass der Senat den eigenkapitalersetzenden Charakter der Patronatserklärung für diesen Fall verneinte. Insoweit stellt der BGH klar, dass die Willen der Parteien bei den zu knapp gehaltenen Patronatserklärungen die rechtliche Behandlung beeinflussen können, weswegen die Schlussfolgerung

Eigenkapitalersatzrechts allein auf Darlehenszusagen keine Anwendung finden (vgl. schon BGHZ 142, 116, 119).

1027 Trotz der mannigfaltigen Gestaltungen von Patronatserklärungen, die einerseits als ein häufig genutztes Sanierungsinstrument zur Vermeidung der Überschuldung eingesetzt werden, andererseits erhebliche Haftungserweiterungen und –risiken für den Patron auslösen, war die Behandlung von Patronatserklärungen in der Krise bzw. Überschuldung der Schuldnerin nicht eindeutig geklärt. Die hierzu sporadisch ergangenen Urteile sind zum Teil widersprüchlich, zum Teil auch überzeugend. Während das OLG Celle (Urt. v. 28.6.2000, GmbHR 2001, 303) noch davon ausgegangen ist, dass der Ausstattungsanspruch des Patrons mit Eröffnung des Insolvenzverfahrens komplett untergeht, vertrat das OLG München (Urt. v. 22.7.2004, ZIP 2004, 2102) genau das Gegenteil und bezog sich auf den Sinn und Zweck der Patronatserklärung als Sicherungsmittel, was verkannt würde, würde die Verpflichtung des Patrons mit dem eröffneten Insolvenzverfahren automatisch entfallen. Das LG München II (Urt. v. 25.2.2004, ZInsO 2004, 626) urteilte, dass auch die bereits vor der Kündigung entstandenen Verpflichtungen des Patrons infolge der aufgrund der Überschuldung ausgelösten Kündigung entfallen. Dem widersprach nun der BGH zu Recht, da eine Kündigung nur eine ex-nunc Wirkung entfalten kann.

gezogen werden sollte, im Interesse einer rechtsklaren Haftungs- und Ausstattungsverpflichtung der Patronin detaillierte Patronatserklärungen zu formulieren. Ob jedoch der Patronin auch ein gesetzliches Kündigungsrecht entsprechend den Regeln der Bürgschaft, insbesondere eine außerordentliche Kündigung, zusteht, wird vom BGH leider mit keinem Wort erwähnt.

Die Entscheidung des BGH lässt befürchten, dass die konzerninternen harten Patronatserklärungen zumindest als Interimserklärungen oder zeitlich befristete Erklärungen, die eine zeitweise drohende Insolvenzantragspflicht überbrücken sollen, in der Zukunft vermehrt vorzufinden sein dürften, um insbesondere die durch das Gesetz vorgegebene kurze Zeit für die Sanierungsmöglichkeiten auszudehnen[1028]. Auch unter Berücksichtigung des Eigenkapitalersatzrechts hat die Muttergesellschaft nichts zu befürchten, solange keine Mittel geflossen sind und ein Kündigungsrecht vereinbart worden ist. In diesem Punkt sind sie auch gegenüber der gewöhnlichen Darlehensgewährung vorteilhafter. Ob aber auch in der Literatur der Ansicht des BGH gefolgt wird, bleibt abzuwarten[1029].

3. *Folgerungen aus dem BGH-Urteil für das neue Recht der Gesellschafterdarlehen*

Mit dem MoMiG ist die Behandlung harter Patronatserklärungen im Hinblick auf das Eigenkapitalersatzrecht nicht sonderlich einfacher geworden. Seit dem das Merkmal der Krise für die Anwendbarkeit des neuen Eigenkapitalersatzrechts obsolet geworden ist und eine Gesellschafterforderung aus einer Darlehensgewährung oder gleichgestellter Rechtshandlung generell nachrangig ist, unabhängig von dem Zeitpunkt ihrer Entstehung, kommt es im ersten Schritt nur auf die Frage an, wie eine harte Patronatserklärung unter § 39 Abs. 1 Nr. 5 InsO subsumiert werden kann. Wie bereits dargelegt, kann auch nach dem neuen Recht allein eine verbindliche Zusage über die Ausstattung einer Gesellschaft mit Liquidität noch keine eigenkapitalersatzrechtlichen Folgen auslösen. Insbesondere da es im neuen Recht primär um die Vermeidung der gleichrangigen Beteiligung eines Gesellschafters in der Insolvenz zum Nachteil der übrigen außen stehenden Gläubiger geht und nicht um eine Umqualifizierung ins haftende Eigenkapital und sekundär die Rückführung vom abgeflossenen Gesellschaftsvermögen innerhalb eines kritischen Zeitraums vermieden werden soll, bedarf es eines weitergehenden Aktes als eines bloßen Versprechens. Aus diesem

1028 Vgl. a. Böcker, DZWiR 2011, 93, 97.

1029 Kritisch zu der Entscheidung des BGH: Tetzlaff, DZWiR 2011, 181, 185 f.

Grund kann die Abgabe einer Patronatserklärung allein noch nicht die Nachrangigkeit nach § 39 Abs. 1 Nr. 5 InsO auslösen[1030].

Die bestehende Einstandspflicht der Patronin ist nach neuem Recht auch keine Gesellschafterleistung i.S.d. § 135 InsO[1031]. Infolgedessen wird hier die Ansicht vertreten, dass erst die tatsächliche Inanspruchnahme der Patronatserklärung durch die Tochtergesellschaft, sei es in Form der Liquiditätszuführung an die Tochtergesellschaft oder durch die Befriedigung der Gläubiger durch die Muttergesellschaft im Rahmen eines Freistellungsanspruchs[1032] und somit erst die dadurch entstandene Rückforderung der Patronin zu einer Subordination nach § 39 Abs. 1 Nr. 5 InsO führen kann. Damit ist das „neue" Eigenkapitalersatzrecht erst mit der Nachrangigkeit der entstandenen Rückforderungsverbindlichkeit der Patronin eröffnet. Zahlt die Tochtergesellschaft das Darlehen innerhalb von einem Jahr vor dem Insolvenzantrag an die Patronin zurück, wird der Insolvenzverwalter gemäß § 135 Abs. 1 Nr. 2 InsO die Befriedigung der Patronin anfechten und gemäß § 143 Abs. 1 InsO den Betrag in die Insolvenzmasse zurückfordern[1033]. Da die Patronin also bei fälligen Rückzahlungsverpflichtungen der Tochtergesellschaft das Eigenkapitalersatzrecht zu beachten haben wird, muss im zweiten Schritt der Frage nachgegangen werden, ob und wie sich die neuen Vorschriften des Eigenkapitalersatzrechts möglicherweise auf die Kündigung der Patronatserklärung auswirken.

1030 Auch wenn die Patronatserklärung zunächst nur abgegeben wurde und die Inanspruchnahme erst in Zukunft droht oder bevorsteht, kann diese in der Überschuldungsbilanz bereits passiviert werden, indem sie als eine sonstige Rückstellung für eine ungewisse Verbindlichkeit i.S.d. § 249 Abs. 1 S. 1 Alt. 1 HGB angegeben wird, BFH (Urt. v. 25.10.2006), BFHE 215, 242, 244; vgl. a. Rüßmann, Harte Patronatserklärung und Liquiditätszusagen, S. 152.

1031 Heeg, BB 2011, 1160, 1161.

1032 Der Umstand, dass das Geld nicht direkt an die Schuldnerin, sondern sogleich an die Gläubiger gezahlt wird, ändert an der Einstufung der Patronatserklärung als konzerninterne nichts, da ein Geldbetrag nach § 488 Abs. 1 S. 1 BGB auch durch Zahlung an Dritte (§ 362 Abs. 2 BGB) zur Verfügung gestellt werden kann, vgl. BGH, Urt. v. 20.09.2010, GmbHR 2010, 1204, 1207.

1033 In der Praxis könnten die Regressansprüche des Patrons problembehaftet und sogar ohne wesentliche Bedeutung sein, da der Patron in der Regel gerade deshalb tätig geworden ist, weil das patronierte Unternehmen kein eigenes Vermögen mehr besitzt und ihre Verbindlichkeiten nicht mehr selber tilgen konnte, vgl. a. Koch, Die Patronatserklärung, S. 313.

a. Kündigung von internen harten Patronatserklärungen

Zumindest hinsichtlich der Zulässigkeit der Kündbarkeit der Patronatserklärung hilft die BGH-Entscheidung vom 20.09.2010 weiter. Nun ist es höchstrichterlich geklärt, dass der Patron das Recht zur Kündigung der Patronatserklärung hat, wenn zwischen ihm und dem patronierten Unternehmen ein Kündigungsrecht vereinbart wurde. Der BGH geht sogar einen Schritt weiter und sieht die Ausübung des Kündigungsrechts sogar während der Überschuldung der Tochtergesellschaft als zulässig an. Damit widerspricht der BGH – wenn auch nicht ausdrücklich – den vereinzelt auftauchenden Meinungen in der Literatur, die sich noch hinsichtlich des alten Rechts für die Unkündbarkeit der Patronatserklärungen im Zeitpunkt der Krise ausgesprochen haben[1034], was für die Behandlung von Altfällen noch von Relevanz sein dürfte.

Für die Behandlung von Neufällen stellt sich wiederum die Frage, ob die Kündigung einer Patronatserklärung überhaupt eine anfechtbare Rechtshandlung sein kann oder ob nur die seitens der Tochtergesellschaft aufgrund der Regressansprüche bereits getilgten Forderungen nach § 135 Abs. 1 Nr. 2 InsO angefochten werden können. Leider ist der BGH in diesem Punkt nicht deutlich geworden, was darauf zurückgeführt werden könnte, dass er die Anwendbarkeit des Eigenkapitalersatzrechts auf die konkrete Patronatserklärung von Anfang an abgelehnt hat. Laut BGH würde aber die Kündigung nicht schon deshalb scheitern, weil die Patronatserklärung als eigenkapitalersetzende Gesellschafterhilfe anzusehen ist[1035]. Aus diesem Grund und daraus, dass er die Überschuldung der Tochtergesellschaft ebenfalls nicht als hinderlich ansah, kann nur gefolgert werden, dass eine Kündigung der Patronatserklärung, also das Zurückziehen des Versprechens der Mutter, „insolvenzfest" ist und nicht nach § 135 InsO angefochten werden kann[1036].

Auch wenn die zu der Kündbarkeit ergangenen Ausführungen des BGH auf Altfälle gerichtet waren, so lassen sie sich ohne weiteres auch auf § 135 Abs. 1 Nr. 2 InsO n.F. übertragen[1037]. Zwar könnte aus dem Urteil auch ein weniger drastisches Fazit gezogen werden, indem man nur die Zulässigkeit der Kündigung – ganz abstrakt – bejaht, ganz unabhängig davon, dass innerhalb eines Jahres im Falle der Insolvenzantragstellung die Muttergesellschaft noch mit der Anfechtung rechnen müsste. Nach *Haußer/Heeg* sei einzig und allein maßgeblich, ob die Patronatserklärung im kritischen Zeitraum vor dem Antrag auf Eröffnung

---

1034 Tetzlaff, ZInsO 2008, 337, 341.

1035 BGH, Urt. v. 20.09.2010, GmbHR 2010, 1204, 1206.

1036 Vgl. a. Böcker, DZWiR 2011, 93, 94.

1037 Vgl. auch Raeschke-Kessler/Christopeit, NZG 2010, 1361, 1364.

des Insolvenzverfahrens gekündigt oder aufgehoben worden ist, mit der Folge, dass die Kündigung bzw. die Aufhebung als eine anfechtbare Rechtshandlung i.S.d. § 135 Abs. 1 InsO zu qualifizieren ist[1038]. Gegen diese These spricht jedoch, dass der BGH die Kündigung genau im Zeitpunkt der Überschuldung für zulässig erachtete. In diesem Zeitpunkt kann immer davon ausgegangen werden, dass die Insolvenzantragsstellung des patronierten Unternehmens unmittelbar bevorsteht. Wäre die erfolgte Kündigung der Patronatserklärung innerhalb des kritischen Zeitraums des § 135 Abs. 1 InsO anfechtbar, widerspräche es genau dem Urteil des BGH: Einerseits die Zulässigkeit der Kündigung von Patronatserklärungen während der Überschuldung für zulässig zu erklären und andererseits von der Anfechtbarkeit der Kündigung nach § 135 Abs. 1 InsO auszugehen, wäre kontradiktorisch und mit den Begründungen des BGH auch nicht in Einklang zu bringen.

Der BGH macht es auch an einer Stelle deutlich, indem er die berechtigte Kündigung der Patronatserklärung nicht als eine Befriedigung nach § 135 Abs. 1 Nr. 2 InsO ansieht und daher insoweit nicht für anfechtbar hält[1039]. Das heißt also, dass der Insolvenzverwalter mangels der Anfechtbarkeit der Kündigung nach § 135 Abs. 1 InsO gegenüber dem Patron nicht fordern können wird, an der Patronatserklärung festzuhalten und das Versprechen in Bezug auf die Gewährung weiterer Liquidität zu erfüllen[1040]. Dies folgt bereits aus der ex-nunc Wirkung der Kündigung, wonach die in der Zukunft liegenden Forderungen nicht mehr eingefordert werden können. Vielmehr kann sich die Anfechtbarkeit gemäß § 135 Abs. 1 Nr. 2, Abs. 2 InsO nur auf die Erfüllung der Regressforderungen durch das Tochterunternehmen beziehen, die vor der Kündigung der Patronatserklärung vorgenommen wurden, wenn das patronierte Unternehmen innerhalb eines Jahres den Antrag auf Eröffnung des Insolvenzverfahrens stellt[1041]. Zudem kann der

---

1038 Haußer/Heeg, ZIP 2010, 1427, 1432, die zwar keine Kündigungssperre – wie sie im alten Recht teilweise vorgeschlagen wurde – bejahen, aber einen vergleichbaren Schutz der Schuldnerin eben darin sehen, dass die innerhalb einer Jahresfrist ausgeübte Kündigung nach § 135 I InsO anfechtbar ist. Anders nun: Heeg, BB 2011, 1160, 1161.

1039 BGH, Urt. v. 20.09.2010, GmbHR 2010, 1204, 1207; so auch Heeg, BB 2011, 1160, 1164. Anders sah es noch das OLG München (Urt. v. 22.7.2004), das auch eine einvernehmliche Aufhebung der Patronatserklärung im Vorfeld der Insolvenz als eine Befriedigung eines eigenkapitalersetzenden Gesellschafterdarlehens ansah und eine Anfechtung nach § 135 InsO a.F. bejahte, ZIP 2004, 2102, 2104 f.

1040 Vgl. a. Tetzlaff, ZInsO 2008, 337, 343.

1041 Vgl. a. Rieder, GWR 2010, 544, 545.

Patron auch hinsichtlich der vor der Kündigung fällig gewordenen Verpflichtungen – etwa aus Schadensersatzansprüchen – haftbar gemacht werden, da sie auch nach Eröffnung des Insolvenzverfahrens und aufgrund der ex- nunc Wirkung der Kündigung nicht fortfallen[1042].

Die Entscheidung lässt aber Andeutungen in Bezug auf die Kündigung dauerhaft abgeschlossener Patronatserklärungen vermissen, die den Leser vor die schwierige Frage stellt, ob die vom BGH angestellten Erwägungen zu Interimspatronatserklärungen auch auf die dauerhaften übertragen werden können oder ob eine differenzierte Handhabung erforderlich ist. Eben aufgrund dessen, dass der BGH in seiner Entscheidung immer wieder den Interimscharakter der Patronatserklärung betont, folgert *Heeg*, dass die unanfechtbare jederzeitige Kündigung der Patronatserklärung nur dann bestehen kann, wenn diese tatsächlich als Überbrückungsvereinbarung ausgestaltet ist[1043]. Soll dagegen die Patronatserklärung einen dauerhaften Charakter haben, soll die jederzeitige sanktionslose Kündigungsmöglichkeit seitens der Patronin mangels anderweitiger Anmerkungen in dem BGH Urteil nicht opportun sein, da die Grundsätze über Finanzplankredite auf eine langjährige Patronatserklärung den Vorzug genössen[1044].

Auch wenn aus der Sicht des patronierten Unternehmens und im Interesse der Masseanreicherung die Anwendung der für die Finanzplankredite herausgebildeten Kündigungsgrundsätze auch für die dauerhaften Patronatserklärungen sehr wohl überlegenswert sind, vermag es dennoch nicht zu überzeugen. Wendet man das für die Finanzplankredite während der Insolvenz geltende Kündigungsverbot auch auf die Patronatserklärung an, so ist es nur konsequent, wenn man auch die Grundsätze über die Darlehensgewährungsversprechen der Muttergesellschaft für anwendbar erklärt. Da dieses – auf einer schuldrechtlichen oder gesellschaftsvertraglichen Grundlage beruhende – Versprechen seitens der Muttergesellschaft auch in der Insolvenz der Tochtergesellschaft zu erfüllen ist, müsste auch die Patronatserklärung in der Insolvenz des patronierten Unternehmens einforderbar sein. Da die Patronatserklärungen jedoch – im Gegensatz zu den Finanzplankrediten – in der Regel eigenkapitalersetzenden und nicht einlageähnlichen Charakter haben, besteht vor allem in der Insolvenz der defizitären

---

1042 Ulrich/Rath, GmbHR 2010, 1208, 1209; Böcker, DZWiR 2011, 93, 95, der jedoch nicht nur die fälligen, sondern alle entstandenen Verbindlichkeiten erfassen will; so auch Ziemons, GWR 2009, 411, (411).

1043 Heeg, BB 2011, 1160, 1163.

1044 Heeg, BB 2011, 1160, 1163.

Gesellschaft kein Zuführungsgebot[1045], was sowohl für temporär als auch für dauerhaft ausgestaltete Erklärungen gilt[1046].

Wie bereits erwähnt, ist die Entscheidung des BGH leider sehr einzelfallbezogen ausgegangen. Inwiefern die angestellten Erwägungen tatsächlich durchgreifen, bleibt der richterlichen Praxis überlassen.

b. Kündigung von externen harten Patronatserklärungen

Ungeklärt bleibt jedoch die Rechtslage hinsichtlich der Kündigung von externen harten Patronatserklärungen. Da der BGH bei der Kündigung primär auf die Parteivereinbarungen abstellt, kann sich bei einer externen Patronatserklärung einerseits nichts anderes ergeben, andererseits kann aber die Zustimmung der Gläubiger für eine großzügige und vorteilhafte Kündigungsmöglichkeit des Patrons zumindest ein schwieriges Unterfangen darstellen. Schwierigkeiten bereitet auch die Frage nach dem gesetzlichen Kündigungsrecht. Der Rückgriff auf die Vorschriften der Bürgschaft, bei der eine Kündigung dann in Betracht kommt, wenn eine erhebliche Verschlechterung – insbesondere der Finanzlage der kreditnehmenden Gesellschaft – stattgefunden hat, ist auch trotz der ex-nunc Wirkung wenig überzeugend, da sie dem Sinn und Zweck der Patronatserklärung, gerade die Finanzierungsverantwortung während des Liquiditätsengpasses zu übernehmen, konterkarieren würde[1047].

Da die Patronatserklärung gegenüber Dritten erst mit der Offenlegung des Jahresabschlusses der Mutter (§ 325 HGB) wirksam wird, wird vorgeschlagen, die Wirksamkeit der Kündigung von bestimmten Publizitätsanforderungen abhängig zu machen[1048]. Darauf sollte es aber dann nicht ankommen, wenn zwischen dem Patron und dem Gläubiger tatsächlich Kündigungsrechte vertraglich vereinbart wurden, so dass der Ausübung eines solchen Rechts nichts im Wege stehen sollte[1049].

Der BGH hat sich mit der Frage des gesetzlichen Kündigungsrechts nicht auseinander setzen müssen, da er schon das Vorliegen eines stillschweigend vereinbarten Kündigungsrechts bejahte. Die einzelnen in der Literatur kontrovers

---

1045 Vgl. BGH v. 20.09.2010, GmbHR 2010, 1204, 1206.

1046 Vgl. a. Heeg, BB 2011, 1160, 1163.

1047 Vgl. a. Koch, Die Patronatserklärung, S. 338; Rosenberg/Kruse, BB 2003, 641, 645, 647; a.A. Rieder, GWR 2010, 544 (544); differenzierend: Ziemons, GWR 2009, 411 (411).

1048 Böcker, DZWiR 2011, 93, 97.

1049 Rosenberg/Kruse, BB 2003, 641, 645; Schimansky/Bunte/Lwowski, Merkel, Bankrechts-Handbuch, § 98, Rdn. 56,

diskutierten Möglichkeiten zur den gesetzlichen Kündigungsrechten sowohl externer als auch interner Patronatserklärungen hier en detail darzustellen, würden den Rahmen dieser Arbeit sprengen. Insoweit sei auf die einschlägige Literatur verwiesen[1050]. Da der BGH jedoch in seiner Entscheidung ziemlich großzügig ein stillschweigend vereinbartes Kündigungsrecht annahm und dessen Unanfechtbarkeit weitgehend anerkannte, würde es nicht verwundern, wenn er auch in Bezug auf das gesetzliche Kündigungsrecht nicht zu restriktiv argumentieren würde[1051].

IV. Die Patronatserklärung als Sanierungsinstrument

Überlegenswert ist schließlich, inwieweit Patronatserklärungen als Sanierungsmöglichkeiten im Konzern erfolgversprechend eingesetzt werden können. Fest steht, dass nur dann von einem Sanierungsbeitrag gesprochen werden kann, wenn der angeschlagenen Gesellschaft tatsächlich Liquidität zur Verfügung gestellt wird oder wenn ihr Ansprüche zustehen, die in ihrer Überschuldungsbilanz nicht ausgewiesen werden müssen. Ob die Patronatserklärungen die Gefahr einer insolvenzrechtlichen Überschuldung beseitigen können und daher als ein Sanierungsinstrument eingesetzt werden sollten, hängt von der inhaltlichen Ausgestaltung der Vereinbarungen ab.

Die Beantwortung dieser Frage stieß sowohl in der Literatur als auch in der Rechtsprechung immer wieder zu gegensätzlichen Argumenten und Ergebnissen. Im Gegensatz zu der Rangrücktrittsvereinbarung, die infolge des MoMiG in § 19 Abs. 2 S. 2 InsO zumindest ansatzweise gesetzlich ausgeformt wurde, bestehen für die Patronatserklärungen keine gesetzlichen die Passivierungspflicht vermeidenden Kriterien. Grundsätzlich werden auch die Patronatserklärungen als Instrument zur Vermeidung der Überschuldung angesehen, im Detail wird dies jedoch nach wie vor unterschiedlich gesehen.

Differenzierend wird vor allem die Rechtslage nach der Sanierungstauglichkeit von kurzfristigen, allein zur Prüfung der Sanierungsfähigkeit der patronierten Gesellschaft abgegebenen internen Patronatserklärungen betrachtet. In der Literatur ist die Ansicht vorzufinden, nach der solche Sanierungspatronatserklärungen

---

1050 Ausführlich, Mirow, Der Konzern 2006, 112, 115 ff.; Mit weiteren Vorschlägen: Rosenberg/Kruse, BB 2003, 641, 645; Koch, Die Patronatserklärung, S. 334 ff.; Rieder, GWR 2010, 544 (544); Rüßmann, Harte Patronatserklärungen und Liquiditätszusagen, S. 133 ff.; Tetzlaff, DZWiR 2011, 181, 184 ff.; Maier-Reimer/Etzbach, NJW 2011, 1110, 1115 f.

1051 Vgl. auch Blum, NZG 2010, 1331, 1332.

nicht als sanierungsgeeignet angesehen werden, da sie nur für einen extrem kurzen Zeitraum die Insolvenzantragspflicht vermeiden können[1052]. Diese Stimmen kollidieren mit der jüngsten Entscheidung des BGH (STAR-21), bei der er die Tauglichkeit der internen Interimspatronatserklärung für die Abwendung der Insolvenzantragspflicht bestätigt hat[1053].

Dreh- und Angelpunkt der Streitentscheidung befindet sich in der zeitlichen Dauer der Patronatserklärung. Aufgrund des neuen Überschuldungsbegriffs besteht die Insolvenzantragspflicht nach § 19 Abs. 2 S. 1 InsO nur dann, wenn die Fortführungsprognose negativ ausgefallen ist. Bei der Fortführungsprognose wird die Überlegung angestellt, ob die Gesellschaft mit ausreichender Finanzkraft ausgestaltet ist, um eine mittelfristige Fortführung zu ermöglichen. Sollte es nicht der Fall sein, so wird die Fortführungsprognose nicht zwingend verneint, sondern zunächst auf die Finanzkraft des Gesellschafters abgestellt[1054]. Erteilt dieser eine Patronatserklärung, die zeitlichen oder summenmäßigen Beschränkungen unterliegt, dann stellt sich zu Recht die Frage, ob bei dieser noch von einer mittelfristigen Fortführungsberücksichtigung gesprochen werden kann, die in der Regel das laufende und das nachfolgende Geschäftsjahr[1055] und damit einen längeren Zeitraum erfasst als die Patronatserklärung selbst.

Indes gibt es keinen allgemeinen Rechtsgedanken, wonach die Sanierungsfähigkeit einer vorübergehenden Patronatserklärung sich an dem Prognosezeitraum messen lassen muss. Der Gesetzeber hat für den Prognosezeitraum bewusst kein bestimmtes Zeitmaß vorgesehen, so dass der adäquate Prognosezeitraum je nach der Unternehmensstruktur, -plan und Projektvorhaben individuell zu bestimmen ist[1056]. Dann kann aber die Sanierungstauglichkeit auch nicht von dem Prognosezeitraum abhängig gemacht werden. Würden zudem bereits solche Überlegungen die Sanierungsfähigkeit der Patronatserklärung ausschließen, dann müsste auch konsequent das vereinbarte vertragliche Kündigungsrecht – auch bei dauerhaften Patronatserklärungen – zur Sanierungsuntauglichkeit

1052 Tetzlaff, DZWiR 2011, 181, 183; Ziemons, GWR 2009, 411, 313.

1053 BGH v. 20.09.2010, GmbHR 2010, 1204, 1205.

1054 Vgl. Tetzlaff, DZWiR 2011, 181, 183.

1055 MünchKommInsO, Drukarczyk/Schüler, § 19, Rdn. 59; Braun, Bußhardt, InsO, § 19, Rdn. 23; Nach Haußer/Heeg, (ZIP 2010, 1427, 1428) soll dem Prognosezeitraum grundsätzlich mindestens zwölf Monate zugrunde gelegt werden, wobei der BGH auch schon auf einen Zeitraum von etwa fünf Monate abgestellt hat, BGH NJW 1992, 2891, 2894.

1056 Vgl. Braun, Bußhardt, InsO, § 19, Rdn. 23.

führen, um der Insolvenzverschleppung entgegen zu steuern[1057]. Damit würde die Patronatserklärung in der Praxis aber bedeutungslos – wenn nicht gar überflüssig – werden, da kaum ein Patron, insbesondere seit der STAR-21 Entscheidung des BGH, auf eine vertragliche Vereinbarung eines Kündigungsrechts verzichten sollte. Eine die Überschuldung nicht ausschließende Patronatserklärung ist nicht vollwertig und droht ihre Funktion zu berauben.

Damit können also insbesondere bei dauerhaften harten konzerninternen Patronatserklärungen der Möglichkeit, zumindest den Insolvenzantragsgrund der Überschuldung zu vermeiden, keine hindernden Gründe entgegenstehen. Zudem sind die harten konzerninternen Patronatserklärungen auch geeignet, den Eintritt der Zahlungsunfähigkeit der Tochtergesellschaft zu vermeiden, wenn die Muttergesellschaft ihrer Ausstattungsverpflichtung tatsächlich nachkommt oder – für den unwahrscheinlichen Fall – wenn der Tochtergesellschaft ein direkter Zugriff auf die Mittel der Muttergesellschaft eröffnet wird[1058]. Dagegen sind sie nicht geeignet, die bestehende Zahlungsunfähigkeit zu beseitigen, da dieses allein mit Zuführung neuer liquider Mittel von Statten gehen kann, damit die Schuldnerin ihre Zahlungen wieder aufnehmen kann[1059].

Da die konzernexterne Patronatserklärung wie eine Gesellschaftersicherheit für einen Fremdkredit i.S.d. § 44 a InsO ausgestaltet ist und die Tochtergesellschaft wegen des Charakters als unechter Vertrag zugunsten Dritter grundsätzlich keinen Anspruch gegen den Patron geltend machen kann, gibt es keine Ansprüche gegenüber dem Patron, die in einem Überschuldungsstatus aktiviert werden können[1060]. Als Konsequenz ist diese Art der Patronatserklärung als Sanierungsinstrument nicht geeignet, um den Insolvenzantragsgrund der Überschuldung zu verneinen. Ebenso wenig vermag die konzernexterne Patronatserklärung – wie der BGH jüngst entschieden hat – auch die Zahlungsunfähigkeit der Tochtergesellschaft ausschließen[1061].

1057 So Tetzlaff, DZWiR 2011, 181, 183, 185.

1058 BGH DB 2011, 1326, 1328; Ziemons, GWR 2009, 411, 413; Blum, NZG 2010, 1331 (1331).

1059 BGH WM 2010, 711, 716; Ziemons, GWR 2009, 411, 413.

1060 Winnefeld, Bilanz-HB, M 976.

1061 BGH v. 19.05.2011, DB 1326, 1328.

1. *Berücksichtigung der Patronatserklärung in der Handelsbilanz der Patronin*

Die Vereinbarung einer Patronatserklärung muss in der Handelsbilanz des Patrons nach § 251 S. 1 HGB ausgewiesen werden, wenn sich die Muttergesellschaft zu Liquiditäts- bzw. Kapitalausstattung der Tochtergesellschaft verpflichtet, wenn also eine harte Patronatserklärung abgegeben wird[1062]. Denn nach § 251 S. 1 HGB sind Verbindlichkeiten aus Bürgschaften sowie Haftungsverhältnisse aus der Bestellung von Sicherheiten für fremde Verbindlichkeiten bilanziell im Jahresabschluss zu vermerken. Und da es sich bei den harten Patronatserklärungen um Sicherungsmittel handelt, die einer Bürgschaft vergleichbar sind und eine gewährleistungsrechtliche Verpflichtung im bilanzrechtlichen Sinne darstellen, sind sie als Eventualverbindlichkeiten nach § 251 S. 1 HGB bilanziell auszuweisen[1063].

Dagegen werden weiche Patronatserklärungen weder auf Seiten der Mutter- noch auf Seiten der Tochtergesellschaft in der Bilanz ausgewiesen, da sie aufgrund ihres lediglich steuernden und einflussnehmenden Charakters mangels

1062 Vgl. Baetge/Kirsch/Thiele, Bilanzen, 9. Aufl., Kap. X, S. 601. Dies entspricht ganz überwiegender Meinung, wobei die Bilanzierung der Patronatserklärung auch als Verbindlichkeiten i.S.d. § 253 Abs. 1 S. 2 HGB oder als sonstige Rückstellungen i.S.d. § 249 Abs. 1 S. 1 Alt. 1 HGB ausgewiesen werden könnten. Die Entscheidung für den richtigen Bilanzposten hängt von der Ausgestaltung der Erklärung und von der Wahrscheinlichkeit der Inanspruchnahme ab, vgl. zu den Unterschieden zwischen diesen Bilanzposten, Daub, Rückstellungen nach HGB, US GAAP und IAS, S. 122 ff; Winnefeld, Bilanz-HB, D 2119, 2122.

1063 OLG München, ZIP 2004, 2102, 2104; Ebenroth/Boujong/Joost/Strohn, Wiedmann, HGB, § 251, Rdn. 9; Ulmer, Kleindiek, Bilanzrecht, § 251, Rdn. 19; Haußer/Heeg, ZIP 2010, 1427, 1430; Rüßmann, Harte Patronatserklärungen und Liquiditätszusagen, S. 148; Münch. Hdb. GesR III, Schiessl, § 35, Rdn. 5, fehlt dagegen eine Bilanzierung oder soll diese vielmehr verhindert werden, sei das ein Indiz dafür, dass keine harte Patronatserklärung vorliegt. Dass aber schon die Bilanzierung sich auf die Auslegung einer Patronatserklärung auswirken soll, erscheint zweifelhaft, da der Patron durch Unterlassen der Ausweisung der Patronatserklärung in der Bilanz dessen Bestehen und die daraus folgenden Verpflichtungen bestreiten könnte. So auch Merkel, in Schimansky/Bunte/Lwowski, Bankrechts-Handbuch, § 98, Rdn. 36, 46, mit dem zutreffenden Einwand, dass das Unterlassen kein Argument für einen fehlenden Rechtbindungswillen für eine harte Patronatserklärung sei und dass es sonst im Belieben des Patrons stünde, „den Sicherheitswert ihrer Verpflichtung willkürlich festzulegen".

Rechtsbindungswillens nicht zu Angabe von Gewährleistungsverpflichtungen nach § 251 HGB führen[1064].

2. *Berücksichtigung der Patronatserklärung in der Überschuldungsbilanz des Patronierten (Bilanzierung)*

Im Hinblick auf die Berücksichtigung der Patronatserklärung auf der Aktivseite des Überschuldungsstatus der patronierten Gesellschaft hat der BGH in seiner jüngsten Entscheidung keine konkreten Bedenken geäußert[1065]. Auf der Aktivseite sind nämlich alle Vermögenswerte anzusetzen, die im Falle der Insolvenzeröffnung verwertbare Massebestandteile i.S.d. § 35 InsO darstellen[1066]. Konzerninterne harte Patronatserklärungen sind insbesondere im Zeitpunkt der drohenden Überschuldung ein bewährtes Mittel, schnell und unkompliziert einen Bilanzausgleich herbeizuführen, da der Ausstattungsanspruch gegen die Muttergesellschaft in der Überschuldungsbilanz der Tochtergesellschaft zu aktivieren ist[1067]. Wird die interne harte Patronatserklärung jedoch nur zugunsten einzelner und nicht zugunsten aller Gläubiger abgegeben, löst dies die Aktivierung in der Überschuldungsbilanz nicht aus, da es sich insoweit um eine Kreditsicherheit handelt, die nicht allen Gläubigern zugutekommt[1068].

Komplizierter gestaltet sich die Rechtslage hinsichtlich der Aktivierung harter konzernexterner Patronatserklärungen im Überschuldungsstatus der begünstigten Gesellschaft. Vorbehaltlich der Einbeziehung des Patronierten in den Wirkungskreis der Patronatserklärung sollen die externen Patronatserklärungen nicht aktiviert werden, da sie dem Patronierten grundsätzlich keine eigenen Ansprüche geben[1069]. Wenn aber der patronierten Gesellschaft – ausnahmsweise

---

1064 Baetge/Kirsch/Thiele, Bilanzen, Kap. X, S. 602; Bartge/Kirsch/Thiele, Karrenbrock, Bilanzen, § 251 HGB, Rdn. 105; Winnefeld, Bilanz-HB, M 971; Maier-Reimer/Etzbach, NJW 2011, 1110, 1112.

1065 BGH v. 20.09.2010, GmbHR 2010, 1204, 1205.

1066 Baumbach/Hueck, Schulze-Osterloh, GmbHG, § 64, Rdn. 15; Scholz, K. Schmidt/Bitter, GmbHG, vor § 64, Rdn. 33.

1067 Winnefeld, Bilanz-HB, M 978; i.E. auch Haußer/Heeg, ZIP 2010, 1427, 1431 f.; Mirow, Der Konzern 2006, 112, 113; Ziemons, GWR 2009, 411, 413.

1068 OLG Celle, ZIP 2008, 2416, 2417; Uhlenbruck, InsO, § 19, Rdn. 46, § 35, Rdn. 65; K. Schmidt/Uhlenbruck, Uhlenbruck, Rdn. 5.153; Schimansky/Bunte/Lwowski, Merkel, Bankrechts-Handbuch, § 98, Rdn. 37, FN. 2; Haußer/Heeg, ZIP 2010, 1427, 1431.

1069 OLG Celle, ZIP 2008, 2416, 2417; Maier-Reimer/Etzbach, NJW 2011, 1110, 1117; Haußer/Heeg, ZIP 2010, 1427, 1431.

– eigenständige einklagbare Ansprüche zugesprochen werden, gilt sie als in den Wirkungskreis der Erklärung einbezogen, da die Patronatserklärung in ihrer Wirkung wirtschaftlich wie eine Forderung der begünstigen Gesellschaft angesehen werden kann, da sie die Verpflichtungen gegenüber den Gläubigern ausgleicht[1070]. Nur dann sind konzernexterne Patronatserklärungen in dem Überschuldungsstatus zu aktivieren.

Die herrschende Meinung im Schrifttum hält die harte Patronatserklärung für nicht passivierungspflichtig, da der aus der Patronatserklärung herzuleitende Ausstattungsanspruch grundsätzlich keinen Gegenanspruch der Patronin gegen das patronierte Unternehmen begründet, es also nichts zu passivieren gäbe[1071]. Dieser Meinung kann jedoch nicht undifferenziert gefolgt werden. Auch wenn die Patronatserklärungen dem Grunde nach und als Sanierungsinstrumente nur dann wirklich erfolgversprechend sind, wenn die Patronin auf die Rückforderungsansprüche verzichtet, ist diese Vorgehensweise bei weitem nicht zwingend und erscheint auch in den meisten Fällen als unwahrscheinlich. Sicherlich ist die Muttergesellschaft an der Insolvenz ihrer Tochter nicht interessiert und deswegen bestrebt, in schwierigen Zeiten auszuhelfen. In den meisten Fällen dürfte es jedoch zu erwarten sein, dass sie ihre Finanzhilfen zumindest zum Zeitpunkt der wirtschaftlichen Erholung der Tochtergesellschaft zurückfordern wollen wird, so dass auf der Passivseite tatsächlich eine offene Verbindlichkeit auszuweisen gäbe[1072].

Insoweit ist vielmehr davon auszugehen, dass die Patronin, damit sich die Patronatserklärung auch in der Überschuldungsbilanz positiv auswirkt, für den Gegenanspruch eine Rangrücktrittserklärung abgeben wird, so dass dieser Anspruch dann nach § 19 Abs. 2 S. 2 InsO nicht mehr passiviert werden muss[1073]. Auf diese Weise ist die Patronatserklärung selbst dann, wenn auf die

1070 Merz/Hübner, DStR 2005,802, 803 f.; Haußer/Heeg, ZIP 2010, 1427, 1431.

1071 K. Schmidt/Uhlenbruck, Uhlenbruck, Rdn. 5.153; Merz/Hübner, DStR 2005, 802, 303.

1072 Genauer betrachtet kann der Ansicht von Schniepp gefolgt werden, der in der Überschuldungsbilanz einen Passivtausch annimmt, wenn der Patron die Ausstattungsverpflichtung erfüllt. In einem solchen Fall wird vereinbarungsgemäß davon ausgegangen, dass die Gesellschaft die gewährten finanziellen Mittel zur Begleichung ihrer Forderungen gegenüber den anderen Gläubigern einsetzen wird, so dass diese Forderungen durch die (nun entstandene) Forderung des Patrons ersetzt werden. An der Passivierung würde es jedoch nichts ändern, da allenfalls ein Gläubigerwechsel stattfindet, vgl. ausführlich Schniepp, Die Liquiditätszusage, S. 119; vgl. a. Uhlenbruck, InsO, § 19, Rdn. 46.

1073 Im Ergebnis auch Rieder, GWR 2010, 544 (544); Baetge/Kirsch/Thiele, Bilanzen, X. Kap., S. 602.

Rückzahlung der gewährten Mittel seitens der Patronin nicht verzichtet wird, tatsächlich geeignet, als Sanierungsinstrument zur Abwendung der Überschuldung zu fungieren. Für den selten zu erwartenden Fall, dass tatsächlich keine Rückforderung der Mittel verlangt werden soll, entfällt natürlich die Passivierungspflicht.

V. Zusammenfassung

Patronatserklärungen üben auf den ersten Blick aufgrund der zahlreichen und flexiblen Gestaltungsmöglichkeiten für die Konzerngesellschaften einen nicht zu unterschätzenden Anreiz aus. Ungeachtet zahlreicher Vorzüge von Patronatserklärungen stoßen die Unternehmen jedoch früher oder später auf einen weitreichenden Haftungsboden. Spätestens dann stehen die Konzernobergesellschaften vor der Frage, welche Risiken sie im Zusammenhang mit der Patronatserklärung zu beachten haben und – vor der nicht minder bedeutsamen und aktuellen Frage – wie sie sich von ihrer eingegangenen Verpflichtung noch lösen können. In der Praxis stellt dabei insbesondere die Frage nach der Kündigung von harten Patronatserklärungen ein unsicheres und ungewisses Milieu dar.

Bereits die prägnante Darstellung der geltenden Rechtslage in Bezug auf die Patronatserklärungen hat gezeigt, dass die Muttergesellschaft bei ihrem Wunsch, die Gesellschaft finanziell unter die „Arme zu greifen" die Patronatserklärungen als flexibel einsetzbares Sanierungsinstrument nicht aus den Augen verlieren sollte. Denn gewährt sie ihrer Gesellschaft ein schlicht normales Darlehen, ist ihre Forderung im Insolvenzverfahren nach § 39 Abs. 1 Nr. 5 InsO subordiniert und die Kündigung und Rückzahlung im kritischen Zeitraum vor der Insolvenzeröffnung nach § 135 anfechtbar. Das gleiche gilt auch für sog. kurzfristige Überbrückungskredite, auf die nach Ablauf des kurzen aus § 15 a Abs. 1 S. 1 InsO folgenden dreiwöchigen Sanierungsmoratoriums ebenfalls das Anfechtungsrecht der Gesellschafterleistungen zur Gefahr wird[1074]. Vereinbaren die Parteien jedoch eine konzerninterne harte Patronatserklärung, führt dies einerseits zu einer Ausweisung als Aktiva und andererseits dazu, dass der Gesellschafter dieses Aktivum – vorbehaltlich eines vertraglichen Kündigungsrechts – vor der Insolvenzantragstellung sanktionslos kündigen kann[1075]. Erklärt sich die Patronin noch zur Abgabe einer Rangrücktrittsvereinbarung oder gar zur Stundung oder zum Verzicht des Rückforderungsanspruchs, ist die Patronatserklärung sogar zweifelsfrei geeignet, den Insolvenzgrund der Überschuldung auszuschließen.

1074 BGH v. 26.04.2010, DStR 2010, 1752, 1754.

1075 Vgl. a. Heeg, BB 2011, 1160, 1164.

Des Weiteren eröffnet die Abgabe einer Patronatserklärung der Muttergesellschaft genügend Zeitraum, um im Zeitpunkt der Überschuldung der Tochtergesellschaft ihre Sanierungsfähigkeit gründlich überprüfen zu können, um anhand dessen entscheiden zu können, wie und ob Sanierungsbemühungen – sei es in Form von Eigen- oder Fremdkapitalgewährung – eingeleitet werden sollen. Die Muttergesellschaft sollte jedoch sich bewusst sein, dass eine Sicherung eines in der Überschuldung gewährten Kredits an die Tochtergesellschaft, sie vor weitreichende Konsequenzen stellen wird, als sie sich die Regeln des Eigenkapitalersatzrechts über gesellschafterbesicherte Drittdarlehen entgegen halten lassen muss.

Eine undifferenzierte Bejahung des Kündigungsrechts für alle Patronatserklärungen verbietet sich, da es in erster Linie auf die konkrete Ausgestaltung der Patronatserklärung ankommt. Aufgrund der ex-nunc Wirkung der Kündigung stehen dieser zumindest Gläubigerschutzgesichtspunkte nicht entgegen. Aus diesem Grund ist es der Patronin im Interesse einer möglichst risikolosen Befreiung von ihrem Versprechen zu raten, ein vertragliches Kündigungsrecht zu vereinbaren, aber auch die Patronatserklärung selbst genauestens zu formulieren. Die jederzeitige auf vertraglicher Grundlage beruhende Kündigungsmöglichkeit der Patronatserklärung findet ihre Rechtfertigung darin, dass die Patronin alle bis zum Zeitpunkt der Kündigung entstandenen Verpflichtungen erfüllen muss.

I. Das intertemporale Recht

Durch die Einführung neuer gesetzlicher Regelungen stellt sich immer die Frage nach dem intertemporalen Recht. Insoweit soll anschließend erläutert werden, ab welchem Zeitpunkt die neuen Sonderregeln über die Gesellschafterdarlehen gelten und ob und für wie lange das alt bekannte Eigenkapitalersatzrecht noch Geltung beanspruchen wird.

I. Fortgeltung des bisherigen Eigenkapitalersatzrechts in Altfällen

Bei der Frage des Übergangsrechts und der rechtlichen Behandlung von Tatbeständen, die bereits vor der Novellierung eingetreten sind, muss im Rahmen des Eigenkapitalersatzrecht einerseits nach dem Zeitpunkt der Insolvenzverfahrenseröffnung und andererseits nach dem Zeitpunkt der maßgeblichen Rechtshandlung differenziert werden. Insoweit versucht die Übergangsvorschrift in Art. 103d S. 1 EGInsO zumindest im Hinblick auf die Novellenregeln eine Klarstellung zu treffen.

1. Übergangsregelung des Art. 103d EGInsO in Bezug auf die Novellenregeln

Nach Art. 103d S. 1 EGInsO sind auf „*Insolvenzverfahren, die vor Inkrafttreten des Gesetzes vom 23. Oktober 2008 am 1. November 2008 eröffnet worden sind, die bis dahin geltenden gesetzlichen Vorschriften anzuwenden*".

Damit umschreibt das Gesetz die einfache Variante des intertemporalen Rechts. Alle Kapitalersatzfälle, die bis zum 1. November 2008 verwirklicht wurden und aufgrund derer das Insolvenzverfahren noch vor dem 1. November 2008 eröffnet wurde, unterliegen gemäß Art. 103d S. 1 EGInsO den Regeln des alten Rechts – §§ 32 a, 32 b GmbHG a.F. – da es sich bei ihnen um die bislang geltenden Vorschriften handelt, unabhängig von ihrer Verortung im GmbHG und nicht in der InsO[1076]. Der Insolvenzverwalter kann die zurückgewährte Darlehensvaluta daher erst zurückfordern, wenn das Darlehen in der Krise der Gesellschaft gewährt wurde bzw. in gesunden Zeiten gewährt, aber in der Krise stehengelassen wurde.

Weiter regelt die Übergangsvorschrift in Satz 2:

> „*Im Rahmen von nach dem 1. November eröffneten Insolvenzverfahren sind auf vor dem 1. November vorgenommene Rechtshandlungen die bis dahin geltenden Vorschriften der Insolvenzordnung über die Anfechtung von Rechtshandlungen anzuwenden, soweit die Rechtshandlungen nach dem bisherigen Recht der Anfechtung entzogen oder in geringerem Umfang unterworfen sind*".

Trotz des auf den ersten Blick klar klingenden Wortlauts der Vorschrift, drängen sich dennoch Fragen auf, insbesondere wie der Rechtsbegriff der Rechtshandlung zu verstehen ist. Es stellt sich die Frage, ob – einfach ausgedrückt – bereits die Gewährung eines Darlehens oder erst die Tilgung dessen durch die Gesellschaft als die maßgebliche Rechtshandlung einzustufen ist. Mittlerweile hat auch schon der BGH entschieden, dass der nach Art. 103d S. 2 EGInsO maßgebliche Zeitpunkt der Rechtshandlung nach § 140 InsO zu bestimmen ist[1077]. Da es also um die Anwendung der insolvenzrechtlichen Regeln, die die Anfechtung einer Rechtshandlung bewirken, geht, kann mit der Rechtshandlung i.S.d. Art. 103d EGInsO nur die Rückgewähr des Gesellschafterdarlehens durch die Gesellschaft und nicht bereits die Darlehensgewährung selbst gemeint sein[1078].

1076 Vgl. BGH NJW 2009, 1277, 1278 f.

1077 BGH v. 4.7.2013, NJW 2013, 1033, 1034.

1078 Baumbach/Hueck, Hueck/Fastrich, GmbHG, § 30 Anh., Rdn. 109; Hirte/Knof/Mock, NZG 2009, 48; Haas, DStR 2009, 976, 977. Aus diesem Grund war auch in der BGH Entscheidung vom 4.7.2013 nicht der Zeitpunkt der Kontokorrentabrede, sondern der Eintritt der Verrechnungslage mit Eingang der Rückzahlung des

a. Anfechtbarkeit von Rechtshandlungen bei Eröffnung des Insolvenzverfahrens nach dem 1. November 2008

Hinsichtlich der Anwendung des alten oder des neuen Rechts gilt im Grundsatz, dass für alle Fälle, in denen das Darlehen noch vor dem MoMiG zurückgezahlt, aber das Insolvenzverfahren nach dem 1. November 2008 eröffnet wurde, das neue Recht der Gesellschafterdarlehen gilt, wenn auch nach dem alten Recht die Gesellschafterleistung einen eigenkapitalersetzenden Charakter hatte[1079]. Insofern entscheidet allein der Zeitpunkt der Insolvenzeröffnung über das Eingreifen der alten oder der neuen Regeln des Eigenkapitalersatzrechts.

aa. Rückzahlung eines nicht eigenkapitalersetzenden Darlehens vor dem 1. November 2008

Wurde das Darlehen zwar wie oben noch vor dem 1. November 2008 gewährt und erfolgte auch die Rechtshandlung – die Rückzahlung des Darlehens seitens der Gesellschaft – vor dem 1. November 2008, während das Insolvenzverfahren erst nach dem 1. November 2008 eröffnet wurde und war das Darlehen des Gesellschafters jedoch keine eigenkapitalersetzende Leistung, ist § 135 Abs. 1 Nr. 2 InsO n.F. nicht anwendbar, da nach Art. 103d S. 2 EGInsO zum Schutze des Gesellschafters weiterhin das alte Recht Anwendung findet, wenn es mildere Regeln für den Gesellschafter darstellt.

Die grundsätzliche Anwendung des neuen Rechts auf Fälle, bei denen das Insolvenzverfahren nach dem 1. November 2008 eröffnet wurde, findet also eine

---

Gesellschafters auf dem im Soll stehenden Konto der Gesellschaft bei der Bank maßgeblich, vgl. BGH NJW 1033, 1035.

1079 Zur Verdeutlichung sei ein Beispiel genannt: Hat ein Gesellschafter seiner Gesellschaft in der Krise am 1.1.2007 ein Darlehen gewährt, das am 1.1.2008 zurückgewährt wurde und wird am 1.12.2008 ein Insolvenzverfahren eröffnet, so findet das neue Recht uneingeschränkt Anwendung. Da das Insolvenzverfahren innerhalb eines Jahres nach der Rückzahlung des Darlehens eröffnet wurde, ist die Rechtshandlung nach § 135 Abs. 1 Nr. 2 InsO anfechtbar. Zwar spielt es für die Anwendung des neuen Rechts keine Rolle mehr, dass das Darlehen während einer Krise gewährt wurde. Jedoch ist die Charakterisierung einer Gesellschafterleistung als eigenkapitalersetzend in Rahmen der Feststellung welches Recht anwendbar ist, nicht gänzlich unbedeutend. Da hier auch nach dem alten Recht das Kapitalersatzrecht Anwendung gefunden hätte, steht der Anwendung des neuen Rechts nichts entgegen. Wenn das Insolvenzverfahren jedoch nach mehr als einem Jahr seit der Rückgewähr der Darlehensvaluta eröffnet wurde, so ist die Frist des § 135 Abs. 1 Nr. 2 InsO verstrichen und der Gesellschafter hat keine Anfechtung der Tilgung seitens des Insolvenzverwalters zu befürchten.

Einschränkung im Vertrauensschutz des Gesellschafters, soweit vor Inkrafttreten der Neuregelung die Gesellschafterhilfe *„der Anfechtung entzogen oder in geringerem Umfang unterworfen waren“*[1080]. Im Interesse des Gesellschafters findet also eine unechte Rückwirkung[1081] statt, da nur das für ihn günstigere – und nicht strengere – Gläubigerschutzsystem angewandt wird. Und da die bisherige Anfechtungsregelung in § 135 InsO ein kapitalersetzendes Darlehen voraussetzte, kommt sie bei Fehlen dessen auch weiterhin nicht zur Anwendung. Das gilt aber nur für den Fall, dass die Rückzahlung des Darlehens noch vor Inkrafttreten des MoMiG erfolgte.

bb. Rückzahlung eines nicht eigenkapitalersetzenden Darlehens nach dem 1. November 2008

Kam es dahingegen zur Rückzahlung eines nicht eigenkapitalersetzenden Darlehens erst nach dem 1. November 2008 und wurde innerhalb eines Jahres die Insolvenz eröffnet, so greift Art. 103d S. 2 EGInsO mangels „rechtzeitiger“ Rückzahlung nicht ein und der Gesellschafter steht vor der Anfechtung der Tilgungsleistung, auch obwohl sein anfangs gewährtes Darlehen keinen eingenkapitalersetzenden Charakter hatte[1082]. Hierin ist der Unterschied zu der oben erwähnten unechten Rückwirkung zu sehen, da anders als oben, der Gesellschafter nicht von der alten ihn privilegierenden Rechtslage profitieren kann, nur infolge der Tilgung seines Darlehens nach dem 1. November 2008.

b. Rangordnung von nicht zurückgezahlten und nicht eigenkapitalersetzenden Darlehen nach dem MoMiG

Spiegelbildlich ist das neue Recht auch bei unterbliebener Rückzahlung nach Inkrafttreten des MoMiG anzuwenden, mit der Maßgabe, dass die während des alten Rechts gewährten nicht eigenkapitalersetzenden Darlehen von nun an mit der Insolvenzeröffnung nachrangig i.S.d. § 39 Abs. 1 Nr. 5 InsO sind. Denn hinsichtlich der Fortgeltung der herkömmlichen Regeln spricht Art. 103d S. 2 EGInsO nur von *„Vorschriften der Insolvenzordnung über die Anfechtung von Rechtshandlungen“*, die auch ehemals in § 135 InsO geregelt waren. Insoweit kann das bisherige Recht nur hinsichtlich der Anfechtbarkeit von Rechtshandlungen

1080 Gottwald, Haas/Hossfeld, Insolvenzrechts-Handbuch, § 92, Rdn. 362; Baumbach/Hueck, Hueck/Fastrich, GmbHG, § 30 Anh., Rdn. 108; Michalski, Dahl, GmbHG, Anh. II §§ 32 a, 32 b a.F., Rdn. 61.

1081 Baumbach/Hueck, Hueck/Fastrich, GmbHG, § 30 Anh., Rdn. 108.

1082 Vgl. Baumbach/Hueck, Hueck/Fastrich, GmbHG, § 30 Anh., Rdn. 109.

einschlägig sein, wohingegen die Rechtslage hinsichtlich des Ranges solcher Forderungen nicht nach dem alten Recht zu beurteilen ist.

Das würde bedeuten, dass auch für die vor dem Inkrafttreten des MoMiG gewährten Darlehen in Bezug auf die Nachrangigkeit der neue § 39 Abs. 1 Nr. 5 InsO gilt, ohne dass darin eine unzulässige echte Rückwirkung zu sehen ist[1083]. Da sich der Nachrang einer Gesellschafterforderung für den Gesellschafter erst in der Insolvenz bemerkbar macht und die noch bestehende Nachrangigkeit aber impliziert, dass das Darlehen seitens der Gesellschaft noch nicht zurückbezahlt wurde, liegt keine Rechtshandlung i.S.d. Art. 103d S. 2 EGInsO vor, aufgrund dessen der Gesellschafter bei Heranziehung des neuen Rechts infolge der für ihn ungünstig gewordenen Rechtslage benachteiligt werden könnte. Das heißt, ob das alte Recht nach dem Gültigkeitsvergleich überhaupt einschlägig ist, richtet sich danach, ob das Darlehen von der Gesellschaft schon zurückbezahlt wurde oder nicht.

Schließlich stellt sich das Problem des Übergangsrechts dann nicht mehr, wenn alle relevanten Rechtshandlungen, also sowohl die Gewährung und Rückzahlung des Darlehens als auch die Eröffnung des Insolvenzverfahrens nach dem 1. November 2008 stattfanden, so dass uneingeschränkt das neue Recht zur Anwendung gelangt.

2. *Anwendbarkeit der Rechtsprechungsregeln auf Altfälle*

Nachdem die unterschiedlichen Konstellationen intertemporalen Anwendungsbereiches erörtert wurden, stellt sich anschließend die Frage, welche Regeln des alten Rechts für die Altfälle noch relevant sind. Auslöser einer solchen Fragestellung ist die gesetzgeberische Formulierung des Art. 103d EGInsO selbst, wonach nur *„die bis dahin geltenden gesetzlichen Vorschriften bzw. die Vorschriften der Insolvenzordnung“* wieder anwendbar seien, was in erster Linie nur die gesetzlich geregelten Insolvenzregeln implizieren lässt. In diese Kategorie fallen auch die Novellenregeln, denen trotz ihrer Verortung im GmbHG bereits nach

1083 Kammeter/Geißelmeier, NZI 2007, 214, 218; Azara, Das Eigenkapitalersatzrecht der GmbH nach dem MoMiG, S. 941; BGH v. 17.02.2011, GmbHR 2011, 413, 414. Die Unterteilung in Art. 103d S. 2 EGInsO in Vorschriften, die die Anfechtbarkeit und die Nachrangigkeit betreffen ist leicht verwunderlich, da auch nach altem Recht die Rückforderungsansprüche aus eigenkapitalersetzenden Leistungen nach § 39 Abs. 1 Nr. 5 InsO nachrangig waren.

herkömmlichem Recht insolvenzrechtliche und nicht gesellschaftsrechtliche Natur zugesprochen wurde[1084].

Insofern würde es jedoch enorm verwundern, wenn der Gesetzgeber damit zum Ausdruck bringen wollte, dass nur die Novellenregeln und nicht auch die Rechtsprechungsregeln in Altfällen weiterhin Anwendung genössen, zumal zu befürchten wäre, dass zahllose infolge des Auszahlungsverbotes entstandene materiellrechtliche Rückzahlungsansprüche nach § 31 GmbHG verloren gingen.

a. Auswirkungen des Nichtanwendungsbeschlusses auf Altfälle

Seit Inkrafttreten des MoMiG sind die Rechtsprechungsregeln im Gegensatz zu den Novellenregeln, die in die Insolvenzordnung übernommen wurden, ersatzlos gestrichen worden. Insoweit erging mit Art. 1 Nr. 20 MoMiG der „Nichtanwendungserlass" des § 30 Abs. 1 S. 3 GmbHG n.F., wonach § 30 Abs. 1 S. 1 GmbHG n.F. auf die Rückgewähr eines Gesellschafterdarlehens nicht anzuwenden ist. Eine gesonderte Überleitungsvorschrift für den neuen § 30 Abs. 1 S. 3 GmbHG fehlt jedoch, so dass sich die Frage stellt, wie sich der Nichtanwendungsbeschluss auf Altfälle auswirkt: Gilt die Anwendbarkeit der §§ 30, 31 GmbHG auf vor dem Inkrafttreten des MoMiG getätigte Rückzahlungsvorgänge fort oder werden auch die Altfälle im Lichte des § 30 Abs. 1 S. 3 GmbHG n.F. zu behandeln sein?

Nach dem Wortlaut des Art. 103d EGInsO passen die Rechtsprechungsregeln nicht unter den Regelungsbereich, da es sich eben nicht um gesetzliche Vorschriften – und erst recht nicht um Vorschriften der Insolvenzordnung – handelt. Auch die Übergangsvorschriften in § 3 EGGmbHG sehen keine spezielle Regelung zu der Einführung von § 30 Abs. 1 S. 3 GmbHG n.F. vor. Hinsichtlich der Fälle der verdeckten Sacheinlage und des Hin- und Herzahlens bestimmt § 3 Abs. 4 EGGmbHG, dass das neue Recht auch für Einlagenleistungen gilt, die nach dem alten Recht nicht zur Erfüllung der Einlagenverpflichtung geführt haben[1085]. Im Umkehrschluss zur Kapitalaufbringung kann man hinsichtlich der Kapitalerhaltung folgern, dass, da der Gesetzgeber eine entsprechende Regelung für die Anwendung des §§ 30, 31 GmbHG a.F. nicht angeordnet hat, die

1084 Ulmer/Habersack/Winter, Habersack, GmbHG, §§ 32 a/b, Rdn. 2; Scholz, K. Schmidt, GmbHG, §§ 32 a, 32 b, Rdn. 7 f.; Haas, DStR 2009, 976 (976).

1085 Weiterhin regelt § 3 EGGmbHG die Pflicht zur Anmeldung einer inländischen Geschäftsanschrift (§ 8 Abs. 4 Nr. 1 GmbHG), die einer Bestellung zum Geschäftsführer entgegenstehenden Gründe (§ 6 Abs. 2 GmbHG) sowie den gutgläubigen Erwerb von Geschäftsanteilen (§ 16 Abs. 3 GmbHG).

Anwendung des neuen Rechts auf Altfälle gerade nicht vorgesehen war[1086]. Zudem kann allein aus der mangelnden Anordnung der Fortgeltung des bisherigen Rechts nicht darauf geschlossen werden, dass für die in der Vergangenheit begründeten Rechtsverhältnisse nunmehr das neue Recht gelten soll[1087], insbesondere nicht für bereits vollendete Tatbestände.

aa. Anwendung des § 30 Abs. 1 S. 3 GmbHG nur auf die vor dem MoMiG nicht entstandenen Ansprüche

Nach der überwiegenden Meinung in Schrifttum[1088] und nach der höchstrichterlichen Rechtsprechung[1089] besteht zumindest Einigkeit dahingehend, dass auf die vor dem 1.11.2008 entstandene Ansprüche und eröffnete Insolvenzverfahren die auf der Grundlage der richterrechtlich entwickelten und auf §§ 31 Abs. 1 GmbHG a.F. gestützten Rechtsprechungsregeln weiter angewandt werden. Der neue § 30 Abs. 1 S. 3 GmbHG soll damit erst auf Sachverhalte Anwendung finden, in welchen der Anspruch mit Inkrafttreten des MoMiG noch nicht entstanden war. Dagegen besteht im Hinblick auf die zugrundeliegenden Wertungsgrundlagen weitgehend Dissens.

(1) Herleitung anhand Art. 103d EGInsO

Rechtsdogmatisch wird durch den BGH primär vertreten, dass auch die Fortgeltung der Rechtsprechungsregeln sich bereits aus der Überleitungsvorschrift des Art. 103d EGInsO ableiten ließe[1090], so dass die Rechtsprechungsregeln hinsichtlich der Altfälle noch Bestand haben. Zur Begründung wird ausgeführt, dass auch die Rechtsprechungsregeln, die auf der analogen Anwendung der §§ 30, 31 GmbHG aufbauten, kraft Sachzusammenhangs mit den Novellenregeln der §§ 32 a, b GmbHG a.F. von Art. 103d EGInsO erfasst seien und mit der insolvenzrechtlichen Regelung des § 135 InsO a.F. im Konkurrenzverhältnis stünden.

1086 Vgl. Lorenz, GmbHR 2009, 135, 136.

1087 BGH NJW 1966, 155, 156.

1088 Gottwald, Haas/Hossfeld, Insolvenzrechts-Handbuch, § 92, Rdn. 363 ff., 367; Baumbach/Hueck, Hueck/Fastrich, GmbHG, § 30 Anh., Rdn. 110; Lorenz, GmbHR 2009, 135, 136; Dahl/Schmitz, NZG 2009, 325, 331; K. Schmidt/Uhlenbruck, K. Schmidt, Rdn. 2.87; Wedemann, GmbHR 2008, 1131, 1134 f.; Altmeppen, NJW 2008, 3601 (3601); a.A. Hirte, WM 2008, 1429, 1435, der aus dem systematischen Zusammenhang einen entsprechenden gesetzgeberischen Willen ableitet; vgl. a. Hirte/Knof/Mock, NZG 2009, 48, 49.

1089 BGH v. 26.1.2009, „Gut Buschow", NJW 2009, 1277, 1279; BGH v. 28.05.2013, NZI 2013, 854, 855.

1090 BGH NJW 2009, 1277, 1279.

Hilfsweise lässt der BGH aber auch die allgemeinen Grundsätze des intertemporalen Rechts der Schuldverhältnisse für die weitere Anwendbarkeit der Rechtsprechungsregeln genügen[1091].

(2) Herleitung nach den allgemeinen Grundsätzen des intertemporalen Rechts der Schuldverhältnisse

Auch das *OLG Köln*, das seine Entscheidung kurz nach Inkrafttreten des MoMiG verkündete, will die Rechtsprechungsregeln weiter angewandt wissen, zieht jedoch mangels einer speziellen Übergangsregelung als Wertungsgrundlage die intertemporalen Grundsätze der Schuldverhältnisse heran[1092]. Genauso entschied sich das *OLG Thüringen*, das – im Gegensatz zum BGH – die Anwendbarkeit des Art. 103d EGInsO auf die Rechtsprechungsregeln explizit ablehnt und stattdessen die allgemeinen schuldrechtlichen intertemporalen Bestimmungen für anwendbar erachtet[1093].

Werden nämlich schuldrechtliche Normen ohne Übergangsbestimmungen geändert, sind nach der ständigen Rechtsprechung die Regelungen der Artt. 170, 229, § 5 und 232 § 1 EGBGB entsprechend anwendbar[1094]. Nach den Regeln des intertemporalen Schuldrechts untersteht ein Schuldverhältnis nach seinen Voraussetzungen, seinem Inhalt und seinen Wirkungen gemäß Art. 170, 229 § 5, Art. 232 § 1 EGBGB analog demjenigen Recht, das zur Zeit seiner Entstehung galt[1095]. Welcher Zeitpunkt mit der „Verwirklichung des Entstehungstatbestandes des Schuldverhältnisses" genauer gemeint ist – in Betracht käme zum einen der Zeitpunkt der Umqualifizierung der Gesellschafterleistung nach dem alten Recht, zum anderen der Zeitpunkt der Rückzahlung des Darlehens – wird aus der Entscheidung des BGH nicht ersichtlich. Überwiegend wird sowohl in der Literatur als auch in der Rechtsprechung – im Unterschied zu der Insolvenzeröffnungsvoraussetzung des Art. 103d EGInsO – auf den Zeitpunkt der Rückzahlung des Darlehens abgestellt[1096] auch wenn der Anwendungsbereich

---

1091 BGH NJW 2009, 1277, 1279.

1092 OLG Köln v. 11.12.2008, NZI 2009, 128, 129.

1093 OLG Thüringen v. 18.03.2009, GmbHR 2009, 431, 432 f.

1094 Palandt, Heinrichs, BGB, Einl v § 241, Rdn. 14 (mit Rechtsprechungsnachweisen); Wedemann, GmbHR 2008, 1131, 1135.

1095 Vgl. Palandt, Heinrichs, Einl. v. § 241, Rdn. 14; BGH NJW 2009, 1277, 1279; OLG Köln, NZI 2009, 128, 129; OLG Thüringen, GmbHR 2009, 431, 433; auch Lorenz, GmbHR 2009, 135, 136.

1096 OLG Köln, NZI 2009, 128, 129; Baumbach/Hueck, Hueck/Fastrich, GmbHG, § 30 Anh., Rdn. 111.

der Rechtsprechungsregeln materiellrechtlich nicht erst ab Rückzahlung, sondern schon mit der Finanzierungsentscheidung in der Krise und damit schon mit dem Zeitpunkt der Umqualifizierung eröffnet war[1097]. Dann dürfte der Zeitpunkt der Eröffnung des Insolvenzverfahrens – ob vor oder nach Inkrafttreten des MoMiG – bei der Entscheidung der Anwendbarkeit der Rechtsprechungsregeln keine maßgebliche Bedeutung haben.

Im *Gut Buschow* lag dem BGH der Fall zugrunde, bei dem nicht nur die Rückzahlung des Darlehens, sondern auch die Eröffnung des Insolvenzverfahrens vor der Neuregelung stattfand. Allein von diesem Sachverhalt gehen der BGH und die Oberlandesgerichte Köln und Thüringen aus, wenn dort von „Altfällen" die Rede ist. Wie die Fälle hinsichtlich der Rechtsprechungsregeln zu behandeln sind, bei denen die Rückzahlung zwar vor der Neuregelung, die Insolvenzeröffnung aber erst nach dem 1.11.2008 stattfand – quasi „Altfälle im weiteren Sinne" – hatten die Gerichte bis dato nicht zu entscheiden und haben sich in den jeweiligen Urteilen hierzu leider in keiner Weise geäußert[1098]. Sollte die weitere Anwendung der Rechtsprechungsregeln für Verfahrenseröffnungen nach Inkrafttreten des MoMiG ebenfalls auf Art. 103d EGInsO gestützt werden, dann könnte es aus dem Grund problematisch sein, als der frühere Erstattungsanspruch analog §§ 30, 31 Abs. 1 GmbHG a.F. unabhängig von der späteren Insolvenzeröffnung bestand, während Art. 103d EGInsO aber gerade an die Insolvenzeröffnung anknüpft. Da der BGH allerdings auch die Anknüpfung an das allgemeine intertemporale Schuldrecht genügen lässt und damit die Rückzahlung des Darlehens als den relevanten Zeitpunkt ansieht, dann kann der auf die Rechtsprechungsregeln gestützte Erstattungsanspruch nicht daran scheitern, dass das Insolvenzverfahren erst nach dem 1.11.2008 eröffnet wurde[1099].

1097 Vgl. Gottwald, Haas/Hossfeld, Insolvenzrechts-Handbuch, § 92, Rdn. 365, der aus diesem Grund die Anknüpfung an die Rückzahlung für inkonsequent hält.

1098 Hierzu lässt sich aus der Entscheidung des OLG Thüringen lediglich herauslesen, dass jedenfalls im Hinblick auf die Rechtsprechungsregeln die Maßgeblichkeit des Zeitpunkts der Insolvenzeröffnung kein geeignetes Kriterium für eine zeitliche Zäsur wäre, vgl. GmbHR 2009, 431, 432. Auch dem OLG Köln lässt sich hierzu nicht viel entnehmen, außer dass es hinsichtlich des nicht vor dem 1.11.2008 eröffneten Insolvenzverfahren darauf hinweist, dass einem auf §§ 30, 31 GmbHG analog gestützten Rückzahlungsverlangen der Gesellschaft entgegen stehen könnte, dass mit Inkrafttreten des MoMiG der Rückzahlungsanspruch ungeachtet § 30 GmbHG uneingeschränkt durchsetzbar ist und der Gesellschafter den zurückgezahlten Betrag sofort wieder geltend machen könnte.

1099 Dahl/Schmitz, NZG 2009, 325, 331; in diese Richtung tendiert wohl auch das OLG Thüringen, GmbHR 2009, 431, 432.

bb. Schlussfolgerungen aus den einzelnen dogmatischen Begründungen zur Anwendung der Rechtsprechungsregeln

Die genaue dogmatische Begründung der Anwendbarkeit der Rechtsprechungsregeln für Sachverhalte, sowohl für die Fälle bei denen das Insolvenzverfahren vor oder erst nach dem 1.11.2008 eröffnet wurde, mag auf den ersten Blick zwar nur eine theoretische Bedeutung haben, doch birgt sie in der Praxis gewichtigere Auswirkungen als auf den ersten Blick ersichtlich. Wendet man auf die erst nach dem 1.11.2008 eröffneten Insolvenzverfahren Art. 103d EGInsO analog an, dann wird das alte Recht nur angewandt, wenn die maßgebliche Rechtshandlung – die Rückzahlung des Darlehens – vor dem 1.11.2008 stattfand und das alte Gläubigerschutzsystem für den Gesellschafter günstiger ist.

Wird dagegen auf die allgemeinen Grundsätze des intertemporalen Rechts abgestellt und damit auf die Verwirklichung des Haftungstatbestandes vor dem 1.11.2008, dann gelangt das alte Recht weiterhin zu Anwendung, unabhängig davon, ob das Insolvenzverfahren vor oder nach dem MoMiG eröffnet wurde und ob das alte oder das neue Recht für den Gesellschafter günstiger ist. Aus diesen Gründen kann es schon aus Rechtssicherheitsgründen nicht überzeugen, die Anwendbarkeit der Rechtsprechungsregeln auf Altfälle i.w.S. entweder auf Art. 103d EGInsO *oder* auf das allgemeine intertemporale Schuldrecht zu stützen.

(1) Bedenken gegen die Anwendung des allgemeinen intertemporalen Rechts der Schuldverhältnisse in Bezug auf die Rechtsprechungsregeln

Bedenken gegen die Heranziehung von intertemporalen Grundsätzen als Ausdruck eines allgemeinen Rechtsgedankens könnten sich daraus ergeben, dass diese Grundsätze nur dann primär anwendbar sind, wenn keine „spezielleren" Übergangsregelungen ersichtlich sind. Lässt sich jedoch der gesetzgeberische Wille einer Übergangsvorschrift oder dessen Sinn und Zweck entnehmen, ist kein Raum für den Rückgriff auf die allgemeinen Grundsätze[1100]. Wendet man also den Rechtsgedanken des Art. 103d EGInsO auch auf den vorliegenden Fall analog an, bedarf es keiner Anwendung der allgemeinen intertemporalen Grundsätze.

Hierfür spricht insbesondere der Sachzusammenhang der Rechtsprechungsregeln und der Novellenregeln, die ausweislich der Entscheidung des BGH vom 26.03.1984[1101] sich ergänzen sollten, denselben Zweck verfolgten

1100 Gottwald, Haas/Hossfeld, Insolvenzrechts-Handbuch, § 92, Rdn. 367; s.a. Palandt, Heinrichs, Einl. v. § 241, Rdn. 14; BGHZ 44, 192, 194; BGHZ 9, 101, 102.

1101 Sog. „Nutzfahrzeug"-Urteil, BGHZ 90, 370 = BGH NJW 1984, 1891 (insb. 1892 f.).

und sich lediglich in Detailfragen unterschieden. Andere meinen, dass hierfür auch der Wortlaut von Art. 103d EGInsO spreche, wo von den „gesetzlichen Vorschriften" die Rede ist, zu denen auch die auf analoge Anwendung der §§ 30, 31 GmbHG gestützten Rechtsprechungsregen gehörten[1102]. Warum sollten also die dem gleichen Rechtsinstitut unterfallenden und dieselben Ziele verfolgenden Regeln im Rahmen des Übergangsrecht völlig unterschiedlich angewandt werden?

(2) Keine uneingeschränkte Gleichstellung der Novellen- und Rechtsprechungsregeln für die Anwendbarkeit des Art. 103d EGInsO möglich

Auch wenn keine Bedenken hinsichtlich des Konkurrenzverhältnisses bestehen, erscheint die Behandlung dessen als „gesetzliche Vorschriften" eher fragwürdig, insbesondere vor dem Hintergrund der bestehenden Unterschiede und der Tatsache, dass die Rechtsprechungsregeln nun mal ein richterrechtlich entwickeltes Institut sind, das eben nur auf eine analoge Anwendung der §§ 30, 31 GmbHG a.F. zurückzuführen ist. Zudem könnte sich die unterschiedliche Behandlung von Novellen- und Rechtsprechungsregeln daraus rechtfertigen, als die Vornahme einer gegen § 30 Abs. 1 GmbHG a.F. verstoßenden Auszahlung rein gesellschaftsrechtlicher Natur ist und deren Rückforderung weder ein Insolvenzverfahren noch eine Anfechtungserklärung nach den Vorschriften der Insolvenzordnung voraussetzt[1103].

Sicherlich wurden auch diese Ansprüche oftmals auch erst in der Insolvenz durch den Insolvenzverwalter oder von einem nach § 6 AnfG berechtigten Gesellschaftsgläubiger geltend gemacht, weil die Geschäftsführer sich zurückhaltend gezeigt haben. Nicht selten sahen sich aber außerhalb des Insolvenzverfahrens gerade die Geschäftsführer aus Furcht vor einer Geschäftsführerhaftung nach § 43 Abs. 3 S. 1 GmbHG a.F. verpflichtet, Ansprüche wegen unzulässiger Rückzahlung eigenkapitalersetzender Darlehen geltend zu machen.

Darüber hinaus ist fraglich, ob die allgemeinen Grundsätze des intertemporalen Schuldrechts von Art. 103d S.2 EGInsO tatsächlich verdrängt werden. Nicht nur dem Wortlaut nach, sondern auch der Gesetzesbegründung ist zu entnehmen, dass die Übergangsvorschrift den zeitlichen Anwendungsbereich der neuen insolvenzrechtlichen Bestimmungen regelt[1104]. Auch der Sinn und Zweck der insolvenzrechtlichen Übergangsvorschriften beschränkt sich auf

1102 Goette, GWR 2009, 1; Gottwald, Haas/Hossfeld, Insolvenzrechts-Handbuch, § 92, Rdn. 367.

1103 Lorenz, GmbHR 2009, 135, 137.

1104 BT-Drs. 16/6140, S. 57 zu Art. 10 des MoMiG (rechte Spalte).

den Anwendungsbereich der insolvenzrechtlichen Bestimmungen. Müsste sich Art. 103d EGInsO auch auf die gesellschaftsrechtlichen Bestimmungen richten, müsste es zum einen entweder dem Wortlaut deutlich zu entnehmen sein und zum anderen bräuchte es keines eigenen Einführungsgesetzes zum Gesetz betreffend die Gesellschaften mit beschränkter Haftung, die spezielle Übergangsvorschriften zum MoMiG enthalten.

Insoweit ergibt sich weder aus dem Wortlaut noch aus Sinn und Zweck des Art. 103d EGInsO, dass diese spezielle Übergangsvorschrift auf bereits vor dem 1.11.2008 entstandene Ansprüche aus §§ 30, 31 GmbHG analog – unabhängig davon, ob das Insolvenzverfahren bereits eröffnet wurde oder nicht – Anwendung findet[1105]. Vielmehr muss unter Berücksichtigung der einzigen Übergangsvorschrift für MoMiG in § 3 EGGmbHG davon ausgegangen werden, dass im Unterschied zu § 19 Abs. 4 und 5 GmbHG, die Ansprüche auf Rückzahlung nach §§ 30, 31 GmbHG a.F. analog mit Inkrafttreten des MoMiG weiterhin fortbestehen und eben nicht nach dem neuen Recht zu beurteilen sind, was zu deren Erlöschen führen würde.

Sicherlich ist mit Blick auf § 3 EGGmbHG und Art. 103d EGInsO wenig überzeugend, dass der Gesetzgeber für eins der wichtigen Fälle des Eigenkapitalersatzrechts keine Überleitungsvorschrift vorgesehen hat. Da er jedoch die Nichtanwendung des alten Rechts bezüglich der verdeckten Sacheinlagen und des Hin- und Herzahlens explizit angeordnet hat, kann davon ausgegangen werden, dass – hätte er auch den Fall der Rechtsprechungsregeln erkannt und sich für die gleiche Lösung entschieden – er dies auch geregelt hätte. Der umgekehrte Fall würde dagegen keinerlei Sinn ergeben, zumal die Regelung des § 3 Abs. 4 EGGmbHG im intertemporalen Recht eine Besonderheit darstellt und den allgemeinen Grundsätzen der intertemporalen Schuldverhältnisse entscheidend widerspricht. Aus Art 170 EGBGB wird nämlich der Grundsatz hergeleitet, dass ein neues Gesetz solange keine Rückwirkung entfalten kann, solange es hierfür keine ausdrückliche Übergangsbestimmung gibt[1106].

Insbesondere sind keine überzeugenden Gründe ersichtlich, warum der Gesetzgeber sehenden Auges das Erlöschen aller bereits entstandenen Ansprüche tatsächlich gewollt hat, insbesondere zum immensen Nachteil vieler Gesellschaften und ihrer Gläubiger, wenn auch zum Vorteil betreffender Gesellschafter. Vereinzelt werden gegen den Fortfall der Rechtsprechungsregeln auf bereits

1105 Lorenz, GmbHR 2009, 135, 137.

1106 Allgemeine Auffassung: vgl. BGHZ 44, 192, 194; BGHZ 99, 363, 369; Lorenz, GmbHR 2009, 135, 136.

entstandene Ansprüche sogar verfassungsrechtliche Bedenken mit Blick auf Art. 14 GG erhoben[1107]. Schon das aus Art. 170 EGBGB zu entnehmende Verbot der grundsätzlichen echten und unechten Rückwirkung von Gesetzen[1108] verbietet, dass die bis zum 1.11.2008 entstandenen Ansprüche nicht mehr geltend gemacht werden können.

Dem Geltungsbereich des Art. 170 EGBGB könnte lediglich die Tatsache entgegen sprechen, dass die Regelung auf Dauerschuldverhältnisse nicht anwendbar ist[1109]. Daraus könnte gefolgert werden, dass auf die zwischen der GmbH und dem Gesellschafter bestehenden Darlehensverträge wegen ihrer Rechtsnatur als Dauerschuldverhältnisse Art. 170 EGBGB gerade keine Anwendung findet. Hierbei müsste jedoch berücksichtigt werden, dass mit der Anwendung des neuen Rechts nicht nur die bisher noch nicht geltend gemachten Ansprüche, sondern auch die bereits rechtshängigen Ansprüche rückwirkend fallen gelassen werden müssten, so dass es zusätzlich zum Verlust von Prozesszinsen kommen wird[1110]. Diese Rechtsfolge kann nicht überzeugen. Insbesondere vor dem Hintergrund, dass der Sinn und Zweck des Art. 170 EGBGB den Parteien bewusst machen soll, dass auf ihre geschlossenen Dauerschuldverhältnisse nicht ausschließlich und für immer das Recht anwendbar sein wird, das zum Zeitpunkt des Vertragsschlusses galt. Vielmehr können auch die Dauerschuldverhältnisse gesetzgeberischen Reformen unterliegen und mit Einführung neuer Gesetze anders beurteilt werden. Insoweit vermag das Argument, Art. 170 EGBGB sei auf Gesellschafterdarlehen nicht anwendbar, nicht zu überzeugen.

Auch eine Einschränkung darauf, dass nur solche Ansprüche nicht fortfallen sollen, die bereits gerichtlich festgestellt wurden[1111], überzeugt genauso wenig wie eine echte Rückwirkung und ist keiner gesetzlichen Grundlage zu entnehmen. Weder § 3 Abs. 4 EGGmbHG, der nur auf § 19 Abs. 4 und 5 GmbHG verweist, noch Art. 103d EGInsO ist eine etwaige Einschränkung zu entnehmen. Schließlich sind in der Praxis auch noch lange Zeit nach Inkrafttreten der

---

1107 Dahl/Schmitz, NZG 2009, 325, 331; Hirte, ZInsO 2008, 689, 697.

1108 Vgl. BGHZ 44, 192, 194.

1109 Vgl. BGH NJW 2002, 3106, 3107.

1110 Lorenz, GmbHR 2009, 135, 137.

1111 So Hirte/Knof/Mock, NZG 2009, 48, 49, die mangels einer gesellschaftsrechtlichen Übergangsvorschrift die Nichtanwendung der Rechtsprechungsregeln nach dem 31.10.2008 auf Art. 25 MoMiG stützen. Für eine Einschränkung auch Büscher, GmbHR 2009, 800, 802 f., der die Rechtsprechungsregeln nur dann weiter anwenden lassen will, wenn auch das Insolvenzverfahren vor dem MoMiG eröffnet wurde.

Insolvenzordnung im Jahr 1990 Fälle aufgetaucht, in denen Insolvenzverfahren vor Inkrafttreten der Insolvenzordnung eröffnet wurden und die Bestimmungen der damals Geltung beanspruchenden KO oder GesO auch weiterhin angewandt wurden[1112]. Warum es bei Inkrafttreten des MoMiG und bei Eröffnung von Insolvenzverfahren zu einem anderen Zeitpunkt anders sein soll, ist nicht ersichtlich.

(3) Keine Angleichung an das Übergangsrecht der verdeckten Sacheinlage
Sicherlich tritt die Entscheidung für die Fortgeltung der Rechtsprechungsregeln für bereits vollendete Tatbestände – unabhängig vom Zeitpunkt der Insolvenzverfahrenseröffnung – in Widerspruch zu der Regelung des § 19 IV GmbHG und § 3 Abs. 4 EGGmbHG. Hinsichtlich des Falles der verdeckten Sacheinlage genießt der Gesellschafter seit Inkrafttreten des MoMiG einen Vorteil, da der Gesellschafter nun das Recht hat, den Wert des eingebrachten Vermögensgegenstandes auf seine Einlageleistung anzurechnen. Hinsichtlich der Rechtsprechungsregeln bleibt es allem Anschein nach bei der Fortgeltung des alten Rechts[1113].

Mit dem durch das MoMiG neu gefassten § 19 Abs. 4 GmbHG profitiert der Gesellschafter jedoch nur in der Hinsicht, als – im Unterschied zum alten Recht – eine Wertanrechnung möglich ist, wenn die Eintragung der Gesellschaft bereits vollzogen ist und der Inferent den Nachweis hinsichtlich des Wertes der eingebrachten Sacheinlage erbringen kann[1114]. Hinsichtlich seiner nichtsdestotrotz bestehenden Pflicht zur Einlagenleistung hat sich nichts verändert. Der Gesellschafter wird von seiner Bareinlageverpflichtung nicht befreit. Im Ergebnis kann sich infolge der Wertanrechnung – insbesondere bei einer teilweise verdeckten Sacheinlage –lediglich die Höhe der Einlageleistung verschieben. Insoweit ist lediglich ein marginaler Wertungswiderspruch zu den Rechtsprechungsregeln zu verzeichnen, der ohne eine explizite gesetzliche Anordnung keine rückwirkende Handhabung rechtfertigt.

b. Ergebnis zur Anwendbarkeit der Rechtsprechungsregeln für vor dem MoMiG entstandene Ansprüche

Somit sprechen die besseren Argumente für die weitere Anwendung der Rechtsprechungsregeln für bereits vor dem 1.11.2008 entstandenen Rückzahlungsansprüche

---

1112 Goette, Einführung in das neue GmbH-Recht, 11. Kap., Rdn. 84.

1113 So argumentieren auch Hirte/Knof/Mock, NZG 2009, 48, 49.

1114 Kleindiek, FS Hopt, 2010, Band 1, S. 941, 942; Scholz, Veil, GmbHG, § 19 Nachtrag MoMiG, Rdn. 18, 50 ff.

analog §§ 30, 31 GmbHG a.F., unabhängig davon ob das Insolvenzverfahren bereits vor oder nach Inkrafttreten des MoMiG eröffnet wurde[1115]. Ein Rückgriff auf Art. 103d EGInsO kommt in solchen Fällen nicht in Betracht. Vielmehr kommt dem neuen § 30 Abs. 1 S. 3 GmbHG auf Altfälle keine Geltung zu. Mangels einer fehlenden Übergangsbestimmung verbleibt es bei der Fortgeltung des alten Rechts gemäß den intertemporalen Grundsätzen des allgemeinen Schuldrechts, soweit ihr Fortfall nicht explizit gesetzlich oder richterrechtlich festgestellt wird. Damit bleibt es abzuwarten, wie sich die Gerichte hinsichtlich der entstandenen Ansprüche, jedoch mit einem nach dem 1.11.2008 eröffneten Insolvenzverfahren, entscheiden werden. Es ist jedoch davon auszugehen, dass – angelehnt an die Entscheidung vom 26.1.2009 – die Gerichte auch im Falle der nach Inkrafttreten des MoMiG eröffneten Insolvenzverfahren die unter Verstoß gegen § 30 Abs. 1 GmbHG a.F. erfolgten Zahlungen nicht dem neuen Recht unterfallen lassen werden. Der Nichtanwendungserlass des § 30 Abs. 1 S. 3 GmbHG n.F. ist damit nur für solche Rechtshandlungen von Relevanz, die nach Inkrafttreten des MoMiG am 1.11.2008 erbracht wurden.

II. Übergangsregelung des § 20 Abs. 3 AnfG

Neben Art. 103d EGInsO bestimmt die Übergangsvorschrift des § 20 Abs. 3 AnfG den zeitlichen Geltungsbereich des allgemeinen Anfechtungsrecht, das einer gesonderten Übergangsregelung bedarf, da das allgemeine Anfechtungsrecht kein Insolvenzverfahren voraussetzt, so dass die verfahrensrechtlichen Übergangsbestimmungen keine Anwendung finden können.

Für außerhalb des Insolvenzrechts geregelte Anfechtungsfälle ordnete der Gesetzgeber an:

> *„Die Vorschriften dieses Gesetzes in der ab dem Inkrafttreten des Gesetzes vom 23. November 2008 am 1. November 2008 geltenden Fassung sind auf die vor dem 1. November 2008 vorgenommene Rechtshandlungen nur anzuwenden, soweit diese nicht nach dem bisherigen Recht der Anfechtung entzogen oder in geringerem Umfang unterworfen sind; andernfalls sind die bis zum 1. November 2008 anwendbaren Vorschriften weiter anzuwenden.“*

Angelehnt an die insolvenzrechtliche Regelung gilt auch im Anfechtungsrecht grundsätzlich das neue Recht, es sei denn für eine vor dem 1. November 2008

1115 Vgl. Baumbach/Hueck, Hueck/Fastrich, GmbHG, § 30 Anh., Rdn. 111; Lorenz, GmbHR 2009, 135, 136 f.; Dahl/Schmitz, NZG 2009, 325, 331; Haas, DStR 2009, 976, 978; Gutmann/Nawroth, ZInsO 2009, 174, 177 f.; a.A. und differenzierend: Büscher, GmbHR 2009, 800, 802; Hirte/Knof/Mock, NZG 2009, 48, 49; so nun auch BGH, in NZI 2013, 854, 855.

vorgenommene Rechtshandlung wäre der Gesellschafter nach dem alten Recht günstiger – und nicht strenger – beurteilt worden[1116]. Damit sind für die Altfälle Dank des Gültigkeitsvergleichs nicht nur die Interessen des Gesellschafters ausreichend berücksichtigt, sondern auch die Anwendung des bislang geltenden Rechts dürfte noch eine erhebliche Zeit von Bedeutung sein.

Hinsichtlich der Anwendbarkeit der Rechtsprechungsregeln kann auch nicht auf § 20 Abs. 3 AnfG zurückgegriffen werden[1117]. Auch hier hat der Gesetzgeber die rückwirkende Geltung der neuen Anfechtungsvorschriften nur für das Gläubigeranfechtungsrecht regeln wollen. Eine Subsumierung auch der Rechtsprechungsregeln unter diese Vorschriften wäre nicht nur systematisch, sondern auch aus Gläubigergesichtspunkten nicht haltbar. Insoweit kann aber auf die oben gemachten Ausführungen in Bezug auf die Geltung der Rechtsprechungsregeln für die vor dem MoMiG entstandenen Ansprüche verwiesen werden.

III. Übergangsregelung für die Nutzungsüberlassung

In Bezug auf die Nutzungsüberlassung ist aufgrund des starken Unterschieds zum ehemaligen Recht die Frage nach dem intertemporalen Recht besonders wichtig. Leider fehlen dazu sowohl gesetzliche Bestimmungen als auch gesetzgeberische Begründungen, die den konträren Auffassungen im Hinblick auf praxisrelevante Probleme den Nährboden geschaffen haben.

1. Insolvenzverfahrenseröffnung vor dem 1. November 2008

Zum Zeitpunkt beschäftigen sich viele Gerichte mit den Fällen, in denen die Nutzungsüberlassung vor dem 1.11.2008 bereits ins Eigenkapital umqualifiziert wurde. Wurde in solchen Fällen auch das Insolvenzverfahren bereits bis zum 1.11.2008 eröffnet, spricht alles dafür, die entstandenen Ansprüche dem ehemaligen Recht der Nutzungsüberlassung, also den Rechtsprechungsregeln, zu unterwerfen[1118]. Sind demnach Erstattungsansprüche, die aus analoger Anwendung der §§ 30 Abs. 1, 31 Abs. 1 GmbHG a.F. wegen verbotener gezahlter Nutzungsentgelte bereits vor dem MoMiG entstanden, so können sie – vorbehaltlich der Verjährung – durchgesetzt werden.

Weniger klar ist es bei der Frage, wie die Fälle zu behandeln sind, in denen bei eröffneten Insolvenzverfahren die aus den Rechtsprechungsregeln hergeleitete Pflicht zur unentgeltlichen Nutzungsüberlassung über den 31.10.2008

1116 Hirte/Knof/Mock, NZG 2009, 48, 49.

1117 Dafür jedoch plädierend: Hirte/Knof/Mock, NZG 2009, 48, 49.

1118 Rühle, ZIP 2009, 1358, 1365; BGH ZIP 2009, 615, 618 („Gut Buschow").

hinausgehen soll. Weder § 135 Abs. 3 InsO noch Art. 103d S. 1 InsO ist eine etwaige Regelung zu entnehmen. Insofern muss auf die allgemeinen intertemporalen Regeln zurückgegriffen werden. Da es sich bei den der Nutzungsüberlassung zugrundeliegenden Verträgen in der Regel um Miet- und Pachtverträge und damit um Dauerschuldverhältnisse handelt, gilt für sie entsprechend § 171 EGBGB der Grundsatz, dass für die Zukunft das neue Recht anwendbar ist. Der Hintergrund dieser Regelung, die die Ausnahme von der Grundregel des Art. 170 EGBGB vorsieht, besteht darin, dass insbesondere bei Dauerschuldverhältnissen eine längere Geltung des alten Rechts vermieden werden soll[1119] und niemand darauf vertrauen darf, dass die zum Beginn geltende Rechtslage sich nicht ändern wird. Überträgt man diese Regelung auf die Überlassungspflicht des Gesellschafters kann somit konstatiert werden, dass auch bei bereits eröffneten Insolvenzverfahren die Pflicht zur Nutzungsüberlassung nach dem 1.11.2008 sich nicht nach dem alten, sondern nach dem neuen Recht bestimmen wird[1120]. Nach dem 1.11.2008 endet demnach die unentgeltliche Überlassungspflicht des Gesellschafters. Der Gegenstand kann von dem Insolvenzverwalter zwar weiter benutzt werden, dem Gesellschafter steht aber entsprechend § 135 Abs. 3 InsO ein Ausgleichsanspruch zu.

Umstritten ist dagegen die Frage nach der Geltungsdauer der weiteren – nach dem 1.11.2008 folgenden – Nutzungsüberlassung. Wegen des ab dem 1.11.2008 Geltung beanspruchenden § 135 Abs. 3 InsO wird überlegt, die Jahresfrist entweder mit der Verfahrenseröffnung oder erst mit dem Inkrafttreten des MoMiG zu berechnen. Für den Beginn der Jahresfrist mit der Verfahrenseröffnung spricht nach Ansicht von *Holzer*, dass dadurch der durch § 135 Abs. 3 InsO verfolgten Berücksichtigung der Interessen der Gesellschaftsgläubiger und des Gesellschafters hinreichend Rechnung getragen wird[1121]. Die Folge dessen wäre, dass der Zeitraum, in dem bereits vor dem 1.11.2008 der Gegenstand – unentgeltlich – zur Verfügung gestellt wurde, dem Jahreszeitraum des § 135 Abs. 3 InsO anzurechnen ist. Gegen die Berechnung ab der Verfahrenseröffnung und für die Berücksichtigung des Inkrafttretens des MoMiG wird der vermeintliche Wertungswiderspruch zwischen dem alten und neuen Recht der Nutzungsüberlassung vorgebracht[1122].

1119 MünchKommBGB, Säcker, Art. 171 EGBGB, Rdn. 1.

1120 Rühle, ZIP 2009, 1358, 1365; Michalski, Dahl, GmbHG, Anh. II §§ 32 a, 32 b a.F., Rdn. 68; Azara, Das Eigenkapitalersatzrecht der GmbH nach dem MoMiG, S. 958; Kleindiek, HK-InsO, § 135, Rdn. 23.

1121 Holzer, ZIP 2009, 206, 208.

1122 Azara, Das Eigenkapitalersatzrecht der GmbHG nach dem MoMiG, S. 958 f.

Der ersten Ansicht kann in dem Punkt zugestimmt werden, als die Anknüpfung an die Insolvenzeröffnung die übermäßig lange Dauer der Nutzungsüberlassung und den damit verbundenen längeren Verlust der Nutzungsmöglichkeit zum Nachteil des Gesellschafters verhindert. Diese Ansicht lehnt sich auch konsequent an den – nun geltenden – § 135 Abs. 3 InsO an und wendet die zeitliche Beschränkung rückwirkend an. Indes kann die Wertung des Einjahreszeitraums dem alten Recht nicht entnommen werden. Vielmehr war die weitere Nutzungsüberlassung nicht auf einen bestimmten Zeitraum beschränkt. Insofern ist es höchst fraglich, ob die – erst mit § 135 Abs. 3 InsO – eingeführte zeitliche Beschränkung auch auf Zeiträume vor Inkrafttreten des § 135 Abs. 3 InsO übertragen werden kann[1123]. Wenn man aber mit der Ansicht von *Holzer* die Nutzungsbeschränkung auf ein Jahr anwenden will, muss konsequenterweise auch die Ausgleichspflicht für die Zeit vor dem 1.11.2008 nachgeholt werden, was jedoch selbst nach *Holzer* nicht geschehen soll[1124]. Insofern ist es dogmatisch durchaus vertretbar, auch bei der Geltung des § 135 Abs. 3 InsO in Bezug auf die Ausgleichspflicht schon nach dem 1.11.2008, die Jahresfrist nicht wie der Wortlaut hergibt schon mit der Insolvenzeröffnung, sondern erst mit dem Inkrafttreten des MoMiG zu berechnen[1125]. Dem Interesse des Gesellschafters wird schon aufgrund der nun entgeltlichen Überlassung hinreichend entsprochen.

2. *Insolvenzverfahrenseröffnung nach dem 1. November 2008*

In den Fällen, in denen das Insolvenzverfahren erst nach Inkrafttreten des MoMiG am 1.11.2008 eröffnet wurde, besteht für die Nutzungsüberlassung kein Grund, die alten Rechtsprechungsregeln anzuwenden. Insofern kommt der neue § 135 Abs. 3 InsO mit samt seinen Vor- und Nachteilen voll zur Anwendung.

Probleme lassen sich jedoch dann überlegen, wenn es sich um die Anfechtung der vor dem Inkrafttreten des MoMiG bezahlten Nutzungsentgelte handelt. Insofern würde der Insolvenzverwalter bzw. die Gesellschaft besser stehen, wendete man auf diese Nutzungsentgelte die ehemaligen Rechtsprechungsregeln an, da mit der hier vertretenen Ansicht die nicht kreditierten Zahlungen aufgrund des Nutzungsverhältnisses nach neuem Recht nicht nach § 135 Abs. 1 Nr. 2 InsO angefochten werden können[1126].

1123 So auch Azara, Das Eigenkapitalersatzrecht der GmbHG nach dem MoMiG, S. 959.

1124 Vgl. Holzer, ZIP 2009, 206, 208, der nur von der zeitlichen Geltung ausgeht.

1125 Vgl. a. Michalski, Dahl, GmbHG, Anh. II §§ 32 a, 32 b a.F., Rdn. 71; Azara, Das Eigenkapitalersatzrecht der GmbHG nach dem MoMiG, S. 959.

1126 S. zum neuen Recht der Nutzungsüberlassungen s. Teil 1, 2. Kap., E.

Nach der hier anwendbaren Grundregel über die Behandlung bestehender Schuldverhältnisse kann einem Rückzahlungsanspruch nach §§ 30, 31 Abs. 1 GmbHG a.F. analog nichts entgegengehalten werden[1127]. Allerdings wird hier von *Rühle* zu Recht auf die Aufrechnungsmöglichkeit des Gesellschafters hingewiesen. Es besteht zwar im Hinblick auf die nach dem alten Recht gezahlten Nutzungsentgelte ein Rückzahlungsanspruch nach den Rechtsprechungsregeln, es besteht aber auch darüber hinaus weiterhin der Anspruch des Gesellschafters auf Entgeltzahlung. Denn die gegen § 30 Abs. 1 GmbHG a.F. verstoßenden Zahlungen genießen keine Erfüllungswirkung und konnten erst zu einem späteren Zeitpunkt – etwa mit der Behebung der Unterbilanz – noch vorgebracht werden[1128]. Mit der Neuregelung des § 30 Abs. 1 S. 3 GmbHG handelt es sich um einen durchsetzbaren Entgeltanspruch des Gesellschafters, der nach dem MoMiG dem Rückzahlungsanspruch des Insolvenzverwalters entgegen gehalten werden kann, weil das vormals auf § 19 Abs. 2 S. 2 InsO gestützte Aufrechnungsverbot mit der Neufassung und seit Inkrafttreten des Nichtanwendungserlasses keinen Bestand mehr haben kann[1129].

Hiergegen spricht auch nicht das Aufrechnungsverbot des § 96 Abs. 1 Nr. 3 InsO, das die Aufrechnung in den Fällen verbieten will, wenn diese seitens des Insolvenzgläubigers durch eine anfechtbare Rechtshandlung erlangt wurde. Es ist zwar zutreffend, dass der Gesellschafter aufgrund des durchsetzbaren Entgeltanspruchs lediglich Insolvenzgläubiger ist. Nach der hier vertretenen Ansicht hat der Gesellschafter diesen Anspruch jedoch nicht durch eine anfechtbare Rechtshandlung i.S.d. § 96 Abs. 1 Nr. 3 InsO erlangt, da die Anfechtbarkeit nach § 135 Abs. 1 Nr. 2 InsO nur in Bezug auf kreditierte Zahlung sachgerecht erscheint und § 96 Abs. 1 Nr. 3 InsO die Aufrechnungslage bereits bei Verfahrenseröffnung – und damit im Geltungsbereich des neuen Rechts für die hier diskutierte Konstellation – voraussetzt[1130]. Nur in den Fällen also, in denen die Forderung zunächst gestundet wurde und § 39 Abs. 1 Nr. 5 InsO unterstellt werden kann, richtet sich die Aufrechnung nach § 96 Abs. 1 Nr. 3 i.V.m. § 135 Abs. 1 Nr. 2 InsO[1131].

1127 Gutmann/Nawroth, ZInsO 2009, 174, 177 f.; Wedemann, GmbHR 2008, 1131, 1134 f.

1128 Baumbach/Hueck, Hueck/Fastrich, GmbHG, § 31, Rdn. 17.

1129 Rühle, ZIP 2009, 1358, 1366.

1130 Uhlenbruck, Sinz, InsO, 13, § 96, Rdn. 46.

1131 Rühle, ZIP 2009, 1358, 1366.

3. *Stellungnahme zu den Übergangsbestimmungen der Nutzungsüberlassung*

Die im Rahmen der Reform den Übergangsbestimmungen zuteil gekommene Beachtung kann leider nur als bescheiden konstatiert werden. An zahlreichen Stellen ergeben sich Schwierigkeiten, die mit Hilfe des Art. 103d EGInsO und der Grundregel des Art. 170 EGBGB nur müheselig gelöst werden können. Aufgrund der zahlreichen gegenteiligen Ausführungen in der Literatur kann keine Rechtssicherheit geschaffen werden, die aber vor allem in der Übergangszeit nicht nur für die Gesellschafter, sondern insbesondere für die agierenden Insolvenzverwalter unentbehrlich ist. Ausgehend von den zahlreichen Problemen im neuen Recht der Nutzungsüberlassung, die in der Literatur kontrovers diskutiert werden, kann erwartet werden, dass die Gerichte sich zu den einzelnen Punkten bald äußern werden und die Frage nach dem Übergangsrecht hoffentlich mit entscheiden werden.

3. Kapitel: Gesellschafterdarlehen nach Stellung des Insolvenzantrages

Neben der Behandlung von Gesellschafterdarlehen, die vor der Insolvenz der Gesellschaft gewährt werden und bei denen es sich um das klassische Recht der Gesellschafter-Fremdfinanzierung handelt, stellt sich noch die Frage, wie die erst nach der Stellung des Insolvenzantrages gewährten Gesellschafterdarlehen rechtlich einzustufen sind. Vor dem Hintergrund der nachfolgenden Rechtsvergleichung mit dem russischen Recht der Gesellschafterfinanzierung ist die rechtliche Klarstellung der nach der Insolvenzantragsstellung ausgegebenen Gesellschafterdarlehen deswegen angebracht, als im russischen Insolvenzrecht die Gesellschafterdarlehen als Sanierungsmaßnahmen gesetzlich niedergeschrieben sind.

A. Darlehen im eröffneten Insolvenzverfahren

Von den Gesellschafterdarlehen, die im Vorfeld der Insolvenz aufgenommen und im Sinne des „Eigenkapitalersatzrechts" verstanden werden, sind die sogenannten Sanierungsdarlehen in der Insolvenz zu unterscheiden. Die Terminologie wird in der Literatur leider nicht ganz einheitlich angewandt, da die noch im Vorfeld eines Insolvenzverfahrens aufgenommenen Gesellschafterdarlehen als Sanierungsinstrumente auch als Sanierungsdarlehen bezeichnet werden können. Im Interesse der Klarheit sollen vorliegend darunter Insolvenzdarlehen verstanden werden, die von dem Insolvenzverwalter schon im Stadium des eröffneten Insolvenzverfahrens aufgenommen werden und die zum Zwecke der Fortführung oder Abwicklung des Unternehmens dienen[1132].

Im Folgenden geht es insbesondere um Handlungen, die bereits in der Insolvenz der Gesellschaft von den Gesellschaftern vorgenommen werden und daher eine besondere Aufmerksamkeit verdienen. Da mit der Eröffnung des Insolvenzverfahrens das Recht über die Verwaltung und Verfügung des Gesellschaftsvermögens gemäß § 80 Abs. 1 InsO vom Schuldner auf den Insolvenzverwalter übergeht, ist er und nicht der vertretungsberechtigte Geschäftsführer derjenige, der neue Darlehensverträge abschließt. Es stellt sich also die Frage,

1132 Baumbach/Hueck, Hueck/Fastrich, GmbHG, § 30 Anh., Rdn. 23.

welche Rangstellung solche Darlehen, die von dem mit der Verfügungsbefugnis ausgestatteten Insolvenzverwalter aufgenommen werden, einnehmen. Ferner stellt sich insbesondere die Frage, wie die Rückforderungsansprüche der Gesellschafter behandelt werden, wenn das Insolvenzverfahren aufgehoben wird, es jedoch zu keiner nachhaltigen Sanierung gekommen ist und ein zweites Insolvenzverfahren eröffnet wurde.

Da die Gesellschafter im Unterschied zu Dritten sich viel mehr zu Rettungschancen bereit erklären würden, von dieser Bereitschaft aber wiederum abrücken werden, wenn sie befürchten müssen, dass sie ihre weiteren Darlehen in einem anschließenden Insolvenzverfahren verlieren würden, müssen ihre – vom Insolvenzverwalter aufgenommen – Darlehen aus dem Anwendungsbereich des Eigenkapitalersatzrechts komplett ausgenommen werden[1133].

Werden solche Darlehen bereits nach Eröffnung des Insolvenzverfahrens vom Insolvenzverwalter bei den Gesellschaftern aufgenommen, sind sie nicht nach § 39 Abs. 1 Nr. 5 InsO subordiniert und gelten also nicht als nachrangige Insolvenzforderungen und unterliegen daher nicht den Regeln des Eigenkapitalersatzrechts, sondern bilden Masseforderungen nach § 55 Abs. 1 Nr. 1 InsO[1134]. Damit sind die betreffenden Gesellschafter im zweiten Verfahren keine nachrangigen Insolvenzgläubiger.

Bei der Aufnahme neuer Darlehen im Insolvenzverfahren wird der Insolvenzverwalter aber regelmäßig die Zustimmung des Gläubigerausschusses oder bei dessen Fehlen, die Zustimmung der Gläubigerversammlung nach § 160 Abs. 1 InsO einholen müssen, wenn es sich dabei um besondere bedeutsame Rechtshandlungen handeln wird. Handel es sich dabei um Darlehen, die die Insolvenzmasse erheblich belasten würden, liegt gleichzeitig ein besonders bedeutendes Rechtsgeschäft vor und die vorherige Zustimmung des Gläubigerausschusses oder der Gläubigerversammlung ist nach § 160 Abs. 2 Nr. 2 InsO erforderlich[1135]. Gleichzeitig ist der Insolvenzverwalter wegen des Bedarfs einer Zwischenfinanzierung jedoch ausnahmsweise auch ohne eine Mitwirkung der Gläubigerorgane zu einer kleineren Darlehensaufnahme zur zügigen Verfahrensabwicklung

---

1133 Vgl. bereits Noack, FS Claussen, 1997, S. 307, 317.

1134 Michalski, Heidinger, GmbHG, §§ 32 a, 32 b, Rdn. 75; Baumbach/Hueck, Hueck/Fastrich, GmbHG, § 30 Anh., Rdn. 23; Scholz, K. Schmidt, GmbHG, §§ 32 a, 32 b, Rdn. 64: Haas, DZWiR 1999, 177, 182; Noack, FS Claussen, 1997, S. 307, 316.

1135 Wann eine Darlehensaufnahme für die Insolvenzmasse besonderes belastend ist, lässt sich nicht anhand genauer Kriterien feststellen, da die finanziellen Verhältnisse des Unternehmens im Einzelfall maßgeblich sind, vgl. Uhlenbruck, ders., InsO, § 160, Rdn. 26.

berechtigt, wenn sie ohne wesentliche Risiken für die Masse einhergeht[1136]. Eine solche zustimmungsfreie Darlehensaufnahme kann etwa dann vorliegen, wenn sie nicht höher als die Einnahmen des Unternehmens ist, die binnen einer kurzen Zeit aus der Fortführung zu erwarten sind[1137].

Inwieweit die Gesellschafterdarlehen ausnahmslos unter eine Zustimmung des § 160 Abs. 2 Nr. 2 InsO fallen, kann nicht rechtssicher gesagt werden. Eine unterschiedliche Behandlung der Darlehen Dritter und Gesellschafterdarlehen, die ohne eine erhebliche Belastung der Insolvenzmasse nur zu einer Zwischenfinanzierung ausgegeben werden, ist jedoch nicht erforderlich und wäre schwer zu rechtfertigen. Insoweit muss auch bei kleinen Gesellschafterdarlehen von einer eingeschränkten Zustimmungspflicht ausgegangen werden, wobei der Insolvenzverwalter schon aus eigenen Risiken vor einer Haftung nach § 61 InsO[1138] die Gläubigerorgane auch bei – seiner Meinung nach – kleineren Darlehensaufnahmen mit einbeziehen wird.

B. Darlehen im Insolvenzeröffnungsverfahren

Teilweise umstritten ist die Behandlung von Gesellschafterdarlehen, die der vorläufige Insolvenzverwalter in dem Insolvenzeröffnungsverfahren aufnimmt[1139]. Dem vorläufigen Insolvenzverwalter wird die Pflicht auferlegt, das insolvente Schuldnerunternehmen weiterzuführen oder zu reorganisieren, wofür er in erster Linie wieder finanzielle Mittel benötigt, um die eingetretene Illiquidität zu beseitigen. Insofern richtet sich die Fragestellung dahingehend, wie die zu diesem Zwecke empfangenen Gesellschafterleistungen zu behandeln sind. Ob die Forderungen der Gesellschafter aus neuen Verträgen Masseverbindlichkeiten oder Insolvenzforderungen darstellen, hängt in erster Linie von der Rechtsstellung des vorläufigen Insolvenzverwalters ab.

1136 MünchKommInsO, Görg, § 160, Rdn. 20.

1137 Uhlenbruck, ders., InsO, § 160, Rdn. 26; MünchKommInsO, Görg, § 160, Rdn. 20. So wird keine erhebliche Belastung bei kleinen Darlehen angenommen, wenn sie unterhalb der 10% der Masse liegen, vgl. Andres/Leithaus, Andres, InsO, § 160, Rdn. 9.

1138 Nach § 61 InsO haftet der Insolvenzverwalter, wenn er erkennen konnte, dass die Masse zur Rückzahlung der Kredite nicht ausreichen wird, vgl. Uhlenbruck, ders., InsO, § 160, Rdn. 26.

1139 Vgl. a. K. Schmidt, ZGR 1998, 633, 661; Gottwald, Haas/Hossfeld, Insolvenzrechts-Handbuch, § 92, Rdn. 380.

I. „Starker“ vorläufiger Insolvenzverwalter

Nimmt ein vorläufiger Insolvenzverwalter, auf den die Verwaltungs- und Verfügungsbefugnis nach §§ 22 Abs. 1 i.V.m. 21 Abs. 2 Nr. 2 Alt. 1 InsO übergegangen ist[1140], zu diesem Zwecke neue Darlehen auf, sollen die Darlehensgeber nach der überwiegenden Meinung darauf vertrauen können, dass ihre im Eröffnungsverfahren begründeten Rückforderungsansprüche im Insolvenzverfahren nicht als Insolvenzforderungen, sondern als Masseforderungen i.S.d. § 55 Abs. 2 S. 1 InsO behandelt werden[1141]. Der Verwaltungsbefugnis kommt neben der Verfügungsbefugnis eine eigenständige Bedeutung zu, da sie all diejenigen die Masse betreffenden Rechtshandlungen erfasst, in denen es sich nicht um Verfügungen im Rechtssinne handelt, was insbesondere die Eingehung von Verpflichtungsgeschäften betrifft[1142].

1. Darlehen von den Gesellschaftern als Masseverbindlichkeiten

Auch ohne den Kreis der Adressaten konkret zu bestimmen, gilt diese Regelung auch für die Darlehensvergabe von den Gesellschaftern, so dass die begründeten Ansprüche nicht nach § 39 Abs. 1 Nr. 5 InsO subordiniert sind[1143]. Dies hat für die darlehensgebenden Gesellschafter den Vorteil, dass ihre Forderungen im anschließenden Insolvenzverfahren voll befriedigt und nicht – wie es im Falle des § 39 Abs. 1 Nr. 5 InsO bei dem üblichen Insolvenzsachverhalt höchst wahrscheinlich ist – untergehen werden und dass Befriedigungen und Sicherstellungen wegen § 142 InsO nicht ohne weiteres nach §§ 129 ff. InsO vom Insolvenzverwalter im eröffneten Verfahren angefochten werden können[1144]. Gegen die Anwendung

---

1140 Insofern ist auch keine Differenzierung zum (endgültigen) Insolvenzverwalter im eröffneten Insolvenzverfahren zu ziehen, da die Rechtsstellung weitgehend identisch ist.

1141 BGH ZInsO 2006, 938, 939; MünchKommInsO, Hefermehl, § 55, Rdn. 219; v. Gerkan/Hommelhoff, Haas/Dittrich, Handbuch des Kapitalersatzrechts, Rdn. 8.32e; Gottwald, Haas/Hossfeld, Insolvenzrechts-Handbuch, § 92, Rdn. 380; Haas, DZWiR 1999, 177, 182.

1142 Vgl. Gottwald, Uhlenbruck/Vuia, Insolvenzrechts-Handbuch, § 14, Rdn. 23.

1143 Vgl. Gottwald, Haas/Hossfeld, Insolvenzrechts-Handbuch, § 92, Rdn. 380; vgl. a. Fink, Maßnahmen des Verwalters zur Finanzierung in der Unternehmensinsolvenz, Rdn. 323, der jedoch nicht zwischen dem starken und schwachen vorläufigen Insolvenzverwalter unterscheidet.

1144 Pape/Uhlenbruck/Voigt-Salus, Insolvenzrecht, Kap. 20, Rdn. 32; Uhlenbruck, Vallender, InsO, § 22, Rdn. 34, 47, eine Bestellung von Sicherheiten zur Besicherung von neuen Darlehen ist im Rahmen des Insolvenzeröffnungsverfahrens unwahrscheinlich.

des § 39 Abs. 1 Nr. 5 InsO spricht auch, dass der mit der Darlehensvergabe bei den Gesellschaftern verbundene Zweck, die Fortführung bzw. Abwicklung der Gesellschaft zu ermöglichen, nicht zu erreichen wäre[1145], da die Gesellschafter nicht bereit sein werden, ihre Gesellschaft mit weiteren Darlehen zu finanzieren, wenn sie im möglichen anschließenden Insolvenzverfahren eine Subordination ihrer Ansprüche befürchten müssten.

Dies korrespondiert zum einen mit dem Ziel des Insolvenzverfahrens, die Sanierung von notleidenden Unternehmen zu erleichtern und zu fördern, soweit es marktwirtschaftlich geboten und sinnvoll ist[1146] und zum anderen mit dem mit der Einführung des § 55 Abs. 2 InsO verfolgten Ziel zur Stärkung der Bereitschaft der Darlehensgewährung im Interesse einer erleichterten Unternehmensfortführung[1147]. Dem hielt einst die Gegenansicht entgegen, das Privileg des § 55 InsO greife nur im Rahmen des bereits eröffneten Insolvenzverfahrens ein[1148]. Angesichts des nunmehr klaren Gesetzeswortlauts und der recht eng gefassten Sanierungs- und Kleinbeteiligungsprivilegien, die – wie oben dargestellt wurde – immer anhand einer Einzelfallentscheidung beurteilt werden, ist es bei abzeichnenden Rettungschancen empfehlenswert, den Gesellschaftern zumindest einen Anreiz für ihre finanzielle Hilfe zu bieten und einen ausreichenden Schutz für eine Kooperation mit dem vorläufigen Insolvenzverwalter zu gewähren[1149].

Nach dem Antrag auf Eröffnung des Insolvenzverfahrens wird es wahrscheinlicher sein, die Gesellschafter selbst – und nicht außenstehende Dritte – für eine finanzielle Unterstützung der Gesellschaft zu gewinnen. Es wäre verfehlt, in einem solchen Fall die Finanzhilfe der Gesellschafter dem generellen Nachrang zu unterwerfen, da sie in ihrer Zweckbestimmung mit der durch § 39 Abs. 1 Nr. 5 InsO verfolgten Zielrichtung nichts gemeinsam hat[1150]. Der vorläufige

---

Werden jedoch Sicherheiten durch den Verwalter bestellt, unterliegen sie im eröffneten Verfahren nicht der Anfechtung nach §§ 129 ff. InsO durch den endgültigen Insolvenzverwalter, da sie ein Bargeschäft nach § 142 InsO darstellen und eine Anfechtung nur im Rahmen der vorsätzlichen Benachteiligung nach § 133 Abs. 1 InsO möglich ist. Gegen eine vorausgesetzte Gläubigerbenachteiligungsabsicht spricht aber, dass der Schuldner eine kongruente Leistung für die Gegenleistung erbringt, die der Fortführung des Unternehmens dient.

1145 Vgl. a. Baumbach/Hueck, Hueck/Fastrich, GmbHG, § 30 Anh., Rdn. 23.

1146 Amtliche Begründung, BT-Drs. 12/2443, S. 77.

1147 Beck/Depré, Beck, Praxis der Insolvenz, 2. Teil, § 5, Rdn. 49.

1148 Scholz, K. Schmidt, GmbHG, §§ 32 a, 32 b, Rdn. 65.

1149 Begr. RegE zu § 55 Abs. 2 InsO, s. Balz/Landfermann, Die neuen Insolvenzgesetze, S. 133.

1150 I. E. auch: Noack, FS Claussen, 1997, S. 307, 316.

Insolvenzverwalter wird sich in Kenntnis der materiellen Lage der Gesellschaft erst dann zur Aufnahme neuer Darlehen entschließen, wenn es nicht zum Nachteil einzelner Gläubiger geschieht. Ebenso wenig werden die Gesellschafter ihre Darlehen zum Zwecke der Ausnutzung ihrer Stellung und zur Gläubigergefährdung, sondern vielmehr zur Betriebsfortführung gewähren[1151]. Im Zeitpunkt des Insolvenzeröffnungsverfahrens können daher die gewährten Gesellschafterdarlehen mit kurzfristigen Überbrückungskrediten verglichen werden, da sie lediglich eine temporäre Zwischenfinanzierung – bis zur Entscheidung des Gerichts über den Insolvenzantrag bzw. bis zur Entscheidung über weitere Sanierungsmaßnahmen – ermöglichen sollen[1152].

Zudem stellt sich diese Frage ohnehin nur während der kurzen Dauer des Insolvenzeröffnungsverfahrens. Denn sollte es nachfolgend zu einem Insolvenzplan kommen und das Darlehen noch nicht zurückbezahlt worden sein, greifen dann die strengen Regeln des § 39 Abs. 1 Nr. 5 InsO, auf den durch § 264 Abs. 3 InsO verwiesen wird.

a. Ausschluss der Insolvenzanfechtung nach § 135 Abs. 1 Nr. 2 InsO

Schließlich ist auch die Anfechtbarkeit von Rechtshandlungen des starken vorläufigen Insolvenzverwalters im später eröffneten Insolvenzverfahren wegen des Charakters der Forderung als Masseverbindlichkeit ausgeschlossen[1153]. Tilgt also der Insolvenzverwalter die als Masseverbindlichkeiten begründeten Gesellschafterforderungen noch im Insolvenzeröffnungsverfahren, brauchen die Gesellschafter nicht zu befürchten, dass die Rückzahlung nach § 135 Abs. 1 Nr. 2 InsO angefochten wird[1154], da es sonst dem Sinn und Zweck des § 55 Abs. 2 InsO widersprechen würde. Der spätere endgültige Insolvenzverwalter soll jedoch die Rechtshandlungen des starken vorläufigen Insolvenzverwalters dann ausnahmsweise anfechten können, wenn solche Forderungen befriedigt wurden, die keine Privilegierung nach § 55 Abs. 2 InsO genossen[1155].

1151 Vgl. i. E. auch (für das alte Recht) Fink, Maßnahmen des Verwalters zur Finanzierung in der Unternehmensinsolvenz, Rdn. 322.

1152 Fink, Maßnahmen des Verwalters zur Finanzierung in der Unternehmensinsolvenz, Rdn. 322.

1153 OLG Celle, ZInsO 2005, 148, 149; MünchKommInsO, Haarmeyer, § 22, Rdn. 191; Gottwald, Uhlenbruck/Vuia, Insolvenzrechts-Handbuch, § 14, Rdn.151.

1154 Vgl. a. Leithaus, NZI 2005, 221 (Anmerkung zu BGH Urt. v. 9.12.2004).

1155 BGH ZIP 2003, 412, 413; Pape, ZIP 2002, 2277, 2285, darunter fallen insbesondere Leistungen (Befriedigung von Altschulden), die zum Zwecke der Erbringung weiterer finanzieller Hilfen vorgenommen wurden.

b. Schlussfolgerungen für die Gläubiger

Die Einordnung der Forderungen von den Gesellschaftern als Masseverbindlichkeiten ist für die Neugläubiger jedoch nicht ohne jegliches Risiko[1156]. Ihre Verbindlichkeiten konkurrieren zum einen im Insolvenzverfahren mit den übrigen Masseverbindlichkeiten, wenn der Insolvenzverwalter die Masseunzulänglichkeit i.S.d. § 208 InsO anzeigen muss. In einem solchen Fall werden die vom vorläufigen Insolvenzverwalter im Insolvenzeröffnungsverfahren aufgenommenen Darlehensforderungen nach § 209 Abs. 1 Nr. 3 InsO nur im dritten Rang nach den Verfahrenskosten und den Neumasseverbindlichkeiten berichtigt[1157]. Zum anderen wird auch im Falle der Abweisung des Insolvenzantrages mangels Masse nach § 26 Abs. 1 S. 1 InsO oder der späteren Einstellung des Insolvenzverfahrens mangels Masse nach § 207 Abs. 1 S. 1 InsO die Vorzugsstellung wenig nutzen, da die Gläubiger in diesen Fällen sogar leer ausgehen werden[1158].

2. *Massedarlehen*

Vor diesem Hintergrund stellt sich im Rahmen des Insolvenzeröffnungsverfahrens noch die Frage, ob ein starker vorläufiger Insolvenzverwalter die zur Betriebsfortführung aufgenommenen Darlehen aufgrund der ihm übertragenen Rechtsstellung allein aufnehmen darf oder ob er wegen der besonderen Bedeutung des Darlehens für das Insolvenzverfahren der Mitwirkung anderer bedarf. Während des eröffneten Insolvenzverfahrens unterliegt die Eingehung von Massedarlehen durch den Insolvenzverwalter besonderen gesetzlichen Anforderungen, von denen mangels Auswirkungen auf das Außenverhältnis zwar nicht die Wirksamkeit des Rechtsgeschäfts, jedoch die persönliche Haftung des Verwalters abhängt[1159]. Würde es sich bei dem Abschluss eines Darlehensvertrages um ein Darlehen handeln, das die Insolvenzmasse erheblich belastet, so ist der Insolvenzverwalter an die Zustimmung des Gläubigerausschusses – und wenn dieser nicht bestellt ist, an die Zustimmung der Gläubigerversammlung – gebunden, da es sich dabei um eine nach § 160 Abs. 2 Nr. 2 InsO zustimmungsbedürftige besonders bedeutende Rechtshandlung handelt, die dem alleinigen Verantwortungsbereich des Insolvenzverwalters entzogen ist.

1156 Pape/Uhlenbruck/Voigt-Salus, Insolvenzrecht, Kap. 20, Rdn. 32; Uhlenbruck, Vallender, InsO, § 22, Rdn. 34.

1157 Dieses Verfahren zeigt eine gewisse Parallele zu der Wirkung der Eröffnung auf die Insolvenzforderungen.

1158 Gottwald, Uhlenbruck/Vuia, Insolvenzrechts-Handbuch, § 14, Rdn. 148.

1159 MünchKommInsO, Haarmeyer, § 22, Rdn. 72.

Was konkret eine besonders bedeutende Rechtshandlung i.S.d. § 160 Abs. 1 InsO im Einzelnen bedeutet, braucht an dieser Stelle nicht ausführlich diskutiert zu werden, da die Aufnahme von Darlehen von den Regelbeispielen in § 160 Abs. 2 InsO gesondert erwähnt ist und im Falle der Erheblichkeit für die Insolvenzmasse der Zustimmung bedarf. In diesem Zusammenhang muss noch berücksichtigt werden, dass mit der „Zustimmung" nur die vorherige Einholung einer Einwilligung i.S.d § 183 S. 1 BGB – und nicht auch eine nachträgliche Genehmigung – gemeint ist[1160].

Für den vorläufigen Insolvenzverwalter stellt sich also zum einen die Frage, ob er überhaupt von der Bestimmung des § 160 Abs. 2 Nr. 2 InsO betroffen ist und wenn ja, welche Darlehen er als für die „Insolvenzmasse erheblich belastend" betrachten sollte. Die Entscheidung kann insbesondere in dem Insolvenzeröffnungsverfahren sehr relevant werden, da in diesem Stadium die Mittel sehr kurzfristig benötigt werden können und das Abwarten der Zustimmung der Gläubigerorgane dem vorläufigen Insolvenzverwalter nicht zugemutet werden kann.

a. Anwendbarkeit auf starke vorläufige Insolvenzverwaltung

Mangels einer ausdrücklichen Regelung, die in dem Insolvenzantragsverfahren eine Zustimmung des vorläufigen Insolvenzverwalters für die Darlehensaufnahme

---

1160 Uhlenbruck, ders., InsO, § 160, Rdn. 5; das gleiche gilt auch für den Abschluss von Verbindlichkeiten im Rahmen der Eigenverwaltung, vgl. Nerlich/Römermann, Riggert, Insolvenzordnung, § 275, Rdn. 3. Ob auch eine nachträgliche Zustimmung i.S.d. § 184 I BGB i.R.d. § 160 InsO möglich ist, ist wegen des Ziels der Gläubigerbeteiligung bei der Entscheidungsfindung umstritten. Da wegen § 164 InsO die fehlende Zustimmung keine Auswirkungen auf die Wirksamkeit der Maßnahme im Außenverhältnis hat, ist dieser Streit in der Praxis nicht von erheblicher Bedeutung. Die Zustimmung nimmt auch im Innenverhältnis keine hervorragende Stellung ein, da es sich dabei um eine Soll-Bestimmung handelt und sie sonst einem Weisungsrecht gleichkäme. Die Zustimmung und damit auch die rückwirkende Genehmigung würden jedoch im Falle ihres Zulassens den Haftungsmaßstab des Insolvenzverwalters verändern. Da der Insolvenzverwalter aber in vielen Fällen auf ein schnelles Handeln angewiesen sein wird und der Gläubigerausschuss entweder nicht so schnell handeln kann oder gar nicht bestellt ist, er aber wegen Eilbedürftigkeit unter dem Vorbehalt einer nachfolgenden Zustimmung sofort handeln könnte, spricht es für die Zulässigkeit der Genehmigung, bejahend MünchKommInsO, Görg, § 160, Rdn. 25 ff; Uhlenbruck, ders. InsO, § 160, Rdn. 6; a.A. Nerlich/Römermann, Balthasar, Insolvenzordnung, § 160, Rdn. 11; kritisch zur Zustimmung des Sachwalters bei der Eigenverwaltung MünchKommInsO, Wittig, § 275, Rdn. 11.

vorsieht, könnte argumentiert werden, dass die Aufnahme von Massedarlehen dem alleinigen Ermessensspielraum des Insolvenzverwalters unterliegt. Anders als in dem eröffneten Insolvenzverfahren kommt es im Insolvenzeröffnungsverfahren nicht auf die Abwicklung und Verwertung des Vermögens, sondern auf die Vermögenssicherung und -erhaltung an.

Für die entsprechende Anwendbarkeit der Regelung auf den starken vorläufigen Insolvenzverwalter spricht jedoch, dass ohne die Anwendung des Zustimmungsvorbehalts der Gläubigerorgane dem vorläufigen Insolvenzverwalter mehr Rechte zugesprochen wären als dem endgültigen Insolvenzverwalter tatsächlich zustehen. Problematisch für diese Sicht erscheint jedoch die Tatsache, dass die Mitwirkung der Gläubiger – die im Falle des § 160 Abs. 2 Nr. 2 InsO die Zustimmung erteilen – ein Institut des eröffneten Insolvenzverfahrens ist und § 67 InsO, der die Einsetzung des Gläubigerausschusses bestimmt, an die Eröffnung des Insolvenzverfahrens anknüpft. Daraus soll indessen nicht die Schlussfolgerung gezogen werden, dass die Gläubiger während des Insolvenzeröffnungsverfahrens jeglicher Teilnahme beraubt wären, da die Bestellung eines vor-vorläufigen Gläubigerausschusses durch das Insolvenzgericht auch als eine atypische Sicherungsmaßnahme nach § 21 Abs. 1 InsO angeordnet werden könnte[1161].

Trotz der gesetzgeberischen Entscheidung gegen einen vor-vorläufigen Gläubigerausschuss im Insolvenzeröffnungsverfahren, wurde seitens der Literatur im Rahmen eines Gesetzesvorhabens erneut eingebracht, das Insolvenzgericht solle nach § 67 Abs. 1 InsO[1162] in Verfahren mit einiger wirtschaftlicher Bedeutung auch vor der Eröffnung des Insolvenzverfahrens einen vor-vorläufigen Gläubigerausschuss bestellen können, um insbesondere eine Mitwirkung bei den Maßnahmen im Rahmen des § 160 InsO zu ermöglichen[1163]. Bis zur endgültigen Entscheidung

1161 MünchKommInsO, Haarmeyer, § 22, Rdn. 72; vgl. a. in HK-InsO, Frind, § 67, Rdn. 2.

1162 Aus dem Wortlaut ergibt sich zwar nicht klar, ob das Gesetz in § 67 InsO die Bestellung des Gläubigerausschusses nach Eröffnung des Insolvenzverfahrens, aber vor der ersten Gläubigerversammlung oder die Einberufung des Gläubigerausschusses bereits im Insolvenzantragsverfahren als vorläufiger Gläubigerausschuss meint. Nach der Systematik des § 67 InsO ist jedoch die Formulierung „vor der ersten Gläubigerversammlung" zeitlich i.S.d. Begrenzung auf die Eröffnung des Verfahrens auszulegen; kritisch zur Rechtsfigur des vor-vorläufigen Gläubigerausschusses und zur Rechtsgrundlage des § 67 InsO Pohlmann, Befugnisse und Funktionen des vorläufigen Insolvenzverwalters, Rdn. 303; Uhlenbruck, ders. InsO, § 67, Rdn. 5.

1163 Vorschlag eines „Gesetzes zur Effizienzsteigerung und Verbesserung der Verwalterauswahl im Insolvenzverfahren" von Haarmeyer, s. Uhlenbruck, InsO, § 67, Rdn. 6.

des Gesetzgebers über die Trennung von Kompetenzen zwischen Eröffnungsverfahren und eröffnetem Verfahren, wird es weiterhin umstritten bleiben, ob die Einsetzung eines vor-vorläufigen Gläubigerausschusses rechtens ist.

Als Kompensation für das Fehlen eines repräsentativen Gläubigerorgans im Insolvenzeröffnungsverfahren, so entspricht es mittlerweile der herrschenden Meinung, soll das Insolvenzgericht nach § 160 InsO analog die Interessen der Gläubiger wahrnehmen, was gleichzeitig die Rechtsfigur des vor-vorläufigen Gläubigerausschusses obsolet macht[1164]. Das Insolvenzgericht wird also analog § 160 Abs. 2 Nr. 2 InsO zum Abschluss des Darlehensvertrages seine Zustimmung erteilen und der Schuldner analog § 161 S. 1 InsO angehört werden müssen[1165]. Für die analoge Anwendung des Zustimmungsvorbehalts durch das Insolvenzgericht spricht auch, dass der starke vorläufige Insolvenzverwalter zur Vornahme von Sicherungsmaßnahmen eigenmächtig berechtigt ist und sein Handeln grundsätzlich frei von der Mitwirkung des Schuldners oder des Insolvenzgerichts ausüben kann. Der Schuldner ist bei der vorläufigen Insolvenzverwaltung zwar nicht schutzlos gestellt, denn er kann für den Fall der schuldhaften Überschreitung der Kompetenz des Insolvenzverwalters von diesem gemäß §§ 21 Abs. 2 Nr. 1, 60 Abs. 1 InsO Schadensersatz verlangen. In bestimmten Fällen, in denen das Handeln des Insolvenzverwalters großes Ausmaß auf das noch nicht eröffnete Insolvenzverfahren nehmen kann, ist es jedoch erforderlich, die Interessen des Schuldners durch unabhängige Stellen zu gewährleisten und im Rahmen des Insolvenzantragsverfahrens die Geschäftsführungskompetenz des Insolvenzverwalters für besonders bedeutende Rechtshandlungen zu reduzieren.

Hintergrund dieser Regelung ist der Gläubigerschutz, der durch den normativen – aus § 161 InsO folgenden – Schutz des Schuldners an einer möglichst vollständigen Befriedigung seiner Gläubiger abgerundet wird[1166]. Daher ist eine gänzlich unterschiedliche Behandlung bei der Eingehung von erheblichen Masseverbindlichkeiten im Insolvenzeröffnungsverfahren und im bereits eröffneten Verfahren nicht angezeigt.

1164 AG Hamburg, ZInsO 2005, 1056, 1057; HK-InsO, Frind, § 67, Rdn. 2.

1165 Beck/Depré, Beck, Praxis der Insolvenz, 2. Teil, § 5, Rdn. 50; Pohlmann, Befugnisse und Funktionen des vorläufigen Insolvenzverfahrens, Rdn. 353, 357; MünchKommInsO, Haarmeyer, § 22, Rdn. 72; Gottwald, Uhlenbruck/Vuia, Insolvenzrechts-Handbuch, § 14, Rdn. 149.

1166 Vgl. MünchKommInsO, Haarmeyer, § 22, Rdn. 72; Pohlmann, Befugnisse und Funktionen des vorläufigen Insolvenzverfahrens, Rdn. 281.

b. Erhebliche Belastung der Insolvenzmasse

Problematischer erscheint die Rechtslage in Bezug auf die Frage, wann tatsächlich eine erhebliche Belastung der Insolvenzmasse vorliegt, die das Eingreifen der Gläubigerorgane bzw. des Insolvenzgerichtes rechtfertigt. Maßgeblich für die Stellung der Erheblichkeit ist die finanzielle Situation jedes einzelnen Unternehmens, so dass eine Pauschalisierung anhand fester Maßstäbe – zum Nachteil der Rechtssicherheit – nicht getroffen werden kann[1167]. Aufgrund der fehlenden Wertgrenzen sind die Entscheidungen des Insolvenzverwalters jedoch mit gewissen Unsicherheiten verbunden. Insofern müssen Maßstäbe ausgearbeitet werden, die die Erheblichkeiten von Darlehen auf die Insolvenzmasse zumindest implizieren. Hierzu werden zwei Lösungsansätze diskutiert.

Zum einen wird vorgeschlagen, die Erheblichkeit von Darlehensverbindlichkeiten bei 10% anzusetzen[1168], zum anderen soll die schnelle Rückzahlung der Verbindlichkeiten das maßgebliche Kriterium darstellen und eine Zustimmungspflicht verneint werden, wenn das Darlehen nicht höher ist als die Einnahmen, die innerhalb eines Monats aus der Fortführung des Unternehmens erwartet werden[1169].

Andere scheinen die genannten Kriterien vielmehr kumulativ zu betrachten und lehnen die Erheblichkeit bei einer Unterschreitung von 10% der Masse ab und führen die Darlehensbedingungen – wie die Zins- und Rückzahlungsverpflichtungen, die Dauer und die Notwendigkeit der Stellung von Sicherheiten aus der Masse, die die Verwertung von Anlage- und Umlaufvermögen erschweren kann – als die entscheidenden Kriterien bei der Begrenzung der Geschäftsführungsbefugnis des Insolvenzverwalters auf[1170]. Lediglich kurzfristige, im Interesse einer schnellen Verfahrensabwicklung oder zur Überbrückung eines Liquiditätsengpasses eingegangene Darlehensverträge, sollen keiner Zustimmungspflicht unterfallen[1171].

1167 Vgl. Uhlenbruck, ders., InsO, § 160, Rdn. 26.

1168 FK-InsO, Wegener, § 160, Rdn. 9; Mohrbutter/Ringstmeier, Voigt-Salus/Pape, Insolvenzverwaltung, § 21, Rdn. 270.

1169 MünchKommInsO, Görg, § 160, Rdn. 20; Uhlenbruck, ders., InsO, § 160, Rdn. 26; so wohl auch Fink, Maßnahmen des Verwalters zur Finanzierung in der Unternehmensinsolvenz, Rdn. 310, da er davon ausgeht, dass die Mehrzahl der in dem Insolvenzeröffnungsverfahren aufgenommenen Darlehen nur der Zwischenfinanzierung gedacht sind.

1170 Andres/Leithaus, Anders, InsO, § 160, Rdn. 9.

1171 HK-InsO, Decker, § 160, Rdn. 10;

Wann von einer erheblichen Belastung der Masse mit Darlehensverbindlichkeiten rechtssicher gesprochen werden kann, werden erst die Praxis und die Judikatur zeigen. Für die Darlehensgeber hat dieser Streit mangels einer Außenwirkung keine Bedeutung, da der Zustimmungsvorbehalt die Wirksamkeit des Darlehensvertrages nicht berührt. Der Zustimmungsvorbehalt des Insolvenzgerichts analog § 160 Abs. 2 Nr. 2 InsO wirkt sich auf die während des Insolvenzeröffnungsverfahrens von einem starken vorläufigen Insolvenzverwalter aufgenommenen Gesellschafterdarlehen weder positiv noch negativ auf die Einstufung der Rückforderungsansprüche als Massedarlehen i.S.d. § 55 Abs. 2 InsO aus. Die Regelung hat lediglich eine Auswirkung auf den Insolvenzverwalter. Aufgrund der den vorläufigen Insolvenzverwalter treffenden Haftung nach § 61 InsO, für den Fall, dass die begründeten Masseverbindlichkeiten aus der Insolvenzmasse nicht voll befriedigt werden können, wird der vorläufige Insolvenzverwalter schon im eigenen Interesse die Zustimmung des vorläufigen Gläubigerausschusses oder des Gerichtes einholen.

3. *Ergebnis*

Somit kann festgehalten werden, dass der starke vorläufige Insolvenzverwalter – wenn auch teilweise unter Beteiligung der Gläubigerorgane – neue Gesellschafterdarlehen aufnehmen kann, die weder nach § 39 Abs. 1 Nr. 5 InsO subordiniert noch nach § 135 Abs. 1 Nr. 2 InsO anschließend angefochten werden können. Die Einsetzung einer starken vorläufigen Insolvenzverwaltung entspricht – trotz der Effektivität der Sicherungsmaßnahme zum Zweck der Massesicherung – jedoch nicht dem Regelfall in der insolvenzrechtlichen Praxis, da sie nicht nur mit erheblichen Haftungsrisiken für den Insolvenzverwalter, sondern auch mit einem immensen Eingriff in die Rechte des Schuldnerunternehmens einhergeht.

II. „Schwacher" vorläufiger Insolvenzverwalter

Aus dem Umkehrschluss zu § 55 Abs. 2 S. 1 InsO muss für denjenigen vorläufigen Insolvenzverwalter, auf den die Verwaltungs- und Verfügungsbefugnis über das Vermögen nicht übergegangen ist, gefolgert werden, dass die von dem Schuldner aufgenommenen Darlehen Insolvenzforderungen i.S.d. § 38 InsO darstellen[1172]. Werden also Darlehen von den Gesellschaftern aufgenommen, sind die Rückforderungsansprüche mit einem Nachrang i.S.d. § 39 Abs. 1 Nr.5 InsO behaftet

1172 Vgl. grundlegend BGH ZIP 2002, 1625, 1626; BGH ZIP 2007, 2279, 2280; BGH ZIP 2009, 1477, 1478; Uhlenbruck, Vallender, InsO, § 22, Rdn. 34, 48; Gottwald, Uhlenbruck/Vuia, Insolvenzrechts-Handbuch, § 14, Rdn. 150.

und genießen weder unmittelbar noch entsprechend die Privilegierung des § 55 Abs. 2 InsO[1173].

1. *Differenzierung zur starken vorläufigen Insolvenzverwaltung*

Die unterschiedliche rechtliche Behandlung von den im Insolvenzeröffnungsverfahren begründeten Neuverbindlichkeiten rechtfertigt sich anhand der unterschiedlichen Rechtsstellungen der vorläufigen Insolvenzverwalter. Der Unterschied zwischen einem starken und schwachen vorläufigen Insolvenzverwalter macht sich insbesondere im Außenverhältnis bemerkbar. Beim Letzteren trifft den Schuldner kein allgemeines Verfügungsverbot, so dass die Verwaltungs- und Verfügungsbefugnis in der Hand der Organe der Gesellschaft verbleiben. Die Pflichten des schwachen vorläufigen Insolvenzverwalters werden, im Gegensatz zum starken vorläufigen Insolvenzverwalter, die in § 22 Abs. 1 S. 2 InsO abschließend geregelt sind[1174], nach § 22 Abs. 2 S. 1 InsO durch das Gericht im Einzelnen bestimmt und dürfen nicht über die Pflichten eines Verwalters mit Verwaltungs- und Verfügungsbefugnis hinausgehen.

Im Interesse der Werterhaltung des schuldnerischen Vermögens kann das Gericht unter Beachtung des Verhältnismäßigkeitsgrundsatzes ein allgemeines Verfügungsverbot aussprechen und damit umfassend in die Rechtsstellung des Schuldners eingreifen. Dabei handelt es sich um das sicherste Mittel der Massesicherung und soll mögliche Eingriffe oder Masse schmälernde Verfügungen des Schuldners unterbinden[1175]. Dies wird unter anderem dadurch erreicht, dass dem Schuldner die freie Entscheidung zur Eingehung von neuen Verbindlichkeiten abgenommen wird, um die Belastung des Schuldnervermögens durch unnötige Masseverbindlichkeiten zu vermeiden. Dann entscheidet nur der vorläufige Insolvenzverwalter, ob, mit wem und in welcher Höhe er Verbindlichkeiten eingeht. Insoweit ist die Rechtsposition des starken vorläufigen Verwalters mit der des endgültigen Verwalters weitgehend identisch, so dass es auch gerechtfertigt ist, die von ihnen begründeten Verbindlichkeiten gleich zu behandeln.

Dagegen stellt die Einsetzung eines schwachen vorläufigen Verwalters den geringsten Eingriff dar, dessen Rechtstellung nicht mit der des endgültigen Verwalters vergleichbar ist. Mangels der Übertragung der Verwaltungs- und Verfügungsbefugnis nimmt der vorläufige Insolvenzverwalter lediglich die Funktion

---

1173 Fink, Maßnahmen des Verwalters zur Finanzierung in der Unternehmensinsolvenz, Rdn. 324; Pape/Uhlenbruck/Voigt-Salus, Insolvenzrecht, Kap. 20, Rdn. 52.

1174 Beck/Depré, Beck, Praxis der Insolvenz, 2. Teil, § 5, Rdn. 32.

1175 MünchKommInsO, Haarmeyer, § 21, Rdn. 55.

eines Aufsehers oder Beraters ein und hat keinen rechtlichen Einfluss auf die Geschicke der Vertretungsorgane der Gesellschaft. In der Regel wird dem schwachen vorläufigen Insolvenzverwalter jedoch ein Zustimmungsvorbehalt i.S.d. § 21 Abs. 2 S. 1 Nr. 2 Alt. 2 InsO im Hinblick auf die Verfügungen des Schuldners eingeräumt, durch den er jedoch nur eine „Vetostellung" bzw. eine Sicherungsfunktion einnimmt[1176]. Anstatt einer Anordnung eines allgemeinen Zustimmungsvorbehaltes kann das Insolvenzgericht dem vorläufigen Insolvenzverwalter bestimmte Kompetenzen zuweisen oder einen konkreten Zustimmungsvorbehalt für bestimmte Verfügungen des Schuldners anordnen[1177]. So kann das Insolvenzgericht einen speziellen Zustimmungsvorbehalt verhängen und nur bestimmte Verfügungen des Schuldners von der Zustimmung des Verwalters abhängig machen, ohne jedoch den Verwalter in die rechtliche Stellung zu versetzen, den Schuldner gegen dessen Willen zu bestimmten Handlungen zu bewegen. Der Zustimmungsvorbehalt bezieht sich nämlich nicht auf den Abschluss schuldrechtlicher Verpflichtungsgeschäfte[1178], so dass der schwache vorläufige Insolvenzverwalter gegen die Begründung neuer Verbindlichkeiten nicht viel unternehmen können wird[1179].

2. *Rechtsfolgen für die Gesellschafterdarlehen während der schwachen vorläufigen Insolvenzverwaltung*

Aufgrund des einzig und alleine beim Schuldner liegenden Initiativrechts kommt es bei der Begründung von Verbindlichkeiten im Insolvenzeröffnungsverfahren während der schwachen vorläufigen Insolvenzverwaltung nur auf den Willen des Schuldners an, während § 55 Abs. 2 S. 1 InsO nur Verbindlichkeiten privilegiert, die auf den Willen des Insolvenzverwalters zurückzuführen sind. Aus diesen Gründen und wegen der rechtlichen Unterscheidung der Sicherungsmaßnahmen ist es grundsätzlich nicht gerechtfertigt, die Verbindlichkeiten auch in Fällen der Einsetzung eines vorläufigen Insolvenzverwalters – auch bei gleichzeitiger Anordnung eines Zustimmungsvorbehalts – als

1176 Beck/Depré, Beck, Praxis der Insolvenz, 2. Teil, § 5, Rdn. 140 f.; MünchKommInsO, Haarmeyer, § 21, Rdn. 32. Die Stellung des vorläufigen Insolvenzverwalters mit allgemeinem Zustimmungsvorbehalt entspricht der nach altem Recht anerkannten Sicherungssequestration.

1177 Gottwald, Uhlenbruck/Vuia, Insolvenzrechts-Handbuch, § 14, Rdn. 56; MünchKommInsO, Haarmeyer, § 22, Rdn. 33.

1178 HK-InsO, Kirchhof, § 21, Rdn. 18; Gottwald, Uhlenbruck/Vuia, Insolvenzrechts-Handbuch, § 14, Rdn. 64.

1179 Vgl. a. K. Schmidt/Uhlenbruck, Wittig, Rdn. 5.313.

Masseverbindlichkeiten nach § 55 Abs. 2 InsO zu behandeln[1180]. Dies hat auch zur Folge, dass die Rechtshandlungen des Schuldners im später eröffneten Insolvenzverfahren dem Anfechtungsrecht unterliegen, auch wenn diese mit der Zustimmung des Verwalters vorgenommen worden sind[1181]. Insoweit besteht sogar auch Einigkeit darüber, dass der Insolvenzverwalter auch diejenigen Handlungen anfechten kann, die er als vorläufiger Insolvenzverwalter ohne Verwaltungs- und Verfügungsbefugnis selbst vorgenommen hat oder zu denen er seine Zustimmung erteilt hat[1182].

Überträgt man diese Grundsätze auf die von den Gesellschaftern durch einen schwachen vorläufigen Insolvenzverwalter aufgenommenen Darlehen, muss festgestellt werden, dass ihre Rückzahlungsforderungen nach § 39 Abs. 1 Nr. 5 InsO nachrangig werden und im später eröffneten Insolvenzverfahren im Falle einer Rückzahlung einer Anfechtung nach § 135 Abs. 1 InsO unterliegen. Insoweit können die Gesellschafterhilfen auch im Insolvenzeröffnungsverfahren dem Eigenkapitalersatzrecht unterfallen. Auch diejenigen Handlungen, für die ein schwacher vorläufiger Insolvenzverwalter seine Zustimmung erteilt hat, können nach §§ 129 ff. InsO angefochten werden[1183]. Das rechtliche Schicksal der Forderungen auf Rückgewähr eines Gesellschafterdarlehens hängt also immens davon ab, ob ein starker oder schwacher vorläufiger Insolvenzverwalter bestellt wird.

1180 MünchKommInsO, Haarmeyer, § 22, Rdn. 70.

1181 Pape/Uhlenbruck/Voigt-Salus, Insolvenzrecht, Kap. 20, Rdn. 52. Eine Ausnahme wurde vom BGH für den restriktiven Fall anerkannt, bei dem der schwache vorläufige Insolvenzverwalter bei dem Gläubiger einen schutzwürdigen Vertrauenstatbestand hervorgerufen hat. Der Empfänger dürfe in einem solchen Fall nach Treu und Glauben darauf vertrauen, ein nicht mehr einziehbares Recht erhalten zu haben, vgl. BGHZ 154, 190, 199; Dem BGH ZIP 2005, 314, 316 lag speziell der Sachverhalt zugrunde, wonach der schwache vorläufige Insolvenzverwalter einem Vertrag des Schuldners zustimmte, den dieser mit dem Vertragspartner schloss und in dessen Zusammenhang der Schuldner Erfüllungszusagen für Altverbindlichkeiten mit noch zu erbringenden Leistungen machte. Gerade in der Zustimmung der Erfüllung von Altverbindlichkeiten wird grundsätzlich das schutzwürdige Vertrauen der Gläubiger gesehen, das einer Anfechtung nunmehr entzogen werden soll. Vgl. auch Anmerkung von Leithaus, NZI 2005, 221.

1182 BGH NZI 2005, 218, 219 (mit weiteren Nachweisen).

1183 BGH v. 20.02.2014, ZIP 2014, 584, 585. Eine Ausnahme für die Anfechtung von Rechtshandlungen schwacher vorläufiger Insolvenzverwalter besteht nur dann, wenn der schwache vorläufige Insolvenzverwalter kraft einer Einzelermächtigung berechtigt ist, Masseverbindlichkeiten zu begründen, zu besichern oder zu tilgen.

3. *Ausnahme des Ermächtigungsmodells*

Ausnahmsweise sollen die während der schwachen vorläufigen Insolvenzverwaltung begründeten Verbindlichkeiten nach Eröffnung des Insolvenzverfahrens im Rang des § 55 Abs. 2 S. 1 InsO befriedigt werden, wenn der Insolvenzverwalter – ohne dass ein allgemeines Verfügungsverbot ausgesprochen wurde – vom Gericht ermächtigt wurde, konkrete einzelne, im Voraus festgelegte Verpflichtungen zu Lasten der Masse einzugehen, soweit dies für eine erfolgreiche Verwaltung notwendig ist und die einzelnen Maßnahmen vom Gericht selbst genau bezeichnet wurden (sog. Ermächtigungsmodell)[1184]. So kann insbesondere eine entsprechende bestimmte Ermächtigung zur Aufnahme von Darlehen erteilt werden, die dann von den Gesellschaftern zu erhalten, wahrscheinlicher erscheint als von den Kreditinstituten, insbesondere unter dem Blickwinkel einer komplizierten Sicherungsgewährung[1185]. Das Ermächtigungsmodell bietet den Neugläubigern schon eher eine Bereitschaft, Darlehen aufzugeben, wenn das schuldnerische Unternehmen eine aussichtsreiche Sanierung anstrebt und der Insolvenzverwalter vor dem Hintergrund eines fehlenden allgemeinen Verfügungsverbotes sich in seiner Handlungsfreiheit beschränkt fühlt[1186]. Dabei kann es keinen Unterschied machen, ob

1184 BGH ZIP 2002, 1625, 1629, nach dem BGH sollte die konkrete Einzelermächtigung für die Beteiligten unmissverständlich machen, mit welchen Einzelbefugnissen der vorläufige Insolvenzverwalter ausgestaltet ist. Hierfür ist es erforderlich, dass das Insolvenzgericht die Rechtshandlungen – also welche Art von Geschäften –, die zur Begründung von Masseverbindlichkeiten führen, konkretisiert, vgl. Uhlenbruck, Vallender, InsO, § 22, Rdn. 193c; In der Literatur wird ein Verwalter, dem bestimmte, genau definierte Befugnisse und Verpflichtungen übertragen werden, auch als sog. „halbstarker" vorläufiger Insolvenzverwalter bezeichnet, vgl. Pape/Uhlenbruck/Voigt-Salus, Insolvenzrecht, Kap. 20, Rdn. 158.

1185 Dies kann aber auch als eine weitere Ausnahme im Rahmen der Erteilung eines partiellen Verfügungsverbotes gegenüber dem Schuldner gelten. Hierbei kann ihm die Verfügungsmacht ausdrücklich für den Abschluss von Kredit- oder Sicherungsverträgen entzogen werden (halbstarker vorläufiger Insolvenzverwalter), vgl. AG Coburg, ZInsO 2002, 383 (383); Beck/Depré, Beck, Praxis der Insolvenz, 2. Teil, § 5, Rdn. 160. Kritisch zu der Entscheidung, Kirchhof, ZInsO 2004, 57, 61, da zumindest eine Obergrenze des Kredits durch das Insolvenzgericht hätte benannt werden sollen.

1186 Hierzu kritisch: MünchKommInsO, Haarmeyer, § 22, Rdn. 70, da die Gefahr besteht, dass die Gerichte durch die Einzelermächtigungen die gesetzgeberische Unterscheidung der Verwaltertypen verwischen und die infolge des § 55 Abs. 2 S. 1 InsO geschaffene Rechtsklarheit unterminieren könnten. Zudem wird schon die

dem Insolvenzverwalter nur gestattet wird, von Dritten Kredite aufzunehmen oder die eigenen Gesellschafter um Darlehen zu bitten. Aber auch hier sollte die oben dargestellte Rangstellung der Forderungen im Falle der Masseunzulänglichkeiten beachtet werden, der auch im Falle einer Einzelermächtigung nicht begegnet werden kann.

Das Modell der Einzelermächtigung kann also auch den Gesellschaftern, die eine Finanzhilfe zur Verfügung stellen wollen, zugutekommen. Sie sollten sich jedoch dessen bewusst sein, dass ein fehlendes allgemeines Verfügungsverbot dem Verwalter keine allgemeine Verwaltungs- und Verfügungsbefugnis einräumt, so dass es auf eine konkrete Ermächtigung vom Insolvenzgericht ankommt, die auf Eingehung von Darlehensgeschäften gerichtet sein muss. Besteht dagegen eine konkrete Einzelermächtigung des Insolvenzgerichtes, haben die Gesellschafter wohl auch nicht die Anfechtbarkeit der noch im Insolvenzeröffnungsverfahren getilgten Leistungen zu befürchten[1187].

III. Der Blick in die Praxis

Die Einsetzung eines schwachen vorläufigen Verwalters – auch mit einem allgemeinen Zustimmungsvorbehalt – bedeutet in der Praxis ein Nebeneinanderwalten vom Schuldner und Verwalter. Dies kann bei einem noch laufenden Geschäftsbetrieb oder bei einer Geschäftsfortführung für die Geschäftspartner zu Missverständnissen im Hinblick auf die Rechtszuständigkeiten führen, so dass im Interesse einer klaren Kompetenzzuweisung es sachdienlicher erscheinen könnte, im Insolvenzeröffnungsverfahren dem Schuldner ein allgemeines Verfügungsverbot aufzuerlegen. Darüber hinaus könnten sich viele Geschäftspartner gerade durch die Einsetzung eines professionellen Insolvenzverwalters und durch das ihm entgegengebrachte Vertrauen zur weiteren Kooperation bereit sein. Zudem wird auch ein Insolvenzplan nichts an der Privilegierung der Masseverbindlichkeit ändern können, da gemäß § 217 InsO nur die Befriedigung absonderungsberechtigter Gläubiger und Insolvenzgläubiger durch den Insolvenzplan abweichend von den allgemeinen Vorschriften der Insolvenzordnung bestimmt werden kann.

Erforderlichkeit einer solchen Vorgehensweise durch die Gerichte in Frage gestellt, denn sie dürfen im Laufe des Eröffnungsverfahrens jederzeit ein allgemeines Verfügungsverbot verhängen und so „auf natürlichem Wege" zu der Anwendung des § 55 Abs. 2 S. 1 InsO gelangen.

1187 So im Ergebnis, Leithaus, NZI 2005, 221 (221, Anmerkung zu BGH Urt. v. 9.12.2004).

In der Praxis wird jedoch zur Verhinderung der Haftung des vorläufigen Insolvenzverwalters nach § 61 InsO[1188] und zur Vermeidung der Anreicherung von Masseverbindlichkeiten i.S.d. § 55 Abs. 2 InsO geraten, den umgekehrten Weg zu bestreiten und einen schwachen vorläufigen Insolvenzverwalter mit Anordnung eines allgemeinen Zustimmungsvorbehalts einzusetzen[1189]. Insbesondere soll die Ansammlung von unnötigen Masseverbindlichkeiten verhindert werden, denn auch ein eröffnetes Insolvenzverfahren kann infolge einer Masseunzulänglichkeit schnell wieder eingestellt werden.

C. Darlehen während der Eigenverwaltung

Darüber hinaus stellt sich die Frage, wie die Gesellschafterhilfen zu beurteilen sind, die im Zeitpunkt der Eigenverwaltung gewährt werden. Eine Regelung diesbezüglich enthält die Insolvenzordnung nicht.

I. Einleitung

Die Eigenverwaltung ist ein primär auf die Sanierung von Unternehmen ausgerichtetes Rechtsinstitut, deren Ziel darin besteht, durch die Beibehaltung der Eigenverwaltung und wirtschaftlich optimale Masseverwertung die bestmögliche gemeinschaftliche Gläubigerbefriedigung zu erreichen[1190]. Die Gesellschaft selbst bleibt nach § 270 Abs. 1 S. 1 InsO verwaltungs- und verfügungsbefugt[1191].

1188 Der vorläufige Insolvenzverwalter mit Verwaltungs- und Verfügungsbefugnis haftet nämlich nach § 21 Abs. 2 Nr. 1 i.V.m. § 61 S. 1 InsO den Massegläubigern für die Erfüllung von Masseverbindlichkeiten i.S.d. § 55 Abs. 2 InsO, soweit die Masse selbst nicht ausreicht. Daneben haftet er auch nach § 21 Abs. 2 Nr. 1 i.V.m. § 60 I InsO den Insolvenzgläubigern, wenn er durch die Begründung von Masseverbindlichkeiten schuldhaft die Quote für die Insolvenzgläubiger vermindert hat, vgl. MünchKommInsO, Haarmeyer, § 22, Rdn. 70.

1189 Pape/Uhlenbruck/Voigt-Salus, Insolvenzrecht, Kap. 20, Rdn. 27, 52; Uhlenbruck, Vallender, InsO, § 22, Rdn. 17, 47; Gottwald, Uhlenbruck/Vuia, Insolvenzrechts-Handbuch, § 14, Rdn. 39; MünchKommInsO, Haarmeyer, § 21, Rdn. 67; Buth/Hermanns, Schreiber, RSI, § 24, Rdn. 62; so auch schon die gerichtliche Praxis, vgl. BGH ZIP 2002, 1625, 1628, 1629.

1190 FK-InsO, Foltis, § 275, Rdn. 1; Gottwald, Haas/Kahlert, Insolvenzrechts-Handbuch, § 86, Rdn. 13.

1191 Damit bekommt die juristische Person bei der Eigenverwaltung die Befugnisse des Insolvenzverwalters, obwohl § 56 Abs. 1 S. 1 InsO die Untauglichkeit juristischer Personen als Insolvenzverwalter regelt. Nichtsdestotrotz ist die Eigenverwaltung bei juristischen Personen zulässig. Eine andere Sichtweise würde der mit

Dies hat den Vorteil, dass die Erfahrungen und Kenntnisse der Geschäftsführung auch für das Insolvenzverfahren genutzt werden können und kein Fremder in die Unternehmensführung eingearbeitet werden muss, was sich nicht nur zeitsparend im Hinblick auf die Durchführung des Insolvenzverfahrens, sondern– aus der Sicht der Insolvenzmasse – auch kostensparend auswirken kann[1192]. Ein für die Kontrolle des Schuldnerunternehmens eingesetzter Sachwalter nimmt im Wesentlichen Aufsichtsfunktionen wahr und unterliegt bestimmten Anzeige- sowie fakultativen und zwingenden Mitwirkungspflichten, um die Aushöhlung der Masse durch den Schuldner zu verhindern[1193]. In der Praxis der Kapitalgesellschaftsinsolvenz steht die Eigenverwaltung noch im Schatten des Regelinsolvenzverfahrens und kann bis dato nur auf eine kleine Anzahl von großen „medienwirksamen" Projekten reduziert werden[1194].

II. Kompetenzverteilung zwischen Schuldner und Sachwalter

Die Finanzierung der GmbH in der Eigenverwaltung mit Fremdmitteln, insbesondere mit Darlehen oder Krediten, unterliegt grundsätzlich denselben Regelungen wie die Finanzierung im regulären Insolvenzverfahren[1195]. Der wesentliche Unterschied zu der Finanzierung im regulären Insolvenzverfahren besteht jedoch darin, dass der Schuldner selbst zur Aufnahme neuer Darlehen berechtigt ist. Jedoch sind die Handlungen des Geschäftsführers nicht schrankenlos gewährleistet. Eine Einschränkung der Verwaltungs- und Verfügungsbefugnis des Geschäftsführers – insbesondere für die Aufnahme neuer Darlehen – wird zum einen durch § 275 InsO vorgenommen. Danach bedarf der Geschäftsführer bei der Eingehung von Verbindlichkeiten, die nicht zum gewöhnlichen Geschäftsbetrieb des Schuldners gehören, einer Zustimmung des Sachwalters. Ebenso wenig kann der Schuldner auch die zum gewöhnlichen Geschäftsbetrieb

der Eigenverwaltung verfolgten Gesetzesabsicht nicht genüge getan, vgl. a. Gulde, Die Anordnung der Eigenverwaltung durch das Insolvenzgericht im Eröffnungsbeschluss, S. 38, 40.

1192 BGH ZInsO 2007, 207, 208; Hofmann, ZIP 2007, 260, 261; BT-Drs. 12/2443, S. 223; HK-InsO, Fiebig, Vor. 270, Rdn. 3.

1193 K. Schmidt/Uhlenbruck, Maus, Rdn. 9.26.

1194 Hofmann, ZIP 2007, 260 (260), zur Durchführung der Eigenverwaltung kam es bei KirchMedia AG, Babcock Borsig AG, Agfa-Photo GmbH und Ihr Platz GmbH & Co. KG..

1195 Gottwald, Haas/Kahlert, Insolvenzrechts-Handbuch, § 86, Rdn. 5; K. Schmidt/Uhlenbruck, Maus, Rdn. 9.36.

gehörenden Verbindlichkeiten eingehen, wenn der Sachwalter nach § 275 Abs. 1 S. 2 InsO widersprochen hat.

Ob eine Verbindlichkeit zum gewöhnlichen Geschäftsbetrieb gehört oder nicht wird anhand eines Vergleiches der Art und des Umfangs der Verbindlichkeit und des bisherigen Schuldnergeschäfts angestellt. Zumindest in Bezug auf die Aufnahme von Darlehen, bei denen die schuldnerische Gesellschaft Darlehensnehmerin ist, und in Bezug auf den Forderungsverzicht ist es anerkannt, dass diese Vorgänge außerhalb eines gewöhnlichen Geschäftsbetriebs stattfinden und damit also nach § 275 Abs. 1 S. 1 InsO einer Zustimmung – genauer einer Einwilligung – des Sachwalters bedürfen[1196].

Jedoch haben sowohl die fehlende Zustimmung als auch ein nicht beachteter Widerspruch des Sachwalters auf die Wirksamkeit der Darlehensgeschäfte keine Auswirkung[1197]. Zum anderen können jedoch die Gläubiger nach § 277 InsO beantragen, dass bestimmte Rechtsgeschäfte des Schuldners nur mit der Zustimmung des Sachwalters eingegangen werden sollen. Im Unterschied zu § 275 InsO wirkt sich der Zustimmungsvorbehalt des § 277 InsO unmittelbar auf die Wirksamkeit des Rechtsgeschäftes aus, da diese Beschränkung eine Außenwirkung entfaltet. Das Insolvenzgericht kann ein solches Zustimmungserfordernis auch für den Abschluss von Darlehensverträgen anordnen, mit der Folge, dass ein ohne eine eingeholte Zustimmung des Sachwalters abgeschlossener Darlehensvertrag nicht wirksam zustande gekommen ist und insoweit nach § 277 Abs. 1 S. 3 InsO auch keine Masseverbindlichkeit begründen kann[1198].

Eine der § 160 InsO entsprechende Regelung findet sich auch bei der Eigenverwaltung wieder. Nach § 276 S. 1 InsO bedarf der Geschäftsführer der Zustimmung des Gläubigerausschusses für den Abschluss von Rechtshandlungen, die für das Insolvenzverfahren von besonderer Bedeutung sind. Aufgrund der in § 276 S. 2 InsO statuierten Verweisung auf § 160 Abs. 2 InsO hängt also auch die Eingehung von Darlehensverbindlichkeiten von der Zustimmung des Gläubigerausschusses ab, wenn die Darlehensverträge die Insolvenzmasse erheblich belasten würden. Diese Zustimmung ist von dem Schuldner einzuholen und nicht – wie die Verweisung auf § 160 InsO zunächst vermuten lässt – vom Sachwalter.

1196 FK-InsO, Foltis, § 275, Rdn. 6; Uhlenbruck, ders., InsO, § 275, Rdn. 2; MünchKommInsO, Wittig, § 275, Rdn. 7; Nerlich/Römermann, Riggert, Insolvenzordnung, § 275, Rdn. 3.

1197 MünchKommInsO, Wittig, § 275, Rdn. 12.

1198 K. Schmidt/Uhlenbruck, Maus, Rdn. 9.40.

Insoweit erstreckt sich der in § 69 InsO statuierte Aufgabenbereich des Gläubigerausschusses auch auf die Beratung und Überwachung des Schuldners[1199].

1. *Überschneidende Zustimmungsvorbehalte*

Eine Besonderheit lässt sich in der Hinsicht erkennen, als § 276 InsO in einem Zusammenhang mit § 275 Abs. 1 S. 1 InsO gelesen werden muss. Ein Darlehensvertrag, der von besonderer Bedeutung für die Insolvenzmasse i.S.d. § 276, 260 Abs. 2 Nr. 2 InsO sein wird, wird zugleich eine Verbindlichkeit i.S.d § 275 Abs. 1 S. 1 InsO darstellen, die über den gewöhnlichen Geschäftsbetrieb hinausgehen wird[1200]. Bei dieser Konstellation besteht zum einen eine Überschneidung mit den Sachwalterkompetenzen und zum anderen hat der Zustimmungsvorbehalt wegen der Verweisung in § 276 S. 2 InsO auf § 164 InsO keine Außenwirkung und ändert auch nichts an der Einstufung der entstandenen Darlehensverbindlichkeiten als Masseverbindlichkeit i.S.d. § 55 Abs. 1 Nr. 1 InsO.

Problematisch ist jedoch die Kompetenzverteilung zwischen dem nach § 275 Abs. I InsO einwirkenden Sachwalter und dem nach § 276 i.V.m. 160 InsO zuständigen Gläubigerausschuss. Da der Schuldner in der Eigenverwaltung bereits durch den Sachwalter überwacht wird, passt die Überwachungsfunktion des Gläubigerausschusses, wie sie im Regelinsolvenzverfahren bekannt ist, nicht ohne weiteres auf die Eigenverwaltung. In der Eigenverwaltung übt der Gläubigerausschuss also eine zusätzliche Mitwirkungsfunktion aus, in dem er die Rechtshandlungen des Sachwalters überwacht[1201]. Insoweit ist es fraglich, ob in Fällen der §§ 275 Abs. 1 S. 1 i.V.m. §§ 276, 260 Abs. 2 Nr. 2 InsO neben der Zustimmung des Sachwalters auch eine Zustimmung des Gläubigerausschusses erforderlich ist[1202]. Denn zum einen ist eine Zustimmung des Gläubigerausschusses in den Fällen des §§ 276, 160 Abs. 2 InsO unumgänglich, zum anderen bedarf es ihrer auch in den Fällen der §§ 276 S. 1, 160 Abs. 1 InsO, gemeinsam mit der Zustimmung des Sachwalters nach § 275 S. 1 InsO, da es sich bei den Rechtshandlungen i.S.d. § 160 I InsO auch um Verbindlichkeiten i.S.d. § 275 Abs. 1 InsO handelt[1203].

1199 Uhlenbruck, ders., InsO, § 276, Rdn. 3; FK-InsO, Foltis, § 276, Rdn. 1.

1200 MünchKommInsO, Wittig, § 275, Rdn. 1.

1201 FK-InsO, Foltis, § 276, Rdn. 2.

1202 Zust. Uhlenbruck, ders., InsO, § 276, Rdn. 1.

1203 Da unter Rechtshandlungen alle Willensbetätigungen zu verstehen sind, an die eine rechtliche Wirkung geknüpft werden kann, fallen auch die Verpflichtungen des § 175 Abs. 1 unter diese Kategorie, FK-InsO, Foltis, § 276, Rdn. 5, Dauernheim, § 129, Rdn. 19.

Es ist also grundsätzlich möglich, dass § 276 InsO und § 275 InsO gemeinsam zur Anwendung kommen müssen, da jedes besonders bedeutsame Rechtsgeschäft gleichzeitig auch eine nicht zum gewöhnlichen Geschäftsbetrieb gehörende Verbindlichkeit darstellt. In einem solchen Fall käme es aber zu Überschneidungen der Sachwalter- und der Gläubigerorganenkompetenzen[1204], wenn § 276 InsO kein Vorrang vor § 275 InsO zuzugestehen ist. Daraus könnte die Schlussfolgerung gezogen werden, dass die in §§ 276 S. 1, 160 I InsO gemeinte besonders bedeutende Rechthandlung ein Mehr sein muss gegenüber den in § 275 Abs. 1 S. 1 InsO ungewöhnlichen Verbindlichkeiten, da sonst die Sachwalterkompetenzen überlagert, wenn nicht gar auf den Gläubigerausschuss systemwidrig verschoben werden würden[1205].

Denn die Aufgabe des Gläubigerausschusses bezieht sich, anders als es bei einem Sachwalter oder Insolvenzverwalter der Fall ist, nicht auf die Einflussnahme auf die Geschäftsführung, es sei denn, es werden Rechtshandlungen von besonderer Bedeutung vorgenommen[1206]. Ihre Hauptaufgabe besteht vielmehr darin, das Gesamtinteresse der Gläubigergemeinschaft bei den Rechtshandlungen des Insolvenzverwalters bzw. des Sachwalters wahrzunehmen und bei den wichtigen Entscheidungen des Sachwalters – nicht des Geschäftsführers – mitzuwirken. Zudem drohen die Funktionsfähigkeit und der Zweck der Eigenverwaltung gestört zu werden. Da sie in erster Linie auf die Fortführung des Unternehmens angelegt ist, im Falle des fehlenden Gläubigerausschusses aber die Gläubigerversammlung ihre Zustimmung erteilen muss, bei deren Einberufung gewisse Modalitäten eingehalten werden müssen, könnte dies dem Sinn und Zweck der Eigenverwaltung zuwiderlaufen. Die Zustimmung des Gläubigerausschusses sollte also erst dann erforderlich sein, wenn zu den Verbindlichkeiten i.S.d. § 275 Abs. 1 S. 1 InsO zusätzlich ein weiteres Merkmal der besonders bedeutenden Rechtshandlung hinzukommt[1207].

Dieser Begriff, der sich nicht schematisch definieren lässt, sondern nach Art und Umfang der einzelnen Verbindlichkeiten variiert, ist durch den Gesetzgeber im Interesse einer flexiblen Lösung nicht konkret definiert worden, was die Rechtspraxis immens erschweren sollte. Gerade dieser Umstand spricht auch gegen die Vorrangeinräumung des § 276 InsO vor § 275 InsO. Denn der Sachwalter ist im Gegensatz zu den Gläubigerorganen besser geeignet, die wirtschaftliche Notwendigkeit einer Maßnahme genauer einzuschätzen und hat auch einen

1204 Vgl. a. FK-InsO, Foltis, § 276, Rdn. 2; Uhlenbruck, ders., InsO, § 276, Rdn. 2.

1205 FK-InsO, Foltis, § 276, Rdn. 6.

1206 FK-InsO, Foltis, § 276, Rdn. 2; BT-Drs. 12/2443, zu § 179, S. 174.

1207 Vgl. FK-InsO, Foltis, § 276, Rdn. 6.

besseren Einblick in das Unternehmen[1208]. Zudem ist die Zustimmungspflicht nicht alleine an die Wirtschaftlichkeit der Rechtshandlung anzuknüpfen, sondern auch an gläubigerschützende Aspekte im Zusammenhang mit dem Ablauf der Eigenverwaltung, bei denen den Gläubigern ein Mitentscheidungsrecht eingeräumt wird.

Gegen die Verdrängung des § 275 InsO spricht auch, dass der Schuldner so nicht die Möglichkeit haben wird, die Zustimmung des sachkundigen Sachwalters dadurch zu vermeiden, indem er vom Geschäft nur eine besonders bedeutsame Rechtshandlung behauptet, weil er mit einer Zustimmung des Gläubigerausschusses mehr rechnet als mit der des Sachwalters[1209]. Dieses gemeinsame Zustimmungserfordernis des Sachwalters und der Gläubigerorgane spricht auch dafür, auch in Kollisionsfällen der §§ 276, 277 InsO genauso zu verfahren und die Mitwirkung des Sachwalters nicht durch die Zustimmung des Gläubigerausschusses entbehrlich zu machen[1210].

2. *Aufnahme von Darlehen*

Im Hinblick auf die Aufnahme von Darlehen i.S.d. §§ 276, 160 Abs. 2 Nr. 2 InsO – was zugleich ein außergewöhnliches Geschäftsbetrieb i.S.d. § 275 Abs. 1 S. 1 InsO darstellt – wird die Geschäftsführung der GmbH zur Finanzierung der Gesellschaft im Insolvenzverfahren in Eigenverwaltung ebenfalls neben der Zustimmung des Sachwalters auch der Zustimmung der Gläubigerorgane bedürfen[1211]. Kommt es daneben auch zu einem Gläubigerantrag nach § 277 Abs. 1 S. 1 InsO wird die Zustimmung des Sachwalters – neben der der Gläubigerorgane – eine Wirksamkeitsvoraussetzung für den Abschluss des Kreditvertrages sein. Damit hat diese Konstellation auch eine Außenwirkung und eine Auswirkung auf die Einstufung der Forderungen als Masseverbindlichkeiten i.S.d. § 55 Abs. 1 Nr. 1 InsO.

Aufgrund dieser mannigfaltigen Einschränkungen kann die Aufnahme neuer Darlehen in der Eigenverwaltung jedoch als sehr kompliziert eingestuft werden, da der Schuldner in verschiedenen Fällen unterschiedliche Zustimmungsorgane einbinden muss, die teilweise gleichzeitig agieren müssen. Kommt es jedoch aufgrund gläubigerschädigender Handlungen des Schuldners oder auf Antrag der Gläubigerversammlung zur Aufhebung der Eigenverwaltung und zum Übergang

1208 Huhn, Die Eigenverwaltung im Insolvenzverfahren, Rdn. 1164.
1209 Vgl. a. Huhn, Die Eigenverwaltung im Insolvenzverfahren, Rdn. 1166.
1210 Huhn, Die Eigenverwaltung im Insolvenzverfahren, Rdn. 1171.
1211 K. Schmidt/Uhlenbruck, Maus, Rdn. 9.41.

in das Regelinsolvenzverfahren, steht dem eingesetzten Insolvenzverwalter nicht das Anfechtungsrecht nach § 129 ff. InsO zu[1212].

III. Gesellschafterleistungen in der Eigenverwaltung

An dieser Stelle stellt sich die Frage, wie die Finanzierungsleistungen, die ein Gesellschafter im Verfahren der Eigenverwaltung gewährt, zu behandeln sind. Werden die Gesellschafterdarlehen nach den „Eigenkapitalersatzregeln" beurteilt oder handelt es sich bei ihnen – wie im Regelinsolvenzverfahren und bei einer starken vorläufigen Insolvenzverwaltung – um eine Masseverbindlichkeit i.S.d. § 55 Abs. 1 InsO? Die Klärung dieser Frage ist in der Tat schwierig, aber aus der Sicht der Gesellschafter zur Schaffung klarer Verhältnisse erforderlich.

1. Das „Eigenkapitalersatzrecht" befürwortende Ansicht

Einer Ansicht nach ist eine Hilfe seitens der Gesellschafter während der Eigenverwaltung nach den Regeln des „Eigenkapitalersatzrechts" zu behandeln. Dies wird zum einen damit begründet, dass anders als bei der Fremdverwaltung in der Eigenverwaltung die GmbH verwaltungs- und verfügungsberechtigt bleibt, zum anderen soll die gläubigerschützende Vorschrift des § 275 InsO nicht effektiv genug sein[1213]. Der – aufgrund der bei der Gesellschaft liegenden Verwaltungskompetenz – verbleibende unternehmerische Einfluss der Gesellschafter werde zwar durch das Zustimmungserfordernis in § 275 Abs. 1 InsO in gewisser Hinsicht eingeschränkt. Diese Einschränkung bildet jedoch mangels einer unmittelbaren Rechtswirkung auf die Wirksamkeit der ohne die Zustimmung oder entgegen dem Widerspruch eingegangenen Verbindlichkeiten keinen ausreichenden Schutz der Gläubigergesamtheit gegen den auf die Gesellschaft wirkenden Gesellschaftereinfluss[1214]. Daher sollen auch die Gesellschafter über die Grundsätze des Eigenkapitalersatzrechts quasi zu einer Haftung herangezogen werden[1215]. Einige Stimmen in der Literatur zweifeln sogar die Einsatzbereitschaft des Sachwalters an und folgern daraus Manipulationsmöglichkeiten

1212 BT-Drs. 12/2443, zu § 333, S. 224; FK-InsO, Foltis, § 275, Rdn. 1.

1213 Gottwald, Haas/Kahlert, Insolvenzrechts-Handbuch, § 89, Rdn. 26.

1214 Vgl. Gottwald, Haas/Kahlert, Insolvenzrechts-Handbuch, § 89, Rdn. 26.

1215 Gottwald, Haas/Kahlert, Insolvenzrechts-Handbuch, § 89, Rdn. 26; vgl. a. Spieß, ZInsO 2005, 1254, 1257, der um die Schlechterstellung der Gläubiger im Rahmen der Eigenverwaltung auszuschließen, auf die Haftungsansprüche gegenüber den Handelnden und insbesondere auf Aspekte des Eigenkapitalersatzrechts hinweist.

für den Schuldner und eine weniger effektive Aufsicht durch den Sachwalter als durch den Insolvenzverwalter[1216].

2. *Gegen das „Eigenkapitalersatzecht" sprechende Ansicht*

Gegen diese Ansicht ließe sich einwenden, dass die Gesellschafter in schwer zu rechtfertigender Weise bereits im eröffneten Insolvenzverfahren, aber unter Anordnung der Eigenverwaltung schlechter gestellt werden würden als sie in einem Regelinsolvenzverfahren stünden, ohne die die Eigenverwaltung bietenden Sanierungschancen zu nutzen. Die während der Eigenverwaltung durch den Schuldner begründeten Verbindlichkeiten können als Masseverbindlichkeiten i.S.d. § 55 Abs. 1 Nr. 1 InsO eingestuft werden, da sie durch die Verwaltung, Verwertung und Verteilung der Insolvenzmasse entstehen[1217]. Danach kann es keinen Unterschied machen, ob sie nur durch Handlungen des Insolvenzverwalters oder des Schuldners vorgenommen werden, solange die Personen zur Verwaltung der Insolvenzmasse befugt sind[1218]. Bei der Eigenverwaltung ist aber der Schuldner der Berechtigte, so dass auch die von ihm eingegangenen Verpflichtungen grundsätzlich privilegiert werden können. Und da § 55 Abs. 1 Nr. 1 InsO explizit von der Masseverbindlichkeit für die im Insolvenzverfahren begründeten Verbindlichkeiten ausgeht und die Eigenverwaltung ein Insolvenzverfahren darstellt, kann es für sie nichts anderes gelten. Zutreffend ist zwar, dass diese Berechtigung durch § 275 Abs. 1 InsO durch die Zustimmung des Sachwalters eingeschränkt wird. Jedoch bestehen über diese Einschränkung hinaus noch weitere Zustimmungserfordernisse, die sogar von dem Gläubigerausschuss bzw. der Gläubigerversammlung wahrgenommen werden müssen.

Insoweit ist die Gläubigergesamtheit nicht nur durch eine einzige Schranke des § 275 Abs. 1 InsO, sondern durch mehrere Bestimmungen geschützt, die die Handlungsfreiheit des Schuldners kontrollieren. Des Weiteren spricht gegen die strenge Rechtsfolge der ersten Ansicht, dass sie für die Gesellschafter keinen Anreiz bietet, ihre Gesellschaft in der Eigenverwaltung zu sanieren. Die von dem Gesetzgeber im Rahmen der vorläufigen Insolvenzverwaltung beabsichtigte

1216 Leipold, Insolvenzrecht im Umbruch, S. 165, 172, eine geringere Vergütung des Sachwalters (diese beträgt nach § 12 Abs. 1 InsVV in der Regel 60% der Vergütung des Insolvenzverwalters) steigert nicht seine Einsatzbereitschaft im Hinblick auf die Überwachung; Grub, Kölner Schrift zur InsO, S. 680, Rdn. 26, 28.

1217 MünchKommInsO, Wittig, § 270, Rdn. 73; insoweit auch Gottwald, Haas/Kahlert, Insolvenzrechts-Handbuch, § 89, Rdn. 3; vgl. a. Kübler/Prütting, Noack, Gesellschaftsrecht, Rdn. 208.

1218 MünchKommInsO, Wittig, § 270, Rdn. 73.

Privilegierung von Personen, die in dem Insolvenzeröffnungsverfahren mit dem vorläufigen Insolvenzverwalter Verbindlichkeiten eingehen, kann auch auf die Eigenverwaltung übertragen werden. Auch wenn dafür keine eigenständige Regelung wie § 55 Abs. 2 InsO für die vorläufige Insolvenzverwaltung vorgesehen wurde, kann die von einem Schuldner eingegangene Verbindlichkeit unter § 55 Abs. 1 Nr. 1 InsO subsumiert werden.

Die unterschiedliche Behandlung der in der Eigenverwaltung begründeten Verbindlichkeiten kann sich jedoch damit rechtfertigen lassen, dass die Gesellschafter, anders als Dritte, aufgrund ihrer Stellung und der verbleibenden Verwaltungskompetenz beim Schuldner weiterhin unternehmerischen Einfluss ausüben können, indem die Geschäftsführung durch Weisungen der Gesellschafterversammlung zu bestimmten gläubigerschädigenden Handlungen auch im Stadium der Eigenverwaltung angewiesen werden kann[1219]. Insofern verbleibt den Gesellschaftern der aus dem Kleinbeteiligungsprivileg ablesbare entscheidende unternehmerische Einfluss auf die Geschicke der Gesellschaft[1220]. Dieser Einfluss muss aber anders zu beurteilen sein, als derjenige, den sie im Vorfeld des Insolvenzverfahrens tatsächlich zum Nachteil der Gläubiger einsetzen können.

a. Ausreichende Gläubigerberücksichtigung

Die strenge Behandlung von Gesellschafterdarlehen folgt aufgrund der Kombination zwischen dem Informationsvorsprung der Gesellschafter vor den Gläubigern, den Entscheidungskompetenzen gegenüber der Gesellschaft und der beschränkten Haftung der Gesellschafter. Diese Kumulation rechtfertigt die kritische Betrachtung von Gesellschafterdarlehen, die im Stadium der noch nicht insolventen GmbH gewährt werden. Die Kombination dieser Gesellschafterrechte stellt sich aber im Stadium des Insolvenzverfahrens der Eigenverwaltung anders dar. Die im Rahmen der Eigenverwaltung zur Verfügung gestellten finanziellen Hilfen werden in der Regel auf die Sanierung der Gesellschaft ausgerichtet sein. Denn bei sich abzeichnenden Rettungschancen der Gesellschaft werden die Gesellschafter viel eher bereit sein, mit Darlehen zu helfen. Zudem sind die Gesellschafter sich dessen bewusst, dass die Eigenverwaltung auf Antrag der Gläubiger nach § 272 InsO aufgehoben werden kann und sie durch die ihnen zustehenden Zustimmungserfordernisse einen Überblick auf das Schuldnerhandeln erhalten.

1219 K. Schmidt/Uhlenbruck, K. Schmidt, Rdn. 9.33; Scholz, K. Schmidt, GmbHG, vor § 64, Rdn. 74; Gulde, Die Anordnung der Eigenverwaltung durch das Insolvenzgericht im Eröffnungsbeschluss, S. 39,

1220 Gottwald, Haas/Kahlert, Insolvenzrechts-Handbuch, § 89, Rdn. 26.

Die Gläubiger wirken also nicht nur im Laufe der Eigenverwaltung bei der Begründung von Verbindlichkeiten mit, sondern können neben der Aufhebung auch schon bei der Anordnung der Eigenverwaltung mitbestimmen. So kann das Insolvenzgericht gemäß § 270 S. 1 InsO entgegen seiner früheren Entscheidung über die Ablehnung der Eigenverwaltung auf Antrag der Gläubigerversammlung diese wieder anordnen oder im umgekehrten Fall – auch auf Anordnung der Gläubigerversammlung – die Anordnung nach § 271 wieder aufheben. Die Letztentscheidungskompetenz über die Durchführung der Eigenverwaltung liegt also alleine bei den Gläubigern[1221]. Vor diesem Hintergrund ist die Gläubigerautonomie durch ihre in der Eigenverwaltung nicht zu unterschätzende zugesprochene Teilnahme stark ausgeprägt. Haben diese jedoch das nötige Vertrauen in den Schuldner und kommt es mit ihrer Mitwirkung zur Eigenverwaltung, kann davon ausgegangen werden, dass sie sich ihrer Risiken und Rechtsfolgen bewusst waren, als sie die Ausnahme zum Regelinsolvenzverfahren wählten.

b. Ausreichender Schutz durch die Haftung des Geschäftsführers und des Sachwalters

Der von der ersten Ansicht befürchteten Gefährdung der Gläubigerinteressen lässt sich auch in der Eigenverwaltung durch die Haftung des Geschäftsführers der GmbH und des Sachwalters begegnen. Der Sachwalter haftet nach §§ 274 Abs. 1, 60 InsO gegenüber den Beteiligten, wenn er seine Pflichten nicht ordnungsgemäß erfüllt hat. Da das insolvenzrechtliche Haftungsregime die gesellschaftsrechtliche Haftungsverfassung explizit nicht vollständig verdrängt, kann auch der Geschäftsführer des Schuldners haftungsrechtlich herangezogen werden[1222]. So besteht eine gesellschaftsrechtliche Organhaftung im Innenverhältnis nach § 43 Abs. 1 GmbHG, wenn der Geschäftsführer die nach §§ 71 Abs. 4, 43 Abs. 1, 2 GmbHG zu achtenden Sorgfaltspflichten eines ordentlichen Geschäftsmannes verletzt hat[1223].

1221 Vgl. Gottwald, Haas/Kahlert, Insolvenzrechts-Handbuch, § 87, Rdn. 24, 38.

1222 Gottwald, Haas/Kahlert, Insolvenzrechts-Handbuch, § 89, Rdn. 25.

1223 Gulde, Die Anordnung der Eigenverwaltung durch das Insolvenzgericht im Eröffnungsbeschluss, S. 39; Hofmann, ZIP 2007, 260, 262; Gottwald, Haas/Kahlert, Insolvenzrechts-Handbuch, § 89 Rdn. 26; K. Schmidt/Uhlenbruck, K. Schmidt, Rdn. 9.33; Eine Haftung des Geschäftsführers über gesellschaftsrechtliche Liquidationsvorschriften nach § 73 Abs. 3 GmbHG wegen Verletzung insolvenzrechtlicher Pflichten ist dagegen zu verneinen, da die gesellschaftsrechtlichen Vorschriften über die Liquidation, § 66 ff. GmbHG, bei Auflösung der

Würden in der Eigenverwaltung die Gesellschafterdarlehen nicht als Masseverbindlichkeiten behandelt, sondern den Eigenkapitalgrundsätzen unterstellt werden, so käme es einer Haftung der Gesellschafter gleich. Neben der Haftung des Sachwalters und der Gesellschaftsorgane auch eine Haftung der Gesellschafter zu postulieren, würde dazu führen, dass der Gläubigerschutz über alle Interessen – des Schuldners und der Gesellschafter und der Marktwirtschaft – gestellt wäre. Bei insolventen Kapitalgesellschaften ist der Gläubigerschutz jedoch schon mit der Überwachungspflicht des Sachwalters und der gesetzlich geregelten Haftung der Gesellschaftsorgane gegenüber der Insolvenzmasse ausreichend gewährleistet[1224] und bräuchte nicht auch noch durch die Gesellschafterhaftung verstärkt zu werden.

Schließlich folgt aus der Verweisung in § 270 Abs. 1 S. 2 InsO, dass vorbehaltlich spezieller Regelungen auch auf die Eigenverwaltung die allgemeinen Vorschriften und damit die Vorschriften über das Regelinsolvenzverfahren Anwendung finden[1225]. Eine Differenzierung in einen bestimmten Personenkreis, anhand dessen eine strengere Beurteilung erforderlich ist, ist nicht ersichtlich. Zwar umfasst die Verweisung auf die allgemeinen Vorschriften auch die Vorschriften über das Insolvenzplanverfahren in §§ 217 ff. InsO[1226], das in Bezug auf Kreditgeschäfte besondere Bestimmungen zum Nachteil der Gesellschafter vorsieht. Die Regelungen über die Insolvenzplanverfahren können jedoch nur dann angewandt werden, wenn der Insolvenzplan auch tatsächlich bestätigt wird. Ohne einen Insolvenzplan verbleibt es „lediglich“ bei der Eigenverwaltung, während dessen gewichtige Argumente dafür sprechen, die Gesellschafterhilfen zu vergünstigen.

c. Kein widersprechender Gesetzgeberwille

Schließlich könnte noch eingewandt werden, dass dem Gesetzgeber die Fremdfinanzierung durch Gesellschafterhilfen während der finanziellen Schwierigkeiten allgemein bekannt war, er aber eine der § 264 Abs. 3 InsO vergleichende Regelung in Bezug auf Gesellschafterdarlehen nicht vorgesehen hat. Damit kann davon ausgegangen werden, dass hätte er ausgerechnet die Gesellschafterdarlehen aus dem Anwendungsbereich der Masseverbindlichkeiten bei der

---

Gesellschaft durch Eröffnung des Insolvenzverfahrens nach § 66 Abs. 1 GmbHG nicht anwendbar sind; a.A. Gottwald, am Anfang der FN.

1224 Hofmann, ZIP 2007, 260, 263.

1225 Gottwald, Haas/Kahlert, Insolvenzrechts-Handbuch, § 86 Rdn. 35; Uhlenbruck, ders., InsO, § 270, Rdn. 10.

1226 Uhlenbruck, ders. InsO, § 270, Rdn. 10; FK-InsO, Foltis, § 270, Rdn. 29.

Eigenverwaltung herausnehmen wollen, hätte er es durch eine Verweisung auf § 39 Abs. 1 Nr. 5 InsO getan[1227].

3. *Ergebnis*

Im Ergebnis sprechen keine gewichtigen Argumente gegen die Einstufung von Gesellschafterdarlehen, die während der Eigenverwaltung gewährt werden, als Masseverbindlichkeiten. Ob dies in der Praxis auch tatsächlich so gehandhabt wird, ist insbesondere vor dem Hintergrund der selten angeordneten Eigenverwaltung fraglich.

IV. Das Insolvenzplanverfahren in der Eigenverwaltung

Trotz der Vorteile der Eigenverwaltung und dieser zahlreichen Argumente, die eine Sanierung fördern können, da insbesondere die Gesellschafter im Falle der Privilegierung ihrer Forderungen zur weiteren finanziellen Maßnahmen bereit wären, sind die Insolvenzgerichte bei der Anordnung der Eigenverwaltung immer noch sehr zurückhaltend[1228]. Zu groß ist die Befürchtung des Missbrauchs der Rechte des Eigenverwalters, der trotz des eröffneten Insolvenzverfahrens die Verwaltungs- und Verfügungsbefugnis behält, obwohl er selbst den Eintritt der Insolvenz nicht hat vermeiden können. Die anfangs erwähnten Beispiele wurden nicht in der Eigenverwaltung entschieden, sondern nach dessen Aufhebung in einem anschließenden neuen Insolvenzverfahren fortgeführt. Dabei bietet die Eigenverwaltung dem Schuldner den Anreiz frühzeitig einen Insolvenzantrag mit gleichzeitiger Beantragung der Eigenverwaltung zu stellen, wodurch bessere Sanierungschancen eröffnet werden.

Aufgrund des wichtigen Zeitpunktes für die Beantragung der Eigenverwaltung werden kleine oder mittelständische Kapitalgesellschaften die passenden Adressaten für die Durchführung einer Eigenverwaltung sein, sofern die Krise des Unternehmens frühzeitig erkannt und ein Insolvenzantrag wegen drohender Zahlungsunfähigkeit gestellt und eine Sanierung im Rahmen eines Insolvenzplans ausgearbeitet wird[1229]. Diese Kombination von Eigenverwaltung und

1227 A.A. Gottwald, Haas/Kahlert, Insolvenzrechts-Handbuch, § 89, Rdn. 26.

1228 Nach Angaben des statistischen Bundesamtes sank die Anzahl der angeordneten Eigenverwaltungsverfahren von 235 Verfahren im Jahr 2002 auf 147 im Jahr 2007, vgl. FK-InsO, Foltis, Vor §§ 270 ff., Rdn. 8.

1229 Hofmann, ZIP 2007, 260, 263. Dies kann insbesondere dann der Fall sein, wenn in der Krise das Management ausgetauscht wurde, das nun Vertrauen der Gläubiger und Kapitalgeber genießt.

Insolvenzplan, die mittlerweile allseits als *„prepackaged bancruptcy bzw. prepackeged plan“*[1230] genannt wird, soll dem Rechtsinstitut der Eigenverwaltung eine Überlebenschance ermöglichen.

In der insolvenzrechtlichen Praxis werden diese Verfahrenstypen von den Gerichten insbesondere in den Fällen akzeptiert und angeordnet, wenn es für die schuldnerische Gesellschaft voraussichtlich Chancen zur Erhaltung bestehen[1231]. Von den normalen Insolvenzplanverfahren unterscheidet sich der prepackeged plan dadurch, dass der Insolvenzplan dem Insolvenzverfahren schon zeitlich vorgelagert ist und nur von dem Schuldner erstellt und mit dem Insolvenzantrag eingereicht werden kann[1232]. Damit wird dem krisenbehafteten Unternehmen selbst die Möglichkeit gegeben, die Sanierung des Unternehmens erheblich zu beeinflussen, soweit der Sanierungsplan von den Gläubigern akzeptiert wird. Häufig wird es aber auch aus Zeitgründen schon schwierig sein, mit dem Insolvenzantrag und dem Antrag auf Anordnung der Eigenverwaltung auch einen ausgearbeiteten, detaillierten und akzeptablen Sanierungsplan vorzulegen[1233]. In allen anderen chancenarmen Sachverhaltskonstellationen ordnet das Gericht die Durchführung eines Regelinsolvenzverfahrens an.

Anhand der Ausarbeitung des Insolvenzplanes, der bereits mit dem Antrag auf Eröffnung des Insolvenzverfahrens und dem Antrag auf Anordnung der Eigenverwaltung eingereicht wird, soll die Gläubigerautonomie gestärkt werden, indem wesentliche Verfahrensbedingungen mit den Gläubigern schon im Vorfeld der Insolvenzantragsstellung ausgearbeitet werden. Mit der Einreichung des Plans impliziert der Schuldner gleichzeitig seine Bereitschaft, in einem Insolvenzverfahren durch die Mitwirkung der Gläubiger eine bestmögliche wirtschaftliche Insolvenzverwaltung zu erreichen[1234]. Gerade dieses Verfahren wird in der Sanierungspraxis vermehrt und erfolgreich angewandt, da es den Gesellschaften ermöglicht, unter eigenverantwortlicher Geschäftsführung, aber unter Aufsicht eines Sachwalters bereits in einem gerichtlichen Verfahren den Insolvenzgrund zu beseitigen und die Gesellschaft nachhaltig zu sanieren[1235]. Zudem bietet es den Gläubigern nach § 284 Abs. 2 InsO die Möglichkeit, in dem gestaltenden Teil des Insolvenzplans vorzusehen, dass der Schuldner bei der Erfüllung der

---

1230 Hofmann, ZIP 2007, 260, 263; FK-InsO, Foltis, § 284, Rdn. 4; Huhn, Die Eigenverwaltung im Insolvenzverfahren, Rdn. 278.

1231 Gottwald, Braun, Insolvenzrechts-Handbuch, § 72, Rdn. 2.

1232 Liebig/Witt, DB 2011, 1929, 1931 f.

1233 Vgl. a. Buchalik, NZI 2000, 294, 296.

1234 Frege/Keller/Riedel, Insolvenzrecht, Rdn. 1908; Spieß, ZInsO 2005, 1254, 1256.

1235 FK-InsO, Foltis, Vor §§ 270 ff., Rdn. 8.

Planvorhaben durch den Sachwalter überwacht werden soll (§§ 270 Abs. 1 S. 2, 260 Abs. 1, 219 S. 1, 221 InsO)[1236].

1. *Tauglichkeit von Gesellschafterdarlehen als Rahmenkredite*

In dem gestaltenden Teil des Insolvenzplans können für die Verwertung und Verteilung der Insolvenzmasse an die Gläubiger von der Insolvenzordnung abweichende Regelungen vorgesehen werden. So kann mit Hilfe eines Kreditrahmens geregelt werden, dass bestimmte Kredite, die in der Zeit der Planüberwachung aufgenommen oder in die Zeit der Überwachung hinein stehen gelassen werden, privilegiert werden. Für solche sogenannte Rahmenkredite wird jedoch nach § 264 InsO vorausgesetzt, dass sich an die Bestätigung des Insolvenzplans die Überwachung der Planerfüllung anschließt. Grundsätzlich gilt die Privilegierung des Kreditrahmens für alle Arten von Kreditgeschäften. Eine Ausnahme gilt jedoch durch den auf § 39 Abs. 1 Nr. 5 InsO verweisenden § 264 Abs. 3 InsO ausgerechnet für Gesellschafterdarlehen.

Kommt es also im Anschluss an die Eigenverwaltung und an das Insolvenzplanverfahren zur Planüberwachung, kommt es für die rechtliche Behandlung von Gesellschafterdarlehen auf §§ 270 Abs. 1 S. 2, 264 Abs. 3 InsO an. Die während der Insolvenzplanüberwachung von den Gesellschaftern ausgegebenen Darlehen unterfallen wegen § 264 Abs. 3 InsO im Falle einer erneuten Insolvenz im vollen Umfang den Regeln über Gesellschafterfremdfinanzierung, da sie nicht in den Kreditrahmen aufgenommen werden können[1237]. Gesellschafterdarlehen aus der Überwachungszeit sind damit in einem anschließenden Insolvenzverfahren nicht nur nach § 264 Abs. 1 InsO nachrangig gegenüber denjenigen Gläubigern, die mit ihren Forderungen aus Krediten während der Überwachungsphase in den Kreditrahmen aufgenommen werden, sondern auch gegenüber den nicht nachrangigen Insolvenzgläubigern i.S.d. § 38 InsO[1238].

1236 Insoweit unterscheidet sich die Planüberwachung im Rahmen der Eigenverwaltung von der Planüberwachung im Rahmen des Insolvenzplanverfahrens nach Aufhebung des Insolvenzverfahrens gemäß § 258 Abs. 1 InsO, dadurch, dass der Sachwalter an die Stelle des Insolvenzverwalters i.S.d. §§ 217–253 InsO tritt.

1237 Scholz, K. Schmidt, GmbHG, §§ 32 a, 32 b, Rdn. 67; v.Gerkan/Hommelhoff, Haas, Handbuch des Kapitalersatzrechts, Rdn. 14.156; Noack, InsO, Gesellschaftsrecht, Rdn. 217.

1238 V.Gerkan/Hommelhoff, Haas, Handbuch des Kapitalersatzrechts, Rdn. 14.156.

a. Kritikpunkte an dem aus § 264 Abs. 3 InsO folgenden Ergebnis

Diese Bestimmung ist nicht unbedenklich. Die grundsätzliche strenge Behandlung von Gesellschafterdarlehen wird anhand der Kumulation des Informationsvorsprungs der Gesellschafter gegenüber den Gläubigern, der Entscheidungskompetenz der Gesellschafter und zur Verhinderung des Missbrauchs der beschränkten persönlichen Haftung der Gesellschafter gerechtfertigt. Im Rahmen der Eigenverwaltung, insbesondere mit einem Insolvenzplan, wird die Stellung der Gesellschafter jedoch in der Hinsicht eingeschränkt, als die Gläubiger bei den wesentlichen Entscheidungen mitwirken und der Schuldner einer Überwachung durch den Sachwalter unterliegt. Die Aufstellung eines Insolvenzplans steigert die bereits bestehende Gläubigerautonomie, so dass die Kombination der Gesellschafterrechte in dem Insolvenzplanverfahren sich anders auswirkt als in einer noch nicht insolventen GmbH[1239]. Nichtsdestotrotz regelt § 264 Abs. 3 InsO ausdrücklich das Verbot der Privilegierung von Gesellschafterdarlehen, selbst wenn alle Beteiligten im Insolvenzplan das Gegenteil regeln wollen würden.

Diese Vorschrift wird auch auf den Insolvenzplan im Rahmen der Eigenverwaltung angewandt, da nach § 270 Abs. 1 S. 2 InsO vorbehaltlich spezieller Regelungen die allgemeinen Vorschriften auch auf die Eigenverwaltung gelten und die Möglichkeit der Aufstellung eines Insolvenzplanes in § 284 InsO explizit geregelt ist.

Sinn und Zweck von § 264 Abs. 3 InsO ist die Umgehung von Fremdfinanzierung, indem nachrangigen Krediten Privilegierungen zugesprochen werden, ohne für eine ordnungsgemäße Kapitalausstattung der Gesellschaft zu sorgen[1240]. Denn wären anstatt Dritter nur Gesellschafter zu Darlehen gewillt, dann befindet sich die Gesellschaft noch im Stadium der Kreditunwürdigkeit, die nicht durch ihre Gesellschafter anstatt mit Eigenkapital mit Fremdkapital finanziert werden soll. Insoweit lässt sich die Vorschrift insbesondere mit dem Gläubigerschutz erklären. Wenn aber die Gläubiger schon bei dem gestaltenden Teil des Insolvenzplanes mitwirken und damit über das Volumen des Kreditrahmens mitentscheiden, ist zu hinterfragen, warum ihnen nicht auch die Kompetenz eingeräumt werden kann, über die Zulässigkeit und den Umfang der Gesellschafterdarlehen mit zu entscheiden und ihnen zumindest in einem

1239 Vgl. MünchKommInsO, Drukarczyk, § 264, Rdn. 16.
1240 BT-Drs. 12/2443, S. 216.

festgelegten Rahmen die Partizipation an der Privilegierung und an der Sanierung der Gesellschaft zu ermöglichen[1241].

b. Unzureichende Gesetzesbegründung

Die Begründung des Regierungsentwurfs in Bezug auf § 264 Abs. 3 InsO, wonach die Privilegierung von Gesellschafterdarlehen einer ordnungsgemäßen Kapitalausstattung widersprechen würde, lässt sich mit der Ausgliederung von Gesellschafterdarlehen allein nicht nachvollziehen. Das in § 264 Abs. 1 InsO geregelte Verhältnis zwischen Alt-Insolvenzgläubigern und Neugläubigern sollte zum Vorteil des Letzteren geregelt werden, weil ihre – im Interesse der Gewinnung neuer Finanzmittel – durch den Schuldner innerhalb eines vorgegebenen Rahmens aufgenommene Darlehen oder Kredite privilegiert werden sollten. Aus welcher Hand aber die neuen Mittel tatsächlich fließen ist für das erstrebte Ergebnis weniger relevant. Der Gläubigerschutz ließe sich auch ohne die vollständige Ausklammerung der Gesellschafterdarlehen durch einen Kreditrahmen erreichen[1242]. Zudem sollte nicht unberücksichtigt bleiben, dass die Unternehmen in der Sanierungsphase enorme Schwierigkeiten haben, Kapital durch Dritte zu vernünftigen Konditionen zu erhalten und daher gezwungenermaßen auf die finanzielle Unterstützung ihrer Gesellschafter schlicht und einfach angewiesen sind.

c. Ergebnis

Nichtsdestotrotz ist eine solche Sichtweise im Gesetz nicht berücksichtigt worden. Im Ergebnis wird der Eindruck vermittelt, Sanierungsdarlehen seien zwar erwünscht und erforderlich, aber nicht von den Gesellschaftern. Aber auch wenn für eine Interpretation, dass Gesellschafterdarlehen aufgrund ihres Sanierungscharakters nicht vom Nachrang erfasst werden, kein Raum gegeben ist, muss zumindest für die Privilegierungstatbestände der §§ 39 Abs. 4 S. 2 und 39 Abs. 5 InsO anderes gelten[1243]. Denn warum sollten im Rahmen der vorgerichtlichen Sanierung, also im kritischen Zeitraum der Vorinsolvenz, Gesellschafterdarlehen zugelassen, in einem auf die Sanierung ausgerichteten Verfahren jedoch ausnahmslos untersagt werden. Durch die Anwendung des Sanierungsprivilegs werden Kreditgeber, die erst im Insolvenzplanverfahren eine Beteiligung an der Gesellschaft erwerben und Darlehen zur Verfügung stellen, bevorrechtigt. Das

---

1241 Vgl. a. MünchKommInsO, Drukarczyk, § 264, Rdn. 16.

1242 Noack, FS Claussen, 1998, S. 307, 317.

1243 Baumbach/Hueck, Hueck/Fastrich, GmbHG, § 30 Anh., Rdn. 24; Uhlenbruck, Lüer, InsO, § 264, Rdn. 8.

gleiche muss aber auch für Altgesellschafter gelten, die im Insolvenzplanverfahren ihre Beteiligung aufstocken und zusätzliche Darlehen gewähren. Insoweit kann nichts anderes gelten als im Rahmen des Sanierungsprivilegs einer noch nicht insolventen Gesellschaft.

Für potentielle Gesellschafter-Kapitalgeber bedeutet also die Durchführung der Eigenverwaltung mit Insolvenzplan gleichzeitig auch die Gefahr, dass ihre nach Aufhebung der Eigenverwaltung den noch kreditunwürdigen Gesellschaft gewährten Darlehen nicht privilegiert, sondern nach § 264 Abs. 3 InsO in einem nachfolgenden Insolvenzverfahren nach den Regeln über Gesellschafterfremdfinanzierung beurteilt werden. Dagegen bezieht sich die Regelung nicht auf diejenigen Gesellschafter, die im Vorfeld der Überwachung, also durch Darlehensgewährung während des Insolvenzverfahrens zu Massegläubigern geworden sind und ihre Darlehen in die Zeit der Überwachung stehen gelassen haben[1244]. Diese Privilegierung können sie nach § 266 Abs. 1 InsO jedoch nur dann in Anspruch nehmen, wenn das zweite Insolvenzverfahren noch vor der Aufhebung der Überwachung eröffnet wird.

2. *Berücksichtigung nachrangiger Insolvenzgläubiger im Insolvenzplan*

Auch unabhängig von einer Insolvenzplanüberwachung brauchen nachrangige Insolvenzforderungen im Insolvenzplan nicht berücksichtigt zu werden. Die Forderungen der Gesellschafter aus Darlehensverbindlichkeiten gelten in einem Insolvenzplan nach § 225 Abs. 1 InsO als erlassen, wenn der Insolvenzplan ihnen keinen gesonderten wirtschaftlichen Wert zuweist.

3. *Bedeutung des Insolvenzplanverfahrens in der Praxis*

Aufgrund der weltweiten Wirtschaftskrise ist die Zahl an Unternehmensinsolvenzen zunehmend gestiegen[1245]. Die Schwierigkeiten bei der Suche nach geeigneten Finanzierungsmöglichkeiten tragen zu den gestiegenen Insolvenzanträgen noch mehr bei. Um den Wettbewerb am Markt nicht zu verzerren, müssen überlebensfähige und erhaltenswerte Unternehmen im Rahmen von Reorganisationsmaßnahmen saniert werden bzw. insolvente Unternehmen in geordneter Art und Weise liquidiert werden. Dass das Insolvenzplanverfahren schon seit dem

---

1244 Vgl. a. Noack, Gesellschaftsrecht, Rdn. 218.

1245 Nach Angaben des Statistischen Bundesamtes lagen die Unternehmensinsolvenzen im Jahr 2009 mit 32.687 um 11,6 % mehr als im Vorjahr, Pressemitteilung Nr. 085 v. 9.03.2010, http://www.destatis.de/jetspeed/portal/cms/Sites/destatis/Internet/DE/Presse/pm/2010/03/PD10__085__52411,templateId=renderPrint.psml.

Inkrafttreten der Insolvenzordnung im Jahr 1999 als unabdingbare Maßnahme im Rahmen der Sanierung von Unternehmen eingestuft wird, bedarf wohl keiner Erklärung. Bislang hat die Sanierung von Unternehmen durch das Insolvenzplanverfahren jedoch noch nicht vermocht, den gesetzgeberischen Zielvorstellungen gerecht zu werden.

Eine der wichtigsten Voraussetzungen des Insolvenzplanverfahrens ist die wahrscheinliche Möglichkeit der Unternehmensfortführung, die mit dem verspäteten Antrag auf Insolvenzeröffnung und mit der fortgeschrittenen Verfahrenseröffnung kontrahiert. Die zurückhaltende Inanspruchnahme des Insolvenzeröffnungsgrundes der drohenden Zahlungsunfähigkeit i.S.d. § 18 Abs. 1 InsO, die einer erfolgversprechenden Sanierung und insbesondere der Einsetzung eines Insolvenzplanverfahrens unbestritten opportun ist, ist auf die Angst der Unternehmer zurückzuführen, durch die Stellung des Insolvenzantrages das Ansehen auf dem Markt, wichtige Kunden und Aufträge zu verlieren, gefolgt von der nicht auszuschließenden Befürchtung vor dem Scheitern der Sanierung. Leider wird entweder überhaupt nicht oder viel zu spät erkannt, dass eine verspätete hinausgezogene Insolvenzantragsstellung das Unternehmen nicht nur etwaiger Sanierungschancen beraubt, sondern die Geschäftsführung auch vor immensen Haftungsrisiken stellt[1246].

D. Fazit zu der rechtlichen Stellung der Gesellschafterdarlehen nach Stellung des Insolvenzantrages

Wie die vorstehende Untersuchung gezeigt hat, hängt die rechtliche Stellung der Gesellschafterdarlehen, die erst nach dem Insolvenzantrag gewährt werden, immens von den einzelnen Stadien des Insolvenzverfahrens und deren Ausgestaltung ab.

1. In dem bereits eröffneten Insolvenzverfahren unterliegt die Gewährung der Gesellschafterdarlehen weder der Subordination noch der Anfechtbarkeit seitens des Insolvenzverwalters, da die neu begründeten Forderungen der Gesellschafter als Masseverbindlichkeiten i.S.d. § 55 Abs. 1 Nr. 1 InsO angesehen werden.
2. In dem Insolvenzeröffnungsverfahren muss wiederum unterschieden werden, ob das Gericht einen starken oder einen schwachen Insolvenzverwalter

1246 Nach der Studie des IfM Bonn stellen gut 40% der Unternehmen einen Insolvenzantrag erst, wenn das Unternehmen nicht mehr aktiv ist und stillgelegt wurde, vgl. http://www.ifm-bonn.org/index.php?id=858, Stand: 15.10.2010.

beruft. Wird ein starker vorläufiger Insolvenzverwalter bestimmt und nimmt dieser zur Fortführung der Gesellschaft neue Gesellschafterdarlehen auf, dann handelt es sich um Masseforderungen nach § 55 Abs. 2 S. 1 InsO, die in einem späteren Insolvenzverfahren auch nicht einer Anfechtung nach § 135 Abs. 1 Nr. 2 InsO unterliegen. Wird dagegen ein schwacher vorläufiger Insolvenzverwalter bestellt, verbleibt die Verwaltungs- und Verfügungsbefugnis über das Vermögen der Gesellschaft bei den zuständigen Organmitgliedern, mit der Folge, dass die neu aufgenommenen Gesellschafterdarlehen keine Masseverbindlichkeiten darstellen, sondern als nachrangig und nach § 135 Abs. 1 Nr. 2 InsO anfechtbar einzustufen sind. Eine Ausnahme hiervon kann nur infolge der Ermächtigung durch das Gericht, das zur Aufnahme von bestimmten Rechtshandlungen – unter anderem dem Abschluss neuer Darlehensverträge – ermächtigt, erreicht werden, mit der Folge, dass die Forderungen in den Rang des § 55 Abs. 2 S. 1 InsO gestellt werden. Indes ist das Vertrauen der Gesellschafter auf das Ermächtigungsmodell mit viel Rechtsunsicherheit verbunden, da an die Ermächtigung sehr konkrete Angaben gestellt werden.

3. In Bezug auf die Gewährung von Gesellschafterdarlehen im Zeitpunkt der Eigenverwaltung kann konstatiert werden, dass – insbesondere mangels einer Regelung wie § 264 Abs. 3 InsO oder einer Verweisung auf die Sonderregeln über Gesellschafterfinanzierung – die aufgenommenen Gesellschafterdarlehen nicht nach den Sonderregeln behandelt werden. Indes ist die Rechtslage in Bezug auf die Behandlung von während der Eigenverwaltung aufgenommenen Gesellschafterdarlehen höchst umstritten und nicht gefestigt.
4. Schließlich müssen die Gesellschafter im Insolvenzplanverfahren in der Eigenverwaltung und der angeordneten Insolvenzplanüberwachung berücksichtigen, dass die von ihnen ausgegebenen Darlehen wegen § 264 Abs. 3 InsO im Falle einer erneuten Insolvenz im vollen Umfang den Regeln über Gesellschafterfremdfinanzierung unterliegen, da sie nicht in den Kreditrahmen aufgenommen werden können.

4. Kapitel: Schlussbemerkungen zum neuen Recht der Gesellschafterdarlehen in Deutschland

A. Zusammenfassung in Thesen

Die wesentlichen Ergebnisse der in dieser Arbeit dargestellten Hauptpunkte des neuen Rechts der Gesellschafter-Fremdfinanzierung lassen sich wie folgt prägnant zusammenfassen.

1. Durch die Reformierung des Eigenkapitalersatzrechts wollte der Gesetzgeber dem wesentlichen Ziel des MoMiG nach der Steigerung der Attraktivität der GmbH durch die Vereinfachung der das GmbH-Recht treffenden Regelungen gerecht werden.
   a. Das lange Zeit bekannte Problem des Eigenkapitalersatzrechts in seiner gesetzlichen und richterrechtlichen Ausgestaltung wurde mit der Novellierung des GmbH-Rechts im Jahr 2008 mit der Abschaffung der Rechtsprechungsregeln vollständig aus dem GmbHG gestrichen und in das Insolvenz- und Anfechtungsrecht verlagert. Der etablierte Begriff der „kapitalersetzenden" Darlehen ist zwar obsolet geworden, spiegelt sich jedoch in der gegenüber dem ehemaligen Recht zugenommen Regelungsdichte der insolvenz- und anfechtungsrechtlichen Vorschriften wieder. Die nunmehr einschlägigen, das Recht der Gesellschafterdarlehen regelnden Vorschriften sind in §§ 19 Abs. 2 S. 2, 39 Abs. 1 Nr. 5, Abs. 4, Abs. 5, 44 a, 135 und 143 InsO sowie in §§ 6, 6 a und 11 AnfG zu finden. Insoweit kann zu Recht von einer systematischen Neuausrichtung gesprochen werden.
   b. Gleichzeitig bedeutet die generelle Nachrangigkeit aller Gesellschafterdarlehensforderungen und Forderungen aus Rechtshandlungen, die der Darlehensgewährung wirtschaftlich entsprechen, eine Einschränkung der Finanzierungsfreiheit der Gesellschafter, was zur Folge hat, dass die Gesellschafterdarlehen auch als risikospezifisches Haftkapital bezeichnet werden können. Zumindest die Entscheidung des Gesetzgebers, nicht sämtliche Gesellschafterforderungen mit der Nachrangigkeit zu belegen, kann begrüßt werden.
2. Mit dem Wegfall des Krisenmerkmals kann nicht mehr rechtsfehlerfrei vom Eigenkapitalersatzrecht gesprochen werden. Insbesondere durch die Wahl eines reinen insolvenzrechtlichen Gläubigerschutzsystems ist die Bezeichnung des Rechtsinstituts als „die Behandlung der Gesellschafterdarlehen in

der Insolvenz" oder als „insolvenzrechtliche Sonderegeln der Gesellschafterfinanzierung" nun sachgerechter. Nichtsdestotrotz kann im Hinblick auf die rechtsdogmatische Legitimationsgrundlage – entgegen vieler Stimmen in der Literatur – auf die bisherige Wertentscheidung nicht komplett verzichtet werden.

3. Die Streichung der Rechtsprechungsregeln führt zwar aufgrund der verbleibenden kürzeren Erstattungsfristen in gewisser Art und Weise zu einer Einschränkung des Gläubigerschutzes. Diese Tatsache ist jedoch vor dem Hintergrund dessen, dass die meisten Gesellschafter-Geschäftsführer gegenüber dem Erstattungsanspruch zurückhaltend waren, was zu einem engen Anwendungsbereich der Rechtsprechungsregeln geführt hat, durchaus zu verkraften und mit Blick auf das Zahlungsverbot des § 64 S. 3 GmbHG zumindest zum Teil zu kompensieren. Der Wegfall der Rechtsprechungsregeln, der aus einem komplizierten zweispurigen ein einspuriges Regelungssystem der Gesellschafterdarlehen bildete, ist wahrlich als eine Erleichterung der Sonderregeln zu bezeichnen, die auch die Übersichtlichkeit der Neuregelung gewährleistet.
4. Die generelle Nachrangigkeit der Gesellschafterdarlehensforderungen nach § 39 Abs. 1 Nr. 5 InsO tritt unmittelbar nach dem Eintritt der Insolvenz ein und differenziert nicht mehr nach dem Motiv und dem Zeitpunkt der Darlehensgewährung. Die Abtretung einer Darlehensforderung an einen Dritten durch den Gesellschafter führt dazu, dass die Nachrangigkeit in der Hand des Zessionars beibehalten bleibt, die jedoch durch die zeitliche Wertung des § 135 Abs. 1 Nr. 2 InsO eingeschränkt wird. Veräußert der Gesellschafter seinen Geschäftsanteil, ohne die Gesellschafterforderung gemeinsam abzutreten, bleibt er innerhalb der anfechtungsrechtlichen Grenzen in Bezug auf die Darlehensforderung nachrangiger Insolvenzgläubiger.
5. Die Anfechtungsvorschrift des § 135 Abs. 1 InsO soll die generelle Nachrangigkeit des § 39 Abs. 1 Nr. 5 InsO unterstützen und die Gesellschafterdarlehen in aufschiebend bedingtes Haftkapital verwandeln. Die Rückzahlung des Gesellschafterdarlehens kann mit Ablauf der Anfechtungsfrist des § 135 Abs. 1 Nr. 2 InsO auch nach § 133 InsO angefochten werden. Insofern ist dem Argument, die Jahresfrist des § 135 Abs. 1 Nr. 2 InsO sei zu kurz und verleite die Gesellschafter zu einer späteren Insolvenzantragsstellung, die Grundlage entzogen.
6. Auch nach dem MoMiG hat der Gesetzgeber das Sanierungs- und Kleinbeteiligungsprivileg unverändert übernommen.
   a. Im Rahmen des Sanierungsprivilegs sollten auch die Altgesellschafter von dem Privileg profitieren können. Wie im früheren Recht ist jedoch

erforderlich, dass für das Eingreifen des Sanierungsprivilegs die Gesellschaft als objektiv sanierungsfähig und die Maßnahmen als sanierungsgeeignet anzusehen sind. Im Vergleich zu dem früheren Sanierungsprivileg, als der Anteilserwerb während der Krise mit Sanierungsabsicht erfolgen musste, kommt es im neuen Recht auf den Erwerb bei drohender oder eingetretener Zahlungsunfähigkeit oder bei Überschuldung, was den zeitlichen Anwendungsbereich reduziert.

b. Im Rahmen des Kleinbeteiligungsprivilegs ist die allgemeine Begrenzung der Beteiligungsschwelle von 10% auf alle Kapitalgesellschaften zu begrüßen, auch wenn die generelle Nachrangigkeit nach § 39 Abs. 1 Nr. 5 InsO dem Bestehen des Kleinbeteiligungsprivilegs nicht hundertprozentig entspricht. Im Interesse des mit der Nachrangigkeit verfolgten Gläubigerschutzes ist jedoch auch im Rahmen des Kleinbeteiligungsprivilegs in atypischen Konstellationen eine Einzelfallentscheidung erforderlich. Die spätere Überschreitung der Beteiligungsschwelle während des Bestehens des Darlehensverhältnisses wirkt sich negativ auf das Privileg aus.

7. Im Recht der Nutzungsüberlassung haben sich weitreichende Änderungen ergeben, die im Wesentlichen zu begrüßen sind. Die systematische Regelung des § 135 Abs. 3 InsO ist jedoch verfehlt und verleitet zu der irrigen Annahme, dass die Nutzungsüberlassung dem Sonderrecht der Gesellschafterdarlehen weiterhin angehört. Im Verhältnis zu §§ 103, 108 ff. InsO kommt § 135 Abs. 3 InsO keine verdrängende Wirkung zu, so dass der Insolvenzverwalter sich entweder für die Fortgeltung der Schuldverhältnisse nach § 103 ff. InsO oder für ein gesetzliches Nutzungsrecht nach § 135 Abs. 3 InsO entscheiden kann.

   a. Der Gesellschafter ist nach § 135 Abs. 3 InsO nun verpflichtet, den Nutzungsgegenstand im eröffneten Insolvenzverfahren – höchstens für ein Jahr – der Gesellschaft gegen ein entsprechendes Entgelt zu überlassen. Kommt es dagegen vor der Insolvenzeröffnung zu einer vorzeitigen Beendigung des Nutzungsverhältnisses, kann der Insolvenzverwalter den Nutzungsgegenstand zur Rückgabe an die Gesellschaft verlangen.

   b. Die Nutzungsentgelte unterliegen nach der hier vertretenen Ansicht grundsätzlich nicht der Subordination des § 39 Abs. 1 Nr. 5 InsO, so dass die getilgten Nutzungsentgelte durch den Insolvenzverwalter auch nicht nach § 135 Abs. 1 Nr. 2 InsO zurückverlangt werden können. Nur in Fällen, in denen die Nutzungsentgelte einen Kreditierungscharakter erhalten, indem sie gestundet werden, unterliegen diese Forderungen dem Nachrang des § 39 Abs. 1 Nr. 5 InsO, was nicht bereits bei Überschreitung kurzfristiger branchenüblicher Zahlungsfristen angenommen werden sollte.

c. Nach Verfahrenseröffnung entstandene Entgeltforderungen der Gesellschafter bilden Masseverbindlichkeiten i.S.d. § 55 Abs. 1 Nr. 2 InsO, sowohl in den Fällen des gesetzlichen Nutzverhältnisses nach § 135 Abs. 3 InsO als auch bei der Fortgeltung nach §§ 103, 108 InsO.

8. Im Rahmen der gesellschafterbesicherten Drittdarlehen ist anders als die Formulierung des § 135 Abs. 2 InsO hergibt, nicht der Drittkreditgeber, sondern der Gesellschafter, der aufgrund der Tilgung der Kreditforderung mit seiner Sicherheit frei wird, der richtige Anfechtungsadressat des Insolvenzverwalters. In Fällen einer Doppelbesicherung kann das Wahlrecht des Drittgläubigers in Bezug auf die Geltendmachung der Kreditsicherheit nicht beschränkt werden. Verwertet aber der Drittgläubiger die Gesellschaftssicherheit nach der Insolvenzeröffnung, kann der Insolvenzverwalter gegen den sichernden Gesellschafter einen Erstattungsanspruch nach § 143 Abs. 3 InsO analog geltend machen.

9. Die Passivierungspflicht der Gesellschafterdarlehen kann vor dem Wunsch nach einer möglichst präzisen Feststellung der Schuldendeckungsfähigkeit der Gesellschaft nur begrüßt werden. Auch die genaue Bestimmung des Rangrücktritts kann positiv hervorgehoben werden. Die Gesellschafter und Geschäftsführer unterliegen nun bei der Frage der Passivierung der nachrangigen Gesellschafterdarlehensforderungen und der Tiefe des Rangrücktritts, um eben diese Passivierung zu vermeiden, keiner Probleme mehr. Der Rangrücktritt des § 39 Abs. 2 InsO ist dabei geeignet, die Überschuldung zu vermeiden und die Gläubigerinteressen sachgerecht zu berücksichtigen.

10. Schließlich bleibt in Bezug auf die Übergangsbestimmungen zu konstatieren, dass die Anwendung des neuen Rechts von dem Zeitpunkt der Eröffnung des Insolvenzverfahrens abhängt. Für die Insolvenzverfahren, die vor dem 1. November 2008 eröffnet sind, ist allein auf das alte Eigenkapitalersatzrecht abzustellen. Die neue Regelung in Bezug auf die entgeltliche Nutzungsüberlassung in der Insolvenz findet keine Anwendung. Für die nach dem MoMiG eröffneten Insolvenzverfahren gilt grundsätzlich das neue Recht, jedoch werden die vor dem MoMiG entstandenen Ansprüche aus den Rechtsprechungsregeln nach Art. 170 EGBGB weiter verfolgt, ohne dass der Nichtanwendungsbeschluss bereits Geltung beansprucht.

11. Ob die durch den Gesetzgeber vorgesehene Vereinfachung des Eigenkapitalersatzrechts mit der Schaffung eines reinen insolvenzrechtlichen Schutzsystems den Gläubigerschutz adäquat gewährleisten kann, bleibt abzuwarten. In

der richterlichen Praxis werden jedoch infolge des Wegfalls der Rechtsprechungsregeln und der Einführung des § 64 S. 3 GmbHG zentrale Veränderungen im Bereich der neuen Sonderegeln zu erwarten sein.

12. Für die Gesellschafterdarlehen, die erst nach der Stellung des Insolvenzantrages gewährt werden, kommt es entscheidend darauf an, in welchem Insolvenzstadium die Darlehensgewährung stattgefunden hat. Im Eröffneten Insolvenzverfahren sowie während der starken vorläufigen Insolvenzverwaltung sind die Forderungen der Gesellschafter nicht subordiniert und können anschließend durch den Insolvenzverwalter auch nicht angefochten werden. Werden dagegen die Gesellschafterdarlehen von einem schwachen vorläufigen Insolvenzverwalter oder im Stadium der Insolvenzplanüberwachung aufgenommen, unterstehen sie den Sonderregeln der Gesellschafterfinanzierung. Mangels einer § 264 Abs. 3 InsO entsprechenden Regelung können die Sonderregeln im Rahmen der Eigenverwaltung zwar nicht gesetzlich angeordnet werden, die Rechtslage ist aber in diesem Punkt höchst uneindeutig.

B. Abschließende Stellungnahme zum neuen Recht der Gesellschafterfremdfinanzierung

Das Eingreifen des Gesetzgebers in ein jahrelang ausgearbeitetes und funktionierendes Rechtsinstitut ist für die meisten Gesellschaftsrechtler, die mit dem wahren Eigenkapitalersatzrecht „aufgewachsen“ sind, eine große Umstellung, die nicht so leicht zu durchleben ist, wie es sich der Gesetzgeber bei der Erarbeitung des MoMiG möglicherweise vorgestellt hat. Der überall beschriebene – teilweise bejubelte – Wegfall des Kapitalersatzrechts aufgrund des Wegfalls des Krisenmerkmals und der damit zusammenhängenden Finanzierungsfolgenverantwortung führt entgegen der Vereinfachungsabsicht des Gesetzgebers tatsächlich zu der Frage, ob die Finanzierungsfolgenverantwortung oder die Finanzierungsentscheidung tatsächlich komplett obsolet geworden sind und warum nun den Gesellschaftern die Insolvenz der Gesellschaft teurer zu stehen kommt als den übrigen Dritten, wenn ihre Darlehensforderungen doch nichts anders als Fremdkapital darstellen sollen.

Die zur Rechtfertigung angeführten Erwägungen der Vorbeugung des Missbrauchs vor der Haftungsbeschränkung, die Risikoübernahmeverantwortung, die Insiderstellung und das nähere Verhältnis des Gesellschafters zu der Gesellschaft – die wohl bemerkt im früheren Recht nicht als dogmatische

Grundlage herangezogen und vielmehr als unzureichend bezeichnet wurde[1247] – oder doch eine neue Form einer persönlichen Gesellschafterhaftung für die Gewährung des Risikokapitals vermögen für sich alleine nicht zu überzeugen, warum zum einen sämtliche Gesellschafterdarlehen und wirtschaftlich vergleichbare Rechtshandlungen generell subordiniert werden, gleichzeitig aber allen anderen Forderungen der Gesellschafter das verschärfte Insolvenzrisiko abgesprochen wird. Bereits im alten Recht hat man gelernt, die dogmatische Grundlage mit samt ihren Lücken und Makeln – wenn auch nicht wortlos –zu akzeptieren.

Infolge der Neuregelung, die ungeachtet von dem Zeitpunkt der Darlehensgewährung und Sicherheitenbestellung einen Nachrang anordnet, müssen die Gesellschafter auch wenn die Insolvenz völlig überraschend und durch ein plötzliches externes Ereignis verursacht wurde, die strengen Sonderegeln gegen sich gelten lassen. Damit müssen die Gesellschafter, nur weil sie die Rechtsform der GmbH gewählt haben, alle Risiken und Nachteile ihrer Stellung in Kauf nehmen, wenngleich für die Gläubiger ohnehin ausreichend Schutzmechanismen – insbesondere die Anfechtung in der Insolvenz – gegeben sind und diese sich freiwillig und in Kenntnis von der Haftungsbeschränkung der GmbH mit ihr einlassen. Im Vordergrund sollte jedoch die Tatsache stehen, dass die Insolvenz der Gesellschaft in der Regel der Ausfluss einer länger in der Vergangenheit zurückliegenden Unternehmenskrise ist, die die Gesellschafter auch regelmäßig bemerken, während die unvorhergesehene Insolvenz vielmehr einen Ausnahmefall darstellt und nicht als Orientierungshilfe fungieren kann.

Die nun im Vordergrund stehende Nachrangigkeit ist qua lege dem haftenden Eigenkapital immanent, so dass die Nachrangigkeit von Gesellschafterdarlehen im Prinzip als eine gesetzliche Einstufung von Gesellschafterdarlehen – und diesen wirtschaftlich vergleichbaren Rechtshandlungen – als aufschiebend bedingtes Haftkapital angesehen werden kann. Die generelle Subordination sämtlicher Gesellschafterdarlehen dient sicherlich nicht der Ermutigung an die Gesellschafter, ihre notleidende Gesellschaft mit weiteren Fremdmitteln auszustatten. Solche Sanierungsmaßnahmen sind aber gerade dann nötig, wenn der Fortführungswert der angeschlagenen Gesellschaft den Liquidationswert übersteigt[1248]. Eine Hilfe seitens außenstehender Dritter wäre aber auch in diesem Fall aufgrund finanzieller Informationsmängel entweder von vornherein unwahrscheinlich oder aufgrund ungünstiger Konditionen für die Gesellschaft ungünstig.

1247 Vgl. BGHZ 76, 326, 330; BGHZ 90, 381, 389.

1248 Vgl. Eidenmüller, in FS Canaris, 2007, Band II, S. 49, 57.

Insoweit kann behauptet werden, dass der Gesetzgeber das Equilibrium zwischen den Interessen der Gläubiger und der Gesellschafter eindeutig zum Vorteil der Gläubiger entschieden hat. Auch die Frage, ob das Recht des Eigenkapitalersatzes die gesamten Rechtsinteressen aller Beteiligten berücksichtigen oder für den Rechtsanwender einfacher zu verstehen sein soll, ist mit der Aufgabe des eigenkapitalersetzenden Charakters und der Anordnung einer generellen Nachrangigkeit im Interesse des Letzteren entschieden worden. Die vorstehenden Argumente haben gezeigt, dass das neue Recht die Interessen aller am Kapitalersatzrecht Beteiligten leider nicht ausreichend berücksichtigen konnte. Hätte aber der Gesetzgeber nach einer Jahrzehnten langen Gerichtspraxis nicht eine Regelvermutung in das Gesetz aufnehmen können, wann eine Kapitalmaßnahme als eigenkapitalersetzend anzusehen sein müsste? Hätte er anhand der bereits entschiedenen Tatbestände nicht einige Regelbeispiele ins Gesetz aufnehmen können? Nach der Gesetzbegründung ist die Antwort so klar wie absurd. Das Eigenkapitalersatzrecht soll vereinfacht werden[1249], könnte man denken, komme was wolle. Damit wäre es aber weder der Rechtswissenschaft noch der Rechtspraxis gedient. Inwiefern es Sache des Gesetzgebers ist, im Wirtschaftsrecht Gesetzestexte zu schaffen, die ohne weiteres für jeden verständlich sein müssten, will auch nicht einleuchten. Die Hauptadressaten solcher Wirtschaftsgesetze sind Gerichte, Rechtsberater und die Insolvenzverwalter, zusammengefasst, alle rechtskundigen Personen. Ihnen obliegt die Aufgabe, die betreffenden Gesellschafter und Geschäftsführer über die rechtliche Lage der konkreten Finanzierungsmaßnahme zu beraten und aufzuklären. Dies war aber auch nach der alten Rechtslage durchaus möglich.

Die Unterstützung bzw. die Verwirklichung der Nachrangigkeit der Gesellschafterdarlehensforderungen wird mittels der Anfechtung im eröffneten Insolvenzverfahren erreicht. Das Rechtsinstitut der Insolvenzanfechtung, das im Interesse der Gesellschaftsgläubiger die Verteilungsmasse sichern und gewährleisten soll, ist ein wahres Gläubigerschutzinstrument, das für sich allein schon in großen Teilen dem Grundgedanken des Rechts der Gesellschafterfinanzierung gerecht werden könnte. Führt man sich jedoch die sämtlichen Konstellationen vor Augen, die nach dem alten Recht als eigenkapitalersetzend angesehen wurden, so wird der Einfallsreichtum erfahrener und immer erfinderisch werdender Unternehmer in Sachen eigener Vermögensrettung deutlich und erklärt auch die Bemühungen des Gesetzgebers mit der Nachrangigkeit der Forderungen der

1249 Begründung zum Regeierungsentwurf, BT-Drs. 16/6140, S. 25, 42.

Gesellschafter, die einer Darlehensgewährung wirtschaftlich entsprechen, den Umgehungsversuchen der Gesellschafter Einhalt zu gebieten.

Ungeachtet zahlreicher geäußerter Kritikpunkte muss jedoch auch konstatiert werden, dass die Reform des Eigenkapitalersatzrechts unbestritten einige Erleichterungen in Bezug auf die Behandlung „eigenkapitalersetzender Gesellschafterdarlehen" und wirtschaftlich vergleichbarer Rechtshandlungen gebracht hat und vor dem Hintergrund der alten Rechtslage durchaus als wünschenswert angesehen werden kann. Die neue Regelung der Rückstufung sämtlicher Gesellschafterdarlehen bei Eintritt in die Insolvenz sollte den als Vorbild genommenen internationalen Regeln entsprechen[1250], obwohl – soweit ersichtlich – nur das US-amerikanische Recht solche Bestimmungen tatsächlich aufweist[1251]. Darüber hinaus führt die Verortung des Rechts der Gesellschafterfremdfinanzierung in die Insolvenzordnung dazu, dass diese – anders als das Gesellschaftsrecht – als Teil des Verfahrensrechts keinen Anwendungsbeschränkungen unterliegt und demzufolge auch auf ausländische Gesellschaften, die zwar in einem EU-Mitgliedstaat oder in einem Drittstaat gegründet, aber in Deutschland ihren Verwaltungssitz haben, Anwendung finden[1252].

Die Rechtsprechung zum neuen Recht der Gesellschafterfremdfinanzierung ist noch sehr jung. Es wird sich erst in den nächsten Jahren zeigen, welchen Weg die Gerichte diesmal einschlagen werden. Angesichts der gefestigten Rechtsprechung zum Eigenkapitalersatzrecht gibt es Anlass zur Besorgnis, die Gerichte werden die unregulierten Problemfelder erkennen und zu lösen versuchen. Selbstverständlich ist nicht zu wünschen, dass wieder neue Rechtsprechungsregeln gebildet werden und es zur derselben Situation kommt, wie 1984[1253], als

1250 BT-Drs. 16/6140, S. 56 (rechte Spalte), die Gesetzesbegründung beruft sich auf ein „international verbreitetes Regelungsmuster", anknüpfend an den RegE, ohne diese jedoch konkret zu identifizieren.

1251 Hirte, WM 2008, 1429, 1430; Insoweit ist der Versuch, die GmbH an die britische Ltd. anzulehnen an dieser Stelle „misslungen", da das britische Recht eine dem deutschen Recht vergleichbare Rechtslage der Rückstufung von Gesellschafterdarlehen in der Insolvenz der Gesellschaft gar nicht enthält. Zwar ermöglicht sec. 239 Insolvency Act eine Rückabwicklung von Tilgungsleistungen im Rahmen einer Anfechtung. Diese unterliegt jedoch strengeren Voraussetzungen als § 135 InsO, da die Insolvenz der Gesellschaft zum Zahlungszeitpunkt vorliegen muss und die Benachteiligungsabsicht des Zahlenden bzgl. der Gläubiger nachgewiesen werden muss, vgl. Eidenmüller, in FS Canaris, 2007, Band II, S. 49, 52.

1252 BT-Drs. 16/6140, S. 80 (linke Spalte); Habersack, ZIP 2007, 2145, 2147; Römermann, GmbHR 2006, 673, 678.

1253 „Nutzfahrzeug"-Urteil, BGHZ 90, 370 = BGH NJW 1984, 1891 (insb. 1892 f.).

der BGH die Fortgeltung der Rechtsprechungsgrundsätze neben den damals neu geregelten Novellenregeln erklärte. Zumindest aber in Bezug auf den Wegfall der Rechtsprechungsregeln, der Einführung des neuen Erstattungstatbestandes des § 64 S. 3 GmbHG und im Hinblick auf das Recht der Nutzungsüberlassung wird die Veränderung in der Judikatur deutlich, der jetzt schon gespannt entgegen geblickt werden kann.

Anknüpfend an die Finanzkrise stellt sich noch folgende Überlegung auf. Die kritische Wirtschaftslage wirkt sich in erster Linie auf kleine und mittlere Unternehmen aus. Um den Weg aus der Krise erfolgreich und optimistisch verfolgen zu können, brauchen die Unternehmen in diesen Zeiten unter anderem eine sichere Kreditfinanzierung ihrer Investitionen zu fairen und vernünftigen Konditionen. Doch genau diese Kreditfinanzierung stößt bei der Kreditwirtschaft auf Probleme. Die Kreditfinanzierung von Unternehmen scheitert entweder mangels ausreichender Besicherung oder aufgrund untragbarer Darlehenspolitik der Banken. Die Folge dessen ist klar und absehbar. Die Unternehmen werden zahlungsunsicher. Viele Unternehmen sehen sich aufgrund des „Überlebenswillens" gezwungen, firmeneigene Maßnahmen zu unternehmen, um den Betrieb aufrechtzuerhalten, die Arbeitsplätze zu schützen und um sich nicht vor den Scherben langjähriger Bemühungen wiederfinden zu müssen.

An dieser Stelle treten die Gesellschafter in die Rolle der Banken ein und finanzieren ihre Gesellschaft trotz der immensen Risiken für ihr Privatvermögen. Unbestritten dient die Finanzierung der Rettung der Gesellschaft aus der Krise. Die benötigten Darlehen sollen die Finanzierung laufender Geschäfte gewährleisten, Arbeitsgehälter bezahlen und neue erfolgversprechende Investitionsmöglichkeiten nicht aus den Augen verlieren. Aber genau diese Finanzierung seitens der Gesellschafter könnte sich im Falle des Scheiterns der Sanierungsbemühungen so folgeschwer auswirken. Die Gesellschafter handeln mit der Gewissheit, dass ihr Geld nicht sicher „angelegt" ist. Es bleibt zu befürchten, dass dieses Risiko viele Unternehmer abschrecken wird und sie werden an der Finanzierung ihrer Gesellschaft nicht partizipieren.

Mangels finanzieller Unterstützung durch die Banken und durch die Gesellschafter gehen die Unternehmen noch schneller zugrunde. Um die Unternehmen aus dieser Misere zu helfen, beschloss die Bundesregierung im Rahmen des Konjunkturpakets II etwa die Kurzarbeitszeit einzuführen. Dieses Instrument soll den Unternehmen helfen, bei Engpässen die Produktion zu drosseln und den kompletten Stellenabbau zu vermeiden. Anders ausgedrückt dient auch die Kurzarbeit dazu, die Unternehmen am Markt zu erhalten. Dieses Instrument bleibt für den Staat und die Bürger allerdings auch nicht ohne Auswirkungen.

Der Haushalt des Bundes hat für die Kurzarbeit anfangs mehrere hundert Millionen Euro vorgesehen. Aufgrund der immensen Anmeldungen der Unternehmen auf Kurzarbeit umzusteigen, ist die Tendenz der vorgesehenen Ausgaben steigend. Mit dieser Lösung können zwar die Mitarbeitergehälter reduziert und bezahlt werden. Sie dient aber nicht dazu, die Kreditfinanzierung von Investitionen sicherzustellen. Letzen Endes bleiben die Unternehmen auf die finanzielle Hilfe ihrer Gesellschafter angewiesen, mangels dessen eine vernünftige Weiterentwicklung der Gesellschaft nicht möglich erscheint. Vor diesem Hintergrund sollten aber die Gesellschafter, für ihre Entscheidung, die Gesellschaft – im Interesse der Fortentwicklung des Unternehmens und im Interesse des Arbeitsmarktes – aus der Krise retten zu wollen belohnt und nicht abgeschreckt werden.

Die neuen Regelungen sind freilich nicht geeignet, die Gesellschafter zur Finanzierung ihrer Gesellschafter zu ermutigen. Aufgrund der ausschlaggebenden Folgen für das investierte Privatvermögen werden viele Gesellschafter von der Finanzierung ihrer Gesellschaft absehen. Wäre es aber nicht sachdienlicher, solche Rahmenbedingungen für die Finanzierungsspielräume seitens der Gesellschafter, die als Finanzierungsquelle agieren, vorzusehen, die sie in ihrer Entscheidung bezüglich der Kapitalausstattung unterstützen? Nach dem jetzigen Stand können lediglich diejenigen Gesellschafter ihre Kapitalmaßnahme als „sicher angelegt" ansehen, die an der Gesellschaft entweder mit einem Mindestkapitalanteil von weniger als 10% beteiligt sind und nichtgeschäftsführende Gesellschafter sind oder die zum Zwecke der Sanierung einen Geschäftsanteil erwerben und ein Sanierungsdarlehen zur Verfügung stellen. Nur in solchen Fällen wird der darlehensgebende Gesellschafter von dem Rangrücktritt des § 39 Abs. Nr. 5 InsO befreit, so dass er wie jeder andere Gläubiger vorrangig Befriedigung suchen kann. Alle übrigen Gesellschafter treffen die Privilegierung nicht. Indes ist es mittlerweile schon seit einigen Jahrzehnten bekannt, dass die Rechtsfolgen des Kapitalersatzrechts nicht die Gesellschafter, sondern die Gläubiger schützen sollen. Etwaige Nebenwirkungen sind schlicht und ergreifend hinzunehmen.

Teil 2: Die Rechtslage in Russland

Anknüpfend an den ersten Teil, in dem das neue deutsche Recht der Gesellschafter-Fremdfinanzierung dargestellt wurde, soll im Folgenden auch für das russische Recht der Frage nachgegangen werden, wie die Finanzierung der GmbH durch die Gesellschafter in Russland behandelt wird. Zur Klärung dieser Frage wird zunächst in aller Kürze auf die Grundsätze des russischen GmbH- und Insolvenzrechts eingegangen und sodann die Rechtslage der Gesellschafterdarlehen in der Insolvenz, insbesondere die Möglichkeiten einer Anfechtung der an die Gesellschafter in der kritischen Zeit vor der Insolvenz ergangenen Zahlungen, dargestellt.

1. Kapitel: Das russische GmbH-Recht in Grundzügen

Die russische GmbH – kurz als OOO (*obščestvo s ograničennoj otvetstvennost'ju)* bezeichnet[1254] – stellt auch in Russland die häufigste Rechtsform der Kapitalgesellschaften dar. Im Jahr 2009 waren nach den Angaben der für die Registrierung zuständigen Steuerbehörden in Russland über 3 Mio. GmbHs eingetragen[1255]. An zweiter Stelle stehen natürlich die Aktiengesellschaften, die ihre hohe Ratingposition der geschlossenen Aktiengesellschaft (gAG) verdanken, die ähnlich der GmbH ausgestaltet ist und mit der gleiche Ziele verfolgt werden können[1256]. Der wesentliche Grund für die hohe Anzahl der GmbHs in Russland stellen insbesondere die vereinfachten Gründungsvorschriften und die geringen Publizitätspflichten dar[1257]. Die GmbH ist auch bei ausländischen Investoren eine beliebte Rechtsform für die Gründung hundertprozentiger Tochtergesellschaften.

Nach der Unabhängigkeit der Russischen Föderation im Jahr 1991 kam es zur umfassenden Reform des gesamten Rechtssystems. Lange Zeit nach dem Zusammenbruch der Sowjetunion galten noch die sowjetischen Gesetze fort, bis nach mehreren Jahren das neue Zivilrecht im Zivilgesetzbuch[1258], das im ersten

---

1254 Im Folgenden immer mit GmbH bezeichnet.

1255 Göckeritz/Wedde, Das neue russische GmbH-Recht, S. 13 f., 18; Suchanov, Moderne Entwicklungen des russischen Gesellschaftsrechts, in: Mitteilungen der VDRW, 2009, Heft 42–43, S. 4, 7. Wobei lange nicht alle eingetragenen GmbHs tatsächlich am Wirtschaftsleben beteiligt sind. Schätzungsweise sind etwa eine Million GmbHs als leere Hüllen ausgelegt. Zudem impliziert die Eintragung seitens der Steuerbehörde, dass keine juristische Bewertung bzw. Kontrolle stattfindet.

1256 Suchanov, Moderne Entwicklungen des russischen Gesellschaftsrechts, in: Mitteilungen der VDRW, 2009, Heft 42–43, S. 7; Vgl. zur Abgrenzung zwischen der GmbH und gAG, Klemm, Die Entwicklung des russischen Rechts der Kapitalgesellschaften, S. 134 ff.

1257 Vgl. a. Radjuk, RIW 2009, 592 (592); Suchanov, Über das Konzept der Entwicklung der Gesetzgebung juristischer Personen, S. 3. Zu Recht weist Suchanov darauf hin, dass aufgrund der bestehenden Kapitalgesellschaften auf dem russischen Markt schon lange eine Schieflage zu konstatieren ist.

1258 Graždanskij kodeks, Teil I Föderales Gesetz Nr. 51-FZ v. 30.11.1994, veröffentlicht in SZ RF 1994, Nr. 32, Pos. 3301, Abschluss der Kodifikation mit Teil IV v.

Teil noch allgemeine Vorschriften zum Gesellschaftsrecht enthält[1259], in sechs Büchern neu kodifiziert wurde. Das erst 1998 entstandene erste GmbH-Gesetz (im Folgenden: GmbHG(R))[1260] – als lex specialis zum GmbH-Recht – lässt in vielfacher Hinsicht den westlichen Einfluss der Berater erkennen. Insbesondere zum gut 100 Jahre älteren deutschen GmbH-Recht lassen sich viele Gemeinsamkeiten wiederfinden[1261].

A. Reform des russischen GmbH-Rechts

Zur selben Zeit als in Deutschland die große GmbH Reform stattfand war, verfolgte der russische Gesetzgeber im Rahmen der Antikrisenmaßnahmen dasselbe Ziel, nämlich das russische GmbH-Recht zu reformieren, um es insbesondere gegen vermehrt auftretende Missbräuche der Rechtsform sicherer und für ausländische Investoren attraktiver zu machen[1262]. Wie das MoMiG wurde das russische Reformgesetz[1263] Ende 2008 verabschiedet, wobei es erst am 1.07.2009 in Kraft getreten ist. Die Änderungen betrafen in erster Linie die Gründung der GmbH und das Verhältnis der Gesellschafter zueinander[1264] und sollten die Wahl der GmbH insbesondere für Joint-Venture-Unternehmen mit ausländischer Beteiligung attraktiver machen[1265].

Die infolge der Reform ergangenen Neuregelungen insbesondere hinsichtlich des Austrittsrechts der Gesellschafter sind enorm zu begrüßen. Vor der Reform

---

18.12.2006 Nr. 230-FZ; Teil I des ZGB zuletzt geändert am 05.05.2014; Kapitel IV Teil I: juristische Personen, Artt. 48–123 ZGB.

1259 Dabei drängt sich natürlich die Frage nach dem Verhältnis der beiden Gesetze zueinander auf. Das ZGB enthält jedoch lediglich allgemeine Bestimmungen und kann schon aus systematischen Gründen als einfaches Gesetz gegenüber dem lex specialis keine Vorrangstellung eingeräumt bekommen, vgl. Kruse, Die personalistische Kapitalgesellschaft russischen Rechts, S. 79.

1260 Föderales Gesetz Nr. 14-FZ v. 8.2.1998, veröffentlicht in SZ RF 1998, Nr. 7, Pos. 785, zuletzt geändert am 05.05.2014 (Quelle: KonsultantPlus: www.consultant.ru/popular/ooo).

1261 Heidemann, GmbHR 2002, 732 (732).

1262 Wedde, Reform der GmbH in Russland und Deutschland – rechtsvergleichende Aspekte in: Mitteilungen der VDRW, Heft 42–43 (2009), S. 4, 12; ders., Osteuropa-Recht 2009, 154, 166.

1263 Föderales Gesetz „Über Änderungen des ZGB I und einzelner Gesetzgebungsakte" Nr. 312-FZ vom 30. Dezember 2008, veröffentlicht in: Sobranie Zakonodatel'stva (SZ RF) Nr.1 vom 05.01.2009 Pos. 20.

1264 Umfassend zur GmbH-Reform: Wedde, Osteuropa-Recht 2009, S. 154, 156 ff.

1265 Radjuk, RIW 2009, 592 (592).

waren die Gesellschafter unabhängig vom Vorliegen eines wichtigen Grundes und unabhängig von der Zustimmung der übrigen Gesellschafter oder der Gesellschaft jederzeit zum Austritt aus der Gesellschaft berechtigt. Dieses Recht konnte auch nicht per Satzung abbedungen werden, da – im Gegensatz zum deutschen GmbH-Recht – relativ viele Vorschriften des russischen GmbHG einen zwingenden Charakter haben[1266]. Infolgedessen mussten die ausscheidenden Gesellschafter nach Art. 26 Pkt.3 Abs. 1 GmbHG(R) a.F. eine Abfindung in Höhe des wirklichen Wertes ihrer Anlage innerhalb von sechs Monaten bekommen, die aus dem tatsächlichen Reinvermögen auszukehren war. Dies konnte jedoch dazu führen, dass mangels eines ausreichenden Gesellschaftsvermögens die Gesellschaft verpflichtet war, das Kapital herabzusetzen, um den Gesellschafter abzufinden, auch wenn er ohne einen triftigen Grund aus der Gesellschaft ausgetreten ist[1267]. Diese Regelung schreckte viele ausländische Investoren davor ab, für ihre Joint-Ventures die Rechtsform der GmbH zu wählen, so dass sie die geschlossene Aktiengesellschaft bevorzugten.

Die Neuregelung des Austrittsrechts in Art. 26 Pkt.1 Abs. 1 GmbHG(R) i.V.m. Art. 94 Pkt.1 ZGB sieht nun ein jederzeitiges Austrittsrecht nur für den Fall vor, wenn ein solches Recht in der Satzung explizit und einstimmig geregelt wurde. So haben die ausländischen Investoren zumindest die Möglichkeit, das Austrittsrecht ihrer Mitgesellschafter zu bestimmen und strengeren Anforderungen zu unterstellen. Für bestehende Gesellschaften kann das Austrittsrecht zum 1.1.2010 mit einer Stimmenmehrheit von drei Vierteln entsprechend angepasst werden.

Einen weiteren Vorteil für die Gründung von Joint-Ventures brachte die neue Regelung hinsichtlich der Zulässigkeit von Gesellschaftervereinbarungen (Shareholder-Agreements) außerhalb des Gesellschaftsvertrages mit sich. So sieht Art. 8 Pkt.3 GmbHG(R) vor, dass die Gesellschafter die Ausübung ihrer Rechte bei der Vornahme bestimmter Rechtsgeschäfte genauer regeln oder gar

1266 Vgl. Heidemann, GmbHR 2002, 732 (732).

1267 Vgl. Heidemann, GmbHR 2002, 732, 734. Dies war natürlich mit der Gefahr verbunden, dass auch gesunde Gesellschaften schnell in die Liquidation gezwungen werden konnten, wenn Gesellschafter im Interesse der Erhaltung ihres Geldes jederzeit aus der Gesellschaft austreten konnten. Dass es weitreichende Folgen für die Kapitalerhaltung hatte, versteht sich vor allem vor dem Hintergrund, dass die Abfindungshöhe nicht durch Gesetz beschränkbar war, so dass eine zwangsweise Kapitalherabsetzung nicht selten ein notwendiges Mittel war, um genügend Gesellschaftsvermögen zu sammeln, um den Gesellschafter abzufinden.

auf sie verzichten können[1268]. Trotz vieler Gemeinsamkeiten zum deutschen Recht unterscheiden sich die beiden Rechtsordnungen aus theoretischer Sicht und in einigen wichtigen Detailfragen jedoch enorm voneinander und verdienen daher eine besondere Betrachtung.

B. Knapper Überblick über das russische GmbH-Recht

Der russische Gesetzgeber unterscheidet ausgehend vom Betätigungsfeld zwischen kommerziellen und nicht-kommerziellen Organisationen. Die russische GmbH verfolgt als kommerzielle Organisation den Hauptzweck der Gewinnerzielung, so dass ihr Anwendungsbereich enger gefasst ist als der der deutschen GmbH, die – sicherlich in der Regel auch mit Gewinnerzielungsabsicht – jeden gesetzlich erlaubten Zweck verfolgen kann und nicht auf einen bestimmten Zweck beschränkt ist. Wegen der vorgeschriebenen Gewinnerzielungsabsicht scheidet eine GmbH, die lediglich einen gemeinnützigen Zweck als eine „non-profit-Gesellschaft“[1269] verfolgen möchte, damit aus. Grundsätzlich verfügt die GmbH gemäß Art. 49 Pkt.1 Abs. 2 ZGB über eine universelle Rechtsfähigkeit, die durch bestimmte gesetzliche Tätigkeitsverbote oder bestimmte Genehmigungserfordernisse eingeschränkt wird[1270]. Die Rechtsform der GmbH ist gemäß Art. 7 Pkt.3 S. 1 GmbHG(R) auf eine bestimmte Gesellschafterzahl beschränkt. Hat die GmbH mehr als 50 Gesellschafter, muss sie nach Art. 7 Pkt.3 S. 2 GmbHG(R) in der Form der offenen Aktiengesellschaft weitergeführt werden.

I. Die Gesellschaftsorgane

Auch im russischen Recht sieht das GmbH-Recht zwei notwendige und maßgebliche Gesellschaftsorgane vor: die Gesellschafterversammlung (Art. 91 ZGB, Art. 32 GmbHG(R)), als höchstes Organ der GmbH, und ein Exekutivorgan. Gemäß Art. 32 Pkt.6 Abs. 1 S. 2 GmbHG(R) muss bereits ab einer Gesellschafterzahl

---

1268 Das Gesetz erlaubt dabei bestimmte Vereinbarungen hinsichtlich der Beschlussfassung, den Verkauf von Geschäftsanteilen und der Vornahme bestimmter Geschäftsführungsmaßnahmen. Es ist jedoch ungeregelt, wie die Verstöße gegen solche Vereinbarungen sanktioniert werden können, vgl. Himmelreich, WiRO 2009, 150, 152.

1269 Wie von K. Schmidt richtig benannt, vgl. K. Schmidt, Gesellschaftsrecht, S. 983.

1270 Nußberger, Einführung in das russische Recht § 21, S. 217; So bestimmt Art. 1 Pkt. 2, 3 GmbHG(R), dass für die Errichtung, Umwandlung und Liquidation von GmbHs in den Bereichen der Bank-, Versicherungs- und Investitionswesens sowie für landwirtschaftliche Produktionen die besonderen Regeln Föderaler Gesetze zu beachten sind, etwa das Lizenzgesetz v. 08.08.2001.

von 15 Personen ein zusätzliches internes Prüfungsorgan, eine Revisionskommission gebildet werden. Die Befugnisse des Revisors – eines internen Wirtschaftsprüfers – werden gemäß Art. 47 GmbHG(R) bestimmt. Bei der Auswahl der Mitglieder der Revisionskommission ist insbesondere der Inkompatibilitätsgrundsatz des Art. 32 Pkt.6 Abs. 3 GmbHG(R) zu beachten, wonach sie nicht gleichzeitig dem Direktorenrat und dem Geschäftsführungskollegium angehören oder nicht zugleich als Generaldirektor agieren dürfen[1271].

Vertretungsbefugt ist gemäß Art. 40 Pkt.1 GmbHG(R) ausschließlich das Einzelexekutivorgan, das in der Regel die Bezeichnung Generaldirektor trägt und gemäß Art. 40 Pkt.1 Abs. 1 S. 2 GmbHG(R) nicht unbedingt ein Gesellschafter sein muss, so dass auch im russischen Recht die Fremdorganschaft – die auch für die Revisionskommission gilt – zulässig ist[1272]. Die gesetzlichen Befugnisse des Generaldirektors, die in Art. 40 Pkt.3 GmbHG(R) geregelt sind, können nicht beschränkt werden.

Neben dem Einzelexekutivorgan kann – sofern durch die Satzung vorgesehen – gemäß Art. 41 Pkt.1 Abs. 1 GmbHG(R) auch ein Kollegialexekutivorgan bestellt werden, das als Geschäftsführung oder Direktion bezeichnet wird. Das Einzelexekutivorgan kann also entweder allein oder gemeinsam mit dem Kollegialexekutivorgan das Exekutivamt ausüben. Im Unterschied zum Einzelexekutivorgan haben jedoch die Mitglieder des Kollegialexekutivorgans keine organschaftliche Vertretungsmacht, sondern können durch den Generaldirektor allenfalls mit einer rechtsgeschäftlichen Vertretungsmacht ausgestattet werden[1273]. Damit ist der Generaldirektor bzw. Geschäftsleiter – anders als der Geschäftsführer in Deutschland – stets einzelvertretungsbefugt[1274].

Anders als im deutschen Kapitalgesellschaftsrecht oft anzutreffen ist, ist im russischen Recht die Führung der Gesellschaft durch mehrere Einzelgeschäftsführer

1271 Die Hauptaufgabe der Revisionskommission besteht in der Überprüfung der Bücher, so dass sie als ein reines Prüfungsorgan agiert. Daneben kann sie aber auch die Einberufung der Gesellschafterversammlung erreichen.

1272 Vgl. a. Breidenbach, Solotych, Handbuch Wirtschaft und Recht in Osteuropa, Band 3, Kap. D.I RUS, Rdn. 85.

1273 Vgl. Nußberger, Einführung in das russische Recht, § 21, S. 226. In der praktischen Ausgestaltung erinnert es an die dem deutschen Recht eigentümliche Rechtsposition des Prokuristen.

1274 Eine wie in Deutschland bestehende Unterscheidung zwischen der Vertretungs- und Geschäftsführungsbefugnis ist dem russischen GmbH-Recht fremd. Die einschlägige Literatur scheint den Unterschied auch noch nicht verinnerlicht zu haben, da an keiner Stelle darauf in irgendeiner Art und Weise eingegangen wird.

nicht vorgesehen[1275]. Einen weiteren großen Unterschied zum deutschen Recht stellt die grundsätzliche Möglichkeit der Beschränkung der Vertretungsmacht des Einzelexekutivorgans nach außen durch eine in der Satzung aufgenommene Regelung dar, die dem Vertragspartner gegenüber auch ohne eine individuelle Absprache wirksam ist[1276]. Abgesehen davon bestehen auch gesetzliche Beschränkungen. Solche gelten für interessenkonfliktbezogene Geschäfte nach Art. 45 GmbHG(R) und für Rechtsgeschäfte, die eine Veräußerung oder den Erwerb von mehr als einem Viertel des Gesellschaftsvermögens zur Folge haben, die sogenannten „bedeutenden Rechtsgeschäfte" i.S.d. Art. 46 Pkt.1 GmbHG(R), die nach Art. 46 Pkt.3 GmbHG(R) einer Zustimmung der Gesellschafterversammlung bedürfen[1277].

II. Die Finanzverfassung

Gemäß Art. 14 Pkt.1 GmbHG(R) beträgt das Mindeststammkapital der GmbH, das sich aus dem Nennbetrag der Anteile der Gesellschafter zusammensetzt, lediglich 10.000 Rubel[1278], was umgerechnet ca. 230 Euro entspricht[1279]. Der Grund für ein dermaßen niedriges Mindeststammkapital kann wohl darin gesehen werden, dass die Mittelklasse in Russland lange Zeit nicht richtig aufgebaut war und erst in den letzten sechs Jahren einen Aufschwung erfahren hat[1280]. Zudem soll auch kleineren Unternehmen die Möglichkeit gegeben werden, am kapitalgesellschaftlichen Markt aufzutreten, was neben der Begrenzung des

---

1275 Breidenbach, Micheler, Handbuch Wirtschaft und Recht in Osteuropa, Band 3, Kap. C RUS, Rdn. 136.

1276 Nußberger, Einführung in das russische Recht, § 21, S. 227; Göckeritz/Wedde, Das neue russische GmbH-Recht, S. 28; Boës, Die Gesellschaft mit beschränkter Haftung im russischen und deutschen Recht, S. 149 ff.; Breidenbach, Solotych, Handbuch Wirtschaft und Recht in Osteuropa, Band 3, Kap. D.I RUS, Rdn. 88.

1277 S. ausführlich Boës, Die Gesellschaft mit beschränkter Haftung im russischen und deutschen Recht, S. 146 ff.

1278 Tichomirov, Gesellschaft mit beschränkter Haftung, Praxishandbuch für die Anwendung der neuen Gesetze, 2010, Kap. IV, § 1, S. 50.

1279 Erhöhte Anforderungen an das Mindestkapital bestehen nur für Banken, Versicherungen und Gesellschaften mit ausländischer Beteiligung. Aufgrund des sehr geringen Mindeststammkapitals werden in Russland daher auch sehr viele Kleinunternehmen, die in Deutschland vielmehr in Form von Personengesellschaften geführt werden, als GmbH betrieben.

1280 Nach 2004 sind die Zahl mittelständischer Unternehmen und deren Umsätze enorm gestiegen, vgl. Russische Unternehmen und die Wirtschaftskrise, Russland-Analysen, 2009, Nr. 184, S. 2, 5, unter http://www.laender-analysen.de/russland/.

unternehmerischen Risikos der Gesellschafter den wesentlichen Grund für die hohe Anzahl der GmbHs in Russland darstellt.

Ob der Gesetzgeber den eingebrachten Vorschlägen, das Mindeststammkapital entsprechend dem deutschen Recht enorm zu erhöhen, folgen wird, bleibt abzuwarten und kann – zumindest im Hinblick auf eine drastische Erhöhung – nur mit einem kritischen Auge betrachtet werden. Eine enorme Anhebung der Stammkapitalziffer könnte einerseits abschreckend für viele Unternehmensgründer wirken und zu einem Einbruch des Mittelstandes in der Wirtschaft führen. Andererseits ist das Stammkapital auch geeignet, den Seriositätscharakter und die Vertrauenswürdigkeit[1281] in die Gesellschaft zu erhöhen. Die Hauptfunktion des Satzungskapitals wird unter anderem darin gesehen, für die Gläubigerforderungen eine gewisse Mindestgarantie darzustellen[1282], so dass nicht nur bestimmte Anforderungen an die Erhaltung, sondern auch an die Höhe dessen unerlässlich sind.

Vor dem Hintergrund eines solch geringen Stammkapitals stellt sich die Frage, wie der russische Gesetzgeber das Privileg der Haftungsbeschränkung, das sich aus Art. 87 ZGB und Art. 3 Pkt.1 GmbHG(R) ergibt, aufrechterhält, ohne das unternehmerische Risiko gleichzeitig und vollständig auf die Gläubiger abzuwälzen[1283]. Auch in der russischen Literatur wird das gesetzliche Mindeststammkapital teilweise als zu gering kritisiert, insbesondere vor dem Hintergrund dessen, dass es nicht nur in Geld, sondern gemäß Art. 15 Pkt.1 GmbHG(R) auch in Sacheinlagen und damit unter anderem auch in „sonstigen Sachen" eingebracht werden kann. Mangels eines allgemeinen Grundsatzes, die Sacheinlage entsprechend dem Geschäftszweck auszustatten und mangels des Verbotes der Unterkapitalisierung, rügen einige Wissenschaftler und Praktiker, dass relativ selten auf die Vollwertigkeit und auf die dem Gesellschaftszweck

---

1281 Schapkina setzt das Stammkapital mit der Vertrauenswürdigkeit und Zahlungsfähigkeit der Gesellschaft gleich, vgl. Schapkina, Gerichtliche Praxis der Arbitragegerichte bei der Anwendung des Föderalen Gesetzes über Aktiengesellschaften, 1997, S. 49.

1282 Suchanov, Kapital- und Personengesellschaften, Produktions- und Verbrauchergenossenschaften, S. 100, 107.

1283 In Ausnahmefällen gibt es auch im russischen Recht die Haftung der Gesellschafter bzw. der Muttergesellschaft. So regelt Art. 6 Pkt. 3 Abs. 2 GmbHG Fallgruppen der Haftung beherrschender Unternehmen. Die Haftung für andere Personen außer den beherrschenden Unternehmen für Insolvenzverschuldung findet sich in Art. 3 Punkt 3 GmbHG und in Art. 56 ZGB wieder.

entsprechende Notwendigkeit der eingebrachten Sache Wert gelegt wird[1284]. Auch wenn einzelne Stimmen in der Literatur eine Koppelung der Sacheinlage an den Geschäftsgegenstand befürworten[1285], um vor allem die missbräuchliche Ausnutzung der Rechtsform der GmbH zu unlauteren Zwecken zu unterbinden, so bedarf es einer gesetzlichen Grundlage, um die Grundsätze ordnungsgemäßer Kapitalaufbringung für die Kapitalgesellschaften gewährleisten zu können.

Sicherlich könnte eingewandt werden, eine solche strenge Regelung hinsichtlich der Erbringung des Stammkapitals könnte zu weit gehen, als sie der Privatautonomie wenig Raum lasse. In einer so jungen Rechtsordnung wären jedoch einige verschärfende Faktoren geeignet, um zumindest das Missbrauchspotenzial zu reduzieren. Die praktische Einsetzung der GmbH im Wirtschaftsleben kann nur dann zweckvoll sein, wenn eine gewisse Balance zwischen den Akteuren besteht. Diese Balance ist aber nach dem geltenden russischen Recht zum Vorteil der Unternehmer gestört, da sie ihnen zum einen eine unbegrenzte Möglichkeit einer schnellen und unkomplizierten Gesellschaftsgründung erlauben[1286] und zum anderen auch nach der Gründung keine strengeren Regeln in Bezug auf die Kapitalerhaltung auferlegen. Und das alles ist einer Gesellschaftsform immanent, die ihrem Charakter nach mehr auf die Führung mittlerer und größerer Unternehmen ausgerichtet ist und nicht auf Kleinbetriebe, die auch in Form der Personengesellschaften geführt und ohne Einbringung von Stammeinlagen gegründet werden können[1287].

Aus diesem Grund sollte dringend in Erwägung gezogen werden, die Mindeststammkapitalziffer um das Mehrfache zu erhöhen. Weitergehend wird sogar vorgeschlagen, gesetzliche Vorschriften zu schaffen, nach denen nur die Bareinlage zur Gründung juristischer Personen erlaubt ist, um diesen

1284 Vgl. Suchanov, Über das Konzept der Entwicklung der Gesetzgebung juristischer Personen, S. 3.

1285 Bakschinskas, Bildung von Stammkapital in Kapitalgesellschaften nicht anhand Geldeinlagen, S. 11, 13 f.

1286 Suchanov, Über das Konzept der Entwicklung der Gesetzgebung juristischer Personen, S. 3.

1287 Die Gesellschaftsform der Personengesellschaften ist dem russischen Kapitalgesellschaftsrecht durchaus bekannt, auch wenn die Beteiligten diese Rechtsform so gut wie nie nutzen. Der Grund der persönlichen Haftung liegt auf der Hand. Warum also eine Gesellschaftsform wählen, bei der man persönlich für die Schulden der Gesellschaft einstehen muss, wenn die Gründung einer GmbH so problemlos ermöglicht wird.

Wirtschaftssubjekten tatsächlich gerecht werden zu können[1288]. Für den Moment können die Gesellschafter nur im Rahmen eines Gesellschaftsvertrages die Sacheinlagefähigkeit bestimmter Vermögenswerte explizit ausschließen und die Einbringung von Sachwerten an die Notwendigkeit entsprechend dem Gesellschaftszweck bündeln[1289].

III. Die Kapitalerhaltung

Eine Alternative das Stammkapital für die Befriedigung der Gläubiger zu erhalten, ist die Schaffung effektiver Kapitalerhaltungsvorschriften, um sicher zu stellen, dass die eingebrachte und in das Register eingetragene Stammkapitalziffer nicht bloß einen symbolischen Charakter darstellt.

Das in Deutschland wohl wichtigste Gebot im Kapitalerhaltungsrecht ist die Vorschrift des § 30 Abs. 1 GmbHG, wonach das zur Erhaltung des Stammkapitals erforderliche Vermögen an die Gesellschafter nicht ausgezahlt werden darf. Vor der großen GmbH-Reform konnten auch die in dieser Arbeit behandelten Gesellschafterdarlehen zu dem Rechtskreis der Kapitalerhaltung zugerechnet werden, da die ehemalige hauptkapitalerhaltungsrechtliche Vorschrift des § 30 Abs. 1 GmbHG auch auf die Rückgewähr von Gesellschafterdarlehen und wirtschaftlich vergleichbarer Leistungen anzuwenden war. Dieser kapitalerhaltungsrechtliche Bezug ist mit dem durch das MoMiG eingeführten neuen § 30 Abs. 1 S. 3 GmbHG zwar eliminiert worden[1290]. De facto geht es jedoch sowohl bei der Kapitalerhaltung als auch bei den Regeln über die Gesellschafterdarlehen um einen nachhaltigen Gläubigerschutz. Die folgende Darstellung soll die geltenden kapitalerhaltungsrechtlichen Grundsätze im russischen GmbH-Recht aufzeigen und die Frage behandeln, ob die Gesellschafterdarlehen im russischen Recht – vergleichbar dem ehemaligen deutschen Eigenkapitalersatzrecht – von der Kapitalerhaltung erfasst sind oder nicht.

1288 Für eine Anpassung des gesetzlichen Mindeststammkapitals spricht sich auch der Rat beim Präsidenten der Russischen Föderation zur Kodifizierung und Vervollkommnung des bürgerlichen Rechts in seinem „Konzept zur Fortentwicklung des Rechts der juristischen Personen" vom 16.03.2009, S. 58 aus; vgl. a. Suchanov, Über das Konzept der Entwicklung der Gesetzgebung juristischer Personen, S. 4, der sich auch für eine deutliche Erhöhung des Stammkapitals und das Verbot der Sacheinlage ausspricht.

1289 Vgl. Ignatenko/Movtschan, Kommentierung zum GmbHG, S. 136.

1290 Vgl. Oppenländer/Trölitzsch, Leinekugel, Praxishandbuch der GmbH-Geschäftsführung, § 18, Rdn. 39.

1. Kein allgemeines kapitalerhaltungsrechtliches Auszahlungsverbot

In Russland gibt es keine analoge Regelung, die das Gesellschaftsvermögen in seinem wertmäßigen Bestand entsprechend schützt. Als Konsequenz dessen muss immer davon ausgegangen werden, dass das für die Interessen der Gesellschaftsgläubiger notwendige Vermögen nicht immer der satzungsmäßigen Stammkapitalziffer entsprechen wird. Denn sollte das Reinvermögen tatsächlich unter die Stammkapitalziffer fallen, so heißt es nicht, dass zumindest ab diesem Zeitpunkt die erforderlichen Mittel gebunden oder zurückgefordert werden. In einem solchen Fall wird die Gesellschaft ganz im Gegenteil gezwungen, ihr Stammkapital dem tatsächlichen Gesellschaftsvermögen anzugleichen. Daraus folgt mittelbar, dass die von der Gesellschaft zum Nachteil des Gesellschaftsvermögens an die Gesellschafter gewährten Leistungen gesellschaftsrechtlich nicht zurückerstattet werden können, weil es dafür an einer gesetzlichen Grundlage im Kapitalerhaltungsrecht mangelt.

Die generelle Zulässigkeit der Vermögensrückgewähr schließt auch den Fall der Einlagenrückgewähr mit ein[1291]. Damit besteht zumindest vor der Insolvenzantragsstellung – bis auf ein paar Ausnahmen – keinen wirklichen Vermögensschutz in der Gesellschaft zugunsten der Gläubiger. Diese Gefahr besteht auch mit der Stellung des Insolvenzantrages theoretisch fort. Denn wendet sich ein

1291 Heeg, Die Finanz- und Haftungsverfassung russischer Kapitalgesellschaften, S. 201; Göckeritz/Wedde, Das neue russische GmbH-Recht, S. 36; Fischer, Das System der Kapitalaufbringung und Kapitalerhaltung der AG und der GmbH im russischen und deutschen Recht, S. 198; Mereminskaja, Durchbrechung der Haftungsbeschränkung eines GmbH-Gesellschafters, S. 27. Nach deutschem Recht gibt es für die GmbH (im Gegensatz zu der AG, vgl. § 57 AktG) ebenfalls kein generelles Verbot der Einlagenrückgewähr. Die Rückzahlung der Stammeinlage fällt nicht unter das Auszahlungsverbot des § 30 Abs. 1 GmbHG, solange die Rückzahlung die Stammkapitalziffer nicht unterschreitet. Aus § 19 Abs. 2, 3 GmbHG wird jedoch gefolgert, dass die Einlagenrückgewähr unzulässig ist, soweit nicht eine besondere gesetzliche Grundlage – wie die Kapitalherabsetzung nach § 58 Abs.2 S. 2 GmbHG oder Einziehung des Geschäftsanteils nach § 34 GmbHG – besteht, vgl. Scholz, Westermann, GmbHG, § 30, Rdn. 31; Baumbach/Hueck, Hueck/Fastrich, GmbHG, § 30, Rdn. 14, 24; a.A. Roth/Altmeppen, Altmeppen, GmbHG, § 30, Rdn. 20, der die Einlagenrückgewähr vom Auszahlungsverbot des § 30 Abs. 1 GmbHG als erfasst ansieht. Dem russischen Kapitalgesellschaftsrecht ist das Verbot der Einlagenrückgewähr ebenfalls nicht gänzlich fremd. Zumindest in dem Vorgängergesetz zum AktG(R), die sog. „Ordnung über Aktiengesellschaften" v. 25.12.1990, waren die Aktionäre nicht berechtigt, von der Aktiengesellschaft die Rückzahlung ihrer Einlage zu verlangen.

Gläubiger mit dem Antrag an das Arbitragegericht, die Gesellschaft für zahlungsunfähig zu erklären, wird dem Schuldner die Insolvenzantragsstellung bekannt gegeben, da er das Recht hat, auf den Antrag zu erwidern. In der Praxis befürchten viele, dass die Kenntnis von der Antragsstellung den Schuldner dazu verleiten kann, das noch vorhandene Vermögen dem Gläubigerzugriff zu entziehen, indem entweder erstmal mit den Gesellschaftern abgerechnet oder das Vermögen gar beiseite geschafft wird[1292]. Auch wenn dem Geschäftsleiter eigenständige Geschäftsführung immanent ist, so handelt er in der Praxis doch vermehrt entsprechend dem Willen und Anweisungen der Gesellschafter[1293], so dass die Orientierung an den Gesellschafterinteressen wahrscheinlicher ist, insbesondere wenn es um die Begleichung von offenen Gesellschafterforderungen geht.

Mangels einer allgemeinen kapitalerhaltungsrechtlichen Vorschrift wird der Leiter der russischen Gesellschaft dem Rückzahlungsanspruch des Gesellschafters für seinerseits gewährte Darlehen kein Auszahlungsverbot entgegen halten können. Diese Rechtslage entspricht nun auch dem geltenden Recht in Deutschland, seit § 30 Abs. 1 S. 3 GmbHG das Auszahlungsverbot auf die Rückgewähr von Gesellschafterdarlehen für unanwendbar erklärt und einen unmittelbaren Zusammenhang mit der Kapitalerhaltung nun endgültig aufgehoben hat[1294]. Damit sind in beiden Rechtsordnungen die Leistungen von Gesellschaftern nicht schlechthin und schon gar nicht im Vorfeld der Insolvenzeröffnung vom Kapitalerhaltungsrecht erfasst.

2. Die Kapitalherabsetzung als Kapitalerhaltungsgrundsatz

Im Vordergrund des Kapitalerhaltungsrechts der russischen Föderation steht die Kapitalherabsetzung. Gemäß Art. 20 Pkt.3 GmbHG(R) ist die Gesellschaft verpflichtet, ihr satzungsmäßiges Kapital herabzusetzen, wenn „nach Abschluss des zweiten und jedes nachfolgenden Geschäftsjahres der Wert der Reinaktiva der Gesellschaft geringer als das Satzungskapital" ist[1295]. Mangels einer gesetzlichen Legaldefinition der Reinaktiva wird der Begriff in der Literatur als das

1292 Zur Möglichkeit der Anfechtung vorinsolvenzlicher Leistungen der Gesellschaft s. Teil 2, 5. Kap.

1293 Vitrjanskij, Sarbasch, Wissenschaftlicher Praxiskommentar zum InsolvG, S. 114 f.

1294 Vgl. a. Uhlenbruck, Hirte § 39 InsO, Rdn. 34.

1295 Der Begriff der Reinaktiva bzw. Reinvermögen wird an ganz vielen Stellen verwendet. So spielt er auch eine Rolle bei der Gewinnausschüttung und bei der Ausbezahlung des austretenden Gesellschafters. Mangels ausdrücklicher Bestimmungen, wie die reinen Aktiva zu ermitteln sind, besteht bei ihrer Bestimmung die Gefahr

bilanzielle Aktivvermögen, vermindert um die Passiva der Gesellschaft verstanden[1296]. Fällt die Reinaktiva unter die satzungsmäßige Stammkapitalziffer, so entsteht eine Unterbilanz, infolgedessen das Stammkapital per Kapitalherabsetzung dem tatsächlichen Gesellschaftsvermögen angepasst werden muss. Die Angemessenheit der Frist innerhalb dessen die Kapitalherabsetzung durchzuführen ist, wird durch das Gesetz nicht genau bestimmt und ist somit der Rechtspraxis überlassen. Sinkt der Wert der Reinaktiva sogar unter den gesetzlichen Mindestbetrag des Stammkapitals, ist die Gesellschaft zu liquidieren (Art. 20 Pkt.3 S. 2 GmbHG(R))[1297]. Ein darauf gerichtetes Antragsrecht der Gläubiger im Falle der nicht rechtzeitig eingeleiteten Kapitalherabsetzung oder Liquidation besteht – im Gegensatz zu staatlichen Organen – nicht.

Als Folge der Kapitalherabsetzung müssen gemäß Art. 20 Pkt.4 Abs. 1 S. 1 GmbHG alle der Gesellschaft bekannten Gläubiger innerhalb von 30 Tagen seit dem Beschluss über die Kapitalherabsetzung informiert werden, woraufhin sie wiederum innerhalb von 30 Tagen die vorzeitige Beendigung oder Erfüllung der Verbindlichkeiten und den Ersatz der damit verbundenen Verluste verlangen können[1298]. Neben einer gesetzlichen Pflicht zur Herabsetzung des Kapitals auch in Fällen der mangelnden vollständigen Einzahlung der Anteile nach Art. 20 Pkt.2 GmbHG(R) und infolge des Erwerbs eigener Anteile nach Art. 24 Pkt.5

---

der Über- oder Unterbewertung, die verschiedene Interessen entweder bevorzugen oder benachteiligen würden.

1296 Kurbatov, Das Verhältnis der Begriffe „Vermögen" und „Aktiva" im russischen Recht, *Chozjajstvo i pravo*, 2005, Nr. 4, S. 117, 119; Bakschinskas, Die rechtliche Natur des Satzungskapitals der AG, S. 7.

1297 Die gleiche Regelung enthält auch das italienische Recht für die GmbH (S.r.l.). Nach Art. 2484 Codice Civile muss beim Absinken des Nennkapitals unter das gesetzliche Mindestkapital und bei Ablehnung aller Kapitalmaßnahmen durch die Gesellschafter die Gesellschaft aufgelöst werden. Im Gegensatz dazu gibt es im deutschen Recht keine Pflicht zur Herabsetzung des Kapitals, wenn das Gesellschaftsvermögen aufgezehrt ist und auch keine Pflicht zur Liquidierung der Gesellschaft, wenn die Mindeststammkapitalziffer nicht mehr gedeckt ist. Nach § 49 Abs. 3 GmbHG muss der Geschäftsführer lediglich die Gesellschafterversammlung einberufen, wenn das Gesellschaftsvermögen das Stammkapital um die Hälfte unterschritten hat. Diese Einberufung hat nicht zwingend die Liquidation zur Folge, es wird in der Regel über die Einführung möglicher Sanierungsbemühungen beraten.

1298 Die Gläubigerrechte in der GmbH richten sich nach denen in der AG. Vgl. Heeg, Die Finanz- und Haftungsverfassung russischer Kapitalgesellschaften, S. 76.

InsolvG, können die Gesellschafter nach Art. 20 Pkt.1 GmbHG(R) auch freiwillig das Kapital verringern[1299].

a. Sinn und Zweck der zwangsweisen Kapitalherabsetzung

Der Sinn und Zweck der angeordneten Kapitalherabsetzung ist nicht eindeutig. Der mögliche Sinn, der hinter den zwangsweisen Kapitalherabsetzungen, verbunden mit der Möglichkeit einer anschließenden Liquidation, könnte darin gesehen werden, die Gesellschaften, die in die Krise geraten oder zu geraten drohen, zu liquidieren oder zumindest ihren Geschäftsumfang zu reduzieren[1300]. Andererseits ist die Verpflichtung zur Kapitalherabsetzung während der Unterbilanz auch aus einer anderen Perspektive fraglich. Die durch die Kapitalherabsetzung ausgelösten Gläubigerrechte können durch vorzeitige Beendigung der bestehenden Verbindlichkeiten und durch das Einfordern der Forderungs- und Verlustbegleichung die frühzeitige Liquidation der Gesellschaft auslösen.

Das Entstehen von Unterbilanzen durch das – möglicherweise nur temporäre – Absinken des Reinvermögens der Gesellschaft unter die Stammkapitalziffer ist ein natürlicher Nebeneffekt der Betätigungen im Wirtschaftsleben und vermag sicherlich die Unternehmenskrise nicht zu leugnen. Ein Liquidierungsgrund ist damit jedoch unmittelbar noch lange nicht impliziert[1301]. Selbst bei einer minimalsten Unterschreitung des Stammkapitals eine Liquidierung anzuordnen muss als zu viel des Guten an der Regulierung empfunden werden. Es geht also schlicht um die Frage der Notwendigkeit der durchzuführenden Kapitalherabsetzung, verbunden mit einer später eintretenden Liquidierung.

b. Bewertung

Ob diese Vorschrift dazu bestimmt ist, die Gläubiger ausreichend zu schützen, ist fraglich. Einerseits dient die Kapitalherabsetzung der Sicherstellung, dass das Satzungskapital tatsächlich dem Gesellschaftsvermögen entspricht, so dass der Versuch unternommen wird, die Haftungsmasse richtig zu dokumentieren. Anderseits wird durch die Kapitalherabsetzung in erster Linie der Haftungsstock zum Nachteil der Gläubiger verringert. Denn es kann nicht garantiert werden, dass nach einer erfolgten Kapitalherabsetzung überhaupt noch ausreichend

---

1299 Diese Regelung entspricht dem deutschen System, bei dem die Kapitalherabsetzung immer freiwillig geschieht.

1300 Fischer, Kapitalerhaltung bei der GmbH im russischen und deutschen Recht, in: Mitteilungen der VDRW, 2009, Heft 42–43, S. 19, 23.

1301 So auch Heeg, Die Finanz- und Haftungsverfassung russischer Kapitalgesellschaften, S. 91 f.

Masse zur Verfügung bleiben wird, um die Gläubiger zu befriedigen und gegebenenfalls ihre Verluste auszugleichen.

Mangels eines generellen Auszahlungsverbotes nicht nur für Gesellschafterleistungen, sondern auch für die Einlagenleistungen, kann es zu einer enormen Kapitalherabsetzung kommen, mit der Folge, dass das Stammkapital nur in einer unerheblichen Höhe vom Gesellschaftsvermögen überschritten wird. Als Folge ist das Gesellschaftsvermögen aufgrund vorangegangener zahlreicher Auszahlungen an die Gesellschafter zum Nachteil der Gläubiger immens verringert. Die an die tatsächlichen Vermögenswerte angepasste Stammkapitalziffer bildet nun die reduzierte Masse für die Befriedigungschancen der Gläubiger. Informierte Gesellschafter werden also ein leichtes Spiel haben, einerseits das von ihnen als Darlehen eingebrachte Kapital wieder rechtzeitig abzuziehen und sich sogar die Einlagenleistungen ausbezahlen zu lassen, andererseits aber auch das Privileg der Haftungsbeschränkung in Anspruch zu nehmen. Denn für den Fall, dass die tatsächliche Reinaktiva zum Ende des zweiten und jedes weiteren Geschäftsjahres die gesetzliche Stammkapitalziffer – wenn auch nur in einem geringen Umfang – unterschreitet, muss die Gesellschaft gemäß Art. 20 Pkt.3 Abs. 2 GmbHG(R) liquidiert werden. Die Unterbilanz führt zwar nicht dazu, dass zu jedem Zeitpunkt eine Kapitalherabsetzung bzw. Liquidation folgen muss, da der Zeitpunkt der Feststellung des Jahresabschlusses maßgeblich ist. Die Unterbilanz könnte aber auch schon Folge dessen sein, dass das Gesellschaftsrecht keinen Schutz der Unterbilanz kennt und die Gesellschaft selbstverschuldet – eben aufgrund der geleisteten Auszahlungen an die Gesellschafter – in die Misere gerät, möglicherweise sogar die Absicht unterstellt, in erster Linie die Gesellschafter zu befriedigen.

De lege ferenda kann in diesem Punkt nur auf eine Einsicht und Reformbereitschaft des russischen Gesetzgebers gehofft werden. Dies gilt auch hinsichtlich der Bewertung der Reinaktiva[1302], die aufgrund ihrer Funktion einerseits die Gesellschafts- und andererseits die Gesellschafterinteressen bevorzugen kann. Wird die Reinaktiva unterbewertet, kann das zu schnell die mit der Kapitalherabsetzung verbundenen Gläubigerrechte auslösen, die ein Ende für die Existenz der Gesellschaft bedeuten könnten. Im Falle, dass eine Überbewertung der Reinaktiva vorliegt, wird die Kapitalherabsetzung dagegen entweder gar nicht oder zu spät gestartet, mit der Folge, dass eine „unsichere" Gesellschaft weiterhin am

1302 Ausdrücklich zur Bewertung der Reinaktiva nach der für die Aktiengesellschaften aufgestellten Bewertungsordnung von 2003 und für ihre analoge Anwendung auch auf die GmbH vgl. Fischer, Das System der Kapitalaufbringung und Kapitalerhaltung der AG und der GmbH im russischen und deutschen Recht, S. 225 f.

Markt operiert und – unter Täuschung der Gläubiger – gegebenenfalls weitere Verbindlichkeiten eingeht. Wenn aber das russische Recht darauf ausgerichtet sein soll, durch die Kapitalherabsetzung das für die Haftung notwendige Satzungskapital parat zu halten, dann muss es auch geeignete Verfahren schaffen, um die ordnungsgemäße Bestimmung der die Kapitalherabsetzung auslösenden Voraussetzungen im Interesse der Rechtsklarheit und zur Verhinderung von Umgehungsversuchen zu gewährleisten.

3. Kapitalerhaltung durch die Beschränkung von Gewinnverteilung

Fraglich ist, ob die Beschränkung der Verteilung von Gewinnen[1303] aus kapitalerhaltungsrechtlicher Sicht die effektive Kapitalbindung gewährleisten kann. Die Einschränkung der Verteilung und der Auszahlung des Gewinns ist nicht gesondert in einem eigenen Kapitel, sondern innerhalb des Kapitels zum Stammkapital und Gesellschaftsvermögen der Gesellschaft untergebracht.

Nach Art. 29 Pkt.1 Nr. 3 GmbHG(R)[1304] können die Gesellschafter keinen Gewinnverwendungsbeschluss treffen, wenn bei der Gesellschaft zum Zeitpunkt der Beschlussfassung Tatbestandsmerkmale der Insolvenz vorliegen oder wenn sich diese mit der Beschlussfassung realisieren würden. Das gleiche gilt nach Art. 29 Pkt.2 Nr. 1 GmbHG(R) für den Fall, dass ein Gewinnverwendungsbeschluss zwar vorliegt, die Auszahlung des Gewinns jedoch zu „Anzeichen der Insolvenz" führen würde. Die „Anzeichen der Insolvenz" sind in Art. 3 InsolvG[1305] geregelt. Bei einer juristischen Person handelt es sich um den Zeitpunkt, zu dem die Gesellschaft nicht in der Lage ist, ihren Verpflichtungen aus Zahlungsverbindlichkeiten und Pflichtzahlungen[1306] innerhalb von drei Monaten nach Fälligkeit nachzukommen. Zusätzlich bestimmt Art. 6 Pkt.2 InsolvG, dass auch dann ein Bankrottverfahren gegen eine juristische Person eröffnet werden kann, wenn die Forderungen mindestens 100.000 Rubel betragen und Insolvenzanzeichen bestehen[1307]. Im Grunde wird also bei Art. 29 Pkt.1 Nr. 3 und Pkt.2 Nr. 1 GmbHG(R)

1303 S. ausführlich zum Ausschüttungsverfahren nach dem russischen Recht Fischer, Das System der Kapitalaufbringung und Kapitalerhaltung der AG und der GmbH im russischen und deutschen Recht, S. 255 ff.

1304 Zuletzt geändert durch das Föderale Gesetz vom 30. Dezember 2008, Nr. 312-FZ (in Kraft getreten am 1.Juli 2009).

1305 Russisches Föderales Insolvenzgesetz v. 26.10.2002 (Nr. 127-FZ), zuletzt geändert im Dezember 2011, im Folgenden InsolvG.

1306 Unter den Pflichtzahlungen i.S. dieses Gesetzes werden nach der Legaldefinition in Art. 2 InsolvG Steuern, Abgaben und andere obligatorische Zahlungen verstanden.

1307 Borisov, Kommentar zum GmbHG, Art. 29, S. 110.

auf die Zahlungsunfähigkeit – und nicht etwa auf den früheren Zeitpunkt der Unterbilanz – angeknüpft, was als Zeitpunkt für die Kapitalbindung etwas zu spät erscheint.

Darüber hinaus reicht es für das Verbot der Beschlussfassung und Auszahlung nach Art. 20 Pkt.1 Nr. 4, Pkt.2 Nr. 2 GmbHG(R) jedoch auch aus, wenn der Wert des Reinvermögens der Gesellschaft geringer ist als das Satzungskapital. Damit sind also auch solche Beschlüsse und Auszahlungen unzulässig, die zur Unterbilanz der Gesellschaft führen oder diese vertiefen würden. Im Kern erfasst es also genau den Regelungsinhalt des kapitalerhaltungsrechtlichen Ausschüttungsverbotes des § 30 Abs. 1 S. 1 GmbHG, wonach Auszahlungen – zu denen auch die Auszahlung von Gewinnen gehört –, die das Gesellschaftsvermögen unter die Stammkapitalziffer sinken lassen, unzulässig sind. Ebenso wie bei Art. 20 Pkt.1 Nr. 4 InsolvG kann auch im deutschen Recht – wenn auch nicht so ausdrücklich geregelt – bereits die Ausschüttung nicht beschlossen werden, wenn es gegen § 30 Abs. 1 S. 1 GmbHG verstößt, wenn also der Beschluss die Verteilung des Vermögens vorsieht, das zur Deckung des Stammkapitals erforderlich ist[1308].

Der große Unterschied beider Vorschriften zueinander liegt jedoch darin, dass § 30 Abs. 1 S. 1 GmbHG ein allgemeines Auszahlungsverbot vorsieht, das grundsätzlich alle Gesellschaftsvermögensschmälerungen, die zur Unterbilanz führen und einer bilanziellen Betrachtungsweise nicht standhalten, verbietet. Darunter fallen grundsätzlich auch die überhöhte Verzinsung von Gesellschafterdarlehen[1309], Erwerb eigener Anteile unter Verstoß gegen § 33 Abs. 2 GmbHG, Stundung der Forderungen oder Bestellung von Sicherheiten[1310], sofern die Leistungen ihre Grundlage nicht in einem Beherrschungs- oder Gewinnabführungsvertrag haben und die nicht durch einen vollwertigen Gegenleistungsleistungsanspruch gegen den Gesellschafter gedeckt sind[1311]. Darüber hinaus richtet sich das

1308 Dann ist dieser Beschluss entsprechend § 241 Nr. 3 AktG nichtig und begründet keinen Gewinnanspruch des Gesellschafters, vgl. Scholz, Emmerich, GmbHG, § 29, Rdn. 85.

1309 Baumbach/Hueck, Hueck/Fastrich, GmbHG, § 30, Rdn. 47.

1310 Eine ausführliche Auflistung unzulässiger Auszahlungen ist bei Münch. Hbd. GesR III, Mayer/Fronhöfer, § 51, Rdn. 12 vorzufinden, wobei viele Fallgruppen an das neue Recht des § 30 Abs. 1 S. 2, 3 GmbHG angepasst sein müssen; Baumbach/Hueck, Hueck/Fastrich, GmbHG, § 30, Rdn. 58.

1311 In Abkehr zu dem November-Urteil des BGH v. 24.11.2003 (BGHZ 157, 72 ff.), das die Darlehensgewährung der Gesellschaft an einen Gesellschafter als verbotene Auszahlung ansah, auch wenn der Rückzahlungsanspruch gegen den Gesellschafter werthaltig war. Das Urteil wurde daraufhin stark kritisiert und durch das MPS-Urteil des BGH v. 1.12.2008 (NZG 2009, 107 ff) abgeändert.

Auszahlungsverbot des § 30 Abs. 1 GmbHG nicht nur gegen die Gesellschafter, sondern auch gegen Dritte, wenn damit ein Umgehungsgeschäft verbunden werden und die Leistung der Gesellschaft in Wirklichkeit dem Gesellschafter zugutekommen soll[1312]. Als verbotene Auszahlungen i.S.d. § 30 Abs. 1 S. 1 GmbHG sind also Leistungen aller Art zu verstehen, die geeignet sind, das Gesellschaftsvermögen wirtschaftlich zu vermindern, mit Ausnahme des durch das MoMiG eingeführten Nichtanwendungserlasses des § 30 Abs. 1 S. 3 GmbHG, der hinsichtlich Gesellschafterdarlehen kein Tilgungsverbot mehr entfaltet.

Dagegen betrifft Art. 29 InsolvG nur den Fall der Beschränkung von Gewinnausschüttungen. Etwaige Vorschriften, die sonstige Auszahlungen aller Art zugunsten der Gesellschafter, aber zuungunsten des Gesellschaftsvermögens verbieten, bestehen nicht und können auch nicht unter Art. 29 InsolvG subsumiert werden. Für die Kapitalbindung muss also das Ausschüttungsverbot des Art. 29 GmbHG(R) allein als zu restriktiv angesehen werden. Das sich lediglich auf die Gewinnverteilung beziehende Verbot ist nur bedingt geeignet, den Teil des Reinvermögens, der dem satzungsmäßigen Stammkapital entspricht und auch unvorhergesehene Verluste decken soll, gegen Zugriffe der Gesellschafter zu schützen. Insofern erfasst Art. 29 GmbHG(R) zwar schon den Regelungsbereich der kapitalerhaltungsrechtlichen Vorschrift des § 30 Abs. 1 S. 1 GmbHG, tritt aber in seiner Regelungsfülle erheblich hinter den § 30 Abs. 1 S. 1 GmbHG zurück. Daran ändert auch die Tatsache nichts, dass die Beschlussfassung über die Gewinnausschüttung – im Gegensatz zum deutschen Recht – auch im Falle der unterbliebenen vollständigen Einzahlung des Satzungskapitals nach Art. 29 Pkt.1 Nr. 1 GmbHG(R) verboten ist, da es sich dabei um den Grundsatz der effektiven Kapitalaufbringung und nicht um den Kapitalschutz handelt.

4. *Stellungnahme zum russischen Recht der Kapitalerhaltung*

Das bestehende System der Kapitalherabsetzung ist nicht geeignet, das Gesellschaftsvermögen und die Gläubigerinteressen nachhaltig zu schützen und zu gewährleisten. Die Kapitalherabsetzung zielt auf die Verringerung des Stammkapitals aufgrund des zu geringen Gesellschaftsvermögens und damit einhergehend auf die Verringerung des Haftungsstocks ab. Die Chance die bestehenden Forderungen der Gläubiger zu erfüllen, muss in der Praxis als relativ gering

1312 Das ist insbesondere dann der Fall, wenn die Gesellschaft an den Dritten für Rechnung des Gesellschafters leistet oder wenn der Gesellschafter die Leistung an den Dritten selbst veranlasst hat, vgl. Münch. Hbd. GesR III, Mayer/Fronhöfer, § 51, Rdn. 30; Roth/Altmeppen, Altmeppen, GmbHG, § 30, Rdn. 29.

angesehen werden. Durch die Kapitalherabsetzung können zwar auf Dauer die Unterbilanz, aber nicht die dazu führenden Ursachen beseitigt werden. Eine solche „förmliche Beseitigung von Verlusten"[1313] reicht als eine effektive Sanierungsmaßnahme nicht aus. Dagegen wird der Kapitalschnitt, also eine nominelle Kapitalherabsetzung verbunden mit einer gleichzeitigen effektiven Kapitalerhöhung, als eine effektive Sanierungsmaßnahme verstanden, die jedoch dem russischen Recht bislang unbekannt geblieben ist. Der momentan ausgestaltete Mechanismus der zwangsweisen Kapitalherabsetzung vermag daher keine andere Funktion als die der Sanktion zu erfüllen, was in der Praxis zur Steigerung des Missbrauchspotentials und zum weiteren Operieren in der Schattenwirtschaft führen könnte[1314].

Auch das Verbot der Dividendenauszahlung kann allein keinen souveränen Schutz anbieten, wenn allen sonstigen Auszahlungen an die Gesellschafter nichts entgegengehalten werden kann. Zwar besteht im russischen GmbH-Recht auch das Verbot des Erwerbs eigener Anteile nach Art. 23 Pkt.1 GmbHG(R). Dieses grundsätzliche Verbot wird aber durch eine Vielzahl der in Art. 23 Pkt.2 GmbHG(R) vorgesehenen Ausnahmen, in denen die Gesellschaft doch eigene Anteile erwerben kann, wieder relativiert. Der Erwerb eigener Anteile bewirkt wie bei der Gewinnverteilung den Zufluss des Gesellschaftsvermögens an die Gesellschafter und kann darüber hinaus auch noch zur Kompetenzverlagerung in der Gesellschaft führen.

An dieser Stelle stellt sich die Frage, warum keine Mechanismen gefunden werden, die das zu schnelle Abdriften der Gesellschaft in die Unterbilanz oder gar in die Liquidation verhindern können. Ein wie in Deutschland ausgearbeitetes System des präventiven Schutzes des Gesellschaftsvermögens muss für das russische Recht – insbesondere vor dem Hintergrund des solch geringen Stammkapitals – als unabdingbar angesehen werden. Zudem kann das Rechtsinstitut der

---

1313 Lutter/Hommelhoff/Timm, BB 1980, 737, 740.

1314 Black/Kraakman/Tarasova, S. 210 f, äußern ihre Befürchtung im Hinblick auf die russische Regulierung dahingehend, dass aufgrund der existierenden Gesetze auch ehrliche Geschäftsleute „gezwungen" werden, außerhalb geltender Gesetze zu operieren. *„Honest businessmen are forced by bad laws to operate outside the law"*, diese zutreffende Aussage bezog sich in dem Aufsatz auf die Rechtsfolge des Verbotes der Durchführung der Kapitalerhöhung zum Zwecke der Verlustdeckung. Dieses Verbot wurde für die Aktiengesellschaft mit der Änderung des Aktiengesetzes im Jahr 2009 zwar aufgehoben. Die Formulierung schaffte es aber den allgemeinen Aspekt einiger Regulierungen im russischen Recht präzise zu erfassen; vgl. a. Volker Heeg, Die Finanz- und Haftungsverfassung russischer Kapitalgesellschaften, S. 93 f.

Gesellschafterdarlehen – sollte es richtig reguliert und eingesetzt werden – zur wirtschaftlichen Erholung der Gesellschaft enorm beitragen oder die finanzielle Notlage gar nicht erst entstehen lassen. Einerseits werden die Gesellschafterdarlehen allein zwar nicht in der Lage sein, die Unterbilanz zu „verschönern", so dass es an der Kapitalherabsetzung nichts ändern wird. Denn geht man erstmal von der richtigen Passivierung solcher Darlehen aus, dann steht dem eingebrachten Kapital spiegelbildlich auch die Forderung in gleicher Höhe gegenüber. Zur Lösung dieses Problems muss also entweder an der Passivierungspflicht solcher Darlehen oder an der kontrollierten Auszahlung gearbeitet werden. Die zum deutschen Recht hierzu ergangenen Ausführungen könnten als Beispiel dienen.

Der kurze Überblick über die wesentlichen gesellschaftsrechtlichen Kapitalerhaltungsgrundsätze im russischen Recht hat gezeigt, dass das Gesellschaftsvermögen keinen strikten Bestimmungen im Interesse des Gläubigerschutzes unterliegt und mangels effektiver Mechanismen gegen mögliche Missbräuche wenig geschützt ist[1315]. Das Gesetz schafft es an manchen Stellen noch nicht, ein gesundes Gleichgewicht zwischen Regulierung und Überregulierung bestimmter Probleme zu schaffen. Es hat auch gezeigt, dass die Rechtsfolgen einer Gesellschafterfinanzierung keinerlei Anknüpfungspunkt zum russischen Kapitalerhaltungsrecht aufweisen. Vor diesem Hintergrund drängt sich umso mehr die Frage auf, ob anderweitige Regelungen – etwa im Rahmen der Insolvenzanfechtung – bestehen, die das Gesellschaftsvermögen im Interesse der Gläubigerbefriedigung zumindest ex post schützen, insbesondere in Bezug auf die Gesellschafterleistungen. Im Hinblick auf das Kapitalerhaltungsrecht kann jedoch – für die Zeit nach dem MoMiG – eine Parallele zum deutschen Recht gezogen werden, da in beiden Rechtsordnungen das Recht über Gesellschafterfinanzierung und Kapitalerhaltung voneinander getrennt zu betrachten sind.

1315 Das meint wohl auch Anochin, W., wenn er sagt, dass die geltende Gesetzeslage keine Mechanismen zum Schutz vor verschiedenen Missbräuchen bietet, vgl. Die Warnung vor dem Bankrott und die Wiederherstellung der Zahlungsfähigkeit des insolventen Schuldners, S. 2.

2. Kapitel: Überblick über das russische Insolvenzantragsrecht

Das russische Insolvenzrecht ist – ähnlich dem GmbH-Recht – nur ein relativ junges Gebilde, das seine aktuelle Kodifikation erst am 22. Oktober 2002 erfahren hat[1316]. Die Regelungen der Konkursgesetzgebung gelten als eines der am schnellsten und dynamisch entwickelten Rechtsgebiete in Russland, die bis zum Inkrafttreten des heutigen Insolvenzgesetzes bereits drei nennenswerte Änderungen erfahren hat[1317]. Im Jahr 2009 erging eine umfangreiche Reform zum Insolvenzrecht[1318], die in insgesamt fünf Änderungsgesetzen schwerpunktmäßig die Rechte und Pflichten des Insolvenzverwalters und die Rechte und Interessen der Gläubiger betraf. Das aktuelle Gesetz sieht unter anderem Mechanismen vor, wie die Gesellschafter im Interesse und zum Zwecke der Überwindung der Zahlungsunfähigkeit der Gesellschaft trotz der Insolvenz die Kontrolle über die Gesellschaft behalten können. Das dritte Änderungsgesetz[1319] befasst sich mit dem aus der Sicher dieser Arbeit interessanten Problem der Anfechtbarkeit von kurz vor der Insolvenz vorgenommenen Rechtsgeschäften des Schuldners, die entweder einen verdächtigen Charakter haben, mit Schädigungsabsicht abgeschlossen wurden oder bei denen eine Gläubigerbevorzugung gegenüber anderen Gläubigern erkennbar ist. Ziel des neuen Gesetzes ist es, den unkontrollierten Entzug

1316 Föderales Gesetz Nr. 127-FZ „Über die Insolvenz (den Bankrott) *(O nesostojatel'nosti (bankrotstve))* v. 26.10.2002, veröffentlicht am 2.11.2002 in SZ RF 2002, Nr. 43, Pos. 4190, zuletzt geändert am 12. März 2014. Vor diesem Gesetz galt das Gesetz „Über die Insolvenz (den Bankrott) von Unternehmen v. 19.11.1992, das mehrere Male reformiert wurde. Alle Vorgängermodelle waren jedoch aufgrund des engen Anwendungsbereiches und teilweise verfassungswidrigen Regelungen nicht imstande, ausreichenden Schutz in Insolvenzverfahren zu bieten, vgl. ausführlich Lowitzsch, Spitsa, Das Insolvenzrecht Mittel- und Osteuropas, S. 189 ff.

1317 Koraev, Die rechtliche Stellung der Konkursgläubiger im Konkursverfahren, S. 2, Gesetz über die Insolvenz von Unternehmen vom 19.11.1992, gefolgt vom Gesetz vom 8.01.1998, gefolgt vom Gesetz vom 26.10.2002 (Nr. 127-FZ).

1318 Geändert durch das Gesetz Nr. 73-FZ v. 28.4.2009, vgl. Himmelreich, WiRO 2009, 279, 280. Nach 2009 ergingen einige weitere Änderungen, die aber aus der Sicht dieser Arbeit keine Relevanz beanspruchen.

1319 Das als Kapitel III 1 in das InsolvG eingefügt wurde und die Anfechtung von Leistungen des Schuldners (*Osparivanie sdelok dolžnika*) regelt.

der Aktiva aus der Gesellschaft zu verhindern und die Interessen der Gläubiger in Bezug auf die Befriedigung ihrer Forderungen zu sichern[1320].

A. Die Eröffnung des Insolvenzverfahrens

Infolge der Novellierung des Insolvenzgesetzes im Jahr 2002 findet es nun gemäß Art. 1 Pkt.2 InsolvG auch auf juristische Personen statt[1321]. Die Stellung eines Insolvenzantrages beim Wirtschaftsgericht am Sitz der schuldnerischen Gesellschaft kann zum einen nur aus dem Grund der Zahlungsunfähigkeit und zum anderen durch den Schuldner, die staatlichen bevollmächtigten Organe sowie vereinzelt durch die Konkursgläubiger[1322] erfolgen[1323]. In der Regel sollte der Schuldner, der die finanzielle Lage der Gesellschaft am besten kennt und einschätzen kann, den Insolvenzantrag stellen.

I. Insolvenzgrund der Zahlungsunfähigkeit

Der Schuldner gilt nach der Legaldefinition des Art. 2 InsolvG dann als insolvent, wenn er nicht fähig ist, die Gläubigerforderungen aus Zahlungsverbindlichkeiten und (oder) die Pflichtzahlungen in vollem Umfang zu begleichen[1324].

1320 Demechin, Neue Regelungen im Gesetz über die Insolvenz, S. 1.

1321 Im Vergleich zum InsolvG von 1998, das nur auf wirtschaftliche Organisationen, Konsumgenossenschaften und Stiftungen Anwendung fand. Jedoch sind nun auch nicht alle juristische Personen insolvenzfähig. Der „Staat" (als Russische Föderation, die „Subjekte" und die Kommunen) sowie die staatlichen Unternehmen sind nicht insolvenzfähig. Das gleiche gilt für religiöse Organisationen und politische Parteien.

1322 Nach Artt. 7 Pkt.1, 11 Pkt.1 InsolvG können die staatlich bevollmächtigten Organe den Insolvenzantrag stellen. Bevollmächtigte Organe sind nach der Legaldefinition des Art. 2 InsolvG föderale Exekutivorgane, die bevollmächtigt sind, Forderungen aufgrund von Verbindlichkeiten gegen die öffentlichen Haushalte geltend zu machen. Zu solchen Organen gehören auch die Exekutivorgane der Subjekte der Russischen Föderation und der öffentlichen Selbstverwaltung, wobei insbesondere die Steuerbehörden gegen abwesende und in Verzug geratene Schuldner die Insolvenzeröffnung anstreben. Als Konkursgläubiger gelten alle Gläubiger, die Geldforderungen gegen den Schuldner haben und die nicht die bevollmächtigten Organe und Gründer des Schuldners, deren Verbindlichkeit aus der entsprechenden Beteiligung resultiert, sind. Vgl. Breidenbach, Micheler/Sevillano/Steininger, Handbuch Wirtschaft und Recht in Osteuropa, Band 3, Kap. D.XII RUS, Rdn. 222 f.

1323 Arzinger/Galander, Russisches Wirtschaftsrecht, S. 64.

1324 Näher zum Insolvenzgrund der Zahlungsunfähigkeit, Gutbrod/Vogel, RIW 1999, 37 (37 f.).

Dazu ist eine juristische Person gemäß Art. 3 Pkt.2 InsolvG dann nicht in der Lage und damit insolvent, wenn sie die entsprechenden Verbindlichkeiten im Laufe von drei Monaten nach ihrer Fälligkeit nicht erfüllen konnte.

Eine Konkretisierung für die Einleitung des Bankrottverfahrens für juristische Personen sieht Art. 33 Pkt.2 InsolvG vor. Das Bankrottverfahren kann durch das Arbitragegericht dann eröffnet werden, wenn die Forderungen gegenüber einer juristischen Person in Höhe von 100.000 Rubel offen sind und innerhalb von drei Monaten seit dem Fälligkeitsdatum nicht getilgt werden[1325]. Es muss wohl davon ausgegangen werden, dass die dreimonatige Nichtbegleichung der Forderungen und die durch Art. 6 Pkt.2 InsolvG statuierte Höhe kumulative Voraussetzungen zur Bejahung der Insolvenz darstellen[1326], auch wenn das Gesetz diesbezüglich sehr unpräzise ist. Der Sache nach handelt es sich bei dieser Umschreibung um den Insolvenzgrund der Zahlungsunfähigkeit[1327], auch wenn dieser Begriff bei der Feststellung der Insolvenz nicht fällt.

Im Gegensatz zum deutschen Recht, nach dem bei der juristischen Person neben der Zahlungsunfähigkeit auch die Überschuldung einen Insolvenzantragsgrund darstellt, stellt die Überschuldung im russischen Recht keinen statthaften Insolvenzeröffnungsgrund für eine Kapitalgesellschaft dar[1328].

II. Insolvenzantragspflicht

Die Insolvenzantragspflicht des Schuldners folgt aus Art. 9 Pkt.1 InsolvG insbesondere für den Fall, in dem der Schuldner bei Berichtigung der Forderungen eines oder mehrerer Gläubiger den übrigen Zahlungsverbindlichkeiten und Pflichtzahlungen in vollem Umfang nicht mehr nachgehen können wird und Anzeichen der Zahlungsunfähigkeit aufweist[1329]. Die erste Alternative betrifft

---

1325 Liebermann, Der Gesellschafter und seine Gesellschaft: von der Gründung bis zur Liquidation, S. 175; Übersicht über die gerichtliche Praxis der Anwendung von Streitigkeiten im Rahmen des InsolvG s. Center of Accounting and Taxation, 2008, S. 3; Beschluss des Arbitragegerichts v. 6.9.2010 (AZ: A50/10372/2010), S. 3.

1326 Anochin, Die Warnung vor dem Bankrott und die Wiederherstellung der Zahlungsfähigkeit des insolventen Schuldners, S. 1 f.; Vitrjanskij, Vitrjanskij., Wissenschaftlicher Praxiskommentar zum InsolvG, 2003, S. 36.

1327 Das folgt zumindest auch aus der Kommentierung zu Art. 31 InsolvG, vgl. Vitrjanskij, Novoselova, Wissenschaftlicher Praxiskommentar zum InsolvG, 2003, S. 78.

1328 Wedde, WiRO 2003, 195, 197; Lowitzsch, Spitsa, Das Insolvenzrecht Mittel- und Osteuropas, S. 198; Jehn/Knaul, WiRO 1998, 337, 338.

1329 Neben den Anzeichen über die Zahlungsunfähigkeit löst auch noch das nicht ausreichende Gesellschaftsvermögen nach Art. 9 Pkt. 1 InsolvG die Pflicht zur Stellung

dem Grunde nach den Fall der Überschuldung, die jedoch nach Art. 3 Pkt. 2 InsolvG nur bei natürlichen Personen[1330], nicht aber bei juristischen Personen das Kriterium einer Insolvenz begründet. Insoweit kann diese Alternative für juristische Personen keine Pflicht zur Stellung des Insolvenzantrages begründen. Der Insolvenzantragspflicht muss der Leiter des Schuldners nach Art. 9 Pkt.2 InsolvG spätestens einen Monat nach Auftreten der in Pkt.1 aufgezählten Merkmale nachkommen, um nicht nach Art. 10 Pkt. 2 InsolvG zu einer subsidiären Haftung herangezogen zu werden.

Ferner ist der Schuldner nach Art. 8 InsolvG dann zur Stellung des Insolvenzantrages berechtigt, wenn Umstände eingetreten sind, die es als sicher erscheinen lassen, dass er nicht in der Lage sein wird, die fälligen Verbindlichkeiten in der vorgesehenen Frist zu begleichen. Damit stellt also auch die drohende Zahlungsunfähigkeit einen Insolvenzeröffnungsgrund dar[1331], die jedoch nicht die Pflicht, sondern nur das Recht zum Insolvenzantrag begründet. Die Literatur äußert sich mangels praktischer Relevanz kaum zum Insolvenzeröffnungsgrund der drohenden Zahlungsunfähigkeit und übersieht allem Anschein nach die Möglichkeit für juristische Personen, mit einem frühzeitigen Insolvenzantrag die Sanierungsmöglichkeiten der Gesellschaften zu verbessern[1332] und die Befriedigungsaussichten für die Gläubiger zu erhöhen.

III. Die Überschuldung

Wie bereits angemerkt wurde, besteht für die russischen Kapitalgesellschaften nicht die Möglichkeit den Insolvenzantrag wegen einer Überschuldung zu stellen.

---

des Insolenzantrages aus. Ob aber dieses Tatbestandsmerkmal auch auf juristische Personen übertragen werden kann ist zweifelhaft. Der Legaldefinition nach bedeutet das nicht ausreichende Gesellschaftsvermögen, dass die Geldverbindlichkeiten des Schuldners seine bestehenden Aktiva überschreiten müssen. Insoweit erfasst dies den Tatbestand der Überschuldung, die für juristische Personen aber gerade kein statthafter Insolvenzantragsgrund ist. Weiterhin ist die Geschäftsführung des Schuldners zu einem Insolvenzantrag verpflichtet, wenn das mit der Liquidation des Schuldners betraute Organ dies beschließt oder wenn die Zwangsvollsteckung in das Schuldnervermögen die wirtschaftliche Tätigkeit des Schuldners erschwert oder unmöglich machen wird.

1330 Vgl. a. Jehn/Knaul, WiRO 1998, 337, 338.

1331 Dass die drohende Zahlungsunfähigkeit in der Praxis in Russland bei den Insolvenzanträgen eine wichtige Rolle spielt, mag jedoch bezweifelt werden.

1332 Uhlenbruck, Pape, § 1 InsO, Rdn. 8. Die Verbesserung der Sanierungschancen bedeutet, dass der Schuldner eine Sanierung mittels eines Insolvenzplans und einer Eigenverwaltung anstreben kann.

Die Streichung der Überschuldung als Insolvenzgrund hatte seinen Grund unter anderem darin, dass im alten Recht die Handhabung mit der Bilanzierung des Schuldners vermehrt auf Probleme gestoßen war[1333]. Mangels ausgearbeiteter und sich nur an Steuerzwecken orientierter Bilanzierungsvorschriften und ihrer fehlender Durchsetzungskraft und Kontrollmechanismen, ist auf die Pflicht zur Aufstellung einer Überschuldungsbilanz, die für den Insolvenzantragsgrund der Überschuldung unabdingbar ist, verzichtet worden[1334]. Dennoch wird in der Literatur vereinzelt vorgeschlagen, den Insolvenzantragsgrund der Überschuldung auch für juristische Personen wieder ins Gesetz aufzunehmen, wobei der aktuelle Insolvenzgrund der Zahlungsunfähigkeit durch die Überschuldung ersetzt werden soll[1335]. Dies wird damit begründet, dass nur das Abstellen der Insolvenzeröffnung auf die offene Summe von Verbindlichkeiten in Höhe von 100.000 Rubel und die Nichtbegleichung innerhalb von drei Monaten seit der Fälligkeit der Forderungen keine geeigneten Kriterien für die Feststellung der Insolvenz seien, da es unabhängig von dem tatsächlichen Wert des Gesellschaftsvermögens in Prinzip jede Gesellschaft zu schnell für insolvent erklären kann[1336].

Das Fehlen einer Überschuldungsbilanz führt auch dazu, dass die für das deutsche Recht dargestellten Sanierungsmaßnahmen wie die Rangrücktrittserklärung und die Patronatserklärungen, die überschuldungsvermeidend wirken können, im russischen Recht nicht existieren. Sollte der Gesetzgeber sich aber eines Tages auch für die juristischen Personen des Insolvenzantragsgrundes der

1333 Vor der Insolvenzrechtsreform im Jahr 2008 war auch die Überschuldung der Bilanz ein Insolvenzantragsgrund. Dabei handelt es sich neben der Zahlungsunfähigkeit jedoch nicht um alternative Antragsgründe, sondern um kumulative Voraussetzungen. Das führte vermehrt dazu, dass es unmöglich war, einen Insolvenzantrag zu stellen, wenn der Schuldner seine Verbindlichkeiten nicht tilgte, aber eine positive Vermögensbilanz aufwies, vgl. Vitrjanskij, McGill Law Journal 1999, 409, 413; Afonjkin/Sabinina, Die Gesetzgebung über die Insolvenz: theoretische und praktische Aspekte, S. 6. Der Versuch der Legislative im Jahr 2000 die Überschuldung wieder aufzunehmen, scheiterte am Veto des Präsidenten, vgl. Vitrjankij, Neues in der rechtlichen Regulierung des Banktrotts, *Chozjajstvo i pravo* 2003, Nr. 1, S. 6; vgl. a. Wedde, Der Insolvenzverwalter im russischen und deutschen Recht, S. 84.

1334 Gutbrod/Vogel, RIW 1999, 37, 38.

1335 Anochin, Die Warnung vor dem Bankrott und die Wiederherstellung der Zahlungsfähigkeit des insolventen Schuldners, S. 2.

1336 Vitrjasnkij, Der Weg zur Vervollkommnung des Gesetzes „Über die Insolvenz“, *Vestnik VAS*, 2001, Nr. 3, S. 1; Anochin, Die Warnung vor dem Bankrott und die Wiederherstellung der Zahlungsfähigkeit des insolventen Schuldners, S. 2.

Überschuldung annehmen, ist das Rechtsinstitut des Rangrücktrittes ein probates Mittel, um die Überschuldung der Gesellschaft auszuschließen.

B. Zielrichtung des russischen Insolvenzgesetzes

Nach Ansicht von *Karelina* gilt das Insolvenzrecht der Russischen Föderation als eine Art neutrale Gesetzgebung, die versucht eine goldene Mitte zwischen den Interessen der Gläubiger und des Schuldners zu schaffen[1337]. Aufgrund dessen, dass das Insolvenzgesetz an sehr vielen Stellen die Sanierung der Gesellschaft vor Augen hat und die Gesellschafter und sonstige Marktteilnehmer immer wieder – egal in welchem Stadium sich die Gesellschaft befindet – zu Finanzierungshilfen aufgerufen werden, kann man daraus schlussfolgern, dass das geltende Insolvenzrecht sich nicht einseitig auf die Interessen des Schuldners oder der Gläubiger stellt, sondern versucht, die wirtschaftliche Einheit durch unterschiedliche Sanierungsgestaltungen zu retten. Dieses Ziel ist sicherlich nicht von der Hand zu weisen, insbesondere da die Zerschlagung einer Gesellschaft nicht nur deren Ausbleiben am Markt bedeutet, sondern auch viele Nebeneffekte – wie Verlust von Arbeitsplätzen – nach sich zieht.

Allerdings muss auch berücksichtigt werden, dass die Aufrechterhaltung einer Gesellschaft, die sich fortlaufend am Rande der Insolvenz befindet, keine lebensfähige, stabil operierende Einheit darstellt. Diese wird mit Hilfe der Fremdfinanzierung ihrer Gesellschafter – sollten sie überhaupt im Krisenzeiten zu Finanzhilfen bereit sein – lediglich künstlich am Leben erhalten, was zur Insolvenzverschleppung beiträgt, gegen die Grundsätze eines ordentlichen kaufmännischen Gebarens der Gesellschafter spricht und ein Einfallstor für die Gefährdung der Gläubigerinteressen bietet. So haben auch Wissenschaftler bei der Erforschung des russischen Insolvenzgesetzes darauf hingewiesen, dass das zentrale Ziel des Insolvenzgesetzes die Wiedererlangung der für die Gläubigerbefriedigung erforderlichen Insolvenzmasse und weniger die zum Nachteil der Gläubiger durchgeführte Rettung des Unternehmens oder Erhaltung von Arbeitsplätzen einnehmen sollte[1338].

Demgegenüber ist die Unternehmenserhaltung im Wege der Sanierung im deutschen Insolvenzrecht mehr von zweitrangiger Bedeutung im Insolvenzverfahren, da sie dem übergeordneten Zweck – der gleichmäßigen

1337 Karelina, Der Mechanismus rechtlicher Regulierung in der Insolvenz, S. 19.

1338 Vgl. Popondopoulo/Sleptschenko, Probleme des Gesetzes über die Insolvenz (den Bankrott) bei Finanzkrisen, S. 5.

Gläubigerbefriedigung als primärer Verfahrenszweck – dient[1339]. Dieses Ziel erfolgt durch Verwertung des Schuldnervermögens und wird nach § 1 S. 1 InsO entweder durch die Liquidation oder Sanierung der Gesellschaft verfolgt, wobei hinsichtlich der Verwertungsart der Insolvenzordnung kein bestimmtes Rangverhältnis zu entnehmen ist[1340].

Da das russische Insolvenzgesetz einen sehr großen Wert auf die Wiederherstellung der Zahlungsfähigkeit legt, hat es in Art. 27 InsolvG zahlreiche Maßnahmen vorgesehen, um dieses Ziel effektiv zu erreichen. So finden sich solche Reorganisationsmaßnahmen[1341] in der finanziellen Sanierung in Art. 76 ff. InsolvG, in der externen Verwaltung in Art. 109 Alt. 6 i.V.m. Art. 113 InsolvG und sogar im bereits eröffneten Konkursverfahren in Art. 125 InsolvG wieder. All diesen Verfahren ist gemeinsam, dass sie darauf gerichtet sind, die Gesellschafter oder Dritte bis zum Abschluss des Insolvenzverfahrens zu animieren, die Gesellschaft mit ausreichend finanziellen Mitteln auszustatten, um die bestehenden Gesellschaftsforderungen zu begleichen. Das Gesetz spricht dabei ausschließlich von der Zurverfügungstellung von Geldmitteln, was in erster Linie die Gewährung von Darlehen sein dürfte. All diesen Maßnahmen ist jedoch auch immanent, dass sie erst nach der Stellung des Insolvenzantrages durchgeführt werden und damit nur zum Teil zur freien Sanierung gehören. Im Vorfeld des Insolvenzantrages gibt es lediglich das Institut der vorgerichtlichen Sanierung, das in Art. 30 ff. InsolvG im Allgemeinen Maßnahmen zur Verhinderung des Bankrotts vorsieht. Der Schwerpunkt der Insolvenzregeln liegt demnach auf der Wiedererlangung der Zahlungsfähigkeit und weniger auf den die Gläubigerbefriedigungen unterstützenden Maßnahmen. Dennoch ist seit der Reform eine Verbesserung in diese Richtung zu vermerken, da zumindest das Anfechtungsrecht eine positive Überarbeitung erfahren hat[1342].

C. Rechtsvergleichende Wertung der Feststellung der Zahlungsunfähigkeit

An vielen Punkten des russischen Insolvenzgesetzes macht sich ein großer Unterschied zum deutschen Recht bemerkbar. Nicht nur dass die Zahlungsunfähigkeit

1339 Fischer, ZGR 2006, 403 (403); MünchKommInsO, Stürner, Einl. 1–3, Rdn. 1 f.; Uhlenbruck, Pape, § 1 InsO, Rdn. 1; Jacoby, ZGR 2010, 359, 361 f.

1340 Begr. RegE, BT.Drs. 12/2443, Ziff. 3 a), bb); Beck/Depré, Beck, Praxis der Insolvenz, 2. Teil, § 5, Rdn. 87.

1341 Lowitzsch, Spitsa, Das Insolvenzrecht Mittel- und Osteuropas, S. 214.

1342 S. ausführlich zur Anfechtung von Rechtsgeschäften in der Insolvenz, Teil 2. 5. Kap.

das einzige Kriterium für die Insolvenzeröffnung einer juristischen Person darstellt, ist diese auch sowohl zeitlich als auch höhenmäßig genau definiert. Einerseits könnte die Insolvenz erst später, nämlich nach Ablauf der dreimonatigen Frist, eintreten, andererseits aber wiederum viel zu schnell, wenn die Grenze von 100.000 Rubel überschritten wird. Die betragsmäßige Liquiditätsunterdeckung von 100.000 Rubel, was umgerechnet etwa 2.500 Euro entspricht, mag für viele – sowohl große als auch mittelständische – Unternehmen eine sehr kleine Liquiditätslücke und damit tatsächlich noch keine echte Bedrohung für die Zahlungsfähigkeit darstellen. In Abkehr von dem „Null-Toleranz-Prinzip" bedeutet die Unfähigkeit, nicht alle fälligen Forderungen fristgerecht tilgen zu können, nicht ohne weiteres eine Zahlungsunfähigkeit des Schuldners[1343]. Allerdings sind die meisten in Russland tätigen juristischen Personen als kleine Gesellschaften organisiert[1344], für die eine offene Rechnung in Höhe von 100.000 Rubel, mit deren Tilgung sie bereits seit drei Monaten in Verzug sind – zumindest aus der Sicht der drohenden Zahlungsunfähigkeit – sehr wohl ein Indiz des rechtzeitigen Zeitpunkts der Stellung des Insolvenzantrages. Eine Erhöhung des offenen Forderungsbetrages bzw. eine Erleichterung der Insolvenzvoraussetzungen aus der Sicht des Schuldners würde zumindest diese Gesellschaften aus dem Anwendungsbereich des geltenden Insolvenzgesetzes vollständig herausnehmen.

Dennoch wird vereinzelt gefordert, sowohl das Merkmal der Dauer – etwa auf sechs Monate[1345] – auszudehnen als auch die Höhe der offenen Verbindlichkeiten – ebenfalls in Richtung des Anstiegs – zu überdenken. Hinsichtlich des Betrages offener Forderungen kann den Reformvorschlägen zumindest aus der Prämisse zugestimmt werden, als eine bloße – vorübergehende – Zahlungsstockung noch keine Geldilliquidität begründet. Die eingeräumte „Karenzzeit" und die Außerachtlassung bloßer Zahlungsstockungen soll für solche Zahlungsunfähigkeiten, die sich voraussichtlich innerhalb kürzester Zeit beheben lassen, die Stellung

1343 Beck/Depré, Ampferl, Praxis der Insolvenz, § 2, Rdn. 50.

1344 Vitrjanskij, Der Weg zur Vervollkommnung des Gesetzes „Über die Insolvenz", *Vestnik VAS*, 2001, Nr. 3, S. 2.

1345 Die Ausdehnung der zeitlichen Obergrenze auf sechs Monate wird in der deutschen Literatur als generell inakzeptabel abgelehnt. In Ausnahmefällen soll von der Drei-Wochen Frist abgewichen werden, wenn die Liquiditätslücke in überschaubarer Zeit geschlossen werden kann. Dabei wird eine Zeiterstreckung bis auf drei Monate noch als zulässig erachtet. Bei sechs Monaten geht das jedoch deutlich über das für die Gläubiger Zumutbare hinaus, vgl. Fischer, ZGR 2006, 403, 408; Beck/Depré, Ampferl, Praxis der Insolvenz, § 2, Rdn. 57 f.

eines Insolvenzantrages entbehrlich machen[1346]. Dies gilt zum einen dem Schutz des Schuldners, nicht zu schnell zur Stellung des Insolvenzantrages verpflichtet zu sein, da auch den Gläubigern ein gewisses Zuwarten zugemutet werden kann, und zum anderen dem Schutz der Gläubiger, indem die eingeräumte Dauer nicht zu lang bemessen wird, die lediglich ausreichen sollte, um sich die benötigten Mittel zu beschaffen[1347]. Für das Letztere muss aber eine Dauer von drei Monaten – und erst Recht die vorgeschlagene Dauer von sechs Monaten – als zu lang angesehen werden[1348].

Im Gegensatz zum russischen Recht verzichtet die deutsche Insolvenzordnung im Interesse einer gewissen Flexibilität bewusst auf das gesetzlich geregelte Merkmal der Dauer und auf eine starre zahlenmäßige Grenze offener Verbindlichkeiten. Da auf diese Vorgaben jedoch nicht schlechthin verzichtet werden kann, lassen sie sich aus der Definition und aus der Leitentscheidung des BGH herleiten, wonach die Zahlungsunfähigkeit dann widerlegbar zu vermuten ist, wenn der Schuldner nicht in der Lage ist, seine am Stichtag fälligen Zahlungspflichten binnen spätesten drei Wochen – die als Zeitraum für eine Kreditbeschaffung als ausreichend angesehen werden – zumindest zu 90% zu erfüllen[1349].

Eine starre quantitative Vorgabe der Liquiditätsunterdeckung, so wie sie Art. 6 Pkt.2 InsolvG für juristische Personen vorsieht und die nicht einmal prozentual ausgestaltet ist, berücksichtigt nicht ausreichend die konkreten Gegebenheiten des Unternehmens, namentlich die Bonität der Drittschuldner und Außenstände und die Kreditwürdigkeit des Schuldners, die der Geschäftsführer im Rahmen der Liquiditätsprognose einbeziehen muss[1350]. Abgesehen davon ist der russischen Literatur auch nicht zu entnehmen, dass in quantitativer Hinsicht lediglich eine widerlegliche Vermutung der Zahlungsunfähigkeit des Schuldners zu sehen ist, der mithilfe ausreichender Beweise ausnahmsweise darlegen können soll, dass der Liquiditätsengpass in überschaubarer Zeit vollständig beseitig und den Gläubigern das Zuwarten nach den Umständen des Einzelfalls zugemutet werden kann. Vielmehr wird die Überschreitung der Drei-Monats-Frist als eine Vermutung angesehen, dass der Schuldner zahlungsunfähig ist[1351]. Welche Anforderungen jedoch an die Widerlegung der Vermutung gestellt werden, etwa

1346 BGHZ 163, 134, 139.

1347 Vgl. Uhlenbruck, ders., § 17 InsO, Rdn. 19.

1348 So sieht es auch der BGH, vgl. BGHZ 163, 134, 139.

1349 BGHZ 163, 134 (LS), 142, 145.

1350 Uhlenbruck, ders., § 17 InsO, Rdn. 20; BGHZ 163, 134, 141.

1351 Teljukina, Kommentar zum InsolvG, S. 8; Vitrjanskij, ders., Wissenschaftlicher Praxiskommentar zum InsolvG, S. 24.

eine Behebung der Liquiditätslücke innerhalb eines überschaubaren Zeitraums, wird in der Literatur und durch die Gerichte nicht diskutiert. Insofern verwundert es auch nicht, dass zu der Frage, ob es sich auch bei dem betragsmäßigen Schwellenwert um eine widerlegliche Vermutung handelt, geschwiegen wird.

D. Anregungen

Hinsichtlich der quantitativen Eingrenzung des Zahlungsunfähigkeitselementes bleibt dem russischen Gesetzgeber also zu raten, die Wesentlichkeit zu überdenken und auf eine prozentuale, die Verhältnisse der Gesellschaften berücksichtigende Grundlage zu stellen. Der richtige Zeitpunkt der Eröffnung von Insolvenzverfahren bezweckt eine Massen- bzw. Quotensicherung und soll Auskunft darüber geben, wann ein Unternehmen nicht mehr erhaltungswürdig ist, weil es das unternehmerische Risiko auf die Gläubiger verlagert und am Markt nicht mehr haltbar ist. Die Insolvenzantragsgründe setzen diese Marktbereinigungsfunktion in Gang und sorgen dafür, dass Insolvenzverfahren frühzeitig zur Eröffnung gebracht werden, um noch rechtzeitig Sanierungsmaßnahmen einleiten und die Unternehmens- und Gläubigerinteressen in Einklang bringen zu können. Deswegen ist die geltende Beschränkung der Insolvenzantragspflicht bei juristischen Personen auf eine einzige Alternative kaum ausreichend. Dass eine solche Sicht jedoch auch in den Köpfen der russischen Rechtsanwender herrscht, kann bezweifelt werden, was – so hart es auch klingen mag – auch in der russischen Literatur zugegeben wird. *Vitrjanskij* bringt dies sogar sehr deutlich zum Ausdruck, in dem er in einem Artikel schreibt:

> *„Die Anwendung des russischen Gesetzes „Über die Insolvenz" in der Praxis hat überzeugend gezeigt, dass – aufgrund der herrschenden Umstände auf dem spezifischen russischen Markt – die Nichterfüllung der Gläubigerforderungen innerhalb von drei Monaten seit dem Fälligkeitsdatum, nicht als etwas Unzulässiges angesehen wird und noch lange nicht die Zahlungsunfähigkeit des Schuldners bezeugt. [Es ist auch nicht überraschend], dass der Schuldner, der von seinem Vertragspartner Produkte oder Dienstleistungen bekommen hat, für diese auch bei Fälligkeit keine Gegenleistung erbringt, sondern – trotz seiner Schulden – das dafür vorgesehene Geld zunächst für das eigene Umlaufvermögen einsetzt. So sind nun mal die Zustände auf dem inländischen Markt und so ist das Niveau des Rechtsbewusstseins der Unternehmer und des Vermögensverkehrs. Der Versuch, eine Ordnung in das Marktverhalten zu bringen und das Niveau der vertraglichen Disziplin zu erhöhen, hat sich als missglückt dargestellt"*[1352].

1352 Vitrjasnkij, Der Weg zur Vervollkommnung des Gesetzes „Über die Insolvenz", *Vestnik VAS*, 2001, Nr. 3, S. 2.

Vor diesem Hintergrund muss im Ergebnis konstatiert werden, dass das Insolvenzverfahren in Russland bereits im Anfangsstadium noch ein nicht ausgereiftes, in Details reguliertes und richtig durchgesetztes System darstellt und insbesondere an den vorgestellten Stellen verbesserungswürdig ist.

3. Kapitel: Das Recht der Gesellschafterdarlehen in Russland

Das in Deutschland allseits bekannte und vielen Rechtsprechungsnachweisen unterlegene Recht der Gesellschafterdarlehen ist dem russischen Recht als ein Institut des Kapitalerhaltungsrechts oder als ein Instrument des insolvenzrechtlichen Gläubigerschutzes leider gänzlich unbekannt. Das hat unter anderem seinen Grund darin, dass das russische Recht kein allgemeines Verbot der Einlagen- oder Vermögensrückgewähr und keine kapitalerhaltungsrechtliche Vorschrift entsprechend § 30 Abs. 1 GmbHG kennt, sondern vermehrt auf eine zwangsweise Kapitalherabsetzung abstellt, um die Unterbilanz zu vermeiden[1353]. Ebenso wenig gibt es Vorschriften im russischen Gesellschafts- oder Insolvenzrecht, die Gesellschafterdarlehen entweder dem Eigenkapital zuordnen oder sie auch trotz des Fremdfinanzierungscharakters strengeren Regeln unterwerfen. Das bedeutet jedoch nicht, dass in Russland das Geschäft mit den Gesellschafterdarlehen nicht weniger aktuell ist als in Deutschland.

A. Sinn und Zweck der Gesellschafterdarlehen

Bevor mit der rechtlichen Behandlung der Gesellschafterdarlehen im russischen Recht begonnen wird, soll zunächst dem Sinn und Zweck der Gesellschafterdarlehen allgemein kurz Beachtung geschenkt werden. Die Gesellschafterdarlehen dienen der Ausstattung der Gesellschaft mit finanziellen Mitteln und fungieren unter anderem als interessante Sanierungsinstrumente in finanzieller Notlage[1354] und können insbesondere in der freien Sanierung zur Bewältigung einer wirtschaftlichen Krise eingesetzt werden. Die Gesellschafterdarlehen sind zudem das Korrelat zu der Finanzierungsfreiheit der Gesellschafter, die sich entscheiden können, ob und wie – etwa durch Zuführung des Eigen- oder Fremdkapitals – sie die Gesellschaft finanzieren wollen.

Im Verhältnis zur Eigenkapitalfinanzierung stellt das Fremdkapital ein flexibleres Instrument dar, da es nicht – wie die Kapitalerhöhung – an bestimmte Voraussetzungen gebunden ist, Konditionen entsprechend den Wünschen der

1353 Fischer, Kapitalerhaltung bei der GmbH im russischen und deutschen Recht, in: Mitteilungen der VDRW, 2009, Heft 42–43, S. 29 f., 21.

1354 Vgl. a. K. Schmidt/Uhlenbruck, K. Schmidt, Rd. 2.8.

Beteiligten vereinbart werden können und die Rückabwicklung rein schuldrechtlich erfolgt. Der ausschlaggebende Unterschied zwischen dem Eigen- und Fremdkapital wird sich insbesondere in der Insolvenz zeigen, da das Fremdkapital im Unterschied zum Eigenkapital, das komplett die Insolvenzmasse ausmachen wird, auch bei einer entsprechenden Entwertung Insolvenzforderungen darstellen wird. Und da die Gesellschafter von der Finanzierungsfreiheit profitieren, können sie – auch weil sie nicht bloß durch die gewinnunabhängigen Zinsen „vergütet" werden – nicht die gleichen Rechtsfolgen wie die normalen Fremdkapitalgeber treffen. Denn insbesondere bei den Gesellschaftern ist die Gefahr groß, dass sie vor den Türen der Insolvenz versuchen werden, wegen der Kenntnis der Geschäftszahlen das gewährte Kapital noch vor der Insolvenz abzuziehen. Die oben dargestellten Begründungsansätze für die Sonderbehandlung von Gesellschafterdarlehen treffen auch auf die russischen Gesellschafter zu, die ebenfalls einer Finanzierungsfreiheit unterliegen und gewissen Einschränkungen bei der Geltendmachung ihrer Forderungen in der Insolvenz bedürfen.

Da die Gesellschaften, insbesondere in Russland, viel zu oft nur mit dem gesetzlich vorgeschriebenen Mindeststammkapital ausgestattet werden, übernehmen die Gesellschafterdarlehen auch in Russland die Deckung weiteren Finanzbedarfs. Auch in Russland geben die Gesellschafter daher oftmals mehr Fremdkapital in Form von Darlehen auf als wahres Eigenkapital nachzuschießen. Insbesondere Muttergesellschaften könnten dazu verleitet werden, ihren im Ausland neu gegründeten Tochter- oder Joint-Venture-Gesellschaften Darlehen zu geben, um bei der anfänglichen Finanzierung oder bei kurzfristigen Liquiditätsengpässen unter die Arme zu greifen, um nicht zu schnell erhöhten Bankanforderungen unterliegen zu müssen. Im Verhältnis zu den sonstigen Finanzierungsentscheidungen der Gesellschafter – etwa im Vergleich zu der Kapitalerhöhung oder Überlassung von Vermögensgegenständen – ist die Darlehensgewährung durch die Gesellschafter sogar die häufigste Form der „hybriden Gesellschafterfinanzierung"[1355] in Russland[1356].

Oft werden sie jedoch zu einem Zeitpunkt gewährt, zu dem die Gesellschaft bereits kreditunwürdig und damit zahlungsunfähig oder überschuldet ist. Da die Überschuldung im russischen Recht keinen Insolvenzeröffnungsgrund für juristische Personen darstellt und es nur auf die vermeintliche Zahlungsunfähigkeit

1355 Vgl. zum Begriff und Formen hybrider Gesellschafter-Finanzierung umfassend Hock, Gesellschafter-Fremdfinanzierung der GmbH, S. 16 ff.

1356 Mazepuro, Zinsloses Darlehen von Gesellschaftern als natürliche Personen, S. 1; Liebermann, Der Gesellschafter und seine Gesellschaft: von der Gründung bis zur Liquidation, S. 8.

ankommt, sollen die Gesellschafterdarlehen nach der Vorstellung des Gesetzgebers insbesondere die Wiederherstellung der Zahlungsfähigkeit der Gesellschaft bezwecken. Insbesondere vor dem Hintergrund des immens geringen Haftungsstocks russischer GmbHs kann das Vertrauen der Gläubiger in die Bonität der Gesellschaft nicht hoch eingeschätzt werden. Finanzierungsbedingungen durch die Kreditinstitute werden also entweder von sehr hohen Zinsen oder von werthaltigen Sicherheitsleistungen durch die Gesellschafter abhängen, was den Einsatz der Gesellschafterdarlehen nur bestärken wird.

I. Gesetzliche Regulierung von Gesellschafterdarlehen in Russland

Hinsichtlich der Behandlung von Gesellschafterdarlehen enthält das russische GmbHG keine Regelungen. Vergebens wird man nach diesen auch in dem ZGB suchen, das trotz eines bestehenden lex specialis in Art. 87 bis 94 ZGB noch Regelungen für die GmbH enthält.

Die Darlehensfinanzierung durch die Gesellschafter ist im russischen Recht an zwei Stellen vorzufinden. Die russische Literatur behandelt das Thema der Gesellschafterdarlehen fast ausschließlich und relativ knapp nur aus dem steuerrechtlichen Blickwinkel. In der Diskussion geht es überwiegend um die Frage, wie sich die zinslose Gewährung von Darlehen durch die Gesellschafter auf die Besteuerung in der Gesellschaft auswirkt und ob die Beteiligten beim Erlass der Rückzahlungsforderungen die erhaltenen Gelder als Gewinn versteuern müssen oder nicht. Zum anderen finden sich minimale Ansatzpunkte zu Gesellschafterdarlehen bei den Sanierungsstrategien verschiedener Insolvenzverfahren wieder. Ausgehend von dem Vergleich mit dem deutschen Recht der Gesellschafterdarlehen soll in dieser Arbeit nur die zuletzt genannte Fallvariante von Relevanz sein.

Im Unterschied zum deutschen Recht müssen die russischen Gesellschafter grundsätzlich nicht befürchten, dass ihre Darlehensforderungen aufgrund eines gesetzlichen Verbotes nicht getilgt werden. Sie können ihr Darlehen jederzeit zurückfordern, auch wenn sich die Gesellschaft in schwierigen Zeiten befindet. Mangels eines Tilgungsverbotes für Forderungen aus einem Gesellschafterdarlehen und eines allgemeinen Kapitalbindungsgebotes, kann davon ausgegangen werden, dass die Gesellschaft, da sie dem Rückzahlungsbegehren des Gesellschafters nichts entgegenhalten kann, entweder vor oder infolge der Tilgung von Gesellschafterforderungen eine Kapitalherabsetzung durchführen wird, um den Gesellschafter zu befriedigen. Daran ändert auch die insolvenzrechtliche Stellung des Gesellschafters als Gläubiger letzter Rangfolge nichts, da er mit seiner Forderung nur im eröffneten Insolvenzverfahren auszufallen drohen wird. Und da dieser Umstand den Gesellschaftern russischer Gesellschaften durchaus bekannt sein müsste, werden sie ihre Insiderstellung im Vorfeld der Insolvenz auszunutzen versuchen. Es kann sogar befürchtet werden, dass die Gesellschafter den Geschäftsführer der Gesellschaft zur Tilgung ihrer Forderungen auffordern werden.

Bislang ist im Hinblick auf das Tilgungsverbot kein großer Unterschied zu dem deutschen Recht zu verzeichnen, da auch in Deutschland – vorbehaltlich § 64 S. 3 GmbHG – der Geschäftsführer dem Auszahlungsbegehren des Gesellschafters nichts mehr entgegenhalten kann. In Deutschland existiert aber ein ausgearbeitetes System der Anfechtung solcher Leistungen durch den Insolvenzverwalter und die Subordination von Darlehensforderungen in dem eröffneten Insolvenzverfahren. Ob dies aber auch im russischen Recht so ist, bleibt einer genaueren Untersuchung vorbehalten.

Das früher in Deutschland diskutierte Problem, ob es sich bei der Kreditgewährung dem Grunde nach um das Eigenkapital handele und die Frage nach dem MoMiG inwieweit diese Überlegung noch weiterhin Bestand haben kann, besteht in Russland überhaupt nicht. Da die Gewährung von Darlehen besonders in der Insolvenz jedoch vermehrt zur Sprache kommt, in dem die Gesellschafter zur Finanzierung ihrer Gesellschaft mit Darlehen – wenn auch mittelbar – aufgerufen werden, ist es für die Gesellschafter und Organe der Gesellschaft immens wichtig, bei dieser Materie einen klaren geordneten Rechtsrahmen vorzufinden.

Es kann schon an diesem Punkt vorweggenommen werden, dass anders als in Deutschland, wo die unentwegt diskutierte Frage der Behandlung der Gesellschafterdarlehen vor und in der Insolvenz der Gesellschaft die Rechtsexperten nicht ruhen lässt, in Russland dagegen keinerlei Beachtung geschenkt wird, so dass es umso mehr einer genaueren Erforschung bedarf. Es existieren weder fachkundige Literatur noch höchstrichterliche Gerichtsentscheidungen, die sich mit den Rechtsfolgen solcher Darlehen wenigstens im Geringsten auseinandersetzen, auch wenn die Gesellschafterdarlehen in der Praxis ebenfalls ein weit verbreitetes Finanzierungsinstrument darstellen.

II. Gang der Untersuchung des Rechts der Gesellschafterdarlehen in Russland

Die nachfolgende Untersuchung soll zeigen, wie die Gesellschafterdarlehen im russischen Recht eingesetzt werden. Insbesondere wichtig ist dabei die Fragestellung, wie mit der Tilgung von Gesellschafterforderungen vorgegangen wird. Denn solange sich die Gesellschaft in gesunden Zeiten befindet und die

Gesellschafter als Fremdgläubiger auftreten, gibt es keine nachteilige Wirkung für die Gläubiger. Treten sie jedoch der Gesellschaft im Zeitpunkt der Kreditunwürdigkeit oder sogar in der Insolvenz als Fremdgläubiger gegenüber, dann bewirken sie damit, dass nur anhand der Darlehen weiter gewirtschaftet, die Insolvenz verschleppt und das Vermögen für die Befriedigung der Gläubiger aufgezehrt wird. Die Gesellschafter treten mit ihren Forderungen neben die übrigen Gläubiger und konkurrieren um die Befriedigung aus der Insolvenzmasse. Aus diesen Gründen müssen spezielle Regelungen geschaffen werden, um das Gesellschaftsvermögen zu sichern und die sonstigen Gläubiger nicht zu benachteiligen.

Vor diesem Hintergrund soll im Einzelnen näher der Frage nachgegangen werden, wie und wann Gesellschafterdarlehen in Russland eingesetzt werden und welche Rechtsfolgen sie treffen. Es wird aufgezeigt, welche Beachtung – insbesondere welche Rangfolge – die Gesellschafterforderungen in der Insolvenz der Gesellschaft finden und wie ihre Befriedigungschancen einzustufen sind. Es wird auch der Frage nachgegangen, ob den Gesellschaftern auch etwaige Privilegien zur Verfügung gestellt werden, um sie für mögliche Sanierungsmaßnahmen zu gewinnen.

Des Weiteren soll untersucht werden, inwieweit die Regelungen über die Anfechtbarkeit von bestimmten Rechtsgeschäften auf Gesellschafterdarlehen anwendbar sind. Dafür kommt es darauf an, ob und wann Gesellschafterdarlehen einen „verdächtigen oder sonstige Gläubiger benachteiligenden Charakter“ haben oder mit Schädigungsabsicht gewährt wurden. Dabei soll auch der Frage nachgegangen werden, ob nur die Gesellschafterdarlehen oder auch die im Zusammenhang mit der Nutzungsüberlassung verknüpften Rechtsfolgen als anfechtbare Rechtsgeschäfte angesehen werden können.

Anknüpfend an die Anfechtbarkeit, soll dargestellt werden, wann eine mögliche Anfechtbarkeit ausgeschlossen ist und wie der Geschäftsführer im Falle des Auszahlens einer anfechtbaren Leistung sich haftbar machen kann. Die durch die Gesellschafter oft angestrebten Bemühungen ihr Geld vor der Insolvenz zu sichern oder für die eigene Befriedigung Vermögenswerte aus der Gesellschaft abzuziehen, werden skizziert und – ausgehend von den einschlägigen Rechtsfolgen – einer kritischen Betrachtung unterzogen.

B. Abschluss von Darlehensverträgen

Der Abschluss eines Darlehensvertrages muss gemäß Art. 808 Pkt.1 ZGB zwingend in schriftlicher Form erfolgen, wenn mindesten eine Vertragspartei eine juristische Person ist. Den Parteien steht es nach Art. 810 Pkt. 1 Abs. 1 ZGB frei, den Zeitpunkt der Rückzahlung selbst zu bestimmen. Wird jedoch keine

Regelung getroffen, so muss das Darlehen gemäß Art. 810 Pkt.2 ZGB innerhalb von 30 Tagen nach der Aufforderung des Gesellschafters zurückbezahlt werden[1357]. Nach Art. 807 Pkt.1 Abs. 2 ZGB kommt der Darlehensvertrag erst in dem Zeitpunkt zustande, indem dem Darlehensnehmer die Mitteln überlassen werden, wenn also neben einer Willenseinigung ein Realakt gegeben ist. Daraus kann gefolgert werden, dass eine Darlehenszusage allein noch keine Verpflichtung des Gesellschafters auslösen kann, die Mitteln zur Verfügung zu stellen, da der zwischen der Gesellschaft und dem Gesellschafter abgeschlossene Darlehensvertrag noch keine rechtlichen Folgen auslöst. Damit sind die Darlehensverträge im russischen Recht als Realverträge ausgestaltet[1358]. In Deutschland entspricht diese Art von Verträgen nicht mehr dem geltenden Recht, da es sich auch bei den Darlehensverträgen um Konsensualverträge handelt[1359].

Die Gewährung von Gesellschafterdarlehen knüpft im Gesetz an unterschiedliche Zeiträume an, die anhand einer Zeitraumbetrachtung dargestellt werden, um einen besseren Überblick über das Dasein der Gesellschafterdarlehen im russischen Recht vermitteln zu können. Da das russische Recht – wie es später deutlicher wird – im Gesetz sogar für die Zeit während des Konkursverfahrens die Gesellschafter zur Gewährung von Finanzhilfen aufruft, ist eine detaillierte Aufschlüsselung möglicher Zeiträume opportun. Insbesondere vor dem Hintergrund, dass es keine generelle Vorschrift existiert, die einen auszahlungsfreien Zeitpunkt explizit nennt, ist die Frage nach dem risikolosen Vorgehen sowohl für die Gesellschaft als auch für die Gesellschafter nicht ohne Bedeutung.

I. Die Gewährung von Gesellschafterdarlehen vor dem Antrag auf Eröffnung des Insolvenzverfahrens – das vorgerichtliche Sanierungsverfahren

Die Ausstattung der Gesellschaft mit zusätzlichen Gesellschafterleistungen im Vorfeld der Insolvenzeröffnung, also zum Zeitpunkt, in dem die Gesellschaft noch wirtschaftlich stabil ist oder aber sich bereits in der Krise befindet, ist ein Finanzierungsinstrument, das in der Praxis so oft eingesetzt wird, dass es nicht

---

1357 Mazepuro, Zinsloses Darlehen von Gesellschaftern als natürliche Personen, S. 2.

1358 Das unterscheidet den Darlehensvertrag auch von anderen Verträgen, insbesondere von dem Kredit, vgl., Stepanov, ders., Kommentar zum ZGB, Art. 807, S. 228; Abowa/Kabalkin, Sankowskij, Kommentar zum ZGB, II, Art. 807, S. 233.

1359 Die Einstufung des Darlehensvertrages als Realvertrag wurde in Deutschland jedoch früher nach römischrechtlicher Tradition bis zur Schuldrechtsmodernisierungsreform ebenfalls vorgenommen, Palandt, Grüneberg, v. § 311, Rdn. 3; BT-Drs. 14/6040, S. 252.

mal einer gesetzlichen Regelung hinsichtlich dieser Möglichkeit – wohl aber hinsichtlich der rechtlichen Auswirkungen – bedarf. Nichtsdestotrotz entschied sich der russische Gesetzgeber, die Möglichkeit, die Gesellschaft in Krisenzeiten durch ihre Gesellschafter mit weiterem Kapital ausstatten zu lassen, explizit in das Gesetz aufzunehmen.

1. *Maßnahmen zur Abwendung der Insolvenz, Art. 30 InsolvG*

Nach Art. 30 Pkt.2 InsolvG sind die Gesellschafter, nachdem sie von dem Geschäftsführer über die Befürchtung der Zahlungsunfähigkeit unterrichtet wurden, in den in einem Föderationsgesetz festgelegten Fällen verpflichtet, rechtzeitig geeignete Maßnahmen zu treffen, um die Insolvenz abzuwenden[1360]. Art. 30 Pkt.1 InsolvG statuiert in erster Linie die Verpflichtung der Geschäftsleitung der Gesellschaft, die Gesellschafter umfassend darüber zu informieren, dass die Zahlungsverbindlichkeiten bereits drei Monate seit ihrer Fälligkeit nicht getilgt werden können. Bei Verstoß gegen die Informationspflicht kann der Geschäftsleiter nach Art. 10 Pkt.1 InsolvG gegenüber Personen, die aufgrund der Pflichtverletzung einen Schaden erlitten haben, zum Ersatz des Schadens herangezogen werden[1361].

Mit Ausnahme der in Art. 31 Pkt.1 InsolvG genannten Maßnahme trifft das Gesetz keine weiteren Konkretisierungen in Bezug darauf, wie die Insolvenz durch die Gesellschafter vorzubeugen ist. In der Literatur ist es jedoch weitgehend anerkannt, dass nicht nur finanzielle Maßnahmen, sondern auch Maßnahmen im leistungswirtschaftlichen Bereich im Rahmen der Insolvenzvorbeugung

1360 Diese Regelung ähnelt dem italienischen Recht (Art. 2482 f. Codice Civile) wonach die Gesellschafter verpflichtet sind, aus dem im Gesetz aufgeführten Maßnahmenkatalog, bspws. über eine Kapitalmaßnahme, die Fortführung der Gesellschaft im Rahmen eines Gesellschafterbeschlusses zu beschließen.

1361 Vitrjanskij, Novoselova, Wissenschaftlicher Praxiskommentar zum InsolvG, S. 76; a.A. Teljukina, Kommentar zum InsolvG, Art. 30, S. 45, die eine Haftungsmöglichkeit nach Art. 10 Pkt.1 InsolvG scheinbar nicht erkennt. Vor der Änderung des Art. 10 InsolvG am 29.04.2009 (durch das Föderale Gesetz Nr. 73-FZ) sah Pkt.4 sogar eine weitergehende subsidiäre Haftung des Leitungsorgans für die Verbindlichkeiten der Gesellschaft für den Fall vor, dass die Gesellschaft aufgrund der aus Art. 30 Pkt.1 InsolvG resultierenden Pflichtverletzung insolvent wurde und das Gesellschaftsvermögen zur Begleichung der Verbindlichkeiten nicht mehr ausreichte. Diese Haftung ist mit Aufnahme der Haftung der den Schuldner kontrollierenden Personen reformiert worden. Vgl. a. Teljukina, Kommentar zum InsolvG, Art. 30, S. 45.

eingesetzt werden können[1362]. So können neben der Gewährung von Darlehen auch die seitens der Gesellschafter zur Nutzung überlassenen Gegenstände oder gestellte Sicherheiten zur Sicherung der Gesellschaftsinvestitionen oder der von Dritten gewährten Darlehen oder Krediten (Art. 361–367 ZGB) als geeignete Maßnahmen angesehen werden[1363]. Die möglichen Maßnahmen zum Zwecke der Abwendung des Bankrotts sind also mannigfaltig.

a. Sinn und Zweck von Art. 30 InsolvG

Die in Pkt.2 normierte Verpflichtung der Gesellschafter Maßnahmen zur Vorbeugung der Insolvenz vorzunehmen, ist sehr allgemein formuliert und lässt jegliche Spezifizierung in Blick auf die Durchführung und Durchsetzung dieser Pflicht vermissen. Es stellt sich insbesondere die Frage, ob es sich tatsächlich um eine Pflicht zur weiteren Kapitalausstattung handelt und wenn ja, wie einer solchen Pflicht in der Praxis nachgegangen werden soll. Da nicht nur das Gesetz, sondern auch die Literatur mit Ausführungen in Bezug auf die Verpflichtung i.S.d. Art. 30 Pkt.2 InsolvG und deren Durchsetzung bzw. Sanktionen im Falle der Nichtbeachtung zurückhaltend ist, soll der Sinn und Zweck dieser Vorschrift anhand der Auslegung ermitteln werden. Problematisch erscheint auch der systematische Zusammenhang mit Pkt.3 der Vorschrift, wonach die Gesellschafter, zum Zwecke der Vorbeugung der Insolvenz der Gesellschaft und vor der Einreichung des Insolvenzantrages vor dem Arbitragegericht, in Absprache mit der Gesellschaft, Maßnahmen zur Wiederherstellung der Zahlungsfähigkeit vornehmen.

Die in Art. 30 Pkt.2 InsolvG niedergeschriebene „Verpflichtung der Gesellschafter, rechtzeitige Maßnahmen zur Abwendung des Banktrotts" des Schuldners zu treffen kann nach gründlicher Überlegung nicht als obligatorisch gesehen werden. Für eine etwaige Verpflichtung zur Rettung der Gesellschaft ließe sich zwar anführen, dass die Gesellschafter gegenüber ihrer Gesellschaft aufgrund ihrer Rechtsstellung „verpflichtet" seien, im Bestreben der Fortführung der Gesellschaft – wenn es objektiv angezeigt und den Gesellschaftern zumutbar ist – zunächst Sanierungschancen auszunutzen. Dies ließe sich möglicherweise mit einer der Gesellschaft gegenüber ausgestatteten Treuepflicht zur finanziellen Hilfe in der Krise der Gesellschaft erklären. Eine solche Sichtweise würde jedoch in einer freien Marktwirtschaft zu weit gehen und der Finanzierungsfreiheit der

1362 Karelina, Der Mechanismus rechtlicher Regulierung in der Insolvenz, S. 27.

1363 Suchanov, Das Zivilrecht, Band 1, S. 138; Vitrjanskij, Novoselova, Wissenschaftlicher Praxiskommentar zum InsolvG, S. 77.

Gesellschafter und dem Grundsatz der Haftungsbeschränkung widersprechen. Eine Treuepflicht soll nicht zu einem Bestandschutz verpflichten[1364]. Darüber hinaus ist die gesellschaftsrechtliche Treuepflicht in Russland nicht so ausgeprägt, dass eine vorinsolvenzrechtliche Sanierung damit begründet werden könnte.

Gegen eine Pflicht zur Abwendung der Insolvenz spricht auch, dass sie sonst sehr stark auf eine gesetzlich vorgeschriebene Nachschusspflicht hindeutet. Eine Nachschusspflicht der Gesellschafter ist jedoch nicht Regelungsmaterie des Insolvenzgesetzes, das auf die ordnungsgemäße Verteilung der Insolvenzmasse ausgerichtet ist, sondern allenfalls ein Instrument der flexiblen Eigenkapitalzuführung und unterliegt den Regelungen des GmbH-Gesetzes (Art. 27 GmbHG(R)), insbesondere der Beschlussfassung durch die Gesellschafter. Zudem widerspricht auch eine gesetzliche Pflicht zum Nachschuss der Finanzierungsfreiheit der Gesellschafter, da sie selbst entscheiden können sollen, ob und wie sie der Gesellschaft weiteres Kapital zur Verfügung stellen.

Schließlich widerspricht diese Pflicht mittelbar auch dem Grundsatz der Haftungsbeschränkung. Indem die Gesellschafter nicht mehr auf freiwilliger Basis entscheiden, sondern gezwungen werden, die Zahlungsfähigkeit noch im Vorfeld der Insolvenz wieder herzustellen, kommt es im Grunde einer persönlichen Haftung für die Schulden der Gesellschaft gleich und würde sogar das Rechtsinstitut der Insolvenz gegenstandslos machen. Zudem wird auch die außergerichtliche Sanierung von dem Prinzip der Freiwilligkeit und Vertragsfreiheit beherrscht. Eine gesetzliche Pflicht zum Einsatz geeigneter Maßnahmen, um die Insolvenz vorzubeugen, passt in das Gefüge der Finanzierungsfreiheit und Haftungsbeschränkung der Gesellschafter einerseits und dem Modell der internen vorgerichtlichen Sanierung andererseits nicht hinein.

b. Keine Verpflichtung zu Finanzierungshilfen seitens der Gesellschafter

Damit ist die Bestimmung des Art. 30 Pkt.2 InsolvG vielmehr als eine Wertung ausgestaltet, die die Finanzierung der Gesellschaft – auch über die Erbringung der Stammeinlage hinaus – für sinnvoll und wünschenswert erachtet. Die Gesellschafter sind jedoch zu keinem Zeitpunkt zu bestimmten Kapitalmaßnahmen oder sonstigen sanierenden Maßnahmen tatsächlich verpflichtet. Dies kann insbesondere auch damit begründet werden, dass für den Fall, dass es sich tatsächlich um eine Pflicht zur weiteren Finanzierung handelt, die Rechtsfolgen im Hinblick auf deren Nichtbeachtung geregelt werden müssten, was aber gerade nicht der Fall ist.

1364 BGHZ 129, 136, 151; Veil, ZGR 2006, 374, 384.

2. Die vorgerichtliche Sanierung, Art. 31 InsolvG

Bei dem vorgerichtlichen Sanierungsverfahren handelt es sich um eine freiwillige Maßnahme der Gesellschafter, Gesellschaftsgläubiger oder Dritter, die drohende Zahlungsunfähigkeit der Gesellschaft, insbesondere durch Gewährung von Darlehen oder Stellung von Sicherheiten zu verhindern. Sie ist die einzige im Gesetz vorgeschriebene Maßnahme zur Wiederherstellung der Zahlungsfähigkeit im Vorfeld der Insolvenz. Damit regelt das Gesetz das Institut des vorgerichtlichen Sanierungsverfahrens und nennt den Gesellschaftern ausdrücklich die Möglichkeit, ihre Gesellschaft mit Darlehen und Sicherheiten zu Sanierungszwecken auszustatten, noch bevor es zur Stellung eines Insolvenzantrages kommt.

Im Gegensatz zu dem Gesetz „Über die Insolvenz von Kreditorganisationen" ist das Institut der vorgerichtlichen Sanierung in Art. 31 InsolvG sehr knapp geregelt. Die Regelung beschränkt sich lediglich auf die Aussage, dass Gesellschafter ihrer Gesellschaft finanzielle Mittel zur Verfügung stellen können, die für die Begleichung der Zahlungsverbindlichkeiten und der Pflichtzahlungen sowie für die Herstellung der Zahlungsfähigkeit ausreichend sein sollen. Weder das Gesetz noch die hierzu ergangenen Kommentierungen konkretisieren dieses Verfahren oder legen bestimmte Rechtsfolgen fest.

Da Art. 31 Pkt.1 InsolvG sowohl die Tilgung der Verbindlichkeiten als auch die Herstellung der Zahlungsfähigkeit gesondert erwähnt, könnte davon ausgegangen werden, dass die Zahlungsunfähigkeit i.S.d. Art. 31 InsolvG weiter geht als die Unfähigkeit, die fälligen Schuldnerverbindlichkeiten zu tilgen[1365]. Das primäre Ziel einer Sanierung – geprägt allein schon durch die Definition – ist die Wiederherstellung existentieller Grundlagen und damit der Zahlungsfähigkeit des Schuldners[1366] und nicht nur die Befriedigung der Gläubigerforderungen[1367]. Tatsächlich kann der Sinn der Vorschrift nicht bloß auf die Begleichung der Schulden reduziert werden, sondern muss so ausgelegt werden, dass – neben der Wiederherstellung der Zahlungsfähigkeit – die Gesellschaft wieder so finanziell leistungsfähig werden muss, um nicht nur bereits fällig gewordene Verbindlichkeiten, sondern auch die in nächster Zukunft fällig werdenden Verbindlichkeiten

1365 So Mereminskaja, Durchbrechung der Haftungsbeschränkung eines GmbH-Gesellschafters, S. 126.

1366 Hess, Sanierungshandbuch, Kap. 1, Rdn. 40; Kindler/Nachmann, Jukhin, Hdb. Insolvenzrecht in Europa, Rdn. 360.

1367 Anochin, Die Warnung vor dem Bankrott und die Wiederherstellung der Zahlungsfähigkeit des insolventen Schuldners, S. 18, die Begleichung von Schuldnerverbindlichkeiten sei Aufgabe der finanziellen Sanierung; Karelina, Die Vereinbarung über die vorgerichtliche Sanierung, S. 4.

begleichen[1368] und die Ertragsfähigkeit des Unternehmens sicherstellen zu können. Nur dann kann von einer effektiven Sanierung die Rede sein.

3. *Rechtsfolge*

Auch wenn gesetzlich kein konkreter Zeitpunkt für die Durchführung der vorgerichtlichen Sanierung bestimmt wird, ist diese Sanierungsmaßnahme ein Instrument, das eine Gesellschaft vor Erreichen der Insolvenz zur Bewältigung einer finanziellen Krise ergreifen kann, so dass die vorgerichtliche Sanierung auch als freie Sanierung bezeichnet werden kann. Das Gesetz bestimmt weder die formellen Anforderungen, noch die Art und Weise der Finanzierung. Insbesondere sehen sich die hilfsbereiten Gesellschafter vor der großen Frage, wie ihre Rückzahlungsforderungen, für den Fall, dass die freie Sanierung fehl schlägt, in dem anschließend eröffneten Insolvenzverfahren behandelt werden und ob sie überhaupt Aussicht auf eine Befriedigung haben.

Im Vergleich dazu sieht das Gesetz über die Insolvenz von Kreditorganisationen[1369] für die Vorbeugung der Insolvenz sehr ausführliche Regelungen vor, die in insgesamt 29 Artikeln zusammengefasst sind[1370]. Die in zwei Artikeln geregelte Krisensanierung des Insolvenzgesetzes wird damit begründet, dass die Insolvenz von Kreditorganisationen – im Unterschied zu den übrigen Marktteilnehmern – immer mit einem großen Verlust der Kunden und damit einer möglichen Insolvenz juristischer Personen verbunden ist[1371]. Sicherlich sind die gravierenden Folgen der Insolvenz von Kreditorganisationen für die Wirtschaftsteilnehmer nicht von der Hand zu weisen. Das rechtfertigt jedoch nicht die sporadisch ergangenen Regeln zur Sanierung von juristischen Personen, die in vielen Punkten Ausdifferenzierungen vermissen lassen. Mangels spezieller Regelungen hinsichtlich der Rangfolge der Forderungen von Personen, die im Rahmen der vorgerichtlichen Sanierung Darlehen zur Verfügung gestellt haben, könnte überlegt werden, ob diese Forderungen in der Insolvenz nicht wie die übrigen

1368 Karelina, Der Mechanismus rechtlicher Regulierung in der Insolvenz, S. 120. Nicht so weitgehend Vitrjanskij, Novoselova, Wissenschaftlicher Praxiskommentar zum InsolvG, S. 78, die als Ziel lediglich die Wiederherstellung der Zahlungsfähigkeit in dem Umfang ansehen, der erforderlich ist, damit keine fälligen Verbindlichkeiten nach drei Monaten noch offen sind.

1369 Föderales Gesetz Nr. 40-FZ „Über die Insolvenz (den Bankrott) der Kreditinstituten“ v. 25.02.1999, zuletzt geändert durch das Föderale Gesetz v. 27.10.2008, Nr. 175-FZ.

1370 Vitrjanskij, Novoselova, Wissenschaftlicher Praxiskommentar zum InsolvG, S. 76.

1371 Vitrjanskij, Novoselova, Wissenschaftlicher Praxiskommentar zum InsolvG, S. 76.

Forderungen der Gesellschafter – nach dem dritten und letzten Rang – berichtigt werden [1372]. Hierin wird zugleich die Gefahr des Missbrauchs durch die Gesellschafter gesehen[1373], wenn sie mit ihren Forderungen auszufallen drohen.

4. *Stellungnahme und rechtsvergleichende Wertung*

Das Kapitel zur Vorbeugung der Insolvenz ist auf die Krisenfinanzierung im Rahmen der außergerichtlichen Unternehmenssanierung angelegt und erfasst in ihrem Kern den Anwendungsbereich des deutschen „Rechts der Gesellschafterfinanzierung". Die in diesem Stadium eingesetzten Maßnahmen verfolgen einen einzigen Zweck, nämlich die Wiederherstellung der Zahlungsfähigkeit der Gesellschaft[1374]. Auch wenn nach dem deutschen Recht die Finanzierungsfunktion in der Krise infolge des MoMiG nicht mehr tatbestandlich relevant ist, stellt die Gesellschafterfinanzierung im Vorfeld der Insolvenzeröffnung eine außergerichtliche Sanierungsmaßnahme dar. Für den Rechtsvergleich kommt es also nicht entscheidend darauf an, ob der Zeitpunkt der vorgerichtlichen Sanierung – der dem russischen Insolvenzgesetz nicht klar zu entnehmen ist – dem der Kreditunwürdigkeit nach deutschem Recht entspricht, da im deutschen Recht nun jedes Darlehen eines Gesellschafters, das im Vorfeld der Insolvenzantragsstellung gewährt wurde, in der Insolvenz besonderen Regeln unterliegt.

Der erste Unterschied zwischen den beiden Rechtsordnungen besteht schon darin, dass die Gesellschafter einer deutschen Kapitalgesellschaft dank § 39 Abs. 1 Nr. 5 InsO mit einem Blick ins Gesetz das Schicksal ihrer Rückforderungen im Falle eines Insolvenzverfahrens selbst errechnen können, während in Russland mangels spezieller Vorschriften, das Schicksal von Gesellschafterforderungen den Gesellschaftern und den Gläubigern verborgen bleibt. Die Gesellschafter werden zwar einerseits sogar durch gesetzliche Regelungen zur außergerichtlichen Unternehmenssanierung bewogen, andererseits werden sie in Bezug auf die rechtliche Behandlung ihrer Hilfen und der Rechtsfolgen im Unklaren gelassen[1375]. Ob die Gesellschafter mangels spezieller Bestimmungen

1372 S. ausführlich zur Rangstelle der Gesellschafterforderungen in der Insolvenz, Teil 2, 4. Kap.

1373 Vitrjanskij, Novoselova, Wissenschaftlicher Praxiskommentar zum InsolvG, S. 78; S.A. Karelina, Der Mechanismus rechtlicher Regulierung in der Insolvenz, S. 212.

1374 Karelina, Der Mechanismus rechtlicher Regulierung in der Insolvenz, S. 210.

1375 So auch Karelina, die zugibt, dass die Interessen und Rechte der an der vorgerichtlichen Sanierung teilnehmenden Personen vollkommen aus den Augen gelassen werden, da einzig und allein die Interessen des Schuldners und der Gläubiger berücksichtigt werden, vgl. Die Vereinbarung über die vorgerichtliche Sanierung, S. 2.

auch hinsichtlich solcher Fälle auf die allgemeinen Regeln der Forderungsränge, die eins der Kernprobleme des russischen Insolvenzrechts darstellen, verwiesen werden, wird an einer anderen Stelle dieser Arbeit genauer untersucht[1376].

Aus diesem Grund besteht auch die Gefahr, dass das Rechtsinstitut der vorgerichtlichen Sanierung nicht in der beabsichtigten Art und Weise in der Praxis durchgesetzt wird. Das Gesetz bietet auch keine Privilegien entsprechend dem Kleinbeteiligungs- oder Sanierungsprivileg an, sondern gewährt den Gesellschaftern – auch im Falle ihrer Bereitschaft in der Krise der Gesellschaft auszuhelfen – nicht viel Spielraum. Die Gesellschafter werden aber – vorbehaltlich einer in Aussicht gestellten Partizipation an dem anvisierten erfolgversprechenden Projekt, das die Finanzhilfe voraussetzte – vor dem Hintergrund des drohenden Verlustes ihres Geldes sich kaum für die vorgerichtliche Sanierung entscheiden und eine Insolvenz der Gesellschaft in Kauf nehmen. Entweder das oder die Gefahr des Missbrauchs, dass die Mittel vor der Eröffnung der Insolvenz an die Gesellschafter außerhalb der gesetzlichen Rangfolge zurückgewährt werden, wird sich tatsächlich realisieren. Zudem tragen der fehlende Schutz der Rechte und Interessen der Gesellschafter und die mangelnde Rechtssicherheit ebenfalls nicht zu einer Steigerung der Hilfsbereitschaft der Gesellschafter, denn wer wird schon sehenden Auges und unaufgeklärt zum eigenen finanziellen Nachteil handeln wollen.

Aus praktischer Sicht ist das vorinsolvenzliche Sanierungsverfahren jedoch im Vergleich zu den – anschließend präsentierten – Sanierungsmaßnahmen in der Insolvenz mit vielen Vorteilen verbunden. Mit fortschreitendem Liquiditätsverlust steigt der Grad an Eigenkapitalbedarf der Unternehmen, so dass es immer schwieriger sein wird, bestehende oder neue Gesellschafter von weiteren Investitionen zu überzeugen. Solange die Verschuldung des Unternehmens jedoch noch überschaubar ist, ist die Wahl der freien Sanierung ein geeignetes Instrument, die Gesellschaften erfolgreich aus der Misere zu holen. Die Ausstattung der Gesellschaft mit finanziellen Hilfen im Rahmen der außergerichtlichen Sanierung bildet für die krisenbehaftete Gesellschaft und die Geschäftsleiter vor allem den Vorteil, dass sie selbst über die Modalitäten der beabsichtigten Sanierungsmaßnahmen entscheiden können und nicht auf die Mitwirkung oder Zustimmung durch den Insolvenzverwalter – der in gerichtlichen Insolvenzverfahren eingesetzt wird – oder der Gläubigerorgane angewiesen sind. In diesem Stadium unterliegen die Parteien weder einer Publizitätspflicht den Gläubigern gegenüber noch müssen sie etwaige Extrakosten befürchten und können die

---

1376 S. unter Teil 2, 4. Kap. B.

Maßnahmen flexibel und mit größerer Effizienz einsetzen, da das noch vorhandene Eigenkapital in der Regel höher sein sollte als zu dem Zeitpunkt, zu dem das Insolvenzverfahren bereits eröffnet ist[1377].

Trotz dieser mannigfaltigen Vorteile muss die Möglichkeit zu vorgerichtlichen Sanierungsmaßnahmen immer im Zusammenhang mit der die Geschäftsführer treffenden Pflicht zur rechtzeitigen Stellung des Insolvenzantrages gesehen werden. Denn die in Art. 9 InsolvG geregelte Pflicht zu Stellung des Insolvenzantrages spätestens einen Monat nach Auftreten von Insolvenzgründen wird nicht etwa durch die Vornahme von Sanierungsbemühungen unterbrochen, sondern läuft unaufhaltsam weiter, wenn eine fristgerechte aussichtsreiche Sanierung nicht ernsthaft erkennbar ist. Genau dieser Umstand sollte der russischen Rechtspraxis klar sein. Denn soweit ersichtlich, wird weder im Gesetz noch in der Literatur ein zeitlicher Rahmen zur Einsetzung der außergerichtlichen Sanierungsmaßnahmen vorgegeben[1378], was die Geschäftsleiter aber zu dem Argument bewegen könnte, den Insolvenzantrag nach Art. 9 Pkt.1 InsolvG nicht zu stellen, da sie die vorgerichtliche Sanierung in Angriff genommen haben.

Im Ergebnis kann konstatiert werden, dass die im Vorfeld des Insolvenzantrages vorgenommenen Gesellschafterleistungen zwar ein willkommenes Instrument zur Gesellschaftsfinanzierung darstellt und auch in Russland unbestritten vermehrt eingesetzt werden, aber gleichzeitig auch ein „Niemandsland“ im russischen Gesellschafts- und Insolvenzrecht darstellen. Die durch Art. 30, 31 InsolvG gemeinte vorgerichtliche Sanierung beinhaltet lediglich einen Verweis auf die vorinsolvenzrechtliche Sanierungsmöglichkeiten und ist nicht als eine allgemeine Pflicht zur ausreichenden Finanzausstattung zu verstehen. Aus diesem Grund kann eine eigenständige rechtliche Bedeutung dieser Vorschriften bezweifelt werden.

II. Die Gewährung von Gesellschafterdarlehen nach dem Antrag auf Eröffnung des Insolvenzverfahrens

Das russische Insolvenzgesetz ist im Rahmen des Insolvenzverfahrens sehr stark auf die Sanierung des Schuldners ausgerichtet. So enthält es eine Anzahl an Reorganisationsmaßnahmen – die sich auch an die Gesellschafter richten – um die Zahlungsfähigkeit der Gesellschaft wiederherzustellen. Dabei werden diese

---

1377 Vgl. ausführlich zu den Vor- und Nachteilen der außergerichtlichen Sanierung in K. Schmidt/Uhlenbruck, K. Schmidt, Rdn. 2.1 ff.

1378 Dies rügt auch Karelina, vgl. Die Vereinbarung über die vorgerichtliche Sanierung, S. 2.

Maßnahmen nach dem Zeitpunkt ihrer Vornahme unterschieden. Im Grunde geht es bei ihnen darum, die Gesellschafter in der Insolvenz der Gesellschaft zu einer finanziellen Unterstützung ihrer Gesellschaft aufzurufen, um die materielle Insolvenz zu beheben und das Wirtschaften am Markt fortzusetzen. Diese Reorganisationsmaßnahmen stellen unterschiedliche Insolvenzverfahrensarten – auch insolvenzrechtliche Prozeduren genannt – dar, die unterschiedlichen Voraussetzungen und Wirkungen unterliegen und die alle auch in einem einzelnen Insolvenzverfahren nach der gesetzlichen Reihenfolge als Verfahrensabschnitte durchgeführt werden können. In der Praxis werden in der Regel nur zwei der verschiedenen Verfahren angewandt[1379].

Die folgende Untersuchung soll anhand der Vorstellung einzelner Reorganisationsmaßnahmen die Möglichkeiten der Darlehensfinanzierung durch die Gesellschafter im Rahmen einzelner insolvenzrechtlicher Prozeduren darstellen, um eine Parallele zum deutschen Recht der Gesellschafterfinanzierung ziehen zu können. Insbesondere sollen die einzelnen Rechtsfolgen dargestellt werden, die an den Reorganisationsmaßnahmen beteiligten Gesellschafter treffen. Dabei sei schon an dieser Stelle vermerkt, dass aufgrund des gesetzgeberischen Konzeptes des russischen GmbH- und Insolvenzrechts eine klare Übertragung ins deutsche Recht der Gesellschafterfinanzierung nicht immer möglich sein wird.

1. *Die Aufsicht – Gesellschafterdarlehen nach der Stellung des Insolvenzantrags*

Die Aufsicht – eine insolvenzrechtliche Verfahrensart – wird durch das Arbitragegericht infolge der Nichterfüllung rechtskräftig anerkannter Forderungen des Antragstellers und der Überprüfung des Insolvenzantrages durch das Gericht gemäß Art. 62 Pkt.1 InsolvG i.V.m. Art. 49 Pkt.1 InsolvG eingeleitet. Die Aufsicht stellt das sogenannte Eröffnungsverfahren dar[1380]. Mit der Einführung der Aufsicht erklärt das Gericht den Schuldner zwar für zahlungsunfähig. Dieser wird jedoch auch weiterhin durch sein Leitungsorgan geführt, das lediglich bei der Vornahme bestimmter Rechtsgeschäfte auf die Zustimmung des Verwalters – bei der Aufsicht als Interimsverwalter bekannt –angewiesen ist (Art. 64 Pkt.2 InsolvG)[1381]. Insofern wird die Aufsicht als eine passive Prozedur

1379 Lowitzsch, Spitsa, Das Insolvenzrecht Mittel- und Osteuropas, S. 192, 211.

1380 S. ausführlich zum Ablauf der Aufsicht bei Wedde, Der Insolvenzverwalter im russischen und deutschen Recht, S. 92 ff.

1381 So muss der Generaldirektor der Gesellschaft bei der Vornahme von Geschäften, die 5% der Aktiva des Schuldners zum Zeitpunkt der Einführung der Aufsicht

des Insolvenzverfahrens bezeichnet, da der Interimsverwalter lediglich eine Kontrollfunktion einnimmt, ohne die Führung der Gesellschaft zu übernehmen oder etwaige Rechtsgeschäfte für das Vermögen des Schuldners selbst vorzunehmen[1382].

a. Ziele der Aufsicht

Sinn und Zweck der Aufsicht besteht darin, das übrig gebliebene Gesellschaftsvermögen zu sichern, eine Analyse des finanziellen Status der Gesellschaft und ein Gläubigerverzeichnis zu erstellen und die erste Gläubigerversammlung durchzuführen[1383]. Insbesondere soll geprüft werden, ob die Zahlungsfähigkeit der Gesellschaft wiederhergestellt werden kann oder nicht[1384]. Die Sicherung der Erhaltung des Gesellschaftsvermögens im Interesse der Gläubigerbefriedigungen wird dadurch gewährleistet, dass die Unabhängigkeit und Freiheit des Vertretungsorgans der Gesellschaft insbesondere im Hinblick auf die Verfügungen über das Vermögen und den Abschluss bestimmter Rechtsgeschäfte durch das Mitwirken des Interimsverwalters eingeschränkt wird. So bedarf der Schuldner bei der Eingehung neuer Darlehensverträge nach Art. 64 Pkt.2 Alt. 2 InsolvG der Zustimmung des Interimsverwalters, die ausschließlich in schriftlicher Form ergehen muss. Werden dagegen Darlehensverträge oder sonstige Verträge, ohne die notwendige Zustimmung des Interimsverwalters vom Geschäftsleiter in Eigenregie unterzeichnet, sind sie bis zur Genehmigung des Interimsverwalters

übersteigen oder die Verringerung des Vermögens zur Folge haben, die Zustimmung des Interimsverwalters einholen. Davon zu unterscheiden sind Rechtsgeschäfte, deren Vornahme der Geschäftsleitung der Gesellschaft nach Art. 64 Pkt. 3 InsolvG gänzlich untersagt ist.

1382 Zabolozkaja, Die Anwendung des Gesetzes „Über die Insolvenz (den Banktrott)" auf die insolvenzrechtliche Prozedur der Aufsicht, S. 2.

1383 Dies folgt bereits aus der Legaldefinition der Aufsicht aus Art. 2 InsolvG; vgl. a. Vitrjanskij, Andreev, Wissenschaftlicher Praxiskommentar zum InsolvG, S. 93; Kommentar zum Beschluss des Föderalen Arbitragegerichts der Nordkaukasusregion v. 1.8.2007 (AZ: F 08-4620/2007), in: „Übersicht über die gerichtliche Praxis der Anwendung von Streitigkeiten im Rahmen des InsolvG", Center of Accounting and Taxation, 2008, S. 37.

1384 Kommentar zum Beschluss des Föderalen Arbitragegerichts der Nordkaukasusregion v. 1.8.2007 (AZ: F 08-4620/2007), in: „Übersicht über die gerichtliche Praxis der Anwendung von Streitigkeiten im Rahmen des InsolvG", Center of Accounting and Taxation, 2008, S. 37.

als schwebend unwirksam zu betrachten[1385]. Um das Ziel der Aufsicht, die Interessen des Schuldners an der Erhaltung der Gesellschaft, und die Interessen der Gläubiger an dem Schutz der Masse jedoch effektiv verfolgen zu können, wird die Stellung des Interimsverwalters als eine passive, lediglich die Geschäfte des Leitungsorgans kontrollierende Figur als nicht ausreichend angesehen[1386].

b. Die Rolle des Gesellschafters

Im Rahmen der Analysierung des finanziellen Zustandes des Schuldners wird unter anderem das gesamte Vermögen der Gesellschaft bewertet und der Frage nachgegangen, auf welchem Grund die eingetretene Zahlungsunfähigkeit basiert und ob es eine Möglichkeit zu deren Wiederherstellung gibt. Zu diesem Zweck wird die Geschäftsleitung der Gesellschaft gemäß Art. 64 Pkt.4 InsolvG innerhalb von 10 Tagen seit der gerichtlichen Entscheidung über die Durchführung der Aufsicht verpflichtet, im Rahmen einer Gesellschafterversammlung nach Kompromissen in Bezug auf die Befriedigung der Gläubiger unter gleichzeitiger Beibehaltung der Leitungsbefugnis über die Gesellschaft zu suchen. Hierbei haben die Gesellschafter entweder die Möglichkeit, der Gesellschaft Kapital zur Verfügung zu stellen oder an das Arbitragegericht einen Antrag auf Einführung der finanziellen Sanierung zu richten[1387].

Bei der Aufsicht fällt auf, dass – im Unterschied zu anderen Stellen im Gesetz – die Gesellschafter nicht explizit auf die Gewährung von Finanzhilfen hingewiesen werden. Dass es jedoch auch bei der Aufsicht nicht anders ist, kann nur mit Hilfe der einschlägigen Literatur konstatiert werden. Allerdings wäre diesbezüglich auch keine ausdrückliche gesetzliche Regelung erforderlich, da es den Gesellschaftern nicht verboten werden kann, ihre Gesellschaft auch im Zeitpunkt der Insolvenzeröffnung mit weiteren finanziellen Mitteln auszustatten. Die Gesellschafter werden zwar nicht gezwungen, finanzielle Mittel zu Verfügung zu stellen, jedoch wird ihnen aufgrund der Verpflichtung der Geschäftsleitung die Gläubigerversammlung allein aus diesem Grund abzuhalten, die Hilfe sehr angeregt, um die fälligen Gläubigerforderungen, die bereits seit drei Monaten nicht

1385 Teljukina, Kommentar zum InsolvG, Art. 64, S. 73, die jedoch darauf hinweist, dass vereinzelt nur die vorherige Einwilligung gefordert wird; vgl. a. Wedde, Der Insolvenzverwalter im russischen und deutschen Recht, S. 94, der sich ebenfalls für eine Genehmigungsmöglichkeit ausspricht.

1386 Gegen eine so enge Sicht des Zuständigkeitsbereiches des Interimsverwalters ist auch Zabolozkaja, Die Anwendung des Gesetzes „Über die Insolvenz (den Bankrott) auf die insolvenzrechtliche Prozedur der Aufsicht, S. 3.

1387 Vitrjanskij, Andreev, Wissenschaftlicher Praxiskommentar zum InsolvG, S. 95.

getilgt werden können, zu begleichen und damit weitere Insolvenzprozeduren zu verhindern.

Diese Vorgehensweise wird mit sanierungstechnischen Gesichtspunkten erklärt. Solange das Insolvenzverfahren noch nicht sehr weit fortgeschritten ist, könnte die Chance zur Sanierung der Gesellschaft mit Hilfe von Gesellschaftereinsatz tatsächlich gegeben sein. Denn mit jeder weiteren insolvenzrechtlichen Prozedur wird das Gesellschaftsvermögen für die Vergütung der Verwalter und gegebenenfalls eingeholter Sachverständiger aufgezehrt und durch Begründung neuer Verbindlichkeiten[1388] zum Nachteil der Gläubiger und zum Nachteil der Überlebenschancen der Gesellschaft verringert. Die Gesellschafterversammlung kann sich aber auch gegen die finanzielle Ausstattung im Stadium der Aufsicht entscheiden, indem sie – was sich ausdrücklich aus Art. 64 Pkt.4 InsolvG ergibt – einen Antrag zur Einführung der finanziellen Sanierung stellt. Entscheiden sich die Gesellschafter auch gegen diese Maßnahmen, wird dies die Einführung der externen Verwaltung oder sogleich die Eröffnung des Konkursverfahrens i.e.S. zur Folge haben[1389], was nicht nur den Verlust der eigenen Kontrolle über die Gesellschaft, sondern auch das – dann kaum mehr vermeidbare – Ende der Gesellschaft zur Folge haben müsste.

Mit Gesetz vom 30.12.2008 wurde eine weitere Vorschrift eingeführt, die in Art. 71.1 InsolvG nun auch während der Aufsicht die Möglichkeit der Begleichung von Pflichtzahlungen durch die Gesellschafter vorsieht. Die Kommentierungen des Gesetzes sind leider nicht auf dem neusten Stand, so dass aufgrund der Vergleichbarkeit der Vorschrift mit der Übernahme von Pflichtzahlungen im Rahmen der externen Verwaltung und der finanziellen Sanierung auf die dort enthaltenen Ausführungen verwiesen werden darf. An dieser Stelle soll bereits der Hinweis genügen, dass auch diese Art der Forderungstilgung in der Regel durch die Zurverfügungstellung der Darlehen durch die Gesellschafter verfolgt wird.

c. Stellungnahme und rechtsvergleichende Wertung

Die Durchführung der Aufsicht in Russland zeigt deutliche Unterschiede zu dem Eröffnungsverfahren in Deutschland, wo es als Eilverfahren ausgestaltet ist, während die Aufsicht in der Regel über einen Zeitraum von sechs Monaten

1388 Vgl. a. Vitrjanskij, Andreev, Wissenschaftlicher Praxiskommentar zum InsolvG, S. 95.

1389 Vitrjanskij, Andreev, Wissenschaftlicher Praxiskommentar zum InsolvG, S. 95.

geführt wird[1390]. Sinn und Zweck des Eröffnungsverfahrens in Deutschland ist es, im Interesse der Gläubigergemeinschaft und zur Vermeidung der Vermögensschmälerungen bis zur Verfahrenseröffnung jegliche Verzögerungen zu vermeiden und eine alsbaldige Entscheidung des Gerichts über den Insolvenzantrag zu ermöglichen[1391]. Die Aufsicht in Russland verfolgt zwar den gleichen Zweck der Sicherung der Masse und Gewährleistung der Betriebsfortführung, ist jedoch auf einen deutlich längeren Zeitraum ausgelegt.

Sollten die Gesellschafter während der Aufsicht an die Gesellschaft Darlehen gewähren, so können diese mit den während des Insolvenzeröffnungsverfahrens gewährten Gesellschafterdarlehen im deutschen Recht nicht undifferenziert verglichen werden. Nach dem deutschen Recht bilden diese Forderungen nur dann Masseverbindlichkeiten und sind nicht nach den Regeln über Gesellschafterfremdfinanzierung zu beurteilen, wenn diese von einem starken vorläufigen Insolvenzverwalter eingegangen wurden. Dagegen besteht aber bei der Aufsicht die Verwaltungs- und Verfügungsbefugnis beim Schuldner gemäß Art. 64 Pkt.1 InsolvG fort. Diese wird für die Begründung neuer Darlehensverträge lediglich insoweit eingeschränkt, als die Zustimmung des Interimsverwalters erforderlich ist. Insoweit ist diese Rechtslage mit einer schwachen vorläufigen Insolvenzverwaltung vergleichbar, so dass grundsätzlich davon ausgegangen werden kann, dass die neu aufgenommenen Gesellschafterdarlehen Insolvenzforderungen darstellen. Andererseits bestimmt Art. 134 Pkt.1 S. 1 InsolvG, dass diejenigen Forderungen, die nach dem Insolvenzantrag des Schuldners entstanden sind, außerhalb der Rangfolge und damit vorrangig zu befriedigen sind. Hierzu gehören unter anderem „sonstige laufende Zahlungsverbindlichkeiten“, die aus der Masse im vierten Rang zu befriedigen sind1392. Damit werden die Forderungen aus den Gesellschafterdarlehen, die erst in der Aufsicht entstehen, anders als im deutschen Recht, undifferenziert aus der Masse befriedigt.

2. Reorganisations- bzw. Sanierungsverfahren

Entscheidet das Gericht bei der Prüfung des Insolvenzantrages, dass die Eröffnungsgründe, bei der GmbH also die Zahlungsunfähigkeit, gegeben sind, so

1390 Vgl. Wedde, Der Insolvenzverwalter im russischen und deutschen Recht, S. 94; Breidenbach, Sevillano, Handbuch Wirtschaft und Recht in Osteuropa, Band 3, Kap. D.XII RUS, Rdn. 235.

1391 MünchKommInsO, Haarmeyer, § 21, Rdn. 11; Uhlenbruck, Vallender, InsO, § 21, Rdn. 1, 7.

1392 S. ausfürhlich zu den Rängen der Gesellschafterforderungen Teil 2, 4. Kap. B.

ordnet das Insolvenzgericht nach Art. 75 Pkt.1 InsolvG ein Insolvenzverfahren an und die Aufsicht wird beendet. Das Gericht ist nach Art. 75 Pkt.1 i.V.m. Art. 74 InsolvG verpflichtet, dem Begehren der Gläubigerversammlung über die Anordnung eines Sanierungsverfahrens Folge zu leisten, auch wenn das Gericht bei der Überprüfung der finanziellen Sachlage der Gesellschaft von der Wiederherstellung der Zahlungsunfähigkeit im Wege der finanziellen Sanierung oder der externen Verwaltung nicht überzeugt war[1393]. Ein einheitliches Insolvenzverfahren, so wie es dem deutschen Recht immanent ist und das sowohl die Sanierung als auch die Verwertung in einem Verfahren behandelt, kennt das russische Insolvenzgesetz nicht. Aus diesem Grund muss beachtet werden, dass es sich bei der Einführung des Insolvenzverfahrens nicht um das Konkursverfahren, das nur auf die Verwertung des Vermögens ausgerichtet ist und ein ultima ratio im gesamten Insolvenzverfahren darstellt, handelt. Im russischen Recht bildet das Insolvenzverfahren den Oberbegriff für alle insolvenzrechtlichen Stadien, die sich ausführlich mit Sanierungsmaßnahmen wie der finanziellen Sanierung und der Fremdverwaltung beschäftigen, was durch die Fülle an Regelungen zu diesen Verfahrensabschnitten unterstrichen wird.

a. Die externe Verwaltung

Die externe Verwaltung, auch als Fremdverwaltung oder gerichtliche Sanierung bezeichnet, ist laut der Legaldefinition in Art. 2 i.V.m. Art. 27 Pkt.1 InsolvG eine insolvenzrechtliche Prozedur einer juristischen Person, mit dem Ziel, die Befriedigung der Gläubiger soweit es geht zu ermöglichen und die Zahlungsfähigkeit des Schuldners durch wirtschaftliche Maßnahmen wieder herzustellen[1394].

Da die externe Verwaltung kein obligatorisches Insolvenzverfahren darstellt, wird sie gemäß Art. 93 Pkt.1 InsolvG durch das Arbitragegericht nur auf Antrag der Gläubigerversammlung und einem nachfolgenden Beschluss des Arbitragegerichts eingeleitet. An die Stelle der Gesellschaftsleitung tritt ein externer Verwalter, so dass die Leitung der Gesellschaft nach Art. 94 Pkt.1 InsolvG unter die Fremdverwaltung gestellt wird. Nach Art. 93 Pkt.2 InsolvG wird die externe Verwaltung für einen Zeitraum von 18 Monaten eingeführt und kann in den durch das Gesetz vorgesehen Fällen um höchstens sechs Monate einmal verlängert werden.

1393 Teljukina, Kommentar zum InsolvG, Art. 75, S. 82; Teljukina/Tkatschev/Tarasov, Die finanzielle Sanierung als passives Sanierungsinstrument, S. 2.

1394 Koraev, Die Erfüllung der Verbindlichkeiten eines insolventen Schuldners durch Dritte im Konkursverfahren, S. 1.

Diese auf die Wiederherstellung der Zahlungsfähigkeit der Gesellschaft gerichtete Reorganisationsmaßnahme sieht in Art. 109 Alt. 6 i.V.m. Art. 113 InsolvG die Möglichkeit vor, die Gesellschaftsschulden durch dritte Personen sowie durch Gesellschafter zu tilgen oder dem Schuldner ausreichend finanzielle Mittel zur Verfügung zu stellen[1395]. Wie diese Ausstattung erfolgen wird, wird anhand eines „Planes zur Wiederherstellung der Zahlungsfähigkeit" bestimmt, den der externe Verwalter gemäß Art. 106 Pkt.1 S. 1 InsolvG innerhalb eines Monats seit seiner Bestellung (Art. 96 Pkt.1 InsolvG) ausarbeiten muss und der von der Mehrheit der Stimmen der Gläubigerversammlung genehmigt werden muss.

aa. Die Rolle des Gesellschafters

Art. 109 InsolvG bestimmt ausdrücklich die Maßnahmen, die im Rahmen der externen Verwaltung zur Abwendung der Zahlungsunfähigkeit eingesetzt werden sollen. Neben der Einstellung unrentabler Produktionen, Liquidierung der Außenbestände oder Verkauf von Teilen des Schuldnervermögens sieht das Gesetz nach Art. 112.1, 113 InsolvG auch die Erfüllung von Verbindlichkeiten des Schuldners durch die Gesellschafter oder dritte Personen vor. Zur Erreichung dieser Ziele können die Gesellschafter, anstatt die Gläubigerforderungen direkt zu befriedigen, auch ausreichende Geldmittel zu Verfügung stellen, die dann durch den Fremdverwalter unter den Gläubigern verteilt werden[1396].

Die Gewährung von Darlehen oder diesen wirtschaftlich entsprechenden Rechtshandlungen wird namentlich nicht genannt. Die Vorschrift ist jedoch ihrem Wortlaut nach – und dem Sinn und Zweck – nicht als abschließend zu betrachten[1397]. Im Gegensatz dazu gelten die in Art. 27 Pkt.1 InsolvG aufgeführten möglichen insolvenzrechtlichen Prozeduren für eine juristische Person als abschließend[1398]. Die aufgeführten Maßnahmen innerhalb der externen Verwaltung sind vielmehr als Regelbeispiele zu verstehen und nehmen für sich nicht den Anspruch der Vollständigkeit. Vielmehr können im Rahmen der externen

1395 Im deutschen Recht besteht ein gewisser Zwiespalt, wenn es darum geht, ob das Recht der Gesellschafterdarlehen eine interne oder externe Sanierungsmaßnahme darstellt. Primär lassen sich die Gesellschafterdarlehen gut der internen Sanierung unterordnen, da es sich um die Zuführung finanzieller Mittel innerhalb eines Unternehmens handelt. Es lässt sich jedoch nicht leugnen, dass dabei gewiss auch externe Züge zu sehen sind, vgl. K. Schmidt/Uhlenbruck, K. Schmidt, Rdn. 2.6.

1396 Teljukina, Die Erfüllung der Verbindlichkeiten des Schuldners durch dritte Personen während der externen Verwaltung, S. 1.

1397 Vitrjanskij, Denisov, Wissenschaftlicher Praxiskommentar zum InsolvG, S. 157.

1398 Vitrjanskij, ders. Wissenschaftlicher Praxiskommentar zum InsolvG, S. 71.

Verwaltung auch andere Maßnahmen vorgenommen werden, die das Ziel der Wiederherstellung der Zahlungsfähigkeit ebenso gut erreichen können. Die Gewährung von Gesellschafterdarlehen oder ähnlichen Finanzierungsmaßnahmen sind nicht minder effektiv, die Zahlungseinstellungen aufzuheben und die Gesellschaft wieder liquide zu machen. Und dennoch werden die Darlehen von Gesellschaftern an einer Stelle explizit erwähnt. Nach Art. 113 Pkt.1, Pkt.14 InsolvG wird die Überweisung finanzieller Mittel der Gesellschafter zur Befriedigung der Gläubigerforderungen explizit als eine zinslose Darlehensgewährung eingestuft. Da die Vorschrift jedoch als dispositiv angesehen wird, können auch Vereinbarungen in Bezug auf die Verzinslichkeit und die Fristen hinsichtlich der Rückgewähr des Darlehens getroffen werden[1399].

Gemäß Art. 113 Pkt.1 S. 1 InsolvG können die Gesellschafter selbst darüber entscheiden, ob sie die Gläubiger der Gesellschaft entweder direkt befriedigen oder der Gesellschaft finanzielle Mittel, die für die Befriedigung aller Gläubigerforderungen ausreichend sein muss, als Darlehen überweisen lassen. Entscheiden sie sich für das Letztere, wird das zur Verfügung gestellte Geld der Gesellschafter auf ein durch den externen Verwalter speziell eingerichtetes Konto eingezahlt, der künftig Auszahlungen nur zum Zwecke der Befriedigung der im Forderungsregister eingetragenen Forderungen vornehmen wird (Art. 113 Pkt.7 InsolvG). Art. 113 Pkt.7 S. 3 InsolvG bestimmt explizit, dass der externe Verwalter nicht befugt ist, das eingezahlte Geld zu anderen Zwecken als die Gläubigerbefriedigung zu verwenden. Insoweit sind die Rechte und Pflichten des zuständigen externen Verwalters bereits durch das Gesetz hinreichend konkretisiert. Darüber hinaus können die Gesellschafter nach dem neu eingeführten Art. 112.1 InsolvG auch die Pflichtzahlungen der Gesellschaft, die insbesondere die Steuerverbindlichkeiten ausmachen werden, erfüllen[1400].

1399 Teljukina, Die Erfüllung der Verbindlichkeiten des Schuldners durch dritte Personen während der externen Verwaltung, S. 2.

1400 Vor der Einführung der Möglichkeit der Tilgung von Pflichtzahlungen durch Gesellschafter oder Dritte, die nun in allen Verfahrensabschnitten (Art. 71.1, 85.1, 112.1, 129.1 InsolvG) vorzufinden ist, verfolgte die Rechtsprechung die Ansicht, dass die Gesellschafter oder Dritte nicht befugt waren, die Steuerverbindlichkeiten des Schuldners – selbst – zu erfüllen. Eine solche Tilgung hatte keine Erfüllungswirkung, da Art. 45 Steuergesetzbuch der Russischen Föderation explizit vorschreibt, dass die Steuern nur von dem jeweiligen Steuersubjekt erbracht werden können. Insofern konnte die befreiende Wirkung erst dann erreicht werden, wenn die Gesellschafter das Geld an den Schuldner überweisen ließen, mit dem dann der Schuldner selbst die offenen Steuerverbindlichkeiten gegenüber den Steuerbehörden beglich. Vgl. Beschluss des Föderalen Arbitragegerichts der

bb. Auswirkungen auf den handelnden Gesellschafter

Das Gesetz sieht nur Regelungen und Verfahren hinsichtlich der Einsetzung der seitens des Gesellschafters eingebrachten Gelder für die Befriedigung der Gläubiger vor. Über Konsequenzen, die aus der Hilfeleistung des Gesellschafters für diesen resultieren, schweigt das Gesetz. Insbesondere ist nicht klar, wie die Rückforderung des Gesellschafters zu behandeln ist. Darüber hinaus ist schon fraglich, ob und wie das Institut der externen Verwaltung in der Form der Gesellschafterfinanzierung in der Praxis tatsächlich eingesetzt wird. Es erscheint nämlich sehr unwahrscheinlich, dass die Gesellschafter tatsächlich zu Helfern in der Not werden.

Erstens müssen sie nicht nur einen beliebigen Betrag zur Verfügung stellen, sondern einen Betrag in der Höhe, der alle Gläubigerforderungen entsprechend der Gläubigerliste abdecken kann[1401]. Hierzu wird der Gesellschafter nur dann bereit sein, wenn er daraus auch gewisse Vorteile ziehen kann. Sicherlich wird seine Hilfe für den ersten Moment die Zahlungsunfähigkeit der Gesellschaft abwenden und gegebenenfalls das Insolvenzverfahren beenden können. Auf die baldige Rückzahlung seines Darlehens wird der Gesellschafter aber nicht zu schnell vertrauen können, da es einfach an den erforderlichen Mitteln fehlen wird. Also wird der Gesellschafter zumindest daran interessiert sein, die komplette Kontrolle über die Gesellschaft bzw. die Führung der Gesellschaft an sich zu reißen, denn durch seine Hilfe tritt er an die Stelle des einzigen Gläubigers, von dem die Gesellschaft gleichzeitig in hohem Maße abhängig ist.

Eine solche Regelung zielt eindeutig darauf ab, ein gesetzlich legitimes „Ansichreißen“ der Gesellschaft oder ihrer Vermögenswerte zuzulassen[1402]. Während in Deutschland die Gesellschafter mit der weiteren Finanzierung der Gesellschaft in der Regel das Ziel verfolgen, die Gesellschaft aus der Misere zu retten, damit sie weiter wirtschaften und Gewinn erzielen kann, dürften die Gesellschafter in Russland, zumindest zum Zeitpunkt des Insolvenzverfahrens, eigensinnige Motive verfolgen, die nicht nur eine – möglicherweise nur vorübergehende – Überbrückung der Zahlungsunfähigkeit der Gesellschaft, sondern in schlimmsten Fällen gravierende Umstrukturierungspläne vor Augen haben.

Sollte dagegen die wirtschaftliche Situation der Gesellschaft sich wieder stabilisiert haben und das Insolvenzverfahren aufgehoben werden, so wird der

Nordkaukasusregion v. 23.1.2008 (AZ: F08/8720/07), S. 2. Mit den Neuregelungen ist dieses Problem nun obsolet geworden.

1401 Teljukina, Die Erfüllung der Verbindlichkeiten des Schuldners durch dritte Personen während der externen Verwaltung, S. 1.

1402 So auch Vitrjanskij, Wissenschaftlicher Praxiskommentar zum InsolvG, S. 7.

tätig gewordene Gesellschafter seinen Rückzahlungsanspruch geltend machen, da ihm aufgrund der Übernahme der Verbindlichkeiten ein Regressanspruch gegen den Schuldner zusteht[1403]. Mangels eines Auszahlungsverbotes und sonstiger Auszahlungsbeschränkungen wird der Geschäftsleiter die Forderung des Gesellschafters auf Rückgewähr der als Darlehen zur Verfügung gestellten Mittel begleichen müssen[1404]. Sollte infolge dessen es erneut zur Zahlungsunfähigkeit der Gesellschaft kommen, so ist zu hinterfragen, ob die Rückzahlung seitens der Gesellschaft unter den Gesichtspunkt der „anfechtbaren Rechtshandlungen" i.S.d. Art. 61 ff. InsolvG fällt[1405].

cc. Beendigung der externen Verwaltung

Art. 116 und 123 InsolvG bestimmen den Ausgang der externen Verwaltung. Führt sie – auch bei einer Verlängerung der Fremdverwaltung nach Art. 108 InsolvG – nicht zur Befriedigung aller Gläubiger und unterbleibt ein Vergleich – der jederzeit, unabhängig von der Verfahrensart oder dem Verfahrensstadium abgeschlossen werden kann – wird das Arbitragegericht nach Art. 123 Pkt.3 InsolvG die Sanierungsbemühungen für gescheitert erklären und das Konkursverfahren anordnen[1406]. Erfüllt dagegen ein Gesellschafter oder ein Dritter alle Verbindlichkeiten des Schuldners, die in dem Gläubigerregister eingetragen wurden, bestimmt Art. 116 InsolvG den Verlauf der Beendigung der externen Verwaltung[1407]. In diesem Fall wird das Insolvenzverfahren beendet. Nach Art. 123 Pkt.2 S. 1 InsolvG verbleibt der externe Verwalter bis zur erneuten Ernennung eines Geschäftsleiters verwaltungs- und verfügungsbefugt.

dd. Rechtsvergleichende Wertung

Die externe Verwaltung im russischen Recht kann im deutschen Recht mit dem regulären Insolvenzverfahren verglichen werden. Auch da geht die Verwaltungs- und Verfügungsbefugnis des Schuldners auf den Insolvenzverwalter über, der

---

1403 Koraev, Die Erfüllung der Verbindlichkeiten eines insolventen Schuldners durch Dritte im Konkursverfahren, S. 4.

1404 Teljukina, Die Erfüllung der Verbindlichkeiten des Schuldners durch dritte Personen während der externen Verwaltung, S. 2.

1405 S. zur Anfechtbarkeit von an die Gesellschafter erbrachten Leistungen s. Teil 2, 5. Kap. und zu Lösung dieses Problems unter Teil 2, 5. Kap., C, III.

1406 Vgl. a. Solotych, WiRO 2003, 23, 24.

1407 Vgl. a. Überblick über die Entscheidungen der Arbitragegerichte auf der Grundlage des Insolvenzgesetzes für den Zeitraum 01.01.2007 bis 31.12.2007, zu Pkt. 4.12, S. 63.

selbst über die Eingehung von Verpflichtungsgeschäften entscheidet. Ähnlich ist es bei der externen Verwaltung, bei der die Verwendung der eingezahlten neuen Mitteln nur mit der Anweisung des externen Verwalters zur Begleichung der Gläubigerforderungen vorgenommen wird. Der zur Beseitigung der Zahlungsunfähigkeit durch den Fremdverwalter ausgearbeitete Plan kann dagegen nicht mit dem Insolvenzplanverfahren verglichen werden. Die Genehmigung des Plans bei der externen Verwaltung führt nicht dazu, dass diese aufgehoben wird, so dass auch bei Aufstellen eines Insolvenzplans der Fremdverwalter weiterhin zuständig sein wird.

Die mit der Einzahlung verbundenen formalen Anforderungen verleihen der Gesellschafterhilfe einen rechtsgeschäftlichen Charakter. Insoweit ist es nicht überraschend, dass eben die entgegen Art. 113 Pkt.7 InsolvG vorgenommenen Rechtshandlungen – die Verwendung der gewährten finanziellen Mitteln anders als für die Forderungstilgungen – nach Art. 113 Pkt.7 S. 5 InsolvG als unwirksam angesehen werden können. Überlegenswert ist, welche Rechtsnatur die finanzielle Hilfe des Gesellschafters begründet. Ist sie eine dem deutschen Recht immanente Darlehensgewährung oder handelt es sich dabei um die Bezahlung fremder Schulden nach § 313 ZGB? Denn die explizit vorgeschriebene Art und Weise der Verwendung führt zu der Überlegung, ob die Bestimmung bzw. Vereinbarung eines bestimmten Zweckes der Gesellschafterhilfe an dem Darlehenscharakter etwas ändern kann. Dagegen spricht allerdings, dass bei einem Darlehensvertrag die Valuta in das Eigentum des Darlehensnehmers übergeht, der über die Verwendung des Geldes nach den Prioritäten selbst bestimmt und daher auch für die Forderungstilgungen einsetzen kann. Zudem wäre ohne das Darlehen die Begleichung der Schulden der Gesellschaft nicht möglich, so dass alsbald das Konkursverfahren i.e.S. eröffnet werden müsste. Überdies kann auch im deutschen Recht davon ausgegangen werden, dass die durch die Darlehenshingabe erlangten Mittel seitens der Gesellschaft nicht nur für die Finanzierung neuer Projekte, sondern auch zur Begleichung ihrer fällig gewordenen Verbindlichkeiten eingesetzt werden, um auch weiterhin am wirtschaftlichen Leben teilnehmen zu können. Aus diesem Grund ändert die ins Gesetz aufgenommene Mittelverwendung nichts daran, dass die überwiesenen Mittel rechtlich gesehen als Darlehensverträge zu qualifizieren sind.

Darüber hinaus bestehen auch in der russischen Literatur keine Zweifel darüber, dass es sich bei den Geldmitteln um Gesellschafterdarlehen handelt. Da Art. 113 Pkt.14 InsolvG explizit vorschreibt, dass die Mitteln, die auf ein spezielles Konto zur Begleichung der Gläubigerforderungen überwiesen wurden, auf einem unverzinslichen Darlehensvertrag beruhen[1408], kann keine andere Deutung erlaubt sein.

Für den Fall, dass die Gesellschafter die Gläubiger selbst befriedigen, kann aber auch nichts anderes gelten. Die unterschiedlichen Rechtsfolgen beider Varianten hat der Gesetzgeber nicht vorsehen wollen. Damit wird die rechtliche Einordnung der finanziellen Hilfe seitens des Gesellschafters nicht nur für den Fall der bloßen Zurverfügungstellung der Gelder an den Schuldner, sondern auch im Falle der Begleichung der Forderungen unmittelbar an die Gläubiger als ein Darlehen angesehen[1409].

ee. Rechtliche Würdigung der externen Verwaltung

Da die finanzielle Hilfe des Gesellschafters entweder durch die Überweisung des Geldes an die Gläubiger oder durch die Zurverfügungstellung des Geldes an die Gesellschaft nach Art. 113 Pkt.14 InsolvG als eine Darlehensgewährung eingestuft wird[1410], scheint der russische Gesetzgeber die Erfüllung der Verbindlichkeiten des Schuldners mit der Darlehensgewährung gleichzusetzen[1411]. Das ist aus dem Grunde auffallend, als es sich bei der Gewährung von Darlehen und der Erfüllung von Forderungen des Schuldners durch Dritte um eigenständige und voneinander unabhängige Rechtsinstitute des Zivilrechts handele[1412]. Insofern überzeugt auch der Vorschlag in der Literatur, der sich explizit für eine gesonderte gesetzliche Berücksichtigung von Gesellschafterdarlehen zum Zwecke der Überwindung der Zahlungsunfähigkeit ausspricht[1413].

Tatsächlich drängt sich die Frage auf, wieso der russische Gesetzgeber die generelle Darlehensvergabe durch einen Gesellschafter in Krisenzeiten keiner

1408 Abgesehen davon kann die Wiederherstellung der Zahlungsfähigkeit gemäß Art. 114 InsolvG auch durch eine Kapitalerhöhung durch Platzierung zusätzlicher Stammanteile versucht werden, die jedoch im Unterschied zur Darlehensgewährung als Eigenkapital behandelt werden muss.

1409 Teljukina, Die Erfüllung der Verbindlichkeiten des Schuldners durch dritte Personen während der externen Verwaltung, S. 2.

1410 Beschluss des Föderalen Arbitragegerichts v. 4.5.2010 (AZ: F03-1888/2010) zur Rückzahlung eines zinslosen Darlehens, das zur Begleichung von Schuldnerverbindlichkeiten i.R.d. Konkursverfahrens gewährt wurde, S. 2.

1411 Koraev, Die rechtliche Stellung der Konkursgläubiger im Konkursverfahren, S. 78, der diese Entscheidung für nicht begründbar und für eine schlechte juristische Technik hält.

1412 Koraev, Die rechtliche Stellung der Konkursgläubiger im Konkursverfahren, S. 78.

1413 Vgl. Koraev, Die Erfüllung der Verbindlichkeiten eines insolventen Schuldners durch Dritte im Konkursverfahren, S. 5.

eigenständigen Würdigung unterzieht, sondern lediglich als eine Tilgungsmöglichkeit für die Gläubigerforderung ansieht. Mangels spezieller Regelungen auch im Hinblick auf die Rückzahlung solcher entstandener Forderungen bei den Gesellschaftern, muss davon ausgegangen werden, dass der Gesetzgeber auch für sie die allgemeinen Vorschriften über die Rückgewähr von Darlehen angewandt wissen will. Ob der durch die externe Verwaltung verfolgte Zweck der Übernahme der Schuldnerverbindlichkeiten durch die eigenen Gesellschafter während des Insolvenzverfahrens in der Praxis tatsächlich zur Anwendung kommt, ist mehr als zweifelhaft und kann nur als reiner Optimismus gewertet werden. Insofern ist es wenig überraschend, dass die Durchführung der externen Verwaltung in der russischen Praxis eine eher untergeordnete Rolle einnimmt, da ihre Effektivität – aufgrund der Erfahrungen – als sehr niedrig eingestuft wurde[1414].

b. Die finanzielle Sanierung

Die finanzielle Sanierung ist ein neues Sanierungsinstrument, das aufgrund der wenig bewährten bereits bestehenden Sanierungsmöglichkeiten erst mit der Novelle im Jahr 2002 ins Gesetz aufgenommen wurde[1415]. Dieses Insolvenzverfahren ist im Unterschied zu der Aufsicht kein obligatorisches Verfahren und zielt ebenfalls auf die Wiederherstellung der Zahlungsfähigkeit des Schuldners und auf die Befriedigung der Gläubigerforderungen gemäß dem Schuldentilgungsplan. Die Ausarbeitung des Finanzsanierungs- und Schuldentilgungsplans obliegt den Gesellschaftern und muss in der Gläubigerversammlung Bestätigung finden[1416].

Ob es nach der Beendigung der Aufsicht zur finanziellen Sanierung oder zur externen Verwaltung oder gar direkt zum Konkursverfahren i.e.S. kommt, hängt von dem Antrag der Gläubigerversammlung und der Einschätzung des Arbitragegerichts, das seine Entscheidung mit Hilfe des Interimsverwalters trifft, ab. Zu den Reorganisationsverfahren der Finanzsanierung oder der Fremdverwaltung kommt es nur, wenn das Gericht der Auffassung ist, dass der Schuldner trotz seiner Insolvenz die Sanierungsmaßnahmen erfolgreich durchführen könnte oder wenn die Gläubigerversammlung in der Aufsicht über die Einführung der

1414 Jakovlev, Vestnik VAS 2000, Nr. 4, S. 9; Popondopoulo/Sleptschenko, Probleme des Gesetzes über die Insolvenz (den Bankrott) bei Finanzkrisen, S. 11. Aus den im Jahr 2004 durchgeführten 45 externen Verwaltungen hatte keine zu einer Wiederherstellung der Zahlungsfähigkeit geführt.

1415 Wedde, Neues im russischen Insolvenzrecht, WiRO 2003, 195, 198.

1416 Teljukina/Tkatschev/Tarasov, Die finanzielle Sanierung als passives Sanierungsinstrument, S. 7.

Sanierungsmaßnahmen abgestimmt hat. Wird dagegen die Sanierung für aussichtslos erachtet, wird sofort das Konkursverfahren i.e.S. eröffnet und die Gläubiger aus der gesammelten und gebliebenen Konkursmasse befriedigt.

Die finanzielle Sanierung wird gemäß Artt. 76 ff. InsolvG auf Antrag der Gläubigerversammlung, der Gesellschafter oder auch Dritter, die bereit sind, für die Verbindlichkeiten der Gesellschaft Sicherheiten zu stellen, vom Arbitragegericht angeordnet und soll nicht länger als zwei Jahre andauern[1417]. Im Unterschied zu der externen Verwaltung wird dem Schuldner selbst im Rahmen der finanziellen Sanierung die Reorganisationsdurchführung erlaubt und die Verwaltungs- und Verfügungsbefugnis über sein Vermögen belassen, so dass kein Fremdverwalter an die Stelle der Geschäftsführung trifft[1418]. Dennoch wird durch das Arbitragegericht gemäß Art. 80 Pkt.2 i.V.m. Art. 83 Pkt.1 InsolvG ein Administrativverwalter bestellt, der die Geschäftsführung des Schuldners kontrolliert[1419] und von dessen Zustimmung die Vornahme bestimmter Rechtsgeschäfte des Schuldners abhängig gemacht wird (Art. 82 Pkt. 4 InsolvG). Der verbleibende Zuständigkeitsbereich der Geschäftsleitung ist jedoch weiter eingeschränkt als bei dem Aufsichtsverfahren. Aus diesem Grund ist die finanzielle Sanierung im Verhältnis zur Fremdverwaltung das mildere Mittel und wird vor der Fremdverwaltung angeordnet. In Bezug auf die Sanierung haben die Gesellschafter bei diesem Verfahrensabschnitt – wie schon bei der externen Verwaltung – die Möglichkeit, durch Erbringung finanzieller Hilfe die Insolvenz der Gesellschaft zu beheben.

1417 Viele kritisieren die kurze Frist von zwei Jahren, da sie insbesondere in schwierigen Fällen und in großen Unternehmen unrealistisch erscheint. Dagegen wenden andere ein, dass in den Fällen, in denen schon erwartet werden kann, dass die Gesellschaft nicht in der Lage sein wird, innerhalb von zwei Jahren die Gläubigerforderungen zu tilgen, die Anordnung der finanziellen Sanierung unvertretbar ist, vgl. Teljukina/Tkatschev/Tarasov, Die finanzielle Sanierung als passives Sanierungsinstrument, S. 1.

1418 Dies bedeutet aber nicht, dass der Leiter des Schuldners nicht doch von seinen Pflichten entbunden werden kann. Gemäß Art. 82 Pkt. 2 InsolvG kann das Arbitragegericht den Leiter seines Postens entheben, wenn er zum Nachteil der Gläubiger Rechtshandlungen vorgenommen hat oder die Erfüllung des Plans der finanziellen Sanierung nicht ordnungsgemäß verfolgt.

1419 Solotych, WiRO 2003, 23, 24; Teljukina/Tkatschev/Tarasov, Die finanzielle Sanierung als passives Sanierungsinstrument, S. 3. In diesem Punkt gleicht die finanzielle Sanierung der Eigenverwaltung nach § 270 ff. InsO in Deutschland.

aa. Maßnahmen der finanziellen Sanierung

Die Begleichung der Gläubigerforderungen wird entsprechend dem aufgestellten und seitens der Gläubigerversammlung genehmigten Schuldentilgungsplan vorgenommen (Art. 84 InsolvG)[1420]. Die Gesellschafter können entweder gemäß Art. 85.1 InsolvG[1421] die Pflichtzahlungen des Schuldners übernehmen, gemäß Art. 85 Pkt.1 InsolvG die – sonstigen –Verbindlichkeiten des Schuldners erfüllen oder gemäß Art. 77 Pkt. 3 InsolvG für die Verbindlichkeiten des Schuldners neue Sicherheiten gewähren.

(1) Erfüllung der Verbindlichkeiten des Schuldners

An einer versteckten Stelle in Art. 85 Pkt. 1 InsolvG – unter der Überschrift der Änderungen des Schuldentilgungsplanes – steht die Möglichkeit geschrieben, nach denen die Gesellschafter bei Scheitern des Schuldentilgungsplanes die Gläubigerforderungen selbst erfüllen können. Damit haben die Gesellschafter – wie auch bei der externen Verwaltung – das Recht, neben den Verbindlichkeiten aus Pflichtzahlungen nach Art. 85.1 InsolvG auch sonstige in den Schuldentilgungsplan aufgenommene Schulden der Gesellschaft zu begleichen, wenn mit dessen Nichterfüllung gerechnet werden muss. Die Vornahme solcher Zahlungen können auch diejenigen Gesellschafter erbringen, die eine Besicherung für die Verbindlichkeiten des Schuldners abgegeben haben[1422]. Die Motivation für die Gesellschafter, die Schulden ihrer Gesellschaft zu tilgen, könnte insbesondere darin liegen, die vorzeitige Beendigung der finanziellen Sanierung aufgrund der Nichterfüllung des Schuldentilgungsplanes und damit die Einsetzung des Konkursverfahrens i.e.S. zu verhindern[1423].

Im Gegensatz zu der externen Verwaltung wird das Verfahren der Befriedigung der Gläubiger durch die Gesellschafter weder durch das Gesetz noch durch die einschlägigen Kommentierungen näher präzisiert. An einer Stelle findet sich zwar der Hinweis, dass die Regeln des Art. 113 InsolvG auf diesen Fall keine Anwendung finden sollen. Was jedoch in concreto damit zu verstehen ist, bleibt wohl der Fantasie überlassen. Insofern stellt sich zum einen die Frage nach dem rechtlichen Charakter der Schuldentilgung und zum anderen nach den Rechtsfolgen für die Gesellschafter. Ist sie entsprechend der Regelung in Art. 113 Pkt.14 InsolvG als ein unverzinsliches Darlehen anzusehen oder soll sie als Eigenkapital der Gesellschaft gebunden sein und die Rückforderungsansprüche

1420 Vitrjanskij, Wissenschaftlicher Praxiskommentar zum InsolvG, S. 10.

1421 Eingeführt durch das Föderale Gesetz Nr. 296 v. 30.12.2008.

1422 Koraev, Die rechtliche Stellung der Konkursgläubiger im Konkursverfahren, S. 61.

1423 Vitrjanskij, Sarbasch, Wissenschaftlicher Praxiskommentar zum InsolvG, S. 121.

der Gesellschafter ausschließen? Eine andere Deutung als bei Art. 113 InsolvG erscheint jedoch unsinnig. Sowohl Art. 85 Pkt.1 als auch Art. 113 und Art. 125 InsolvG sprechen von dem gleichen Fall, nämlich der Begleichung der Schuldnerforderungen durch die Gesellschafter und verfolgen den gleichen Zweck, nämlich die Überwindung der Zahlungsunfähigkeit. Und da auch Art. 125 InsolvG keine explizite Einordnung der Gesellschafterhilfe als ein zinsloses Darlehen entsprechend Art. 113 Pkt. 14 InsolvG vorsieht, die Behandlung dessen als ein Darlehen aber unumstritten zu sein scheint[1424], ergibt es auch keinen Sinn, bei der finanziellen Sanierung etwas anderes zu vertreten[1425].

Neben der Möglichkeit die Zahlungsverbindlichkeiten des Schuldners nach Art. 85 Pkt. 1 InsolvG zu begleichen, können die Gesellschafter nach Art. 85.1 Pkt. 1 InsolvG auch die offenen Pflichtzahlungen des Schuldners übernehmen. Insoweit ergeben sich keine Unterschiede zu der rechtlichen Einordnung der Gesellschafterhilfe.

(2) Besicherung der Erfüllung von Verbindlichkeiten

Nach Art. 77 Pkt.3 InsolvG können diejenigen Gesellschafter, die für die Einführung der finanziellen Sanierung abgestimmt haben, dem Schuldner Sicherheiten für die Erfüllung seiner Forderungen entsprechend dem Schuldentilgungsplan stellen[1426]. Gemäß Art. 79 Pkt.1 InsolvG können die Sicherheiten insbesondere in

1424 Koraev, Die rechtliche Stellung der Konkursgläubiger im Konkursverfahren, S. 78. Diesem Ergebnis kann auch nicht die Regelung in Art. 82 Pkt. 4 Alt. 4 InsolvG, wonach der Schuldner bei Abschluss von Darlehensverträgen die Zustimmung des Administrativverwalters bedarf, da es sich um unterschiedliche Sachverhalte handelt, entgegengehalten werden. Während es bei Art. 82 InsolvG um die Abstimmung bei Eingehung neuer Verbindlichkeiten handelt, betrifft Art. 85 die Begleichung bereits angemeldeter Forderungen des Schuldners.

1425 So wird die Einordnung solcher Gesellschaferleistungen von den Gerichten auch bei dem Konkursverfahren entsprechend Art. 113 Pkt.14 InsolvG als ein unverzinsliches Darlehen angesehen, so dass die Übertragung des Art. 113 Pkt.14 InsolvG auch auf andere Insolvenzprozeduren gerechtfertigt ist. Vgl. Beschluss des Föderalen Arbitragegerichts v. 4.5.2010 (AZ: F03-1888/2010) zur Rückzahlung eines zinslosen Darlehens, das zur Begleichung von Schuldnerverbindlichkeiten i.R.d. Konkursverfahrens gewährt wurde, S. 2.

1426 Chimitschev, Die Verwirklichung und der Schutz bürgerlicher Rechte in der Insolvenz, S. 45; Vitrjanskij, Sarbasch, Wissenschaftlicher Praxiskommentar zum InsolvG, S. 10, 127, der die Gesellschafter als Hauptakteure bei der Durchführung der finanziellen Sanierung ansieht; Koraev, Die rechtliche Stellung der Konkursgläubiger im Konkursverfahren, S. 61.

Form von Bürgschaften, Bankgarantien oder Hypothek ausgegeben werden[1427]. Die Besicherung der Forderungen des Schuldners stellt das Hauptargument für die Anordnung der finanziellen Sanierung dar[1428].

Bei diesem Verfahren müssen jedoch diejenigen Gesellschafter, die die Sicherheiten gestellt haben, berücksichtigen, dass sie nach Art. 89 InsolvG im Rahmen eines vereinfachten Verfahrens zur direkten Erfüllung der Gläubigerverbindlichkeiten herangezogen werden können[1429]. Gemäß Art. 89 InsolvG ist der Administrativverwalter verpflichtet, an die die Sicherheit stellenden Gesellschafter zur direkten Erfüllung der Forderung heranzutreten, wenn diese Forderungen entsprechend dem Schuldentilgungsplan durch den Schuldner nicht rechtzeitig beglichen werden. Eine solche Ausgestaltung spricht aber schon immens bereits gegen die Stellung des Antrages auf die Einführung der finanziellen Sanierung, da die Gesellschafter bzw. die Antragsteller quasi zu einer subsidiären Haftung herangezogen werden[1430].

Werden alle Gläubigerforderungen durch die die Sicherheiten stellenden Gesellschafter befriedigt und wurde die Zahlungsfähigkeit des Schuldners wieder hergestellt, können die Forderungen der Sicherungsgeber gegen den Schuldner erst nach der Beendigung des Insolvenzverfahrens geltend gemacht werden. Solche Gesellschafter treten nach Art. 387 Alt. 3 ZGB in die Rechtstellung der befriedigten Gläubiger ein und können gemäß Art. 90 Pkt.1 InsolvG ihre Forderungen als Regressanspruch nach Art. 379 Pkt.1 ZGB geltend machen[1431]. Sollte jedoch die Durchführung der finanziellen Sanierung nicht erfolgreich gewesen sein oder ist es aufgrund der Regressansprüche zu einem erneuten Insolvenzverfahren gekommen, werden die Gesellschafter, die infolge ihrer Besicherung zur Erfüllung der Forderungen des Schuldners herangezogen wurden, gemäß Artt. 89 Pkt.4, 90 Pkt.2 InsolvG mit ihren Forderungen im Liquidationsverfahren als

---

1427 Damit kommen also wie im deutschen Recht sowohl Personal- als auch Realsicherheiten als Sicherungsmittel in Betracht.

1428 Teljukina/Tkatschev/Tarasov, Die finanzielle Sanierung als passives Sanierungsinstrument, S. 9.

1429 Vitrjanskij, Wissenschaftlicher Praxiskommentar zum InsolvG S. 10 f.

1430 Popondopoulo/Sleptschenko, Probleme des Gesetzes über die Insolvenz (den Bankrott) bei Finanzkrisen, S. 11.

1431 Vitrjanskij, Sarbasch, Wissenschaftlicher Praxiskommentar zum InsolvG, S. 128; Beschluss des Föderalen Arbitragegerichts der Nordkaukasusregion v. 6.12.2007 (AZ: F08-8111/07), S. 2.

Insolvenzgläubiger des dritten Ranges angesehen und stehen im Gleichrang mit den gegenwärtigen unbesicherten Forderungen sonstiger Gläubiger[1432].

bb. Rechtsfolge
Art. 81 InsolvG bestimmt die Rechtsfolgen der Einleitung der finanziellen Sanierung. Aus diesem folgen einige Zahlungsverbote, insbesondere in Bezug auf die Ausschüttung von Dividenden, Absonderung oder Auszahlung eines Gesellschaftsanteils[1433]. Dabei handelt es sich um Sicherungsmaßnahmen, die die Schmälerung des Gesellschaftsvermögens verhindern sollen. Wie während der Finanzsanierung die Rückzahlung bzw. die Tilgung der Gesellschafterleistungen von statten gehen soll, wird jedoch ebenfalls nicht näher behandelt.

Scheitert die Finanzsanierung während der gesetzten Frist, so kommt es entweder zur Einleitung der externen Verwaltung – wenn die Wiederherstellung der Zahlungsfähigkeit wahrscheinlich erscheint – oder es wird das Konkursverfahren eröffnet[1434]. In beiden Fällen wird es in Bezug auf etwaige Gesellschafterleistungen auf die allgemeinen Regeln der Gläubigerbefriedigung ankommen. Das bedeutet, dass die Gesellschafter, die wegen ihrer Sicherheitenbestellung tätig geworden sind, ihre Forderungen gegen die Gesellschaft nur als Insolvenzgläubiger dritten Ranges anmelden können, obwohl die Forderungen im Rahmen der finanziellen Sanierung, also im eröffneten Insolvenzverfahren entstanden sind und als laufende Verbindlichkeiten als Masseforderungen angesehen werden müssten[1435]. Insoweit ist also zu hinterfragen, ob aber die Gesellschafter, die auch während der finanziellen Sanierung finanzielle Maßnahmen zugunsten der Gesellschaft vornehmen, nicht außerhalb der gesetzlichen Rangfolge Befriedigung suchen müssten. Eine Ausnahme hierzu besteht nur dann, wenn die Gesellschafter nach Artt. 85.1, 112.1 InsolvG Pflichtzahlungen der Gesellschaft beglichen haben. Die dadurch bei den Gesellschaftern entstandenen Forderungen gegenüber dem Schuldner werden gemäß Art. 85.1 Pkt. 11 S. 2, Art. 112.1 Pkt.11 S. 2 InsolvG in der Höhe und Reihenfolge in dem Forderungsregister berücksichtigt, wie die beglichenen Forderungen über Pflichtzahlungen berücksichtigt worden

1432 Koraev, Die rechtliche Stellung der Konkursgläubiger im Konkursverfahren, S. 62, 78; Beschluss des Föderalen Arbitragegerichts der Nordkaukasusregion v. 6.12.2007, S. 2.

1433 Vgl. a. Teljukina/Tkatschev/Tarasov, Die finanzielle Sanierung als passives Sanierungsverfahren, S. 5.

1434 Solotych, WiRO 2003, 23, 24.

1435 Teljukina/Tkatschev/Tarasov, Die finanzielle Sanierung als passives Sanierungsinstrument, S. 10.

wären[1436]. Das heißt, dass der Gesellschafter, indem er solche Pflichtzahlungen übernimmt, mit seiner Rückforderung nicht an dieselbe Rangstelle tritt wie mit seinen sonstigen – auch aus Darlehensverträgen folgenden – Forderungen, sondern einen höheren Rang einnimmt. Welche Erwägungen der Gesetzgeber einer solchen Differenzierung zugrunde gelegt hat, ist nicht ersichtlich.

cc. Rechtliche Würdigung der finanziellen Sanierung

Mit der Einführung der finanziellen Sanierung wollte der russische Gesetzgeber die in der Praxis weniger erfolgreich eingesetzten und unter Fremdverwaltung gestellten Sanierungsmaßnahmen durch das neue Instrument verbessern. Die finanzielle Sanierung ähnelt der Konstruktion nach dem deutschen Insolvenzplanverfahren und ist ebenso kompliziert ausgestaltet. Der erwartete und erhoffte Erfolg in der Praxis ist aufgrund des geringen Einsatzes der finanziellen Sanierung ausgeblieben. Aus 13.140 Anträgen auf Insolvenzeröffnung haben die Gerichte lediglich in 31 Fällen die Durchführung der finanziellen Sanierung angeordnet, von denen lediglich in fünf Fällen die Tilgung von Schuldnerverbindlichkeiten übernommen wurde[1437]. Die seltene Anwendung der finanziellen Sanierung in der Praxis wird darauf zurückgeführt, dass es sich keine „Freiwilligen“ finden lassen, die nach dem Plan der finanziellen Sanierung die Schulden der Gesellschaft, sei es durch Zurverfügungstellung von Darlehen oder durch Stellung von Sicherheiten übernehmen[1438]. Dieses Ergebnis überrascht nicht, da die finanziellen Folgen für die „Freiwilligen“ untragbar wären.

c. Die Gewährung von Gesellschafterdarlehen während des Konkursverfahrens

Das Konkursverfahren ist – abgesehen von deren sofortigen Anordnung in der Aufsicht – die Folge dessen, dass weder die finanzielle Sanierung noch die Fremdverwaltung die Zahlungsfähigkeit der Gesellschaft wieder herstellen konnte. Das Konkursverfahren lässt die Sanierungsaspekte grundsätzlich außer Acht und ist nur auf die Verwertung und Liquidation des schuldnerischen Vermögens zur anteiligen Befriedigung der Gläubiger ausgerichtet.

1436 Vgl. Koraev, Die rechtliche Stellung der Konkursgläubiger im Konkursverfahren, S. 77.

1437 Umanj, Die finanzielle Sanierung als eine Rehabilitationsmaßnahme, S. 3. Leider sind der Ausgang und der konkrete Verlauf dieser Fälle nicht bekannt.

1438 Popondopoulo/Sleptschenko, Probleme des Gesetzes über die Insolvenz (den Bankrott) bei Finanzkrisen, S. 11.

aa. Zahlung durch die Gesellschafter

Auch für das Konkursverfahren hat der Gesetzgeber die Begleichung der Schuldnerverbindlichkeiten durch Dritte vorgesehen. Zu diesem Zwecke können Dritte, aber auch Gesellschafter, die auch in Art. 125 InsolvG explizit erwähnt werden, die Verpflichtungen des Schuldners übernehmen, indem sie entweder die Forderungen direkt bei den Gläubigern tilgen oder das Geld an den Schuldner überweisen. Diesbezüglich wird wie auch bei der finanziellen Sanierung und der Fremdverwaltung mit dem Institut der Darlehensgewährung gearbeitet, das rechtlich entsprechend Art. 113 Pkt.14 InsolvG als ein unverzinsliches Darlehen eingestuft wird[1439].

Das in Art. 125 Pkt.1 Alt 2 InsolvG an die Gesellschafter gewährte Recht, die Gesellschaft während des Konkursverfahrens mit Geldmitteln und damit mittelbar mit Darlehen auszustatten, ist auch im Konkursverfahren an eine Voraussetzung geknüpft. Art. 125 InsolvG verfolgt in erster Linie das Ziel, die Gesellschaft bei der Erfüllung der Forderungen zu unterstützen. Aus diesem Grund wird vorausgesetzt, dass das gewährte Darlehen der Summe aller zu erfüllenden Forderungen, wie sie sich aus dem Forderungsregister ergibt, entsprechen muss[1440]. Eine Ausnahme von diesem Grundsatz wurde mit der Novellierung des Insolvenzgesetzes im Jahr 2008 eingeführt, die den zahlungswilligen Gesellschaftern und Dritten nun auch in allen Stadien (Artt. 71.1, 85.1, 112.1, 129.1 InsolvG) erlaubt, eine anteilige Tilgung vorzunehmen und nur die Pflichtzahlungen, die in das Gläubigerregister des Schuldners eingetragen sind, zu übernehmen. Dies hat jedoch nicht zur Folge, dass das Konkursverfahren über den Schuldner beendet wird[1441].

bb. Rechtsfolgen für die Gesellschafter

Die Person, die die Erfüllung der Schuldnerverbindlichkeiten übernimmt, ist also bemüht, die Verwertung des Gesellschaftsvermögens zu verhindern. Aus diesem Grund stellt sich auch hier die Frage, wie mit der neu entstandenen

---

1439 Beschluss des Föderalen Arbitragegerichts v. 4.5.2010 (AZ: F03-1888/2010) zur Rückzahlung eines zinslosen Darlehens, das zur Begleichung von Schuldnerverbindlichkeiten i.R.d. Konkursverfahrens gewährt wurde, S. 2; vgl. a. Überblick über die Entscheidungen der Arbitragegerichte auf der Grundlage des Insolvenzgesetzes für den Zeitraum 01.01.2007 bis 31.12.2007, zu Pkt. 4.11, S. 62.

1440 Beschluss des Föderalen Arbitragegerichts der Nordkaukasusregion v. 23.1.2008 (F08/8720/07); Vitrjanskij, Nikitina, Kommentierung zum InsolvG, Art. 125 InsolvG, Pkt. 1; Teljukina, Kommentierung zu Art. 125 InsolvG, Pkt. 1.

1441 Koraev, Die rechtliche Stellung der Konkursgläubiger im Konkursverfahren, S. 77.

Forderung der tilgenden Person verfahren wird. Das Insolvenzgesetz ist in diesem Punkt bei allen Verfahrensabschnitten unzureichend[1442]. Einerseits sieht es für jeden Insolvenzverfahrensabschnitt die Möglichkeit der Forderungstilgungen durch Gesellschafter oder durch Dritte mittels Darlehensgewährung vor. Andererseits hält es sich in Bezug auf die die Gesellschafter und Dritte treffenden Rechtsfolgen und die Geltendmachung der Regressansprüche, insbesondere bei Scheitern der Sanierung, im Schweigen.

Werden alle Gläubigerforderungen beglichen und wird so die Zahlungsfähigkeit der Gesellschaft unerwartet wiederhergestellt, weil neues Vermögen hinzugekommen ist, so erklärt das Arbitragegericht nach Art. 149 Pkt. 1 S. 1 Alt. 2 InsolvG das Konkursverfahren für beendet und kann nach Art. 146 Pkt.1 InsolvG die Fremdverwaltung anordnen[1443]. Die Gesellschaft muss sich nun mit der Forderung des Gesellschafters auseinandersetzen. Kommt es dagegen zur Auseinandersetzung mit den Gläubigern, stellt sich die Frage, welchen Rang die Gesellschafter, die die Forderungen des Schuldners beglichen haben, einnehmen. In Bezug auf die Übernahme der Pflichtzahlungen wird ihnen nach Artt. 71.1 Pkt.11, 85.1 Pkt.11, 112.1 Pkt.11, 129.1 Pkt.11 S. 2 InsolvG derselbe Rang zugewiesen, den die offenen Forderungen aus Pflichtzahlungen vor der Tilgung durch Gesellschafter oder Dritte innehatte[1444]. Dies bedeutet, dass diese Forderungen ihren dritten Rang innerhalb der Masse nach Art. 134 Pkt. 1, 2 InsolvG beibehalten, da die Pflichtzahlungen unter die die Gesellschaft treffenden kommunalen Abgaben fallen und außerhalb der Konkursreihenfolge aus der Masse befriedigt werden. Das gilt nicht für die Forderungen, die infolge der Begleichung aller übrigen Gesellschaftsverbindlichkeiten entstanden sind, da die übernehmenden Gesellschafter in solchen Fällen auf den dritten Rang der Konkursgläubiger verwiesen werden. Insofern gilt dieses Ergebnis für alle Prozeduren innerhalb des Insolvenzverfahrens, mit Ausnahme von Gesellschafterdarlehen, die in der Aufsicht neu aufgenommen und als Masseforderungen nach Art. 134 Pkt.1 InsolvG angesehen werden.

1442 Vgl. a. Koraev, Die rechtliche Stellung der Konkursgläubiger im Konkursverfahren, S. 76.

1443 Das stellt ein Novum im Vergleich zu den früheren Regelungen des Konkursverfahrens dar, die unabhängig davon, ob die Zahlungsfähigkeit zwischenzeitlich wiederhergestellt werden konnte oder nicht die Liquidation der Gesellschaft vorsah. Vgl. a. Wedde, Der Insolvenzverwalter im russischen und deutschen Recht, S. 126.

1444 Koraev, Die rechtliche Stellung der Konkursgläubiger im Konkursverfahren, S. 77.

cc. Rechtliche Würdigung von Art. 125 InsolvG

Im Grunde wird durch das russische Insolvenzgesetz festgelegt, wie die Finanzierungshilfen eines Gesellschafters, die nach der Eröffnung des Konkursverfahrens gewährt werden, eingesetzt werden. Da sie zur Begleichung jeglicher Gläubigerforderungen zu dienen bestimmt sind, ersetzen sie das Eigenkapital der Gesellschaft und werden – zumindest für den Zeitpunkt vor Beendigung des Konkursverfahrens – nicht als Fremdkapital angesehen. Der Gesetzgeber identifiziert die Tilgung von Verbindlichkeiten – sowohl beim Konkursverfahren i.e.S. als auch bei der externen Verwaltung oder finanziellen Sanierung – mit dem Rechtsinstitut der Darlehensvergabe, ohne sich die konkreten Rechtsfolgen für die agierenden Gesellschafter zu überlegen[1445]. Diesbezüglich gelten die gleichen Bedenken, die schon oben bei den einzelnen Verfahrensabschnitten geäußert wurden.

d. Stellungnahme zu den Reorganisationsmaßnahmen

Die praktische Bedeutung der Reorganisationsmaßnahmen – zumindest in der hier maßgeblichen Form der Gesellschafterunterstützung – erscheint aus mehreren Gründen fraglich. Die Durchführung der externen Verwaltung hat sich in der Praxis bereits als wenig effektiv gezeigt[1446], auch wenn in der russischen Literatur das Interesse Dritter, die Verbindlichkeiten des Schuldners zu übernehmen, insbesondere im Rahmen der externen Verwaltung als sehr hoch eingeschätzt wird[1447]. Diese Feststellung ist enorm überraschend, da zum einen schon die Bereitschaft der Gesellschafter, die Gesellschaft lediglich aus altruistischen Motiven mit zinslosen, ggf. nicht rückzahlbaren Darlehen zum Zeitpunkt der Insolvenz auszustatten, in Frage gestellt werden muss. Zum anderen wird der Anreiz für die Gesellschafter, aufgrund der sie treffenden strengen Rechtsfolgen – so viel kann an dieser Stelle hinsichtlich der Gesellschafterränge schon verraten werden – in Bezug auf Rückzahlung, enorm niedrig sein, da sie ihr Geld letztendlich für immer verlieren könnten. Schließlich ist auch nicht von der Hand zu weisen, dass die Reorganisationsmaßnahmen umso vergeblicher sein werden, je fortgeschrittener die Insolvenz der Gesellschaft

1445 Koraev, Die rechtliche Stellung der Konkursgläubiger im Konkursverfahren, S. 78.

1446 Aus 2.700 eingeleiteten Fällen im Jahr 2002 haben nur 27 zur Wiederherstellung der Zahlungsfähigkeit des Schuldners geführt, vgl. Jakovlev, Über die Umsetzung des Föderalen Programms zur Entwicklung des russischen Gerichtssystems für 2002-2006, S. 8.

1447 Teljukina, Erfüllung der Verbindlichkeiten des Schuldners durch dritte Personen während der externen Verwaltung, S. 1.

ist. Abgesehen von dem tatsächlichen Interesse einiger Personen an der Zukunft der Gesellschaft spricht nicht viel für die Übernahme der Schulden der Gesellschaft während der Insolvenz.

Auch durch die Einführung einer neuen Sanierungsmaßnahme, der finanziellen Sanierung, waren die intensiven Bemühungen des russischen Gesetzgebers in der Praxis noch wenig erfolgreich, die Bedeutung der Sanierungsmaßnahmen ist nicht wie erwartet gestiegen[1448]. Auch bei der finanziellen Sanierung ist der Schuldner bereits für insolvent erklärt worden. Dass die Gläubiger daraufhin auch einem neuen Konzept nicht sonderlich vertrauensvoll entgegenblicken, ist nur verständlich. Den Gesellschaftern kommt bei der Initiierung und Durchführung der finanziellen Sanierung zwar eine bedeutende Rolle zu, da sie gegenüber der Gläubigerversammlung, auf dessen Antrag die Finanzsanierung eingeleitet wird, einen begründeten Antrag zur Durchführung der Sanierung unterbreiten müssen[1449]. Ihre Teilnahme an der Sanierung selbst ist dann jedoch nicht garantiert und kann angezweifelt werden. Dies kann insbesondere damit begründet werden, dass der Administrativverwalter mit den Forderungen, für die die Gesellschafter gemäß Art. 79 InsolvG eine Sicherheit gestellt haben, die aber entsprechend dem Schuldendtilgungsplan nicht mehr erfüllt werden können, sich an die betreffenden Gesellschafter mit der Aufforderung zu Tilgung wendet, die infolge dessen entstehenden Forderungen der Gesellschafter selbst jedoch keinen Privilegierungen unterzieht. In der Literatur wird aus der Sicht der Gläubiger dieses Verfahren als vorteilhaft angesehen, da es ihre Chancen, die Befriedigung ihrer Forderungen zu erlangen enorm erhöhen soll[1450]. Für die Gesellschafter, die im Interesse der Rettung der Gesellschaft Sicherheiten gewähren und in Anspruch genommen werden, ist die Rechtsfolge dagegen wenig aussichtsreich.

Unabhängig davon muss auch berücksichtigt werden, dass gäbe es noch hinreichend Aussicht auf die wirtschaftliche Erholung der Gesellschaft, hätten die Gesellschafter bereits im Vorfeld der Insolvenz mittels Gesellschafterdarlehen behilflich sein können und die Gesellschaft gar nicht erst in die Insolvenz abdriften lassen. Erst dann mit der Gesellschafterfinanzierung zu beginnen, wenn die Gesellschaft bereits zahlungsunfähig ist, dürfte in der Regel zu spät sein. Dass das Interesse an der Rettung der Gesellschaft erst im Stadium der Insolvenz erwächst, wie es das Gesetz zu suggerieren versucht, ist daher höchst zweifelhaft. Zudem wird allein die Begleichung der Schulden der Gesellschaft sie noch lange

1448 Biss/Wedde, Bankrottstraftaten im russischen Recht, WiRO 2004, 193 (193).
1449 Vitrjanskij, Wissenschaftlicher Praxiskommentar zum InsolvG, S. 10.
1450 Vitrjanskij, Wissenschaftlicher Praxiskommentar zum InsolvG, S. 10 f.

nicht wirtschaftlich stabil machen, da für positive, angemessene und anhaltende Rentabilität weiteres Eigenkapital erforderlich sein wird.

Die schuldnerische Gesellschaft und ihre Gesellschafter werden in der Regel zu Recht der Meinung sein, außergerichtliche Sanierungsbemühungen seien effizienter. Zum einen sind die Folgen eines Insolvenzverfahrens für niemanden richtig einschätzbar, zum anderen hat eine Eröffnung des Insolvenzverfahrens auch imageschädigende Auswirkungen für die Gesellschaften, weswegen die Geschäftsleitung bis zuletzt versuchen wird, durch die Mithilfe ihrer Gesellschafter die Gesellschaft noch so lange es geht vor dem Insolvenzantrag zu bewahren, was sich wiederum negativ auf die Befriedigungschancen der Gläubiger auswirken wird und eine Haftung der Geschäftsleitung wegen Insolvenzverschleppung begründen kann. In der Regel verkennen viele Gesellschaften damit auch die Chance, die eine rechtzeitige Insolvenzantragsstellung mit sich bringen kann.

Aus diesem Grund kann davon ausgegangen werden, dass die finanzielle Sanierung wohl nur in den Fällen von Relevanz sein dürfte, in denen die Gesellschaften unverschuldet in die Misere geraten sind, etwa infolge der Wirtschaftskrise. Insofern scheint die vorinsolvenzrechtliche Prozedur der vorgerichtlichen Sanierung im Hinblick auf den Sanierungszeitpunkt, im Vergleich zu den anderen Prozeduren, für die Erfolgsaussichten etwaiger Gesellschaftermaßnahmen am besten geeignet zu sein.

Ein weiterer Punkt, der die Effektivität der Reorganisationsmaßnahmen anzweifeln lässt ist die Tatsachen, dass die Anordnung der Fremdverwaltung oder der finanziellen Sanierung durch das Arbitragegericht entsprechend dem Beschluss der ersten – während der Aufsicht abgehaltenen – Gläubigerversammlung sogar dann beschlossen werden muss, wenn das Gericht selbst von der Zahlungsunfähigkeit überzeugt ist und die Wiederherstellung dessen nicht für möglich erachtet. In einem solchen Fall wäre der Übergang zum Konkursverfahren die logische Rechtsfolge, die jedoch durch die Gläubigerversammlung allem Anschein nach abgeändert werden kann. In diesem Vorgehen könnte die Gefahr gesehen werden, dass die Gläubiger und der Schuldner durch die „Sanierungsmaßnahmen", die letzten Endes ins Leere laufen würden, sich Zeit verschaffen wollen, um die noch vorhandene Aktiva beiseiteschaffen. Ein solches Vorgehen könnte auch in der externen Verwaltung zu beobachten sein. Dort können Gesellschafter oder Dritte, die die Verpflichtungen des Schuldners tilgen wollen, durch Stellung solcher Anträge, die alle von den Gerichten überprüft werden müssen, Zeit gewinnen, um die Aktiva aus der Gesellschaft auszuführen. Die Gerichte sind zwar verpflichtet, die Anträge zu bearbeiten, die Antragssteller müssen jedoch im Falle des Einverständnisses durch die Gerichte, ihr Vorhaben noch lange nicht ausführen[1451].

Die Darstellung hat gezeigt, dass der russische Gesetzgeber die mit den Gesellschafterhilfen verbundene Sanierungsstrategie nicht komplett zu Ende gedacht hat. Mit dem Fehlen spezialgesetzlicher Bestimmungen in Bezug auf die insolvenzrechtliche Behandlung von Gesellschafterleistungen – oder zumindest im Hinblick auf die Behandlung von während der Insolvenzprozeduren eingegangenen Verbindlichkeiten – verbietet sich eine rechtsgenaue und -sichere Beurteilung etwaiger Gesellschafterstrategien.

Es könnte auch als ein strategischer Fehler des russischen Gesetzgebers angesehen werden, zum einen vehement zur Fremdfinanzierung durch die Gesellschafter im Zeitpunkt der Zahlungsunfähigkeit aufzurufen – und nicht schon im Vorfeld der Insolvenz – und zum anderen diese Gesellschafter bei ihren Maßnahmen innerhalb dieses Zeitpunkts nicht in irgendeiner motivierenden Art und Weise – zumindest durch die Einordnung der Forderungen als Masseverbindlichkeiten – zu privilegieren. Sollten die Reorganisationsmaßnahmen nicht bloß auf dem Papier nachlesbar, sondern insbesondere in der Praxis erfolgreich einsetzbar sein, sollten geeignetere Mechanismen überlegt werden, um die Gesellschafterfinanzierung effektiv zu machen. In Betracht käme eine Verortung der Restrukturierungsmaßnahmen im deutlich früheren Stadium der drohenden Überschuldung, auch wenn die Überschuldung an sich keinen Insolvenzantragsgrund darstellt. Aus diesen Gründen können auch die zu diesen Maßnahmen ergangenen massenhaften Regelungen im InsolvG nicht nachvollzogen werden. Sie sind ein gutes Beispiel dafür, dass der russische Gesetzgeber an einigen Punkten im Gesetz zur Überregulierung neigt, während andere Regeln, auf die es tatsächlich auch ankommt – so wie die rechtliche Behandlung der eingesetzten Gesellschafterhilfen – außen vor gelassen werden.

e. Rechtsvergleichende Wertung

Die dargestellten Reorganisationsmaßnahmen des russischen Rechts zielen darauf ab, die Gesellschafter erst im laufenden Insolvenzverfahren zu finanzieller Unterstützung zu bewegen. In Deutschland kommt es infolge des MoMiG auf einen bestimmten Zeitpunkt, zu dem die Gesellschaft ein Gesellschafterdarlehen

1451 Vgl. Koraev, Die Erfüllung der Verbindlichkeiten des insolventen Schuldners durch Dritte im Konkursverfahren, S. 2, der sich deswegen für eine an die Antragsstellung geknüpfte Verpflichtung zur Ausführung des Antrags, also der Übernahme der Verbindlichkeiten, ausspricht.

bekommt – mit Ausnahme des Sanierungsprivilegs – nicht mehr an[1452]. In der Regel sind die gewährten Gesellschafterhilfen dem Insolvenzverfahren vorgelagert, da sie ihre besondere Ausprägung erst im Insolvenzverfahren erfahren. Nichtsdestotrotz kann man eine Parallele erkennen, da die Gesellschafter in beiden Fällen in wirtschaftlichen Schwierigkeiten der Gesellschaft finanzielle Mittel zur Verfügung stellen. Die Untersuchung beider Regelungskomplexe hat gezeigt, dass in Russland keine ausgearbeiteten Instrumentarien vorzufinden sind, wie mit diesen Gesellschafterhilfen umzugehen ist. Außer des expliziten Aufrufs der Gesellschafter zur finanziellen Unterstützung der Gesellschaft werden keine weiteren Regelungen vorgesehen. Die rechtliche Abwicklung der bei den Gesellschaftern entstandenen Rückforderungen gegenüber der Gesellschaft obliegt der Kompetenz des Geschäftsleiters und mit Eröffnung des Insolvenzverfahrens den allgemeinen Bestimmungen und Bemühungen des Insolvenzverwalters. Damit kann die Schlussfolgerung gezogen werden, dass ungeachtet der geringen Wahrscheinlichkeit der Inanspruchnahme solcher Sanierungsmöglichkeiten durch die Gesellschafter, diese auch im umgekehrten Fall aufgrund der Rechtsunsicherheit und des hohen finanziellen Risikos, keine finanzielle Mittel oder Sicherheiten – zumindest im Laufe des Konkursverfahrens – gewähren werden.

Damit muss die praktische Bedeutung von Reorganisationsmaßnahmen zumindest im Hinblick auf die Gewährung neuer Gesellschafterdarlehen – sei es in Form der Begleichung von Schuldnerverbindlichkeiten oder als Abschluss eines neuen Darlehensvertrages – als zu gering eingeschätzt werden, so dass zu empfehlen ist, geeignete Maßnahmen im Vorfeld der Insolvenz zu überlegen und mit konkreten Regelungen zu versehen, um die Gesellschaften aus der Misere retten und den Gesellschaftern gleichzeitig einen geregelten Rechtsrahmen anbieten zu können. Eine Orientierung an dem deutschen Recht des Kapitalerhaltungsrechts sowie an dem Recht der Gesellschafterdarlehen – insbesondere mit Blick auf die bestehenden Privilegien und die Gesellschafter treffenden Rechtsfolgen – kann dabei behilflich sein.

III. Stellungnahme zu der Geeignetheit von „Sanierungsinstrumenten" im russischen Recht

Die in dieser Arbeit angesprochenen Sanierungsinstrumente des russischen Kapitalgesellschaftsrechts, namentlich die Kapitalherabsetzung, die vorgerichtliche Sanierung und die Reorganisationsmaßnahmen, vermögen nicht hundertprozentig zu überzeugen.

1452 Vgl. a. Gottwald, Drukarczyk/Schöntag, Insolvenzrechts-Handbuch, § 3, Rdn. 66.

1. Die vorgeschriebene Kapitalherabsetzung und die damit fast immer verbundene Liquidierung der Gesellschaft kann nur als eine Überreaktion des Gesetzgebers angesehen werden. Sie stellen einen Sanktionscharakter dar und sind nicht geeignet, die Gesellschaft aus der Unternehmenskrise zu befreien. Dadurch soll zwar erreicht werden, dass wirtschaftlich „untragbare" Unternehmen vom Markt zurückgenommen werden müssen. Gleichzeitig sollte jedoch auch beachtet werden, dass die meisten GmbHs in Russland lediglich mit dem gesetzlichen Mindeststammkapital operieren und daher auch nicht marktkonform oder marktsicher angesehen werden können. Einen Kapitalschnitt, den das deutsche Recht als eine Sanierungsmaßnahme auch für die GmbH zulässt, kennt das russische Recht indes nicht.
2. Die vorgerichtliche Sanierung ist im Grunde das einzige Sanierungsinstrument, das erfolgversprechend eingesetzt werden könnte. Diese Sanierungsmaßnahme zielt auf die Erhaltung der Zahlungsfähigkeit, was als absolute Priorität unter den Sanierungsmaßnahmen verstanden werden könnte. Dagegen sind die Insolvenzverfahrensarten der Aufsicht, der finanziellen Sanierung und der externen Verwaltung, die nach dem Eintritt der Insolvenz auf die Wiederherstellung der Zahlungsfähigkeit abzielen, weniger erfolgversprechende Maßnahmen und werden auch in der russischen Literatur als wirkungslos und teilweise überflüssig angesehen[1453].
3. Mit dem Wegfall solcher Reorganisationsmaßnahmen könnten insolvente Gesellschaften schneller vom Markt entfern werden, da es sofort zu dem Konkursverfahren kommen würde. Die Umwandlung des auf die Liquidation gerichteten Konkursverfahrens in ein einheitliches Insolvenzverfahren, in dem auch die Sicherungs- und Sanierungsmaßnahmen und die Anmeldung der Forderungen durchgeführt werden könnten, wäre überlegenswert und zumindest nicht minder effektiv[1454]. Zudem würde die Durchführung der Aufsicht, gefolgt von chancenarmen Reorganisationsmaßnahmen, die Vermögensmasse für die Befriedigung der Gläubiger enorm verkleinern, was sich auch in dem – letztendlich zu spät durchgeführten – Konkursverfahren niederschlagen wird[1455].

1453 Vgl. Popondopoulo/Sleptschenko, Probleme des Gesetzes über die Insolvenz (den Bankrott) bei Finanzkrisen, S. 5.

1454 Popondopoulo/Sleptschenko, Probleme des Gesetzes über die Insolvenz (den Bankrott) bei Finanzkrisen, S. 10.

1455 Vgl. a. Chimitschev, VVAS 2005, Nr. 6, S. 160. Allein die Vergütung der in verschiedenen Stadien eingesetzten Insolvenzverwalter vermindert enorm die Verteilungsmasse und sollte schon allein deswegen zur weitergehenden Überlegungen bewegen.

IV. Zusammenfassung insolvenzrechtlicher Gesellschafterfinanzierung

Das russische Insolvenzgesetz enthält an sehr vielen Stellen – zum Teil auch detaillierte – Regelungen zu der Finanzierung der Gesellschaft durch das Fremdkapital. Im Kern handelt es sich um die Krisenfinanzierung durch Gesellschafterdarlehen, da die gesetzlichen Bestimmungen das Verhalten des Gesellschafters in der Krise und in der Insolvenz der Gesellschaft aufgreifen und als Darlehen qualifizieren. Dabei haben die gesetzlichen Regelungen aber hinsichtlich dieses Themengebietes es leider bewenden lassen, ohne die rechtliche Behandlung des Finanzierungsverhaltens der Gesellschafter kritisch unter die Lupe zu nehmen und mit klaren Rechtsfolgen zu versehen.

Die Erkenntnis, dass eine causa societatis erfolgte Fremdfinanzierung in der Krise der Gesellschaft zur Gläubigergefährdung tendiert und gegen ein marktkonformes Verhalten spricht, hat sich in Russland wohl noch nicht durchgesetzt. Da jedoch zumindest schon das Problem der steuerrechtlichen Behandlung von Gesellschafterdarlehen und des Erlasses von Gesellschafterforderungen erkannt wurde, kann es sich nur noch um eine Frage der Zeit handeln, bis auch die gesellschafts- bzw. insolvenzrechtlichen Auswirkungen der Gesellschafterfremdfinanzierung im Laufe der Entwicklung des russischen Gesellschafts- und Insolvenzrechts an der Tagesordnung stehen. Dabei werden aber möglicherweise der gesetzgeberische Wille und das Konzept des GmbH- und Insolvenzgesetzes – unter Berücksichtigung der russischen Mentalität und Reformbereitschaft – wohl keine unerheblichen Aspekte einnehmen. Die Mehrheit der Sanierungsmaßnahmen sind auf den Zeitpunkt zugeschnitten, zudem das Insolvenzverfahren bereits eröffnet ist. Deren Erfolgsversprechen kann daher bezweifelt werden, da in der Insolvenzpraxis materielle unterkapitalisierter Gesellschaften in der Regel die Liquidation und nicht die erfolgreiche Sanierung des Unternehmens den Ausgang bildet.

Aufgrund des Fehlens spezieller insolvenzrechtlicher Folgen der Gesellschafterfinanzierung im Bereich der Sanierungsmaßnahmen, wird anschließend weiter untersucht, ob das Insolvenzrecht an anderen Stellen ein im Zusammenhang mit den Gesellschafterdarlehen stehendes Gläubigerschutzsystem vorsieht, das auf die insolvenzrechtlichen Prozeduren angewandt werden kann.

4. Kapitel: Die rechtliche Stellung der Gesellschafter in der Insolvenz

Einen weiteren interessanten und wichtigen Punkt im Zusammenhang mit der Gesellschafterfinanzierung stellt die Frage nach der rechtlichen Stellung des Gesellschafters bzw. seiner Forderungen in der Insolvenz der Gesellschaft. Soweit der Gesellschafter mit seiner Gesellschaft einen Darlehensvertrag abschließt und seine Hauptleistungspflicht erbracht hat, begibt er sich in die Stellung des Gesellschaftergläubigers. Die rechtliche Stellung des Gesellschafters in der Insolvenz ist geprägt von dem Dualismus ihrer Rechtsstellung als Gesellschafter und Gläubiger[1456].

Im russischen Recht wird der Begriff des Gläubigers – „Kreditor" – nicht einheitlich verwendet, sondern in drei Kategorien aufgeteilt, die sich nach den gesellschaftlichen, privaten und öffentlichen Interessen bestimmen lassen[1457]. Das Insolvenzgesetz unterscheidet zwischen einem „normalen" Gläubiger, einer bestimmten Gruppe der Gläubiger, der sogenannten „Konkursgläubiger[1458]" und „bevollmächtigten Organen", für die teils spezielle Regelungen gelten. Gläubiger sind nach der Legaldefinition des Art. 2 InsolvG all diejenigen Personen, die gegenüber dem Schuldner eine Zahlungsverbindlichkeit oder eine sonstige Verbindlichkeit begründet haben. Als „Konkursgläubiger" werden alle Gläubiger aus Zahlungsverpflichtungen angesehen, mit Ausnahme von – unter anderem – Gründern (Teilhabern) – also Gesellschaftern – des Schuldners – als juristische Person – für die sich aus einer solchen Beteiligung ergebenden Verbindlichkeiten.

1456 Kawelina, Gesellschafter einer AG – Gläubiger während der Zahlungsunfähigkeit der Gesellschaft, S. 1.

1457 Koraev, Die rechtliche Stellung der Konkursgläubiger im Konkursverfahren, S. 9. Diese Unterteilung hält der Autor aus mehreren Gründen für unbegründet. Zum einen widerspricht es schon der begrifflichen Bestimmung des Konkursgläubigers, die nur auf die gemeinsame Befriedigung als Gläubiger als der Insolvenzmasse deuten lässt und zum anderen widerspricht es seiner Meinung nach auch dem Grundsatz der Gleichheit aller Gläubiger.

1458 Der Begriff entspricht dem der Insolvenzgläubiger i.S.d. § 38 InsO nach dem deutschen Recht. Aufgrund des in der russischen Rechtsordnung für die Insolvenz verwendeten Begriffs des Konkurses, wird daher im Folgenden mit dem Begriff der Konkursgläubiger gearbeitet.

Daraus könnte sich die Schlussfolgerung ziehen lassen, dass gerade die Gesellschafter nicht als „Konkursgläubiger" angesehen werden. Allerdings folgt aus der in Art. 2 InsolvG niedergelegten Legaldefinition für die „Konkursgläubiger" die Einschränkung für Verbindlichkeiten, die sich aus ihrer Beteiligung an der Gesellschaft ergeben. Damit gelten die Gesellschafter nur im Hinblick auf die im Zusammenhang mit der Beteiligung verbundenen Verbindlichkeiten – wie etwa die Einlagenleistungen oder Gewinnausschüttungen – als „Konkursgläubiger", die erst aus dem übrigen Liquidationsvermögen, das nach der Befriedigung aller übrigen Gläubiger entsprechend ihrer Ränge noch vorhanden ist, berücksichtigt werden[1459]. Alle anderen Verbindlichkeiten gegenüber der Gesellschaft, also auch diejenigen, die aus einem Darlehensvertrag entstehen, werden dagegen nicht von dieser speziellen Gläubigerstellung erfasst. Für den Fall also, dass die Forderung des Gesellschafters keinen Zusammenhang mit seiner Mitgliedschaft in der GmbH aufweist, gilt er als „normaler" Gläubiger[1460].

A. Allgemeine Rangfolge der Gläubiger

Das russische Insolvenzgesetz enthält eine komplexe Aufzählung verschiedener Gläubigerränge. Die Hauptvorschrift bei der Bestimmung eines bestimmten Ranges in der Insolvenz ist Art. 134 InsolvG. Die Regelung bestimmt die Rangfolge, in der die Gläubiger aus der Insolvenzmasse Befriedigung erlangen können. Dabei ist grundsätzlich eine Einteilung in drei Rangfolgen vorgesehen. Außerhalb dieser gesetzlichen Rangfolge finden sich die sogenannten Massegläubiger wider, die ebenfalls in verschiedene Ränge unterteilt werden. Im Folgenden soll diese komplizierte Aufteilung der Ränge kurz dargestellt werden, bevor auf die spannende Frage eingegangen werden kann, unter welchen Rang die Gesellschafterforderungen zu subsumieren sind.

I. Die Massegläubiger

Außerhalb der gesetzlichen Rangordnung des Art. 134 Pkt.4 InsolvG werden die Masseforderungen behandelt, die sich in vier Stufen unterteilen lassen. Dies folgt aus Art. 134 Pkt.1 und 2 InsolvG wonach zuerst die laufenden Zahlungen, also die Gläubiger, deren Forderungen während des Verfahrens entstanden sind, vor den Gläubigern, deren Forderungen schon vor dem Verfahren entstanden

1459 Beschluss des Obersten Arbitragegerichts v. 6.10.2010 (AZ: 10254/10), S. 2 f.

1460 Kawelina, Gesellschafter einer AG – Gläubiger während der Zahlungsunfähigkeit der Gesellschaft, S. 6.

sind, berichtigt werden. Nach Art. 5 Pkt.1 InsolvG werden unter den laufenden Zahlungen alle Zahlungsverbindlichkeiten und Pflichtzahlungen verstanden, die nach der Annahme des Antrages auf Insolvenzeröffnung entstanden sind. Unerheblich ist, ob die Verbindlichkeiten im Zusammenhang mit der weiteren Finanzierung des Schuldners, mit der Massesicherung oder mit der Vornahme von Insolvenzprozeduren stehen[1461].

Nach der gesetzlichen Reihenfolge der Masseforderungen werden an erster Stelle die laufenden Kosten des Insolvenzverfahrens[1462], an zweiter Stelle die Arbeitnehmerforderungen, an dritter Stelle die für die Tätigkeit der Gesellschaft erforderlichen kommunalen Abgaben und Betriebskosten und schließlich an vierter Stelle alle sonstigen Forderungen, die nach der Eröffnung des Insolvenzverfahrens entstanden sind, befriedigt. Dies macht deutlich, dass auch innerhalb der Masseforderungen die Gläubiger von Anfang an in bestimmte Ränge aufgeteilt werden.

Anders als im deutschen Recht, wo die Massegläubiger grundsätzlich nicht in Ränge eingeteilt, sondern gleichberechtigt befriedigt werden[1463], sind die Massegläubiger im russischen Recht nach Art. 134 Pkt.1 InsolvG von vornherein in vier Ränge unterteilt. Die grundsätzliche Gleichstellung aller Massegläubiger i.S.d. § 53 ff. InsO im deutschen Recht findet ihre Ausnahme lediglich im Falle der Masseunzulänglichkeit nach § 208 Abs. 1 S. 1 InsO, wenn die vorhandene Insolvenzmasse nur die Kosten des Verfahrens, nicht aber auch die sonstigen fälligen Masseverbindlichkeiten vollständig abdecken kann[1464]. In einem solchen Fall erfolgt die Befriedigung der Massegläubiger – ähnlich dem Ausgangspunkt im russischen Insolvenzrecht der Masseforderungen – nach der in § 209 InsO vorgesehenen Rangfolge.

II. Die Insolvenzgläubiger

Nach den Massegläubigern werden alle übrigen Gläubiger, deren Forderungen bereits zum Zeitpunkt der Eröffnung des Insolvenzverfahrens begründet waren,

---

1461 Popondopoulo/Sleptschenko, Probleme des Gesetzes über die Insolvenz (den Bankrott) bei Finanzkrisen, S. 12, die jedoch aus Angst der steigenden Masseverbindlichkeiten diese auf die genannten Zwecke begrenzen wollen.

1462 Hierzu gehört das Honorar des Insolvenzverwalters und der Personen, die neben dem Insolvenzverwalter im Rahmen des Insolvenzverfahrens entsprechend der Gesetzgebung der Russischen Föderation herangezogen werden.

1463 Häsemeyer, Insolvenzrecht, Rdn. 14.05.

1464 Uhlenbruck, Sinz, InsO, § 55, Rdn. 4.

befriedigt. Die Einteilung dieser Insolvenzgläubiger erfolgt nach Art. 134 Pkt.4 InsolvG in drei Rängen und wird in Artt. 135–138 InsolvG konkretisiert.

Innerhalb der Insolvenzforderungen werden kraft Gesetzes zunächst die gegen den Schuldner bestehenden Forderungen aus Lebens- oder Gesundheitsverletzungen[1465], gefolgt von Arbeitnehmer- und Honorarforderungen, die vor dem Insolvenzverfahren begründet wurden[1466], befriedigt. Den dritten und damit den letzten Rang nehmen alle anderen Gläubiger und abgesicherte Gläubiger[1467], in deren Höhe sie bei der Inanspruchnahme der Sicherheit ausgefallen sind, ein.

Welchen konkreten Rang der Gesetzgeber den Gesellschaftern zuordnet, kann dem Insolvenzgesetz nicht entnommen werden. Die Formulierung vieler insolvenzrechtlicher Bestimmungen ist sehr weit und offen, so dass eine genaue Subsumtionsarbeit unentbehrlich ist. Der dritte Rang ist eines dieser zahlreichen offenen Regelungen, der von allen Gläubigern spricht, die nicht in den früheren Rängen bereits erwähnt wurden. Aus diesem Grund fallen auch die Gesellschafter, unabhängig davon, aus welchem Verpflichtungsgeschäft sie Forderungen gegen den Schuldner geltend machen, unter den dritten Rang des Art. 134 Pkt.4 InsolvG. Das Gesetz ordnet die Gesellschafter also keiner konkreten Gläubigerklasse zu und unterscheidet auch nicht zwischen den geltend zu machenden Forderungen, was zur Folge hat, dass auch die Forderungen aus Gesellschafterdarlehen unter die dritte Rangfolge der Insolvenzgläubiger fallen[1468].

In Bezug auf die Insolvenzgläubiger sind zwischen den beiden Rechtsordnungen ebenfalls Unterschiede zu verzeichnen. Im Unterschied zu den Insolvenzgläubigern i.S.d. § 38 InsO, die alle den gleichen Rang in Anspruch nehmen und deswegen alle gleichmäßig im Verhältnis ihrer Beträge Befriedigung erlangen

1465 Wie diese Forderungen im Einzelnen befriedigt werden, regelt in konkreto Art. 135 InsolvG.

1466 Wie diese Forderungen im Einzelnen befriedigt werden, regelt in konkreto Art. 136 InsolvG. Wurden solche Ansprüche jedoch erst nach der Insolvenzeröffnung begründet, so werden sie wiederum als Masseforderungen befriedigt. Insofern kann der Arbeitnehmer mehrere Gläubigerstellungen einnehmen, je nach dem, wann sein Anspruch entstanden ist.

1467 Als solche werden nach dem russischen Recht nur solche Gläubiger verstanden, deren Forderungen entweder durch ein Pfandrecht oder eine Hypothek gesichert sind.

1468 Etwas anderes gilt nur für Forderungen der Gesellschafter, die im Zusammenhang mit ihrem Gesellschaftsanteil stehen und die nicht im Insolvenzprozess berücksichtigt werden. Diese werden erst befriedigt, wenn nach der Liquidierung der Gesellschaft und nach der Befriedigung sämtlicher Gläubiger Vermögen übrig geblieben ist.

können[1469], werden im russischen Recht auch die Insolvenzgläubiger von vornherein in Ränge aufgeteilt, so dass ihre Befriedigung nicht gleichmäßig ausfallen wird. Eine solche Aufteilung der Insolvenzgläubiger in Ränge findet sich in Deutschland nur bei den nachrangigen Insolvenzgläubigern i.S.d. § 39 Abs. 1 InsO wieder, die erst nach sämtlichen „vollrangigen Insolvenzgläubigern"[1470] i.S.d § 38 InsO und ihrerseits in einer besonderen Rangfolge befriedigt werden können. Im russischen Recht können dagegen die unter die dritte Rangordnung fallenden Gläubiger – also alle „übrigen Gläubiger" – als nachrangige Gläubiger bezeichnet werden. Die Rechtslage in Bezug auf solche Gläubiger korrespondiert daher mit dem deutschen Recht der nachrangigen Gläubiger, da ihre Position in der Insolvenz ziemlich identisch ist.

B. Der Rang der Gesellschafterforderungen in der Insolvenz

An welcher Stelle die Gesellschafter ihre Forderungen gegen die Gesellschaft in der Insolvenz geltend machen können, muss aus den allgemeinen Bestimmungen zu den Rängen der Gläubigerforderungen hergeleitet werden. Eine konkrete Einordnung der Gesellschafter im Rahmen der Befriedigung in der Insolvenz ist dem russischen Insolvenzrecht bislang nicht zu entnehmen. Ebenso wenig wird im russischen Recht eine Differenzierung nach den Forderungen der Gesellschafter aus Darlehensverbindlichkeiten oder sonstigen Verbindlichkeiten vorgenommen. Wenn aber die allgemeinen Regeln über die Rangordnung auch für Gesellschafter gelten, dann hängen ihre Rangstellung und ihre Befriedigungsaussichten entscheidend davon ab, in welchem Zeitpunkt sie ihre Forderungen gegen die Gesellschaft begründet haben.

I. Vor der Insolvenzeröffnung begründete Gesellschafterforderungen

Handelt es sich um Forderungen, die bereits vor dem Insolvenzeröffnungsantrag entstanden sind, werden sie in der Insolvenz der Gesellschaft – auch für die bestehenden Forderungen aus Darlehensverträgen – als Insolvenzgläubiger des dritten Ranges nach Art. 134 Pkt.4 S.1 InsolvG behandelt. Denn Art. 134 Pkt.4 unterscheidet im dritten Rang nicht danach, ob der Gläubiger ein Gesellschafter oder ein außenstehender Dritter ist. Die Differenzierung ist vielmehr zeitlicher Natur und erfasst alle Forderungen, die vor der Antragsstellung begründet wurden. Der dritte Rang der Insolvenzgläubiger nimmt im Insolvenzverfahren

1469 Häsemeyer, Insolvenzrecht, Rdn. 17.10.
1470 Häsemeyer, Insolvenzrecht, Rdn. 17.09 f.

beinah die letzte Stelle ein, mit Ausnahme von Gläubigern, die nach den Gläubigern des dritten Ranges befriedigt werden. Insofern können sie mit den nachrangigen Gesellschaftergläubigern i.S.d. § 39 Abs. 1 Nr. 5 InsO verglichen werden, auch wenn eine entsprechende Regelung im russischen Recht eindeutig fehlt.

Die Nachrangigkeit i.S.d. deutschen Insolvenzordnung ist dem dritten Rang der Gesellschaftergläubiger im russischen Recht also gleichzusetzen. Damit werden die Darlehensforderungen der Gesellschafter, die im Vorfeld der Insolvenz begründet wurden, auch ohne eine dem § 39 Abs. 1 Nr. 5 InsO entsprechende Regelung im russischen Insolvenzrecht, ebenfalls nach den Massegläubigern und den übrigen Insolvenzgläubigern berichtigt. Die Trennung der Gesellschaftergläubiger von den gewöhnlichen Gläubigern in der Insolvenz ist vor dem Hintergrund der lockeren Regelungen in Bezug auf die Aufbringung des Stammkapitals und der nicht zu strengen Kapitalerhaltung nur zu begrüßen. Insoweit bestehen zwischen den beiden Rechtsordnungen keine Unterschiede.

II. Nach der Insolvenzeröffnung begründete Gesellschafterforderungen

Wurden ihre Forderungen dagegen erst nach der Insolvenzantragsstellung oder bereits in dem eröffneten Insolvenzverfahren begründet, müssen die Gesellschafter als Massegläubiger vorrangige Befriedigung erlangen können. Im russischen Insolvenzrecht erfolgt auch bei der Einstufung der Verbindlichkeit als Masseforderung nicht die Differenzierung danach, ob es sich bei den Gläubigern um Dritte oder um Gesellschafter, die der Gesellschaft wie Fremdkapitalgeber gegenübertreten, handelt. Es wird auch nicht zwischen dem Insolvenzeröffnungsverfahren und dem bereits eröffneten Verfahren unterschieden, da aus dem Umkehrschluss des Art. 134 Pkt.1 InsolvG klar hervorgeht, dass alle nach der „Entgegennahme des Insolvenzantrages“ durch das Insolvenzgericht begründeten Verbindlichkeiten außerhalb der Ränge der Insolvenzforderungen als Masseverbindlichkeiten beglichen werden. Aus diesem Grunde kann es für die Beurteilung der Forderung als Masseverbindlichkeit keinen Unterschied machen, ob die Gesellschafterhilfe erst in der Aufsicht i.S.d. Art. 62 ff. InsolvG, im Rahmen der finanziellen Sanierung nach Art. 76 ff. InsolvG, im Rahmen der externen Verwaltung nach Art. 93 ff. InsolvG oder während des Konkursverfahrens nach Art. 124 ff. InsolvG gewährt wurde.

Nach Art. 134 Pkt.1, 2 InsolvG werden jedoch auch die Massegläubiger in Ränge unterteilt. Für die Gesellschafter kommt nur eine Befriedigung nach dem vierten und damit dem letzten Rang im Rahmen der Masseverbindlichkeiten in Betracht, da sie nicht unter den gesetzlich konkret bezeichneten Personenkreis der vorrangigen Massegläubiger fallen. Dabei muss jedoch beachtet werden, dass es sich nur um solche Gesellschafterforderungen handeln wird, die gegebenenfalls mit der Zustimmung des Insolvenzverwalters entstanden sind.

1. *Infolge der Übernahme von Schuldnerverbindlichkeiten begründete Forderungen der Gesellschafter*

Eine Ausnahme von dieser Regelung, die weder mit gesetzlichen Bestimmungen noch mit logischen Erwägungen begründet werden kann, gilt für die Forderungen der Gesellschafter, die aufgrund der Sanierungsfunktion im Rahmen der Reorganisationsmaßnahmen oder im Konkursverfahren entstanden sind. Dabei handelt es sich um Forderungen, die den Gesellschaftern gegen die Gesellschaft aufgrund dessen erwachsen, dass sie nach Artt. 85 Pkt.1, 113 Pkt.1, 125 Pkt.1 InsolvG durch die Gewährung neuer Darlehen für die Begleichung der Schuldnerverbindlichkeiten eingetreten sind. In solchen Fällen werden die Gesellschafter ihre Forderungen nur als Insolvenzgläubiger dritten Ranges nach Art. 134 Pkt.4 InsolvG anmelden können, obwohl die Forderungen bereits im eröffneten Insolvenzverfahren entstanden sind und als laufende Verbindlichkeiten als Masseforderungen angesehen werden müssten[1471].

Eine solche Rechtsfolge ist überraschenderweise weder den allgemeinen Bestimmungen zu den Rangfolgen noch den Rechtsfolgen zu den Sanierungsmaßnahmen zu entnehmen. Nichtsdestotrotz wird sie in der Literatur als gegeben dargestellt und zumindest kritisch beurteilt. Höchstrichterliche Rechtsprechung hinsichtlich dieses Punktes ist bislang nicht vorzufinden, was wiederum auf die lückenhafte Anwendung der Übernahme von Schuldnerverbindlichkeiten durch Gewährung von Gesellschafterhilfen in dem eröffneten Insolvenzverfahren hinweist. Sollte der so oft zum Ausdruck kommende gesetzgeberische Wille an der Wiederherstellung der Zahlungsfähigkeit der Gesellschaft im eröffneten Insolvenzverfahren Früchte schlagen, so müssen die Rechtsfolgen, die die Verbindlichkeiten tilgenden Personen in unzumutbarer Weise treffen, dringend korrigiert werden. Eine andere Behandlung solcher Gesellschafterforderungen als in Rahmen der Masseverbindlichkeiten ist nicht zu rechtfertigen und ist als eine unzulässige Rechtsfolgenbildung zu erachten. Aus diesen Gründen sollten auch solche Verbindlichkeiten entsprechend den allgemeinen Regeln, also aus der Masse, befriedigt werden.

Ein weiterer Punkt, der gegen die Nachrangigkeit solcher Forderungen spricht ist die Tatsache, dass andernfalls die Regelung des Art. 134 Pkt.1, 2

1471 Teljukina/Tkatschev/Tarasov, Die finanzielle Sanierung als passives Sanierungsinstrument, S. 10.

InsolvG in Bezug auf den vierten Rang hinsichtlich der Gesellschafterforderungen keinen Anwendungsbereich hätte. Denn sollten die Forderungen, die aufgrund der Gesellschafterhilfe nach dem eröffneten Verfahren entstehen, wider gesetzlicher Bestimmungen als Insolvenzforderungen dritten Ranges angesehen werden, gibt es keine vorstellbare Variante, wann der Gesellschafter nach der Insolvenzantragsstellung – mit Ausnahme des Aufsichtsverfahrens – Masseverbindlichkeiten begründen kann. Der Insolvenzverwalter würde nämlich immer einwenden, dass die mit den Gesellschaftern infolge von Darlehensaufnahme begründeten Verbindlichkeiten zum Zwecke der Befriedigung der Schuldnerforderungen eingesetzt wurden und daher Insolvenzforderungen dritten Ranges darstellen. Insofern muss die Literaturansicht, die solche Forderungen nicht den Masseverbindlichkeiten zuordnet, obwohl sie darauf gerichtet waren, die Zahlungsunfähigkeit der Gesellschaft aufzuheben, als fehlerhaft eingestuft werden. Befürchtungen fehlerhafter Entscheidungen können dennoch nicht geäußert werden, da im Rahmen der Rechtsprechungsübersicht im Zusammenhang mit der Tilgung von Schuldnerverbindlichkeiten solche Konstellationen nicht vorgekommen sind und auch für die Zukunft nicht als hochwahrscheinlich erscheinen.

2. Fazit

In Hinblick auf die Masseforderungen muss also konstatiert werden, dass das russische Recht uneinheitlich und zum Teil kontradiktorisch ist. Wie bereits erwähnt folgt die rechtliche Stellung der Gesellschafterforderungen, die während der Reorganisationsmaßnahmen entstanden sind, weder aus dem Gesetz noch aus dem Sinn und Zweck dieser Maßnahmen. Die Ansichten der Literatur, die den Gesellschafter trotz ihres Einsatzes den letzten Rang zusprechen, sehen möglicherweise den Grund darin, die an die Gesellschaft näher stehenden Gesellschafter für die Verbindlichkeiten „haften" zu lassen ohne die Möglichkeiten anschließenden Regress geltend machen zu können. Damit machen sie jedoch die gesamten Reorganisationsmaßnahmen gegenstandslos, da niemand auf den Gedanken kommen würde, in einer haftungsbeschränkten Kapitalgesellschaft in der Insolvenz sehenden Auges so viel eigenes Kapital zu verlieren. Insofern muss dem Gesetzgeber an diesem Punkt klar sein, dass er entweder die die Reorganisationsmaßnahmen treffenden Rechtsfolgen überdenken oder das gesamte Instrument der gerichtlichen Sanierung in der jetzigen Ausgestaltung ad acta legen muss.

III. Von der Gesellschaft für Gesellschafterleistungen bestellte Sicherheiten

Für Gläubiger, deren Forderungen durch eine von dem Schuldner selbst gestellte Sicherheit abgesichert wurden, gelten nach Art. 137 Pkt.4 InsolvG spezielle Regelungen des Art. 138 InsolvG. Dies gilt auch für Gesellschafterforderungen, aber nur für solche Forderungen, die durch ein von der Gesellschaft selbst gestelltes Pfandrecht abgesichert wurden[1472].

Eine Besonderheit bei der Befriedigung ergibt sich daraus, dass Pfandrechtsgläubiger nicht aus der Insolvenzmasse, sondern aus der Verwertung des Pfandes befriedigt werden. Nach Art. 138 Pkt.1 InsolvG werden 70% aus dem Erlös des Pfandgegenstandes ausschließlich auf die Befriedigung solcher Gläubiger verwendet. Aus den übrigen 20% aus dem Erlös werden die Insolvenzgläubiger der ersten und zweiten Rangordnung befriedigt, während die verbleibenden 10% für die Gerichtskosten und die Kosten für den Insolvenzverwalter zu reservieren sind[1473]. Die durch Pfand abgesicherten Gläubiger erlangen also ein Absonderungsrecht und damit eine bevorzugte Befriedigung gegenüber allen übrigen Gläubigern.

Eine sogar größere Privilegierung ergibt sich nach Art. 138 Pkt.2 S. 1 InsolvG für Insolvenzgläubiger, deren Forderungen gegen die Gesellschaft auf einem Kreditvertrag begründet sind, die ohne die Besicherung den dritten Rang nach Art. 134 InsolvG einnehmen würden. Nach Art. 138 Pkt.2 S. 1 InsolvG werden 80% aus dem Erlös des Pfandgegenstandes für die Befriedigung „nachrangiger Gläubiger“, also der besicherten Forderung, aufgewendet. Auch in diesem Fall werden 15% zwar für die Befriedigung der Gläubiger erster und zweiter Ränge verwendet. Im Falle eines verbleibenden Restvermögens nach der vollständigen Befriedigung dieser Gläubiger, wird dieses nach Art. 138 Pkt.2.1 S. 1 InsolvG wieder für die gesicherten Gläubiger vorgenommen, soweit sie aus den 80% nicht vollständig befriedigt wurden. Verbleibt nach der Heranziehung des Erlöses noch ein Anteil der abgesicherten Gläubiger unbefriedigt, so gelten sie nach Art. 138 Pkt.2.1 S. 4 InsolvG in Höhe des Anteils, mit dem sie bei der Verwertung der Sicherheit ausgefallen sind, als Insolvenzgläubiger der dritten Rangordnung und werden aus der übrig gebliebenen Insolvenzmasse Befriedigung suchen müssen. Diese Regelungen machen deutlich, dass die Pfandrechtsgläubiger im

1472 Vgl. a. Überblick über die Entscheidungen des Arbitragegerichtes auf der Grundlage des Insolvenzgesetzes für den Zeitraum 01.01.2007 bis 31.12.2007, zu Pkt.5.8, S. 82.

1473 Vgl. a. Demechin, Neue Änderungen im Gesetz über die Insolvenz, S. 3.

Insolvenzverfahren bevorzugt werden und dass das Pfandrecht als dingliches Sicherungsrecht sehr werthaltig und praktisch ist.

Im Hinblick auf den persönlichen Anwendungsbereich ist der Vorschrift des Art. 138 InsolvG ebenfalls keine Beschränkung zu entnehmen. Daraus folgt, dass auch die Gesellschafter von dieser Regelung profitieren können, wenn sie ihre Forderungen durch die Gesellschaft dinglich besichern lassen. Die einzige Konkretisierung ergibt sich im Hinblick auf den sachlichen Anwendungsbereich, als die Forderungen aus Kreditgeschäften mit einem höheren Erlösanteil zu befriedigen sind.

IV. Rechtsvergleichende Wertung in Thesen

1. Die in Deutschland vorherrschende Rückstufung von Gesellschafterdarlehen ist auch in vielen anderen Ländern der europäischen Union geltendes Recht und damit kein Unikat des deutschen Rechts. Vergleichbare Regelungen haben auch die Insolvenzgesetze von Österreich, Italien, Spanien, Griechenland, Portugal und Slowenien sowie der Vereinigten Staaten vorzuweisen[1474].

In Russland gibt es dagegen keinerlei Regelungen, die gesondert auf die Behandlung von Gesellschafterfinanzierungshilfen – ungeachtet dessen, ob sie vor oder bereits in der Insolvenz ausgegeben wurden – gerichtet sind. Mangels spezieller Regelungen bleibt es dem Rechtsanwender unbenommen, auf die allgemeinen Regelungen zu greifen. Als Folge dessen ist die Rechtslage in Bezug auf die Gesellschafterforderungen zumindest im Ergebnis vergleichbar, als dass die Forderungen der Gesellschafter, die noch vor der Antragsstellung begründet wurden, aufgrund der dritten Stufe der Insolvenzforderungen als nachrangig angesehen werden können.

Der dritte Rang unterscheidet auch nicht zwischen verschiedenen Arten der zugrundeliegenden Rechtsgeschäfte, so dass nicht nur die Darlehensforderungen der Gesellschafter, sondern auch ihre aus anderen Verträgen begründeten Forderungen dem gleichen Rang unterliegen; ein Umstand, der im Rahmen des MoMiG auch für § 39 Abs. 1 Nr. 5 InsO diskutiert, aber nicht übernommen wurde. Der maßgebende Unterschied besteht lediglich in der individuellen Berücksichtigung von Gesellschaftern in der Insolvenz einer juristischen Person. Aufgrund dessen werden die Gesellschafter in Russland auch nicht vergleichbar § 174 Abs. 3 InsO erst auf eine gerichtliche Aufforderung ihre Ansprüche anmelden dürfen, sondern konkurrieren innerhalb ihres Ranges mit der großen

1474 Vgl. Huber/Habersack, BB 2006, 1, 2 (FN. 4).

Anzahl restlicher Gläubiger, die alle nicht unter die oberen drei Ränge geschafft haben, um die Befriedigung.

2. Dem deutschen Recht sehr ähnlich ist die Rechtslage in Bezug auf die Forderungen der Gesellschafter, die nach dem Insolvenzeröffnungsantrag oder bereits im eröffneten Insolvenzverfahren vorgenommen wurden. Allerdings wird im Rahmen der Masseverbindlichkeiten nicht differenziert, ob die Forderungen im Rahmen der Aufsicht – die einem Insolvenzeröffnungsverfahren entspricht – oder während der finanziellen Sanierung und der externen Sanierung – die Reorganisationsmaßnahmen im bereits eröffneten Insolvenzverfahren darstellen – oder schließlich sogar im Konkursverfahren begründet wurden. Für die Einordnung der Forderung als Masseverbindlichkeit spielt es ausweislich Art. 134 Pkt.1 InsolvG nur insoweit eine Rolle, ob der Antrag auf die Erklärung der Gesellschaft für insolvent beim Insolvenzgericht bereits eingegangen ist. Damit entspricht das russische Recht im Ergebnis der Rechtslage in Deutschland im Hinblick auf die Darlehensvergabe im Rahmen des Insolvenzeröffnungsverfahrens, wo jedoch nur die durch den starken vorläufigen Insolvenzverwalter aufgenommenen Gesellschafterdarlehen nach § 55 Abs. 2 InsO als Masseverbindlichkeiten gelten.
3. Ob die während der Eigenverwaltung gewährten Darlehen als Masseverbindlichkeiten oder als nachrangige Insolvenzforderungen eingestuft werden, ist im deutschen Recht umstritten[1475] und höchstrichterlich noch nicht entschieden. Im russischen Recht kann die finanzielle Sanierung als Pendant zum deutschen Institut der Eigenverwaltung bezeichnet werden, da beide Insolvenzverfahrensarten nicht unter die Fremdverwaltung gestellt werden. Im Unterschied zum deutschen Recht lässt sich für das russische Recht jedoch genau sagen, dass die im Rahmen der finanziellen Sanierung gewährten Darlehen – entgegen einzelner Ansichten in der Literatur – nach Art. 134 Pkt.1 InsolvG als Masseverbindlichkeiten behandelt werden müssen.
4. Kein Unterschied besteht dagegen zwischen den Darlehen während der externen Verwaltung und denen in einem üblichen Insolvenzverfahren in Deutschland. Diese werden durch einen Insolvenzverwalter aufgenommen, auf den die Verwaltungs- und Verfügungsbefugnis übergegangen war und bilden daher keine nachrangigen Insolvenzforderungen i.S.d. § 39 Abs. 1 Nr. 5 InsO bzw. Art. 134 Pkt.4 InsolvG, sondern stellen grundsätzlich Masseverbindlichkeiten i.S.d. § 55 Abs. 1 Nr. 1 InsO bzw. Art. 134 Pkt.1 InsolvG dar.

1475 S. oben Teil 1. 3. Kap., C. III.

5. Der wohl größte Unterschied zum deutschen Recht ist in der Befriedigung der Gesellschaftergläubiger nach Art. 138 InsolvG zu sehen. Danach werden die Gläubiger in der Insolvenz nicht aus der Insolvenzmasse, sondern aus dem für die Sicherung der Forderung gestellten Pfandgegenstand, der für die Tilgung von Forderungen verwertet wird, befriedigt.

Da die Gesellschafter aus dem personellen Anwendungsbereich nicht explizit ausgeschlossen sind und dieser auch nicht in sonstiger Weise eingeschränkt ist, können auch die Gesellschaftergläubiger von dem Absonderungsrecht privilegieren. Im deutschen Recht sieht dagegen die Befriedigung von Gesellschafterforderungen aus den bestellten Sicherheiten gänzlich anders aus. Unter den Begriff der Sicherheit fallen zunächst ausnahmslos alle Arten von Sicherheiten, die dem Gesellschafter für seine Forderung aus einem Darlehensvertrag eingeräumt werden, zu denen auch die durch die Gesellschaft selbst gewährten Sicherheiten gehören[1476].

Die Bestellung einer Sicherheit am Vermögen der Gesellschaft wirkt sich im deutschen Recht für den Gesellschafter in doppelter Hinsicht aus, nämlich auf die mögliche Geltendmachung und die Anfechtung der Sicherheit[1477]. Da es sich bei den Gesellschafterforderungen, die im Zusammenhang mit einem Darlehen oder diesem wirtschaftlich vergleichbaren Rechtshandlungen stehen, um nachrangige Insolvenzforderungen i.S.d. § 39 Abs. 1 Nr. 5 InsO handelt, kann die von der Gesellschaft gestellte Sicherheit nicht geltend gemacht werden, so dass der Gesellschafter keine abgesonderte Befriedigung erlangen können wird[1478]. Rechtsdogmatisch wird dafür ausgehend von der Art der Sicherheit entweder der Einwand der Subordination der Hauptforderung – bei akzessorischen Sicherheiten – oder die Anfechtungseinrede nach § 135 Abs. 1 InsO – bei nicht akzessorischen Sicherheiten – vorgebracht. Das Verwertungsverbot steht in einem unmittelbaren Zusammenhang mit dem Sinn und Zweck der Vorschriften über Gesellschafterdarlehen und wird erst nach Verstreichen der zehnjährigen Frist des § 135 Abs. 1 Nr. 1 InsO aufgehoben. Erst wenn die Besicherung mit

1476 MünchKommInsO, Stodolkowitz, § 135, Rdn. 75. Vor dem MoMiG konnte der Umstand, dass die Gesellschaf für Darlehen von Gesellschaftern Sicherheiten stellen konnte, die Krise widerlegen. Mit dem MoMiG kommt es jedoch nicht mehr ausdrücklich auf das Krisenmerkmal an, so dass die von der Gesellschaft bestellte Sicherheit an den Rechtsfolgen für das Darlehen des Gesellschafters nichts in positiver Hinsicht ändern kann.

1477 S. hierzu ausführlich Teil 1. Kap. 2, B. II. 2. bb.

1478 Baumbach/Hueck, Hueck/Fastrich, GmbHG, § 30 Anh., Rdn. 69; MünchKommInsO, Stodolkowitz, § 135, Rdn. 81; Scholz, K. Schmidt, GmbHG, § 32 a, 32 b, Rdn. 60.

Ablauf der Sperrzeit nicht mehr angefochten werden kann, wird der Gesellschafter das Absonderungsrecht geltend machen können, ohne befürchten zu müssen, dass die Verwertung nach § 135 Abs. 1 Nr. 2 InsO angefochten wird.

Vor diesem Hintergrund steht ein Gesellschafter, der seiner Gesellschaft ein Darlehen gewährt hat und dafür eine aus dem Gesellschaftsvermögen gestellte Sicherheit erhalten hat, nach dem russischen Recht deutlich besser da, als nach dem deutschen Recht. Die Vorteile einer Gesellschaftssicherheit, die nach deutschem Recht erst in zehn Jahren Früchte schlagen, machen das Rechtsinstitut der Besicherung seitens der Gesellschaft für den Gesellschafter so gut wie überflüssig. Dagegen kann den Gesellschaftern in Russland bei der Vergabe von Darlehen an ihre Gesellschaft nur geraten werden, eine anfängliche Sicherheit durch die Gesellschaft ausstellen zu lassen, um ihre Forderungen in der Insolvenz im sicheren Hafen wissen zu können.

5. Kapitel: Die Insolvenzanfechtung

Der russische Gesetzgeber hat das Problem, das mit einer vor der Eröffnung der Insolvenz ungerechtfertigten Vermögensverschiebung einhergeht, schon mit der Ausarbeitung des geltenden Insolvenzgesetzes im Jahr 2002 erkannt und versucht, dieses Problem mit einem – dem Insolvenzrecht eigentümlichen – Rechtsinstitut der Anfechtung zu korrigieren[1479]. Das ehemalige aus einem einzigen Artikel bestehende Insolvenzanfechtungsrecht wurde jedoch zutreffend als knapp und unvollständig angesehen[1480], so dass im Interesse der Vermeidung von Gesetzeslücken und um der ordnungsgemäßen und gleichmäßigen Befriedigung aller Gläubiger eines insolventen Schuldners gerecht zu werden[1481], im Rahmen der großen Reform im Jahr 2009 ein eigenes Kapitel[1482] für die Anfechtung von Rechtshandlungen ausgearbeitet wurde. Denn bekanntlich kollidieren Sanierung und Anfechtung dann miteinander, wenn der Schuldner nach Durchführung von Sanierungsmaßnahmen, Zahlungen an seine Gesellschafter vornimmt und die Befriedigungsaussichten außenstehender Gläubiger wieder verringert. Insofern kommen verschiedene Anfechtungstatbestände in Betracht, die in einer solchen gewöhnlichen Situation Abhilfe schaffen können. Aus diesem Grund ist der neue Umfang des russischen Insolvenzanfechtungsanfechtungsrechts positiv

1479 Die anfechtbaren Rechtshandlungen wurden damals in Art. 103 InsolvG geregelt, der nun aufgehoben wurde.

1480 Vgl. Lowitzsch, Das Insolvenzrecht Mittel- und Osteuropas, S. 214.

1481 Ausdrückliches Ziel des „neuen“ Insolvenzgesetzes, vgl. Demechin, Die Entwicklung der Insolvenzgesetzgerbung in der Krise, Steuern (*Nalogi*) 2009, Nr. 38, S. 2; Snizerova, Die Anfechtung eines Rechtsgeschäftes nach dem InsolvG, S. 1.

1482 Eingefügt durch das Föderale Gesetz über die Einbringung von Änderungen in einzelnen gesetzlichen Akten Russischer Föderation v. 28.04.2009, Nr. 73, in Kraft getreten am 5.6.2009. Nach dem Informationsbrief des Präsidiums des Obersten Arbitragegerichts der Russischen Föderation v. 27.04.2010, Nr. 137 gelten die neuen Vorschriften über die Anfechtung von Rechtsgeschäften nur für solche Rechtsgeschäfte, die erst nach dem Inkrafttreten des Gesetzes, also nach dem 5.6.2009, abgeschlossen wurden, unabhängig von dem Zeitpunkt der Insolvenzeröffnung. Für die vor diesem Zeitpunkt abgeschlossenen Rechtsgeschäfte verbleibt es bei der Anwendung des Art. 103 InsolvG a.F. (des Föderalen Gesetzes über die Insolvenz (den Banktrott) v. 26.10.2002, NR. 127).

hervorzuheben. Die anfechtbaren Rechtsgeschäfte lassen sich nun in drei Kategorien unterteilen: Verdächtige Rechtsgeschäfte, verdächtige Rechtsgeschäfte mit Schädigungsabsicht sowie Rechtsgeschäfte, die darauf gerichtet sind, einen Gläubiger gegenüber den anderen zu bevorzugen.

Das neue Anfechtungsrecht, das auch von Gläubigern ausgeübt werden kann, jedoch nur auf die Geltendmachung im eröffneten Insolvenzverfahren beschränkt ist[1483], bestimmt nun in neun, teilweise sehr ausführlichen Artikeln, die Reichweite der Anfechtung und gibt dem Schuldner konkrete Angaben vor, die im Vorfeld der Insolvenz beachtet werden sollten, um nicht in den Anfechtungsprozess einbezogen zu werden. Obwohl im neuen Gesetz im Rahmen der Anfechtbarkeit von Rechtshandlungen immer nur die Rede vom Schuldner ist und nicht etwa auch von der schuldnerischen Kapitalgesellschaft, sind juristische Personen – soweit sie eine Schuldnerrolle einnehmen – ebenfalls in den Regelungsbereich einbezogen[1484]. Zudem wird aufgrund der in das Insolvenzgesetz zahlreich aufgenommenen Vermutungsregeln den Gläubigern bzw. dem Insolvenzverwalter die Beweiserbringung bei der Anfechtbarkeit von Rechtsgeschäften deutlich erleichtert[1485] und Ausnahmen für die Anfechtung vorgesehen.

A. Anfechtungsberechtigung

Die Inhaberschaft des Anfechtungsrechts ist nach 61.9 InsolvG überraschenderweise nicht dem Insolvenzverwalter zugewiesen. Der Insolvenzverwalter oder der Konkursverwalter ist im Namen des Schuldners lediglich befugt, auf eigene Initiative oder aufgrund der Entscheidung der Gläubigerversammlung, im Rahmen der externen Verwaltung oder im Konkursverfahren i.e.S. an das Insolvenzgericht einen Antrag auf die Anfechtung eines Rechtsgeschäftes zu

1483 Demechin, Neue Änderungen im Gesetz über die Insolvenz, S. 1. Eine Anfechtung außerhalb eines Insolvenzverfahrens gibt es damit nicht.

1484 Das russische Insolvenzgesetz trifft in der Regel keine Differenzierung zwischen natürlichen und juristischen Personen, sondern macht es nur in bestimmten Fällen, wo es auf die Unterscheidung ankommt, deutlich. Vgl. Art. 27 Pkt.1 InsolvG, der für die juristischen Personen gesondert die anwendbaren Insolvenzverfahren konkret aufzählt. Da es jedoch um die Anfechtung von Rechtsgeschäften geht und darunter entsprechend Art. 153 ZGB auch Handlungen juristischer Personen fallen, die auf die Beendigung, Begründung und Änderungen von Rechten oder Forderungen abzielen, sind juristische Personen demnach unzweifelhaft vom Anwendungsbereich erfasst, vgl. a. Urteil des 17. Arbitrageberufungsgerichts v. 26.07.2010 (AZ: 17 AP-6585/2010 GK) S. 3.

1485 Vgl. a. Demechin, Neue Änderungen im Gesetz über die Insolvenz, S. 2.

stellen[1486]. Zuständig für die Anfechtung ist also das Insolvenzgericht selbst, bei dem der Antrag des Insolvenzverwalters eingegangen und das für das Insolvenzverfahren des Schuldners zuständig ist (Art. 61.8 Pkt.1 InsolvG)[1487]. Neben der Antragsstellung an das Insolvenzgericht hat der Insolvenzverwalter nach Art. 61.8 Pkt.3 S. 2 InsolvG auch die betreffenden Gläubiger über den Antrag auf Anfechtung und auf die Versagung der Wirksamkeit eines Rechtsgeschäftes zu informieren.

Neben dem Insolvenzverwalter können nach Art. 61.9 Alt. 2 InsolvG auch die Gläubiger im Rahmen der Gläubigerversammlung über die Anfechtung eines Rechtsgeschäftes beschließen und dem Insolvenzverwalter antragen, ihren Beschluss an das Insolvenzgericht weiterzuleiten. Dass der Beschluss der Gläubiger nur im Rahmen der Gläubigerversammlung gefasst werden kann, ist die Folge der Reformierung der Insolvenzanfechtung im Jahr 2009. Nach dem früheren Recht konnte auch ein einzelner Gläubiger die Anfechtung des Rechtsgeschäftes anstreben (Art. 103 Pkt.3 InsolvG a.F.). Einer solchen Regelung wurde jedoch viel Missbrauchspotenzial zugesprochen[1488], so dass die Neufassung die Abhaltung einer Gläubigerversammlung explizit vorsieht. Darin kann auch der Unterschied zum deutschen Recht festgestellt werden, wo jeder Gläubiger nach §§ 2, 6 AnfG nur außerhalb eines Insolvenzverfahrens ein Rechtsgeschäft anfechten kann, wofür auch nicht die Beschlussfassung in einer Gläubigerversammlung erforderlich ist. Das Recht der Anfechtung bzw. der Einleitung eines Anfechtungsverfahrens in der Insolvenz ist den Gläubigern nach dem deutschen Recht jedoch nicht zuteil gekommen[1489]. Im Regelinsolvenzverfahren ist nach

---

1486 Die Regelung des Art. 61.9 InsolvG ist diesbezüglich recht deutlich formuliert. In der Literatur wird dennoch teilweise der Insolvenzverwalter als die für die Anfechtung zuständige Person angesehen, vgl. Philippov, Die Heranziehung bösgläubiger Personen zur Verantwortung wegen der Verletzung des Insolvenzrechts, S. 4; Demechin, Neue Änderungen im Gesetz über die Insolvenz, S. 2. Einen klaren Rechtsverstoß gegen Art. 61.9 InsolvG hat das 10. Arbitragegericht der Moskauer Region begangen, in dem es ein Rechtsgeschäft nach Art. 61.2 Pkt.1 InsolvG allein auf eigene Initiative angefochten und für unwirksam befunden hat. Nichtsdestotrotz hat das Berufungsgericht die Entscheidung bestätigt, Beschluss v. 31.08.2009 (AZ: N A41-1778/09); vgl. a. Snizerova, Anfechtung von Rechtsgeschäften nach dem InsolvG, S. 3.

1487 Vgl. a. Beschluss des 14. Berufungsgerichts v. 08.6.2010 (AZ: N A13-18773/2009).

1488 Scherbatova, Neue Möglichkeiten für die Gläubiger in Bezug auf die Anfechtung von Rechtsgeschäften und Forderungsgeltendmachung in der Insolvenz, S. 3.

1489 Uhlenbruck, Hirte, InsO, § 129, Rdn. 9.

deutschem Recht nur der Insolvenzverwalter Anspruchsinhaber und zur Ausübung des Anfechtungsrechts und des Rückgewähranspruchs berechtigt[1490].

Aus Art. 61.1 Pkt.1 InsolvG folgt, dass die Insolvenzanfechtung die Anfechtung von Rechtsgeschäften nach ZGB und anderen Gesetzen nicht ausschließt, sondern dazu in einem Konkurrenzverhältnis steht[1491]. Das russische Zivilgesetzbuch regelt die Anfechtung von Rechtsgeschäften in Art. 166–181 ZGB[1492]. Darüber hinaus kann der Insolvenzverwalter auch auf gesellschaftsrechtlicher Ebene einen Antrag auf die Anfechtbarkeit von „Großgeschäften" i.S.d. Art. 46 GmbHG(R) stellen.

B. Anfechtungstatbestände

Das neue russische Anfechtungsrecht sieht nun in umfangreichen Regelungen drei Anfechtungsmöglichkeiten vor.

I. Verdächtige Rechtsgeschäfte i.S.d. Art. 61.2 Pkt.1 InsolvG

Durch die neue in das InsolvG aufgenommene Vorschrift des Art. 61.2 wird die Möglichkeit der Anfechtbarkeit von Rechtshandlungen um die Alternative der verdächtigen Rechtsgeschäfte erweitert. Danach kann ein Rechtsgeschäft gemäß Art. 61.2 InsolvG bei Vorliegen eines verdächtigen Charakters angefochten werden. Was unter einem verdächtigen Geschäft zu verstehen ist, definiert das Gesetz in zwei Alternativen selbst.

Entsprechend Art. 61.2 Pkt.1 Abs. 1 Alt. 1 InsolvG ist darunter ein Geschäft zu verstehen, das nicht später als ein Jahr vor der Stellung des Insolvenzantrages oder danach vom Schuldner abgeschlossen wurde und wenn es keine gleichwertige Gegenleistung des Gläubigers gegeben hat. Die zweite Alternative regelt den Fall, dass ein Rechtsgeschäft in dem gleichen Zeitraum abgeschlossen wurde, aber der Vertragswert oder die sonstigen Bedingungen von dem Wert oder den sonstigen Bedingungen, die einem solchen Geschäft in der Regel zugrunde liegen, wesentlich abweicht. Die Leistung und Gegenleistung sind nach Art. 61.2 Pkt.1, S. 2 InsolvG insbesondere dann in einem Ungleichwertigkeitsverhältnis, wenn das übertragene Vermögen oder eine Vertragserfüllung entsprechend dem

---

1490 Vgl. Uhlenbruck, Hirte, InsO, § 143, Rdn. 57.

1491 Himmelreich, WiRO 2009, 279, 280; Philippov, Die Heranziehung bösgläubiger Personen zur Verantwortung wegen der Verletzung des Insolvenzrechts, S. 3.

1492 Philippov, Die Heranziehung bösgläubiger Personen zur Verantwortung wegen der Verletzung des Insolvenzrechts, S. 3.

Marktwert, der für den Prozess von den Sachverständigen zu bestimmen sein wird, höher anzusetzen ist als die dafür erhaltene Gegenleistung.

Die zweite Alternative zielt also auf einen Drittvergleich ab und erklärt solche Rechtshandlungen für anfechtbar, die einem solchen Drittvergleich nicht standhalten. Dieses Merkmal war im früheren Recht des deutschen Eigenkapitalersatzes zur Bestimmung, ob die Gesellschaft noch kreditwürdig war – ob also von dritter Seite entsprechende Kredite zu marktüblichen Konditionen gewährt worden wären[1493] – und damit zur Bestimmung, ob eine Krise vorgelegen hat oder nicht, ebenfalls von großer Relevanz, da sie über die rechtliche Behandlung von Gesellschafterdarlehen entschied. Mit der Aufgabe des Krisenmerkmals kommt es für die Anwendbarkeit der Regeln über Gesellschafterfinanzierung nach dem deutschen Recht jedoch nicht mehr darauf an, ob die Gegenleistung gleichwertig war oder nicht. Die Gleichwertigkeit könnte allenfalls im Rahmen des Ausschlusses der Anfechtung nach dem Bargeschäftsprivileg i.S.d. § 142 InsO eine Rolle spielen, dessen Anwendung auf die Insolvenzanfechtungstatbestände nur sporadisch in Betracht kommt[1494].

II. Verdächtige Rechtsgeschäfte mit Schädigungsabsicht i.S.d. Art. 61.2 Pkt.2 InsolvG

Infolge der Neuregelung können nun auch Rechtsgeschäfte angefochten werden, die „zum Nachteil der Vermögensrechte der Gläubiger" eingegangen wurden. Der geforderte Nachteil anderer Gläubiger kann durch unterschiedlichste Handlungen herbeigeführt werden und wird dann angenommen, wenn die Befriedigungsmöglichkeiten der Gläubiger ganz oder zum Teil eingebüßt werden müssten[1495].

1. Anfechtungsvoraussetzungen

Das Rechtsgeschäft des Schuldners unterliegt nach Art. 61.2 Pkt.2 S. 1 InsolvG dann einer Anfechtung, wenn es mit der Absicht abgeschlossen wurde, Gläubigerrechte zu schädigen, wenn infolgedessen einem Gläubiger ein Schaden entstanden ist, der anderen Partei die Schädigungsabsicht des Schuldners bei Abschluss des Rechtsgeschäftes bekannt war und das Rechtsgeschäft nicht später als drei Jahre vor der Stellung des Insolvenzantrags oder nach dem Antrag

1493 Ulmer/Habersack/Winter, Habersack, GmbHG, §§ 32 a/b, Rdn. 62; Baumbach/Hueck, Hueck/Fastrich, GmbHG, § 32 a, Rdn. 48.

1494 S. oben Teil 1, 2. Kap., B. II. 2. dd.

1495 Samsonova, Varianten zur Verhinderung der Abführung der Aktiva des Schuldners in der Insolvenz, S. 18.

abgeschlossen wurde. Diese Voraussetzungen müssen kumulativ vorliegen und Bedürfen vor der Antragsstellung durch den Insolvenzverwalter zur Beweiserbringung einer genaueren Prüfung. Zur Erleichterung der Beweiserbringung stellt das Gesetz eine Mehrzahl von Vermutungsregelungen auf.

Zum einen wird gemäß Art. 61.2 Pkt.2 S. 2 InsolvG die Kenntnis der Gegenpartei von der Absicht des Schuldners dann vermutet, wenn sie als eine „interessierte Person" i.S.d. Art. 19 InsolvG gilt oder wenn sie die Gefährdung der Gläubigerrechte tatsächlich kannte oder hätte kennen müssen oder wenn sie Kenntnis in Bezug auf die Zahlungsunfähigkeit des Schuldners hatte. Zum anderen wird die Absicht des Schuldners, die Gläubigerrechte zu schädigen, nach Art. 61.2 Pkt.2 S. 3 InsolvG dann vermutet, wenn der Schuldner im Zeitpunkt der Vornahme des betreffenden Rechtsgeschäftes zahlungsunfähig war und es sich um eine unentgeltliche Leistung handelt oder wenn das Rechtsgeschäft mit einer „interessierten Person" abgeschlossen wurde.

In der Literatur wird diesbezüglich die Befürchtung geäußert, dass der Nachweis der Kenntnis der anderen Partei von der Schädigungsabsicht des Schuldners drei Jahre vor der Stellung eines Insolvenzantrages schwer nachzuweisen bzw. nicht vorhanden sein wird, so dass der Anwendungsbereich wohl den Fällen vorbehalten bleiben könnte, bei denen „interessierte Personen" mitwirken[1496].

2. *„Interessierte Personen"*

Als eine im Verhältnis zur GmbH angesehene „interessierte Personen" i.S.d. Art. 61.2 Pkt.2 S. 2 InsolvG (und Art. 61.3 Pkt.3 S. 2 InsolvG) gelten nach Art. 19 Pkt.2 InsolvG insbesondere der Generaldirektor der schuldnerischen Gesellschaft oder ein anderes Exekutivorgan, Mitglied des Aufsichtsrates und der Hauptbuchhalter sowie alle diese genannten Personen, wenn sie innerhalb eines Jahres vor der Einleitung des Insolvenzverfahrens von ihren Pflichten entbunden wurden[1497]. Des Weiteren gelten als interessierte Personen auch diejenigen, die mit den oben aufgezählten natürlichen Personen in einem Verwandtschaftsverhältnis stehen[1498]. Schließlich werden auch Personen einbezogen, die nach dem russischen

1496 Philippov, Die Heranziehung bösgläubiger Personen zur Verantwortung wegen der Verletzung des Insolvenzrechts, S. 4; O. Snizerova, Anfechtung von Rechtsgeschäften nach dem InsolvG, S. 4.

1497 Vgl. a. Demechin, Neue Änderungen im Gesetz über die Insolvenz, S. 2.

1498 Als Verwandtschaft i.S.d. Art. 19 InsolvG werden miteinbezogen: Ehegatten, Geschwister, Eltern, Kinder, Verwandte gerader Linie sowie die Geschwister der Ehegatten und deren Verwandte in gerader Linie, Art. 19 Pkt.3 InsolvG.

Zivilrecht als interessierte Personen für juristische Personen gelten. Die Benennung solcher Personen folgt für die GmbH aus Art. 45 Pkt.1 GmbHG(R)[1499] und erfasst neben den bereits aufgezählten Personen auch Gesellschafter, die nach Art. 45 Pkt.1 S. 2 Alt. 2 GmbHG(R) alleine (oder zusammen mit einer „affilierten Person"[1500]) mindestens 20% der Anteile an der Gesellschaft halten und an dem Rechtsgeschäft beteiligt sind[1501].

Die Anwendung von strengeren Regeln auf solche Personen wird mit ihrer Stellung in der Gesellschaft begründet. Aufgrund ihrer Befugnis zu Führung der Gesellschaft oder zur Einsichtnahme in Bücher und Finanzunterlagen ist die Beweislasterleichterung gerechtfertigt[1502]. Aus diesem Grund ist es auch nicht verfehlt zu behaupten, dass die Anfechtungstatbestände auch auf Rechtsgeschäfte der Gesellschaft mit ihren Gesellschaftern anwendbar sind. Jedoch lässt sich daraus nicht per se die Schlussfolgerung ziehen, dass allen mit den Gesellschaftern vorgenommenen Rechtshandlungen auch zugleich die Vermutungsregeln der Art. 61.2 Pkt.2, S. 2, 61.3 Pkt.3 S. 2 InsolvG zugutekommen.

3. *Rechtsvergleichende Wertung*

Die Berücksichtigung von nahestehenden Personen, die von dem Anwendungsbereich des Anfechtungsrechts verstärkt miterfasst werden, kann mit der Gleichstellung gesellschaftergleicher Dritter im Rahmen der wirtschaftlich entsprechenden Rechtshandlungen bei §§ 39 Abs. 1 Nr. 5, 135 Abs. 1 InsO

1499 Vgl. Beschluss des Plenums des obersten Arbitragegerichts v. 30.4.2009, Nr. 32 „Über Fragen in Bezug auf die Anfechtung von Rechtshandlungen auf der Grundlage des Gesetzes über die Insolvenz (den Bankrott)", Pkt.11, S. 11. Die hierzu in dem Plenarbeschluss ergangenen Ausführungen bezogen sich zwar auf die ehemalige Vorschrift des Art. 103 Pkt.2 InsolvG. Dasselbe gilt jedoch auch für Art. 61.2 Pkt.2 S. 2 und Art. 61.3 Pkt.3 S. 2 InsolvG, da sich an der Regelung diesbezüglich nichts geändert hat.

1500 Der Begriff der affilierten Person („*affilirovannye lica*"), auf den sowohl im GmbHG(R) als auch im AktG(R) verwiesen wird, bestimmt sich nach der Wettbewerbsgesetzgebung. Nach Art. 4 des Wettbewerbsgesetzes v. 6.6.1998 (Nr. 70 FZ) sind als affilierte Personen Gesellschaften oder Personen zu verstehen, die Einflussnahme auf eine unternehmerisch wirkende Person oder Gesellschaft nehmen kann. Durch die umfassende Aufzählung der affilierten Personen wird der Kreis der betroffenen Personen sehr weit gefasst.

1501 Vgl. Beschluss des 18. Arbitrageberufungsgerichts v. 26.04.2010 (AZ: 18AP-2694/2010), S. 2.

1502 Demechin, Die Entwicklung der Insolvenzgesetzgebung in der Krise, S. 2.

verglichen werden[1503]. Jedoch ist der Kreis des personellen Anwendungsbereiches nach dem deutschen Recht enger ausgelegt als der Kreis dessen, wer als „interessierte Person“ im russischen Recht in Betracht kommt. Eine pauschale Ausdehnung auf alle interessierten bzw. nahestehenden Personen eines Gesellschafters ist im deutschen Recht abzulehnen, solange keine besonderen Umstände hinzukommen[1504]. Dagegen werden alle Personen erfasst, die für Rechnung des Gesellschafters tätig werden. Dem Grunde nach wird mit der Vorschriften der gleiche Sinn und Zweck verfolgt, nämlich die mit einer gewissen Nähe zur Gesellschaft ausgestalteten Personen strengeren Anforderungen zu unterstellen. Welche Personen von den strengeren Regeln tatsächlich mitberücksichtigt werden, wird aber zumindest im deutschen Recht einer Einzelfallentscheidung vorbehalten bleiben, da von einer Aufzählung vergleichbar § 138 InsO – der an die verwandtschaftliche Beziehungen anknüpft – für Vorschriften über Gesellschafterdarlehen oder von der Auflistung vergleichbar den russischen Regeln explizit abgesehen wurde.

Auch im Hinblick auf die Schädigungsabsicht des Schuldners ist eine Ähnlichkeit zum deutschen Recht erkennbar. Die Anfechtbarkeit nach Art. 61.2 Pkt.2 InsolvG ist mit Art. 133 Abs. 1 und Abs. 2 InsO, der auch neben dem spezielleren § 135 Abs. 1 InsO gilt, vergleichbar. Ebenso wie bei Art. 61.2 Pkt.2 InsolvG ist im Rahmen von § 133 InsO vorausgesetzt, dass der Schuldner mit dem Vorsatz[1505] handeln muss, seine Gläubiger zu benachteiligen und dass der Vertragspartner den Vorsatz des Schuldners gekannt haben muss. Im Hinblick auf die Beweiserleichterung sind die Vermutungsregeln des Art. 61.2 Pkt.2 S. 2 Alt. 3 InsolvG und des § 133 Abs. 1 S. 2 InsO sogar identisch, da in beiden Fällen die Kenntnis vom Schädigungsvorsatz vermutet wird, wenn der andere Teil wusste, dass die Zahlungsunfähigkeit des Schuldners droht und dass die vorgenommene Handlung die Gläubiger benachteiligt. Die Regelung des Art. 61.2 Pkt.2 InsolvG deckt sich also dem Grunde nach mit § 133 Abs. 1 InsO, jedoch mit dem immensen Unterschied, dass in § 133 Abs. 1 InsO die letzten zehn Jahre vor dem Antrag auf

1503 S. oben Teil 1, 2. Kap., A. III. 2. b.

1504 Vgl. Uhlenbruck, Hirte, InsO, § 39, Rdn. 42.

1505 Der bei § 133 I InsO erforderliche Vorsatz und die bei Art. 61.2 Pkt.2 InsolvG beschriebene Absicht unterscheiden sich nicht in der Rechtslage. Die Vorläuferregelung des § 133 Abs. 1 InsO sprach in § 31 Abs. 1 Nr. 1 KO ebenfalls von einer „Absichtsanfechtung“. Der neue Wortlaut weg von der Absichts- hin zu der Vorsatzanfechtung führte keine Rechtsänderung herbei. Insofern bestehen zwischen § 133 Abs. 1 InsO und Art. 61.2 Pkt.2 InsolvG rein sprachliche Unterschiede.

Eröffnung des Insolvenzverfahrens – und nicht nur die letzten drei Jahre nach Art. 61.2 Pkt.2 Abs. 1 S. 1 InsolvG – zu berücksichtigen sind.

III. Mit Bevorzugungsabsicht gegenüber einem Gläubiger abgeschlossene Rechtsgeschäfte i.S.d. Art. 61.3 InsolvG

Nach Art. 61.3 InsolvG kann das Insolvenzgericht ein Rechtsgeschäft für unwirksam erklären, wenn der Schuldner es mit einem bestimmten Gläubiger oder einer anderen Person eingegangen hat und es zur Folge hat oder haben kann, dass dieser Gläubiger gegenüber anderen Gläubigern bevorzugt wird. Wann ein solches Rechtsgeschäft durch den Insolvenzverwalter angefochten wird, wird anhand einiger Regelbeispiele in Art. 61.3 InsolvG aufgezählt.

1. Anfechtungsregelbeispiele

Dies ist zum einen der Fall, wenn sich das Rechtsgeschäft auf die Sicherung einer Schuldnerverbindlichkeit gegenüber einem Gläubiger bezieht und diese Verbindlichkeit vor dem Abschluss des anfechtbaren Rechtsgeschäftes bereits entstanden ist.

Zum anderen kann es ein anfechtbares Rechtsgeschäft darstellen, wenn es die Rangfolge der Gläubiger bei der Befriedigung von Verbindlichkeiten, die vor dem Abschluss des streitigen Rechtsgeschäftes entstanden sind, verändert.

Ebenso kann ein Rechtsgeschäft angefochten werden, wenn es dazu führt, dass die im Zeitpunkt des Abschlusses des Rechtsgeschäftes nicht fällig gewordenen Verbindlichkeiten erfüllt werden, während bereits fällige Verbindlichkeiten anderer Gläubiger noch unerfüllt bleiben.

Schließlich greift die Anfechtung auch dann ein, wenn das Rechtsgeschäft mit einem bestimmten Gläubiger dazu führen kann, dass dieser Gläubiger bei der Befriedigung von Verbindlichkeiten, die vor dem Abschluss des Rechtsgeschäftes entstanden sind, besser bzw. bevorzugter ausfällt als es der Fall wäre, wenn seine Forderung im Rahmen der gesetzlichen Rangfolge entsprechend dem Insolvenzgesetz befriedigt worden wäre.

2. Der zeitliche Geltungsbereich

Nach Art. 61.3 Pkt.2 InsolvG ist der zeitliche Anwendungsbereich dieses Anfechtungstatbestandes jedoch sehr eng bemessen. Das Insolvenzgericht kann ein solches Rechtsgeschäft nur dann für unwirksam erklären, wenn es nach der Annahme des Insolvenzantrages vom Insolvenzgericht oder innerhalb eines Monats vor der Insolvenzantragsstellung vorgenommen wurde. Das Gesetz sieht in Art. 61.3

Pkt.3 InsolvG in zwei Fällen jedoch eine Verlängerung der Anfechtungsmöglichkeit auf sechs Monate vor. Zum einen ist die sechsmonatige Zeitspanne einschlägig, wenn das Rechtsgeschäft in der Besicherung einer Verbindlichkeit besteht, die bereits vor dem Abschluss des anfechtbaren Rechtsgeschäftes bestand[1506]. Diese Regelung überrascht, denn es besteht insoweit kein Unterschied zu Art. 61.3 Pkt.1, 2 InsolvG. Der Sinn und Zweck von Art. 61.3 Pkt.3 InsolvG müsste also darin gesehen werden, dass im Falle der Besicherung die längere Zeitspanne zu berücksichtigen ist, was jedoch die Regelung im Rahmen des Art. 61.3 Pkt.1, 2 InsolvG überflüssig macht.

Zum anderen wird die Anfechtungsmöglichkeit auf sechs Monate ausgedehnt, wenn das Rechtsgeschäft darauf gerichtet ist, die Rangfolge der Gläubiger von bereits begründeten Verbindlichkeiten zu verändern, wenn dabei feststeht, dass dem Gläubiger die Zahlungsunfähigkeit des Schuldners bekannt war oder hätte bekannt sein müssen[1507]. Ohne ein konkretes Regelbeispiel zu erfüllen verlängert sich die Frist immer, wenn der Gläubiger oder eine andere Person, zu dessen Gunsten das Rechtsgeschäft abgeschlossen wurde, Kenntnis von der Zahlungsunfähigkeit des Schuldners oder von den die Zahlungsunfähigkeit auslösenden Merkmalen hatte. Dabei wird auch hier die Beweislastumkehr zugelassen, so dass die Kenntnis einer „interessierten Person" von der Zahlungsunfähigkeit des Schuldners solange vermutet wird, bis sie diese Vermutung widerlegen kann. Die Vorschrift ist ihrem Wortlaut nach sehr missverständlich ausformuliert, macht jedoch deutlich, dass mit weiteren Erschwerungsgründen für den Gläubiger die Anfechtungsmöglichkeiten zeitlich ausgedehnt werden.

3. *Rechtsvergleichende Wertung*

Die Voraussetzung der Bevorzugung von bestimmten Gläubigern gegenüber anderen Gläubigern in Art. 63.3 InsolvG drückt das im deutschen Recht im Rahmen aller Anfechtungstatbestände der § 130–135 InsO notwendige Erfordernis der mittelbaren oder unmittelbaren Gläubigerbenachteiligung aus. Die Bevorzugung eines Gläubigers, zu dessen Gunsten ein bestimmtes Rechtsgeschäft vorgenommen wird, hat die Benachteiligung übriger Gläubiger zur Folge, so dass es sich de facto um die gleichen Tatbestandsvoraussetzungen handelt. Im deutschen Recht muss bei der Benachteiligung von Gläubigern, die je nach

1506 Snizerova, Anfechtung von Rechtsgeschäften nach dem InsolvG, S. 3; Philippov, Die Heranziehung bösgläubiger Personen zur Verantwortung wegen der Verletzung des Insolvenzrechts, S. 4.

1507 Snizerova, Anfechtung von Rechtsgeschäften nach dem InsolvG, S. 3.

den Anfechtungsvorschriften differenziert[1508], jedoch beachtet werden dass eine bloße Benachteiligung einzelner Gläubiger nicht ausreichend ist, da vielmehr die Gläubigergesamtheit maßgeblich ist[1509].

IV. Übergangsbestimmungen

Bei den oben beschriebenen Anfechtungstatbeständen handelt es sich um Vorschriften, die erst seit dem 5.6.2009 in Kraft getreten sind. Sie sind im Vergleich zu der Vorgängerregelung des Art. 103 InsolvG a.F. an vielen Stellen teilweise weiter, teilweise neu ins Gesetz aufgenommen worden. Eine Übergangsbestimmung entsprechend Art. 103d EGInsO hat das russische Insolvenzrecht jedoch nicht vorgesehen. Stattdessen hat das Präsidium des obersten Arbitragegerichts ein Informationsbrief in Bezug auf den Geltungsbereich der geänderten bzw. neu eingefügten Vorschriften veröffentlicht[1510]. Daraus wird ersichtlich, dass die neuen insolvenzrechtlichen Anfechtungsvorschriften, unabhängig von dem Zeitpunkt der Eröffnung des Insolvenzverfahrens, erst dann anwendbar sind, wenn das in Frage stehende Rechtsgeschäft nach dem 5.6.2009 abgeschlossen wurde, so dass die ehemalige Vorschrift des Art. 103 InsolvG a.F. auch weiterhin

---

1508 So ist zum Beispiel bei Art. 133 Abs. 2 S. 1 und 132 Abs. 1 InsO eine unmittelbare Benachteiligung erforderlich, während bei den restlichen Anfechtungstatbeständen, insbesondere der für Gesellschafterdarlehen, eine mittelbare Benachteiligung ausreichend ist.

1509 Uhlenbruck, Hirte, InsO, § 139, Rdn. 107 f.

1510 Informationsbrief des Präsidiums des Obersten Arbitragegerichtes der Russischen Föderation v. 27.04.2010, Nr. 137. Dies folgt auch aus der Plenarentscheidung des VAS v. 30.04.2009, Nr. 32, zu Fragen im Zusammenhang mit der Anfechtung von Rechtsgeschäften und der Anwendbarkeit neuer Vorschriften. Das Eingreifen eines obersten Gerichtes bei der Auslegung von Vorschriften ist im russischen Recht keine Seltenheit. Um die korrekte und einheitliche Handhabung der neuen Rechtsvorschriften durch die Rechtsprechung zu gewährleisten, geben oberste Arbitragegerichte Verordnungen, Beschlüsse und Richtlinien heraus; vgl. Arzinger/Galander, Russisches Wirtschaftsrecht, S. 343. Der Grund für ein solches Engagement der russischen Gerichte kann darin gesehen werden, dass die ehemalige kommunistische Handhabung immer noch ihre Spuren hinterlässt. Veröffentlicht werden die Erkenntnisse, Beschlüsse und Informationsbriefe in den Mitteilungen des Obersten Arbitragegerichts (VVAS) und sind für die Rechtsanwender wichtige Bausteine in der Auslegung und Argumentation bei den Rechtsstreitigkeiten; vgl. Breidenbach, Solotych, Handbuch Wirtschaft und Recht in Osteuropa, Band 3, Kap. D.XII RUS, Rdn. 64.

noch beachtliche Zeit in der gerichtlichen Praxis anwendbar sein wird[1511]. Aus diesem Grund empfiehlt es sich, einen knappen Überblick über die zwei wichtigsten Tatbestände der vormaligen Anfechtungsvorschrift aufzuzeigen.

1. Rechtsgeschäfte mit „interessierten Personen"

Nach Art. 103 Pkt.2 InsolvG a.F. konnten Rechtsgeschäfte, die der Schuldner mit „interessierten Personen" abgeschlossen hat, auf Antrag des Insolvenzverwalters vom Insolvenzgericht angefochten und für unwirksam erklärt werden, wenn dem Schuldner und den Gläubigern infolge der Erfüllung des betreffenden Rechtsgeschäftes Nachteile entstehen können oder bereits entstanden sind[1512]. Unter den „interessierten Personen" ist – wie im Rahmen der Artt. 61.2 Pkt.2 S. 2, 61.3 Pkt.3 S. 2 InsolvG – insbesondere auf Art. 19 Pkt.2 InsolvG abzustellen. Art. 103 Pkt.2 InsolvG a.F. kann mit der in ihren Voraussetzungen weiter geführten Anfechtungsvorschrift des neuen Art. 61.2 Pkt.2 InsolvG verglichen werden, wobei Art. 103 Pkt.2 InsolvG a.F. keine zeitliche Begrenzung vorsah.

2. Rechtsgeschäfte mit Bevorzugungsabsicht

Darüber hinaus konnte nach Art. 103 Pkt.3 InsolvG a.F. ein Rechtsgeschäft angefochten werden, das mit einem bestimmten Gläubiger oder mit einer dritten Person nach der Annahme des Antrages des Schuldners auf Insolvenzerklärung oder innerhalb von sechs Monaten vor der Insolvenzantragsstellung abgeschlossen wurde, wenn es zu einer bevorzugten Erfüllung von Forderungen eines Gläubigers gegenüber den anderen Gläubigern geführt hat oder wenn die in Art. 134 InsolvG statuierte Rangfolge der Forderungen nicht beachtet wurde[1513]. Diese Regelung entspricht fast wörtlich dem neu eingefügten Art. 61.3 InsolvG, insbesondere Art. 61.3 Pkt.1 Alt. 4 InsolvG. Bei der Fallgruppe der Bevorzugung eines Gläubigers gegenüber anderen kam es schon im alten Recht nicht darauf an, aus welchem konkreten Rechtsgeschäft sich die Bevorzugungsabsicht

1511 Philippov, Die Heranziehung bösgläubiger Personen zur Verantwortung wegen der Verletzung des Insolvenzrechts, S. 5; Urteil des 17. Arbitrageberufungsgerichts v. 26.07.2010 (AZ: 17 AP-6585/2010 GK) S. 3.

1512 Beschluss des Plenums des obersten Arbitragegerichts v. 30.4.2009, Nr. 32 „Über Fragen in Bezug auf die Anfechtung von Rechtshandlungen auf der Grundlage des Gesetzes über die Insolvenz (den Bankrott)", Pkt.11, S. 11.

1513 Beschluss des Plenums des obersten Arbitragegerichts v. 30.4.2009, Nr. 32 „Über Fragen in Bezug auf die Anfechtung von Rechtshandlungen auf der Grundlage des Gesetzes über die Insolvenz (den Bankrott)", Pkt.16 13 f.

ergab. Vielmehr fiel jegliches Rechtsgeschäft, das in dem kritischen Zeitraum vorgenommen wurde, unter die Anfechtung, soweit es dazu geeignet war, einen Gläubiger gegenüber den anderen Gläubigern zu bevorzugen[1514]. So fiel auch die Tilgung von Gesellschafterverbindlichkeiten, die nach der Stellung des Insolvenzantrages durchgeführt wurden, im Falle der Nichteinhaltung der gesetzlichen Forderungsrangfolge unter die Anfechtungsvorschriften, wenn diese nicht im Einverständnis mit dem Insolvenzverwalter vorgenommen wurde[1515]. Das gleiche gilt dann auch für Forderungstilgungen, die noch vor dem Insolvenzantrag getilgt wurden, wenn dies innerhalb des vorgesehenen sechsmonatigen Zeitraums vorgenommen wurde.

3. *Einschränkung der Anfechtbarkeit*

Bei der Entscheidung über die Anfechtung des Rechtsgeschäftes nach Art. 103 Pkt.3 InsolvG a.F. werden die Gerichte jedoch zu beachten haben, dass das Geschäft dann nicht angefochten und für unwirksam erklärt werden kann, wenn der Anfechtungsgegner beweisen kann, dass er im Zeitpunkt des Abschlusses des Rechtsgeschäftes weder positive Kenntnis von der eingetretenen noch von der drohenden Zahlungsunfähigkeit des Schuldners hatte[1516]. Diese Einschränkung folgt jedoch nicht aus dem Gesetz, sondern aus der Klarstellung des obersten Arbitragegerichts.

Aufgrund dessen, dass die ehemaligen gesetzlichen Anfechtungsbestimmungen sehr knapp formuliert waren und die Gerichte zunehmend Probleme bei der einheitlichen Anwendung der Vorschriften bekamen, wurde das oberste Arbitragegericht im Interesse der Klärung entscheidungsrelevanter Tatsachen und im Interesse einer einheitlichen Rechtsanwendung tätig und veröffentlichte Leitlinien und Erläuterungen zu den Anfechtungsvorschriften[1517]. Mit der Reform der

1514 Zarik, Besondere Gründe für die Anfechtung von Rechtsgeschäften in der Insolvenz, S. 2.

1515 Beschluss des Plenums des obersten Arbitragegerichts v. 30.4.2009, Nr. 32 „Über Fragen in Bezug auf die Anfechtung von Rechtshandlungen auf der Grundlage des Gesetzes über die Insolvenz (den Bankrott)", Pkt.18, S. 15.

1516 Auslegungsanweisung des Plenums des obersten Arbitragegerichts v. 30.4.2009, Nr. 32 „Über Fragen in Bezug auf die Anfechtung von Rechtshandlungen auf der Grundlage des Gesetzes über die Insolvenz (den Bankrott)", Pkt.19, S. 15; a.A. Zarik, Besondere Gründe für die Anfechtung von Rechtsgeschäften in der Insolvenz, S. 3.

1517 Beschluss des Plenums des obersten Arbitragegerichts v. 30.4.2009, Nr. 32 „Über Fragen in Bezug auf die Anfechtung von Rechtshandlungen auf der Grundlage des

Vorschriften sind einige Punkte in das Gesetz aufgenommen worden, so dass das Erfordernis der Kenntnis von der Zahlungsunfähigkeit oder von der die Zahlungsunfähigkeit begründenden Tatsachen nun nicht mehr den gerichtlichen Auslegungsanweisungen, sondern explizit dem Gesetz (Art. 61.3 Pkt.3 InsolvG) zu entnehmen ist.

4. *Fazit*

Im Ergebnis handelt es sich bei der ehemaligen Anfechtungsvorschrift um dieselben Regelungsinhalte, die in den neuen Vorschriften lediglich ausgeschmückt und deutlich erweitert wurden. Im Vergleich zu den neuen Regelungen sind die Anfechtungsregelungen des Art. 103 Pkt.2 und Pkt.3 InsolvG a.F. für eine sachgemäße Berücksichtigung der Gläubigerinteressen jedoch zweifellos unzureichend gewesen, so dass die Reformierung des Anfechtungsrechts durchaus zu begrüßen ist.

V. Ausschluss der Anfechtung

Ausnahmsweise soll die Anfechtung von Rechtsgeschäften ausgeschlossen sein, wenn eine gleichwertige Gegenleistung vorliegt und die Insolvenzmasse aufgrund des vorgenommenen Rechtsgeschäftes nicht wesentlich beeinträchtigt wird. Nach Art. 61.4 Pkt.2 InsolvG werden Rechtsgeschäfte, die im Rahmen der gewöhnlichen unternehmerischen Tätigkeit des Schuldners vorgenommen werden, dann nicht nach Art. 61.2 Pkt.1 und Art. 61.3 InsolvG angefochten, wenn das vorgenommene Geschäft – insbesondere die Übertragung von Vermögenswerten oder die Eingehung neuer Verbindlichkeiten – nur 1% der Aktiva des Schuldners beträgt.

Darüber hinaus wird die Anfechtung nach Art. 61.4 Pkt.3 InsolvG – vorbehaltlich Art. 61.2 Pkt.2 InsolvG – dann ausgeschlossen, wenn der Schuldner unmittelbar nach dem Abschluss des Rechtsgeschäftes eine gleichwertige Gegenleistung erhalten hat. Dies kann ebenfalls damit erklärt werden, dass eine Benachteiligung der Gläubiger durch die Gegenleistung wieder ausgeglichen wird. Eine Anfechtung wird jedoch auch bei einer gleichwertigen Gegenleistung möglich und opportun sein, wenn die Geschäfte mit Schädigungsvorsatz vorgenommen wurden. Denn nach Art. 61.4 Pkt.3 InsolvG wird ein mit Schädigungsvorsatz

Gesetzes über die Insolvenz (den Bankrott)". Die Erläuterungen bezogen sich zwar im Wesentlichen auf die ehemalige Anfechtungsvorschrift des Art. 103 InsolvG, können aber auch weiterhin herangezogen werden, da die Vorschriften im Wesentlichen gleich geblieben sind.

vorgenommenes Rechtsgeschäft von der Ausnahmeregelung ausdrücklich ausgenommen. Das gleiche muss auch für den Ausnahmetatbestand des Art. 61.4 Pkt.2 InsolvG gelten, da dieser die Anfechtung von Rechtsgeschäften, die lediglich 1% der Aktiva des Schuldners betragen nur für die Fälle der verdächtigen Geschäfte i.S.d. Art. 61.2 Pkt.1 InsolvG und der mit Bevorzugungsabsicht abgeschlossenen Rechtsgeschäfte i.S.d. Art. 61.3 InsolvG ausschließt und die mit Schädigungsabsicht vorgenommen Geschäfte ausdrücklich auslässt.

1. Gewöhnliche unternehmerische Geschäfte

Der Anfechtungsausschluss gilt nach dem eindeutigen Wortlaut des Gesetzes ausschließlich für Rechtsgeschäfte, die als gewöhnliche Geschäfte der Gesellschaft gelten. Diese Einschränkung ist aus dem Grunde nicht unerheblich, als nicht ohne weiteres behauptet werden kann, dass die im Zusammenhang mit der Darlehensvergabe vorgenommenen Rechtshandlungen durch die Gesellschaft unter gewöhnlichen Geschäftsgang fallen. Grundsätzlich gehören zu den gewöhnlichen Geschäften alle Geschäfte, die im Zusammenhang mit der Erfüllung des Unternehmensgegenstandes angebracht, typisch und üblich sind. Die russischen Gerichte zählen dazu nicht nur die Geschäfte, die den Unternehmenszweck der Gesellschaft selbst erfüllen, sondern auch solche Geschäfte, die die Realisierung der eigentlichen Gesellschaftstätigkeit gewährleisten sollen[1518]. Dabei legt die Rechtsprechung bei der Frage, welche Geschäfte zur Gewährleistung der Unternehmenstätigkeit noch als üblich angesehen werden können, einen weiten und großzügigen Maßstab an. So werden Geschäfte, wie gegenseitige Verträge oder Sicherheiten, die immer wieder im Rahmen der unternehmerischen Tätigkeit vorkommen, noch als gewöhnliche Geschäfte bezeichnet. Insbesondere die Eingehung von Darlehensverbindlichkeiten wird als ein wichtiges objektives Geschäft angesehen[1519], da die Verfolgung des Unternehmenszwecks ohne ausreichende finanzielle Mittel undenkbar ist.

Grundsätzlich kann also davon ausgegangen werden, dass auch Darlehensverträge oder Nutzungsüberlassungen, die als Finanzierung immer wieder eine Rolle spielen werden, als noch übliche Geschäfte angesehen werden können. Andererseits ist vor allem bei den Darlehensverträgen zu bedenken, dass diese einer Rückzahlungspflicht unterliegen und verzinst werden müssen, so dass eine Mitwirkung

1518 Lukjanenko, Wertende Bergriffe des Zivilrechts: Vernünftigkeit, Redlichkeit und Wesentlichkeit, S. 460.

1519 Lukjanenko, Wertende Bergriffe des Zivilrechts: Vernünftigkeit, Redlichkeit und Wesentlichkeit, S. 461.

der Gesellschafter möglicherweise angebracht wäre. Allerdings verfolgen die russischen Gerichte in Bezug auf die beiläufige Kredit- oder Darlehensaufnahme eine ziemlich gradlinige Richtung und bejahen den Charakter eines gewöhnlichen Geschäftes, wenn diese nicht eine außergewöhnliche Tragweite haben und die Inanspruchnahme der Darlehensvaluta der Verfolgung der gewöhnlichen Unternehmensgeschäfte zu dienen bestimmt ist[1520]. Es kommt also primär darauf an, dass die Finanzierung mit der gewöhnlichen eigenen Tätigkeit des Unternehmens im Zusammenhang steht und sich im Rahmen der üblichen Maßnahmen des Unternehmens bewegt[1521].

Ausnahmsweise werden auch die Darlehensverträge dann als ungewöhnliche Geschäfte angesehen, wenn sie mit besonderen Risiken einhergehen und ihr Umfang so beträchtlich wird, dass für die Zins- und Tilgungsleistungen bestehende Vermögenswerte aufgelöst werden müssten. Wenn also die übliche Darlehens- und Kreditaufnahme zum gewöhnlichen Geschäftsbetrieb gehören, dann muss dieser Grundsatz auch für die Darlehensverträge mit den Gesellschaftern gelten, die in der Regel sogar zu günstigeren Konditionen eingegangen werden als mit Dritten und mit den Kreditinstituten. Damit kann es sich bei den im Rahmen der gewöhnlichen Geschäfte vorgenommenen Rechtshandlungen i.S. der Ausnahmevorschrift auch um die Tilgung solcher Darlehensverträge handeln.

Die Bestimmung der gewöhnlichen Geschäfte im russischen Recht entspricht auch der Definition, die im deutschen Recht für die gewöhnlichen Geschäfte im Rahmen der Geschäftsführertätigkeit angewandt wird[1522]. Der Unterschied zum deutschen Recht der Anfechtung von Rechtsgeschäften besteht jedoch darin, dass eine solche Ausnahmevorschrift im deutschen Anfechtungsrecht nicht existiert.

1520 Beschlüsse des Föderalen Arbitragegerichts v. 23.03.2004 (AZ: F03-A59/04-1/213); des Föderalen Arbitragegerichts der Nordkaukasusregion v. 26.12.2006 (AZ: F08-6415/2006); des Föderalen Arbitragegerichts der Uralregion v. 4.11.2003 (AZ: F09-3140/03 GK); des Föderalen Arbitragegerichts der Westsibirischen Region v. 11.12.2003 (AZ: F04-6254-2076/A45-2003); des Föderalen Arbitragegerichts der Moskauer Region v. 30.11.2005 (AZ: KG A40/10903-05).

1521 Lukjanenko, Wertende Bergriffe des Zivilrechts: Vernünftigkeit, Redlichkeit und Wesentlichkeit, S. 472.

1522 Vgl. zu der gewöhnlichen Geschäftstätigkeit im deutschen Recht MünchKommHGB, Jickeli, § 116, Rdn. 22 ff; Röhricht/Graf v. Westphalen, v. Gerkan/Haas, HGB, § 116, Rdn. 1 f.; Henssler/Strohn, Finckh, HGB, § 116, Rdn. 2 ff.

2. *Ein-Prozent-Klausel*

An dieser Stelle bietet sich eine nähere Analyse des Ausschlusses der Anfechtung bei einer Nichtüberschreitung von 1% der Aktiva der Gesellschaft an. Die Ein-Prozent-Klausel, die nicht nur an die geldmäßige Auszahlung bzw. Tilgung von Verbindlichkeiten anknüpft, sondern sogar Rechtsgeschäfte betrifft, die die Übertragung von Vermögenswerten zur Folge hat, könnte aus der Sicht der Gläubiger in der Praxis von höchster Relevanz sein. Es stellt sich die Fallkonstellation vor, bei der die Gesellschaftergläubiger, die im Vorfeld der Insolvenz Tilgung ihrer Darlehensforderungen oder sonstiger Forderungen verlangen, nicht bar ausbezahlt werden können, so dass die Gesellschaft, um ihrer Verpflichtung zur Rückzahlung nachzukommen, die Übertragung von einem Vermögenswert anbietet[1523]. Beträgt die Vermögensübertragung einen Prozent der Aktiva, muss der befriedigte Gesellschafter nicht befürchten, dass dieses Rechtsgeschäft nach der Stellung des Insolvenzantrages angefochten wird.

Die Ein-Prozent-Hürde mag auf den ersten Blick keine nennenswerte Wirkung hinterlassen. Bei der Berücksichtigung der in Russland registrierten juristischen Gesellschaften fällt jedoch auf, dass für die Mehrzahl der Gesellschaften, die in der Form der GmbH geführt werden, eine solche Klausel nicht nur die übrigen Gläubiger völlig im Regen stehen lässt, sondern auch das Missbrauchspotential fördert.

Die Mehrheit der in Russland registrierten Gesellschaften mit beschränkter Haftung sind als mittelständische Unternehmen am Markt tätig, deren Aktiva in der Regel sich zwischen einer und zehn Millionen Euro bewegen sollte. Mit steigendem Umsatz würde die Aktiva sogar noch höher liegen. Bei mittelgroßen und großen Unternehmen sind die Beträge sogar deutlich höher. Die Nichtberücksichtigung von Rechtsgeschäften, die insbesondere auf die Übertragung von Vermögenswerten gerichtet sind und innerhalb eines Jahres oder sechs Monaten vor der Stellung des Insolvenzantrages durch den Geschäftsleiter vorgenommen werden und die zum Vermögensentzug zwischen 10.000 und 100.000 Euro oder mehr führen, bedeutet gleichzeitig, dass eben dieser Betrag den Gläubigern vorenthalten wird, da er anfechtungsfest ist. Nun mag auch ein solcher Betrag an den Befriedigungschancen einer völlig insolventen Gesellschaft nicht viel ändern. Bei mittelgroßen und größeren Gesellschaften werden sich die an die Gesellschafter ausgegebenen Beträge jedoch in die Höhe katapultieren und einen immensen Nachteil für die Befriedigungsaussichten übriger Gläubiger begründen.

1523 Die Gängigkeit solcher Verfahren wird deutlich bei Zarik, Besondere Gründe für die Anfechtung von Rechtsgeschäften in der Insolvenz, S. 3.

Darüber hinaus sind die Missbrauchsfälle aufgrund dieser Klausel schon vorprogrammiert. Die Gesellschafter, insbesondere die Mehrheitsgesellschafter, werden regelmäßig auf die kalkulierte Übertragung von Vermögenswerten und die vorzeitige Durchführung drängen. Und der Insolvenzverwalter wird sich anschließend vor einem Scherbenhaufen wiederfinden, da die Gesellschaft weder Bargeld noch die in der Insolvenz zu veräußernden Vermögenswerte aufweisen können wird. Insofern überrascht es, dass der Gesetzgeber einerseits von einem neuen gläubigerfreundlichen Insolvenzgesetz spricht, dass in erster Linie darauf gerichtet ist, die Befriedigungschancen der Gläubiger zu verbessern[1524], andererseits jedoch eine solche liberale Ausnahmevorschrift in Bezug auf den Vermögensentzug statuiert.

Gegen das Missbrauchspotential kann zwar eingewandt werden, dass bei einem geplanten und kalkulierten Vorgehen der Gesellschafter und des Geschäftsleiters, die Ausnahmevorschrift ohnehin keine Anwendung findet, da davon ausgegangen werden kann, dass sie kumulativ mit Schädigungsabsicht i.S.d. Art. 61.2 Pkt.2 InsolvG agieren. Dem Insolvenzverwalter obliegt jedoch die Beweislast für eine solche Schädigungsabsicht, wenn die Vermutungsregel des Art. 61.2 Pkt.2 Abs. 2 InsolvG nicht eingreift. Insofern wird auf die Insolvenzverwalter und die Gerichte die Hoffnung auferlegt, sich von der bisherigen distanzierenden Haltung bei der Verfolgung von Geschäftsleiterhandlungen nicht beeinflussen zu lassen und die prozessualen Schwierigkeiten in Bezug auf die Beweiserbringung zu beheben[1525].

Auch wenn eine solche Kritik an der Ausnahmevorschrift zu streng klingt, so muss leider immer noch berücksichtigt werden, dass – laut russischer Juristen und Insolvenzverwalter – die Gefahr eines uneinbringlichen Vermögensentzugs durch die Gesellschafter und Geschäftsleiter der Gesellschaft noch sehr häufig anzutreffen ist. Es werden sogar Off-shore Gesellschaften mit fiktiven Verträgen gebildet, um die Aktiva zu transferieren[1526], ohne dass es für den Insolvenzverwalter oder die Gerichte die Möglichkeit besteht, es für die Befriedigung übriger Gläubiger wieder zurückzuholen. Ein ebenfalls sehr häufiges Instrumentarium

1524 Kondrat, Inefficiency of laws and gaps in legislation as a threat to financial security of a state institution, S. 7; Samsonova, Varianten zur Verhinderung der Abführung der Aktiva des Schuldners in der Insolvenz, S. 16.

1525 Das Problem der Beweiserbringung in der gerichtlichen Praxis spricht Pestrikov sehr deutlich an, vgl. Pestrikov, Subsidiäre Haftung von Gesellschaftern und Geschäftsführern in der Insolvenz, S. 2 f.

1526 Samsonova, Varianten zur Verhinderung der Abführung der Aktiva des Schuldners in der Insolvenz, S. 19.

für den Entzug von Aktiva wird im Rahmen des Vollstreckungsverfahrens durchgeführt[1527]. Bei dieser Konstellation wird zwischen der Gesellschaft und einem Dritten oder einem Gesellschafter ein fiktiver Vertrag – oft handelt es sich um größere Darlehensverträge – geschlossen. Anschließend klagt der Gesellschaftergläubiger erfolgreich auf Erfüllung bzw. Tilgung der Forderungen, da seitens der schuldnerischen Gesellschaft keine Gegenanträge oder sonstige Mittel erhoben werden oder der Schuldner sich darauf eingelassen hat. Im anschließenden Vollstreckungsverfahren wird dann der Vermögenswert übertragen.

Solche Beispiele, die bei weitem nicht die ganze Praxis unberechenbarer Unternehmer begründen, sind der Beweis dafür, dass bestehende Regelungen ohnehin lückenhaft sind und immer wieder umgangen werden. Die russische Rechtsordnung braucht nicht auch noch Vorschriften, die zu Missbräuchen gesetzlich animieren.

3. *Rechtsvergleichende Wertung*

Bei den Ausnahmetatbeständen wird die Ähnlichkeit zum deutschen Recht deutlich. Insbesondere die zweite Ausnahme, der Ausschluss der Anfechtung im Falle einer wertäquivalenten Gegenleistung vorbehaltlich einer Schädigungsabsicht, korrespondiert mit dem Bargeschäftsprivileg i.S.d. § 142 InsO, der für den Fall einer in einem engen zeitlichen Zusammenhang mit der Leistung des Schuldners erbrachten gleichwertigen Gegenleistung die Anfechtung ebenfalls grundsätzlich ausschließt. Während das russische Recht in Art. 61.2 Pkt.2, auf den durch Art. 61.4 Pkt.3 InsolvG verwiesen wird, von der Schädigungsabsicht spricht, ist nach §§ 142, 133 Abs. 1 InsO von der vorsätzlichen Gläubigerbenachteiligung die Rede. Der Unterschied besteht nur auf der Formulierungsebene, der jedoch an der Übereinstimmung der beiden Ausnahmevorschriften und im Ergebnis nichts zu ändern vermag. Denn eine Schädigungsabsicht hat notwendigerweise eine vorsätzliche Gläubigerbenachteiligung zur Folge, so dass es sich bei dieser kleinen Unterscheidung lediglich um eine andere Formulierungsalternative handelt.

Der Unterschied zu dem deutschen Recht besteht jedoch in dem Ausschluss der Anfechtung, für den Fall, dass das Rechtsgeschäft einen geringen Anteil von einem Prozent des Schuldnervermögens ausmacht. Eine solche Begrenzung ist dem deutschen Recht weder den Anfechtungsvorschriften über

1527 Samsonova, Varianten zur Verhinderung der Abführung der Aktiva des Schuldners in der Insolvenz, S. 6 f.

Gesellschafterdarlehen noch den allgemeinen Insolvenzanfechtungsvorschriften zu entnehmen.

Dagegen sieht das russische Anfechtungsrecht keine Privilegien vor, die vergleichbar dem deutschen Sanierungs- und Kleinbeteiligungsprivileg die strengen Regeln über die Gesellschafterfinanzierung eingrenzen[1528]. Insofern erscheint es für den russischen Gesetzgeber eine empfehlenswerte Überlegung zu sein, um die Finanzierung und Sanierung der Gesellschaften auf erfolgversprechendere Weise voranzutreiben.

VI. Rechtsfolge der Anfechtung

Werden die verdächtigen Rechtsgeschäfte durch das Insolvenzgericht angefochten und für unwirksam erklärt, müssen alle vom Schuldner aufgrund des Geschäftes erbrachten Leistungen nach Art. 61.6 Pkt.1 S. 1 InsolvG in die Insolvenzmasse zurückgewährt werden. Für den Fall, dass das Erlangte in Natura nicht mehr herausverlangt werden kann, ist gemäß Art. 61.6 Pkt.1 S. 2 InsolvG Wertersatz zu leisten. Durch die Erstattung des Erlangten erhält der Vertragspartner des Schuldners wieder einen Anspruch, seine Forderung lebt also wieder auf[1529].

1. Rang der „auferlebten" Forderung

Der Rang dieser auferlebten Forderung wird danach beurteilt, nach welcher Vorschrift das Rechtsgeschäft angefochten wurde. Diese Forderungen werden im Falle einer Anfechtung nach Art. 61.2 Pkt.2 InsolvG und Art. 61.3 Pkt.3 InsolvG gemäß Artt. 134 Pkt.4 S. 2, 61.6 Pkt.2 InsolvG erst nach den Insolvenzgläubigern dritter Rangordnung befriedigt. Solche Forderungen erwachsen zum einen aus Rechtsgeschäften, die mit Schädigungsabsicht abgeschlossen wurden und zum anderen aus Rechtsgeschäften, die mit Bevorzugungsabsicht gegenüber anderen Gläubigern sechs Monate vor der Stellung des Insolvenzantrages eingegangen wurden[1530]. Diese Rangstelle wird seitens der Literatur als eine Strafsanktion für

1528 Vgl. zu Sanierungs- und Kleinbeteiligungsprivileg oben, Teil 1, 2. Kap. D.

1529 Beschluss des Plenums des Obersten Arbitragegerichts v. 30.4.2009, Nr. 32 „Über Fragen in Bezug auf die Anfechtung von Rechtshandlungen auf der Grundlage des Gesetzes über die Insolvenz (den Bankrott)", Pkt.5, S. 6.

1530 Popondopoulo/Sleptschenko, Probleme des Gesetzes über die Insolvenz (den Bankrott) bei Finanzkrisen, S. 4.

den Abschluss eines solchen anfechtbaren Rechtsgeschäftes verstanden[1531]. Damit tritt der Gesellschaftergläubiger mit seiner auferlebten Forderung mindestens einen Rang hinter den Rang zurück, den er ohne die Anfechtung im Falle der Insolvenz inne gehabt hätte.

Dagegen folgt aus Art. 134 InsolvG nicht, wie mit den wieder auferlebten Forderungen der Anfechtungsgegner nach Artt. 61.2. Pkt.1, 61.3 Pkt.2 InsolvG zu verfahren ist. Hierbei handelt es sich um „einfache" verdächtige Rechtsgeschäfte und um solche, die mit Bevorzugungsabsicht gegenüber einem Gläubiger ein Monat vor der Insolvenzantragstellung abgeschlossen wurden. Lediglich Art. 61.6 Pkt.3 InsolvG sieht für Forderungen dieser Anfechtungstatbestände diejenige Rangfolge vor, die durch das InsolvG vorgegeben ist. Da auf einen genaueren Rang nicht verwiesen wird, wird auf die allgemeinen Regeln zu den Gläubigerrängen zurückgegriffen, so dass in der Regel der dritte Rang nach Art. 134 Pkt.4 S. 1 InsolvG einschlägig sein wird[1532]. Damit wäre dieses Ergebnis für die Gläubiger, deren Rechtsgeschäfte nach Art. 61.2. Pkt.1, 61.3 Pkt.2 InsolvG angefochten wurden – wenn auch nur um ein Geringes – vorteilhafter als bei einer Anfechtung nach Art. 61.2 Pkt.2 InsolvG und Art. 61.3 Pkt.3 InsolvG, wobei im Falle der Rechtsgeschäfte mit Bevorzugungsabsicht i.S.d. Art. 61.3 InsolvG der Unterschied nur in den fünf Monaten vor der Insolvenzantragstellung liegt.

Die Gläubiger anfechtbarer Rechtsgeschäfte müssen sich also dessen bewusst sein, dass sie im Falle der Anfechtung eines kurz vor der Insolvenzantragsstellung mit dem Schuldner abgeschlossenen Rechtsgeschäftes, für ihre Forderung nur in allerseltensten Fällen eine Befriedigung erlangen können werden, nachdem nämlich die Massegläubiger und alle Insolvenzgläubiger voll befriedigt wurden.

2. *Rechtsvergleichende Wertung*

Auch nach deutschem Recht muss das aufgrund einer anfechtbaren Rechtshandlung Erlangte nach § 143 Abs. 1 S. 1 InsO in die Insolvenzmasse zurückerstattet werden. Und da § 143 Abs. 1 S. 2 InsO ausdrücklich auf die Bereicherungsvorschriften verweist, ist im Falle der Unmöglichkeit der Herausgabe in Natura – wie bei Art. 61.6 Pkt.1 S.2 InsolvG – Wertersatz zu leisten. Ein Unterschied zum

1531 Scherbatova, Neue Möglichkeiten für die Gläubiger in Bezug auf die Anfechtung von Rechtsgeschäften und Forderungsgeltendmachung in der Insolvenz, S. 2; Demechin, Neue Änderungen im Gesetz über die Insolvenz, S. 2.

1532 Popondopoulo/Sleptschenko, Probleme des Gesetzes über die Insolvenz (den Bankrott) bei Finanzkrisen, S. 4.

russischen Recht ergibt sich jedoch für die infolge der Anfechtbarkeit wieder auferlebte Forderung des Gläubigers. Ohne dass zwischen verschiedenen Anfechtungstatbestständen konkret unterschieden werden muss, tritt die wieder auferlebte Forderung eines Gesellschaftergläubigers nach deutschem Recht wieder in den gleichen Rang des § 39 Abs. 1 Nr. 5 InsO – vorbehaltlich einer Rangrücktrittserklärung – zurück[1533].

VII. Die Verjährung des Anfechtungsanspruches

Von den vor Eröffnung des Insolvenzverfahrens in Artt. 61.2 und 61.3 InsolvG genannten Fristen sind die Verjährungsfristen für die Anfechtungsansprüche zu unterscheiden. So differenziert § 146 Abs. 1 InsO im deutschen Recht ausdrücklich die Verjährungsfrist von dem zeitlichen Geltungsbereich der Anfechtungsmöglichkeiten. Im russischen Recht ist dagegen die Rechtslage nicht ganz so anschaulich. Zwar wird in den Anfechtungstatbeständen der zeitliche Rahmen der anfechtungsbedrohten Rechtsgeschäfte genannt. Dagegen ist die einzige Vorschrift, die die Verjährung von Anfechtungsansprüchen regelt – nämlich Art. 61.9 InsolvG – in ihrem Regelungsgehalt wenig aussagekräftig. Die Vorschrift bestimmt nämlich nur den Verjährungsbeginn. Nach Art. 61.9 InsolvG beginnt die Verjährung mit dem Zeitpunkt, in dem der Insolvenzverwalter Kenntnis von den die Anfechtung begründenden Umständen erlangt hat oder hätte erlangen müssen. Wie kurz oder wie lang dagegen die Verjährungsfrist ausgestaltet ist, wird in dem ganzen Kapitel III.1. zu der Anfechtung von Rechtshandlungen nicht Stellung genommen.

1. Herleitung aus der Rechtsprechung

In der Vorgängervorschrift des Art. 103 Pkt.6 InsolvG a.F. wurde hinsichtlich der Verjährung von Anfechtungsansprüchen des Insolvenzverwalters im Hinblick auf Rechtshandlungen, die durch die juristische Person nach der Annahme des Antrags auf Bankrotterklärung des Schuldners vorgenommen wurden, auf andere Föderationsgesetze verwiesen. Wie jedoch mit den Rechtshandlungen des Schuldners verfahren werden sollte, die noch vor der Stellung des Insolvenzantrages vorgenommen wurden, wurde nicht bestimmt.

Die Gerichte wendeten im früheren Recht Art. 181 Pkt.2 S. 1 ZGB an, der eine einjährige Verjährungsfrist vorsah, dessen Verjährungsbeginn von der Kenntnis

1533 Vgl. Uhlenbruck, Hirte, InsO, § 146, Rdn. 4.

des Insolvenzverwalters abhing[1534]. Darüber hinaus erging auch im Punkt 42 des Beschlusses des Obersten Arbitragegerichts (VAS) „Zur Lösung ausgesuchter praktischer Probleme des Insolvenzgesetzes", dass der Insolvenzverwalter oder die Gläubiger bei der Anfechtung von Rechtshandlungen die einjährige Anfechtungsfrist[1535] zu beachten haben, die ebenfalls aus Art. 181 Pkt.2 ZGB hergeleitet wurde[1536].

Für das neue Recht fehlt es bislang sowohl an gesetzlichen als auch an richterrechtlichen Bestimmungen im Hinblick auf die Verjährungsfrist. Es kann jedoch davon ausgegangen werden, dass an der einjährigen Anfechtungsfrist, die auch weiterhin dem Beschluss des Obersten Arbitragegerichts (VAS) und Art. 181 Pkt.2 S. 1 ZGB zu entnehmen sein wird, festgehalten wird, da nichts Gegenteiliges reguliert wurde, die Gerichte keine neue Stellungnahme in Bezug auf die Verjährung abgegeben haben und die Anfechtungsvorschriften dem Grunde nach dem früheren Recht entsprechen.

2. *Stellungnahme*

Aus rechtlicher Sicht ist das Schweigen des Gesetzgebers im Hinblick auf die Länge der Verjährungsfrist jedoch nicht nachzuvollziehen, zumal die Verjährung eines Anfechtungsanspruches gesehen und auch angesprochen wurde. Auch die Tatsache, dass in der Praxis viele Anfechtungsverfahren von den Gerichten aufgrund des Verstreichens der Verjährungsfrist durch die Antragsberechtigten nicht angenommen oder zurückgewiesen werden[1537], unterstreicht das Nachbesserungspotenzial dieser Vorschrift. Sinn und Zweck einer solchen Verjährung ist es, die zeitliche Durchsetzbarkeit eines Anfechtungsanspruches im Interesse der

1534 Beschluss des Föderalen Arbitragegerichts der Ostsibirischen Region v. 27.09.2007 (AZ: A58-6356/06-F02-6858/07), S. 2.

1535 Die einjährige Anfechtungsfrist entspricht der ehemaligen Ausschlussfrist des § 41 Abs. 1 S. 1 KO, die durch die InsO in § 146 InsO in eine Verjährungsfrist umgewandelt wurde. Der große Unterschied lag aber weniger in der zeitlichen Länge als vielmehr in der prozessualen Ausübung, da eine Ausschlussfrist vom Richter von Amts wegen zu berücksichtigen ist, während eine Verjährung als Einrede nur im Falle des Vorbringens durch den Anfechtungsgegner berücksichtigt wird, vgl. Huber, ZInsO 2005, 190 (190).

1536 Beschluss des Plenums des Obersten Arbitragegerichts (VAS) v. 15.12.2004, Nr. 29 „Zur Lösung ausgesuchter praktischer Probleme des Insolvenzgesetzes", Pkt.42, S. 7.

1537 Vgl. Überblick über die Entscheidungen des Arbitragegerichtes auf der Grundlage des Insolvenzgesetzes für den Zeitraum 01.01.2007 bis 31.12.2007, zu Pkt.4.7, S. 54.

Rechtssicherheit zu begrenzen, da auch mängelbehaftete Rechtsgeschäfte nicht ohne Rücksicht auf die seit der Vornahme des Rechtsgeschäftes vergangene Zeit geltend gemacht werden sollten[1538]. Die sich im Rechts- und Geschäftsverkehr Beteiligten müssen auch in der Lage sein, den zeitlichen Rahmen der Anfechtungsmöglichkeiten und der Anfechtungsfristen – zumindest mit einem Blick ins Gesetz – ausmachen zu können. Ohne Kenntnis von der in Art. 181 Pkt.2 S. 1 ZGB geregelten allgemeinen Verjährung von anfechtbaren Rechtsgeschäften ist eine Ausmachung der Verjährungsfrist, insbesondere bei Fehlen jeglicher Verweisung auf die Geltung des ZGB, unmöglich. Eine mit der Statuierung von Verjährungsvorschriften verbundene notwendige Rechtssicherheit kann das russische Gesetz zum jetzigen Zeitpunkt nicht garantieren, so dass diesbezüglich in naher Zukunft im Insolvenzgesetz ausdrücklich auf Nachbesserung plädiert werden sollte.

C. Die Anwendbarkeit der Anfechtungstatbestände auf die mit den Gesellschaftern eingegangenen Verpflichtungen und gegenüber den Gesellschaftern erfolgten Forderungstilgungen

Vor dem Hintergrund des skizzierten Insolvenzanfechtungsrechts stellt sich die Frage, ob die Anfechtungsvorschriften auch auf Rechtshandlungen mit den Gesellschaftern, die im Ergebnis eine Erfüllungswirkung in Bezug auf Gesellschafterforderungen herbeiführen, anwendbar sind.

Die insolvenzrechtlichen Anfechtungsvorschriften sehen keinen bestimmten personellen Anfechtungsbereich in Bezug darauf, mit wem der Schuldner bzw. die Gesellschaft das anfechtbare Rechtsgeschäft eingegangen haben muss, vor. Daraus lässt sich schlussfolgern, dass die mit den Gesellschaftern im Vorfeld der Insolvenz abgeschlossenen Rechtsgeschäfte ebenfalls von den Anfechtungsregeln erfasst werden können[1539]. Zudem wäre eine Einschränkung des persönlichen

1538 Vgl. Uhlenbruck, Hirte, InsO, § 146, Rdn. 11.

1539 So hatte das Insolvenzgericht über einen Fall zu entscheiden, bei dem es sich um die Rechtshandlungen zwischen der Gesellschaft und einem Gesellschafter (in Gestalt einer juristischen Person) ging, die im Vorfeld der Insolvenz aufgrund einer Übereinkunft auf die Tilgung von gegenseitigen Verträgen, unter denen auch ein Darlehensvertrag war, gerichtet war. Das Gericht und auch das Berufungsgericht sahen die Anfechtung von Rechtshandlungen als begründet an, da sie aufgrund der getroffenen Übereinkunft und der Begleichung von Forderungen den Gesellschafter als einen der Gläubiger gegenüber den anderen Gläubigern bevorzugten. Zwar

Anwendungsbereiches nur auf außenstehende Gläubiger mit dem Sinn und Zweck der Anfechtung nicht zu rechtfertigen. Dies würde insbesondere den Gesellschaftern einen sanktionsfreien Raum für unmittelbar vor der Insolvenz der Gesellschaft zu Lasten des Gesellschaftsvermögens vorgenommene gefährliche Handlungen bieten, da es keine anderen speziell auf die Gesellschafterleistungen zugeschnittenen Vorschriften gibt.

Darüber hinaus ist der Begriff der „Rechtshandlung" nicht definiert und wird ebenfalls sehr weit verstanden[1540], so dass alle Arten von Rechtsgeschäften mit den Gesellschaftern vom Anwendungsbereich erfasst sein können. Aufgrund des unklaren Gesetzeswortlauts muss jedoch gesondert darauf hingewiesen werden, dass auch solche Rechtshandlungen einer Anfechtung unterzogen werden können, die auf die Begleichung von bereits bestehenden Verbindlichkeiten gerichtet sind, so dass die Anfechtung sich nicht nur auf neue Abschlüsse von Verträgen beschränkt[1541]. Entsprechend dem Obersten Arbitragegericht (VAS) sind unter den auf die Erfüllung bestehender Verbindlichkeiten gerichteten Rechtshandlungen insbesondere die Rückzahlung eines Darlehensvertrages oder eine sonstige Vermögensübertragung seitens des Schuldners, sowie eine Aufrechnung oder eine Schuldumwandlung zu verstehen[1542].

Aufgrund solcher Erläuterungen seitens der Gerichte sowie allgemein und weit formulierter gesetzlicher Vorschriften kann konstatiert werden, dass die Anfechtungsregeln sowohl im Verhältnis der Gesellschaft zu ihren Gesellschaftern als auch in Bezug auf die Rückzahlung bereits bestehender Verbindlichkeiten oder ähnlicher Handlungen angewandt werden können. Insofern entspricht das geltende Anfechtungsrecht dem persönlichen und sachlichen Anwendungsbereich des deutschen Anfechtungsrechts in Bezug auf die Rückzahlung von Gesellschafterdarlehen oder wirtschaftlich vergleichbaren Rechtshandlungen.

---

richtete sich die Anfechtung noch nach Art. 103 Pkt.3 InsolvG. Diese entspricht jedoch dem neuen Art. 61.3 Pkt.3 InsolvG. Urteil des 17. Arbitrageberufungsgerichts v. 26.07.2010 (AZ: 17 AP-6585/2010 GK).

1540 Chimitschev, Der Schutz der Gläubigerrechte in der Insolvenz, S. 49 f.

1541 Beschluss des Plenums des Obersten Arbitragegerichts v. 30.4.2009, Nr. 32 „Über Fragen in Bezug auf die Anfechtung von Rechtshandlungen auf der Grundlage des Gesetzes über die Insolvenz (den Bankrott)", Pkt.5, S. 5.

1542 Beschluss des Plenums des Obersten Arbitragegerichts (VAS) v. 30.4.2009, Nr. 32 „Über Fragen in Bezug auf die Anfechtung von Rechtshandlungen auf der Grundlage des Gesetzes über die Insolvenz (den Bankrott)", Pkt.5, S. 5; vgl. a. Urteil des 17. Arbitrageberufungsgerichts v. 26.07.2010 (AZ: 17 AP-6585/2010 GK) S. 3.

I. Anfechtung der von der Gesellschaft bestellten Sicherheiten für bestehende Gesellschafterforderungen

Der Anwendungsbereich des Anfechtungsrechts ist unter anderem darauf gerichtet, dass ein Gläubiger der Gesellschaft, gegen die bereits eine Forderung aus einem Vertragsverhältnis besteht, im Vorfeld der Insolvenz sich von der Gesellschaft zur Absicherung seines Rückforderungsanspruches eine Sicherheit von der Gesellschaft einräumen lässt[1543]. Einen solchen Fall regelt Art. 61.3 Pkt.1 Alt. 1 InsolvG. In der Regel wird es sich um Großgläubiger handeln, mit denen im Vorfeld bereits gewichtige Verträge abgeschlossen wurden. Es können aber auch alle andere Gläubiger der Gesellschaft sein, die ihre Forderungen abgesichert wissen wollen. So sind theoretisch auch die Gesellschaftergläubiger, die ihre gegen die Gesellschaft bereits bestehende Forderungen nachträglich mit einer Gesellschaftssicherheit absichern lassen, von den Anfechtungsvorschriften erfasst. Für diesen Fall muss sowohl der Gesellschaft als auch den Gesellschaftern bewusst sein, dass im Falle einer Sicherheitengewährung sechs Monate vor der Stellung eines Antrages auf Insolvenz dieses Rechtsgeschäft angefochten wird mit der Folge, dass die Sicherheit freigegeben werden muss und der Gesellschaftergläubiger kein Absonderungsrecht behält.

Die Bevorzugung solcher Rechtsgeschäfte liegt aufgrund der den Forderungen anhaftenden Rangstellung in der Insolvenz auf der Hand. Aufgrund der Besicherung wird die Forderung nach Art. 138 InsolvG einer privilegierten Befriedigung unterfallen[1544], so dass der für die Anfechtung erforderliche Bevorzugungstatbestand nicht angezweifelt werden kann[1545]. Denn anders als im deutschen Recht kann im russischen Recht der Einwand, dass die Sicherheit wegen der Nachrangigkeit der Forderung nicht geltend gemacht werden kann, nicht erbracht werden. Die Forderung wäre im Insolvenzfall zwar nach dem dritten Rang nach Art. 134 Pkt.4 InsolvG zu berichtigen und stellt dem Grunde nach eine nachrangige Forderung vergleichbar dem deutschen Recht dar. Etwaige Auswirkungen auf die Geltendmachung der Sicherheit hat es jedoch nicht. Im Gegenteil bringt eine nachträgliche Sicherheitenbestellung eine Bevorzugung des abgesicherten Gesellschaftergläubigers den anderen Gläubigern gegenüber,

1543 Demechin, Neue Änderungen im Gesetz über die Insolvenz, S. 2; Zarik, Besondere Gründe für die Anfechtung von Rechtsgeschäften in der Insolvenz, S. 3.

1544 S. ausführlich Teil 2. 4. Kap. B. III.

1545 Zarik, Besondere Gründe für die Anfechtung von Rechtsgeschäften in der Insolvenz, S. 3.

der mit der Möglichkeit der Anfechtung kurz vor der Insolvenzeröffnung begegnet werden soll.

Insgesamt kann diese Regelung, die mit Art. 135 Abs. 1 S. Nr. 1 InsO verglichen werden kann, begrüßt werden. Bedenken können im Hinblick auf die zeitliche Begrenzung der Anfechtungsmöglichkeiten, die in Fällen des Art. 61.3 InsolvG bei höchstens sechs Monaten liegen, geäußert werden. So werden auch in der Literatur Stimmen laut, die die kurzen Anfechtungszeiträume kritisieren, weil sie das Missbrauchspotenzial für berechenbare Insolvenzantragsstellungen für zu groß erachten[1546]. Eine Anlehnung der Anfechtungsspanne an das deutsche Recht wäre dagegen ebenfalls verfehlt. Zum einen könnte eine zehn jährige Berücksichtigung als Übermaß an Regulierung erachtet werden, zum anderen wäre die Statuierung einer solch langen Zeitspanne im Interesse des Gläubigerschutzes dem russischen Gesetzgeber grundsätzlich fremd und ließe sich in den gesamten insolvenz- und gesellschaftsrechtlichen Konzept schwer integrieren. Nichtsdestotrotz ist eine Erhöhung des zeitlichen Geltungsbereiches im Interesse einer sachgerechten Befriedigung aller Gläubigerinteressen unerlässlich und sollte zur Erschwerung der Aussitzung der kurzen Zeitspanne nicht unter zwei Jahren angesetzt werden.

II. Anfechtung von Befriedigungen des Gesellschafters

Bringt man die Anfechtungsvoraussetzungen des Art 63.1 InsolvG mit der Rechtsprechung des obersten Arbitragegerichts im Hinblick auf die Erfassung von Forderungserfüllungen durch die Anfechtungstatbestände in Einklang, so kann jede Tilgung von Gesellschafterforderungen, die vor den übrigen Gläubigern im Vorfeld der Insolvenz vorgenommen wird, als eine gegenüber dem Gesellschafter im Verhältnis zu anderen Gläubigern bevorzugte Rechtshandlung eingestuft und durch das Insolvenzgericht angefochten werden. Dieser Fall kann unter Art. 61.3 Pkt.1 Alt. 4 InsolvG fallen, wenn Forderungen des Gesellschafters in bevorzugter Weise beglichen wurden, als dies der Fall wäre, wenn die Gesellschafter im Rahmen der insolvenzrechtlichen Rangfolge Befriedigung gesucht hätten. Dieses Ergebnis wird unzweifelhaft immer der Fall sein. Denn im Falle des Abwartens müsste der Gesellschafter seine Forderung, die noch vor der Stellung des Insolvenzantrages begründet wurde, im Rahmen der Insolvenz geltend machen und bekäme als Insolvenzgläubiger dritten Ranges nach Art. 134 Pkt.4 InsolvG kaum eine vollständige Befriedigung seiner Forderung.

1546 Philippov, Die Heranziehung bösgläubiger Personen zur Verantwortung wegen der Verletzung des Insolvenzrechts, S. 4.

Dem Wortlaut nach müssten unter Art. 61.3 Pkt.1 Alt. 4 InsolvG somit alle Forderungstilgungen fallen, bei denen ein Gläubiger bevorzugt wird. In der Praxis könnten sich jedoch Beweisschwierigkeiten herausstellen. Denn jeder Gläubiger, der noch nicht befriedigt wurde, wird einbringen, er sei benachteiligt worden und hätte anstelle des befriedigten Gläubigers bedacht werden müssen. Überträgt man dies jedoch auf die Tilgung von Gesellschafterforderungen, ist diese Regelung zu begrüßen. Schon aufgrund seiner Stellung ist eine nachrangige Befriedigung gegenüber den sonstigen Drittgläubigern in einer so kurzen Zeit vor der Insolvenzantragstellung gerechtfertigt. Zudem kommt eine Anfechtung solcher Rechtshandlungen ausweislich Art. 61.3 Pkt.2 InsolvG nur in Betracht, wenn die Forderungserfüllung ein Monat vor der Stellung des Insolvenzantrages vorgenommen wurde. Eine Verlängerung auf sechs Monate ist nur möglich, wenn dem Gläubiger nachgewiesen werden kann, dass er die Zahlungsunfähigkeit des Schuldners kannte oder sie hätte kennen müssen.

Bei der Erfüllung einer Verbindlichkeit eines Gesellschafters wird man von einer sechsmonatigen Anfechtungsmöglichkeit ausgehen können, da es seitens des Gesellschaftergläubigers schwer zu widerlegen sein dürfte, dass ihm zumindest die Anzeichen, die zur Zahlungsunfähigkeit führen, sechs Monate vor der Stellung des Insolvenzantrages unbekannt geblieben sind[1547]. Wenn aber ein Gesellschafter, der von der kritischen Situation seiner Gesellschaft besser informiert sein müsste als außenstehende Gläubiger und sechs Monate vor der Stellung des Insolvenzantrages – sei es auf eine Übereinkunft mit der schuldnerischen Gesellschaft hin oder infolge der Kündigung des Darlehensvertrages – eine Rückzahlung der offenen Forderungen erhält, muss ihm die Kenntnis der drohenden Zahlungsunfähigkeit unterstellt und die Befriedigung angefochten werden.

Ebenso kann ein Anfechtungstatbestand der Bevorzugung nach Art. 63.3 Pkt.1 Alt. 3 InsolvG erfüllt sein, wenn noch nicht fällig gewordene Forderungen eines Gesellschafters von der Gesellschaft getilgt werden, obwohl die Gesellschaft schon fällig gewordene Forderungen anderer Gläubiger hätte zuerst begleichen sollen. Auch hier wird es sich um eine sechsmonatige Anfechtungsmöglichkeit handeln, da erstens die Bevorzugung des Gesellschafters und zweitens die Kenntnis zumindest von der drohenden Zahlungsunfähigkeit nicht angezweifelt werden kann. Denn warum sollten sich der Gesellschafter und die Gesellschaft zur Begleichung einer nicht fällig gewordenen Verbindlichkeiten einverstanden

1547 In dem Urteil des 17. Arbitrageberufungsgerichts v. 26.07.2010 (AZ: 17 AP-6585/2010 GK) S. 2 sind die Richter der Ansicht, dass dem Gesellschafter in einer so kurzen Zeit vor der Insolvenzantragstellung (sechs Monate) nicht verborgen geblieben sein könnte, dass die Gesellschaft bald zahlungsunfähig wird.

erklären, wenn nicht aufgrund der Gewissheit vor Eröffnung des Insolvenzverfahrens und der Befürchtung vor der Nichterfüllung der Forderung im Falle des Abwartens und Geltendmachung in der Insolvenz.

Insgesamt sind die oben beschriebenen Anfechtungstatbestände ohne große Anpassungsschwierigkeiten auf die Tilgung von Gesellschafterdarlehen unzweifelhaft anzuwenden. Je nach den weiteren Begleitumständen, etwa das Vorliegen einer Schädigungsabsicht und der Kenntnis hiervon, verlängert sich der für die Tilgung zurück zu berechenbare Zeitpunkt weiter nach hinten.

III. Anfechtung der Tilgung von während des Insolvenzverfahrens i.w.S. entstandenen Regressforderungen der Gesellschafter

Vor dem Hintergrund der oben skizzierten Sanierungsmaßnahmen der Gesellschafter, zu denen im Rahmen der Aufsicht und der Reorganisationsmaßnehmen aufgerufen wird, stellt sich die Frage, wie in Fällen der durchreifenden Sanierungsbemühungen der Gesellschafter im nächsten Insolvenzverfahren mit den getilgten Regressforderungen in Hinblick auf die Anfechtung umzugehen ist. Es wird an das oben aufgeworfene Problem angeknüpft[1548], dass die Gesellschafter, die während der Aufsicht, der finanziellen Sanierung oder in der externen Verwaltung der Gesellschaft Darlehen gewährt haben, um die offenen Gesellschaftsverbindlichkeiten zu begleichen, anschließend von dem Insolvenzverwalter befriedigt werden und die Gesellschaft sich – wenn auch nur für einen kurzen Zeitraum – wirtschaftlich wieder erholt.

Leider muss auch hier konstatiert werden, dass das Gesetz den Fall, dass die Sanierungsmaßnahmen durchschlagen, die Gesellschaft später jedoch wieder insolvent wird, nicht bedacht hat. Das Schweigen könnte jedoch auch so verstehen sein, dass der russische Gesetzgeber in dem Vorgang zwei voneinander unabhängige Insolvenzverfahren erblickt, die jeweils für sich alleine zu betrachten sind. In der Tat kann den russischen Gesetzen, der Literatur und Rechtsprechung an keiner Stelle der Hinweis entnommen werden wie mit den kurze Zeit vor der erneuten Insolvenz getilgten Forderungen – insbesondere der Gesellschafter – im neuen eröffneten Insolvenzverfahren zu verfahren ist.

Für die Gesellschafter, die im Rahmen der Sanierungsmaßnahmen tätig geworden sind und ihren Regressanspruch – für den unwahrscheinlichen Fall – bereits geltend machen konnten, wird es nach dem russischen Recht nie zu der Anfechtung dieser Tilgungsleistungen kommen. Das russische Insolvenzanfechtungsrecht ist noch nicht in dem Maße reguliert und die Gerichte aufgrund des

1548 Vgl. o. unter Teil 2, 3.Kap., B.II. 2. bb.

jungen Rechtsgebildes noch nicht in dem Maße routiniert und waghalsig genug, um völlig neue, der Rechtsordnung bislang komplett unbekannte Konstellationen im Interesse des Gläubigerschutzes, aber zum Nachteil sanierungsbereiter Gesellschafter zu urteilen. Zudem muss jedoch auch angemerkt werden, dass es nur schwer zu rechtfertigen sein wird, dass die Insolvenzverwalter in einem neuen Insolvenzverfahren die Forderungstilgungen derjenigen Gesellschafter wieder anfechten, die im Rahmen der Reorganisationsmaßnahmen für die Rettung der Gesellschaft eingesprungen sind. Ungeachtet der russischen Unerfahrenheit auf dem Bereich des Rechts der Gesellschafterfinanzierung und der Insolvenzanfechtung würde eine andere Lösung dieses Problems über die zulässigen Grenzen einer fehlerfreien Rechtsfortbildung hinausgehen und weder mit dem Gesetz noch mit den teleologischen Erwägungen zu rechtfertigen sein.

Schließlich sind auch die zurückzurechnenden Anfechtungsfristen nicht so weit ausgestaltet, dass erwartet werden kann, dass nach einer nachhaltigen Sanierung der neue Insolvenzantrag so schnell gestellt wird. In der Praxis wird der beschriebene Fall wohl im Schatten anderer praxisnaher Gestaltungen stehen und damit nur theoretischer Natur sein. Wie es aber an vielen Stellen im russischen Insolvenzgesetz vorzufinden ist, sind nicht nur die rein theoretischen, sondern leider auch die sehr praktischen Fällen entweder nicht durchweg reguliert oder in der gerichtlichen Praxis nicht ausreichend berücksichtigt.

IV. Erfassung gesellschaftergleicher Dritter

Die vorstehende Darstellung des russischen Anfechtungsrechts hat gezeigt, dass bei der Anfechtung von Rechtsgeschäften nicht unterschieden wird, um welche Art von Rechtsgeschäften es sich tatsächlich handelt. Dies gilt auch im Verhältnis zu den Gesellschaftern, so dass – anders als im deutschen Recht – bei der Anfechtung von Gesellschafterleistungen das Augenmerk nicht nur auf Forderungen, die aus Darlehensverträgen und diesen wirtschaftlich vergleichbaren Rechtshandlungen resultieren, gelegt wird, sondern der sachliche Anwendungsbereich von allen Gesellschafterforderungen[1549] umfasst wird. Etwas anderes könnte jedoch für den personellen Anwendungsbereich gelten.

Ebenso wie beim sachlichen Anwendungsbereich lassen sich auch für den Kreis der Adressaten der Anfechtungsvorschriften jedoch keine Konkretisierungen oder Beschränkungen entnehmen. Die Anfechtungsvorschriften, die in

1549 Dagegen wurde die Einbeziehung sämtlicher Gesellschafterforderungen in die Vorschriften über Gesellschafterleistungen im deutschen Recht trotz der Vorschläge im Vorfeld und im Rahmen der Reform nicht in das Gesetz übernommen.

der Regel von den Rechtsgeschäften des Schuldners mit den Gläubigern reden, erwähnen nur interessierte Personen und Dritte, die vom Anwendungsbereich erfasst sein könnten. Darüber hinaus ist auch der Begriff der Gläubiger nicht auf Gesellschafter reduziert, so dass im Allgemeinen davon ausgegangen werden kann, dass auch bei den von der Gesellschaft vorgenommenen Leistungen gegenüber gesellschaftergleichen Dritten das Anfechtungsrecht zum Zuge kommt. Welcher Kreis im Verhältnis zu der Gesellschaft gesondert über die Anwendung von Anfechtungsregeln unterrichtet werden sollte, braucht aber nicht so konkret bestimmt zu werden, wie im deutschen Recht im Rahmen des § 135 Abs. 1 InsO, da der persönliche Anwendungsbereich der Anfechtungsvorschriften im russischen Recht vergleichbar §§ 130 ff. InsO offen und weit gehalten wird. Damit bestehen hier auch keine Schwierigkeiten, da jede Person, der eine Beziehung zu dem Gesellschafter nachgewiesen werden oder die für die Rechnung des Gesellschafters eine Leistung erhalten hat, von der Anfechtung erfasst wird.

V. Rechtsvergleichende Wertung

Wie im deutschen Recht wird der zeitliche Geltungsbereich der Insolvenzanfechtung an die Stellung des Insolvenzantrages – und nicht etwa an die Insolvenzeröffnung – angeknüpft. Der große Unterschied ist in den vor der Insolvenz zurückliegenden Zeiträumen zu konstatieren, die im Vergleich zum deutschen Recht viel niedriger angesetzt sind. Darüber hinaus gilt die auf spezielle Tatbestände gestützte Anfechtung von Rechtshandlungen nur im Rahmen der Insolvenz. Eine darüber hinausgehende Anfechtung durch Einzelgläubiger außerhalb eines eröffneten Insolvenzverfahrens, so wie es das deutsche Recht in Art. 6 AnfG vorgesehen hat, sieht das russische Recht nicht vor.

Die von der Literatur als Hauptfall für die Anfechtungstatbestände gesehene und von der Gesellschaft bestellte Sicherung für einen Rückforderungsanspruch eines Gläubigers lässt sich mit § 135 Abs. 1 Nr. 1 InsO in Einklang bringen. Unter anfechtbaren Besicherungen i.S.d. § 135 Abs. 1 Nr.1 InsO sind nicht nur Fälle zu verstehen, bei denen der Gesellschafter für seine Darlehensgewährung sich von der Gesellschaft eine Sicherheit stellen lässt[1550]. Darunter fallen auch Fälle, bei denen die Gesellschaft dem Gesellschafter zur Absicherung seines Rückgriffsanspruchs, den er gegen die Gesellschaft aufgrund der Besicherung eines Drittdarlehens hat, eine Sicherheit bestellt[1551]. Die erste Alternative, bei der die

1550 Vgl. MünchKommInsO, Stodolkowitz, § 135, Rdn. 81.

1551 MünchKommInsO, Stodolkowitz, § 135, Rdn. 75; FK-InsO, Dauernheim, § 135, Rdn. 74.

Gesellschaft dem Gesellschafter für seine Forderung eine Sicherheitsleistung gewährt, entspricht im direkten Vergleich dem Hauptanwendungsfall des russischen Rechts. Aber auch die zweite Variante lässt sich für die Anfechtungstatbestände nach dem russischen Recht problemlos konstruieren. Es kann nämlich für die außenstehenden Gläubiger keinen Unterschied machen, ob der Gesellschafter seinen Anspruch gegen die Gesellschaft, den er infolge eines mit ihr abgeschlossenen Vertrages innehat, oder dagegen seinen Regressforderungsanspruch, den er aufgrund einer für ein Drittdarlehen gestellte Sicherheit gegen die Gesellschaft geltend machen kann, besichern lässt.

Ähnlich wie im deutschen Recht bei § 133 InsO hat der russische Gesetzgeber bei der Novellierung der Anfechtungsvorschriften mit Art. 61.1 Pkt.2 InsolvG auch einen Fall vorgesehen, bei dem die subjektive Komponente eine entscheidende Rolle spielt. Zwar ist § 133 InsO im Recht der Gesellschafterdarlehen von untergeordneter Bedeutung, da auf dieses Rechtsinstitut in erster Linie § 135 Abs. 1 InsO zugeschnitten ist. Jedoch ist § 135 Abs. 1 InsO für das Recht der Gesellschafterdarlehen nicht abschließend, so dass die zeitlich weiter zurückliegende Vorsatzanfechtung nach § 133 Abs. 1 InsO – bei Vorliegen der über § 135 Abs. 1 InsO hinausgehenden unmittelbaren Gläubigerbenachteiligung – möglich ist.

Einen großen Unterschied zum deutschen Recht bildet die Tatsache, dass aufgrund der sehr weit und allgemein gehaltenen Anfechtungsvorschriften alle Gesellschafterforderungen von der Anfechtung betroffen sein können und nicht bloß die Gesellschafterdarlehen oder diesen wirtschaftlich vergleichbare Rechtshandlungen. Andererseits wird es im deutschen Recht immer einer Einzelfallentscheidung überlassen, welche Gesellschafterleistung entweder dem sachlichen oder personellen Anwendungsbereich der wirtschaftlichen Vergleichbarkeit zugewiesen wird, so dass auch hier der Anwendungsbereich dem Grunde nach nicht übermäßig viel eingeschränkt wird.

VI. Stellungnahme

Der russische Gesetzgeber hat mit der Neufassung der Anfechtungstatbestände einen Schritt in Richtung einer gerechten Berücksichtigung der Gläubigerinteressen unternommen. Besonders positiv hervorgehoben verdient die Tatsache, dass bei der großen Insolvenzrechtsreform die vorherrschenden Lücken in der Regulierung und praktischen Ausgestaltung der früheren Bestimmungen erkannt und durch erweiterte Tatbestände, materielle und prozessuale Voraussetzungen ergänzt wurden. Insbesondere die Ineffektivität früherer Bestimmungen in Bezug auf die Anfechtung von Rechtsgeschäften, die auf den Entzug von Vermögen gerichtet waren, wurde zum Besseren überarbeitet. Im Charakter lässt sich nun auch deutlich erkennen, dass das neue Insolvenzgesetz mehr auf die Interessen der Gläubiger und die Verbesserung der Befriedigungschancen abstellt[1552]. Nichtsdestotrotz handelt es sich noch um ein sehr junges Gebilde, das in vielen Bereichen Nachbesserungen verlangt, was sich auch der russischen Gerichtspraxis mit der Zeit zeigen wird. Da die zurzeit geltenden Regelungen erst nach ihrem Inkrafttreten am 5.6.2009 gelten, gibt es noch keine einheitliche und gefestigte Rechtsprechung zu den neuen Anfechtungstatbeständen[1553]. In der Literatur wird zwar ein allgemein positiver Vergleich zu den bisherigen Regelungen gezogen, jedoch auch Mängel, insbesondere in Bezug auf die zeitliche Beschränkung der Anfechtungsmöglichkeiten hervorgehoben[1554].

Das Kapitel über die Anfechtung von Rechtsgeschäften ist in sich sehr kompliziert und sehr ausführlich geschrieben. Die überaus langen gesetzlichen Bestimmungen in dem Gesetz neigen zu Unübersichtlichkeit und erfordern eine sehr konzentrierte und gründliche Befassung mit den Regeln, um einen Überblick über die Rechtslage der Anfechtung zu bekommen. Der Nachteil solcher, dem russischen Insolvenzgesetz immanent langen und kompliziert geschriebenen Regeln, liegt aber insbesondere darin, dass die zu dem Gesetz ergangenen Kommentierungen sich leider auf die komplette Wiederholung der gesetzlichen Vorschriften beschränken und mit den sehr wenigen Ergänzungen nicht geeignet sind, weiterführende Erläuterungen anzubieten oder die Rechtslage verständlicher zu gestalten.

Insbesondere die Rechtsfolgen sind je nach der Art der Anfechtung teilweise unterschiedlich ausgestaltet. Die Einheitlichkeit der Rechtsfolge erschöpft sich in der Regelung betreffend die Rückgewähr der erlangten Leistung in die Insolvenzmasse. Im Hinblick auf den Rang der infolge der Anfechtung wieder auferlebten Forderung des Gläubigers ist strikt zwischen den Zeitpunkten, wann ein anfechtbares Rechtsgeschäft abgeschlossen wurde zu unterscheiden. Der Grund für eine solche Differenzierung konnte weder den gesetzlichen Kommentierungen noch sonstigen Nachweisen in der Literatur entnommen werden und ist – insbesondere wegen der diesen Unterschied ausmachenden geringen zeitlichen

---

1552 Vgl. a. Samsonova, Varianten zur Verhinderung der Abführung der Aktiva des Schuldners in der Insolvenz, S. 16.

1553 Snizerova, Anfechtung von Rechtsgeschäften nach dem InsolvG, S. 2, die auf die noch unterbliebene Ausarbeitung durch die Rechtsprechung verweist; Samsonova, Varianten zur Verhinderung der Abführung der Aktiva des Schuldners in der Insolvenz, S 16.

1554 Philippov, Die Heranziehung bösgläubiger Personen zur Verantwortung wegen der Verletzung des Insolvenzrechts, S. 4.

Differenzierung von einem oder sechs Monaten – dem Grunde nach entbehrlich. Einerseits könnte der Wille des russischen Gesetzgebers, die auferlebten Forderungen verschiedenen Rängen zuzuweisen, damit erklärt werden, dass je näher zu dem Insolvenzantrag ein Kontrahent mit dem Schuldner ein umstrittenes Rechtsgeschäft abschließt, desto härter sollten ihn die Rechtsfolgen der Anfechtung treffen. Allerdings ist gerade diese Überlegung nicht herangezogen worden, da im Gegensatz zu den ein Monat vor der Insolvenzantragsstellung abgeschlossenen Geschäften diejenigen Rechtsgeschäfte nach der Anfechtung strenger behandelt werden, die sechs Monate vor dem Insolvenzantrag eingegangen wurden, da die daraus entstandenen Forderungen nach den Insolvenzgläubigern des dritten Ranges berichtigt werden[1555].

In ihrer rechtlichen Ausgestaltung sind die Anfechtungsvorschriften jedoch durchaus geeignet, für eine gleichmäßige Haftungsverwirklichung aller Gläubiger zu sorgen und die – insbesondere an die Gesellschafter – abgeführte Haftungsmasse wieder zu erlangen. Der Gesetzgeber hat also den Grundsatz der Gläubigergleichbehandlung gesetzlich aufgegriffen und umfassenden Regelungen unterworfen. Nun verbleibt es bei den Gerichten und Insolvenzverwaltern für die Durchsetzung dieses Grundsatzes zu sorgen. Insbesondere sollte das Augenmerk darauf gerichtet sein, dass Gläubiger, die besonders gute Beziehungen zu dem Schuldner unterhalten oder mit diesem wirtschaftlich verflochten sind, immer versuchen werden, sich Sondervorteile zulasten übriger Gläubiger zu verschaffen und die kurz bemessenen Anfechtungszeiträume zu umgehen. Insofern richten sich die Kritikpunkte insbesondere an die zeitliche Reichweite der Normen, die aus Gründen des Missbrauchspotenzials unbestritten angehoben werden sollten.

1555 Popondopoulo/Sleptschenko, Probleme des Gesetzes über die Insolvenz (den Bankrott) bei Finanzkrisen, S. 4.

6. Kapitel: Das russische Recht der Nutzungsüberlassungen

Ein Thema, dem bislang keine Beachtung geschenkt wurde, betrifft das Recht der Nutzungsüberlassungen in Russland. An vielen Stellen, in denen im Gesetz von der Gewährung finanzieller Hilfe gesprochen wird, wird offen gelassen, welche Maßnahmen explizit vorgenommen werden dürfen. In der Literatur ist es jedoch allgemein anerkannt, dass nicht nur die Gesellschafterdarlehen – die jedoch den größten Teil der finanziellen Hilfe seitens der Gesellschafter ausmachen – sondern auch sonstige Maßnahmen zur Rettung der Gesellschaft vorgenommen werden dürfen. Dies lässt also die Schlussfolgerung zu, dass all diejenigen Maßnahmen, die ähnlich einer Darlehensvergabe die materielle Stärke der Gesellschaft verbessern können, ebenfalls eingesetzt werden können.

Auch in Russland besteht eine gängige Praxis der Überlassung von Gegenständen, die zur Führung des Betriebes eingesetzt werden. Dabei kann es sich um die Zurverfügungstellung von Grundstücken, die als Betriebsgrundstücke genutzt werden, von Rechten wie Patente und Lizenzen, sowie von beweglichen Gegenständen wie Maschinen oder Zubehör handeln. Dass es sich bei solchen Nutzungsverhältnissen in der Regel um Miet- oder Pachtverträge und weniger um eine Leihe handeln wird, liegt auf der Hand. Es kann davon ausgegangen werden, dass die Gesellschafter in Russland die in ihrem Eigentum stehenden Mobilien und Immobilien nicht aus altruistischen Gesichtspunkten, sondern nur unter Zugrundelegung entgeltlicher Vereinbarungen überlassen werden. Aus diesem Grund soll anschließend untersucht werden, wie sich die Nutzungsverhältnisse in der Insolvenz auswirken. Dabei soll insbesondere der Frage nachgegangen werden, wie das Aussonderungsrecht in Russland ausgestaltet ist, wie die Mietzahlungen in der Insolvenz behandelt werden und ob die Gesellschafter, wegen geplanter vorzeitiger Beendigungen der Mietverhältnisse im Stadium der Vorinsolvenz, zur Nutzungsüberlassung angehalten werden können. Anschließend soll ein Vergleich mit dem deutschen Recht die Gemeinsamkeiten und Unterschiede beider Rechtsordnungen aufzeigen.

An dieser Stelle sei noch eine interessante Anfrage im Zusammenhang mit der Aufhebung eines Nutzungsverhältnisses, worauf später eingegangen wird[1556], vorangestellt. Dem Bundesministerium der Finanzen lag im Jahr 2010 eine Anfrage in Bezug auf die subsidiäre Haftung eines Aktionärs vor, der infolge der Rücknahme der an die Gesellschaft verliehenen Geräte zur Zahlungsunfähigkeit seiner geschlossenen Aktiengesellschaft beigetragen haben soll[1557]. Der Anfrage lag der Fall zugrunde, nach dem ein Aktionär, der über 60% der stimmberechtigten Aktien verfügte, der Gesellschaft Gerätetechnik verliehen hat. Nach Ablauf der Leihfrist hat der Aktionär die in seinem Eigentum stehenden Geräte wieder zurückgenommen, woraufhin die Gesellschaft innerhalb kürzester Zeit den Antrag auf Insolvenzeröffnung stellen musste. Der Insolvenzverwalter wendete sich mit der rechtlichen Anfrage an das Finanzministerium, ob dieser Aktionär aufgrund der Rücknahme des Leihgeganstandes, der für die Weiterführung der Gesellschaft von beachtlicher Bedeutung war, nach Art. 56 Pkt.3 S. 2 ZGB, Art. 10 Pkt.4 InsolvG zur subsidiären Haftung herangezogen werden kann.

Das Beratungsgremium des Finanzministeriums verneinte die Haftung des Aktionärs. Aufgrund des abgelaufenen Leihvertrages durfte die Gesellschaft nicht mehr über die Geräte verfügen, so dass der Aktionär als Eigentümer von seinem Recht, sie wieder in seinen Besitz zu nehmen, sanktionslos Gebrauch machen konnte. Aufgrund dieser Handlung habe er die Zahlungsunfähigkeit der Gesellschaft nicht kausal verursacht und könne auch nicht zur subsidiären Haftung herangezogen werden[1558].

Aber auch wenn der Gesellschafter nicht nach Art. 56 Pkt.3 S. 2 ZGB, Art. 10 Pkt.4 InsolvG zur Haftung herangezogen werden soll, bleibt die Frage offen, ob der Gesellschafter nach dem zurzeit geltendem russischen Recht zur Rückgabe des Nutzungsgegenstandes verpflichtet werden kann, wenn die Nutzungsüberlassung für die Fortführung des Unternehmens oder für die Sanierungsmaßnahmen erheblich von Bedeutung sind. Weder das Finanzministerium noch die einschlägige Literatur äußert sich zu dem Problem der Beendigung der Nutzungsüberlassung im Vorfeld der Insolvenzeröffnung, so dass an einer späteren Stelle auf dieses Problem wieder eingegangen wird.

1556 S. zur Anfechtung der Beendigung von Nutzungsverhältnissen vor der Insolvenzeröffnung unter Kap. 6, C, III.

1557 Anfrage an das Bundesministerium der Finanzen, beantwortet von Polovinka.

1558 Polovinka, Anfrage an das Bundesministerium der Finanzen, S. 2.

A. Begründung eines Mietverhältnisses

Zur Begründung eines Mietverhältnisses zwischen einer Kapitalgesellschaft und einer dritten Person oder auch dem Gesellschafter bedarf es nach Art. 609 Pkt.1 ZGB – unabhängig von der Dauer des Mietvertrages – eines schriftlichen Vertrages. Dem Mietverhältnis können nach Art. 607 Pkt.1 ZGB Sachen jeder Art – Mobilien und Immobilien[1559] – unterliegen[1560].

In den Fällen, in denen keine Vertragsdauer vorgesehen wurde und der Vertrag auf eine unbestimmte Zeit eingegangen ist, kann jede Partei den Vertrag jederzeit mit einer Kündigungsfrist von einem Monat nach Art. 610 Pkt.2 ZGB kündigen. In Fällen der Überlassung von Immobilien beträgt die Kündigungsfrist drei Monate. Diese kurzen Kündigungsfristen können in den Verträgen, die auf unbestimmte Zeit eingegangen werden, nach Art. 610 Pkt.2 S. 2 ZGB abbedungen werden. Ein auf eine bestimmte Dauer eingegangener Mietvertrag kann unter anderem auf Verlangen des Vermieters auf gerichtlichem Wege aufgehoben werden, wenn der Mieter sich mit zwei Mietzahlungen hintereinander in Verzug befindet (Art. 619 S. 1 Nr. 3 ZGB), nachdem der Vermieter den Mieter schriftlich zur Erfüllung der Verbindlichkeiten innerhalb einer angemessenen Zeit ermahnt hat (Art. 619 S. 3 ZGB)[1561]. Darüber hinaus können die Parteien in

---

1559 Einem Miet- bzw. Pachtvertrag können Grundstücke, Unternehmen, Gebäude, Anlagen, Beförderungsmittel und andere Sachen, die unverbrauchbar sind, sein.

1560 Das russische Zivilrecht unterscheidet begrifflich nicht genau zwischen Miete und Pacht, vgl. Arzinger/Galander, Russisches Wirtschaftsrecht, S. 207; Breidenbach, Falter, Handbuch Wirtschaft und Recht in Osteuropa, Band 3, Kap. D.II RUS, Rdn. 176. Das russische Wort *„arenda“* kann sowohl für die Miete als auch für die Pacht stehen. Die Vorschriften der Art. 650 ff. ZGB ähneln am ehesten dem was in Deutschland als Pachtvertrag verstanden wird. Im Unterschied zu einem Mietvertrag sind bei dem Pachtvertrag die Bestimmungen im Vertrag über die zu entrichtende Miete konstitutiv. Andernfalls gilt der Vertrag als nicht zustande gekommen (Art. 654 Pkt.1 S. 2 ZGB). Insgesamt lässt sich unter dem Oberbegriff Miete eine Vielzahl an unterschiedlichen Mietverträgen unterscheiden, die zum Teil besonderen Regelungen – etwa in Bezug auf Formerfordernisse oder Vertragsbedingungen – folgen. Es gibt Verträge über gewerbsmäßige Miete von beweglichen Sachen (Art. 626 ff. ZGB), Miete von Beförderungsmitteln (Art. 632 ff. ZGB, betrifft nur Mietverträge), Miete und Pacht von Gebäuden und Bauwerken (Art. 650 ff. ZGB) und Verträge über die Unternehmenspacht (Art. 656 ff. ZGB, betrifft nur die Pacht).

1561 Sollte der Mieter nach der Mahnung des Vermieters keine Pflichtverletzungen mehr begehen und den eingetretenen Schaden ersetzen, wird das Gericht den Vertrag nicht vorzeitig aufheben. Vgl. Roggemann, Zivilgesetzbuch der Russischen Föderation, S. 148 (FN. 188).

dem Vertrag andere Gründe festlegen, bei deren Vorliegen der Vertrag aufgelöst werden kann.

B. Auswirkungen der Insolvenz auf bestehende Mietverhältnisse – Vertragserfüllung

In den Fällen, in denen Verträge vor Eröffnung des Insolvenzverfahrens nicht von den Beteiligten gekündigt oder vorzeitig aufgehoben wurden, stellt sich die Frage, ob und wie die laufenden Verträge in der Insolvenz behandelt werden. Das russische Insolvenzgesetz geht von dem Grundsatz aus, dass die laufenden Verträge mit der Insolvenzeröffnung fortbestehen[1562]. Zudem enthält Art. 310 ZGB das grundsätzliche Verbot einer einseitigen Erfüllungsverweigerung von Verträgen. Nichtsdestotrotz wird dem Insolvenzverwalter in Ausnahmefällen die Möglichkeit erteilt – je nachdem in welchem Stadium sich das Insolvenzverfahren befindet – die Vertragserfüllung zu verweigern. Da das russische Insolvenzverfahren i.w.S. nach der Aufsicht in verschiedene Verfahrensabschnitte unterteilt wird, die alle ihren eigenen Regelungen folgen, muss anhand jedes einzelnen Verfahrensabschnitts untersucht werden, wie die Fortgeltung der Verträge bzw. die Erfüllungsverweigerung ausgestaltet ist.

I. Vertragserfüllung während der Aufsicht und der finanziellen Sanierung

Für die Aufsicht und die finanzielle Sanierung folgen aus dem Insolvenzgesetz keine Regelungen, nach denen der Insolvenzverwalter die Erfüllung bestehender Verträge ablehnen kann[1563]. Das ist vor dem Hintergrund nachzuvollziehen, als während der Aufsicht und der finanziellen Sanierung die Verwaltungs- und Verfügungsbefugnis beim Schuldner verbleibt. Grundsätzlich muss also davon ausgegangen werden, dass die Verträge fortbestehen.

Chimitschev vertritt jedoch die Ansicht, dass der Interimsverwalter oder Administrativverwalter nach den allgemeinen Regeln des ZGB die Vertragserfüllung in diesen Stadien dennoch ablehnen kann[1564]. Fraglich jedoch ist, auf

1562 Vgl. Vitrjanskij, Denisov, Wissenschaftlicher Praxiskommentar zum InsolvG, Art. 102, zu Pkt.1 (S. 147), der selbstverständlich von der Fortführung der Verträge auch bei der Anordnung der externen Verwaltung spricht.

1563 Chimitschev, Die Verwirklichung und der Schutz bürgerlicher Recht in der Insolvenz, S. 11.

1564 Chimitschev, Die Verwirklichung und der Schutz bürgerlicher Recht in der Insolvenz, S. 11.

welche Normen dafür zurückgegriffen werden kann. Denn der zivilrechtliche Grundsatz in Art. 310 ZGB kodifiziert eindeutig das Verbot einseitiger Vertragsablehnungen, es sei denn eine Ablehnung ist durch Gesetz eindeutig vorgesehen oder die Möglichkeit geht aus dem Vertrag hervor (Art. 310 S. 2 ZGB). Eine ähnliche Regelung findet sich auch in Art. 450 Pkt.3 ZGB, der eine einseitige Vertragsaufhebung nur für die Fälle, die vom Gesetz oder Vertrag vorgesehen werden, erlaubt[1565].

Das Insolvenzgesetz ist – neben dem Gesetz über die Insolvenz von Kreditorganisationen – fast das einzige Gesetz, dass die einseitige Ablehnung von Verträgen durch den Insolvenzverwalter erlaubt. Die hierfür kodifizierten Regelungen – Art. 102, Art. 129 Pkt.3 Alt. 3 InsolvG – sind aber nicht auf die Aufsicht und die finanzielle Sanierung anwendbar, da beide Verfahren noch in Eigenverwaltung geführt werden. Vorbehaltlich vertraglicher Ablehnungsmöglichkeiten, für die Fälle, dass ein Insolvenzantrag gestellt wird und die finanzielle Sanierung angeordnet wird, kann der Interimsverwalter bzw. der Administrativverwalter die Erfüllung der Verträge also nicht ablehnen. Insofern ist davon auszugehen, dass die Verträge in diesen Insolvenzstadien grundsätzlich fortbestehen, so dass die entstehenden Entgeltforderungen als Masseforderungen angesehen werden.

II. Vertragserfüllung während der externen Verwaltung

Anders als bei der Aufsicht und der finanziellen Sanierung ist im Rahmen der externen Verwaltung für den Fremdverwalter eine ausdrückliche Ablehnungsmöglichkeit kodifiziert. Die Einführung der externen Verwaltung allein wirkt sich zwar nicht ablehnend auf die Verträge, die schon im Vorfeld abgeschlossen worden sind, aus[1566]. Nach Art. 102 Pkt.1 InsolvG ist der Fremdverwalter jedoch berechtigt, innerhalb von drei Monaten nach Einführung der externen Verwaltung die Erfüllung von Verträgen und anderen Rechtsgeschäften des Schuldners zu verweigern, wenn sie ganz oder teilweise noch nicht erfüllt sind und die Fortsetzung solcher Rechtsgeschäfte die Wiederherstellung der Zahlungsfähigkeit der Gesellschaft behindern würde (Art. 102 Pkt.2 InsolvG)[1567]. Das wird aus dem

1565 Auch Artt. 407 ff. ZGB sind auf diese Fälle nicht anwendbar, da sie die Fälle einer üblichen Vertragsbeendigung, sei es aufgrund des Ablauf der Vertragslaufzeit oder aufgrund des beiderseitigen Aufhebens, betreffen.

1566 Vitrjanskij, Denisov, Wissenschaftlicher Praxiskommentar zum InsolvG, Art. 102, zu Pkt.1 (S. 147).

1567 Von dieser Möglichkeit kann der Insolvenzverwalter dann keinen Gebrauch machen, wenn die Verträge erst im Laufe der Aufsicht oder während der finanziellen Sanierung begründet wurden.

Sinn und Zweck der externen Verwaltung, die Wiederherstellung der Zahlungsfähigkeit zu erreichen, hergeleitet. Darüber hinaus kann der Fremdverwalter die Fortgeltung solcher Verträge ablehnen, deren Erfüllung für den Schuldner einen Schaden verursachen würde im Vergleich zu analogen Rechtsgeschäften, die unter vergleichbaren Umständen eingegangen wären[1568].

Da es sich bei der externen Verwaltung um ein Sanierungsverfahren handelt, liegt die Möglichkeit nahe, dass der Fremdverwalter bei Gegenständen, die für die Sanierung und Fortführung des Unternehmens von erheblicher Bedeutung sind, kein Interesse an der Ablehnung haben wird, so dass die Verträge weiterhin fortgelten würden. Entscheidet sich der Insolvenzverwalter im Rahmen der Fremdverwaltung jedoch für die Ablehnung des mit dem Gesellschafter bestehenden Mietvertrages, so kann der Gesellschafter zum einen nach Art. 102 Pkt.4 InsolvG den durch die Erfüllungsablehnung entstandenen Schaden und zum anderen die Herausgabe der zur Nutzung überlassenen Gegenstände geltend machen, wenn sein Aussonderungsrecht in der Insolvenz nicht suspendiert wird[1569]. Die im Falle der Ablehnung entstandene Schadensersatzforderung des Gesellschafters kann er jedoch nur als Insolvenzgläubiger der dritten Rangfolge geltend machen (Art. 134 Pkt.4 InsolvG)[1570]. Entscheidet sich der Fremdverwalter gegen die Ablehnung des Vertrages, wird dieser automatisch fortgeführt, so dass der Gesellschafter die im Stadium der Fremdverwaltung entstehenden Forderungen als Masseforderungen vierter Stufe nach Art. 134 Pkt.1, 2 InsolvG geltend machen kann.

1568 Vitrjanskij, Denisov, Wissenschaftlicher Praxiskommentar zum InsolvG, Art. 102, zu Pkt.3 (S. 148). Darüberhinausgehende Gründe sind nach dem Beschluss des Verfassungsrechts der RF für die Ablehnung der Vertragserfüllung unzulässig. Eine alte Regelung (in Art. 77 Pkt.3 Abs. 2 InsolvG a.F.) sah vor, dass der Insolvenzverwalter auch dann die Erfüllung ablehnen konnte, wenn der Vertrag mit einer langen Laufzeit abgeschlossen wurde. Dabei wurde eine lange Vertragslaufzeit schon dann angenommen, wenn der Vertrag für mehr als ein Jahr abgeschlossen wurde. Diese Regelung erklärte das Verfassungsgericht für verfassungswidrig. Vgl. Beschluss des Verfassungsrechts der Russischen Föderation v. 6.6.2000, Nr. 9P, S. 3. Hierzu kann vermerkt werden, dass dieser Beschluss für die Praxis keine großen Veränderung bringen kann, da mit richtiger Argumentation, nämlich dem Einwand, der Vertrag seit nicht geeignet, die Zahlungsfähigkeit wieder herzustellen, jeder langfristiger Vertrag grundsätzlich abgelehnt werden könnte.

1569 S. zur Ausübung des Aussonderungsrechts in der Insolvenz unter Teil 2, 6. Kap., C.

1570 Teljukina, Kommentar zum InsolvG, zu Art. 102, S. 104; Vitrjanskij, Denisov, Wissenschaftlicher Praxiskommentar zum InsolvG, Art. 102, zu Pkt.5 (S. 148).

Die dreimonatige Ablehnungsfrist wird in der Praxis vor dem Hintergrund kritisch betrachtet, als der Verwalter, der erst nach Ablauf der Frist von einem unvorteilhaften Vertrag Kenntnis erlangt, die Erfüllung des Vertrages nicht mehr ablehnen können soll. Nach dem klaren Wortlaut des Art. 102 Pkt.1 InsolvG müssten dann Erfüllungsablehnungen, die nach der dreimonatigen Frist seit Eröffnung des Insolvenzverfahrens ausgesprochen werden, rechtswidrig sein, so dass die Gesellschafter auf der Erfüllung des Vertrages bestehen können. Jedoch bezweckt die Möglichkeit der Erfüllungsablehnung die Wiederherstellung der Zahlungsfähigkeit der Gesellschaft, die aber ins Leere laufen würde, verstünde man die drei Monate als starre Fristen, die unabhängig vom Einzelfall und der Möglichkeit der Kenntniserlangung durch den Fremdverwalter eingreifen würden. Auf der anderen Seite dürften auch die Interessen des Gesellschafters bzw. des Vertragspartners, der zumindest mit Ablauf einer bestimmten Zeit auf die Vertragserfüllung vertrauen können soll, nicht unberücksichtigt bleiben. Aus diesem Grund sollte im Rahmen der Abwägung beiderseitiger Interessen dem Fremdverwalter eine über die drei Monate hinausgehende Ablehnungsmöglichkeit nur dann zugesprochen kann, wenn der Fremdverwalter die Gründe des Verstreichens der Frist nicht zu vertreten hat[1571]. Kann der Insolvenzverwalter das Vorliegen eines der beiden Gründe, auf den er die Ablehnung der Erfüllung stützen kann, nicht beweisen, so ist die Ablehnung der Erfüllung unwirksam und wird spätestens durch ein Gerichtsurteil aufgehoben[1572]. Die Gerichtsurteile lassen in dem Punkt deutlich erkennen, dass die Möglichkeiten der einseitigen Vertragsablehnung abschließend sind und restriktiv angewandt werden.

III. Vertragserfüllung im Konkursverfahren

Die Erfüllungsverweigerung des Insolvenzverwalters im laufenden Konkursverfahren ist nach Art. 129 Pkt.3 Alt. 3 S. 1 InsolvG einerseits an das Verfahren des Art. 102 InsolvG angelehnt. Andererseits schließt es nach Art. 129 Pkt.3 Alt. 3 S. 2 InsolvG nur die Vertragsablehnung aus, wenn „zahlreiche Anhaltspunkte“ vorliegen, die die Wiederherstellung der Zahlungsfähigkeit verhindern würden, ohne jedoch tatsächliche Ablehnungsgründe zu nennen. Aus diesem Grund wird die Vorschrift in dem Sinne ausgelegt, dass der Insolvenzverwalter

1571 Vgl. a. Chimitschev, Die Verwirklichung und der Schutz bürgerlicher Recht in der Insolvenz, S. 12, der jedoch keine einseitige Ablehnung, sondern eine Ablehnung auf gerichtlichem Wege bejaht.

1572 Beschluss des Föderalen Arbitragegerichts der Nordwest-Region v. 5.8.2008 (AZ: A56-32901/2007), S. 2.

während eines Konkursverfahrens die Erfüllung nur dann verweigern können soll, wenn der Vergleich mit analogen Rechtsgeschäften, die unter vergleichbaren Umständen abgeschlossen würden, zeigt, dass die Erfüllung des in Frage stehenden Vertrages eine Schadensverursachung für den Schuldner bedeuten würde[1573]. Insofern ließe sich die Erfüllungsverweigerung nur auf eine einzige Alternative stützen, die zu Recht als unangemessen für die Konkursverfahren angesehen wird.

Die Regelung des Art. 129 Pkt.3 Alt. 3 InsolvG wird zu Recht als missglückt bezeichnet[1574]. Es lässt sich nämlich nicht sagen, was unter den „Anhaltspunkten", die gegen die Wiederherstellung der Zahlungsfähigkeit sprechen, zu verstehen ist. Dem Sinn und Zweck nach und wegen des Vergleichs mit Art. 102 InsolvG sind darunter wohl die Verträge selbst gemeint. Aus diesem Grund ist *Teljukina* der Ansicht, die Vorschrift beinhaltet so viele Fragen, die ungeklärt bleiben, dass sie besser ignoriert und anstatt dessen auch für das Konkursverfahren Art. 102 InsolvG (analog) angewandt werden sollte[1575]. Der Insolvenzverwalter kann also innerhalb der drei Monate seit der Einführung des Konkursverfahrens die Erfüllung der Verträge ablehnen[1576]. Spricht er die Ablehnung nicht ausdrücklich aus, so kommt es auch im Konkursverfahren zur Vertragsfortgeltung und zur Begründung neuer Masseforderungen, die der Gesellschafter als Nutzungsentgelte geltend machen kann.

IV. Rechtsvergleichende Wertung in Bezug auf die Vertragserfüllung

Der kurze Überblick über die Fortgeltung der Verträge nach der Eröffnung des Insolvenzverfahrens hat gezeigt, dass im Grundsatz alle vor der Einreichung des Insolvenzantrages begründeten Verbindlichkeiten, unabhängig davon ob Leistungen oder Teilleistungen aus den Verträgen bereits erbracht wurden oder ob es sich um bewegliche oder unbewegliche Vertragsgegenstände handelt, fortbestehen. Der Insolvenzverwalter hat während der externen Verwaltung und im Konkursverfahren die Wahl, die Vertragserfüllung abzulehnen. Da die Gründe für eine solche Ablehnung gesetzlich festgeschrieben und dem Wortlaut nach

1573 Vgl. a. Chimitschev, Die Verwirklichung und der Schutz bürgerlicher Recht in der Insolvenz, S. 15.

1574 Teljukina, Kommentar zum InsolvG, zu Art. 129, S. 131.

1575 Teljukina, Kommentar zum InsolvG, zu Art. 129, S. 131.

1576 Vitrjanskij, Nikitina, Wissenschaftlicher Praxiskommentar zum InsolvG, zu Art. 129, S. 184.

abschließend sind, ist die Erfüllungsverweigerung nicht nur in das Ermessen des Insolvenzverwalters gestellt.

Anders ist es im deutschen Recht, wo vermehrt Differenzierungen vorgenommen werden. Handelt es sich um gegenseitige, nicht vollständig erfüllte Verträge über bewegliche Sachen, kann der Insolvenzverwalter einerseits den Vertrag anstelle des Schuldners erfüllen und sodann die Erfüllung des Vertragspartners fordern oder andererseits sich für die Ablehnung des Vertrages entscheiden. Hinsichtlich des Letzteren handelt es sich jedoch nicht um eine echte Wahlmöglichkeit. Der Insolvenzverwalter drückt mit seiner Ablehnungsentscheidung lediglich deklaratorisch aus, dass für die nicht erfüllten Verträge die Rechtsfolgen des Insolvenzverfahrens nicht geändert werden sollen[1577]. Die Wahl des Insolvenzverwalters ist damit nur auf die Erfüllung gerichtet und betrifft nicht – wie es im russischen Recht der Fall ist – die Wahl zur Erfüllungsablehnung. Bei den Verträgen über unbewegliche Sachen geht der Gesetzgeber grundsätzlich von einem Fortbestehen des Vertrages aus. Anstatt des Erfüllungswahlrechts i.S.d. § 103 InsO stehen dem Insolvenzverwalter in den Fällen der §§ 108 f. InsO Sonderkündigungs- und Rücktrittsrechte nach § 109 ff. InsO zu. Die zurzeit geltende Rechtslage in Russland orientiert sich an dieser Möglichkeit der Vertragsablehnung.

C. Das Aussonderungsrecht des Gesellschafters

Während das Insolvenzgesetz in seiner früheren Fassung von 1992 in Art. 26 Pkt.5 InsolvG ausdrücklich vorsah, dass die dem Schuldner nicht gehörenden Vermögensgegenstände nicht zur Insolvenzmasse zählen, ist eine solche klare Regelung im jetzigen Gesetz nicht mehr vorzufinden. Nach § 131 Pkt.1 InsolvG bildet dasjenige Vermögen die Insolvenzmasse des Schuldners, das ihm zum Zeitpunkt der Eröffnung des Konkursverfahrens „*gehört*". Daraus kann im Umkehrschluss die Schlussfolgerung gezogen werden, dass die Sachen und Rechte, die dem Schuldner nicht gehören, an denen er also kein Eigentum begründet hat und die aufgrund einer Vindikationslage kondizierbar sind, nicht zur Insolvenzmasse gehören[1578]. Der Eigentümer kann diese Gegenstände außerhalb einer gesetzlichen Rangfolge in dem Insolvenzverfahren herausverlangen, da er nicht als Konkursgläubiger (Insolvenzgläubiger) gilt[1579]. Insofern steht ihm auch

---

1577 Vgl. Uhlenbruck, Wegener, InsO, § 103, Rdn. 96.

1578 Teljukina, Kommentar zum InsolvG, zu Art. 131, S. 134; Chimitschev, Die Verwirklichung und der Schutz bürgerlicher Recht in der Insolvenz, S. 33.

1579 Vgl. Wedde, Der Insolvenzverwalter im russischen und deutschen Recht, S. 117.

nach dem russischen Recht grundsätzlich ein Aussonderungsrecht zu, wenn der zugrundeliegende Mietvertrag als Recht zum Besitz nicht mehr besteht[1580] oder dessen Erfüllung durch den Insolvenzverwalter – in der Regel entweder während der externen Verwaltung oder im Konkursverfahren – abgelehnt wurde.

Auch wenn das Insolvenzgesetz die Geltendmachung des Aussonderungsrechts in der Insolvenz explizit nicht vorsieht, kann an der Möglichkeit der Geltendmachung – soweit kein Rechtsgrund des Schuldners ersichtlich ist – nicht bezweifelt werden. Diese Sichtweise bestätigt nun auch die Entscheidung des *Obersten Arbitragegerichts* vom 13.07.2004[1581]. Das Gericht führte aus, dass der Dritteigentümer sein Aussonderungsrecht außerhalb des Insolvenzverfahrens und damit nicht als Insolvenzgläubiger geltend machen kann[1582].

Scherschenevic spricht sich dafür aus, dem Insolvenzverwalter das Recht zuzuschreiben, allein nach seiner fachmännischen Entscheidung über die Erfüllung von Verträgen oder dessen Verweigerung in dem Konkursverfahren zu bestimmen. Für die Fälle, in denen die Fortführung der Verträge für die Masse rentabel und nützlich ist, sollen die Vertragsgläubiger die Vertragsbedingungen gegen ein entsprechendes Entgelt erfüllen, den Vertrag also der Masse weiter überlassen[1583]. Den Ausführungen von *Scherschenevic* lässt sich leider nicht entnehmen, ob darunter der Fall vorzustellen ist, dass das vertragliche Verhältnis dem Grunde nach nicht mehr besteht, der Vertragsgläubiger jedoch zu Belassung des Gegenstandes bzw. zur Erfüllung seiner vertraglichen Pflicht gegen einen Ausgleich verpflichtet werden soll. Eine solche Sicht liefe auf die Suspendierung des Aussonderungsrechts hinaus, wie es in Deutschland für die Nutzungsüberlassungen der Gesellschafter durch § 135 Abs. 3 S. 1 InsO erreicht werden soll. Unabhängig davon, wie *Scherschenevic* sich diesen Fall vorgestellt hat, ist nach geltendem

1580 Beschluss des 15. Arbitrageberufungsgerichts v. 13.5.2009 (AZ: 15AP-1454/2009), S. 2; Wedde, WiRO 2003, 195, 199.

1581 Beschluss des Obersten Arbitragegerichts v. 13.07.2004, Nr. 4562/04. Das Gericht hob die Entscheidungen, die die Geltendmachung des Aussonderungsrechts des Eigentümers außerhalb des Insolvenzverfahrens ablehnten auf und stellte klar, dass in Bezug auf die Herausgabe des Eigentums der Eigentümer nicht als Konkursgläubiger zu behandeln ist. Art. 57 Pkt.1 InsolvG, auf den die Entscheidung basierte, ist jetzt aufgehoben. Die neue Regelung findet sich nun in Art. 63 InsolvG wieder, die die Rangfolge des Gläubigers in Bezug auf Geldforderungen bestimmt. Insofern ist die Entscheidung auch für das geltende Recht anwendbar. Bezüglich der fälligen Geldforderungen mag der Gläubiger zwar Insolvenzgläubiger sein, hinsichtlich der Herausgabe seines Eigentums trifft dies auf ihn jedoch nicht zu.

1582 Vgl. a. Wedde, Eastlex 2005, 95, 96.

1583 Scherschenevic, Der Konkursprozess, S. 249.

russischen Recht weder der Insolvenzverwalter aus eigenen Motiven berechtigt, die Erfüllung zu verweigern noch besteht ein wie auch immer ausgestaltendes Einbehaltungsrecht des Schuldners, in Fällen der erheblichen Bedeutung des Nutzungsgegenstandes für die Insolvenzmasse.

Da das Aussonderungsrecht im russischen Recht keinen speziellen Regelungen unterzogen ist, muss davon ausgegangen werden, dass in der Insolvenz – unabhängig davon, von wem der Vertragsgegenstand ausgesondert wird und in welchen Verfahrensabschnitt die Insolvenz sich befindet, keine Aussonderungssperren – vergleichbar § 135 Abs. 3 S. 1 InsO – bestehen. Insbesondere hilft es nicht, die gesellschaftsrechtliche Treuepflicht als Argument dafür einzuführen, den Gesellschafter zu verpflichten, den Gegenstand weiter zu Verfügung zu stellen, wenn dieser für die Fortführung und Sanierung des Unternehmens als besonders wichtig erachtet wird. Die Treuepflicht des Gesellschafters ist im russischen Gesellschaftsrecht nicht gesetzlich vorgesehen und kann allenfalls vertraglich statuiert werden[1584]. Aber sogar dann kann davon ausgegangen werden, dass sie nicht so ausgeprägt sein wird, dass für die Gesellschafter daraus Rücksichtsnahmepflichten in der Insolvenz hergeleitet werden könnten[1585].

I. Rangfolge der in der Insolvenz zu zahlenden Mietentgelte

Entscheidet sich der Insolvenzverwalter gegen die Ablehnung des Vertrages, so bestehen die Verträge in der Insolvenz fort. Da den die Nutzungsüberlassung begründeten Miet- und Pachtverträgen in der Regel ein Entgelt zugrunde liegen wird, wird der Insolvenzverwalter verpflichtet sein, das Entgelt weiter zu entrichten. Dabei handelt es sich um Masseforderungen, die nach Art. 134 Pkt.1 InsolvG außerhalb einer gesetzlichen Rangfolge befriedigt werden[1586].

Aus Art. 134 Pkt.1 InsolvG folgt nämlich, dass Forderungen, die nach der Annahme des Insolvenzantrages durch das Arbitragegericht entstanden sind, als

1584 Breidenbach, Solotych, Handbuch Wirtschaft und Recht in Osteuropa, Band 3, Kap. D.I RUS, Rdn. 29. Das russische GmbH-Gesetz sieht Regelungen vor, die Geschäftsführer verpflichten, die Interessen der Gesellschaft zu wahren. Daraus kann zwar eine Treuepflicht hergeleitet werden, diese betrifft jedoch nicht alle Gesellschafter.

1585 Eine Treuepflicht zwischen der Gesellschaft und ihren Gesellschaftern, woraus auch Pflichten hergeleitet werden können oder bei deren Verletzung die Gesellschafter zur Haftung herangezogen werden können, ist von der russischen Rechtsprechung und Literatur noch nicht anerkannt, vgl. Rabensdorf, Durchgriffshaftung im deutschen und russischen Recht der Kapitalgesellschaften, S. 67;

1586 Chimitschev, Die Verwirklichung und der Schutz bürgerlicher Recht in der Insolvenz, S. 14.

Masseforderungen zu befriedigen sind. Da die Massegläubiger sich jedoch auch in Rangstufen unterteilen, werden die Gesellschafter, die aufgrund ihrer laufenden Nutzungsüberlassungsverträge während der Aufsicht, der Sanierungsverfahren und im Konkursverfahren neue Forderungen begründen, nach Art. 134 Pkt.2 InsolvG nach dem vierten Rang aus der Masse befriedigt[1587].

In Bezug auf solche Mietentgelte, die zwar vor dem Insolvenzantrag entstanden, aber noch offen sind, handelt es sich um Insolvenzforderungen i.S.d. Art. 134 Pkt.4 InsolvG. Diese werden im dritten und letzten Rang geltend gemacht und können als nachrangige Insolvenzforderungen verstanden werden[1588]. Hinsichtlich der fälligen, aber noch offenen Forderungen entspricht die russische Rechtslage nicht direkt dem deutschen Recht, da dort nur die gestundeten oder stehen gelassene Forderungen aus der vorinsolvenzrechtlichen Zeit als nachrangig angesehen werden. Bei den übrigen noch offenen Forderungen handelt es sich zwar ebenfalls um Insolvenzforderungen der Gesellschafter, die nehmen jedoch nicht den letzten Rang ein, der der Nachrangigkeit des § 39 Abs. 1 Nr. 5 InsO entspricht. Mangels einer Unterscheidung zwischen „einfachen" und nachrangigen Insolvenzgläubigern im russischen Insolvenzrecht wirkt sich die Stellung der russischen Gesellschafter mit den offenen Mietentgelten de facto nicht viel anders aus als im deutschen Recht.

II. Anfechtung von Mietleistungen im Zusammenhang mit der Nutzungsüberlassung

Vor dem Hintergrund des skizzierten Rechts über die Fortgeltung der Verträge in der Insolvenz, stellt sich die Frage, ob die vor der Insolvenzeröffnung für die Nutzungsüberlassungen bezahlten Entgelte im russischen Recht durch den Insolvenzverwalter angefochten werden können. Da es sich bei den Nutzungsverträgen um reine Austauschgeschäfte handelt und das russische Recht keine Regelungen enthält, die mit dem ehemaligen oder derzeitigen Recht der Nutzugsüberlassung in Deutschland vergleichbar sind, stellt sich diese Frage nicht für Nutzungsentgelte, die entsprechend der vertraglichen Vereinbarungen, die den sach- und ortsüblichen Marktwerten entsprechen, vor der Insolvenzeröffnung entrichtet wurden, unabhängig davon, ob die Verträge mit Gesellschaftern

1587 S. zur Rangfolge der Gesellschafterforderungen, Teil 2, 4. Kap., B.

1588 Sie sind insoweit als nachrangig zu qualifizieren, als nach dem dritten Rang der Insolvenzforderungen nur noch die Ansprüche in Bezug auf die Geschäftsanteile der Gesellschafter geltend gemacht werden, solange nach der Befriedigung aller übrigen vorrangigen Forderungen überhaupt noch Masse aufgebracht werden kann.

und mit außenstehenden Dritten eingegangen wurden. Eine Anfechtung jeglicher Mietentgelte, die im Vorfeld der Insolvenz an die Gesellschafter bezahlt wurden, ist dem russischen Recht grundsätzlich fremd. Auch die erweiterten neuen Anfechtungstatbestände können keine Rückforderung solcher Mietzahlungen auslösen, da nach Art. 61.4 Pkt.3 InsolvG die Anfechtung von Rechtshandlungen, denen eine wirtschaftlich gleichwertige Gegenleistung gegenübersteht – vorbehaltlich einer Schädigungsabsicht – ausgeschlossen ist[1589].

Es könnte jedoch überlegt werden, ob die an die Gesellschafter im Vorfeld der Insolvenz entrichteten Nutzungsentgelte, die erheblich über den Marktwert liegen, nach den Regeln über die Anfechtung von Rechtsgeschäften in die Insolvenzmasse zurückgeholt werden können. Nach Art. 61.2 Pkt.1 InsolvG können Rechtsgeschäfte angefochten werden, wenn die Leistung und Gegenleistung ungleichwertig sind oder wenn der Vertragswert unter Zugrundelegung eines Vergleichs mit ähnlichen Geschäften sich erheblich zu Ungunsten des Schuldners auswirkt. Nach Art. Art. 61.2 Pkt.1 S. 2 InsolvG ist die Ungleichwertigkeit der Gegenleistung insbesondere dann anzunehmen, wenn der Wert der vom Schuldner erbrachten Leistung den der Gegenleistung äquivalenten Marktwert erheblich übersteigt.

Insofern kann unter Art. 61.2 Pkt.1 Alt. 1 InsolvG der Fall subsumiert werden, bei dem es sich um die Erfüllung einer Forderung aus der Nutzungsüberlassung handelt, für die dem Gesellschafter ein erheblich über den Marktwert liegendes Nutzungsentgelt bezahlt wird. Wann bereits von einer erheblichen Überschreitung des Marktwertes gesprochen werden kann, folgt weder aus dem Gesetz noch aus der einschlägigen Literatur[1590]. Für eine rechtssichere Anwendung dieses Anfechtungstatbestandes und insbesondere in Bezug auf die Gesellschafterleistungen, sollte jedoch ernsthaft die Überlegung in Betracht gezogen werden, dass die Überschreitung des Marktwertes an sich schon die Anfechtbarkeit begründet[1591]. Eine darüber hinausgehende erhebliche Überschreitung ist zum einen nicht erforderlich und zum anderen mangels konkreter gesetzlicher oder richterlicher Vorgaben nicht bestimmbar und würde nur zu Rechtsunsicherheit

1589 Vgl. a. Demechin, Neue Änderungen im Gesetz über die Insolvenz, S. 1.

1590 Für die Fälle, in denen der Preis der Gegenleistung gesetzlich reguliert ist, bildet eben dieser Wert den Anknüpfungspunkt für die Bestimmung der Ungleichwertigkeit der Gegenleistung. Vgl. Koraev, Neuerungen der Gesetzgebung über die Insolvenz, S. 4.

1591 I.E. auch Demechin, der allgemein die Anfechtung von solchen Rechtsgeschäften begrüßt, die über den Marktwert liegen, vgl. Demechin, Neue Änderungen im Gesetz über die Insolvenz, S. 1.

führen. Die Gesellschafter müssen sich demnach im Klaren sein, dass ihre auf der Privatautonomie begründeten Mietengelte im Falle des Überschreitens des Marktwertes durch den Insolvenzverwalter angefochten werden können, wenn sie ein Jahr vor der Eröffnung des Insolvenzverfahrens entsprechend der Vereinbarung mit der schuldnerischen Gesellschaft bezahlt wurden.

III. Anfechtung von Beendigungen der Mietverhältnisse vor Insolvenzeröffnung

Einen anderen Diskussionspunkt stellt die Frage dar, ob auch ein vor der Insolvenzeröffnung beendetes Nutzungsverhältnis durch den Insolvenzverwalter angefochten werden kann, mit der Rechtsfolge, dass der Nutzungsgegenstand der Gesellschaft trotz der Beendigung weiterhin zur Nutzung überlassen wird. Die Frage wird insbesondere dann relevant, wenn die Gesellschaft und der Gesellschafter einvernehmlich die Vertragsaufhebung oder Kündigung beschließen.

Eine auf diesen Gründen beruhende Anfechtung wird nach dem geltenden russischen Recht jedoch sehr schwierig zu konstruieren sein. Vorbehaltlich strengerer vertraglicher Regelung ist eine Kündigung von Miet- oder Pachtverhältnissen mit einer Kündigungsfrist von einem bzw. drei Monaten jederzeit zulässig. Darüber hinaus können die Parteien jederzeit einvernehmlich die Aufhebung des Vertrages beschließen. Endet das Vertragsverhältnis erst in den Insolvenzverfahrensabschnitten, kann der Insolvenzverwalter dem Aussonderungsrecht des Gesellschafters nicht entgegen halten, der Vertragsgegenstand sei für die Fortführung des Unternehmens bedeutsam und müsse weiterhin überlassen werden. Eine gesetzliche Überlassungspflicht des Gesellschafters durch Begründung eines gesetzlichen Schuldverhältnisses ist dem russischen Recht fremd. Diese Rechtsfolge lässt sich auch nicht durch das geltende Anfechtungsrecht erreichen, da keine der bestehenden Anfechtungstatbestände den Fall zu erfassen scheinen.

Ebenso wenig wird es möglich sein, ein aufgrund eines wirksamen Kündigungsrechts im Vorfeld eines Insolvenzantrages beendetes Mietverhältnis, unabhängig davon, in welchem zeitlichem Abstand zur Insolvenzeröffnung die Beendigung eintrat, durch die Anfechtung wieder rückgängig zu machen, soweit nicht eins der Anfechtungstatbestände betroffen ist. In der Aufhebung eines Nutzungsverhältnisses, die die Beendigung beiderseitiger Pflichten zu Folge hat, wird man jedoch nicht mal ein anfechtbares Rechtsgeschäft mit Bevorzugungsabsicht i.S.d. Art. 61.3 InsolvG erblicken können. Die dort geregelten Regelbeispiele passen nicht auf den Fall der wirksamen Beendigung eines Miet- oder Pachtvertrages, aufgrund dessen der Gesellschaftergläubiger Vorteile erhalten müsste. Eine andere Sicht lässt sich rechtlich nicht fehlerfrei begründen. Eine Intention des russischen Gesetzgebers, die zur Betriebsfortführung oder zur Sanierung der Gesellschaft erforderlichen Gegenstände der Masse nach der Insolvenzeröffnung weiterhin zur Verfügung zu stellen, wird an keiner Stelle im Gesetz erkennbar. Wenn aber schon eine Suspendierung des Aussonderungsrechts nicht in Betracht gezogen werden kann, kann auch nicht eine Anfechtbarkeit einer vor Insolvenzeröffnung erfolgten Nutzungsbeendigung auf diesen Erwägungen gerechtfertigt werden.

Hierin besteht ein großer Unterschied zum deutschen Recht. Nach dem neuen Recht der Nutzungsüberlassung ist es zwar umstritten, ob und nach welchen Vorschriften die vorzeitige Beendigung angefochten werden kann, soweit der Nutzungsgegenstand für die Fortführung des Unternehmens erforderlich ist. Dieser Gedankengang ist jedoch nicht widersprüchlich zu der gesetzlichen Intention der Überlassungspflicht in der Insolvenz und ließe sich mit demselben Erwägungen begründen. Im russischen Recht ist die Rechtslage in Bezug auf die Nutzungsüberlassungen durch die Gesellschafter überhaupt nicht reguliert. Eine Anfechtung im Zusammenhang mit der Nutzungsüberlassung lässt sich nur in Bezug auf die über den Marktwert liegende Nutzungsentgelte rechtssicher vertreten lassen. Eine darüber hinausgehende rechtliche Einordnung in das Anfechtungsrecht ist jedoch nicht mehr tragbar und würde eine nicht zu rechtfertigende, sich an den Rechtsfolgen ausgerichtete Rechtsausdehnung bedeuten, die weder per Auslegung noch im Wege der Analogie begründet werden kann.

D. Rechtsvergleichende Wertung

Im deutschen Recht war die Nutzungsüberlassung eines der umstrittensten Probleme des Eigenkapitalersatzrechts und bleibt auch nach der Reform ein viel diskutiertes Thema mit vielen offenen Fragen, die vor allem in der Praxis von Bedeutung sein werden. Im russischen Recht ist die Nutzungsüberlassung seitens der Gesellschafter – vergleichbar mit dem gesamten Problem des Rechts der Gesellschafterdarlehen – noch nicht in dem Maße erforscht und reguliert, dass von konkreten, respektive speziellen Regelungen diesbezüglich gesprochen werden kann, um die Insolvenzmasse zu sichern und die Befriedigungsaussichten der Gläubiger zu verbessern. Die mangelnde Rechtsprechung hierzu, die nicht verborgen geblieben sein konnte, zeugt nur von der Richtigkeit der getroffenen Aussage.

Zusätzlich dazu erlaubt das ungeregelte, aber bestehende Aussonderungsrecht dem Gesellschaftereigentümer die Herausgabe seines zur Nutzung überlassenen Gegenstandes in dem laufenden Insolvenzverfahren zu verlangen, wenn die

Gesellschaft kein Recht zum Besitz geltend machen kann. Dies wird in der Regel immer dann der Fall sein, wenn der Insolvenzverwalter die Vertragsfortgeltung für ungünstig erachten und die Erfüllung verweigern wird oder wenn die Parteien sich einvernehmlich auf eine Vertragsauflösung einigen. Die Ablehnung der Erfüllung ist im russischen Recht – anders als im deutschen nach § 103 Abs. 2 InsO, wo die Ablehnung lediglich eine deklaratorische Erklärung darstellt, die Rechtsfolgen der Insolvenzeröffnung auf bestehende Verträge gelten zu lassen – an gewisse Voraussetzungen gebunden, die entweder an die Wiederherstellung der Zahlungsfähigkeit oder an einen Drittvergleich anknüpft. Aus diesem Grund wird der Insolvenzverwalter laufende Miet- oder Pachtverträge, denen zu hohe, über den Marktwert liegende Entgelte zugrunde gelegt werden, in der Regel ablehnen, so dass sich die Frage nach einer angemessenen Weitervergütung in der Insolvenz gar nicht stellen wird.

Eine Suspendierung des Aussonderungsrechts für Gegenstände, die für die Fortführung der Gesellschaft oder für die Sanierung erheblich sind, kennt das russische Recht nicht. Dies wird durch den Beschluss des Obersten Arbitragegerichts, nachdem die Eigentümer ihre Aussonderungsrechte außerhalb des Insolvenzverfahrens ausüben können und nicht etwaigen Beschränkungen ausgesetzt werden, nur bestätigt. Eine Möglichkeit, trotz Vertragsbeendigung, die Gegenstände nach Eröffnung des Insolvenzverfahrens weiter zu nutzen, ist – anders als im deutschen Recht – damit nicht vorgesehen.

Das geltende Anfechtungsrecht, das seit der Reform erheblich an Fülle gewonnen hat, ist in seinen Voraussetzungen und dem verfolgten Zweck durchaus geeignet, Fallgruppen im Zusammenhang mit der Nutzungsüberlassung zu erfassen. Dies betrifft jedoch nur den Fall von den innerhalb eines Jahres vor der Insolvenzantragsstellung überhöht gezahlten Mietentgelten. Der Insolvenzverwalter sollte also die über den Marktwert liegenden Mietzahlungen anfechten und in die Insolvenzmasse zurückverlangen. Darüber hinaus lassen sich in Bezug auf die Nutzungsüberlassungen keine weiteren vergleichbaren Regelungen finden.

E. Stellungnahme

Der russischen Rechtsordnung mangelt es leider an dem Verständnis, das im deutschen Wirtschaftsrecht den Nutzungsüberlassungen durch die Gesellschafter entgegen gebracht wird. Das Recht der Nutzungsüberlassung ist in Russland lediglich bekannt als ein reines Austauschverhältnis, auf das die allgemeinen Vorschriften über die Verträge angewandt werden. Darüber hinausgehende strengere Regeln der Insolvenzanfechtung kommen nur sporadisch in Betracht. Aus der Sicht der Sanierung und Fortführung der Gesellschaft in der Krise ist eine Suspendierung des Aussonderungsrechts im eröffneten Insolvenzverfahren, verbunden mit einer entgeltlichen Ausgleichspflicht des Insolvenzverwalters jedoch durchaus wünschenswert und sollte bei der Regelung des Aussonderungsrechts, das ebenfalls gesetzlich nicht kodifiziert ist, bedacht werden.

Auch wenn sich einige Fälle und Tatbestände aus dem Recht der Gesellschafterdarlehen durchaus unter das geltende russische Recht der Anfechtung subsumieren lassen, muss hinsichtlich der Nutzungsüberlassungen weiterhin vorsichtig und restriktiv vorgegangen werden. Da die Anfechtungstatbestände in ihrem neuen umfangreichen Gewand noch jung sind und in der Rechtsprechung erstmal etabliert werden müssen, ist nicht zu erwarten, dass die Gerichte auch hinsichtlich der Nutzungsüberlassung bald auf dem Stand entsprechend dem deutschen Recht sein werden. Das ist aber vor dem Hintergrund nachzuvollziehen, als das hinter dem Eigenkapitalersatzrecht und hinter dem Recht der Nutzungsüberlassungen stehende und auf Gläubigerinteressen ausgerichtete Gesamtgefüge dem russischen Recht noch befremdlich ist. Zudem zeigen sich die Gerichte gegenüber den noch jungen Regeln zurückhaltend in Bezug auf das Fällen nennenswerter Entscheidungen, die über den Wortlaut der gesetzlichen Vorschriften hinausgehen. Insoweit können in Bezug auf die Nutzungsüberlassung durch die Gesellschafter keine zu strengen Anforderungen gestellt werden. Für die Gesellschafter bedeutet das, dass sie – im Unterschied zu den Gesellschafterdarlehen – mit den Nutzungsüberlassungen die Gesellschaft nicht weniger effektiv, aber mit deutlich weniger Risiken „mitfinanzieren“ können.

7. Kapitel: Haftung der Geschäftsleitung im Zusammenhang mit der Insolvenzverschuldung

Die vorstehende Untersuchung hat gezeigt, dass nach dem russischen Recht die Tilgung von Gesellschafterforderungen grundsätzlich keinen Beschränkungen unterliegt. Auch im Stadium der Vorinsolvenz treffen die Geschäftsleitung keine gesetzlichen Auszahlungsverbote. Eine Tilgung von Gesellschafterforderung kann sich lediglich im Nachhinein als anfechtbar darstellen, wenn kurz darauf die Gesellschaft den Insolvenzantrag stellen muss. Nichtsdestotrotz versucht auch das russische Recht, dem Vorbild europäischer Gesetze entsprechend, den Gläubigern, insbesondere im Insolvenzverfahren, mehr Haftungsmasse zu erhalten bzw. die Befriedigung der Gläubiger zu gewährleisten[1592]. So wurde insbesondere im Rahmen der Insolvenzrechtsreform im Jahr 2009 an den gläubigerschützenden Vorschriften gearbeitet, um die Insolvenzmasse zu schützen bzw. diese wieder zu erlangen. Insgesamt wird der Schutz der Aktiva der Gesellschaft und der Gläubigerinteressen durch die geltende russische Rechtsordnung dadurch gewährleistet, dass nach der Stellung des Insolvenzantrages bestimmte Rechtsgeschäfte nur mit der Zustimmung des Insolvenzverwalters eingegangen und anfechtbare Rechtsgeschäfte innerhalb der Anfechtungsgrenzen angefochten werden können[1593]. Ein weiterer Schutzmechanismus könnte in den zahlreichen Haftungsvorschriften gesehen werden, die die Aktiva vor dem Missbrauch durch die Gesellschafter und die Geschäftsleitung schützen sollen und zugleich als Leistungsverweigerungsrechte den unkontrollierten und gefährlichen Entzug der Haftungsmasse präventiv vorbeugen könnten.

In der Wirklichkeit werden sich die Chancen der Gläubiger, Befriedigung ihrer Forderung zu erlangen, deutlich schlechter darstellen als noch vor der Insolvenzeröffnung in der Regel angenommen wird. In der Insolvenz müssen die Gläubiger und der Insolvenzverwalter plötzlich feststellen, dass größere Vermögenswerte in den Aktiva nicht mehr vorhanden sind, da sie durch geschickte Methoden der Geschäftsleitung beiseite geschafft wurden. Aus diesen Gründen stellt sich die Frage, wie der russische Gesetzgeber den vorzeitigen Vermögensentzug und den Missbrauch seitens der Geschäftsleitung zu unterbinden versucht und ob die Geschäftsleitung sich

1592 Demechin, Die Entwicklung der Insolvenzgesetzgebung in der Krise, S. 4.
1593 Pestrikov, Subsidiäre Haftung von Gesellschaftern und Geschäftsführern in der Insolvenz, S. 2.

im Zusammenhang mit Abführung von Gesellschaftsmitteln im Vorfeld der Insolvenz haftbar machen kann. Dabei soll das Augenmerk nur auf die mögliche Haftung im Zusammenhang mit der Insolvenzverschleppung und masseschmälernden Zahlungen gerichtet werden und nicht die gesamte Haftungsverfassung von Gesellschaftern und Geschäftsführern der GmbH dargestellt werden[1594].

A. Haftung der Geschäftsleitung nach Art. 56 Pkt.3 S. 2 ZGB i.V.m. Art. 3 Pkt.3 GmbHG(R)

Eine allgemeine Vorschrift über die subsidiäre Haftung für das Hervorrufen der Insolvenz einer juristischen Person befindet sich in Art 56 Pkt.3 S. 2 ZGB[1595]. Art 56 Pkt.3 S. 1 ZGB ist einer der Hauptvorschriften für juristische Personen im ZGB, die die persönliche Haftung der Gesellschafter einer juristischen Person grundsätzlich ausschließt. Die Ausnahme von dieser Haftungsbeschränkung sieht Art. 56 Pkt.3 S. 2 ZGB für insolvenzauslösende Rechtshandlungen vor. Eine analoge Bestimmung zu Art. 56 Pkt.3 S. 2 ZGB für die Haftung im Falle der Insolvenz der GmbH kodifiziert Art. 3 Pkt.3 GmbHG(R)[1596], der mit der allgemeinen Vorschrift und den Voraussetzungen fast wörtlich übereinstimmt[1597], jedoch strengeren Anforderungen unterstellt ist[1598].

1594 S. insoweit weiterführende Literatur zu der Haftung in der russischen GmbH: Heeg, Die Finanz- und Haftungsverfassung russischer Kapitalgesellschaften, S. 273 ff; Rabensdorf, Die Durchgriffshaftung im deutschen und russischen Recht der Kapitalgesellschaften; Mereminskaja, Durchrechung der Haftungsbeschränkung eines GmbH-Gesellschafters; Auchatov, Durchgriffs- und Existenzvernichtungshaftung im deutschen und russischen Sach- und Kollisionsrecht.

1595 Pestrikov, Subsidiäre Haftung von Gesellschaftern und Geschäftsführern in der Insolvenz, S. 1.

1596 Beschluss des Föderalen Arbitragegerichts der Uralregion v. 23.5.2007 (AZ: F09-8094/06-S4), S. 2.

1597 Vor der Reform des Insolvenzgesetzes im Jahr 2009 sah Art. 10 Pkt.4 InsolvG eine ähnliche Haftung der Gesellschafter und der Geschäftsleitung vor, wenn sie den Bankrott des Schuldners verschuldet haben und das Vermögen des Schuldners für die Gesellschaftsverbindlichkeiten nicht ausreichend war. Vgl. Beschluss des 8. Arbitrageberufungsgerichts v. 19.4.2009 (AZ: A75-10656/2009), S. 2. Der geltende Art. 10 Pkt.4 InsolvG betrifft die Haftung von Kontrollorganen der juristischen Personen, wenn durch die Ausführung ihrer Weisungen die Erfüllung von Verbindlichkeiten mangels Gesellschaftsvermögen eingestellt werden musste. Die Unterscheidung zwischen den Vorschriften ist nur darauf beschränkt, dass Art. 56 Pkt. 3 S. 2 ZGB allgemein von Gesellschaften spricht, während Art. 3 GmbHG(R) direkt von juristischen Personen.

1598 Vgl. Osakwe, Russian Civil Code, S. 224.

Nach Art. 56 Pkt.3 S. 2 ZGB i.V.m. Art. 3 Pkt.3 GmbHG(R) kann ein bestimmter Personenkreis im Falle der Insolvenz der GmbH einer subsidiären Haftung unterstellt werden, wenn das Gesellschaftsvermögen für die Begleichung der Gläubigerforderungen nicht mehr ausreicht und zwischen der Handlung oder dem Unterlassen der handelnden Personen und der Zahlungsunfähigkeit der Gesellschaft ein kausaler Zusammenhang besteht[1599].

Bei diesen Regelungen handelt es sich um eine subsidiäre Haftung i.S.d. Art. 399 ZGB, so dass die haftenden Personen erst zur Haftung gerufen werden, wenn die Gesellschaft als Hauptschuldnerin ausfällt[1600]. Darüber hinaus handelt es sich bei beiden Vorschriften um Kann-Vorschriften, so dass die Gerichte bei der Anordnung der Haftung einen Ermessenspielraum haben, so dass die Verursacher der Insolvenz auch bei Vorliegen aller Voraussetzungen nicht zwingend belangt werden müssen. Die Haftung nach Art. 3 Pkt.3 GmbHG(R) unterscheidet sich von der auf alle juristischen Personen anwendbaren Haftung nach Art. 56 Pkt.3 S. 2 ZGB dadurch, dass Art. 3 Pkt.3 GmbHG(R) für die Haftung neben den objektiven Tatbestandsvoraussetzungen explizit auch das Verschulden voraussetzt[1601], so dass diese Haftung strengeren Anforderungen unterstellt ist.

I. Anspruchsvoraussetzungen

Die Anspruchsvoraussetzungen der beiden Vorschriften unterscheiden sich nur geringfügig voneinander. Der Unterschied zwischen einer Haftung nach Art. 56 Pkt.3 S. 2 ZGB und einer Haftung nach Art. 3 Pkt. 3 GmbHG(R) liegt besonders darin, dass es sich bei Art. 56 Pkt.3 S. 2 ZGB mangels eines Verschuldenserfordernisses um eine reine Verursachungshaftung handelt.

1. Anwendbarkeit auf das Exekutivorgan

Vor dem Hintergrund der persönlichen Haftung des Leitungsorgans ist es jedoch fraglich, ob Artt. 56 Pkt.3 S. 2 ZGB, 3 Pkt.3 GmbHG(R) auf dieses überhaupt angewandt werden können. Ausweislich des Gesetzeswortlauts sind lediglich die

1599 Beschluss des 17. Arbitrageberufungsgerichts v. 18.2.2010 (AZ: 17AP-334/2010-GK), S. 2.

1600 Vgl. a. Philippov, Die Heranziehung bösgläubiger Personen zur Verantwortung wegen der Verletzung des Insolvenzrechts, S. 6.

1601 Vgl. a. Osakwe, Russian Civil Code, S. 224.

Gesellschafter, der Eigentümer des Vermögens der juristischen Person[1602] und sonstige Personen, die berechtigt sind, der Gesellschaft verbindliche Weisungen zu erteilen[1603] oder auf andere Weise die Handlungen der Gesellschaft zu bestimmen, in den Adressatenkreis eingebunden. Hierzu hat das *Oberste Arbitragegericht* ausgeführt, dass in den Kreis der haftenden Personen i.S.d. Artt. 56 Pkt.3 ZGB, 3 Pkt.3 GmbHG(R) insbesondere diejenigen gehören, die ein Aktienkontrollpaket besitzen oder Eigentümer des Vermögens eines unitarischen Unternehmens sind[1604]. Das Leitungsorgan wird weder durch das Gesetz noch durch die Auslegung des Gerichtes erwähnt[1605]. Aus diesem Grund stellt sich die Frage, wie und ob überhaupt das Leitungsorgan – das Einzelexekutivorgan oder die Mitglieder des kollektiven Leitungsorgans – zu den Haftungsadressaten gezählt werden kann, wenn es – etwa durch zweifelhafte Auszahlungen – die Insolvenz der Gesellschaft mitverursacht hat.

Liest man Artt. 56 Pkt.3 S. 2 ZGB, 3 Pkt.3 GmbHG(R) restriktiv, müsste konstatiert werden, dass der Geschäftsleiter – insbesondere bei Anwendung der Fremdorganschaft – nicht von der Haftung erfasst ist. Dies würde aber bedeuten, dass ausgerechnet die einzigen insolvenzauslösende Handlungen sanktionierenden Vorschriften eine immense Schutzlücke aufweisen würden, wenn der Geschäftsleiter im Stadium der Vorinsolvenz schrankenlos Auszahlungen oder sonstige das Gesellschaftsvermögen vermindernde Leistungen durchführen könnte, ohne eine etwaige Konsequenz seiner Handlung befürchten zu müssen. Dies würde dem neuen Ziel des Gesetzgebers, im Interesse

---

1602 Das betrifft nur die Fälle, in denen es um die juristische Person des öffentlichen Rechts oder um kommunale unitarische Unternehmen handelt.

1603 In diesem Zusammenhang ist Art. 105 ZGB über Tochtergesellschaften zu beachten, vgl. Gongalo/Krascheninnikov, Micheeva, ZGB, Art. 56, Pkt.3, S. 27; vgl. a. Bauer, WiRO 1995, 97, 98; Balayan, WiRO 1995, 313 f.

1604 Beschluss des Plenums des Obersten Gerichts der RF (Nr. 6) und des Plenums des Obersten Arbitragegerichts der RF (Nr. 8) v. 1.7.1996 „Über ausgewählte Fragen im Zusammenhang mit der Anwendung des ersten Buches des ZGB", Pkt. 22, S. 5.

1605 Dies war noch vor der großen Insolvenzrechtsreform im Jahr 2009 für insolvenzverursachende Handlungen unbeachtlich, da eine parallele Vorschrift in Art 10 Pkt.4 InsolvG die gleiche Regelung wie Artt. 56 Pkt.3 S. 2, Art. 3 Pkt. 3 GmbHG(R) ausdrücklich auch für das Exekutivorgan vorsah. Seit der Neufassung des Art. 10 Pkt.4 InsolvG bezieht sich der persönliche Anwendungsbereich auf „kontrollierede Personen" und ist auch in den objektiven Voraussetzungen etwas modifiziert worden. Vgl. zur Haftung nach Art. 10 Pkt.4 InsolvG, Teil 2, 7. Kap., B.

der Gläubiger und zum Schutze des Gesellschaftsvermögens strengere Bestimmungen zu schaffen, widersprechen. Andererseits kann dem russischen Gesetzgeber auch nicht ohne weiteres unterstellt werden, er hätte im Laufe der Novellierung des Art. 10 Pkt.4 InsolvG die Schutzlücke, die durch die Streichung des Leitungsorgans aus der Insolvenzverursachungshaftung entstehen würde, nicht gesehen.

Auch in der Literatur wird diesem Punkt allem Anschein nach keine große Beachtung geschenkt. Die einschlägigen Kommentierungen und Aufsätze behandeln die Haftung des Geschäftsführers aufgrund insolvenzverursachender Leistungen nur am Rande und wiederholen sich immer in einem Punkt, nämlich das der Adressatenkreis in der Regel aus den Gesellschaftern, die Mehrheitsgesellschafter sind, besteht. Was dagegen unter „anderen Personen, die auf andere Weise die Handlungen der Gesellschaft bestimmen können“ außerhalb des Unternehmensverbundes (Art. 105 ZGB) zu verstehen ist, wird nicht näher konkretisiert[1606].

a. Keine Anwendung auf das Exekutivorgan

Einige wenige Stimmen in der Literatur, die sich zu solchen Personen und den Geschäftsleitern äußern, sind sich uneinig. In Bezug auf das Exekutivorgan vertritt *Gabov* die Ansicht, dass weder das Einzelexekutivorgan noch die Mitglieder des Kollektivorgans unter die Haftungsadressaten der Artt. 56 Pkt.3 S. 2 ZGB, 3 Pkt.3 GmbHG(R) fallen können[1607]. Als Begründung wird angeführt, dass die Gesellschaft zivilrechtliche Pflichten übernimmt, die durch ihre Organe, und zwar das Exekutivorgan, begründet werden. Diese sind wiederum verpflichtet, nach Art. 53 Pkt.3 ZGB und Art. 44 Pkt.1 GmbHG(R) gewissenhaft und vernünftig im Interesse der Gesellschaft und in Übereinstimmung mit dem Gesetz und den Gründungsdokumenten zu handeln. Das einzige ausführende und leitende Organ der Gesellschaft kann aber nicht zugleich als eine „andere Person, die auf andere Weise die Handlungen der Gesellschaft bestimmen kann“ angesehen werden, da andernfalls die Situation entstehen würde, dass niemand Anweisungen geben können wird. Und das trifft insbesondere

---

1606 Die mangelnde Beschäftigung der Rechtsliteratur mit diesem Problem kritisiert auch Gabov, in: Rechtliche Regulierung der Verhältnisse der AG und der Person, die berechtigt ist, der Gesellschaft verbindliche Weisungen zu erteilen, s. Einleitung.

1607 Gabov, Rechtsgeschäfte mit interessierten Personen in der Praxis der AG, S. 32 f.; vgl. ders., Rechtliche Regulierung der Verhältnisse der AG und der Person, die berechtigt ist, der Gesellschaft verbindliche Weisungen zu erteilen, Pkt.1.

auf die hinter dem Einzelexekutivorgan stehende Person zu, da sie die einzige für die Gesellschaft handelnde Person ist, die die Funktion eines in jeder Kapitalgesellschaft bestehenden Exekutivorgans übernimmt und daher nicht alleine aufgrund ihrer Stellung und ihrer Amtsausführung mit „anderen Personen" i.S.d. Artt. 56 Pkt.3 S. 2 ZGB, 3 Pkt.3 GmbHG(R) gleichgesetzt werden sollte[1608].

Die mit der Aufgabenerfüllung des Einzelexekutivorgans bei der Leitung der Gesellschaft einhergehende Einflussnahme auf die Handlungen und Geschicke der Gesellschaft entsprechen nach Ansicht von *Gabov* also nicht den „in sonstiger Weise ausgeübten Weisungen anderer Personen" i.S.d. Artt. 56 Pkt.3 S. 2 ZGB, 3 Pkt.3 GmbHG(R), die die Gesellschaft zur Zahlungsunfähigkeit gebracht haben müssen[1609]. Vielmehr soll mit dieser Fallgruppe nur die Variante gemeint sein, in der „andere Personen" das Leitungsorgan zu insolvenzverursachenden Handlungen bestimmt haben. Der Hintergrund dieses Gedankens kann darin gesehen werden, dass der Geschäftsleiter als ein ausführendes Exekutivorgan angesehen wird, das auf Anweisungen der Gesellschafter tätig wird und nicht mit den einflussnehmenden Personen, vergleichbar einem Hauptaktionär oder Mehrheitsgesellschafter, gleichgesetzt werden soll.

b. Das Exekutivorgan als passender Haftungsadressat

Im Gegensatz zu *Gabov*, verfolgt *Schapkina*, bei der Kommentierung der analogen Vorschrift im Aktiengesetz – ohne es jedoch näher zu begründen – die Ansicht, dass zu solchen Personen auch der Generaldirektor und damit das Exekutivorgan gehören[1610]. Derselben Ansicht ist auch *Tichomirov*, der für den Anwendungsbereich der analogen Vorschrift im GmbHG zu dem Kreis der Personen, die das Recht haben, der Gesellschaft verbindliche Weisungen zu erteilen oder ihre Handlungen auf andere Weise bestimmen können, neben den Gesellschaftern auch die Mitglieder des Exekutivorgans, insbesondere den Generaldirektor, dazuzählt[1611].

1608 Gabov, Rechtliche Regulierung der Verhältnisse der AG und der Person, die berechtigt ist, der Gesellschaft verbindliche Weisungen zu erteilen, Pkt.1.

1609 i.E. auch Gabov, Rechtsgeschäfte mit interessierten Personen in der Praxis der AG, S. 32 f.

1610 Schapkina, AktG(R), Art. 3, Pkt.3, S. 16; Pestrikov, Subsidiäre Haftung von Gesellschaftern und Geschäftsführern in der Insolvenz, S. 3.

1611 Tichomirov, Die Grundlagen des rechtlichen Status der GmbHG, S. 12; ders., Kommentar zum GmbHG(R), Art. 3, Pkt.3, S. 18; vgl. a. Lukjanzev/Burov, Über die

c. Stellungnahme

Der Ansicht von *Gabov* kann zwar in dem Punkt zugestimmt werden, als das Exekutivorgan im Rahmen der Ausübung seines Amtes zwangsläufig Weisungen erteilen wird. Allerdings muss es sich nicht immer um Weisungen handeln, die im Interesse der Gesellschaft liegen, sondern sie können auch nachteiliger Natur sein, indem sie sehenden Auges den Bestand des Vermögens der Gesellschaft gefährden. Den Geschäftsleiter in einem solchen Fall, insbesondere wenn die Weisungen zu der Zahlungsunfähigkeit geführt haben, sanktionslos zu stellen, ist nicht gerechtfertigt.

Dagegen könnte wiederum eingewandt werden, dass der Geschäftsführer einer eigenständigen Haftung nach Art. 44 Pkt.2 S. 1 GmbHG(R), in den Fällen, in denen durch schuldhaftes Handeln der Geschäftsführer der Gesellschaft ein Schaden entstanden ist, unterliegt und es keiner weiteren Haftungsvorschrift bedarf. Jedoch sind die Regelungsgehalte beider Vorschriften unterschiedlich ausgestaltet und würden auch im Falle des Eingreifens des Art. 44 Pkt.2 GmbHG(R) für insolvenzauslösende Handlungen des Geschäftsleiters der gleichzeitigen Anwendung der Artt. 56 Pkt.3 S. 2 ZGB, 3 Pkt.3 GmbHG(R) nicht entgegenstehen.

Für die Anwendbarkeit der Artt. 56 Pkt.3 S. 2 ZGB, 3 Pkt.3 GmbHG(R) auch auf Geschäftsleiter spricht auch, dass der Anwendungsbereich sehr weit und allgemein formuliert ist. Der Gesetzgeber hat also im Gegensatz zu dem ehemaligen Art. 10 Pkt.4 InsolvG den Adressatenkreis nicht weiter eingeschränkt, was die Schlussfolgerung erlaubt, dass auch bei mangelnder Erwähnung des Geschäftsleiters dieser nicht explizit vom Anwendungsbereich ausgeschlossen ist. Darüber hinaus haben sich die Obersten Gerichte schon im Rahmen einer Plenarverordnung zu dem Adressatenkreis dieser Haftung geäußert und keine Bedenken zu dem Exekutivorgan geäußert. Hätten sie es jedoch aus dem Anwendungsbereich gänzlich ausschließen wollen, hätten sie ähnlich wie bei den Gesellschaftern, eine Eingrenzung vorgenommen.

Schließlich sprechen keine gesetzlichen oder richterrechtlichen Akte gegen eine solche Auslegung von Artt. 56 Pkt.3 S. 2 ZGB, 3 Pkt.3 GmbHG(R), so dass die angebrachten Argumente im Interesse des effektiven Gläubigerschutzes die Interessen der geschäfts- und vertretungsberechtigten Personen an der Nichtteilnahme an einer solchen verschuldensunabhängigen Haftung

subsidiäre Haftung für die Verbindlichkeiten einer zahlungsunfähigen juristischen Person, S. 2 ff., die ohne weiteres von dessen Einbeziehung ausgehen; vgl. a. Srelov/Alimirsoev, GmbHG(R), Art. 3, S. 37.

im Zusammenhang mit der Insolvenz überwiegen. Die Durchsicht der zu Art. 56 Pkt.3 ZGB ergangenen Entscheidungen hat gezeigt, dass der Geschäftsleiter ebenso Haftungsadressat sein kann, wenn die übrigen Voraussetzungen erfüllt sind[1612]. Diese Ansicht wird auch in der neuesten Rechtsprechung, nach der der Geschäftsleiter nach Art. 56 Pkt.3 S. 2 ZGB – sowie nach Art. 3 Pkt.3 GmbHG(R), Art. 10 Pkt.4 InsolvG und entsprechend Punkt 22 des Plenumbeschlusses der obersten Arbitragegerichte[1613] – zur subsidiären Haftung herangezogen werden kann, bestätigt[1614].

Zusammenfassend kann damit konstatiert werden, dass das in Artt. 56 Pkt.3 S. 2 ZGB, 3 Pkt.3 GmbHG(R) etablierte Bestimmungsrecht gerade auch den Mitgliedern der Leitungsorgane zusteht, zu denen der als Generaldirektor bezeichnete Geschäftsleiter bzw. die Vorstands- und Aufsichtsratsmitglieder gehören[1615].

1612 Beschluss des 17. Arbitrageberufungsgerichts v. 18.02.2010 (AZ: 17AP-334/2010-GK), S. 2. Das Gericht hat in diesem Fall, wo es um die Rückzahlung eines Darlehens ging, die Haftung des Geschäftsleiters jedoch verneint, da die Zahlungsunfähigkeit der Gesellschaft nicht vorgelegen habe. In dieser Entscheidung spricht das Gericht ausdrücklich von der Haftung des Geschäftsführers einer Gesellschaft nach Art. 56 Pkt.3 S. 2 ZGB, ohne es jedoch näher zu begründen. Vgl. a. Trofimov, Die Verantwortlichkeit juristischer Personen, Sammlung gerichtlicher Entscheidungen für das Jahr 2010; vgl. a. Philippov, Die Heranziehung bösgläubiger Personen zur Haftung wegen Verletzung des Insolvenzrechts, S. 6.

1613 Beschluss des Plenums des Obersten Gerichts der RF (Nr. 6) und des Plenums des Obersten Arbitragegerichts der RF (Nr. 8) v. 1.7.1996 „Über ausgewählte Fragen in Zusammenhang mit der Anwendung des ersten Buches des ZGB“, Pkt. 22, S. 5 ff.

1614 Beschluss des 15. Arbitrageberufungsgerichts v. 29.06.2010 (AZ: 15 AP-6079/2010), S. 4; Beschluss des Föderalen Arbitragegerichts des Uralgebiets v. 24.02.2011 (AZ: F09-471/11-S4), S. 2 f. Auch die Bestimmung des Landgerichts Lipetsk lässt keine Zweifel an der Einbeziehung des Geschäftsleiters in die Haftung nach Art. 56 Pkt.3 S. 2 ZGB, Art. 10 Pkt.4 InsolvG aufkommen. Betont es jedoch noch ausdrücklich, dass seine Einflussnahmemöglichkeit bzw. das Bestimmungsrecht alleine noch nicht zur Haftung führen können. Liegen dagegen die oben genannten Kriterien kumulativ vor, kann einer Haftung des Geschäftsleiters nichts entgegengesetzt werden.

1615 Arzinger/Galander, Russisches Wirtschaftsrecht, S. 95.

2. *Insolvenzauslösende Handlung*

Der Wortlaut von Art. 56 Pkt.3 S. 2 ZGB nimmt keinerlei Einschränkungen des sachlichen Anwendungsbereiches vor. Dies war noch vor der ZGB-Reform im Jahr 2002 anders, da im früheren Recht nur unrechtmäßige Handlungen, die zur Insolvenz der Gesellschaft geführt haben, haftungsauslösend waren[1616]. Einige Stimmen in der Literatur und Rechtsprechung vertreten zwar, dass es auf die Rechtswidrigkeit des Handels nicht mehr ankommt, so dass auch rechtmäßiges Verhalten, das innerhalb der Handlungsbefugnis des Geschäftsleiters liegt, sanktioniert werden kann, wenn es zur Zahlungsunfähigkeit der Gesellschaft geführt hat[1617]. Seit der Kassationsentscheidung des Föderalen Arbitragegerichts v. 25.06.2008 dürfte dies jedoch obsolet werden, da das Gericht ausdrücklich ausspricht, dass für die subjektive Haftung des Gesellschafters oder Geschäftsleiters dessen Verschulden, das zur Insolvenz der Gesellschaft geführt hat, unabdingbare Voraussetzung ist[1618]. Insofern soll der Anwendungsbereich eine Bandbreite verschiedener Situationen erfassen und ist keinen besonderen Fallgestaltungen vorbehalten[1619].

a. Masseschmälernde Handlungen der Geschäftsleitung

In Rechtsprechung und Literatur werden unter den haftungsrelevanten Rechtshandlungen in der Regel masseschmälernde Leistungen aus dem Gesellschaftsvermögen – durch Vermögensabzug oder Vermögensverlagerungen an andere Personen – verstanden[1620]. Eine nähere Konkretisierung, etwa auf welchen Verträgen solche Vermögensleistungen beruhen müssen, findet sich nicht. Der weite Regelungsbereich der Vorschrift und der Sinn und Zweck rechtfertigen, den Begriff der Handlung weit und teleologisch im Lichte des Gläubigerschutzes auszulegen. Nicht nur der Abschluss von bestimmten Austauschverträgen oder

1616 Vgl. Arzinger/Galander, Russisches Wirtschafsrecht, S. 49.

1617 Srelov/Alimirsoev, GmbHG(R), Art. 3, S. 37 f.; vgl. a. Breidenbach, Solotych, Das Zivilgesetzbuch der Russischen Föderation, Erster Teil, S. 38; Beschluss des 17. Arbitrageberufungsgerichts v. 23.4.2008 (AZ: 17AP-2426/2008-GK, in Sachen A50-16529/2007-G28), S. 4.

1618 Beschluss des Föderalen Arbitragegerichts der Uralregion v. 25.06.2008, Nr. F09-4456/08-S4 (in Sachen A50-16529/2007-G28).

1619 Lukjanzev/Burov, Über die subsidiäre Haftung für die Verbindlichkeiten einer zahlungsunfähigen juristischen Person, S. 1.

1620 Beschluss des Föderalen Arbitragegerichts des Wolgagebiets v. 31.07.2003 (AZ: A12-9367/02-S48), S. 1; Beschluss des Föderalen Arbitragegerichts des Wolgavijatsko-Gebiets v. 14.05.2004 (AZ: A79-1095/2003-SK2-1226), S. 2.

nur gesellschaftsvertraglich begründete Leistungen werden als insolvenzverursachende Rechtshandlungen eine Rolle spielen, sondern schon die Tatsachen, dass über das Vermögen der Gesellschaft verfügt wurde[1621]. Insofern können als masseschmälernde Vermögensleistungen insbesondere die Übertragung von Wirtschaftsgütern aus der Aktiva, Forderungsabtretungen, schlichte Geldleitungen oder ganz allgemein alle im Vorfeld der Insolvenz nicht zu rechtfertigende Handlungen der Geschäftsleiter verstanden werden. So ergehen die meisten Urteile, die sich mit dem Problem der subsidiären Haftung beschäftigen, zu Rechtsgeschäften des Geschäftsleiters, die die Abführung der Aktiva oder Abtretung von Forderungen zum Inhalt haben[1622].

b. Auszahlung an die Gesellschafter

Darüber hinaus ist der Kreis der durch die Handlung begünstigten Personen nicht weiter definiert, so dass davon ausgegangen werden kann, dass nicht nur diejenige Handlung haftungsauslösend sein kann, die sich an eine außenstehende Person richtete, sondern auch und vor allem eine Handlung an Gesellschafter nicht unberücksichtigt gelassen werden sollte.

Geht man von dem vorstehend Gesagten aus, kann für die Haftung des Leitungsorgans auch die Tilgung von Gesellschafterforderungen, aufgrund dessen es zur Insolvenz der Gesellschaft kam, als haftungsbegründende Handlung angesehen werden. Da die Handlung selbst nicht notwendig rechtswidrig sein muss und sogar rechtmäßiges, aber zur Insolvenz der Gesellschaft führendes Verhalten eine Haftung auslösen kann, kann es auch für die Tilgung fälliger Gesellschafterforderungen – unter anderem auch für Darlehensforderungen – nichts anderes gelten. Voraussetzung für die Haftung nach Artt. 56 Pkt.3 S. 2 InsolvG, 3 Pkt.3 GmbHG(R) ist für diesen speziellen Fall also, dass die von dem Leitungsorgan vorgenommene oder angewiesene Tilgung einer Gesellschafterforderung unmittelbar ursächlich für den Eintritt der Zahlungsunfähigkeit war und – nach den Vorgaben der Rechtsprechung – den Geschäftsleiter Verschulden bei Hervorrufen der Insolvenz trifft[1623].

1621 Beschluss des Arbitragegerichts des Gebiets Perm v. 6.9.2010 (AZ: A50-10372/2010), S.

1622 Pestrikov, Subsidiäre Haftung von Gesellschaftern und Geschäftsführern in der Insolvenz, S. 8.

1623 Beschluss des Föderalen Arbitragegerichts der Uralregion v. 25.06.2008, Nr. F09-4456/08-S4 (in Sachen A50-16529/2007-G28).

c. Wertung

Die im Rahmen der Haftung für die Insolvenzverschuldung durchgeführte Recherche in der russischen Literatur hat gezeigt, dass zwar viele Gerichtsurteile zur der Haftung nach Artt. 56 Pkt.3 S. 2 ZGB, 3 Pkt.3 GmbHG(R) – insbesondere zu der Haftung von Gesellschaftern, die eine Mehrheitsbeteiligung innehaben – ergangen sind, diese behandeln jedoch nicht das angesprochene Problem der Auszahlung an die Gesellschafter bzw. die Tilgung fälliger Gesellschafterforderungen. In der Regel handelten die Urteile vom rechtswidrigen und unentgeltlichen Entzug der Vermögensmasse oder von nachteiligen Veräußerungen von Gesellschaftsanteilen oder Vermögen der Gesellschaft im Allgemeinen. Die Haftung im Falle der Insolvenz der Gesellschaft beschäftigt die russische Literatur und die Gerichte fast ausschließlich in den Fällen, in denen die Tochtergesellschaft, aufgrund der Weisungen der Muttergesellschaft Insolvenz anmelden musste. Außerhalb des Unternehmensverbundes geht die Literatur, insbesondere die Kommentare, nur sehr sporadisch auf die Frage ein, wann und wie die haftenden Personen zu Haftung im Zusammenhang mit der Insolvenz herangezogen werden sollten.

Unabhängig von der insolvenzauslösenden Handlung hat die Durchsicht der Urteile auch gezeigt, dass die meisten Klagen mit der Begründung abgewiesen wurden, es fehlten die Haftungsvoraussetzungen, bei denen es sich in der Regel um die haftungsbegründende Kausalität handelte. Aus den Urteilen kann also die Tendenz erkannt werden, dass die Gerichte bei der Haftungsanordnung noch Zurückhaltung zeigen oder die Haftungsvoraussetzungen sehr restriktiv anwenden.

3. *Eintritt der Insolvenz*

Die subsidiäre Haftung setzt explizit voraus, dass die Gesellschaft für insolvent erklärt werden muss. Es reicht nicht aus, dass der Schuldner bislang nur einen Antrag auf Eröffnung des Insolvenzverfahrens gestellt hat. Vielmehr ist erforderlich, dass durch das Insolvenzgericht – in der gesetzlich vorgesehenen Frist von fünf Tagen i.S.d. Art. 42 Pkt.2 InsolvG – ein Beschluss über die Bankrotterklärung des Schuldners ergangen ist[1624].

1624 Vgl. Pestrikov, Subsidiäre Haftung von Gesellschaftern und Geschäftsführern in der Insolvenz, S. 9.

4. *Kausalität*

Schließlich muss zwischen der Handlung bzw. dem Bestimmungsrecht des Geschäftsleiters und dem Eintritt der Insolvenz ein kausaler Zusammenhang bestehen. In diesem Sinne muss es sich um eine unmittelbare Kausalität handeln. Darüber hinaus muss die Handlung des Geschäftsleiters die alleinige Ursache für die Insolvenz sein, so dass es nicht ausreicht, dass weitere über die Handlung des Geschäftsleiters hinausgehende Umstände die Zahlungsunfähigkeit der Gesellschaft herbeigeführt haben[1625].

a. Insolvenzrechtlicher Ursachenzusammenhang

Die gerichtliche Praxis hat gezeigt, dass das Beweisen dieser sog. Monokausalität nicht immer gelingt. Hierbei müssen zusätzlich die Besonderheiten der russischen Rechtsprechung Beachtung finden. In der Praxis der Arbitragegerichte werden an den Kausalitätsnachweis sehr strenge Anforderungen gestellt. So haben die Gerichte den Ursachenzusammenhang zwischen der auf den Vermögensentzug gerichteten Handlung des Anspruchsgegners und der Insolvenz der Gesellschaft dann verneint, wenn im Vorfeld des vorgenommenen Vermögensentzugs bereits objektive Anhaltspunkte auf die Insolvenzeröffnung vorlagen oder die Gesellschaft bereits Verluste gemacht hat, die auf den eigenen Geschäften der Gesellschaft beruhten[1626].

In Bezug auf die bereits bestehenden Verluste der Gesellschaft ist die Rechtslage klarer als in Bezug auf das Vorliegen der objektiven Anhaltspunkte bzw. Voraussetzungen der Insolvenz. Die Gerichte machen bei ihrer Formulierung nämlich nicht deutlich, wie das Letztgenannte zu verstehen ist. Bei dem objektiven Vorliegen der Voraussetzungen einer Insolvenz könnte ebenso so gut vom Vorliegen des Insolvenzgrundes der Zahlungsunfähigkeit gesprochen werden, da das Bestehen von ausreichenden Zahlungsmitteln ohnehin objektiv ermittelt wird und subjektive Umstände des Schuldners bei der Bestimmung der Zahlungsunfähigkeit unberücksichtigt bleiben. Dem Ton der Urteile ist jedoch

---

1625 Beschluss des Obersten Arbitragegerichts v. 9.10.2008 (AZ: 11498/08), S. 1 f.; Beschluss des Plenums des Obersten Gerichts der RF (Nr. 6) und des Plenums des Obersten Arbitragegerichts der RF (Nr. 8) v. 1.7.1996 „Über ausgewählte Fragen im Zusammenhang mit der Anwendung des ersten Teils des ZGB", Pkt. 22, S. 5; Pestrikov, Subsidiäre Haftung von Gesellschaftern und Geschäftsführern in der Insolvenz, S. 10.

1626 Beschluss des Föderalen Arbitragegerichts der Zentralregion v. 20.3.2007 (AZ: A64-4577/05-15), S. 2; Pestrikov, Subsidiäre Haftung von Gesellschaftern und Geschäftsführern in der Insolvenz, S. 10 f.

zu entnehmen, dass sie nicht von einer bereits eingetretenen Zahlungsunfähigkeit sprechen, so dass es sich um einen der Zahlungsunfähigkeit vorgelagerten Zeitpunkt handeln muss.

Die Gerichte benutzen jedoch auch nicht den gesetzlichen Begriff der drohenden Zahlungsunfähigkeit, die zwar keine Pflicht, aber ein Recht zur Stellung eines Insolvenzantrages begründet. Schließlich könnte es sich um einen noch früheren Zeitpunkt handeln, der als Krise der Gesellschaft der drohenden und eingetretenen Zahlungsunfähigkeit unmittelbar bevorsteht. Unabhängig davon, für welche Definition man sich bei der Bestimmung der „objektiven Anhaltspunkte der Insolvenz“ entscheidet, ist weder die drohende Zahlungsunfähigkeit noch der sogar frühere Zeitpunkt der Krise ausreichender Grund dafür, die Schmälerung der Aktiva sanktionslos zu gestatten[1627].

b. Fazit

Den Entscheidungen der Gerichte kann in Bezug auf die Kausalität zusammenfassend entnommen werden, dass keine Anhaltspunkte für die Zahlungsunfähigkeit gegeben sein dürfen, diese darf auch noch nicht eingetreten sein und es dürfen keine weiteren Umstände – wie der Eintritt niedriger Rentabilität des Betriebs, Anstieg der Forderungen, schlechte Zahlungsbereitschaft der Kunden oder Preissteigerungen am Markt[1628] – hinzukommen, die die Zahlungsunfähigkeit mitverursacht haben könnten. Nach der vorherrschenden Linie der Rechtsprechung ist die Kausalität nur dann zu bejahen, wenn die Handlung selbst unmittelbar zur Insolvenz geführt hat. Dabei wird anscheinend übersehen, dass die Insolvenz einer Kapitalgesellschaft kaum auf einer einzigen

---

1627 Zu diesem Punkt hat das 19. Arbitrageberufungsgericht v. 3.2. 2010 (AZ: A35-4016/2009), S. 4 zutreffend ausgeführt, dass die Kausalität nicht schon deshalb abzulehnen ist, nur weil die Gesellschaft bereits in finanziellen Schwierigkeiten war. Die eingetretenen Rückstände bei den Forderungstilgungen im Vorfeld des Vermögensabzugs zeugen noch nicht davon, dass sie – wäre die Vermögensminderung unterblieben – mit Einsatz nötiger Mittel nicht hätte behoben werden können.

1628 Vgl. Pestrikov, Subsidiäre Haftung von Gesellschaftern und Geschäftsführern in der Insolvenz, S. 11; Beschluss des 15. Arbitrageberufungsgerichts v. 29.06.2010 (AZ: 15 AP-6079/2010), S. 4, in dieser Entscheidung hat der Geschäftsleiter fast das gesamte Vermögen der Gesellschaft abgeführt und wurde mangels des kausalen Zusammenhangs mit der Insolvenz der Gesellschaft nicht haftbar gesprochen, da die Gerichte eingewandt haben, dass die Gesellschaft sich nicht selbst finanzieren konnte und die Geschäfte der Gesellschaft aufgrund der am Markt vorherrschenden Verhältnisse nicht mehr gut liefen.

Handlung beruht. Zur Verhinderung der unverhältnismäßigen Haftungsausdehnung der Geschäftsleiter, die nicht für jegliche nachteilige Handlungen aus Auszahlungen haftbar gemacht werden können, ist die Eingrenzung der Kausalitätserfordernisse zwar durchaus zu begrüßen. Es findet jedoch da ihre Grenz, wo die Voraussetzungen so eng aufgestellt werden, dass die haftungsbegründende Kausalität praktisch kaum nachweisbar sein wird.

Die Erfolgsaussichten der Gläubiger, die aus einer Haftung nach Art. 56 Pkt.3 S. 2 ZGB i.V.m. Art. 3 Pkt.3 GmbHG(R) vorgehen, sind schon wegen der zu strengen Anforderungen an die Kausalität und die Gläubiger treffende Beweisführung[1629] erschreckend gering. Dem Gläubiger wird die Beweiserbringung, dass die Gesellschaft aufgrund der konkreten Leistung der Geschäftsleitung und eben nicht infolge der falschen Geschäftspolitik insolvent geworden ist, kaum jemals gelingen. Insofern sollte es schon sehr verwundern, wenn viele Klagen von den Gerichten angenommen respektive positiv entschieden werden[1630].

5. *Verschulden nach Art. 3 Pkt. 3 GmbHG(R)*

Die letzte Voraussetzung, die bei der Klärung der Frage, ob der Geschäftsleiter aufgrund seiner Handlung, die die Zahlungsunfähigkeit verursacht hat, haftbar gemacht werden kann, betrifft das Verschulden. Bei diesem Punkt besteht zwischen den beiden Haftungsnormen ein Unterschied darin, dass Art. 56 Pkt.3 S. 2 ZGB – anders als Art. 3 Pkt.3 GmbHG(R) – kein Verschulden

1629 Die Auferlegung der Beweislast auf die Gläubiger wird in der russischen Rechtsprechung und Literatur wortlos angenommen, da nach Art. 65 Arbitrageprozessordnung der Russischen Föderation jeder diejenigen Tatsachen beweisen muss, auf die er sich bezieht, vgl. Beschluss des Föderalen Arbitragegerichts der Uralregion v. 21.02.2006 (AZ: F09-708/06-S4), S. 1.

1630 Dies ist für den größten Teil darauf zurückzuführen, dass die Gerichte aufgrund der strengen Behandlung der Kausalität die meisten gegen die Geschäftsleitung und die Gesellschafter gerichteten Klagen nach Art. 56 Pkt.3 S. 2 ZGB i.V.m. Art. 3 Pkt.3 GmbHG(R) zurückweisen. Vgl. die wenigen vorzufinden Entscheidungen, die aber mangels eines Kausalitätsnachweises abgelehnt wurden: Beschluss des Föderalen Arbitragegerichts des Norkaukasischen Gebiets v. 18.2.2008 (AZ: F08-8358/2007); Beschluss des Föderalen Arbitragegerichts des Wolgagebiets v. 19.01.2006 (AZ: A12-15668/05-S53); Beschluss des Föderalen Arbitragegerichts des Moskauer Gebiets v. 12.07.2004 (AZ: KG-A40/5689-04); Beschluss des Föderalen Arbitragegerichts der Uralregion v. 21.02.2006 (AZ: F-09-708/06-S4), S. 2, hebt die Bedeutung des Kausalitätsnachweises besonders hervor und lehnt die Haftung ab; Tichomirov, GmbHG(R), zu Art. 3, S. 18.

voraussetzt, sondern eine reine Verursachungshaftung darstellt[1631]. In der Literatur wird teilweise auch im Rahmen des Art. 56 Pkt.3 S. 2 ZGB ein Verschulden verlangt, da es einen allgemeinen in Art. 401 Pkt1 ZGB niedergelegten Grundsatz darstellt und einer Wiederholung in Art. 56 Pkt.3 S. 2 ZGB nicht bedürfte[1632].

Eine solche oberflächliche Begründung überzeugt jedoch nicht. Bei dem ZGB handelt es sich um ein gegenüber dem GmbHG(R) – oder auch AktG(R), das in Art. 6 Pkt.3 Abs. 3 AktG(R) ebenfalls explizit das Verschulden erwähnt – älteres Gesetz, so dass dem Gesetzgeber das Einfügen eines Verschuldensmerkmals, trotz des identischen Wortlauts und Anwendungsbereichs, aufgefallen werden musste. Käme es also nach dem Willen des Gesetzgebers auch bei Art. 56 Pkt.3 S. 2 ZGB auf ein Verschulden an, wäre dieses im Laufe der Zeit ins Gesetz aufgenommen worden. Aus dem Umkehrschluss lässt sich damit die Schlussfolgerung ziehen, dass der Gesetzgeber, in Kenntnis der verschuldensunabhängigen Haftung der Kapitalgesellschaften den Anwendungsbereich des Art. 56 Pkt.3 S. 2 ZGB weiter halten wollte. Da aber in den Fällen einer Körperschaft Art 3 Pkt.3 GmbHG(R) – bzw. Art. 6 Pkt.3 Abs. 3 AktG(R) – als lex specialis anwendbar sind, kommt es immer auf ein Verschulden der handelnden Personen an. Der weitere Anwendungsbereich des Art. 56 Pkt.3 S. 2 ZGB, der die subsidiäre Haftung an die reine Verursachung der handelnden Personen abstellt, muss dann aber nur solchen juristischen Personen vorbehalten bleiben, die kein Handelsgewerbe betreiben[1633].

Anders als im Aktienrecht[1634] enthält das GmbHG jedoch keine Regelung über den Verschuldensmaßstab. Mit der herrschenden Meinung ist jedoch von der allgemeinen Regelung in Art. 401 Pkt.1 S.1 ZGB davon auszugehen, dass sowohl Vorsatz als auch Fahrlässigkeit das Verschulden begründen[1635]. Das

---

1631 Vgl. Arzinger/Galander, Russisches Wirtschaftsrecht, S. 49; Osakwe, Russian Civil Code, S. 224.

1632 Majakowski, zit. nach Davies Parker School J. E. Eur. Law Nr. 2, 379, 380 und Heeg, Die Finanz- und Haftungsverfassung russischer Kapitalgesellschaften, S. 278.

1633 Vgl. a. Breidenbach, Solotych, Handbuch Wirtschaft und Recht in Osteuropa, Band 3, Kap. D.I RUS, Rdn. 280.

1634 Nach Art. 6 Pkt.3 Abs. 4 S. 2 AktG(R) ist das Verschulden dann zu bejahen, wenn es offensichtlich war, dass das Verhalten einen Schaden verursachen würde.

1635 Arzinger/Galander, Russisches Wirtschaftsrecht, S. 49; a.A. Tichomirov, Die Grundlagen des rechtlichen Status der GmbHG, S. 12 f. Dieser Ansicht kann jedoch nicht gefolgt werden, da das Aktiengesetz im Vergleich zum GmbHG ein älteres ist, so dass davon ausgegangen werden muss, dass der Gesetzgeber, bei fast gleichlautenden Vorschriften die Definition des Verschuldens bewusst weggelassen hat.

Ausmaß des Verschuldens wird bei dieser Haftung eine relevante Rolle spielen können. Denn auch bei Art. 3 Pkt.3 GmbHG(R) handelt es sich um eine Kann-Bestimmung, so dass die Gerichte im Rahmen ihres Ermessens die Umstände des Einzelfalls berücksichtigen und insbesondere das gegebene Verschulden mit den Gepflogenheiten des Geschäftsverkehrs abwägen werden.

6. *Geltendmachung des Anspruchs*

Die Geltendmachung der Ansprüche im Zusammenhang mit der subsidiären Haftung aufgrund insolvenzauslösender Handlungen der Geschäftsleitung obliegt nach Art. 129 Pkt.5 InsolvG dem Insolvenzverwalter[1636]. Bei der Durchsicht der hierzu ergangenen Rechtsprechung wird deutlich, dass die Gerichte an einer solchen engen Auslegung der Klagebefugnis zunächst strikt festgehalten haben. Dies hat seinen berechtigten Grund darin, dass der Insolvenzverwalter aufgrund seiner juristischen Kenntnisse und die ihm zur Verfügung stehenden organisatorischen Möglichkeiten die Situation besser einschätzen kann, er analysiert die Aktiva und überprüft die Rechtshandlungen des Schuldners in verschiedenen Stadien vor der Insolvenz.

Nichtsdestotrotz wird übersehen, dass die Insolvenzverwalter aus verschiedenen Gründen von der Stellung eines solchen Antrages vermehrt absehen und in der Regel ihre Ablehnung auf die fehlenden Haftungsvoraussetzungen, die sie im Rahmen ihrer schnellen Vorabprüfung übereilt abschließen, zurückführen[1637]. Aus diesem Grund werden in der Literatur Stimmen deutlich, die Klagebefugnis müsse nicht nur dem Insolvenzverwalter, sondern auch den Gläubigern zustehen[1638]. Eine Einschränkung der Klagebefugnis nur auf den Insolvenzverwalter

---

1636 Beschluss des Plenums des Obersten Gerichts der RF (Nr. 6) und des Plenums des Obersten Arbitragegerichts der RF (Nr. 8) v. 1.7.1996 „Über ausgewählte Fragen in Zusammenhang mit der Anwendung des ersten Buches des ZGB", Pkt. 22, S. 5.

1637 Vgl. Lukjanzev/Burov, Über die subsidiäre Haftung für die Verbindlichkeiten einer zahlungsunfähigen juristischen Person, S. 5.

1638 Lukjanzev/Burov, Über die subsidiäre Haftung für die Verbindlichkeiten einer zahlungsunfähigen juristischen Person, S. 5. Der Verfasser (Lukjanzev) teilt in dem Artikel insbesondere seine Erfahrungen als rechtlicher Berater einer der Gläubiger insolventer Gesellschaften mit. In diesen Angelegenheiten haben sich die Insolvenzverwalter schlicht geweigert, einen Haftungsanspruch gegen den Geschäftsleiter zu verfolgen und haben auf die Interessen der Gläubiger und ihre Bemühungen, die Ansprüche geltend zu machen, keine Rücksicht genommen; Srelov/Alimirsoev, GmbHG(R), Art. 3, S. 39.

folgt nämlich weder aus Art. 56 Pkt.3 ZGB, Art. 3 Pkt.3 GmbHG(R) oder Art. 10 InsolvG noch aus den Auslegungen der obersten Gerichte. Aus diesem Grund ist das oberste Arbitragegericht von der Grundsatzreglung abgewichen und spricht ausnahmsweise auch einzelnen Gläubigern das Klagerecht zu[1639]. Vor dem Hintergrund der teilweise zurückhaltenden Anwendung der Haftungsregelungen durch die Insolvenzverwalter in Bezug auf die Haftung der Geschäftsleiter ist die Einbeziehung der Gläubiger zwar zu begrüßen. Jedoch wird ihnen die Klagebefugnis erst nach der Beendigung des Konkursverfahrens zugesprochen, wenn der Insolvenzverwalter die Ansprüche im Konkursverfahren nicht geltend gemacht hat[1640]. Die Erfolgschancen der Gläubiger auf eine erfolgreiche Anspruchsgeltendmachung erst nach Beendigung des Konkursverfahrens sind damit nach wie vor gering[1641].

Die Beweislast in Bezug auf die objektiven Voraussetzungen und das Vorliegen des kausalen Zusammenhangs liegt gemäß Art. 65 Pkt.1 Arbitragegerichtsprozessordnung der Russischen Föderation bei dem Anspruchsteller[1642]. Da der Insolvenzverwalter grundsätzlich als die einzige anspruchsberechtigte Person angesehen wird, trifft ihn die – nicht zu unterschätzende – Beweislast[1643].

II. Rechtsfolge

Sind alle Voraussetzungen erfüllt und handelte der Geschäftsleiter schuldhaft, trifft ihn nach Artt. 56 Pkt.3 S. 2 ZGB, 3 Pkt.3 GmbHG(R) eine subsidiäre Haftung (Art. 399 ZGB) für die Verbindlichkeiten des Schuldners, wenn das Gesellschaftsvermögen dafür nicht mehr ausreicht. Ob es sich bei der Haftung nach Artt. 56 Pkt.3 S. 2 ZGB, 3 Pkt.3 GmbHG(R) um eine reine Innenhaftung oder im Gegenteil um eine Außenhaftung handelt, wird weder aus dem ZGB noch aus dem GmbHG(R) ersichtlich. Eine ähnliche Haftung wird auch durch

1639 Beschluss des Plenums des Obersten Arbitragegerichts v. 15.12.2004, Nr. 29 „Über Fragen der Praxis über die Anwendung des Gesetzes über die Insolvenz (den Bankrott), Pkt. 7, S. 2.

1640 Beschluss des Obersten Arbitragegerichts v. 15.7.2008 (AZ: 7690/08), S. 2.

1641 Das ist auch der Grund, warum die Anspruchsgeltendmachung durch die einzelnen Gläubiger in der gerichtlichen Praxis noch so selten anzutreffen ist, vgl. Pestrikov, Subsidiäre Haftung von Gesellschaftern und Geschäftsführern in der Insolvenz, S. 5.

1642 Srelov/Alimirsoev, GmbHG(R), Art. 3, S. 37; Beschluss des 3. Arbitrageberufungsgerichts v. 15.2.2010 (AZ: A74-3482/2009), S. 5.

1643 Beschluss des Obersten Arbitragegerichts v. 25.09.2008 (AZ: 12217/08), S. 1.

Art. 10 Pkt.4 InsolvG verfolgt, bei der nach Art. 10 Pkt.9 InsolvG die von den zur subsidiären Haftung herangezogenen Personen die zu leistenden Zahlungen in die Insolvenzmasse erstatten müssen. Insofern handelt es sich um eine reine Innenhaftung, was den Vorteil hat, dass die Gläubiger aus der aufgefüllten Masse entsprechend ihres Ranges und ihrer Quote befriedigt werden und es nicht zum Wettlauf der Gläubiger kommt. Mangels anderweitiger Bestimmungen für die Haftung nach Artt. 56 Pkt.3 S. 2 ZGB, 3 Pkt.3 GmbHG(R) kann auch hier im Wege der analogen Anwendung des Art. 10 Pkt.9 InsolvG von dem Modell der reinen Innenhaftung ausgegangen werden[1644].

Vor der Reform des Insolvenzgesetzes sah Art. 129 Pkt.5 Abs.2 InsolvG vor, dass der Umfang der Haftung durch die Differenz zwischen dem Umfang der bereits im Verzeichnis eingetragenen, aber nicht befriedigten Gläubigerforderungen und der Liquidierung der Aktiva ermittelt wird. Eine analoge Vorschrift, die den Umfang der Haftung betrifft, findet sich nun in Art. 10 Pkt.8 Abs. 2 InsolvG wieder, die jedoch ausdrücklich auf die subsidiäre Haftung nach Art. 10 Pkt.4 InsolvG anknüpft. Eine besondere Ermittlung des Haftungsumfanges wird daher bei einer Haftung nach Art. 3 Pkt.3 GmbHG(R) nicht angestellt. Die Haftungsadressaten haften in Höhe der übrigen fälligen Forderungen, für die das gebliebene Gesellschaftsvermögen nicht mehr ausreicht[1645].

III. Rechtsvergleichende Wertung

Die Haftung nach Artt. 56 Pkt.3 S. 2 ZGB, 3 Pkt.3 GmbHG(R) kann im Grundsatz mit der Haftung des Geschäftsführers nach § 64 GmbHG verglichen werden. Im russischen Recht gibt es für die juristische Personen für die Eröffnung des Insolvenzverfahrens nur einen Eröffnungsgrund der Zahlungsunfähigkeit, an die auch die Haftung nach Art. 56 Pkt.3 S. 2 ZGB, Art. 3 Pkt.3 GmbHG(R) anknüpft. Insofern ist das mit der Haftung nach § 64 S. 3 GmbHG – bis auf eine Unterscheidung in der Kausalität – identisch. Dieser Unterschied besteht lediglich darin, dass im russischen Recht die Zahlungsunfähigkeit der Gesellschaft allein durch die Handlung der haftenden Person eingetreten sein muss, während im Rahmen des § 64 S. 3 GmbHG es ausreichend ist, wenn die Auszahlung ohne Hinzutreten weiterer Kausalbeiträge, also ohne eine Monokausalität wie bei

1644 Vgl. a. Rabensdorf, Die Durchgriffshaftung im deutschen und russischen Recht der Kapitalgesellschaften, S. 110.

1645 Beschluss des 17. Arbitrageberufungsgerichts v. 23.4.2008 (AZ: 17AP-2426/2008-GK), S. 4; Demechin, Neue Änderungen im Gesetz über die Insolvenz, S. 3.

Art. 56 Pkt.3 S. 2 ZGB vorauszusetzen, zur Zahlungsunfähigkeit führen musste[1646]. Insofern kann auch bei der Haftung nach Art. 56 Pkt.3 S. 2 ZGB von einer Insolvenzverursachungshaftung gesprochen werden. Die Feststellung der Zahlungsunfähigkeit erfolgt auf der Grundlage einer Liquiditätsanalyse, anhand dessen durch das Gericht überprüft wird, ob die Aktiva der Gesellschaft vor und nach der vorgenommenen Handlung für die bestehenden Gesellschaftsverbindlichkeiten noch ausreichend ist und ob die Handlung selbst unmittelbar zur Zahlungsunfähigkeit geführt hat oder ob zusätzliche sonstige Gründe ursächlich waren[1647]. So kann die unsorgfältige bzw. uneffektive Ausübung der unternehmerischen Tätigkeit der Gesellschaft selbst zur Verneinung des Kausalzusammenhangs führen[1648]. Mit der Formulierung der „Verursachung der Kausalität" meint der Gesetzgeber also einen strikten Kausalzusammenhang zwischen der Handlung und der Insolvenz.

Anders als im russischen Recht ist die Haftung in Zusammenhang mit den insolvenzauslösenden Handlungen der Geschäftsleitung nach § 64 GmbHG weiter strukturiert. Nach § 64 S. 1 GmbHG sind die Zahlungen verboten, die bereits nach Eintritt der Zahlungsunfähigkeit oder nach der Feststellung der Überschuldung geleistet wurden. Um eine solche Haftung handelt es sich bei Artt. 56 Pkt.3 S. 2 ZGB, 3 Pkt.3 GmbHG(R) indes nicht. Vielmehr geht es ähnlich wie bei § 64 S. 3 GmbHG um eine Illiquiditätsverursachungshaftung. Darüber hinaus kennt die Haftung nach Artt. 56 Pkt.3 S. 2 ZGB, 3 Pkt.3 GmbHG(R) auch keine Exkulpationsmöglichkeiten in den Fällen, dass die Zahlungen der Geschäftsleitung mit der Sorgfalt eines ordentlichen Geschäftsmannes vorgenommen wurden. Vor dem Hintergrund der überaus strengen Kausalitätsanforderungen im Rahmen der Haftung nach Artt. 56 Pkt.3 S. 2 ZGB, 3 Pkt.3 GmbHG(R) ist aber eine Exkulpation vergleichbar § 64 S. 2 GmbHG auch nicht erforderlich.

1646 Vgl. ausführlich hierzu Teil 2, 7. Kap., A. I. 4.

1647 Bestimmung des Obersten Arbitragegerichts v. 9.10.2008 (Nr. 11498/08), S. 1; Pestrikov, Subsidiäre Haftung von Gesellschaftern und Geschäftsführern in der Insolvenz, S. 3. Dagegen wurde in der gerichtlichen Praxis die Kausalität oft dann abgelehnt, wenn vor der maßgeblichen Rechtshandlung bereits Anzeichen der Insolvenz gegeben waren und wenn neben der umstrittenen Handlung der haftenden Person Umstände wie steigende Kreditrückstände, Preissteigerungen oder zurückgegangene Rentabilität des Unternehmens als ursächliche Faktoren eine Rolle bei der Zahlungsunfähigkeit gespielt haben.

1648 Vgl. Beschluss des 17. Arbitrageberufungsgerichts v. 14.09.2009 (AZ: 17AP-7826/2009-GK), S. 3.

Einen weiteren Unterschied stellt die rechtliche Einordnung der Haftungsbestimmung als ein Auszahlungsverbot und damit als ein Leistungsverweigerungsrecht dar. Soweit ersichtlich wird die Haftungskette im russischen Recht an keiner Stelle als ein Leistungsverweigerungsrecht diskutiert. Indes ist es auch im Rahmen des § 64 S. 3 GmbHG höchst umstritten, ob der Erstattungsanspruch auch ein Leistungsverweigerungsrecht darstellt, wobei in der hier vertretenen Ansicht die besseren Argumente für ein Leistungsverweigerungsrecht des Geschäftsführers sprechen. Im Gegensatz zum deutschen Recht wird der Geschäftsleiter der russischen GmbH dagegen den Gesellschaftern nicht entgegenhalten können, dass er im Falle der Tilgung ihrer Forderung sich haftbar machen würde, so dass er von dieser Handlung absehen müsse. Die Regelung gilt einzig und allein als ein Haftungsdurchgriff bei den juristischen Personen[1649] und enthält keinen präventiven Schutz des Gesellschaftsvermögens, der durch ein Leistungsverweigerungsrecht gewährleistet werden könnte. Diese Lücke in der russischen Gesetzgebung überrascht jedoch nicht, da es weder im Bereich der Kapitalerhaltung noch im Bereich der Insolvenzvermeidung Auszahlungsverbote gibt, die ein solches Leistungsverweigerungsrecht enthielten. In dieser Hinsicht kann die Regelung des § 64 S. 3 GmbHG als Vorbild dafür dienen, es zu der Haftung des Geschäftsführers und zur Insolvenz der Gesellschaft gar nicht erst kommen zu lassen und bereits im Vorfeld der Vornahme einer Handlung die Insolvenzfähigkeit der Gesellschaft überprüfen zu lassen und dem Geschäftsführer ein Leistungsverweigerungsrecht zuzusprechen.

IV. Stellungnahme

Die Haftung nach Art. 56 Pkt.3 S. 2 ZGB ist als eine reine Verursachungshaftung nur in den Fällen anwendbar, in denen die juristische Person keine Handelsgesellschaft ist. Wird die GmbH durch vermögensmindernde Maßnahmen zur Zahlungsunfähigkeit geführt, ist die Haftung nur dann statthaft, wenn die Handlung des Geschäftsleiters kausal für die Insolvenz war und ihn ein Verschuldensvorwurf trifft (Art. 3 Pkt.3 GmbHG(R)). Aber auch bei Vorliegen aller Tatbestandsvoraussetzungen liegt die Entscheidung über die Haftung des Geschäftsleiters im Ermessen der Richter. Darüber hinaus sind die Gerichte bei der Festlegung des Kausalzusammenhangs und des Verschuldensnachweises streng. Die Beweislast liegt gemäß Art. 65 Pkt.1 Arbitragegerichtsprozessordnung der

1649 Breidenbach, Solotych, Das Zivilgesetzbuch der Russischen Föderation, Erster Teil, S. 37 f.; Abova/Kabalkin, Judenkov, ZGB, Art. 56, Pkt.4.2, S. 73.

Russischen Föderation bei dem Anspruchsteller und wird demnach in der Regel von dem Insolvenzverwalter aufgebracht werden müssen[1650].

Nur in den Fällen, in denen der Insolvenzverwalter dem Anspruch in dem Konkursverfahren nicht nachgehen wird und die Gläubiger ein anschließendes eigenständiges Klagerecht bekommen, liegt es in ihrer Macht, das Vorliegen der Voraussetzungen zu beweisen. Jedoch kann ohne weiteres die Befürchtung geäußert werden, dass insbesondere den Gläubigern die Beweisführung – vor allem im Hinblick auf die Kausalität – nur schwer gelingen wird. Die meisten zu der subsidiären Haftung ergangenen Urteile wurden aufgrund des Antrags des Insolvenzverwalters verfolgt. Jedoch kann auch solchen Anträgen keine hohe Erfolgsquote zugesprochen werden, da auch dann die Gerichte von der Beweiswürdigung selten überzeugt sind. In der Praxis ist auch eine Tendenz in die Richtung zu erkennen, dass viele Insolvenzverwalter schon bei ihrer Vorprüfung von dem Vorliegen der Haftungsvoraussetzungen nicht überzeugt sind und demzufolge sogar vor ihrer Klagebefugnis keinen Gebrauch machen. Aus diesem Grund und aufgrund der noch unstabilen Rechtsprechung in Bezug auf die Haftung des Geschäftsleiters sollte bei der Haftung nach Art. 3 Pkt.3 GmbHG(R) mit Beweiserleichterungen bzw. mit einer Beweislastumkehr gearbeitet werden.

B. Haftung der Geschäftsleitung für insolvenzverursachende Handlungen nach Art. 10 Pkt.4 InsolvG

Den speziellen Tatbestand der Haftung für insolvenzverursachende Handlungen regelt Art. 10 Pkt.4 InsolvG. Diese Haftungsnorm wurde im Rahmen der Insolvenzrechtsreform im Jahr 2009 modifiziert und sollte den Kreis der Haftungsadressaten erweitern sowie die Beweisverteilung bei der Haftung der Geschäftsleiter modifizieren.

I. Haftungsvoraussetzungen

1. Der Adressatenkreis

Art. 10 Pkt.4 InsolvG regelt ausdrücklich die subsidiäre Haftung von „kontrollierenden Personen“, wenn infolge ihrer verbindlichen Anweisung den Gläubigern ein Schaden zugefügt wurde und das Gesellschaftsvermögen zur Begleichung der Forderungen nicht mehr ausreicht. Nach Art. 2 InsolvG sind unter den „kontrollierenden Personen“ diejenigen Personen zu verstehen, die berechtigt

1650 Beschluss des 3. Arbitrageberufungsgerichts v. 15.2.2010 (AZ: A74-3482/2009), S. 5.

sind oder innerhalb von zwei Jahren vor dem Beginn der Insolvenzprozeduren das Recht hatten, an den Schuldner verbindliche Anweisungen zu erteilen oder in anderer Weise die Handlungen des Schuldners zu bestimmen. So zählt das Insolvenzgesetz zu den „kontrollierenden Personen" namentlich die Mitglieder der Liquidationskommission, Personen, die das Recht haben, über 50% der Aktien einer Aktiengesellschaft oder über mehr als der Hälfte der Anteile der GmbH zu bestimmen und Personen, die berechtigt sind – entweder durch Erteilung einer Vollmacht oder per Gesetz – den Schuldner zu vertreten[1651].

Insofern werden auch die Geschäftsleiter zu den Adressaten der subsidiären Haftung nach Art. 10 Pkt.4 InsolvG gezählt[1652]. Sie nehmen zwar in erster Linie die Stellung eines ausführenden Organs und weniger die Stellung eines Kontrollgremiums ein, sind aber mit einer Vollmacht kraft Gesetzes ausgestaltet, die Gesellschaft zu vertreten und gehören daher – per Definition – zum möglichen Adressatenkreis. Infolge der Haftung müssen die „kontrollierenden Personen" für die Zahlungsverbindlichkeiten[1653] und/oder Pflichtzahlungen[1654] der Gesellschaft ab dem Zeitpunkt einstehen, in dem der Schuldner die Befriedigung der Forderungen eingestellt hat. Sinn und Zweck der subsidiären Haftung wird darin gesehen, die Haftungsadressaten anzuhalten, im Vorfeld der Insolvenz missbräuchliche Handlungen zu unterlassen[1655].

2. *Insolvenzverursachende Handlung*

Welche konkrete Handlung, die die Geschäftsleitung vorgenommen hat, zu einer subsidiären Haftung führen kann, kann aus dem Gesetz nicht hergeleitet

---

1651 Legaldefinition, Art. 2 InsolvG. Im Vergleich zu der Vorgängerregelung des Art. 10 Pkt.4 InsolvG ist der Kreis der subsidiär Haftenden, wie es aus der Definition der „kontrollierenden Personen" folgt, deutlich weiter geworden, vgl. Kusjmischin, Die Verantwortlichkeit für den Schaden, der der Gesellschaft durch „kontrollierende Personen" entstanden ist: neue Tendenzen, S. 5.

1652 Demechin, Neue Änderungen im Gesetz über die Insolvenz, S. 3; Philippov, Die Heranziehung bösgläubiger Personen zur Haftung wegen Verletzung des Insolvenzrechts, S. 6; Roschina, Die letzten Änderungen in dem Gesetz über die Insolvenz, S. 2.

1653 Als Zahlungsverbindlichkeiten werden nach der Legaldefinition des Art. 2 InsolvG die Verpflichtungen des Schuldners verstanden, dem Gläubiger aufgrund eines zivilrechtlichen Vertrages eine bestimmte Geldsumme zu zahlen.

1654 Nach der Legaldefinition des Art. 2 InsolvG sind unter Pflichtzahlungen insbesondere Steuern, Gebühren und andere Pflichtbeiträge zu verstehen, die auf staatlicher oder kommunaler Ebene erhoben werden.

1655 Demechin, Neue Änderungen im Gesetz über die Insolvenz, S. 3.

werden. Das Gesetz spricht nur davon, dass infolge der Ausführung der Weisung einer „kontrollierenden Person“ oder infolge der Erfüllung laufender Verbindlichkeiten es zur Einstellung der Zahlungen gekommen sein muss. Insofern müssten dann alle von der Weisung erfassten Maßnahmen haftungsrelevant sein, da keine Einschränkung auf bestimmte hinter der Weisung liegende Handlungen getroffen wird.

In der Regel handelt es sich hierbei um Rechtsgeschäfte, die durch die Geschäftsleiter im Namen der Gesellschaft abgeschlossen werden und die von vornherein zu einer Vermögensminderung führen müssen[1656]. Es werden jedoch nicht nur solche Verlustgeschäfte als haftungsrelevante Maßnahmen angesehen, sondern auch sonstige Handlungen, die allgemein auf den Entzug der Vermögenswerte gerichtet sind. So hat das Gericht den Eigentümer eines unitarischen Unternehmens zur subsidiären Haftung nach Art. 10 Pkt.4 InsolvG herangezogen, da er die zur Begleichung der bestehenden Verbindlichkeiten erforderlichen Vermögenswerte abgeführt hat, infolge dessen es zur Überschuldung, zur Entlassung von Mitarbeitern und schließlich zum Einstellen des Unternehmens kam[1657].

Bei der Bestimmung, welches Verhalten bei Art. 10 Pkt.4 InsolvG haftungsrelevant ist, kann zudem auf die zu Art. 56 Pkt.3 S. 2, Art. 3 Pkt.3 GmbHG(R) gemachten Ausführungen zurückgegriffen werden. Die angesprochenen Vorschriften verfolgen denselben Zweck und unterscheiden sich in ihren objektiven Voraussetzungen nur in der Formulierung voneinander. Es kann nämlich keinen Unterschied machen, ob der Gesetzgeber konkret von Handlungen oder von den einer Weisung zugrundeliegenden Maßnahmen, die die Zahlungsunfähigkeit herbeigeführt haben, spricht. Auch den Gesetzesbegründungen sind keine gegenseitigen Deutungen der haftungsrelevanten Rechtshandlung zu entnehmen. Zudem stützen die Gerichte die subsidiäre Haftung auf eine lange Regelungskette der Artt. 56 Pkt.3 S. 2 ZGB, 3 Pkt.3 GmbHG(R), 10 Pkt.4 InsolvG, Pkt. 22 des Plenarbeschlusses und behandeln alle objektiven Voraussetzungen gleich.

Insofern können auch bei Art. 10 Pkt.4 InsolvG masseschmälernde Vermögensleistungen, insbesondere die Übertragung von Wirtschaftsgütern aus der Aktiva, Forderungsabtretungen oder schlichte Geldleitungen, als den Weisungen zugrundeliegende Maßnahmen verstanden werden. Darüber hinaus wird auch der Kreis der durch die Maßnahme begünstigten Personen nicht weiter

1656 Pestrikov, Subsidiäre Haftung von Gesellschaftern und Geschäftsführern in der Insolvenz, S. 8.

1657 Beschluss des Obersten Arbitragegerichts v. 9.10.2008 (AZ: 11498/08), S. 2.

konkretisiert, so dass es keinen Unterschied machen kann, ob die Maßnahme an einen außenstehenden Dritten oder einen Gesellschafter gerichtet war.

Aus diesen Gründen ist es nicht fernliegend, auch Weisungen in Bezug auf Forderungserfüllungen gegenüber den Gesellschaftern oder bloße Auszahlungen an Gesellschafter als tatbestandlich relevant anzusehen, wenn es dadurch zur Insolvenz der Gesellschaft gekommen ist. Ein etwaiger Rechtsgrund und die Fälligkeit einer Gesellschafterforderung können schon aus dem Grunde nicht tatbestandlich relevant sein, als sonst der Haftungstatbestand durch die Fälligstellung der Forderungen oder Begründungen von Schuldverhältnissen ausgehöhlt werden würde. Insbesondere da es sich bei der Haftungsnorm um eine gläubigerschützende Vorschrift handelt, die die Verteilungsmasse in der Insolvenz anreichern soll, kann es keinen Unterschied ausmachen, ob den Zahlungen, die zur Insolvenz geführt haben, ein Verpflichtungsgeschäft zugrunde liegt oder nicht. Insofern können auch die Zahlungen an Gesellschafter, die auf einem Nutzungsverhältnis beruhen, tatbestandlich relevant sein.

3. *Einstellung der Forderungstilgungen*

Anders als die ehemalige Vorschrift des Art. 10 Pkt.4 InsolvG, die von dem Eintritt der Insolvenz sprach, heißt es nun, dass der Schuldner die Zahlungen für den Ersatz der Schäden, die den Gläubigern aufgrund der Befolgung der Anweisung oder infolge der Erfüllung von laufenden Verbindlichkeiten im Falle des nicht ausreichenden Gesellschaftsvermögens entstanden sind, eingestellt haben muss. Warum der Gesetzgeber erneut einen solchen unklaren Gesetzeswortlaut gewählt hat, kann nicht nachvollzogen werden. Mit der Formulierung, dass der Schuldner seinen Schadensersatzansprüchen nicht mehr nachkommen kann, ist nichts anderes gemeint, als dass er die bestehenden Zahlungspflichten nicht erfüllen kann. Und dennoch beschränkt der Gesetzgeber die Einstellung der Zahlungsverbindlichkeiten nur in Bezug auf die Schadensersatzforderungen, die den Gläubigern infolge der Ausführung der Anweisungen oder der Erfüllung laufender Verbindlichkeiten trotz eines unzureichenden Gesellschaftsvermögens, entstanden sind. De facto handelt es sich jedoch nicht mehr und nicht weniger um den Tatbestand der Zahlungsunfähigkeit.

Hat der Schuldner also Begleichung der Forderung im Ganzen oder zumindest zum Teil – also nur in Bezug auf die Schadensersatzansprüche – eingestellt, dann ist er bereits zahlungsunfähig und damit insolvent. Aus diesem Grund kann auch weiterhin der Eintritt der Insolvenz als Haftungsvoraussetzung angesehen werden.

4. *Kausalität*

Einen der wichtigsten und oft sehr schwer nachzuweisenden Tatbestandsmerkmale bei der subsidiären Haftung stellt die Kausalität dar. Zwischen der Erfüllung der Weisungen oder der Begleichung von Verbindlichkeiten trotz unzureichendem Gesellschaftsvermögen und der Einstellung der Forderungstilgungen – also dem Eintritt der Zahlungsunfähigkeit – muss ein kausaler Zusammenhang bestehen. Die Gerichte sind auch bei Art 10 Pkt.4 InsolvG in Bezug auf die Kausalität sehr streng und sehen sie eigentlich als eine Monokausalität an, auch wenn die Insolvenz einer Gesellschaft nicht bloß auf eine Ursache zurückgeführt werden kann.

Auch bei dieser Tatbestandsvoraussetzung besteht zu der Haftung nach Artt. 56 Pkt.3 S. 2 ZGB, 3 Pkt.3 GmbHG(R) kein Unterschied, so dass auf die oben angestellten Erwägungen zurückgegriffen werden kann.

5. *Verschulden*

Die neue Vorschrift regelt nicht, dass die „kontrollierenden Personen“ schuldhaft gehandelt haben mussten. Insofern könnte der Eindruck entstehen, bei der Haftung nach Art. 10 Pkt.4 Abs. 1 InsolvG handele es sich um eine verschuldensunabhängige Haftung. Jedoch sieht Art. 10 Pkt.4 Abs. 2 InsolvG vor, dass die „kontrollierenden Personen“ eine Exkulpationsmöglichkeit haben und dann nicht haften müssen, wenn sie beweisen können, dass sie „gewissenhaft und vernünftig“ im Interesse der Gesellschaft gehandelt haben[1658]. Daraus folgt also, dass die Schuld vermutet wird, solange der Haftungsadressat den Entlastungsbeweis nicht erbringt (Art. 401 Pkt.2 ZGB)[1659].

1658 Gongalo/Krascheninnikov, Micheeva, ZGB, Art. 56, S. 27 (Staut 2010).

1659 Vgl. a. Kusjmischin, Die Verantwortlichkeit für den Schaden, der der Gesellschaft durch „kontrollierende Personen“ entstanden ist: neue Tendenzen, S. 6; Srelov/Alimirsoev, GmbHG(R), Art. 3, S. 37; Scherbatova, Neue Möglichkeiten für die Gläubiger in Bezug auf die Anfechtung von Rechtsgeschäften und Forderungsgeltendmachung in der Insolvenz, S. 5. Insoweit regelt der neue Art. 10 Pkt.4 InsolvG ein Novum im Vergleich zu der Vorgängerregelung, die ausdrücklich das Verschulden der haftenden Personen ansprach, jedoch keine Exkulpationsmöglichkeit vorsah. Der Grund für die Novellierung der Verschuldensfrage könnte darin zu sehen sein, dass die Gerichte die Frage des Verschuldens nicht diskutiert haben, sondern nur anhand der vom Insolvenzverwalter eingereichten Dokumente und Beweise über das Verschulden geurteilt haben.

Welchem Maßstab der Geschäftsleiter bei der gewissenhaften und vernünftigen Führung seines Amtes unterliegt[1660], wird anhand der zu diesem Sorgfaltsmaßstab ergangenen Regelwerke bestimmt. So sieht Punkt 6.1.1 des körperschaftlichen Verhaltenskodexes[1661] vor, dass unter einem gewissenhaften und vernünftigen Verhalten jenes Verhalten zu verstehen ist, das mit jener Sorgfalt und Vorsicht ausgeführt wird, die von einem guten Geschäftsleiter in einer analogen Situation erwartet werden kann und dass alle ihm zur Verfügung stehenden Mittel angewandt werden, um seine Pflichten ordnungsgemäß zu erfüllen[1662]. In concreto bedeutet das gewissenhafte Handeln die ordnungsgemäße Befolgung gesetzlicher Anforderungen, rücksichtsvolles und objektives Handeln im Interesse der Gesellschaft und eine möglichst effektive Erzielung von Gewinnen[1663]. Das geforderte vernünftige Verhalten verlangt Vorsicht und Zurückhaltung hinsichtlich des Treffens von nicht ausreichend effektiven Entscheidungen[1664].

Dieser Sorgfaltsmaßstab gilt als einer der Eckpfeile des russischen Zivilrechts. Nichtsdestotrotz ist seine nähere Konkretisierung bislang nicht gesetzlich verankert und wird der gerichtlichen Rechtsprechung bei Beachtung jedes Einzelfalles überlassen[1665]. Der Definition zufolge lässt sich jedoch sagen, dass der auf die tatsächliche Herbeiführung der Zahlungsunfähigkeit gerichtete Vermögensentzug die Exkulpation in der Regel nicht ermöglichen wird.

In welchen Fällen die Gerichte den Entlastungsbeweis bislang anerkannt haben, ist in Bezug auf die Haftung nach Art. 10 Pkt.4 InsolvG noch ungewiss.

1660 Das gewissenhafte und vernünftige Verhalten, auf das im russischen Recht angeknüpft wird, entspricht der Sorgfalt eines ordentlichen Geschäftsmannes im deutschen Gesellschaftsrecht, wo sogar in § 93 Abs. 1 AktG von einem „ordentlichen und gewissenhaften Geschäftsleiter“ gesprochen wird.

1661 Körperschaftlicher Verhaltenskodex v. 5.04.2002. Der Verhaltenskodex ist keine gesetzliche Rechtsnorm, sondern enthält lediglich Empfehlungen und Anregungen für Unternehmen.

1662 Serebrjakova, Die Grundlage und die Voraussetzungen der zivilrechtlichen Haftung der Mitglieder des Direktorenrats juristischer Personen, S. 2.

1663 Vgl. Tichomirov, ders., GmbHG(R), Art. 44, S. 92; Serebrjakova, Die Grundlage und die Voraussetzungen der zivilrechtlichen Haftung der Mitglieder des Direktorenrats juristischer Personen, S. 2.

1664 Emeljanov, Der Begriff der Vernunft im Zivilrecht, S. 3.

1665 Vgl. a. Serebrjakova, Die Grundlage und die Voraussetzungen der zivilrechtlichen Haftung der Mitglieder des Direktorenrats juristischer Personen, S. 3.

II. Rechtsfolge und Geltendmachung des Anspruchs

Die subsidiäre Haftung bezieht sich nach Art. 10 Pkt.4 S. 1 InsolvG auf die Zahlungsverbindlichkeiten und Pflichtzahlungen der Gesellschaft und kann der Höhe nach begrenzt werden. Das Insolvenzgericht entscheidet nach Art. 10 Pkt.8 S. 2 InsolvG über den Betrag der zwischen den noch offenen und bereits beglichenen Gläubigerforderungen ermittelt wird. Der Geldbetrag, der durch das Gericht angesetzt wird, wird nach Art. 10 Pkt.9 InsolvG in die Insolvenzmasse erstattet, so dass es sich bei dem Anspruch nicht um eine Außen-, sondern um eine Innenhaftung handelt.

Mit der Reform wurde auch eine Regelung hinsichtlich der Haftungskürzung eingearbeitet. Nach Art. 10 Pkt.4 S. 2 InsolvG kann der Umfang der Haftung durch das Arbitragegericht reduziert werden, wenn nachgewiesen werden konnte, dass der Umfang der Schäden, die den Gläubigern infolge der Handlung der haftenden „kontrollierenden Person" verursacht wurden, deutlich geringer ist als der Umfang der Forderungen, die der Erfüllung durch den Haftenden unterliegt. Daraus folgt, dass der Inhalt und Umfang der Haftung sich grundsätzlich nach den verursachten Schäden richtet.

Die Geltendmachung der Ansprüche aus Art 10 InsolvG obliegt gemäß Art. 10 Pkt.6 S.2 InsolvG dem Insolvenzverwalter, der den Antrag entweder aus eigener Initiative oder infolge des Beschlusses der Gläubigerversammlung stellt[1666]. Mit dem neu eingeführten Art. 10 Pkt.6 S. 2 InsolvG wurde der Kritik entsprochen, dass die Gerichte nur den Insolvenzverwalter als klagebefugt ansehen. Aus diesem Grund ist die Neuregelung, die die Gläubiger miteinbezieht, zu begrüßen.

III. Stellungnahme

Die klar auf die Verhinderung der insolvenzauslösenden Handlungen gerichtete subsidiäre Haftung verspricht im Ergebnis weniger, als auf den ersten Blick erkennbar ist. Den Haftungsvoraussetzungen zu Folge lässt sich Art. 10 Pkt.4 InsolvG genau auf die Fälle anwenden, in denen der Geschäftsleiter noch außerhalb eines Insolvenzverfahrens durch seine Handlungen bzw. Anweisungen die Zahlungsunfähigkeit der Gesellschaft herbeigeführt hat. Da der Kreis der

1666 Lukjanzev moniert die praktische Anwendung der Einbeziehung der Gläubiger in den Entscheidungsprozess. Seine praktischen Erfahrungen haben ganz im Gegenteil gezeigt, dass die Insolvenzverwalter, haben sie sich einmal gegen die Anspruchsgeltendmachung entschieden, sich von den Gläubigern nicht umstimmen lassen, vgl. in: Lukjanzev/Burov, Über die subsidiäre Haftung für die Verbindlichkeiten einer zahlungsunfähigen juristischen Person, S. 6.

bestimmten vorzunehmenden Handlungen nicht weiter eingeschränkt wird, fällt in die Regelungspraxis insbesondere der Vermögensentzug, der nicht nur als Beiseiteschaffen der Aktiva, sondern auch als Auszahlung auf eine bestehende Forderung interpretiert werden kann. Aus diesem Grund sind die Fälle, in denen die Gesellschaft dem Gesellschafter seine fällig gewordene Forderung aus einem Darlehensvertrag oder einem sonstigen Verpflichtungsgeschäft tilgt oder sonstige Auszahlung an Gesellschafter vornimmt, von dem Regelungsbereich der insolvenzverursachenden Haftungen – sowohl Art. 10 Pkt.4 InsolvG als auch Artt. 56 Pkt.3 S. 2 ZGB, 3 Pkt.3 GmbHG(R) – durchaus erfasst, werden jedoch gerichtlich nicht weiter verfolgt.

Die zu dieser Haftung ergangene Rechtsprechung ist auf dieses Problem entweder bislang nicht aufmerksam geworden oder nimmt eine ignorierende Stellung ein. Es kann nämlich nicht vorgestellt werden, dass obwohl bei den Gesellschaften die Finanzierung durch Gesellschafter einen oft und gern genutzten Vorgang darstellt, die Tilgung solcher Forderungen bislang nicht zu einem gefährlichen oder die Insolvenz auslösenden Zustand geführt haben, dass die Insolvenzverwalter und die Rechtsprechung noch nicht aufmerksam geworden sind. In diesem Punkt kann erneut wiederholt werden, dass auch die Anfechtung von kurz vor der Insolvenz vorgenommenen Rechtshandlungen einen ähnlichen Gesellschaftersachverhalt aufweist und bislang ebenso wenig Erfolg gezeigt hat. Für die Zukunft kann aufgrund der Ausarbeitung des Anfechtungsrechts auf eine Nachbesserung gehofft werden. Das Recht der subsidiären Haftung ist dem Grunde nach ausreichend, sollte aber endlich in vollem Umfang eingesetzt werden, um die Befriedigungsaussichten der Gläubiger zu erhöhen.

Das größte Manko dieser Vorschrift und der Grund für die unzureichende Rechtsprechung in Bezug auf solche Handlungen stellt die Kausalität zwischen dem Vermögensentzug und der Zahlungsunfähigkeit der Gesellschaft dar. Die in der Literatur und in der Praxis zu oft geäußerte Kritik, dass die subsidiäre Haftung der Geschäftsleitung de facto unmöglich erscheint, überrascht nicht, wenn man die an die Kausalität gestellten restriktiven Anforderungen und die Position der Gerichte bedenkt. Solange die Kausalität in der rechtlichen Praxis lediglich als Monokausalität verstanden wird und die Gerichte bei jeglichen Anzeichen einer Insolvenz im Vorfeld des massenhaften Vermögensentzugs, der die Insolvenz der Gesellschaft unverzüglich auslöst und das Gesellschaftsvermögen völlig ausleert, die Haftung der Handelnden mangels eines Ursachenzusammenhangs verneinen, wird sich an dem aktuellen Problem massearmer Gesellschaften in der Insolvenz nichts ändern.

Diesen Zustand erlaubt die derzeitige Rechtslage und beschneidet immens die Rechte der Gläubiger. Der Ausschluss der Kausalität im Falle des Vorliegens einiger auf die Insolvenz der Gesellschaft hinweisenden Anhaltspunkte ist aus der Sicht eines effektiven Gläubigerschutzes nicht zu rechtfertigen. Befindet sich die Gesellschaft bereits in der Krise und besteht tatsächlich die Möglichkeit einer drohenden Insolvenz, sollten die Geschäftsleiter und die restlichen Haftungsadressaten nicht ihre übrig gebliebene Aktiva beiseiteschaffen, sondern dies im Gegenteil unterlassen, ein Moratorium auf die Auszahlung und Tilgung von Gesellschafterforderungen auferlegen und Sanierungsmaßnahmen einleiten. Eine Freikarte zum Vermögensentzug, wenn die Gesellschaft Verluste macht, öffnet den Gesellschaftern und der Geschäftsleitung Tür und Tor zur eigenen Bereicherung auf Kosten der Gläubiger. Eine Vorverlegung einer bereits eingetretenen Krise oder einer drohenden Zahlungsunfähigkeit sollte den Ursachenzusammenhang eines geplanten Vermögensentzugs zum evidenten Nachteil der Gläubiger, aber zum eigenen Gewinn der Geschäftsleitung oder bevorzugter Gesellschafter nicht zerstören.

Die zu Art. 10 Pkt.4 InsolvG ergangene Rechtsprechung, zeigt noch deutliche Zurückhaltung bei der Anordnung der Haftung des Geschäftsführers, insbesondere im Zusammenhang mit der Auszahlung aus dem Gesellschaftsvermögen. So urteilen die Gerichte, dass der Vermögensentzug alleine noch kein Indiz für die Haftung sein kann, auch wenn die Insolvenz in kürzester Zeit eingetreten ist[1667]. Die wenige Anzahl der stattgegebenen Haftungsklagen ist Anzeichen dafür, dass die geforderten Haftungsvoraussetzungen, insbesondere die Kausalität, schwer zu beweisen sind und insbesondere bei rechtmäßigen, aber dennoch die Insolvenz der Gesellschaft auslösenden Handlungen der Haftungsadressaten die Rechtsprechung sehr zurückhaltend ist. Insofern wird erst die Zukunft zeigen, ob auch im russischen Recht die Auszahlungen an die Gesellschafter mit einer Haftung der Geschäftsleitung sanktioniert werden können. In Kenntnis des Standpunktes der Gerichte können jedoch enorme Zweifel geäußert werden, was vor dem Hintergrund der durchaus passenden und bestehenden gesetzlichen Bestimmungen schon als Unikat angesehen werden muss.

1667 Vgl. Beschluss des Föderalen Arbitragegerichts der Uralregion v. 10.09.2007 (AZ: F09-7267/07-S4), S. 2.

C. Exkurs: Haftung im Zusammenhang mit der Insolvenzverschleppung

I. Insolvenzverschleppungshaftung nach Art. 10 Pkt.2 InsolvG

Im Vordergrund, aber in einem anderen Zusammenhang der insolvenzrechtlichen Haftung der Leitungsorgane steht Art. 10 Pkt.2 InsolvG. Die Haftung bezieht sich dabei ausschließlich auf die Fälle, in denen gegen die Vorschriften des Insolvenzgesetzes verstoßen worden ist. Einen der Hauptanwendungsfälle des Art. 10 InsolvG betrifft die Haftung wegen Insolvenzverschleppung. In Art. 9 Pkt.1 InsolvG ist die Insolvenzantragspflicht des Leiters des Schuldners geregelt[1668]. Danach ist er insbesondere dann zur Antragsstellung verpflichtet, wenn die Befriedigung einzelner Gläubiger dazu führt, dass der Schuldner gegenüber seinen restlichen Verpflichtungen nicht nachkommen können wird. Nach Art. 9 Pkt.2 InsolvG muss die Antragstellung so schnell wie möglich, darf aber nicht später als ein Monat nach Entdeckung der in Pkt.1 aufgeführten Umstände vorgenommen werden, um nicht aufgrund der Säumnis haften zu müssen. Diese Haftung sieht Art. 10 Pkt.2 InsolvG vor[1669]. Danach ist der Geschäftsleiter verpflichtet, für die Schäden aufzukommen, die im Zusammenhang mit der Verzögerung des Insolvenzantrages einhergingen. Die subsidiäre Haftung des Geschäftsleiters nach Art. 10 Pkt.2 InsolvG bezieht sich dabei nur auf solche Verbindlichkeiten, die nach dem Verstreichen der einmonatigen Frist i.S.d. Art. 9 Pkt.2 InsolvG entstanden sind[1670].

Die Haftandrohung des Art. 10 Pkt.2 InsolvG, die an die in Art. 9 InsolvG statuierte Insolvenzantragspflicht anknüpft, kann im deutschen Recht mit § 15 a InsO gleichgesetzt werden. Infolge des MoMiG ist die Insolvenzantragsstellung nun in § 15 a Abs. 1 S. 1 InsO und die daran anknüpfende Strafandrohung in § 15 a Abs. 4 InsO geregelt. Beide Vorschriften, sowohl § 15 a Abs. 4 InsO als auch Art. 10 Pkt.2 InsolvG, knüpfen zwar an die Insolvenzverschleppung an, sind aber in der Regelungsdichte unterschiedlich ausgestaltet. Der größte Unterschied zwischen der russischen und deutschen Insolvenzverschleppungshaftung besteht wohl darin, dass nach § 15 a Abs. 4 InsO eine Strafbarkeit – sogar bei bloßem fahrlässigen Verhalten – angeordnet wird, während das russische

1668 Die Vorschriften des Art. 8 ff. InsolvG waren Bestandteil der im Jahr 2009 stattfindenden Reform (geändert durch das Föderale Gesetz v. 29. April 2009, Nr. 73-FZ).

1669 Scherbatova, Neue Möglichkeiten für die Gläubiger in Bezug auf die Anfechtung von Rechtsgeschäften und Forderungsgeltendmachung in der Insolvenz, S. 5.

1670 Beschluss des 8. Arbitrageberufungsgerichts v. 21.06.2011 (AZ: A46-3781/2010), S. 7.

Insolvenzgesetz eine subsidiäre Haftung der Antragsverpflichteten anordnet. Im Vergleich zu der Vorgängerregelung der Insolvenzverschleppungshaftung in § 64 Abs. 1 GmbHG a.F. wurde seit dem MoMiG die Strafbarkeit nach § 15 a Abs. 4 InsO auch in der Hinsicht verschärft, als nun auch die nicht richtige Stellung des Insolvenzantrages eine Strafbarkeit begründen kann[1671]. Dagegen sieht das russische Gesetz – wie es vor dem MoMiG auch in Deutschland der Fall war – die Haftung nur für den Fall des Unterlassens der rechtzeitigen Stellung des Insolvenzantrages vor.

Damit handelt es sich bei der Haftung nach Art. 10 Pkt.2 InsolvG nicht um masseschmälernde Zahlungen an die Gesellschafter im Vorfeld der Insolvenz, sondern um eine reine Insolvenzverschleppungshaftung.

II. Haftung nach Art. 10 Pkt.1 InsolvG

Anders als Art. 10 Pkt.4 InsolvG knüpft Pkt.1 nicht an die Insolvenzverursachung an, sondern ist als eine allgemeine Haftungsvorschrift ausgestaltet, die an die Verletzung der übrigen insolvenzrechtlichen Bestimmungen anknüpft. So ist damit etwa die Haftung von dem Geschäftsführungsorgan gemeint, wenn es während der insolvenzrechtlichen Prozeduren Rechtsgeschäfte entsprechend Art. 64 Pkt.2, 3 InsolvG – im Rahmen der Aufsicht – Art. 82 Pkt.3, 4 InsolvG – im Rahmen der finanziellen Sanierung – ohne die nötige Zustimmung oder anstelle des Insolvenzverwalters oder entgegen dem insolvenzrechtlichen Vermögensveräußerungsverbot abschließt. Im Hinblick auf masseschmälernde Auszahlungen durch das Geschäftsführungsorgan, die im Vorfeld der Insolvenz vorgenommen werden, kann Art. 10 Pkt.1 InsolvG jedoch nicht angewandt werden, da die insolvenzrechtlichen Vorschriften kein Auszahlungsverbot vor der Insolvenz vorsehen. Auf solche Handlungen sind die speziell darauf zugeschnittenen Haftungsvorschriften der Art. 56 Pkt.3 S. 2 ZGB, Art. 3 Pkt.3 GmbHG(R) und insbesondere Art. 10 Pkt.4 InsolvG anzuwenden.

D. Haftung der Geschäftsleitung nach Art. 44 Pkt.2 S. 1 GmbHG(R)

Eine selbstständige Haftung des Leitungsorgans der Gesellschaft – die sowohl das alleingeschäftsführende Organ als auch die Mitglieder des kollegialen geschäftsführenden Organs betrifft – regelt Art. 44 GmbHG(R). Nach Art. 44 Pkt.2 S. 1 GmbHG(R) haftet das geschäftsführende Organ gegenüber der Gesellschaft

1671 Vgl. Uhlenbruck, Hirte/Uhlenbruck, InsO, § 15a, Rdn. 64.

für die Verluste, die der Gesellschaft infolge der schuldhaften Ausübung ihrer Tätigkeit entstanden sind. Diese Haftung soll alle Fälle der geschäftsführenden Tätigkeit umfassen, die der Geschäftsführer nicht nach dem in Art. 44 Pkt.1 GmbHG(R) und Art. 53 Pkt.3 S. 1 ZGB statuierten Maßstab des gewissenhaften und vernünftigen Handelns im Interesse der Gesellschaft ausgeübt hat. Kommt es demnach zur Verletzung dieses Sorgfaltsmaßstabes, ist eine Haftung nach Art. 44 Pkt.2 S. 1 GmbHG(R) denkbar. Die Haftung für die Mitglieder des kollegialen Organs – aber nicht für das Einzelexekutivorgan – ist nach Art. 44 Pkt.2 S. 2 GmbHG(R) jedoch dann ausgeschlossen, wenn sie gegen die zu den Verlusten der Gesellschaft führende Entscheidung abgestimmt haben oder an der Abstimmung nicht teilgenommen haben.

Einen anderen Fall betrifft indes die Frage, ob diese Vorschrift auch für die Haftung des Geschäftsführers für Handlungen, die zur Insolvenz geführt haben, angewandt werden kann oder ob es sich bei den oben erwähnten Tatbeständen um speziellere Vorschriften handelt. Bei allen genannten Haftungsalternativen, die das russische Wirtschaftsrecht ausweisen kann, zeichnet sich ein gleichlautender Gesetzeswortlaut ab, der sich jedoch in einigen Details unterscheidet. Darüber hinaus darf bei der Feststellung der Haftung des Geschäftsführers im Zusammenhang mit der Insolvenz der Gesellschaft die Systematik nicht außer Acht gelassen werden. Während alle anderen genannten Haftungsalternativen ausdrücklich von der Insolvenzverursachung sprechen, nimmt Art. 44 GmbHG(R) keinerlei Bezug zur Insolvenz auf. Aus diesem Grund wird anschließend der Frage nachgegangen, wie weit der sachliche Anwendungsbereich der Geschäftsführerhaftung ausgestaltet ist und ob die die Zahlungsunfähigkeit der Gesellschaft verursachenden Handlungen miterfasst sind.

I. Normwidriges Verhalten

Die Haftung nach Art. 44 Pkt.2 S. 1 GmbHG(R) knüpft in erster Linie an die Verletzung des in Pkt.1 niedergelegen Sorgfaltsmaßstabes, den die Geschäftsführer bei der Erfüllung ihrer Rechte und Pflichten einzuhalten haben. Da der Geschäftsführer nicht für jedes Handeln und für jeden schädigenden Erfolg seines Handelns einstehen kann, da ihm auch ein gewisses unternehmerisches Ermessen zugestanden wird[1672], muss das zur Haftung führende Verhalten als pflichtwidrig eingestuft werden.

1672 Tschanturija, Die zivilrechtliche Haftung der Geschäftsführer von Aktiengesellschaften, S. 3. Im Widerspruch hierzu steht die Regelung des Art. 53 Pkt.3 ZGB, wonach die Geschäftsführer für jegliche Verursachung von Verlusten bzw. Schäden

Der Maßstab, der an das gewissenhafte und vernünftige Handeln im Interesse der Gesellschaft gestellt wird, entspricht demjenigen in Art. 10 Pkt.4 S. 2 InsolvG[1673]. Auch hier kann davon ausgegangen werden, dass der Geschäftsleiter den Sorgfaltsmaßstab verletzt, wenn er rücksichtslos und leichtfertig die Belange der Gesellschaft ignoriert, zum Nachteil des Gesellschaftszwecks agiert und die Interessen und Befriedigungschancen der Gläubiger planmäßig vernachlässigt. Aus den Definitionen der Vernünftigkeit und Zuverlässigkeit des Handelns lässt sich im Umkehrschluss jedoch sagen, dass von der in Art. 44 Pkt.2 i.V.m. Pkt.1 GmbHG(R) geregelten Haftung insbesondere die Eingehung nachteiliger Geschäftsabschlüsse, unvertretbare Vermögensveräußerung[1674] oder die die Gewinnerzielung nicht fördernden Maßnahmen erfasst sind. Dagegen spricht der körperschaftliche Verhaltenskodex ausdrücklich aus, dass dann von einem gewissenhaften und vernünftigen Verhalten seitens des Geschäftsleiters ausgegangen werden kann, wenn ihn kein persönliches Interesse bei der getroffenen Entscheidung trifft, er die ihm zur Verfügung stehenden Informationen in Bezug auf die konkrete Entscheidung sorgfältig studiert hat und alle Begleitumstände für sein Handeln im Interesse der Gesellschaft sprechen[1675].

Weder das GmbHG(R) noch das AktG(R) noch die einschlägigen Kommentare nehmen Bezug auf bestimmte Handlungen des Geschäftsführers, die als Beispiele für konkrete Konstellationen der Verletzung der Sorgfaltspflicht dienen könnten[1676]. Dass die Situation in Deutschland gänzlich anders ist und sowohl die Gesetze als auch die Kommentare – insbesondere aufgrund der ergangenen Rechtsprechung – vielfache Beispiele von pflichtwidrigen sorgfaltslosen Verhalten der Geschäftsführer, die zur Haftung führen können, aufzählen, hat die russische Literaturwelt längst erkannt und fordert eine Anpassung derer Gesetze und Fachliteratur und die Orientierung an den deutschen Fallvarianten[1677].

---

einzustehen haben, soweit durch andere Gesetze nichts anders vorgesehen ist. Man muss hier davon ausgehen, dass das GmbHG, als das speziellere Gesetz, Abweichendes vorsieht.

1673 S. hierzu oben Teil 2., 7. Kap., B. I. 5.

1674 Iwanov/Teselkin, Juristische Verantwortung der Geschäftsführer in russischen Unternehmen, S. 2.

1675 Lukjanenko, Wertende Bergriffe des Zivilrechts: Vernünftigkeit, Redlichkeit und Wesentlichkeit, S. 665; Körperschaftlicher Verhaltenskodex, Kap. 3, Pkt. 6.1.1, Abs. 3; Kap. 4, Pkt. 6.1.1, Abs. 3.

1676 Das bemerkt zu Recht auch Tichomirov, Die Gesellschaft mit beschränkter Haftung: Praxishandbuch für die Anwendung des neuen Gesetzes, Kap. VII, § 7, S. 114.

1677 Tichomirov, ders., GmbHG(R), 2010, Art. 44, S. 92 f.

So wird insbesondere auf die Auszahlungen, die zur Zahlungsunfähigkeit der Gesellschaft geführt haben, Bezug genommen und die Berücksichtigung dieser Haftungsvariante auch im russischen Recht im Rahmen des Art. 44 Pkt.2 GmbHG(R) befürwortet[1678]. Die „allgemeine" Geschäftsführerhaftung nach Art. 44 Pkt.2 GmbHG(R), die an die Verletzung der – dem deutschen Recht immanenten Haftung nach § 43 Abs. 2 GmbHG[1679] – Pflichten bei Nichtbeachtung des Sorgfaltsmaßstabes eines ordentlichen Geschäftsmannes, anknüpft[1680], soll hier nicht weiter problematisiert werden. Statt dessen soll vor dem Hintergrund der Gesellschafterfinanzierung der Frage nachgegangen werden, ob die speziell im GmbH-Recht geregelte Haftung des Geschäftsleiters auch auf die Fälle angewandt werden kann, in denen die Geschäftsführer durch die Erfüllung eines wirksamen und fälligen Anspruchs des Gesellschafters auf Tilgung seiner Darlehensforderung haftbar gemacht werden können, wenn infolge der Rückzahlung des Darlehens die Zahlungsunfähigkeit der Gesellschaft hervorgerufen wird.

1. Haftung für insolvenzverursachende Handlungen

Einige Autoren bemängeln die allgemeinen Definitionen des körperschaftlichen Verhaltenskodexes, da sie keine konkreten Aussagen treffen und für die Praxis des Geschäftsleiters zu unbestimmt sind. Zum besseren Verständnis ist daher die Durchsicht zahlreicher Literatur, die sich mit der Begriffsbestimmung genauer befasst, unerlässlich. In Bezug auf den Geschäftsleiter wird dann von einer Missachtung des Sorgfaltsmaßstabes gesprochen, wenn er unqualifiziert, unachtsam und passiv in Bezug auf das Gesellschaftswohl agiert[1681]. Noch genauer zählt *Dobrowoljskij* die Umstände auf, die zur Haftung des Geschäftsleiters führen sollten und nennt konkret die Verursachung der Insolvenz der Gesellschaft[1682].

1678 Tichomirov, ders., GmbHG(R), 2010, Art. 44, S. 93.

1679 Eine durch Tschanturija durchgeführte Analyse und der Vergleich der Geschäftsführerhaftung im deutschen und russischen Recht nach Art. 44 Pkt.2 GmbHG(R) und § 43 Abs. 2 GmbHG hat ergeben, dass das in Art. 43 Pkt.1 GmbHG(R) auferlegte gewissenhafte und vernünftige Vorgehen dem in § 43 Abs. 1 GmbHG enthaltenen Sorgfaltsmaßstab des deutschen Recht entspricht, vgl. Tschanturija, Die zivilrechtliche Haftung der Geschäftsführer von Aktiengesellschaften, S. 4.

1680 Iwanov/Teselkin, Juristische Verantwortung der Geschäftsführer in russischen Unternehmen, S. 2.

1681 Osipenko, Konflikte bei der Tätigkeit der Exekutivorgane von Aktiengesellschaften, S. 224.

1682 Dobrovoljskij, Anwendung des Gesellschaftsrechts: praktische Anleitung für die Juristen, S. 220 f.

Die Frage nach der Haftung des Geschäftsleiters wird insbesondere dann eine Rolle spielen, wenn das Gericht sich mit der Anfechtung von Rechtsgeschäften auseinandersetzt[1683]. Wird also eine Tilgung des Darlehens, die in den kritischen Zeiträumen vor dem Insolvenzantrag stattfand, angefochten, ist die Vermutung nahe, dass der Geschäftsleiter seinen Sorgfaltsmaßstab nicht beachtet und nicht gewissenhaft und vernünftig i.S.d. Art. 44 Pkt.1 GmbHG(R) gehandelt hat. Daraus folgt also, dass die Anfechtung von Rechtsgeschäften, die nach Aussage russischer Gesellschaftsrechtler immer stärkere Bedeutung in der russischen Judikatur einnimmt, immer die Haftung des Geschäftsführers wegen insolvenzverursachender Handlungen zum Streitgegenstand haben wird. Dabei sollte es ebenso wie bei der Haftung nach Art. 56 Pkt.3 S. 2 ZGB auch keine Rolle spielen, dass der Geschäftsleiter die Auszahlung auf eine fällige Darlehensforderung vorgenommen hat, wenn diese zur Zahlungsunfähigkeit der Gesellschaft geführt hat. Das widerspricht auch dem allgemeinen Verständnis einer ordnungsgemäßen und vernünftigen Geschäftsführung, wenn der Geschäftsleiter – sogar in Kenntnis der Bilanz – Auszahlungen an die Gesellschafter vornimmt und die Insolvenz der Gesellschaft in Kauf nimmt. Von einem Handeln im Interesse der Gesellschaft kann dann nicht mehr die Rede sein. Damit kann festgehalten werden, dass der Geschäftsleiter, für den Fall, dass er schuldhaft[1684] eine Auszahlung an einen Gesellschafter vorgenommen hat und diese zur Zahlungsunfähigkeit der Gesellschaft geführt hat, unter eine Haftung Art. 44 Pkt.2 GmbHG(R) subsumiert werden kann[1685].

2. *Stellungnahme*

Die russische Literatur gibt offen zu, dass die Regulierung der Haftungstatbestände von Organen juristischer Personen noch nicht ausgereift ist. Insbesondere befürwortet sie die Regelung von Vorschriften, die eine rechtzeitige Unterbindung von Rechtshandlungen, die das Weiterbestehen von Gesellschaften gefährden können, vorsehen[1686]. Das Verbot von Auszahlungen, die zur Insolvenz der

1683 Lukjanenko, Wertende Bergriffe des Zivilrechts: Vernünftigkeit, Redlichkeit und Wesentlichkeit, S. 673.

1684 Tichomirov, Gesellschaft mit beschränkter Haftung, Praxishandbuch für die Anwendung des neuen Gesetzes, Kap. VII, § 7, S. 114. Die Mitglieder des Kollegialexekutivorgans, die gegen die Entscheidung gestimmt oder sich enthalten haben, werden nicht zur Haftung herangezogen.

1685 Im Ergebnis auch Arzinger/Galander, Russisches Wirtschaftsrecht, S. 57.

1686 Tschanturija, Zivilrechtliche Haftung der Geschäftsführer von Aktiengesellschaften, S. 5.

Gesellschaft führen, muss als ein solcher unentbehrlicher Mechanismus für den Schutz des Gesellschaftsvermögens und zum Fortbestehen der Gesellschaft eingeführt und durch geeignete Maßnahmen, etwa durch die Haftung im Falle des verbotenen Auszahlens, in das russische Gesellschaftsrechtssystem eingeführt werden. Insoweit ist die Untätigkeit des Gesetzgebers zum heutigen Stand nicht nachzuvollziehen, da eine Mehrzahl von russischen Gesellschaftsrechtlern auf solche Mechanismen hinweisen und deren Notwendigkeit mit Nachdruck erwünschen.

Die Haftung des Geschäftsführers nach Art. 44 Pkt.2 S. 1 GmbHG(R) lässt sich mit der Haftung nach § 43 Abs. 2 GmbHG im deutschen Recht vergleichbar[1687]. Wie schon die russischen Gesellschaftsrechtler das selbst erkannt haben, kann das deutsche Recht als ein Vorzeigemodell für die nächste Reform herangezogen werden.

II. Das Verhältnis zu anderen Haftungsbestimmungen

Wie die vorstehende Untersuchung gezeigt hat, kann die Geschäftsleitung bei insolvenzverursachenden Handlungen nach mehreren Vorschriften zur Haftung herangezogen werden, so dass sich die Frage stellt, welche Anspruchsgrundlage vorrangig angewandt werden müsste. Alle zum diesen Themenbereich ergangenen Entscheidungen der Obersten Gerichte zitieren in einer langen Normkette sowohl Art. 56 Pkt.3 S. 2 ZGB als auch Art. 3 Pkt.3 GmbHG(R) als auch die einschlägigen aktienrechtlichen Bestimmungen. Unabhängig von der Form der juristischen Person wird immer Art. 56 Pkt.3 S. 2 ZGB der Normkette vorangestellt. Aufgrund dieser Zitierweise kann die Schlussfolgerung gezogen werden, dass die Gerichte die zivilrechtliche Bestimmung als eine Grundlage und eine eigenständige Anspruchsgrundlage angesehen wird, die neben die spezialgesetzliche Regelungen des GmbHG(R) oder des AktG(R) tritt. Darüber hinaus setzt die Regelung des Art. 3 Pkt.3 GmbHG(R) ein Verschulden voraus, so dass auch systematisch die Prüfung eines verschuldensunabhängigen Art. 56 Pkt.3 S. 2 ZGB unentbehrlich ist.

In Bezug auf die Haftung der Geschäftsleitung wegen insolvenzverursachender Rechtshandlungen lässt die lange Anspruchskette jedoch den Verweis auf Art. 44 Pkt.2 S. 1 GmbHG(R) vermissen. Insoweit kann daraus die Schlussfolgerung gezogen werden, dass Art. 56 Pkt.3 S. 2 ZGB, Art. 3 Pkt.3 GmbHG(R)

1687 Die in § 43 Abs. 2 GmbHG statuierte Obliegenheitsverletzung heißt nichts anderes als eine – wie in Art. 44 GmbHG(R) – Verletzung der Pflichten des Geschäftsführers, vlg. Baumbach/Hueck, Zöllner/Noack, GmbHG, § 43, Rdn. 17.

in Bezug auf insolvenzauslösende Handlungen gegenüber Art. 44 Pkt.2 S. 1 GmbHG(R) vorrangiger sind, da sie die Verknüpfung der Haftung mit der Insolvenz ausdrücklich feststellen.

E. Ergebnis zur Haftung der Geschäftsleitung im Zusammenhang mit der Insolvenzverursachung

I. Stellungnahme

Die vorstehende Analyse der Haftung eines Geschäftsleiters juristischer Personen hat gezeigt, dass es in der Tat gesetzliche Bestimmungen gibt, nach denen die Geschäftsleiter zur subsidiären Haftung herangezogen werden können, wenn ihre Handlungen insolvenzauslösend gewesen sind. In der Praxis wird um diese Vorschriften jedoch ein weiter Bogen gemacht, was dazu führt, dass der hinter diesen zahlreichen Vorschriften enthaltene Sinn und Zweck einfach missachtet wird.

Die breite Literatur spricht den Haftungsvorschriften einerseits einen immens weiten sachlichen Anwendungsbereich, gibt andererseits aber auch eine unwahrscheinlich seltene Anwendung in der Praxis zu. Die gegen die Geschäftsleitung ergangenen Urteile im Zusammenhang mit der Insolvenz der Gesellschaft beziehen sich in der Regel auf Art. 10 Pkt.5 InsolvG und zwar auf die Fälle, in denen die Geschäftsleitung die ordnungsgemäße Führung der Bücher und die Sammlung der nötigen Dokumente nicht gewährleistet hat[1688].

Darüber hinaus sind die Gerichte nicht bestrebt, mittels Haftungsdurchsetzung mehr Ordnung in die Sache zu bringen. Und die Tatsache, dass es an Regulierung nicht mangelt, die Rechtsordnung durch verschiedenste Haftungstatbestände darauf ausgerichtet ist, so viele Situationen und Sachverhalte zu erfassen, die Rechtsfindung bzw. die mit den Haftungsvorschriften verfolgten Zwecke allerdings an der richterlichen Durchsetzung scheitern, ist bedauernswert. Warum können die Richter trotz ihrer gesetzlichen Möglichkeiten es nicht wagen, einen schärferen Ton einzuschlagen? Darüber rätseln auch die russischen Experten. Die Zurückhaltung oder gar das Verschließen russischer Richter vor diesem Problem kann zutreffend als „rechtlicher Nihilismus“[1689] bezeichnet werden, obwohl die

1688 Bei dieser Haftung handelt es sich um einen neuen Tatbestand, der erst im Laufe der Insolvenzrechtsreform am 5.6.2009 eingeführt wurde; vgl. aus neuester Rechtsprechung Beschluss des Föderalen Arbitragegerichts des westsibirischen Gebiets v. 27.07.2011 (AZ: A27-22130/2009); Beschluss des 8. Arbitrageberufungsgerichts v. 28.4.2011 (AZ: A70-1367/2010).

1689 Medvedeva, Projektbezogene Insolvenz, S. 12.

Haftungstatbestände vor dem ungehinderten Vermögensentzug abschrecken und die Schutzlücken der Kapitalerhaltungsvorschriften schließen sollen.

Die seitens der russischen Literatur als oberflächlich ausgestalteten Haftungsvorschriften der Organe juristischer Gesellschaften und die fehlende einheitliche gerichtliche Praxis führen dazu, dass das Institut der Haftung nicht als ausgearbeitet angesehen werden kann. Viele Literaturstimmen nehmen insbesondere das deutsche Gesellschaftsrecht als Beispiel dafür, wie die Rechte und Pflichten der Geschäftsführer und die die Haftung auslösenden Handlungen gesetzlich umschrieben werden müssen[1690]. Das Fehlen konkreter Umschreibungen sowohl der Tätigkeit als auch der Haftungsfallen für die Organe der Gesellschaft wird auch damit begründet, dass die obergerichtliche Rechtsprechung in Bezug auf die Haftung des Geschäftsführers von juristischen Personen so gut wie nicht vorhanden ist[1691].

Die vorstehenden Maßnahmen zum Schutz der Aktiva können aus dem Grunde nicht als erfolgreich angesehen werden, da ihre praktische Implementierung an eine Vielzahl von negativen Faktoren, wie die unzureichende Entwicklung der Gesetzgebung, uneinheitliche und mangelnde Rechtsprechung sowie prozessuale Schwierigkeiten, insbesondere im Hinblick auf die Beweiserbringung, stößt[1692]. Damit ist mit Blick auf die Insolvenzverursachungshaftung im russischen Recht ein enormes Nachbesserungspotenzial zu konstatieren.

II. Abschließender Rechtsvergleich

Die oben beschriebene Haftung der Geschäftsleitung erstreckt sich in ihren Anwendungsbereich insbesondere auf die Fälle der insolvenzverursachenden Handlungen durch die Geschäftsleiter. Diese Haftungsmöglichkeiten sind

1690 Vgl. Serebjakova, Die Grundlage und die Voraussetzungen der zivilrechtlichen Haftung der Mitglieder des Direktorenrats juristischer Personen, S. 1; Tichomirov, ders., GmbHG(R), Art. 44, S. 92 f.; Dolinskaja, Zivilrechtliche Probleme des Geschäftsführers, S. 9; Tschanturija, Zivilrechtliche Haftung der Geschäftsführer von Aktiengesellschaften, S. 3.

1691 Tscherkaev, Juristische Verantwortung im Rahmen der unternehmerischen Konflikte: Fiktion oder Realität, S. 101; Tschanturija, Zivilrechtliche Haftung der Geschäftsführer von Aktiengesellschaften, S. 5. Auch wird hervorgehoben, dass die business judgement rule in Russland keine Anwendung findet und auch keine ähnlichen Akte vorhanden sind, vgl. Iwanov/Teselkin, Jurisitsche Verantwortung der Geschäftsführer in russischen Unternehmen, S. 2.

1692 Vgl. a. Pestrikov, Subsidiäre Haftung von Gesellschaftern und Geschäftsführern in der Insolvenz, S. 2 f.

in dem Punkt zu begrüßen, als der Gesetzgeber versucht hat, dem Abzug von Vermögenswerten, die zu der Befriedigung der Gläubiger unerlässlich sind, zu begegnen. Eine solche Haftung für eingriffsbedingte insolvenzverursachende Leistungen der Geschäftsleitung erinnert an die in Deutschland neu entwickelte Haftung nach § 64 S. 3 GmbHG und an die Rechtsprechung zum „existenzvernichtenden Eingriff" durch die Gesellschafter. Im Unterschied zu § 64 S. 3 GmbHG wird bei den russischen Haftungstatbeständen nicht nur an den Geschäftsleiter als die handelnde Person, sondern auch an den Gesellschaftern, als Begünstigte der Vermögensverschiebung angeknüpft. Insofern kann festgestellt werden, dass es sich bei Art. 10 Pkt. 4 InsolvG und Art. 56 Pkt. 3 S. 2 ZGB um gesetzlich normierte Tatbestände der Existenzvernichtungshaftung handelt[1693], die auch im deutschen Recht nun aus dem Zivilgesetzbuch (§ 826 BGB) hergeleitet wird. Im Unterschied zum deutschen Recht ist die Existenzvernichtungshaftung jedoch nicht nur eine Haftung wegen materieller Unterkapitalisierung der Gesellschafter, sondern auch der Geschäftsleiter. Im Unterschied zum russischen Recht – wo der Verschuldensmaßstab für alle Haftadressaten identisch ist – unterliegen die Gesellschafter der Haftung wegen des existenzvernichtenden Eingriffs nach § 826 BGB nur bei einem doppelten Vorsatz, der Geschäftsleiter nach § 64 S. 3 GmbHG jedoch bereits bei Fahrlässigkeit.

Das Beiseiteschaffen der Aktiva im Stadium der Vorinsolvenz und die anschließende Rückerlangung stellen ein großes aktuelles Problem der russischen Rechtslage dar. Die Gläubigerinteressen sind vor allem dann in Gefahr, wenn Geschäftsleiter in Kenntnis der Krise der Gesellschaft und kurz vor der Insolvenz, das noch vorhandene Vermögen aus der Gesellschaft abführen. Die Rechtslage hat mit dem ausgearbeiteten Institut der Anfechtung bereits einen großen Schritt in die Richtung unternommen, die abgeführten Aktiva zurückzufordern. Um jedoch bereits im Vorfeld die Abführung der Haftungsmasse zu unterbinden, müssen präventive Vorkehrungen geschaffen werden, die im Interesse der Gläubigerbefriedigungen das leider noch oft vorzufindende Missbrauchspotential der Geschäftsleiter einschränkt[1694]. Als solche präventive Maßnahmen könnten Mechanismen in Betracht kommen, die die Durchsetzung bestimmter Ansprüche von Gesellschaftern, für den Fall, dass sie aus dem Haftungsvermögen getilgt werden müssen, verhindern. Auch wenn im reformierten deutschen Eigenkapitalersatzrecht das Auszahlungsverbot nicht

1693 So auch Rabensdorf, Die Durchgriffshaftung im deutschen und russischen Recht, S. 104 ff.

1694 Vgl. a. Samsonova, Varianten zur Verhinderung der Abführung der Aktiva des Schuldners bei Insolvenz, S. 1 ff.

mehr auf die Rückforderungen von Gesellschafterdarlehen angewandt werden kann, ist es dennoch ein geeignetes Mittel, das Gesellschaftsvermögen vor den Gesellschafterzugriffen präventiv zu schützen und sollte im russischen Recht zumindest im Bereich der Kapitalerhaltung – wie es das frühere deutsche Recht vorsah – aufgenommen werden.

8. Kapitel: Schlussbetrachtung

A. Zusammenfassung der Ergebnisse zum russischen Recht

1. Bereits der kurze Überblick über die Kapitalerhaltungsvorschriften des russischen GmbH-Rechts lässt die Schlussfolgerung zu, dass sie leider nur bedingt in der Lage sind, das Eigenkapital der Gesellschaft im Interesse der Gläubiger und der Garantiefunktion zu erhalten. Aufgrund dessen muss befürchtet werden, dass viele deutsche Investoren aus Angst vor einem abrupten Geschäftsuntergang und vor unseriösen Praktiken ihrer russischen Geschäftspartner von der Rechtsform der GmbH nicht überzeugt sein werden. Sicherlich hat das neue GmbH-Recht zumindest im Bereich des Austrittsrechts der Gesellschafter schon eine richtige Reform erfahren, als es das ehemalige, unabhängig vom Vorliegen eines wichtigen Grundes bestehende jederzeitige Austrittsrecht unterbindet und nun gemäß Art. 26 P. 1 Abs. 1, Art. 8 P. 1 Alt. 5 GmbHG(R) eine explizite Satzungsbestimmung verlangt, so dass die Instabilität der GmbH nicht mehr so hoch einzuschätzen ist wie früher. Nichtsdestotrotz sind jedoch einige Bestimmungen bei der geschlossenen Aktiengesellschaft strenger ausgestaltet, was die Investoren dazu bewegen könnte, anstatt der Rechtsform der GmbH auf die Rechtsform der geschlossenen Aktiengesellschaft zurückzugreifen[1695].
2. Keinen Ausgleich zum mangelnden Kapitalerhaltungsrecht stellen auch die Gesellschafterdarlehen dar, die in der Praxis zwar sehr oft beliebig eingesetzt werden, jedoch regelungstechnisch nicht entwickelt sind. Dies beruft darauf, dass das russische Recht das System der Gesellschafterdarlehen und die damit verbundenen Risiken für die Gesellschafter und die Gläubiger noch nicht im Detail verinnerlicht hat und es werden erwartungsgemäß noch etliche Jahre vergehen, bis in Russland von so einem Rechtsinstitut gesprochen werden kann. Das deutsche Eigenkapitalersatzrecht in seiner jetzigen Ausgestaltung ist ein Ergebnis jahrelanger Rechtsprechung, die durch mehrere

1695 Vgl. ausführlich zur Rechtswahl zwischen einer GmbH und einer geschlossenen Aktiengesellschaft, Kruse, Die personalistische Kapitalgesellschaft russischen Rechts.

Gesetzesreformen begleitet wurde, um ein umfangreiches – wenn nicht gar uferloses – Konzept aufzubauen. In Russland verhalten sich die Gerichte dagegen noch zurückhaltend, wenn es darum geht, Gesellschafterrechte im Interesse eines funktionierenden Gläubigerschutzes einzuschränken. Dabei wäre ein Institut wie das Recht der Gesellschafterfremdfinanzierung, sogar in seiner ehemaligen Ausgestaltung als Eigenkapitalersatzrecht vor dem Hintergrund des minimalen Stammkapitals der Kapitalgesellschafen wie geschaffen, wenn nicht sogar unentbehrlich.

3. Der an die Gesellschafter gerichtete Aufruf, nach der Eröffnung des Insolvenzverfahrens die Gesellschaftsverbindlichkeiten entweder direkt zu übernehmen oder ausreichendes Kapital in Form von unverzinslichen Darlehen zu geben, kann nicht überzeugen, zumal diesem Aufruf seitens der Gesellschafter nicht nachgegangen wird. Der damit verbundene Zweck, die Zahlungsunfähigkeit der Gesellschaft wieder auszuräumen, ist sichtlich an den falschen Stellen und am falschen Zeitpunkt gesetzt. Die Bereitschaft der Gesellschafter, wenn nicht gerade verbunden mit dem Ziel, die Leitung der Gesellschaft an sich zu reißen, dürfte als sehr gering einzuschätzen sein.
4. Die Behandlung von Gesellschafterdarlehen lässt sich nur vage an einigen Stellen im Gesetz herauslesen. Es fällt auf, dass kein besonderer Nachrang für sie angeordnet ist. Da die Rangfolge der Gesellschafterforderungen sich aus den allgemeinen Regelungen über Gläubigerränge, Art. 134 InsolvG, ableiten lässt, gelten die Gesellschafter als Insolvenzgläubiger dritten Ranges. Danach sind alle Gesellschafterforderungen, die ihre Grundlage nicht in dem Gesellschaftsverhältnis haben, dem dritten Rang unterworfen und werden damit – ähnlich wie im deutschen Recht – erst am Schluss befriedigt. Weiter geht das russische Recht in Bezug auf die „Nachrangigkeit" der Gesellschafterforderungen, da es – im Unterschied zum deutschen Recht – alle Gesellschafterforderungen gleich behandelt, unabhängig davon, ob sie aus Darlehensverträgen resultieren oder nicht. Dem Grunde nach geht es jedoch um eine abgewandelte Alternative der wirtschaftlich entsprechenden Rechtshandlungen, die zwar mit keinem Wort erwähnt werden, aber denselben Regelungen unterstehen. Eine Ausnahme in Bezug auf die Befriedigung von Gesellschaftergläubigern ist dann zu verzeichnen, wenn ihnen ein Absonderungsrecht zusteht.
5. Einen der wichtigsten Komplexe im Recht der Gesellschafterfremdfinanzierung stellt die Anfechtung der Rückzahlungen von Gesellschafterdarlehen dar. In diesem Punkt ist es dem russischen Gesetzgeber gelungen, den ersten Schritt in die Richtung eines umfassenden Insolvenzanfechtungsrechts zu machen. Mit der Reformierung der Anfechtungstatbestände sind Zahlungen

an Gesellschafter, die in unterschiedlichen zeitlichen Abständen zu dem Insolvenzantrag vorgenommen wurden, anfechtbar, wenn die jeweiligen Voraussetzungen erfüllt sind. Die Anfechtung von Darlehensrückzahlungen ist damit durchaus gewährleistet, auch wenn die entsprechende Rechtsprechung bislang auf sich warten lässt. Neben den Tilgungen von Darlehensforderungen können auch sonstige Vermögensverschiebungen zwischen der Gesellschaft und dem Gesellschafter angefochten und zurückverlangt werden. Der Ausschluss der Anfechtung in Fällen der gleichwertigen Gegenleistung und bei 1% Vermögensentzug stellt den erheblichen Unterschied zum deutschen Recht und sollten erneut überdacht werden. Darüber hinaus ist zu konstatieren, dass das russische Recht – vorbehaltlich der Absicherung durch die Gesellschaft – keine Privilegierungen in Zusammenhang mit den Gesellschafterdarlehen kennt. Auch wenn das Kleinbeteiligungsprivileg in Russland wenig sinnvoll und erfolgversprechend ist, könnte das Sanierungsprivileg durchaus ein Anreiz zur Finanzierung geben, wenn die unterschiedlichen Rechtsfolgen den Gesellschaftern vor Augen geführt werden würden.

6. Das Recht der Nutzungsüberlassung ist in Russland an keiner Stelle mit dem deutschen Recht zu vergleichen. Die Gesellschafter sind imstande, ihr Aussonderungsrecht in der Insolvenz jederzeit auszuüben und brauchen auch nicht zu befürchten, dass der Nutzungsgegenstand zur weiteren Fortführung des Unternehmens einbehalten bleibt. Infolge der vorzeitigen Beendigung der Nutzungsverhältnisse brauchen die Gesellschafter auch nicht zu befürchten, dass der Insolvenzverwalter die zur Nutzung überlassenen Gegenstände zurückfordert, auch wenn der Entzug der Nutzungsgegenstände zur Insolvenz der Gesellschaft geführt hat. Nachdem nun auch eine etwaige Haftung des Gesellschafters aufgrund der Wegnahme der Nutzungsgegenstände, die zur Insolvenz der Gesellschaft geführt haben, abgelehnt wurde, sind die Gesellschafter zumindest im Recht der Nutzungsüberlassung auf der sicheren Seite. Insofern ist die Befürchtung nahe, dass wenn im Laufe der Zeit die strengen Regeln der Gesellschafterdarlehen auch in Russland Früchte schlagen werden, die Gesellschafter schnell auf das Recht der Nutzungsüberlassung umspringen werden. Aus diesem Grund muss auch das System der Nutzungsüberlassung an einigen Stellen eine Korrektur erfahren, die entweder dem alten oder neuen deutschen Recht der Nutzungsüberlassung nachgebildet werden kann.
7. Es besteht zwar kein allgemeines präventives Auszahlungsverbot, insbesondere nicht, wenn es sich um die Tilgung von Darlehensforderungen geht. Dennoch sollten sich die Geschäftsführer dessen bewusst sein, dass bestimmte durch sie vorgenommene oder angewiesene Rechtshandlungen, die zur

Zahlungsunfähigkeit geführt haben, zur Haftung gegenüber der Gesellschaft führen können. Aufgrund der weiten Anwendungsbereiche der Haftungsvorschriften (Art. 56 Pkt.3 S. 2 i.V.m. Art. 3 Pkt.3 GmbHG(R), Art. 10 Pkt.4 InsolvG) sind auch die Rückzahlungen von Gesellschafterforderungen erfasst, die insolvenzauslösend waren. Auch diesbezüglich hüllen sich die Gerichte bislang in Schweigen. Insbesondere aus der Sicht der in Russland vorherrschenden Praxis des Vermögensentzugs auf Kosten der Gläubiger, wobei keine gesellschaftsrechtlichen Gestaltungen nicht unprobiert gelassen werden, ist eine Reformierung der Kausalität im Rahmen der Haftungsbestimmungen und eine couragierte Anwendung der Haftungsbestimmungen unumgänglich. Ausgehend vom neuen Anfechtungsrecht wird zu hoffen bleiben, dass auch die damit zusammenhängende Haftung wegen insolvenzverursachender Handlungen im Verhältnis zwischen Gesellschaft und Gesellschafter mit Leben gefüllt wird.

B. Schlussbemerkung zum russischen Recht

Das Recht der Gesellschafterfinanzierung – ein im russischen Recht noch unerforschtes Terrain? Die Frage wirft viele verschiedene Nuancen auf, die wiederum unterschiedliche Antworten verdienen. In der praktischen Durchführung der Gesellschafterfinanzierung, insbesondere mittels Darlehen, ist es ein gern gesehenes und oft implementiertes Instrument, das vielfach auch in russischen Kapitalgesellschaften eingesetzt wird, zu dem während der Insolvenz sogar aufgerufen wird und das – was für die russischen Gesellschafter und Geschäftsleiter am schönsten klingt – für die russische Judikatur bislang so undurchsichtig geblieben ist, dass auf dem Gebiet fast risikolos vorgegangen werden kann.

Denn die Darstellung des russischen Rechts zur Behandlung von Finanzierungsleistungen der Gesellschafter hat gezeigt, dass der Gesetzgeber dem Prozess der Finanzierungsgewährung mehr Beachtung schenkt als der Regelung der Rechtsfolgen einer Gesellschafterfinanzierung in der Krise und dem Ausgleich der widerstreitenden Interessen der Gesellschaftsgläubiger und der Gesellschafter. Hintergrund dessen ist die Tatsache, dass weder die Gerichte noch die Gesellschaftsrechtler das hinter dem deutschen Institut des Eigenkapitalersatzrecht steckende Gesamtgefüge in dem Maße verinnerlicht haben, um bestimmte Sonderregeln respektive ein eigenständiges Rechtsinstitut der Gesellschafterfinanzierung zu schaffen. In seiner Ausgestaltung kann es nicht die Geschichte und die Denkprozesse vorweisen, die im Laufe der Jahrzehnte das Eigenkapitalersatzrecht in Deutschland geprägt haben. Vor dem Hintergrund der bisherigen

Entwicklung des Gesellschaftsrechts ist ein solches Ergebnis jedoch weniger überraschend.

Bereits der kurze Einblick in das russische System der Kapitalaufbringung in der GmbH lässt einen immensen und kaum nachzuvollziehenden Unterschied zu der deutschen Rechtsordnung feststellen. Auch wenn es jedem vernünftigen Menschen respektive den Gesellschaftsrechtlern aufdrängen muss, dass eine gesetzliche Mindeststammkapitalziffer von 230 Euro keine nennenswerte Bedeutung im Recht der juristischen Personen einnehmen kann und genauso gut auch unterbleiben könnte, sind die Gesetzgebungsorgane entweder nicht bestrebt oder nicht in der Lage, an dem misslichen Zustand etwas zu verändern. Zurzeit bestehen in Russland etwa vier Millionen registrierter juristischer Personen, von denen gut 75% in der Rechtsform der GmbH ausgestaltet sind. Von diesen drei Millionen eingetragenen GmbHs bilden knapp die Hälfte sogenannte „Eintagsfirmen" oder „leere Hülsen", die in der Regel unter Einreichung falscher Papiere zu missbräuchlichen Zwecken gegründet werden, indem zum Beispiel sofort nach der Eintragung der GmbH die durch die Gesellschafter eingebrachten Einlagen wieder abgezogen werden[1696]. Solange jedoch weder per Gesetz noch per Gericht eine solche Vorgehensweise effektiv unterbunden, sondern vom Gesetz vielmehr „geduldet" wird, wird es auch weiterhin eine Mehrzahl „betrügerischer" Unternehmer geben, die mangels gesetzlicher Bestimmungen – etwa über den Entzug des Gesellschaftsvermögens oder über eine persönliche und unbeschränkte Haftung – auch keine Sanktionen zu befürchten haben. Aber auch wenn unter den gewissenhaften Unternehmern die Gesellschaft zur Verfolgung legitimer Zwecke geführt wird und zum großen Teil durch Gesellschaftermittel, die als Fremdkapital ausgegeben werden, finanziert wird, erlischt das unternehmerische Risiko nicht, sondern wird aufgrund des geltenden Rechts in erster Linie auf die mit der Gesellschaft kontrahierten Subjekte – und schließlich auf die Gläubiger – verlagert. Das Problem der ordnungsgemäßen Vermögensausstattung und -bindung setzt sich also in allen Stadien des gesellschaftlichen Daseins fort.

Der – im Vergleich zum deutschen Recht – wohl als geringer ausfallende Kapitalschutz lässt sich sicherlich damit begründen, dass bei dem geringen Stammkapital von 10.000 Rubel zu strenge Regeln zum Schutz des Gesellschaftsvermögens in der Insolvenz nicht adäquat erscheinen mögen. Andererseits kann die Bedeutung von kapital- und gläubigerschützenden Vorschriften nicht per se von dem gesetzlichen Mindeststammkapital abhängig gemacht werden. Den

1696 Vgl. E.A. Suchanov, Über das Konzept der Entwicklung der Gesetzgebung juristischer Personen, S. 3.

Gesellschaften bleibt es unbenommen, ihr Stammkapital viel höher anzusetzen, um zumindest eine gewisse Seriosität am Markt präsentieren zu können. Zudem müssen die Mängel in der gesellschaftsrechtlichen Kapitalerhaltung erst recht durch masseschützende insolvenzrechtliche Bestimmungen gewährleistet werden, um spätestens vor und in der Insolvenz den Gläubigerschutz zu gewährleisten.

Im russischen Recht muss daher noch mehr als im deutschen Recht das Augenmerk auf die Vermögensbindung gelegt werden. Das minimale Stammkapital ist kein ausreichender Haftungsstock für die Gläubiger, so dass insbesondere der Freiheit der Gesellschafter gewisse Grenzen gesetzt werden müssen. Eine gesonderte Behandlung von Gesellschafterdarlehen sollte in erster Linie vorsehen, wie das gewährte Fremdkapital in der Insolvenz gebunden werden kann. Würden die Gesellschafter als normale Gesellschaftsgläubiger auftreten und um die Befriedigung aus ihren Darlehensverträgen mit den übrigen Gläubigern konkurrieren, würde sich die Insolvenzmasse verringern. Zum anderen ist auch die Befürchtung groß, dass die Gesellschafter bereits im Vorfeld des Insolvenzantrages Befriedigung von der Gesellschaft zu erlangen suchen und erfolgreich abschneiden werden. Insofern sind bereits aus den geltenden allgemeinen insolvenzrechtlichen Bestimmungen Vorschriften abzuleiten, die auch auf die Gesellschafterforderungen anwendbar sind und die „Nachrangigkeit“ der Forderungen sowie die Anfechtung von Rechtshandlungen vor der Insolvenz begründen.

Die erste Einschränkung, die jedoch bislang nicht richterrechtlich spezifiziert wurde, bieten die Vorschriften über die Anfechtung von Rechtshandlungen des Schuldners, die dank ihrer rechtlichen Ausgestaltung sehr gut unter die Anfechtung von Rechtshandlungen für die Forderungen eines Gesellschafters auf Rückgewähr eines Darlehens subsumiert werden können. Damit kann an diesem Punkt also festgehalten werden, dass die Fälle, in denen in bestimmten zeitlichen Abständen zu der Stellung des Insolvenzantrages Befriedigungen oder Sicherungen gewährt wurden, anfechtbar sind und einer Rückgewähr der geleisteten Zahlung an die Gesellschaft nichts im Wege steht. Leider muss jedoch auch hier – wie so oft in dieser Arbeit – wieder auf das Thema der Rechtsprechungslosigkeit zurückgekehrt werden, was jedoch mitunter auch als Folge des – in seiner jetzigen Ausgestaltung – noch sehr jungen Instituts angesehen werden kann. Jedoch kann im Hinblick auf das Institut der Anfechtung konstatiert werden, dass es zu erwarten ist, dass die russischen Gerichte dieses Institut bald mit Leben füllen und auch die Rechtshandlungen zwischen der Gesellschaft und Gesellschaftern nicht unberücksichtigt lassen werden. Andernfalls würde das durchaus gut ausgearbeitete Institut des Anfechtungsrechts nicht die volle Wirkung entfalten können.

Über die Anfechtung hinaus wird der Umfang der gesetzlichen Ausgestaltungen des Rechts der Gesellschafterfinanzierung jedoch zunehmend kleiner. Das sollte die russischen Gesellschaftsrechtler jedoch nicht davor hindern, im Interesse der Rechtsklarheit und zum Schutz der Gläubiger mehr Ordnung in dieses Rechtsinstitut zu bringen. Unterstützt kann der Gedanke des russischen Gesetzgebers, die Forderungen von Gesellschaftern auf Rückgewähr ihrer Darlehen dem dritten – und damit dem letzten – Rang des Art. 134 InsolvG zuzuordnen und die Gesellschafter damit auf die gleiche Rangordnung zu versetzen, wie es auch im deutschen Recht der Fall ist. Die Tatsache, dass weder die Gesellschafter noch ihre bestimmte Forderungen namentlich unter der dritten Ordnung erwähnt sind, sollte die Juristen nicht daran hindern, diese Ordnung den Gesellschaftern bei der Geltendmachung der Forderungen auch entgegenzuhalten. Im Interesse der Rechtsklarheit sollte jedoch entweder durch gesetzliche Präzision oder durch richterrechtliche Ausgestaltung mehr Ordnung geschaffen werden.

Das Manko aller Vorschriften, die auf die Gesellschafterdarlehen angewandt werden können, besteht also darin, dass sie nicht direkt auf die Gesellschafterforderungen zugeschnitten sind und damit für die Gesellschafter keine Rechtsklarheit herrscht. Die bestehenden Regelungen sind teilweise so weit und konturenlos ausgestaltet, dass eine Subsumierung rechtlich nicht per se ausgeschlossen ist. Der gesetzliche Rahmen, welchen die Gesellschafter bei ihrer Entscheidung, die Gesellschaft mit Darlehen oder vergleichbaren Mitteln finanziell zu unterstützen, vorfinden sollten, kann jedoch weder mit Blick ins Gesetz noch mit Kenntnis der Rechtsprechung vorgegeben werden.

Es besteht durchaus Einigkeit darüber, dass die Gesellschaften lieber auf das billigere Fremdkapital der Gesellschafter als das der Banken ausweichen. Andererseits werden die Folgen einer solchen internen Finanzierung bzw. solcher internen außergerichtlichen Sanierungsmaßnahmen nicht überblickt und demzufolge auch nicht geregelt. Die Rechtslage war in Deutschland in den frühen achtziger Jahren wohl nicht anders. Anders als in Russland sind jedoch die deutschen Gerichte auf das Problem aufmerksam geworden und haben richterrechtliche Bestimmungen zur Behandlung von Gesellschafterdarlehen Gesetz werden lassen. Auf eine solche Einschreitung russischer Gerichte kann einerseits für die Zukunft sehr gehofft werden. Andererseits haben sich die Gerichte bislang schon bei einem solch klaren Problem wie die Geschäftsleiterhaftung im Zusammenhang mit insolvenzauslösenden Rechtshandlungen so uneinsichtig und zurückhaltend gezeigt, dass der richterrechtlichen Entwicklung des russischen Rechts der Gesellschafterfinanzierung eher mit einem kritischen Auge entgegengeblickt werden kann. An dieser Stelle ist der Gesetzgeber gefordert.

Ein Vorstoß durch die Rechtsprechung, die bestehenden Regeln mit gesellschaftsrechtlichen Problemen und Entscheidungen zu füllen, ist damit unumkehrbar. Dabei ist es sogar nicht erforderlich, dass die Gerichte solche Fälle, Verhandlungen und Klageerhebungen seitens der Insolvenzverwalter abwarten müssen. Nach der russischen Gerichtspraxis steht den Obersten Arbitragegerichten durchaus die Möglichkeit zu Verfügungen, durch Beschlüsse über die Anwendung von bestimmten Vorschriften, Rechtsklarheit und Gerichtspraxis zu schaffen, was auf dem Bereich der Gesellschafterfinanzierung langsam unbedingt passieren sollte.

Für die deutsch-russischen Beziehungen muss angemerkt werden, dass im Laufe der Zeit tatsächlich viel daran gearbeitet wurde, die rechtlichen Rahmenbestimmungen für das russische Wirtschaftsrecht zu verbessern, wobei vermehrt versucht wurde, an kontinentaleuropäische Rechtsordnungen, insbesondere an das deutsche Recht, anzuknüpfen. Allerdings nutzen auch die besten rechtlichen Rahmenbedingungen nichts, wenn der russische Apparat an der teilweise immer noch stark vorzufindenden Korruption im Unternehmertum nichts ändert. Es sind bei weitem nicht die russischen Gesetze, die eine Abschreckwirkung auf ausländische Investitionen auswirken, als vielmehr die mangelnde und unüberwachte Durchsetzung des geltenden Rechts[1697].

Die vom ehemaligen Präsidenten Medvedev angesprochene Korruption im Staatsapparat stellt nicht nur enorme Hürden für die rechtmäßige Ausübung der wirtschaftlichen Tätigkeit der Unternehmer in Russland dar, sondern wirft auch einen negativen Schatten auf die Bereitschaft ausländischer Investoren, sich an den vielfältigen Investitionsmöglichkeiten des Landes zu beteiligen. Solange es dem russischen Staatsapparat aber nicht gelingen wird, die ordnungsgemäße Durchsetzungen geltender Rechtsakte zu kontrollieren und die Gerichte unbefangen und rechtsfehlerfrei walten zu lassen, solange werden die Investitionen keine sichere Grundlage haben und die Attraktivität wird langsam verblassen. Allein die gesetzgeberische Initiative das GmbH-Gesetz und das Insolvenzgesetz zu reformieren und an die westliche Verhältnisse zu bringen, wird an den bestehenden Schwachstellen nichts ändern. Sollte seitens der Regierung nicht in naher Zukunft vermehrt an der ordnungsgemäßen Durchsetzung gesetzgeberischer Akte gearbeitet werden und vor allem Schritte unternommen werden, um

1697 So auch Wedde, Reform der GmbH in Russland und Deutschland – rechtsvergleichende Aspekte in: Mitteilungen der VDRW, 2009, Heft 42–43, S. 11, 18.

die Bürokratie zu entkorruptionieren und zu vereinfachen, ist die wirtschaftliche Beteiligung deutscher Investoren in Russland gefährdet, zumal nicht jeder Unternehmer die außerordentliche Mentalität verinnerlichen und zu seinem Besten umsetzen kann und mangels ausreichender Kenntnisse wirtschaftlicher Prozesse und aus Vorbehalten gegen die russische Justiz die Erfüllung der vorgesehenen Pläne nicht durchsetzen können wird.

C. Wissenswertes zum russischen Justizsystem in Gesellschaftsrecht

Nach dem nun an vielen Stellen dieser Arbeit hervorgehoben wurde, dass die russische Rechtsprechung mit vielen gesellschaftsrechtlichen Problemen oder Konstellationen noch nicht betraut ist oder nicht wie gewünscht – obwohl es vom Gesetz durchaus erlaubt ist – entscheidet, stellt sich die Frage nach dem Aufbau des Gerichtssystems in Russland. Vielleicht hilft diese knappe Darstellung, die Lücken und Mängel in der russischen Rechtsprechung besser zu verstehen. Dabei soll nicht das gesamte Justizwesen in Russland dargestellt, sondern speziell nur auf die handels- und gesellschaftsrechtlichen Besonderheiten eingegangen werden.

Das russische Justizsystem weist alle wirtschaftlichen Streitigkeiten und andere Angelegenheiten, die mit der Ausübung unternehmerischer und wirtschaftlicher Tätigkeiten verbunden sind, den Arbitragegerichten zu (Art. 27 ArbitrageGO)[1698]. Neben den Wirtschaftsstreitigkeiten fallen nach Art. 33 Pkt.1 Nr. 1 ArbitrageGO auch die Streitigkeiten im Rahmen der Insolvenz von Kapitalgesellschaften und privaten Personen unter die Zuständigkeit der Arbitragegerichte. Die Arbitragegerichtsbarkeit ist eine der Säulen der russischen Gerichtsbarkeit und ist streng von der ordentlichen Gerichtsbarkeit und der Schiedsgerichtsbarkeit zu trennen[1699].

1698 Die Arbitragegerichtsprozessordnung der Russischen Föderation (im Folgenden ArbitrageGO) v. 24.07.2002, Nr. 95-FG, ersetzt die frühere Prozessordnung vom 5.5.1995, zuletzt geändert am 8.12.2011durch das Föderale Gesetz Nr. 422. Artt. 1, 27 ArbitrageGO regelt die Zuständigkeit der Arbitragegerichte in Wirtschaftsangelegenheiten.

1699 Die Begrifflichkeit der Arbitragegerichtsbarkeit stößt vermehrt zu Missverständnissen, da damit oft die Schiedsgerichtsbarkeit, die in der russischen Sprache – aber auch im deutschen Recht – ebenfalls als Arbitrage bezeichnet wird, verstanden wird, was auch auf die zum Teil unsachliche Übersetzung in den Wörterbüchern zurückzuführen ist. Tatsächlich handelt es sich jedoch um zwei unterschiedlichen Gerichtsbarkeiten. Somit ist auch darauf zu achten, dass in der Übersetzung von

Daraus folgt, dass die gesellschaftsrechtlichen Streitigkeiten durchaus vor den Richtern behandelt werden, die sich um Wirtschaftsrecht auskennen müssten. Dann ist aber umso mehr die Tatsache nicht nachzuvollziehen, warum an so vielen Stellen keine oder mangelhafte Rechtsprechung, die sich nur ganz strikt an dem Wortlaut der Norm orientiert und keine Auslegungen wahrnimmt, vorzufinden ist[1700]. Darüber hinaus wird von der ungewöhnlichen Sympathie der Arbitragegerichte erster und zweiter Instanz berichtet, die aus unverständlichen Gründen den russischen Prozessparteien zuteilwerden, die die Rechtsfindung und eine korrekte Rechtsanwendung unmöglich machen[1701]. Auch die Tatsache, dass seit der Reform der Arbitragegerichtsordnung nun viele Streitigkeiten nicht mehr in einer Kammer mit mehreren Richtern, sondern durch einen Einzelrichter entschieden werden, was den Widerstand gegen die Ausübung von Druck und Einflussnahme von außen erschwert, wirft kein besseres Licht auf das russische Gerichtssystem[1702].

Diese Erkenntnisse unterstreichen leider die Tatsache, dass das russische Justizsystem – auch wenn es ein eigenes die Wirtschaftsangelegenheiten behandeltes Gericht gibt – nicht druckfrei und unparteiisch zu funktionieren scheint, wie es in einer stabilen Rechtsordnung, in der die Judikative frei und unabhängig sein sollte, unerlässlich ist. Eine Erklärung, warum die Richter der Arbitragegerichtsbarkeit, die von Gesellschaftsrechtlern besetzt werden sollten, die in dieser

Entscheidungen bei Verwenden des Begriffes „Schiedsgerichtsentscheidungen" es sich bei weitem nicht um einen Schiedsspruch, sondern um eine Entscheidung des Arbitragegerichts handelt.

1700 Auch Arzinger/Galander machen auf die vielen Mängel in Entscheidungen und Verfahren in den Arbitragegerichten aufmerksam. Insbesondere die schnelle Entscheidungsfindung wird oft auf verschiedene Weise hinausgezögert (etwa durch Einberaumung neuer Verhandlungstermine zur Beratung von Einzelfragen oder durch absichtliche Verzögerung der Zustellung der Klage), vgl. Arzinger/Galander, Russisches Wirtschaftsrecht, S. 348.

1701 Dies führt dazu, dass erst in den nächsten Instanzen eine korrekte Rechtsanwendung erreich werden kann, vgl. Arzinger/Galander, Russisches Wirtschaftsrecht, S. 348. Die erste Instanz sind die Arbitragegerichte der einzelnen Subjekte der Russischen Föderation. Die Berufungsinstanz, in der Rechtsmitteln gegen die Entscheidungen der Arbitragegerichte eingereicht werden, befindet sich in demselben Gericht, wird aber von anderen Richtern besetzt. Erst das Kassationsverfahren, das sich gegen die Entscheidungen der ersten Instanz und gegen die Berufungsentscheidungen richtet und in den – insgesamt 10 – Kreisarbitragegerichten verhandelt wird, nimmt die Funktion der Revision ein.

1702 Vgl. Arzinger/Galander, Russisches Wirtschaftsrecht, S. 346.

Arbeit vorgebrachten Aspekte nicht berücksichtigen und nicht erkennen, ist nicht vorzufinden. Dies führt zu der Schlussfolgerung, dass die Mühlen einer beispielhaften Justiz in Russland leider noch sehr langsam mahlen.

D. Praxishinweis an die Insolvenzverwalter

Wie gezeigt, sind die Insolvenzverwalter durchaus in der Lage, Leistungen an Gesellschafter, die in einem kritischen Zeitraum vor der Insolvenz insbesondere durch Auszahlungen oder durch den Entzug von Vermögenswerten ausgegeben wurden, mit Eröffnung des Insolvenzverfahrens zurückzuverlangen. Da solche Rückzahlungen i.w.S. gegenüber den Gesellschaftern vor der GmbH-Insolvenz oft vorzufinden sein werden, sollte der Insolvenzverwalter die Unterlagen aus den Handelsbüchern auf alle Rückzahlungen und auf ihren Zeitpunkt für die Anfechtungsvoraussetzungen exakt überprüfen. Darüber hinaus sollten die Insolvenzverwalter auf die nahestehenden Personen, die in den Kreis der anfechtbaren Rechtsgeschäfte ebenfalls eingebunden sein können, achten. Da der Kreis solcher Personen – „interessierte Personen" – im russischen Recht weiter ausgestaltet ist als im deutschen, könnten eine Vielzahl von Fällen erfasst sein, die letzten Endes einer Auszahlung an die Gesellschafter gleichkommen und aus diesem Grund zurückverlangt werden können.

E. Schlusswort

Die Darlehensfinanzierung der Gesellschaft durch die Gesellschafter – unabhängig davon wie man das Rechtsinstitut mittlerweile bezeichnen will, sei es das neue Eigenkapitalersatzrecht, das Recht der Gesellschafter-Fremdfinanzierung oder einfach die Gesellschafterleistungen, wie es dem russischen Recht am nächsten kommt, war und bleibt ein vielseitiges und beliebtes Rechtsinstitut des Unternehmens- und Gesellschaftsrechts, auf das mit oder ohne spezielle Regelungen in verschiedenen Rechtsordnungen viel zu gerne zurückgegriffen wird. In Russland werden die Gesellschafter als Finanzierer in der Krise nicht nur freiwillig tätig, sondern werden sogar durch das Gesetz – mehr oder weniger – dazu aufgerufen, um die Sanierung der Gesellschaft zu ermöglichen. Das größte Problem dabei ist jedoch, dass es keine ausgearbeiteten Regelungen gibt, die dieser Finanzierungsform gerecht werden und die Interessen der Gesellschafter, aber insbesondere der Gläubiger ausreichend berücksichtigen. Die durchaus passenden bestehenden Regelungen sind im russischen Recht leider lediglich im Gesetz nachzulesen. Eine ausgearbeitete oder zumindest in den Vordergrund tretende Rechtsprechung fehlt bisweilen. Dagegen wurde in Deutschland die grundlegende Entscheidung zu den Rechtsprechungsregeln bereits durch das Reichsgericht gelegt und unentwegt nicht nur durch die Gerichte, sondern auch durch den Gesetzgeber fortentwickelt. Im Hinblick auf Russland kann – vor dem Hintergrund der sich durchaus zum Besseren wandelnden Judikative – auf die Implementierung des geschriebenen Gesetzesrechts in den Gerichten große Hoffnung gelegt werden. Dessen Erfüllung in den nächsten Jahren kann Daumen gedrückt und gespannt entgegengeblickt werden.

Gesetzesauszug

InsolvG
Art. 7 Recht auf Anrufung des Arbitragegerichts

1. Das Recht auf die Stellung des Antrages auf Bankrotterklärung des Schuldners beim Arbitragegericht haben der Schuldner, die Konkursgläubiger und das ermächtigte Organ.
   [...]

Art. 8 Recht auf die Stellung des Antrags beim Arbitragegericht durch den Schuldner

Der Schuldner hat das Recht bei drohender Insolvenz beim Arbitragegericht einen Insolvenzantrag zu stellen, wenn Umstände vorliegen, die eindeutig darauf hinweisen, dass der Schuldner nicht in der Lage sein wird, die Zahlungsverbindlichkeiten und (oder) die Pflichtzahlungen fristgerecht zu erfüllen.

Art. 10 Haftung des Schuldners und anderer Personen in der Insolvenz

1. Verstoßen der Leiter des Schuldners oder die Gründer (Teilhaber) des Schuldners, der Vermögenseigentümer eines unitarischen Unternehmens als Schuldner, die Mitglieder der Leitungsorgane des Schuldners, die Mitglieder der Liquidationskommission (Liquidatoren) oder der Schuldner als natürliche Person gegen die Bestimmungen dieses Gesetzes, so sind die genannten Personen verpflichtet, den aus einem derartigen Verstoß resultierenden Schaden zu ersetzen.
2. Die Verletzung der Pflicht zur Stellung des Schuldnerantrages beim Arbitragegericht in den Fällen und innerhalb der in Art. 9 dieses Gesetzes festgelegten Fristen führt zu einer subsidiären Haftung jener Personen, denen dieses Gesetz die Verpflichtung zur Beschlussfassung über die Stellung eines Schuldnerantrages beim Arbitragegericht sowie die Einbringung eines derartigen Antrages über jene Verbindlichkeiten des Schuldner, die nach Ablauf der in Art. 9 Pkt. 2 und 3 dieses Gesetzes vorgesehenen Fristen entstanden sind, auferlegt.
   [...]

4. Die den Schuldner kontrollierenden Personen haften subsidiär und solidarisch für die Geldschulden und (oder) für die Pflichtzahlungen des Schuldners ab dem Moment der Einstellung der Zahlungen für die Entschädigung der Gläubiger aufgrund Schäden, die ihnen an den Vermögensrechten durch die Erfüllung von Weisungen der den Schuldner kontrollierenden Personen oder durch die Erfüllung von laufenden Verbindlichkeiten trotz eines unzureichenden Schuldnervermögens, das zur Insolvenzmasse gehört, entstanden sind. Das Arbitragegericht kann den Umfang der Verantwortung der den Schuldner kontrollierenden Person reduzieren, wenn feststeht, dass der Umfang des Schadens, der den Vermögensrechten der Gläubiger durch ein schuldhaftes Handeln der den Schuldner kontrollierenden Person zugefügt wurde, wesentlich geringer ist als der Umfang der Forderungen, die der Befriedigung durch die den Schuldner kontrollierenden Person, die zur subsidiären Haftung für die Verbindlichkeiten des Schuldners herangezogen wird, zugrunde liegt.
   Die den Schuldner kontrollierende Person ist nicht für den Schaden, der den Vermögensrechten der Gläubiger zugefügt wurde, verantwortlich, wenn sie beweisen kann, dass sie gewissenhaft und vernünftig im Interesse des Schuldners gehandelt hat.
   […]
8. *[…]*
   In dem Beschluss über die Verantwortlichkeit der den Schuldner kontrollierenden Personen ist der Umfang ihrer Verantwortlichkeit anzugeben, der für die in Punkt 4 und 5 der Vorschrift erfassten Fälle durch die Differenz zwischen dem zum Zeitpunkt des Schließens des Forderungsregisters ermittelten Umfang der Gläubigerforderungen, die in dem Gläubigerregister aufgenommen sind, und dem Umfang der befriedigten Gläubigerforderungen im Zeitpunkt der Einstellung der Begleichung der Forderungen oder der Erfüllung laufender Verbindlichkeiten des Schuldners aufgrund des unzureichenden Schuldnervermögens, das die Insolvenzmasse ausmacht, ermittelt wird.
   […]
9. Die Geldmittel, die von den Personen, die zur Verantwortung herangezogen werden, eingefordert werden, sind der Insolvenzmasse zuzuführen.

Art. 61.1 Anfechtbarkeit von Rechtshandlungen des Schuldners

1. Rechtshandlungen, die durch den Schuldner oder andere Personen für Rechnung des Schuldners vorgenommen wurden, können gemäß dem Zivilgesetzbuch und gemäß der aus diesem Gesetz folgenden Gründen für unwirksam erklärt werden.

   [...]

Art. 61.2 Anfechtung der verdächtigen Rechtshandlungen des Schuldners

1. Ein Rechtsgeschäft, das durch den Schuldner innerhalb eines Jahres vor der Annahme des Antrages über die Insolvenzerklärung des Schuldners oder nach der Annahme dieser Erklärung vorgenommen wurde, kann durch das Arbitragegericht bei einer ungleichwertigen Gegenleistung der anderen Partei für unwirksam erklärt werden; das gleiche gilt auch, wenn der Wert des Rechtsgeschäftes und (oder) sonstige Bedingungen für den Schuldner wesentlich negativer sind als der Wert und sonstige Bedingungen, die in vergleichbaren Fällen vereinbart werden (verdächtiges Rechtsgeschäft). Als ungleichwertige Gegenleistung gelten insbesondere jegliche Vermögensübertragung oder Erfüllung von Verbindlichkeiten, wenn der Marktwert des durch den Schuldner übertragenen Vermögens oder eine sonstige durch den Schuldner erbrachte Gegenleistung den Wert der erhaltenen Gegenleistung, die sich aus dem zugrunde gelegten gegenseitigen Vertrag ergibt, wesentlich erhöht.

   [...]
2. Ein Rechtsgeschäft, das durch den Schuldner mit der Absicht abgeschlossen wurde, die Vermögensrechte der Gläubiger zu schädigen, kann durch das Arbitragegericht für unwirksam erklärt werden, wenn ein solches Rechtsgeschäft innerhalb von drei Jahren vor der Annahme des Antrages über die Bankrotterklärung des Schuldners oder nach der Annahme dieser Erklärung vorgenommen wurde und den Gläubigern infolge des Abschlusses des Rechtsgeschäftes ein Vermögensschaden entstanden ist und wenn die andere Partei des Rechtsgeschäftes die Absicht des Schuldners zum Zeitpunkt des Abschlusses des Rechtsgeschäftes kannte (verdächtiges Rechtsgeschäft). Es wird vermutet, dass die andere Partei diese Kenntnis hatte, wenn sie als eine interessierte Person anzusehen ist oder wenn sie die Schädigung der Gläubigerinteressen oder die Anzeichen der Zahlungsunfähigkeit kannte oder hätte kennen müssen.

   [...]

Art. 61. 3 Anfechtbarkeit von Rechtshandlungen des Schuldners, die mit Bevorzugungsabsicht gegenüber einem Gläubiger abgeschlossen wurde

1. Ein Rechtsgeschäft, das durch den Schuldner mit einer Person oder einem Gläubiger abgeschlossen wurde, kann durch das Arbitragegericht für unwirksam erklärt werden, wenn dieses Rechtsgeschäft einen Gläubiger gegenüber den anderen Gläubigern in Bezug auf die Erfüllung von Forderungen, insbesondere bei Vorliegen einer der folgenden Gründe, bevorzugt oder bevorzugen kann:
   Das Rechtsgeschäft ist auf die Sicherung von bereits vor dem Abschluss der anfechtbaren Rechtshandlung entstandenen Forderungen eines Gläubigers gegenüber dem Schuldner oder einer dritten Personen gerichtet;
   Das Rechtsgeschäft hat zur Veränderung der Rangfolge der Befriedigungen der vor dem Abschluss der anfechtbaren Rechthandlung entstandenen Forderungen geführt oder kann hierzu führen;
   Das Rechtsgeschäft hat zur Befriedigungen von Gläubigerforderungen, deren Fälligkeit zum Zeitpunkt der Vornahme der Rechtshandlung noch nicht eingetreten war, während andere fällige Forderungen nicht rechtzeitig erfüllt wurden, geführt oder kann hierzu führen;
   Das Rechtsgeschäft hat zur Bevorzugung eines Gläubigers gegenüber anderen Gläubigern in Bezug auf die Erfüllung von Forderungen, die bereits vor der anfechtbaren Rechtshandlung entstanden sind, geführt, wenn diese Forderung im Insolvenzverfahren nach der durch das Föderale Gesetz vorgeschriebenen gesetzlichen Rangfolge schlechter ausgefallen wäre.
2. Das Rechtsgeschäft, i.S.d. Punkt 1 dieses Gesetzes kann durch das Arbitragegericht für unwirksam erklärt werden, wenn es nach der Annahme des Antrages auf Bankrotterklärung des Schuldners durch das Arbitragegericht oder innerhalb eines Jahres vor der Annahme des Antrages auf Bankrotterklärung des Schuldners vorgenommen wurde
3. Das Rechtsgeschäft i.S.d. Punkt 1 dieses Gesetzes, das durch den Schuldner innerhalb von sechs Monaten vor der Annahme des Antrages auf Bankrotterklärung des Schuldners durch das Arbitragegericht vorgenommen wurde, kann durch das Arbitragegericht für unwirksam erklärt werden, wenn die in Punkt 1 Absatz zwei und drei dieses Gesetzes aufgezählten Gründe vorliegen oder wenn feststeht, dass dem Gläubiger oder einer anderen Person, mit der das Rechtsgeschäft abgeschlossen wurde, die Anzeichen der Zahlungsunfähigkeit oder die Umstände, die auf die Zahlungsunfähigkeit hinweisen, bekannt waren.

Es wird vermutet, dass eine interessierte Person Kenntnis über die Anzeichen der Zahlungsunfähigkeit hatte, es sei denn das Gegenteil kann bewiesen werden.

61.4 Besonderheiten der Anfechtung einzelner Rechtsgeschäfte des Schuldners

[...]

2. Rechtsgeschäfte über die Übertragung von Vermögenswerten oder Eingehung von Verpflichtungen, die im Rahmen der gewöhnlichen unternehmerischen Tätigkeit des Schuldners vorgenommen werden, können nicht nach Art. 61.2 Pkt.1 und Art. 61.3 dieses Gesetzes angefochten werden, wenn der Wert des übertragenen Vermögens oder der Umfang der übernommenen Verpflichtungen einen Prozent des Wertes der Aktiva des Schuldners nicht übersteigt.
3. Rechtsgeschäfte des Schuldners, die auf die Erfüllung von Leistungspflichten, für die der Schuldner eine gleichwertige Gegenleistung unmittelbar nach dem Abschluss des Rechtsgeschäftes erhalten hat, gerichtet sind, können nur nach Maßgabe des Art. 61.2 Pkt.2 dieses Gesetzes angefochten werden.

Art. 61.6 Rechtsfolge der Anfechtung des Rechtsgeschäftes des Schuldners

1. Alles was von dem Schuldner oder einer anderen Person für Rechnung des Schuldners gewährt und dem Schuldnervermögen aufgrund des anfechtbaren Rechtsgeschäftes entzogen wurde, ist in die Insolvenzmasse zu erstatten. Im Falle, dass die Rückgewähr des Vermögens in die Insolvenzmasse in Natura unmöglich ist, ist der wahre Wert des Vermögens, der sich nach dem Zeitpunkt der Vermögensgewährung richtet, zu erstatten.
2. Gläubiger und andere Personen, denen Vermögenswerte übertragen wurden oder den gegenüber der Schuldner Leistungen aufgrund der Rechtsgeschäfte, die nach Maßgabe der Art. 61.2 Pkt.2 und Art. 61.3 Pkt. 3 dieses Gesetzes angefochten wurden, erbracht hat und die das Erlangte in die Insolvenzmasse zurückgewährt haben, können ihre Forderungen gegen den Schuldner in der in dem Insolvenzgesetz vorgeschriebenen Reihenfolge und zwar nach der Befriedigungen der Gläubiger des dritten Ranges der gesetzlichen Rangfolge geltend machen.
3. Gläubiger und andere Personen, denen Vermögenswerte übertragen wurden oder den gegenüber der Schuldner Leistungen aufgrund der Rechtsgeschäfte, die nach Maßgabe der Art. 61.2 Pkt.1 und Art. 61.3 Pkt. 2 dieses Gesetzes und des Zivilgesetzbuches der Russischen Föderation angefochten werden können, erbracht hat und die das Erlangte in die Insolvenzmasse zurückgewährt

haben, können ihre Forderungen gegen den Schuldner in der durch das Insolvenzgesetz vorgeschriebenen gesetzlichen Reihenfolge geltend machen.
[…]

Art. 61.8 Besonderheiten bei der Überprüfung des Antrages über die Anfechtung der Rechtsgeschäfte des Schuldners

1. Der Antrag über die Anfechtung von Rechtsgeschäften des Schuldners wird vor dem Arbitragegericht, das zuständig über das Insolvenzverfahren des Schuldners ist, eingereicht über den im Insolvenzverfahren entschieden wird.
[…]
3. *[…]* Der Antragsteller ist verpflichtet, den Gläubigern und anderen Personen, mit denen das anfechtbare Rechtsgeschäft abgeschlossen wurde, eine Kopie des Antrages und der dem Antrag beigefügten Unterlagen zu übermitteln.
[…]
6. Nach der Überprüfung des Antrages über die Anfechtung der Rechtsgeschäfte des Schuldners, erlässt das Gericht einer der folgenden Entscheidungen:
Feststellung der Unwirksamkeit des Rechtsgeschäftes;
Zurückweisung des Antrages über die Anfechtung des Rechtsgeschäftes des Schuldners.

Art. 61.9 Personen, die berechtigt sind, den Antrag über die Anfechtung von Rechtsgeschäften des Schuldners zu stellen

Der Antrag über die Anfechtung von Rechtsgeschäften des Schuldners kann durch den Interimsverwalter oder den Insolvenzverwalter im Namen des Schuldners in eigener Initiative oder infolge der Entscheidung der Gläubigerversammlung oder des Gläubigerkomitees vor dem Arbitragegericht gestellt werden, wobei der Verjährungsbeginn den Zeitpunkt darstellt, in dem der Insolvenzverwalter über die Gründe, die zur Anfechtung des Rechtsgeschäftes nach dem Föderalen Gesetz berechtigen, erkannt hat oder hätte erkennen müssen.

Art. 102 Verweigerung der Erfüllung von Verträgen des Schuldners

1. Der Interimsverwalter ist innerhalb von drei Monaten seit der Einführung der externen Verwaltung berechtigt, die Erfüllung der Verträge und sonstiger Rechtsgeschäfte des Schuldners zu verweigern.
2. Die Verweigerung der Vertragserfüllung kann nur in Bezug auf Rechtsgeschäfte ausgesprochen werden, die durch die Parteien nicht vollständig oder zum Teil erfüllt sind, wenn sie der Wiederherstellung der Zahlungsfähigkeit des Schuldners entgegenstehen oder wenn die Erfüllung dieser Verträge

durch den Schuldner im Vergleich zu der Erfüllung analoger Verträge, die zu vergleichbaren Bedingungen abgeschlossen wären, mit Nachteilen verbunden ist.

[...]

Art. 129 Befugnisse des Insolvenzverwalters

[...]

5. Bei Vorliegen der in einem Föderationsgesetz festgelegten Voraussetzungen macht der Insolvenzverwalter gegenüber denjenigen Dritten die Forderungen geltend, die gemäß einem Föderationsgesetz subsidiär für die Verbindlichkeiten des Schuldners haften.

   [...]

Art. 134 Rangfolge der Forderungsbefriedigung der Gläubiger

1. Außerhalb der Rangfolge werden Forderungen der Gläubiger über laufende Verbindlichkeiten vorrangig vor den Gläubigern, deren Forderungen vor der Annahme des Antrages über die Bankrotterklärung des Schuldners entstanden sind, aus der Insolvenzmasse befriedigt.

   [...]

2. Forderungen der Gläubiger über laufende Verbindlichkeiten werden in der folgenden Rangfolge befriedigt:

   Im ersten Rang werden die laufenden Verbindlichkeiten befriedigt, die im Zusammenhang mit den insolvenzgerichtlichen Aufwendungen, der Vergütung des Insolvenzverwalters und der Aufwendungen sonstiger Personen, deren Heranziehung die Gesetzgebung der Russischen Föderation vorsieht und denen aufgrund der Durchführung des Insolvenzverfahrens Kosten entstanden sind, stehen;

   Im zweiten Rang werden die Arbeitnehmerforderungen sowie die Forderungen der Personen, die neben dem Insolvenzverwalter bei der Erfüllung seiner Aufgaben eingesetzt wurden, befriedigt;

   Im dritten Rang werden die Forderungen aus den Kommunalabgaben und Betriebskosten, die für die Ausübung der Schuldnertätigkeit erforderlich sind, befriedigt;

   Im vierten Rang werden alle übrigen Forderungen befriedigt.

   [...]

4. Die Forderungen der Gläubiger werden in der folgenden Rangfolge berichtigt:

   Im ersten Rang werden die Forderungen der Personen, die gegen den Schuldner Forderungen aus einer Lebens- oder Gesundheitsverletzung haben, befriedigt;

Im zweiten Rang werden die Arbeitnehmer- oder Honorarforderungen aus der Zeit vor dem Insolvenzverfahren befriedigt;
Im dritten Rang werden alle übrigen Forderungen der Gläubiger befriedigt.
Nach der Befriedigung der Gläubiger dritten Ranges werden die Forderungen der Gläubiger berichtigt, die aus anfechtbaren Rechtshandlungen i.S.d. Art. 61.2 Pkt.2, 61.3 Pkt.3 des Föderalen Gesetzes herrühren.
Forderungen der Gläubiger, die durch ein Pfandrecht am Vermögen des Schuldners gesichert sind, werden abgesondert aus dem Erlös des Pfandgegenstandes in dem durch Art. 138 vorgesehenen Verfahren befriedigt.
[…]

ZGB

Art. 56 ZGB Haftung einer juristischen Person

[…]

3. Der Gründer (Teilhaber) einer juristischen Person oder der Eigentümer ihres Vermögens haftet nicht für die Verbindlichkeiten der juristischen Person und eine juristische Person haftet nicht für die Verbindlichkeiten ihres Gründers (Teilhabers) oder Eigentümers, mit Ausnahme der Fälle, die in diesem Gesetz oder in den Gründungsdokumenten einer juristischen Person vorgesehen sind.
Falls die Zahlungsunfähigkeit (der Banktrott) einer juristischen Person durch ihre Gründer (Teilhaber), den Eigentümer des Vermögens der juristischen Person oder durch andere Personen, die berechtigt sind, dieser juristischen Person Anweisungen zu erteilen oder die auf andere Weise die Möglichkeit haben, deren Handlungen zu bestimmen, hervorgerufen wurde, so kann diesen Personen, wenn das Vermögen der juristischen Person nicht ausreicht, die subsidiäre Haftung für deren Verbindlichkeiten auferlegt werden.

GmbHG(R)

Art. 3 Haftung der Gesellschaft

[…]

3. Im Falle der Insolvenz (des Bankrotts) der Gesellschaft, die durch ihre Gesellschafter oder andere Personen, die das Recht haben, der Gesellschaft verbindliche Anweisungen zu geben oder auf andere Weise die Möglichkeit haben, deren Handlungen zu bestimmen, verschuldet wurde, kann den genannten Gesellschaftern oder Personen eine subsidiäre Haftung für die Verbindlichkeiten der Gesellschaft auferlegt werden.

Art. 44 Verantwortung der Mitglieder des Direktorenrats (Aufsichtsorgan) der Gesellschaft, des Einzelexekutivorgans der Gesellschaft, der Mitglieder des Kollegialexekutivorgans der Gesellschaft und des Geschäftsleiters

1. Die Mitglieder des Direktorenrats (Aufsichtsorgan) der Gesellschaft, das Einzelexekutivorgan der Gesellschaft, die Mitglieder des Kollegialexekutivorgans der Gesellschaft sowie der Geschäftsleiter müssen bei der Wahrnehmung von Rechten und der Erfüllung von Verpflichtungen im Interesse der Gesellschaft gewissenhaft und vernünftig handeln.
2. Die Mitglieder des Direktorenrats (Aufsichtsorgan) der Gesellschaft, das Einzelexekutivorgan der Gesellschaft, die Mitglieder des Kollegialexekutivorgans der Gesellschaft sowie der Geschäftsführer haften gegenüber der Gesellschaft für Verluste, die der Gesellschaft durch ihr schuldhaftes Handeln (ihr Unterlassen) entstanden sind, wenn durch Föderale Gesetze keine anderen Gründe und kein anderer Umfang der Haftung festgelegt sind. Die Haftung ist ausgeschlossen für Mitglieder des Direktorenrats (Aufsichtsorgan) und des Kollegialexekutivorgans der Gesellschaft, die gegen die Entscheidung, durch die der Gesellschaft Verluste entstanden sind, gestimmt haben oder die an der Abstimmung nicht teilgenommen haben.

Literaturverzeichnis

Abova, T./Kabalkin, A., Kommentar zum Russischen Zivilgesetzbuch, Erster Teil, 2007 (Комментарий к Гражданскому кодексу РФ, Часть первая, под. ред. Т.Е. Абовой, А. Ю. Кабалкина, 2007) *(zit.: Abova/Kabalkin, Bearbeiter, ZGB).*

Afonjkin, W./Sabinina, E., Die Gesetzgebung über die Insolvenz: theoretische und praktische Aspekte, Moskau 2000 (В.Н. Афонькин, Е. А. Сабинина, Законодательство о банкротстве: теоретические и практические аспекты, Москва 2000) *(zit.: Afonjkin/Sabinina, Die Gesetzgebung über die Insolvenz: theoretische und praktische Aspekte).*

Ahrens, Martin/Gehrlein, Markus/Ringstmeier, Andreas, Fachanwaltskommentar Insolvenzrecht, Köln 2012 *(zit.: A/G/R, Bearbeiter).*

Altenburger, Peter, Die Patronatserklärung als „unechte" Personalsicherheiten, Zürich 1979 *(zit.: Altenburger, Die Patronatserklärung als „unechte" Personalsicherheiten).*

Altmeppen, Holger, Das neue Recht der Gesellschafterdarlehen, NJW 2008, 3601 *(zit.: Altmeppen, NJW 2008, 3601).*

—, Verwertung von im Wege des Eigenkapitalersatzes der Gesellschaft zur Verfügung gestellten Gegenständen (Anmerkung zu BGH v. 11.07.1994), NJW 1994, 2349 *(zit.: Altmeppen, NJW 1994, 2349).*

—, Zur Insolvenzanfechtung einer Gesellschaftersicherheit bei Doppelbesicherung - Zugleich Besprechung des OLG Hamm v. 29.12.2010, ZIP 2011, 741 *(zit.: Altmeppen, ZIP 2011, 741).*

—, Die zentralen Änderungen des GmbH-Rechts nach dem Referentenentwurf des MoMiG, Gesellschaftsrecht in der Diskussion, Jahrestagung der Gesellschaftsrechtlichen Vereinigung (VGR), Köln 2006 *(zit.: Altmeppen, Gesellschaftsrecht in der Diskussion).*

—, Überflüssigkeit der Anfechtung von Sicherheiten für Gesellschafterdarlehen, NZG 2013, 441 *(zit.: Altmeppen, NZG 2013, 441).*

Andres, Dirk/Leithaus, Rolf, Insolvenzordnung (InsO): Kommentar, 2. Auflage, München 2011 *(zit.: Andres/Leithaus, Bearbeiter, InsO).*

Anochin, W., Die Warnung vor dem Bankrott und die Wiederherstellung der Zahlungsfähigkeit des insolventen Schuldners, Chozjajstvo i pravo, 2006 (В. Анохин, Предупреждение банкротства и восстановление платежеспособности несостоятельного должника, «Хозяйство и право»

2006) *(zit.: Anochin, Die Warnung vor dem Bankrott und die Wiederherstellung der Zahlungsfähigkeit des insolventen Schuldners).*

Artmann, Eveline, Kreditgewährung im Konzern – Zum Konkurrenzverhältnis zwischen Ausschüttungsverbot und Eigenkapitalersatzrecht, Festschrift für Günter H. Roth zum 70. Geburtstag, München 2011, 23 *(zit.: Artmann, FS Roth, 2011).*

Arzinger, Rainer/Galander, Tanja, Russisches Wirtschaftsrecht, 2. Auflage, Berlin 2002 (*zit.: Arzinger/Galander, Russisches Wirtschaftsrecht*).

Auchatov, Adel, Durchgriffs- und Existenzvernichtungshaftung im deutschen und russischen Sach- und Kollisionsrecht, Kiel 2008 *(zit.: Auchatov, Durchgriffs- und Existenzvernichtungshaftung im deutschen und russischen Sach- und Kollisionsrecht).*

Azara, Dennis, Das Eigenkapitalersatzrecht der GmbH nach dem Gesetz zur Modernisierung des GmbH-Rechts und zur Bekämpfung von Missbräuchen (MoMiG), Jena 2010 *(zit.: Azara, Das Eigenkapitalersatzrecht der GmbH nach dem MoMiG).*

Baetge, Jörg/Kirsch, Hans-Jürgen/Thiele, Stefan, Bilanzen, 11. Auflage, Düsseldorf 2011 *(zit.: Baetge/Kirsch/Thiele, Bearbeiter, Bilanzen).*

Bakschinskas, W., Bildung von Stammkapital in Kapitalgesellschaften nicht anhand Geldeinlagen, Zakonodateljstvo 1998, Nr. 8, S. 11, 13 f. (В. Бакшанскас, Формирование уставного капитала хозяйственных обществ неденежными вкладами, «Законодательство» 1998 N. 8) *(zit.: Bakschinskas, Bildung von Stammkapital in Kapitalgesellschaften nicht anhand Geldeinlagen).*

—, Die rechtliche Natur des Satzungskapitals der AG, Zakonodateljstvo, 1998, Nr. 6 (В. Ю. Бакшискас, Правовая природа уставного капитала акционерного общества, «Законодательство» 1998, N. 6) *(zit.: Bakschinskas, Die rechtliche Natur des Satzungskapitals der AG).*

Balayan, Oxana, Durchgriffshaftung im neuen russischen Zivilgesetzbuch, WiRO 1995, 313 *(zit.: Balayan, WiRO 1995, 313).*

Balz, Manfred/Landfermann, Hans-Georg, Die neuen Insolvenzgesetze, 2. Auflage, Düsseldorf 1999 *(zit.: Balz/Landfermann, Die neuen Insolvenzgesetz).*

Bauer, Joachim, Gesellschafterhaftung in Krise und Insolvenz der GmbH – Teil 3, ZInsO 2011, 1379 *(zit.: Bauer, ZInsO 2011, 1379).*

Bauer, Kilian, Die Passivierung eigenkapitalersetzender Gesellschafterforderungen im Überschuldungsstatus – Anmerkung zum Urt. des BGH v. 8.1.2001 – II ZR 88/99, ZInsO 2001, 260 ff., ZInsO 2001, 486 *(zit.: Bauer, ZInsO 2001, 486).*

Bauer, Klaus-Albert, GmbH und Aktiengesellschaft im neuen russischen Zivilgesetzbuch – eine kurze Einführung, WiRO 1995, 97 *(zit.: Bauer, WiRO 1995, 97).*

Baumbach, Adolf/Hopt, Klaus, Handelsgesetzbuch, 34. Auflage, München 2010 *(zit.: Baumbach/Hopt, Bearbeiter, HGB).*

Baumbach, Adolf/Hueck, Alfed, GmbHG: Gesetz betreffend die Gesellschaften mit beschränkter Haftung, 19. Auflage, München 2010 (*zit.: Baumbach/Hueck, Bearbeiter, GmbHG; bzw.: Baumbach/Hueck, Bearbeiter, GmbHG, 18. Aufl.*).

Bayer, Walter/Graff, Simonc, Das ncuc Eigenkapitalersatzrecht nach dem MoMiG, DStR 2006, 1654 *(zit.: Bayer/Graff, DStR 2006, 1654).*

Bayer, Walter/Illhardt, Daniel, Darlegungs- und Beweislast im Recht der GmbH anhand praktischer Fallkonstellationen, GmbHR 2011, 856 *(zit.: Bayer/Illhardt, GmbHR 2011, 856).*

Bayer, Walter/Koch, Elisabeth, Das neue GmbH-Recht: Tagungsband, 1. Auflage, Baden-Baden 2008 (*zit.: Bayer/Koch, Referent, Das neue GmbH-Recht).*

Beck, Siegfried/Depré, Peter, Praxis der Insolvenz: ein Handbuch für die Beteiligten und ihre Berater, 2. Auflage, München 2010 *(zit.: Beck/Depré, Bearbeiter, Praxis der Insolvenz).*

Bezzenberger, Tilman, Kapitalersetzende Gesellschafterdarlehen im Recht der GmbH, Festschrift für Gerolf Bezzenberger zum 70. Geburtstag am 13. März 2000: Rechtsanwalt und Notar im Wirtschaftsleben, Berlin 2000, S. 23 *(zit.: T. Bezzenberger, FS G. Bezzenberger, 2000).*

Birkendahl, Christoph Fabian, Reform des GmbH-Rechts: die Abschaffung der Rechtsprechungsregeln durch das MoMiG, Köln 2008 (*zit.: Birkendahl, Reform des GmbH-Rechts).*

Biss, Claudia/Wedde, Rainer, Bankrottstraftaten im russischen Recht, WiRO 2004, 193 (*zit.: Biss/Wedde, WiRO 2004, 193*).

Bitter, Georg, Haftung von Gesellschaftern und Geschäftsführern in der Insolvenz ihrer GmbH – Teil 1, ZInsO 2010, 1505 *(zit.: Bitter, ZInsO 2010, 1505).*

—, Die Nutzungsüberlassung in der Insolvenz nach dem MoMiG (§ 135 Abs. 3 InsO), ZIP 2010, 1 (*zit.: Bitter, ZIP 2010*).

—, Die Nutzungsüberlassung in der Insolvenz nach dem MoMiG (§ 135 Abs. 3 InsO) – dogmatische Grundlage und Einzelfragen der Praxis, ZIP 2010, 1 *(zit.: Bitter, ZIP 2010, 1).*

Black, Bernard S./Kraakman, Reinier/Tarasova, Anna S., Guide to the Russian law on joint stock companies, The Hague 1998, *(zit.: Black/Kraakman/Tarasova).*

Blöse, Jochen, GmbHR-Kommentar zum Urteil des KG v. 26.07.2004 – 8 U 360/93, GmbHR 2004, 1337 *(zit.: Blöse, GmbHR 2004, 1337).*

Blum, Stefan, Stillschweigend vereinbarte Kündbarkeit einer nur für einen bestimmten Zeitraum benötigten Patronatserklärung, NZG 2010, 1331 *(zit.: Blum, NZG 2010, 1331).*

Bock, Volker Steuerliche und bilanzielle Aspekte mezzaniner Nachrang-Darlehen, DStR 2005, 1067 *(zit.: Bock, DStR 2005, 1067).*

Böcker, Phillip Patronatserklärung, Gesellschafterdarlehen, Finanzplankredit – Harmonischer Dreiklang oder schiefer Akkord? Besprechung des BGH-

Urteils vom 20.09.2010 – II ZR 296/08, DZWiR 2011, 93 *(zit.: Böcker, DZWiR 2011, 93).*

Boës, Axel, Die Gesellschaft mit beschränkter Haftung im russischen und deutschen Recht, Hamburg 2007 *(zit.: Boës, Die Gesellschaft mit beschränkter Haftung im russischen und deutschen Recht).*

Borisov, Alexander N., Kommentar zum Föderalen Gesetz betreffend die Gesellschaften mit beschränkter Haftung, (А.Н. Борисов, Комментарий к Федеральному Закону «Об обществах с ограниченной ответственностью» (постатейный), «Юстицинформ» 2010 *(zit.: Borisov, Kommentar zum GmbHG).*

Bork, Reinhard, Grundtendenzen des Insolvenzanfechtungsrechts, ZIP 2008, 1041 *(zit.: Bork, ZIP 2008, 1041).*

—, Doppelbesicherung eines Gesellschaftsdarlehens durch Gesellschaft und Gesellschafter, Sanierung, Insolvenz, Berufsrecht der Rechtsanwälte und Notare: Festschrift für Hans Gerhard Ganter zum 65. Geburtstag, München 2010, S. 135 *(zit.: Bork, FS Ganter, 2010).*

—, Abschaffung des Eigenkapitalersatzrechts zugunsten des Insolvenzrechts? ZGR (36) 2007, 250 *(zit.: Bork, ZGR 2007, 250).*

Bork, Reinhard/Schäfer, Carsten, GmbHG: Kommentar zum GmbH-Gesetz, Köln 2010 *(zit.: Bork/Schäfer, Bearbeiter, GmbHG).*

Bormann, Michael, Kapitalerhaltung bei Aktiengesellschaften und GmbH nach dem Referentenentwurf zum MoMiG, DB 2006, 2616 *(zit.: Bormann, DB 2006, 2616).*

—, GmbHR-Kommentar zum Urt. des BGH v. 21.11.2005 – II ZR 277/03, GmbHR 2006, 314 *(zit.: Bormann, GmbHR 2006, 314).*

—, Eigennützige Sanierungsdarlehen und § 32 a Abs.3 S. 3 GmbHG – Zugleich ein Beitrag zu den Anforderungen an den Sanierungszweck in § 32 a Abs. 3 S. 3 GmbHG, NZI 1999, 389 *(zit.: Bormann, NZI 1999, 389).*

—, GmbHR-Kommentar zum Urt. des BGH v. 17.2.2011- IX ZR 131/10, GmbHR 2011, 417 *(zit.: Bormann, GmbHR 2011, 417).*

Brandenburg, Hans-Friedrich, Die teleologische Reduktion: Grundlagen und Erscheinungsformen der auslegungsunterschreitenden Gesetzeseinschränkung im Privatrecht, Göttingen 1983 *(zit.: Brandenburg, Die teleologische Reduktion).*

Braun, Eberhard, Insolvenzordnung: Kommentar, 4. Auflage, München 2010 *(zit.: Braun, Bearbeiter, InsO).*

Breidenbach, Stephan, Handbuch Wirtschaft und Recht in Osteuropa, Band 3, Frankfurt Oder 2011, *(zit.: Breidenbach, Bearbeiter, Handbuch Wirtschaft und Recht in Osteuropa, Band 3).*

Breindenstein, Matthias, Covenantgestützte Bankdarlehen in der Insolvenz, ZInsO 2010, 273 *(zit.: Breidenstein, ZInsO 2010, 273).*

Buchalik, Robert, Faktoren einer erfolgreichen Eigenverwaltung, NZI 2000, 294 *(zit.: Buchalik, NZI 2000, 294).*
Buck, Christian, Kritik am Eigenkapitalersatzgedanken, Baden-Baden 2006 *(zit.; Buck, Kritik am Eigenkapitalersatzgedanken).*
Bunnemann, Jan/Zirngibl, Nikolas, Die Gesellschaft mit beschränkter Haftung in der Praxis, 2. Auflage, München 2011 *(zit.: Bunnemann/Zirngibl, Bearbeiter).*
—, Auswirkungen des MoMiG auf bestehende GmbHs, München 2008 *(zit.: Bunnemann/Zirngibl, Auswirkungen des MoMiG auf bestehende GmbHs).*
Burg, Michael/Blasche, Sebastian, „Eigenkapitalersetzende" Nutzungsüberlassung nach dem MoMiG, GmbHR 2008, 1250 *(zit.: Burg/Blasche, GmbHR 2008, 1250).*
Büscher, Dirk, Ablösung der Rechtsprechungsregeln zum Eigenkapitalersatzrecht durch die Insolvenzanfechtung, GmbHR 2009, 800 *(zit.: Büscher, GmbHR 2009, 800).*
—, Miete und Pacht nach MoMiG, Festschrift für Uwe Hüffer zum 70. Geburtstag, München 2010, S. 81 *(zit.: Büscher, FS Hüffer, 2010).*
Buth, Andrea K./Hermanns, Michael, Restrukturierung, Sanierung, Insolvenz, 3. Auflage, München 2009, *(zit.: Buth/Hermanns, Bearbeiter, RSI).*
Cahn, Andreas, Gesellschafterfremdfinanzierung und Eigenkapitalersatz, AG 2005, 217 *(zit.: Cahn, AG 2005, 217).*
Chimitschev, W., Die Verwirklichung und der Schutz bürgerlicher Rechte in der Insolvenz, *Wolters Kluwer* 2006 (В. А. Химичев, Осуществление и защита гражданских прав при несостоятельности (банкротстве), «Волтерс Клувер» 2006) *(zit.: Chimitschev, Die Verwirklichung und der Schutz bürgerlicher Rechte in der Insolvenz).*
—, Die Perspektive der Vervollkommnung der rechtlichen Regulierung im Bereich der Insolvenz (des Bankrotts), Vestnik VAS 2005, Nr. 6 (В. А. Химичев, Перспективные направления совершенствования правового регулирования в сфере несостоятельности (банкротства), «Вестник» ФАС РФ 2005, N.6) *(zit.: Chimitschev, VVAS 2005, Nr. 6).*
—, Der Schutz der Gläubigerrechte in der Insolvenz, Wolters Kluver 2005 (В. А. Химичев, Защита прав кредиторов при банкротстве, «Волтерс Клувер» 2005) *(zit.: Chimitschev, Der Schutz der Gläubiger in der Insolvenz).*
Claussen, Carsten, Kapitalersetzende Darlehen und Sanierungen durch Kreditinstitute, ZHR 147 (1983), 196 *(zit.: Claussen, ZHR 147 (1983), 196).*
—, Die GmbH braucht eine Deregulierung des Kapitalersatzrechts, GmbHR 1996, 316 *(zit.: Claussen, GmbHR 1996, 316).*
Crezlius, Georg/Emmerich, Volker/Priester, Hans-Joachim, Scholz, Kommentar zum GmbH-Recht, 10. Auflage, Köln 2006 (Nachtrag MoMiG) *(zit.: Scholz, Bearbeiter, GmbHG).*
Dahl, Michael /Schmitz, Jan, Eigenkapitalersatz nach dem MoMiG aus insolvenzrechtlicher Sicht, NZG 2009, 325 *(zit.: Dahl/Schmitz, NZG 2009, 325).*

—, Probleme von Überschuldung und Zahlungsunfähigkeit nach FMStG und MoMiG, NZG 2009, 567 *(zit.: Dahl/Schmitz, NZG 2009, 567).*

Dauner-Lieb, Barbara, Das Sanierungsprivileg des § 32 a Abs. 3 Satz 3 GmbHG – Ein Eingriff in den harten Kern des Kapitalersatzrechts? DStR 1998, 1517 *(zit.: Dauner-Lieb, DStR 1998, 1517).*

Demechin, A, Neue Regelungen im Gesetz über die Insolvenz, pravo i ekonomika 2009, Nr. 11 (А. И. Демехин, Новые изменения в законодательстве о банкротстве, «Право и экономика» 2009, N. 11) *(zit.: Demechin, Neue Regelungen im Gesetz über die Insolvenz).*

—, Die Entwicklung der Insolvenzgesetzgebung in der Krise, Nalogi 2009, Nr. 38 (А. И. Демехин, Развитие законодательства о банкротстве в кризисный период, «Налоги» (газета) 2009, N. 38) *(zit.: Demechin, Die Entwicklung der Insolvenzgesetzgebung in der Krise).*

Desch, Wolfram, Haftung des Geschäftsführers einer GmbH nach § 64 S. 3 GmbHG bei Rückzahlung von Gesellschafterdarlehen, BB 2010, 2586 *(zit.: Desch, BB 2010, 2586).*

Desch, Wolfram/Bunnemann, Jan, OLG München: Die Rückzahlung von Gesellschafterdarlehen verstößt grundsätzlich nicht gegen das Auszahlungsverbot des § 64 S. 3 GmbHG, BB 2010, 1882 *(zit.: Desch/Bunnemann, BB 2010, 1882).*

Dobrovoljskij V., Anwendung des Gesellschafsrechts: praktische Anleitung für die Juristen, Wolters Kluver 2008 (В. И. Добровольский, Применение корпоративного права: практическое руководство для корпоративного юриста, «Волтерс Клувер» 2008) *(zit.: Dobrovoljskij, Anwendung des Gesellschafsrechts: praktische Anleitung für die Juristen).*

Dolinskaja V., Zivilrechtliche Probleme des Geschäftsführers, Zakon 2004, Nr. 1 (В. В. Долинская, Граждаско-правовые проблемы статуса руководителя организации, «Закон» 2004, N. 1) *(zit.: Dolinskaja, Zivilrechtliche Probleme des Geschäftsführers).*

Dörrie, Robin, Das Sanierungsprivileg des § 32 a Abs. 3 Satz 3 GmbHG, ZIP 1999, 12 *(zit.: Dörrie, ZIP 1999, 12).*

Drukarczyk, Jochen, Gesellschafterdarlehen, Rechtsprechungsgrundsätze des BGH und § 32 a GmbHG – Einige kritische Anmerkungen, Unternehmenstheorie und Besteuerung, Festschrift zum 60. Geburtstag von Dieter Schneider, Wiesbaden 1995, S. 171 *(zit.: Drukarczyk, FS Schneider, 1995).*

Ebenroth, Carsten Thomas/Boujong, Karlheinz/Joos, Detlev/Strohn, Lutz, Handelsgesetzbuch, Band 2, 2. Auflage, München 2009 *(zit.: Ebenroth/Boujong/Joos/Strohn, Bearbeiter, HGB).*

Ehricke, Ulrich/Ries, Julian, Die neue Europäische Insolvenzordnung, JuS 2003, 313 *(zit.: Ehricke/Ries, JuS 2003, 313).*

Eidenmüller, Horst, Gesellschaftsstatut und Insolvenzrecht, RabelsZ 2006 (70), 474 *(zit.: Eidenmüller, RabelsZ 2006 (70), 474).*

—, Gesellschafterdarlehen in der Insolvenz, Festschrift für Claus-Wilhelm Canaris zum 70. Geburtstag, München 2007, Band II, S. 49 *(zit.: Eidenmüller, FS Canaris, 2007, Band II).*

—, Ausländische Kapitalgesellschaften im deutschen Recht, München 2004 *(zit.: Eidenmüller, Bearbeiter).*

Eilers, Stephan/Rödding, Adalbert/Schmalenbach, Dirk, Unternehmensfinanzierung: Gesellschaftsrecht, Steuerrecht, Rechnungslegung, München 2008 *(zit.: Eilers, Bearbeiter, Unternehmensfinanzierung).*

Ekkenga, Jens, Neuerliche Vorschläge zur Nennwertanrechnung beim Dept-Equity-Swap – Erkenntnisfortschritt oder Wiederbelebungsversuche am untauglichen Objekt, DB 2012, 331 *(zit.: Ekkenga, DB 2012, 331).*

Emeljanov, V., Der Begriff der Vernunft im russischen Zivilrecht, Vestnik des Obersten Arbitragegerichts 2002, Nr. 10 (В. И. Емельянов, Понятие «Разумность» в гражданском праве России, «Вестник» ВАС РФ 2002, N. 10) *(zit.: Emeljanov, Der Begriff der Vernunft im russischen Zivilrecht).*

Engert, Andreas, Die ökonomische Begründung der Grundsätze ordnungsgemäßer Unternehmensfinanzierung, ZGR 2004, 813 *(zit.: Engert, ZGR 2004, 813).*

Engert, Jochen Paul, Eigenkapitalersatzrecht nach dem MoMiG: die Behandlung von Gesellschafterdarlehen nach der GmbH-Reform 2008, Würzburg 2010 *(zit.: Engert, Eigenkapitalersatzrecht nach dem MoMiG).*

Fastrich, Lorenz, Ketzerisches zur sogenannten Finanzierungsverantwortung, Festschrift für Wolfgang Zöllner zum 70. Geburtstag, Köln 1998, Band I, S. 143 *(zit.: Fastrich, FS Zöllner, 1998, Band I).*

Fedke, Tibor, Konzerninnenfinanzierung nach dem MoMiG in insolvenznahen Szenarien, NZG 2009, 928 *(zit.: Fedke, NZG 2009, 928).*

Fink, Paul, Maßnahmen des Verwalters zur Finanzierung in der Unternehmensinsolvenz, Köln 1998 *(zit.: Fink, Maßnahmen des Verwalters zur Finanzierung in der Unternehmensinsolvenz).*

Fischer, Paul/Knees, Klaus-Knees, Zum Umgang des Grundpfandrechtsgläubigers mit § 135 Abs. 3 InsO, ZInsO 2009, 745 *(zit.: Fischer/Knees, ZInsO 2009, 745).*

Fischer, Frank, Die zivilrechtliche Haftung des Prokuristen, WiB 1996, 921 *(zit.: Fischer, WiB 1996, 921).*

Fischer, Gero, Krisenbewältigung durch Insolvenzrecht, ZGR 2006, 403 *(zit.: Fischer, ZGR 2006, 403).*

Fischer, Thomas, Das System der Kapitalaufbringung und Kapitalerhaltung der Aktiengesellschaft und der Gesellschaft mit beschränkter Haftung im russischen und deutschen Recht, Kiel 2008 *(zit.: Fischer, Das System der Kapitalaufbringung und Kapitalerhaltung der AG und der GmbH im russischen und deutschen Recht).*

Fleischer, Holger, Gläubigerschutz in der kleinen Kapitalgesellschaft: Deutsche GmbH versus englische private limited company, DStR 2000, 1015 *(zit.: Fleischer, DStR 2000, 1015).*

—, Covenants und Kapitalersatz, ZIP 1998, 313 (zit.: Fleischer, ZIP 1998, 313).

—, Münchener Kommentar zum Gesetz betreffend die Gesellschaften mit beschränkter Haftung: GmbHG, München 2011 *(zit.: MünchKommGmbHG, Bearbeiter).*

Fliegner, Kai, Das MoMiG – Vom Regierungsentwurf zum Bundestagsbeschluss, DB 2008, 1668 *(zit.: Fliegner, DB 2008, 1668).*

Frege, Michael/Keller, Ulrich/Riedel, Ernst, Insolvenzrecht, 7. Auflage, München 2008 *(zit.: Frege/Keller/Riedel, Insolvenzrecht).*

Führ, Thorsten/Wahl, Axel, Die Auswirkungen des MoMiG auf abgetretene Gesellschafterdarlehensforderungen, NZG 2010, 889 *(zit.: Führ/Wahl, NZG 2010, 455).*

Gabov, A. W., Rechtsgeschäfte mit interessierten Personen in der Praxis der Aktiengesellschaft: Probleme bei der rechtlichen Regulierung, Statut 2005 (А. В. Габов, Сделки с заинтересованностью в практике акционерных обществ: проблемы правового регулирования, «Статут» 2005) *(zit.: Gabov, Rechtsgeschäfte mit interessierten Personen in der Praxis der AG).*

—, Rechtliche Regulierung der Verhältnisse der Aktiengesellschaft und der Person, die berechtigt ist, der Gesellschaft verbindliche Weisungen zu erteilen, Vestnik ASZS Nr. 0, abgedruckt in M&A (А. В. Габов, Правовое регулирование отношений акционерного общества и лица, имеющего право давать обществу обязательные указания, «Вестник» ФАС Западно-Сибисркого Округа 2003, N. 0) *(zit.: Gabov, Rechtliche Regulierung der Verhältnisse der AG und der Person, die berechtigt ist, der Gesellschaft verbindliche Weisungen zu erteilen).*

Ganter, Hans Gerhard, Vorsatzanfechtung nach fehlgeschlagener Sanierung, WM 2009, 1441 *(zit.: Ganter, WM 2009, 1441).*

Gehde, Björn, Eigenkapitalersetzende Gesellschafterdarlehen in Deutschland und den USA: zugleich ein Beitrag zur marktkonformen Schutzkonzeption des Eigenkapitalersatzrechts, Berlin 1997 *(zit.: Gehde, Eigenkapitalersetzende Gesellschafterdarlehen in Deutschland und den USA).*

Gehrlein, Markus, Banken – vom Kreditgeber zum Gesellschafter – neue Haftungsfalle? (Dept-Equity-Swap nach ESUG), NZI 2012, 257 *(zit.: Gehrlein, NZI 2012, 257).*

—, Das Eigenkapitalersatzrecht im Wandel seiner gesetzlichen Kodifikation, BB 2011, 3 *(zit.: Gehrlein, BB 2011).*

—, Die Behandlung von Gesellschafterdarlehen durch das MoMiG, BB 2008, 846 *(zit.: Gehrlein, BB 2008, 846).*

Gehrlein, Markus/Ekkenga, Jens/Simon, Stefan, GmbHG: Gesetz betreffend die Gesellschaften mit beschränkter Haftung, Köln 2012 *(zit.: Gehrlein/Ekkenga/Simon, Bearbeiter, GmbHG).*

Geißler, Markus, Die Haftung des faktischen GmbH-Geschäftsführers, GmbHR 2003, 1106 *(zit.: Geißler, GmbHR 2003, 1106).*

Gerhardt, Walter, Von Strohfrauen und Strohmännern – Vorgeschobene Rechtsinhaberschaft in der Zwangsvollstreckung, Verfahrensrecht am Ausgang des 20. Jahrhunderts: Festschrift für Gerhard Lüke zum 70. Geburtstag, München 1997, S. 121 *(zit.: Gerhardt, FS Lüke, 1997).*

Gerkan, Hartwin von, Der Entwurf des „Kapitalaufnahmeerleichterungsgesetzes" und das Recht des Eigenkapitalersatzes, GmbHR 1997, 677 *(zit.: v.Gerkan, GmbHR 1997, 677).*

Gerkan, Hartwin von/Hommelhoff, Peter, Handbuch des Kapitalersatzrechts, 2. Auflage, Köln 2002 *(zit.: v.Gerkan/Hommelhoff, Bearbeiter, Handbuch des Kapitalersatzrechts).*

Geyrhalter, Volker/Gänßler, Peggy, „Inspire Art" – Briefkastengesellschaft „on the moves", DStR 2003, 2167 (*zit.: Geyrhalter/Gänßler, DStR 2003, 2167*).

Göcke, Torsten/Henkel, Andreas, Zur Anwendbarkeit des § 135 Abs. 3 InsO in der Doppelinsolvenz von Gesellschaft und Gesellschafter sowie bei Zwangsverwaltung, ZInsO 2009, 170 *(zit.: Göcke/Henkel, ZInsO 2009, 170).*

Göckeritz, Wolfgang/Wedde, Rainer, Das neue russische GmbH-Recht: Einführung und Textsammlung, Berlin 2009 *(zit.: Göckeritz/Wedde, Das neue russische GmbH-Recht).*

Goette, Wulf, GmbH: Passivierungspflicht der Verbindlichkeiten aus eigenkapitalersetzenden Gesellschafterhilfen im Überschuldungsstatus, Anmerkung zu BGH v. 08.01.2001, DStR 2001, 179 *(zit.: Goette, DStR 2001, 179).*

—, Einige Aspekte des Eigenkapitalersatzrechts aus richterlicher Sicht, ZHR 162 (1998), 223 *(zit.: Goette, ZHR 162 (1998), 223).*

—, Erste Entscheidungen des Bundesgerichtshofs zum MoMiG, GWR 2009, 1 *(zit.: Goette, GWR 2009, 1).*

—, Einführung in das neue GmbH-Recht, München 2008 *(zit.: Goette, Einführung in das neue GmbH-Recht).*

Goette, Wulf/Habersack, Mathias, Das MoMiG in Wissenschaft und Praxis, Köln 2009 *(zit.: Goette/Habersack, Bearbeiter, Das MoMiG in Wissenschaft und Praxis).*

Gongalo, Bronislav M./Krascheninnikov, Pavel V., Juristische Personen und ihre Registrierung: Kommentar zu Artt. 45–56 Zivilgesetzbuch der Russischen Föderation, 2009 (Юридические лица и их государственанння регистрация. Постатейный комментарий к ст. 48–56 ГК РФ и федеральному закону «О государственной регистрации юридичесих лиц и индивидуальных предпринимателей, под ред. К. М. Гонгало, П. В Крашенинникив, 2009) *(zit.: Gongalo/Krascheninnikov, Bearbeiter, ZGB).*

Gottwald, Peter, Insolvenzrechts-Handbuch, 4. Auflage, München 2010 *(zit.: Gottwald, Bearbeiter, Insolvenzrechts-Handbuch).*

Götz, Alexander/Hegerl, Hans-Jörg, Die Sanierungsfeindlichkeit des Eigenkapitalersatzrechts und die Sanierungsobjektgesellschaft als Ausweg, DB 1997, 2365 *(zit.: Götz/Hegerl, DB 1997, 2365).*

Graf-Schlicker, Marie Luise, InsO: Kommentar zur Insolvenzordnung, 2. Auflage, Köln 2010 *(zit.: Graf-Schlicker, Bearbeiter, InsO).*

Grape, Christian, Sanierungsstrategien: empirisch-qualitative Untersuchung zur Bewältigung schwerer Unternehmenskrisen, Kiel 2006 *(zit.: Grape, Sanierungsstrategien).*

Greulich, Sven/Rau, Thomas, Zur partiellen Insolvenzverursachungshaftung des GmbH-Geschäftsführers nach § 64 S. 3 GmbHG-RegE, NZG 2008, 284 *(zit.: Greulich/Rau, NZG 2008, 284).*

Grub, Volker, Kölner Schrift zur Insolvenzordnung, Insolvenzrecht in der Praxis, 3. Auflage, Münster 2009 *(zit.: Grub, Kölner Schrift zur Insolvenzordnung).*

Grundlach, Ulf/Frenzel, Volkhard/Strandmann, Uwe, Die Insolvenzverwaltung nach den Änderungen durch das MoMiG, NZI 2008, 647 *(zit.: Grundlach/Frenzel/Strandmann, NZI 2008, 647).*

Grunewald, Barbara, Plädoyer für eine Abschaffung der Rechtsregeln für eigenkapitalersetzende Gesellschafterdarlehen, GmbHR 1997, 7 *(zit.: Grunewald, GmbHR 1997, 7).*

Grunewald, Barbara/Noack, Ulrich, Zur Zukunft des Kapitalsystems der GmbH – Die Ein-Euro-GmbH in Deutschland, GmbHR 2005, 189 *(zit.: Grunewald/Noack, GmbHR 2005, 189).*

Grunschinske, Nancy, Beendigung „kapitalersetzender" Nutzungsverhältnisse vor Insolvenzeröffnung. GmbHR 2010, 179 *(zit.: Gruschinske, GmbHR 2010, 179).*

Gulde, Volker, Die Anordnung der Eigenverwaltung durch das Insolvenzgericht im Eröffnungsbeschluss, Köln 2005 *(zit.: Gulde, Die Anordnung der Eigenverwaltung durch das Insolvenzgericht im Eröffnungsbeschluss).*

Gutbrod, Max/Vogel, Frank, Das neue russische Insolvenzgesetz – Ausgewählte Aspekte, RIW 1999, 37 *(zit.: Gutbrod/Vogel, RIW 1999, 37).*

Gutmann, Torsten/Nawroth, Mario, Der zeitliche Anwendungsbereich des MoMiG aus insolvenzrechtlicher Sicht – oder das Ende von Ansprüchen aus Eigenkapitalersatzrecht? ZInsO 2009, 174 *(zit.: Gutmann/Nawroth, ZInsO 2009, 174).*

Haas, Ulrich, Das neue Kapitalersatzrecht nach dem RegE-MoMiG, ZInsO 2007, 617 *(zit.: Haas, ZInsO 2007, 617).*

—, Eigenkapitalersatzrecht und Übergangsrecht, DStR 2009, 976 *(zit.: Haas, DStR 2009, 976).*

—, Fragen zum Adressatenkreis des Kapitalersatzrechts, DZWiR 1999, 177 *(zit.: Haas, DZWiR 1999, 177).*

— Aktuelle Fragen zur Krisenhaftung des GmbH-Geschäftsführers nach § 64 GmbHG, GmbHR 2010, 1 *(zit.: Haas, GmbHR 2010, 1).*

—, Gewährt die Haftungsnorm in § 64 Satz 3 GmbHG ein Leistungsverweigerungsrecht? DStR 2010, 1991 *(zit.: Haas, DStR 2010, 1991).*

—, Fragen zur „kapitalersetzenden" Nutzungsüberlassung nach neuem Recht, Sanierung Insolvenz, Berufsrecht der Rechtsanwälte und Notare: Festschrift für Hans Gerhard Ganter zu, 65. Geburtstag, München 2010, S. 189 *(zit.: Haas, FS Ganter, 2010).*

Haas, Ulrich/Oechsler, Jürgen, Missbrauch, Cash Pool und gutgläubiger Erwerb nach dem MoMiG, NZG 2006, 806 *(zit.: Haas/Oechsler, NZG 2008, 806).*

Haas, Ulrich/Vogel, Oliver, Durchsetzung gesellschaftsrechtlicher und insolvenzrechtlicher Haftungsansprüche im internationalen Konzern, NZG 2011, 455 *(zit.: Haas/Vogel, NZG 2011, 455).*

Habersack, Mathias, Gesellschafterdarlehen nach MoMiG: Anwendungsbereich, Tatbestand und Rechtsfolgen oder Neuregelung, ZIP 2007, 2145 *(zit.: Habersack, ZIP 2007, 2145).*

—, Die Erstreckung des Rechts der Gesellschafterdarlehen auf Dritte, insbesondere im Unternehmensverbund – Überlegungen im Anschluss an BGH ZIP 2008, 1230 und OLG Brandenburg ZIP 2006, 184, ZIP 2008, 2385 *(zit.: Habersack, ZIP 2008, 2385).*

Habersack, Mathias/Mayer, Christian, BGH: Ungekürzte Erstattung von nach § 63 Abs. 2 GmbHG verbotswidrig geleisteten Zahlungen, Anmerkung zu BGH v. 08.01.2001, NZG 2001, 365 *(zit.: Habersack/Mayer, NZG 2001, 365).*

Hachenburg, Max, Gesetz betreffend die Gesellschaften mit beschränkter Haftung (GmbHG): Großkommentar, 8. Auflage, 1992 *(zit.: Hachenburg, Bearbeiter, GmbHG).*

Häger, Michael/ Elkemann-Reusch, Manfred, Mezzanine Finanzierungsinstrumente: stille Gesellschaft, Nachrangdarlehen, Genussrechte, Wandelanleihen, 2. Auflage, Berlin *2007 (zit.: Häger/Elkemann-Reusch, Bearbeiter, Mezzanine Finanzierunginstrumente).*

Hamann, Hanjo, Die Jahresfrist in § 135 Abs. 1 Nr. 2 InsO – auf dem Prüfstand des MoMiG übersehen? ZInsO 2009, 264 *(zit.: Hamann, ZInsO 2009, 264).*

Häsemeyer, Ludwig, Insolvenzrecht, 4. Auflage, Köln 2007 *(zit.: Häsemeyer, Insolvenzrecht).*

Haußer, Jochen/Heeg, Volker, Überschuldungsprüfung und Patronatserklärung, ZIP 2010, 1427 *(zit.: Haußer/Heeg, ZIP 2010, 1427).*

Hecker, Andreas/Glozbach, Pierre, Offene Fragen zur Anwendung des gegenwärtigen Überschuldungsbegriffs, BB 2009, 1544 *(zit.: Hecker/Glozbach, BB 2009, 1544).*

Heeg, Volker, Die Kündigung von Patronatserklärungen in der Krise der Gesellschaft, BB 2011, 1160 *(zit.: Heeg, BB 2011, 1160).*

—, Die Finanz- und Haftungsverfassung russischer Kapitalgesellschaften: das Herzstück kapitalgesellschaftsrechtlicher Gesetzgebung im Transformationsstaat Russische Föderation, Hamburg 2003 (*zit.: Heeg, Die Finanz- und Haftungsverfassung russischer Kapitalgesellschaften*).

Heidemann, Thomas, Die GmbH in der Russischen Föderation, GmbHR 2002, 732 *(zit.: Heidemann, GmbHR 2002, 732).*

Heller Christoph, Die vermögenslose GmbH, Köln *1989 (zit.: Heller, Die vermögenslose GmbH).*

Henkel, Andreas, Keine Anwendung der Rechtsprechungsregeln zu eigenkapitalersetzenden Gesellschafterdarlehen auf Altfälle, EWiR 2010, 745 *(zit.: Henkel, EWiR 2010, 745).*

—, Das Bargeschäftsprivileg gilt nicht im Rahmen von § 135 Abs. 1 InsO, ZInsO 2009, 1577 *(zit.: Henkel, ZInsO 2009, 1577).*

—, Die Insolvenzanfechtung fristgemäß gezahlter Nutzungsentgelte nach § 135 Abs. 1 Nr. 2 InsO, ZInsO 2010, 2209 *(zit.: Henkel, ZInsO 2010, 2209).*

—, Vermutung für die Kenntnis vom Benachteiligungsvorsatz des Schuldners bei Kenntnis der drohenden Zahlungsunfähigkeit, EWiR 2009, 213 *(zit.: Henkel, EWiR 2009, 213).*

Henssler, Martin/Strohn, Lutz, Gesellschaftsrecht: BGB, HGB, PartGG, GmbHG, AktG, UmwG, GenG, IntGesR, München 2011 *(zit.: Henssler/Strohn, Bearbeiter, Rechtsgebiet).*

Hess, Harald, Sanierungshandbuch, 5. Auflage, Köln 2011 *(zit.: Hess, Sanierungshandbuch).*

Heybrock, Hasso, Praxiskommentar zum GmbH-Recht, 2. Auflage, Münster 2010 *(zit.: Heybrock, Bearbeiter, PK-GmbHR, InsR).*

Himmelreich, Antje, Russische Föderation, zu Handels- und Gesellschaftsrecht, WiRO 2009, 150 *(zit.: Himmelreich, WiRO 2009, 150).*

Hirte, Heribert, Neuregelung mit Bezug zum gesellschaftsrechtlichen Gläubigerschutz und im Insolvenzrecht durch das Gesetz zur Modernisierung des GmbH-Rechts und zur Bekämpfung von Missbräuchen (MoMiG), ZInsO 2008, 689 *(zit.: Hirte, ZInsO 2008, 689).*

—, Die Neuregelung des Rechts der (früher: kapitalersetzenden) Gesellschafterdarlehen durch das „Gesetz zur Modernisierung des GmbH-Rechts und zur Bekämpfung von Missbräuchen" (MoMiG), WM 2008, 1429 *(zit.: Hirte, WM 2008, 1429).*

Hirte, Heribert/Knof, Béla, Das neue Sanierungsprivileg nach § 39 Abs. 4 Satz 2 InsO, WM 2009, 1961 *(zit.: Hirte/Knof, WM 2009, 1961).*

Hirte, Heribert/Knof, Béla/Mock, Sebastian, Ein Abschied auf Raten? – Zum zeitlichen Anwendungsbereich des alten und neuen Rechts der Gesellschafterdarlehen, NZG 2009, 48 *(zit.: Hirte/Knof/Mock, NZG 2009, 48).*

Hock, Burkhard, Gesellschafter-Fremdfinanzierung der GmbH: eigenkapitalersetzende Darlehen, Forderungsverzichte und –verluste im Bilanz- und

Ertragssteuerrecht, Bamberg 1995 *(zit.: Hock, Gesellschafter-Fremdfinanzierung der GmbH).*
Hoffmann, Matthias, GmbHR-Kommentar zum Urteil des LG Berlin v. 16.12.2009 - 100 O 75/09, GmbHR 2010, 203 *(zit.: Hoffmann, GmbHR 2010, 203).*
—, Die Eigenverwaltung insolventer Kapitalgesellschaften im Konflikt zwischen Gesetzeszweck und Insolvenzpraxis, ZIP 2007, 260 *(zit.: Hofmann, ZIP 2997, 260).*
Holzer, Johannes, Insolvenzrechtliche Überleitungsvorschriften des MoMiG in der Praxis, ZIP 2009, 206 *(zit.: Holzer, ZIP 2009, 206).*
Hölzle, Gerrit, Gesellschafterfremdfinanzierung und Kapitalerhaltung im Regierungsentwurf des MoMiG, GmbHR 2007, 729 *(zit.: Hölzle, GmbHR 2007, 729).*
—, Gibt es noch eine Finanzierungsfolgenverantwortung im MoMiG? Dogmatische Grundlagen und rechtspraktische Folgen für eine gesellschafterfinanzierte Nutzungsüberlassung auf Grundlage eines behavioural law and economics approach, ZIP 2009, 1939 *(zit.: Hölzle, ZIP 2009, 1939).*
—, Anfechtung der Druckzahlung wegen bedingten Vorsatzes zur Gläubigerbenachteiligung auch bei kongruenter Deckung, EWiR 2003, 1097 *(zit.: Hölzle, EWiR 2003, 1097*).
Hommelhoff, Peter, GmbH-Reform in der Diskussion: Sondertagung der Gesellschaftsrechtlichen Vereinigung (VGR), Köln 2006, 114 *(zit.: Hommelhoff, GmbH-Reform in der Diskussion).*
Hommelhoff, Peter, Das Gesellschafterdarlehen als Beispiel institutioneller Rechtsfortbildung, ZGR (17) 1988, 460 (*zit.: Hommelhoff, ZGR 1988, 460*).
Hörndler, Ira/Hoisi, Irene, Auswirkungen des MoMiG auf das Mietrecht Wegfall der eigenkapitalersetzenden Nutzungsüberlassung, NZM 2009, 377 *(zit.: Hörndler/Hoisi, NZM 2009, 377).*
Huber, Michael, Neues Verjährungsrecht für Insolvenzanfechtungsanspruch, ZInsO 2005, 190 (*zit.: Huber, ZInsO 2005, 190*).
Huber, Ulrich, Finanzierungsfolgenverantwortung de lege lata und de lege ferenda, Festschrift für Hans-Joachim Priester zum 70. Geburtstag, Köln 2007, 259 *(zit.: Huber, FS Priester, 2007).*
Huber, Ulrich/Habersack, Mathias, GmbH-Reform: Zwölf Thesen zu einer möglichen Reform des Rechts der kapitalersetzenden Gesellschafterdarlehen, BB 2006, 1 (*zit.: Huber/Habersack, BB 2006, 1*).
Hueck, Alfred/Windbichler, Christine, Gesellschaftsrecht, München *2009 (zit.: Hueck/Windbichler, Gesellschaftsrecht).*
Hüffer, Uwe, Kapitalersatz durch Gesellschafterdarlehen einer Landesbank und durch Landesbürgschaft im Konkurs der illiquiden GmbH, ZHR 153 (1989), 322 *(zit.: Hüffer, ZHR 153 (1989), 322).*

Huhn, Christoph, Die Eigenverwaltung im Insolvenzverfahren, Köln 2003 *(zit.: Huhn, Die Eigenverwaltung im Insolvenzverfahren).*

Ignatenko, A./Movtschan, S., Kommentar zum Föderalen Gesetz betreffend die Gesellschaften mit beschränkter Haftung, 1999 (Комментариий к ФЗ «Об обществах с ограниченной ответственностью», под ред. А.А Игнатенко/С.Н. Мовчан, 1999) *(zit.: Ignatenko/Movtschan, Kommentar zum GmbHG).*

Ivanov, I./Teselkin, F., Juristische Verantwortung der Geschäftsführer in russischen Unternehmen, Korporativnij Jurist 2005, Nr. 4 (И. Иванов, Ф. Теселкин, Юридическая ответственность руководителей российских компаний, «Корпоративный юрист» 2005, N. 4) *(zit.: Ivanov/Tselkin, Juristische Verantwortung der Geschäftsführer in russischen Unternehmen).*

Jacoby, Florian, Vorinsolvenzliches Sanierungsverfahren, ZGR 2010, 359 *(zit.: Jacoby, ZGR 2010, 359).*

Jakovlev, W., Über die Umsetzung des Föderalen Programms zur Entwicklung des russischen Gerichtsystems für die Jahre 2002–2006; Arbeitsergebnisse im Jahr 2002 und neue Aufgaben im System der Arbitragegerichte, VVAS 2003, Nr. 4 (В.Ф. Яковлев, О ходе реализации Федеральной целевой программы развития судебной системы России на 2002–2006 годы, итогах работы в 2002 году и задачах системы арбитражных судов, (доклад председателя высшего арбитражного суда Российской Федерации, 19.03.2003), «Вестник» ВАС РФ 2003 N. 4) (zit.: *Jakovlev, Über die Umsetzung des Föderalen Programms zur Entwicklung des russischen Gerichtssystems für 2002–2006*).

Janssen, Bernhard, Bilanzierung einer mit Rangrücktritt versehenen Verbindlichkeit in der Handels- und in der Steuerbilanz, BB 2005, 1895 *(zit.: Janssen, BB 2005, 1895).*

Jehn, Alexander/Knaul, Andreas, Gesetz über die „Zahlungsunfähigkeit" (Banktrott), Teil 1, WiRO 1998, 337 *(zit.: Jehn/Knaul, WiRO 1998, 337).*

Kallmeyer, Harald, Bereinigung der Finanzverfassung der GmbH, GmbHR 2004, 377 *(zit.: Kallmeyer, GmbHR 2004, 377).*

Kammeter, Roland/Geißelmeier, Werner, Der Rangrücktritt – Bestandsaufnahme und Auswirkungen des MoMiG im Handelsbilanz- und Steuerrecht, NZI 2007, 214 *(zit.: Kammeter/Geißelmeier, NZI 2007, 214).*

Kampshoff, Matthis, Behandlung von Bankdarlehen in der Krise der GmbH, GmbHR 2010, 897 *(zit.: Kampshoff, GmbHR 2010, 897).*

Karelina, S., Die Vereinbarung über die vorgerichtliche Sanierung, Predprinimateljskoje pravo 2007, Nr.1 (С.А. Карелина, Соглашение о досудебной санации, «Предпринимательское право» 2007, N. 1), (zit.: *Karelina, Die Vereinbarung über die vorgerichtliche Sanierung*).

—, Der Mechanismus rechtlicher Regulierung in der Insolvenz, Wolters Kluver 2008 (С.А. Карелина, Механизм правового регулирования отношений несостоятельности, «Волтерс Клувер» 2008), (zit.: *Karelina, S.A., Der Mechanismus rechtlicher Regulierung in der Insolvenz*).

Kawelina, N., Gesellschafter einer Aktiengesellschaft – Gläubiger während der Zahlungsunfähigkeit der Gesellschaft, Zivilist 2009, Nr. 2 (Н. Ю. Кавелина, Учредители (участники) акционерного общества – кредиторы в отношениях несостоятельности, «Цивилист» 2009, N. 2 *(zit.: Kawelina, Gesellschafter einer AG – Gläubiger während der Zahlungsunfähigkeit der Gesellschaft)*.

Kiethe, Kurt, Konflikte zwischen dem europäischen Beihilferecht (Art. 87, 88 EG) und dem nationalen Kapitalschutz- und Insolvenzrecht – Neuere Tendenzen in Rechtsprechung und Gesetzgebung, ZIP 2007, 1248 *(zit.: Kiethe, ZIP 2007, 1248)*.

Kindler, Peter/Nachmann, Josef, Handbuch Insolvenzrecht in Europa, München 2010, 2. Teil *(zit.: Kindler/Nachmann, Bearbeiter, Hdb. Insolvenzrecht in Europa, 2. Teil)*.

Kirchhof, Hans-Peter, Begründung von Masseverbindlichkeiten im vorläufigen Insolvenzverfahren, ZInsO 2004, 57 *(zit.: Kirchhof, ZInsO 2004, 57)*.

—, Münchener Kommentar zur Insolvenzordnung, München 2003 *(zit.: MünchKommInsO, Bearbeiter)*.

Klaus Wilhelm, FK-InsO: Frankfurter Kommentar zur Insolvenzordnung, 6. Auflage, Köln 2011 *(zit.: FK-InsO, Bearbeiter)*.

Klein, Martin, Rangrücktrittsvereinbarungen – ein Update nach der Stellungnahme des IDW, GmbHR 2006, 249 *(zit.: Klein, GmbHR 2006, 249)*.

Kleindiek, Detlef, Kapitalaufbringung und Kapitalerhaltung nach dem MoMiG und ARUG: Zur Abgrenzung des Anwendungsbereiches der neuen Vorschriften, Festschrift für Klaus J. Hopt zum 70. Geburtstag am 24. August 2010, 2010 Band 1, S. 941 *(zit.: Kleindiek, FS Hopt, 2010, Band 1)*.

—, Krisenvermeidung in der GmbH: Gesetzliches Mindestkapital, Kapitalschutz und Eigenkapitalersatz, ZGR 2006, 335 *(zit.: Kleindiek, ZGR 2006, 335)*.

—, Geschäftsführerhaftung nach der GmbH-Reform, Festschrift für Karsten Schmidt zum 70. Geburtstag, Köln 2009, S. 893 *(zit.: Kleindiek, FS K. Schmidt, 2009)*.

—, Die Geschäftsführerhaftung nach § 64 Satz 3 GmbHG – eine Zwischenbilanz, GWR 2010, 75 *(zit.: Kleindiek, GWR 2010, 75)*.

Klemm, Bernd, Die Entwicklung des russischen Rechts der Kapitalgesellschaften: eine vergleichende Untersuchung mit einer Einführung in das neue Recht, Berlin 1996 *(zit.: Die Entwicklung des russischen Rechts der Kapitalgesellschaften)*.

Klühs, Hannes, Präsenzboni für die Teilnahme an der Hauptversammlung – Ein Vorschlag zur Steigerung der Hauptversammlungspräsenz bei Aktiengesellschaften, 2005 *(zit.: Klühs, Präsenzboni für die Teilnahme an der Hauptversammlung)*.

Knaul, Andreas/Heeg, Volker, Zum neuen russischen GmbH-Gesetz, WiRO 1998, 153 *(zit.: Knaul/Heeg, WiRO 1998, 153)*.

Knof, Béla, Modernisierung des GmbH-Rechts an der Schnittstelle zum Insolvenzrecht – Zukunft des Eigenkapitalersatzrechts, ZInsO 2007, 125 *(zit.: Knof, ZInsO 2007, 125).*

Koch, Jens, Die Patronatserklärung, Bochum 2004 *(zit.: Koch, Die Patronatserklärung).*

Köhl, Dietmar, Der Prokurist in der unechten Gesamtvertretung, NZG 2005, 197 *(zit.: Köhl, NZG 2005, 197).*

Kondrat E., Inefficiency of laws and gaps in legislation as a threat to financial security of a state institution, Administrative and municipal law 2011, Nr. 6 *(zit.: Kondrat, Inefficiency of laws and gaps in legislation as a threat to financial security of a state institution).*

Koraev, K., Die rechtliche Stellung der Konkursgläubiger im Konkursverfahren, 2010 (К.Б. Кораев, Правовой статус конкурсных кредиторов, в деле о банкротстве, «Волтерс Клувер» 2010) *(zit.: Koraev, Die rechtliche Stellung der Konkursgläubiger im Konkursverfahren).*

—, Die Erfüllung der Verbindlichkeiten eines insolventen Schuldners durch Dritte im Konkursverfahren, Nalogi 2009, Nr. 43 (К.Б. Кораев, Исполнение обязательств несостоятельного должника третьими лицами в конкурсном процессе, «Налоги» (газета) 2009, N. 43) *(zit.: Koraev, Die Erfüllung der Verbindlichkeiten eines insolventen Schuldners durch Dritte im Konkursverfahren).*

—, Neuerungen der Gesetzgebung über die Insolvenz: Anfechtung von Rechtshandlungen des Schuldners, Besopasnostj bisnessa 2009, Nr. 3 (К. Б. Кораев, Новеллы законодательства о банкротстве: оспаривание сделок должника, «Безопасность бизнеса» 2009, N. 3) (zit.: Koraev, Neuerungen der Gesetzgebung über die Insolvenz).

Kornblum, Udo, Bundesweite Rechtstatsachen zum Unternehmens- und Gesellschaftsrecht, GmbHR 2009, 25 *(zit.: Kornblum, GmbHR 2009, 25).*

Koutsós, Theodoros, Nutzungsüberlassungen zwischen Gesellschafter und Gesellschaft in der Gesellschaftsinsolvenz, ZInsO 2011, 1626 *(zit.: Koutsós, ZInsO 2011, 1626).*

Kreft, Gerhart, Heidelberger Kommentar Insolvenzordnung, 6. Auflage, München 2011 (*zit.: Bearbeiter, HK-InsO*).

Krolop, Kaspar, Zur Anwendung der MoMiG-Rechtsprechung zu Gesellschafterdarlehen auf gesellschaftsfremde Dritte, GmbHR 2009, 397 *(zit.: Krolop, GmbHR 2009, 397).*

Kruse, Tilman, Die personalistische Kapitalgesellschaft russischen Rechts: Aspekte der Rechtsformwahl zwischen der Gesellschaft mit beschränkter Haftung und der geschlossenen Aktiengesellschaft, Köln 2002 *(zit.: Kruse, Die personalistische Kapitalgesellschaft russischen Rechts).*

Kübler, Friedrich/Prütting, Hans/Noack, Ulrich, Gesellschaftsrecht, 6. Auflage, München 2006 *(zit.: Kübler/Prütting/Noack, Gesellschaftsrecht).*

Küpper, Norbert/Heinze, Frank-Rüdiger, Die „harte“ Patronatserklärung in der Insolvenz, ZInsO 2006, 913 *(zit.: Küpper/Heinze, ZInsO 2006, 913).*

Kurbatov, A., Das Verhältnis der Begriffe „Vermögen“ und „Aktiva“ im russischen Recht, *Chozjajstvo i pravo*, Moskau 2005 (А. Курбатов, Соотношение понятий «имущество» и «активы» в российском праве, Москва 2005) *(zit.: Kurbatov, Das Verhältnis der Begriffe „Vermögen“ und „Aktiva“ im russischen Recht, Chozjajstvo i pravo, 2005).*

Kusjmischin, A., Die Verantwortlichkeit für den Schaden, der der Gesellschaft durch „kontrollierende Personen“ entstanden ist: neue Tendenzen, Korporativnij Jurist 2009, Nr. 10, S. 5, 6 (А. Кузьмишин, Отвественность за вред, причинённый компании контролирующим её лицом: новые тенденции, «Корпоративный юрист» 2009, N. 10, стр. 5, 6) *(zit.: Kusjmischin, Die Verantwortlichkeit für den Schaden, der der Gesellschaft durch „kontrollierende Personen“ entstanden ist: neue Tendenzen).*

Lauster, Georg/Stiehler, Tina, Doppelbesicherung und zeitliche Reichweite von Gesellschafterfinanzierungen – Rechtssicherheit durch die jüngste Rechtsprechung des BGH, BGK 2012, 106 *(zit.: Lauster/Stiehler, BKR 2012, 106).*

Leipold, Dieter, Insolvenzrecht im Umbruch: Analysen und Alternativen, Köln 1991 *(zit.: Leipold, Insolvenzrecht im Umbruch).*

Leistikow, Michael, Das neue GmbH-Recht, München 2009 *(zit.: Leistikow, Das neue GmbH-Recht).*

Leithaus, Rolf, Anfechtung durch Insolvenzverwalter bei vorheriger vorläufiger Insolvenzverwaltung mit Zustimmungsvorbehalt, Anmerkung zu BGH v. 9.12..2004, NZI 2005, 221 *(zit.: Leithaus, NZI 2005, 221).*

Liebermann, K., Der Gesellschafter und seine Gesellschaft: von der Gründung bis zur Liquidation, Rosbuch 2009 (К. А. Либерман, Учредитель и его фирма: от создания до ликвидации, «Росбух» 2009) *(zit.: Liebermann, Der Gesellschafter und seine Gesellschaft: von der Gründung bis zur Liquidation).*

Liebig, Max/Witt, Peter, Unternehmenssanierung: Vor oder nach der Insolvenz? DB 2011, 1929 *(zit.: Liebig/Witt, DB 2011, 1929).*

Liersch, Oliver, Deutsches internationales Insolvenzrecht, NZI 2003, 302 *(zit.: Liersch, NZI 2003, 302).*

Loitz, Rüdiger/Schulze, Jörn-Christian, Jahresabschlussprüfung bei Vorliegen von Patronats-/Rangrücktrittserklärungen, DB 2004, 769 *(zit.: Loitz/Schulze, DB 2004, 769).*

Lorenz, Matthias, Die Auswirkungen des MoMiG auf vor dem 1.11.2008 entstandene Ansprüche nach §§ 30, 31 GmbHG (analog), GmbHR 2009, 135 *(zit.: Lorenz, GmbHR 2009, 135).*

Löser, Arne, Ankaufsverpflichtung für Sicherungsgut des Kreditgebers als Gesellschaftersicherheit i.S.d. § 135 Abs. 2 InsO n.F., ZInsO 2010, 28 *(zit.: Löser, ZInsO 2010, 28).*

Löwisch, Gottfried, Eigenkapitalersatzrecht: Kommentierung zu §§ 32 a, 32 b GmbHG, München 2007 *(zit.: Löwisch, Eigenkapitalersatzrecht).*

Lowitzsch, Jens, Das Insolvenzrecht Mittel- und Osteuropas, Berlin 2004 *(zit.: Lowitzsch, Bearbeiter, das Insolvenzrecht Mittel- und Osteuropas).*

Lüdicke, Jochen/Sistermann, Christian, Unternehmensteuerrecht: Gründung, Finanzierung, Umstrukturierung, Übertragung, Liquidation, München 2008 *(zit.: Lüdicke/Sistermann, Bearbeiter, Unternehmenssteuerrecht).*

Lüer, Hans-Jochem, Gesetzgeberischer Gestaltungseifer statt Rechtspolitik – Zur Neufassung von § 19 Abs. 2 InsO, Festschrift für Uwe Hüffer zum 70. Geburtstag, München 2010, S. 603 *(zit.: Lüer, FS Hüffer, 2010).*

Lukjanenko, M., Wertende Begriffe des Zivilrechts: Gewissenhaftigkeit, Vernunft und Relevanz, Moskau 2010 (М. Ф. Лукьяненко, Оценочные понятия гражданского права: разумность, добросовестность, существенность, Москва 2010) *(zit.: Lukjanenko, Wertende Begriffe des Zivilrechts: Vernünftigkeit, Redlichkeit und Wesentlichkeit).*

Lukjanzev, A./Burov, W., Über die subsidiäre Haftung für die Verbindlichkeiten einer zahlungsunfähigen juristischen Person, Moskau 2010 (А.А. Лукянцев, В. С. Буров, О субсидиарной отвественности по обязательствам несостоятельного юридического лица, М. 2010) *(zit.: Lukjanzev, Burov, Über die subsidiäre Haftung für die Verbindlichkeiten einer zahlungsunfähigen juristischen Person).*

Lutter, Marcus, Die Entwicklung der GmbH in Europa und in der Welt, Festschrift 100 Jahre GmbHG, 1993, 49 *(zit.: Lutter, FS 100 Jahre GmbHG, 1993, 49).*

—, Zur Entwicklung der GmbH in Europa und in der Welt, GmbHR 2005, 1 *(zit.; Lutter, GmbHR 2005, 1).*

Lutter, Marcus/Hommelhoff, Peter, GmbH-Gesetz: Kommentar, 17. Auflage, Köln 2009 *(zit.: Lutter/Hommelhoff, Bearbeiter, GmbHG).*

Lutter, Marcus/Hommelhoff, Peter/Timm, Wolfram, Finanzierungsmaßnahmen zur Krisenabwehr in der Aktiengesellschaft, BB 1980, 737 *(zit.: Lutter/Hommelhoff/Timm, BB 1980, 737).*

Maier-Reimer, Georg/Etzbach, Peter, Die Patronatserklärung, NJW 2011, 1110 *(zit.: Maier-Reimer/Etzbach, NJW 2011, 1110).*

Marotzke, Wolfgang Gesellschaftsinterne Nutzungsverhältnisse nach Abschaffung des Eigenkapitalersatzrechts, ZInsO 2008, 1281 *(zit.: Marotzke, ZInsO 2008, 1281).*

Masuch, Andreas/Meyer, Gerhard, ABC des GmbH Geschäftsführers, Bonn 2009 *(zit.: Masuch/Meyer, ABC des GmbH Geschäftsführers).*

Mazepuro, N., Zinsloses Darlehen von Gesellschaftern als natürliche Personen: deren Gestaltung und Berücksichtigung, Glavnaja Kniga 2010, Nr. 14 (Н. А. Мацепуро, Безпроцентный заём от участника-физлица: как оформить и учесть, «Главная Книга» 2010, N. 14) *(zit.: Mazepuro, Zinsloses Darlehen von Gesellschaftern als natürliche Personen).*

Medvedeva, J., Projektbezogene Insolvenz, juristische Zeitung (Ю. С. Медведева, Проектные банкротства, «Юридическая Газета») *(zit.: Medvedeva, Projektbezogene Insolvenz).*

Meilicke, Wienand, Das Eigenkapitalersatzrecht – eine deutsche Fehlentwicklung, GmbHR 2007, 225 *(zit.: Meilicke, GmbHR 2007, 225).*

Mereminskaja, Elina, Durchbrechung der Haftungsbeschränkung eines GmbH-Gesellschafters: eine rechtsvergleichende Untersuchung nach dem deutschen und russischen Recht, Göttingen 2002 (*zit.: Mereminskaja, Durchbrechung der Haftungsbeschränkung eines GmbH-Gesellschafters*).

Merz, Siegfried/Hübner, Alexander-Leon, Aktivierung von Sicherheiten Dritter und Behandlung rangrückgetretener Forderungen im Überschuldungsstatus gemäß § 19 Abs. 2 InsO, DStR 2005, 802 *(zit.: Merz/Hübner, DStR 2005, 802).*

Meyer, Susanne, Die Verantwortlichkeit des Geschäftsführers für Gläubigerinteressen – Veränderungen durch das MoMiG, BB 2008, 1742 *(zit.: Meyer, BB 2008, 1742).*

Michalski, Lutz, Kommentar zum Gesetz betreffend die Gesellschaften mit beschränkter Haftung (GmbH-Gesetz), 2. Auflage, München 2010 *(zit.: Michalski, Bearbeiter, GmbHG).*

Michalski, Norbert, Die Patronatserklärung, WM 1994, 1229 *(zit.: Michalski, WM 1994, 1229).*

Micheler, Eva, Das neue russische GmbH-Gesetz im Überblick, WiRO 1998, 161 *(zit.: Micheler, WiRO 1998, 161).*

Mikolajczak, Christian, Die Haftung des Gesellschafters für doppelbesicherte Drittdarlehen – Was folgt aus dem Nachrang des Freistellungsanspruchs, ZIP 2011, 1285 (*zit.: Mikolajczak ZIP 2011, 1285*).

Mirow, Cornelius, Die Kündigung harter Patronatserklärungen durch die Konzernobergesellschaft, Der Konzern 2006, 112 *(zit.: Mirow, Der Konzern 2006, 112).*

Mock, Sebastian, Stille im MoMiG zur stillen Gesellschaft? Das neue (Eigen-) Kapitalersatzrecht und seine Auswirkungen auf das Recht der stillen Gesellschaft, DStR 2008, 1645 *(zit.: Mock, DStR 2008, 1645).*

Mohrbutter, Harro/Ringstmeier, Andreas, Handbuch der Insolvenzverwaltung 8. Auflage, Köln 2007 *(zit.: Mohrbutter/Ringstmeier, Bearbeiter, Insolvenzverwaltung).*

Mosthaf, Oliver, Die Reform des Rechts der Gesellschaften mit beschränkter Haftung: Entwürfe, Stellungnahmen und Diskussionen vom Referentenentwurf 1969 bis zur GmbH-Novelle 1980, Tübingen 1994 (*zit.: Mosthaf, Die Reform des Rechts der Gesellschaften mit beschränkter Haftung*).

Mülbert, Peter, Neuordnung des Kapitalersatzrechts, WM 2006, 1977 *(zit.: Mülbert, WM 2006, 1977).*

Mylich, Falk, Probleme und Wertungswidersprüche beim Verständnis von § 135 Abs. 1 Alt. 2 Nr. 2 InsO n.F., ZGR 2009, 474 *(zit.: Mylich, ZGR 2009, 474).*

Nachmann, Josef/Blank, Stefan, Gesellschafterdarlehen in der Insolvenz – Wann haftet der Gesellschafter für doppelbesicherte Drittdarlehen, GWR 2012, 198 *(zit.: Nachmann/Blank, GWR 2012, 198).*

Nassal, Wendt, Kapitalersatz bei der GmbH – Abschied für immer oder Wiederkehr in anderer Gestalt? NJW 2010, 2305 *(zit.: Nassal, NJW 2010, 2305).*

Nerlich, Jörg/Kreplin, Georg, Münchener Anwaltshandbuch Insolvenz und Sanierung, 2. Auflage, München 2012 *(zit.: Nerlich/Kreplin, Bearbeiter, MAH InsO).*

Nerlich, Jörg/Römermann, Volker, Insolvenzordnung, München 2000 *(zit.: Nerlich/Römermann, Bearbeiter, Insolvenzordnung).*

Nickert, Cornelius/Lamberti, Udo, Überschuldungs- und Zahlungsunfähigkeitsprüfung im Insolvenzrecht: Erläuterungen, Arbeitshilfen, Prüfungsstandards, 2. Auflage, Köln 2011 *(zit.: Nickert/Lamberti, Bearbeiter, Überschuldungs- und Zahlungsunfähigkeitsprüfung).*

Niesert, Burkhard/Hohler, Anne, Die Haftung des Geschäftsführers für die Rückzahlung von Gesellschafterdarlehen und ähnlichen Leistungen – Zugleich ein Beitrag zur Auslegung des § 64 S. 3 GmbHG, NZI 2009, 345 *(zit.: Niesert/Hohler, NZI 2009, 345).*

Noack, Ulrich, Neues Insolvenzrecht – neues Kapitalersatzrecht? Festschrift für Carsten Peter Claussen zum 70. Geburtstag, Köln 1997, S. 307 *(zit.: Noack, FS Claussen, 1997).*

—, Gesellschaftsrecht, RWS Kommentar 1999 *(zit.: Noack, Gesellschaftsrecht).*

—, Reform des deutschen Kapitalgesellschaftsrechts: Das Gesetz zur Modernisierung des GmbH-Rechts und zur Bekämpfung von Missbräuchen, DB 2006, 1475 *(zit.: Noack, DB 2006, 1475).*

—, Der Regierungsentwurf des MoMiG – Die Reform des GmbH-Rechts geht in die Endrunde, DB 2007, 1395 *(zit.: Noack, DB 2007, 1395*).

Nußberger, Angelika, Einführung in das russische Recht, München 2010 *(zit.: Nußberger, Einführung in das russische Recht).*

Obermüller, Manfred, Insolvenzrecht in der Bankpraxis, 8. Auflage, Köln 2011 *(zit.: Obermüller, Insolvenzrecht in der Bankpraxis).*

Oepen, Klaus, Maßgabe im Übermaß – Korrekturbedarf im neuen § 44a InsO, NZI 2009, 300 *(zit.: Oepen, NZI 2009, 300).*

Oppenhoff, Christine, Die GmbH-Reform durch das MoMiG – ein Überblick, BB 2008, 1630 *(zit.: Oppenhoff, BB 2008, 1630).*

Oppenländer, Frank/Trölitzsch, Thomas, Praxishandbuch der GmbH-Geschäftsführung, 2. Auflage, München 2011 *(zit.: Oppenländer/Trölitsch, Bearbeiter, Praxishandbuch der GmbH-Geschäftsführung).*

Osakwe, Christopher, Russian Civil Code annoted, Moskau 2000 *(zit.: Osakwe, Russian Civil Code).*

Osipenko, O., Konflikte bei der Tätigkeit der Exekutivorgane in Aktiengesellschaften, Statut 2007 (О. Осипенко, Конфликты в деятельности органов управления акционерных компаний, «Статут» 2007) *(zit.: Osipenko, Konflikte bei der Tätigkeit der Exekutivorgane in Aktiengesellschaften)*.

Palandt, Otto, Bürgerliches Gesetzbuch, 71. Auflage, München 2011 *(zit.: Palandt, Beabeiter)*.

Pannen, Klaus, Europäische Insolvenzordnung, Berlin 2007 *(zit.: Pannen, Europäische Insolvenzordnung)*.

Pape, Irmtraut/Pape, Gerhard, Ausgewählte Entscheidungen zur Unternehmensinsolvenz, ZInsO 2010, 1345 (zit.: Pape/Pape, ZInsO 2010, 1345).

Pape, Gerhard, Aktuelle Entwicklungen im Insolvenzeröffnungsverfahren, ZIP 2002, 2277 *(zit.: Pape, ZIP 2002, 2277)*.

Pape, Gerhard/Uhlenbruck, Wilhelm/Voigt-Salus, Joachim, Insolvenzrecht, 2. Auflage, München 2010 *(zit.: Pape/Uhlenbruck/Voigt-Salus, Insolvenzrecht)*.

Paulus, Christoph, Insolvenzrecht, München 2009 *(zit.: Paulus, Insolvenzrecht)*.

Pentz, Andreas, Zu den GmbH-rechtlichen Änderungsvorschlägen des MoMiG aus Sicht eines Praktikers, Gesellschaftsrecht in der Diskussion, Jahrestagung der Gesellschaftsrechtlichen Vereinigung, Köln 2006 *(zit.: Pentz, Gesellschaftsrecht in der Diskussion)*.

—, Die Änderungen und Ergänzungen der Kapitalersatzregeln im GmbH-Gesetz, GmbHR 1999, 437 *(zit.: Pentz, GmbHR 1999, 437)*.

—, Zwischenbilanz zu Kleinbeteiligtenschwelle und Sanierungsprivileg, GmbHR 2004, 529 *(zit.: Pentz, GmbHR 2004, 529)*.

—, Sanierungsprivileg und Zurechnung, ZIP 2006, 1169 *(zit.: Pentz, ZIP 2006, 1169)*.

Pestrikov, W., Subsidiäre Haftung von Gesellschaftern und Geschäftsführern in der Insolvenz, Korporativnij Jurist 2009, Nr. 4 (В. Пестриков, Субсидиарная ответственность учредителей (участников) и руководителей должника при банкротстве, «Корпоративный Юрист» 2009, N. 4) *(zit.: Pestrikov, Subsidiäre Haftung von Gesellschaftern und Geschäftsführern in der Insolvenz)*.

Philippov, V., Die Heranziehung bösgläubiger Personen zur Verantwortung wegen der Verletzung des Insolvenzrechts, KonsultantPlus 2009 (В. Филиппов, Привлечение недобросовестных лиц к ответственности за нарушение законодательства о банкротстве, «КонсультантПлюс» 2009 *(zit.: Philippov, Die Heranziehung bösgläubiger Personen zur Verantwortung wegen der Verletzung des Insolvenzrechts)*.

Pichler, Jens, Unternehmenssanierung auf Grundlage des geänderten § 32 a GmbHG, WM 1999, 411 *(zit.: Pichler, WM 1999, 411)*.

Poepping, Melanie, Die Auswirkungen des MoMiG auf die insolvenzrechtliche Behandlung von Gesellschafterdarlehen ab dem 1.11.2008, BKR 2009, 150 *(zit.: Poepping, BKR 2009, 150)*.

Poertzgen, Christoph, Die künftige Insolvenzverschleppungshaftung nach dem MoMiG, GmbHR 2007, 1258 *(zit.: Poertzgen, GmbHR 2007, 1258).*

—, Neues zur Insolvenzverschleppungshaftung – der Regierungsentwurf des MoMiG, NZI 2008, 9 *(zit.: Poertzgen, NZI 2008, 9).*

Pohlmann, Ulrich, Befugnisse und Funktionen des vorläufigen Insolvenzverwalters, Köln 1998 *(zit.: Pohlmann, Befugnisse und Funktionen des vorläufigen Insolvenzverwalters).*

Polovinka, V., Anfrage an das Bundesministerium der Finanzen der Russischen Föderation vom 01.03.2010 *(zit.: Polovinka, Anfrage an das Bundesministerium der Finanzen).*

Popondpopoulo, W./Sleptschenko, E., Probleme des Gesetzes über die Insolvenz (den Bankrott) bei Finanzkrisen, *Arbitrage-Streitigkeiten* 2010, Nr. 1 (В.Ф. Попондопуло, Е. В. Слепченко, Проблемы совершенствования законодательства о банкротстве в условиях финансового кризиса, «Арбитражные споры» 2010, N. 1 *(zit.: Popondopoulo/Sleptschenko, Probleme des Gesetzes über die Insolvenz (den Bankrott) bei Finanzkrisen).*

Priester, Hans-Joachim/Mayer, Dieter, Münchener Handbuch des Gesellschaftsrechts, Band 3, Gesellschaft mit beschränkter Haftung, München 2009 (zit.: Münch. Hbd. GesR III, Bearbeiter).

Protz, Daniel Marc, Das zivilrechtliche Anforderungsprofil mezzaniner Strukturen der Unternehmensfinanzierung, Saarbrücken 2009 *(zit.: Protz, Das zivilrechtlicher Anforderungsprofil mezzaniner Strukturen der Unternehmensfinanzierung).*

Rabensdorf, Renate, Die Durchgriffshaftung im deutschen und russischen Recht der Kapitalgesellschaften: eine rechtsvergleichende Untersuchung, Berlin 2009 (*zit.: Rabensdorf, Die Durchgriffshaftung im deutschen und russischen Recht der Kapitalgesellschaften*).

Radjuk, Anna, Das neue russische GmbH-Recht, RIW 2009, 592 *(zit.: Radjuk, Das neue russische GmbH-Recht).*

Raeschke-Kessler, Hilmar/Christopeit, Joachim, Die harte Patronatserklärung als befristetes Sanierungsmittel, NZG 2010, 1361 *(zit.: Raeschke-Kessler/Christopeit, NZG 2010, 1361).*

Redeker, Rouven, Kontrollerwerb an Krisengesellschaften: Chancen und Risiken des Dept-Equity-Swap, BB 2007, 673 *(zit.: Redeker, BB 2007, 673).*

Reichert, Jochem/Weller, Marc-Philippe, Der GmbH-Geschäftsanteil – Übertragung und Vinkulierung: Kommentierung zu §§ 14–18 GmbHG, München 2006 *(zit.: Reichert/Weller, Der GmbH-Geschäftsanteil).*

Reiner, Günter, Der deliktische Charakter der „Finanzierungsverantwortung" des Gesellschafters – Zu den Ungereimtheiten der Lehre vom Eigenkapitalersatz, Verantwortung und Gestaltung, Festschrift für Karlheinz Boujong zum 65. Geburtstag, München 1996, S. 415 *(zit.: Reiner, FS Boujong, 1996).*

Reuter, Alexander, Die Anfechtbarkeit der Rückzahlung von Gesellschafterdarlehen im Cash-Pool, Explosive Massevermehrung nach § 135 InsO? NZI 2011, 921 *(zit.: Reuter, NZI 2011, 921).*

Rieder, Markus, Die Beendigung von Patronatserklärungen – Ein Überblick unter Berücksichtigung der neuesten BGH-Rechtsprechung, GWR, 2010, 544 *(zit.: Rieder, GWR 2010, 544).*

Riegger, Bodo, Die Begrenzung der Finanzierungsfolgenverantwortung in § 32 a Abs. 3 Satz 2 GmbHG, Familiengesellschaften: Festschrift für Walter Sigle zum 70. Geburtstag, Köln 2000, S. 229 *(zit.: Riegger, FS Sigle, 2000).*

Ritzrow, Manfred, Gesamthandsvermögen (Gesellschaftsvermögen), BuW 2002, 145 *(zit.: Ritzrow, BuW 2002, 145).*

Roggemann, Herwig, Zivilgesetzbuch der Russischen Föderation, Berlin 2005 *(zit.: Roggemann, Zivilgesetzbuch der Russischen Föderation).*

Röhricht, Volker/Graf v. Westphalen, Friedrich, Handelsgesetzbuch: Kommentar zum Handelsstand, Handelsgesellschaften, Handelsgeschäften und besonderen Handelsverträgen, 3. Auflage, Köln 2008 *(zit.: Röhricht/Graf v. Westphalen, Bearbeiter, HGB).*

Römermann, Volker, Der Entwurf des „MoMiG" – die deutsche Antwort auf die Limited, GmbHR 2006, 673 *(zit.: Römermann, GmbHR 2006, 673).*

—, Münchener Anwalts-Handbuch GmbH-Recht, München 2009 *(zit.: Römermann, Bearbeiter, MAH GmbH-Recht).*

Roschina, W., Die letzten Änderungen in dem Gesetz über die Insolvenz, Reglamentazija bankovskich operazij. Dokumenti i kommentarii, 2009 Nr. 4 (В. Ф. Рощина, Последние изменения в законодательстве о банкротстве, «Регламентация банковских операций. Документы и комментарии, 2009 N. 4) *(zit.: Roschina, Die letzten Änderungen in dem Gesetz über die Insolvenz).*

Rosenberg, Oliver/Kruse, Tilmann, Patronatserklärungen in der M&A-Praxis und in der Unternehmenskrise, BB 2003, 641 *(zit.: Rosenberg/Kruse, BB 2003, 641).*

Roth, Günter/Altmeppen, Holger, Gesetz betreffend die Gesellschaften mit beschränkter Haftung: (GmbHG), 7. Auflage, München 2012 *(zit.: Roth/Altmeppen, Bearbeiter, GmbHG).*

Rowedder, Heinz/Schmidt-Leithoff, Christian, Gesetz betreffend die Gesellschaften mit beschränkter Haftung (GmbHG): Kommentar, 5. Auflage, München 2009 *(zit.: Rowedder/Schmidt-Leithoff, Bearbeiter, GmbHG).*

Rühle, Thomas, Die Nutzungsüberlassung durch Gesellschafter in Zeiten des MoMiG, ZIP 2009, 1358 *(zit.: Rühle, ZIP 2009, 1358).*

Rümker, Dietrich/Büchler, Olaf, Probleme der Verpfändung von Kommanditanteilen – Einflussmöglichkeiten des Pfandgläubigers, § 32 a GmbHG und Konkurrenzfragen, Festschrift für Carsten Peter Claussen zum 70. Geburtstag, Köln 1997, 337 *(zit.: Rümker/Bücher, FS Claussen, 1997, 337).*

Rümker, Dietrich/Denicke, Sybil, Offene Rechtsfragen des sog. Sanierungsprivilegs nach § 32 a Abs. 3 S. 3 GmbHG Deutsches und europäisches Gesellschafts-, Konzern- und Kapitalmarktrecht: Festschrift für Marcus Lutter zum 70. Geburtstag, Köln 2000, S. 665 *(zit.: Rümker/Denicke, FS Lutter, 2000, S. 665).*

Rüßmann, Martin, Harte Patronatserklärung und Liquiditätszusagen: eine vertrags-, gesellschafts-, bilanz- und insolvenzrechtliche Untersuchung der harten Patronatserklärung und der Liquiditätszusagen, Köln 2006 *(zit.: Rüßmann, Harte Patronatserklärung und Liquiditätszusagen).*

Säcker, Franz Jürgen, Münchener Kommentar zum Bürgerlichen Gesetzbuch, München 2011 *(zit.: MünchKommBGB, Bearbeiter).*

Saenger, Ingo/Inhester, Michael, GmbHG: Handkommentar, 1. Auflage, Baden-Baden 2011 (zit.: *Saenger/Inhester, Bearbeiter, GmbHG*).

Samsonova, A., Varianten zur Verhinderung der Abführung der Aktiva des Schuldners in der Insolvenz, Juristische Arbeit in Kreditorganisationen 2010, Nr. 2 (А. Е. Самсонова, Варианты предотвращения вывода активов должников при банкротстве, «Юридическая работа в кредитной организации» 2010, N. 2) *(zit.: Samsonova, Varianten zur Verhinderung der Abführung der Aktiva des Schuldners in der Insolvenz).*

Schäfer, Berthold, Eigenkapitalersatz nach „MoMiG" – was bleibt von der Finanzierungsfolgenverantwortung? ZInsO 2010, 1311 *(zit.: Schäfer, ZInsO 2010, 1311).*

Schapkina, G., Gerichtliche Praxis der Arbitragegerichte bei der Anwendung des Föderalen Gesetzes über Aktiengesellschaften, Moskau 1997 (арбитражно-судебная практика применения федерального закона «Об акционерных обществах», 1997) *(zit.: Schapkina, Gerichtliche Praxis der Arbitragegerichte bei der Anwendung des Föderalen Gesetzes über Aktiengesellschaften, 1997).*

—, Kommentar zum Aktiengesetzbuch der RF, Moskau 2002 (Комментарий к Федеральному Закону «Об акционерных обществах», под ред. Г. С. Шапкиной, М. 2002) *(zit.: Schapkina, AktG(R)).*

Scherbatova, M., Neue Möglichkeiten für die Gläubiger in Bezug auf die Anfechtung von Rechtsgeschäften und Forderungsgeltendmachung in der Insolvenz, GLB 2009, Nr. 21–22 (М. Щербатова, Новые возможности кредиторов по оспарованию сделок и взысканию долгов при банкротстве «Горячая линия бухгалтера» 2009, Nr. 21–22) *(zit.: Scherbatova, Neue Möglichkeiten für die Gläubiger in Bezug auf die Anfechtung von Rechtsgeschäften und Forderungsgeltendmachung in der Insolvenz).*

Scherschenevic, G., Der Konkursprozess, Status 2000 (Г. Ф. Шершеневич, Конкурсный процесс, «Статус» 2000) *(zit.: Scherschenevic, Der Konkursprozess).*

Schimansky, Herbert/Bunte, Hermann-Josef/Lwowski, Hans-Jürgen, Bankrechts-Handbuch, 4. Auflage, München 2011 *(zit.: Schimanski/Bunte/Lwowski, Bearbeiter, Bankrechts-Handbuch).*

Schlößer, Daniel/Klüber, Rüdiger, Auseinanderfallen von Gesellschafter- und Gläubigerstellung bei Gesellschafterdarlehen nach dem MoMiG, BB 2009, 1594 *(zit.: Schlößer/Klüber, BB 2009, 1594).*

Schmidt, Andreas, Hamburger Kommentar zum Insolvenzrecht: InsO, 3. Auflage, Münster 2009 *(zit.: HK-InsO, Bearbeiter).*

Schmidt, Karsten, Münchener Kommentar zum Handelsgesetzbuch, Band 1, 2. Auflage, München 2005 *(zit.: MünchKommHGB, Bearbeiter).*

—, Sanierender Rangrücktritt bei Gesellschafterdarlehen: Irrungen, Wirrungen! - Eine Skizze zu § 5 Abs. 2a EStG, 19, 39, 199 InsO, Festschrift für Arndt Raupach zum 70. Geburtstag: Steuer- und Gesellschaftsrecht zwischen Unternehmerfreiheit und Gemeinwohl, Köln 2006, 405 *(zit.: K. Schmidt, FS Raupach, 2006).*

—, Insolvenzordnung und Gesellschaftsrecht, ZGR 1998, 633 *(zit.: K. Schmidt, ZGR 1998, 633).*

—, Nutzungsüberlassung nach der GmbH-Reform - Der neue § 135 Abs. 3 InsO: Rätsel oder des Rätsels Lösung? DB 2008, 1727 (*zit.: K. Schmidt, DB 2008*).

—, Überschuldung und Insolvenzantragspflicht nach dem Finanzmarktstabilisierungsgesetz, DB 2008, 2467 *(zit.: K. Schmidt, DB 2008, 2467).*

—, Entbehrlicher Rangrücktritt im Recht der Gesellschafterdarlehen? - Kritik an § 19 Abs. 2 E-InsO im MoMiG-Entwurf, BB 2008, 461 *(zit.: K. Schmidt, BB 2008, 461).*

—, Gesellschaftsrecht, 4. Auflage, Köln 2002 (*zit.: K. Schmidt, Gesellschaftsrecht*).

—, Der Aufstand der Makulatur - oder: Da irrte Julius von Kirchmann, JZ 1984, 880 (*zit.: K. Schmidt, JZ 1984, 880).*

—, Gesellschafterdarlehen als Insolvenzrechtsproblem, ZIP 1981, 689 *(zit.: K. Schmidt, ZIP 1981, 689).*

—, Eigenkapitalersatz, oder Gesetzesrecht versus Rechtsprechungsrecht? Überlegungen zum Referentenentwurf eines GmbH-Reformgesetzes (MoMiG) von 2006, ZIP 2006, 1925 *(zit.: K. Schmidt, ZIP 2006, 1925).*

—, Die Rechtsfolgen der „eigenkapitalersetzenden Sicherheiten", § 32 a Abs. 2 GmbHG zwischen materiellem Gesellschaftsrecht und Insolvenzrecht, ZIP 1999, 1821 *(zit.: K. Schmidt, ZIP 1999, 1821).*

—, Vom Eigenkapitalersatz in der Krise zur Krise des Eigenkapitalersatzrechts? GmbHR 2005, 797 *(zit.: K. Schmidt, GmbHR 2005, 797).*

—, Zurechnungsprobleme um das Zwerganteilsprivileg des § 32 a Abs. 3 S. 2 GmbHG, GmbHR 1999, 1269 *(zit.: K. Schmidt, GmbHR 1999, 1269).*

—, Eigenkapitalersatz und Überschuldungsfeststellung, GmbHR 1999, 9 *(zit.: K. Schmidt, GmbHR 1999, 9).*

—, Normzwecke und Zurechnungsfragen im Recht der Gesellschafter-Fremdfinanzierung, GmbHR 2009, 1009 *(zit.: K. Schmidt, GmbHR 2009, 1009).*

—, Aktionärskredite vor und nach MoMiG – Versuch eines kasuistischen Testlaufs im Laboratorium der Rechtspolitik, Festschrift für Uwe Hüffer zum 70. Geburtstag, München 2010, 885 *(zit.: K. Schmidt, FS Hüffer, 2010).*

—, GmbH-Reform auf Kosten der Geschäftsführer? Zum (Un-)Gleichgewicht zwischen Gesellschaftsrisiko und Geschäftsführerrisiko im Entwurf eines MoMiG und in der BGH-Rechtsprechung, GmbHR 2008, 449 *(zit.: K. Schmidt, GmbHR 2008, 449).*

—, GmbH-Reform, Solvenzgewährleistung und Insolvenzpraxis – Gedanken zum MoMiG-Entwurf, GmbHR 2007, 1 *(zit.: K. Schmidt, GmbHR 2007, 1).*

Schmidt, Karsten/Uhlenbruck, Wilhelm, Die GmbH in Krise, Sanierung und Insolvenz: Gesellschaftsrecht, Insolvenzrecht, Arbeitsrecht, Bankrecht und Organisation bei Krisenvermeidung, Krisenbewältigung und Abwicklung, 4. Auflage, Köln 2009 *(zit.: K. Schmidt, Uhlenbruck, Bearbeiter).*

Schmidt, Nikolaus, Die analoge Anwendung des § 44a InsO im Fall der Besicherung eines Darlehens an die Gesellschaft durch Gesellschaft und Gesellschafter, ZInsO 2010, 70 *(zit.: N. Schmidt, ZInsO 2010, 70).*

Schneider, Sven, (Mit-)Haftung des Geschäftsführers eines wegen Existenzvernichtung haftenden Gesellschafters, GmbHR 2011, 685 *(zit.: Schneider, GmbHR 2011, 685).*

Schniepp, Steffen, Die Liquiditätszusage. Rechtliche Einordnung und gesellschaftsrechtliche Folgen, insbesondere die Rücknahme der einmal erteilten Zusage, Tübingen 2007 *(zit.: Schniepp, Die Liquiditätszusage).*

Schwarz, Benno, Investieren in Russland: rechtliche Grundlagen, steuerliche Zusammenhänge und wirtschaftliche Rahmenbedingungen, Berlin 1996 (*zit.: Schwarz, Investieren in Russland*).

Schwarz, Benno/Balayan, Oxana, Russische Föderation, GmbH-Gesetz, WiRO 1998, 251 *(zit.: Schwarz/Balayan, WiRO 1998, 251).*

Seibert, Ulrich/Decker, Daniela, Die GmbH-Reform kommt! ZIP 2007, 1208 *(zit.: Seibert/Decker, ZIP 2007, 1208).*

Seibert, Ulrich, Einschränkungen des Kapitalersatzrechts bei nichtunternehmerischer Beteiligung – zum Entwurf eines Kapitalaufnahmeerleichterungsgesetzes, DStR 1997, 35 *(zit.: Seibert, DStR 1997, 35).*

—, Der Bundestag greift in die Diskussion zum Eigenkapitalersatz ein, GmbHR 1998, 309 *(zit.: Seibert, GmbHR 1998, 309).*

—, GmbH-Reform: Der Referentenentwurf eines Gesetzes zur Modernisierung des GmbH-Rechts und zur Bekämpfung von Missbräuchen – MoMiG, ZIP 2006, 1157 (*zit.: Seibert, ZIP 2006, 1157).*

Seidl, Otto, Richterliche Rechtsfortbildung und Verfassungsrecht, ZGR (17) 1988, 296 *(zit.: Seidl, ZGR 1988, 296).*

Seiler, Ilke, Die Patronatserklärung im internationalen Wirtschaftsverkehr (aus bankrechtlicher Sicht, und zwar im Wirtschaftsverkehr in England, Frankreich und der Schweiz), Münster 1982 *(zit.: Seiler, Die Patronatserklärung im internationalen Wirtschaftsverkehr).*

Seppelt, Michael, Gesellschafterdarlehen mit Rangrücktritt in der Liquidationsschlussbilanz, BB 2010, 1395 *(zit.: Seppelt, Michael, BB 2010, 1395).*

Serebjakova, A., Die Grundlage und die Voraussetzungen der zivilrechtlichen Haftung der Mitglieder des Direktorenrats juristischer Personen, Gesetze Russlands 2008, Nr. 4 (А.А. Серебрякова, Основания и условия гражданско-правовой ответственности членов совета директоров хозяйственных общест, «Законы России: опыт, анализ, практика» 2008, N. 4) *(zit.: Serebrjakova, Die Grundlage und die Voraussetzungen der zivilrechtlichen Haftung der Mitglieder des Direktorenrats juristischer Personen).*

Seulen, Günter/Osterloh, Falk, Die Haftung des Geschäftsführers für Zahlungen an den Gesellschafter – zur Reichweite von § 64 Satz 3 GmbHG, ZInsO 2010, 881 *(zit.: Seulen/Osterloh, ZInsO 2010, 881).*

Sevillano, S., Das russische Auslandsinvestitionsgesetz – eine erste Bilanz, WiRO 2000, 337 *(zit.: Sevillano, WiRO 2000, 337).*

Smid, Stefan, Vier Entscheidungen englischer und deutscher Gerichte zur europäischen internationalen Zuständigkeit zur Eröffnung von Hauptinsolvenzverfahren, DZWiR 2003, 397 *(zit.: Smid, DZWiR 2003, 397).*

Snizerova, O., Die Anfechtung eines Rechtsgeschäftes nach dem Insolvenzgesetz, Konsultant 2010, Nr. 1 (О. Сницерова, оспаривание сделки по Закону о банкротстве, «Консультант» 2010, N.1 *(zit.: Snizerova, Die Anfechtung eines Rechtsgeschäftes nach dem InsolvG).*

Solotych, Stefanie, Russische Föderation, WiRO 2003, 23 *(zit.: Solotych, WiRO 2003, 23).*

Spieß, Jörg, Insolvenzplan und Eigenverwaltung – Sanierungsansatz zur Krisenbewältigung bei Unternehmen mittlerer Größe, ZInsO 2005, 1254 *(zit.: Spieß, ZInsO 2005, 1254).*

Spitzer, Martin, Aussonderung nach Insolvenzanfechtung in Deutschland und Österreich, ZInsO 2012, 308 *(zit.: Spitzer, ZInsO 2011, 308).*

Spliedt, Jürgen, MoMiG in der Insolvenz – ein Sanierungsversuch, ZIP 2009, 149 *(zit.: Spliedt, ZIP 2009, 149).*

Srelov, A./Alimirsoev, S., Kommentar zum Gesetz betreffend die Gesellschafen mit beschränkter Haftung, Foros 2010 (Профессиональный комментарий к Федеральному Закону «Об обществах с ограниченной ответственностью» (постатейный), под общ. ред. А. П. Зрелова, С. В. Алимирзоева, «Форос» 2010) *(zit.: Srelov/Alimirsoev, GmbHG(R)).*

Stecher, Reiner, „Harte" Patronatserklärungen, rechtsdogmatische und praktische Probleme, Köln 1978 *(zit.: Stecher, „Harte" Patronatserklärung).*

Stepanov, S., Kommentar zum Zivilgesetzbuch der Russischen Föderation, 2. Auflage, 2009 (Комментарий к Гражданскому кодексу РФ, учебно-практический, под. ред. С. А. Степанова) *(zit.: Stepanov, Bearbeiter, Kommentar zum ZGB).*

Strohn, Lutz, Existenzvernichtungshaftung, §§ 30, 31, 43 GmbHG, § 64 S. 3 GmbHG – Koordinierungsbedarf? ZHR 173 (2009), 589 *(zit.: Strohn, ZHR 173 (2009), 589).*

Suchanov, E., Moderne Entwicklung des russischen Gesellschaftsrechts, Mitteilungen der VDRW, 2009, Heft 42–42, *(zit.: Suchanov, Moderne Entwicklung des russischen Gesellschaftsrechts, Mitteilungen der VDRW, 2009 Heft 42–42).*

—, Über das Konzept der Entwicklung der Gesetzgebung juristischer Personen Zeitschrift für das russische Recht, 2010, Nr. 1 (Е. А. Суханов, О концепции развития законодательства о юридических лицах, «Журнал российского права» 2010, N. 1) *(zit.: Suchanov, Über das Konzept der Entwicklung der Gesetzgebung juristischer Personen).*

—, Kapital- und Personengesellschaften, Produktions- und Verbrauchergenossenschaften, Vestnik VAS 1995, Nr. 6, S. 100, 107 (Е. А. Суханов, Хозяйственные общества и товарищества, производственные и потрибительские кооперативы, «Вестник» ВАС РФ 1995) *(zit.: Suchanov, Kapital- und Personengesellschaften, Produktions- und Verbrauchergenossenschaften).*

—, Das Zivilrecht, Band 1, 2004 (Гражданское Право, под. Ред. Суханова, Е. А.) *(zit.: Suchanov, Das Zivilrecht, Band 1).*

Sudhoff, Heinrich, Der Gesellschaftsvertrag der GmbH: systematischer Kommentar mit Formular- und Texthandbuch, 8. Auflage, München 1992 *(zit.: Sudhoff, Der Gesellschaftsvertrag der GmbH).*

Tegen, Thomas/Reul, Adolf/Heidinger, Andreas/Tersteegen, Jens, Unternehmensrecht: Handelsrecht, Gesellschaftsrecht, Umwandlungsrecht, München 2009 *(zit.: Tegen/Reul/Heidinger/Tersteegen, Bearbeiter, Unternehmensrecht).*

Teljukina, M., Die Erfüllung der Verbindlichkeiten des Schuldners durch dritte Personen während der externen Verwaltung, Chosjajstvo i pravo 2003, Nr. 2 (М.В. Телюкина., Исполнение третьими лицами обязательств должника в течение внешнего управления, «Хозяйство и право» 2003, N. 2), (zit.: *Teljukina, Die Erfüllung der Verbindlichkeiten des Schuldners durch dritte Personen während der externen Verwaltung*).

—, Kommentar zum Föderalen Gesetz „Über die Insolvenz (den Bankrott)“, 2003 (Комментарий к Федеральному Закону от 26.10.2001 N. 123-ФЗ «О несостоятельности (бакротстве)» (постатейный), Телюкина М. В.) *(zit.: Teljukina, Kommentar zum InsolvG).*

Teljukina, M./Tkatschev, W./Tarasov, W., Die finanzielle Sanierung als passives Sanierungsinstrument, Advocat 2003, Nr. 12 (М. В. Телюкина, В. Н. Ткачёв, В. И. Тарасов, Финансовое Оздоровление как пассивная оздоровительная процедура, «Адвокат 2003, Nr. 12) *(zit.: Teljukina/Tkatschev/Tarasov, Die finanzielle Sanierung als passives Sanierungsinstrument).*

Tettinger, Peter, Gesellschafterdarlehen in der Insolvenz – Maßgeblicher Beurteilungszeitpunkt für das Kleinbeteiligtenprivileg, NZI 2010, 248 *(zit.: Tettinger, NZI 2010, 248).*

Tetzlaff, Christian, Patronatserklärungen – ein unkalkulierbares Haftungsrisiko für den Patron. Begrenzte Möglichkeiten einer Beendigung von harten Patronatserklärungen innerhalb und außerhalb der Krise der Tochtergesellschaft, ZInsO 2008, 337 *(zit.: Tetzlaff, ZInsO 2008, 337).*

—, Kurzfristig kündbare Patronatserklärungen – ein untaugliches Sanierungsinstrument, DZWiR 2011, 181 *(zit.: Tetzlaff, DZWiR 2011, 181).*

Thiekötter, Sabine, Die Patronatserklärung ad incertas personas: eine Untersuchung der Patronatserklärung in den Geschäftsbereichen der Großbanken, Regensburg 1998 *(zit.: Thiekötter, Die Patronatserklärung ad incertas personas).*

Thiessen, Jan, Johann Buddenbrook und die Reform des GmbH-Rechts (Tiel I), DStR 2007, 202 *(zit.: Thiessen, DStR 2007, 202).*

—, Eigenkapitalersatzrecht ohne Analogieverbot – eine Alternativlösung zum MoMiG-Entwurf, ZIP 2007, 253 *(zit.: Thiessen, ZIP 2007, 253).*

Thonfeld, Henning, Eigenkapitalersetzende Gesellschaftersicherheiten und der Freistellungsanspruch der Gesellschaft, Bonn 2005 *(zit.: Thonfeld, Eigenkapitalersetzende Gesellschaftersicherheiten).*

—, Der „instabile Überschuldungsbegriff" des Finanzmarktstabilisierungsgesetzes, NZI 2009, 15 *(zit.: Thonfeld, NZI 2009, 15).*

Tichomirov, M., Die Gesellschafter mit beschränkter Haftung: Praxishandbuch für die Anwendung des neuen Gesetzes, 2010 (М. Ю. Тихомиров, Общество с ограниченной ответственности: Практическое пособие по применению закона в новой редакции, 2010) *(zit.: Tichomirov, Die Gesellschafter mit beschränkter Haftung: Praxishandbuch für die Anwendung des neuen Gesetzes).*

—, Die Grundlagen des rechtlichen Status der GmbH, Zakonodateljstvo i ekonomika 2010, Nr. 4 (М. Ю. Тихомиров, Основы правового положения общества с ограниченной ответственностью, «Законодательство и экономика» 2010, N. 4) *(zit.: Tichomirov, Die Grundlagen des rechtlichen Status der GmbH).*

—, Kommentar zum GmbH-Gesetz der RF, 2010 (Комментарий к Федеральному Закону «Об обществах с ограниченной ответственностью» в новой редакции (постатейный) под ред. М. Ю. Тихомирова, 2010) *(zit.: Tichomirov, GmbHG(R)).*

Tillmann, Tobias, Der Entwurf des „MoMiG" und die Auswirkung auf die Gesellschafterfremdfinanzierung – Verstrikte und privilegierte Darlehen, GmbHR 2006, 1289 *(zit.: Tillmann, GmbHR 2006, 1289).*

Tillmann, Tobias/Tillmann, Oliver, Das Kleinbeteiligungsprivileg – zur Problematik der atypischen Rechtsstellung der Gesellschafter, GmbHR 2003, 325 *(zit.: Tillmann/Tillmann, GmbHR 2005, 325).*

Trofimov, W., Die Verantwortlichkeit juristischer Personen, Sammlung gerichtlicher Entscheidungen für das Jahr 2010 (В. Н. Трофимов, Отвественность юридических лиц, Подборка судебных решений за 2010 год) *(zit.: Trofimov, Die Verantwortlichkeit juristischer Personen, Sammlung gerichtlicher Entscheidungen für das Jahr 2010).*

Tschanturija, L., Die zivilrechtliche Haftung der Geschäftsführer von Aktiengesellschaften, Korporativnij Jurist 2007, Nr. 2 (Л. Чантурия, Гражданско-правовая ответственность руководителей акционерных обществ, «Корпоративный юрист 2007, N. 2) *(zit.: Tschanturija, Die zivilrechtliche Haftung der Geschäftsführer von Aktiengesellschaften).*

Tscherkaev, D., Juristische Verantwortung im Rahmen der unternehmerischen Konflikte: Fiktion oder Realität, AG: woprosi korporativnogo upravlenija 2006, Nr. 1 (Д. Е. Черкаев, Юридическая ответственность в условиях корпоративных конфликтоб: фикция или реальность, «Акционерное общество: вопросы корпоративного управления» 2006, N. 1) *(zit.: Tscherkaev, Juristische Verantwortung im Rahmen der unternehmerischen Konflikte: Fiktion oder Realität).*

Uhlenbruck, Wilhelm, Insolvenzordnung: Kommentar, 13. Auflage, München 2010 (*zit.: Uhlenbruck, Bearbeiter, InsO*).

Ulbrich, Martin, Die Abschaffung des Eigenkapitalersatzrechts der GmbH: ein Beitrag zur Auslegung von §§ 39 Abs. 1 Nr. 5, Abs. 5, 135 Abs. 1 InsO, Köln 2011 (*zit.: Ulbrich, Die Abschaffung des Eigenkapitalersatzrechts der GmbH*).

Ulmer, Peter, HGB-Bilanzrecht: Rechnungslegung, Abschlussprüfung, Publizität; Großkommentar, 2002 *(zit.: Ulmer, Bearbeiter, Bilanzrecht).*

Ulmer, Peter/Habersack, Mathias/Winter, Martin, GmbHG – Gesetz betreffend die Gesellschaften mit beschränkter Haftung, Großkommentar, Tübingen 2008 *(zit.: Ulmer/Habersack/Winter, Bearbeiter, GmbHG).*

—, GmbHG – Gesetz betreffend die Gesellschaften mit beschränkter Haftung, Großkommentar, Ergänzungsband zum MoMiG, Tübingen 2010 *(zit.: Ulmer/Habersack/Winter, Bearbeiter, MoMiG).*

Ulrich, Stefan, Klare Linie des BGH zu Gesellschafterdarlehen, Rangrücktritt und Überschuldungsstatus, GmbHReport 2010, 197 *(zit.: Ulrich, GmbHReport 2010, 197).*

Ulrich, Stefan/Rath, Regina, GmbHR-Kommentar zum Urteil des BGH v. 20.09.2010 – II ZR 296/08, GmbHR 2010, 1204 *(zit.: Ulrich/Rath, GmbHR 2010, 1208).*

Umanj, I., Die finanzielle Sanierung als eine Rehabilitationsmaßnahme – Voraussetzungen, Verfahren und prozessuale Probleme bei der Anwendung in der Insolvenz juristischer Personen, *Rossi`skij sudja*, 2010, Nr. 5 (И. Н. Умань,

Финансовое оздоровление как реабилитационная процедура, условия, порядок и процессуальные проблемы его применения при банкротстве юридических лиц, «Российский судья» 2010 N. 5) *(zit.: Umanj, Die finanzielle Sanierung als eine Rehabilitationsmaßnahme).*

Veil, Rüdiger, Eigenkapitalersetzende Aktionärsdarlehen – Ein Beitrag zum institutionellen Verständnis des Eigenkapitalrechts, ZGR 2000, 223 *(zit.: Veil ZGR 2000, 223).*

Veil, Rüdiger, Krisenbewältigung durch Gesellschaftsrecht – Verlust des halben Kapitals, Pflicht zur ordnungsgemäßen Liquidation und Unterkapitalisierung, ZGR 2006, 374 *(zit.: Veil, ZGR 2006, 374).*

Vervessos, Nikolaos, Das Eigenkapitalersatzrecht: Grundlagen und aktuelle Entwicklungen, Köln 2001 *(zit.: Vervessos, Das Eigenkapitalersatzrecht).*

Vitrjanskij, V., Insolvency and Bancruptcy Law Reform in the Russian Federation, MCGill Law Journal 1999, 409 *(zit.: Vitrjanskij, MCGill Law Journal 1999).*

—, Neues in der rechtlichen Regulierung des Banktrotts, Chozjajstvo i pravo 2003, Nr. 1 (В. В. Витрянский, Новое в правовом регулировании несостоятельности (банкротства)), „Хозяйство и право“ 2003, Nr. 1 *(zit.: Vitrjanskij, Neues in der rechtlichen Regulierung des Banktrotts).*

—, Der Weg zur Vervollkommnung des Gesetzes „Über die Insolvenz“, Vestnik VAS 2001, Nr. 3 (В В. Витрянский, Пути совершенствования законодательства о банкротстве, «Вестник» ФАС РФ 2003, N. 3) *(zit.: Vitrjanskij, Der Weg zur Vervollkommnung des Gesetzes „Über die Insolvenz“).*

—, Wissenschaftlicher Praxiskommentar zum „Föderalen Gesetz über die Insolvenz (den Bankrott), 2003 (Научно-практический комментарий (постатейный) к Федеральному Закону «О несостоятельности (банкротсве), под ред. В.В. Витрянского, 2003) *(zit.: Vitrjanskij, Bearbeiter, Wissenschaftlicher Praxiskommentar zum InsolvG).*

Waclawik, Erich, Fernwirkungen des MoMiG auf den Umfang nachträglicher Anschaffungskosten bei Darlehensverlusten, ZIP 2007, 1838 *(zit.: Wackawik, ZIP 2007, 1838).*

Wälzholz, Eckhard, Die insolvenzrechtliche Behandlung haftungsbeschränkter Gesellschaften nach der Reform durch das MoMiG, DStR 2007, 1914 *(zit.: Wälzholz, DStR 2007, 1914).*

—, Das MoMiG kommt: Ein Überblick über die neuen Regelungen. Mehr Mobilität, Flexibilität und Gestaltungsfreiheit bei gleichzeitigem Gläubigerschutz, GmbHR 2008, 841 (*zit.: Wälzholz, GmbHR 2008).*

Wedde, Rainer, Reform der GmbH in Russland und Deutschland: Rechtsvergleichende Aspekte, Mitteilungen der VDRW, 2009, Heft 42–43 *(zit.: Wedde, Reform der GmbH in Russland und Deutschland, in: Mitteilungen der VDRW, 2009, Heft 42–43).*

—, Neues im russischen GmbH-Recht, Osteuropa-Recht 2009, 154 *(zit.: Wedde, Osteuropa-Recht 2009, 154).*

—, Neues im russischen Insolvenzrecht, *WiRO 2003, 195 (zit: Wedde, WiRO 2003, 195).*
—, Der Insolvenzverwalter im russischen und deutschen Recht: Bestellung, Befugnisse, Bezahlung, Kiel 2006 *(zit.: Wedde, der Insolvenzverwalter im russischen und deutschen Recht).*
—, Russland – Aussonderung im Insolvenzverfahren, Eastlex 2005, 95 *(zit.: Wedde, Eastlex 2005, 95)*
—, Kapitalerhaltung bei der Gesellschaft mit beschränkter Haftung im russischen und deutschen Recht, Mitteilungen der VDRW, 2009, Heft 42–43 *(zit.: Wedde, Kapitalerhaltung bei der GmbH im russischen und deutschen Recht, in: Mitteilungen der VDRW, 2009, Heft 42–43).*
Wedemann, Frauke, Die Übergangsbestimmungen des MoMiG – was müssen bestehende GmbHs beachten? GmbHR 2008, 1131 *(zit.: Wedemann, GmbHR 2008, 1131).*
Wedemann, Frauke, Das neue GmbH-Recht, WM 2008, 1381 *(zit.: Wedemann, WM 2008, 1381).*
Weilbach, Erich, Zivilrechtlicher Sündenfall bei der Betriebsaufspaltung: kann Nutzungsüberlassung dem Eigentum gleichgestellt werden? GmbHR 1991, 56 *(zit.: Weilbach, GmbHR 1991, 56).*
Weimar, Robert, Grundprobleme und offene Fragen um den faktischen GmbH-Geschäftsführer, GmbHR 1997, 473 *(zit.: Weimar, GmbHR 1997, 473).*
Wiese, Götz Tobias/Dammer, Thomas, Zusammengesetzte Finanzierungsinstrumente der AG, Hybride Kapitalmaßnahmen, strukturierte Anleihen und Kreditderivate im Bilanz-, Ertragsteuer- und Aktienrecht, DStR 1999, 867 *(zit.: Wiese/Dammer, DStR 1999, 867.*
Wilhelm, Jan, Bilanz, Vermögen, Kapital, Gewinn bei Einzelkaufmann, Personengesellschaften und Kapitalgesellschaften, ZHR 159 (1995), *454 (zit.: Wilhelm, ZHR 159 (1995), 454).*
Wilmowsky, Peter von, Lösungsklauseln für den Insolvenzfall – Wirksamkeit, Anfechtbarkeit, Reform, ZIP 2007, 553 *(zit.: Wilmowsky, ZIP 2007, 553).*
Winnefeld, Robert, Bilanz- Handbuch, Handels- und Steuerrecht, Rechtsformspezifisches Bilanzrecht, Bilanzielle Sonderfragen, Sonderbilanzen, IFRS/IAS, 5. Auflage, München 2010 *(zit.: Winnefeld, Bilanz-HB).*
Winstel, Marc/Skauradszun, Dominik, Zahlungen an mehrere Gesellschafter in der Krise, GmbHR 2011, 185, *(zit.: Winstel/Skauradszun, GmbHR 2011, 185).*
Wirsch, Stefan, Dept Equity Swap und Risiko der Insolvenzanfechtung, NZG 2010, 1131 *(zit.: Wirsch, NZG 2010, 1131).*
Wittig, Arne, Das Sanierungsprivileg für Gesellschafterdarlehen im neuen § 39 Abs. 4 Satz 2 InsO, Festschrift für Karsten Schmidt zum 70. Geburtstag, Köln 2009, S. 1743 *(zit.: Wittig, FS K. Schmidt, 2009).*
Wittig, Arne, Rangrücktritt – Antworten und offene Fragen nach dem Urteil des BGH vom 08.01.2001, NZI 2001, 169 *(zit.: Wittig, NZI 2001, 169).*

Zabolozkaja, I., Die Anwendung des Gesetzes „Über die Insolvenz (den Banktrott) auf die insolvenzrechtliche Prozedur der Aufsicht, Jurist 2008, Nr. 3 (И. В. Заболоцкая, Применение законодательства о банкротстве в процессе процедуре наблюдения, «Юрист» 2008, N. 3) *(zit.: Zabolozkaja, Die Anwendung des Gesetzes „Über die Insolvenz (den Banktrott) auf die insolvenzrechtliche Prozedur der Aufsicht).*

Zarik, G., Besondere Gründe für die Anfechtung von Rechtsgeschäften in der Insolvenz. Braucht man diese? Predprinimateljskoe pravo 2008, Nr. 2 (Г. П. Царик, Специальные основания для оспаривания сделок должника в процедурах банкротства. Нужны ли они? «Предпринимательское право» 2008, N. 2) *(zit.: Zarik, Besondere Gründe für die Anfechtung von Rechtsgeschäften in der Insolvenz).*

Ziemons, Hildegard, Patronatserklärung im Gesellschaftsrecht – Risiken und Nebenwirkungen, GWR 2009, 411 *(zit.: Ziemons, GWR 2009, 411).*

Verzeichnis der zitierten Gerichtsentscheidungen im deutschen Recht (chronologisch)

Gericht	Datum	Aktenzeichen	Zitierung
EuGH	27.09.1988	Rs. C-81/87	NJW 1989, 2186
EuGH	09.03.1999	Rs. C-212/97	NJW 2002, 3614
EuGH	05.11.2002	Rd. C-208/00	NJW 2002, 3614
EuGH	30.09.2003	Rs. C-167/01	NJW 2003, 3331
EuGH	11.09.2003	Rs. C-201/01	NZA 2003, 1083
BVerfGE	14.02.1973	1 BvR 112/65	BVerfGE 34, 269
BVerfGE	19.06.1973	1 BvR 39/69	BVerfGE 35, 263
BGH	26.02.1953	III ZR 214/50	BGHZ 9, 101
BGH	31.03.1954	II ZR 57/53	BGHZ 13, 61
BGH	14.12.1959	II ZR 187/57	BGHZ 31, 258
BGH	06.04.1964	II ZR 75/62	BGHZ 41, 282
BGH	18.10.1965	II ZR 36/64	BGHZ 44, 192
BGH	14.02.1974	II ZB 6/73	BGHZ 62, 166
BGH	18.03.1974	II ZR 2/72	BGH NJW 1974, 1088
BGH	27.09.1976	II ZR 162/75	BGHZ 67, 171
BGH	26.11.1979	II ZR 194/77	BGHZ 75, 334
BGH	24.03.1980	II ZR 213/77	BGHZ 76, 326
BGH	13.07.1981	II ZR 256/79	BGHZ 81, 252
BGH	21.09.1981	II ZR 104/80	BGHZ 81, 311
BGH	28.09.1981	II ZR 223/80	BGHZ 81, 365
BGH	08.03.1982	II ZR 86/81	BGH ZIP 1983, 563
BGH	21.03.1983	II ZR 139/82	BGH NJW 1983, 1855
BGH	26.03.1984	IIZR 14/84	BGHZ 90, 370
BGH	26.03.1984	II ZR 171/83	BGHZ 90, 381
BGH	19.11.1984	II ZR 84/84	BGH GmbHR 1985, 81
BGH	06.05.1985	II ZR 132/84	BGH NJW 1985, 2719
BGH	14.10.1985	II ZR280/84	BGH GmbHR 1986, 85
BGH	21.03.1986	V ZR 10/85	BGHZ 97, 269
BGH	25.09.1986	II ZR 262/85	BGHZ 98, 276

Gericht	Datum	Aktenzeichen	Zitierung
BGH	06.11.1986	V ZB 8/86	BGHZ 99, 76
BGH	22.01.1987	IX ZR 100/86	BGHZ 99, 363
BGH	21.03.1988	II ZR 238/87	BGHZ 104, 33
BGH	21.03.1988	II ZR 194/87	BGHZ 104, 44
BGH	19.09.1988	II ZR 255/87	BGHZ 105, 168
BGH	07.11.1988	II ZR 46/88	BGHZ 106, 7
BGH	27.11.1989	II ZR 310/88	BGH ZIP 1990, 95
BGH	16.10.1989	II ZR 307/88	BGHZ 109, 55
BGH	27.11.1989	II ZR 319/88	BGH GmbH-R 1990, 125
BGH	01.03.1990	VII ZR 159/89	BGH ZIP 1990, 459
BGH	09.12.1991	II ZR 43/91	BGH GmbHR 1992, 166
BGH	18.11.1991	II ZR 258/90	BGH ZIP 1992, 177
BGH	09.12.1991	II ZR 294/90	BGH NJW 1992, 1166
BGH	13.07.1992	II ZR 269/91	BGH NJW 1992, 2891
BGH	17.02.1992	II ZR 154/91	BGH ZIP 1992, 618
BGH	13.07.1992	II ZR 251/91	BGHZ 119, 191.
BGH	20.09.1993	II ZR 151/92	BGH NJW 1993, 3265
BGH	06.06.1994	II ZR 292/91	BGHZ 126, 181
BGH	11.07.1994	II ZR 162/92	BGHZ 127, 17
BGH	07.11.1994	II ZR 270/93	BGHZ 127, 336
BGH	28.11.1994	II ZR 77/93	BGH ZIP 1995, 23
BGH	19.12.1994	II ZR 10/95	BGH NJW 1995, 658
BGH	20.03.1995	II ZR 205/94	BGHZ 129, 136
BGH	06.04.1995	IX ZR 61/94	BGHZ 129, 236
BGH	15.02.1996	IX ZR 245/94	BGH ZIP 1996, 538
BGH	19.09.1996	IX ZR 249/95	BGHZ 133, 298
BGH	18.11.1996	II TR 207/95	BGH ZIP 1995, 115
BGH	04.12.1997	IX ZR 47/97	BGH WM 1998, 248
BGH	02.06.1997	II ZR 211/95	BGH ZIP 1997, 1648
BGH	16.06.1997	II ZR 154/96	BGH WM 1997, 1481
BGH	06.07.1998	II ZR 284/94	BGH GmbHR 1998, 935
BGH	09.11.1998	II ZR 213/97	BGH ZIP 1999, 68
BGH	08.02.1999	II ZR 261/97	BGH DStR 1999, 810
BGH	28.06.1999	II ZR 272/98	BGHZ 142, 116
BGH	27.11.2000	II ZR 179/99	BGH WM 2001, 202
BGH	26.06.2000	II ZR 21/99	BGH NZG 2000, 1029
BGH	08.01.2001	II ZR 88/99	BGHZ 146, 264

Gericht	Datum	Aktenzeichen	Zitierung
BGH	05.04.2001	IX ZR 276/98	BGH ZIP 2001, 914
BGH	15.11.2001	I ZR 158/99	BGH NJW 2002, 3106
BGH	10.01.2002	IX ZR 61/99	BGH ZIP 2002, 404
BGH	25.02.2002	II ZR 196/00	BGHZ 150, 61
BGH	18.07.2002	IX ZR 195/01	BGH ZIP 2002, 1625
BGH	13.03.2003	IX ZR 64/02	BGHZ 154, 190
BGH	27.05.2003	IX ZR 169/92	BGHZ 155, 75
BGH	22.01.2004	IX ZR 39/93	BGHZ 157, 350
BGH	23.02.2004	II ZR 207/01	BGH ZIP 2004, 1049
BGH	13.05.2004	IX ZR 190/03	BGH ZIP 2004, 1512
BGH	08.11.2004	II ZR 300/02	BGH WM 2005, 78
BGH	09.12.2004	IX ZR 108/04	BGH ZIP 2005, 314
BGH	07.03.2005	II ZR 138/03	BGH GmbHR 2005, 617
BGH	09.05.2005	II ZR 66/03	BGH DStR 2005, 1416
BGH	11.07.2005	II ZR 285/03	BGH NZG 2005, 845
BGH	19.09.2005	II ZR 229/03	BGH ZIP 2005, 2016
BGH	21.11.2005	II ZR 277/03	BGH ZIP 2006, 279
BGH	03.04.2006	II ZR 332/05	BGH ZIP 2006, 996
BGH	13.07.2006	IX ZR 57/05	BGH ZInsO 2006, 938
BGH	17.07.2006	II ZR 106/05	BGH DStR 2006, 2140
BGH	29.11.2007	IX 121/06	BGHZ 174, 314
BGH	11.01.2007	IX ZB 10/05	BGH ZInsO 2007, 207
BGH	19.03.2007	II ZR/06	BGH DStR 2007, 684
BGH	26.03.2007	II ZR 310/05	BGH WM 2007, 973
BGH	10.05.2007	IX ZR 146/05	BGH ZInsO 2007, 662
BGH	24.05.2007	IX ZR 105/05	BGH ZInsO 2007, 658
BGH	21.06.2007	IX ZR 231/04	BGH NJW-RR 2007,1419
BGH	16.07.2007	II ZR 3/04	BGHZ 173, 246
BGH	19.07.2007	IX ZR 36/07	BGH ZIP 2007, 1666
BGH	20.09.2007	IX ZR 91/06	BGH ZIP 2007, 2279
BGH	05.05.2008	II ZR 108/07	BGH GmbHR 2008, 758
BGH	26.06.2008	IX ZR 87/07	BGH ZIP 2008, 1488
BGH	09.10.2008	IX ZR 138/06	BGH ZIP 2008, 2224
BGH	18.11.2008	VI ZB 22/08	BGH ZIP 2009, 526
BGH	20.11.2008	IX ZR 188/07	BGH ZIP 2009, 189
BGH	07.05.2009	IX ZR 61/08	BGH ZIP 2009, 1477
BGH	26.01.2009	II ZR 260/07	BGH NJW 2009, 1277

Gericht	Datum	Aktenzeichen	Zitierung
BGH	26.01.2009	II ZR 213/07	BGH NJW 2009, 997
BGH	06.04.2009	II ZR 277/07	BGH NZG 2009, 782
BGH	14.05.2009	IX ZR 63/08	BGH NZI 2009, 471
BGH	20.07.2009	II ZR 36/08	BGH ZIP 2009, 1806
BGH	13.08.2009	IX ZR 159/06	BGH ZIP 2009, 1966
BGH	11.02.2010	IX ZR 104/07	BGH WM 2010, 711
BGH	01.03.2010	IX ZR 200/09	BGH ZIP 2010, 1078
BGH	05.04.2011	II ZR 173/10	BGH WM 2011, 1371
BGH	26.04.2010	II ZR 60/09	BGH DStR 2010, 1752
BGH	20.09.2010	II ZR 296/08	BGH GmbHR 2010, 1204
BGH	11.01.2011	II ZR 157/09	BGH ZinsO 2011, 392
BGH	19.05.2011	IX ZR 234/11	BGH DB 2011, 1326
BGH	15.11.2011	II ZR 6/11	BGH WM 2012, 78
BGH	17.02.2011	IX ZR 131/10	BGH GmbHR 2011, 413
BGH	01.11.2011	IX ZR 11/11	BGH WM 2011, 2376
BGH	28.02.2012	II ZR 115/11	BGH DStR 2012, 915
BGH	28.06.2012	IX ZR 191/11	BGH NZZG 2012, 1103
BGH	21.02.2013	IX ZR 32/12	BGH NJW 2013, 2282
BGH	28.05.2013	II ZR 83/12	BGH NZI 2013, 854
BGH	07.03.2013	IX ZR 7/12	BGH WM 2013, 708
BGH	04.07.2013	IX ZR 229/12	BGH NJW 2013, 1033
BGH	18.07.2013	IX ZR 219/11	BGH NZG 2013, 1036
BGH	20.02.2014	IX ZR 164/13	BGH ZIP 2014, 584
BayObLG	20.02.1997	5 St RR 159/96	NJW 1997, 1936
OLG Hamm	29.03.1999	8 U 28/96	NZG 1999, 1163
OLG Celle	28.06.2000	9 U 54/00	GmbHR 2001, 303
OLG Hamm	13.09.2000	8 U 79/99	NZI 2000, 599
OLG Düsseldorf	19.12.2003	17 U 77/03	GmbHR 2004, 564
OLG München	22.07.2004	19 U 1867/04	ZIP 2004, 2102
KG Berlin	26.07.2004	8 U 360/93	GmbHR 2004, 1334
OLG Celle	21.10.2004	13 U 113/04	ZInsO 2005, 148
OLG Celle	18.06.2008	9 U 14/08	ZIP 2008, 2416
OLG Köln	11.12.2008	18 U 138/07	NZI 2009, 128
KG Berlin	11.12.2008	23 U 115/08	NZI 2009, 114
OLG Thüringen	18.03.2009	6 U 761/07	GmbHR 2009, 431
OLG München	06.05.2010	23 U 1564/10	BB 2010, 1880

Gericht	Datum	Aktenzeichen	Zitierung
OLG Köln	29.09.2010	18 U 3/10	ZIP 2010, 2016
OLG Hamm	29.12.2010	8 U 85/10	ZIP 2011, 343
OLG Hamm	07.04.2011	27 U 94/10	ZIP 2011, 1226
OLG Köln	27.10.2011	18U 34/11	ZIP 2011, 2208
OLG Stuttgart	08.02.2012	14U 27/11	DB 2012, 1378
OLG Stuttgart	14.03.2012	14 U 28/11	DB 2012, 1031
LG München II	25.02.2004	5 O 6088/02	ZInsO 2004, 626
LG Berlin	16.12.2009	100 O 75/09	GmbHR 2010, 201
LG Kiel	25.03.2011	17 O 229/10	ZInsO 2012, 181
AG Coburg	26.11.2001	IN 248/01	ZInsO 2002, 383
AG Hamburg	23.09.2005	67g 358/05	ZInsO 2005, 1056
AG Ludwigsburg	20.07.2006	1 IN 536/05	ZIP 2006, 1507
BFH	10.11.2005	IV R 13/04	ZInsO 2006, 212
BFH	25.10.2006	I R 6/05	BFHE 215, 242

Verzeichnis der zitierten Gerichtsentscheidungen im russischen Recht (chronologisch)

Постановление Пленума Верховного суда РФ (N. 6) и Пленума Высшего Арбитражного суда РФ (N. 8) от 1.07.1996 – *Beschluss des Plenums des Obersten Gerichts der RF (Nr. 6) und des Plenums des Obersten Arbitragegerichts der RF (Nr. 8) v. 1.07.1996*

Постановление Конституционного Суда РФ от 6.6.2000, N. 9П – *Beschluss des Verfassungsgerichts v. 6.6.2000, Nr. 9P*

Постановление ФАС Уральской области от 4.11.2003 по делу N. Ф 09-3140/03 ГК) – *Beschluss des Föderalen Arbitragegerichts der Uralregion v. 4.11.2003 (AZ: F09.3140/03 GK)*

Постановление ФАС Заподно-Сибирского Округа от 11.12.2003 по делу N. Ф04-6254-2076/А45-2003 – *Beschluss des Föderalen Arbitragegerichts der Westsibirischen Region v. 11.12.2003 (AZ: F04-6254-2076/A45-2003)*

Постановление ФАС Поволжского Округа от 31.07.2003 по делу N. А12-9367/02-С48 – *Beschluss des Föderalen Arbitragegerichts der Wolgaregion v. 31.07.2003 (AZ: A12-9367/02-S48)*

Постановление арбитражного суда РФ от 23.03.2004 по делу N. Ф03-А59/04-1/213 – *Beschluss des Föderalen Arbitragegerichts v. 23.03.2004 (AZ: F03-A59/04-1/213)*

Постановление ФАС Волго-Вятского Округа от 14.05.2004 по делу N. А79-1095/2003-СК2-1226 – *Beschluss des Föderalen Arbitragegerichts des Wolgavijasko-Gebiet v. 14.05.2004 (AZ: A79-1095/2003-SK2-1226)*

Постановление ФАС Московского Округа от 12.07.2004 по делу N. КГ-А40/5689/04 – *Beschluss des Föderalen Arbitragegerichts des Moskauer Gebiets v. 12.07.2004 (AZ: KG-A40/5689/04)*

Постановление Президиума ВАС РФ от 13.07.2004 N. 4562/04 – *Beschluss des Obersten Arbitragegerichts v. 13.07.2004 Nr. 4562/04)*

Постановление Пленума ВАС РФ от 15.12.2004 N. 29 – *Beschluss des Plenums des Obersten Arbitragegerichts v. 15.12.2004, Nr. 29*

Постановление ФАС Московкой области от 30.11.2005 по делу N. КГ А40/10903-05 – *Beschluss des Föderalen Arbitragegerichts der Moskauer Region v. 30.11.2005 (AZ: KG A40/10903-05)*

Постановление ФАС Поволжского Округа от 19.01.2006 по делу N. А12-15668/05-С53 – *Beschluss des Föderalen Arbitragegerichts der Wolgaregion v. 19.01.2006 (AZ: A12-15668/05-S53)*

Постановление ФАС Уральского Округа от 21.02.2006 по делу N. Ф09-708/06-С4 – *Beschluss des Föderalen Arbitragegerichts der Uralregion v. 21.02.2006 (AZ: F09-708/06-S4)*

Постановление ФАС Северо-Кавказского Округа от 26.12.2006 по делу N. Ф08-6415/2006 – *Beschluss des Föderalen Arbitragegerichts der Nordkaukasusregion v. 26.12.2006 (AZ: F08-6415/2006)*

Постановление ФАС Центрального Округа от 20.03.2007 по делу N. А64-4577/05-15 – *Beschluss des Föderalen Arbitragegerichts der Zentralregion v. 20.03.2007 (AZ: A64-4577/05-15)*

Постановление ФАС Уральского Округа от 23.05.2007 по делу N. Ф09-8094/06-С4 – *Beschluss des Föderalen Arbitragegerichts der Uralregion v. 23.05.2007 (AZ: F09-8094/06-S4)*

Постановление ФАС Северо-Кавказского Округа (кассационной инстанции) от 01.08.2007 по делу N. Ф08-4620/2007 – *Beschluss des Föderalen Arbitragegerichts der Nordkaukasusregion (Kassationsinstanz) v. 1.8.2007 (AZ: F08-4620/2007)*

Постановление ФАС Уральского Округа от 10.09.2007 по делу N. Ф09-7267/07-С4 –*Beschluss des Föderalen Arbitragegerichts der Uralregion v. 10.09.2007 (AZ: F09-7267-S4)*

Постановление ФАС Восточно-Сибирского Округа от 27.09.2007 по делу N. А58-6356/06-Ф02-6558/07 – *Beschluss des Föderalen Arbitragegerichts der Ostsibirischen Region v. 27.09.2007 (AZ: A58-6356/06-F02-6858/07)*

Постановление ФАС Северо- Кавказского Округа от 06.12.2007 по делу N. Ф08-8111/07 – *Beschluss des Föderalen Arbitragegerichts der Nordkaukasusregion v. 06.12.2020 (AZ: F08-8111/07)*

Постановление ФАС Северо- Кавказского Округа от 23.01.2008 по делу N. Ф08-8720/07 – *Beschluss des Föderalen Arbitragegerichts der Nordkaukasusregion v. 23.1.2008 (AZ: F08/8720/07)*

Постановление ФАС Северо-Кавкаского Округа от 18.02.2008 по делу N. Ф08-8358/2007 – *Beschluss des Föderalen Arbitragegerichts des Nordkaukasischen Gebiets v. 18.02.2008 (AZ: F08-8358/2007)*

Постановление Семнадцатого арбитражного апелляционного суда от 23.04.2008 по делу N. 17АП-2426/2008-ГК – *Beschluss des 17. Arbitrageberufungsgerichts v. 23.04.2008 (AZ: 17AP-2426/2008-GK)*

Постановление ФАС Уральского Округа (кассационной инстанции) от 25.06.2008 N. Ф09-4456/08-С4 по делу А50-16529/2007-Г28 – *Beschluss des Föderalen Arbitragegerichts der Uralregion v. 25.06.2008 (AZ: F09-4456/08-S4, in Sachen A50-16529/2007-G28*).

Определение Высшего арбитражного суда РФ от 15.07.2008 N. 7690/08 – *Beschluss des Obersten Arbitragegerichts der RF v. 15.07.2008 (AZ: 7690/08)*

Постановление ФАС Северо-Западного Округа от. 5.8.2008 по делу N. A56-32901/2007 – *Beschluss des Föderalen Arbitragegerichts der Nordwest-Region v. 5.8.2008 (AZ: A56-32901/2007)*

Определение Высшего арбитражного суда РФ от 25.09.2008 N. 12217/08 – *Beschluss des Obersten Arbitragegerichts der RF 25.09.2008 (AZ:12217/08)*

Определение Высшего арбитражного суда РФ от 9.10.2008 N. 11498/08 – *Beschluss des Obersten Arbitragegerichts der RF v. 9.10.2008 Nr. 11498/08)*

Постановление Пленума ВАС РФ от 30.04.2009 N. 32 – *Beschluss des Obersten Arbitragegerichts v. 30.04.2009 Nr. 32)*

Постановление Пятнадцатого арбитражного апелляционного суда от 13.5.2009 по делу N. 15АП-1454/2009 – *Beschluss des 15. Arbitrageberufungsgerichts v. 13.05.2009 (AZ: 15AP-1454/2009)*

Постановление Десятого арбитражного апелляционного суда от 31.08.2009 по делу N. Н А41-1778/09 – *Beschluss des 10. Arbitrageberufungsgerichts v. 31.08.2009 (AZ: N A41-1778/09)*

Постановление Семнадцатого арбитражного апелляционного суда от 14.09.2009 по делу N. АП-7826/2009-ГК – *Beschluss des 17. Arbitrageberufungsgerichts v. 14.09.2009 (AZ: AP-7826/2009-GK)*

Постановление Девятнадцатого арбитражного апелляционного суда от 3.2.2010 по делу N. А35-4016/2009 – *Beschluss des 19. Arbitrageberufungsgerichts v. 3.2.2010 (AZ: A35-4016/2009)*

Постановление Третьего арбитражного апелляционого суда от 15.2.2010 по делу N. А74-3482/2009 – *Beschluss des 3. Arbitrageberufungsgerichts v. 15.2.2010 (AZ: A74-3482/2009)*

Постановление Семнадцатого арбитражного апелляционного суда от 18.2.2010 по делу N. 17АП-332/2010-ГК – *Beschluss des 17. Arbitrageberufungsgerichts v. 18.02.2010 (AZ: 17AP-332/2010-GK)*

Постановление Восьмого арбитражного апелляционного суда от 19.04.2010 по делу N. А75-10656/2009 – *Beschluss des 8. Arbitrageberufungsgerichts v. 19.4.2009 (AZ: A75-10656/2009)*

Постановление Восемнадцатого арбитражного апелляционного суда от 26.04.2010 по делу N. 18АП-2694/2010 – *Beschluss des 18. Arbitrageberufungsgerichts v. 26.04.2010 (AZ: 18AP-2694/2010)*

Президиум высшего арбитражного суда Российской Федерации – информационное письмо от 27.04.2010 по делу N. 137 – *Ein Informationsbrief des Präsidiums des Obersten Arbitragegerichts der Russischen Föderation v. 27.04.2010, Nr. 137*

Постановление ФАС Дальневосточного Округа от 04.05.2010 по делу N. Ф03-1888/2010 – *Beschluss des Föderalen Arbitragegerichts v. 4.5.2010 (AZ: F03-1888/2010)*

Постановление Четырнадцатого арбитражного апелляционного суда от 08.06.2010 по делу N. A13-18773/2009 – *Beschluss des 14. Arbitrageberufungsgerichts v. 08.06.2010 (AZ: N A13-18773/2009)*

Постановление Пятнадцатого арбитражного апелляционного суда от 29.06.2010 по делу N. 15АП-6079/2010 – *Beschluss des 15. Arbitrageberufungsgerichts v. 29.06.2010 (AZ: 15AP-6079/2010)*

Постановление Семнадцатого арбитражного апелляционного суда от 26.07.2010 по делу N. 17 АП-6585/2010 ГК – *Beschluss des 17. Arbitrageberufungsgerichts v. 26.07.2010 (AZ: 17 AP-6585/2010 GK)*

Постановление ФАС Пермского края от 6.9.2010 по делу N. A50-10372/2010 – *Beschluss des Föderalen Arbitragegerichts des Gebiets Perm v. 6.9.2010 (AZ: A50-10372/2010)*

Постановление ФАС Уральского Округа от 24.02.2011 по делу N. Ф09-471/11-С4 – *Beschluss des Föderalen Arbitragegerichts der Uralregion v. 24.02.2011 (AZ: F09-471/11-S4)*

Постановление Восьмого арбитражного апелляционного суда от 28.04.2011 по делу N. A70-1367/2010 – *Beschluss des 8. Arbitrageberufungsgerichts v. 28.04.2011 (AZ: A70-1367/2010)*

Постановление Восьмого арбитражного апелляционного суда от 21.06.2011 по делу N. A46-3781/2010 – *Beschluss des 8. Arbitrageberufungsgerichts v. 21.06.2011 (AZ: A46-3781/2010)*

Постановление ФАС Западно-сибирского Округа от 27.07.2011 по делу N. A27-22130/2009 – *Beschluss des Föderalen Arbitragegerichts des westsibirischen Gebiets v. 27.07.2011 (AZ:.A27-22130/2009)*

Veröffentlichungen des Instituts für deutsches und europäisches Wirtschafts-, Wettbewerbs- und Regulierungsrecht der Freien Universität Berlin

Herausgegeben von Franz Jürgen Säcker

Band 1 Franz Jürgen Säcker (Hrsg.): Deutsch-russisches Energie- und Bergrecht im Vergleich. Ergebnisse einer Arbeitstagung vom 31. März / 1. April 2006. 2007.

Band 2 Franz Jürgen Säcker / Walther Busse von Colbe (Hrsg.): Wettbewerbsfördernde Anreizregulierung. Zum Anreizregulierungsbericht der Bundesnetzagentur vom 30. Juni 2006. 2007.

Band 3 Dirk Zschenderlein: Die Gleichbehandlung der Aktionäre bei der Auskunftserteilung in der Aktiengesellschaft. Zum Problem der Zulässigkeit der Weitergabe von Informationen an einzelne Aktionäre und Dritte. 2007.

Band 4 Simone Kirchhain: Die Anwendung der Vertikal-GVO auf innerstaatliche Wettbewerbsbeschränkungen nach der 7. GWB-Novelle. 2007.

Band 5 Franz Jürgen Säcker: Der Independent System Operator. Ein neues institutionelles Design für Netzbetreiber? 2007.

Band 6 Stefanie Otto: Allgemeininteressen im neuen UWG. § 1 S. 2 UWG und die wettbewerbsfunktionale Auslegung. 2007.

Band 7 Jochen Eichler: Vertragliche Dritthaftung. Eine Auseinandersetzung mit der Frage der Dritthaftung von sogenannten Experten und anderen Auskunftspersonen im Rahmen des § 311 Abs. 3 BGB. 2007.

Band 8 Markela Stamati: Die Anforderungen der operationellen Entflechtung nach den Beschleunigungsrichtlinien der Europäischen Kommission. Umsetzung in Deutschland und Griechenland. 2008.

Band 9 Franz Jürgen Säcker: The Concept of the Relevant Product Market. Between Demand-Side Substitutability and Supply-Side -Substitutability in Competition Law. 2008.

Band 10 Renate Rabensdorf: Die Durchgriffshaftung im deutschen und russischen Recht der Kapitalgesellschaften. Eine rechtsvergleichende Untersuchung. 2009.

Band 11 Franz Jürgen Säcker: Der beschleunigte Ausbau der Höchstspannungsnetze als Rechtsproblem. Erläutert am Beispiel der 380-kV-Höchstspannungsleitung Lauchstädt – Redwitz – Grafenrheinfeld mit Querung des Rennsteigs im Naturpark Thüringer Wald. 2009.

Band 12 Helen Mahne: Eigentum an Versorgungsleitungen. 2009.

Band 13 Franz Jürgen Säcker (Hrsg.): Russisches Energierecht - Gesetzessammlung. 2009.

Band 14 Franz Jürgen Säcker / Maik Wolf: Integrierte Energieversorgung in geschlossenen Verteilernetzen. Zum Gestaltungsspielraum des Gesetzgebers zur Neuregelung des § 110 EnWG im Lichte des Dritten EG-Energiepakets. 2009.

Band 15 Franz Jürgen Säcker (Hrsg.): Das Dritte Energiepaket für den Gasbereich. Deutsch-Englische Textausgabe mit einer Einführung. 2009.

Band 16 Franz Jürgen Säcker (Hrsg.): Das Dritte Energiepaket für den Elektrizitätsbereich. Deutsch-Englische Textausgabe mit einer Einführung. 2009.

Band 17 Thomas Dörmer: Die Unternehmenspacht. Rechtsstellung der Vertragsparteien unter besonderer Berücksichtigung der Pflicht des Unternehmenspächters zur ordnungsgemäßen Unternehmensführung sowie der Rechtslage bei Vertragsbeendigung. 2010.

Band 18 Klaas Bosch: Die Kontrolldichte der gerichtlichen Überprüfung von Marktregulierungsentscheidungen der Bundesnetzagentur nach dem Telekommunikationsgesetz. 2010.

Band 19 Geng-Sook Leem: Einheitliche Corporate Governance-Grundsätze für die Europäische Aktiengesellschaft (SE). Eine rechtsvergleichende Untersuchung anhand der Ausgestaltung der SE im deutschen und britischen Recht. 2010.

Band 20 Wiebke Gebhardt: Gentechnik und Koexistenz nach der Gesetzesnovelle von 2008: Zivilrechtliche Haftung im Vergleich Deutschland und USA. 2010.

Band 21 Cathrin Isenberg: Die Geruchsmarke als Gemeinschaftsmarke. Schutzfähigkeit und Einsatzmöglichkeiten. 2010.

Band 22 Franz Jürgen Säcker / Jochen Mohr / Maik Wolf: Konzessionsverträge im System des europäischen und deutschen Wettbewerbsrechts. 2011.

Band 23 Judith Antonia Loeck: Die unzumutbare Belästigung nach der UWG Novelle 2008 und dem Gesetz zur Bekämpfung unerlaubter Telefonwerbung und zur Verbesserung des Verbraucherschutzes bei besonderen Betriebsformen. 2011.

Band 24 Jörg Jaecks: Konzernverrechnungsklauseln und verwandte einseitige Verrechnungsbefugnisse im Mehrpersonenverhältnis. 2011.

Band 25 Franz Jürgen Säcker: Marktabgrenzung, Marktbeherrschung, Markttransparenz und Machtmissbrauch auf den Großhandelsmärkten für Elektrizität. 2011.

Band 26 Susanne Wende: Die einheitliche Auslegung von Beihilfen- und Vergaberecht als Teilgebiete des europäischen Wettbewerbsrechts. 2011.

Band 27 Leonie Kempel: Die Anwendung von Art. 102 AEUV auf geistiges Eigentum und Sacheigentum. Die Voraussetzungen des Kontrahierungszwangs nach Art. 102 AEUV und der Essential-Facility-Doktrin unter besonderer Berücksichtigung der Unterschiede zwischen geistigem Eigentum und Sacheigentum. 2011.

Band 28 Christoph Schuldt: Werbejingles – schützenswerte Kompositionen!? Die urheberrechtliche und markenrechtliche Schutzfähigkeit von Werbejingles vor unbefugter Nachahmung. 2012.

Band 29 Lydia Scholz: Die Rechtfertigung von diskriminierenden umweltpolitischen Steuerungsinstrumenten. Eine Untersuchung der Reichweite der Warenverkehrsfreiheit und ihrer Begrenzung durch den Umweltschutz als Vertragsziel am Beispiel der deutschen Energiefördergesetze EEG und KWKModG. 2012.

Band 30 Franz Jürgen Säcker: Investitionen in Kraftwerke zur Sicherung einer zuverlässigen Elektrizitätsversorgung nach der Energiewende. Rechtliche und ökonomische Rahmenbedingungen. 2012.

Band 31 Florian Leib: Kartellrechtliche Durchsetzungsstrategien in der Europäischen Union, den USA und Deutschland. Eine rechtsvergleichende Darstellung. 2012.

Band 32 Holger Hoch: Marktverschlusseffekte und Effizienzen vertikaler Zusammenschlüsse. Kartellrechtliche Beurteilung nach europäischem und deutschem Recht. 2012.

Band 33 Sebastian Kemper: Gasnetzzugang in Deutschland und in Spanien. 2012.

Band 34 Elena Timofeeva: Unbundling in der russischen Elektrizitätswirtschaft im Vergleich zum deutschen und europäischen Energierecht. 2012.

Band 35 Gisela Drozella / Harald Krebs: Marktbeherrschung im Bereich Stromerzeugung / Stromgroßhandel. Eine kritische Analyse der neueren Sicht des Bundeskartellamts. 2013.

Band 36 Christian Rehm: Die Einzel- und Gesamtverantwortung der Vorstandsmitglieder der Aktiengesellschaft. Die Verantwortung für die Leitung und Geschäftsführung im mehrköpfigen Vorstand in der unabhängigen und der herrschenden AG. 2013.

Band 37 Ann-Christin Richter: Mengen- und umsatzbezogene Rabatte marktbeherrschender Unternehmen in den Grenzen des Art. 102 AEUV. 2013.

Band 38 Nikolaos Pitsos: Die erhebliche Behinderung des wirksamen Wettbewerbs (SIEC-Test) im Fusionskontrollrecht. Zugleich ein Beitrag zur Problematik der oligopolistischen Marktbeherrschung unter Vergleich mit dem amerikanischen SLC-Test. 2013.

Band 39 Mirko Heinemann: Das Markenzeichen als Anknüpfungspunkt des Markenimages. 2013.

Band 40 Sylvia Lorenz: Der Immaterialgüterschutz virtueller Ladengeschäfte. Ein Vorschlag für die rechtliche Erfassung virtueller Güter. 2014.

Band 41 Anke Reimers: Wettbewerbsrechtliche und regulatorische Analyse der Kapazitätenvergabe an Grenzkuppelstellen im Elektrizitätsbinnenmarkt. 2014.

Band 42 Franz Jürgen Säcker / Carsten König / Lydia Scholz: Der regulierungsrechtliche Rahmen für ein Offshore-Stromnetz in der Nordsee. 2014.

Band 43 David Preisendanz: Der Humor in der vergleichenden Werbung. 2014.

Band 44 Martin Gerig: Vollendung des EU-Energiebinnenmarktes vs. nationale Marktabschottungen. Europarechtskonformität mitgliedstaatlicher Fördermaßnahmen und Kapazitätsmärkte am Beispiel Deutschlands. 2014.

Band 45 Jan Patrick Ehinger: Dritthaftung für Kunstexpertisen und Aufnahmebestätigungen in den Catalogue raisonné. Ein Beitrag zur Expertenhaftung. 2014.

Band 46 Julia Gerzen: Das Recht der Gesellschafter-Fremdkapitalfinanzierung. Rechtsvergleichende Analyse der Behandlung von Gesellschafterdarlehen vor und in der Insolvenz der GmbH nach deutschem und russischem Recht. 2014.

www.peterlang.com